기독교문서선교회 (Christian Literature Center: 약칭 CLC)는 1941년 영국 콜체스터에서 켄 아담스에 의해 시작되었으며 국제 본부는 미국 필라델피아에 있습니다. 국제 CLC는 59개 나라에서 180개의 본부를 두고, 약 650여 명의 선교사들이 이동 도서차량 40대를 이용하여 문서 보급에 힘쓰고 있으며 이메일 주문을 통해 130여 국으로 책을 공급하고 있습니다. 한국 CLC는 청교도적 복음주의 신학과 신앙 서적을 출판하는 문서선교기관으로서, 한 영혼이라도 구원되길 소망하면서 주님이 오시는 그날까지 최선을 다할 것입니다.

추천사

김영한 박사
한국기독교철학회 제2대 회장·숭실대학교 기독교전문대학원 초대원장

복음주의 철학자 J. P. 모어랜드(J. P. Moreland)와 W. L. 크레이그(W. L. Craige)가 공저한 이 책은 기독교 세계관의 철학적 기초를 쉽고도 짜임새 있게 소개한다. 생각하는 사람이라면 대답하고 싶어 하는 인생의 근본적인 문제들이 있다. 이 문제들에 어떻게 대답하느냐에 따라 세계관이 달라질 수 있다. 저자들은 기독교 관점에서 철학을 소개하고자 한다.

제2부 인식론, 제3부 형이상학, 제4부 과학철학, 제5부 윤리학, 제6부 기독교철학 등 철학의 모든 분야가 쉽고도 폭넓게 소개된다.

이 책 『기독교 세계관: 철학적 기초』(*Philosophical Foundations for a Christian Worldview*)는 변증학과 조직신학 등을 공부하는 분들뿐 아니라, 하나님의 형상에 따라 지음 받은 모든 사람에게도 유익하다. 이 책은 성경에 명시적으로 언급되지 않은 분야와 문제들을 성경적 원리에 따라 다루며, 성경적 지성의 작업을 통해 기독교 공동체의 지적 자부심을 높인다. 신학생, 목회자, 사역자뿐 아니라 모든 그리스도인이 읽고 유익을 얻을 책으로 추천한다.

이 책을 번역한 김명석, 류의근, 이경직, 이성흠 교수는 저자들의 난해한 철학적 문장을 쉽고 명료하게 우리들에게 전달하고 있다. 이 책은 앞으로 한국 신학계와 철학계에서 기독교철학을 내용적으로 알리는 데 든든한 기반이 될 것을 확신하며, 번역자들의 학문적인 헌신을 치하하여 마지 않는다.

마크 W. 포먼(Mark W. Foreman)
리버티대학교 철학 교수

모어랜드와 크레이그는 좋은 책을 저술했다. 그리고 이제 그 책을 더 훌륭하게 만들었다. 2003년 『기독교 세계관의 철학적 기초』 초판이 출간된 이후, 이 책은 기독교 세계관의 철학적 기초를 설명하고 변증하려는 그리스도인 연구자들과 학자들에게 가장 훌륭한 자료의 원천으로 자리를 잡았다.

이 책은 압도적으로 포괄적인 내용을 담고 있는데, 새로운 내용이 추가됨으로써 훨씬 더 좋아졌다. 실체이원론과 속죄에 관하여 몇 장이 새롭게 더해졌고, 칼람 논증과 미세 조정에 관한 새로운 증거가 보강되었으며, 신의 자존성을 다루는 부분이 강화되었다.

이 책은 이제 처음 철학 공부를 시작하는 학생들뿐만이 아니라, 대학원에서 철학을 더 깊이 연구하는 이들에게도 적절한 학문적 깊이를 보여 줄 것이다. 저자들 스스로가 말하듯이, '이 책은 침대에 누워 읽을 만한 책은 아니다.' 이 책을 읽는 것은 고된 작업이 되겠지만, 내가 알고 있는 다른 어떤 철학책보다도 큰 성과를 돌려줄 것이다.

타와 J. 앤더슨(Tawa J. Anderson)
오클라호마침례대학교 우수학생 프로그램 디렉터

모어랜드와 크레이그가 저술한 『기독교 세계관의 철학적 기초』 초판은 내가 젊은 철학자로서 성장하는 데 있어서 구성적이고도 변혁적인 영향을 미쳤다. 그들은 모든 세계관적 관점에 관하여 뛰어난 학식을 겸비하여, 세심하고 신실한 사고와 공정하고 짜임새 있는 접근을 시도함으로써, 우리에게 탁월한 모델과 안내자가 되어주고 있다.

초판도 이미 광범위하고 두터운 책이었는데, 여기에 속죄를 다루는 장이 추가되고, 인간에 관한 물리주의자와 이원론자의 논쟁이 보강되었다. 분명 이 책은 읽기 쉬운 책이 아니다. 하지만 도전한다면 깊은 지적 보상을 얻게 될 것이다.

・・・

폴 코팬(Paul Copan)
팜비치애틀랜틱대학교 철학·윤리학 교수
*A Little Book for New Philosophers*의 저자
*An Introduction to Biblical Ethics*의 공동저자

『기독교 세계관의 철학적 기초』는 내가 가장 자주 추천하는 책이다. 철학의 핵심적인 하위 분과에 대해, 기독교적 입장에서 명료하게 잘 쓰여진 입문서를 찾는 이가 있다면 이 책을 추천한다. 영향력 있는 기독교철학자 두 명이 저술한 이 책이 제2판으로 새롭게 출간된다는 사실이 기쁘기 그지없다. 그들의 학문적 업적과 인격적 진실함, 따뜻한 우정은 오래도록 내 삶과 글에 영향을 미쳤다.

프란시스 J. 벡위드(Francis J. Beckwith)
베일러대학교 철학 교수

이 책에서 모어랜드와 크레이그는 신앙과 이성의 관계에 관하여 가장 중요한 질문들을 제기한다. 철학을 진지하게 탐구하는 이들은 이 책에서 기독교 신앙의 지적 자격에 대해 일관되고 견고하게 논증된 설명을 발견할 것이다. 어떤 면에서 신적 단순성이나 무시간성 등과 같이 내가 동의하지 못하는 부분이 있는 것은 사실이나, 크레이그와 모어랜드의 철학적 논증은 분명 인상적이다.

◆ ◆ ◆

켈루시엔 L. 조셉(Celucien L. Joseph)
기독교신학자·문학 학자
Christ, My Righteousness 2008.8.1 보도 자료

모어랜드와 크레이그는 기독교적 관점에서 철학을 종합적으로 소개한다. 두 명의 저자는 신학적으로나 철학적으로 매력적이고 영향력 있다. 게다가 이 책은 철학에 관한 사전 지식이 없어도 이해할 수 있도록 구성되어 있다. 이 책을 강력히 추천한다.

기독교 세계관의 철학적 기초

Philosophical Foundations for a Christian Worldview 2nd Edition
Written by J. P. Moreland and W. L. Craige
Translated by MyeongSeok Kim, EyiGeun Ryu, KyungJik Lee, SungHeum Lee

Copyright @ 2003 by J. P. Moreland and W. L. Craige
Originally published in English under the title as
Philosophical Foundations for a Christian Worldview
by Inter Varsity Press.
Translated by permission of Inter Varsity Press P. O. Box 1400,
Downers Grove, IL 60515-1416.
All rights reserved.

Korean Edition Copyright ⓒ 2015, 2022 by Christian Literature Center, Seoul, Korea.

기독교 세계관의 철학적 기초

2015년 6월 30일 초판 발행
2022년 7월 31일 개정증보판 발행

지 은 이 | J. P. 모어랜드, W. L. 크레이크
옮 긴 이 | 김명석, 류의근, 이경직, 이성흠

편   집 | 구부회
디 자 인 | 박성숙, 소신애, 서민정
펴 낸 곳 | (사)기독교문서선교회
등   록 | 제16-25호(1980.1.18.)
주   소 | 서울특별시 서초구 방배로 68
전   화 | 02-586-8761~3(본사) 031-942-8761(영업부)
팩   스 | 02-523-0131(본사) 031-942-8763(영업부)
이 메 일 | clckor@gmail.com
홈페이지 | www.clcbook.com
송금계좌 | 기업은행 073-000308-04-020 (사)기독교문서선교회
일련번호 | 2022-61

ISBN 978-89-341-2445-0 (93230)

이 한국어판 저작권은 Inter Varsity Press와 독점 계약한 (사)기독교문서선교회가 소유합니다.
신저작권법에 의하여 한국 내에서 보호받는 저작물이므로 무단 전재와 무단 복제를 금합니다.

Philosophical Foundations for a Christian Worldview

기독교 세계관의
철학적 기초

J. P. 모어랜드 · W. L. 크레이그 지음
김명석 · 류의근 · 이경직 · 이성흠 옮김

2ND EDITION

CLC

CONTENTS 1

추천사   1

김영한 박사 | 한국기독교철학회 제2대 회장·숭실대학교 기독교전문대학원 초대원장
마크 W. 포먼(Mark W. Foreman) | 리버티대학교 철학 교수
타와 J. 앤더슨(Tawa J. Anderson) | 오클라호마침례대학교 우수 학생 프로그램 디렉터
폴 코팬(Paul Copan) | 팜비치애틀랜틱대학교 철학·윤리학 교수
프랜시스 J. 벡위드 베일러(Francis J. Beckwith) | 베일러대학교 철학 교수
켈루시엔 L. 조셉(Celucien L. Joseph) | 기독교신학자·문학 학자

그림/표 목록   12
저자 서문   14
역자 서문   16

개요   기독교철학으로의 초대   21

제1부 / 서론   34

제1장   철학이란 무엇인가?   35
제2장   논증과 논리   61

제2부 / 인식론　　　　　　　　　　　125

제3장　　지식과 합리성　　　　　　　　126
제4장　　회의주의의 문제　　　　　　　158
제5장　　정당화의 구조　　　　　　　　189
제6장　　진리 이론과 포스트모더니즘　　221
제7장　　종교적 인식론　　　　　　　　259

제3부 / 형이상학　　　　　　　　　　286

제8장　　형이상학이란 무엇인가?　　　　　　　　　　　　　287
제9장　　일반적 존재론: 실존, 동일성, 환원　　　　　　　　310
제10장　형일반적 존재론: 두 범주−속성과 실체　　　　　　337
제11장　심신 문제 1A: 이원론　　　　　　　　　　　　　　374
제12장　심신 문제 1B: 이원론에 대한 대안들　　　　　　　405
제13장　심신 문제 2A: 실체이원론에 관한 여러 논증과 유형　437
제14장　심신 문제 2B: 실체이원론에 대한 주요 물리주의적 대안들　490
제15장　자유 의지와 결정론　　　　　　　　　　　　　　　527
제16장　인격 동일성과 사후의 삶　　　　　　　　　　　　555

CONTENTS 2

제4부 / 과학철학   586

제17장 과학적 방법론   587
제18장 실재주의-반실재주의 논쟁   618
제19장 철학 그리고 과학과 신학의 통합   649
제20장 시간과 공간의 철학   682

제5부 / 윤리학   717

제21장 윤리학과 도덕, 메타윤리학   718
제22장 윤리 상대주의와 윤리 절대주의   738
제23장 규범적 윤리설: 이기주의와 공리주의   769
제24장 규범적 윤리 이론들: 의무론적 윤리와 덕 윤리   803

제6부 / 기독교철학　　　　　　　　　　　　825

제25장　하나님의 존재 1　　　　　　　　　　　826
제26장　하나님의 존재 2　　　　　　　　　　　855
제27장　유신론의 일관성 1　　　　　　　　　　885
제28장　유신론의 일관성 2　　　　　　　　　　912
제29장　악의 문제　　　　　　　　　　　　　　942
제30장　창조, 섭리, 기적　　　　　　　　　　　971
제31장　기독교 교리 1: 삼위일체　　　　　　　1003
제32장　기독교 교리 2: 성육신　　　　　　　　1039
제33장　기독교 교리 3: 속죄　　　　　　　　　1067
제34장　기독교 교리 4: 기독교의 배타적 구원론　1096

추천 도서(SUGGESTIONS FOR FURTHER READING)　　1116

그림/표 목록

<그림 2.1 전칭 명제와 특칭 명제 사이의 모순> • 94
<그림 2.2 양상 진술들을 위한 대당사각형> • 97
<그림 2.3 반사실적 진술들의 대당 사각형> • 103
<그림 9.1 존재 양식으로서의 실존> • 320
<그림 10.1 극단적 유명론자 전략 1> • 338
<그림 10.2 극단적 유명론자 전략 2> • 339
<그림 10.3 소크라테스와 플라톤은 추상적 특수자로 구성되는 전체이다> • 340
<그림 10.4 성질 일치에 대한 실재론자의 그림> • 340
<그림 10.5 속성의 존재론적 지위> • 341
<그림 10.6 자연주의자 입장과 존재론자 입장 사이의 관계> • 342
<그림 10.7 개물의 정확한 유사성의 관계> • 351
<그림 10.8 보다 고차적인 정확한 유사성의 관계들> • 351
<그림 11.1 심신 문제에 대한 입장들> • 376
<그림 11.2 의식이 있는 인간 인격/주체의 정체성에 관한 주요 견해들> • 377
<그림 12.1 환원적 물리주의와 비환원적 물리주의의 다양성> • 406
<그림 16.1 시공간적 나선 혹은 행로> • 561
<그림 16.2 자아의 기본적인 경험> • 568
<그림 16.3 P1을 P2와 P3에게 이식하기> • 571
<그림 17.1 과학적 방법에 대한 귀납주의적 견해> • 593
<그림 18.1 실재주의-반실재주의 대화에서 선택 사항> • 620
<그림 20.1 운동 중이지만 상대적으로 서로 멈춰 있는 시계들의 시각 동기화> • 691
<그림 27.1 신의 자존성에 대한 플라톤주의의 도전을 다루는 방법들> • 893
<그림 28.1 몰리나식 구조> • 920
<그림 28.2 도덕 이론의 여러 가지 영역> • 934
<그림 29.1 감소하는 과제> • 958
<그림 29.2 역사 속에서 헌신된 그리스도인 당 비그리스도인의 비율> • 959
<그림 30.1 삼위일체 일신론에 대한 레프토우의 딜레마> • 1028

<표 4.1 회의주의자와 특수주의자> • 175
<표 7.1 신에 대한 믿음의 손익 명세서> • 267
<표 10.1 다양한 형태의 유명론과 실재론을 구별하기> • 346
<표 10.2 속성-사물들과 실체들 사이의 차이점> • 363
<표 13.1 자아의 기본 경험> • 461
<표 14.1 웜 이론> • 520
<표 14.2 4차원적 해결책> • 521
<표 14.3 대안적 해결책> • 522
<표 14.4 분열 사례> • 523
<표 15.1 준비전위> • 549
<표 15.2 자유의지론자와 양립론자를 비교하기> • 553
<표 17.1 멘델이 얻은 일부 결과> • 594
<표 18.1 이론어 대 관찰어> • 623
<표 22.1 사실과 가치의 구분들> • 741
<표 23.1 공리주의적 가치론들> • 789

저자 서문

J. P. 모어랜드(J. P. Moreland)
탈봇신학대학원(Talbot School of Theology) 철학 교수
W. L. 크레이그(W. L. Craig)
탈봇신학대학원(Talbot School of Theology) 철학 연구교수

먼저 이 책의 초판이 개인은 물론 여러 대학과 신학교의 교재로 널리 읽힌 것에 깊이 감사드립니다. 그리스도인들이 이 책을 통해 하나님과 동행하는 데 힘과 도움을 얻었다는 것에 우리 역시 큰 용기를 얻었습니다. 하지만 최근에 철학 분야에서, 특히 기독교 신자들과 사상가들을 교육하는 것과 관련된 분야에서 많은 일이 일어났습니다. 따라서 이 책의 개정증보판이 필요했습니다.

우리는 책을 쓸데없이 길게 만들지 않기 위해, 추가할 내용을 신중히 엄선했습니다. 새롭게 확장된 『기독교 세계관의 철학적 기초』 제2판은 상당히 개정되었고, 우리 역시 크게 기대하고 있습니다.

새롭게 추가된 내용을 소개하면 다음과 같습니다.

6장에 진리와 진리 형성자에 관한 언급을 추가했고, **11-12장**을 대폭 수정하였습니다. 또한, 두 장이 새롭게 추가되었습니다. **13장**은 실체이원론의 유형들을 다루고 있고, **14장**은 실체이원론에 대한 물리주의적 대안들을 검토하고 있습니다.

15장에서는 벤자민 리벳(Benjamin Libet)의 발견들을 평가했고, **23장**에서는 칼럼 「우주론적 논증과 미세조정에 의한 목적론적 논증」과 관련된 새로운 우주적 증거들을 살펴보았습니다. **24장**은 신에 대한 관점들을 좀 더 체계적으로 분류하고 있고, 신의 자존성에 대한 추상적인 반대들을 논의하고 있습니다.

33장은 완전히 새롭게 추가된 부분으로, 삼위일체와 성육신을 포함하는 속죄 교리를 다루고 있습니다. 마지막으로 참고 문헌 목록을 추가하거나 수정했습니다.

독자들에게도 이 개정판이 큰 유익이 되기를 바랍니다. 다만 이 책을 통해 유익을 얻으려면 다소 고된 독서가 필요합니다. 침대에 누워 읽을 만한 책은 아니기 때문입니다. 하지만 매력적이고 학식 있는 방식으로 그리스도를 대변하는 능력이 독자 여러분의 삶에 결과로 주어진다는 것을 고려할 때, 읽어볼 만한 가치가 충분한 책입니다.

역자 서문

이 경 직 박사
한국기독교철학회 제7대 회장, 백석대학교 조직신학 교수

『기독교 세계관의 철학적 기초』는 J. P. 모어랜드와 W. L. 크레이그의 *Philosophical Foundations for a Christian Worldview*를 김명석(과학철학), 류의근(인식론, 형이상학), 이경직(윤리학, 기독교철학), 이성흠(기독교철학)이 함께 번역한 책입니다. 이 책은 '미국복음주의출판인협회'(ECPA) 2004년도 최우수도서상과 '미국중서부전문출판인협회'(CBC) 2003년도 우수도서상을 받을 정도로 탁월한 작품입니다.

원서의 서문은 "기독교철학으로의 초대"라는 제목 아래 철학이 그리스도인과 교회에 필요한 이유를 친절하고도 설득력 있게 설명합니다.

제1부 서론은 제1장 '철학이란 무엇인가'와 제2장 '논증과 논리'로 이루어져 있습니다. 아리스토텔레스가 논리를 별개의 분과 학문으로 여기지 않고 철학 작업을 위한 도구(organon)로 여긴 것처럼 저자들은 『기독교 세계관의 철학적 기초』에서 다루는 철학 논의들을 이해하기 위한 전 단계로 철학에 대한 정의(定義)와 논리를 소개합니다.

이 책의 본론은 **제2부** 인식론, **제3부** 형이상학, **제4부** 과학철학, **제5부** 윤리학, **제6부** 기독교철학으로 이루어져 있습니다. 원서의 분량이 676면이나 되고 번역본은 1136면에 이르러 한 번에 번역하기에 어려움이 있었습니다. 초판을 주제별로 번역하여 5권의 단행본으로 출간한 이유가 여기에 있었습니다. 그러나 이제 원서처럼 한 권의 책으로 묶여져 나오게 되어 다행입니다. 『기독교 세계관의 철학적 기초』를 한 권으로 볼 수 있게 되었기 때문입니다.

이 책의 저자들은 복음주의권의 대표적인 기독교철학자들 가운데 속합니다. 저자 J. P. 모어랜드(J. P. Moreland)는 미주리대학교(University of Missouri)에서 학사(B.A.) 학위를, 달라스신학대학원(Dallas Theological Seminary)에서

신학 석사(Th.M.) 학위를, 남가주대학교(University of Southern California)에서 철학 박사(Ph.D.) 학위를 취득했습니다. 그는 캘리포니아 라 미라다(La Mirada)에 소재한 바이올라대학교(Biola University)의 탈봇신학대학원(Talbot School of eology)의 철학 교수입니다. 그는 에이도스크리스찬센터(Eidos Christian Center)의 소장이기도 합니다. 그는 옥스퍼드대학교출판부와 루트리지(Routledge), 존더반(Zondervan), IVP(InterVarsity Press) 등 유명출판사에서 20여 권의 책을 저술하거나 편집하거나 공저했습니다.

대표적 저술로는 『기독교와 과학의 본질』(*Christianity and the Nature of Science: A Philosophical Investigation*, 2nd ed. Baker Book House, 1999), 『신은 존재하는가?』(*Does God Exist?: The Debate Between Theists & Atheists*, Prometheus Books, 1993), 『철학적 자연주의: 비판적 분석』(*Philosophical Naturalism: A Critical Analysis*, Routledge, 2000)이 있습니다.

최근 저술로는 『신 문제: 의미 있는 삶에로의 초대』(*The God Question: An Invitation to a Life of Meaning*, Harvest House, 2009)와 『자연신학 안내서』(*A Companion to Natural Theology*, Blackwell, 2009)가 있으며, 『신과 의식의 기원: 유신론적 논증』(*God and the Origin of Consciousness: A Theistic Argument*, InterVarsity Press, 2010)이 출판되었습니다. 그는 여러 철학 학술지에 50여 편의 논문을 기고했으며, Discovery Institute의 Center for the Renewal of Science and Culture의 연구교수이기도 합니다.

저자 W. L. 크레이그(William Lane Craig)는 휘튼대학(Wheaton College)에서 학사 학위(B.A.)를, 트리니티 복음주의 신학대학원(Trinity Evangelical Divinity School, 1974.)에서 신학 석사(Th.M.) 학위를, 영국 버밍엄대학교(University of Birmingham)에서 철학 박사(Ph.D.) 학위를 취득했으며, 독일 뮌헨대학교(University of Munich)에서 조직신학으로 신학 박사(D.Theol.) 학위를 취득했습니다. 그는 1980년부터 86년까지 트리니티 복음주의신학대학원에서 철학을 가르쳤으며, 1987년부터 1994년까지 벨기에 루뱅대학교(University of Louvain)에서 연구를 수행했습니다.

현재 그는 바이올라대학교(Biola University)의 탈봇신학대학원(Talbot School of Theology)의 철학 연구교수이며, 복음주의철학회(Evangelical Philosophical Society)의 회장이기도 합니다. 그의 연구 작업을 더 알고 싶으면 홈페이지 http://www.leaderu.com/oces/billcraig/를 방문하시면 됩니다. 그는 많은 저명

철학 학술지에 많은 논문을 발표했으며, 20여 권 이상의 책을 저술하거나 공저했습니다.

그 가운데 『칼람 우주론적 논증』(*The Kalam Cosmological Argument*, Wipf & Stock Publishers, 2000), 『신의 예지와 인간의 자유』(*Divine Foreknowledge and Human Freedom*, Brill Academic Publishers, 1991), 『유신론, 무신론, 빅뱅 우주론』 (*Theism, Atheism and Big Bang Cosmology*, Oxford University Press, 1995), 『신, 시간, 영원』(*God, Time and Eternity*, Springer, 2001)이 대표적입니다.

모어랜드와 크레이그는 일반 대중과 학문계를 향하여 기독교 세계관의 중심을 이루는 믿음들을 받아들이는 것이 왜 합리적인지 그리고 왜 그렇게 해야 하는지를 세련되고도 설득력 있게 논증하는 기독교철학자들의 운동을 이끄는 두 명의 지성적 지도자입니다. 특히, 저자들은 미국철학회 가운데 가장 큰 규모와 명성을 자랑하는 기독교철학회(Society of Christian Philosophers, 가톨릭철학자들도 상당수 참여)와는 별도로 복음주의적 관점에서 철학을 하는 복음주의철학회(Evangelical Philosophical Society, 홈페이지: http://www.epsociety.org/)의 중심 인물들입니다.

모어랜드에 따르면, 기독교 세계관을 형성하는 데 철학이 하는 역할은 다음과 같습니다. 철학을 성경주석과 성경신학과 결합할 때 철학은 기독교 세계관을 발전시킬 때 역사적으로나 개념적으로 가장 중요한 분야입니다. 이 책이 분명히 밝히듯이, 자신의 전공 영역을 성경의 가르침 위에 세우려는 시도들뿐 아니라 조직신학 자체도 잘 이루어지는 철학에 기댑니다.

이 책은 철학사에서 중요한 인물들, 특히 신앙과 일관된 인물들을 충실히 그려내는 동시에 보다 많은 독자들이 사용할 수 있는 진정한 종합을 이루기 위해 지난 15년간 기독교철학의 폭발적 성장에서 나온 통찰들을 사용합니다.

이 책은 기독교적 관점에서 철학을 포괄적으로 소개합니다. 특히, 이 책은 철학의 하부 분과 학문들 가운데 논리와 윤리학을 다룹니다. 저자들은 글을 아주 분명하고도 간결하게 쓰며, 논증들을 분명하게 살펴보며, 경쟁 이론들을 공정하고도 정확하게 제시합니다.

이 책은 우리가 [지성의 영역에서도] 하나님의 형상에 따라 지음 받았다는 사실을 돌아보게 하며, 성경적 가르침을 성경에 명시적으로 제시되지 않은 영역까지 적용하는 일을 도와줍니다. 이 책의 작업은 일종의 영적 작업이기도 하며, 기독교 공동체의 자기 이미지와 자신감을 높여줍니다. 이 책의 철학적 작업은 학문을 신앙의 토대 위에 세우는 일에 꼭 필요합니다.

특히, 이 책은 지성의 함양에 관심을 두지 않는 현대 문화 속에서, 그 문화의 영향을 받은 현대 기독교 교회 속에서 지성을 함양하는 것이 그리스도를 섬기는 일에 얼마나 중요한지를 잘 밝혀줍니다. 저자들은 지성적 성장의 기초를 제공하는 데 필요한 근본 개념들을 모두 한 권의 책에 담고 있습니다. 이 책은 기본적으로 그리스도인을 위해 쓰여졌지만, 철학적 근본 문제들에 관심을 두는 비그리스도인들도 쉽게 읽을 수 있는 책입니다.

또한, 기독교적 관점에서 철학을 공부하는 학생들에게 교재로 사용될 수 있습니다. 중요한 논의를 압축적으로 담고 있기 때문에 그저 쉽게 읽고 넘어가기보다 꼼꼼히 살펴보며 읽는다면 큰 도움을 얻을 수 있습니다. 철학을 전혀 접하지 않은 사람들은 처음에는 일부 논의를 이해하기 어려울 수 있습니다. 따라서 이 책을 꼼꼼히 살펴보고 생각하면서 연구할 필요가 있습니다. 하지만 그렇게 두려워할 필요는 없습니다. 이 책은 초보적이고 중간적인 이해 수준을 지닌 사람을 위한 것이기 때문입니다. 저자들은 철학을 공부하지 않은 독자들을 염두에 두고 이 책을 썼습니다.

굵은 글씨로 표시된 부분 덕분에 독자들은 핵심적인 정의(定義)들과 개념들을 확인할 수 있으며, 각 장의 끝에는 간단한 요약과 더불어 익혀야만 하는 기본개념들의 점검목록을 실었습니다. 또한, 독자들이 본문을 읽는 데 집중할 수 있도록 본문에는 가능한 한 각주를 달지 않았으며, 각 장을 읽은 독자들이 그 분야를 좀 더 연구하고자 할 때 반드시 읽어야 할 참고 문헌 목록을 각 장의 뒤에 붙였습니다.

이 책은 고전적 변증학을 철학의 근본 개념들과 잘 연결시킨 동시에 학문적으로 엄밀한 작업을 잘 보여 주는 교과서적 작품입니다. 또한, 이 책은 그리스도인이 자기 분야에서 지성적으로 살아가고자 할 때 기초가 되는 발판을 제공합니다. 그런데 독자는 모어랜드와 크레이그가 이 책에서 취하는 입장이 기독교철학자가 취할 수 있는 유일한 입장은 아니라는 사실을 염두에 두어야 합니다. 기독교적 관점을 지니면서도 그들과 다른 입장을 취할 여지가 있기 때문입니다. 기독교철학자가 기독교적 관점에서 하나의 입장을 취하고서 그 입장을 설득력 있게 논증하는 사례로 이 책을 접한다면 좋으리라 생각합니다.

또한, 반지성주의적 풍토가 지배하는 현대의 세속적 문화에 영향을 받아 지성을 경시하고 그 결과 고백적 신앙(confessional faith)을 잃고 그 결과 이단들과 세속적 풍조 앞에서 무력한 모습을 보이는 경향이 있는 한국 교회에 기독교 세계관의 올바른 철학적 기초를 제공하는 이 책이 큰 도움이 되리라 기대합니다. 철학이, 지성적 작업이 그리스도와 교회에 무슨 유익을 줄 수 있을까를 의심하는 독자가 있다면, 특히, "개요: 기독교철학으로의 초대"를 꼭 읽어보기를 권합니다.

이와 관련하여 교회의 반지성주의를 때로 수고와 노력, 집중력을 요구하는 지성적 작업을 하기 싫어하는 게으름의 결과로 평가하는 개혁주의 신학자들의 지적들에 귀 기울일 필요가 있어 보입니다. 반지성주의는 사회에 큰 영향을 주는 지성계와 대학을 하나님을 부정하는 세력에 손쉽게 내어주는 결과를 낳는다는 저자들의 지적을 귀 담아 들어야 하리라 생각합니다.

그런 점에서 이 책을 한 권의 번역서로 모두 출간하는 것은 큰 의미가 있다고 생각합니다. 신학이 교회, 즉 그리스도의 몸을 위한 신학이어야 하듯이 철학도, 모든 학문도 그리스도를 위한 것이어야 하며, 그리스도의 몸인 교회를 위한 것이어야 합니다. 그런 점에서 이 번역서는 그리스도를 위한 철학 작업을 잘 보여주며 독자가 그리스도를 위해 지성적 작업을 할 수 있는 기초를 제공합니다.

우선 이 책의 진가를 알아보고 출판을 결정하고 오랜 시간 번역을 추진한 CLC 편집부와 추천사를 써 주신 숭실대학교 명예교수이자 기독교학술원 원장이신 김영한 박사님께 감사드립니다. 기독교적 관점에서 철학을 하고 싶어하는 하나님의 자녀들에게 꼭 필요한 책을 번역한다는 소명감이 여러 번에 걸친 번역 원고 손질의 시간을 견디게 해 주었습니다.

그리스도를 위한 학문의 미래를 내다보시면서 백석대학교에 국내 최초이자 유일한 기독교철학 전공을 만들어주신 백석대학교 설립자 장종현 목사님께 깊이 감사하는 마음으로 부족하지만 이 번역서를 바칩니다.

2022년 봄 안서동 연구실에서

개요
기독교철학으로의 초대

1. 철학이 중요한 이유

1980년 맑은 가을날 일리노이주(州) 시카고 서쪽 15마일에 위치한 위튼(Wheaton)에서 저명한 학자이자 정치가 찰리 말릭(Charles Malik)이 연단에 올라 새로운 '빌리그래함센터'(Billy Graham Center)를 휘튼대학(Wheaton College) 캠퍼스에 바치는 개회 연설을 했다. 그의 발표된 주제는 "복음주의의 두 가지 과제"였다. 그의 말은 청중에게 충격을 주었다.

그는 청중에게 말했다.

> 우리는 복음주의에서 두 가지 과제에 직면해 있다.
> '영혼을 구원하는 일과 지성을 구원하는 일'이다.

즉, 사람들을 영적으로뿐 아니라 지적으로도 회심시켜야 한다는 것이다. 그는 경고했다. 교회는 이 두 번째 과제와 관련하여 위험하게 뒤처지고 있다. 우리는 말릭(Malik)의 말을 깊이 생각하는 것이 마땅히 좋다.

> 저는 여러분에게 솔직할 수밖에 없습니다. 미국 복음주의 기독교에 맞서는 최대 위험은 반지성주의(反知性主義)라는 위험입니다. 정신에 대해 가장 넓고도 깊은 데까지 충분히 마음을 쓰지 않고 있습니다. 하지만 지성적 양육은 수 년 동안 사상사와 정신에 깊이 열중하지 않고서는 일어날 수 없습니다. 서둘러 대학을 벗어나 돈을 벌거나 교회를 섬기거나 복음을 전하는 사람들은 과거의 위대한 지성 그리고 영혼들과 대화하며 그들의 사고 능력을 익히고 날카롭게 하고 확대하는 여가의 해들을 보내는 것의 무한한 가치를 알지 못합니다. 그 결과 창조적 사고의 경기장은 비워져 적에게 버려지게 됩니다.

> 복음주의자들 가운데 누가 학문에서 위대한 세속학자들과 용감히 맞설 수 있습니까?
> 복음주의 학자들 가운데 누가 역사나 철학, 심리학, 사회학, 정치학에 대한 세속적 최고권위자들에 의해 기준이 되는 근거로 인용됩니까?
> 복음주의적 사고양식은 우리 전체 문명에 정신과 관념을 새기는 유럽과 미국의 위대한 대학들에게서 지배적 양식이 될 기회를 조금이라도 지닙니까?
> 복음주의자들은 자신들을 위할뿐 아니라 예수 그리스도를 보다 효과적으로 증언하기 위해서도 도저히 책임 있는 지성적 실존의 주변부에서 계속 살 수 없습니다.[1]

이 말은 망치처럼 내려친다. 보통 수준의 그리스도인은 대학과 학술지, 전문가 사회에서 지성적 투쟁이 진행되고 있다는 사실을 깨닫지 못한다. 계몽주의, 자연주의와 포스트모던 반실재론(反實在論)이 넓게는 유신론적 세계관에, 구체적으로는 기독교 세계관에 대항하여 사악한 동맹을 맺고 포진해 있다.

그리스도인들은 이 투쟁의 결과에 도저히 무관심할 수 없다. 서구 문화를 형성하는 유일하게 매우 중요한 기관은 대학이기 때문이다. 우리의 미래 정치지도자, 언론인, 선생, 사업 경영자, 법률가, 예술가들이 훈련받을 곳은 대학이다. 그들이 그들의 삶을 형성할 세계관을 형성하게 될, 아니 그저 흡수하게 될 가능성이 높은 곳이 대학이다. 그리고 이들은 우리 문화를 형성하는 여론 주도층과 지도자들이기 때문에 그들이 대학에서 흡수하는 세계관은 우리 문화를 형성하는 세계관이 될 것이다.

기독교 세계관이 대학에서 존경과 탁월함의 자리로 회복될 수 있다면, 사회 전반에 누룩의 효과를 지닐 것이다. 우리가 대학을 바꾼다면, 우리는 문화를 형성하는 사람들을 통해 우리 문화를 바꿀 수 있다.

왜 이 일이 중요한가?

그저 복음은 따로 분리되어 들린 적이 없기 때문이다. 언제나 복음은 우리가 살고 있는 문화 환경이라는 배경에서 들린다. 기독교가 지성적으로 생존가능한 선택지로 여겨지는 문화 상황에서 자라난 사람은 복음에 대해 열린 태도를 보일

---

1 Charles Malik, "The Other Side of Evangelism", *Christianity Today*, November 7, 1980, p. 40. 원래 연설을 보려면 The Two Tasks (Wheaton, Ill.: Billy Graham Center, 2000) 참조.

것이다. 이는 세속화된 사람이 보여 주지 못할 태도이다. 또한, 우리는 세속적 사람이 요정(妖精)들이나 장난꾸러기 작은 요정들을 예수 그리스도를 믿는 것처럼 믿는다고도 이야기할 수 있다. 또는 보다 현실적 예증을 제시하자면 그것은 거리에서 하레 크리슈나(Hare Krishna) 운동의 신자가 우리에게 접근해 오고 있는 것과 같다.

그는 우리에게 크리슈나를 믿으라고 초청한다. 그런 초청은 이상야릇하고, 괴상하고, 아마도 웃긴다는 느낌을 우리에게 준다. 하지만 봄베이(Bombay) 거리에 있는 사람에게 그런 초청은 우리가 기대하듯이 아주 합리적으로 보이며 깊이 반성해볼 진지한 이유일 것이다.

본(Bonn)이나 런던(London), 뉴욕(New York)의 거리들에서 복음주의자들은 사람들에게 크리슈나 신자들이 그러한 것보다 덜 이상하게 보인단 말인가?

기독교철학자들의 아주 멋진 과제들 가운데 하나는 기독교 신앙이 남녀노소에게 생각할 만한, 지적으로 신뢰할 만한 선택지로 여겨질 수 있는 사회문화적 환경을 조성하는 방식으로 오늘날 지적 조류를 뒤집는 데 도움을 주는 것이다. 위대한 프린스턴(Princeton) 신학자 J. 그레샴 메이천(J. Gresham Machen)은 다음과 같이 설명했다.

> 일반적으로 하나님은 인간 정신의 어떤 선행 조건(先行條件)들과 관련하여 [그분의 중생시키는] 능력을 행사한다. 복음을 수용하기 좋은 이 조건들을 우리가 할 수 있는 한 하나님의 도움을 받아 창조하는 것은 우리의 몫이어야 마땅하다. 잘못된 관념들은 복음 수용에 가장 큰 장애물이다. 우리는 기독교가 무해(無害)한 환상 이상으로 여겨지지 못하게 하는 관념들에 의해 국가나 세계의 집단적 생각 전체가 논리의 불가항력적 힘에 의해 통제되도록 내버려둔다면, 우리는 개혁가의 모든 열정을 갖고 전도하지만, 여기저기서 낙오자 한 사람을 얻는 데 그친다.[2]

철학이 대학의 모든 분과 학문의 기초이기 때문에 철학은 그리스도를 위해 전략적으로 가장 영향을 받아야 하는 분과 학문이다. 말릭(Malik) 스스로 이 사실을

---

2 프린스턴신학교(Princeton Theological Seminary)의 101번 째 학기를 시작하는 1912년 9월 20일에 행한 연설이다. J. Gresham Machen, *What Is Christianity?* (Grand Rapids, MI: Eerdmans, 1951), p. 162에 다시 실렸다.

깨닫고 강조했다.

> 반지성주의라는 이 큰 위험을 극복하는 일은 또 다른 정신도 함께 필요로 한다. 예를 들어, 이 다른 정신이, 철학—사상과 지성에게 가장 중요한 영역—만 관련되는 한, 플라톤(Plato)의 『국가』(*Republic*), 『소피스트』(*Sophist*)를 집중적으로 연구하는 데만 1년 전체를 사용하거나 아리스토텔레스(Aristotle)의 『형이상학』(*Metaphysics*)이나 『윤리학』(*Ethics*)을 집중적으로 연구하는 데 2년을 사용하거나 아우구스티누스(Augustine)의 『신국론』(*City of God*)을 집중적으로 연구하는 데 3년을 사용할 만큼 엄청난 가치를 반드시 보아야 한다고 나는 말한다.[3]

그런데 한 가지 의미에서 볼 때 사상과 지성에 대해 가장 중요한 것은 철학이 아니라 신학이다. 중세인들이 올바로 보았듯이 신학은 사람들이 다른 분과 학문들에서 훈련을 받은 후 비로소 최고 학문으로 연구되어야 하는 모든 학문의 여왕이다. 불행하게도 오늘날 여왕은 서구 대학에서 추방된 상태이다. 하지만 신학의 시녀인 철학은 아직 궁궐에 한 자리를 차지하고 있으며, 그래서 여왕(신학-역주)을 위해 행동할 수 있는 전략적 위치를 차지하고 있다.

여왕이 없는 상태에서 말릭이 철학을 가장 중요한 지적 영역이라 부르는 이유는 그것이 모든 분과 학문의 가장 근본이라는 데 있다. 철학은-철학 자신을 포함하여-대학의 모든 분과 학문의 전제와 가치를 검토하기 때문이다. 그것이 과학철학이든, 교육철학이든, 법철학이든, 수리철학이든, 어떤 철학이든 모든 분과 학문은 그 분과 학문에 기초가 되는 철학의 관련 영역을 지닐 것이다.

이 각각의 분과 학문의 철학은 신학적으로 중립적이지 않다. 정통 기독교의 유신론과 일치되는 전제들의 채택이나 그렇지 않으면 그것에 적대적인 전제들의 채택은 그 분과 학문 전체에 걸쳐 엄청난 영향을 끼칠 것이다. 이어서 그 분과 학문은 그 학문에 종사하는 사람들을 기독교 신앙에 대해 호의적 경향을 지니거나 적대적 경향을 지니도록 할 것이다. 기독교철학자들은 이 다양한 분과 학문의 철학에 영향을 줌으로써 우리의 미래 지도자 세대가 복음 수용에 호의적이도록 전체 대학의 생각을 형성하는 데 도움을 줄 수 있다.

---

3   Malik, "Other Side of Evangelism", p. 40.

이 일은 이미 일어나고 있다. 지난 40년에 걸쳐 영미철학에서 혁명이 일어나고 있다. 1960년대 후반 이후 기독교철학자들은 벽장에서 나와서, 수준 높은 학술지들과 전문가 사회들에서 철학적으로 정교한 논증들을 사용해서 기독교세계관의 진리를 옹호하고 있다. 또한, 그 결과 영미철학의 모습이 변혁되고 있다.

"1960년대 후반 이후 철학과들에서 점진적으로 이루어진 학계의 탈세속화(desecularization)"를 슬퍼하는 최근 한 논문에서 한 무신론 철학자는 다른 분과 학문들에서 유신론자들이 그들의 유신론적 믿음들을 그들의 전문 연구와 구분하는 경향이 있는 반면 "철학에서 유신론을 옹호하는 것이 거의 하룻밤 사이에 '학문적으로 존경받는' 일이 되었으며 이것이 철학을 오늘날 학계에 들어오는 가장 지적이고 재능 있는 유신론자들에게 선호되는 참여 영역으로 만들었다"[4]는 사실을 인정했다. 그는 다음과 같이 불평한다.

> 자연주의자들은 유신론의 실재론적 설명들을 수동적으로 지켜보았다. … (자연주의자들은) 철학 공동체 전체에 걸쳐 날아가 버리기 시작했으며, 그 결과 오늘날 아마도 철학 교수들 가운데 4분의 1 내지 3분의 1이 유신론자들이고 대부분이 정통 기독교인들이다.[5] 그는 "하나님은 학계에서 '죽지' 않았다. 하나님은 1960년대 후반에 살아 돌아왔으며, 학계의 마지막 요새인 철학과들에서 지금 잘 살아 있다.[6]

이것은 무신론 철학자가 영미철학에서 그의 눈앞에서 일어난 변화에 대해 하는 증언이다. 아마도 그는 미국의 철학자들 가운데 4분의 1 내지 3분의 1이 유신론자들이라고 추산할 때 과장하고 있는 것 같다. 하지만 그의 견적이 드러내는 것은 기독교철학자들이 이 영역에 눈에 띄게 끼친 충격이다. 기드온의 용사들처럼 헌신된 소수의 활동가들은 그 수에 비해 훨씬 더 큰 충격을 줄 수 있다.

그가 저지르는 주된 잘못은 철학과들을 대학에서 하나님의 "마지막 요새"라고 부르는 것이다. 그와 반대로 철학과들은 그리스도를 위해 대학의 다른 분과 학문들에게 충격을 주기 위해 작전들이 시작될 수 있으며 이를 통해 우리가 사는 사회문화적 환경을 변혁시키는 데 도움을 줄 수 있는 교두보이다.

---

4   Quentin Smith, "The Metaphilosophy of Naturalism," *Philo* 4, no. 2 (2001): 3.
5   Smith, "The Metaphilosophy of Naturalism", no. 2 (2001): 3.
6   Smith, "The Metaphilosophy of Naturalism", no. 2 (2001): 3.

하지만 철학 훈련을 받을 필요가 있는 사람은 학계에 전문적으로 들어가고자 하는 사람들만이 아니다. 기독교철학은 기독교 목회 훈련에 필수적인 부분이기도 하다. 여기서 우리에게 모델은 존 웨슬리(John Wesley)와 같은 사람이다. 그는 성령에 충만한 부흥목사인 동시에 옥스퍼드에서 교육받은 학자이다.

1756년 웨슬리는 "목회자를 향한 연설"을 했다. 우리는 이 연설을 신학 공부를 시작하는 모든 미래 목회자에게 추천한다. 웨슬리는 목회자가 어떤 종류의 능력들을 갖추어야 마땅한지 논의할 때 타고난 재능들과 획득되는 능력들을 구분했다. 또한, 목회자가 획득해야 마땅하다고 웨슬리가 생각한 능력들을 살펴보는 것은 아주 유익하다. 그 능력들 가운데 하나는 철학에 대한 기본적 파악이다. 그는 그의 청중에게 다음과 같이 스스로 물어보라고 도전했다.

> 나는 분과 학문들에 꽤 통달했는가?
> 나는 분과 학문들의 관문인 논리학 과정을 다 마쳤는가?
> 그렇지 않다면 나는 문지방에서 넘어질 때 훨씬 더 나아가지 못하는 것 같다. … 도리어 나의 어리석은 게으름과 나태함이 나로 하여금 작은 재주꾼과 멋진 신사가 긍정하는 것을, 즉 "논리는 아무짝에도 쓸모없다"를 믿기 쉽도록 하지 않았는가?
> 논리는 적어도 이것에는 쓸모가 있다. … 사람들로 하여금 적게 말하도록 하는 것이다.[7] 무엇이 적절하고 무엇이 적절하지 않은 지를 사람들에게 보여줌으로써이다. 또한, 어떤 것을 증명하는 일이 정말 얼마나 어려운지를 보여줌으로써이다.
> 나는 형이상학을 이해하고 있는가?
> 스콜라학자들의 깊이나 스코투스(Scotus)나 아퀴나스(Aquinas)의 세밀함은 아닐지라도, 그 유용한 학문의 처음 초보들이나 일반 원리들은 이해하고 있는가?
> 나는 내 견해를 분명하게 하고 내 생각들을 적절한 항목들 아래 배열할 만큼 많이 그 학문을 자기 것으로 만들었는가?

---

[7] 길고 산만하게 이야기하는 것을 논리는 핵심만 추려 논증으로 구성하기에 훨씬 더 적게 말하도록 할 수 있다는 뜻이다-역주.

내가 헨리 무어(Henry Moore) 박사[8]의 『작품들』(Works), 말브랑쉬(Malebranche)[9]의 『진리를 향한 추구』(Search after Truth)[10], 클라크(Clarke) 박사[11]의 『하나님의 존재와 속성들에 대한 논증』(Demonstration of the Being and Attributes of God?)[12]을 읽고 얻은 바가 있을 뿐 아니라 쉽고도 즐겁게 읽을 수 있도록 할 정도로 나는 그 학문을 자기 것으로 만들었는가?[13]

웨슬리의 목회자상은 주목할 만하다. 신사이며 성경에 능숙하며 역사와 철학, 당대 과학에 밝은 목회자이다.

우리 신학교들을 졸업하는 목사들이 어떻게 이 모델에 필적한단 말인가?

이 책의 저자들은 철학적 훈련이 기독교 목회에 실질적으로 큰 도움이 될 뿐 아니라 심지어 필수불가결함을 개인적으로 증명할 수 있다. 여러 해 동안 우리는 각자 학문 작업에서뿐 아니라 '기독학생회'(IVF, InterVarsity Christian Fellowship), CCC(Campus Crusade for Christ), 베리타스포럼(Veritas Forum)과 같은 모임들과 함께 대학 캠퍼스에서 복음을 전하는 일에도 관여했다. 몇 번이고 우리는 그리스도를

---

8   무어(Henry Spnecer Moore, 1898-1986)는 영국 조각가로서 공공 예술 작품들(public works of art)로 설치된 추상적 기념 동상들로 유명하다.-역주
9   합리론 철학자 니콜라스 말브랑쉬(Nicolas Malebranche, 1638-1715)는 프랑스 오라토리오회 수도사에 가입해서 1664년에 사제 서품을 받았다. 그는 하나님이 세상의 모든 측면에서 적극적 역할을 하시는 것을 증명하기 위해 데카르트의 철학을 신플라톤주의 및 아우구스티누스의 사상과 종합하고자 했다.-역주
10 Malebranche, *De la recherche de la vérité: Où l'on traite de la nature de l'esprit de l'homme et de l'usage qu'il doit faire pour éviter l'erreur des sciences* (Paris: J. Vrin, 2002).-역주
11 영국 철학자 새뮤얼 클라크(Samuel Clarke, 1675-1729)는 성경 원문 연구에 힘썼으며 1698년 노리치(Norich) 교구 담임목사가 되었으며, 1706년 앤 여왕의 담임목사가 되었다. 1699년 『세례와 신앙고백, 회개에 관한 세 편의 실천적 글』(*Three Practical Essays on Baptism, Confirmation and Repentance*)과 『초대 교부들의 글들과 신약정경과 관련되는 아민토르, 즉 <밀턴의 생애에 대한 변명>에 대한 일부 반성들』(*Some Reflections on that part of a book called Amyntor, or Defence of Milton's Life, which relates to the Writings of the Primitive Fathers, and the Canon of the New Testament*)을 저술했다. 그는 1701년에 『요한복음에 대한 부연 설명』(*A Paraphrase upon the Gospel of St. Matthew*), 1702년에 『마가복음과 누가복음에 대한 부연 설명』(*Paraphrases upon the Gospels of St. Mark and St. Luke*)을 썼으며, 이어서 요한복음에 대해서도 그렇게 해서 모두 2권으로 묶어 출판했다. 그는 나머지 신약성경도 그렇게 하고자 했으나 그 뜻을 이루지 못했다. 이는 기독교철학자가 성경 원문에 대한 연구를 철저히 하고자 했음을 잘 보여 준다-역주
12 이 책에서 클라크는 일종의 수학적 방법에 따라 하나님의 존재를 증명하고자 했다.-역주
13 "An Address to the Clergy", delivered February 6, 1756. *The Works of John Wesley*, 3d ed., 7 vols(Grand Rapids, Mich.: Baker, 1996), 6:217-31에 다시 실렸다.

위해 학생들에게 손을 내밀 때 철학 연구의 실천적 가치를 보았다. 삶의 의미나 도덕적 가치를 다루는 문제들로부터 고통과 악의 문제나 종교 다원주의의 도전에 이르기까지 학생들은 질문하기 보다는 대답하기가 훨씬 더 어려운 심오한 철학적 질문들을 던지고 있다.

그들은 신비에 대한 호소나 가벼운 대답보다는 사려 깊은 반응을 받을 만하다. 관행적 지혜는 "너희는 사람들을 그리스도에게 데려오기 위해 논증을 사용할 수 없다"고 말한다. 이것은 우리의 경험이 아니었다. 복음의 합리적 제시와 옹호를 듣는 데 대한 관심이 믿지 않는 학생들 가운데 상당히 있으며, 일부 학생들은 그리스도에 대한 신뢰로 기꺼이 반응할 것이라는 것이 사실이다. 솔직히 말하자면 우리는 어떻게 철학 훈련을 받지 않고서 우리 대학 캠퍼스에서 공적으로 효과적으로 사역할 수 있을지 알지 못한다.

마지막으로 철학 훈련을 통해 유익을 얻을 사람은 학자들과 목회자들뿐이 아니라, 우리 문화가 효과적으로 개혁되어야 한다면 지적으로 참여할 필요가 있는 평신도들이기도 하다. 우리 교회들은 그리스도인으로서 허약해질 정신을 지닌 사람들로 지나치게 많이 차 있다. 말릭이 주목했듯이 그들은 영적으로 거듭났을 수 있지만, 그들의 정신은 회심하지 않았다. 그들은 여전히 불신자들처럼 생각한다. 그들은 기독교적 헌신에도 불구하고 아직 대체로 비어 있는 자아이다.

비어 있는 자아란 무엇인가?

비어 있는 자아란 수동적이고 감각 중심적이고 바쁘고 서둘고 내면의 삶을 발전시킬 수 없는 사람이다. 그런 사람은 지나치게 개인주의적이며 어린아이 같고 자기만 사랑한다. 이제 그런 사람들로 가득 차 있는 교회를 상상해 보라.

그런 교회의 신학적 이해, 전도의 열의에 불타는 용기, 문화적 침투력은 어떨 것인가?

내면의 삶이 정말 그 정도로 실제 문제가 되지 않는다면, 왜 우리는 지적이고 영적으로 성숙한 삶을 개발하려는 데 시간을 써야 마땅하단 말인가?

어떤 사람이 기본적으로 수동적이라면, 그는 책을 읽으려 노력하기보다, 그 대신 그저 오락을 즐기는 일을 더 좋아할 것이다. 한 사람이 성향상 감각 중심적이라면 사진들로 가득 찬 잡지들과 음악, 시각 매체 일반이 한 페이지의 글이나 추상적 생각보다 더 중요할 것이다. 누군가 바쁘고 마음이 번잡하다면, 이론적 지식에 대해 인내하지 못할 것이며, 주목하는 시간이 너무 짧아서 한 생각이 주의 깊게 개발되고 있는 동안 그 생각에 머물지 못할 것이다.

또한, 어떤 사람이 지나치게 개인주의적이고 어린아이 같고 자기만 사랑한다면 그 사람이 설령 책을 읽는다 해도 무엇을 읽을 것이란 말인가?

기독교 명사들에 관한 책들, 세상이 주어야 하는 가장 나쁜 것을 흉내 내는 기독교 연애소설들, 구호와 극단적으로 단순화된 교훈, 수많은 이야기와 사진으로 가득 찬 기독교 자기계발서들, 독자가 직면하는 문제들에 대한 부절적할 진단이다. 읽히지 않을 것은 사람들로 하여금 신학적이고 사리에 잘 맞는 기독교 신앙 이해를 발전시키고, 하나님 나라의 더 넓은 사역에서 그들이 해야 하는 역할을 맡을 수 있도록 하는 책들이다.

그런 교회는 무능하게 되어 경솔한 다원주의와 잘못 알고 있는 과학주의의 홍수 속에서 기독교적 생각들을 씻어버리려 위협하는 세속주의의 강력한 힘들에 대항하지 못할 것이고 교회 성공을 주로 수(數)로만 측정하려는 유혹에 빠질 것이다. 비어 있는 자들에 대한 문화적 적응에 의해 이루어진 수이다. 이런 식으로 교회는 자신의 무덤이 더 깊어지게 하기에 알맞다. 교회가 단기적 "성공"을 이루는 수단은 장기적으로 볼 때 교회를 매장하는 것으로 드러날 것이기 때문이다.

이 그려지는 시나리오를 아주 비참하게 만드는 것은 우리가 그런 교회를 상상할 필요가 없다는 것이다. 도리어 이것은 오늘날 너무나 많은 미국 복음주의 교회들에 대한 적절한 묘사이다. 그래서 지금까지 복음주의 기독교가 그 부흥에도 불구하고 문화적 영향력에서 너무 제한적이었다는 것은 놀라운 일이 아니다. 데이비드 웰스(David Wells)는 다음과 같이 반성한다.

> 복음주의 정신을 지닌 사람들의 엄청난 성장은 … 지금쯤은 벌써 미국 문화에 혁명을 일으켜야 마땅했다. 미국 성인들의 3분의 1이 영적 중생을 경험했다고 주장하기에, 강력하고 대안적인 세계관에서 나오는 도덕의 강력한 역류가 공장들과 사무실들, 중역 회의들에서 미디어와 대학들, 전문 직종들에서 이 나라의 한쪽 끝에서 다른 쪽 끝까지 흘러나가야 마땅했다. 지금쯤은 벌써 그 결과가 분명하게 드러나야 마땅하다. 세속적 가치들이 동요하기 시작하고 있어야 마땅하며, 그 가치들을 옹호하는 사람들이 매우 곤란해 하고 있어야 마땅하다. 하지만 결국, 결과로 드러나듯이 복음주의 진영의 이 팽창은 모두 문화에서는 무시당했다. … 미국 문화에서 복음주의자들의 존재는 잔물결도 일으키지 못했다.[14]

---

14 David F. Wells, *No Place for Truth* (Grand Rapids, Mich.: Eerdmans, 1993), p. 293.

웰스가 말하기를 복음주의자들이 대부분 올바른 기독교 믿음들을 지니고 있는 반면, 너무나 많은 복음주의자들에게 이 믿음들이 그들의 정체성의 중심에 있기보다 대체로 그들 실존의 주변에 있다는 것이 문제이다. 중심에 있어서 그들은 텅 빈 사람들이며 속이 빈 자아(自我)들이다. 교회로서 우리가 우리 문화 전반에 걸쳐 개혁의 흐름을 생기게 해야 한다면 자신들의 신앙에 지적으로 종사하고 자신들의 기독교적 정체성을 그들의 자아 개념에 결정적인 것으로 삼는 평신도들이 우리에게 필요하다.

문화적 개혁 외에도 지적(知的)인 일의 부흥은 위대한 스승 예수의 주되심 아래 활발하게 삶을 변혁하는 수련(修鍊)을 회복하는 데 절대적으로 중요하다. 어떤 수련생도 수련생의 삶과 활동을 지도하는 스승의 권위를 존경하지 않는 한 스승과 같게 되지 않을 것이다. 그렇지만 오늘날 일반적으로 성경의 권위가, 구체적으로 예수 그리스도의 권위가 아주 무시되고 있다. 그리스도 자신의 제자들 중 많은 사람 가운데서도 일반적 태도는 예수 그리스도가 거룩하고 능력 있고 등등이지만 그분이 가르치시고 그것에 따라 사셨던 세계관은 생각하는 사람들에게 더 이상 믿을 만하지 못하다는 것이다.

달라스 윌라드(Dallas Willard)는 다음과 같이 봤다,

> 세속적 전망의 압도적 무게는 … 오늘날 우리에게 있는 모든 생각에 침투해 있거나 그 생각을 누른다. 때로 그것은 기독교 교사라는 자기정체성을 지니는 사람들에게 하나님의 나라의 실재와 전체적 연관성에 관한 예수의 분명한 말씀들을 제쳐놓고 "근대적" [즉, 현대적] 사고방식과 일치되라는 것이 유일한 권고인 철학적 사변들로 그 말씀들을 대체하라고 강요하기까지 한다. 모호하고 실체가 없지만 강력한 전제는 예수의 방식에 따라 실재를 이해하는 영적 이해가 "잘 알고 있는" 사람들에게는 그저 어리석게 되도록 하는 것이 발견되었다는 것이다.[15]

윌라드는 교회에 영적 생명력을 회복하기 위해 반드시 우리는 예수를 그분이 무엇에 관해 말씀하고 계셨는지를 아는 지적으로 유능한 분으로 보는 견해를 되찾아야 한다는 결론을 내린다.

---

15 Dallas Willard, *The Divine Conspiracy* (San Francisco: Harper, 1998), p. 92. Cf. pp. 75, 79, 134, 184-85.

그 자신이 철학자인 윌라드가 보기에 이것은 교회 안에서 철학적 반성(反省)을 소생시키는 것을 포함할 것이다. 사실 철학적 반성은 기독교 제자도와 교회에서 정신의 삶에 불을 붙이는 강력한 수단이다. 다시 말하자면 이 책의 저자들은 하나님에 대한 예배가 우리의 철학 연구에도 불구하고가 아니라 엄밀히 우리의 철학 연구 때문에 더 깊어짐을 입증할 수 있다.

우리가 철학영역 내의 다양한 전문 영역에 대해 철학적으로 반성하면 할수록 하나님의 진리에 대한 올바른 인식과 하나님의 인격에 대한 경외가 더 깊어진다. 우리는 앞으로의 연구가 하나님의 인격과 사역에 대해 가져오리라 확신하는 더 깊은 인식 때문에 앞으로의 연구를 기대한다. 기독교 신앙은 냉담한 신앙이나 머리가 빈 신앙이 아니라, 살아 있으며 탐구하는 신앙이다. 안셀무스(Anselm)가 표현하듯이 우리의 신앙은 이해를 추구하는 신앙(faith seeking understanding)이다.

하나님께서 우리 눈앞에서 새로운 일을 하시고 계시는 철학 영역에서 살면서 일하는 이 시점들은 매우 신나는 때이다. 하나님께서 훨씬 더 많은 기독교 사상가들을 이 부글거리는 영역으로 부르시고 교회와 교회 목회자들이 21세기에 하나님과 하나님 나라를 훨씬 더 효과적으로 섬기도록 준비시키는 데 이 책을 사용하시기를 기뻐하시는 것이 우리의 소망이며 기도이다.

2. 대화로의 초대

우리는 철학 훈련이 기독교 학자들과 목회자들, 평신도들에게 주는 유익을 확신하기에 이 책 『기독교 세계관의 철학적 기초』(Philosophical Foundations for a Christian Worldview)를 기독교적 관점에서 철학 영역에 주어지는 입문 교과서로 제공한다.

따라서 우리는 우리가 논의하는 주제들에 대해 일부 거짓 중립성을 가장하지 않는다. 우리 텍스트는 의도적으로 기독교적이며, 따라서 찬성 입장들과 반대 입장들을 검토하는 지루한 글이 아니라, 기독교인이 다양한 물음에 대해 가장 타당하게 취할 수 있는 입장이라고 여기는 것을 명확하게 표현하는 글이다. 물론 우리는 기독교 사상가들에게 다른 입장들도 허용될 수 있으며 일부 경우 우리 스스로 선호하는 입장과 의견을 달리하거나 여러 선택지를 열어둘 수도 있다는 것을 인정한다.

우리는 우리가 옹호하는 모든 입장에 대한 비판과 대화를 환영한다. 그래서 예를 들어, 인간학적 이원론이나 시제적(時制的, tensed) 시간론, 사회적 삼위일체론, 기독론적 단의론(單意論, montheletism)과 같이 논란이 되는 문제들이라고 인정되는 특정 입장들을 옹호할 때, 이 문제들에 대한 논의를 닫기보다는 열고자 한다. 우리는 우리가 변호하는 입장들을 옹호하는 우리 논증들에 관여하라고 독자들을 초대한다.

이 책 『기독교 세계관의 철학적 기초』는 분명히 큰 책이며, 추론의 기본 규칙들뿐 아니라 인식론과 형이상학, 과학철학, 윤리학, 종교철학에 나타난 넓은 범위의 문제들을 다룬다.

이 책을 교과서로 사용하는 사람들은 이 책이 토론하기 좋은 풍부한 토양임을 발견할 정도로 이 책의 상당 부분은 이 영역(철학-역주)에 처음 들어오는 사람들에게는 읽기 어려운 것일 것이다. 따라서 우리는 학생들이 한 학기에 책 전체를 다 파라는 기대를 받을 것이라 예상하지 않는다. 도리어 교수는 가장 흥미롭거나 중요하다고 여기는 물음들과 가장 잘 맞물리는 장들을 선택적으로 할당하고 나머지는 제쳐놓기로 할 수 있다. 물론 우리는 학생들의 관심이 충분히 돋우어져서 그들이 언젠가 나중에 과제로 주어지지 않은 자료를 읽고 그 자료와 씨름하기 위해 이 책으로 결국, 돌아올 것을 희망한다!

각 장은 논의되는 문제에 의해 제기되는 가장 중요한 물음들의 설명을 그 문제에 대한 기독교적 관점과 더불어 포함하며, 그 장에서 사용되는 핵심용어 목록과 그 장의 간결한 요약으로 맺는다. 이 핵심 용어들은 텍스트에서 처음 소개되고 정의될 때 굵은 글씨로 인쇄된다. 학생들은 이 단어들을 작업 어휘에 더하는 것이 좋다. 각 장에 제시되는 추가 읽을거리 목록은 장 뒤에 포함된다.

우리는 각주를 최소한 넣으려고 노력했다. 제안되는 추가 읽을거리가 독자에게 각 개별 장에서 논의되는 문헌을 적절하게 가리켜줄 것이라고 믿는다.

3. 감사의 말

우리는 이 거대한 기획을 실현시키는 데 있어서 IVP출판사(InterVarsity Press)의 짐 후버(Jim Hoover)의 꼼꼼한 편집과 인내에 감사드린다. 우리는 색인을 세심하게 준비해 준 데 대해 마크 젠슨(Mark Jensen)과 제니퍼 젠슨(Jennifer Jensen) 부부에게 은혜를 입었다. 우리는 이 기획이 성사되도록 크게 도와 준 연구비에 대해 '디스커버리연구소'(Discovery Institute)와 하워드 호프만(Howard Hoffman), 폴 울프와 리사 울프(Paul and Lisa Wolfe) 부부에게도 감사하고 싶다.

마지막으로 우리는 탈봇신학대학원(Talbot School of Theology)의 학과 동료들과 대학원생들로부터, 특히 탈봇신학교의 철학과와 윤리학과에 있는 동료들과 대학원생들로부터 받은 영적 지지와 지적 자극에 감사드리고 싶다.

제1부

서론

제1장 철학이란 무엇인가?

제2장 논증과 논리

제1장

철학이란 무엇인가?

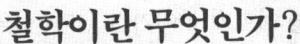

나는 어디에 있는가, 아니 나는 무엇인가?
어떤 원인에서 나는 내 존재를 얻으며,
또한, 어떤 상태로 나는 되돌아갈 것인가?
나는 누구의 호의를 얻으려 할 것이며, 누구의 분노를 두려워해야 하는가?
어떤 존재들이 나를 둘러싸는가?
또한, 나는 누구에게 영향을 주는가, 아니 누가 나에게 영향을 주는가?
나는 이 모든 문제로 당혹스러우며, 생각하기 시작한다. 내 자신이 상상할 수 있는 한 가장 비참한 상태에 있다고,
칠흑 같은 어둠에 둘러싸여
사지와 능력을 전혀 쓰지도 못한 채.

*데이비드 흄, 『인간 본성론』(*A Treatise of Human Nature*)

모든 문제가, 모든 논제가 검토되어야 하는 것은 아니며,
논증이 필요한 사람들 가운데 하나를 곤혹스럽게 할 것만 검토되어야 한다.

*아리스토텔레스, 『토피카』(*Topics*), 1.11 (105A1-5)

첫째, 훌륭한 이해와 분명한 파악, 건전한 판단, 어느 정도 정확한 추론 능력 …
목회자가 이것들을 지니지 않아야 마땅하단 말인가?
논리학의 2부로 불리는 것(형이상학)을 어느 정도 아는 것은 (논리 자체)만큼 필요하지는 않지만 매우 쓸모 있는 것 아닌가?
목사는 적어도 자연철학의 일반 기초는 알아야 하는 것 아닌가?

*존 웨슬리, 『목회자를 향한 연설』(*Addres s to the Clergy*)

1. 서론

당신은 신나고 재미있는 여행에 들어가려 한다. 삶의 매우 중요한 관념들, 실재와 하나님, 영혼, 지식과 진리, 선 등등에 관한 관념 가운데 일부를 철학적으로 탐사한다. 그것에 관해 착각하지 말라. 관념이 문제이다. 사람들이 실제로 믿는 관념들은 그가 어떤 종류의 사람이 되는지를 대체로 결정한다. 모든 사람에게는 삶의 철학이 있다. 그것은 선택할 수 있는 것이 아니다. 선택할 수 있어서 매우 중요한 것은 삶의 철학의 타당성이다.

사람들의 견해들은 합리적인가 아니면 비합리적인가, 참인가 아니면 거짓인가?
세심하게 형성되고 정확한가, 아니면 편리하게 형성되고 흐트러지는가?
그 견해들은 인간의 번영에 이바지하는가?
아니면 인간의 타락한 본성의 요구를 채우는가?
그 견해들은 삼위일체 하나님을 예배하는가, 아니면 예배하지 않는가?

철학이라는 분과 학문은 점점 더 풍부하고 확고한 삶의 철학을 찾는 일을 크게 도울 수 있다. 수세기에 걸쳐 사람들은 철학의 중요성을 인정해왔다. 특히, 기독교 역사 내내 철학은 교회의 삶에서 그리스도의 복음의 전파와 변호에서 중요한 역할을 했다. 위대한 신학자 아우구스티누스(354-430)는 초기 교부들의 많은 견해를 다음과 같은 말로 요약했다

> 우리는 사물들의 본성에 관해 신뢰할 만한 원천들로부터 [우리 비판자들이] 증명할 수 있는 것과 우리의 성경이 상충되지 않음을 보여 주어야 한다.[1]

철학은 아우구스티누스가 이 과제를 하면서 사용한 주된 도구였다. 1756년에 존 웨슬리(John Wesley)는 목회를 준비하는 일군의 사람들에게 연설했다. 그는 오늘날 종종 신학교 교육에서 무시되지만 신학교들이 잘 회복되기 위한 기술들을 얻으라고 그들에게 권고했다. 또한, 그가 말한 것은 상당 부분 모든 그리스도인

---

[1] Augustine *On the Literal Interpretation of Genesis* 1.21.

에게도 건전한 충고이다. 웨슬리가 보기에 논리와 철학 일반을 끈기 있게 습득하는 일은 그리스도를 섬기는 일의 중요한 요소들 가운데 있다.

불행히도 오늘날 사정은 다르다. 신학자 R. C. 스프룰(R. C. Sproul)은 이것을 "교회사에서 가장 반지성적 시대"라고 불렀으며, "현대 복음주의가 직면한 가장 큰 위험은 특히, 철학과 관련될 때 정신 수련의 결핍"이라고 전(前) 유엔사무총장이자 기독교 정치가인 찰스 말릭(Charles Malik)이 경고한다.

교회 안에서 이 경향은 서구 문화의 불행한 두 특징과 연결된다. 대학생활에서 인문학의 평가절하를 수반하는 사회에 만연한 실용주의 그리고 대학 이전 교육 커리큘럼에 철학이 없는 것, 철학과가 기독교 대학과 신학교에서 멸종위기에 처하며, 대부분의 교회 모임에서 진지한 철학적 반성이 실제적으로 없다는 것이 그 결과이다. 이제 이것은 그리스도의 몸(교회-역주)에 나타나는 문화적 분별력의 결핍과 지적 천박성에 기여했다.

하지만 정말로 철학은 교회의 삶과 건강, 증언에 그렇게 중요한 것인가?
하나님의 사람들은 철학과 세속적 지혜를 피하라는 경고를 성경에서 받지 않는가?
그것은 그렇고, 철학이란 무엇인가?
철학은 신자들이 통합적인 기독교세계관을 형성하는 데 어떻게 이바지하는가?
철학은 대학에서 교육되는 다른 분과 학문들과 어떻게 연결되는가?

2. 철학의 본질

일반적으로 학자들은 어떤 활동을 철학적이라고 분류할 수 있는 일련의 필요충분 조건을, 즉 오직 철학만 충족시키는 조건들을 표현하는 완벽한 정의란 없다는 데 의견일치를 보인다. 하지만 이것은 어려움을 줘서는 안 된다.

일반적으로 문제되는 것의 특징을 알고 그것의 사례를 알아보기 이전에 어떤 것의 정의(定義)가 우리에게 필요하지는 않다. 우리는 완전한 정의가 없어도 역사 연구와 사랑, 개인, 예술, 물질, 스포츠, 그 밖의 일련의 것들의 사례(事例)들을 알아볼 수 있다. 그런데도 정의는 유용하며, 철학에 대한 꽤 적합한 정의가 주어질 수 있다.

우리는 그런 정의를 체계적으로 나타내는 일에 어떻게 착수할 수 있을까?

세 가지 방식이 떠오른다.

첫째, 철학이라는 단어의 어원(語源)에 초점을 둘 수 있다.

그 단어는 필레인(*philein*, "사랑하다")과 소피아(*sophia*, "지혜")라는 두 개의 그리스어에서 나온다. 그래서 철학자는 지혜를 사랑하는 사람이다. 소크라테스는 음미되지 않은 삶이란 살 가치가 없다고 주장했다. 고대 그리스 철학자들은 진리와 지식, 아름다움, 선(善)에 관한 지혜를 추구했다.

이런 의미에서 볼 때, 삶과 세계 전체, 매우 중요한 것들에 관한 지식과 지혜를 확보하기 위해 그것들에 관해 깊이 생각하려는 시도가 철학이다. 따라서 철학은 삶의 가장 중요한 문제들에 관한 지식과 지혜를 얻기 위해 그 문제들에 관해 이성적이고 비판적으로 생각하려는 시도로 정의될 수 있다.

철학은 이성적으로 정당화되고 참된 세계관을 형성하는 데 도움을 줄 수 있다. 우리가 믿는 명제들, 특히 삶의 가장 중요한 문제들에 관한 명제들이 잘 정돈되어 있는 일군(一群)의 명제들이 세계관이다.

둘째, 철학이 종종 이차 학문(second-order discipline) 역할을 한다는 사실에 주목한다면 우리의 철학 이해가 강화될 것이다.

예를 들어, 생물학은 살아 있는 유기체들을 연구하는 일차 학문(first-order discipline)이지만, 철학은 생물학을 연구하는 이차 학문이다. 법과 수학, 교육, 과학, 행정, 의학, 역사, 문학과 같이 x가 어떤 학문일 수 있든 관계없이 x의 철학을 갖는 것은 가능하다.

철학자들은 그 분야의 철학을 체계적으로 나타내기 위해 다른 학문을 검토할 때, 그 학문에 관해 규범적 물음들(예를 들어, 그 학문에서 무엇을 믿어야 마땅하며 무엇을 믿지 않아야 마땅하며, 왜 그러한지에 관한 물음들)을 던지며, 그 학문을 뒷받침하는 전제들을 분석하고 비판하며, 그 학문 안에 있는 개념들을 밝히며, 그 학문을 다른 분야들과 통합시킨다.

다시 생물학을 살펴보자. 철학자들은 다음과 같은 물음들을 던진다.

인식될 수 있는 외부 세계란 있는가?

만일 그 세계가 있다면, 우리는 그 세계를 어떻게 아는가?

생명이란 무엇이며, 생명은 무생물과 어떻게 다른가?
과학적 이론들과 법칙들을 어떻게 형성하고 검토하고 사용할 수 있어야 마땅한가?
생물실험은 도덕적으로 허용될 수 있는가?
생물학자들이 DNA 안에 있는 정보에 관해 이야기할 때, 우리는 이 이야기를 어떻게 이해해야 마땅한가?
호모 사피엔스(Homo sapiens)라는 종(種)의 구성원이라는 생물학적 개념은 하나님의 형상에 따라 지음 받았다는 신학적 개념이나, 법적/도덕적 권리를 지닌 인격이라는 형이상학적 개념과 어떻게 연관되는가?

이 물음들은 모두 본성상 철학적이다. 철학자들이 다른 연구 분야들에 관한 전제적(前提的)이고 규범적이고 개념적이고 통합적인 물음들을 던지고 대답하려 한다는 사실은 이 물음들을 검토함으로써 분명하게 된다. 그래서 기독교의 신학을 다른 연구 분야들과 통합시키는 과제에서 가장 중요한 기초 학문이 본성상 철학이다. 이 주장은 나중에 조금 더 자세히 검토된다.

또 하나의 관찰이 중요하다. 철학은 한 학문의 전제들을 밝히고 정당화함으로써 전제(前提)의 차원에서 작용하기 때문에 자신의 분야 안에서 문제시되지 않은 전제가 유일하게 없는 연구 분야가 철학이다. 달리 말하자면 철학은 자기 지시적(指示的, self-referential) 학문이다. 철학의 정의(定義)와 정당화, 방법론에 관한 물음들은 그 자체가 본성상 철학적이기 때문이다. 철학자들은 자신들을 포함하여 모든 사람을 보증한다. 철학을 포함하는 모든 학문의 전제의 정당화는 대체로 철학적 일이다.

셋째, 철학의 특징을 나타내는 길은 철학의 다양한 하부 분과 학문을 그저 나열하는 것이다.

과학철학이나 종교철학과 같이 철학의 서로 다른 이차 분과 학문들 외에도, 수많은 표준적 연구 분야들은 철학의 일차적 부분들이다. 예를 들어, 논리학은 결론이 전제들에서 언제 정당하게 도출될 수 있으며 왜 그러한가와 같은 물음들에 초점을 두며, 옳은 추론 원리들을 탐구한다. 인식론은 지식과 정당화된 믿음을 연구한다.

지식이란 무엇인가?
우리에게 지식이 있을 수 있는가?
우리는 사물들을 어떻게 알며 우리 믿음들을 어떻게 정당화하는가?
우리가 알 수 있는 종류의 것은 무엇인가?

형이상학은 존재 내지 실재에 대한 연구이다.
일부 형이상학적 물음이 여기에 있다.

어떤 것이 존재한다는 것은 무슨 뜻인가?
궁극적 부류의 존재자들은 무엇인가?
공간과 시간, 인과(因果)는 무엇인가?
언어적 의미는 무엇인가?

가치론은 예를 들어, 윤리적 가치와 미적 가치와 같은 가치에 대한 연구이다.
어떤 것이 옳거나 그르다고 말하거나, 아름답거나 추하다고 말하는 것은 무슨 뜻인가?
이 영역에서 우리는 믿음들을 어떻게 정당화하는가?

 이 하부 분과 학문들은 다양한 이차 탐구 영역과 결합해서 철학의 주제를 이룬다. 이 연구 영역들에서 철학은 비판적 기능과 건설적 기능을 모두 한다. 철학은 전제를 검토하고 정당화 문제들을 던지고 개념들을 밝히고 분석하려 하는 등의 일을 하기 때문에 비판적이다.

 철학은 공관적(共觀的) 시각을 주려는 시도이기 때문에 즉, 철학은 모든 관련 사실들을 합리적 체계로 조직하려 하고 일반적 세계관들의 형성과 정당화에 관해 깊이 생각하려 하기 때문에 건설적이다. 세계관을 형성하고 평가하는 데 철학이 하는 역할을 검토하는 일이 이 책의 제2장에 있다.

 우리는 철학이라는 분과 학문이 무엇이며 그 분야의 범위 안에 있는 문제들이 무엇인지를 더 잘 파악하기 위해 철학의 서로 다른 측면들을 간략히 검토해보았다. 이제 일반적으로 기독교적 삶에, 특히 기독교 대학에 대해 철학의 중요성을 보도록 하자.

3. 철학의 기독교적 정당화

교회사는 철학이 신자를 양육하고 일반적으로 기독교 세계관을, 특히 복음을 선포하는 데 언제나 중요한 역할을 했다는 사실을 드러낸다. 물론 유럽의 최초 대학들은 기독교적이었으며, 철학 연구는 대학과 기독교적 삶의 건강과 활력에 매우 중요하다고 여겨졌다. 이것은 오늘날도 똑같이 그러하다. 사실 철학이 기독교 대학의 구성과 커리큘럼, 사명에 그리고 건강한 기독교적 삶의 발전에 중요한 이유는 적어도 일곱 가지 있다.

첫째, 철학은 변증학(apologetics)의 과제를 돕는다.

변증학은 기독교 유신론을 반대해 주어진 반박들을 고려해서 기독교 유신론을 사리에 맞게 옹호하며, 기독교 유신론을 옹호하는 적극적 증거를 내놓는 과제이다. 성경은 우리에게 변증을 하라고 명령한다(벧전 3:15; 유 1:3을 보라). 구약 선지자들은 이스라엘 종교를 정당화하기 위해 자연의 본성에서 나오는 폭넓은 논증에 종종 호소하곤 했다. 예를 들어, 그들은 약하고 작다는 이유를 들어 이방 우상들을 비웃곤 했다. 그들은 세계가 작은 것에 의해 만들어지기에는 너무 크다고 주장했다(이사야 44-45장 참조).

이와 같은 논증들은 인과(因果)의 본성에 대해 하나의 철학적 입장을 취한다. 예를 들어, 결과(세계)가 그것보다 더 작은 힘을 지닌 것(우상)으로부터 나올 수 없다는 입장이다. 또한, 구약 선지자들은 이방 국가들의 부도덕을 비판할 때 종종 도덕 추론의 일반 원리들에 호소하곤 했다(예를 들어, 아모스 1-2장). 이와 같은 논증들은 자연적 도덕법과, 일반적으로 철학적인 도덕 추론 원리들을 사용한다.

신약성경에서 사도들은 믿지 않는 사람들에게 그리스도를 선포하기 위해 철학적 논증과 추론을 사용했다(행 17:2-4, 17-31; 18:4; 19:8 참조). 이와 관련하여 그들의 관행은 구약 선지자들의 관행과 일치했다. 어떤 사람이 하나님의 존재를 옹호하는 논증을 말할 때 철학이 그를 돕는다.

철학은 어떤 것이 존재한다는 것이 무엇인지에 대해 하나님과 천사, 형체 없는 영혼들과 같이 물리적이지 않고 시공간적이지도 않은 실재들을 포함할 정도로 넓은 실재관을 해명하고 옹호하는 데도 이바지한다. 어떤 연구 분야에서 기독교에 대한 반박이 나올 때, 그 반박은 거의 언제나 철학을 사용한다.

프로이드(Freud)는 우리의 신(神) 개념이 아버지라는 인물에 대한 두려움과 필요 때문에 생기며 그것에 근거하는 환상에 불과하다는 이유로 종교를 반대하는 논증을 폈다. 이때 그의 공격은 심리학에 근거하기는 하지만 철학이라는 학문을 수반했다. 그는 우리 믿음의 원천이 그 믿음에 대한 정당화와 어떻게 연결되는가라는 근본 문제를 생각하고 있었다.

둘째, 철학은 논쟁학(polemics)이라는 과제에서도 교회를 돕는다.

변증학은 기독교 유신론 옹호를 수반하지만, 논쟁학은 대안적 세계관들을 비판하고 반박하는 과제이다. 예를 들어, 인공 지능과 인지 심리학의 분야에서 인간을 물리주의자의 용어들로, 즉 복잡한 물리 체계로 보려는 경향이 있다. 그와 반대로 일부 기독교 사상가들의 항의가 있었지만, [우리가 물리적 실재와 정신적 실재로 구성되어 있다는 견해인] 이원론은 성경에서 가르친 견해이다(고후 5:1-8; 빌 1:21-24 참조). 인공 지능이나 인지 심리학의 영역에서 연구하는 신자의 일부 과제는 순수물리주의자들이 인간됨을 보는 시각에 대한 비판을 발전시키는 것이며, 이 과제는 심리 철학의 문제들을 포함한다(제11-12장 참조).

셋째, 철학은 우리 안에 있는 하나님의 형상을 핵심적으로 표현하는 것이다.

하나님의 형상을 완전히 정의하기란 매우 어렵다. 하지만 거의 모든 신학자는 하나님의 형상이 특히, 윤리적, 종교적, 철학적 문제들을 다루어야 마땅한 영역들에서 추상적 추론을 할 수 있는 능력을 포함한다는 데 동의했다. 하나님 자신이 이성적 존재이며 이 측면에서 인간은 하나님을 닮게 만들어졌다. 인간이 정신(mind, 한글개역 성경에는 '마음'-역주)을 다하여 하나님을 사랑하라는 명령을 받은 이유 가운데 하나가 이것이다.

종교처럼 철학은 실존의 핵심 가까이에 있는 궁극적 물음들에 주로 초점을 두는 학문이기 때문에 하나님의 특별 계시와 일반 계시에 관한 철학적 반성은 하나님을 사랑하고, 하나님을 좇아 하나님의 생각을 생각하는 일부일 수 있다.

넷째, 철학은 조직신학에 스며들어 여러 가지 방식으로 신학의 시녀로서 도움이 된다.

철학은 조직신학의 개념들을 더 분명하게 하는 데 이바지한다. 철학자들은 예를 들어, 하나님의 서로 다른 속성들을 밝히는 데 이바지한다. 철학자들은 삼위일체 교리와 성육신 교리가 모순이 아님을 보여 줄 수 있다. 철학자들은 인간 자유의 본질 등에 대해 밝혀줄 수 있다.

또한, 철학은 성경적 가르침을 성경이 분명하게 밝히지 않는 영역들로 확대하는 일을 도울 수 있다. 예를 들어, 의료 윤리에서 지금 논의되는 여러 영역들(능동적/수동적 안락사, 유전자 검사, 인공호흡기 및 음식튜브 제거, 인공 수정)은 성경에 명시적으로 언급되지 않는다.

그렇지만 철학자는 성경의 언어와 교리를 받아들인 다음, 논의되는 관련 범주들을 사용해서 그 언어와 교리를 다시 표현한다. 철학자는 상황에 적합하며 성경적 가르침의 취지와 실체를 보존하는 개념 범주들과 분석을 제공함으로써 성경에 명시적으로 언급되지 않은 문제를 성경적으로 조명하는 데 이런 식의 도움을 줄 수 있다.

다섯째, 철학 훈련은 연구의 영적 훈련을 촉진할 수 있다.

연구 자체가 영적 훈련이며, 연구 행위는 자아를 바꿀 수 있다. 연구 훈련을 겪는 사람은 어떤 기술이 습관적 연구를 통해 발전되는 특정 유형의 경험들을 통해 살아간다. 문제의 틀을 짜고 문제를 해결하고, 증거의 비중을 재고, 무관한 요소들을 제거하는 법을 배우고, 중요한 구분들을 흐리지 않고 볼 수 있는 능력을 배양하는 등의 경험이다. 연구 훈련은 진리를 향한 욕구나 데이터와 관련된 정직성, 비판에 대해 열려 있음, 자기 반성, 자신과 다른 사람들에 대해 담쌓지 않고 지내기와 같은 특정 덕성과 가치를 발전시킬 때도 도움을 준다.

물론 연구 훈련은 철학만의 것이 아니다. 하지만 철학은 가장 엄격한 학문들 가운데 하나이다. 또한, 철학의 접근방법과 주제는 삶에 매우 중요하며 종교에 가까우며 다른 탐구 영역들의 기초가 되기에, 철학 연구 훈련은 삶이나 대학 연구의 다른 모든 영역에서 진리를 추구하는 사람을 도울 수 있다.

여섯째, 철학 훈련은 기독교 공동체 일반의 배짱과 자아상을 고양할 수 있다. 외부 사람들과 비교할 때 자신에 대해 좋게 느끼는 경우에만 한 집단이, 특히 소수 집단이 생동하며 활기차다는 사실은 유명하다. 또한, 한 집단은 외부 사람들에 대해 편안하게 느낄 때, 집단 내부의 차이들에 대해 더 관용할 것이며, 그래서 더 조화가 있을 것이다.

꽤 재미있는 한 연구에서 존 G. 게이저(John G. Gager)는 초대교회가 로마인들과 그리스인들로부터 지적이고 문화적인 조롱을 받았다고 주장한다. 이 조롱은 교회 안의 내적 단결을 위협했고, 불신자를 향한 복음전파의 담대함을 위협했다. 게이저는 기독교 공동체의 자아상(自我想)을 높인 것은 일차적으로 철학자들과 변증가들이 교회 안에 있었다는데 있다고 주장한다. 그는 이 초기 학자들이 기독교 공동체가 주변의 이교적 문화만큼이나 지적으로나 문화적으로 풍부하다는 것을 보여 주었기 때문이라고 한다. 게이거가 말하기를

> 변증가들은 이교적 비판가들을 설득해서 그리스도인들을 무식한 바보로 보는 견해를 바꾸도록 했는지와 무관하게, 참된 지혜와 경건의 구현이라는 호의적 자아상을 그 집단 전체에 투사하는 데 성공했다. … 이 변증들의 명시적 목적에 관해 무엇이라 말할 수 있더라도, 그 변증들의 숨겨진 기능은 이교도의 기독교인 이미지를 바꾸는 것이라기보다는 그 이미지가 그리스도인들에 의해 내면화되지 않도록 하는 것이었다.[2]

게이거의 논점은 일반적으로 기독교 학문의 가치에 적용될 수 있으며 적용되어야 마땅할 것이지만, 그의 언급들이 철학 영역에 적용될 수 있는 가능성은 분명할 것이다. 역사적으로 볼 때, 교회가 불신자들과 지적 관계를 맺을 때 도움을 준 주요 학문은 철학이었다—철학의 연구 영역들 그리고 궁극적 물음들에 대답할 때 그 영역들의 중요성, 철학이 던지고 대답하는 질문들, 철학과 신학의 밀접함이라는—철학 자체의 성격 때문에 신자 공동체의 자존감을 높일 수 있는 이 학문의 능력은 엄청나다.

심각한 자아상 문제가 오늘날 미국 복음주의에 있다는 사실은 분명해 보인다. 그 이유들은 분명히 다양하지만, 보통 수준의 바이블 칼리지에 철학과가 없다는 것은 우연일 수 없다. 또한, 많은 복음주의 신학교는 때때로 개설되는 과목 외에 철학과 변증학의 훈련을 진지하고도 정규적으로 제공하지 못한다.

일곱째, 철학 훈련은 통합(integration)이라는 과제에 절대적으로 중요하다. 통합하는 것은 섞이거나 정렬되어 하나의 전체를 이루는 것이다. 이런 의미에서 볼 때, 통합은 일차적으로 성경에 기초하는 우리의 신학적 믿음들이 다른 자료들로부터 합리적이라고 판단되는 명제들과 섞여 하나가 되어 지적으로 적합하고 일관된 기독교 세계관을 이룰 때 일어난다.

---

2 John G. Gager, *Kingdom and Community: The Social World of Early Christianity* (Englewood Cliffs, N.J.: Prentice-Hall, 1975), pp.86-87(기독교 변증의 목적은 비기독교인에게 기독교의 진정성과 합리성을 설득하는 데만 있지 않고 기독교인 자신에게 비합리적이고 무지한 사람이라는 자아상을 심어주지 않는데도 있다는 뜻이다. 기독교를 지성과 무관한 종교로 여기는 풍토가 늘어나고 있는 오늘날 새겨들어야 할 지적으로 보인다-역주).

이것은 아래 논의의 주요 주제이기 때문에 통합의 필요성이 적어도 세 가지 방식으로 일어난다고 언급하는 것 외에 더 추가할 필요가 없다.

① 믿음 공동체는 성경과 모순되지 않는 통합적 기독교세계관을 형성할 때 모든 지식 영역이 통하게 할 필요가 있다.
② 한 인격은 단편적이지 않고 통합적인 자아가 되는 정도만큼 성숙한다. 통합적 인격이 되는 방법 가운데 하나는 지적 삶의 다양한 측면을 조화시키는 것이다. 스미스가 교회에서 어떤 것을 믿고서 실험실이나 직장에서 다른 것을 믿는다면, 그는 그 정도만큼 이원적으로 분리된 개인일 것이다. 그 사람 안에서 그리스도는 삶의 움츠러든 종교적 칸막이 안에만 거할 수 있다.
③ 마지막으로 복음이 새로운 문화와 만날 때, 기독교 신학은 문화에 민감한 동시에 성경에도 충실한 방식으로 문화와 관계 맺어야 한다. 그러한 과제에는 가치와 지식, 사유 형식들에 대한 물음들이 들어갈 것이며, 이 물음들은 본래 철학적 해명과 설명을 수반한다.

교회가 언제나 철학이 필요하다고 여겼던 이유 가운데 일부가 이것들이다. 일찍이 C. S. 루이스(C. S. Lewis)는 "지금 무지하고 단순한 것은—자신 있는 범위 안에서 적을 맞을 수 없는 것은—무기를 내던지는 것이며, 이교도들의 지적 공격에 맞서 하나님 보호 아래 우리 외에 다른 방어수단이 없는 교육받지 못한 형제들을 배반하는 것이다. 다른 이유가 없다 할지라도 나쁜 철학에 대해 대답해야 하기 때문에 좋은 철학이 있어야 한다"[3]라고 말했다.

위대한 사회비판가 윌리엄 윌버포스(William Wilberforce, 1759-1833)는 하나님께 크게 헌신한 사람이었으며 현실 목회에 대해 큰 열정을 지닌 사람이었다. 하지만 윌버포스는 철학과 변증학의 가치를 교회 아동교육에서까지 보았다.

윌버포스는 묻는다.

> 불신앙이 넘치는 세대에 우리는 [신자들이] 그들이 고백하는 신앙원리들로 자녀들을 정성스럽게 교육하는 것을 보는가?

---

3 C.S. Lewis, *The Weight of Glory* (Grand Rapids, Mich.: Eerdmans, 1949), p.50.

그들은 그 신앙을 옹호하는 논증들을 자녀들에게 제공하는가?[4]

비슷한 태도를 보이는 자료들이 교회사(敎會史) 곳곳에서 인용될 수 있을 것이다. 순교자 유스티누스(Justin the Martyr)와 아우구스티누스(Augustine), 안셀무스(Anselmo), 아퀴나스(Aquinas), 칼빈(Calvin), 조나단 에드워즈(Jonathan Edwards), 존 웨슬리(John Wesley), 프랜시스 쉐퍼(Francis Schaeffer), 칼 헨리(Carl Henry). 그런데도 철학이 본래 기독교 신앙에 적대적이며 신자들의 관심사가 되어서는 안 된다는 일반적 인식이 많은 신자 사이에 있다. 그러한 태도의 이유로 자주 인용되는 것이 적어도 네 가지 있다.

첫째, 인간의 부패가 정신을 아주 어둡게 만들어서 죄의 지적 영향들(noetic effects of sin), 즉 정신에 대한 죄의 영향이 인간 지성으로 하여금 진리를 알 수 없도록 한다고 주장된다. 그렇지만 이 주장은 과장이다. 타락은 인간 능력들의 왜곡을 낳았지만, 그 능력들을 파괴하지는 않았다. 인간의 추론 능력들은 영향을 받지만 제거되지 않는다.

이것은 성경 기자들이 그들의 주장들을 옹호하려고 증거를 인용하고, 주장을 세울 때 논리적 추론을 사용하고, 신앙 밖에 있는 사람들의 사유 형식들과 언어로 말함으로써 불신자들의 정신에 종종 호소한다는 사실에서 보여질 수 있다.

둘째, 신앙과 이성이 서로에게 적대적이며 이성에 속한 것이 모두 신앙에 속한 것일 수 없다고 때로 주장된다. 하지만 이것은 성경적 신앙(faith) 개념에 대한 오해를 나타낸다. 성경적 신앙 개념은 세 요소를 포함한다.

노티티아(notitia, 기독교 신앙의 내용을 이해하는 일)와 피두치아(fiducia, 신뢰), 아센수스(assensus, 일부 명제의 진리에 대한 지성의 동의)가 그것이다. 신뢰는 이해와 지식, 진리에 대한 지성의 동의에 근거한다. 인격적 믿음(belief in)은 명제적 믿음(belief that)에 근거한다. 우리는 그것에 대해 '지적 동의'(아센수스, assensus)를 할 근거가 있는 것을 신뢰하라고 요구받는다. 성경에서 신앙은 그것이 참이라고 믿을 근거가 당신에게 있는 것에 신뢰를 두는 것을 포함한다. 신앙은 맹목적이고 비이성적인 암흑으로의 도약이 아니다. 따라서 성경적 신앙관에서 신앙과 이성은 서로

---

4 William Willberforce, *Real Christianity* (Portland, Ore.: Multnomah Press, 1982; based on the 1829 edition), pp.1-2.

돕는다. 그것들은 본래 적대적이지 않다.

셋째, 일부 사람들은 골로새서 2:8을 철학에 불리한 증거로 인용한다.

> 누가 헛되고 속이는 철학으로 너희를 사로잡을까 주의하라. 이것은 사람의 전통(傳統)과 세상의 초등학문을 따름이요 그리스도를 따름이 아니니라(골 2:8).[5]

그렇지만 이 구절의 구조를 분석할 때, 철학 일반이 초점이 않다는 사실이 분명해진다. 도리어 그리스어 문법은 "헛되고 속이는"이 "철학"과 나란히 간다는 점을 나타낸다. 즉, 헛되고 속이는 철학이 논의의 주제이지, 철학 자체가 논의의 주제는 아니다. 골로새서 문맥에서 바울은 정통(正統)에 대해 적대적인 철학체계에 따라 교리적 견해들을 형성하고 교리의 기초를 두지 말라고 교회에 경고하고 있었다. 바울의 말은 이단을 받아들이지 말라는 단순한 경고였다. 문맥상 그 말은 연구할 학문으로서의 철학에 대한 사도의 견해들을 나타낸다는 뜻은 아니었다. 그런 견해들은 문맥과 무관하며 그 구절의 문법과 어울리지 않는다.

넷째, 고린도전서 1-2장이 철학을 적대하는 증거로 인용된다. 여기서 바울은 세상의 지혜에 맞서 논증하고 있다. 그는 독자들에게 그들을 지혜의 설득적 언어로써 방문하지 않았음을 떠올린다. 그러나 다시 한 번 이 구절은 문맥에서 이해되어야 한다. 예를 하나 들자면 이것이 논증과 철학적 이성에 대한 고발이라면, 그것은 사도행전에 나타난 바울의 행위들과 모순되며, 고린도전서 15장에서 부활을 옹호하는 논증과 증거에 그가 분명하게 호소한 사실과 모순된다. 그것은 구약 선지자들과 설교자들의 관행뿐 아니라 다른 구절들(벧전 3:15)과도 모순된다.

그 구절은 이성 자체의 정죄로 여겨지기보다 이성의 교만한 오용의 정죄로 여겨지는 것이 더 좋다. 고려 중인 것은 휘브리스(hubris, 교만)이지 누스(nous, 정신)가 아니다. 그 구절은 그리스 수사학에 대한 정죄일 수도 있다. 그리스 연설가들은 "지혜의 설득적 언어들"을 소유했다고 자랑했다. 제 값만 받으면 한 문제의

---

[5] NIV 성경 원문은 다음과 같다. "See to it that no one takes you captive through hollow and deceptive philosophy, which depends on human tradition and the basic principles of this world rather than on Christ."-역주

어떤 입장으로도 군중을 설득하는 것이 그들의 일이었다. 그들은 설득의 근거를 이성적 고찰에 두지 않고 말하는 능력에 두어 실질적 문제를 피해간다. 바울이 자신을 그리스 수사학자들과 대조시키고 있을 가능성이 높다.

바울은 복음의 내용이 순수 이성에 의해 일련의 제일원리들로부터 연역될 수 없다고 주장하고 있을 수도 있다. 그래서 구원의 복음은 철학에 의해 결코 발견될 수 없을 것이고, 역사 안에서 활동하시는 성경적 하나님에 의해 계시되어야 한다. 그래서 그 구절은 복음을 추상적 원리들로부터 연역하려는 순수 이성의 부적합성을 보여 주는 것이지, 진리를 옹호하는 이성의 무능력을 보여 주고 있는 것이 아닐 수 있다.

우리는 역사적으로 철학이 교회의 삶과 선교에서 하는 역할을 교회가 평가해 준 훌륭한 이유들이 있음을 살펴보았다. 그와 반대되는 이유들은 부적합하다. 이제 철학이 기독교 세계관을 형성하는 통합적 과제에서 하는 역할이라는 문제를 다룰 때이다.

4. 통합에서 철학의 역할

철학적 반성의 적절함을 자연스럽게 암시하며, 이 연구 분야에 있는 사람이 무심코 철학자의 모자를 쓸 수 있는 연구 영역에 나오는 문제들의 예들을 열거함으로써 이 절을 시작하는 것이 유익할 수 있다.

1) 철학이 필요한 사례들

사례1. 성경 주석가는 그녀가 성경 본문에서 볼 수 있는 것을 문화적 배경에서 얼마나 많이 형성하는지 깨닫게 된다. 그래서 그녀는 의미가 텍스트 해석에 속하지 않고 텍스트 자체에도 속하지 않을 수 있는 것이 아닌가하는 의문을 갖기 시작한다. 그녀는 계시로서의 성경의 본질을 받아들인다면 특정 방법론들이 부적합할 수 있는 것 아닌가 하고 궁금하기도 한다.

사례2. 심리학자는 분리된 환경에서 양육된 일란성 쌍둥이들에 관한 문헌을 읽는다. 그는 쌍둥이들이 일반적으로 동일한 성인(成人) 행태를 보여 준다는 사실에 주목한다. 그는 의지의 자유와 같은 것이 실제로 있는지 궁금해 하며, 그런 것이 없다면 도덕적 책임과 처벌에 대해 어떻게 생각해야 하는지 곰곰이 생각한다.

사례3. 정치학 교수는 존 롤즈(John Rawls)의 『정의론』(*A Theory of Justice*)을 읽고, 최상위층 사람들이 제약을 받을지라도 하층 사람들이 최대 유익을 얻는 방식으로 사회의 주요 재화가 분배될 수 있을 것이라는 생각과 씨름한다. 그는 개인의 공적(merit)이 사회적 분배와 무관하게 보상받는 능력 위주 사회와 이것이 어떻게 비교되는지 궁금해 한다. 여러 물음들이 그의 머리를 스쳐간다.

국가란 무엇인가?
그리스도인은 국가와 교회를 어떻게 보아야 하는가?
정의란 무엇이며, 우리는 어떤 사회질서 원리를 채택해야 하는가?
우리는 기독교 국가를 추구해야 하는가, 아니면 정의로운 국가만 추구해야 하는가?

사례4. 신경 생리학자는 뇌의 특정 기능들과 고통의 특정 느낌들 사이에 구체적 상관 관계를 세우고, 영혼이나 정신이 뇌와 별도로 있는지 여부의 문제를 놓고 이리저리 생각한다.

사례5. 인류학자는 문화들이 기본적 도덕 원리들을 놓고 종종 서로 다르다는 사실에 주목한다. 이어서 그는 이것이 문화를 넘어서는 객관적으로 참된 도덕적 가치들이 없음을 증명한다고 주장한다.

사례6. 사업가는 정부가 가난한 사람들을 제대로 돌보지 못하고 있음에 주목한다. 그는 법인으로서의 도덕적 책임이 사업에 있는지 아니면 도덕적 책임은 개인에게만 있는지 여부의 문제를 놓고 친구와 토의한다.

사례7. 수학자는 유클리드 기하학과 몇 가지 대안들을 가르치며, 수학이 그 주제에 관해 참된 지식을 실제로 전달하는 영역인지 아니면 기호로 표현될 수 있는 내적으로 일관된 형식 언어를 줄 뿐인지 학급 학생들에게 물어본다.

전자(前者)라면, 수학이 기술하는 것은 무엇인가?
수가 존재하는가?
그렇다면 수는 무엇인가?

사례8. 교육 전공자는 교육철학을 말하라는 요구를 받는다. 이 일을 하기 위해 그는 인간의 본성과 진리의 본성에 관해 그리고 사람들이 어떻게 배우는지, 가치가 삶에서 어떤 역할을 하는지, 교육의 목표가 무엇이어야 하며, 어떤 사람이 교육 받을 자격이 있어야 마땅한지에 관해 그의 견해를 말해야 한다.

사례9. 물리학자는 공간과 시간의 상대성에 관한 아인슈타인(Einstein)의 이론을 깊이 생각한다. 그녀는 시간과 공간 자체가 과학적 관찰과 시험에서 사용되는 경험적이고 조작적인 공간과 시간과 구분되어야 한다고 믿는다. 그녀는 후자(後者, 조작적 공간과 시간 - 역주)가 상대적이라는 데 동의하지만, 이것이 실제상의 공간과 시간의 참된 본성이라는 물음을 해결한다고 생각하지는 않는다.

각 사례는 철학이 일부 연구 분야에 연관되며, 철학이 사리에 잘 맞고 통합적인 기독교 세계관을 형성하는 과제에 중요한 경우이다.

철학은 규범적 질문들을 던진다.

무엇을 믿어야 마땅하며, 왜 믿어야 하는가?
무엇을 해야 마땅하며, 왜 해야 하는가?

철학은 기본 문제들을 다룬다.

실재란 무엇인가?
참은 무엇인가?
인간은 무엇을 알 수 있는가?
옳고 그름은 무엇인가? 옳고 그름은 존재하는가?

철학은 무엇이 이 현실 세계에 존재할 수 있는지에 대한 지식보다 일부 현상이 모든 가능 세계에서 무엇이어야 마땅한지에 관한 지식을 추구한다.

2) 서로 다른 통합 모델들

위에서 열거한 각 사례에서 물음을 지닌 사람이 그리스도인이라면 기독교 세계관을 발전시킬 필요에 비추어 그 문제에 관해 날카롭게 생각할 필요가 있다.

이와 같은 문제들을 다룰 때 신학 밖에 있는 분과 학문에 나타난 문제와 기독교 교리 내지 신학이 서로 영향을 끼칠 수 있는 방식이 수없이 다양하게 나타날 것이다. 또한, 철학은 구체적인 경우 어떤 모델이 사용하기에 가장 좋은가를 결정하는 데뿐 아니라, 한 사람이 선택된 모델 안에서 통합작업을 하는데 도움을 주는 데도 도움이 될 수 있다. 그러한 상호 작용이 일어날 수 있는 서로 다른 방식들 가운데 일부가 여기에 있다.

첫째, 신학과 다른 분과 학문들에서 명제들이나 이론들, 방법론들은 별개이면서 서로 겹치지 않는 두 개의 탐구 영역을 포함할 수 있다. 예를 들어, 천사들이나 구속(救贖)의 범위에 관한 논쟁들은 유기화학과 무관하다. 이와 마찬가지로 메탄 분자가 3개 또는 4개의 수소원자를 지니고 있는가는 신학에서 아무런 관심을 끌지 못한다.

둘째, 신학과 다른 분과 학문에서 명제들이나 이론들 그리고 방법론들은 동일한 실재에 서로 다르게 접근하고 서로 영향을 주지 않지만 서로 보완해 주는 방법을 포함할 수 있다. 교회성장의 사회학적 측면들과 회심의 심리학적 측면들은 특정 현상의 사회학적 내지 심리학적 기술(記述)일 수 있으며, 교회성장이나 회심에 대한 신학적 기술(記述)을 보완해 준다.

셋째, 신학과 다른 분과 학문에서 명제들이나 이론들, 방법론들은 한 연구 영역이 다른 연구 영역을 이성적으로 뒷받침하거나 한 연구 영역이 다른 영역에 이성적 어려움을 일으키는 방식으로 직접 상호 작용할 수 있다.

예를 들어, 영혼의 존재에 관한 신학적 가르침은 영혼의 존재를 부정하는 철학적 내지 과학적 주장들에게 이성적 문제를 일으킨다. 일반 진화론은 창세기를 이해하는 방식들에게 다양한 어려움을 불러일으킨다. 일부 사람들은 빅뱅(big bang) 이론이 우주에 시작이 있었다는 신학적 명제를 뒷받침해 주는 경향이 있다고 주장해왔다.

넷째, 신학은 다른 분과 학문의 전제들을 뒷받침하는 경향이 있고, 그 반대도 성립한다. 일부 사람들은 기독교 유신론을 가정할 때 실재론적 과학 이해의 많은 전제들[6]이 의미 있고 정당화하기 쉽지만 자연주의적 세계관에서는 이상하고

---

6 제3권 『과학철학』의 제2장을 보라. 예를 들어, 진리의 존재, 실재의 이성적이고 질서 있는 본성, 우리의 감각능력과 인지능력이 외부 세계를 아는 데 적합한 도구로서 적합함.

결국, 정당화되지 않는다고 주장했다. 이와 마찬가지로 인식론적 회의주의의 철학적 비판과 이론에 기대지 않는 실재 세계의 존재의 옹호, 진리 대응설[7]은 신학의 일부 전제들을 정당화한다.

다섯째, 신학은 다른 분과 학문에 나타나는 일반원리의 내용을 채우고 추가 사항을 덧붙이며, 그 역도 성립한다. 또한, 신학은 우리가 실제로 원리들을 다른 분과 학문에 적용하도록 도우며, 그 역도 성립한다. 신학은 예를 들어, 부모가 자녀들을 노엽게 하지 말라고 가르치며, 심리학은 가족 시스템과 분노의 본성과 원인 등에 관해 정보를 줌으로써 이 말의 의미에 관해 중요한 세부 내용을 더해 줄 수 있다. 심리학은 우리가 성숙한 인격인지 평가하는 다양한 시험을 고안할 수 있으며, 신학은 성숙한 인격이 무엇인지에 대한 규범적 정의(定義)를 심리학에게 줄 수 있다.

3) 통합에 사용된 일부 철학적 원리들

이것들은 통합이 일어나는 방법 가운데 일부이다. 철학이 통합 과정에 중요하다는 사실은 위에 열거된 사례들과 모델들로부터 분명하게 되어야 한다. 그런데도 통합된 세계관을 형성하는 과제는 매우 어려운 일이다. 또한, 그 과제가 어떻게 수행되어야 하는지 또는 철학이 통합의 물음에서 어떤 역할을 해야 마땅한지를 완전하게 기술(記述)하는 쉬운 단계들이나 원리들의 모음도 없다.

이것을 염두에 둘 때, 철학을 잘 모르는 사람이 철학이 통합에서 하는 역할에 관해 더 분명하게 생각하도록 도울 수 있는 원리들의 목록이 다음의 것이다.

(1) **철학은 다른 분과 학문의 일부로 여겨지는 문제가 실제로는 철학적 문제임을 분명하게 해 줄 수 있다**

철학 훈련을 받지 않은 학자들은 자신들의 영역에서 어떤 문제를 논의하다가, 알지 못하는 사이에 철학으로 넘어올 수 있다. 이 일이 일어날 때, 그 논의는 원래 분과 학문에 관한 것일 수 있지만, 그 분과 학문에 관한 철학적 논의이다.

예를 들어, 특정 분과 학문에 한계를 부여하려는 시도와, 한 연구 영역과 다른 연구 영역 사이에, 예를 들어 과학과 신학 사이에 경계선을 그으려는 시도는 대

---

7 참된 명제는 "외부" 세계와 대응한다. 제1권 『인식론』의 제3장과 제4장을 보라.

체로 철학적 문제들이다. 문제되는 분과 학문에 관해 이차적 물음을 던질 때 그러한 시도는 그 분과 학문의 밖과 너머에 있는 관점(vantage point)을 전제하기 때문이다. 철학이 이런 종류의 이차적 물음들에 초점을 둔다는 사실을 다시 기억하게 될 것이다.

과학이 신학을 한정(限定)하거나 신학이 과학을 한정하는 조건들을 기술하는 다음 여섯 명제들을 살펴보라.

S1. 신학적 믿음들은 과학이 그 믿음들을 합리적이라고 표현하는 경우에만 합리적이다.
S2. 신학적 믿음들은 과학이 그 믿음들을 합리적이라고 표현하는 경우에 합리적이다.
S3. 신학적 믿음들은 과학적 방법론과 매우 비슷한 것에 의해 결론지어질 경우에만 합리적이다.
T1. 과학적 믿음들은 신학이 그 믿음들을 합리적이라고 표현하는 경우에만 합리적이다.
T2. 과학적 믿음들은 신학이 그 믿음들을 합리적이지 않다고 표현하는 경우에 합리적이지 않다.
T3. 과학적 믿음들은 신학적으로 적절한 방법들에 의해 결론지어질 경우에만 합리적이다.

첫 모습과는 반대로 이 명제들은 상대편을 직접 한정하는 과학 내지 신학의 사례들이 아니다. 어떤 명제도 과학 내지 신학의 진술이 아니기 때문이다. 도리어 모든 명제는 과학과 신학에 관한 철학적 진술이다. 과학과 신학에 관한 원리들은 과학과 신학의 원리들과 같지 않다.

이 여섯 원리는 과학과 신학을 한정하고 그것들의 관계를 보여 주려는 철학적 시도들이다. 논의가 거의 깨닫지 못하는 사이에 철학으로 넘어가는 두 번째 사례를 살펴보라.

진화론자: 생명이 무생물인 물질에서 나오는 것은 잘 입증된 과학적 사실이다.

창조론자: 하지만 생명이 당신이 주장하듯이 바다에서 생겼다면(자연발생), 희석비(稀釋比, dilution factor)들은 큰 고분자들의 농도를 무시해도 좋았을 정도로 작은 차원에까지 유지했을 것이다.

진화론자: 글쎄, 그래서 어쨌단 말인가?

나는 어쨌든 자연발생이 바다에서 일어났다고 생각하지 않는다. 도리어 자연발생은 농도 메커니즘을 적절하게 유지하는 어떤 외딴 웅덩이에서 일어났다.

창조론자: 하지만 그런 과정이 일어날 개연성은 믿을 수 없을 정도로 작으며, 어쨌든 증거는 어린 지구의 기압이 감소하는 기압이었다는 데로 기울고 있는 것처럼 보인다. 그 경우 상응하는 반응이 일어날 수 없을 것이다.

진화론자: 우리에게 시간을 좀 달라. 그러면 우리가 이 문제들을 풀 것이다. 유일한 대안인 창조론은 너무 터무니없어 믿기 어렵다. 또한, 창조론은 종교적 개념들을 수반하며 과학이 아니다.

창조론자: 그런데 진화도 과학이 아니다. 과학은 직접 관찰을 요구하는데, 최초의 생명의 기원을 관찰한 사람이 없기 때문에 그 기원에 관한 이론은 엄밀히 말하자면 과학이 아니다.

논의는 화학반응들과 확률들, 지질학적 증거 등에 관한 과학적 대화로 출발한다. 하지만 그 논의는 모르는 사이에 과학이 무엇이며 우리가 과학을 어떻게 정의해야 하는가라는 이차적 철학적 논의[8]로 진전된다.

분명히 이 문제들은 그 논쟁과 관련되지만, 과학이 무엇이며 과학을 어떻게 수행해야 하는가라는 이차적 문제에 관한 전문 지식이 일차적 과학의 분과 학문에서 훈련받아 논쟁하는 두 사람에게 있다는 보증은 없다. 과학자들이 이 문제들에 관해 계속 서로 교류한다 할지라도, 철학이 그 교류의 본질적 부분일 것이다.

---

[8] 창조론과 과학의 본질에 관한 오해를 나타내는 논의; 15-17장을 보라

(2) 철학은 다른 분과 학문들의 본질적 전제들을 명료하게 하거나 정당화하거나 반박함으로써 그 학문들을 기초적 차원에서 뒷받침한다

철학은 다른 분과 학문들을 탐구하는 이차 분과 학문으로서 일하기 때문에 그리고 철학은 다른 분과 학문들에 나타나는 폭넓고 기초적이고 공리적이고 인식론적이고 논리적이고 형이상학적인 문제들을 검토하기 때문에 철학은 다른 분과 학문들의 전제들을 탐구하기에 정말 적합하다. 예를 들어, 의미의 존재와 본질, 인식 가능성에 관한 문제들이 언어 연구에서 논의된다. 언어가 세계에 있는 것을 지칭(指稱)하는지 그리고 어떻게 그렇게 하는지에 관한 물음뿐 아니라, 이 문제들도 언어철학과 인식론의 주요 초점이다.

또한, 과학은 질서 있고 인식 가능한 외부 세계가 있으며 연역추론이 정당하며 감각과 정신을 신뢰할 수 있으며 진리가 존재하며 인식될 수 있다 등을 전제한다. 정통신학은 종교 언어가 인지적이며 지식이 가능하며 공간과 시간에 위치하지 않은 것이 존재한다는 주장을 지성적으로 파악할 수 있으며 진리대응설이 포괄적 진리론의 본질적 부분이며 언어적 의미가 객관적이고 인식 가능하다고 전제한다. 이 전제들은 또한, 일련의 다른 전제들은 모두 도전받았다. 그 전제들을 밝히거나 옹호하거나 비판하는 과제는 본질적으로 철학적 과제이다.

(3) 철학은 한 영역 내부의 개념들과 논증 형식들, 그 밖의 인지적 문제들을 밝히는 데 도움을 줌으로써 한 분과 학문을 도울 수 있다

때로 한 분과 학문의 개념들은 모순되거나 모호하거나 불분명하거나 순환 논증에 빠진 것처럼 보인다. 개별 분과 학문을 연구하는 철학자들은 개별 분과 학문을 개념적으로 해명해줌으로써 그 분과 학문을 도울 수 있다. 전자기 방사능의 파동-입자라는 본질과 물질의 파동이라는 본질이 한 예일 것이다. 이 개념들은 자기 모순적이거나 모호해 보인다. 그래서 그 개념들을 이해하는 서로 다른 방식들을 보여 주려는 시도나 그 개념들을 해명하려는 시도가 이루어졌다.

또 다른 예는 진화론에 수반되는 메커니즘의 일부 이해들에 관여한다. 일부 과학자들은 진화가 적자생존(適者生存)을 장려한다고 주장했다. 하지만 "적자"(適者)가 무엇이냐는 질문을 받을 때, "적자"는 살아남은 것들이라는 것이 대답이다. 이것은 진화론 내에서 순환 논증의 문제이다. 그래서 순환 논증을 피하기 위해 적자와 진화의 목표(예를 들어, 생식에서 선호되는 메커니즘의 선택)라는 개념을 다시 정의하려는 시도가 있었다.

이 대응이 성공적이었는지 여부는 여기서 다루는 논점이 아니다. 철학자들이 개념적 명료성의 문제들 때문에 과학 이론에 문제를 제기했다는 것이 논점이다. 철학은 한 분과 학문 내에 있는 문제들을 그 예들과 같은 이러저러한 예들에서 해명하는 데 도움을 줄 수 있다. 철학이 이런 종류의 물음에 관련될 때, 문제되는 이론은 내적 모순을 수반하거나 어떤 식으로든 자기 논박적이라는 이유 때문에 의심스럽다는 결과가 나올 수 있다.

예를 들어, 지성사와—intellectual history, 거칠게 말하자면 관념들의 내적 논리와, 그 관념들에 뒤이어 나오는 관념들과의 관계, 예를 들어 존 로크(John Locke)로부터 조지 버클리(George Berkeley)를 거쳐 데이비드 흄(David Hume)에 이르기까지 이루어지는 경험론의 발전을 포함하여 관념들 자체에 수반되는 이성적 요소들에 초점을 둠으로써 관념의 발전을 역사를 통해 추적하는 시도—지식의 사회학(sociology of knowledge, 특정 문화 내의 비이성적 요소들, 예를 들어 사회적 지위, 경제적 조건 등의 결과로서 일어난 관념들의 발전을 추적하는 시도) 사이에 아무런 차이가 없다는 사회학적 주장은 때로 개념적 상대주의에 호소함으로써 정당화된다.

서로 다른 언어 게임과 서로 다른 세계관 등이 서로 다른 문화에 있으며 한 사람의 견해 전체가 비이성적 요소들에 의해 결정되며 따라서 신뢰될 수 없다는 주장이 이루어진다. 그러한 주장은 자기 논박적이다. 아마도 이 이론이 바라는 조건에 따르면 그 이론 자체가 신뢰받을 수 없을 것이기 때문이다.

(4) **철학은 두 분과 학문이 서로 직접 연결되고 통합될 수 있는 공통 언어나 개념적 격자눈금(grid)을 제공한다**

때로 서로 다른 두 분과 학문은 한 용어를 약간 다르지만 전혀 무관하지는 않는 식으로 사용할 것이다. 이런 일이 있을 때, 철학은 두 분과 학문이 문제되는 용어를 서로 다르게 사용하는 용법들 사이의 관계를 밝히는 데 도움을 줄 수 있다.

예를 들어, 때로 어떤 개념의 조작적(操作的) 정의(定義)는 그 개념의 일상용어상의 정의나 다른 영역에서 나온 정의와 연관될 수 있다. 거칠게 말하자면 조작적 정의란 실습실이나 실험실의 조작이나 분석점수를 사용함으로써만 이루어지는 일부 개념의 정의(定義)이다. 그래서 수많은 사회학적 개념들(소수집단, 전통적 가정의 역할들, 집단 리더십)이나 심리학적 용어들(우울, 지성)을 순전히 일부 조작이나 분석점수를 통해 조작적으로 정의할 수 있을 것이다. 어떤 사람은 심리학 표준분석에서 그런 구역과 그런 구역 사이의 점수를 받는 경우에만 오직 그런 경우에만 우울하다고 이야기될 수 있을 것이다.

그런데 이 조작적 정의들은 문제되는 관련 개념들의 일상 언어적 개념들과 연결될 수 있다. 하지만 그 정의들은 분명하게 연결될 수는 없으며, 어쨌든 일상 언어적 개념들과 동일하지 않은 것은 분명하다. 그래서 일상 언어에서 이해되는 우울과, 일부 분석에서 조작적으로 정의되는 우울의 관계를 구체적으로 밝힐 수 있기 전에 우선 철학적 명료성을 부여할 필요가 있다.

이런 유형의 철학적 해명은 특히, 문제되는 용어가 본성상 규범적인 것처럼 보일 때 중요하다. 그래서 "성숙한" 성인 내지 "건강한" 성인을 조작적이고 심리학적으로 정의하려 할 때, 우리가 줄 수 있는 것은 규범적 정의가 아니라 기술적(記述的) 정의가 전부이다. 오늘날 수행되는 심리학은 기술적 영역이기 때문이다. 철학은 도덕규범들과 당위에 초점을 둔다. 심리학은 사실 기술에 초점을 둔다. 그래서 철학은 심리학적으로 정의된 "성숙한" 성인과 규범적 개념으로 간주되는 "성숙한" 성인(즉, 우리가 성취하려고 노력해야 마땅한 것)의 관계를 해명하는 데 관련된다.

철학은 같은 현상에 대한 서로 다른 분과 학문의 기술(記述)들을 해명하고 연결하는 데도 도움을 줄 수 있다. 예를 들어, 생물학자들은 한 인간을 호모 사피엔스(Homo sapiens)라는 분류의 한 구성원으로 기술한다(몇 가지만 거명한다면) 철학과 신학, 법학, 정치학은 인간을 인격(human person)으로 불리는 생명체로 다룬다. 그것은 두 개념이 동일한지에 대한 그리고 동일하지 않다면 두 개념이 어떻게 서로 연결되는지에 대한 철학적 문제이다.

(5) **철학은 다른 분과 학문들이 그 분과 학문들에서 이론들의 이성적 평가의 일부로 여기는 외적 개념 문제들을 제공한다(그 반대도 마찬가지다)**

철학 이론과 그것을 이루는 원칙들이 이성적 근거가 좋은 것인 경우 철학 밖의 분과 학문에서 어떤 이론이 어떤 철학 이론의 원칙과 상충할 때 철학적인 외적 개념 문제가 생긴다. 예를 들어, 역사가 현재 순간에 이르기 위해 과거에 걸쳐 실제로 무한수의 사건들을 스쳐왔다는 견해를 반박하는 철학적으로 훌륭한 논증이 있다고 가정해 보라. 이 논증이 타당한 것이라면, 과거가 시작이 없이 실제로 무한하다고 상정하는 일부 과학 이론(예를 들어, 진동우주)에 불리한 경향이 있다. 공간과 시간이 절대적이라는 주장을 옹호하는 철학적으로 좋은 논증이 있다면, 이 논증은 그와 반대되는 과학 이론들에 불리한 경향이 있다.

또한, 참된 자유의지의 존재를 철학적으로 잘 옹호하는 논증들이나, 실질적인 도덕적 책임의 존재를 철학적으로 잘 옹호하고, 완전한 자유가 도덕적 책임의 전제(前提)로서 필연적임을 철학적으로 잘 옹호하는 논증들이 있다면, 이 논증들은 본성상 사회학과 경제학, 심리학의 결정론적 이론들에 불리한 경향이 있을 것이다.

이것들과 같은 경우 이성적으로 옹호될 수 있는 입장이 철학 안에 있으며, 그것은 다른 영역에서 공표(公表)된 이론에게 불리하다. 철학적인 외적 개념 문제는 다른 분과 학문 이론을 포기하거나 판단유보하기를 요구하는 데 충분치 않을 수 있다. 그저 그 이론에 불리한 경향만 그 문제에 있을 수 있다. 그러할 때에조차, 이런 종류의 개념 문제들은 철학적 고려들이 다른 분과 학문들에서 이론 평가의 합리성과 연관됨을 보여 준다.

요약하자면 우리는 철학이 기독교 대학에서 통합 과제에 들어가는 서로 다른 다섯 가지 방식을 살펴보았다. 기독교철학자가 이해를 추구하는 신앙의 태도를 택해야 한다는 사실을 깨닫는 것이 중요하다. 기독교철학자는 성경과 양립할 수 있는 세계관의 다양한 측면을 뒷받침하고 옹호하고 해명하려 할 것이다. 이 일은—예를 들어, 인간의 존엄성과 같은—폭넓은 신학적 주제들에 대한 연구뿐 아니라, 성경의 구체적 구절들을 옹호하고 해명하는 일에 대한 연구도 수반할 것이다.

물론 주의해야 한다. 성경 본문의 개별 해석이 복음주의자에게 유일한 선택지라고 자동적으로 전제해서는 안 된다. 성경 본문가 당면한 문제에 대해 말하려는 의도를 지닌다고 자동적으로 전제해서도 안 된다. 하지만 그런데도 이 경고들에 합당하게 주의할 때, 기독교철학자가 올바로 해석되는 특정 성경 본문의 가르침을 포함하는 세계관을 만들어내려 한다는 것이 중요하다.

앞서 이 장에서 기독교 지성인이라면 교회를 위해 성경이 어떤 다른 분과 학문에서 온, 이성적으로 정당화되는 믿음과 상충되지 않음을 보이기 위해 일해야 한다는 취지에서 아우구스티누스의 말을 언급했다.

75년 전 위대한 복음주의 장로교인 학자인 J. 그레샴 메이천(J. Gresham Machen)은 잘못된 관념이 복음에 가장 큰 장애라고 말했다.

우리는 개혁가의 열정으로 설교할 수 있으며, 여기저기서 패잔병과 싸워 이길 수 있다. 하지만 우리는 논리상 기독교가 절망적 환상 이상으로 간주되지 못하도록 하는 관념들에 의해 국가나 세계의 전체 사상이 지배받도록 내버려둔다면, 우리 종교(기독교-역주)에 손해를 끼친다.

전 세계에 걸친 복음화와, 성도들의 양육, 기독교 세계관을 사용한 문화 침투를 증진시켜야 하는 의무가 기독교 가족의 구성원들에게 있다. 이 과제는 교회의 생명과 건강에 중요하다. 우리가 이 과제를 할 때, 철학은 언제나 그러해왔듯이 이제 이 위대한 과제에 꼭 참여해야 하는 자이다.

[요약]

철학을 완벽하게 정의하지 못하지만, 그런데도 철학의 세 가지 특징은 철학이 무엇인지 우리가 이해하는 데 도움을 준다. 철학(philosophy)이라는 용어는 지혜 사랑(love of wisdom)을 뜻한다. 철학은 삶의 가장 중요한 물음들에 관해 이성적으로 비판적으로 생각하려는 시도이다. 더 나아가서 철학은 이차 학문이다. 마지막으로 논리와 형이상학, 인식론, 가치론과 같은 철학 자체의 여러 일차 영역들이 있다.

기독교 관점에서 볼 때, 철학은 변증학과 신학적 논쟁학, 조직신학을 도울 수 있다. 또한, 철학 연구는 하나님의 형상의 중요한 표현일 수 있으며, 영적 학문일 수 있다. 마지막으로 철학은 성경의 가르침을 성경에서 명시적으로 언급되지 않은 영역들까지 확대하는 데 도움을 줄 수 있다. 또한, 철학은 기독교 세계관을 형성할 때 신학과 다른 학문들의 통합이라는 과제에 도움을 줄 수 있다. 더 나아가서 철학을 반대하는 네 가지 논증을 평가되고 반박되었다.

이 장의 마지막 절은 통합이 필요하고, 철학이 그 활동에 수반될 필요가 있는 사례들을 열거했으며, 다양한 통합 모델이 열거되었으며, 통합에 사용된 다섯 가지 철학적 원리가 검토되었다.

〔기본 용어〕

변증학
인식론
외적 개념 문제
신앙
일차 학문
통합
지성사
논리
형이상학

죄의 지적 효과
조작적 정의
철학
논쟁학
이차 학문
지식사회학
가치론
세계관

제2장

논증과 논리

오라, 우리가 서로 변론하자(사 1:18).

1. 들어가는 말

앨빈 플랜팅가(Alvin Plantinga)는 철학이란 어떤 것에 관해 날카롭게 생각하는 것일 뿐이라고 말했다. 그것이 사실이라면 철학을 잘 하는 것은 잘 생각하는 법을 배우는 일일 것이다. 그것은 우리가 참이기를 바라는 것에 대한 참되거나 희망적인 표현들이라고 느끼는 것의 단순한 감정적 표현으로부터 철학을 구별 짓는 데 이바지한다.

그런데 잘 생각한다는 것은 어떤 의미인가?

무엇보다 그것은 다양한 진리 주장을 옹호하는 논증들(arguments)을 만들고 평가할 수 있는 능력을 포함할 것이다. 우리는 한 입장을 옹호하는 논증에 대해 말할 때, 물론 그것에 관한 다툼을 뜻하지는 않는다. 도리어 철학적 의미에서 볼 때 논증은 결론(conclusion)에 이르는 전제들(premises)의 역할을 하는 한 부류의 진술들이다.

우리는 각자 깨닫든 깨닫지 않던 간에 논증 규칙들을 이미 사용하고 있다. 이 규칙들은 주제가 무엇인가와 무관하게 모든 곳에서 모든 추론에 적용되기 때문이다. 우리는 일상 생활에서 매일 이 규칙들을 무의식적으로 사용한다.

예를 들어, 한 친구가 당신에게 "책을 대출받기 위해 오늘 도서관에 갔다"고 말한다고 생각해 보라.

당신은 "오늘 너는 그 일을 할 수 없다"고 대답한다.

그 친구가 "왜 안되지?"라고 묻는다.

당신은 "오늘은 일요일이며, 도서관은 일요일에 문을 열지 않는다"고 설명한다. 요컨대 당신은 방금 당신 친구에게 논증을 하나 제시했다.

당신은 다음과 같이 추론했다.

① 오늘이 일요일이면, 도서관은 문을 닫는다.
② 오늘은 일요일이다.
③ 그러므로 도서관은 문을 닫는다.

문장 ①과 문장 ②는 논증의 전제들이며, 문장 ③은 결론이다. 당신은 전제 ①과 ②가 참이면 결론 ③도 참이라고 말하고 있다. 도서관이 문을 닫았다는 것은 당신의 의견에 그치지 않는다. 하지만 당신은 그 결론을 옹호하는 논증을 제시했다.

무엇이 좋은 논증에 도움이 되는가?

그것은 하기 나름이다. 논증은 연역적이거나 귀납적일 수 있다. 좋은 연역 논증(deductive argument)에서 전제들은 결론들의 진리를 보증한다. 좋은 귀납 논증(inductive argument)에서 전제들은 결론을 그것의 경쟁자들보다 더 개연적이게 한다. 무엇이 좋은 논증에 도움이 되는지는 그 논증이 연역적인지 아니면 귀납적인지에 달려 있다.

2. 연역 논증

좋은 연역 논증은 형식적으로나 비형식적으로 타당하며 참된 전제들을 지니는 논증일 것이며, 그 전제들이 그 전제들과 모순된 것들보다 더 타당한 논증일 것이다. 이 기준들 각각에 관해 설명해 보자.

첫째, 좋은 논증은 형식적으로 타당(formally valid)할 수밖에 없다.

즉, 결론은 논리 규칙들(rules of logic)에 맞게 전제들로부터 나올 수밖에 없다. 논리(logic)는 추론 규칙에 대한 연구이다. 논리라는 단어가 [영어의] 일상 회화에서 종종 "상식"(common sense)과 같은 것과 동의어로 사용되지만, 논리는 사실 수학과 비슷하게 철학의 매우 전문적인 분과 학문이다.

논리는 문장 논리(sentential logic)와 일차술어 논리(first-order predicate logic), 다치 논리(many-valued logic), 양상 논리(modal logic), 시제 논리(tense logic) 등과 같은 다양한 하부 분야로 이루어진 다면적 분야이다. 다행히도 우리 목적에 비추어 볼 때 우리는 논리가 단순한 논증들을 만들고 평가하는 데 하는 역할을 겉으로만 볼 필요가 있다.

결론이 전제들로부터 논리 규칙들에 맞게 나오지 않는 논증은 비록 결론이 우연히 참일지라도 타당하지 않다(invalid)고 이야기된다. 예를 들어, 보자.

① 세리(Sherrie)가 인식론에서 'A'를 받는다면 그녀는 자신의 학업을 자랑스러워할 것이다.
② 세리는 그녀의 학업을 자랑스러워한다.
③ 그러므로 세리는 인식론에서 'A'를 받았다.

이 세 진술은 모두 실제로 참일 수 있다. 하지만 ③은 ①과 ②에서 논리적으로 나오지 않기 때문에 이것은 타당하지 않은 논증이다. 당신은 ①과 ②를 안다고 해서 ③도 참이라는 것을 알 수는 없다. 따라서 위의 논증은 좋은 논증이 아니다.

둘째, 좋은 논증은 형식적으로 타당할 뿐 아니라 비형식적으로 타당(informally valid)하기도 하다.

우리가 살펴볼 것처럼, 한 논증이 논리 규칙을 위반하지 않지만 좋은 논증이 되지 못하도록 하는 수많은 오류가, 예를 들어 순환 논증의 오류가 추론에 있다. 다음 논증을 살펴보라.

① 성경이 하나님의 말씀이라면, 성경은 하나님의 말씀이다.
② 성경이 하나님의 말씀이다.
③ 그러므로 성경은 하나님의 말씀이다.

이것은 논리적으로 타당한 논증이지만, 그것에게서 깊은 인상을 받는 사람은 거의 없을 것이다. 그것은 그것이 증명하고자 하는 것을 전제하며, 따라서 새로운 것을 증명하지 못하기 때문이다. 좋은 논증은 형식논리의 규칙들을 따를 뿐 아니라 비형식적 오류들도 피할 것이다.

셋째, 좋은 논증에서 전제들은 참일 수밖에 없다.

논증은 형식적으로나 비형식적으로 타당할 수 있지만, 전제 가운데 하나가 거짓이기 때문에 거짓 결론에 이를 수 있다. 예를 들어, 보자.

① 물갈퀴 발을 지닌 것은 새이다.
② 오리너구리는 물갈퀴 발을 지닌다.
③ 그러므로 오리너구리는 새이다.

이것은 타당한 논증이지만, 불행히도 전제 ①은 거짓이다. 새 외에도 물갈퀴 발을 지닌 동물이 있다. 그러므로 이것은 결론의 진리를 옹호하는 좋은 논증이 아니다. 논리적으로 타당한 동시에 참된 전제들을 지니는 논증은 건전한 논증(sound argument)으로 불린다. 불건전한 논증(unsound argument)은 타당하지 않거나 그렇지 않으면 거짓 전제를 지닌다.

넷째, 좋은 논증은 전제들의 모순이나 부정보다 더 높은 개연성을 지니는 전제들을 지닌다.

한 논증이 좋은 논증이 되기 위해 전제들의 진리에 대한 백퍼센트 확실성이 우리에게 있어야 하는 것은 아니다. 좋은 논증에서 일부 전제들은 그것들의 부정보다 조금 더 개연적이라는 인상을 우리에게 줄 수 있다. 다른 전제들은 그것들의 부정들과 대조되어 우리에게 아주 개연적인 것처럼 보일 수 있다.

하지만 우리는 한 진술이 그것의 모순(contradictory, 즉 그것의 부정)보다 더 개연적인 한 그것의 부정보다 그것을 믿어야 마땅하며 그래서 그것은 좋은 논증에서 전제의 역할을 한다. 그래서 하나님의 존재를 옹호하는 좋은 논증은 하나님이 존재한다는 사실을 확실하게(certain) 만들 필요는 없다.

확실성은 대부분의 사람들이 "당신은 하나님이 존재함을 증명할 수 없다!"고 말할 때 생각하는 것이다. 우리는 증명을 백퍼센트의 확실성과 같이 여긴다면, 그들과 의견을 같이 하면서도 하나님이 존재한다고 생각할 만한 좋은 논증들이 여전히 있다고 주장할 수 있다.

예를 들어, 한 형태의 가치론적 논증(axiological arguments)이 다음과 같이 만들어질 수 있다.

① 하나님이 존재하지 않는다면, 객관적인 도덕적 가치는 존재하지 않을 것이다.
② 객관적인 도덕적 가치가 존재한다.
③ 그러므로 하나님은 존재한다.

어떤 사람은 "하지만 하나님이 없어도 도덕적 가치가 추상적 대상으로 존재할 수 있다"고 말함으로써 우리 논증의 전제 ①을 반박할 수 있다. 우리는 기꺼이 동의할 수 있다. 그것은 인식론적으로 가능하다(epistemologically possible). 즉, 전제가 참임이 확실하게 인식되지 못한다. 하지만 가능성들은 싸게 먹힌다. 문제는 논증에서 특정 전제의 모순이 인식론적으로 가능한지(또는 개연적인지)가 아니다. 문제는 모순이 전제만큼이나 개연적인가, 아니면 전제보다 더 개연적인가이다. 그렇지 않다면(전제의 모순이 전제보다 덜 개연적이라면-역주), 전제의 모순보다 전제를 믿어야 마땅하다.

요약하자면 좋은 논증은 형식적으로나 비형식적으로 타당할 것이며, 그 전제들의 모순들보다 더 개연적인 참된 전제들을 지닌다. 이제 독자들이 논증을 만들고 평가하는 일을 돕기 위해 이 특징들 각각을 다소 자세하게 설명하고자 한다.

1) 논리적으로 타당한

(1) 문장 논리

문장 논리(sentential logic) 또는 명제 논리(propositional logic)는 가장 기본적인 차원의 논리이며 "만일 … 라면, 그러면 … 이다"와 "또는", "그리고"와 같은 문장 연결사에 근거하는 추론들을 다룬다. 이 영역의 논리가 지배하는 추론을 수행하기 위해서는 독자들이 몇 가지 논리적 동치(同値)들과 함께 반드시 배워야 하는 추론 규칙들이 9개가 있다. 9개 규칙만 있다면 독자들은 그들이 만나게 될 대부분의 논증들의 타당성을 평가할 수 있을 것이다.

(a) 논리의 9개 규칙들

규칙 #1: 전건 긍정(modus ponens)
① P → Q
② P
───────
③ Q

기호 논리(symbolic logic)에서 우리는 철자와 기호를 사용해서 문장들과 문장 연결사(連結詞)들을 나타낸다. ①에서 P와 Q는 서로 다른 두 문장을 나타낸다. 화살표는 연결사, 즉 "만일 … 라면, 그러면 … 이다"를 나타낸다.

우리는 전제 ①을 읽기 위해 "만일 P라면, 그러면 Q이다"라고 말한다. 다른 식으로 P → Q를 읽는 것은 "P가 Q를 함축한다"고 말하는 것이다. 전제 ②를 읽기 위해 우리는 그저 "P"를 말한다. 철자와 기호가 사용되는 이유는 문법적으로 아주 다른 문장들이 동일한 논리적 형식을 지닐 수 있다는 데 있다.

예를 들어, 문장 "나는 갈 것이다. 만일 네가 간다면"과 문장 "만일 네가 간다면 그러면 나는 갈 것이다"는 문법적으로는 서로 다르지만, 동일한 논리적 형식을 지니는 것이 분명하다. 우리는 문장 대신 기호와 철자를 사용함으로써 문장의 논리적 형식을 문법형태 때문에 혼란을 겪는 일 없이 분명하게 할 수 있다.

규칙 전건 긍정(modus ponens)은 우리가 두 전제 P → Q와 P로부터 Q라는 결론을 타당하게 얻을 수 있다고 우리에게 말해 준다. 다음 예가 밝혀 주듯이 이 추론 규칙은 우리가 언제나 무의식적으로 사용하는 규칙이다.

사례 1
① 만일 존(John)이 열심히 공부한다면 그러면 그는 논리에서 좋은 점수를 얻을 것이다.
② 존은 열심히 공부한다.
───────
③ 그는 논리에서 좋은 점수를 얻을 것이다.

사례 2

① 만일 존이 열심히 공부하지 않는다면, 그러면 그는 논리에서 좋은 점수를 얻지 못할 것이다.
② 존은 열심히 공부하지 않는다.

③ 그는 논리에서 좋은 점수를 얻지 못할 것이다.

위의 두 사례가 타당한 논증들(그것들은 규칙 전건 긍정 <modus ponens>과 모두 맞다)이지만 반대되는 결론에 이른다는 점에 주목하라. 그래서 그것은 둘 다 건전할 수는 없다. 적어도 그것들 가운데 하나는 분명히 거짓 전제이다. 이 사례들 가운데 어느 것이 건전한 논증인지 이해하기 원한다면 전제들을 옹호하는 증거를 살펴볼 필요가 있을 것이다.

우리는 예를 들어, 존의 과거 행위에 근거해서 한 수업을 위해 열심히 공부할 때 좋은 점수를 받는다는 사실을 발견한다. 그것은 사례 1의 전제 ①이 참이라고 생각하기에 좋은 근거들을 준다. 게다가 우리는 존이 논리수업을 위해 공부하느라 오랜 시간을 보낸다는 사실을 본다. 그래서 우리는 사례 1의 전제 ②도 참이라고 생각할 좋은 근거를 지닌다. 그래서 우리는 사례 1이 참된 전제들을 지니는 타당한 논증이라고 생각하기에 좋은 근거들을 지닌다. 그래서 그것은 존이 실제로 좋은 점수를 얻을 것이라는 결론을 옹호하는 건전한 논증이다.

사례 2는 어떠한가?

존이 진짜 천재라면 그는 열심히 공부하지 않아도 논리에서 좋은 점수를 얻을 수 있다. 아마 그는 열심히 공부한다면 좋은 점수를 얻을 것이다. 그는 열심히 공부하지 않는다 해도 좋은 점수를 얻을 것이다. 그런데 사실 우리는 존이 그 영리한 사람이 아니라는 사실을 본다.

그가 열심히 공부하지 않는다면, 그는 목표를 이루지 못한다. 그래서 사례 2의 전제 ①이 참이라고 믿을 좋은 근거가 우리에게 있다. 그런데 우리가 전제 ②를 만난다. 이 전제는 분명히 거짓이다. 존은 게으름뱅이가 아니며 논리 수업을 위해 열심히 공부한다. 그러므로 사례 2는 거짓 전제를 지니기 때문에 건전한 논증이 아니다. 그것은 타당하지만 건전하지 못하다.

규칙 #2: 후건 부정(modus tollens)

① P → Q
② ¬Q
──────────
③ ¬P

다시 한 번, P와 Q는 두 문장을 나타내며, 화살표는 "만일 … 라면, 그러면 … 이다"를 나타낸다. ¬는 " … 이 아니다"(not)를 나타낸다. 그것은 부정(否定) 기호이다. 그래서 전제 ①은 "만일 P라면 그러면 Q이다"로 읽힌다. 전제 ②는 "Q가 아니다"로 읽힌다. 규칙 후건 부정(後件否定)은 우리가 "P가 아니다"라는 결론을 이 두 전제들로부터 타당하게 끌어낼 수 있다고 우리에게 말해 준다. 다음 사례들이 이 규칙을 밝혀 줄 것이다.

사례 1

① 만일 조안(Joan)이 훈련해 오고 있다면 그녀는 5K 레이스를 경주할 수 있다.
② 그녀는 5K 레이스를 경주할 수 없다.
──────────
③ 조안은 훈련해 오고 있지 않다.

사례 2

① 만일 토요일 오전이라면, 내 룸메이트는 자고 있다.
② 내 룸메이트는 자고 있지 않다.
──────────
③ 토요일 오전이 아니다.

후건 부정은 전제의 부정을 포함한다. 전제가 이미 부정문이라면, 논리적으로 긍정문과 같은 이중부정(double negation)문이 우리에게 있다. 그래서 ¬¬Q는 Q와 같다. 그래서 다음 전제들로부터

① ¬P → Q
② ¬Q

우리는 다음 결론을 얻을 수 있다.

③ ¬¬P

이것은 논리적으로 다음과 같다.

④ P

이 경우 처음 결론 ¬¬P는 ④에서 또 다른 결론을 끌어내는 전제가 된다. 이중부정이 작용하는 또 다른 사례는 다음일 것이다.

① P → ¬Q
② Q

후건 부정을 사용하기 위해 우선 우리는 (2)를 다음으로 바꾼다.

③ ¬¬Q

이것은 ¬Q의 부정이다. 그것은 우리가 다음 결론을 얻기 위해 후건 부정을 사용하도록 한다.

④ ¬P

전건 긍정과 후건 부정은 조건문의 중요한 특징을 분명히 하는 데 이바지한다. 전건 "만일"절은 후건 "그러면" 절의 충분 조건(sufficient condition)을 말한다. 후건 "그러면" 절은 전건 "만일" 절의 필요 조건(necessary condition)을 말한다.

만일 P가 참이라면 그러면 Q도 참이기 때문이다. P의 진리는 Q의 진리를 옹호하기에 충분하다. 동시에 Q가 없다면 P는 결코 참이지 않다. Q가 참이 아니라면, P도 참이 아니다. 그래서 P→Q 형식의 모든 문장에서 P는 Q의 충분 조건이며, Q는 P의 필요 조건이다. "만일 … 라면, 그러면 … 이다"라는 표현 외에도 충분 조건과 필요 조건을 표현하는 다른 방식들이 있다. 예를 들어, 종종 우리는 "오직 … 하는 경우에만"(only if …)이라고 말함으로써 필요 조건을 표현한다. 당신의 교수는 "오직 네가 요구되는 과제를 모두 다 하는 경우에만 추가 점수를 얻을 것이다"고 말한다.

그는 요구된 과제를 다 하는 것이 추가 점수 과제의 필요 조건이라고 말하고 있다. 그러므로 우리가 P = "너는 추가 점수 과제를 할 수 있다"와 Q = "너는 요구된 과제를 다 했다"로 한다면 우리는 그의 문장을 P → Q로 기호화할 수 있다.

초심자가 "오직 … 하는 경우에만"이라는 단어들을 볼 때 우리가 그 단어들 뒤에 오는 문장을 P로 기호화해야 마땅하다고 생각할지 모르기 때문에 이것은 신중을 요구한다. 하지만 그것은 옳지 않다. "오직 … 하는 경우에만"이라는 단어들을 볼 때 그는 "필요 조건"을 즉시 생각해야 마땅하며, 뒤에 나오는 것을 Q로 기호화해야 마땅하다는 사실을 깨달아야 마땅하다. 필요 조건과 충분 조건이라는 이 구분은 매우 중요하다. 그것을 무시하는 것은 큰 오해에 이를 수 있기 때문이다. 예를 들어, 당신은 당신의 교수가 위에서 한 말로부터 당신이 요구된 과제를 다 한다면 추가 점수 과제를 할 수 있다는 결론을 얻을 수 있다.

하지만 그것은 사실 그가 말한 바가 아니다. 그는 당신이 추가 점수 과제를 하는 일의 필요 조건을 말했으며, 충분 조건을 말한 것은 아니다. 그는 P → Q를 말했지만, Q → P를 말하지는 않았다.

우리가 추가 점수 과제를 할 수 있기 전에 충족시켜야 하는 다른 조건들이 있을 수 있다. 그래서 당신이 그의 진술에 근거해서 당신이 요구된 과제를 다 한 뒤에 추가 점수 과제를 할 수 있다는 결론을 내린다면, 타당하지 못한 추론을 한 잘못이 당신에게 있을 것이며, 이는 당신의 점수에 파괴적임이 드러날 수 있을 것이다. 그래서 한 문장에서 단순한 "만일 … 라면"(if)에 이어지는 절은 충분 조건 P로 기호화되는 전건이다.

"오직 … 하는 경우에만"에 이어지는 절은 필요 조건 Q로 기호화되는 후건이다. 이제 우리는 매우 흔한 논리적 오류에 주목한다. 후건 긍정의 오류이다.

사례 1
① 조지(George)와 바바라(Barbara)는 반숙 달걀과 토스트, 커피를 즐기고 있다면, 그들은 아침식사를 하고 있는 중이다.
② 조지와 바바라는 아침식사를 하고 있는 중이다.
③ 그들은 반숙 달걀과 토스트, 커피를 즐기고 있다.

사례2

① 하나님이 무시간적이라면, 그분은 본질적으로 불변한다.
② 하나님은 본질적으로 불변한다.
③ 그분은 무시간적이다.

이 추론에서 잘못인 것은 두 사례 모두에서 ①은 ②의 필요 조건이 아니라 충분 조건만 말한다는 것이다. 조지와 바바라가 그것들을 먹고 있다면, 그들은 아침식사를 하고 있는 중이다. 그러나 그들이 아침식사를 하고 있다고 해서 그들이 그것들을 먹고 있다는 결론은 나오지 않는다. 하나님이 무시간적이라면, 그분은 본질적으로 불변하신다. 하지만 그것은 그분이 본질적으로 불변하신다고 해서 무시간적이라는 것을 함축하지는 않는다.

P → Q라면, 전건 P가 참이라고 우리가 긍정한다면 후건도 참이라고 전건 긍정이 우리에게 말한다. 후건 Q가 참임을 우리가 부정한다면 전건 P도 부정되어야 한다고 후건 부정은 우리에게 말한다. 그래서 P → Q라면, 전건을 긍정하거나 후건을 부정하고 적합한 결론을 끌어내는 것은 타당한 추론이다. 하지만 우리는 후건을 긍정하는 잘못을 저질러서는 안 된다. P → Q이고 Q가 참이라면, 우리는 어떤 결론도 타당하게 내릴 수 없다.

규칙 #3: 가언적 삼단 논법(hypothetical syllogism)

① P → Q
② Q → R
③ P → R

세 번째 규칙인 가언적 삼단 논법에 따르면 P가 Q를 함축하고, Q가 R을 함축한다면 P는 R을 함축한다. 이 경우 P가 참인지 우리가 알지 못하기 때문에 우리는 R이 참이라는 결론을 내릴 수 없다. 하지만 적어도 우리는 전제 ①과 ②에 근거해서 P가 참이라면 R이 참임을 알 수 있다.

사례 1

① 발렌타인 데이라면, 질라우메(Guillaume)가 쟈넷(Jeanette)을 멋진 레스토랑의 저녁식사에 초대할 것이다.
② 질라우메가 쟈넷을 멋진 레스토랑의 저녁식사에 초대할 것이라면, 그들은 로베르즈 세인트 피에르(L'Auberge St. Pierre)에서 저녁을 먹을 것이다.
③ 발렌타인 데이라면, 질라우메와 쟈넷은 로베르즈 세인트 피에르에서 저녁을 먹을 것이다.

사례 2

① 쟈넷이 송아지의 뼈 없는 부위(médallions de veau)를 주문한다면 질라우메는 연어 그릴을 먹을 것이다.
② 질라우메가 연어 그릴을 먹는다면, 그는 디저트를 먹을 여유가 없을 것이다.
③ 쟈넷이 송아지의 뼈 없는 부위를 주문한다면 질라우메는 디저트를 먹을 여유가 없을 것이다.

우리는 보다 복잡한 추론을 하기 위해 우리의 세 가지 논리 규칙들을 서로 연결시켜 사용할 수 있다. 예를 들어, 우리는 전건 긍정(MP)과 가언적 삼단 논법(HS)을 사용해서 다음 논증이 타당함을 볼 수 있다.

① $P \rightarrow Q$
② $Q \rightarrow R$
③ P
④ $P \rightarrow R$ (가언적 삼단 논법, 1, 2)
⑤ R (전건 긍정, 3, 4)

첫 번째 세 단계는 주어진 전제들이다. 단계 ④와 ⑤는 우리가 배운 논리 규칙들을 사용해서 우리가 끌어낼 수 있는 결론들이다. 오른쪽에다 우리는 우리가 각 단계를 밟게 하는 규칙을 약어(略語)로 표현하며, 우리가 그 결론을 끌어내는 데 사용한 전제들의 수도 기록한다. 전제들로부터 타당하게 끌어낸 결론 자체가 또 다른 결론을 위한 전제가 된다는 사실에 주목하라.

여기에 또 다른 사례가 있다.

① P → Q
② Q → R
③ ¬Q
④ P → R (가언적 삼단 논법, 1, 2)
⑤ ¬P (후건 부정, 3, 4)

우리가 더 많은 규칙을 배울수록, 다룰 수 있는 논증은 더 복잡해진다.

규칙 #4: 연어(連語, conjunction)
① P
② Q
③ P & Q

여기서 우리는 기호 &를 도입하는데, 이 기호는 연어(連語)를 나타내는 기호이다. 그것은 "그리고"로 읽혀진다. 이 규칙은 명료하다. P가 참이고, Q가 참이라면, "P 그리고 Q"라는 연어 명제(連語命題)도 참이다.

사례 1
① 채리티(Charity)는 피아노를 연주하고 있다.
② 지미(Jimmy)는 피아노를 연주하려고 노력하고 있다.
③ 채리티는 피아노를 연주하고 있으며 그리고 지미는 피아노를 하려고 노력하고 있다.

사례 2
① 루이스(Louise)가 열심히 공부한다면 그녀는 논리에 정통할 것이다.
② 잔(Jan)이 열심히 공부한다면 그녀는 논리에 정통할 것이다.
③ 루이스가 열심히 공부한다면 그녀는 논리에 정통할 것이며 그리고 잔이 열심히 공부한다면 그녀는 논리에 정통할 것이다.

사례 2가 설명하듯이 모든 문장은 &로 연결될 수 있다. 우리 논증들에서 전제들이 복잡해질 때 사태를 바로 잡기 위해 괄호를 도입하는 것이 유익하다. 예를 들어, 여러분은 결론을 (P→Q) & (R→S)로 기호화할 것이다.

기호 &는 단순한 그리고보다 더 많은 단어들을 기호화한다. 그것은 접속사를 기호화한다. 그래서 접속사 그러나(but)와 한편(while), 비록 … 일지라도(although), 그런데(whereas), 그 밖의 많은 단어들을 지니는 문장들의 논리 형식은 동일하다. 우리는 그것들을 모두 &를 사용해서 기호화한다.

예를 들어, "그들은 시금치를 좋아하지 않지만 시금치를 먹었다"는 문장은 P & Q로 기호화될 것이다. P는 "그들은 시금치를 먹는다"를 나타내는 기호이며, Q는 "그들은 그것을 좋아하지 않았다"를 나타내는 기호이며, &는 접속사 "비록 … 일지라도"를 기호화한다.

규칙 #5: 간소화(simplification)

① P & Q   ① P & Q
───────   ───────
② P   ② Q

게다가 우리는 이 규칙을 이해하기 위해 별로 어려울 필요가 없다. P & Q와 같은 연어 명제(連語命題)가 참이기 위해서는 P와 Q는 모두 참이어야 한다. 그래서 간소화는 여러분이 P & Q로부터 P가 참이고 Q가 참이라는 결론을 내리도록 해 준다.

사례 1

① 빌(Bill)은 식료잡화류를 자루에 넣고 있으며 그리고 제임스(James)는 선반에 물건을 쌓아놓고 있다.
───────
② 제임스는 선반에 물건을 쌓아놓고 있다.

사례 2

① 수잔(Susan)이 타자를 치고 있다면, 그녀는 전화를 받지 못할 것이다. 그리고 게리(Gary)가 독서하고 있다면, 그는 전화를 받지 못할 것이다.
───────
② 게리가 독서하고 있다면, 그는 전화를 받지 못할 것이다.

이 규칙의 큰 유용성은 여러분에게 전제 P & Q가 있고 결론을 끌어내기 위해 여러분이 혼자 있는 P나 혼자 있는 Q를 필요하다면 간소화가 여러분에게 결론을 준다는 것이다.

예를 들어, 보자.

① P & Q
② P → R
③ P (간소화, 1)
④ R (전건 긍정, 2, 3)

규칙 #6: 흡수(absorption)

① P → R
② P → (P & Q)

이것은 우리가 거의 사용하지 않지만, 타당한 방식의 추론을 말하는 규칙이다. 기본적 생각은 P가 스스로를 함축한다면 그것은 그것이 함축하는 모든 다른 것과 더불어 스스로를 함축한다는 것이다.

사례 1

① 앨리슨(Allison)이 쇼핑하러 간다면, 그녀는 새로운 귀걸이를 살 것이다.
② 앨리슨이 쇼핑하러 간다면, 그녀는 쇼핑하러 갈 것이며 새로운 귀걸이를 살 것이다.

사례 2

① 당신이 숙제를 한다면 당신은 "A"를 받을 것이다.
② 당신이 숙제를 한다면 당신은 숙제를 하며 "A"를 받을 것이다.

논증에서 한 단계 더 나아가기 위해 P & Q를 지녀야 할 필요가 있는 경우들에 흡수가 주로 사용될 것이다.

① P → Q
② (P & Q) → R
③ P → (P & Q) (흡수, 1)
④ P → R (가언적 삼단 논법, 2, 3)

규칙 #7: 가산(Addition)

① P
──────
② P ∨ Q

이 규칙을 위해 우리는 "또는"으로 읽히는 새로운 기호 ∨를 도입한다. 우리는 그것을 사용해서 또는(or)이라는 단어로 연어(連語)되는 문장들을 기호화할 수 있다. 두 문장으로 이루어지는 문장은 선언(選言, disjunction)에 의해 연결되거나 선언으로 불린다.

가산은 처음에는 이상한 추론 규칙인 것처럼 보인다. 그것은 P가 참이라면 "P 또는 Q"도 참이라고 말한다. 염두에 두어야 할 필요가 있는 것은 이것이다. 선언이 참이 되기 위해서는 선언 가운데 오직 한 부분만(only one part) 참이어야 한다. 그래서 P가 이미 참임을 우리가 안다면 Q가 무엇이든간에 "P 또는 Q"도 참이라는 결론이 나온다!

사례 1

① 멜러리(Mallory)는 그들의 새 아파트를 꾸미는 데 정성을 들여 일할 것이다.
──────
② 맬러리는 그들의 새 아파트를 꾸미는 데 정성을 다해 일할 것이거나 또는 그녀는 그 아파트가 돼지우리가 되도록 둘 것이다.

사례 2

① 짐(Jim)은 3.5점 이상을 받을 것이다.
──────
② 짐은 3.5점 이상을 받을 것이거나 또는 그의 아빠가 달 여행을 할 것이다.

가산은 우리가 전제의 일부 필요한 부분을 얻도록 도움으로써 논증을 정돈하는데 유용한 "사전 준비" 규칙들 가운데 하나이다.

예를 들어, 보자

① P
② (P ∨ Q) → R
③ P ∨ Q (가산, 1)
④ R (전건 긍정, 2, 3)

규칙 #8: 선언적 삼단 논법(disjunctive syllogism)

① P ∨ Q   ① P ∨ Q
② ¬P   ② ¬Q
―――――――   ―――――――
③ Q   ③ P

이 규칙은 두 문장 가운데 하나의 선언(選言)이 참이라면 그 문장들 가운데 하나가 거짓이라면 나머지 한 문장이 참이라고 우리에게 말해 준다.

사례 1
① 메리(Mary)는 시험지를 스스로 채점할 것이거나 또는 제이슨(Jason)의 도움을 얻을 것이다.
② 그녀는 시험지를 스스로 채점하지 않을 것이다.
―――――――――――――――――――――――――――――
③ 그녀는 제이슨의 도움을 얻을 것이다.

사례 2
① 에이미(Amy)가 정원에서 일했거나 또는 맥(Mack)이 토요일 아침을 서류 사무를 보느라 지냈다.
② 맥은 토요일 아침을 서류사무를 보느라 지내지 않았다.
―――――――――――――――――――――――――――――
③ 에이미가 정원에서 일했다.

논리적 선언과 관련하여 기억해야 하는 중요한 것은 또는에 의해 연결되는 문장들 둘 다 참일 수 있다는 것이다. 달리 말하자면 선언지들은 상호 배타적일 필요가 없다. 사례 2에서 전제 ①에서 두 문장 모두 참일 수 있을 것이다. 그러므로 우리는 선언지 가운데 하나가 참이라고 해서 나머지 하나가 거짓이라는 결론을 내릴 수 없다. 둘 다 참일 수 있다. 그래서 선언적 삼단 논법은 여러분으로 하여금 참된 선언의 한 부분이 거짓이라면 나머지 선언지가 참이라는 결론만 내리도록 한다.

언급되었듯이 우리 논증들에서 전제들이 복잡해질 때 사태를 정돈하기 위해 괄호를 도입하는 것이 유익하다. 예를 들어, 우리는 "에이미가 관목을 옮겨 심는다면 그녀는 그것들에 물을 줄 것이거나 그렇지 않으면 그것들은 죽을 것이다"라는 문장을 P → (Q ∨ R)로 기호화할 것이다. 이것은 (P → Q) ∨ R과는 전혀 다르다. 두 번째 것은 "에이미가 관목을 옮겨 심는다면 그녀는 그것들에 물을 줄 것이다. 또는 그것들은 죽을 것이다"라는 선언문(選言文)을 기호화할 것이다.

우리는 더 복잡한 논증들이 타당한지 이해하려 할 때 논리 규칙을 일부 단계에서는 사용할 수 없고 전체 단계에서만 사용할 수 있다는 사실을 기억하는 것이 중요하다. 그래서 예를 들어, 우리에게 다음 전제들이 있다.

① P → (Q ∨ R)
② ¬Q

우리는 다음 결론을 내릴 수 없다.

③ R

③에 이르기 위해 우리에게 다음 전제도 필요하다.

④ P

그래서 우리는 다음 결론을 얻을 수 있다.

⑤ Q ∨ R   (전건 긍정, 1, 4)

또한, 이것은 우리가 다음의 것에 이르도록 해 준다.

⑥ R (선언적 삼단 논법, 2, 5)

마지막으로 문장의 논리 형식이 문장의 동사 형태와 매우 다를 수 있다는 사실을 염두에 두라. 종종 우리는 선언문장에서 첫 번째 문장의 주어나 동사를 번거롭게 반복하지 않는다.

"셰리(Sherry)나 패티(Patti)가 당신과 함께 공항에 갈 것이다"가 그 예이다.

이것은 논리적으로 선언 명제(選言命題)이다.

"셰리가 당신과 함께 공항에 갈 것이거나 또는 패티가 당신과 함께 공항에 갈 것이다."

하지만 이 두 번째 것은 우리가 보통 말하는 방식이 아니다. 그래서 때로 우리는 문장의 논리 형식을 이해할 필요가 있다. 문장의 모든 용법 또는 문장 안에서의 모든 용법이 그 문장이 선언 명제임을 가리키지 않기 때문에 우리는 주의를 기울여야 한다.

당신이 만루 상태에서 타석에 들어서며 코치가 "네가 1루타를 치거나 포볼을 얻으면 우리가 이긴다!"고 말한다고 생각해 보라. 그는 "네가 1루타를 친다면 우리는 이길 것이거나 또는 네가 포볼을 얻으면 우리가 이길 것이다!"([P→Q] ∨ [R→Q])고 말하는가?

분명히 그렇지 않다. 오히려 그가 "네가 1루타나 포볼을 얻는다면 우리가 이길 것이다"라고 말하는 것이 나을 수 있을 것이다. R→Q가 거짓일지라도 P→Q가 참이기 때문에 그 전체 선언 명제는 참일 것이다.

우리는 코치의 조언을 (P ∨ R) → Q로 기호화해야 마땅하다. 그는 당신이 1루타나 포볼 가운데 어떤 것을 얻든 간에 우리가 경기에서 이기는 데 충분한 조건이라고 말하고 있다.

규칙 #9: 구성적 양도 논법(Constructive Dilemma)

① (P → Q) & (R → S)
② P ∨ R
───────────────
③ Q ∨ S

구성적 양도 논법에 따르면 P가 Q를 함축하고 R이 S를 함축한다면 P 또는 R이 참이라면, Q나 S가 참이라는 결론이 나온다.

사례 1

① 제니퍼(Jennifer)가 작은 과일나무들을 산다면, 그녀는 복숭아 파이를 만들 수 있다. 그녀가 꽃을 심는다면, 마당이 화려해 보일 것이다.
② 제니퍼는 작은 과일나무들을 사거나 그녀는 꽃을 심는다.
③ 제니퍼는 복숭아 파이를 만들 수 있거나 또는 마당이 화려해 보일 것이다.

사례 2

① 이벳(Yvette)이 여행에 동행한다면 짐은 행복할 것이다. 짐이 이벳 없이 간다면 그는 외로울 것이다.
② 이벳은 여행에 동행하거나 또는 짐은 이벳 없이 간다.
③ 짐은 행복할 것이거나 또는 짐은 외로울 것이다.

이 규칙은 우리가 선언지 각각의 함축들을 알 때 양자택일 상황의 결론들을 연역해내는 데 유용하다.

우리는 이 9개의 규칙을 지니면 많은 범위의 논증의 타당성을 평가할 수 있고, 물론 우리 자신의 타당한 논증을 만들 수 있다. 다음 연습 문제는 독자들이 배운 것을 적용해 보도록 도움을 줄 것이다.

A. 9개의 규칙들의 연습: 각 논증을 기호화하고 결론을 끌어내며, 각 단계를 정당화하는 규칙을 말하라

(a)
① 밀리(Millie)는 애크미 회사(Acme, Inc.)의 주식 10개를 살 것이거나 또는 팔 것이다.
② 그녀는 팔지 않을 것이다.

(b)
① 하나님은 오직 불변하는 경우에만 무시간적이다.
② 하나님은 오직 현재 시간을 알지 못하는 경우에만 불변하다.
③ 하나님이 전지하다면, 그분은 현재 시간을 안다.
④ 하나님은 전능하고 전지하다.

(c)
① 오직 하나님이 시간적인 경우에만 그분은 성육신할 수 있다.
② 예수가 하나님이거나 또는 크리슈나(Krishna)가 하나님이라면, 하나님은 성육신할 수 있다.
③ 예수는 하나님이다.

(d)
① 하나님이 선하다면, 그분은 악을 막기를 원한다.
② 하나님이 전능하다면, 그분은 악을 막을 수 있다.
③ 하나님은 선하고 전능하다.
④ 하나님이 악을 막기를 원하고 막을 수 있다면 악은 존재하지 않는다.

(e)
① 키스(Keith)는 제 시간에 일어난다.
② 키스가 제 시간에 일어난다면 그는 애슐리(Ashley)를 깨울 것이다.
③ 키스가 애슐리를 깨운다면, 그녀는 어슬렁거리거나 진공청소기로 집 청소를 할 것이다.
④ 그녀가 어슬렁거린다면 키스는 혼자 수영하러 갈 것이다.
⑤ 애슐리는 진공청소기로 집 청소를 하지 않을 것이다.

(f)
① 집사가 살인자라면, 그의 지문이 무기에 있었다.
② 집사가 살인자가 아니라면 하녀나 정원사가 살인자였다.
③ 정원사가 살인자라면 정원 쇠스랑에 피가 있을 것이다.
④ 하녀가 살인자라면 주인은 부엌칼로 살해되었다.
⑤ 집사의 지문이 무기에 있지 않았다.
⑦ 정원 쇠스랑에 피가 없었다.

(g)
① 파슨스(Parsons)나 플루(Flew)가 동의한다면 우리는 논쟁을 할 것이다.
② 우리가 논쟁한다면 그것은 비디오로 촬영될 것이다.
③ 논쟁이 비디오로 촬영되거나 오디오로 녹음된다면, 너는 진행된 일의 사본을 얻을 수 있다.
④ 네가 진행된 일의 사본을 얻을 수 있다면, 너는 논쟁을 피한 것을 후회할 필요가 없다.
⑤ 파슨스는 논쟁하는 데 동의할 것이다.

(h)
① 하나님이 기도를 들으신다면, 그분은 내가 기도하는 경우 응답하실 것이다.
② 하나님은 기도를 들으신다.
③ 나는 기도할 것이다.

B. 일부 동치들(equivalences): 우리가 배운 9개의 논리 규칙들 외에 익혀야 마땅한 논리적 동치들이 수없이 많다.

P는	¬¬P와 동치이다.
P ∨ P는	P와 동치이다.
P → Q는	¬P ∨ Q와 동치이다.
P → Q는	¬Q → ¬P와 동치이다.

또한, 연어 명제(連語命題, conjunction)를 선언 명제(選言命題)로 전환하거나 그 반대로 하는 매우 편리한 방법이 있다. 세 단계가 있다.

단계 1. 너는 각 철자 앞에 ¬를 놓는다.
단계 2. 너는 &를 ∨로 바꾼다(또는 ∨를 &로 바꾼다).
단계 3. 너는 모든 것을 괄호에 넣고 앞에 ¬를 놓는다.
사례 1: P & Q를 선언으로 바꾸라.
단계 1. ¬P ∨ ¬Q
단계 2. ¬P ∨ ¬Q

단계 3. ¬(¬P ∨ ¬Q)

사례 2: P ∨ Q를 연언 명제로 바꾸라.

단계 1. ¬P ∨ ¬Q

단계 2. ¬P & ¬Q

단계 3. ¬(¬P &¬Q)

때로 당신은 이중부정을 사용해야 한다.

사례 3: ¬P & Q를 선언 명제로 바꾸라.

단계 1: ¬¬P & ¬Q

단계 2: P ∨ ¬Q

단계 3: ¬(¬P & ¬Q)

우리는 이 절차를 사용해서 다음을 발견할 수 있다.

¬P & ¬Q는 ¬(P ∨ Q)와 동치이다.

¬P ∨ ¬Q는 ¬(P & Q)와 동치이다.

동치 문장들은 논리적으로 같은 것이기 때문에 당신은 전제를 그것의 동치로 대체할 수 있다. 그러면 당신은 새로운 전제를 다른 전제들과 함께 사용해서 또 다른 결론들을 끌어낼 수 있다.

사례 1

① 하나님이 존재한다면 인본주의는 참이 아니다.
② 하나님이 존재하지 않는다면, 인본주의는 참이 아니다.
③ 하나님이 존재하거나 또는 하나님은 존재하지 않는다.
④ 그러므로 하나님이 존재한다면 인본주의는 참이 아니다. 또한, 하나님이 존재하지 않는다면 인본주의는 참이 아니다(연언. 1, 2).
⑤ 그러므로 인본주의가 참이 아니거나 또는 인본주의는 참이 아니다(구성적 양도 논법, 3,4).
⑥ 그러므로 인본주의는 참이 아니다(동치, 5).

사례 2

① 하나님이 미래를 예지하지 않는다면, 그분은 모든 것을 결정하거나 또는 도박을 한다.
② 하나님이 모든 것을 결정한다면 그분은 죄를 만드는 분이다.
③ 하나님이 도박한다면 그분은 주권적이지 못하다.
④ 하나님은 주권적이지만, 그분은 죄를 만들지 않는다.
⑤ 그러므로 하나님은 주권적이다(간소화, 4).
⑥ 그러므로 하나님은 죄를 만드는 분이 아니다(간소화, 4).
⑦ 그러므로 하나님은 모든 것을 결정하지는 않는다(후건 부정, 2, 6).
⑧ 그러므로 하나님은 도박하지 않는다(후건 부정, 3, 5).
⑨ 그러므로 하나님은 모든 것을 결정하지 않으시고 그리고 하나님은 도박하지 않으신다(연어, 7, 8)
⑩ 그러므로 하나님이 모든 것을 결정하시거나 하나님이 도박하신다는 것은 참이 아니다(동치, 9).
⑪ 그러므로 하나님은 미래를 예지하지 않는다(후건 부정, 1, 10).
⑫ 그러므로 하나님은 미래를 예지한다(동치, 11).

C. 조건부 증명: 우리 자신의 논증을 만들 때 우리가 사용할 수 있는 가장 강력한 논리적 기술들 가운데 하나는 조건부 증명(conditional proof)으로 불린다

우리는 만일 어떤 것이 참되다면 어떤 결론들이 나온다고 우리가 논증하고 싶어하는 상황에 있는 우리를 자주 발견한다. 우리에게 필요한 것은 새로운 전제를 우리 논증에 도입시키는 방식이다. 우리는 조건부 증명을 구성함으로써 이 일을 할 수 있다. 그것이 어떻게 작용하는지가 여기에 있다.

우리에게 다음 전제들이 주어진다고 생각해 보라.

① P → Q
② Q → R & S

우리가 만일 P가 참이라면 S도 참되다고 논증하고 싶어 한다고 해 보라. 전제 ①과 ②만 사용해서는 이것이 이루어질 수 없다. 그래서 우리가 하는 것은 P를 조건부 전제로 도입하는 것이다. 그것은 "P가 참이라고 가정하라. 그러면 어떠

한가?"라고 우리가 말하는 것처럼 보인다. 우리는 P가 조건부 전제뿐임을 밝히기 위해 그것을 안으로 약간 넣는다.

① P → Q
② Q → R & S
③ P

그러면 우리는 우리의 논리 규칙들을 적용해서 결론을 얻는다. P가 참이라는 조건에 각 추론이 근거하는 것을 우리에게 기억시키기 위해 이어지는 단계들을 안으로 약간 넣어야 하는 것을 기억하라.

① P → Q
② Q → R & S
③ P
④ Q   (전건 긍정, 1, 3)
⑤ R & S   (전건 긍정, 2, 4)
⑥ S   (간소화, 5)

마지막으로 마지막 단계는 우리의 조건부 전제를 조건부 전제가 참이라고 우리가 가정하는 경우 우리가 끌어낼 수 있는 결론과 연결하는 것이다. 달리 말하자면 전제 ③이 참이라면 결론 ⑥이 참임을 우리는 안다. 그래서 우리는 →를 통해 조건부 전제 ③을 결론 ⑥과 연결한다. 이 마지막 결론은 안으로 약간 들이지 않는다. 조건부 증명(CP)에 의해 그것이 참임을 우리가 알기 때문이다.

① P → Q
② Q → R & S
③ P
④ Q   (전건 긍정, 1, 3)
⑤ R & S   (전건 긍정, 2, 4)
⑥ S   (간소화, 5)
⑦ P → S   (조건부 증명, 3-6)

조건부 증명은 조건 진술을 증명하는 데 매우 유용하다.

사례
① 하나님이 존재하고 현재 순간이 실재한다면 하나님은 시간 속에 있다.
② 하나님이 시간 속에 있다면, 하나님은 절대적 현재에서 일어나는 일을 안다.
③ 하나님이 절대적 현재에서 일어나는 일을 안다면, 절대적 현재인 순간이 있다.
④ 절대적 현재인 순간이 없거나 또는 아인슈타인의 특수 상대성 이론이 그르다.
⑤ 현재 순간은 실재한다.
⑥ 하나님은 존재한다(조건부 전제).
⑦ 그러므로 하나님은 존재하며, 현재 순간은 실재한다(연언, 5, 6).
⑧ 그러므로 하나님은 시간 속에 있다(전건 긍정, 1, 7).
⑨ 그러므로 하나님은 일어나는 일을 지금 절대적으로 안다(전건 긍정, 2, 8).
⑩ 그러므로 절대적 지금인 순간이 있다(전건 긍정, 3, 9).
⑪ 그러므로 절대적 지금이 아닌 순간이란 전혀 없다(동치, 10).
⑫ 그러므로 아인슈타인의 특수 상대성 원리는 그르다(선언적 삼단 논법, 4, 11).
⑬ 그러므로 하나님이 존재한다면 아인슈타인의 특수 상대성 원리는 그르다(조건부 증명, 6-12).

D. 귀류법: 특별한 종류의 조건적 증명은 귀류법(reductio ad absurdum, 부당함에로의 환원)으로 불린다

여기서 우리는 어떤 전제가 참인 경우 그것이 부당한 모순을 함축한다는 것을 보여 준다. 그러므로 우리는 전제가 결국, 참이 아니라는 결론을 내릴 수 있다. 이것은 어떤 견해를 반박하는 논증을 하는 특히, 강력한 방법이다. 한 견해가 모순을 함축하고 있음을 우리가 보여 줄 수 있다면 그 견해는 참일 수 없기 때문이다.

일상적으로 당신은 당신의 논증을 옹호하기 위해 당신과 당신 반대자가 동의하는 전제들에서 시작할 것이다. 그런 다음 당신은 당신의 반대자가 생각하기에 참이지만 당신이 생각하기에 거짓인 조건적 전제를 전제 목록에 추가한다. 그런 다음 당신은 어떻게 그 전제의 가정이 모순에 이르는지 보여 준다. 당신은 그의 견해가 모순을 함축함으로 보여줌으로써 그 견해를 부당함으로 환원시켰기 때문에 조건적 전제를 부정하며 한쪽 편에 귀류법(RAA)이라고 쓴다.

사례
① 우리 이웃을 우리 자신처럼 사랑해야 할 도덕적 의무가 우리에게 있다.
② 하나님이 존재하지 않는다면, 우리 이웃은 그저 동물일 뿐이다.
③ 우리 이웃이 그저 동물일 뿐이라면, 그들을 우리 자신처럼 사랑해야 할 도덕적 의무가 우리에게 있지 않다.
④ 하나님은 존재하지 않는다(조건적 전제).
⑤ 그러므로 우리 이웃은 그저 동물일 뿐이다(전건 긍정, 2, 4).
⑥ 그러므로 우리 이웃을 우리 자신처럼 사랑해야 할 도덕적 의무가 우리에게 있지 않다(전건 긍정, 3, 5).
⑦ 그러므로 우리 이웃을 우리 자신처럼 사랑해야 할 도덕적 의무가 우리에게 있으며, 우리 이웃을 우리 자신처럼 사랑해야 할 도덕적 의무가 우리에게 있지 않다(연어. 1, 6).
⑧ 그러므로 하나님이 존재하지 않는다면, 우리 이웃을 우리 자신처럼 사랑해야 할 도덕적 의무가 우리에게 있으며, 우리 이웃을 우리 자신처럼 사랑해야 할 도덕적 의무가 우리에게 있지 않다.
⑨ 그러므로 하나님은 존재하지 않는다.
⑩ 그러므로 하나님은 존재한다.

이 논증에 직면할 때 당신의 친구 무신론자는 ④에 대한 그의 믿음을 포기하기보다는 그의 원래의 전제들 가운데 하나를 포기하는 편을 택할 수 있다. 하지만 그것은 당신을 괴롭히지 않아야 마땅하다. 당신의 논증은 그가 무신론을 고수하기 위해 치러야 할 것이 무엇인지 보여 주는 역할을 했다. 그는 ①이나 ②, ①에 대한 믿음을 포기해야 할 것이다.

하지만 이 진술들 각각은 정말 매우 참되어 보인다. 적어도 ④보다는 더 분명하게 참되다. 우리는 귀류법을 사용하는 논증을 제시할 때 나머지 전제들 가운데 하나를 포기해야 하는 대가를 가능한 한 높게 만들고자 한다. 우리 반대자가 그 대신 조건적 전제에 대한 그의 믿음을 포기할 것을 바래서 그러하다.

(2) 일차 술어 논리

일차 술어 논리에서 우리는 한 주어의 일부 속성을 술어로 지니는 문장들을 다루는 법을 배운다. 이것은 우리로 하여금 양화 문장(quantified sentence)들을, 즉 사물들의 집단들에 관한 문장들을 다룰 수 있도록 하기 때문에 중요하다. 양화(quantification)는 한 집단의 전부나 전무(全無) 또는 일부에 관한 진술들을 다룬다. 우리는 일상 생활에서 그런 문제들에 관한 결론들을 종종 끌어낸다.

하지만 우리가 이 장에서 지금까지 배운 것은 우리로 하여금 그렇게 타당하게 하도록 해 줄 수 없다. 예를 들어, 우리에게 다음 전제들이 있다고 가정해 보라.

① 모든 사람은 죽는다.
② 소크라테스는 사람이다.

①과 ②로부터 다음 결론이 분명하게 나온다.

③ 소크라테스는 죽는다.

하지만 지금까지 배운 9개 규칙들만 사용해서는 그런 결론을 끌어낼 수 없다. 이 논증은 다음과 같이 기호화될 것이며 그것은 분명히 타당하지 않기 때문이다.

① P
② Q
―――
③ R

다행히 우리는 이 문제를 해결하기 위해 새로운 추론 규칙들을 필요로 하지 않는다. 그저 우리는 양화 술들의 논리형식에 관해 무언가 배울 필요만 있다. 여기서 우리는 여러분이 만나게 될 대부분의 논증들을 다룰 수 있도록 하는 데 충분할 정도로 조금만 양화 논리를 제시한다.

A. **전칭 양화: 한 집단의 전부 내지 전무(全無)에 관한 진술들은 전칭 양화 술 (全稱量化陳述, universally quantified statements)들로 불린다**

그런 진술들의 논리 형식을 분석할 때 우리는 그것들이 "만일 … 라면, … 이다"의 위장(僞裝) 진술들로 드러난다는 것을 발견한다. 예를 들어, "모든 곰들이 포유동물이다"고 말할 때 논리적으로 우리는 "만일 어떤 것이 곰이라면, 그것은 포유동물이다"고 말하고 있는 셈이다. 또는 우리가 "어떤 거위도 털이 많지 않다"고 말한다면 논리적으로 우리는 "만일 어떤 것이 거위라면 그것은 털이 많지 않다"고 말하고 있는 셈이다.

그래서 우리는 전칭 양화 술들을 "만일 … 라면, … 이다" 진술로 기호화할 수 있다. 그렇게 하기 위해 우리는 어떤 개별자에 의해서도 대체될 수 있는 변수로 철자 x를 도입한다. 우리는 어떤 대문자(大文字)를 사용해서 전건(前件, 조건문의 앞에 나오는 절-역주)을 기호화한다(대개 쉽게 기억하도록 하기 위해 전건에 나오는 주요 단어의 첫 번째 철자를 사용한다). 예를 들어, 우리는 Bx로써 "어떤 것이든 곰이다"를 기호화할 수 있다.[1]

우리는 후건(後件, 조건문의 뒤에 나오는 절-역주)에 대해서도 같은 일을 한다. 예를 들어, "그것은 포유동물이다"는 Mx로 기호화될 수 있다.[2] 그렇다면 전체 문장은 다음과 같이 기호화될 수 있다.

$$(x)(Bx \rightarrow Mx)$$

여러분은 이것을 "모든 x에 대해 x가 곰이라면 x는 포유동물이다"고 읽을 수 있다. 영어에는 그런 긍정 전칭 양화 술들을 하는 서로 다른 방법이 많이 있다. All과 every, each, any는 우리가 한 집합 내의 모든 것에 관해 말하기 위해 사용하는 단어들 가운데 몇 개일 뿐이다.[3] 때로 우리는 일반화만 한다. "곰들은 네 발을 지닌다"나 "곰들은 발톱을 지닌다"가 그 예이다.[4]

---

1 이 문장에서 곰의 영어 단어 Bear에서 B를 가져왔다.-역주
2 이 경우 포유동물(mammal)의 첫 철자가 M이기 때문에 Mx로 기호화된다.-역주
3 한국어에서 이 표현들은 모두 '모든'으로 번역될 수 있다-역주
4 All과 every, each, any와 같은 양화사(量化辭)를 사용하지 않고 주어명사를 복수로 사용하기만 하는 표현을 가리킨다.-역주

일부 일반화는 진짜로 전칭이지 않고 한 집합의 일부 원소들에 대해서만 참되다는 것을 뜻하기 때문에 이것은 종잡을 수 없을 수 있다. "곰들은 북극에 산다"가 그 예이다.[5] 우리는 전칭진술이 이루어지고 있는지 여부를 식별하기 위해 그 사람이 그 진술을 할 때 의도한 바를 이해하려 해야 한다.

이제야 우리는 전칭 양화를 수반하는 논증을 기호화해서 결론을 끌어낼 준비가 되어 있다.

① 슈리(Xiu Li)가 심은 모든 식물은 싹이 텄다.
② 그녀가 심은 한 식물은 옥수수이다.

우리는 (1)을 V = "슈리가 심은 식물이다"와 S = "싹이 텄다"로 기호화한다.

① $(x)(Vx \rightarrow Sx)$

우리는 c = "옥수수"로 함으로써 (2)를 기호화한다.

② Vc

이제 우리는 (1)에서 변수 x를 c로 대체한다.

③ $Vc \rightarrow Sc$

이것은 ①을 그 집합의 한 원소, 즉 옥수수에 관한 진술로 바꾸는 데 영향을 준다. 그것은 "슈리가 심은 식물이 옥수수라면, 그것은 싹이 텄다"를 기호화한다. 이제야 우리는 우리의 9개 규칙을 적용하기만 하면 다음을 얻는다.

④ Sc (전건 긍정, 2, 3)

---

[5] 주어에 사용되는 복수명사는 그 명사에 해당되는 모든 대상에 대해서뿐 아니라 일부 대상에 대해서도 사용될 수 있기 때문에 복수명사만으로는 그 명사의 양화를 정확히 나타낼 수 없다-역주.

그래서 우리는 옥수수가 싹이 텄다는 타당한 결론을 내릴 수 있다.

일부 전칭 진술들은 부정적이다. 그 진술들은 어떤 것이든 어떤 집단의 구성원이라면 그것은 문제되는 속성을 지니지 않는다고 주장한다. 우리는 후건을 부정함으로써 그런 진술을 기호화한다. 그래서 예를 들어, 우리는 "어떤 거위도 털이 많지 않다"를 다음과 같이 기호화할 수 있다.

$(x)(Gx \rightarrow \neg Hx)$

이것은 "모든 x에 대해 만일 x가 거위라면 x는 털이 많지 않다"로 읽혀진다. 다시 한 번 말하지만, 영어에는 부정적 전칭진술을 표현하는 방법이 많이 있다. no나 none, nothing, no one이나 단순한 부정적 일반화들은 그런 진술들을 표현하는 데 사용될 수 있다.[6]

부정적 전칭 양화 전제를 사용하는 한 논증을 기호화해 보자.

① 어떤 거위도 털이 많지 않다.
② 빨간 거위는 거위이다.

우리는 (1)과 (2)를 다음과 같이 기호화한다.

① $(x)(Gx \rightarrow \neg Hx)$
② Gr

그런 다음 우리는 다음을 얻기 위해 변수 x에 r을 대입한다.

③ $Gr \rightarrow \neg Hr$

그것은 우리로 하여금 다음을 추론하도록 허용한다.

④ $\neg Hr$　　　　　(전건 긍정, 2, 3)

---

6 한국어에서 이 표현들은 '어떤 … 도 … 하지 않다"로 표현될 수 있다-역주.

우리는 전칭 양화 전제를 하나 이상 지닌 논증들을 종종 만난다.
예를 들어보자.

① 모든 곰들은 발톱을 지닌다.
② 발톱을 지니는 모든 것은 할퀼 수 있다.
③ 갈색 곰(브라운 베어, Brown Bear)은 곰이다.

이것들은 다음과 같이 기호화된다.

① $(x)(Bx \rightarrow Cx)$
② $(x)(Cx \rightarrow Sx)$
③ Bb

우리는 더 나아가서 변수에 b를 대입할 수 있고 그래서 우리 추론 규칙들을 적용한다.

④ $Bb \rightarrow Cb$
⑤ $Cb \rightarrow Sb$
⑥ $Bb \rightarrow Sb$ (가언적 삼단 논법, 4, 5)
⑦ Sb (전건 긍정, 3, 6)

전제 ③이 우리에게 없었다고 가정해 보라. 그렇다면 우리는 지름길을 택해서 가언적 삼단 논법에 의해 $(x)(Bx \rightarrow Sx)$라는 결론을 내릴 수 있다.

B. 특칭양화: 한 집단의 일부 구성원에만 관한 진술들은 특칭양화 술들 (existentially quantified statements)로 불린다

그것들은 문제되는 속성을 지니는 것이 실제로 적어도 하나 있다고 우리에게 말한다. 예를 들어, "일부 곰들은 하얗다"는 진술은 곰인 동시에 하얀 것이 세상에 적어도 하나 있다고 우리에게 말한다. "일부 곰들은 하얗지 않다"는 진술은 곰인 동시에 하얗지 않은 것이 적어도 하나 있다고 말한다.

우리는 기호 ∃를 사용함으로써 특칭양화 술들을 기호화한다. 그것은 " … 인 … 한 것이 적어도 하나 있다"고 읽힐 수 있다. 우리는 빈 칸에 x를 넣으며, x는 이제 모든 개별자에 의해 대체될 수 있다. 그래서 우리가 Bx = "x는 곰이다"와 Wx = "x는 하얗다"를 허용한다면 우리는 "일부 곰들은 하얗다"를 다음과 같이 기호화할 수 있다.

(∃x)(Bx & Wx)

이것은 "x가 곰이고 x가 하얀 그런 x가 적어도 하나 있다"로 읽힌다. 특칭양화 진술들이 전칭 양화 술들처럼 →를 사용하지 않고 &를 사용하여 기호화된다는 점에 주목하라. 우리는 "일부 곰들이 하얗다"를 다음과 같이 기호화함으로써 둘을 혼동해서는 안 된다.

(∃x)(Bx → Wx)

우리는 "일부 곰들이 하얗지 않다"를 다음과 같이 기호화할 수 있다.

(∃x)(Bx & ¬Wx)

이것은 "x가 곰이며 x가 하얗지 않은 그런 x가 적어도 하나 있다"로 읽혀진다. 우리는 긍정진술들과 부정진술들이 모두 참일 수 있다는 것을 이제 곧바로 본다. "일부 곰들은 하얗고 일부 곰들은 하얗지 않다"는 모순이 아니다. 그래서 긍정 특칭양화 술들과 부정 특칭양화 술들은 모순되지 않는다. 그래서 긍정 특칭양화 술의 반대는 무엇인가, 그것은 다음과 같이 기호화될 것이다.

¬(∃x)(Bx & Wx)

이것은 곰인 동시에 하얀 것이 하나도 없다고 말한다. 달리 말하자면 하얀 곰이 하나도 없다고 말한다. 그래서 긍정 특칭양화 술의 반대가 부정 전칭 양화 술임이 드러난다.

그래서 (x)(Bx → ¬Wx)는 (∃x)(Bx & Wx)의 모순이다.

이와 마찬가지로 부정 특칭양화 술의 모순은 다음과 같이 기호화될 것이다.

¬(∃x)(Bx & ¬Wx)

이것은 하얗지 않은 곰이 전혀 없다고 우리에게 말한다. 달리 말하자면 모든 곰은 하얗다. 그래서 부정 특칭양화 술의 반대는 긍정 전칭 양화 술이다.

그래서 (x)(Bx → Wx)는 (∃x)(Bx & ¬Wx)의 모순이다.

우리는 전칭 양화 술들과 특칭양화 술들의 모순들을 보여 주기 위해 도표를 구성할 수 있다(도표 2.1).

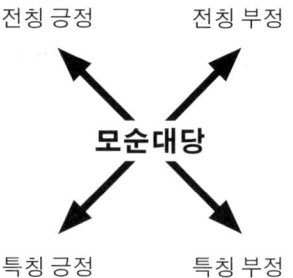

<그림 2.1 전칭 명제와 특칭 명제 사이의 모순>

우리는 특칭양화 전제들을 수반하는 논증을 기호화할 때 어떤 개체를 기호화하는 철자를 변수 x에 대입하기도 한다. 하지만 이 경우 우리는 이전 전제를 기호화하기 위해 그 철자를 이미 사용하지 않은 경우만 x에 대해 그 철자를 사용할 수 있다. 그래서 보편양화 전제들과 특칭양화 전제들을 모두 수반하는 논증이 우리에게 있다면, 우리는 전제들의 순서와 무관하게 특칭양화 전제를 꼭 먼저 기호화해야 한다(그렇지 않다면 일들이 모두 엉망이 될 수 있다).

그래서 예를 들어, 우리에게 다음 전제들이 있다고 생각해 보라.

① 모든 곰은 포유동물이다.
② 일부 곰들은 하얗다.

이것들은 다음의 것들로 기호화된다.

① (x)(Bx → Mx)
② (∃x)(Bx & Mx)

이제 우리 추론 규칙들을 적용하기 위해 우리는 특칭 개체들을 기호화하는 철자들을 대입한다. 우선 우리는 특칭양화 전제를 그렇게 해서 다음을 얻는다.

③ Ba & Wa

이어서 우리는 보편양화 전제를 그렇게 해서 다음을 얻는다.

④ Ba → Ma

이제 우리는 우리 규칙들을 적용한다.

⑤ Ba   (간소화, 3)
⑥ Ma   (전건 긍정, 4, 5)
⑦ Wa   (간소화, 3)
⑧ Ma & Wa   (연어, 6, 7)

적어도 한 포유동물, 즉 a에 의해 나타나는 것이 하얗기 때문에 우리는 일부 포유동물들이 하얗다는 결론을, 즉 (∃x)(Mx & Wx)라는 결론을 얻을 수 있다. 여러 양화 전제들을 지니는 논증들은 아주 복잡해질 수 있다. 하지만 현실적으로 위에 이야기된 양화 논리의 기초들을 이해한다면 독자들은 그들이 직면하게 될 대부분의 논증들을 큰 어려움 없이 다룰 수 있을 것이다.

(3) 양상 논리

고급 논리의 하위 학문들 가운데 하나는 양상 논리(modal logic)이다. 이것은 필연적 진리(necessary truth)와 가능적 진리(possible truth)라는 개념들을—말하자면 진리의 양상들을—다룬다. 진리의 그런 양상들이 있다는 것이 자명하다.

일부 진술들은 그저 참이지만 분명히 거짓일 수도 있었을 것이기 때문이다—"게렛 드위즈(Garrett DeWeese)가 탈봇신학대학원에서 가르친다"가 그 예이다. 하지만 다른 진술들은 그저 참인 것에 그치지 않는다. 그 진술들은 참일 수밖에 없으며 거짓일 수 없을 것이다—"만일 P가 Q를 함축하고 P가 참이라면 Q가 참이다"가 그 예이다. 또 다른 진술들은 거짓이며, 참일 수 없을 것이다—"하나님이 존재하는 동시에 존재하지 않는다"가 그 예이다.

그것들에게 있는 진리치 외의 다른 진리치를 지닐 수 없었던 진술들은 필연적으로 참이거나 필연적으로 거짓이라고 이야기된다. 우리는 필연이라는 양상을 나타내기 위해 기호 □를 사용할 수 있다.

□P는 "필연적으로 P이다"로 읽혀져야 하며, P가 필연적으로 참임을 가리킨다. □¬P는 "필연적으로 비(非)P이다"로 읽혀져야 하며, P가 필연적으로 거짓임을 가리킨다. 이제 P가 필연적으로 거짓이라면, 그것은 참일 수 없을 것이다. ◇를 가능이라는 양상을 나타내도록 할 때, 우리는 다음을 볼 수 있다.

□¬P는 "P인 것이 불가능하다"로 읽힐 수 있는 ¬◇P와 논리적 동치이다. 이것은 P가 참인 것이 불가능하다고 말하는 것이다. ¬◇P의 모순은 ◇P, 즉 "P가 가능하다"이다. 이제 P가 필연적으로 참이라면, 분명히 그것은 참일 수도 있다. 그렇지 않다면 그것의 진리가 불가능할 것이다. 그래서 □P는 ◇P를 함축한다. 하지만 그것은 □¬P의 참됨을 배제한다.

사실 □P는 ¬◇¬P와 동치이다. 즉, P가 필연적으로 참이라면, P가 거짓인 것은 불가능하다. 또 다른 한편 P가 참인 것이 가능한 동시에 P가 거짓인 것이 가능하다면, P는 우연적으로 참이거나 우연적으로 거짓인 우연적 진술(contingent statement)이다. 그래서 우리는 모순들과 반대들, 대소(大小)들(문자 그대로는 소함축 <小含蓄>들, subimplications)을 보여 주는 편리한 대당사각형(도표 2.2)을 구성할 수 있다.

이 사각형은 (□P나 ¬◇¬P로 기호화되는) "P가 필연적이다"가 (◇¬P나 ¬□P로 기호화되는) "비(非)P가 가능하다"와 모순이며 그래서 이 진술들 가운데 하나가 참이라면 나머지 하나는 거짓임을 우리에게 보여 준다.

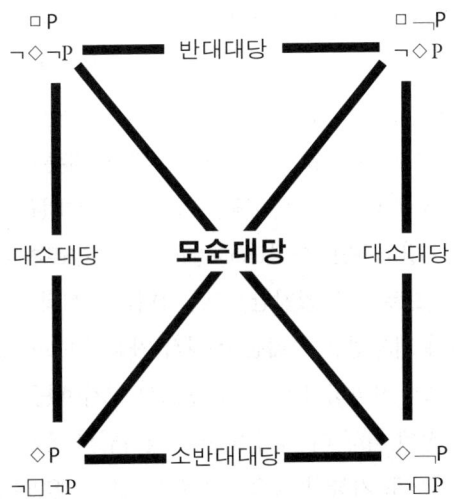

<그림 2.2 양상 진술들을 위한 대당사각형>

또한, "비(非)P가 필연적이다"(□¬P나 ¬◇P)는 "P가 가능하다"(◇P나 ¬□¬P)의 모순이기에 이 진술들 가운데 하나가 참이라면 나머지 하나는 거짓이다.

우리는 "P가 필연적이다"가 "비(非)P가 필연적이다"의 반대이기에 이 두 진술이 모두 참일 수는 없지만 (모순들과는 달리) 둘 다 거짓일 수는 있다(즉, P가 우연적이며, 그래서 필연적으로 참이지도 않고 필연적으로 거짓이지도 않다)는 것도 본다.

우리는 "P가 가능하다"와 "비(非)P가 가능하다"가 모두 참일 수는 있지만(즉, P가 우연적 진술이라면) 모두 거짓일 수 없다는 점에서 반대들이라는 것도 본다(예를 들어, ◇¬P가 거짓이라면 □P와 동치인 ¬◇¬P은 참일 것이며, 이는 ◇¬P의 반대인 ◇P가 참임을 함축하기 때문이다).

마지막으로 우리는 □P가 참이라면 ◇P도 참이며 ◇¬P가 참이라면 ◇¬P도 참임을 본다. 최근 핵심 양상 개념들을 잘 예증해 주는 가능 세계 의미론(possible worlds semantics)으로 불리는 해석이 양상 구문론에 주어졌다. 가능 세계(possible world)는 세계가 존재할 수 있는 방식이다. 우리는 가능 세계를 실재의 최대 기술(記述)이라고 생각할 수 있다. 어떤 것도 남지 않는다. 그것은 모든 다른 사태나 그것을 보충하는 사태를 포함하는 최대치의 사태로 여겨질 수 있거나, 각 진술이나 그것의 모순으로 이루어진 엄청난 연어(連語) 명제로 여겨질 수 있다.

이 사태들 내지 진술들은 동시에 가능해야만 한다. 즉, 함께 행해지거나 함께 참일 수 있어야만 한다. 그렇지 않다면 그것들은 가능 세계를 이루지 못할 것이다. 또한, 그런 최대치의 사태는 현실화 가능(actualizable)해야, 즉 현실이 될 수 있어야만 한다. 단지 그것이 무엇을 의미하는지는 분명하지 않다.

일부 철학자들은 현실화 가능성을 엄격한 논리적 가능성(strict logical possibility), 즉 모순으로부터 그저 벗어나는 자유를 뜻한다고 여긴다. 다른 철학자들은 이의를 제기하며, 현실화 가능성에 대한 그런 이해를 너무 지나치게 후하다고 여긴다. 플랜팅가(Plantinga)의 예를 빌리자면 "수상(Prime Minister)은 최고수(prime number)이다"는 진술은 엄밀히 논리적으로 모순 없지만, 그런 사태는 현실화될 수 없다.

플랜팅가는 현실화 가능성을 폭넓은 논리적 가능성(broad logical possibility)이라는 말로 해석한다. 그가 정의하지 않은 채 두고서 그저 예증하는 개념이다. 상황은 유신론이라는 가정에 의해 더 복잡해진다. 하나님의 존재가 필연적이라면 직관에 폭 넓게 논리적으로 가능한 것으로 보이는 일부 세계들은 결국, 현실화될 수 없기 때문이다.

하나님은 필연적으로 그것들을 현실화시키지 않을 것이기 때문이다. 예를 들어, 인간들이 모두 자유롭게 하나님의 구원 계획을 거부하고 천국에 이르지 못하는 세계는 폭넓게 논리적으로 가능해보이지만, 하나님은 너무 좋은 분이어서 그런 세계를 현실화시키지 않으시기 때문에 그 세계는 현실화될 수 없다. 그런 문제들은 일부 사상가들로 하여금 폭넓은 논리적 가능성과 형이상학적 가능성(metaphysical possibility) 내지 현실화 가능성을 구분하게 했다.

어떤 경우든 이 논쟁들은 가능 세계 의미론이 우리의 양상 개념들을 설명하거나 뒷받침하지 못하며 기껏해야 예증할 뿐임을 분명하게 해 준다.

가능 세계 의미론에서 진리는 모든 가능 세계에 나타나는 진리를 통해 해석된다. 진술 P가 가능 세계 W에서 참이라고 말하는 것은 W가 현실적이라면 P가 참일 것이라고 말하는 것이다. 그래서 필연적 진리(necessary truth)는 어떤 가능 세계가 현실적인가와 무관하게 참인 것이다.

가능적 진리(possible truth)는 적어도 한 가능 세계에서 참으로 해석된다. 필연적 거짓(necessary falsehood)은 어떤 가능 세계에서도 참으로 이해되지 않는다. 달리 말하자면 한 진술이 모든 가능 세계에서 거짓인 것이다. 가능적 거짓(possible falsehood)은 한 진술이 적어도 하나의 가능 세계에서 거짓인 것이다. 일부 세계들에서 참이고 다른 세계들에서 거짓인 진술은 우연적으로 참이거나 거짓이다.

양상 진술들을 다룰 때 주의를 기울여야 한다. 문제되는 필연이 '데이 딕토'(de dicto)인지 아니면 '데이 레'(de re)인지 때로 모호하기 때문이다. '데이 딕토 필연'(necessity de dicto)은 모든 가능 세계에서 참인 진술(dictum, 말해지는 것-역주)에 술어로 붙는 필연이다.

'데이 레 필연'(necessity de re)은 어떤 속성을 지니는 사물(res)의 필연이다. 즉, 한 사물이 한 속성을 본질적으로 지니는 것이다. 어떤 것이 한 속성을 본질적으로 지닌다면, 그것은 비록 이 사물이 모든 가능 세계에 존재하지 않을지라도 이 사물이 존재하는 것이 참인 모든 가능 세계에서 그것(그 속성-역주)을 지닌다. 그래서 예를 들어, "소크라테스가 인간인 것은 필연적이다"라고 이야기될 때, "소크라테스가 인간이다"는 진술이 모든 가능 세계에서 참이라는 뜻은 아니다. 소크라테스는 모든 가능 세계에 존재하지는 않기 때문이다.

도리어 의미되는 것은 소크라테스가 본질적으로 인간이라는 것이다. 때로 모호성이 섞인다. 예를 들어, "하나님이 선하신 것은 필연적이다"는 "하나님이 선하시다"는 진술이 모든 가능 세계에서 참이다고 주장하는 것으로 여겨지거나 그렇지 않으면 [하나님이 존재하지 않는 가능 세계들이 있을 수 있지만] 하나님이 본질적으로 선하시다고 주장하는 것으로 여겨지거나 둘 다로 여겨진다. 우리가 문장논리에 관한 절에서 배운 모든 추론 규칙들은 양상적 대응물들을 지닌다. 예를 들어, 양상적 전건 긍정(modus ponens)은 타당한 추론 형식이다.

① □(P → Q)
② □P
③ □Q

그래서 우리는 새로운 집합의 규칙들 전체를 배울 필요가 없다. 그렇지만 양상적 전제들과 비양상적 전제들이 혼합된 논증들에서는 곤란한 일이 일어난다. 여기서 잘못하기 쉽다. 그래서 우리는 가장 자주 저지르는 양상적 오류들 두 개에 대해 조심하라는 경각심을 독자들에게 일깨우고 싶다. 나중에 우리가 살펴볼 것처럼(제26장), 아주 중요한 형이상학적, 신학적 결론들이 이 오류들에 기초해서 도출되었다. 하나의 흔한 오류는 다음 추론이다.

① □(P ∨ ¬Q)
② □P ∨ □¬Q

이 추론 유형은 운명론을 옹호하는 많은 논증들을 뒷받침한다. 예를 들어, "내가 폭탄에 맞아 죽을 것이거나 내가 폭탄에 맞아 죽지 않을 것은 필연적이다. 그런데 그렇다면 내가 하는 일이 아무런 차이도 만들 수 없는 데 왜 조심해야 하는가?"라고 여겨진다. 운명론자는 그가 필연적으로 죽임을 당하거나 그가 필연적으로 죽임을 당하지 않는 것이 그가 죽임을 당하거나 당하지 않는 것이 합쳐져 생기는 필연성에서 나온다고 잘못 전제한다. 중세철학자들은 이 오류를 의식했으며, 그것을 센수 콤포시토(합성의 의미에서의) 필연성(necessity in sensu composito)과 센수 디비소(분할의 의미에서의) 필연성(necessity in sensu diviso)의 혼동이라 명명(命名)했다. 합성적 (또는 부주연<不周延>의) 필연과 분할된 (또는 주연<周延>의) 필연이라는 이와 비슷한 혼동이 다음 오류 추론에 수반된다.

① $\Box(P \lor Q)$
② $\neg Q$
③ $\Box P$

어떤 사람은 다음과 같은 오류 추론을 할 수도 있다.

x가 일어날 것을 하나님이 원하셨거나 그렇지 않는다면 x가 일어나지 않을 것이라는 점은 필연적이다. 그런데 x가 일어났다. 그러므로 x가 일어날 것을 하나님이 원하신 것이 필연적이다.

그렇지만 x가 일어나기를 하나님이 원했다는 것은 필연적이라는 결론은 나오지 않으며, 그저 x가 일어나기를 하나님이 원하셨다는 결론만 나온다. ①과 ②로부터 P가 참이라는 것이라는 결론만 나오며, 그것이 필연적으로 참이라는 결론은 나오지 않는다.

마지막으로 아주 흔한 양상적 오류는 전건 긍정(modus ponens)을 수반한다.

① $\Box(P \to Q)$
② P
③ $\Box Q$

이 오류는 다음과 같은 추론에 수반된다.

> 그리스도가 유다의 배신을 예측했다면 유다가 예수를 배반할 것은 필연적이다. 그리스도는 사실 유다의 배신을 예측했다. 그러므로 유다가 예수를 배신하는 것은 필연적이었다.-이것은 유다의 자유를 없앤다.

하지만 다시 한 번 말하지만, ①과 ②로부터는 유다가 예수를 배신할 것이라는 결론만 나오며, 그가 필연적으로 그렇게 할 것이라는 결론은 나오지 않는다. 그래서 그리스도의 예측들이 정확하다는 필연성과, 유다 배신에 대한 그리스도의 예측은 유다의 배신을 필연적으로 동반하지 않는다.

중세 철학자들은 이 오류도 분별해서 네케시타스 콘세쿠엔티아이(necessitas consequentiae, 결론의 필연 또는 추론의 필연)와 네케시타스 콘세쿠엔티스(necessitas consequentis, 후건(後件)의 필연)의 혼동이라고 명명했다. 즉, 전제 □(P→Q)와 P로부터 Q를 끌어내는 추론은 전건 긍정에 따라 필연적이지만, 조건절 □(P→Q)의 후건 자체는 필연적이지 않다. 이 양상적 오류들을 경계하는 눈은 독자들이 다양한 철학적 문제에 관해 정확하게 생각하는 데 크게 도움이 될 것이다.

(4) 반사실적 논리

반사실문(反事實文)들은 가정법에 나오는 조건적 진술들이며, 그것들 나름대로의 논리를 지닌다. 그런 조건문들은 그것들의 직설법적 조건문들과 재미있는 차이를 지닌다. 예를 들어, 다음 두 문장을 비교해 보라.

① 오스왈드(Oswald)가 케네디(Kennedy)를 저격하지 않았다면, 다른 누군가가 저격했다.
② 오스왈드가 케네디를 저격하지 않았다면, 다른 누군가가 저격했을 것이다.

직설법적 조건문 ①은 케네디의 죽음에 비추어 볼 때 분명히 참이다. 하지만 반사실적 조건문 ②는 결코 참이 아니다.

그와 반대로 오스왈드가 대통령을 저격하지 않았다면 케네디의 자동차 행렬은 아무 사건 없이 진행되었을 것이라는 것은 정말 그럴 것 같아 보인다. 조건문의 전건과 후건이 사실과 반대되기 때문에 반사실적 진술들은 그렇게 불린다.

하지만 모든 가정법적 조건문들(subjunctive conditionals)이 엄격하게 반사실적인 것은 아니다. 예를 들어, 숙고하는 조건문들(deliberative conditionals)에서 우리는 어떤 전건의 추론 과정들을 분별할 목적으로 그 전건을 받아들인다. 그 추론 과정의 결과로 우리는 후건이 참이 되도록 전건에 기술된 행동 방침을 취할 수 있다.

예를 들어, "만일 내가 담배를 끊는다면 내 호흡에서 더 좋은 냄새가 날 것이다"고 생각한 결과로 우리는 담배를 끊기로 결정하고 호흡이 개선된다. 그런데도 반사실문들(counterfactuals)이라는 용어는 넓게 사용되어 모든 가정법적 조건문들을 포함한다. 반사실문(反事實文)들은 두 종류로 나타난다.

"긍정적" 반사실문들("would" counterfactuals)[7]과 "개연적" 반사실문들("might" counterfactuals)[8]이다. 전자(前者)는 전건이 참이라면 일어날 일을 진술하는 반면, 후자(後者)는 전건이 참이라면 일어날 개연성이 있는 일을 진술한다. "긍정적" 반사실문들을 나타내는데 종종 사용되는 문장접속사 기호는 □→ 이다.

"긍정적" 반(사)실문들은 다음과 같이 기호화된다.

$P \;\square\!\!\rightarrow Q$

여기서 P와 Q는 직설법 문장들이며, "만일 P가 사실이라면, Q가 사실일 것이다"로 읽힌다. 이와 마찬가지로 "개연적" 반사실문은 다음과 같이 기호화된다.

$P \;\diamond\!\!\rightarrow Q$

이것은 "만일 P가 사실이라면, Q가 사실일 개연성이 있다"로 읽힌다. "개연적"("might") 반사실문들은 "가능성"("could")이라는 단어를 수반하는 가정법적 조건문들과 혼동되지 않아야 마땅하다. "가능성"("could")은 단순한 가능성을 표현하는 것으로 여겨지며, 가능적 진리를 표현하는 양상 진술의 한 구성 요소이다. 그 구분은 중요하다. 어떤 것이 어떤 상황들에서 일어날 수 있다는 사실은 그것이 그 상황들에서 일어날 개연성이 있다는 것을 함축하지는 않기 때문이다.

---

7 전건이 참이면 후건이 일어날 가능성이 70퍼센트 이상 되는 반사실적 조건문이다. 일어날 가능성이 높다는 의미에서 '긍정적'으로 번역했다.-역주
8 전건이 참이면 후건이 일어날 가능성이 50퍼센트 정도 되는 반사실적 조건문이다. 즉, 후건이 일어날 가능성이 반반이라는 의미에서 '가능적'으로 번역했다.-역주

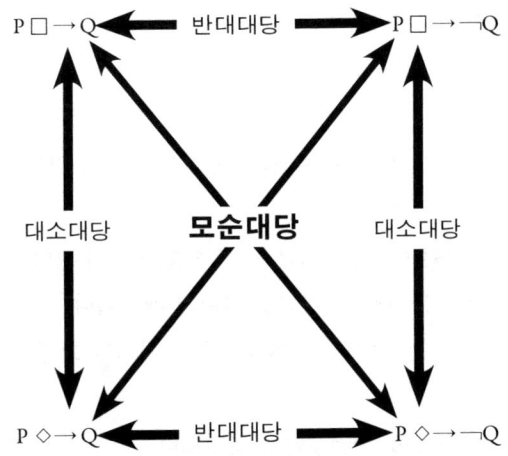

<그림 2.3 반사실적 진술들의 대당 사각형>

"개연성"(might)은 "가능성"(could)보다 더 제한적이며, 단순한 논리적 가능성이 아니라 상황들 하에서 진짜 생생한 선택을 가리킨다. 반사실적 논리에서 P ◇→ Q는 그저 P □→ ¬Q의 모순으로 즉, ¬(P □→ ¬Q)로 정의된다. 비록 P □→ ¬Q가 P ◇→ Q와 논리적으로 양립할 수 없지만, 만일 P가 사실이라면 Q가 사실일 가능성은 여전히 있다는 것은 여전히 참이다. 우리는 반사실적 진술들을 나타내는 대당사각형도 구성할 수 있다(도표 2.3을 보라).

반사실적 조건문들에 대해 정말 만족스러운 의미론은 전혀 없다. 하지만 더 나은 대안이 없기 때문에 대부분의 철학자들은 스톨네이커-루이스(Stalnaker-Lewis)의 의미론을 사용한다. 반사실문들은 우연적 진술들이기 때문에(필연적 반사실문들은 직설법 조건문들로 환원된다.) 가능 세계에 따라 참이거나 거짓이다. 편의상 우리는 현실 세계를 우리의 출발점으로 삼을 것이다. 그리고 나서 우리는 현실 세계와의 유사성 관계에 기초하여 나머지 가능 세계들을 우리 세계를 중심에 두는 세계들의 동심원적 구들에 배치한다.

가장 비슷한 세계들은 가장 가까운 구에 있다. 이제 우리는 우리의 반사실문의 전건이 참이 되는 세계들을 가장 가까운 구에서 살펴본다. 전건이 참인 세계들 모두에서 후건도 참이라면, "긍정적" 반사실문 P □→ Q는 참이다. 만일 전건이 참인 세계들 가운데 일부에서 후건도 참이라면, "개연적" 반사실문 P ◇→ Q가 참이다.

그런 의미론은 부적당하다. 다른 무슨 이유들보다도 그것은(때로 반가능문<反可能文, counterpossible>으로 불리는) 불가능한 전건(前件)들을 지니는 반사실문들을 다룰 수 없기 때문이다. 불가능한 진술들은 어떤 가능 세계에서도 참이 아니기 때문에 세계들 가운데 어떤 구(球)도 얼마나 멀리 떨어져 있는지와 무관하게 전건이 참인 세계들을 포함할 것이다.

하지만 그렇다면 그런 반사실문들은 모두 하찮은 참이 된다. 모든 세계들에서 전건이 참인 가장 가까운 구에서 후건도 참이기 때문이다. 즉, 전건을 허용하는 세계들 가운데 후건이 참이 아닌 구(球)는 없다. 하지만 그런 결과는 아주 반직관적(反直觀的)이다.

왜냐하면, 다음과 같은 두 조건문들을 살펴보라.

① 하나님이 존재하지 않는다면, 우주는 존재하지 않을 것이다.
② 하나님이 존재하지 않는다면, 우주는 여전히 존재할 것이다.

하나님이 필연적으로 존재한다면 ①과 ②의 전건은 불가능하다. 하지만 통례적 의미론에서 그 경우 ①과 ②는 모두 하찮게 참이다. 하지만 분명히 그것은 정확하지 않다. ①은 세계에 관한 냉정한 진리로 보이며, ②는 분명히 거짓으로 보인다. 그러므로 통례적 의미론은 적당하지 않다. 더 나은 대안이 없기 때문에 우리는 일상적 의미론을 계속 사용할 수 있다.

하지만 우리는 반사실적 조건문들에 대한 통례적 의미론에 기초를 두는 형이상학적 입장에 대한 철학적 반박들을 약간의 소금을 뿌려서 취해야 마땅하다. 문장 논리에 적용되는 어떤 추론 규칙들이 반사실적 논리에 적용되지 않는다는 점에서 반사실적 논리는 색다르다. 예를 들어, 우리가 애용하는 전건 긍정(modus ponens)과 후건 부정(modus tollens)은 반사실적 조건문들에 대해 타당하지만, 가언적 삼단추론은 타당하지 않다. 다음과 같이 논증하는 것은 타당하지 않다.

① P □→ Q
② Q □→ R
────────
③ P □→ R

그래서 다음과 같이 추론하는 것은 오류를 저지를 것이다.

> 빌리 그래함(Billy Graham)이 다른 여성과 결혼했다면 그는 루스(Ruth)와는 다른 사람과 성관계를 가졌을 것이다. 빌리 그래함이 루스와는 다른 사람과 성관계를 가졌다면, 그는 간음했을 것이다. 그러므로 빌리 그래함이 다른 여성과 결혼했다면 그는 간음자일 것이다.

첫 번째 두 진술들은 모두 참이지만, 분명히 결론은 그것들로부터 나오지 않는다. 문장 논리에서 P → Q는 ¬Q → ¬P와 동치이다. 하지만 반사실적 논리에서 이 동치는 이루어지지 않는다. 다음과 같이 논증하는 것은 타당하지 못하다.

① P □→ Q
② ¬Q □→ ¬P

예를 들어, 다음과 같이 생각한다면 오류를 저지를 것이다.

> 본즈(Bonds)가 홈런을 쳤다면 자이언츠(Giants)가 여전히 패배했을 것이다. 그러므로 자이언츠가 이겼다면 본즈는 여전히 홈런을 치지 못했을 것이다.

마지막으로 반사실적 논리에는 "전건 강화"(strengthening the antecedent)로 불리는 오류가 있다.

① P □→ Q
② P & R □→ Q

그래서 다음과 같이 논증하는 것은 오류를 저지를 것이다.

> 만일 내가 담배를 끊는다면, 내 호흡에서 더 좋은 냄새가 날 것이다. 그러므로 만일 내가 담배를 끊고 생마늘을 먹기 시작한다면 내 호흡에서 더 좋은 냄새가 날 것이다.

또 다른 한편, 반사실적 논리에서 타당하며 특히, 가언적 삼단 논법이 사용될 수 없는 경우들에 유용한 일부 논증 형식들이 있다. 예를 들어, 다음과 같이 논증하는 것은 타당하다.

① P □→ Q
② P & Q □→ R
③ P □→ R

플랜팅가는 뉴콤(Newcomb)의 역설로 불리는 결정이론(decision theory)에 나타난 한 문제의 유신론적 설명을 다룰 때 이 논증 형식을 사용했다.[9] 여러분은 A와 B라는 두 상자를 받고, 두 상자 모두의 내용물을 갖거나 A만의 내용물을 갖는 선택이 여러분에게 주어진다. 여기에 함정이 있다.

여러분은 상자 B에 1,000달러가 있다는 것을 안다. 여러분이 상자 A만 선택한다면 하나님은 여러분의 선택을 예지하시고 백만 달러를 A에 넣으실 것이다. 하지만 여러분이 욕심이 많아 두 상자를 모두 집으면, 하나님은 이것을 예지하시고 상자 A에 아무것도 넣지 않으실 것이다. 그 돈은 A에 이미 있거나 없다.

여러분은 무엇을 선택해야 마땅한가?

플랜팅가는 여러분이 다음 추론에 기초해서 상자 A만 선택해야 마땅하다고 주장한다.

① 여러분이 두 상자를 모두 선택한다면 하나님은 여러분이 두 상자를 모두 선택할 것이라 믿었을 것이다.
② 여러분이 두 상자를 모두 선택하고 하나님은 여러분이 두 상자를 모두 선택할 것이라 믿었다면, 하나님은 A에 돈을 넣지 않으셨을 것이다.
③ 그러므로 여러분이 두 상자를 모두 선택한다면 하나님은 A에 돈을 넣지 않으셨을 것이다.

[이와 유사한 논증은 여러분이 A만 선택한다면 하나님이 A에 백만 달러를 넣으셨을 것이라고 보여 준다. 그래서 한 상자만 선택하는 것이 승리 전략이다.] 하나님의 예지와 인간

---

9 Alvin Plantinga, "On Ockham's Way Out", *Faith and Philosophy* 3 (1986): 256.

의 자유라는 문제에 중요한 적용이 이 추론에 있다.

또 다른 타당한 추론 형식은 다음이다.

① P □→ Q
② Q □→ P
③ Q □→ R
④ P □→ R

토마스 플린트(Thomas Flint)는 하나님의 섭리에 대한 연구에서 이 추론 패턴을 유익하게 사용했다.[10] 그는 다음과 같이 추론한다.

① 폴(Paul)이 다음 토요일에 잔디를 깎는다면, 하나님은 폴이 다음 토요일에 잔디를 깎을 것을 예지하실 것이다.
② 하나님은 폴이 다음 토요일에 잔디를 깎을 것을 예지하신다면, 폴은 다음 토요일에 잔디를 깎을 것이다.
③ 하나님은 폴이 다음 토요일에 잔디를 깎을 것을 예지하신다면, 하나님은 비가 오지 않게 하실 것이다.
④ 폴이 다음 토요일에 잔디를 깎을 것이라면, 하나님은 비가 오지 않게 하실 것이다.

그런 추론은 하나님의 섭리에 대한 몰리니즘주의자(Molinist)[11]의 설명에서 중요한 역할을 한다(28장). 마지막으로 언급되어야 하는 타당한 추론 패턴은 반사실적 전제들과 양상적 전제들을 섞는다.

---

10 Thomas Flint, *Divine Providence, Cornell Studies in the Philosophy of Religion* (Ithaca, N.Y.: Cornell University Press, 1998), p. 236.
11 하나님의 은총이 인간의 협력에 의해 완성된다고 주장하는 16세기 스페인 예수회(Jesuit) 신학자 미구엘 데 몰리노스(Miguel de Molinos)의 학설을 따르는 사람들을 가리킨다. 몰리노스는 루이 드 몰리나(Luis de Molina)로 알려져 있다. 몰리니즘(Molinism)은 하나님의 전지(全知, omniscience)와 인간의 자유의지를 조화시키려는 신학 이론이다. 테런스 티센(Terrance Tiessen)과 이 책의 공저자 윌리엄 레인 크레이크(William Lane Craig)가 오늘날 몰리니즘을 주장하는 대표적 학자이다. 앨빈 플랜팅가(Alvin Plantinga)도 몰리니즘을 인정한다. 몰리니즘에 따르면 하나님은 현재나 미래의 모든 일을 아실 뿐 아니라, 하나님의 행위와 달리 행동한다면 어떤 일이 일어날지도 아신다-역주.

① P □→ Q
② □(Q→R)
③ P □→ R

다시 말하자면 플린트는 하나님의 섭리를 논의할 때 이 논증 형식을 이롭게 이용한다. 그는 다음과 같이 추론한다.

① 만일 폴이 다음 토요일에 잔디를 깎는다면, 하나님은 비가 내리지 않게 하실 것이다.
② 하나님이 비가 내리지 않게 하신다면 다음 토요일에 비가 내리지 않을 것은 필연적이다.
③ 그러므로 폴이 다음 토요일에 잔디를 깎는다면, 다음 토요일에 비가 내리지 않을 것이다.

그렇지만 하찮지 않게 참된 반가능문(反可能文)들(불가능한 전건들을 지닌 반사실문들)이 있다고 믿는 철학자들이 이 추론 패턴을 거부한다는 점도 언급되어야 마땅하다. 이 추론 패턴이 타당하다면, 우리는 □(P→Q)가 P □→ Q를 함축함을 보여 줄 수 있다.[12]

하지만 하찮지 않게 참인 반가능문(反可能文)들이 있다면 이 함축이 언제나 타당하지는 않다. 여기서 이해의 관건은 만일 P가 불가능한(필연적으로 거짓인) 진술이라면 P가 어떤 것이든 모든 것을 함축한다는 점을 깨닫는 것이다. 그래서 P가 불가능한 진술이라면, Q가 무엇을 나타내든지 □(P→Q)는 참이다.

그래서 예를 들어, "하나님이 존재하지 않는다면 우주는 존재하지 않는다는

---

12 우리는 우선 명백히 참인 전제를 가정한다:
① P→P
그리고 나서 (1)을 사용해서 우리는 추론 패턴을 한 전제로 완전히 고쳐 쓴다.
② [(P □→P) & □(P→Q)] → (P □→Q)
그리고 나서 조건적 증명을 사용해서 우리는 다음과 같이 추론할 수 있다.
③ □(P→Q)   (조건적 전제)
④ (P □→P) & □(P→Q)   (연언, 1, 3)
⑤ P □→ Q   (전건 긍정, 2, 4)
⑥ □(P→Q)→(P □→Q)   (조건부 증명, 3-5)

것이 필연적이다"와 "하나님이 존재하지 않는다면, 우주는 어떤 식으로든 존재한다는 것은 필연적이다"는 모두 참이다.

하지만 하찮지 않게 참인 반가능문들이 있다면, "하나님이 존재하지 않는다면 우주는 어떤 식으로든 존재한다는 것은 필연적이다"가 참이라는 사실로부터 "하나님이 존재하지 않는다면 우주는 어떤 식으로든 존재할 것이다"는 결론은 나오지 않는다. 그래서 하찮지 않게 참인 반가능문들이 있다면, □(P → Q)가 P □ → Q를 함축한다는 것은 사실이 아니다.

하지만 그 함축이 이루어지지 않는다면, 이 함축을 수반하는 이행 추론 패턴도 이루어지지 않는다. 아직 적어도 일상적 반사실문들을 지니는 추론 패턴은 반박불가능하다. 이 세 논증 형식들은 부당한 가언적 삼단 논법에 호소하지 않고서도 이행 논증(transitive argument)을 하도록 우리를 도와준다.

우리는 논리 영역의 표면만 긁었을 뿐이다. 하지만 우리의 목표는 피상적이라도 이 영역을 개괄하는 것이 아니었고, 도리어 독자들이 만나는 논증들을 평가하고 자기들 나름의 좋은 논증을 형성하는데 독자들에게 도움이 되는 몇 개의 추론 규칙들에 대한 기본적 파악을 독자들에게 제공하는 것이었다.

(5) 비형식적 오류들

좋은 연역 논증은 형식적으로 타당할 뿐 아니라 비형식적으로도 타당해야 한다. 실제로 경계해야 하는 일차적 비형식적 오류(informal fallacy)는 페티티오 프린키피이(petitio principii, 선결 문제 요구)로 불리는 오류이다. 때로 이 오류는 순환 논증으로도 불린다. 우리가 순환추론을 한다면 우리의 논증의 결론은 논증 어디엔가 있는 전제들 가운데 하나로 여겨진다. 이 일이 일어날지라도 약아 빠지게 생각하는 사람이 그와 같이 노골적인 방식으로 선결 문제를 요구할 것 같지는 않다. 도리어 일반적으로 선결 문제 요구는 보다 미묘하게 일어난다.

어떤 사람이 한 논증에서의 전제를 참이라고 여기는 유일한 근거가 그 결론이 참이라는 그의 믿음이라면 그 사람이 선결 문제를 요구한다고 우리는 말할 수 있다. 하나님의 존재를 옹호하는 다음 논증을 살펴보라.

① 하나님이 존재하거나 그렇지 않으면 달은 녹색 치즈로 만들어진다.
② 달은 녹색 치즈로 만들어지지 않는다.
③ 그러므로 하나님은 존재한다.

이것은 논리적으로 타당한 논증으로서 선언적 삼단 논법의 추론 형식을 지닌다(P ∨ Q; ¬Q; 그러므로 P). 또한, 유신론자들은 전제들을 참으로 여길 것이다(P ∨ Q가 참이기 위해서는 한 선언만 참일 필요가 있다는 점을 기억하라). 그러므로 위의 논증은 하나님의 존재를 옹호하는 건전한 논증이다.

하지만 그런 논증은 하나님의 존재를 증명하는 토마스 아퀴나스(Thomas Aquinas)의 다섯 가지 길들 가운데 하나와 전혀 겨루지 못할 것이다. 그 논증의 실패의 원인은 그것이 선결 문제를 요구한다는 것이다. ①이 참이라고 생각하기 위해 우리에게 있을 유일한 이유는 ③이 참이라고 우리가 이미 믿는다는 것이다. 그래서 그 논증은 하나님이 존재한다는 증명에 도움이 되기는커녕 하나님이 존재한다고 이미 확신하지 않는 사람에 의해서는 불건전하거나 설득력 없다고 여겨질 것이다. 이 미묘한 형식의 선결 문제 요구는 계속 되고 있으며, 밝혀질 필요가 있다.

그 밖에 많은 비형식적 오류들이 논증에 있다. 하지만 그 오류들이 비판적 사고에 관한 텍스트들에서 눈에 많이 띄지만, 현실적으로 우리는 진지한 철학 연구에서 이 오류들을 자주 만나지 못하는 경향이 있다. 아직 두서너 개가 언급될 가치가 있다.

① **발생적 오류(Genetic Fallacy)**

이것은 한 믿음이 그 믿음이 발생한 방식 때문에 잘못되거나 거짓이라고 논증하는 오류이다. 예를 들어, 일부 사회생물학자들은 도덕적 믿음들이 생물학적, 사회적 영향들에 의해 형성되기 때문에 그러므로 그 믿음들이 객관적으로 참이 아니라고 주장할 때 이 오류를 저지르는 것 같다.

다시 말하자면 일부 무신론자들은 유신론적 믿음이 공포나 무지(無知)로부터 발생했다는 근거에서 유신론적 믿음을 무효로 만들고자 한다. 하나의 믿음이 주장되게 된 방식이나 이유는 그 믿음의 대상인 명제의 참 또는 거짓과 그저 무관하다.

② **무지로부터의 논증(Argument from Ignorance)**

이것은 한 주장이 참이라는 충분한 증거가 없기 때문에 그 주장이 거짓이라고 주장하는 오류이다. 한 주장의 진리에 대한 증거에 대한 우리의 무지는 그 주장의 거짓을 함축하지 않는다.

③ **애매어 사용의 오류(Equivocation)**
이것은 두 의미를 지니도록 한 단어를 사용하는 오류이다.
이 오류는 다음 논증에서 저질러진다.

> 소크라테스는 그리스인(Greek)이다.
> 그리스어(Greek)는 언어이다.
> 그러므로 소크라테스는 언어이다.[13]

애매어 사용의 위험은 우리로 하여금 우리 논증들에서 용어들을 가능한 한 분명하게 정의하도록 하는 동기가 되어야 마땅하다. 세심한 정의(定義)들을 주고 단어들을 한 가지 의미로 사용함으로써 우리는 우리가 이 오류를 저질렀다는 비난을 무디게 할 수 있다.

④ **애매어의 오류(Amphiboly)**
이것은 우리 전제들의 의미가 애매하도록 우리 전제들을 표현하는 오류이다. 예를 들어, "만일 하나님이 x를 원하신다면 x가 일어날 것은 필연적이다"는 애매어의 오류를 저지른다.

> 우리는 "☐(하나님이 x를 원하신다. → x가 일어날 것이다)"를 뜻하는가?
> 아니면 "하나님이 x를 원하신다. → ☐(x가 일어날 것이다)"를 뜻하는가?

다시 말하자면 추론에서 전제들의 애매한 표현들에서 생길 오류들을 피하기 위해 우리는 전제들을 표현할 때 크게 주의를 기울일 필요가 있다. 철학적 분석의 주요 과제들 가운데 하나는 용어의 세심한 정의(定義)일 뿐 아니라, 논증에서 전제에 있을 수 있는 서로 다른 의미들을 구별하고 그 의미들의 개연성을 각각 평가하는 것이다.

---

13 그리스인이나 그리스어는 영어로 모두 Greek이다. 그래서 영어로는 이 논증이 성립되는 것처럼 보인다.-역주

⑤ **합성의 오류**(composition)

이것은 그것의 모든 부분이 어떤 속성을 지닌다는 이유로 전체에 그 속성이 있다고 추론하는 오류이다. 물론 때로 전체는 부분들의 속성들을 지니지만, 모든 부분이 그 속성을 지닌다는 이유만으로 전체에 그 속성이 있다고 추론하는 것은 오류이다. 이 오류는 무한한 과거의 모든 부분이 현재에 이르기까지 "관통될" 수 있기 때문에 따라서 무한한 과거 전체가 관통될 수 있다고 주장하는 사람들에 의해 저질러지는 것 같다.

그런 비형식적 오류들이 많이 있지만, 위의 오류들은 주의해야 하고 피해야 하는 가장 흔한 오류들 가운데 일부이다.

2) 참된 전제들

좋은 연역 논증의 이 기준에 대한 해명에 의해 이야기될 필요가 있는 것은 없다. 논리적 타당성은 설득력 있는 논증의 필요 조건이지만 충분 조건은 아니다. 한 논증은 건전하기 위해서는 타당할 뿐 아니라 그것의 전제들이 참이기도 해야 한다. 여기서 염두에 두어야 할 주안점은 우리가 전제들의 인식적 지위(전제들의 인식 가능성)를 그것들의 진리적(alethic) 지위 내지 진리치와 혼동하지 않아야 한다는 것이다.

건전하기 위해 한 논증의 전제들이 참이어야 하지만, 그것들의 진리는 불확실할 뿐 아니라 우리에게 완전히 알려지지 않을 수도 있을 것이다. 물론 우리가 전제들의 진리를 전혀 알지 못한다면 그 논증은 우리에게 알려지지 않은 채 건전하다 할지라도 우리에게 거의 쓸모가 없을 것이다. 하지만 그 전제들이 참이라고 믿을 만한 보증이 우리에게 있다면, 그 논증은 우리에게 그 결론을 받아들이는 보증이 된다.

3) 그것들의 부정들보다 개연성이 높은 전제들

한 논증은 건전하고 비형식적으로 타당하더라도 아직 좋은 논증이 아닐 수 있다. 그 논증이 좋은 논증이기 위해서는 전제들은 우리에게 특별한 인식적 지위를 지닐 필요가 있다.

그런데 그것은 어떤 종류의 지위인가?

확실성(certainty)은 비현실적이고 실현불가능한 이상(理想)이다. 우리가 한 논증의 전제들이 진리라는 확실성을 요구한다면 우리에게 그 결과는 회의주의일 것이다. 개연성 내지 인식적 개연성이 충분하다고 여겨질 수 있지만, 개연성은 좋은 논증의 필요 조건도 아니고 충분 조건도 아닌 것처럼 보인다. 일부 경우 전제들과 그것들의 부정(내지 모순) 모두 우리에게 개연적이지 않은 것 같은 인상을 줄 수 있기 때문에 개연이 필요하지 않다.

우리는 예를 들어, 아원자(亞原子)[14]의 본질에 관한 전제들에 관해 양자 물리학에 의해 기술된 대로 생각한다. 또 다른 한편, 그 전제와 그것의 부정이 동일한 개연성을 지니거나 그 부정이 정말 개연적인 전제보다 훨씬 더 많은 개연성을 지닐 수 있기 때문에 개연성으로는 충분하지 않다. 이것은 우리가 살펴보는 것이 상대적 기준이라는 암시를 준다. 좋은 논증에서 전제들은 그것들 각각의 부정들보다 더 큰 개연성을 지닐 것이다.

그런데 개연성은 상당 정도 한 개인에 의존하는 개념이다. 일부 사람들은 한 전제가 개연적임을 발견할 수 있지만 다른 사람들은 그러지 않을 수 있다. 따라서 일부 사람들은 특정 논증이 좋은 논증이라는 데 동의할 것이지만, 다른 사람들은 그것이 나쁜 논증이라고 말할 것이다. 우리의 다양한 배경과 선입견을 고려한다면 우리는 그런 불일치를 기대해야 마땅하다. 분명히 가장 설득력 있는 논증들은 폭넓게 수용된 증거의 지지를 누리거나 직관적으로 참되게 보이는 전제들에 기초하는 논증들일 것이다.

하지만 불일치의 경우 우리는 더 깊이 파고들어가서 한 전제가 참이거나 거짓이라고 생각하는 어떤 이유를 우리 각자가 지니고 있는지 물어야만 한다. 우리가 그렇게 할 때 우리는 잘못을 저지른 사람이 우리임을 발견할 수 있다. 결국, 우리는 참된 결론을 옹호하기 위해 나쁜 논증들을 내놓을 수 있다.

하지만 그 대신 우리는 우리의 전제를 거부할 만한 좋은 이유가 우리 대화자(對話者)에게 전혀 없거나 그의 거부가 잘못된 정보나 증거에 대한 무지 또는 오류 있는 반박에 기초한다는 것을 발견할 수도 있다. 그런 경우 우리는 그에게 더 좋은 정보나 증거를 줌으로써 또는 그의 잘못을 점잖게 바로잡아줌으로써 그를 설득할 수 있다. 또는 우리는 그가 우리 전제를 부정하는 이유가 그 전제가 도달하는 결론을 그가 좋아하지 않으며 그래서 그 결론을 피하기 위해 그가 실제로 정말 개연적

---

14 원자를 구성하는 요소인 양자(proton)나 전자(electron) 등을 가리킨다.-역주

이라고 발견해야 마땅한 전제를 부정한다는 것을 발견할 수 있다.

역설적으로 플랜팅가가 그래서 주목했듯이 어떤 사람에게 그가 참으로 알고 있는 전제들에 기초한 타당한 논증을 제시함으로써 그를 지식에서 무지로 옮겨 놓을 수 있다(즉, 스스로 알고 있다고 생각하는 상태에서 스스로 알지 못한다고 생각하는 상태로 옮겨놓을 수 있다.-역주)!

3. 귀납 추리

이 지점까지 우리는 오직 연역 추리에만 초점을 두었다. 건전한 연역 논증에서 결론은 전제들로부터 필연적으로 따라 나온다. 전제들이 참이고 추론형식이 타당하다면, 결론이 거짓인 것은 불가능하다. 한 논증이 연역적 형식을 지니는 것은 전제들과 결론의 인식적 지위와는 무관하다는 점을 주목할 가치가 있다.

연역 논증과 귀납 논증의 차이는 그것들이 어떤 결론을 입증하는 증명에 접근하는 정도에서 발견되어서는 안 된다. 좋은 연역 논증은 그 전제들 자체가 거의 확실치 않는 경우 인식적으로 개연성이 조금밖에 없는 결론을 낼 수도 있는 반면, 귀납 논증은 그 결론을 옹호하기 위해 엄청난 증거를 우리에게 줄 수 있으며, 따라서 그 결론에 대한 엄청난 확신을 줄 수 있을 것이다.

우리가 연역 논증에서 일부 전제들 자체가 귀납적 증거에 기초해서 입증될 수 있다는 사실을 우리가 생각해볼 때 이 사실이 특히, 자명하다. 그래서 때로 주어지는 인상과는 반대로 한 논증이 형식상 연역적인가 아니면 귀납적인가는 그 논증의 결론의 확실성을 나타내는 지표가 아니다. 귀납 논증은 전제들이 참이고 부당한 추론이 전혀 이루어지지 않아도 결론이 여전히 거짓일 수 있는 논증이다. 좋은 귀납 논증은 좋은 연역 논증처럼 그것들의 모순들보다 더 개연성이 있는 참된 전제들을 지녀야 하며 비형식적으로 타당해야 한다.

하지만 그것들의 전제들의 참은 그것들의 결론들의 참을 보장하지 못하기 때문에 우리는 그것들의 형식적 타당성 내지 부당성에 대해 제대로 말할 수 없다. 그런 추론에서 증거와 추론 규칙들은 그 결론을 "불충분하게 결정한다"(underdetermine)고 이야기된다. 즉, 그것들은 그 결론을 개연적이거나 그럴법하게는 하지만, 그것의 진리를 보증하지는 못한다. 여기에 좋은 귀납 논증의 사례가 있다.

① 집단 A와 B, C는 동일한 질병을 겪는 비슷한 사람들로 이루어졌다.
② 집단 A에게 어떤 신약(新藥)이 투여되었고, 집단 B에게 위약(僞藥)이 투여되었고, 집단 C는 어떤 치료도 받지 않았다.
③ 그 결과 그 질병으로 인한 사망률은 집단 B와 C와 비교할 때 75퍼센트 낮았다.
④ 그러므로 신약은 언급된 질병으로 인한 사망률을 줄이는 데 효과가 있다.

그 결론은 귀납 추리 규칙들과 증거에 기초해서 아주 참일 가능성이 높지만, 반드시 참인 것은 아니다. 아마 집단 A에 속한 사람들이 그저 운이 좋았거나 일부 알려지지 않은 변수가 그들의 건강향상의 원인일 수도 있다.

1) 베이즈(Bayes) 정리

귀납 추리가 일상 생활의 일부이자 부분이지만, 그런 추리에 대한 기술(記述)은 철학자들 사이에 논란이 있는 문제이다. 귀납 추리를 이해하는 한 가지 방법은 확률 계산(probability calculus)에 의해서이다. 확률 이론가들은 어떤 다른 진술들이나 사건들의 진리 내지 발생을 받아들이는 경우 특정 진술들 내지 사건들의 확률을 정확하게 계산하는 다양한 규칙을 만들었다.

그런 확률들은 조건적 확률들(conditional probabilities)로 불리며 Pr(A/B)로 기호화된다. A와 B가 특정 진술들 내지 사건들을 나타낼 때 이것은 B에 대한 A의 확률 또는 B가 있는 경우 A의 확률로 읽혀질 수 있다. 확률들은 0과 1 사이에 분포하며, 1은 최고 확률을, 0은 최저 확률을 나타낸다. 그래서 값 >.5는 한 진술 내지 사건의 어떤 긍정적 확률을 가리키며, <.5는 어떤 부정적 확률을 가리키는 데 반해 .5는 둘 사이의 정확한 균형을 가리킬 것이다.

귀납 추리의 전형적 사례들 가운데 상당수는 표본 사례들로부터 일반화—예를 들어, 존스(Jones)가 흡연가라면 폐암에 걸릴 확률—로 나아가는 추론들을 수반하며 철학적 관심사보다는 과학적 관심사에 더 관련된다. 아직 철학적 입장은 가설을 구성할 수 있으며, 우리의 증거로 여겨지는 다양한 다른 사실이 주어진다면 그 가설은 그렇지 않은 것보다 더 개연적이라고 주장되거나, 경쟁하는 특정 철학적 가정보다 더 개연적이라고 주장될 수 있다. 그런 경우들에 철학자들은 베이즈 정리(Bayes's theorem)에 의지할 수 있다.

베이즈 정리는 주어진 증거 (E)에서 가설 (H)의 확률을 계산하는 공식을 정한다. 베이즈 정리의 한 형식은 다음과 같다.

$$\Pr(H|E) = \frac{\Pr(H) \times \Pr(E|H)}{\Pr(H) \times \Pr(E|H) + \Pr(\neg H) \times \Pr(E|\neg H)}$$

H/E의 확률을 계산하기 위해 우리는 다양한 확률의 값을 넣는다. 과학적 논의와는 반대로 철학적 논의에서 일반적으로 이것을 정확하게 행하는 것은 불가능하다. 그래서 우리는 (<.5로 나타나는) "낮은 확률" 내지 (>.5로 나타나는) "높은 확률" 또는 (≈.5로 나타나는) "거의 같은 확률"과 같이 모호한 근사치로 만족해야 한다. 아직 그런 모호한 근사치들은 우리의 가정을 옹호하는데 유용함을 증명할 수 있다.

분자에서 우리는 H의 내재 확률에 H의 설명 능력(E/H)을 곱한다. H의 내재 확률은 완전히 분리된 H의 확률을 뜻하지 않고, 특정 증거 E에서만 분리된 H의 확률을 뜻한다. H의 내재 확률은 우리의 일반적 배경 지식 (B)나 Pr (H|B)에 따르는 조건적 확률이다. 이와 마찬가지로 B는 H의 설명력(E|H & B)에 함축되어 있다. 그 공식은 암묵적으로 B를 전제된 것으로 여긴다. Pr(E|H)는 H가 사실인 경우 E에 대한 우리의 합리적 기대를 기록한다. E가 H에 의외의 일이라면 Pr(E|H)<.5인 반면에 H가 주어진 경우 우리가 E를 발견하는 것을 놀라지 않는다면, Pr(E|H)는 >.5이다.

공식의 분모에서 우리는 H의 내재 확률과 설명력의 곱을 취하고, 그것에 H의 부정의 내재 확률과 설명 능력의 곱을 더한다. 이 두 번째 곱이 적을수록 그것이 우리의 가정에 더 좋다는 점에 주목하라. Pr (¬H) × Pr (E|¬H)가 0인 극한의 경우 분자와 분모는 동일한 수를 지니며, 그래서 그 비율은 1과 같다. 이것은 그 증거가 사실이라면 우리의 가정이 확실하다는 뜻이다. 그래서 우리는 우리의 가정이 큰 내재 확률과 설명력을 지니지만 그 가정의 부정이 낮은 내재 확률과 설명력을 지닌다고 주장하고 싶어할 것이다.

귀납 논증에서 위의 형식의 베이즈 정리를 사용할 때 겪는 어려움들 가운데 하나는 우리의 가정의 부정이 그런 다양한 대안으로 이루어져 H가 그렇지 않은 것보다 더 확률이 높다는 것을 보여 주기 어려울 수 있다는 것이다. 예를 들어, H가 하나님이 존재한다는 유신론적 가정이라면, ¬H는 자연주의일 뿐 아니라

범신론(pantheism), 다신론(polytheism), 범재신론(panentheism), 관념론(idealism), 한 무리의 그것들의 변형들이다. ¬H의 확률을 계산하는 것은 매우 어려울 뿐 아니라, 요점에서 벗어나 있을 수도 있다.

우리의 관심은 구체적인 증거들에 대해 H가 H가 아닌 것보다 더 높은 확률을 지닌다는 것을 보여 주는 것이 아니라, H가 그것의 주요 경쟁자 H_1보다 더 높은 확률을 지닌다는 것을 보여 주는 것일 수 있다. 그것이 우리의 관심이라면, 우리는 경쟁하는 두 가정 H_1과 H_2의 상대적 확률을 계산하기 위해 베이즈 정리의 오즈(odds)[15] 형식을 사용할 수 있다.

여기서 우리의 목표는 H_1의 내재 확률과 설명력이 H_2의 그것을 앞서기에 H_1이 확률이 더 높은 가정이라는 것을 보여 주는 것이다.

$$\frac{Pr(H_1|E)}{Pr(H_2|E)} = \frac{Pr(H_1)}{Pr(H_2)} \times \frac{Pr(E|H_1)}{Pr(E|H_2)}$$

귀납 추리를 이해할 때 베이즈 정리에 대한 그런 모든 호소의 결점은 확률들이 헤아릴 수 없어 보이며 그래서 우리의 가정의 조건적 확률이 계산불가능해보일 수 있다는 것이다. 그런데도 소위 악의 문제에 대한 베이즈적 접근들은(5장을 보라) 최근 유행이 되었으며 마땅히 살펴볼 만하다.

2) 최선의 설명에로의 추론

철학적 논의들에서 더 쓸모 있을 것 같은 귀납 논증의 또 다른 접근은 최선의 설명에로의 추론(inference to the best explanation)에 의해 주어진다. 최선의 설명에로의 추론에서 우리는 설명되어야 하는 어떤 데이터에 직면한다. 그럴 때 우리는 문제되는 데이터에 대한 다양한 설명으로 이루어진 생생한 선택지들의 풀(pool)을 모은다.

생생한 선택지들의 풀로부터 우리는 참인 경우 그 데이터를 가장 잘 설명하는 설명을 고른다. 어떤 기준이 한 설명을 최선의 설명으로 만드는데 도움이 되는지는 논란이 되고 있다. 하지만 일반적으로 인정되는 기준들 가운데 다음과 같

---

15 오즈는 확률이론과 통계학에서 가능성 내지 공산(公算)을 가리키는 단어이다.-역주

은 속성들이 있을 것이다.

① 설명 범위(explanatory scope). 최선의 설명은 경쟁 가정들보다 더 넓은 범위의 데이터를 설명할 것이다.
② 설명력(explanatory power). 경쟁 가정들보다 더 최선의 설명은 관찰 가능한 데이터를 인식적 확률이 더 높게 나오도록 할 것이다.
③ 확률(plausibility). 경쟁 가정들보다 최선의 가정은 더 다양한 수용된 진리에 의해 함축될 것이며 그 가정의 부정은 더 소수의 수용된 진리들에 의해 함축될 것이다.
④ 더 적은 임시변통(less ad hoc). 경쟁 가정들보다 최선의 가정은 기존 지식에 이미 함축되어 있지 않은 새로운 추정을 덜 수반할 것이다.
⑤ 수용된 믿음들과의 일치(Accord with accepted beliefs). 경쟁 가정들보다 최선의 가정은 수용된 진리들과 함께 결합될 때 더 적은 거짓을 함축할 것이다.
⑥ 상대적 우위(comparative superiority). 최선의 가정은 조건 ①에서 ⑤까지를 충족시키는 점에서 그 경쟁자들을 앞설 것이며, 그래서 경쟁 가정이 이 조건들을 충족시키는데 있어서 그것을 앞지를 가능성이 없다.

생물학적 진화에 대한 신다윈적(neo-Darwinian) 이론은 최선의 설명에로의 추론의 좋은 사례이다. 다윈주의자들은 그 이론이 소(小)진화적 변화를 뒷받침하지만 대(大)진화 발전의 증거를 주지 않는 데이터로부터의 큰 추정(extrapolation)을 나타낸다는 것을 인정한다.[16] 또한, 그들은 증거 가운데 어느 것도 그것이 미생물학에서 나왔든 고(古)지리학에서 나왔든 고(古)생물학(화석학)에서 나왔든 어디서 나왔든 간에 그것만 따로 떼어놓고 보면 그 이론의 증명을 주지 못한다는 것도 기꺼이 인정한다. 하지만 그들의 논점은 그런데도 그 이론이 설명력과 범위 등 때문에 최선의 설명이라는 것이다.

이와 대조되게 필립 존슨(Phillip Johnson)과 같이 신다윈적 종합을 비판하는 사람들이 그 이론이 자연주의를 전제한다고 퍼붓는 비난은 신다윈적 이론의 설명적 우위가 생생한 선택지들의 풀의 기능이 정당화되지 않은 방법론적 제약에 의해, 즉

---

16 진화론이 그 데이터로부터 논리적으로 증명된 것이 아니라 그 데이터로부터 추정된 것에 불과하다는 뜻이다. 그 이론의 확실성은 그 데이터에서 나오지 않고, 데이터 밖에서 진화론자가 임의로 가져와서 넣은 것이다.-역주

자연주의라는 철학적 전제에 의해 제한되고 있다는 주장으로 가장 잘 이해된다.

존슨은 신다윈적 종합이 라마르크설(Lamarckianism)과 자기 조직화 이론(self-organization theory) 등과 대조되게 사용될 수 있는 최선의 자연주의적 설명이라는 데 정말 기꺼이 동의한다. 하지만 그는 흥미롭고도 중요한 문제는 신다윈적 이론이 최선의 자연주의적 설명인가가 아니라, 그것이 최선의 설명인간, 즉 그것이 정확한가이다고 주장한다.

존슨은 지적 설계(Intelligent Design)를 가정하는 가정들이 생생한 선택지들의 풀에 들어오도록 허용된다면 신다윈적 이론의 설명적 우위는 더 이상 명백하지 않다고 주장한다.

그와 반대로 특히, 돌연변이(random mutation)와 자연 도태(natural selection)의 메커니즘들에 대한 설명력에 있어서 그것의 약점들은 두드러지게 눈에 띈다. 호기심을 끄는 것은 존슨을 험담하는 사람들 가운데 여럿이 다윈의 설명적 우위가 생생한 선택지들의 풀을 자연주의적 가정들로 제한한데 의존한다고 공개적으로 인정했다는 점이다. 하지만 그들은 그런 제약이 과학을 하는 데 필요한 조건이라고 주장한다. 그 주장 자체는 과학적이지 않은 주장이며, 과학의 본질에 관한 철학적 주장이다(17장을 보라).

어쨌든 이 논란은 최선의 설명에로의 추론을 생생하게 보여 주는 예증으로 도움이 된다. 또한, 귀납 논증의 이 유형을 이해하시 못했기 때문에 양편에서 그릇된 방향의 많은 비판들이 일어났다.

(요약)

좋은 연역 논증은 형식적으로나 비형식적으로 타당하며, 참된 전제들을 지니며, 그것들의 부정보다 더 확률이 높은 전제들을 지닌다. 문장논리의 여러 추론 규칙들을 염두에 두어야 마땅하다.

규칙 #1: 전건 긍정
① $P \rightarrow Q$
② P
———
③ Q

규칙 #2: 후건 부정

① P → Q

② ¬Q

③ ¬P

규칙 #3: 가언적 삼단 논법

① P → Q

② Q → R

③ P → R

규칙 #4: 연언

① P

② Q

③ P & Q

규칙 #5: 간소화

① P & Q 　　　　　① P & Q

② P 　　　　　　　② Q

규칙 #6: 흡수

① P → Q

② P → (P & Q)

규칙 #7: 가산

① P

② P ∨ Q

규칙 #8: 선언적 삼단 논법

① P ∨ Q 　　　　　① P ∨ Q

② ¬P 　　　　　　② ¬Q

③ Q 　　　　　　　③ P

규칙 #9: 구성적 양도 논법
① (P → Q) & (R → S)
② P ∨ Q
─────────────────
③ Q ∨ S

9개의 추론 규칙들 외에도 익혀야 마땅한 수많은 논리적 동치들이 있다.

P는	¬¬P와	논리적 동치이다.
P ∨ P는	P와	논리적 동치이다.
P → Q는	¬P ∨ Q와	논리적 동치이다.
P → Q는	¬Q → ¬P와	논리적 동치이다.

우리는 다음 절차에 의해 연언명제를 선언 명제로 변환할 수 있고 그 반대도 할 수 있다.

단계1. 각 철자 앞에 ¬를 놓아라.
단계2. &를 ∨로 (또는 ∨를 &로) 바꾸어라.
단계3. 전체를 괄호 속에 넣고 ¬를 앞에 놓아라.

술어 논리에서 우리는 사물들의 집합들을 다룬다. 보편양화 진술들은 조건 진술들의 논리적 형식을 지닌 것으로 이해된다. F와 G가 임의의 술어들을 나타내도록 할 때 우리는 긍정 보편양화 진술을 (x)(Fx → Gx)로 기호화할 수 있다. 부정 보편양화 술은 (x)(Fx → ¬Gx)로 기호화될 수 있다. 특칭양화 술들은 전형적으로 연언 형식을 지닌다. 긍정 특칭양화 술은 (∃x)(Bx & Wx)로 기호화될 수 있다. 부정 특칭양화 술은 (∃x)(Bx & ¬Wx)로 기호화될 수 있다. 우리는 변수 x에 어떤 개체를 넣어, 연역을 끌어내기 위해 우리의 9개의 추론 규칙들을 적용할 수 있다.

양상 논리는 가능적 진리와 필연적 진리를 다루는 고급 논리의 한 분과 학문이다. 가능 세계 의미론에서 필연적 진리는 모든 가능 세계에서의 진리로 해석되며, 가능적 진리는 일부 가능 세계에서의 진리로 해석된다. 우리는 모든 가능 세계에서 참(또는 거짓)인 진술에 주어지는 필연인 데이 딕토(de dicto) 필연과, 한 사물이 어떤 속성을 지니는 데이 레(de re) 필연, 즉 한 사물이 한 속성을 본질적으로 지니는 것을 분명하게 구분할 필요가 있다. 우리는 양상 논증에서 다음 오류들을 피하기 위해 주의해야만 한다.

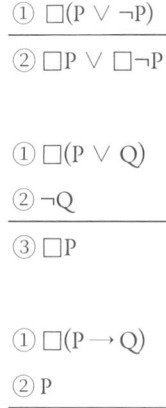

① □(P ∨ ¬P)
② □P ∨ □¬P

① □(P ∨ Q)
② ¬Q
③ □P

① □(P → Q)
② P
③ □Q

반사실적 논리는 "긍정적" 종류의 것이든 "가능적" 종류의 것이든간에 가정법 조건문들을 수반하는 추론들을 다룬다. 반사실적 논리에서 가언적 삼단 논법과, 대우(對偶)로 알려진 동치(同値), 전건(前件) 강화는 모두 타당하지 않다. 하지만 나머지 여러 흥미로운 추론형식들은 타당하다. 즉,

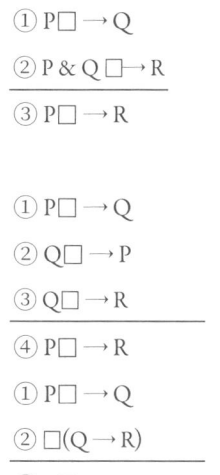

① P□→ Q
② P & Q □→ R
③ P□→ R

① P□→ Q
② Q□→ P
③ Q□→ R
④ P□→ R

① P□→ Q
② □(Q → R)
③ P□→ R

가장 흔한 비형식적 오류들 가운데 일부는 선결 문제 요구(논증의 결론에 대한 믿음 외에는 다른 전제를 받아들일 이유가 없는 것)와 발생적 오류(한 믿음이 발생한 방식 때문에 한 믿음이 잘못되거나 거짓이라고 주장하는 것), 무지로부터의 논증(한 주장이 참이라는 충분한 증거가 없다는 이유로 그 주장이 거짓이라고 주장하는 것), 애매어 사용의 오류(두 의미를 지니도록 한 단어를 사용하는 것), 애매어의 오류(우리 전제들의 의미가 애매하도록 우리 전제들을 구성하는 것), 합성의 오류(부분들이 어떤 속성을 지닌다는 이유로 전체가 그 속성을 지닌다고 추론하는 것)이다.

좋은 연역 논증은 참된 전제들을 지녀야 하지만, 참이라고 확실히 알려지는 전제들을 가질 필요는 없다. 도리어 좋은 논증에서 전제들은 그것들의 부정들보다 더 높은 확률을 지닌다.

좋은 귀납 논증들도 그것들의 모순들보다 더 높은 확률을 지니는 참된 전제들을 지녀야 하며 비형식적으로 타당해야 한다. 하지만 그것들의 전제들의 참이 그것들의 결론들의 참을 보증하지 않기 때문에 우리는 그것들에 관해 타당성을 이야기할 수 없다. 확률계산을 수반하는 논증들은 베이즈 정리에 따라 평가되어야 마땅하다. 그 정리 가운데 한 형식은 다음과 같다.

$$\Pr(H|E) = \frac{\Pr(H) \times \Pr(E|H)}{\Pr(H) \times \Pr(E|H) + \Pr(\neg H) \times \Pr(E|\neg H)}$$

이 정리의 오즈 형식은 두 경쟁 가정들을 평가하는 데 사용될 수 있다.

$$\frac{\Pr(H_1|E)}{\Pr(H_2|E)} = \frac{\Pr(H_1)}{\Pr(H_2)} \times \frac{\Pr(E|H_1)}{\Pr(E|H_2)}$$

우리는 귀납 논증을 최선의 설명에로의 추론으로도 생각할 수 있다. 그런 추론에서 우리는 참인 경우 수중의 사실들을 가장 잘 설명할 설명을 생생한 선택지들의 풀로부터 선택한다. 우리는 설명 범위와 설명력, 확률, 임시변통을 하는 정도, 수용된 믿음들과의 일치, 경쟁자들에 대한 상대적 우위와 같은 기준에 의해 어떤 설명이 최선인지 평가한다

[기본 용어]

현실화 가능	필연적 진리
논증들	추론의 필연
베이즈 정리	후건의 필연
폭넓은 논리적 가능성	데이 딕토 필연
결론	데이 레 필연
조건적 확률	합성의 의미에서의 필연
조건부 증명	분할의 의미에서의 필연
우연적 진술	가능적 진리
모순	가능 세계
반사실문	가능 세계의미론
반가능문	전제
연역 논증	확률계산
숙고하는 조건문	명제논리
인식론적으로 가능	양화
특칭양화 술	귀류법
형식적으로 타당	논리 규칙
귀납 논증	문장논리
최선의 설명에로의 추론	건전한 논증
비형식적 오류	엄격한 논리적 가능성
타당하지 않음	가정법적 조건문
논리	기호 논리
형이상학적 가능성	보편양화 술
개연적 반사실문	불건전한 논증
양상 논리	긍정적 반사실문

제2부

인식론

제3장 지식과 합리성

제4장 회의주의의 문제

제5장 정당화의 구조

제6장 진리 이론과 포스트모더니즘

제7장 종교적 인식론

제3장

지식과 합리성

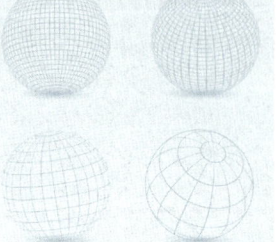

모든 사람은 본성상 알기를 원한다.
*아리스토텔레스, 『형이상학』(*Metaphysics*), 1.1

1. 서론

사람들의 정신적 삶은 끊임없이 활동한다. 그들은 소리와 모양과 색깔을 경험하고 자신의 생각과 욕구와 고통을 경험한다. 그들은 2+2=4라는 명제가 확실한 진리라는 것을 잘 알기도 한다. 사람들은 믿음을 형성하고 포기하며 유지하기도 하고 시험하기도 한다. 사람들은 아는 것들도 많이 있고 모르는 것들도 많이 있다. 어떤 믿음들은 비교적 합리적이고 어떤 믿음들은 비합리적이다.

인식론(epistemology)은 지식, 합리성, 정당화된 또는 정당화되지 않은 믿음의 의미를 이해하고자 노력하는 철학 분야이다. 인식론이라는 용어는 그리스 단어 에피스테메(epistēmē)에서 나온 것으로서 지식을 의미한다. 따라서 인식론은 지식 그리고 정당화된 또는 보증된 믿음에 대한 연구이다.

현실적으로 네 가지 주요한 인식론적 분야가 있다.

첫째, 인식론의 중심 개념들에 대한 개념적 분석이다.
즉, 지식이란 무엇인가?
합리성(rationality), 정당화(justification) 또는 보증(warrant)이란 무엇인가?
이 첫째 분야는 연구의 초점이 중요한 인식론적 개념들의 본성을 분명히 하려는 명료화 작업에 있기 때문에 언어철학과 제휴한다. 이 장의 주요 초점은 이러한 인식론적 분야를 겨냥할 것이다. 제4장은 진리가 도대체 무엇인가를 상세하게 거론할 것이다. 진리의 본성 즉, 진리가 무엇인가에 대한 물음은 [사람들이 진리를 가지고 있다는 것을 어떻게 아는가라는 물음과 대비를 이루는 것으로서] 실제로 형이상학적 문제이지 인식론적 문제가 아니다. 왜냐하면, 형이상학은 어떤 종류의 사물이 존재하는가를 탐구하는 연구 분야이기 때문이다. 그러나 진리의 본성을 인식론 분야와 연계하여 탐구하는 것이 관례이기 때문에 우리는 그 관례를 따라 제2부 인식론의 제6장 진리 이론과 포스트모더니즘에서 진리 이론을 구체적으로 다룰 것이다.

둘째, 회의주의의 문제가 있다.

사람들은 실제로 지식 또는 정당화된 믿음을 가지고 있는가?

사람들이 어떤 영역 이를테면 수학 분야에서 지식 또는 정당화된 믿음을 가지고 있다면, 다른 영역에서도 그러한가?

예를 들면, 도덕적 지식이나 종교적 지식이 있는가?

사람들이 어떤 대상에 대해 틀리지 않다는 것을 100퍼센트 확신하지 못한다면 그 대상을 아는 것이 가능한가?

회의주의의 문제가 제4장 그리고 다른 방식으로 제6장에서 논의될 것이다.

셋째, 지식과 정당화된 믿음의 원천과 범위의 문제가 있다.

사람들이 사실상 지식과 정당화된 믿음을 가지고 있다면, 사람들이 그런 것들을 가지고 있다는 것은 어떻게 해서인가?

서로 다른 종류의 지식들은 무엇인가?

확실히, 사람들의 오감은 어쨌든 외부 세계에 대한 지각적 지식의 원천이다. 그러나 감관의 지각을 넘어서는 오감에 대한 다른 종류의 지식과 원천들이 있다.

마찬가지로 과거(기억), 자신의 내적 정신 상태(내성), 타인의 사고와 느낌과 마음 그리고 논리학, 수학, 형이상학, 도덕, 신에 대한 지식과 정당화된 믿음이 있는가?

이와 같은 상이한 유형의 지식들의 원천은 무엇인가?

넷째, 지식 또는 정당화에 관한 기준의 문제가 있다.

스미스가 보증된 또는 정당화된 어떤 믿음을 가지고 있다고, 말하자면 떡갈나무가 창 밖에 있다고 가정해 보자.

이 믿음에 보증 또는 정당화를 제공하는 것은 무엇인가?

어떻게 한 믿음 또는 믿음군이 다른 믿음을 고수하는 기초를 제공하는가?

어떻게 믿음 밖의 것들 예를 들면, 사람들이 믿음을 형성하기 위해 거치는 경험 또는 방식이 정당화된 믿음의 발판을 제공할 수 있는가?

또는 다른 믿음들이 어떤 주어진 믿음을 지지할 수 있는 유일한 것들인가?

이러한 문제들이 제5장의 초점이다.

지식에 관한 논제로 돌아가기 전에 예비적으로 인식론에 대한 한 가지 언급이 더 필요하다. 전통적으로 인식론이 집중한 문제들은 다음과 같다. 즉, 내가 어떤 것을 알 수 있는가?

내가 알 수 있는 것은 무엇인가?

나 스스로 나의 믿음들 중 어느 하나가 현실적으로 정당화되는 것을 어떻게 평가할 수 있는가 등이다. 이러한 종류의 문제들은 **소크라테스적 질문**이라고 불리웠다. 왜냐하면, 그것들은 모두 아무튼 우리가 우리 자신에게 묻는 물음들이기 때문이다. 바꾸어 말하면 인식론은 맨 먼저 제1인칭 조망에 관계하는 것이며, 개인이 경험하고 믿고 인식하는 1인칭 주체로서 관련된 문제에 관계하는 것이다. 심리학, 생물학, 신경 생리학 등의 분야가 인간을 제3인칭 조망에서 말하자면 "바깥"에서 연구된 대상으로 연구하는 한, 그때는 그에 상응해서 이들 연구 분야는 인식론에 본질적인 어떤 것을 무시하는 셈이다.

이 장의 나머지 부분은 상이한 두 개념 즉, 지식과 합리성에 대한 분석과 명료화 작업이 될 것이다.

2. 지식이란 무엇인가?

다음의 세 문장이 세 가지 상이한 유형의 지식을 드러낸다.

① 나는 공이 내 앞에 있는 것을 안다.
② 나는 골프 치는 법을 안다.
③ 나는 레이건이 공화당 출신의 대통령이라는 것을 안다.

문장 ①은 **면식지**(knowledge by acquaintance)라고 알려진 것을 표현한다. 이 경우 사람들은 지식의 대상이 사람의 의식에 직접 현존한다는 점에서 그 대상을 안다. 존즈는 자기 앞에 있는 공을 보고 있고 직접 자각하며 감각적 직관으로 알고 있다는 점에서 그 공을 안다.

이 경우 **직관**이라는 말은 추측 또는 비합리적 육감을 의미하는 것이 아니라 오히려 의식에 직접 현존하는 어떤 대상에 대한 직접적인 자각을 의미한다. 사람들은 면식이나 직관을 통해 많은 것을 안다. 말하자면 사람들의 정신 상태(사고, 느낌, 감각)가 그러하고 오관을 통해 대면하는 물리적 대상들이 그러하다.

어떤 사람들은 수학의 기본 원리도 그렇다고 주장할 것이다. 사람들은 아래의 두 문장을 어떻게 아는가라고 묻는다면, 그 대답은 사람들이 2+2=4 또는 (A)와 (B)라면 (C)가 나온다는 것을 단순히 "보고" 있으면 된다고 할 것도 같다.

①' 2+2=4

②' (A)밖에 비가 오는 중이라면 그때는 밖이 축축하고 (B) 밖에 비가 오는 중이고 그때는 (C)밖이 축축하다는 것은 틀림없는 사실이다.

이것은 어떤 종류의 봄인가?

많은 사람이 그것은 직관적 형태의 자각 또는 추상적 비물질적 대상의 지각 다시 말해서 수와 같은 대상들 사이의 관계, 수학적 관계나 비율 그리고 논리 법칙을 포함하는 것으로 믿고 있다. 논란의 여지는 있지만, 이 모든 지식 사례들은 면식지의 보기들이다.

문장 ②는 **노하우**(know-how)라고 불리는 것을 포함한다. 노하우는 어떤 방식으로 행동하고 어떤 과제나 일련의 행동을 수행할 수 있는 능력 또는 기술이다. 사람들은 그리스어를 말하는 법, 골프 치는 법, 저전거 타는 법, 수많은 기술을 구사하는 법을 알 수 있다. 노하우는 사람들이 하는 것을 항상 의식적으로 자각하는 것은 아니다. 어떤 사람은 자기가 문제의 행동을 하고 있다는 것을 의식적으로 자각하지 못해도 반복된 습관에 의해서 어떤 행동을 하는 법을 학습할 수 있다. 예를 들면, 보폭에 변화를 주는 것을 의식하지 않고도 또는 타격 기법의 배경과 이론을 모르고서도 커브볼에 스윙을 조정하는 법을 알 수 있다.

문장 ③은 러셀(Russell)이 **기술지**(knowledge by description)라고 불렸던 것 또는 철학자들이 전형적으로 **명제적 지식**(propositional knowledge)이라 불렸던 것을 표현한다. 여기서 어떤 사람은 P가 명제인 경우 P를 안다. 현재의 목적상, 명제는 문장 또는 진술의 내용으로 정의될 수 있다. 인식론은 세 종류의 지식에 관련되어 있다.

플라톤 이래 철학자들은 명제적 지식(이후부터 간단하게 지식이라 부르겠다)의 적절한 정의를 제공하고자 노력했다. 플라톤은 대화록 『테아에테투스』(Theaetetus)에서 (완전히 승인한 것은 아닐지라도) **지식(명제적)의 표준적 정의**로 알려진 것을 제공했다. 이 정의를 진술하는 표준 방식은 지식은 '정당화된 참된 믿음'(justified true belief)이라고 말하는 것이다(때때로 3자 분석이라 불렸고 간단하게 JTB라고 말해지기도 한다).

이 정의를 자세하게 분석하는 것이 우리에게 도움을 줄 것이다. 어떤 사람이 어떤 것을 안다면, 그때는 자기가 아는 것이 참이어야 한다. 스미스가 우유는 냉장고 안에 있는 것을 알지만, 그러나 우유가 거기에 있다는 것은 거짓이라고 말하는 것은 의미가 없다. 따라서 지식의 필수 조건은 알려지는 것이 참이라는 점에서 성립한다. 그러나 참만으로는 충분하지 않다. 아무도 생각해 본 적이 없고 심지어 알지조차 못하는 많은 진리들이 있는 것이다. 또한, 어떤 사람이 생각은 할지 모르나 알지는 못하는 진리들이 있는 것이다.

참을 제외한다면 지식의 둘째 부분은 믿음이다. 스미스가 어떤 것을 명제적 의미에서 안다면, 그는 적어도 그것을 믿어야 한다. 스미스는 우유가 냉장고 안에 있는 것을 알지만, 그러나 우유가 냉장고 안에 있다는 것을 믿지 않는다고 말하는 것은 의미가 없을 것이다. 따라서 믿음은 지식의 필요 조건이다. 그러나 믿음만으로는 지식의 충분 조건이 되는 것은 아니다. 사람들은 참이 아닌데도 많은 것을 믿고 있다.

참된 믿음은 지식의 필요 조건이다. 그러나 지식은 참된 믿음으로 충분한가?

단연코 아니다. 그 이유는 어떤 사람이 참인 것을 믿을 수는 있으나 그 믿음에 대해 정당화나 보증을 하나도 가지고 있지 않기 때문이다. 어떤 사람의 믿음은 단순 사고에 의해서 참이게 될지도 모른다.

예를 들어, 이렇게 가정해 보자. 어떤 사람의 마음에 멋대로 떠오는 생각이 있었다. 즉, 지금 모스크바에는 비가 온다. 더 나아가서 그 사람이 자기 생각을 믿고, 더욱이 순전한 우연의 일치로 바로 그 시간에 모스크바에 비가 온다고 가정해 보자. 그렇게 되면 그 사람은 참된 믿음을 가질 것이다. 그러나 그 사람은 문제의 그 명제에 대한 지식을 가지는 것은 아닐 것이다.

또는 그 사람은 "나는 화장실 벽에 낙서된 첫 문장을 믿을 것이다"고 중얼거렸다고 가정해 보자. 그가 보는 첫째 것은 "지금 모스크바에는 비가 온다"는 문장이다. 거듭 말하지만, 그 문장은 참이었다고 할지라도 그 사람이 그 명제에 관한 지식을 가진 것은 아닐 것이다.

이러한 사례에서 빠져 있는 것은 무엇인가?

그 사람에게는 문제의 그 믿음에 대한 정당화나 보증이 전혀 없다. 제3장에서 다섯 가지 상이한 **정당화** 또는 **보증** 이론을 검토할 것이다. 어떤 철학자들은 그 둘을 동등시하나 다른 철학자들은 서로 구별한다는 점이 분명해질 것이다. 그러나 지금으로서는 믿음에 대한 정당화(또는 보증)은 다음과 같은 것에 해당한다는 언급만으로 무방할 것이다. 즉, 사람은 믿음에 대한 충분한 증거를 가지고 있다는 것, 사람은 신뢰할 만한 방법(예컨대 손금 보기가 아니라 자신의 감각 또는 전문가의 증언을 기초로 하는 방법)으로 믿음을 형성했고 유지했다는 것, 또는 문제의 믿음을 형성했을 때 좋은 지적 여건에서 자신의 지성적 감각적 능력이 적절하게 기능하고 있었다는 것이다.

현재의 목적상, 요점은 한갓된 참된 믿음과 보증 또는 정당화가 있는 참된 믿음 사이에는 큰 차이가 있다는 점이다. 또한, 명제적 지식의 전통적 또는 표준적 정의는 지식은 정당화된 참된 믿음이라는 입장이다.

바꾸어 말하면 어떤 사람 S는 오직 다음과 같은 조건에서만 P를 안다.

① S는 P를 믿는다.
② P는 참이다.
③ P에 대한 믿음이 S가 믿는 그 시간에 S에게 정당화된다.

오랫동안 명제적 지식의 표준적 정의는 철학자들에 의해서 충분한 것으로 어느 정도는 수용되었다. 표준적 정의에 대한 얼마의 반례가 있었지만(예컨대 1900년대 초의 마이농과 러셀), 1963년에 가서야 표준적 정의는 심각한 반론에 부딪쳤다. 1963년 에드먼드 게티어(Edmund Gettier)는 표준적 정의의 문제점을 제기하는 소논문을 발표했다.[1] 논문에서 게티어는 정당화된 참된 믿음이 지식에 필수적일지 모르나 충분하지 않다는 것을 보여 줄 목적으로 두 가지 반례를 제시하였다. 그 이후로 많은 유사한 반례들이 제시되었고 이 반례들은 관례적으로 지식에 대한 표준 JTB 정의를 반대하는 **게티어 유형 반례들**로 명명되게 된다.

게티어가 반례로 든 보기를 소개한다. 스미스와 존즈는 어떤 직종에 응시했는데, 스미스는 아래의 명제에 대한 강력한 증거를 가지고 있다.

---

1 Edmund L. Gettier, "Is Justified True Belief Knowedge?" *Analysis* 23(1963): 121-23.

명제 1. 존즈는 취업하게 될 사람이고 그의 호주머니에는 동전이 10개 있다.

'명제 1'에 대한 스미스의 증거는 응시한 회사의 회장이 존즈에게 뽑힐 것이라고 보증했다는 사실과 스미스가 직접 10분 전에 존즈의 호주머니 안에 있는 동전 10개를 세어 보았다는 사실을 포함한다. '명제 1'을 기초로 해서 스미스는 지금 믿고 있는 아래의 새 명제를 추론한다.

명제 2. 취업을 하게 될 그 사람의 호주머니에는 동전이 10개 있다.

게티어는 나아가서 다음과 같이 상상해 보자고 말한다. 즉, 스미스에게는 알려지지 않았지만, 스미스 자신이 취업을 하게 되고 우연히 그의 호주머니에 동전이 10개 있었다고 상상해 보자. 이 경우 '명제 2'는 참이고 스미스는 '명제 2'를 믿고 '명제 2'는 스미스에게 강력하게 정당화된다. 요컨대, 그는 '명제 2'에 관해 정당화된 참된 신념을 가지고 있다. 그러나 사람들이 스미스가 '명제 2'를 안다고 말하지는 않을 것이라는 점은 확실하다. JTB는 지식의 필요 조건일지 모르나 충분 조건은 아니다.

다른 보기를 들어 보자.

즉, 프레드는 아내 베티가 일하는 중이라고 믿는데, 그 믿음에 대한 기초로, 베티가 출근하기 위해 30분 전에 떠나는 것을 보았다는 점, 날마다 바로 직장으로 출근하고 일이 많아서 곧장 사무실로 가고 있을 것이라고 떠날 때 자기에게 말해 주었다는 점을 제시한다. 그러나 나아가서 이렇게 가정해 보자. 즉, 실제로는 베티가 프레드를 놀리고 있으며 직장으로 출근하는 대신 프레드의 새 양복을 사기 위해 의류품 매장으로 갔다고 가정해 보자.

매장에 도착하자 베티는 자기 친구들에 의해 납치되어 베티의 생일 파티 깜짝 선물용으로 사무실에 실려 갔다. 이 경우 베티가 일하고 있는 중이라는 프레드의 믿음은 정당화된 참된 신념일 것이지만, 그렇다고 프레드가 아는 어떤 것은 아닐 성 싶다.

마지막 보기를 들어 보자.

달라스 카우보이 팀이 슈퍼볼(Super Bowl) 대회 연속 2회 우승을 위해 버팔로 빌 팀과 경기를 하고 있다고 가정해 보자. 나아가서 해리가 TV로 카우보이 팀이 빌 팀을 공격하는 것을 시청하고 있다고 가정해 보자.

경기가 끝나자, 해리는 카우보이가 슈퍼볼 대회에서 이제 우승했다는 믿음을 가지게 된다. 그러나 그가 모르고 있는 사이에, 슈퍼볼 TV 중계 방송이 기술상의 문제로 중단되었으며, 금년의 경기 대신 작년의 카우보이 우승 장면을 재방송하고 있었다. 그런데 실제의 경기에서 카우보이 팀이 2회 연속 우승을 위해 빌 팀을 이겼으며 이 실제 경기의 종료 장면은 TV 방송으로 중계되지 않았다. 이 경우 해리는 카우보이 팀이 슈퍼볼 대회에서 막 우승했다는 정당화된 참된 믿음을 가지고 있지만, 그렇다고 그가 이 믿음을 사실로 안다고는 할 듯 싶지 않다.

지금 우리는 무엇을 하고 있는가?

개개의 경우마다 보기는 정당화된 참된 믿음이 지식이기 위해 아마도 필수적이긴 해도 충분하지 않다는 것을 보여 주고 있다. 즉, 3자 분석은 지식이 획득되지 않는 경우에도 지식으로 간주하기 때문에 너무 느슨하거나 넓은 정의라는 것이다.

게티어 유형의 사례에 대한 반응으로서 여러 가지 유형의 전략(개개의 전략의 상이한 변형물과 함께)이 제시되었다.

전략 #1: 표준 정의를 지키고 게티어 유형의 사례들이 유효하지 않다는 것을 보여 준다. 왜냐하면, 그 사례들에서 나오는 사람들은 도대체 정당화하지 못했기 때문이다. 즉, 여전히 지식=JTB

전략 #2: 그 사례들을 수용하고 JTB가 지식의 필요 조건이나 충분 조건이 아님을 주장하며 제4의 조건을 추구한다. 즉, 시식=JTB+?

전략 #3: 그 사례들을 수용하고 지식의 3자 분석을 포기하되 정당화를 대신하는 대체 조건을 추구해서 지식의 새로운 3자 분석을 추구한다. 즉, 지식=?TB

상이한 전략들을 검토하기 전에 정당화 그리고 연관된 주제 즉, **내부주의-외부주의** 논쟁에 관해 간략하게 말해 두어야 할 것이 있다. 정당화의 논제는 차후에 이 제3장과 제5장에서 충분하게 연구될 것이다. 현재로서는 게티어의 사례에 대한 반응으로서 나온 상이한 전략들을 이해하는 데 필요한 몇 가지 예비적 언급으로 충분할 것이다.

정당화라는 용어는 흔히 믿음과 연결되어 있다. 믿음(예컨대 스미스는 도둑질했다는 믿음)은 어떤 시간에 어떤 사람에게 정당화되거나 정당화되지 않거나 하는 것이다. 더욱이 정당화는 인식 평가의 규범적 용어이다. 우리가 어떤 믿음이 정당화된다고 말한다면 우리는 통상 그것을 믿을 권리를 가지거나 믿어야 한다는 것이고 아니면 그 믿음을 수용하는 것이 내재적으로 좋은 것, 해야 할 합리적인 것이라는 것을 의미한다. 때때로 믿음을 참된 것으로 받아들이는 것은 합리적인 것이다. 왜냐하면, 그 믿음에 대한 좋은 증거나 근거가 있기 때문이다. [그리고 혹자는 사람들이 이 좋은 증거나 근거를 실제로 의식해야 하거나 아니면 그 증거나 근거를 의식해야 함과 동시에 그 증거나 근거와 사람들이 그 증거나 근거를 토대로 수용하는 믿음 사이의 관계를 보아야 한다고 덧붙일 것이다.] 자기 앞에 나무가 있다는 질의 믿음은 자기에게 어떤 감각적 경험이 있다(녹갈색의 나무 모양의 대상으로 보인다)는 이유로 해서 정당화될 수 있을지 모른다. 스미스가 도둑질했다는 잭의 믿음은 스미스가 어떤 동기를 가지고 그곳에 있었으며 훔친 물품을 손에 들고 있었다는 좋은 증거로 인해서 정당화될 수 있을 것이다.

어떤 사람은 정당화의 규범성이 어떤 인식 의무나 규칙 즉, 합리적 정당화된 믿음들을 획득하는 의무들을 구체적으로 지정하는 인지적 규칙을 충실하게 충족시킨다는 관점에서 이해되어야 한다고 논변했다. 이러한 규칙에는 다음과 같은 것이 포함될 수 있다. 즉, "참된 믿음을 획득하고 거짓된 믿음을 피하라", "합리적 믿음을 획득하고 비합리적 믿음을 피하라", "어떤 대상이 당신에게 붉게 보이거든 그때는 붉지 않다는 충분한 증거가 나올 때까지 사실상 붉다고 믿어라" 등등. 끝으로 정당화는 그 정도가 다르다. 어떤 믿음은 그 믿음에 대한 증거나 근거가 늘어나면 그 정당화가 강해질 수 있다. 마찬가지로 사람들은 이렇게 저렇게 어떤 믿음을 무너지게 하는 것들을 믿으면서 그 믿음에 대한 정당화를 무효화한다.

정당화는 때때로 제2의 쟁점 즉, 내부주의-외부주의 논쟁과 밀접하게 연관되어 있다. 대강을 말하면 내부주의자는 믿음을 정당화하는 유일한 요인들이 믿는 행위자나 주체에게 "내부적" 또는 "인지적으로 접근 가능한" 것이라고 주장하는 사람이다. 이러한 요인들은 행위자 가 자기 자신의 의식 상태를 스스로 의식하거나 단순하게 반성함으로써 직접적으로 접근하는 다양한 정신적 상태(경험, 감각, 사고, 믿음)이다. 정당화의 근거는 믿는 주체의 마음에 내적인 것, 직접 접근 가능한 것에 있다.

이러한 것들은 주체가 자기 자신을 단순하게 반성함으로써 의식할 수 있는 요인들이다. 예를 들면, 애슐리가 붉음을 감각한다는 것이 자기 앞에 붉은 대상이 있다는 믿음에 어떤 정당화를 부여한다. 이 붉음의 감각 자체는 애슐리에게 내적인 것이다.

다시 말해서 그것은 그녀가 직접적으로 접근할 수 있는 의식 상태이다. 외부주의자는 내부주의를 부인하는 사람이다. 다시 말해서 믿음을 정당화시키는 요인들 가운데 있는 것은 믿는 주체가 인지적 접근을 하지 않거나 할 필요가 없는 요인들이라고 긍정하는 사람이다. 예를 들면, 외부주의자는 믿음을 정당화시키는 것들 가운데 있는 것은 믿음을 형성되도록 하는 인과적 과정, 다시 말해서 이 인과적 과정이 전적으로 주체의 자각 외부의 것이라 할지라도 대상을 반사시키는 광파, 정확하게 일어나는 눈과 시신경과의 상호 작용이라고 주장할 것이다.

지금까지, 내부주의는 믿음의 유일 정당화 요인들이 주체에 내적인 것들이라는 입장으로 정의되었다. 실로 이것이 내부주의를 정의하는 표준 방식이다. 그러나 **강경 내부주의**와 **온건 내부주의**를 구별하는 것이 가능하다. 이 구별을 평가하기 위해 내부주의를 일으켜 세운 두 가지 상이한 지적 요인들을 잠시 살펴보는 것이 유용할 것이다.

첫째, **의무론적 정당화 입장**이라 부르는 것이다.

이 입장은 앞에서 언급한 대로 인식 의무를 충족시키는 개념에 집중한다. 정당화를 이렇게 보는 입장은 정당화를 어떤 인식론적 규칙에 따라 사람의 믿음을 형성하기 위해 최선을 다하는 문제로 간주한다. 예를 들면, 다음과 같다.

"당신의 믿음을 객관적으로 주의 깊게 형성하라, 어떤 것이 당신에게 붉게 보이고 달리 생각하는 이유가 없다면, 그때는 실제로 그것이 붉다고 믿어도 좋다. 믿음의 강도를 증거의 강도와 조화시켜라."

믿음을 정당화하는 것은 사람의 지적 의무를 행하는 문제이고 올바른 인식론적 규칙을 따르기 위해 진력하는 문제이다. 어떤 사람이 자신의 믿음을 형성하고 유지할 때 올바른 규칙에 복종한다면 그때는 자신의 지적 의무를 행한 셈이고 그의 믿음은 그에게 정당화되는 셈이며 그 믿음이 실제로 거짓이 된다 할지라도 책임이 있는 것으로 파악될 수 없다. 정당화된 믿음을 가지는 것은 다만 사람의 지적 의무를 충족시키는 문제이고 지적 책임을 따르는 문제인 것이다.

둘째, 사람이 지적 의무와 책임을 가진다면, 그러한 의무를 수행함에 있어 유죄일 수 있든무죄일 수 있든, 그때는 자신의 의무를 자유롭게 행하거나 행하지 않거나 해야 한다.

다시 말해서 사람이 정당화된 믿음을 가질 수 있다면 그리고 정당화된 믿음을 가지는 것이 여기서의 자신의 의무를 행하는 것과 같다면, 그때는 자유롭게 인식 규칙에 복종하거나 복종하지 않거나 해야 한다. 그렇지 않으면 사람은 자신의 지적 행동에 대한 책임을 질 수 없게 될 것이다. 따라서 이제 사람은 자기 밖에서 일어나는 것에 대해 책임이 없거나 또는 자유롭지 않다.

예를 들면, 사람이 최선을 다해 자신의 감각과 믿음에 주목하고 올바른 규칙을 기초로 해서 정당화된 믿음을 형성하는 한, 그때는 그를 속여서 그 곳에 없는 외부 세계를 경험하게 하고 믿게 하는 악마가 밖에 있을지라도 여전히 외부 세계에 관한 정당화된 믿음을 가질 수 있을 것이다. 그는 악마나 다른 외적인 요인들을 통제할 수 없고 따라서 그것들은 정당화와 무관하다. 정당화가 지적 책임의 문제이기에, 책임은 자유를 요구하는 것이기에 그리고 내부적인 요인들은 사람이 자유로워질 수 있는 유일한 요인들이기 때문에 그때는 정당화에 대한 내부주의자의 입장이 필요해진다. 의무론적 입장은 내부주의로 기울어지는 그 힘 때문에 강경 내부주의 즉, 정당화에 유관한 유일한 요인들이 내적 요인들이고 이 내적 요인들은 정당화의 필요 충분 조건이라는 입장에 이르게 된다.

둘째의 지적 요인도 마찬가지로 내부주의 말하자면 1인칭 조망(제14장 참조)을 부추킨다. 여기서 일반적으로는 인식론이요 특수적으로는 정당화라는 것은 1인칭 인식 경험 주체에 본질적으로 초점을 맞추는 논제로서 간주된다. 따라서 인식론은 주로 1인칭 문제 즉, 나 스스로 어떻게 정당화된 믿음을 획득할 수 있는가 하는 문제를 연구한다.

이러한 입장에 따르면 인식론은 1인칭 관점을 포기하는 3인칭 조망으로 환원될 수 없다. 본질적으로 제1인칭 조망은 인식하고 경험하는 주체 즉, 경험과 믿음에 내재적인 요인들을 포함하는 조망이다. 내부주의를 향한 이러한 운동력은 온건 내부주의 즉, 내적 요인들이 정당화에 필수적인 것이긴 해도 십중팔구는 충분하지 않다는 입장에 이르게 된다. 온건 내부주의는 몇 가지 형태의 외부주의와 양립할 수 있다.

내부주의에서와 마찬가지로 외부주의에서도 역시 **온건 외부주의**와 **강경 외부주의**의 구별이 있다. 강경 외부주의에 따르면 믿음의 정당화에 공헌할 수 있는 어떠한 요인들도 그 행위자에 내적인 것이 아니다. 이러한 입장은 어떤 철학자가 심신 이원론(제11-12장 참조)을 피하고 싶고 합리적으로 보이는 내부주의가 모종의 이원론을 함축하는 것이라면 지지를 받을 수 있는 입장인 것이다. 온건 외부주의에 따르면 적어도 믿음의 정당화에 공헌하는 어떤 요인들은 그 행위자에 외적이어야 한다.

요약하면 서로 다르게 변형된 내부주의와 외부주의가 있다. 더욱이 온건 내부주의와 외부주의는 서로 양립할 수 있다. 별도의 지시가 없는 한 내부주의와 외부주의는 강경 형태의 의미로 사용할 것이다. 왜냐하면, 이것이 철학자들의 공통 사용법이기 때문이다.

위에서 언급한 대로 어느 형태의 것이든 외부주의는 강경 내부주의에 대한 부인을 함축한다. 외부주의자에 따르면 믿음을 정당화하는 일부의 것이든 전부의 것이든 그 행위자에 외적인 요인들이고 그 행위자가 도대체 접근할 필요가 없는 요인들이다. 방 안에 붉은 것이 있다는 샐리의 믿음이 그녀에게 정당화되는 것은 다음과 같은 요인들에 의해서다. 즉, 전등이 밝았고 그 물건은 그녀로 하여금 그곳에 있다고 믿게끔 원인지었던 것이고 그녀의 믿음은 신뢰할 만한 방법(그녀의 감각 기관에 의해서이지, 방 안에 무엇이 있는가를 말해 주는 손금 보는 독자에게 자문함으로써가 아니다)에 의해서 형성되었다 등등.

외부주의자가 보기에 샐리는 이와 같은 정당화 요인들 중 어느 하나에 대해서도 접근 또는 자각해서는 안 된다는 점을 유의하라. 그녀는 조명을 의식해서는 안 되고, 그녀의 믿음을 원인지었던 것, 또는 믿음을 형성하기 위해 사용한 방법을 의식해서는 안 된다(심지어 의식할 수 있어서도 안 된다).

그런데 **내부주의-외부주의** 논쟁은 정확하게 정당화와 무슨 관계가 있는가?

바로 이것이다. 즉, 대부분의 철학자들은 정당화를 내부주의적 방식으로 사용했다. 그들에게 정당화는 내적 요인들에 대한 의존을 의미한다. 따라서 강경 외부주의 철학자라면, 정당화의 개념을 일체 포기할 것이고 대신 다른 것으로 대체할 것이며 새로운 3자 정의를 구성할 것이다.

다른 방도로는 정당화를 유지하고 보충적인 제4의 지식 조건을 추구하는 철학자가 있을 것이다. 이러한 통찰을 표준적 지식 정의에 적용할 때 독자들은 세 가지 유형의 전략이 따라 오는 것을 이해하게 된다. 이것을 보여 주는 최선의 길은 그 전략들을 하나씩 살펴보는 것이다.

1) 전략 #1: 표준 정의를 유지하라

이 입장의 옹호자는 지식은 정당화된 참된 믿음이고 게티어 유형 사례에 나오는 개개인들은 정당화에 실패한다고 주장한다.

왜 그런가?

그들은 자신의 참된 믿음에 어떤 증거를 가지고 있었다 해도 그 증거는 정당화로서 간주되기에는 충분한 증거가 아니었기 때문이다. 이러한 입장에 서면 게티어 사례들이 보여 주는 것은 정당화에 요구되는 증거의 양이 더 늘어나야 한다는 점이다. 따라서 사람이 어떤 믿음의 정당화를 가지는 것은 그 정당화가 그 믿음의 진리를 내포하는 때뿐이다.

바꾸어 말하면 사람은 정당화된 거짓 믿음을 가질 수 없다. 어떤 믿음이 참이지 않으면 그 믿음에 대한 정당화도 없는 셈이다. 정당화는 믿음을 정당화하는 증거가 그 정당화된 믿음의 진리를 내포하는 것일 정도로 강한 것이 되고 만다. 게티어 사례들에 나오는 사람들의 증거는 그들이 믿었던 명제의 진리를 내포하지 않았기 때문에 즉, 그 증거가 참일 수는 있으나 지지된 믿음은 거짓일 수 있었기 때문에 실제로 그들에게는 우선적으로 아무런 정당화도 없었던 것이고 그 다음으로 바로 이것이 그들에게 지식이 없었다는 이유이다.

극소수의 철학자들만이 게티어 사례들에 대한 이러한 해결책을 매우 좋은 명분으로 수용했다. 이것은 사람들이 아는 것들을 심각하게 제한할 것이며 그들이 실제로 아는 대부분의 것들은 모르는 것이라고 함축할 것이다.

이러한 입장에 따르면 사람들이 알 수 있는 것들로는 두 가지 종류 즉, 자신의 직접적인 정신적 상태와 [선천적 진리라고 부르는] 논리학 및 수학의 단순 진리들 밖에 없을 것이다. 논란의 여지가 있지만, 자신이 아프다고 하는 더그의 믿음에 대한 정당화는 단순히 자신이 아프다는 것이며, 아프다고 하는 것이 사실상 자신이 아프다는 믿음이 참이라는 것을 내포한다. 2+2=4라는 사람의 믿음은 이 명제가 말하는 것을 한 때 이해하기만 하면 참이어야 한다는 것을 사람이 "볼" 수 있음에 의해 정당화된다. 여기서 그 증거(사람이 그 명제가 이해되자마자 참이어야 한다는 것을 보는 것)는 그 명제가 참이라는 것을 내포한다는 것이다.

그러나 지금 검토되고 있는 이러한 해결책을 따를 때, 사람들이 아는 대부분의 것들은 지식으로 간주되지 않을 것이다. 기억에 기초한 과거에 대한 지식, 감각적 경험에 기초한 외부 세계에 대한 지식, 과학적·역사적 지식, 타자의 마음에 대한 지식, 윤리학과 종교에 대한 지식, 여타의 많은 것들에 대한 지식이 그렇게 취급될 것이다. 이러한 개개의 경우에 사람들의 믿음들을 정당화하면서 지식을 제공하는 요인들은 더 이상 그러한 믿음들의 진리를 내포하지 않는다. 이러한 요인들은 참일 수 있으나 이들이 정당화하는 믿음은 거짓일 것이다.

외부 세계에 대한 믿음 이를테면, 사람 앞에 붉은 대상이 있다는 믿음을 고찰해 보자. 이 믿음을 정당화하는 요인은 사람의 감각적 경험 즉, 사람이 붉은 형태로 나타나고 있음이다. 이제 그러한 감각적 경험을 가지는 것은 사람 앞에 붉은 대상이 있다는 것을 내포하지 않는다. 사람들은 마약 복용이나 눈의 기능 저하로 인하여 환각을 일으킬 수 있고, 그 대상은 푸르나 그에게는 붉게 나타날 수 있다. 그러므로 외부 세계에 대한 우리의 참된 믿음들을 정당화하는 요인들은 그러한 믿음들의 진리를 내포하지 않는다고 할지라도(지식의 다른 영역에 대해서도 동일한 논점이 주장될 수 있다) 여전히 사람들에게 지식을 제공한다. 이러한 이유로 해서 검토되고 있는 이 입장은 거부되어야 한다.

2) 전략 #2: 표준 정의를 보충하라

제2의 전략은 게티어 사례들을 수용하고 3자 정의를 지식의 필요 조건으로 삼으면서 제4의 조건을 공식화한다. 올바른 제4의 조건으로 제공된 수많은 상이한 후보자들이 있었다. 이들 가운데 두 가지를 검토하겠다.

(1) 유관한 거짓됨이 전혀 없음

"유관한 거짓됨이 전혀 없음" 입장에 따르면 지식은 유관한 서싯됨이 전혀 없음이 추가되는 정당화된 참된 믿음이다. 이 입장의 배후 사상을 이해하기 위해 스미스, 존즈 그리고 자신의 호주머니에 동전이 10개 들어 있는 취업을 하는 사람을 포함했던 게티어 사례로 돌아가 보자.

이 사례에서 무엇이 잘못되어 있는가?

스미스의 정당화된 참된 믿음(취업을 하게 될 사람의 호주머니에는 동전이 10개 있다)은 우연적으로 참이라는 점을 유의하라. 즉, 그 믿음의 진리성은 그 믿음을 믿는 스미스의 이유와는 아무런 상관이 없다. 사실상 스미스는 이러한 믿음을 존즈가 취업하게 될 사람이라는 거짓된 믿음으로부터 추론한다.

이 점을 고려한 결과, 혹자는 3자 정의에 다음과 같은 조건을 추가하는 것을 제안했다. 즉, 믿음은 거짓된 믿음에서 나오는 정당화를 받아들여서는 안 된다. 스미스의 믿음은 이러한 제4의 조건을 위반하기 때문에 그가 지식을 가지고 있지 않다는 이유에 대한 답이 여기에서 주어지는 것이다.

불행하게도 "유관한 거짓됨이 전혀 없음" 입장은 적어도 두 가지 이유에서 실패로 끝난다.

첫째, 그것은 지식의 필요 조건이 아니다.

사람들은 여전히 지식을 가지고 있으면서도 그 원칙을 위반할 수 있다. 개리는 증권 거래소가 어제 폐업했다는 사실을 알고 있으며 이 믿음에 대한 자신의 정당화가 4가지 정보, 즉 라디오로 들은 소식, 신문에서 읽은 소식, 친구가 전달해 준 소식, 아내가 TV에서 들은 소식을 전해 준 소식으로 되어 있다고 가정해 보자. 이제 아내가 실제로 TV에서 듣지 않았는데도 들었다고 생각했다고 가정해 보자. 그렇다면 개리의 믿음은 (부분적으로) 거짓된 믿음에 기초해 있다.

"유관한 거짓됨이 전혀 없음" 입장에 따르면 그의 믿음은 지식으로 간주되지 않을 것이다. 그러나 그가 실제로 그 소식을 알고 있는 것은 확실하다. 이러한 요구 조건을 확정하기 위한 시도가 이루어졌으나 아무도 성공하지 못했다. 문제는 바로 이것이다.

사람들은 때때로 자신이 알고 있는 믿음에 대한 많은 증거를 소유하고 있으며 그들이 가지고 있는 증거들 가운데 있는 것은 한 가지 또는 그 이상의 거짓된 믿음들이지만 그러나 여전히 그들은 지식을 가지고 있다는 것이다.

사람들은 얼마나 많이 거짓된 믿음들을 가지고 있으면서도 여전히 지식을 가질 수 있다는 것인가?

사람들은 참된 믿음과 거짓된 믿음의 대비 100분율을 어떤 비율로 가지고 있어야 하는가?

이것은 말하기가 극히 어려운 문제이다.

둘째, 이 입장은 지식의 충분 조건이 아니다.

사람들은 유관한 거짓된 믿음에 의해 정당화되지 않았지만 정당화된 참된 믿음을 가질 수 있으면서도 여전히 지식을 가지는 데 실패할 수 있다. 앨빈 골드만(Alvin Goldman)이 제시하는 사례를 들어 보자.

헨리는 시골길을 달리고 있다. 전방 몇 미터 앞에서 전형적인 곳간을 본다. 헨리의 감각은 제대로 작동하고 있기 때문에 그는 자기가 보는 대로 곳간이 있다는 정당화된 참된 믿음을 가진다. 그러나 헨리는 모르지만, 그가 들어간 지역은 곳간을 모사한 딱딱한 종이들로 가득 차 있고 이 모사물들은 길에서 보면 꼭 곳간처럼 생겼다. 그러나 사실 그것들은 뒷벽도 내부 장식도 없고 곳간으로 사용될 수 없는 외관일뿐이다. 그 지역에 들어간 후 헨리는 어떠한 모사물도 만난 적이 없었다. 그가 보는 대상은 보는 대로 그야말로 진정한 곳간이다. 그러나 그 장소에 있는 대상이 모사물이었더라도 헨리는 곳간으로 오인했을 것이다.[2]

헨리는 곳간에 대한 참된 믿음을 정당화했다. 그리고 그의 믿음은 어떤 거짓된 것에 기초하는 것이 아니다. 그러나 그는 여전히 지식을 가지고 있지 않다. 이 보기는 게티어 도전을 해결하는 상이한 방법을 암시하게 되었다.

(2) 무효 가능성

곳간의 예는 사람의 지식을 무효화할 수 있는 제4의 조건이 유관한 거짓됨이 없음으로부터 유관한 진리가 없음으로 변경되는 것을 암시한다. 헨리의 사례에서 [헨리는 모르는] 그러한 유관한 진리가 있다. 즉, 그 시골 지역에는 수많은 모사물들이 있었던 것이다. 그가 그 점을 알았더라면 자신이 곳간을 보고 있었다는 그의 지식은 무효화되었을 것이다. 이 때문에 표준 정의의 제4조건이 다음과 같이 제시된다. 즉, 사람들이 믿게 되었을 때 정당화의 무효화에 이바지할 어떠한 유관한 진리도 없어야 한다. 지식은 이러한 방식으로 무효화되는 가능성(폐기 가능성, 취소가능성)이 있어서는 안 된다.

사람들은 이러한 조건에 대해 무엇이라고 말할 것인가?

이것이 곳간의 예를 처리하는 것은 명백하다. 그러나 이러한 해결 방법의 주요 문제점은 그것이 지식의 필요 조건이 아니라는 것이다. 왜냐하면, 사람들은 지식을 가질 수 있으면서도 이 조건을 위반할 수 있기 때문이다. 베쓰는 자기 아이들이 학교에서 놀고 있다는 것을 아는 점에서 자신을 정당화하는 이유를 가지고 있다.

그러나 그녀에게는 알려지지 않았지만, 아침에 이웃 주민이 베쓰 남편에게 전화를 걸어, 학교에 가지 말고 디즈니랜드에 가자고 아이들을 초청했던 것이다. 나아가서 남편이 이른 시일 내에 아이들을 데리고 디즈니랜드에 가려던 참이라고 잠시 통화하면서 말했었다고 가정해 보자. 끝으로 아이들은 그 날 학교 시험이 있으며 아버지는 그 초대를 거절했다고 가정해 보자.

그녀는 자기 아이들이 학교에서 놀고 있다는 것을 아는가?

---

2 Alvin Goldman, "Discrimination and Perceptual Knowledge", *Journal of Philosophy* 73(1976): 771-91.

그렇게 보일 수 있을 것이다. 그러나 사실상 그녀에게 알려 주게 되면 그녀의 지식에 대한 정당화는 무효화될 수 있는 진리(이웃 주민이 전화를 걸어 디즈니랜드에 가자고 초청했다는 진리)가 있는 것이다. 그러나 이 경우에 마찬가지로 무효화를 무효화하는 것(이웃 초청에 대한 아버지의 거절)이 있다.

현재 검토되고 있는 이 조건은 사람들이 때때로 사물을 알되 참된 그러나 미지의 무효자들과 함께 안다는 사실을 고려하지 못한다. 왜냐하면, 무효자들의 무효자들이 있고 나아가서 바로 이 무효자들의 무효자들이 또 계속 있을 것이기 때문이다. 사람들은 자신들이 아는 것을 심각하게 제한할 전지함의 요구 조건(사람들은 모든 가용한 진리들을 남김없이 안다)을 명기하지 않는 한 이 조건은 실패로 끝난다.

방금 검토된 두 입장은 내부주의자의 전략 사례들이다. 왜냐하면, 그 입장은 사람이 자신의 의식 영역에서 직접적으로 의식하거나 의식할 수 있게 되는 그리고 그렇게 해서 지식을 무효화하는 것에 기여할 수 있는 유관한 거짓됨 또는 진리를 언급하기 때문이다.

이제 다룰 두 입장은 내부주의자 정당화 입장에 대한 보충("정당화"가 궁극적으로 행위자에 내재하는 어떤 상태의 견지에서 이해되는 경우 지식=JTB+?)으로서이거나 아니면 내부주의의 대체(내부주의자 정당화 개념이 행위자 외부적인 어떤 것으로 대체되는 경우 지식=?TB)로서이거나 둘 중의 하나로 제공될 수 있는 것들이다. 우리는 이 두 입장을 주로 내부주의의 대체로서 고찰할 것인데, 이 두 입장에 대해 말할 모든 것은 조금만 조정하면 내부주의의 보충으로서 이해된 이 두 입장에 대해서도 역시 똑같이 적용될 수 있는 것이다.

3) 전략 #3: 3자 분석을 재조정하라

(1) 인과 이론
인과 이론은 다음의 두 가지 방식 중 어느 하나로 이해될 수 있다.

① 지식은 'JTB+?' 적절하게 원인지어진 믿음
② 지식은 적절하게 원인지어진 '?TB'의 경우에 내부주의자 정당화 개념은 포기되고 이 개념은 적절하게 원인지어짐이라는 개념

위에서 언급한 대로 이것이 우리가 검토할 입장이다. 이러한 입장에는 상이한 변형물이 있으나 그 기본 사상은 앨빈 골드만이 초기에 공식화한 입장에 따르면 다음과 같다. 즉, 사람은 P라는 자신의 믿음이 P 자체에서 성립하는 사태에 의해서 일어난 오직 그때만 P를 안다.

스미스와 존즈의 보기로 돌아가 보자.

스미스로 하여금, 취업을 하게 되는 두 번째 사람의 호주머니에 동전이 10개 있다고 믿게 하는 것은 이 믿음이 향하는 사람(존즈)의 호주머니에 있는 동전 10개 때문에가 아니라 그 자신의 호주머니에 있는 동전 10개 때문에 일어난다. 따라서 스미스는 지식을 가지는 데 실패한다. 왜냐하면, 그의 참된 믿음은 그 믿음에 포함된 사태에 의해서 원인지어지지 않기(그리고 확실히 "적절하게" 원인지어지지 않기) 때문이다.

반면에 붉은 대상이 어떤 사람 앞에 있고 그 사람으로 하여금 보고 있는 동안 그것이 거기에 있고 또 붉다고 참되게 믿도록 하는 것이라면, 그때는 우리는 그 사람이 이 사실을 아는 것이 어떻게 해서인가에 대한 설명을 가지며 또는 인과 이론에 대한 옹호를 하게 된다. 지금 여기서 주장되고 있는 것은 사람들이 붉은 대상이 거기에 있다는 사실에 대한 지식을 인과적 과정(즉, 나의 망막과 광파와의 상호 작용 기타 등등)을 의식함이 없이도, 그러한 믿음을 산출함이 없이도 가질 수 있다는 점이다. 실로 고대인들은 광파에 대한 과학적 사실들에 대한 어떠한 지식 없이도 감각적 지식을 가졌던 것이다.

다른 입장에서와 마찬가지로 인과 이론은 심각한 반론에 부딪쳤다.

첫째, P가 지식의 원인이 되지 않아도 P를 알 수 있는 경우들이 있다. 따라서 인과 이론은 지식에 필수적이지 않다.

예를 들면, 2+2=4라는 우리의 지식은 논란의 여지가 있지만 어떤 추상적 대상들(공간 또는 시간에 존재하지 않는 비물리적 대상들-제10장 참조) 즉, 수 및 수들 사이의 수학적 관계에 관한 지식이다. 그러나 이 비물리적 추상적 대상들이 바로 이것들에 대한 우리의 지식의 원인이 된다고 말하는 것은 정확한 것 같지 않다. 거듭 말하지만, 사람들은 나무 A가 나무 B보다 크고 나무 B가 나무 C보다 크면, 그때는 나무 A가 나무 C보다 크다는 것은 사실이어야 한다는 점을 알 수 있다. 그러나 이러한 지식이 말미암는 원인이 되는 것은 무엇인가?

그것은 나무는 아니다. 왜냐하면, 이 지식 자체는 공간적 또는 시간적 어떤 특수한 대상에 의존하는 것이 아니라 "보다 크다"는 관계의 논리에 의존하기 때문이다(더 논쟁적인) 다른 보기는 미래에 대한 우리의 지식이다. 마이크는 자기 아내가 오늘 오후에 집으로 돌아와서 자기가 구입해 놓았던 다이어몬드 반지를 보면 기뻐서 소리칠 것이라는 사실을 알 수 있다. 그러나 이 사실이 이 지식의 원인이 되는 것은 가능하지 않다. 왜냐하면, 그 사실은 아직 존재하지 않기 때문이다.

둘째, 인과적 입장은 지식의 충분 조건이 아니다.

P라는 사실이 P라는 참된 믿음을 가지도록 하는 경우들이 있다. 그러나 그것은 인식적으로 무관한 방식으로 그 믿음의 원인이 되기 때문에 어떠한 지식에도 이르게 하지 못한다. 키가 작은 사람이 밖에서 자가용을 이동시키고 있다가 갑자기 피로감이 몰려와 집으로 들어가서는 저녁 TV 뉴스를 시청한다고 가정해 보자. 나아가서 그는 모르지만, 어떤 내적 장애로 말미암아 피곤하게 되어서 집으로 들어가게 되었다고 가정해 보자. 그는 뉴스를 듣자 즉각 이러한 장애를 겪는 대부분의 사람들이 키가 작다는 것을 알게 된다.

그리고 그는 우울증 환자라서 실제적 장애를 가지고 있을 뿐인데도, 키가 작아서 장애를 가지고 있다는 결론을 내리게 된다. 이러한 경우에 확실히, 그는 이 장애가 자신이 가졌던 참된 믿음을 가지도록 인과적으로 기여한다는 사실에도 불구하고 이 장애를 가졌다는 사실을 아는 경우는 아닐 것이다.

(2) 신뢰 가능성 이론

검토될 마지막 입장은 [여러 가지 서로 다른 버전들이 있지만] 지식이 신뢰할 만한 믿음을 형성하는 방법에 의해 산출되고 유지되는 참된 믿음이라는 입장이다. 예를 들면, 사람들은 어떤 다른 사람의 증언에 기초한 믿음을 그 사람이 신뢰할 만하다고 간주하는 정도에 따라 기꺼이 지식으로 간주하는 성향을 가진다. 자기 앞에 대상이 있다는 홉의 참된 믿음은 그것이 신뢰할 만한 방법 말하자면 이 경우에는 그녀의 시각적 과정에 의해서 산출되는 오직 그 때만 지식이다.

슈가 아침 식사를 했다는 자신의 참된 믿음은 그것이 그녀의 기억 메커니즘과 기억력에 의해서 신뢰할 만하게 산출되는 오직 그 때만 지식이다. 사람들은 이 메커니즘이나 그 신뢰 가능성을 의식하거나 아니면 의식할 수 있는 가능성을 가질 필요가 전혀 없다. 사람의 믿음은 다만 그것들에 의해서 형성되어야 할 뿐이다. 게티어 사례에 나오는 믿음들은 신뢰할 만한 방법에 의해서 산출되지 않았으므로 어떠한 지식에도 도달하지 못한다.

이러한 입장에 대해 여러 가지 반론이 제기되었다.

첫째, 사람들은 어떤 과정이 실제로 신뢰할 만하다고 어떻게 결정하는가? 그 과정은 지식을 제공하기에는 얼마나 신뢰할 수 있는 것이어야 하는가? 시각을 고찰해 보자.

사람들은 지각적 믿음의 형성에 기여하는 시각적 과정이 실제로 신뢰할 만하다는 것을 어떻게 알고 그 과정이 얼마나 신뢰할 만한가를 어떻게 아는가? 그 신뢰 가능성은 인식하는 주관의 내외적 여건이 변함에 따라 매우 크게 달라진다. 사람이 병들어 있거나 술에 취해 있다면, 또는 빛이 희미하거나 대상이 멀리 있다면, 사람의 시각적 믿음을 형성하는 과정은 그 신뢰 가능성이 떨어진다. 혹자는 이러한 반론에 대해 순환에 떨어지지 않는 유일한 대응 방식은 내부주의자 정당화 입장에 의지하는 것이라고 주장한다.

신뢰 가능성 이론은 신뢰할 만한 믿음이 신뢰할 만한 방법에 의해서 산출된 믿음이라고 말할 수 없게 되고 신뢰할 만한 방법은 신뢰할 만한 믿음을 산출하는 방법이라고 말할 수 없게 된다. 이 문제에 대한 해결책은 사람들이 신뢰 가능성과는 독립해 있는 정당화 개념을 가지고 있고, 나아가서 이러한 정당화 개념이 지식에 관련된 정당화 개념이라는 사상을 포함하는 데 있는 것 같다. 예를 들면, 사람들은 시각적 메커니즘을 여태껏 고찰하기도 전에 수많은 시각적 경험들이 정당화되는 것이라는 점을 이미 알고 있다. 그들은 신뢰할 만한 경험들은 자신들이 믿기에 이미 정당성이 있는 것들을 산출하는 경험으로 인정하고 있는 것이다.

신뢰 가능성 옹호자들은 우리의 참된 믿음이 지식이 되기 위해 다만 신뢰할 만한 방법에 의해서 형성되기만 하면 된다고 반응할 수 있을 것이다. 사람들은 그러한 방법에 관한 아무런 지식도 소유해서는 안 되고 심지어 그러한 지식의 가능성도 소유해서는 안 된다. 그러나 사람이 특정 상황에서 그 과정이 작동하는가 또는 충분히 아니면 다만 부분적으로 신뢰할 만한가를 알지 못한다면 과정이 어떻게 믿음을 정당화할 수 있겠는가 하고 내부주의자는 묻는다.

신뢰 가능성 이론에 대한 둘째 반론은 다음과 같다.

둘째, 신뢰 가능성 테제는 지식에 충분하지 않다. 왜냐하면, 사람들은 신뢰할 만한 방법에 의해 형성된 참된 믿음을 가질 수 있으나 여전히 지식을 가질 수 없기 때문이다. 로렌스 봉주어(Laurence BonJour)는 아래의 경우를 제시했다.

> 노만은 흔히 있는 조건 속에서 일정한 종류의 주제에 관해 완전히 신뢰할 만한 투시력을 가진 인물이다. 그는 그러한 인지 능력의 일반적 가능성을 찬성하거나 반대하는 또는 그러한 능력을 소유하고 있다는 테제를 찬성하거나 반대하는 어떤 종류의 증거나 이유도 소유하고 있지 않다. 어느 날 노만은 대통령이 뉴욕에 있다는 것을 믿게 된다. 그러나 그는 이 믿음을 찬성하거나 반대하는 어떠한 이유도 가지고 있지 않다. 실제로 그 믿음은 참이고 그 투시력이 완전히 신뢰할 만한 조건에서 나온 것이다.[3]

노만은 신뢰할 만하게 형성된 참된 믿음을 가지는 것으로 보일 것이다. 그러나 그에게 지식은 없다. 이상으로 우리는 지식의 표준 정의에 대한 게티어 반례들에 대한 상이한 반응들의 일부(전부는 아닌)에 대한 조사를 종료한다. 이제는 이러한 보기들로부터 학습한 몇 가지 가르침을 진술하고 지식 자체에 관한 몇 가지 최종적 반성을 제공할 차례이다.

4) 지식에 관한 최종적 반성

첫째, 사람들이 게티어 문제를 정확하게 해결할 수 없어도 적어도 지식은 정당화, 보증 또는 합리성을 부여하는 어떤 것이 더해지는 참된 믿음이라고 말하는 것은 여전히 합리적이다.

이러한 의미에서 지식은 진리를 전제한다. 지식 없는 진리가 있을 수 있을 것이다. 그러나 진리 없는 지식은 있을 수 없다. 더욱이 지식은 규범적 개념이다. 지식은 정당화 또는 보증의 개념을 포함하는 것이기 때문에 사람들이 인식적으로 믿어야 하는 것을 믿는 것, 믿기에 옳은 것을 믿는 것, 지적 관점에서 믿는 것이 진정으로 귀중하거나 보증된 것임을 믿는 것을 포함한다.

---

[3] Laurence BonJour, *The Structure of Empirical Knowledge* (Cambridge, Mass.: Harvard University Press, 1985), p. 41.

둘째, 사람들이 지식의 정의를 공식화할 때, 보다 일반적으로 말해서 사람들이 인식론의 문제를 탐구할 때, 어떤 것이 지식으로 간주되기 위한 일련의 필요충분 조건으로부터 시작하지 않는다.

그 대신에 사람들은 우선 지식의 패러다임 사례 즉, 지식이 획득되는 또는 획득되지 않는 중심적이고 분명한 사례에서 시작한다. 게티어 사례들을 평가하면서 우리는 부단하게 지식으로 간주된 또는 간주되지 않았던 사례들에 의존했다.

그렇다면 우리는 이러한 분명한 사례들로부터 우리가 자칭 지식의 사례들이라고 평가하기 위해 사용하는 지식의 다양한 정의 공식으로 이행하거니와, 이 지식의 사례들은 분명한 것들보다도 못한 것들 말하자면 이도 저도 아닌 경계 사례들이었다. 우리는 우선 지식의 분명한 사례들에서 시작하고 이 분명한 사례들에 의해 정당화된 지식의 정의 및 기준을 공식화하며 이 정의와 기준을 덜 분명한 사례들로까지 확장한다.

이러한 의미에서 사람들은 인식론을 시작하기도 전에 이미 지식과 지식의 많은 사례들을 가지고 있는 셈이다. 이것은 회의주의가 검토될 다음 장에서 명심해야 하는 주요한 논점이다.

셋째, 어떤 것을 아는 것은 사람들이 그것을 아는 것을 안다 함을 포함하는 것인가?

즉, 사람들은 자신이 어떤 것을 알 수 있기 전에 그것을 안다 함을 알아야 하는가?

적어도 두 가지 이유에서 그렇게 보이지 않는다.

첫 번째 이유는 농부는 자신이 트랙터를 소유하고 있다 함을 아는가를 하등 반성하지 않고도, 지식이 무엇인지 또는 자신이 지식을 가지고 있는가를 하등 자문하지 않고도 트랙터를 소유하고 있다는 것을 알 수 있다.

사람들이 어떤 것을 안다 함을 아는 것은 어떤 사람이 그 사람의 마음에 지식이 무엇인가에 대해 개념을 가지고 있어야 한다는 것을 요구하고 트랙터를 소유하고 있다는 그의 지식이 지식의 개념을 충족시켜야 한다는 것을 요구하는 것처럼 보인다. 그러나 많은 사람이 지식 자체 또는 자신의 지식 상태를 전혀 반성하지 않는다는 점은 명백하다. 그렇지만 그들은 여전히 지식을 소유한다.

두 번째 이유는 사람들이 자신이 어떤 것을 안다는 것을 처음으로 알게 됨으로써만이 그것을 알 수 있다면, 그때는 그것은 무한 악순환에 이르게 될 것이다. 왜 그런가?

사람들이 어떤 것을 알았다는 것을 알았다는 것을 알았다는 것을 … 이미 알지 못했다면, 자신이 그것을 안다 함을 알 수 없을 것이기 때문이다. 따라서 사람들은 자신이 안다 함을 처음으로 아는 것은 아니지만 역시 알 수 있어야 한다.

그러나 사람이 어떤 것을 알고, 적어도 지식이 무엇인가에 대한 대략적 이해를 가지고, 가 실제로 어떤 것을 알고 있는가라고 스스로에게 묻는다면, 그때는 자신이 안다 함을 확실하게 알 수 있다.

이러한 방식으로 지식의 연구는 지식을 가능하게 하는 것이 아니라, 사람들에게 자신이 알고 있는 것들에 대한 지식을 가지고 있다는 것을 이해하도록 도와줌으로써 자신이 알고 있는 것들에 대한 지적 지위에 대한 통찰을 제공한다.

여기서 다음 장에서 전개될 지식에 관한 한 가지 결정적 논점을 제시한다. 어떤 사람이 어떤 것을 안다면, 그 말은 그가 그 어떤 것에 관해 완전한 확실성을 가지고 있다는 것을 필연적으로 의미하는 것이 아니라는 것이다. 이러한 맥락에서 "완전하게 확실함"은 "오류가 논리적으로 불가능함"을 의미한다. 이것은 지식에 대해 비교적 높은 기준이다. 이것은 어떤 사람이 문제의 주장을 알 수 있기 전에 그 주장에 대해 오류를 범하는 것이 논리적으로 불가능하다는 것을 요구한다.

이러한 입장에 따르면 지식 주장에 대한 검사는 다음과 같다.

사람 S가 P를 안다면, 그때는 S가 P를 아는 것을 단순하게 받아들이면서 P가 거짓이라고 말하는 것은 논리적 모순이다. 데카르트는 "나는 생각한다, 그러므로 나는 존재한다"가 이 검사를 통과했다고 생각했다. 따라서 "나는 생각한다, 그러므로 나는 존재한다를 사실로 받아들이면서 나는 존재한다가 거짓이다"라고 말하는 것은 모순이기 때문에 진실로 사람들은 자신이 존재했다는 것을 알 수 있었다.

반면에 적어도 그의 논증의 어느 단계(신의 존재를 확립하지 않았던 채로)에서 데카르트는 사람들이 외부의 물리적 세계가 존재했다 함을 알 수 있다고 생각하지 않았다.

왜인가?

왜냐하면, 외부 세계를 보고 있으나 존재하는 외부 세계가 없다고 내가 생각한다는 명제는 모순이지 않기 때문이다. 있을 법하지는 않지만, 사람들은 외부 세계가 비실재적인데도 꿈을 꾸면서 또는 존재하는 것으로 속아 넘어가면서 그 환상을 보는 것은 논리적으로 가능하다.

이러한 지식의 필요 조건 즉, 완전한 확실성은 지나치게 엄중하며 우리가 실제로 알고 있는 많은 것들을 지식에서 제거하게 된다. 예를 들면, 앨리슨은 완전하게 확실하지는 않지만 전등이 켜져 있다는 것을 알 수 있다. 앨리슨이 전등이 켜져 있으나 실제로는 아닌 것으로 안다 함을 받아들인다는 명제는 자기 모순적이 아니다.

그러나 이 명제가 자기 모순적이어야 한다는 점은 전등이 켜져 있다는 앨리슨의 지식이 요구하는 바는 아니다. 따라서 오류를 범하는 것이 논리적으로 가능하다 할지라도 사람들은 지식을 가질 수 있다. 사실상 가끔씩 우리는 확실하게 아는 것과 단순히 아는 것을 서로 대조되는 듯이 함의하면서 어떤 것을 아는 것을 그것을 확실하게 아는 것과 대비시킨다. 따라서 단순히 아는 것은 확실하지 않을지라도 여전히 앎이다.

3. 이성과 합리성

지식 이외에도 합리성은 인식론적으로 중요한 용어이다. 이 점에서 우리는 합리성의 측면들을 고찰할 것이고 이 용어와 연관된 세 가지 다른 개념에서 시작할 것이다.

1) 이성과 합리성의 세 가지 개념

(1) 아리스토텔레스적 합리성이라고 부르는 것이 있다

이러한 의미에서 아리스토텔레스는 인간을 합리적 동물이라고 불렀다. 여기서 합리적(rational)이라는 말은 라틴어 *ratio* 즉, 개념을 형성하고 사고하며 숙고하며 반성하며 지향성(사물에 대한 또는 관한 사고, 믿음, 감각과 같은 정신적 상태)을 가질 수 있는 궁극적 능력이나 힘을 가리키는 이성을 가진 존재를 지시한다. 인간은 본성상 이러한 이성이라는 능력을 가지고 있다는 점에서 합리적 동물이다.

여기서 두 가지를 명심해야 한다.

첫째, 인간 이외의 다른 존재들 이를테면 천사 그리고 어떤 특정한 동물들은 모종의 이성 능력을 가진다는 점이다.

둘째, 인간은 결함으로 인해서(예컨대 결함을 지니고서 태어나는 신생아) 그 힘을 행사할 수 없다 할지라도 합리적이라는 점이다. 왜냐하면, 이성의 힘은 다만 인간 본성을 가지는 것에 힘입어서만 소유되기 때문이다. 힘을 가지는 것과 힘을 행사하거나 발달시키는 것을 구별하는 것이 중요하다.

(2) 이성의 전달로서의 합리성을 포함한다

여기서 **이성의 능력**은 어떤 항목의 지식의 원천으로 간주되며 **감각적 능력**과 대조를 이룬다. 그래서 **합리주의**(신은 존재하지 않으며 신에 대한 믿음은 비합리적이라는 입장과 혼동되어서는 안 되는)라고 알려진 전통적 입장에 따르면 논리학적 진리 (P는 Q보다 크고 Q는 R보다 크면, 그때는 P는 R보다 크다는 전건 긍정식)와 수학적 진리 (2+2=4)는 **선천적**으로(a priori) 알려질 수 있다.

대략적으로 말하면 **후천적**(a posteriori) 주장(예컨대 뜰에 나무가 있다)에 대한 정당화는 감각적 경험에 의존할 터이지만, 이와는 달리 선천적은 그 진리에 대한 정당화가 감각적 경험에 의존하지 않는다는 사상을 가리킨다. 합리주의에 따르면 어떤 선천적 진리들은 **자기 명증적**이다. 문제가 되는 그 명제를 이해하기만 하면 곧바로 사람들은 그 명제가 필연적 진리라는 것을 수용하는 강력한 성향을 보거나 느낄 수 있다. 그 명제는 우연히 참이 아니며 오히려 거짓이라는 것이 도저히 불가능하다는 것이다.

(3) 정당화 또는 보증과 밀접하게 연관되어 있다

이러한 의미에서 어떤 믿음(또는 더 나은 표현으로는 믿는다는 사건)이 특정 시간의 특정 사람 S에게 합리적이라고 말하는 것은 그 믿음이 그 시간의 그 사람 S에게 정당화를 가지거나 보증을 가진다고 말하는 것과 같다. 이 절의 나머지 부분에서 우리가 주목하고자 하는 것은 바로 이 셋째 의미이다.

2) 정당화 또는 보증으로서의 합리성

(1) 합리성과 진리

사람들이 합리성에 대해 무엇이라고 운운해도 근본적으로 중요한 것으로 보이는 한 가지는 합리성이 진리를 획득하는 목적에 대한 수단으로서 도구적 가치를 가진다는 점이다(진리 자체의 본성에 관해서는 제6장 참조). 믿음이 합리적 수단이라는 주장은 무엇보다도 맨 먼저 그 믿음이 합리적이기 때문에 우리가 그것을 참된 것이라고 그럴 듯하게 받아들인다는 사실을 의미한다.

사람들은 합리성이 인식적으로 중요하다고 생각하는 어떤 이유가 있다는 것은 합리성이나 인식적 정당화가 진리에 대한 수단을 구성한다고 생각하는 그때뿐이다. 물론 사람들은 합리적 행동을 문화적 권력, 행복 등에 대한 수단이라고 생각한다는 점에서 여전히 합리성을 존중하지만 진리는 믿지 않을 수 있다. 그러나 합리성이 인식적 지적 수월성과 관련된 어떤 것으로서 틀림없이 가치 있는 것이어야 한다면 그때는 진리의 존재는 그러한 가치의 필요 조건이다.

이러한 통찰은 지적 존재이자 인식하는 존재로서 사람들에게 두 가지 근본 과제가 존재한다는 것을 시사한다. 이 두 과제는 사람들이 특히, 주요 진리나 거짓의 문제에 관해서라면 가급적 거짓을 많이 피하고 진리를 많이 믿는다는 이와 같은 일련의 믿음들을 획득하거나 또는 적어도 획득하려고 노력하는 것이다. 그런데 이러한 과제는 서로에게 다른 하나가 없어도 쉽게 이루어질 수 있다. 즉, 사람들은 자신의 마음에 튀어 나온 모든 것을 믿음으로써 가급적 많은 진리를 믿을 수 있겠으나 이 경우에 많은 거짓된 믿음들도 역시 그 과정에서 수용되기 마련이다.

마찬가지로 사람들은 어떤 것을 믿는 것을 단순하게 거부함으로써 믿을 수 있는 많은 거짓된 믿음들을 피할 수 있을 것이다. 그리하여 이 두 과제는 지적 존재인 우리들에게 중심적인 것이므로 합리성의 필요는 분명해진다. 사람들은 합리적이기를 배우고 정당화되는 믿음들을 지킴으로써 참된 믿음을 증가시키고 거짓된 믿음을 감소시킬 수 있다.

(2) 합리성과 인식적 가치

사람들이 합리성을 믿음에 대한 정당화 또는 보증으로 생각할 때, 합리성을 지적으로 또는 인식적으로 가치 있는 것으로 생각하는 것은 당연하다. 바꾸어 말하면 합리성과 **인식적 가치** 사이에는 밀접한 연관이 있다. 즉, 정당화된 믿음을 가지는 것은 지적 가치가 있는 어떤 것을 가지는 것이다. 사람들은 정당화와 인식적 가치 사이에 있는 이 연관을 어떻게 이해해야 하는가?

철학자들은 이 문제에 대해 의견을 달리한다. 앞에서 서술한 대로 어떤 사상가들은 의무론적(deontological) 정당화 입장을 고수한다. deontological이라는 단어는 그리스어 *deon*에서 파생하고 이는 "구속력 있는 의무"를 의미한다. 의무론적 정당화 입장에 따르면 사람의 믿음들이 일정 규칙과 의무에 따라 형성되고 유지되며 그에 기초해 있는 것이라면 (그리고 이들 규칙과 의무와 조화를 이루면서 조직적으로 구조화된다면), 그때는 그것들은 정당화된다고 하는 그러한 특정한 **인식 의무**나 **규칙**이 존재한다. 이것은 사람들이 믿음을 지키는 지적 권리를 가지고 있다는 것을 의미한다. 이때 믿음은 어떤 일정한 요인과 올바른 인식 규칙 체계가 주어지면 고수하는 것이 허용되거나 필수적으로 지켜지지 않으면 안 되는 것이 된다.

인식 규칙은 우리의 추리를 규제하는 규범이기 때문에 그것은 지키는 것이 합리적이거나(허용되는 것이거나 아니면 의무적이거나) 비합리적이거나(지적으로 금지되는 것이거나) 하는 것으로 되는 조건들을 진술한다.

여기서 인식 규범의 몇 가지 사례들을 들어본다.

① x가 여러분에게 F(예컨대 붉음)로 보이고 그렇지 않다는 이유가 없다면 그때는 그것은 사실상 F라고 믿어도 좋다.
② 합리성 있는 믿음을 획득하고 합리성 없는 믿음을 피하고자 노력하라.
③ 믿음과 증거의 균형을 맞추어라. 믿어도 좋은 이유가 있는 오직 그때만 믿어라.
④ 여타의 것들이 같다면, 다른 사람들이 여러분과 같을 것이라고 가정하라. 그들은 비슷한 상황에서 유사하게 가지는 어떤 자극(예컨대 바늘에 찔렸음) 후에 따라오는 정신적 상태(예컨대 고통)를 여러분처럼 가지기 때문이다.
⑤ 여러분의 일관성 있는 믿음 전체와 잘 정합하는 믿음을 수용하라.

합리성에 대한 의무론적 이해는 **교의론적 주의주의**(doxastic voluntarism)라고 부르는 것을 가정한다(교의론적[*doxastic*]이라는 말은 감각적 경험 자체와는 전혀 달리 "믿음에 관계하는"을 의미한다). 이것은 사람들이 적어도 자발적으로 어느 정도는 자신의 믿음을 통제하고 선택한다는 개념이다. 따라서 그들은 바른 믿음은 선택하고 합리성 없는 믿음의 선택은 피한다는 것에 대한 지적 책임을 진다.

교의론적 주의주의는 논쟁적인 테제이다. 그러나 명심해야 하는 중요한 일은 그것이 사람들이 자신의 믿음에 대해 직접적이고 즉각적으로 통제한다는 것을 의미하는 것은 아니라는 점이다.

어떤 사람이 분홍색 코끼리가 여러분의 방에 있었다고 지금 믿으면 10억을 주겠다고 제안했을 때, 여러분은 믿기를 원했다 해도 그렇게 할 수 없었을 것이다. 사람들의 믿음은 범사에 그렇게 일어난다. 붉은 대상을 보자마자 사람들은 단순하게 자신이 그 대상이 붉다는 것을 믿고 있는 것을 깨닫는다. 그렇다고 해도 사람들은 믿음에 대한 간접적인 통제를 여전히 가질 수 있다. 사람들은 자신의 믿음을 직접 바꿀 수는 없으나, 그 믿음을 바꾸는 입장으로 옮겨가기 위해 기꺼이 자유롭게 어떤 것들(예를 들면, 어떤 일정한 증거는 조사하고 다른 증거는 피하는 것)을 할 수도 있을 것이다.

합리성과 정당화에 관한 다른 비의무론적 입장들이 있다. 이러한 입장에 따르면 정당화는 정확한 인식 규칙을 따르는 것과 같은 것이 아니다. 오히려 그것은 내재적으로 (그 자체로) 가치 있는 어떤 일정한 사태들을 예시하는 것을 포함한다. 여기에 그러한 사태들의 몇 가지 보기가 있다. 즉, 신뢰할 만한 방법에 의해 형성된 믿음을 가지는 것, 믿어진 그 사물이 원인이 되는 믿음을 가지는 것, 거짓된 믿음보다는 참된 믿음을 지키는 것, 적절하게 기능하는 감각적 지적 능력이 의도한 환경에서 바로 그 능력 덕분으로 믿음을 형성하고 유지하는 것, 정합적 믿음을 가지는 것 등등이다.

여기서 정당화는 사람들이 내재적으로 가치 있는 사태들의 한 가지 또는 그 이상을 구현하는 방식으로 믿음을 형성하고 유지하는 것—그리고 구조화하는 것—으로 생각된다. 그러나 이러한 사태들은 의무를 명기하는 규칙으로 생각되어서는 안 된다. 예를 들어, 혹자에 의하면 믿음은 신뢰할 만한 방법에 의해서 형성되는 오직 그 때만 합리적이다. 그러나 "신뢰할 만한 방법에 따라 믿음을 형성하거나 형성하고자 애쓸" 아무런 의무도 없다.

요약하면 정당화된 또는 보증된 믿음이라는 의미의 합리성은 인식론적 또는 지적 조망, 다시 말하면 사람들이 믿음을 형성하고 유지할 때 따라야 하는 규칙의 관점에서 아니면 사람들이 믿음을 형성하고 유지할 때 구현하거나 구현하지 않는 사태들의 관점에서 가치 있는 것과 연관되어 있다. 제5장에서 우리는 정당화의 중요한 측면 즉, 사람이 가지고 있는 실제로 정당화된 믿음은 어떤 구조를 가져야 하는가를 고찰할 것이다.

(3) 합리성의 등급

어떤 의미에서 진리는 등급으로 오지 않고 변화하지도 않는다. 2+2=4라는 사실 혹은 조지 브렛은 1993년 야구계를 떠났다는 사실은 전적으로 참이거나 전적으로 거짓이다(그 둘 모두가 참이다). 그리고 그 둘의 진리성은 시간적으로 변하는 것이 아니다.

이와는 대조적으로 합리성은 등급이 있고 시간적으로 변할 수 있다. 신이 존재한다는 믿음 P에 대해 우리가 취할 수 있는 세 가지 중요한 인지적 태도가 있다.

① 우리는 P를 믿을 수 있다(유신론자처럼).
② 우리는 비P를 믿을 수 있다(무신론자처럼).
③ 우리는 P를 유보할 수 있다(불가지론자처럼).

다시 말하면 우리는 P도 믿을 수 없고 비P도 믿을 수 없다. 인식론적으로 말하면 사람은 P가 그 사람에게 평형을 이루고 있으면, 즉, P와 비P가 그 사람에게 똑같이 정당화되어 있으면, P에 관한 믿음을 유보해야 한다. 다시 말하면 어느 한 입장도 다른 입장보다 더 많이 정당화되어 있는 것이 아니다. 사람이 P의 유보에서 P의 믿음이나 비P의 믿음으로 옮겨간다면, 그의 정당화의 정도는 시간이 지나면서 강해지고 변화할 것이다. 예를 들면, 법정에서 피의 사실을 위한 증거는 유죄 믿음이 점점 더(또는 덜) 정당화되는 방식으로 늘어날 수 있다.

더욱이 사람들은 어느 시점에서 어떤 사람이 유죄라고 주장하는 극히 좋은 이유를 가질 수 있다가 새로운 증거가 추가되면 그 믿음은 훌륭하게 정당화되는 것으로부터 정당화되지 않는 것으로 되어버릴 수 있다. 따라서 합리성은 진리와는 전혀 다르게, 등급이 있고 시간적으로 변화할 수 있다.

믿음이 정당화되는가 그리고 정당화되면 어느 정도로 되는가에 영향을 미치는 한 가지 요인은 그 믿음의 무효자의 존재이다. 스미스가 믿음 Q(조각상이 푸르다)를 가지고 있고 R(조각상이 스미스에게 나타나는 방식)이 스미스가 Q를 고수하는 이유나 근거라고 가정해 보자. 어떤 무효자가 하나의 믿음에 대한 정당화를 제거하거나 약화시킨다.

적어도 두 가지 종류의 무효자가 있다.

첫째, 믿어지는 결론이나 사물을 공격하는 **반박하는 무효자**(rebutting defeaters)다. 방금의 사례에서 반박하는 무효자는 비Q 즉, 조각상이 푸르지 않다고 믿는 이유일 것이다. 그 한 실례를 들면, 미술관장을 비롯한 수많은 신뢰할 만하고 정직한 사람들이 그 조각상이 회색이라고 당신에게 보증하는 경우가 될 것이다.

둘째, **훼손하는 무효자**(undercutting defeaters)다.

이러한 무효자는 (믿어지는 것이 거짓임을 보여 주려고 애씀으로써) 그것을 직접 공격하는 것이 아니라 오히려 R이 Q에 대한 좋은 이유라는 개념을 공격한다. 훼손하는 무효자는 Q를 직접 공격하지 않는다. 그는 R을 공격하고 어떻게 해서든지 R을 Q에 대한 좋은 이유가 아니라고 함으로써 R을 훼손한다. 방금의 사례에서 훼손하는 무효자는 그 방에 있는 모든 것을 사람들에게 푸르게 보이게 하는 푸른 조명빛이 그 조각상 옆에 있다고 하는 증거가 될 것이다.

이상의 사례에서 훼손하는 무효자는 그 조각상이 푸르다고 생각하는 이유를 제거하고, 반박하는 무효자는 그 조각상이 푸르지 않다고 생각하는 이유를 제공한다. 무효자는 여러 가지 다른 방식으로 한 믿음에 대한 정당화를 제거할 수 있다.

이 장에서 인식론의 분야가 소개되었고 지식과 합리성의 상이한 측면들이 검토되었다. 그러나 사람들은 정말로 정당화된 믿음을 알거나 가지고 있는 것인가? 이것이 바로 회의주의의 문제이고 우리는 지금부터 이 문제에 들어갈 것이다.

[요약]

인식론은 지식과 정당화된 믿음의 연구에 초점을 맞추는 철학 분야이다. 인식론의 네 가지 주요 영역은 다음과 같다.

첫째, 지식, 정당화, 합리성과 같은 개념의 분석
둘째, 회의주의의 문제(사람들은 지식이나 정당화된 믿음을 가지고 있는가?)
셋째, 지식이나 정당화된 믿음의 원천과 범위
넷째, 지식이나 정당화된 믿음의 기준에 대한 연구

세 가지 유형의 지식이 있다.

첫째, 면식지
둘째, 노하우
셋째, 명제적 지식

명제적 지식에 관한 표준 정의는 정당화된 참된 믿음으로 확인되었다. 그 표준 정의에 반대하는 게티어 유형의 반례들이 제시되었다. 철학자들은 이 반례들에 대해 세 가지 방식 중 어느 하나로써 대응하였다. 즉, 반례를 거부하고 표준 정의를 유지하는 것, 정당화된 참된 믿음의 제4조건을 추가하는 것, 정당화를 새로운 3자 규정을 구성하는 다른 것(신뢰 가능성, 적절하게 원인지어짐)으로 대체하는 것이 그것이다.

사람들이 이러한 논의 내용에 대해 무엇이라고 말하든지 간에 지식에 관해 다음과 같이 긍정하는 것은 합리적인 것 같다. 즉, 지식은 규범적이다. 사람들은 지식 정의를 위한 필요 또는 충분 조건에서가 아니라 특수한 지식 사례에서 인식론을 시작한다. 사람들은 자신이 알 수 있기 전에 자신이 알고 있다 함을 알아야 하는 것은 아니다. 합리성은 또 다른 중요한 인식론적 개념이다. 우리는 합리적이라는 용어를 세 가지 의미로 사용한다.

첫째, 아리스토텔레스적 합리성
둘째, 이성의 전달 그리고 정당화
셋째, 보증으로서 합리성

셋째 의미와 관련하여, 합리성은 진리를 위한 수단이다. 그리고 합리성은 어떤 일정한 인식적 의무를 충족시키는 견지에서 아니면 인식적 관점에서 내재적으로 가치 있는 것이라고 평가된 어떤 일정한 사태를 구현하는 견지에서 이해될 수 있다. 끝으로 합리성은 등급으로 나타나는 것이며 시간이 지나면서 변화할 수 있는 것이다. 이것이 일어나는 한 가지 방식은 상이한 종류의 무효자의 존재를 통해서이다.

〔기본 용어〕

3자 분석
감각적 능력
강경 내부주의
강경 외부주의
게티어 유형의 반례들
교의론적 주의주의
내부주의
노하우
훼손하는 무효자
면식지
명제적 지식
무효 가능성
무효자
반박하는 무효자
선천적
소크라테스적 질문
신뢰 가능성 이론
아리스토텔레스적 합리성

온건 내부주의
온건 외부주의
외부주의
의무론적 정당화 입장
이성 능력
이성의 전달
인과 이론
인식 의무 또는 규칙
인식론
인식적 가치
자기 명증적
정당화
지식의 표준 정의
합리성
합리주의
회의주의
후천적

제4장

회의주의의 문제

> 회의주의자는 끊임없이 모든 학파의 신조를 전복하는 일에 종사했으나 발표한 것은 아무것도 없었다. 그들이 다른 사람들의 신조를 진전시키고 석명하게 해설했다고 하더라도 스스로는 아무 것도 주장하지 못했고 심지어는 아무 것도 주장하지 못했다는 것도 주장하지 못했다.
> *디오게네스 라에티우스, 『출중한 철학자들의 삶』(Lives of Eminent Philosophers)

> 내가 그들을 모른다는 것을 나에게 증명하라. 말하자면 이 문제들이 철학에 속하는 문제이기는 하다마는 이들 중 아무 것도 알려질 수 없다고 주장하는 당신을 내가 모른다는 것을 나에게 증명해 보라.
> *아우구스티누스, 『학인에 반대해』(Against the Academicians)

> 이러한 이유로 인해서 나는 확실하지도 않고 의심스러울 수밖에 없는 사물에 대한 믿음을 포기해야 한다고 이미 확신하게 되었으므로 조금이라도 의심의 여지가 있는 사물이라면 거부해야 하는 것은 당연한 일이다.
> *데카르트, 『성찰』(Meditaions on First Philosophy)

1. 서론

우리가 여러 가지 이를테면 외부 세계, 신, 도덕성, 과거, 수학, 우리의 정신적 삶과 다른 사람의 마음 존재를 알고 있고 이에 관한 정당화된 믿음을 가지고 있다는 것은 상식이다. 그리고 성경은 신앙을 중요하게 여기는 한편 역시 동등하게 우리가 알 수 있고 알아야 하고 알고 있는 것들에 대해서도 중요하게 여긴다. 그러므로 성경은 인간에 관한 많은 지식의 사례와 정당화된 믿음이 있다는 것을 긍정한다는 점에서 상식과 일치한다. 그러나 우리는 이런 저런 방식으로 지식 또는 정당화된 믿음의 이것저것을 거부하는 회의주의자를 만난다. 어떤 회의주의자들은 지식 또는 정당화된 믿음을 통틀어 거부한다. 이 장은 회의주의를 검토하고 사람의 지적 생활에 유관한 중요 통찰을 제공한다.

회의주의는 오랜 다양한 역사를 가지고 있다. 헬레니즘 시대의 고대 그리스 철학 때 두 종의 회의주의 학파가 발생했다.

첫째 학파는 학술적 회의주의로 알려졌고 B.C. 2, 3세기에 번창했다.

이 학파는 플라톤의 아카데미 소속 철학자였던 아르케실라우스(Arcesilaus, 315-240 B.C.)가 창립했고 B.C 2세기에 카르네아데스(Carneades)가 널리 보급했다. 학술적 회의주의자들이 실제로 무엇을 확신했는가에 관해서는 약간의 논란이 있으나 전통적 견해로는 그들이 두 가지를 확신했다고 한다

① 회의적 명제: 만물은 파악 불가이고 어느 누구도 지식을 가지고 있지 않다
① 회의적 명제 자체에 관한 명제: 우리는 어느 누구도 지식을 가지고 있지 않다는 것을 우리가 안다는 점을 독단적으로 확신할 수 있다.

전술한 대로 학술적 회의주의는 유지하기 어려웠던 입장임이 분명하다. 우선, 저 두 가지의 진술은 자기 논박적이다. 왜냐하면, 그 진술은 그들이 알 수 있는 것은 하나도 없다는 것을 사람들이 안다고 확신하기 때문이다. 그러나 회의적 명제(첫째 진술)를 주장하는 것이 가능할지라도, 학술적 회의주의는 지식이 전혀 없다는 것을 실제로 말한 것이 아니다. 즉, 오히려 사람들이 아는 유일한 한 가지가 있고 그 밖의 무엇은 알 수 없다고 말한 것이다. 그러나 이러한 긍정은 자기 논박적은 아니지만 여전히 유지하기 어려운 것이다.

유일한 한 가지를 아는 것이 참으로 가능한가?
이 진술을 안다고 자처하는 사람은 마찬가지로 역시 자신이 존재했다는 것을 안다고 암시적으로 자처하고 있는 것이 아닌가?
그는 그 진술이 무엇을 의미하는지를 알았다고 자처하고 있는 것이 아닌가?
그는 그 진술이 사실이라는 것을 알았고, 따라서 진리 같은 것이 있다는 것을 알았다고 자처하고 있는 것이 아닌가?
더 나아가서 혹여 문제의 저 회의적 명제에 대한 예외가 있다고 주장할 수만

있어도, 그 명제에 대한 다른 예외들 이를테면 그들은 빨강이 하나의 색이라는 것을 안다고 주장하는 것을 금할 수 있는 것은 아무 것도 없을 것이다. 이와 같은 이유들로 해서 고대 회의주의의 둘째 학파가 두드러지게 된다.

둘째 학파는 그 창시자가 엘리스의 퓌로(Pyrrho of Ellis <360-270> B.C.)였기 때문에 **퓌론적 회의주의**로 불리웠다.

그 학파는 알렉산드리아, 이집트에서 번창했고 A.D. 2세기 후반기와 3세기 4/1분기를 살았던 마지막 위대한 퓌론주의자 섹스투스 엠피리쿠스(Sextus Empiricus) 시대에 와서 절정에 달했다.

이러한 유형의 회의주의는 철학은 지혜를 추구하고 지혜는 선하고 능숙한 삶을 사는 데 적합한 진리의 지식들을 포함한다는 관점에 뿌리를 내리고 있다. 인간의 주요 문제는 불행이고 이것은 주로 인간의 욕망과 인간이 세계에서 사실이라고 믿는 것 사이의 불균형에서 온다. 그래서 불행을 다루는 열쇠는 지혜의 추구를 단념하는 것이고 사람의 믿음의 모든 것에 대한 판단을 중지하는 것, 그리하여 자유로워지는 것에 있다.

퓌론적 회의주의자는 독단주의를 거부하면서 세 단계의 진행 절차를 밟았다

1단계: 반립 명제(어떤 문제에 대해 상호 대립하고 있는 양측의 주장을 말하고 "수사" 또는 "논법"이라고 부르는 회의적 논증이 각 측의 입장을 위해 사용되었다)

2단계: 에포케(판단 중지)

3단계: 아타락시아(평온이 요구된 궁극적인 상태)

학술적 회의주의와 대조적으로 퓌론주의자들은 회의적 명제 자체를 포함하여 만물에 대한 판단을 중지했다. 기독교의 확장 그리고 아우구스티누스의 『회의주의자에 반대해』(Against the Skeptics) 와 같은 회의주의 비판 저서와 더불어, 회의주의는 발전하지 못했다가 데카르트(A.D. 1596-1650)에 와서 다시금 꽃을 피우기 시작했다. 데카르트는 회의주의를 논박하는 작업에 착수했고 지식을 확실한 토대 위에 올려놓았다.

이 점에서 특별히 중요한 데카르트의 저서는 1641년에 출간된 『성찰』이다. 데카르트는 방법론적 회의를 채택함으로써 지식에 대한 탐구를 시작했다. 이것은 지식은 절대적 확실성(때로는 소위 데카르트적 확실성)을 요구한다는 사상 그리고 어떤 것에 대해 오류가 논리적으로 가능하다면, 그것은 아는 것일 수 없다는

사상에 이르게 되었다.

　방법론적 회의로 무장한 데카르트는 사람들의 감각이 때로는 그들을 속인다는 근거에서 외부 세계의 지식을 반대하는 논증을 펼쳤다. 그리고 그는 사람들은 때로는 자기들 앞에 외부 세계가 있다고 생각하나 다만 꿈을 꾸고 있을 뿐이라고 지적했으며 사람들이 지금 꿈을 꾸고 있어서 거기에는 아무 외부 세계도 없다는 것이 논리적으로 가능하다는 점을 지적했다.

　마지막으로 데카르트는 실제로는 "저 밖에" 아무 세계도 없는데, 악령이 사람의 외부 세계의 감각적 경험을 속여서 있는 것으로 할 수 있다고 생각했다. 이러한 악령의 논리적 가능성이 데카르트에게 의미한 것은 사람들은 논리 법칙이나 수학을 알 수 없다는 것이다. 왜냐하면, 악령은 사람들을 속여서 이 법칙들이 거짓인데도 받아들이도록 할 수 있기 때문이다.

　그러나 악령은 누군가를 속일 수 없는 한 가지가 있는데, 바로 그것은 그 사람의 존재이다. 왜냐하면, 사람은 자기 존재를 의심할 수 있기 전에 존재하지 않으면 안 되기 때문이다. 이 통찰이 데카르트의 유명한 공리(아우구스티누스에 의해 달리 진술된 바 있는) 즉, 코기토 에르고 숨("나는 생각한다 그러므로 나는 존재한다") 속에 표현되어 있다. 이것은 도저히 의심될 수 없는 지식의 한 가지 안전한 사례였다.

　데카르트는 코기코로부터 시작하여 신과 논리학과 수학 그리고 외부 세계의 지식을 재입증하는 데로 나아간다. 그 과정의 상세한 내용은 지금 이 자리에서 중요한 것이 아니다. 그러나 데카르트에 관해 한 가지 결정적인 사항은 그가 회의주의자를 반대하고 극복하는 증명 책임을 받아들였다는 점이다(사람들은 회의주의자를 반대하는 논증을 제시할 수 없다면 어떤 것을 아는 것이 아니다). 그리고 지식은 그 자체로서 지식의 자격을 필하기 위한 완전한 확실성을 요구한다.

　지금까지의 논의 목적은 회의주의가 무엇인지에 대해 독자의 감을 위해 회의주의의 역사를 간략하게 예시하는 것이었다. 이하의 논의에서는 네 가지 주제가 다루어질 것이다. 즉, 회의주의의 다양성, 회의주의를 위한 몇 가지 회의적 논증, 회의주의에 대한 여러 가지 비판들 그리고 회의주의 요약과 자연주의적 형태의 진화론이다.

2. 회의주의의 다양성

회의주의는 가족과 같은 집단적인 관점이지 단 하나의 단순한 입장은 아니다. 이 장의 논의의 목적상 세 가지 형태의 회의주의 즉, 반복적 회의주의, 메타 인식론적 회의주의 그리고 발견적 내지는 방법론적 회의주의가 간략하게 언급될 것이다.

1) 반복적 회의주의

반복적 회의주의는 자신의 견해를 위한 논변을 제공하기를 거절하고 대신에 모든 주장에 대해 단순히 어떻게 아는가라는 질문으로 대응할 때 발생한다. 이 질문에 대한 대답이 주어질 때마다 반복적 회의주의자는 그저 그 질문을 반복할 뿐이다. 따라서 무한히 반복적으로 계속된다. 이러한 형태의 회의주의는 진정한 철학적 입장이 아니다. 왜냐하면, 그 옹호자는 지식을 반대하는 논변을 자진해서 제출하지도 않고 지식을 찬성하는 논변을 받아들이지도 않기 때문이다. 반복적 회의주의는 다만 말로만의 게임이고 당연히 그런 것으로 취급하면 된다.

2) 메타 인식론적 회의주의

메타 인식론적 회의주의는 콰인과 로티와 같은 철학자에 의해서 제출되었다. 그 지지자는 전통적으로 이해된 철학(특히, 인식론)에 대해 회의적이고 철학(예를 들면, 인식론은 정당화와 지식 이론의 규범적 연구라는 개념 규정)을 거부하며 철학은 자연과학과 연속체이거나 자연과학의 일부일 뿐이라고 주장한다. 메타 인식론적 회의주의자는 소위 자연화된 인식론이라는 극단적 형태를 고수한다.

이러한 관점은 보다 강력한 형태를 취하게 되면 인식론은 심리학과 신경 생리학의 분과로서 환원되고 취급되어야 한다는 그런 의미에서 자연화되어야 한다는 점을 함축한다. 자연화된 인식론은 우리의 믿음을 정당화하는 것이 무엇인가라는 규범적 질문에 초점을 맞추는 대신에 사람들이 실제로 자신의 믿음을 어떻게 형성하는가를 단순하게 기술할 뿐이다. 자연화된 인식론의 과제는 사람들의 믿음이 규범적으로—유형적으로 또는 통상적으로라는 말의 통계적 의미에서—어떻게 형성되는가에 관해 과학적, 자연적 용어들로 인과적 요소와 과정을 기술하는 것이다.

대다수의 철학자는 이러한 극단적 형태의 자연화된 인식론과 여기에 포함되는 메타 인식론적 회의주의를 거부한다.

우선, 그것은 인식론에 결정적인 것 즉, 규범적 요소를 무시한다.

전통 인식론은 정당화와 지식, 인식적 덕목과 의무 그리고 사람들이 믿어야 하는 것과 아닌 것을 결정하는 방법에 대한 설명을 제공한다. 인과적 과정, 믿음 형성 과정에 대한 순수 심리학적 또는 신경 생리학적 기술은 그야말로 기술적일 뿐이고 규범적이거나 처방적이지 않다. 따라서 그들은 전통 인식론의 결정적인 규범적 요소를 무시한다.

그리고 과학이 어떤 철학적 전제들(예컨대 진리가 있다는 것, 사람들이 실제로 외부 세계에 대한 지식과 정당화된 믿음을 가지고 있다는 것)을 가지고 있다는 사실이 이 책을 통해 분명하게 될 것이다. 그 때문에 과학의 인식적 권위는 다른 어떤 방식이 아니라 (인식론을 포함하는) 철학의 권위에 의존한다.

이 점에 대해 모든 철학자가 동의하는 것은 아니지만, 혹자는 자연화된 인식론과 메타 인식론적 회의주의를 주장하는 진술들은 자기 논박적이라고 논변했다. 왜냐하면, 그 진술들은 그 자체로(과학적 진술들이 아니라) 정당화가 요구되는 입장에 놓이는 규범적 철학적 진술들이기 때문이다.

3) 발견적 내지는 방법론적 회의주의

형태의 회의주의는 발견적 내지는 방법론적 회의주의이다. 여기서 지식과 정당화된 믿음은 인정을 받고, 회의주의 특히, "x라는 것을 어떻게 아는가"라는 질문과 질문의 사용은 인식론적 문제들을 더 낫게 이해하고 연구하는 데 도움을 주는 안내 원리로서 수용된다. 이러한 의미에서 회의주의는 논박 또는 반박되어야 할 입장이 아니라 사람들의 지식 이해를 도와주는 안내 방법이다.

이러한 형태의 회의주의는 그야말로 지식 주장을 회의하고 문제시함으로써 심층적인 이해로 인도해 줄 수 있기 때문에 매우 유용하다. 그러나 여기서 사람들은 방법으로서의 회의와 습성으로서의 회의를 주의 깊게 구별해야 한다. 전자는 지식의 발전을 위해 회의를 방법으로 사용한다. 후자는 그 뿌리가 회의적 성격이나 마음 속에 있고 기독교적 조망에서 볼 때 전적으로 바람직한 것은 아니다. 왜냐하면, 그리스도인으로서 우리는 속거나 순진해서도 안 되지만 동시에 신앙과 지식을 진작해야 하기 때문이다. 만일 습성화된 회의가 순박함을 피하게 해 주는 데 도움을 준다면, 그것은 지적 덕목이다. 그런데 만일 그것이 냉소주의와 신앙의 손실을 가져온다면, 지적 악이 된다. 지혜는 균형 잡힌 조망을 요구한다.

이제 진일보한 회의주의, 실질적인 철학적 명제로서 간주된 회의주의를 보다 깊이 표현하는 전통적 형태의 회의주의로 시선을 돌려 보자.

(1) 지식 회의주의와 정당화 회의주의의 구별이 있다

지식 회의주의는 지식의 조건들이 지식을 획득하는 것은 아니라는 것과 사람들은 지식을 가지고 있지 않다는 취지의 명제이다. 정당화 회의주의는 지식을 향하는 것이 아니라 정당화와 정당화된 믿음을 향하는 동일한 취지의 명제이다.

사람들은 지식 회의주의자 일 수 있지만 정당화 회의주의자는 아닐 수 있다. 예를 들면, 사람들은 진리와 같은 것이 없다(그리고 지식은 정당화된 참된 믿음을 포함하기 때문에 지식은 없다)는 이유에서 또는 지식의 표준이 너무 높아서(예컨대 지식은 절대적 확실성을 요구한다), 결코 충족되지 않는다는 이유에서 지식을 부인할 수 있다. 그러나 사람들은 자신의 믿음에 대한 정당화를 자주 가지고 있다는 주장을 계속 받아들일 수도 있다. 이것도 아니라면, 사람들은 정당화는 지식의 일부가 아니라고 주장하면서 지식은 있다는 사실을 받아들일 수 있으나 정당화된 믿음의 존재에 대해서는 회의적일 수 있다.

지식 회의주의자와 정당화 회의주의자는 양측 모두 그 시선이 믿음의 생성, 전달 또는 원천을 향할 수가 있다. 즉, 그들은 자신의 논변을 인도할 수 있다

첫째, 일차적 단계에 있는 지식 또는 정당화된 믿음(예컨대 사람들이 적색 감각을 경험하고 있다는 믿음은 사람들이 진실로 그와 같은 감각을 가지고 있다는 사실에 의해서 생성된다)의 발원에 반대하는 것으로 인도할 수 있다.

둘째, 어떤 정당화된 또는 알려진 믿음(예컨대 사람들이 적색 감각을 경험하고 있다는 믿음)이 다른 믿음(예컨대 실제로 자기 앞에 적색 대상이 있다는 믿음)에 정당화를 전이한다는 사실에 반대하는 것으로 인도할 수 있다.

셋째, 지식과 정당화의 원천으로 사용되는 모든 인식 능력(예컨대 기억, 감각적 능력, 추론, 내성적 반성)에 반대하는 것으로 인도할 수 있다.

이 장에서 우리는 두 가지 이유에서 정당화된 회의주의가 아니라 지식 회의주의에 초점을 맞출 것이다.

첫째, 지식 회의주의에 대해 말해지는 것의 많은 부분이 정당화 회의주의에 적용될 수 있기 때문이다.
둘째, 정당화 회의주의를 고찰하는 과제는 그 일부가 여러 가지 정당화 이론을 분석하는 것이고 이 분석은 5장에서 행해질 것이기 때문이다.

마찬가지로 역시 회의주의자마다 회의주의의 깊이가 서로 다르다. 우리는 이미 이 사실을 보았다. 회의적 명제 자체에 대해 학술적 회의주의자의 시인은 독단적이었고 확실했으며 퓌론적 회의주의자는 그 시인의 깊이가 덜했고 임시적이었다. 그러나 회의적 명제 자체와는 별도로, 지식 일반에 대한 그들 입장의 깊이는 서로 다르다.

순전한(unmitigated) 회의주의는 완화된 회의주의보다 더욱 더 강한 확신과 확실성으로 회의주의를 고수하고, 완화된(mitigated) 회의주의는 지식 주장에 대해 더욱 더 한시적으로 회의주의를 고수한다. 자칭 어떤 지식 사례라고 하더라도 순전한 회의주의자는 그것은 지식의 경우가 아니라고 주장하는 반면, 완화된 회의주의자는 그러한 주장에 대해 판단을 유보하는 성향이 더욱 짙다.

순전한 회의주의자의 범주 안에는 이들이 긍정하는 세 등급의 강도가 있다. 순전한 회의주의자의 등급을 강약 순으로 표현하면 다음과 같다.

1등급: 어떤 명제도 인식 불가능하다. 즉, 어떤 명제가 인식되는 것은 가능하지 않다.
2등급: 어떤 명제가 인식되는 것은 가능할지 모르나, 사실을 말하면 어떤 명제도 인식되는 것이 아니다.
3등급: 인식이라는 말의 약한 의미에서 어떤 명제가 인식될 수 있을지 모르나, 그런데도 어떤 명제도 완전한 확실성을 가지고 인식되는 것은 아니다.

마찬가지로 역시 회의주의자마다 회의주의의 넓이 또는 폭이 다르다. 전체적 회의주의는 인간 사유의 어떤 영역에서도 지식(또는 정당화된 믿음)은 없다는 관점이다. 이와는 달리 영역적 회의주의는 어떤 영역(예컨대 과학 또는 외부 세계의 감각적 지식)의 지식을 허용한다. 그러나 영역적 회의주의자는 이런저런 특정한 영역(예컨대 신학, 윤리학, 수학)의 지식을 부인한다.

보다 구체적으로 말하면 영역적 회의주의자는 지식의 어떤 추정된 대상, 직능, 내용을 회의하도록 지도할 수 있다. 대상이 고려되고 있는 상황이라면 그때는 회의주의자는 사람들이 어떤 대상 또는 어떤 종류의 대상(예컨대 타인의 마음, 신, 인과 관계, 물질)에 대한 인식을 가지고 있다는 것을 부인한다. 직능이 고려되고 있는 상황이라면, 그때는 회의주의자는 지식이, 사람들이 소유하고 있는 것으로 가정하는 어떤 능력이나 역량(예컨대 감각, 추론, 직관의 다른 형식들)의 활용에 의해서 얻어질 수 있다는 것을 부인한다. 어떤 내용이 관련되어 있다면 그때는 회의주의자는 그 지식은 그 내용(예컨대 역사, 신학, 과학, 윤리학)에서 얻어진다는 것을 부인한다.

우리는 세 가지 이유에서 영역적 회의주의를 살펴보지 않을 것이다.

첫째, 철학적 관점에서 더 흥미로운 것은 전체적 회의주의이고, 전체적 회의주의가 수용된다면 영역적 회의주의는 따라오는 것이므로 전체적 회의주의가 더 중심이 된다.

둘째, 영역적 회의주의를 유지하는 것이 어려운 이유는 어떤 특정한 영역에서 밀고나가는 숙고 조항들이 그 영역에서만 국한되기는 어렵기 때문이다. 회의적 숙고 조항들은 다른 영역으로 흘러가기 마련이다. 비유로써 달리 표현하면 낙타의 코는 텐트 안에 있지만 낙타가 그 안에서만 활동하는 것은 어렵기 때문이다.

셋째, 차후에(예컨대 19-20장, 23-24장) 우리는 도덕성과 종교에 관한 회의주의를 검토할 것이고 따라서 그때까지는 영역적 회의주의에 대한 깊은 숙고를 안전하게 연기하는 것이 좋을 것이다.

(2) 일차 회의주의와 이차 회의주의의 **구별이 있다**

일차 회의주의는 보다 유형적인 형태의 것으로서 사람들의 일상적 믿음 즉, 외부 세계(정원에 있는 나무)의 믿음, 또는 윤리적 명제(자비는 그 자체로 하나의 덕이다)의 믿음을 향한 회의주의를 포함한다.

이차 회의주의는 이와는 다른 믿음들에 대한 사람들의 믿음으로 향한다. 여기서 회의주의자는 사람들이 이런저런 특별한 항목에 대한 지식을 가지고 있는가에 대해 직접적으로 질문하지 않는다. 오히려 그는 사람들이 이 지식을 가지고 있다는 것을 안다는 사상에 도전한다. 정상적인 경우라면 일차 회의주의자가 역시 이차 회의주의자일 것이다. 왜냐하면, 사람들이 이런저런 지식을 가지고 있지 않다면 그때는 이런저런 지식을 가지고 있다는 지식을 가질 수 없기 때문이다.

반면에 사람들은 이차 회의주의자일 수 있으나 일차 회의주의자는 아닐 수 있다. 사람들은 정원에 나무가 있다는 것을 알고 있는데 이 지식을 가지고 있다는 것을 알 수 없다고 주장할 수 있다. 왜냐하면, 이러한 이차 지식은 우선, 지식이 무엇인가를 이해한다는 것을 요구하고 게티어 반대 사례(제3장 참조)에 비추어 보면 그러한 이해는 없기 때문이다.

우리는 이처럼 서로 다른 버전의 회의주의를 모조리 살펴보지 않을 것이다. 그러한 과제가 중요하기는 하나 현재의 목적으로는 지나치게 세세한 것이다. 그러나 이하에서 전개되는 우리의 논의들은 그 과정에서 때때로 조금씩 조정을 거치면서 여러 가지 다른 회의적 입장에 적용될 것이다. 우리는 전체적·순전한·일차 지식 회의주의에 주의를 집중할 것이다.

더 나아가 우리는 별도의 지시가 없는 한 외부 세계에 대한 우리의 감각적 지식에 초점을 맞출 것이다. 그러나 우리는 회의주의 찬반 논변을 살펴보기 전에 이러한 탐구의 중요한 목적을 분명히 할 필요가 있다. 지금 우리의 목표 그리고 인식론 일반의 주요 목표는 우리의 인식 상황을 개선하기 위함이다. 이러한 개선의 일부는 지식과 정당화된 믿음을 더 많이 얻는 것이고 [이미 어느 정도는 정당화된 우리의 믿음에 대해 정당화의 정도를 강화하는 것이며] 우리가 받아들이는 것들로부터 정당화 없는 또는 거짓된 믿음을 제거하는 것이다.

이 점에 비추어 보면 회의주의자를 논박하는 것과 회의주의자를 반박하는 것은 구별되어야 할 것이다. 회의주의자를 논박하는 것(refuting)은 회의주의가 거짓이라고 증명하는 것을 포함하고, 심지어 바로 이 점을 회의주의자에게까지 증명하는 것을 포함한다. 이러한 전략은 인식주의자 즉, 사람들이 지식을 가지고 있다는 사실을 받아들이는 사람 편에서 수행하는 증명 책임을 받아들이는 것을 포함한다.

이와는 대조적으로 회의주의자를 반박하는 것(rebutting)은 회의적 논증이 사람들이 지식을 가지고 있지 않다는 것을 확립하지 않는다는 것을 보여 주는 것을 포함한다. 지금의 우리에게 일차적 관심사는 회의주의자를 논박하는 것이 아니라 반박하는 것이다. 이러한 자세는 증명 책임이 회의주의자 편에 있다는 것을 포함한다.

여기에는 적어도 우리의 인식 장비(예컨대 감각적 인식 능력)에 대한 최초의 자신감이 표현되어 있다. 이러한 자신감의 표현은 기독교의 유신론적 세계관에는 비교적 정통한 것이다. 왜냐하면, 하나님은 그분과 그분의 세계에 대한 지식을 가지도록 인간을 창조하고 설계한 선하고 신실하며 이성적인 존재이기 때문이다.

이러한 자신감이 자연주의적 진화의 틀 내에서 정당화되는가 하는 문제는 우리가 이 장의 말미에서 검토할 것이다. 그러나 지금으로서는 회의주의자가 자신의 명제를 변론하고자 제시한 논증들을 진지하게 공격적으로 살펴보는 일이 최우선이다.

3. 회의주의를 위한 논증

회의주의를 위하여 몇 가지 논증이 제출되었는데, 다음과 같은 것들이 있다.

1) 오류와 오류 가능성에 의거한 논증

우리는 과거에 잘못을 범했던 사례들을 인용할 수 있다. 우리는 지식을 가지고 있지 않을 때도 또는 우리의 감각이 우리를 속일 때도 지식을 가졌다고 잘못 생각했다. 노는 물 속에서 굽어보인다. 철로는 멀리서 보면 맞닿아 보인다. 얼음은 어떤 때는 뜨겁게 느껴진다. 어둠 속에서 어떤 사람을 보고 자기 친구라고 생각했으나 나중에 아니라는 것이 드러난다.

회의주의자는 이러한 문제를 열거하고 오류에 의한 논증이라고 명명하면서 다음과 같이 일반화한다. 과거의 개개의 오류에서 보듯, 우리는 현상과 실재를 혼동했으며 지식을 가지고 있다고 잘못 생각했다.

우리는 이러한 일이 지금은 일어나지 않는다는 것을 어떻게 아는가?
우리는 이런 일이 세계에 대한 우리의 감각적 지각에서 보편적으로 일어나는 사실이 아니라는 것을 어떻게 아는가?
우리는 과거에 잘못을 범했으므로 그런데도 우리는 항상 우리의 믿음에서 잘못을 범할 수 있다는 것을 안다.
그렇다면 우리는 지식을 가지고 있다고 어떻게 주장할 수 있는가?

나는 지금 잘못을 범하지 않는다는 것을 어떻게 아는가?

2) 악령, 통 속의 두뇌 논증, 오류 가능성

아마도 회의주의자는 우리가 때때로 잘못을 범했다는 사실로부터 논증할 필요가 없을지도 모른다. 그 대신에 회의주의자는 다양한 통 속의 두뇌 논증을 제공할 수 있을 것이다. 그들은 우리가 지식 주장에서 오류를 저지른다는 것이 논리적으로 말해서 가능하다는 것을 지적하는 것만으로도 충분할지 모른다. 그리고 오류가 논리적으로 가능하다는 것(어떤 추정적인 지식 주장에 대한 회의적 명제가 논리적 모순이 아니라는 사실)으로부터 우리가 지식을 가질 수 없다는 귀결이 나온다. 실제로는 외부 세계가 없는데도 악령이 우리를 속여 외부 세계의 감각적 경험을 우리에게 제공하는 것은 논리적으로 가능하다.

어떤 과학자가 우리의 두뇌를 실험 통 속에 배치하고 자극을 주어 외부 세계가 우리에게 실제로 나타나지 않는데도 충분한 범위에 걸치는 감각적 경험을 가지게 한다. 이러한 일이 나에게 일어나는 것이 논리적으로 가능하기 때문에 그리고 이 점을 나에게 어쨌든 가리키는 경험이 나에게는 전혀 없을 것이기 때문에(통 속의 두뇌와 외부 세계의 진정한 감각적 지식은 경험적으로 동치이다), 그때는 나는 지식을 가질 수 없다. 왜냐하면, 회의적 논증이 논리적으로 가능하기 때문이다.

이러한 회의적 시나리오가 지금 나에게 일어나지 않는다는 것을 나는 어떻게 아는가?

3) 정당화 이행 논증

어떤 회의주의자는 논증을 위해 우리가 현재 자각하는 감각적 지식을 바로 그 순간에 가지고 있다는 것을 기꺼이 인정한다(예컨대 지금 내 앞에 녹색 나무가 있다든가 나는 지금 녹색 감각을 가지고 있다). 그러나 우리 모두는 바로 이 현재의 감각적 경험을 넘어서는 많은 것들을 알고 있다고 주장한다.

이러한 주장은 정당화 이행 논증 즉, 정당화가 우리의 현재의 감각적 경험을 넘어서는 지식 주장으로 이행하는 논증을 불러일으킨다. 예를 들면, 인식주의자는 사람이 거기에 없을 때도 그 사람이 무엇을 연구하는지를 알 수 있다고 주장하며 해는 내일도 뜰 것이라고 주장하고 이전에 경험한 모든 에머랄드가 녹색이었으므로 모든 에머랄드는 뭐든지 녹색일 것이라고 주장하며 지금 그 사람 앞에 있는 나무는 십 분 전에도 있었다고 주장한다.

회의주의자의 말로는 이러한 모든 지식 주장의 문제점은 그 주장이 그 사람의 현재 지식에는 포함되어 있지 않다는 사실이다. 즉, 지금 그 사람 앞에 녹색 나무가 있다는 현재의 믿음은 참일 수 있으나, 그 나무가 십 분 전에도 있었다는 믿음은 거짓일 수 있다는 점이다. 유사하게 그 사람이 연구하는 것은 불타 없어질 수도 있고 해는 내일 뜨지 않을지도 모르며 다른 곳의 어떤 에머랄드는 청색일지도 모른다.

이 모두는 귀납적 지식의 경우이며 전제의 진리성이 결론의 진리성을 보증하는 것이 아니라 협력하는 경우이다. 전제에서 결론으로 가는 정당화의 이행 과정에서 무엇인가가 소실되고 오류 또는 정당화의 손실이 가능해진다.

회의주의자가 묻기로는 이러한 개개의 경우에서 내가 전제를 안다고 보증해도 결론을 위한 나의 정당화를 상실하지 않았다는 것을 나는 어떻게 아는가?

4. 회의주의 비판

1) 회의주의와 기준의 문제

회의주의를 평가하는 좋은 방법은 소위 기준의 문제에 집중하는 것이다. 우리는 인식론의 두 가지 문제를 구별할 수 있어야 한다.

첫째, 우리는 무엇을 안다는 것인가를 물을 수 있다. 이것은 우리가 소유하는 특별한 지식 항목과 우리 지식의 범위에 관한 물음이다.

둘째, 우리가 물을 수 있는 것은 어떤 주어진 순간에 우리가 지식을 가지고 있는가의 여부를 어떻게 결정하는가이다.

즉, 지식의 기준은 무엇인가?

이것은 지식에 대한 우리의 기준에 관한 물음이다.

이제 사람들이 모든 믿음을 두 종류의 그룹 즉, 참된 또는 정당화된 믿음과 거짓된 또는 정당화되지 않은 믿음으로 분류해서 전자를 존속시키고 후자를 처분하기를 원한다고 가정해 보자. 이렇게 분류함으로써 인식 상황은 개선되어 지식과 정당화의 성장이 가능할 것이다. 그러나 즉시 이러한 분류 작업 행위를 어떻게 진행할 수 있는 것인가 하는 문제가 발생한다. 분류하기 위해서는 전술한 두 가지 물음 중 어느 하나에 대답하지 않으면 안 되는 것 같다.

그러나 지식의 범위에 관한 첫째 물음에 대답을 가질 수 있기 전에 지식의 기준에 관한 둘째 물음에 대한 답이 먼저 필요한 것 같다. 그러나 둘째 물음에 관한 대답을 가질 수 있기 전에 첫째 물음에 대한 답이 필요한 것도 같다. 이것은 기준의 문제이다.[1] 이 문제에 대한 세 가지 주요 해결책이 있다.

첫 번째 해결책: 회의주의가 있다.

회의주의자는 많은 것을 주장하지만, 인식주의자에게는 어떤 해결책도 없고 따라서 지식은 없다고 주장한다. 나머지 두 가지 해결책은 사람들이 지식을 가지고 있다고 주장하는 인식주의자에 의해서 옹호되는 것이다.

두 번째 해결책: 방법주의가 있다.

방법주의가 둘째 해결책의 이름이고 로크, 데카르트, 논리 실증주의자 등과 같은 철학자에 의해 옹호되었다. 방법주의에 따르면 사람들은 지식에 들어가는 것과 들어가지 않는 것에 대한 기준을 가지고서 인식하는 과업을 시작한다.

바꾸어 말하면 사람들은 한 가지 질문이 아니라 두 가지 질문에 대한 한 가지 대답을 가지고 시작한다. 방법주의자는 사람들이 어떤 특정 명제 P(정원에 나무가 있다)를 알 수 있기 전에 먼저 어떤 일반 기준 Q를 알아야 하고 나아가서 P가 Q의 좋은 사례거나 Q에 상응하는 사례라는 것을 알아야 한다고 주장한다.

예를 들면, Q가 다음과 같다고 하자.

> 여러분이 오감으로 어떤 믿음의 품목을 시험할 수 있다면, 그때는 그것은 지식의 품목일 수 있다." 또는 "어떤 것이 모종의 방식으로 여러분의 감각에 나타난다면, 그때는 무효화시키는 요인이 없는 한 여러분은 그 것이 여러분에게 나타나는 대로라는 것을 안다.

---

1 See Roderick Chisholm, *The Problem of the Criterion* (Milwaukee, Wis.: Marquette University Press, 1973); Robert P. Amico, The Problem of the Criterion (Lanham, Mid.: Rowman & Littlefield, 1993).

불행하게도 방법주의는 좋은 인식 전략이 아니다. 왜냐하면, 그것은 악무한 소급에 이르게 되기 때문이다. 이를 이해하기 위해서는 다음을 주목하면 된다. 즉, 일반적으로 방법주의는 사람들이 어떤 것 P를 알 수 있기 전에 다른 두 가지 Q(사람들이 가지고 있는 지식의 기준)와 R(P가 Q를 만족시킨다는 사실)을 알아야 한다. 그러나 곧장 회의주의자는 사람들이 Q와 R을 어떻게 해서 아는가라고 물을 수 있고 반면, 방법주의자는 그가 Q를 어떻게 아는가를 지정하는 새 기준 Q′와 그가 Q가 Q′를 만족시킨다는 것을 어떻게 아는가를 말하는 R′를 제공할 것이다. Q′와 R′에 대해 동일한 문제가 발생하는 것은 명백하고 따라서 악무한 소급이 시작된다.

이 점을 이해하는 또 다른 방식은 지식에 대한 좋은 기준인 것과 아닌 것에 대한 큰 논란이 있어 왔다는 사실을 주목하는 것이다. 로크는 외부 세계에 대한 지식의 품목은 이 품목이 단순 감각 관념 또는 인상에서 나와야만 한다는 기준을 통과해야 한다 (대략적으로 말하면 감각의 시험을 거치는 것)는 사상과 유사한 기준을 제공했다. 이와는 달리 데카르트는 철저하게 구별되는 기준을 제공했다. 즉, 지식의 품목은 마음 속에서 명석(희미하지 않고 조금도 틀림이 없는)해야 하고 판명(다른 관념들과 혼동되지 않는)해야 한다.

사람들이 방법주의자라면, 지식의 기준에 대한 논쟁을 어떻게 해결할 것인가?

그 대답은 사람들이 자신의 기준에 대한 기준을 제공해야 할 것이라는 점 등등이다. 그렇다면 방법주의는 곤경에 빠지는 것 같다.

세 번째 해결책: 특수주의가 있다.

특수주의라고 알려진 셋째 해결책이 있고 이것은 토마스 리드, 로데릭 치좀, 조지 무어에 의해 옹호되었다. 특수주의자에 의하면 사람들은 특정하고 분명한 지식의 품목을 인식하는 데서 시작한다. 즉, 사람들은 조식용으로 달걀을 먹었다든가 사람 앞에 나무가 있다든가 사람들이 나무를 보고 있는 것 같다든가 7+5=12라든가 자비는 덕목이라든가 등등….

사람들은 직접적으로 어떤 사물들을 알 수 있고 그것들을 어떻게 아는가에 대한 기준을 가지지 않아도 그리고 그것들을 어떻게 아는가를 또는 알고 있다는 사실을 알아야 하는 일 없이도 단순하게 그것들을 알 수 있다. 사람들은 자신이 알고 있는 것들을 알고 있다고 증명할 수 없어도 또는 충분하게 이해할 수 없어도 많은 것들을 알고 있다. 사람들은 지식 또는 정당화의 기준을 적용하지 않아도 분명한 지식의 사례들을 단순하게 확인한다.

우리는 이러한 사례들을 숙고하여 이들 사례들과 일치하는 지식의 기준을 개발할 수 있고 이를 지식의 경계 사례들을 판정하기 위해 사용할 수 있을지도 모른다. 그러나 그 기준은 특정 지식 사례들과의 일치에 의해서 정당화될 뿐 다른 길은 없다. 예를 들면, 사람들은 도덕적 지식(살인은 그른 행동이다)과 법적 지식(세금 납부 기한은 4월 15일이다)에서 시작하여, 어떤 것이 도덕적이거나 법적이거나 하는 경우에 대한 기준을 정식화할 수 있다. 그리하여 사람들은 이 기준을 경계 사례들(일부러 도로 차선을 범칙 주행하는 것)을 판단하기 위해 사용한다.

일반적으로 우리는 분명한 지식 사례에서 시작하고 여기에 기초한 기준을 마련하며 경계 사례나 불명확한 사례를 결정하기 위해 이 기준을 사용하여 우리의 지식을 확장한다. 회의주의자는 특수주의자를 향해 두 가지 기본적인 반론을 제기할 수 있다.

반론 1: 특수주의는 쟁점이 되는 문제 즉, 사람들은 지식을 가지고 있는가에 대해 가지고 있다고 가정함으로써 회의주의자에게 선결 문제를 추정적으로 요구하고 있다.

특수주의자는 사람들이 지식을 가지고 있다는 것을 어떻게 아는가?

특수주의자가 틀리고 다만 그는 지식을 가지고 있다고 생각하고 있을 뿐이라는 점은 위에서 인용된 사례들에서 가능한 것이 아닌가?

특수주의자는 이 반론에 대해 적어도 네 가지 방식으로 대응한다.

첫째, 선결 문제의 요구에 관해서이다. 회의주의자가 반복적 회의주의자라면, 그 문제는 무시될 수 있다. 왜냐하면, 그것은 실질적인 입장이나 논증이 아니기 때문이다. 반면에 그가 의심스럽게 보는 그 문제가 논증의 결과라면, 그때는 이 논증은 지식에 반대하는 심각한 반론으로서 주장될 수 있기 전에 합리적인 논증이지 않으면 안 된다.

그런데 사람들은 이것저것을 조금이라도 몰랐는데 어떤 것을 합당하게 의심할 수는 없다(예컨대 현재, 자신의 감각을 의심하는 이유는 그것이 과거에 자신을 오도했다는 지식 때문이다). 전체적·순전한 회의주의는 합리적으로 변론할 수 있는 입장이 아니며 회의한다던 그 문제는 지식을 전제하지 않고는 합리적으로 주장될 수도 없고 변론될 수도 없다.

둘째, 회의주의자는 사람들이 알 수 있기 전에 지식의 기준을 가져야 한다는 것을 암시하기 때문에 "당신은 어떻게 아는가"라는 질문을 던짐으로써 특수주의자를 방법주의자로 강요하고 있다. 그리고 회의주의자는 방법주의자를 논박할 수 있다는 것을 알고 있다. 그러나 특수주의자가 방법주의자로 빠져들게 되는 것을 거역하는 길은 내가 어떻게 아는가를 반드시 말하지 않아도 어떤 특정 품목을 알 수 있다고 재확인하는 데에 있다.

셋째, 특수주의자는 특정 지식 사례에서 잘못을 범하게 되는 것이 논리적으로 가능하다는 이유만으로는 그가 잘못이라는 것을 의미한다거나 그가 틀리다고 생각하는 좋은 이유가 있다는 것을 의미한다거나 할 수 없다고 논변한다. 그래서 회의주의자가 특수주의자에게 그 지식 사례가 실패라고 생각하는 좋은 이유를 제공할 수 있을 때까지는 그가 틀리다는 단순한 논리적 가능성만으로는 충분하지 않을 것이다.

넷째, 특수주의자와 회의주의자는 지식에 대해 매우 다른 접근 방식을 취한다. 회의주의자의 경우 증명 책임은 인식주의자의 몫이다. 사람들이 틀릴 수 있다는 것이 논리적으로 가능하다면 그때는 지식은 현존하지 않는다. 왜냐하면, 지식은 확실성을 요구하기 때문이다.

인식론의 두 가지 주요 과제(참된 또는 정당화된 믿음을 얻는 것과 거짓된 또는 정당화되지 않은 믿음을 피하는 것) 가운데, 회의주의자는 후자를 고취시켜 지식이 정당화될 수 있기 전에 자신의 입장이 논박되어야만 한다고 요구한다. 더욱이 사람들이 지식을 가지고 있다는 "확실한 권리"가 무엇을 의미하는가라고 묻는다면, 여기에는 두 가지 다른 의미가 포함된다

첫째, 사람들은 지식을 가지고 있다는 것을 독단적으로 주장하고 더 많은 증거를 살펴보는 것을 거부할 수 있다.

둘째, 사람들은 미래의 더 많은 증거에 개방되어 있으면서도 사물을 설명하고 다른 믿음을 형성할 때 믿음의 진리에 의존하는 권리를 가질 수 있다. 회의주의자는 지식에 대한 특수주의자의 주장은 전자의 의미에서 확실한 권리의 보기이지 후자의 의미에서가 아니라고 주장한다.

이와는 대조적으로 인식주의자는 증명 책임을 회의주의자에게 맡긴다. 어떤 주어진 경우에 잘못을 범하게 되는 것이 논리적으로 가능하다는 이유만으로 사람들이 인식적 의미에서 잘못을 범하게 될지도 모른다는 귀결은 나오지 않는다.

"당신은 잘못을 범하게 될지도 모른다"에서 논리적 "추측"과 인식적 "추측"은 서로 구별되어야 한다. 전자는 지식 주장이 잘못되어 있다고 주장하는 데 논리적 모순은 없다는 것을 의미한다. 후자는 사람들이 지식 주장에서 현실적으로 잘못을 범하게 된다고 생각하는 좋은 이유가 있다는 것을 의미한다.

특수주의자는 회의주의자가 제공하는 모든 것이 어떤 분명한 지식 사례에 있는 오류의 논리적 가능성이지 오류의 인식적 가능성(사람들이 현실적으로 잘못을 범하게 된다고 생각하는 좋은 이유)은 아니라고 주장한다. 지식 주장을 무효화하기 위해 필요한 것은 후자이다. 특수주의자가 주장하는 것은 이렇다.

① 지식은 확실성을 요구하지 않는다.
② 증명 책임은 회의주의자의 몫이고 특수주의자가 행할 필요가 있는 것은 회의주의자의 반박이지 논박이 아니다.
③ 인식론의 두 가지 주요 과제 가운데, 참된 또는 정당화된 믿음을 가지는 것이 거짓된 또는 정당화되지 않은 믿음을 피하는 것보다 우선한다.
④ "확실한 권리"라는 고유 개념은 2차적인 것이다.

논점	회의주의자	특수주의자
증명 책임	특수주의자 책임	회의주의자 책임
지식	확실성을 요구함	확실성을 요구하지 않음
오류 가능성	논리적 "추측"	인식적 "추측"
회의주의자 다루기	논박의 대상	반박의 대상
인식론의 두 과제	거짓된 또는 정당화되지 않은 믿음의 회피 강조	참된 또는 정당화된 믿음의 획득 강조
특수주의자의 확실한 권리의 용법	폐쇄적 방식으로 독단적으로 단정함	개방적 방식으로 지식을 사용할 권리임

<표 4.1 회의주의자와 특수주의자>

특수주의자의 자기 변론 과정에서 드러난 최종적 논점이 있다. 특수주의자는 자신의 입장이 다른 두 입장보다 유리하다고 주장한다. 방법주의와 관련해 특수주의자는 악무한 소급을 피한다. 회의주의와 관련해 특수주의자는 결국, 사람들이 많은 것들을 알고 있다는 사실과 일치하나 회의주의자는 일치하지 않는다.

반론 2: 이제 우리는 특수주의에 대한 회의주의자의 둘째 주요 반론에 대해 회의주의자와 특수주의자의 변증법을 이해해야 하는 단계에 도달했다. 단순하게 표현하면 그 반론은 특수주의는 쉽사리 남용될 수 있다는 점이다. 사람들이 특수주의자가 되겠다고 몰려 와서 너 나 할 것 없이 갖가지 것들을 안다고 주장할 것이고 이러한 지적 무책임은 용인되기에 이를 것이다.

우리가 이상에서 본 것에 비추어 보면 특수주의자의 대응은 분명할 것이다. 즉, 특수주의를 남용하는 것이 논리적으로 가능하다는 이유만으로 사람들이 그것을 현실적으로 남용하고 있다는 것이 특정 사례에서 귀결되는 것은 아니다. 사람들은 일반성과 단순한 논리적 가능성에 초점을 맞추는 대신에 지식 주장의 특정 사례들을 살펴보아야 할 것이고 회의주의자를 향해 특수주의가 바로 그와 같은 사례에서 남용되고 있다고 생각하는 좋은 이유를 제공하라고 요구해야 할 것이다. 그러한 남용이 일어나고 있다는 단순한 가능성은 회의주의자의 대의를 증명하기에는 충분하지 않다. 특수주의자는 특정 지식 사례에서 특수주의적 입장을 채택할 수 있기 전에 특수주의가 언제 남용되고 언제 남용되지 않는지를 말해 주는 기준이 필요 없다.

2) 주요 회의적 논증에 대한 요약적 대응

(1) 오류에 의거한 논증

사람들이 과거에 잘못을 범했다는 사실로부터 사람들의 감각이 지금의 이 순간에도 자신을 속이고 있다고 생각하는 좋은 이유가 있다는 귀결이 나오는 것은 아니다. 사람들은 그러한 이유가 무효자로서 주어질 때까지는 현재의 감각적 믿음이 지식의 사례라고 확신할 권리를 가지고 있다. 사람들의 현재의 감각적 믿음은 일단 정당화된 것 즉, 유죄 "증명되기"까지는 무죄이다.

누군가에게 어떤 것이 지금 여기서 적색으로 보이고 여기에 기초해서 "내 앞의 대상은 지금 적색이다"는 믿음을 형성하면, 그때는 무효자(사람의 정당화를 논박하거나 훼손시킬 요소들)가 부재하는 한 또는 무효자가 있다고 생각하는 이유를 의식하는 일이 없는 한, 사람들은 자신의 감각적 믿음을 확신할 권리를 소유한다. 더욱이 사람들이 인간의 오류 가능성과 과거의 속임에 대해 지식을 가지고 있다면, 그때는 명백하게 그들은 어떤 것들을 안다.

(2) 악령과 단순한 오류 가능성

사람들의 현재의 믿음이 오류라는 것이 논리적으로 가능하다는 이유만으로 사람들이 오류를 범한다는 것 즉, 사람들은 자신의 현재의 믿음을 의심하는 근거를 가지고 있다는 것이 인식적으로 가능하다는 귀결이 나오는 것은 아니다.

어떤 사람에게는 무엇을 알 수 있기 전에 회의주의자를 논박할 필요가 전혀 없다. 증명 책임은 회의주의자 측에 있다. 사람들이 오류를 범할지도 모른다는 것이 논리적으로 가능하다는 단순한 제안만으로 증명 책임이 해소되는 것은 아니다.

지식은 완전한 확실성을 요구하지 않는다. 물론, 회의주의자가 우리의 믿음을 의심하는 근거들을 가지고 있다고 말한다면 그때는 그러한 근거들이 우리에게 주어지지 않으면 안 된다. 그런데 의심하는 근거들이 우리에게 주어지기 위해 우리는 정당화를 의심하는 근거들을 받아들이는 입장에 놓이게 하는 어떤 것들을 반드시 알지 않지 않으면 안 된다.

(3) 정당화 이행

일련의 근거나 전제가 결론을 보증하지 않는다는 이유만으로 사람들은 그 결론을 알지 못한다는 귀결이 나오는 것은 아니다. 지식은 절대적 확실성을 요구하지 않는다. 더욱이 사람들은 귀납적 지식의 전제나 근거가 그들이 아는 지식 품목에 정당화를 어떻게 이행시키는가에 대해 이론적 체계를 가지지 않고서도 그러한 지식을 알 수 있다.

여기서 우리의 대응이 짧은 것은 실제로 그 대응이 기준의 문제에 대한 분석에서 논의된 논점들에 적용하는 것을 대표하는 것이기 때문이다. 기준 문제에 대한 우리의 논의로부터 명백한 것은 회의주의자와 특수주의자가 지식을 얻는 인간의 능력과 인간의 인식 장비(감각적, 인지적 능력)의 신실성에 대해 가지는 신뢰의 태도가 다르다는 점이다.

그러나 그러한 장비를 신뢰하는 것이 참으로 사리에 맞는 일인가?

흥미롭게도 사람의 세계관은 이 질문이 어떻게 대답되어야 하는가에 영향을 미칠 것이다. 보다 구체적으로 말하면 다윈 시대부터 현대에 이르기까지 많은 사상가들이 자연주의적 진화론이 참이라면 우리의 인식 장치를 신뢰할 이유가 거의 없을 것이라는 사상을 피력했다. 그러나 기독교의 유신론이 참이라면, 그러한 신뢰를 정당화하는 것을 도와주는 좋은 세계관적 고찰을 가지는 셈이 될 것이다. 이 문제를 간략하게 검토함으로써 이 장을 끝맺고자 한다.

5. 진화론적 자연주의와 우리의 인식 장비

다수의 사상가 가운데, C. S. 루이스(C. S. Lewis), 리처드 테일러(Richard Taylor), 앨빈 플랜팅가(Alvin Plantinga) 같은 철학자들은 여하간에, 일반적으로는 자연주의, 특수하게는 진화론적 자연주의가 회의주의에 귀착한다는 것을 논증했다.[2] 이러한 사상은 새로운 것이 아니다. 실제로 동일한 문제가 다윈 자신을 괴롭혔다.

> 나에게는 저급한 동물의 마음에서 진화한 인간 마음의 확신이 어떤 가치가 있을까, 전혀 신뢰의 가치가 없는 것은 아닐까 하는 무서운 의심이 항상 일어난다. 원숭이의 마음에 어떤 확신이 있다면 그 원숭이 마음의 확신을 어느 누가 믿을 것인가?[3]

이하에서 우리는 플랜팅거가 이러한 논증을 발전시키는 방식을 간단하게 개관할 것이다.

플랜팅거에 따르면 지식은 보증된 참된 믿음이고, 믿음이 어떤 사람에게 보증을 가지는 것은 그 믿음이 인지 능력에 의해서 형성되었고 그리고 이 인지 능력이 적절하게 기능하고 있고 이 능력이 설계된 방식에 적당한 인지 환경에서 좋

---

[2] C. S. Lewis, *Miracles* (New York: Macmillan, 1947), chaps. 1-4, 13; Richard Taylor, *Metaphysics* (Englewood Cliffs, N.J.: Prentice-Hall, 1963), pp. 112-19; Alvin Plantinga, *Warrant and Proper Function* (New York: Oxford University Press, 1993), chaps. 11-12.

[3] 이것은 도운(William Graham Down)에게 보낸 1881년 7월 3일자 다윈의 서신에 나온다. *The Life and Letters of Charles Darwin Including an Autobiographical Chapter*, ed. Francis Darwin, 2 vols(London: John Murray, Albermarle Street, 1887), 1:315-16.

은 기획 의도와 일치하며 그리고 이 능력의 기획 의도가 진리를 획득하는 것을 목적으로 하는 오직 그러한 경우뿐이다("오직 그 경우에만"은 "만약~라면 그리고 오직 그 경우에 한해서"를 의미한다).

여기서 요점은 플랜팅거에 따르면 보증은 규범적 개념이라는 것이고, 보증의 본질적인 부분은 우리의 능력이 적절하게 기능하고 있다는 점 다시 말해서 그 능력이 기능해야 하는 대로 기능하고 있다는 점이다. 적절한 기능은 규범적이기 (우리의 능력이 기능해야 하는 대로라는 관점에서 이해되는 것이기에) 때문에 "적절한 기능"은 인간 능력이 사실적으로 기능하는 통계학적으로 통상적인 또는 정상적인 그런 방식에 대한 단순한 기술로 이해될 수 없다.

이 두 개념(규범적 기능 vs. 통계학적 통상적 기능)은 동일한 것이 아니다. 어떤 사람은 기능해야 하는 방식대로 기능한 감각적 지적 능력을 가질 수 있고 만일 그 밖의 다른 모든 사람이 제대로 기능하지 않는 능력을 소유했다면 그는 그 방식대로 기능하는 유일한 사람일 수 있는 셈이다. 마찬가지로 사람들은 대다수의 사람들의 능력이 결함이 있다면, 작용해야 하는 대로 작용한 능력을 가지지 않고서도 통계학적으로 통상적 방식에 따라 기능한 능력을 소유할 수 있다.

이제 적절한 기능의 개념이 어떤 것이 기능해야 하는 방식대로 기능하는 것으로 이해되었으므로 그 개념의 의미는 지능에 의해 기획되는 인공물에 대해 분명해지게 된다.

왜 그런가?

그 이유는 어떤 것이 기능해야 하는 방식대로 기능한다는 주장은 그것이 기능하도록 기획된 대로 기능한다는 견지에서 쉽게 이해되기 때문이다. 엔진은 그것이 기능하도록 기획된 대로 기능한다는 점에서 적절하게 기능한다. 이제 지식이 보증된 믿음을 전제한다면 그리고 보증된 믿음은 그 믿음이 적절하게 기능하는 능력에 의해서 산출된 것이라고 전제한다면 그리고 적절하게 기능하는 능력의 개념이 어떤 방식으로 기능하도록 기획된다는 개념을 전제한다면 그때는 지식은 기획자를 전제한다.

자연주의자가 우리에게 빚지고 있는 것은 기획자의 생각을 피할 수 있는 능력으로서 적절하게 기능하는 인지적 감각적 능력을 인간이 가지고 있다는 것이 무엇을 의미하는가에 대해 설명하는 부분이다. 플랜팅거는 그들의 설명은 성공하지 못했다고 말한다. 하여간 그들은 모두 "적절한 기능"을 통계학적으로 정상적 통상적 방식으로 기능한다(예컨대 심장은 대부분의 심장이 기능하는 대로 기능한다면 정상적으로 기능하는 셈이다)는 견지에서 또는 문제의 기관이나 능력을 가지는 유기체의 생존 가치를 높이는 방식으로 기능한다는 견지에서 규정한다.

그러나 이렇게 한다고 해서 적절하게 기능하는 능력의 규범적 개념이 우리에게 주어지는 것은 아니다. 어쨌든 사람들은 진화론과 생존 가치의 견지에서 적절한 기능을 규정할 수 없다. 왜냐하면, 진화가 참이라고 할지라도 그것은 우연적 진리이기(진화는 거짓일 수 있었고 실로 거짓이라는 것이 가장 그럴 듯하다) 때문이고, 진화가 거짓이었다고 해도 적절하게 기능하는 능력은 있을 수 있기 때문이다. 그러므로 진화의 진리는 적절하게 기능하는 능력을 유의미하게 만드는 데 필요한 것일 수 없다. 우리가 적절하게 기능하는 능력에 대해 제시하는 설명이 어떤 설명이라고 해도 그 설명은 진화가 참인 가능 세계와 진화가 거짓인 세계에 적용되어야 한다.

어떤 대상, 말하자면 "적절하게 기능하는 능력"의 실재적 본질을 붙잡는 정의는 그 밖의 어떤 다른 요인(진화)이 참인가 아닌가에 좌우되어 규정되는 대상에 우연적으로 적용될 수 없다.

플랜팅거의 고소 이유는 우리가 여기서 제출할 수 있는 것보다 훨씬 상세하다. 그러나 그의 논증이 옳다면 그때는 진화론적 자연주의를 포함하여 형이상학적 자연주의는 거짓이 된다. 논점은 바로 이것이다. 즉, 지식이 존재한다면 그리고 적절하게 기능하는 능력이 지식의 필요 조건이라면, 그러고 나서 적절한 기능의 개념이 그러한 능력을 기획하는 존재를 요구하고 엄격한 자연주의적 용어로는 충분히 이해될 수 없다면, 우리는 형이상학적 자연주의는 거짓이라고 결론 내릴 수 있다.

이어서 플랜팅거는 진화론적 자연주의가 거짓이라는 것이 아니라 참이라고 하더라도 그것을 믿는 것은 여전히 비합리적이라는 것을 보여 주는 논증을 전개한다. 그는 자연주의적 진화론을 따라서 인간 존재, 그 구성 부분 그리고 인지 능력은 맹목적이고 마음도 목적도 없는 과정에 의해 발생하여 오로지 생존 가치와 증식 편의를 위해서만 선택된 것이라는 사실을 지적하는 데서 시작한다. 우리의 인지 능력이 이러한 방식으로 생겼다면, 그때는 그 궁극적 목적(위에서 본 바와 같이 한 가지 목적이 있다)은 우리가 어떤 방식으로 행동한다. 즉, 우리의 생존 기회가 많아지도록 영양분을 섭취하고 위험을 피하며 싸우고 번식하는 방향으로 적당하게 움직인다는 것을 보장하기 위함이다.

이러한 조망으로부터 믿음 그리고 참임이 확실한 믿음은 어떤 역할을 조금이라도 한다면 역할의 끄트머리에 자리하는 장식품에 지나지 않는다. 따라서 자연주의적 진화론은 우리의 인지 체계가 참된 믿음의 생산을 하나의 목적으로 가진다거나 사실상 우리에게 가장 참된 믿음을 공급한다는 사실을 의심하는 이유를 제공하는 셈이다.

그러나 혹자는 이러한 논의에 다음과 같은 방식으로 반론을 제기할 수 있지 않겠는가?

확실히, 신뢰할 만한 감각적 인지적 능력을 갖춘 유기체는 이러한 능력이 없는 유기체보다 생존할 수 있는 개연성이 높을 것이고 따라서 진화 과정은 신뢰할 만한 능력을 선택할 것이고 이를 존재하게 했을 것이다. 플랜팅거에 따르면 이것은 사실이 아니다. 즉, 우리의 능력이 신뢰할 만한 것이라는 개연성은 진화론적 자연주의가 사실이고 우리가 소유하는 능력들이 존재하게 되는 경우, 매우 낮은 개연성이거나, 우리가 모르는 것으로 남아야 하는 어떤 것이거나이다.

플랜팅거가 이렇게 생각하는 이유는 무엇인가?

진화는 적응 행동을 선택하는 것 같다. 그러나 우리는 참된 믿음을 산출하는 능력에 대해서도 똑같이 말할 수 없다. 왜냐하면, 진화론적 자연주의를 조건으로 하면 우리의 믿음(또는 가설적인 피조물이나 예를 들어, 원숭이의 믿음)과 우리의 인식 능력에 관해 적어도 배제될 수 없는 다섯 가지 나쁜 시나리오가 가능해지기 때문이다.

첫째, 진화 과정은 행동과 아무런 인과 관계도 없는 믿음을 산출할 수 있고 따라서 아무런 목적도 기능도 없는 믿음을 산출할 수 있는 셈이다. 이러한 경우 진화는 적응 행동을 선택하기는 하나 믿음은 한갓 부수 현상에 지나지 않고 목적도 기능도 없는 유기체의 물리적 상태의 "부유물"에 불과할 것이다. 믿음은 행동을 일으키지 않을 것이고 행동에 의해 일어나지도 않을 것이다. 따라서 믿음은 진화에 보이지 않고 사라지는 것이 될 것이다. 이러한 플랜팅거의 논증에 우리가 첨가하고 싶은 논점이 있다.

제13장과 14장에서 우리는 자연주의적 진화론이 생명 유기체의 물리주의적 관점을 함축하는 것으로 보인다는 것을 이해하게 될 것이다. 즉, 생명체는 다만 복잡한 물리적 대상이라는 것이다.

왜 그런가?

이러한 관점에 의하면 생명체는 오직 물리적 자재에 작용하는 물리적 진화 과정의 결과일 뿐이기 때문이다. 따라서 진화의 산물(생명체)은 오로지 물리적일 뿐이다. 그런데 적어도 두 가지는 물리적 실재가 아닌 정신적 실재인 것으로 보인다. 즉, 믿음과 믿음에 대한 우리의 관계가 그것이다.

우리의 믿음(예컨대 붉은은 색깔이다)은 그 믿음에 본질적인 어떤 정신적 내용(믿음의 의미 또는 명제적 내용)을 가진 마음 상태인 것 같다. 더욱이 인식하는 존재로서 우리는 본성상 물리적이 아닌 정신적 믿음에 대한 어떤 관계를 간직한다. 즉, 우리는 우리의 믿음을 파악하고 참여하며 긍정하고 주시하며 숙고한다. 따라서 믿음과 믿음에 대한 우리의 관계가 본성상 정신적이라면, 진화론적 자연주의는 아무런 믿음도 정신적 관계도 없다는 것을 함축하는 것 같다. 만일 믿음이 존재하지 않는다면, 믿음이 행동을 일으킨다거나 행동에 의해 믿음이 일어난다고 말하는 것은 거의 불가능한다.

둘째, 진화는 행동의 결과인 믿음을 산출할 수 있으나 행동의 원인인 믿음을 산출할 수 없다(전자의 경우에 믿음은 행동도 믿음도 아니었다). 이 경우에 믿음은 장식품과 같을 것이고 행동을 낳는 인과 연쇄의 일부도 아닐 것이다. 깨어났다는 믿음은 꿈이 지금의 나에게 가지는 관계보다 훨씬 더 심각할 것 것이다.

셋째, 진화는 인과적 효력을 가지는 믿음을 산출할 수 있다(믿음은 행동에 의해서 일어나고 또 교대로 행동을 일으킨다). 그러나 그것은 믿음으로서의 본질 말하자면 그 의미론 또는 정신적 내용에 의한 것이 아니라 믿음(또는 그 일부)과 연결되는 물리적 특성이나 구문론 에 의해서이다. 플랜팅거는 이를 예시하기 위해 시를 너무 큰 소리로 읽어 유리컵을 깨뜨리는 사람을 예로 들면서, 이러한 인과적 효력은 그 시의 의미나 내용에 의해서 산출되는 것이 아니라(인과적 효력을 가지는 믿음처럼 그 시의 의미나 내용은 인과적으로 무관하다), 읽는 사람의 입에서 나오는 소리의 진동에 의한 것이라고 증언한다.

넷째, 진화는 구문론적으로 의미론적으로(내용에 의해서) 사실상 인과적으로 유효한 믿음을 산출할 수 있다. 그러나 그러한 믿음과 믿음 체계는 적어도 두 가지 방식으로 부적응적일 수 있다. 일반적으로 피부 색소 결핍 환자와 같은 부적응 피조물은 종에게 고정될 수 있고 후손에게 전해질 수 있다. 마찬가지로 어떤 믿음 체계의 현존이나 믿음 형성의 성향은 부적응적일 수가 있고 종에게 계속 고정되어 후손에게 전해질 수 있다.

① 믿음은 피조물에게 생존 촉진 행동을 유발하는 고에너지 착란일 수 있다. 그러나 그것은 어떤 점에서는 행동을 산출하는 인과 관계가 믿음을 우회한 경우보다 더 비효과적이고 더 비경제적일 수 있다. 플랜팅거의 논지를 지지하면서 어떤 과학자들은 합리적 능력(예컨대 믿음 처리 체계)의 소유가 불리한 조건일 수 있다고 주장했다. 왜냐하면, 그러한 체계는 신경 체계와 연결된 정보 처리 능력의 증대를 요구하고 출생전으로나(그러한 체계는 보다 길고 보다 취약한 임신 기간을 요구한다) 출생후로나(그러한 체계는 양육과 교육에 보다 긴 시간을 요구한다) 번식에 불리한 것이기 때문이다.

② 믿음은 직접적으로 부적응 행동을 산출할 수 있다. 그러나 유기체는 어떻게 해서든 다른 중요한 요인 덕택에 살아남을 수 있다.

다섯째, 진화는 믿음의 내용에 의해서 인과적으로 효력이 있고 적응 능력이 있는 그런 믿음을 산출할 수 있다. 그러나 이 경우에 우리는 여전히 다음과 같이 물을 수 있다.

"즉, 그러한 믿음을 산출하는 인식 능력이 참된 믿음을 가지게끔 인도하는 믿을 만한 안내자라는 것은 있음직한 일인가?"

플랜팅거는 그렇게 높지 않다고 말한다. 그 이유를 알기 위해 우리는 믿음은 행동을 직접적으로 산출하지 않는다는 점을 주목할 필요가 있다. 오히려 믿음, 욕망 그리고 다른 요인들(예컨대 감각, 의지 작용, 또는 인격) 전체가 행동을 산출하는 것들 가운데 함께 존재한다. 플랜팅거는 선사 시대 인간 폴을 생각해 볼 것을 권유한다. 폴의 생존은 호랑이를 피하는 다양한 유형의 행동(예컨대 도주, 잠복)을 개시하는 것을 요구한다. 이러한 행동을 B라고 부르자. 그런데 B는 잡아먹힐 운명에서 벗어나는 기회를 증대시킬 것이라는 참된 믿음 이외에 잡아먹히는 것을 피하고 싶은 폴의 욕망에 의해서 일어날 수 있다.

그러나 끝없이 많은 다른 '믿음-욕망' 체계가 비록 거짓된 믿음(그리고 잘못된 욕망과 부정확한 감각적 경험)을 포함하고 있더라도 B를 역시 쉽게 산출할 수 있다. 예를 들면, 폴은 잡아먹히는 생각을 좋아하지만 호랑이가 자기를 잡아먹는 일이 일어나지 않을 것 같다고 생각하기 때문에 좀더 나은 곳을 찾아서 항상 호랑이를 피해 달아난다. 혹은 호랑이를 친절한 큰 고양이라고 생각하고 귀여워하기는 하나 역시 귀여워하는 가장 좋은 방법이 피해 달아나는 것이라고 믿는다. 아니면 호랑이에게 달려가는 것을 호랑이를 피해 달아나는 것이라고 혼동할 수도 있다. 이 모든 '믿음-욕망' 체계는 생존에 관한 한 폴의 몸을 안전한 장소에 놓아 둘 것이다.

그러나 그 대부분이 그렇게 하기 위해 참된 믿음을 포함할 필요는 없을 것이다. 플랜팅거의 논지를 정교하게 다듬는다는 의도에서 진화론의 조망에서 보면 유기체는 믿음, 욕망, 감각과 의지에 관한 한 블랙 박스이다. 적절한 상황을 조건으로 해서 (생존 목적으로) 바른 방향으로 움직이는 유기체는 자기 주위 세계에 대한 참된 믿음이나 정확한 감각을 가질 필요가 없다. 따라서 참된 믿음을 규칙적으로 산출하는 믿을 만한 능력의 소유는 생존의 조건에 필요한 것이 아니다. 이 점이 특별하게 사실로 드러나는 때는 추상적 문제에 대한 참된 믿음을 가지거나 지적 이론 예컨대 진화론 찬반 논증을 구성하는 능력을 포함하여 철학적 반성, 과학적 이론화 등등에 참여하거나 할 수 있는 능력이 문제되는 경우이다. 이러한 능력은 번식의 편의와 생존을 구속하는 요소로서 요구됨직한 것들을 넘어선다.

이제 이 다섯 가지 시나리오는 각각 가능하다. 그리고 우리의 인식 장비의 신뢰 가능성에 대한 나은 증거가 없다면, 이러한 능력을 신뢰할 수 있을 개연성은 진화론적 자연주의와 우리가 소유하는 능력을 조건으로 하는 한, 매우 낮거나 아니면 우리들이 모르는 것으로 해야 하는 것이 된다. 따라서 진화론적 자연주의는 우리의 인식 장비의 신뢰 가능성을 믿는 우리의 근거를 제거하는 즉, 도려내는 무효자로 사용된다.

플랜팅거는 이것을 어떤 사람이 공장에 들어가서 일관 작업대가 외견상 빨간 소형 부품을 운반하는 것을 보고 난 후에 그 사람에게 이 소형 부품은 모든 것을 붉게 보이게 하는 다채로운 적색 불빛을 받고 있다는 말을 들려주는 경우에 비유한다. 그 사람 앞에 주어진 소형 부품은 여전히 적색일 수 있다. 그러나 그 사람은 그것을 믿는 아무런 근거도 가지고 있지 않을 것이다. 그는 그러한 믿음을 도려내는 무효자를 스스로 소유하고 있다.

혹자는 우리는 우리의 인식 장비를 믿는 근거를 진화론과는 별도로 소유하고 있으며 다시 말해서 우리는 항상 참된 믿음을 향한 추리 활동에 참여한다는 사실을 반론용으로 주장할 수 있을 것이다. 그러나 플랜팅거는 이러한 주장은 우리의 인식 장비를 믿는 이유를 제공하는 척하는 점에서 실용적으로 순환적이라고 말한다. 그러나 그 이유는 그러한 능력이 참으로 신뢰할 수 있는 경우에만 신뢰할 수 있는 이유가 된다. 내가 나의 인식 장비를 의심할 수 있게 되었다면, 나는 그 장비를 사용하는 논증을 제공할 수 없다. 왜냐하면, 나는 의심의 대상이 되는 바로 그 장비에 의존할 것이기 때문이다.

진화론적 자연주의자는 이 실용적 순환의 책임에 대해 다음과 같이 대응할 수 있다. 즉, 그는 진화론적 자연주의에서 시작하는 권리를 주장하고 플랜팅거의 논증을 이해하게 되어 그의 인식 장비를 불신하게 된다. 그러나 그와 동시에 그는 자신의 불신이 역시 플랜팅거의 논증 자체를 믿는 데 대해 자신이 가지고 있는 이유를 제거한다는 것을 깨닫는다. 마침내 더 이상 그는 자신의 인식 장비를 불신하는 이유를 가지지 않게 된다. 이에 대한 플랜팅거의 대응은 진화론적 자연주의가 사실상 흄이 오래 전에 주목한 것과 같은 마비된 변증법적 고리에 갇혀 있다는 것을 보여 주는 것이다.

> 이 [회의적] 논증은 정당하지 않다. 왜냐하면, 회의적 추리는 만일 존재할 수 있는 것이고 그 기묘함에 의해서 파괴되지 않는 것이라면, 마음의 연속적 성향에 따라, 동시에 강한 것이자 약한 것이기 때문이다. 우선 이성은 절대적 지배권과 권위를 가지고 법칙을 처방하고 공리를 부여하면서 왕권을 소유하는 것 같다. 그러므로 이성의 적은 이성의 보호 아래에서 피난처를 마련하지 않을 수 없고 이성의 오류 가능성과 무능을 증명하기 위해 합리적 논증을 사용함으로써 이성의 손과 인증 아래 어떤 방식으로 특허권을 얻지 않을 수 없다. 이 특허권은 일차적으로 권위를 획득하지만 이 권위는 이성의 현재적 직접적 권위의 제안으로서 파생되는 권위이다. 그러나 이 권위가 이성에 모순적인 것이라고 생각됨에 따라 자기 지배력의 강력과 자기 힘을 동시에 천천히 감소시키고 마침내 그 힘은 규칙적으로 정당하게 감소됨으로써 무로 사라지기에 이른다.[4]

회의주의를 반대하는 흄의 논증은 다음과 같이 풀어 쓸 수 있다. 즉, 우리는 이성을 신뢰하는 데서 시작한다. 그러나 나중에 우리는 그 신뢰를 반대하는 회의적 논증을 만나고 드디어 이성을 믿는 것을 중지한다. 그러나 일단 이렇게 하고 나면 우리는 더 이상 회의적 논증 자체를 받아들이는 그리고 이성에 대한 불신을 계속하는 이유를 가지지 않게 된다. 여기서 나는 이성을 다시 신뢰하기 시

---

4   David Hume, *A Treatise of Human Nature*, analytical index by L. A. Selby-Bigge, 2d ed. with text revised and notes by P. H. Nidditch (Oxford: Clarendon, 1978; first ed., 1888), book 1, part 4, section 1, pp. 186-87.

작하고 그러고 나면 회의적 논증은 다시 자기 자신을 주장하는 것을 반복한다.

우리는 악한 변증법적 고리에 들어갔으며 마침내 일종의 지적 마비에 도달하게 된다. 플랜팅거에 따르면 진화론적 자연주의자는 이와 동일한 종류의 고리에 갇혀 있다. 이것은 진화론적 자연주의가 우리의 인식 장비의 신뢰 가능성을 믿는 근거에 대해 궁극적으로 불패의 무효자라는 것을 보여 준다. 달리 표현하면 진화론적 자연주의는 자기 패배적이라는 것이다. 왜냐하면, 그것은 궁극적으로 불패하는(더 근본적인 고찰을 한다 해도 제거될 수 없는) 무효자(우리의 인식 장비를 신뢰하지 않는 근거)를 스스로 제공하기 때문이다.

진화론적 자연주의와 전통적 유신론이 우리의 선택권이라면, 이러한 조건은 전통적 유신론을 위한 논증을 제공하거니와, 전통적 유신론은 많은 것을 가르치지만, 합리적이고 선하다고 하는 하나님이 우리의 인식 장비를 기획했고 인지적 환경에 공헌하는 장소에 우리를 놓아두었다고 가르치며, 그리하여 우리는 그분과 그분의 세계에 관한 많은 지식을 가질 수 있다고 가르친다.

우리는 플랜팅거의 사고 노선에 반대하는 논증과 이에 대한 대응을 평가하는 과제를 여기서 수행할 수 없다. 그러나 한 가지는 언급되어야 한다. 우리의 인식 장비의 신실성은 이러한 능력의 본성, 기능 그리고 근원과 관련된 폭넓은 세계관적 고찰과 밀접하게 연관되어 있다. 따라서 회의주의의 문제는 적어도 부분적으로 서로 다른 세계관이 이 문제에 영향을 미치는 자료에 비추어 분석되어야 한다.

[요약]

　회의주의는 고대의 학술적, 퓌론적 회의주의로부터 현대의 회의주의에 이르기까지 기나긴 역사를 가지고 있다. 여러 가지 형태의 회의주의가 있다. 반복적 회의주의자는 단순히 당신은 어떻게 아는가라는 질문을 반복하고 메타 인식론적 회의주의자는 철학과 인식론 자체에 대해 회의적이며 발견적 회의주의는 인식론적 통찰의 개발로 이어지는 주요 안내자이다.

　지식 회의주의와 정당화 회의주의는 각각 지식과 정당화를 향하고 지식 또는 정당화의 발생, 이행 또는 원천에 대한 논증을 사용한다. 순전한 회의주의자는 회의주의를 더 확신하고 완화된 회의주의자는 더 한시적이다.

　전체적 회의주의자는 인간 사고의 어떤 영역에서도 지식은 없다고 주장하고 지역적 회의주의자는 회의주의를 특정한(또는 종류의) 대상, 능력 또는 내용에 국한한다. 일차 회의주의는 일상적 믿음에 초점을 맞추고 이차 회의주의는 우리가 안다는 것을 아는 앎에 집중한다. 회의주의자를 논박하는 것과 반박하는 것 사이에는 주요한 차이가 있다.

　세 가지 주요 회의적 논증이 진술되었다. 즉, 오류에 의거한 논증, 오류 가능성에 의거한 논증, 지식 이행에 관한 논증. 우리는 회의주의에 대응하면서 중점 영역이 기준의 문제였고 회의주의자, 방법주의자, 특수주의자 사이에 오고갔던 논쟁에 대한 적용의 문제였음을 보았다. 회의주의 논쟁의 일부는 우리의 인식 장비에 대한 신뢰에 관련되는 것이고 그 신뢰는 부분적으로 사람이 가지는 세계관 전반의 기능이다. 특히, 자연주의적 진화론은 우리의 인식 장비의 신실성에 대한 자신감을 정당화하는 자원을 끝내 소유하지 못하고 만다.

[기본 용어]

기준의 문제
논리적 "추측"
데카르트적 확실성
메타 인식론적 회의주의
무효자
반립 명제
반복적 회의주의
발견적 또는 방법론적 회의주의
방법론적 회의
방법주의
변증법적 고리
보증
순전한 회의주의
실용적으로 순환적
아타락시아
악무한 소급
에포케
오류에 의거한 논증
완화된 회의주의
이차 회의주의

인식적 "추측"
인식주의자
일단 정당화된
일차 회의주의
자연화된 인식론
적절한 기능
전체적 회의주의
정당화 이행 논증
정당화 회의주의
증명 책임
지식 회의주의
지역적 회의주의
통 속의 두뇌 논증
특수주의
퓌론적 회의주의
학술적 회의주의
확실한 권리
회의주의자 논박
회의주의자 반박

제5장

정당화의 구조

진리는 두 가지 방식으로 마음에 일어날 수 있다. 즉, 그 자체로 알려지는 것과 삼자를 통해 알려지는 것.

*아퀴나스, 『신학대전』(Summa Theologiae) IA. Q.84, A.2

실제로 강요받을 때 우리가 어느 곳 또는 어느 때나 사용할 수 있는 단 하나의 [진리의] 시금석이 있다. 정합성은 우리의 유일한 진리의 기준이다.

*블랜샤드, 『사고의 본성』(The Nature of Thought)

기초적인 이해를 사용하지 않고 정당화의 정합 이론을 구성하는 것은 생중계가 없었는데도 녹화 방송으로써 노래를 새롭게 녹음하는 것과 다르지 않다.

*치좀, 『지식론』(Theory of Knowledge), 3D ED.

1. 서론

앞에서 우리는 지식과 합리성의 본성, 지식과 정당화된 믿음에 대한 다양한 회의적 도전 그리고 지식과 정당화된 믿음에 대한 다양한 원천과 소견을 살펴보았다. 우리는 정당화와 정당화된 믿음의 인식적 개념들을 언급할 기회를 가졌고 적어도 그에 관한 두 가지 조항을 발견했다.

첫째, 사람들은 실제로 많은 영역의 인지 활동에서 정당화된 믿음을 가진다.
둘째, 정당화는 규범적 개념 즉, 적극적 인식 평가와 관계하는 개념이다.

우리가 어떤 믿음이 정당화를 가진다고 말한다면 그때는 인식론적 관점에서 적극적인 어떤 것을 말한다. 그리고 훨씬 그 이상으로 정당화는 지식의 필요 조건이다. 이 장에서 우리는 정당화와 정당화된 믿음의 구조를 심층적으로 고찰하고자 정당화에 대한 토대주의자 이론과 정합주의자 이론의 논쟁에 집중할 것이다. 약간의 서론적 언급 후에 우리는 순서에 따라 토대주의와 정합주의를 평가할 것이다.

인식 구조라는 용어는 어떤 사람 S가 믿는 일련의 전 명제를 대표하고 여기에는 S 자신과 그러한 믿음 사이의 관계(예컨대 S는 어떤 믿음에 기초해서 다른 믿음을 받아들인다)이외에 믿음과 믿음 사이에서 얻어지는 다양한 인식론적 관계(예컨대 사과가 빨갛다는 어떤 믿음은 그 사과가 유색이라는 다른 믿음을 포함한다)가 함께 포함된다. **토대주의**와 **정합주의**는 인식 구조가 어떻게 구조화되어야 하는가 말하자면 믿음이 그러한 인식 구조에서 그 구조를 소유하는 사람에게 어떻게 정당화되는가에 관한 규범적 이론이다.

우리 모두는 다른 믿음을 수용하는 것을 기초로 해서 어떤 믿음을 수용한다. 사라는 나뭇잎이 떨어지는 와스스하는 소리를 듣는다. 그녀는 바람이 불고 있다는 것을 깨닫는다. 바람이 불고 있다는 그녀의 믿음은 나뭇잎이 바스락거린다는 그녀의 믿음에 기초하며 또 그런 믿음에 의해 정당화된다. 바람이 분다는 둘째 믿음은 간접적이다. 즉, 최초의 믿음을 통해 또는 최초의 믿음에 의해서 간접적으로 정당화된다. 이제 우리는 다음과 같이 묻고 싶을 것이다.

바람이 불고 있다는 믿음을 정당화하는 것은 무엇인가?
그것은 제3의 믿음인가?
아니면, 감각적 경험 즉, 소리를 듣는 경험인가?

일반적으로 P, Q, R은 어떤 사람에 의해 수용된 세 믿음이고 P는 Q를 기초로 해서 정당화되고 Q는 R을 기초로 해서 정당화된다고 가정하자. 우리는 P는 Q를 기초로 해서 정당화되고 Q는 R을 기초로 해서 정당화되는 경우에 P, Q, R과 같은 믿음의 연쇄를 **인식의 연쇄**라고 부른다.

이제 우리는 R과 R의 정당화에 관해서는 어떻게 말해야 하는가?
네 가지 주요 선택권이 제시된다.

첫째, R은 S에 의해서 정당화되고 S는 T에 의해서 정당화 된다 등등. 대다수의 철학자는 이 선택을 수용하지 않는다. 왜냐하면, 그것은 악무한 소급을 보여 주게 되기 때문이다.

둘째, 혹자는 R에서 정당화의 연쇄를 멈추고 R은 정당화되지 않은 맹목적인 가정이라고 말한다. 대다수의 철학자들 역시 이러한 대안을 싫어했다. 왜 그런가? P와 Q에 대한 정당화는 궁극적으로 R에 대한 정당화에 의존하기 때문이다. R 자체가 정당화가 없고 단순한 맹신일 뿐이라면, 어떻게 R이 P와 Q를 정당화할 수 있는가? 정당화할 수 없다.

셋째, 사람들은 R에서 멈추고 어쨌든 R 자체는 정당화되는 것이기는 하나 어떤 다른 믿음을 기초로 해서는 아니라고 말한다. 아마도 R은 자명하거나 신뢰할 수 있는 방법으로 산출되거나 또는 감각적 경험에 근거를 두거나 하겠지만 결코 지각적 믿음에 근거를 두지는 않는다. 이것이 토대주의자가 취한 전략이다.

넷째, 사람들은 R은 P에 의해 정당화된다고 주장함으로써 정당화의 원을 그리거나 P, Q, R은 상호 지원 작용 체제로서 서로 정당화 한다고 주장함으로써 정당화의 거미줄을 형성할 수 있다. 이것이 정합주의자의 조망이다.

토대주의자와 정합주의자는 이 문제에 대해 서로 다르고 정당화된 믿음을 전개하는 인식 구조의 본성에 대해 경합을 벌인다.

첫째, 토대주의자의 경우 정당화의 인식 연쇄는 다른 믿음을 기초로 해서는 정당화가 되지 않는 믿음에서 멈춘다.

둘째, 정합주의자의 경우 어떤 믿음을 정당화하는 유일한 것은 다른 믿음이다. 더 구체적으로 말하면 문제의 그 믿음이 정당화되는 것은 올바른 방식으로 다른 믿음 "과 정합한다"는 사실에 있다.

우리가 이 두 가지 사상을 심층적으로 다루기 전에 **감각**과 **믿음**을 구별할 필요가 있다. 모든 철학자가 이 구별에 동의하는 것은 아니지만, 한 가지 전통적 설명에 따르면 감각은 경험하는 주체에 의해 소유되는 비명제적 경험이다. 어떤 사람이 적색의 감각을 가지면 그때는 그 사람에게는 적색 유형의 방식이 출현하는 것 같다. 그 사람은 자신의 의식 내에 어떤 감각적 속성 즉, 적색 현상으로 나타나는 속성을 가진다. 감각은 믿음을 포함하지 않는다.

약간 다르게 표현하면 **단순하게 보는 것은 ~으로서 보는 것 또는 ~라고 보는 것**을 요구하지 않는다. 사람들이 적색 사과를 보면 그때는 적색의 감각 즉, 적색 유형의 방식이 그 사람에게 출현한다. 사람들이 그 대상을 적색으로서 보면 그때는 "적색이다"는 개념을 소유하고 이를 지각의 대상에 적용한다. 마지막으로 사람들이 이것을 적색 사과라고 보면 그때는 이 대상은 적색 사과이다라는 명제를 수용한다(따라서 이 대상은 적색 사과이다라는 지각적 믿음을 가진다). 어떤 대상의 감각적 경험을 소유하기 위해 사람들은 그 마음 속에 개념이나 명제를 소유할 필요는 없다.

이와는 대조적으로 믿음은 명제의 수용을 포함한다. 아울러, 믿음은 그 사람이 문제의 그 믿음을 생각할 때 바로 그 사람에게 그 대상이 ~으로서 보여 지는 방식이다. 전통적 견해에 따르면 감각은 명제적이 아니지만 믿음은 명제적이다.

2. 토대주의

이런 저런 형태로 토대주의는 서구 철학사 전반에 걸쳐서 인식 정당화에 관한 지배적 이론이었다. 형태가 어떠하든 토대주의를 현재 옹호하는 철학자로는 R. 치좀(R. Chisholm), R. 아우디(R. Audi), A. 플랜팅거(A. Plantinga)가 있다.

토대주의자의 이론은 모든 지식은 **토대**에 의존한다는 개념에 의해 두드러진다. 더 구체적으로 말해서 토대주의자는 우리가 다른 믿음을 명증적인 기초로 삼아서 정당하게 수용하는 믿음들(예컨대 바람이 불고 있다는 믿음은 나뭇잎이 바스락거린다는 믿음에 명증적으로 기초해 있다)과 기초적인 방식으로 우리가 정당하게 수용하는 믿음들 즉, 반드시 전적으로 다른 믿음으로부터 얻는 지지를 기초로 하지 않는 믿음들 사이에는 근본적인 구분이 있다는 점에 주목한다.

1) 토대주의의 해설

토대주의자에게 모든 믿음은 **기초적**이거나 비기초적이거나이다. 기초적 믿음은 어쨌든 직접적으로 정당화된다. 모든 비기초적 믿음은 기초적 믿음과 유지하는 관계에 의해서 어떻게든 해서 간접적으로 정당화된다. 예를 들면, 13×12=156이라는 믿음은 비기초적이고 다른 믿음(예컨대 2×3=6)에 의해서 정당화된다.

토대주의를 묘사하기 위해 때때로 피라미드의 비유가 사용된다. 피라미드의 윗부분은 낮은 영역에 의해서 지탱되고 궁극적으로는 토대 말하자면 피라미드의 다른 부분에 의해서 지탱되지 않는 토대에 의해서 지탱된다. 그래서 비기초적 믿음은 토대가 되는 기초적인 믿음에 관계한다. 토대주의에 대한 이와 같은 간명한 묘사를 염두에 두고 토대주의의 세부 내용을 좀더 주의 깊게 살펴보자.

(1) 적절한 기초성과 토대

첫째, 토대주의에 따르면 **적절한 기초적 믿음**이라 불리는 믿음이 있다. 이러한 믿음은 다른 믿음에 의해 정당화되거나 기초되지 않는다는 점에서 기초적이다. 우리가 **증거**라는 용어를 "명제적 증거"의 의미로 사용한다면 그때는 증거는 어떤 사람 S가 명제를 믿고 이것이 다른 명제를 믿는 기초로서 사용되는 경우를 가리킨다. 적절한 기초적 믿음은 증거를 기초로 해서 믿어지지 않는다는 점에서 즉, 다른 명제에 대한 믿음에 기초하지 않는다는 점에서 기초적이다.

더욱이 믿음은 기초적이고, 이 믿음을 기초적인 것으로서 채택하는 것이 적절한 이유를 명세화하는 또 다른 어떤 조건을 중족시키는 오직 그 경우에만 적절하게 기초적이다. 우리는 자칫 이러한 조건들의 얼마를 아래에서 살펴볼 것이다. 그러나 지금의 논점은 어떤 낡은 믿음을 기초적인 것으로 채택해야 한다는 점이 아니라 기초적인 것으로 채택하는 것이 적절하면 그런 믿음은 기초적인 믿음이라는 점이다.

둘째, 토대주의자 사이에도 어떤 믿음이 토대의 자리에 놓이는가 하는 문제에 대해 차이가 있다.

고전적 토대주의자에 따르면 감각적 믿음 또는 이성의 진리에 대한 믿음만이 토대인 것으로 허용되어야 한다. 다른 토대주의자는 부가적 믿음 역시 토대이어야 한다고 주장한다. 예를 들면, 몇몇의 도덕적 믿음(예컨대 자비는 덕이다)과 신학적 믿음(예컨대 신은 존재한다)이다. 대강을 말하면 이성의 진리는 감각 경험과 독립해서 즉, 자기 정당화를 위해 감각 경험이나 감각적 믿음을 요구하지 않아도 알려질 수 있는 진리이다.

그 보기로서 수학적 진리(필연적 진리, 2+2=4), 논리학적 진리(필연적 진리, P이거나 Q이다. 그런데 P는 아니다. 그러므로 Q이다), 형이상학적 진리(필연적 진리, 적색은 색깔이다)를 들 수 있다. 마지막 보기에 관해 사람들은 필연적인 명제, 적색이 색깔이라는 명제를 이해하기 위해 요구되는 적색임이라는 개념을 형성할 수 있기 전에 적색의 감각 경험을 가질 필요가 있다.

그러나 사람들은 그 명제를 정당화하기 위해 감각 경험에 의존하지 않는다. 어느 전통에 따르면 토대가 되는 이성의 진리는 이성적 직관 말하자면 방금 예시된 명제들을 참으로 만들어 주는 사실에 대한 내적 자각이나 통찰에 의해서 정당화된다. 이러한 보기들의 경우 사람들은 문제의 그 진리를 단순하게 "알아본다" 즉, 이성적으로 직관한다.

더욱이 잠시 우리의 논의를 외부 세계에 대한 감각적 믿음에 국한한다 해도 **고대의 고전적 토대주의자**와 **근대의 고전적 토대주의자** 사이에는 차이가 드러날 수 있다. 아리스토텔레스와 아퀴나스를 위시한 고대의 고전적 토대주의자는 어떤 감각적 믿음은 감각에 명증적이고 토대적인 것으로 채택되지 않으면 안 된다. 예컨대 "내 앞에 나무가 있다" 또는 "적색의 대상이 탁자 위에 있다"와 같은 믿음이 그러하다. 이러한 믿음은 믿는 주체의 의식 밖에 있는 외부 세계에 존재하는 대상들에 관한 것이라는 점에 주목해야 한다.

데카르트를 비롯해 금세기의 치좀에 이르는 근대의 고전적 토대주의자는 다음과 같은 믿음이 토대이어야 한다고 주장한다.

① 나는 나무를 보는 것으로 보인다.
② 나는 붉게 나타나는 것 같다.

여기서 이 믿음들은 외부 대상에 관한 것이 아니라 대신에 **자기 현시적 속성** 즉(감각 상태 또는 사고 상태와 같은) 심리학적 속성이나 경험하는 주체 자신 내부의 의식 방식에 관한 것이다. ①과 ②는 어떤 것이 1인칭 조망에서 사람들에게 보이거나 나타나는 방식에 관한 것이다.

셋째, 토대주의자는 토대의 정당화가 얼마나 강한가에 대해 서로 입장이 다르다.

강경 토대주의자는 토대적 믿음은 오류 불가능하고 확실하며 의심 불가능이고 교정 불가능이라는 입장이다. 이러한 용어들이 모두 도달하고자 하는 곳은 동일하나 그 의미는 서로 조금씩 다르다. 어떤 사람이 믿음을 고수하고 그것이 오류라는 것이 불가능하면 그 믿음은 **오류 불가능**이다. 때로는 **교정 불가능**이라는 용어가 동일한 방식으로 사용된다. 믿음을 가지고 있는 사람이 그것을 교정할 입장에 결코 있지 않을 수 있는 경우에만 그 믿음은 교정 불가능이다.

확실성의 개념은 두 가지 다른 의미를 가지고 있다. 때때로 그것은 믿음이 고수되는 심리학적 확신의 깊이를 가리킨다. 반면에 적어도 믿음이 그 믿음에 대해 사실이라는 의미에서 그 믿음은 확실하다고 불리운다. 말하자면 그 믿음을 수용하는 것은 적어도 다른 믿음을 수용하는 것과 같이 동일하게 정당화된다. 마지막으로 **의심 불가능성**은 아무도 그 믿음을 의심하는 근거를 가질 수 없을 때 그 믿음이 가지는 특성을 지시한다.

강경 토대주의자의 경우 이러한 가족적 용어들의 논지는 믿음이 토대적인 자격을 획득하기 위해 될 수 있는 대로 강하게 정당화되어야 한다는 점과 어떤 "인식의 면역"을 보여 주어야 한다는 점에 있다. 그것은 교정에도 면역되어야 하고 합리적 의심 가능성에도 면역되어야 하며 잘못 믿을 수 있는 가능성에도 면역되어야 한다.

온건 토대주의자는 토대적인 믿음이 그와 같은 강력한 인식적 지위를 가져야 한다는 것을 부인한다. 이들에게 토대적인 믿음은 다만 **일단 정당화된 것**이어야 할 뿐이다. 매우 개략적으로 말해서 믿음이 일단 정당화되는 것은 어떤 사람이 믿음을 소유해서 이에 대한 정당화가 없다고 생각할 좋은 이유가 없는 경우에 한해서이다. 바꾸어 말해서 그는 믿음에 대한 정당화를 제거하기에 충분한 승산 있는 무효자가 있다고 생각할 이유를 가지고 있지 않다.

넷째, 토대주의자는 기초적 믿음이 적절하게 기초적이라고 간주되기 위한 필요 조건에 관해 서로 다르다.

토대주의자는 적절한 기초적 믿음은 다른 믿음에서 오는 증거에 기초할 수 있다는 것을 부인한다. 그러나 토대주의자는 적절한 기초적 믿음은 일종의 **근거** 즉, 다른 믿음이 가지는 기초와는 다른 어떤 기초를 가져야 한다고 여전히 주장한다. 적절한 기초적 믿음은 어떻게든 해서 기초를 가지게 되면 그때는 그 믿음에 대해 아무런 증거가 없어도(그 기초로서 사용되는 어떤 다른 명제가 없어도) 그 믿음은 적극적 인식적 지지나 정당화를 받아들인다.

어떤 토대주의자는 내부주의자이다. 내부주의는 적절한 기초적 믿음을 정초하는 조건이 인식 주관에 내재적이라고 주장한다. 예컨대 그 믿음은 "자기 명증적"이거나 모종의 감각적 또는 지성적 경험에 근거를 둔다. 예를 들어, 바람이 분다는 믿음은 나뭇잎이 바스락거린다는 믿음으로부터 지지 증거를 얻는다. 그러나 후자의 믿음은 그 근거가 "나타나는 방식" 즉, 감각적 경험(지금의 경우는 바스락거리는 소리를 듣는 것)이다.

13×12=156이라는 믿음은 2×3=6이라는 믿음으로부터 지지 증거를 확보했다. 그러나 후자의 믿음은 "자기 명증적"이다. 다시 말하면 사람들은 이 명제의 의미를 이해하게 되기만 하면 곧바로 그 명제가 참이지 않으면 안 된다는 것을 단순하게 "알아볼" 수 있다.

이 경우에 사람들이 "알아본다"는 것, 또는 경험한다는 것은 도대체 무엇인가?

아마도 경험되는 것은 어떤 광명이나 섬광 또는 어떤 명백성일 것이다. 아니면 그 명제가 참이라고 믿을 수밖에 없는 불가항력적 성향이 느껴질지도 모른다. 여하튼, 적절한 기초적 믿음은 인식하는 사람의 내부에 있는 어떤 것(경험)에 근거를 둔다.

또 다른 토대주의자는 외부주의자이다. 외부주의는 적절한 기초적 믿음을 정당화하는 근거 요인이 주관이 내적 접근을 해야 하는 믿음들이 아니라고 주장한다. 즉, 아마도 근거가 되는 믿음은 어떤 방식으로 일어나는 것이거나 믿을 수 있게 산출되는 것이다.

(2) 기초적 믿음과 비기초적 믿음과의 관계

이러한 관계에 대한 토대주의자의 조망을 명료화하는 것으로서 세 가지 중요한 문제가 있다. 우리는 이러한 관계를 기초지우는 관계(때때로 "~을 기초로 해서 믿어지는 관계)라고 부른다. 예를 들면, 나뭇잎이 바스락거린다는 믿음은 바람이 분다는 믿음과 기초지우는 관계이다.

첫째, 이 관계는 **비재귀적**이고 비대칭적이다.

어떤 관계가 비재귀적이라 함은 어떤 것이 자기 자신과 기초지우는 관계에 있을 수 없는 경우이다. 예를 들면, "~보다 더 크다"는 아무 것도 자기 자신보다 더 크지 않다는 것이므로 비재귀적이다. 이를 믿음에 적용하면, 어떠한 믿음도 자기 자신에 기초하지 않는다는 의미가 된다. 자기 명증적 믿음은 비록 직접적으로 정당화된다 해도 자기 자신에 기초하는 것은 아니다. 오히려 그것은 경험된 광명 또는 명백성, 느껴진 것, 그것을 믿는 불가피한 성향 또는 여러 가지 다른 방식에 근거를 둔다.

어떤 관계가 **비대칭적**이라 함은 A와 B가 주어져 A가 B와 기초지우는 관계에 있으면 그때는 B는 A와 기초지우는 관계에 있을 수 없는 경우이다. "~보다 더 크다"는 비대칭적이다. A가 B보다 더 크면 B는 A보다 더 클 수 없다. 이와는 대조적으로 "~와 동일한 크기"는 대칭적이다. 왜냐하면, A가 B와 동일한 크기이면 B는 A와 동일한 크기이기 때문이다. 비대칭을 믿음에 적용하면, A가 B의 기초라면 그때는 B는 A의 기초일 수 없다는 의미가 된다.

둘째, 기초지우는 관계의 강도에 관한 것으로 토대주의자들끼리 서로 다르다. 역사적으로 어떤 토대주의자는 기초적 믿음과 비기초적 믿음의 관계가 연역적 확실성의 관계라고 주장했다. 즉, 기초적 믿음은 비기초적 믿음의 진리를 포함한다. 그러나 대다수의 토대주의자는 오늘날 정당한 이유와 함께 이를 부인한다. 많은 적절한 기초적 믿음은 비기초적 믿음의 진리를 포함 또는 보장함이 없이도 지지한다. 나뭇잎이 바스락거린다는 믿음은 바람이 분다는 믿음을 포함하지 않는다. 즉, 전자는 참일 수 있지만 후자는 거짓일 수 있다. 이러한 이유로 해서 대다수의 토대주의자는 기초적 믿음과 비기초적 믿음의 관계에 대해 일종의 귀납적 관계를 허용한다. 토대주의자는 이러한 관계를 정확하게 명료화하는 문제로 약간의 어려움을 겪었다.

셋째, 토대주의자는 정합의 개념에 대해 정당화의 일정 역할을 허락한다.

나중에 우리가 정합주의를 검토할 때 정합이 무엇이라고 생각되는지에 관해 주의 깊게 살펴볼 것이다. 그러나 지금은 비기초적 믿음이 기초적 믿음에서 얻는 지지에 대한 토대주의자의 설명에서 정합에 주어지는 두 가지 역할만을 주목하면 된다.

① 정합은 부정적 기능을 담당한다.

사람들이 가지는 일련의 믿음이 부정합하다면, 즉 그것들이 논리적 모순을 포함하면, 그때는 그것은 그러한 일련의 믿음에 불리한 것이 된다. 예를 들면, 사람들이 적색 사과가 있는 주방 식탁을 왔다 갔다 하다가 열 가지 지각적 믿음을 구성해서 첫 아홉 가지 지각적 믿음은 사람들이 적색 대상을 보는 것 같다는 생각을 표현하고 마지막 열 번째 지각적 믿음은 사람들이 적색 대상이 아니라 청색 대상을 보는 것 같다는 생각을 표현한다고 해 보자.

그렇다면 이 열 번째 지각적 믿음은 나머지 아홉 가지 지각적 믿음과 정합하지 않을 것이고 이러한 상황은 주방 식탁 위에 실로 적색 대상이 있다는 믿음에 대한 기초로서 사용되는 일련의 기초적 믿음(그리고 보다 강경하게 말하면 마지막 열 번째 지각적 믿음)에 불리한 것이라고 생각된다.

② 이러한 일련의 믿음은 저마다 비기초적 믿음에 어떤 기초를 부여할 수 있다. 그러나 기초적 믿음 전체가 서로 잘 정합한다면 이것은 그 믿음 전체가 비기초적 믿음에 부여하는 적극적 지지를 증대시킨다. 예를 들면, 방금 예시된 개개의 지각적 믿음(예컨대 사람들이 지금 적색 대상을 보는 것 같다)은 실로 식탁 위에 적색 대상이 있다는 믿음에 어떤 지지를 제공한다.

그러나 열 가지가 모두 동일한 개념을 표현하면(그리고 이들 가운데 어느 것도 사람들이 청색 대상을 보는 것 같다는 것이 아니라면), 그때는 열 가지 믿음의 정합성은 식탁 위에 실제로 적색 대상이 있다는 믿음에 대한 기초를 증대시킨다. 따라서 토대주의자는 인식 정당화에 관한 자신의 전체적 이론에서 정합이 일정한 역할을 담당한다는 것을 허용한다.

2) 토대주의를 찬성하는 논증

(1) 정당화에서 경험과 지각적 믿음의 역할

외부 세계에 대한 감각적 믿음에 관해 어떤 토대주의자는 우리의 의식이 현실적으로 작용하는 방식과 그러한 몇몇의 믿음을 우리가 현실적으로 정당화하는 방식에 주의를 기울여보면 그때는 한 무리의 믿음(우리가 감각에서 경험하는 것과 밀접하게 관련되어 있는 믿음)의 둘레에 있는 감각적 경험과 지각적 믿음이 특전적인 인식적 지위를 가지고 있다는 사실이 명백해진다고 주장한다.

우리 자신의 감각에 대한 믿음이 교정불가의 것인가 하는 문제는 제쳐두고라도, 우리의 감각적 경험과 지각적 믿음은 직접적으로 정당화되는 것(근거를 가지는 것) 같고 보다 못한 기초적 믿음을 정당화하는 것 같다. 소리에 대한 사람들의 감각적 경험과 바스락거리는 소리를 자신이 듣고 있다는 지각적 믿음은 바람이 불고 있다는 믿음을 토대주의가 묘사한 방식으로 정당화한다.

정합주의는 경험에게 우리의 믿음의 정당화에 공헌할 수 있는 어떠한 여지도 허락하지 않는다. [왜냐하면, 정합주의자는 믿음과 그리고 오직 믿음만이 정당화를 수여하는 것이라고 주장하기 때문이다.] 정합주의는 지각적 믿음(사람들이 바스락거리는 소리를 듣는다는 믿음) 또는 감각적 경험이 정당화에서 차지하는 특별한 역할을 설명할 수 없다.

이러한 논점에 대해 정합주의자는 적어도 세 가지 방식으로 대응한다.

첫째, 대다수의 정합주의자는 **소여의 신화** 즉, 사실들이 선개념적, 선판단적 방식으로 의식에 직접 현존하거나 "주어진다"는 사상을 부인한다.

달리 표현하면 그들은 모든 지각은 이론이 실려 있고 ~로서 보거나 ~라고 보거나 하지 않고는 어떠한 봄도 없다고 주장한다. 그러나 이러한 주장에도 불구하고 우리는 사물을 직접적으로 볼 수 있다고 생각된다. 사람들은 머리 위로 날아가는 새를 의식할 수 있지만 시험 준비에 몰두하고 있어서 새를 인식할 수 없다. 그렇지만 나중에 사람들은 그 경험을 회억하며 새의 의식이 조금 전에 새를 보았다는 믿음을 정당화하는 데 사용될 수 있다. 또는 그렇게 사용될 수 있을 것 같다. 여하튼 지각에 이론이 실려 있다는 것은 토대주의자와 정합주의자 사이의 쟁점이 되는 부분이다.

둘째, 정합주의자는 어떤 믿음(예컨대 감각적 경험이나 지각적 믿음)을 직접적으로 정당화하기 위해 취해지는 무엇이든 간에 그것은 자칭 직접적 요인이 직접적으로 정당화하는 것으로서 기능하는 것을 가지고 있다는 사상을 정당화하는 논증을 소유하는 경우에만, 취해질 수 있다고 주장한다.

따라서 자칭 직접적 요인의 정당화는 이보다 높은 정당화 또는 메타 차원의 정당화를 요구하기 때문에 그 원래의 요인은 직접적으로 정당화되는 것이 아니라 모종의 메타 차원의 논증에 의해서 간접적으로 정당화되는 것이다. 예를 들면, 소리의 경험이나 사람들이 바스락거리는 소리를 듣는다는 믿음은 정당화할 수 있고 또 바람이 불고 있다는 그 밖의 다른 믿음을 정당화하는 것일 수 있기 전에 사람들은 전자의 믿음이 사실상 그러한 방식으로 기능한다는 논증을 먼저 소유하고 있어야 한다.

토대주의자는 이 메타 차원의 정당화가 어떤 믿음을 직접적으로 정당화하는 것처럼 보인다는 점을 정당화하기 위해 요구되는 것이라고 생각할 충분한 이유가 없다고 대답한다. 감각적 경험 또는 지각적 믿음은 비기초적 믿음(예컨대 바람이 불고 있다는 믿음)을, 사람들이 잠시 멈추어서 바람이 일고 있다는 사실을 찬성하는 논증을 구성함이 없이도 정당화할 수 있다.

셋째, 어떤 정합주의자는 심리학적 사실의 문제로서 감각적 경험은 믿음을 소유하지 않아도 가능하다고 주장한다.

그렇지 않으면 유아나 많은 종류의 동물(또는 전술한 새의 경우에서 보듯 어떤 환경에 처해 있는 어른)은 감각적 경험을 가질 수 있기 위해 믿음을 먼저 가져야 할 것이다. 이것은 불합리한 것으로 생각된다.

방금 언급된 존재들은 분명히 믿음을 가지고 있지는 않지만, 그러나 확실히 감각적 경험을 가지고 있는 것처럼 보인다. 그런데도 어떤 정합주의자는 지각적 믿음이 없는 감각적 경험의 존재는 다만 심리학적 사실일 뿐이고 인식론적 사실은 아니라고 말한다. 즉, 심리학적으로 말하면 경험은 믿음에 앞서 일시적으로 존재할 수도 있으나 인식론적으로 말하면 경험은 믿음에 근거를 주거나 정당화를 수여하는 것으로 사용될 수 없다.

토대주의자는 이 정합주의자의 셋째 주장에 대해 두 가지 방식으로 대답한다.

첫째, 토대주의는 감각적 과정이나 믿음 형성 과정이 현실적으로 일어나는 방식과 관련해 정합주의보다 더 일치한다는 정당화 이론인 것으로 보이고 이것이 정합주의에 불리하게 작용하는 것은 확실하다.

감각이 지각적 믿음 또는 보다 못한 기초적 믿음에 앞서 일시적으로 심리학적으로 일어날 수 있기 때문에 그때는 정당화 이론 즉, 지금 논의되는 토대주의는 이 사실을 자신의 정당화 이론에 적당하게 전유한다면 이 사실은 토대주의 이론에 유리한 것으로 계산된다. 지각적 믿음에 대한 감각적 경험의 심리학적 우선성은 정당화의 정합 이론에서 제시하는 임시변통에 불과하다고 토대주의자는 주장한다. 그렇지만 그것은 토대주의자의 입장과 자연스럽게 어울리는 것이다.

둘째, 토대주의자는 정합주의자가 믿음이 없는 감각적 경험의 존재를 인정하지 않을 수 없는 주요 이유가 그러한 인정은 우리의 주관적 삶이 우리 자신에게 자신을 현시하는 방식에 대해 더 낫게 반성하는 것에 해당하기 때문이라고 주장한다.

그러나 우리의 주관적 삶을 주의 깊게 기술해 보면 그 밖의 또 다른 것이 포함되어 있다. 즉, 그러한 감각적 경험이 자주 우리의 지각적 믿음에 근거를 제공하는 것으로 사용된다는 점이다. 정합주의자는 우리의 주관적 삶을 자기 자신에게 편리한 대로 자의적으로 설명하고 만다.

(2) 이성의 진리

토대주의자는 또한, 몇 가지 유형의 선천적 지식 특히, 이성의 자기 명증적 진리에 대한 우리의 지식이 토대주의와 잘 맞아 떨어지고 정합주의는 아니라고 주장한다. 그러한 지식의 사례로는 2+2=4는 필연적이라는 우리의 앎, A가 B보다 크고 B가 C보다 크면, A는 C보다 크다는 필연적이라는 우리의 앎이 있다. 이와 같은 사례들에서 사람들이 가지는 믿음이 정당화되는 것은 자신들이 믿는 어떤 다른 것들에서 나오는 정당화가 없는 정당화이다.

이러한 진리들은 "자기 명증적"이고 그 정당화는 직접적이다. 사람들은 그 진리들이 바로 이해되기만 하면 아마도 어떤 명백성이나 그것들을 믿는 강한 성향이나 그렇다고 느껴진 성향을 의식함으로써 필연적 진리라는 것을 단순하게 "볼" 뿐이다. 이러한 논증은 정합주의자가 특별히 대답하기 어려운 부분이었다. 결과적으로 대중적인 정합주의자의 반응은 자신의 정합주의를 감각적 경험에만 국한하는 조정 결과이고 이성의 진리에 대한 지식을 포함하는 것이 아니었다.

(3) 소급 논증

소급 논증을 이해하기 위해 앞에서 언급된 인식의 연쇄를 회상해 보자. 믿음 P는 믿음 Q에 기초하고 믿음 Q는 다시 믿음 R에 기초한다. 이러한 연쇄를 이해하는 네 가지 선택이 주어질 수 있다. 첫 둘은 분명하게 불충분하다. 악무한 선택(R은 S에 기초하고 S는 T에 기초하며 이러한 과정은 무한히 계속된다)과 맹신하는 입장(소급이 R에서 멈추고 R은 맹목적 믿음에 의해서 수용된 정당화되지 않는 맹목적 가정으로 채택된다)이 그것이다. 이제 두 가지 대안만이 남게 된다.

토대주의(R은 기초적인 것 말하자면 정당화된 것으로 취해지고 그러나 어떤 다른 믿음에 기초하지 않는다)와 정합주의(R은 P에 기초하거나 또는 P, Q, R 사이의 상호 정합적 관계에 기초한다)가 그것이다. 그러나 토대주의자는 정합주의자가 인식의 연쇄를 취급하는 방식은 악순환에 빠지는 것으로 판명된다고 주장한다. 따라서 이러한 연쇄를 석명하는 유일한 합리적 대안은 토대주의자의 길이다.

그러나 사람들은 왜 정합주의자가 악순환에 빠진다고 생각해야 하는가?

토대주의자의 논증을 이해하기 위해 A가 B의 존재를 일으키는 경우에 주의를 집중해 보자. 이러한 사례로서 다음을 주목해 보자. 즉, A는 B와 인과적 관계에 있다. 그런데 그러한 인과적 관계는 비재귀적이다. A는 자기 자신을 일으킬 수 없다. 왜냐하면, 이것은 A가 자기 존재를 일으키기 위해 자기 존재에 앞서 존재해야 하는 것을 요구할 것이기 때문이다. 이것은 불합리하다. 이것은 또한, 비대칭적이다. A가 B를 일으킨다면, 그때는 B는 A를 일으킬 수 없다. 왜냐하면, B가 이미 존재하지 않는 한, A가 존재하게 될 수는 없기 때문이다.

그러나 B가 존재하기 위해서는 반드시 A가 B를 존재하도록 해야 한다. 따라서 A는 B로 하여금 A를 일으키도록 하지 않으면 안 될 것이다. 요컨대, A는 스스로를 존재하게 만들어야 할 것이다. 이것은 불합리하다. 이제 인과적 관계가 비재귀적이고 비대칭적이라면, 그때는 그 관계는 비순환적이지 않으면 안 된다. 즉, A(손의 움직임)가 B(빗자루의 움직임)를 일으키고 B가 C(쓰레기의 제거)를 일으키면, 그때는 C는 A를 일으킬 수 없다. 왜냐하면, 이것은 A가 스스로를 일으키도록 어떤 역할을 맡았다는 주장과 사실상 다를 바 없을 것이기 때문이다.

이제 "기초적 관계"(P는 그 기초 또는 정당화가 Q라는 믿음에 있다)라고 부르는 인식적 관계는 비재귀적이고 비대칭적인 셈이다. 따라서 적어도 몇 가지 유형의 정합주의자식 정당화는 악순환에 빠진다. 왜냐하면, P가 Q에 기초하고 Q는 R에 기초하며 R은 P에 기초한다고 주장할 때 정합주의자는 개개의 믿음이 적어도 부분적으로는 자기 자신에 기초한다는 것을 암시적으로 주장하고 있기 때문이다.

이러한 방식으로 우리는 기초적 지각적 믿음 또는 기초적 감각적 경험에 대한 토대주의자의 개념이 일종의 인식론적 "부동의 동자"라는 것을 보게 된다. 그것은 자기 자신에 대해 자기 이외의 다른 것에 의해 정당화를 수여할 필요는 없지만 다른 믿음에는 정당화를 수여한다. 이 장의 후반부에 가서 우리는 정합주의를 보다 상세하게 검토할 것이고 저러한 논증을 피해가려는 정합주의자의 시도를 살펴볼 것이다.

3) 토대주의를 반대하는 논증

(1) 토대의 교정 불가능성

고전적 토대주의에 대한 주요 반론은 어떠한 교정 불가능(또는 오류 불가능한, 확실한, 의심 불가능한) 믿음도 없다는 주장이다. 강경 토대주의 비판자들은 자칭 교정 불가능한 믿음이 교정 가능하거나 오류 가능한 것으로 판명되는 방식을 제시하고 이러한 반대 사례들을 교정 불가능한 믿음의 존재에 반대하는 논증으로 사용한다.

토대주의자는 이러한 전략에 대해 두 가지 방식으로 대응한다.

첫째, 어떤 토대주의자는 이러한 비판을 받아들이고 온건 토대주의를 채택한다. 온건 토대주의는 기초적 믿음을 일단 정당화된 것으로 보되 교정 불가능한 것은 아닌 것으로 받아들인다. 토대주의의 본질은 적절한 기초적 믿음의 존재이고 기초적 믿음과 비기초적 믿음 사이의 비대칭성이지, 적절한 기초적 믿음에 의해 소유된 힘의 정도가 아니다. 따라서 토대주의와 정합주의의 논란은 교정 불가능한 믿음의 존재 문제를 최우선적으로 삼아서는 안 된다.

둘째, 어떤 토대주의자는 그러한 쟁점에 관한 논증에 응답하고 교정 불가능한 믿음의 존재를 재차 주장하고자 시도한다. 이러한 대화를 이해하기 위해 어떤 사람이 적색 감각을 가지고 있다 즉, 어떤 사람이 적색으로 나타나고 있다고 가정해 보자. 이제 그 사람은 자기 자신의 감각적 경험을 반성하고 자신이 적색으로 나타나고 있다고 믿는다면, 그때는 그러한 믿음이 교정 불가능하다면 그는 적색으로 나타나고 있는 중이다.

일반적으로 만일 존재 R이 자기 현시적 속성(예컨대 적색으로 나타나고 있음)이고 사람 S가 R(예컨대 S는 적색으로 나타나고 있다)이라면 그리고 이에 근거해서 S가 자기 자신이 R이라고 믿는다면, 그때는 그가 R이라는 것은 S에게 교정 불가능한 것이다.

자기 현시적 속성이 심리학적 속성이요 의식의 방식이며 1인칭 정신 상태의 속성이라는 사실을 기억해 두자. 감각적 속성은 자기 현시적이다. 전술한 진술대로 R은 적색의 감각적 경험, 보다 정확히 말해서 적색 상을 가짐이라는 속성, 더 편하게 말한다면 적색으로 나타나고 있음이라는 속성일 것이다. 따라서 사람 P가 적색으로 나타나고 있고 그리고 이 감각적 상태에 근거해서 P가 자기 자신이 적색으로 나타나고 있다고 믿는다면(그가 자기 자신의 감각을 반성하고 그러한 믿음을 형성한다면), 그때는 그가 사실상 적색으로 나타나고 있다는 것은 S에게 교정 불가한 것(즉, 오류 불가한 것)이다.

이것은 사람들이 자신의 감각적 상태를 교정 불가하게 알 수 있다는 사상이다. 그러나 이러한 사상은 제한될 필요가 있다. 왜냐하면, 여기에는 어떤 오류의 원천이 있는 것 같기 때문이다.

첫째, 사람들은 기억력이 떨어지고 과거의 감각들을 잘못된 방식으로 정리하여 현재의 감각에 대한 거짓된 믿음을 소유할 수 있다. 따라서 사람들은 자신의 현재의 적색 감각을 과거의 귤색 감각과 잘못 비교할 수도 있고 (약화된 기억으로 인해서) 이것은 (귤색) 감각과 같은 것이라고 잘못 믿을 수도 있다. 어떠하든지 간에 사람들은 현재의 감각을 타인에게 보고할 때 잘못된 단어(귤)를 사용할 수도 있다.

둘째, 사람들은 시각 영역에서 감각을 가질 수 있으나 선입견과 부주의로 인해서 주목하지 못하고 나중에 감각을 가졌다는 것을 부인할 수 있다. 이 경우에 사람들은 감각을 모호하게 아니면 아마도 분명하게 의식할 수 있다.

셋째, 사람들은 오류의 원천으로 사용되는 모호한 감각을 분명하게 의식할 수 있다. 따라서 사람들은 150 미터 전방의 사람을 의식하고 그 사람과 얼굴이 지각자에게 모호하고 불명확하게 나타나서 자기 친구 빌을 감각하고 있는 것이라고 잘못 믿을 수 있다.

넷째, 사람들은 매우 복잡한 감각을 하나의 전체로서 취하지만, 오류의 원천일 수 있는 매우 복잡한 감각으로서도 가질 수 있다. 왜냐하면, 그 감각 전체에 관한 사람의 믿음의 얼마는 기억의 사용을 필요로 하기 때문이다. 따라서 사람들은 벽 위에 찍힌 24개의 점을 의식할 수 있으나 자신의 감각은 22개의 점만이 자기에게 보이는 그런 감각이라고 보고할 수 있다.

이 경우에 그는 자신의 시각 영역에 나타난 점을 계산해야 하고 하나씩 계산함에 따라 수많은 다른 감각들을 현실적으로 가지고 있으나 계산된 점들에 대한 과거의 감각을 자신의 기억 속에 품으면서 계산을 마치게 된다. 오류가 기억의 잘못으로 인해서 발생할 수 있었던 셈이다. 이제 강경 토대주의자는 이 모든 것을 인정할 수 있다. 그러나 여전히 다음과 같이 묻는다.

즉, 우리가 단 한번의 주목 행위로(그 자체로 적색으로 나타나고 있는 상태와 같은) 그 전체가 마음 앞에 나타날 만큼 단순한 감각들에만 제한한다면 그가 자기 자신이 적색으로 나타나고 있다고 믿고 있고 그 사람의 믿음이 그 현상에 근거하고 있는데도 이러한 상태에 대해 오류를 범할 수 있는가?

아마도 어떻게 오류를 범할 수 있는가를 아는 것은 어려울 것이다. 비판자들은 이러한 경우에 사람들이 오류를 범할 수 있다는 것을 보여 주는 반대 사례들을 제공한다. 예를 들면, 혹자는 자신이 적색으로 나타나고 있다는 그 사람의 믿음이 그 믿음에 내용이 있도록 할 수 있기 전에 두 가지 중에 한 가지 또는 두 가지 모두가 참이어야 한다고 주장한다.

첫째, 사람들은 어떤 것이 현재의 감각을 과거의 유사한 감각과 비교함으로써 파생된 적색의 감각이라는 것이 무엇인지에 대해 일반적 개념을 가지고 있어야 하고 그리고 나서 현재의 감각은 적색의 감각의 분류에 정확하게 일치한다고 판단하는 데로 나아가야 한다.

둘째, 자신이 적색으로 나타나고 있다는 그 사람의 믿음이 내용을 가질 수 있기 전에 그는 언어를 통달하지 않으면 안 되었다(예컨대 그는 "나타나고 있음", "적색" 등을 사용하는 법을 안다). 왜냐하면, 사람들은 언어로만 사고할 수 있기 때문이다.

비판자들은 계속해서 사람들은 언어를 사용하지 않는다면 자신의 감각이 무엇인지를 타인에게 보고할 수 없다는 것이 확실하다고 말한다. 어느 한 쪽이든 간에 사람들은 잘못된 방식으로 언어를 항상 사용할 수 있기 때문에 오류의 원천은 존재한다. 이러한 논증은 두 가지 모두 잘못된 것처럼 보인다.

첫째 논증인 언어에 관한 논증을 말하면 그 사람은 현재의 감각이 무엇인지를 의식할 수 있기 전에 또는 그에 관한 믿음을 가질 수 있기 전에 이것을 다른 감각과 먼저 비교해야 하는 것은 아니다. 두 가지 이유가 있다.
한 가지는 이러한 사상이 정당화의 악무한 소급에 귀착한다는 것이요 많은 사람에게 명백한 것을 허락하지 못하고 만다는 것이다. 다시 말해서 사람들은 비교적 판단을 하지 않고서도 어떤 것을 직접적으로 단순하게 의식할 수 있고 그에 관한 믿음을 형성할 수 있다. 다른 한 가지는 이러한 사상은 정확한 후진 배열식 순서를 가지고 있다는 것이다. 사람들은 기억과 유사 판단이 기초하고 있는 감각의 집합(예컨대 모든 적색 감각의 집합)을 형성할 수 있기 전에 먼저 개개의 감각에 대한 믿음을 의식할 수 있고 형성할 수 있어야 한다는 것이다.

둘째 논증인 언어에 관한 논증을 말하면 그 논증은 사람들이 언어로 사고해야 한다고 잘못 가정하고 있다. 그러나 이것은 사실인 것처럼 보이지 않는다. 사람들은 자주, 마음을 스치는 감각적 기호 없이도 자신들이 신속하게 생각하고 있다는 것을 경험한다. 유아들과 다른 피조물들은 언어를 습득하지 않아도 사고할 수 있는 것처럼 보인다.

더욱이 사람들이 언어 없이 사고할 수 없다면, 어떻게 언어를 먼저 배우고자 언어 안으로 들어갈 수 있겠는가?

끝으로 우리는 나의 현재의 감각(아마 틀림없이 교정 불가의 것일)에 대한 참된 믿음을 가지는 것과 어떤 다른 사람에게 감각(잘못 보고하거나 전술한 오류의 원천으로 인해서 오류의 것일)을 말해 주기 위해 언어를 사용하는 것을 서로 구별해야 한다. 이 두 가지는 서로 다른 것이다.

교정 불가능성에 대한 또 다른 **반대 사례**는 바로 이것이다. 즉, 어떤 두뇌 생리학자가 사람의 두뇌의 특정 부분을 그 사람이 적색으로 나타나고 있음과 연결해 놓고 그 부분을 점검하기 위해 신뢰할 수 있는 기계를 사용할 수 있었다고 가정해 보자. 이제 그 사람은 자신이 적색으로 나타나고 있었다고 믿었으나 두뇌 모니터는 다르게 지시하고 있었다고 가정해 보자.

이 경우에 그 사람은 잘못할 수 있었던 것이 아닌가, 그래서 그는 자신의 현재의 감각에 대해 교정 가능한 믿음을 가질 수 있었던 것이 아닌가?

이에 대한 대답으로는 이 논증은 선결 문제를 요구한다는 점을 지적할 수 있다. 이러한 믿음이 교정 불가능하다면, 두뇌 생리학자는 그 사람이 적색의 감각을 가지고 있지 않았다고 계속 주장해서는 안 된다. 결국, 두뇌 생리학자의 모니터는 그 사람의 두뇌가 이것저것을 하고 있었던 동안 피실험자가 무슨 감각을 가지고 있었던지에 대해 두뇌 판독과 1인칭 보고를 연결시킴으로써 진행되고 있었던 것이다. 따라서 모니터의 신뢰 가능성은 일차적으로 1인칭 보고의 정당화에 기초하는 셈이다. 이것이 1인칭 보고의 권위를 훼손하는 데 사용된다면 역시 모니터 자신의 신뢰 가능성도 훼손시키는 셈이다.

요약하면 교정 불가능성에 반대하는 논증은 결정적인 것은 아니지만 철학자들은 이 문제에 대해 서로 엇갈린다. 그렇지만 아무런 교정 불가능한 믿음이 없다 할지라도 귀결되어 나오는 모든 것은 온건 토대주의와 대립하는 것으로서 강경 토대주의가 곤경에 처한다는 사실이다.

(2) **모든 지각은 이론을 부담한다**.

이 논증은 모든 지각은 이론이 실려 있다는 주장과 다를 바 없다. 결국, 그것은 ~로서 보는 것 또는 ~라고 보는 것 없이는 어떠한 봄도 없다는 주장이 되고 따라서 아무런 감각적 경험도 없고 해석되지 않은 자료는 없으며 아무 것도 의식에 그저 "주어지지" 않는다는 주장이 된다. 나아가서 모든 지각적 믿음 그리고 실로 믿음이라는 모든 믿음은 모종의 이론적 해석을 포함한다.
이로부터 두 가지가 나온다.

첫째, 어떠한 지각적 믿음도 오류에서 면제되어 있지 않다. 왜냐하면, 적어도 원칙적으로 이론들은 변할 수 있고 해석들은 교정될 수 있기 때문이다.
둘째, 많은 것들 가운데서 이론들은 상관된 믿음들의 정합적 거미줄 또는 그물망이다. 지각적 믿음은 실제로 이론적 그물망의 일부이므로 어떤 이론 내의 다른 믿음과 정합함으로써 지지를 얻는다. 이것은 지각적 믿음이 토대주의자가 생각하는 기초적 믿음은 아니라는 것을 의미한다.

우리는 이미 이 장에서 지각이 이론을 부담하고 있는 문제를 살펴보았다. 여기서 주의할 주요 사항은 이 문제가 토대주의-정합주의 논쟁에 밀접하게 관련되어 있다는 사실이고 모든 지각의 이론 부담성을 전자는 부인하고 후자는 굳힌다는 사실이다.

(3) 정당화의 이행

마지막으로 정합주의자는 토대주의자가 기초석 믿음과 비기초적 믿음의 관계를 설명할 때 전자가 어떻게 정당화를 후자에 이행시키는가를 설명하는 방식에서 분명히 하지 못했다고 주장한다. 더욱이 현실에서 토대가 되는 믿음들은 우리가 믿는 것이 정당화되는 그 모든 것을 구축하는 데 충분한 바닥재가 되기에는 그 수와 내용이 지나치게 적다. 이러한 이유로 해서 토대주의는 거부되어야 한다.

첫째 반론에 관해 토대주의자는 과연 기초적 믿음(예컨대 탁자 주위를 걸으면서 형성된 다음과 같은 종류의 수많은 믿음 즉, 나는 지금 적색으로 나타나고 있다)과 비기초적 믿음(탁자 위에 적색 사과가 있다)의 관계를 분명히 하는 데 어려움을 겪은 바 있다. 이 관계는 연역적이 아니며(전자는 참일 수 있지만 후자는 거짓일 수 있다), 비기초적 믿음도 매거적 귀납에 의해 도달된 것이 아니다.
예를 들면, 사람들은 자기 앞에 적색 대상이 실제로 있었던 경우에 가지는 적색 감각의 수많은 사례를 귀납적으로 열거하고 그리고 나서, 현재의 적색의 감각과, 그러한 감각이 실제로 외부의 지각 대상과 상관되어 있는 빈도를 기초로,

아마도 내 앞에 지금 적색 사과가 있다는 주장으로 나아가는 것이 아니다. 토대주의자가 이 문제를 계속 풀고 있겠지만, 현재로서 말할 수 있는 최선의 것은 정합주의자가 "정합"의 개념을 명료화하는 노력에는 다양한 애매성이 있음으로 그 때문에도 그들이 더 잘하는 편이라고는 할 수 없다는 점이다. 우리는 이 점을 간단하게 살펴볼 것이다.

둘째 반론(현실에서 토대가 되는 믿음이 정당화의 충전적 기초로서 사용되기에는 그 수나 내용에서 너무 적다는 반론)에 관해 이 문제를 다루는 것은 이 장의 범위를 벗어난다. 그러나 토대주의자는 정당화의 세부적인 이론을 완성해야 하고 이 이론을 통해 토대적 믿음이 사실상 정당화의 체계를 구축하는 근거로서 충분하다는 것을 그럴 듯하게 제안하게 된다. 그리고 아우디, 치좀과 같은 토대주의자는 이미 그들이 그렇게 했다고 믿는다.

3. 정합주의

1) 정합주의의 설명

정합주의에 대한 우리의 취급은 토대주의에 대한 우리의 논의보다 더 짧을 수 있다. 왜냐하면, 문제의 많은 부분들이 이미 표면화되었기 때문이다. 이모저모에서 서로 다른 여러 가지 형태의 정합주의가 있으나, 그 본질은 기초적 믿음과 비기초적 믿음 사이에 아무런 비대칭도 없다는 사실이다. 모든 믿음은 서로 동등하고, 믿음의 정당화의 주요 아니 아마도 유일한 원천은 그 믿음이 우리의 인식 구조에서 다른 믿음과 특유하게 "정합한다"는 사실이다.

정합주의의 주요 사상가로는 F. H. 브래들리(F. H. Bradley)와 B. 블랜샤드(B. Blanshard)가 있고 근자에 와서는 키스 레러(Keith Lehrer)와 니콜라스 레셔(Nicholas Rescher)가 있다.

우리가 진술한 대로 정합주의는 인식의 정당화에 관한 이론이다. 그러나 항상은 아니지만 자주 정당화 정합 이론과 엉켜 있는 두 가지 다른 유형의 정합주의가 있다.

첫째, **믿음 또는 의미**의 정합 이론이다.

이것은 좌우간 믿음의 내용 즉, 믿음을 바로 그 믿음으로 만드는 것은 그 믿음이 믿음의 전 체계에서 담당하는 역할이라고 주장하는 이론이다. 이 입장은 때때로 전체적 의미 이론으로 불린다.

둘째, **진리**의 정합 이론이다.

대강을 말하면 이것은 명제가 참인 것은 그 명제가 일련의 정합 명제들의 일부이고 오직 그 경우에 한해서만 이라는 이론이다. 이 진리 이론은 **진리의 대응 이론**과 대립한다. 이것은 명제의 진리는 그 명제와 외부 세계와의 일치의 함수라는 이론이다. 진리 이론은 이 장의 후반부와 제6장에서 거론될 것이다. 지금으로서는 사람들이 정당화의 정합 이론과 진리의 대응 이론을 일관성 있게 함께 고수할 수 있다는 점만을 지적하고자 한다. 현재 우리의 관심은 전자에 있고 이를 자세하게 특징적으로 살펴보겠다.

(1) 정합주의와 교의론적 가정

교의론적 가정(그리스어 *doxa*, "믿음으로부터 나온")은 사람의 믿음을 정당화하는 유일한 요인이 그 사람이 지니고 있는 다른 믿음이라는 입장을 가리킨다. 이렇게 이해되면 정합주의(적어도 강경 정합주의를 말하는데 이에 대해서는 아래를 참조할 것)는 교의론적 가정을 받아들인다. 감각적 경험(예컨대 석색으로 나타나고 있음)은 그 자신이 믿음의 근거를 제공하는 데 아무런 역할도 하지 않는다.

심지어 지각적 믿음 그리고 일반적으로 믿음이라는 것은 경험과의 관계로부터 어떠한 정당화도 얻지 못한다. 사람의 감각적 능력의 적절한 기능과 같은 외부주의자의 요인도 정당화에서 아무런 역할도 하지 않는다. 오로지 믿음 또는 일련의 믿음이 다른 믿음에 정당화를 수여할 수 있다. 이것은 다른 많은 의미가 있겠지만, 모든 형태의 정합주의는 내부주의자 이론이라는 것을 의미하며 반면 토대주의자 이론은 그 방향이 내부주의자이거나 외부주의자이거나 둘 중의 하나일 수 있다.

(2) 기초적 믿음과 비기초적 믿음의 비대칭성은 없다

정합주의의 경우 어떠한 기초적 특전적 종류의 믿음(예컨대 나는 지금 적색으로 나타나고 있다와 같은 지각적 믿음을 표현하는 부류의 믿음)도 없다. 이러한 믿음은 다른 믿음으로부터 어떠한 정당화도 필요로 하지 않으면서 자기 자신의 믿음에 대한 정당화의 토대로서 사용되는 믿음이다. 우리의 인식 구조는 그 안에 그와 같은 비대칭성을 가지고 있지 않다(그리고 가져서도 안 된다).

피라미드가 토대주의자의 훌륭한 인식 구조를 묘사하기 위한 좋은 비유라면, 많은 사람은 뗏목이 정합주의자의 묘사를 위한 좋은 비유라고 생각한다. 더욱이 모든 감각적 경험은 이론 부담적이고 따라서 예를 들어, 나타나고 있는 방식과 같은 비명제적 방식이 아니라 지각적 판단인 것으로 드러난다. 사람들의 믿음을 전반적으로 살펴보면 다른 믿음보다 각별히 경험의 주위에 밀접해 있는 믿음들이 있을 수 있지만, 이것은 정도의 문제일 뿐 종류의 차이는 아니다.

(3) 정합 자체의 본성

여기서 기본 관념은 믿음을 정당화시키는 것이 그 믿음이 우리의 인식 구조에서 다른 믿음과 "정합하는" 방식이라는 점이다. 이를 좀더 낫게 표현하면 어떤 사람에게 믿음이 정당화되는 것은 그 믿음이 그 사람에게 정합적인 일련의 믿음의 일원이 되는 경우에 한해서이다. 정당화는 주로 개개의 믿음들의 특징이고 정합은 개개의 믿음들의 특징이 아니라 전체로서 취해진 믿음 전체의 특징이다. 예를 들면, 어떤 사람이 바람이 불고 있다는 것을 어떻게 아는가 하고 의아해 한다면 나뭇잎이 바스락거린다고 말할 수 있을 것이다. 그가 그것을 어떻게 아는가라고 물으면, 그는 나뭇잎이 바스락거리는 소리를 듣고 있다는 것을 안다고 대응할 것이다.

나아가서 그는 나뭇잎이 바스락거리는 소리를 듣고 있다는 것을 아는 것은 바람이 사실상 불고 있기 때문이라고 대응할 것이다. 바로 여기서 개개의 믿음은 일련의 정합적 믿음의 부분으로 됨으로써 정당화된다.

정합주의자는 정합이 무엇에 해당하는가에 대해 입장이 서로 달랐다. 이 점에서 그들은 기초적 믿음과 비기초적 믿음의 정당화 관계에 대한 최선의 설명에 대해 서로 달랐던 토대주의자와 같다. 거의 모든 정합주의자는 정합이 적어도 **논리적 일관성**을 의미해야 한다는 점에 동의한다. 즉, 그것은 일련의 믿음은 명시적으로 또는 암시적으로 모순 명제를 포함할 수 없다는 것이다.

그러나 이것만으로는 충분하지 않다. 어떤 사람이 자신이 나폴레옹이었다고 믿을 수 있고 그 밖의 모든 사람은 그 사람이 나폴레옹이었다는 것을 부인했다고 믿을 수 있으며 그들은 모두 거짓말하기로 공모했었다고 믿을 수 있다. 이것은 논리적으로 일관성 있는 일단의 믿음이기는 하나, 그 일단의 믿음의 일원에 대해 정당화를 수여하는 일단의 믿음이지는 않을 것이다.

다른 정합주의자는 정합이 포함해야 하는 조건들을 더 추가했다.

그 한 가지 후보자는 **포함 정합**이라는 것이었다. 즉, 일단의 믿음이 정합적인 것은 그 일단의 믿음의 개개의 구성원이 그 일단의 믿음의 다른 나머지 모든 구성원에 의해서 포함되면 된다는 것이다. 또 다른 보다 인기 있는 후보자는 **설명적 정합**이라 불린다. 즉, 일단의 믿음의 개개의 구성원은 그 일단의 믿음의 다른 구성원을 설명하는 것을 도와주고 또 그 다른 구성원에 의해서 설명된다는 것이다. 일단의 믿음이 수적으로 많아지면, 그 일단의 믿음의 정합(따라서 그 일단의 믿음의 개개의 구성원의 정당화)은 그 일단의 믿음 사이에 존재하는 상호 설명적 힘이 질과 강도에서 세차지면 증대한다.

여전히 다른 후보자가 있는데, 이것은 이른바 **개연성 정합**이다. 즉, 일단의 믿음이 정합적인 것은 그 일단의 믿음이 P라는 믿음을 포함하지 않고 그리고 P라는 믿음이 개연적이지 않다는 뜻이다.

(4) 정합 이론의 다양성

마지막으로 정합 이론의 분류는 다양한 형태의 정합 이론을 포함할 것이다.

첫째, **적극적 정합주의**와 **소극적 정합주의**가 있다.

전자에 따르면 어떤 믿음이 일단의 믿음과 정합하다면, 그때는 그것은 그 믿음에 대한 적극적 정당화를 제공한다. 여기서 적극적 이유는 어떤 믿음이 정당화될 수 있기 전에 요구되는 것인바, 정합은 그러한 정당화를 제공한다. 소극적 정합주의에 따르면 어떤 믿음이 일단의 믿음과 정합하지 못하면, 그때는 그 믿음은 정당화된 것이 아니다. 여기서 믿음은 유죄 입증까지는 무죄이다. 다시 말해서 믿음은 정합의 시험에서 실패하지 않는 한 어느 정도는 정당화된다.

둘째, **온건 정합주의**와 **강경 정합주의**가 있다.

온건 정합 이론은 정합이 정당화의 한 가지 결정 요인에 지나지 않는다고 함축한다. 따라서 온건 정합주의는 정합에 정당화의 역할을 허용하는 형태의 토대주의와 양립할 수 있다. 강경 정합 이론은 정합이 정당화의 유일한 결정 요인이라고 주장한다. 이러한 형태의 정합주의에 대해 간략하게 평가해 볼 것이다.

셋째, **선형적 정합주의**와 **전체적 정합주의**는 서로 차이가 있다.

선형적 정합주의에 따르면 믿음은 다른 개개의 믿음(또는 소규모의 일단의 믿음)에 의해서 직선적 연쇄로 또는 원형적 연쇄로 정당화된다. 따라서 P가 Q를 정당화하고 Q가 R을 정당화하고 하면서 이 고리가 완성될 때까지 하나의 지시적 일직선 형태로 정당화가 이루어진다. 그 고리가 크고 충분하면 그 고리의 구성원에게 정당화를 수여한다. 전체적 정합주의는 어떤 사람 S가 P를 믿는 것이 정당화되기 위해 P는 그 사람이 믿는 일단의 모든 믿음과 정합 관계에 있어야 한다고 확정한다. 정당화를 제공하는 것은 바로 이러한 전체적 유형의 상호 결합, 상호 정합이다.

2) 정합주의의 평가

우리는 이미 토대주의를 평가할 때 정합주의를 위한 대부분의 주요 논증을 목격했다. 사실상 정합주의를 지지하는 많은 부분은 토대주의의 실패로 추정된 것에 놓여 있거니와, 말하자면 기초적 믿음의 부인, 기초적 믿음과 비기초적 믿음의 비대칭성의 부인, 사람들이 믿는 모든 것을 정당화된 것으로 지지하는 토대의 불충전성, 기초적 믿음과 비기초적 믿음의 관계에 대한 토대주의자 설명의 결점, 모든 지각의 이론 부담성 등과 함께 정합주의가 그 유력한 유일 대안이라는 입장과 결부되어 있다.

이처럼 정합주의를 위해 구성된 본질적으로 소극적인 논증 이외에 정합주의자는 사람들이 현실적으로 자신의 믿음을 정당화하기 위해 어떻게 하고 있는가에 대해 자신들이 정확하게 설명한다고 확신한다. 정합주의자는 우리가 믿음이 실제로 정당화되는 방식에 주의를 기울인다면, 정합주의의 정확성은 명백해질 것이고 주장한다. 이러한 주장에도 불구하고 수많은 심각한 비판들이 정당화의 강경 정합 이론에 대해 제기되었다. 이러한 비판은 세 가지 주요 논점으로 묶어질 수 있다.

(1) 한 믿음에서 다른 믿음으로 이행하는 정당화 문제에서 보여 지는 바, 정합 이론의 악순환과 그 미심쩍음을 주시하는 반론이다

선형적 적극적 정합주의를 고찰해 보자. 이러한 입장에 따르면 정당화의 이행은 일직선으로 진행되다가 원을 그린다. 즉, P는 Q를 정당화하고 Q는 R을 정당화하고 하면서 그 고리는 Z는 P를 정당화한다는 것으로 원을 그리면서 닫힌다.

여기서의 문제는 그 고리는 악순환적이고 미심쩍다는 점이다.

악순환에 관해 지금의 문맥에서 앞서 말한 논의 내용을 회상해 보자. 기초 관계는 인과 관계와 같다. 즉, 두 관계가 모두 비재귀적이고(A는 자기 자신을 일으킬 수 없거나 자기 자신의 기초일 수 없다) 비대칭적이다(A가 B를 일으키거나 B의 기초라면, 그때는 B는 A를 일으킬 수 없거나 A의 기초일 수 없다). 그러나 이것은 어떠한 믿음도 전체적으로 또는 부분적으로 자기 자신의 기초일 수 없다는 것을 의미하고, 바로 이것이 선형적 적극적 정합주의가 요구하는 것이다. P가 연쇄 과정(R, S, …, Z)를 정당화하고 이 연쇄 과정이 다시 P를 정당화한다. 그러나 이 연쇄 과정은 자신이 정당화되지 않는다면 P를 정당화할 수 없다. 따라서 R에서 Z에 이르는 과정이 P를 정당화하는 것은 P가 그 연쇄 항을 정당화하기 때문이고 이러한 의미에서 P는 자기 자신을 스스로 정당화하는 셈이다. 그리고 이와 동일한 것이 그 연쇄 과정의 다른 항에 대해서도 사실이다.

더욱이 이러한 정당화의 순환은 악순환일 뿐 아니라 지각적 믿음을 다루는 데도 사실일 것 같지 않다. 프랭크가 적색 사과가 탁자 위에 있는 것을 보고 그 사과는 적색이라고 믿는다고 가정해 보자. 토대주의자는 자신이 적색으로 나타나고 있다는 프랭크의 믿음을 가리키면서 그 믿음을 정당화한다. 그리고 이 믿음은 다시, 프랭크가 실제로 문제의 그 지각적 믿음을 가지고 있다는 사실에 근거를 둔다.

그러나 정합주의자는 사과에 대한 프랭크의 믿음을 더 높은 차원의 믿음(프랭크의 직접적 경험과는 멀리 떨어져 있는 믿음들)에다 고리를 다시 걸게 함으로써 정당화해야 한다. 예를 들면, 일상적 물리적 대상 믿음(어떤 탁자가 오랫동안 방에 있었다는 믿음, 어떤 친구가 사과를 한 시간 전에 책상 위에 가져다 놓았다는 믿음, 방의 조명이 적당하다는 믿음, 아무도 그 이후에 방에 오지 않았다는 믿음 등)은 다시, 다른 일상적 물리적 대상 믿음(탁자들이 제멋대로 없어지지 않는다는 믿음, 아무도 가구를 가져가지 않았다는 믿음, 친구가 사과를 가져와서는 집으로 다시 가져가지 않았다는 믿음)에 기초한다. 또는 정합주의자는 적색 사과가 거기에 있다는 프랭크의 믿음을 2차 질서의 믿음을 언급함으로써 정당화할 수 있다.

이러한 전략의 문제점은 믿음이 어떻게 현실적으로 정당화되는가에 대한 설명 말하자면 사과가 탁자 위에 있다는 프랭크의 현재의 경험을 언급하는 설명이 사실로 보이지 않는다는 것이다. 이러한 책임에 대한 정합주의자의 대응 방식은 경험 자체가 믿음을 근거지울 수 있다는 사실을 부인하는 것이다. 왜냐하면,

모든 감각은 이론 부담적이고 믿음만이 믿음을 정당화할 수 있기 때문이다. 그러나 여기서 반론의 요지는 이러한 정당화의 개념이 일상적 지각적 믿음에서 사람들이 현실적으로 정당화의 요인들이라고 발견하는 것에 비추어 보면 사실이 아닐 것 같다는 점을 보여 주는 것이다.

악순환의 문제는 어떠한가?

정합주의자는 이러한 문제에 대해 적어도 두 가지 방식으로 대응한다.

첫째, 혹자는 정당화의 순환이 소규모라면, 그때는 순환은 그야말로 악순환적이라고 주장한다. 그러나 그 순환이 대규모이고 많은 구성원으로 이루어진 고리를 포함한다면 그때는 순환적 정당화는 전혀 문제가 아니다. 그러나 이러한 주장은 하나의 논증으로서는 실패작이다. 정당화의 순환이 충분할 정도로 대규모라면 사람들이 그로 인해 곤란을 겪지 않을 것이라는 점은 우리에 관한 심리학적 사실일지도 모른다. 왜냐하면, 그들은 순환성과 그 불충분성을 의식하지 못할 것이기 때문이다. 그러나 악순환의 문제는 정당화의 이행을 일으키는 비재귀적 비대칭적 관계의 본성에 뿌리를 내리고 있으므로 그 고리 규모의 대소에 관계 없이 현존한다.

둘째, 선형적 적극적 정합주의를 포기하고 전체적 정합주의를 채택하는 것이다. 이러한 설명을 택하면, 정합주의는 정당화의 이행에 관한 입장이 아니라 정당화의 원천에 관한 이론이다. 즉, 정합주의의 본질은 기본적으로 믿음의 거미줄 속에 이루어지는 믿음 사이의 상호적 전체적 정합이 믿음에 정당화를 수여하는 원천이라는 사상에 있다.

우선, 정합주의는 정당화가 정합으로 인해서 존재하게 된다면 그 정당화가 어떻게 한 믿음에서 다른 믿음으로 이행하는가에 관한 입장이 아니게 된다. 그러나 전체적 정합주의가 순환성의 문제를 피한다 해도 그 주요 인자로 말미암아 여전히 미심쩍을 수밖에 없다. 즉, 그것은 감각적 경험 또는 이성(논리학, 수학과 같은 이성의 진리에 대한 지식의 경우)을 우리의 믿음의 정당화에 공헌하는 것으로 허락하지 않는다. 사람들이 적색으로 나타나고 있다는 사실 또는 사람들이 2+2=4라는 것을 단순하게 볼 수 있다는 사실은 정합주의가 함축하는 바가 무엇이라고 하더라도 정당화에서 결정적 역할을 담당하는 것으로 보인다. 요컨대, 정합 이외에도 정당화의 원천이 있다.

(2) 이로써 정합주의에 대한 둘째 주요 반론 즉, 고립 문제에 도달한다

대개 이 문제와 연결되어 있는 몇 가지 상호 밀접한 난점들이 있다. 우선, 혹자는 정합 이론이 정당화를 외부 세계와 그 세계가 실제로 존재하는 방식으로부터 분리시킨다고 주장했다.

정당화는 오로지 우리의 인식 구조에서 믿음들 사이의 내적 관계(상호 정합)의 함수일 뿐이고 따라서 정당화는 사람들이 가지고 있는 일단의 믿음 밖에 있는 것들(예를 들어, 외부 세계, 또는 우리의 믿음과 외부 세계의 관계인 진리)과는 아무런 상관이 없다(감각적 경험이 그렇게 되는 것처럼). 정당화의 목표는 우리에게 외부 세계에 대한 앎을 주는 것이므로, 그렇다면 정합 이론이 외부 세계와 단절된 채로 남는 한, 정당화의 불충전적 이론일 수밖에 없다.

정합주의자는 이러한 문제에 대해 세 가지 방식 가운데 어느 하나로 대응했다.

첫째, 혹자는 진리의 대응 이론을 포기하고 진리의 정합 이론을 정당화의 정합 이론에 덧붙였다. 여기서 진리는 명제와 외부 세계의 대응 관계가 아니다. 대신에 명제가 참이라고 말하는 것은 그 명제가 일단의 정합적 명제의 구성원이라고 말하는 것이다.

정합이 정도의 문제(정합성이 더 하거나 덜 하거나 할 수 있는 일단의 믿음의 문제)일 수 있는 것과 마찬가지로 진리도 정도의 문제이다. 정당화가 우리에게 신뢰를 주는 이유는 정합의 관점에서 이해될 수 있지 않으면 안 된다. 우리의 믿음이 점점 더 증대하는 일단의 정합적 믿음의 구성원인 탓에 정당화가 되면 될 수록, 우리는 참된 믿음에 더 가까이 가는 셈이다. 왜냐하면, 믿음의 진리는 그 믿음이 일단의 정합적 믿음의 구성원이 되는 정도에 달려 있기 때문이다.

우리는 여기서 이러한 대응을 평가할 수 없다. 진리 이론은 6장에서 논의될 것이다. 그러나 진리 자체가 정도로 오지 않고 진리의 대응 이론이 정합 이론보다 우수한 것이라면, 그때는 그러한 대응은 불충전적이다.

둘째, 신의 눈의 관점에서 있을 수 있는 예를 들어, 이론 독립적 세계라는 개념 또는 소위 "세계가 존재하는 그 방식"이라는 개념은 비정합적인 것이라고 주장한다.

"외부" 세계나 "세계가 존재하는 그 방식"이라는 우리의 특이한 개념은 "세계가 존재하는 그 방식이 주어진 이론 또는 일단의 믿음에서 주어진다"는 사상으로 환원되는 개념일 뿐이다. 세계가 존재하는 단 하나의 방식이란 존재하지 않는다. 서로 다른 이론 속에 서로 다른 세계가 있을 뿐이다. 따라서 이론-세계 사이의 구별 관계는 궁극적으로 좌초한다.

이러한 대응은 이론(마음, 언어)으로부터 독립한 세계가 실제로 있다는 실재론적 입장을 부인한다. 우리는 이 문제를 제8장에서 충분하게 고찰할 것이다.

셋째, 어떤 정합주의자는 외부 세계는 그들이 보기에 우리의 믿음이 그 외부 세계의 "입력" 즉, 파장이 우리의 감관에 미치는 영향으로부터 일어난다는 점에서 그 세계에 대한 우리의 믿음에 영향을 미친다고 대응한다.

그렇다면 외부 세계는 우리의 믿음을 정당화하는 어떠한 역할도 담당하지 않는다. 그러나 그것은 우리가 현실적으로 가지는 믿음을 산출하고 영향을 미치는 인과적 역할을 담당한다. 이러한 대응의 문제점은 그 대응이 외부 세계에 대한 우리의 직접적 의식이 우리의 믿음을 정당화하는 과정에서 담당하는 합리적 역할의 여지를 조금도 허락하지 않는다는 점이다. 그런데 인식론에서 유관한 역할은 바로 그러한 역할이다.

이 마지막 언급으로 인해서 고립 문제에 연관된 둘째 난점에 도달하게 된다. 즉, 정합주의는 경험 또는 다른 요인들(예컨대 우리의 감각적 인지적 장비의 신실성)이 정당화에서 어떤 역할을 담당하게끔 아무런 여지도 남기지 않는다. 왜냐하면, 믿음 그리고 오직 믿음만이 정당화에 유관한 것이기 때문이다.

정합주의자의 경우 믿음의 정당화는 오로지 그 믿음이 다른 믿음에 대해 가지는 정합의 함수일 뿐이다. 사람들이 서로 다른 두 환경에서 일단의 동일한 믿음을 가진다면, 그때는 그가 가지는 어떤 믿음이라도 비록 믿는 주체 바깥의 감각적 경험이나 요인들이 극심하게 변할지라도 동일한 정도의 정당화를 가질 것이다. 이것은 다른 많은 의미가 있겠지만, 정합주의자가 정당화가 없는 정합적 환상(예컨대 정합적 요정 이야기, 꿈, 또는 일단의 비정상적 환상적 믿음)과 정당화가 있는 일단의 똑같은 정합적 믿음 사이의 구별 기준을 제공할 수 없다는 사실을 의미한다. 따라서 정합은 정당화의 충분 조건이 아니다.

정합 이론이 정당화에 불충분하다는 것을 예증하는 플랜팅거의 두 가지 사례를 살펴보자.

올리비 삭스는 작고한 마리너의 경우를 다시 생각해 본다. 그는 코르사코프씨병 증후군, 즉 알코올 중독으로 두뇌의 돌기 부분이 파괴되어 심각한 영구적 기억 장애를 앓았던 사람이다. 그는 30년 간의 삶을 완전히 망각했고 자신이 지금 49세인데도 19세라고 믿었다. 또 1975년인데 1945년이라고 믿었다. 그의 믿음은(우리가 조정해도 좋다면) 정합적이었다. 그러나 그의 심각한 병증으로 인해 그의 믿음의 많은 부분은 보증이 되지 않는 또는 보증이 거의 없는 믿음이었다.

최종적으로 인식론적으로 경직된 등산가의 경우를 고찰해 보자. 릭은 그랜드 테톤에 있는 스톰 포인트의 가이드 월을 올라가고 있다. 최종 지점 도달 직전에 어려움을 맞이해 향도하면서 이제 그는 편평한 암석 위에 앉아 동료를 끌어올리고 있었다. 그는 캐스캐이드 캐년이 왼쪽 아래에 있고 오웬 산의 절벽이 바로 자기 앞에 있다고 믿으며 60미터 아래에서 매가 천천히 선회하고 있다고 믿는다. 또한, 자신은 파이어 신제품 암벽형 등산화를 신고 있다고 믿는다. 그의 믿음(우리가 조정해도 좋다면)은 정합적이다. 그런데 릭은 등산로를 따라 가다가 갑자기 강력한 빛이 방사되는 사건을 맞이하게 되었다. 이 때문에 그는 인지 장애를 일으키게 되었다. 그의 믿음은 고착되고 더 이상 경험의 변화에 대처할 수 없게 되었다. 그가 어떤 경험을 하더라고 그의 믿음은 동일하게 굳어 변화할 수 없었다. 동료가 애를 많이 써서 눕힌 다음 절망적인 마지막 응급 처치를 하고 잭슨 거리 가까이에 있는 오페라 하우스로 데려 갔다. 그 오페라 하우스는 뉴욕 오페라 극난이 나트라비아타를 순회 공연하고 있는 곳이었다. 릭은 거기에 있는 자신 이외의 모든 사람이 그렇듯 동일하게 나타나고 있다. 즉, 그는 멋진 연속 화음의 홍수에 노출되어 있다. 슬프게도, 치료를 위한 많은 노력은 실패로 돌아간다. 릭의 믿음은 고착되어 있고 자신의 경험에 대해 도무지 아무런 반응이 없다. 여전히 그는 자신이 가이드 월의 마지막 도착 지점 직전에서 암반에 자일을 고정시키고 있고 캐스캐이드 캐년은 왼쪽에 있다고 믿는다. 더욱이 그는 편평한 암석 위에서 앉아 있을 때 믿었던 것을 그대로 믿고 있기 때문에 그의 믿음은 정합적이다. 그러나 그것들은 그에게 보증이 없는 또는 보증이 거의 없는 믿음인 것은 확실하다. 그 이유는 인지 장애 때문이고 말하자면 그의 믿음은 자신의 경험에 적절하게 반응하지 않기 때문이다.[1]

---

1 Alvin Plantinga, *Warrant: The Current Debate* (Oxford: Oxford Univesity Press, 1993), pp. 81-82

(3) 고립 문제와 연관되어 있는 셋째 난점은 이른바 복수 반론이다

똑같이 정합적인 두 가지 이상의 일단의 믿음이 있을 수 있다. 그러나 이 두 가지 이상의 일단의 정합적 믿음은 서로 논리적으로 양립될 수 없다. 자신이 세례자 요한이라고 생각하는 정신병 환자는 그 환자를 치료하는 사람의 믿음과 동일한 정합적 믿음을 가질 수 있다. 이 경우에 정합주의자는 개개의 일단의 믿음은 똑같이 정당화된다고 말해야 할 것이다. 그러나 이것이 사실이 아님은 확실하다. 어느 한쪽의 일단의 믿음만이 사실일 것이다. 말하자면 한쪽의 믿음만이 정당화된 믿음 곧 치료하는 사람의 믿음을 포함하는 것으로 여겨진다.

악순환의 문제와 고립 문제 이외에도 혹자는 정합 자체의 개념에 반대하는 난점을 제기했다. 즉, 그 개념은 너무 불충분하거나 아니면 너무 불분명해서 만족스러운 것이 아니라고 반론되었다. 이러한 문제에 대한 분석은 지금 이 자리에서 논구할 수 없고, 또 어쨌든 토대주의자에 대해서도 동일한 반론이 제기되었다. 즉, 기초적 믿음과 비기초적 믿음의 관계에 대한 토대주의자의 취급도 마찬가지였다는 것이다. 우리가 보기에 인식 정당화의 문제에 관해 토대주의가 정합주의보다 나은 위치에 있다. 그러나 독자 스스로가 이 문제에 대해 결론을 내려야 할 것이다.

[요약]

　토대주의와 정합주의의 논쟁은 주로 인식 구조에 대한 여러 가지 다른 규범적 입장에 집중되어 있다. 토대주의자는 기초적 믿음과 비기초적 믿음을 구별한다. 적절한 기초적 믿음은 어떤 다른 방식으로 근거를 가질 수 있을지언정 다른 믿음에 의해 정당화되지 않는 그런 기초적 믿음이다. 기초적 믿음과 비기초적 믿음 사이에는 비대칭이 존재한다. 기초지우는 관계는 비재귀적이고 비대칭적이다. 다른 유형의 토대주의에는 강경 토대주의와 온건 토대주의가 있다.

　토대주의자는 자신의 입장을 위해 적어도 세 가지 주요 논증을 제공한다. 즉, 정당화에서 차지하는 경험과 지각적 믿음의 역할, 몇 가지 이성의 진리의 기초적 본성, 소급 논증. 정합주의자는 토대의 교정 불가능성 즉, 강경 토대주의의 핵심 논제를 공격한다. 많은 정합주의자는 모든 지각은 이론이 실려 있다고 주장한다. 그들은 정당화의 이행에 대한 토대주의자의 입장을 비판한다.

　정당화의 정합 이론은 교의론적 가정 즉, 어떤 사람에게 믿음을 정당화하는 유일 요인은 다른 믿음이라는 입장을 받아들인다. 게다가 정합주의자는 기초적 믿음과 비기초적 믿음 사이의 비대칭을 부인한다.

　정합주의자는 정합 자체의 본성에 대해 서로 다르다. 가장 인기 있는 입장들로는 논리적 일관성으로서의 정합, 포함으로서의 정합, 설명력으로서의 정합, 개연성으로서의 정합이 있다.

　최종적으로 선형적 정합주의와 전체적 정합주의를 비롯한 여러 가지 형태의 정합주의가 있다. 정합주의 지지 증거의 많은 부분들은 현실에서 우리의 믿음이 정당화되는 방식에 관련한 토대주의의 추정적 불충전성과 정합의 우수성에 놓여 있다.

　토대주의는 정합 이론 적어도 적극적 선형적 이론은 악순환적이고 모든 정합 이론은 적어도 지각적 믿음이 정당화되는 방식에 관해서는 사실이 아닌 것 같다고 주장한다. 또 그들은 정합 이론은 감각적 경험이 정당화에서 차지하는 적극적 인식론적 역할을 가지게끔 여지를 허락하지 않는다고 주장한다. 끝으로 토대주의자는 고립 문제와 복수 반론을 정합 이론의 난점으로 인증한다.

〔기본 용어〕

~라고 보는 것
~으로서 보는 것
감각
강경 정합주의
강경 토대주의
개연성 정합
고대의 고전적 토대주의
고립 문제
고전적 토대주의
교의론적 가정
교정 불가능한
근거
근대의 고전적 토대주의
기초적 믿음
기초지우는 관계
내부주의
논리적 일관성
단순한 봄
믿음
믿음(의미)의 정합 이론
복수 반론
비기초적 믿음
비대칭적
비재귀적
선형적 정합주의

설명적 정합
소극적 정합주의
소급 논증
소여의 신화
오류 불가능한
온건 정합주의
온건 토대주의
외부주의
의심 불가능한
인식 구조
인식의 연쇄
일단 정당화된
자기 현시적 속성
적극적 정합주의
적절한 기초적 믿음
전체적 정합주의
정당화의 정합 이론
정합주의
증거
진리의 대응 이론
진리의 정합 이론
토대
토대주의
포함 정합
확실한

제6장
진리 이론과 포스트모더니즘

> 그것을 그것이라고 말하는 것 즉, 그것이 아닌 것을 그것이 아닌 것이라고 말하는 것이 진리이다.
>
> *아리스토텔레스, 『형이상학』(*Metaphysics*), 1077B26

> 예언자가 주님의 이름으로 말한 것이 이루어지지 않거나 진리로 입증되지 않으면, 그 말은 주님께서 하신 말씀이 아닙니다.
>
> *신명기 18:22

> 빌라도가 예수께 물었다. "그러면 당신은 왕이오?" 예수께서 대답하셨다. "당신이 말한 대로 나는 왕이오. 나는 진리를 증언하기 위해 태어났으며 진리를 증언하기 위해 세상에 왔소. 진리에 속한 사람은 누구나가 내가 하는 말을 듣소." 빌라도가 예수께 "진리가 무엇이오?" 하고 물었다.
>
> *요한복음 18:37-38

1. 서론

세세대대로 사람들은 빌라도의 질문을 던졌다.
"진리와 같은 것이 있는가?
그렇다면 진리는 정확하게 무엇인가?"
기독교와 그 대립 종교는 본질적으로 진리이거나 거짓이거나 간에 실재에 대한 주장을 포함한다. 나아가서 경합하는 진리 주장들 특히, 경합하는 세계관의 핵심에 자리 잡고 있는 진리 주장들은 종종 삶에 매우 다른 결과를 가져온다.

루이스는 다음과 같이 표현하였다.

> 우리는 지금 우주에 대한 다른 믿음이 다른 행동을 초래하는 지점에 도달하고 있다. 종교는 참이거나 거짓이어야 하는 사실에 대한 일련의 믿음들을 포함하고 있다. 이것들이 참이라면 인간 여정의 바른 항해와 관련된 일련의 결론이 나올 것이고 거짓이라면 상당히 다른 결론이 나올 것이다.[1]

루이스의 진술에 사용된 진리의 개념은 이른바 **진리의 대응 이론**이다. 그것은 대략적으로 진리는 명제(믿음, 사고, 진술, 표상)와 실재의 일치 문제라는 사상이다. 진리는 어떤 명제가 실재에 대해 실재라고 표상하는 방식대로일 때 얻어진다. 진리의 대응 이론은 고전적 진리 이론이라고 부르는 것이 적절하다. 왜냐하면, 거의 예외 없이 그 이론은 실질적으로 모든 사람에 의해서 19세기까지 유지되었기 때문이다.

그러나 그 이후로 대응 이론은 비판을 맞이하게 되었고 대안적 진리 이론들이 정식으로 제출되었다. 더욱이 많은 지지자에 의하면 현대의 중요 이데올로기인 **포스트모더니즘**은 진리의 존재를 거부한다. 특히, 어떤 형태의 대응 이론에 따라 해명된 포스트모더니즘이 그렇다. 이러한 문제에 이르기 위해 이 장은 두 부분 즉, 진리 이론과 포스트모더니즘으로 대별된다.

첫째 부분에서 예비적 문제를 고찰한 후에 진리의 대응 이론이 분석되고 평가되며 대안 이론에 대한 논의가 뒤따를 것이다.
둘째 부분에서 포스트모더니즘의 다양한 모습이 제시되고 접근될 것이다.

---

1 C. S. Lewis, Mere Christianity (New York: Macmillan, 1960), p. 58.

2. 진리 이론

1) 예비적 문제

성경적 진리관이 있는가?
그 대답은 사람들이 무엇을 의미하는가에 따라서 예이면서 아니요인 것 같다. 아니요의 경우는 특별한 기독교적 진리 이론 즉, 성경에서 사용되고 그 밖의 다른 곳에서는 전혀 없는 이론이 없다는 것이다. 특별한 기독교적 진리 이론이 있었다면, 두 가지의 재앙적 함축이 따라 나올 것이다. 즉, 어떤 기독교적 교리들은 참이라는 주장은 일상적 진리 주장과 동등한 것이 되리라는 점과 기독교가 진리라는 주장은 순환적, 체계 의존적 따라서 사소한 것이 되리라는 점이 그것이다. 게다가 성경은 정밀한 진리 이론을 내놓기 위해 전문적 철학 용어를 사용하지도 않으며 특수한 진리 이론의 옹호가 성경의 가르침의 주요 의도도 아니다.

그러나 이 중 어느 것도 성경의 가르침이 특정한 진리 이론을 전제하지 않는다거나 그 이론에 비추어 큰 의미가 없다는 것을 뜻하는 것은 아니다. 진리에 대한 구약과 신약의 용어는 각각 에메트('emet)와 알레테이아(alētheia)이다. 이 용어의 의미 그리고 더 일반적으로 말해서 성경적 진리 개념은 폭넓고 다면적이다. 말하자면 충성, 도덕적 올바름, 참됨, 진정함, 신실함, 진실함, 완전함이다. 성경적 진리 개념의 두 가지 측면이 우선적인 것으로 보인다. 즉, 신실하다는 것과 사실과 일치한다는 것이 그것이다.

후자는 진리의 대응 이론을 포함하는 것 같다. 논란의 여지는 있지만, 전자는 대응 이론을 전제하는 것으로 볼 수 있을 것이다. 따라서 신실성은 어떤 사람의 주장 또는 약속에 일치하는 그 사람의 행동으로 이해될 수 있을 것이다. 진정성과 도덕적 올바름 등에 대해서도 비슷한 논점이 성립될 수 있을 것이다.

성경적 진리 개념의 이 첫째 측면이 대응 이론을 전제하든 아니든 간에, 둘째 그룹 즉, "사실에 대한 일치"에 속하는 충분한 수많은 구절들이 있다. 두 가지의 종류의 흥미로운 본문이 그 종류마다 수많은 사례들을 포함한 채로 이 둘째 그룹에 배치된다.

첫째, 수 백개의 구절들이 명시적으로 대응이라는 의미의 진리를 명제(주장 등)에다 귀속시킨다.

① 이사야서, "나 주는 진리를 말하고 바른 것을 알린다"(사 45:19).
② 잠언, "내 입은 진리를 말하며"(잠 8:7).
   "증인은 진리를 말하면 남의 생명을 건지지만 위증을 하면 배신자가 된다" (잠 14:25).
③ 예레미야, "누구나 이렇게 자기 이웃을 속이며 진리를 말하지 않는다"(렘 9:5).
④ 요한복음 8:44-45, 예수는 악마는 진리 편에 있을 수 없는 거짓말쟁이이고 기만자이며 그러나 나는 즉, 예수는 진리를 말한다고 말한다.
⑤ 요한복음 17:17, 예수는 하나님의 말씀은 진리라고 확신하고 요한복음 10:35에서 그는 하나님의 말씀은 폐하지 못한다(즉, 거짓이라고 주장할 수 없다)고 우리에게 확신시킨다.

둘째, 수많은 구절들이 명시적으로 참 명제와 거짓 명제를 대조시킨다. 따라서 로마서 1:25에서 우리는 "사람들은 하나님의 진리를 거짓으로 바꾸고"라는 말을 듣는다.

구약은 반복적으로 그 말이 실재와 일치하지 않는 거짓 예언들에 대해 경고한다. 제9계명의 경고는 거짓 증언 즉, 실제로 일어난 것에 일치하지 않는 증언을 하지 말라는 것이다(출애굽기 20:16).

그렇다면 성경은 어떤 형태의 대응 진리설을 정식으로 전제하는 것으로 보인다. 그리고 이것은 19세기까지 실질적으로 모든 철학자에 의해서 승낙된 상식적인 관점이면서도 고전적인 입장이다. 그러나 대응 이론과 그 두 대적 이론을 분석하기에 앞서, 두 가지 예비적 문제가 더 언급되어야 한다. 주지하다시피 이 두 문제는 진리 자체의 명료화 없이는 충분하게 다루어질 수 없다. 이러한 명료성의 추구는 진리 이론의 분석에서 나온다. 따라서 이러한 논의는 곤경에 빠지는 것 같다. 다행스럽게도 한 가지 출구가 있다. 적어도 두 가지 이유에서 진리 이론을 분석하기 전에 이 두 문제를 숙고하는 것이 적절한 것 같다.

우선, 이 예비적 문제가 진리 이론을 살펴보기 전에는 충분하게 토론될 수 없지만 그 역도 사실이라는 것이다. 사람들은 한 곳에서 출발하지 않을 수 없으므로 이 두 문제는 명료화의 논의를 시작하는 경우에 어느 문제보다도 좋은 지점이다. 더 중요한 것은 사람들이 철학을 거론하기 전에 진리가 무엇인가에 대해 상식적 개념을 가지고 있다는 점이다. 전술한 대로 어떤 형태의 대응 이론은 상식적 직관과 성경의 가르침을 동시에 포착하는 것 같다.

대응 이론의 거부를 정당화하는 분석이 더 제시되어야 하지만, 그 정당화를 예비적으로 사전 조사하는 작업 역시 시작용으로 의미가 있다.

(1) **첫째 문제는 진리 주장의 절대주의자와 상대주의자 서술 사이의 구별이다**

상대주의에 의하면 어떤 주장은 그 주장을 받아들이는 개인 또는 집단의 믿음이나 평가에 따라 상대적으로 진리이다. 상대주의에 의하면 어떤 주장은 사람들이 그 주장을 받아들인다는 사실에 의하여 그 사람들에게 참이 된다. 도덕적 유비를 사용하면 이 점이 명확하게 될 것이다. 우측 통행 해야 하는 절대적 도덕적 의무는 없다. 이 의무는 미국에서는 상대적으로 진실이다. 그러나 영국에서는 진실이 아니다. 마찬가지로 지구는 평평하다는 고대의 사람들에게는 참이었지만 현대의 사람들에게는 거짓이다.

진리가 사람, 집단에 따라 달라지지 않는다고 주장하는 사람들은 **절대적 진리**, 또한 소위 **객관적 진리**를 받아들인다. 이러한 관점에 따르면 사람들은 진리를 발견하지, 창조하지 않으며 어떤 주장은 이 주장을 어떤 사람이 받아들이는지와는 전적으로 독립적으로 실재 자체에 의해서 어떻게 해서든지 참이거나 거짓으로 되게 된다. 게다가 절대적 진리는 절대적 진리 자체이기도 한 3대 기본 논리 법칙과 일치한다. 어떤 서술 명제 P 즉, 2는 짝수이다는 명제를 살펴보자.

동일율은 P가 P 자체와 동일하고 다른 것 예를 들면, 잔디가 푸르다는 Q 와 다르다고 말한다. **비모순율**은 P가 동일한 의미에서 동시에 참이자 거짓일 수 없다고 말한다. **배중율**은 P가 참이거나 거짓이거나 둘 중의 하나라고 또는 약간 달리 표현해서 P가 참이거나 또는 그 부정 즉, 비P가 참이거나 둘 중의 하나라고 말한다. 이 세 법칙이 P의 진리성을 검증하는 능력에 관해서는 아무 것도 말하지 않는다는 사실에 유의하자. 예를 들면, 색맹인 사람은 Q가 참인지 거짓인지를 알지 못할 것이다. 배중율은 Q가 참 아니면 거짓이라고 말한다. 배중율은 어느 쪽이 옳은지를 발견하는 능력에 관해 아무 것도 말하지 않는다.

절대주의자와 상대주의자 중 누가 옳은가?

적어도 두 가지 이유에서 절대주의자는 진리의본성에 대해 옳다. 이 두 가지 반응은 세 가지 진리 이론에 대한 논의에서 자세하고 충분하게 논의될 것이고 여기서는 간단하게 진술해도 좋을 것이다.

첫째, 상대주의 자체는 절대주의자의 의미에서 참이거나 거짓이거나 둘 중의 하나이다. 전자라면 상대주의는 자기 논박적이다. 왜냐하면, 이 경우 아무런 객관적 진리가 없다는 것이 객관적 진리이기 때문이다. 후자라면 상대주의는 객관적 보편적 타당성이 없는 집단 또는 개인의 취향이나 습관의 단순한 표현에 불과할 것이다. 따라서 그 물음과 관련해 상대주의는 자신이 객관적 진리이기 때문에 사람들이 믿어야만 하는 것으로 다른 사람들에게 추천될 수 없다. 바로 이것이 상대주의를 "옹호하는" 사람들에게 심각한 난점이다.

둘째, 상대주의를 위한 이유는 적어도 세 가지 방식으로 혼동스럽다.

우선, 상대주의자의 주장 즉, "지구는 고대인에게는 평평하고 현대인에게는 아니다"는 주장을 살펴보자. 이 주장은 애매성을 담고 있거니와, 이 때문에 어느 정도까지 그럴 듯하게 보이는 것이다.

이 애매성은 "P는 그들(그)에게 참이고 우리들(나)에게 거짓"이라는 문구에서 성립한다. 설명의 편의를 위해 그 문구를 축약하면, 존재론적으로는(존재 혹은 실존과 관련해), 그 문구는 "P는 나에 대한 참인 그것"으로 해석되어야 하고 인식론적으로는(즉, 인식과 관련해), 그 문구는 "P는 나에 대해 참이다"로 해석되어야 한다. 존재론적 의미는 진실로 상대주의의 표현이고 그 의미는 어떤 것은 바로 이것을 믿는 행위에 의해서 참이 되게 된다는 것을 함축한다.

그러나 인식론적 의미는 P가 객관적 의미에서 참이라는 견해를 표현한다. 즉, "나는 P를 객관적으로 참이라고 받아들이기는 하는데, 확신할 수 없고 사실상 P를 변론하는 나의 능력을 신뢰할 수 없다. 그래서 나는 내기를 걸어 P의 진리성이 내가 가지는 의견에 불과하다는 것을 단순하게 말하는 것뿐이다." 이렇게 이해되면 인식론적 의미는 절대적 진리성을 요구한다. 대다수의 사람들이 P가 그들에게 참(또는 거짓)이고 다른 사람들에게 거짓(또는 참)이라고 주장할 때 인식론적으로 말하고 있는 것이지 존재론적으로 말하는 것이 아니다. 사람들은 달리 생각하지 않는 한 상대주의자는 틀린 쪽에 속한다.

상대주의를 찬성하는 사람들의 둘째 혼동은 진리 조건과 진리 기준의 혼동이다. **진리 조건**은 어떤 주장의 진리성을 구성하는 것이 무엇인가를 서술한다. 이렇게 이해되면 진리 조건은 존재론적이고 진리 자체가 무엇인가라는 진리의 본성과 연결된다. 예를 들면, "일각수가 캔자스에 살고 있다"는 S의 진리 조건은 일각수가 캔자스에 현실적으로 살고 있다는 실재적 사태를 획득하는 것이 될 것이다.

진리 기준은 어떤 주장이 참이고 거짓인가를 결정하거나 정당화하기 위한 인식론적 시험에서 성립한다. S에 대한 기준은 일각수 목격의 증인 보고, 일각수 흔적의 발견 등과 같은 것이 될 것이다. 이제 어떤 의미에서 주장을 인식론적으로 정당화하는 것은 어떤 사람이 다른 사람이 모르는 증거를 알 수 있을지 모른다는 점에서 개인이나 집단에 따라 상대적이 된다. 증거의 수집 가능성에 비추어 보면 고대 사람들은 지구가 평평하다는 믿음을 정당화했을 수도 있다. 그러나 새로운 증거에 비추어 보면 그 믿음은 더 이상 정당화되지 않는다. 그래서 이러한 유화적인 의미에서 어떤 주장의 진리 기준의 충족은 유관한 증거의 소유와 부족에 따라 상대적이 된다. 그러나 그렇다고 진리 조건이 상대적이라는 결론은 나오지 않는다. 우리의 증거와는 아주 별도로, "지구가 평평하다"는 객관적으로 참이거나 거짓이거나 이다.

셋째, 때때로 상대주의자는 절대주의자 입장과 연결된 세 가지 기본 논리 법칙에 대해 혼동을 일으킨다. 혹자는 그 법칙들이 아리스토텔레스 논리학의 표현이며 그 자체로서 서양의 구성물 또는 서양의 논리학일 뿐으로서 문화 상호간에 적용될 수 없다고 주장한다. 이러한 "논증"은 명제 또는 논증의 논리적 지위를, 명제를 표현하기 위해 사용하는 언어 양식 또는 결론에 도달하기 위해 사용하는 사회적 과정과 혼동하고 있다.

『신학대전』에서 아퀴나스는 엄격한 논리적 형식과 삼단 논법적 표현을 명시적으로 따르는 문어체 형식의 글을 사용했다. 이와는 대조적으로 브라질의 고산지대의 고립 문화들은 구두 전승의 운문 형식을 사용할지도 모르고 그들의 문장은 명시적 정연한 주어-술어 형식을 따르지 않을지도 모른다. 또 그들은 서양 문화에는 상당히 낯선 방식으로 부족에만 맞는 결론에 도달할지도 모른다. 그러나 이들 가운데 어느 것도 자신들의 주장의 근저에 놓여 있는 심오한 논리적 구조 또는 개개의 주장들이 순복하는 세 기본 법칙과는 아무런 상관도 없다. 이와 달리 생각하는 것은 오류일 뿐이다.

우리는 독자들에게 "서양 논리학"은 문화적으로 상대적이라는 주장을 포함해서 아리스토텔레스의 세 논리 법칙에 일치하지 않는 문화에서 나오는 어떤 주장을 담은 서술문을 제시할 수 있을 것이다. 그러한 어떤 주장도 참 또는 거짓으로서 의미 있거나 주장될 수 있는 성질의 것이라면 그 정도만큼은 세 논리 법칙을 따라야 할 것이다. 어떠한 추정적인 반대 사례들도 자기 논박적이거나 의미 없거나 일 것이다. 결국, 아리스토텔레스가 이 법칙을 고안하지 않았다는 것은 콜럼부스가 신대륙을 고안하지 않았다는 것과 같다. 아리스토텔레스는 서양 사상가였을 것이고 세 법칙을 발견했을 수도 있지만 그렇다고 그 법칙 자체가 서양의 구성물이라는 결론이 함축되는 것은 아니다.

(2) 둘째 문제는 수축론적 진리 이론에 연관된다
아래에서 검토할 세 가지 진리 이론은 진리를, 그 진리를 보여 주는 개개의 품목의 실재적 중요 특징으로 받아들인다. 그러나 최근의 입장 즉, 수축론적 진리 이론은 진리와 같은 속성이나 관계는 없는 것이라고 함축한다. 따라서 진리 자체의 본성을 명료화하는 이론을 개발하는 것은 방향이 잘못된 것이다.

수축론적 진리 이론의 주요 유형은 **잉여 진리론**으로서 이 진리론에 따르면 진리라는 말은 언어에서 어떠한 특이한 또는 특수한 기능도 가지고 있지 않고 언어적으로 표현될 수 있는 것을 제약함이 없이도 제거될 수 있다. 진리임을 호소하는 문장 T 즉, "링컨이 죽었다는 것은 사실이다"는 그러한 호소를 전혀 포함하지 않는 문장 U "링컨은 죽었다"와 동일한 내용을 정확하게 가지고 있다.

잉여론의 몇몇 옹호자들은 진리 주장의 역할은 기껏해야 주장되고 있는 내용과의 동의("나는 링컨이 죽었다고 동의한다")를 표현하는 방식이며 최악의 경우 잉여적이라는 결론을 내렸다.

수축론적 진리론에 대한 적절한 평가는 이 책의 입문적인 저술의 범위를 벗어난다. 그러나 두 가지만 짧게 차례로 언급되어야 한다.

첫째, 우리가 대응 이론을 다룰 때 알 수 있겠지만, 사람들이 현실적으로 진리 자체를 경험하고 즉, 진리 자체를 의식한다는 것은 논란의 여지가 있지만 사실이다. 이것이 옳다면, 그때는 진리는 존재한다.

둘째, T와 U가 동일 내용을 표현한다는 것은 사실이 아닌 것 같다. U는 세상의 사태 즉, 죽은 링컨에 관한 진술이고 T는 직접적으로 링컨에 관한 것이 아니다. 오히려 T는 하나의 주장인 U 자체에 관한 진술이고 U가 진리를 가지고 있다는 것을 U에 대해 말하고 있다. 게다가 U와 T는 인간의 삶에서 다르게 기능한다. 사람들은 U에 관심을 가질 수 있다. 왜냐하면, 사람들은 링컨이 실제로 살았는지를 알고 싶고 살았다면 여전히 살아 있는지를 알고 싶기 때문이다.

이와는 대조적으로 T에 관심이 있는 사람은 자신의 일련의 믿음들이 얼마나 많이 진리인가를 식별하고자 목록 조사하는 데 관심을 가질지도 모른다. 따라서 T는 자신의 믿음 중 어느 하나를 기술하는 기능을 하는 데 비해 U는 그런 기능이 없다. 이제 세 가지 주요 진리 이론을 살펴볼 단계가 되었고 대응 이론에서부터 시작하자.

2) 대응 진리 이론

진리의 대응 이론은 그 가장 단순한 형태를 말하면 명제(문장, 믿음)는 바로 이것이 사실이라고 주장하는 것이 사실로서 실재와 일치하는 경우에만 참이라는 이론이다. 많은 대응 이론가들은 더 추상적으로 말해서 진리는 진리 담지자가 진리 형성자와 적절한 일치 관계에 있을 때 얻어진다고 주장한다. 따라서 진리의 적합한 분석은 진리 담지자, 일치 관계 그리고 진리 형성자를 분석하는 것과 연관된다.

여러 가지 형태의 대응 이론이 이 세 가지 구성소를 달리 분석한다. 사실상 대응 이론의 주요 비판 중의 하나는 그 옹호자가 이 분석의 세부 내용에 동의할 수 없거나 자신의 분석에 신비스럽고 이상한 존재물을 가져온다는 점이다. 이러한 비판을 잠시 제쳐두고 이 세 가지 구성소를 분석하는 경우에 보이는 문제들과 대안들을 살펴보자.

(1) 진리 담지자란 무엇인가?
세 가지 주요 유형의 후보자가 제공되었다.

첫째, 두 가지 언어적 후보자는 문장과 진술이다.
둘째, 두 가지 정신 상태로서 사고와 믿음이 제시되었다.
셋째, 명제는 기초적 진리 담지자로 명명되었다.

이제 이것들을 제시된 순서대로 검사해 보자.
먼저 언어적 대안에서 시작하자. **문장**은 문화적으로 인위적인 일련의 구문론적 규칙에 따라 형성된 감각 지각적 일단의 표지에서 성립하는 언어적 유형 또는 표시이다.

진술은 특정한 경우에 문장을 제출하기 위해 화자에 의해서 사용된 일련의 연속적인 소리 또는 신체적 동작이다. 이렇게 이해되면 문장도 진술도 기초적 진리 담지자로서 좋은 후보이기를 의도할 수 없다.

우선 진리 담지자는 의미를 가지고 있지 않는 한 참일 수 없다. 유의미한 그리고 무의미한 문장/진술이 존재한다. 나아가서 어떤 문장/진술은 질문을 던지고 감정("헉")을 표현하고 행동을 수행한다(결혼식순에서 "예 나는 약속합니다"라고 말한다). 이러한 문장/진술은 참도 거짓도 아니다. 이러한 문제에 대응하여, 사람들은 유관한 진리 담지자는 서술적 문장/진술 즉, 주장되고 있는 것의 내용이라고 주장할 수 있다. 불행하게도 이러한 대응이 옳다면, 언어적 진리 담지자는 명제로 넘어가는 것 같다.

(2) 어떤 정신 상태 즉, 사고와 믿음은 적절한 진리 담지자로서 확인되었다

언어적 존재물에 비교하면, 이 후보자들은 두 가지 이유에서 진전을 이룬 후보자이다.

첫째, 참 또는 거짓일 수 있는 것은 사고나 믿음을 표현하는 문장·진술일 뿐일 것 같다. 그래서 사고와 믿음이 언어보다 진리에 더 근본적인 것이다.

둘째, 언어가 사람들의 사고와 믿음을 발전시키는 데 이바지하지만 사람들 이를테면 아동들은 언어로 사고하지 않고 또는 습득된 언어를 아직 소유하지 않고 참된 또는 거짓된 사고·믿음을 가질 수 있다.

반면에 사고 또는 믿음을 기초적 진리 담지자로 확인하는 것은 문제가 있다. 이를 보기 위해 잔디가 푸르다는 생각을 하는 사람을 살펴보자. 어느 한 각도에서 보면 이 사고는 다만 개인의 정신적 상태이고 기록된 의식적 사건일 뿐이다. 이렇게 이해되면 그것은 어떤 사람에게 정오에 일어나서 5초 동안 지속하다가 사라지고 말 수 있다. 개인의 정신적 상태로 고찰하는 한, 사고 또는 믿음은 의미를 가지고 있는 것도 아니고 참인 것도 거짓인 것도 아니다. 그러나 다른 각도에서 보면 사고는 그러한 특징을 소유하는 것 같다. 즉, 참이거나 거짓이거나 하는 것은 사고의 내용이다. 개인의 사고라는 사건은 정신적 내용 예를 들면, 잔디는 푸르다는 내용을 예화하는 것 같고 이것은 참이거나 거짓이거나 하는 것이다.

지금까지 진리 담지자에 대한 우리의 연구는 다음과 같은 결론에 도달했다.

즉, 기초적 의미에서 참이거나 거짓이거나 하는 것은 서술적 문장·진술과 사고·믿음의 내용이다. 이러한 내용이 소위 **명제**이고 바로 이 명제가 진리 담지자의 셋째 후보자를 대변한다. 명제란 무엇인가?

명제의 존재를 받아들이는 철학자들은 이 문제에 대한 대답에서 일치하지 않는다. 그러나 그 대답에 유관한 어떤 것들이 있다. 즉, 명제는 다음과 같이 정의할 수있다.

① 시간이나 공간에 위치하지 않는다.
② 명제를 표현하기 위해 사용하는 언어적 존재물과 동일하지 않다.
③ 감각 지각적인 것이 아니다.
④ 동일 명제가 동시에 하나 이상의 마음 속에 있을 수 있다.
⑤ 존재하기 위해 그리고 그 존재 그대로이기 위해 어떤 사람(적어도 유한한)에 의해서 파악될 필요가 없다.
⑥ 사람이 예를 들어, 자기 자신의 사고 과정의 내용을 사고하고 있을 때 그 자체로 사고의 대상일 수 있다.
⑦ 어떠한 의미에서도 물리적 존재물은 아니다. 명제의 정확한 본성에 대한 토론을 사정하는 것이 현재의 연구 범위를 벗어난다 할지라도 조금 후에 곧바로 명제로 되돌아갈 것이다.

(3) 진리 형성자란 무엇인가?

명제를 참이게 하는 것은 무엇이고 그것은 어떻게 명제를 참이게 하는가?

첫째 질문에 대한 가장 인기 있는 대답은 **사실** 또는 **사태**이다. 혹자는 사실과 사태를 구별한다. 그러나 그것들은 동일하게도 보인다. 현재의 논의에서는 동일한 것으로 취급될 것이다. 정확하게 사태란 무엇인가?

적절한 정의를 내리는 것은 예를 인용하는 것보다 더 어렵다. 사태는 술어 또는 예증 관계에 의해서 정리된 현실적으로 존재하는 어떤 전체이다(제10장 참조). 예를 들면, 2가 짝수라는 것, 사과가 적색이라는 것, 중간 A가 중간 C보다 더 높다는 것, 이 모두는 사태이다.

사태는 어떻게 명제를 참이게 만드는가?

그리고 특정 명제가 주어진 경우 어떤 사태가 그에 유관한 사태인가?

이러한 문제에 답하기 위해 잔디는 푸르다는 명제를 고찰해 보자. 이 명제는 특별한 사태 즉, 잔디의 푸름이 현실적으로 얻어지는 경우에만 참이다. 주의해야 할 중요 대목은 명제는 **지향성** 즉, ~에 관한 것임, ~에 대한 것임, 대상을 향함을 가진다는 점이다. 개인의 사고가 잔디에 관한 것이고 미주리 주에 관한 것이 아니라는 점은 실제로 그 사고가 잔디는 푸르다는 명제를 예화하기 때문이다.

명제의 지향성은 그 지향적 대상 즉, 그 명제가 집어내는 특별한 사태를 향한 자연적 친화성 또는 내재적 향함이다. 따라서 진리 형성자는 진리 담지자를 참이게끔 만든다. 이것은 전자가 후자와 유효한 인과 관계에 놓여 있어서 후자를 참이게끔 형성한다는 점에서가 아니다. 오히려 진리 담지자 즉, 명제가 그 명제의 내재적 지향성 덕분에 특별한 사태를 집어내고 이 특별한 사태가 그 명제를 참이게끔 "형성한다". 다만 그 사태가 그렇게 형성하는 것은 현실적으로 그 명제가 그 사태가 존재하는 대로 표상하는 방식이 되는 경우뿐이다.

몇 가지 반대 사례가 제시되었는데, 그 취지는 명제가 진리 형성자 없이도 참일 수 있다는 것을 보여 주는 것이었다. 이것이 성공한다면 반대 사례는 진리 형성자가 잉여의 것이라는 것을 보여줌으로써 대응 진리론을 훼손할 수 있을 것이다.

어떤 대응 이론 옹호자는 소위 진리 형성자 최대 요구주의, 이를 대강 말하면 개개의 참 명제에 대한 진리 형성자가 있어야 한다는 입장을 거부함으로써 이러한 비판에 반응했다. 이러한 입장의 사상가들은 참 명제가 있는 대부분의 많은 경우에 대응 이론이 명세화하는 것과 같은 진리 형성자가 있다고 주장한다. 그러나 어떤 난처한 경우 즉, 진리 형성자가 무엇인지가 분명하지 않는 경우에서 보듯, 유관한 진리 형성자가 없어도 명제는 참일 수 있다는 점은 여전히 일리가 있다. 대응 이론의 다른 옹호자는 자기 이론을 이러한 방식으로 조정하는 것을 거역하고 문제가 되는 경우에 대해 적절한 진리 형성자를 제공하고자 한다.

이러한 경우에 맞는 그럴 듯한 진리 형성자가 있는가?

대응 이론 옹호자는 이 문제에 대해 입장이 나뉘는데, 독자들은 이에 대해 스스로 결정해야 할 것이다. 이 문제를 용이하게 반성하기 위해 다음과 같은 사례들을 고찰해 보자.

① 바알 신은 존재하지 않는다.
② 공룡은 현재 멸종 상태이다.
③ 모든 까마귀는 검다.

④ 어린이 사랑은 도덕적으로 옳다.
⑤ 2070년 미국 대통령은 여성일 것이다.
⑥ 존즈가 부자였더라면 렉서스를 구입했을 것이다.

이러한 참된 명제 보기들은 끝내 진리 형성자를 가질 수 없는가?
개개의 명제에 맞는 유관한 진리 형성자가 발견될 수 있다고 생각하는 것은 적어도 그럴 듯하다. ①을 고찰해 보자.

①의 진리 형성자는 현실 세계에서 얻어지는 모든 사태가 "바알 신의 존재"의 사태를 결여하고 있다는 사실에 다름 아니다. 이것은 실재적 결여이고 결핍으로서 그 실재를 진정으로 특징지우는 것이다. 따라서 우리는 ①의 진리 형성자를 가진다. 명제 ②는 현실적으로 두 가지 주장이다.

첫째, 그것은 현재보다 앞선 어떤 시기에 공룡과 같은 것이 있었다고 주장한다(따라서 일각수는 현재 존재하지 않는다는 명제와는 구별된다).
둘째, 그것은 공룡은 현재 존재하지 않는다는 것이다. 따라서 ②의 진리 형성자는 두 가지이다.

첫째는 현재보다 앞선 어떤 시기에 "공룡이 있다"는 사태가 실재적이었다는 것이지만, **둘째는** 현재의 현실 세계에서 얻어지는 모든 사태에는 "공룡이 있다"는 것이 사실상 결여되어 있다는 것이다.

③은 보편 양화사가 있는 진술이다. 그것은 그 자체로서 까마귀라면 현실적이든 가능적이든 모두에게 적용되고 우연히 막 존재하게 되는 까마귀에만 적용되고 마는 것이 아니다. 따라서 진리 형성자는 "현실적으로 존재하는 까마귀가 검다"는 것일 수 없다.

그렇다면 ③의 진리 형성자는 무엇인가?
그 진리 형성자는 조건적으로 얻어지는 사태이다. 즉, "어떤 것이 까마귀라면 그때는 그것은 검다"이다. 다시 말하면 까마귀인 어떤 것이 있다면, 그때는 그것은 검다는 속성을 가질 것이라는 것이다(이러한 조건이 참이라는 것에 대한 그것 이상의 형이상학적 근거가 있다. 즉, 까마귀라는 속성과 검다는 속성 사이의 법칙적 관계가 있다).

④는 도덕성의 명제이고 이 명제는 아동이 존재한다는 것도 함축하지 않고 존재하는 어느 누구라도 현실적으로 사랑을 받고 있다는 것도 함축하지 않는다.

그렇다면 ④의 진리 형성자는 무엇인가?

우리는 다음과 같이 제안한다. 즉, 옳음이라는 도덕적 속성을 가지는 어린이 사랑과 같은 유형의 행동이 있다. 현실적으로 이러한 유형의 행동은 아동이 없는 세계 또는 사랑할 수 있는 능력을 가진 피조물이 없는 세계를 비롯한 모든 가능 세계에서 도덕적 옳음의 속성을 가지고 있다. 사랑 받는 아동이 개개의 사례로 존재하는 세계에서 이러한 개개인은 도덕적 옳음의 속성을 가질 것이다. 따라서 ④의 진리 형성자는 어린이 사랑과 같은 유형의 행동이 도덕적 옳음이라는 속성을 가지는 사태가 있을 것이라 것이다.

⑤는 미래 시제 진술로서 독특한 문제를 제기한다. 잠시 논증의 편의상 2070년 미국 대통령은 여성일 것이다는 진술을 인정해 보자. ⑤에 딸린 문제는 어떤 의미에서 그것이 여성이 아직 대통령직에 선출되지 않았을지라도 현재 진리인 것으로 보인다는 점이다.

그렇다면 우리는 ⑤를 어떻게 처리해야 하는가?

두 가지 전략이 가능한 것 같다.[2]

첫째, 문장 ⑤는 ⑤′로 번역될 수 있을 것이다.

즉, ⑤′ "2070년 미국 대통령은 여성이라는 것은 (시제와 관계 없이) 참이다." 이러한 전략에 따르면 "미국 대통령은 2070년에는 여성이라는" 사태는 시제와 관계 **없이 얻어지고 또 ⑤의 진리 형성자이다.**

둘째, ⑤를 번역하면서 시제를 제거하는 것이 아니라 시제를 가진 사태를 그 진리 형성자로서 정립한다. 즉, "미국 대통령은 여성이라는" 사태는 미래에 구체적으로 2070년에 얻어지는 속성을 가진다. 둘째 전략을 취하면, "미국 대통령은 여성이라는" 사태가 현재 이러한 미래 시제 속성을 가진다는 사실이 ⑤의 진리성에 근거를 제공하는 것이다. ⑥은 피조물의 자유의 반사실성 말하자면 가난한 존즈가 부자이기만 했다면 구입했을 것을 참되게 표현한다. ⑤를 검토할 때 우리는 미래에 대한 시제화된 사실들이 당연히 있다는 점을 배웠다. 즉, 그 사실들이 관련되어 있는 대상이나 사건이 존재하지 않아도 현실적으로 존재하고 있는 사실들은 있다

---

[2] 이 두 전략의 차이점은 서로 다른 시간론 즉, 각각 A 이론이라고 부르는 동적 이론과 B 이론이라고 부르는 정적 이론에 달려 있다. 차이점에 대한 논의는 이 장의 범위를 넘어선다. 예를 들면, 다음 책에 나오는 논의를 참조. Gregory E. Ganssle, ed., *God and Time: Four Views* (Downers Grove, Ill.: Inter Varsity Press, 2001).

는 점이다. 유사하게 관련되어 있는 대상이나 사건이 존재하지 않아도 현실적으로 존재하고 있는 "반사실들"(사실에 반대하는 사태들)이 있다고 우리는 주장한다. 따라서 ⑥의 진리 형성자로 사용되는 것은 "존즈가 부자였더라면 렉서스를 구입했을 것이다"라는 반사실적 사태이다.[3]

그렇다면 이와 같은 추측적인 반대 사례를 처리하는 그럴 듯한 방법이 있는 셈이고 진리 형성자 요구조건을 포기하라는 요구는 없어질 수 있다. 그러나 다시 한 번 말하거니와, 독자들은 이러한 반응이 그럴 듯한가를 결정해야 할 것이다. 여하튼 이러한 추정적 반대 사례에 대한 우리의 연구는 우리에게 두 가지를 상기시켰다.

첫째, 진리 형성자는 명제를 참이도록 원인지우지 않는다. 오히려 그것은 지향적 대상이고 이 대상 덕분에 대응하는 명제가 참이 된다.
둘째, 진리 형성자는 구체적 대상일 필요가 없다. 많은 경우에 그것인 모종의 추상적 사태이다.

진리 담지자에 대한 우리의 연구는 이미 우리를 **일치 관계**의 주제로 데려갔다. 이러한 관계는 정확하게 무엇인가?

첫째, 주의해야 할 첫째는 일치가 예를 들어, 사과의 경우 사과의 적색처럼 명제의 단자적 성질이 아니라는 점이다.
단자적 성질은 어떤 하나의 사물에만 소유하도록 요구되는 하나의 속성이다. 오히려 일치는 명제와 그 **지향적 대상**인 사태 사이 즉, 두 항 사이의 관계이다. "~보다 크다"와 같은 두 항 사이의 관계는 두 존재물이 예시되는 것을 요구하는

---

[3] 무엇이 피조물의 자유의 반사실성을 참이게 만드는가 하는 물음은 현대 철학과 종교철학에서 많은 주목을 받은 매력적인 문제이다. 일반적으로 말해서 이에 대한 만족스러운 대답을 제공하는 것이 중요한 이유는 하나님이 미래의 우연적 명제를 알 수 없다는 "열린 유신론"의 주장에 대답하고 특정한 신의 예지에 대한 중간 지식 접근법을 구체적으로 변호하는 문제와 관련해서이다. 더 자세한 논의를 위해 다음 책을 참조. Thomas P. Flint, *Divine Providence: A Monlinist Account* (Ihtaca, N.Y.: Cornell University Press, 1998), chap. 5; William Lane Craig, "Middle Knowledge, Truth-Makers, and the 'Grounding Objection'", *Faith and Philosophy* (근간 예정).

관계이다. 따라서 진리는 지향성에 근거를 둔다. 명제에 내재하는 ~에 관한 것임은 사태를 지향하고 그 진리 관계는 지향적 대상이 명제에 맞추어져 대응하고 일치하는 경우에만 예증된다.

둘째, 일치 관계는 관계들 가운데서 특이한 것인 것 같다.

아래에서 보겠지만, 일치 관계는 그 자체가 직접적으로 경험될 수 있고 사고의 대상으로 될 수 있다. 그리고 그것은 그 밖의 다른 어떤 것으로 환원될 수 있는 것 같지 않다. 그것은 인과적 관계가 아니며 물리적 관계도 감각 지각적 관계도 아니다. 또한, 묘사하는 관계도 아니다.

명제는 자신과 일치하는 사태를 묘사하는 것도 반드시 닮는 것도 아니다. 이것은 자기 자신이 감각 지각적이 아닌 사태, 예를 들어 2가 짝수라는 것, 자비로움이 덕이라는 것, 가브리엘이 천사라는 것에 대해 분명한 것 같다. 그러나 사정은 감각 지각적 사태에 대해서도 마찬가지이다. 잔디가 푸르다는 명제는 잔디의 푸름이라는 사태를 묘사하는 것이 아니다. 그 명제는 마음속에서 예시될 수 있으나 그 자체가 푸르다거나 감각 지각적이다거나 하는 것은 아니다. 반면에 일치하는 사태는 실로 푸르다. 따라서 전자는 후자의 그림이 아니다.

우리가 대응 이론에 대한 비판을 살펴볼 때 그 반론은 일치 관계가 너무 신비스러워서 그 사람의 존재론(실재관)을 인정할 수 없다는 점에 근거한다는 것을 보게 될 것이다. 이러한 이유에서 어떤 옹호자는 일치 관계 없이 대응 이론을 진술하고자 노력했다. 예를 들면, 혹자는 참된 명제는 그 명제가 사실이라고 주장하는 바로 그것이 실제로 사실이라고 하는 그런 명제라고 주장한다. 이 주장은 일치 관계를 명시적으로 언급하지 않는다는 점에 유의하자.

이것은 일치 관계의 언급 없이 적절한 대응 이론을 표현한다는 것이 될지도 모른다. 그러나 이 주장은 언급은 없지만 일치 관계를 암시적으로 그럴싸하게 사용한다. 우리가 어떤 것이 실제로 어떤 주장을 통해 사실이라고 주장하는 바로 그것이라고 함은 도대체 무엇인가라고 물을 때 한 가지 가능한 대답은 다음과 같다. 즉, 그것은 전자(사실인 것)가 후자(사실이라고 주장되는 것)와 일치한다는 것이다. 두 가지 주요 논증이 대응 이론을 위해 제출되었다. 즉, 현상학적 논증과 변증법적 논증이다.

에드문트 후설(1859-1938)은 **현상학적 논증**을 가장 강력하게 진술했다. 현상학적 논증은 구체적인 사례들로부터 진리에 관해 무엇을 배울 수 있는지를 알기 위해 주의 깊게 기술하고 제시하는 작업에 집중한다. 하나의 보기로서 조와 프랭크의 경우를 숙고해 보자. 조는 사무실에 있는데, 주문한 책 리처드 스윈번(Richard Swinburne)의 『영혼의 진화』(The Evolution of Soul)가 도착했으니 찾아가라는 전화를 대학 서점으로부터 받는다. 이 때 새로운 정신 상태가 조의 마음에 일어난다. 즉, 스윈번의 『영혼의 진화』가 대학 서점에 있다는 생각이다.

이제 조는 그 사고의 내용을 의식하면서 밀접하게 관련되어 있는 두 가지를 의식하게 된다. 즉, 사고의 지향적 대상의 본질(스윈번의 책이 서점에 있다는 것)과 그 사고의 진리성을 결정하게끔 도와줄 검증 단계가 그것이다. 예를 들면, 그는 그 사고를 검증하기 위해 태평양에 가는 것은 아무런 상관이 없다는 것을 알고 있다. 오히려 그는 특정 빌딩으로 가서 대학 서점의 어느 코너에 스윈번의 책이 놓여 있는지를 알 수 있는 일련의 조치를 취해야 한다는 것을 알고 있다.

동시에 그는 스윈번의 『영혼의 진화』가 대학 서점에 있다는 명제에 의해서 인도되고 있다. 조는 프랭크에게 자기가 어디로 무엇 때문에 가고 있는지를 말해 주지 않았지만 프랭크는 동행한다. 그들은 서점에 도착하여 거기에 스윈번의 책이 있는 것을 둘 다 본다. 그 순간에 조와 프랭크는 동시적으로 스윈번의 책 『영혼의 진화』를 보는 감각적 경험을 가진다.

그러나 조는 프랭크가 소유하지 않는 둘째 경험을 가진다. 조는 자신의 사고가 어떤 현실적 사태와 맞고 일치한다고 경험한다. 그는 자신의 사고와 그 지향적 대상을 비교할 수 있고 그 사고가 참이라는 것을 "볼" 수 있으며 직접적으로 의식할 수 있다. 이러한 경우에 조는 현실적으로 일치 관계 자체를 경험하고 진리 자체는 그의 의식 대상이 된다.

방금 인용된 보기는 유관한 지향적 대상이 감각 지각적 대상 즉, 서점에 있는 한 권의 책이라는 그런 진리를 경험하는 경우를 보여 준다. 그러나 이것이 사실일 필요는 없다. 전건 긍정식을 배워서 아는 학생이라면, 이러한 사고를 논리적 추리의 특수 사례로 가져가서 전건 긍정식의 진리성을 "볼" 수도 있다. 유사하게 어떤 사람이 자기 아버지에 대한 분노를 거부하는 노력을 실천하고 있다는 사고를 하고서는 내성을 통해 그 사고가 자신의 내적 정신 상태에 일치하는지 어떤지를 발견할 수 있다.

혹자는 현상학적 논증이 지나치게 단순화되었다는 근거에서 그 논증을 거부할지도 모른다. 그러나 단순화되었다는 것은 분명하지 않다. 그 논증은 단순하지만 단순화된 것은 아니다. 왜냐하면, 과학자, 수학자 그리고 다른 학자들이 진리를 경험하도록 보다 정교하게 가공된 동일 종류의 사례들이 제공될 수 있기 때문이다. 게다가 어떤 진리론이 철학적으로 문제시되기 전에 우리 모두가 경험하는 것과 조화를 이루는 것(일치하는 것)은 그 진리론의 미덕이다.

변증법적 논증은 대안적 진리론을 내놓거나 대응 이론을 단순하게 거부하는 사람들이 자신들의 주장을 펼칠 때 특히, 그들이 자신의 입장을 위한 논증을 제시하거나 자신의 논증의 무효화 요소들에 반대하는 변론을 펼치거나 할 때 실제적으로는 대응 이론을 전제하고 있다고 주장한다. 때때로 이 논증은 딜레마의 형식으로 진술된다. 즉, 대응 이론을 거부하는 사람들은 일치라는 의미에서 자신의 발언을 참으로 받아들이거나 받아들이지 않거나이다. 전자라면, 그때는 그 발언은 자기 패배적이다. 후자라면, 자신의 발언을 받아들일 이유가 없다. 왜냐하면, 아무도 그들의 발언을 참으로 받아들일 수 없기 때문이다.

어떤 비판가는 이 딜레마의 둘째 뿔이 선결 문제를 요구하고 있다고 반응할지도 모른다. 그는 그 자신의 주장이 참으로 제공되는 것이 아니라거나 정합적 진리론 또는 실용적 진리론(아래 참조)과 일치해서 참으로 제공되는 것이라거나 이 둘 중의 어느 하나라고 주장할 수도 있을 것이다. 대응 이론의 변론자는 이 두 대안에 대해 각각 다음과 같이 반응할 수 있다.

첫째, 포스트모더니즘에 대한 논의에서 좀더 자세하게 보겠지만, 어떤 사람은 자신의 발언을 참으로 받아들인다고 말하지 않을 수도 있다. 그러나 사람들이 그 사람의 저서를 실제로 읽거나 그 진술을 주의 깊게 경청할 때 자신은 아니라고 하지만 자신의 주장을 사실상 참으로 받아들인다는 인상을 뚜렷하게 줄 수 있다.

둘째, 대응 이론을 거부하고 이 거부 자체를 다른 진리론에 따라 참으로 받아들이는 것은 일관성 있는 입장일 것이다. 그러나 사람들이 대안적 진리론을 변호하는 사람의 저서를 주의 깊게 살펴보면 가끔씩이지만, 그 논점이 실재와 일치하는 것이기 때문에 그 논점을 참으로 받아들이게 되는 것 같다.

간단한 예를 들면, 정합적 진리론의 변호자는 때때로 사람들이 자신들의 믿음의 거미줄을 피할 수 없고 실재 자체에 도달할 수 없다는 근거로 또는 사람들이 자신들의 믿음은 자신의 다른 믿음과 잘 정합하기 때문에 실제적으로 정당화되어 참으로 받아들인다는 근거로 자신의 입장을 찬성하는 논증을 펼친다.

이러한 주장을 수용하는 가장 자연스러운 길은 대응 이론의 노선과 함께 하는 것이다. 즉, 사람들이 자신들의 믿음의 거미줄을 피할 수 없다는 명제는 사람들이 실제로 존재하는 방식이고, 사람들의 믿음이 실제로 존재하는 방식이며, 사람들이 정합을 자신의 믿음에 관련시키는 방식 그대로이지 다른 것이 아니라는 것이다. 대응 이론에 반대하는 세 가지 주요 반론이 제기되었다.

첫째, 혹자는 대응 이론을 구성하는 세 가지 존재물에 관한 분명하고도 넓게 수용된 이론이 없으므로 대응론은 거부되어야 한다고 논변한다.
두 가지로 반응할 수 있다.

① 세 존재물에 대해 넓게 수용된 어떤 이론도 수집될 수 없다는 점을 그 논증을 위해 용인한다 할지라도, 귀결되는 것은 그 이론이 거짓이거나 정당화가 없다는 것이 아니라 그러한 이론을 개발할 수 있도록 더 많은 작업이 행해질 필요가 있다는 것뿐이다. 결국, 우리는 비록 우리가 아는 것을 소상하고 충실하게 구체화시킬 수 있는 이론으로서 넓게 수용된 독자적인 이론이 하나도 없다고 할지라도 자주 우리는 많은 것들을 알고 있고 하나님이 미래를 안다는 것도 알고 있고 전자가 양자를 인력한다는 것도 알고 있다.
② 우리는 간략하게 제시했지만 전술한 분석이 옳은 노선이라는 것과 좀 더 성교하게 다듬어진 변론이 가능하다는 것을 믿는다. 또한, 대응 이론은 조와 프랭크를 포함하는 사례와 같은 분명한 사례들과 잘 일치하는 것 같고 이 사실 덕분으로 우리는 대응론 비판이 어떤 변증법적 힘을 가지고 있다고 하더라도 그 강점을 압도하는 데 충분한 정당화를 당연히 제공받을 수 있을 것이다.

둘째, 사람들이 진리를 위해 가지고 있는 증거를 진리와 구별함으로써 즉, 진리는 증거를 초월하고 증거와 동일하지 않다고 주장되어, 대응 이론은 회의주의에 취약하게 노출되어 있다고 논증되었다.
왜 그런가?
대응 이론이 옳다면 그때는 사람들은 어떤 믿음을 위해 세상의 모든 증거를 가질 수 있었어도 여전히 그 믿음은 거짓일 수 있기 때문이다. 두 가지로 반응할 수 있다.

① 그 논점이 용인된다 하더라도 우리가 진리를 획득할 수 없다는 귀결만 나올 뿐이다. 즉, 대응 이론이 거짓이라는 귀결은 나오지 않는다.
② 증거는 진리에 공헌하는 것이지만 증거가 진리 자체와 동일하지 않다는 것은 실제적인 사실이다. 따라서 있음직하지는 않지만, 사람들이 가질 수 있는 증거란 증거는 모두 가졌었어도 여전히 범과하는 것은 실로 논리적으로 가능하다. 따라서 이 논증은 현실적으로 대응 이론의 미덕을 표면화시키지 그 악을 표면화시키지 않는다. 게다가 제4장에서 오류의 논리적 가능성이 사람을 회의주의에 취약하게 만들지 않는다는 주장에 대해 상세한 논증이 제시되었다.

셋째, 혹자는 대응 이론은 신비스럽고 이상한 존재물 즉, 명제, 환원 불가능한 지향성 그리고 일치 관계를 포함하고 따라서 거부되어야 한다고 논변한다.

이러한 논증을 있는 그대로 볼 때 그 힘이 얼마만한 것인가를 납득하기란 어렵다. 어떤 존재물이 신비스럽다는 점은 그 이론을 거부하는 충분한 이유가 아니다. 게다가 이 세 존재물이 모두 일상적이고 상식적이지, 신비스럽거나 이상한 것이 아닌 것 같다는 점은 대응 이론을 위한 현상학적 논증의 미덕이다. 사람들은 날마다 자신들의 사고·믿음의 명제적 내용, 그 지향성, 연결된 지향적 대상 그리고 일치 관계 자체를 경험한다.

이러한 논증을 유발하는 비판가들은 통상적으로 바로 그 논증으로써 특별한 어떤 것을 의도한다. 즉, 그들은 지식 주장은 어떻게 해서든 감각 지각적인 것과 "결부되어야" 한다는 요구 조건을 포함해서 철학적 자연주의에 대한 우선적 헌신으로 형이상학에 접근한다. 결과적으로 그들은 실재는 자연주의적 세계관에 조화해야 한다고 주장한다. 종종 이것은 어떤 형태의 물리주의가 필수적이라는 것을 의미한다.

이러한 논증은 자연주의가 참이라면 그때는 명제, 환원 불가능한 지향성 그리고 일치 관계와 같은 존재물은 존재하지 않는다는 것이 된다. 후건 부정식의 논증 형식을 채택하는 것은 대응 이론의 변론자에게 열려 있는 선택이다. 즉, 이 세 종류의 존재물이 존재하므로 자연주의는 거짓이다. 진리는 경험주의 인식론 또는 자연주의 세계관 내부의 인물에게는 언제나 어려운 문제였다. 독자들은 이 점이 사실인 이유를 알 수 있는 입장에 있어야 한다.

3) 정합 진리 이론

대응 이론에 대한 논의를 통해 진리에 관한 주요 논증과 반증을 얼마간 살펴보았으므로 이제 다음 두 진리 이론을 상당히 간략하게 다루어도 무방할 것이다.

정합 이론에 따르면 믿음(진술, 명제 등)이 참이 되는 것은 그 믿음이 사람의 일단의 믿음 전체와 잘 정합하고 그 일단의 믿음이 그 자체로 강력하게 정합적인 경우에만 한한다. 따라서 믿음의 참됨과 거짓됨은 믿음과 실재적 외부 세계와의 연결 문제가 아니다. 오히려 그것은 한 믿음이 사람의 믿음의 거미줄 내부에서 가지는 다른 믿음과의 관계 함수이다. 그 주요 옹호자로는 스피노자(1632-1677), 헤겔(1770-1831) 그리고 블랜샤드(1892-1987)가 있다.

진리의 정합 이론과 **정당화의 정합 이론**을 서로 구별하는 것이 중요하다(제3장 참조). 후자는 정합을 진리의 시금석으로 제공하고 진리의 대응 이론과 모순이 없다. 왜냐하면, 사람들은 어떤 믿음이 다른 믿음과 잘 정합할 때 실재와 일치하는 것이 있을 수 있기 때문이다.

진리의 정합 이론의 주요 문제 중의 하나는 **정합**에 대한 충분한 개념이 없다는 점이다. 사실상 그것은 정확하게 규정되지 않았거니와, 적어도 그럴 듯한 방식으로조차도 아니었다. 그 요령은 너무 강하게도 너무 약하게도가 아닌 방식으로 규정하는 것이다. 어떤 믿음이 다른 믿음을 포함하는 경우에만 그 믿음이 참이라고 하는 규정은 정합을 포함으로 규정하는 너무 강한 정의일 것이다. 탁자를 보는 것 같다는 사람의 감각적 믿음은 참일 수 있을 것이나 이것은 두 명제(탁자를 보는 것 같다와 거기에 탁자가 있다)가 동시에 참일 수 있고 서로 "잘 정합한다"고 하더라도 거기에 탁자가 있다는 것을 포함하지 않는다.

정합을 단순한 논리적 가능성(두 가지 이상의 믿음이 서로 모순되지 않는다)으로 규정하는 것은 너무 약한 정의일 것이다. 어떤 사람은 참일 수 없는 그러나 논리적으로 모순은 없는 기상천외한 일련의 믿음을 가질 수 있을 것이다. 예를 들면, 톰 크립은 자신이 가지이고 가지는 의식적이며 자기 마음을 바꾸고자 하는 다른 사람의 모든 시도가 거짓이었다고 믿는다면, 그는 자기 자신에 대해 논리적으로 모순은 없는 그러나 거짓 믿음을 가지는 셈이다. 이러한 문제에 대해, 어떤 정합주의자는 정합을, 예를 들어 사람의 일단의 믿음들이 서로 결합하고 함께 들어맞고 상호 일치하는 상호 설명력으로 정의한다.

대응 이론이 가지는 추정적 난점을 별문제로 한다면 정합 이론을 위한 주요 논증은 회의주의를 피하고자 하는 소원과 함께 정당화의 정합 이론에 대한 동참에서 나온다. 대응 이론에서 어떤 정당화된 믿음은 외부 실재와 일치할 수 없었기 때문에 정당화는 매우 잘 되어 있으나 거짓된 믿음을 사람들이 가질 수 있었다는 사실을 상기해 보자. 바로 이러한 정당화와 진리 사이의 간격이 정당화는 진리를 보장하지 않기 때문에 지식은 불가능하다는 회의주의자의 주장에 유리한 공격 무기를 제공하는 것이다(정당화와 회의주의에 관한 문제는 제2장과 3장에서 거론되었기 때문에 여기서는 반복하지 않을 것이다).

그러나 진리의 정합 이론은 충분한 정당화된 믿음과 참된 믿음 사이에는 더 이상 간격이 없기 때문에 회의주의자를 패퇴시킨다. 진리는 한 믿음과 일단의 적합한 믿음과의 충분한 정합일 뿐이기 때문에 그 믿음이 정합적 설명의 방식으로 정당화되면 자동적으로 참이 된다. 진리는 한 믿음이 다른 믿음에 대해 가지는 내적 관계의 문제이지, 믿음 체계 밖의 실재와의 외적 관계의 문제가 아니다.

이러한 정합적 진리론 찬성 논증은 그 이론에 반론을 가할 수 있는 알맞은 기회를 제공하게 된다.

첫째, 정합 이론에 따르면 적당하게 정당화된 거짓 믿음과 같은 것은 없다.

왜냐하면, "적당한 정당화"(appropriate justification)와 진리는 동일하기 때문이다. 실로 이것이 그 정합 이론의 미덕으로 주장되는 것이다. 그러나 사실상 그것이 악인 이유는 적당하게 정당화된 거짓 믿음이 완전하게 가능하기 때문이다. 실제로 사람들이 정당화는 적당하게 되었으나 거짓인 믿음을 가진다. 이 문제를 피하는 유일한 방법은 "적당한 정당화"를 진리와 동일한 것으로 규정하는 것이다. 그러나 이것은 선결 문제를 요구한다.

둘째, 정합 이론은 세계와 분리된다.

왜냐하면, 이 입장에 따르면 진리는 믿음 체계 밖의 실재와는 아무런 연관도 없는 관계 즉, 한 믿음과 다른 믿음 체계와의 관계 함수이기 때문이다. 이것은 심각한 문제이다. 이에 대한 대응으로 대다수의 정합주의자는 마음에서 독립한 실재(언어나 믿음에서 독립한)의 존재를 단순하게 부인한다. 바꾸어 말하면 그들은 실재에 관해 반실재론을 수용한다. 그러나 이러한 행보는 외부 세계가 있다고 믿거나 실제로 그렇게 알고 있는 사람들에 대해서는 그 이론의 불충분성을 한층 더 보여 주는 신호일 것이다.

셋째, 정합 이론은 완전히 서로 다른 모순적 믿음들이 대안적 믿음 체계와 잘 정합하는 한, 참일 수 있는 가능성을 허용한다.

톰 크립의 사례를 다시 숙고해 보자. P가 톰 크립은 가지이다고 하는 것이라면, 그때는 P는 참이다. 왜냐하면, P는 크립의 대폭적인 믿음들과 잘 정합하기 때문이다. 그리고 P는 크립을 비판하는 사람들의 믿음의 어느 하나와 끝내 잘 정합하지 않으므로 P는 거짓이다. 정합 이론은 P가 참이면서도 동시에 거짓임을 허용하므로, 정합 이론은 거부되어야 한다.

어떤 정합 이론 옹호자는 정합주의는 진리에 관한 일종의 상대주의라는 주장으로 대응할 수 있을 것이다. 따라서 그것은 P를 참이면서 동시에 거짓이라는 것을 동일한 의미로 취급하는 것을 피해간다. 이 입장에 서면 P는 크립의 체계에 따르면 상대적으로 참이고 크립 비판가들의 체계에 따르면 상대적으로 거짓이다. 앞서, 우리는 진리 상대주의에 대해 제기된 비판들을 보았고 이러한 비판들은 상대주의 일반에 관한 문제들과 함께 이러한 정합 운동에 대해서도 똑같이 적용된다.

넷째, 정합 이론은 우리가 조와 프랭크의 경우에서 보았듯 대응 이론을 위한 현상학적 논증에 비추어 보면 실패한다.

이 경우를 위시한 실재적인 인간 경험의 수많은 사례가 우리에게 가르치는 것은 우리가 종종 믿음 체계의 전체가 아닌 개개의 명제들(스윈번의 『영혼의 진화』는 서점에 있다)을 진리치 판정을 위해 실재로 데려간다는 점이다.

우리는 우리 자신의 정신 상태의 지향성 덕분에 자주 실재 자체를 직접적으로 의식할 수 있고 말하자면 우리의 사고·믿음 밖으로 나갈 수 있으며 외부 세계의 견지에서 이들을 지향적 대상과 비교할 수 있다. 이것이 일어나면, 우리는 우리 믿음의 진리성 또는 허위성을 경험한다. 대응 이론이 이 모든 것을 유의미한 것으로 만들며 정합 이론은 그 점에서 실패하고 따라서 거부되어야 한다.

4) 실용적 진리 이론

실용적 진리론은 이 모양 저 모양으로 윌리엄 제임스(1842-1910), 존 듀이(1859-1952) 그리고 현대 철학자 힐러리 퍼트남과 리차드 로티에 의해서 촉진되었다. 일반적 용어로서 실용적 진리론은 믿음 P가 참인 것은 P가 작용한다거나 가져서 유용성이 있다든가 하는 경우뿐이다. P가 참인 것은 P가 이를 받아들이는 사람에게 어떤 가치를 보여 주는 경우뿐이다. 실용주의는 외부 실재에 관해 반실재론의 표현으로 폭넓게 수용된다.

실용주의자는 작용하다 또는 유용하다를 해석하는 방법에 관해 서로 다르고 따라서 비인식적 형태의 실용주의와 인식적 형태의 실용주의 사이에 차이가 있다. **비인식적 실용주의**에 따르면 어떤 믿음이 참인 것은 이를 받아들이는 것이 유용하고 여기서 "유용하다"는 인식적 가치와는 아무런 관련도 없는 용어로 해독되는 경우만이다. 예를 들면, P가 참인 것은 "P를 수용하는 것을 기초로 한 행동이 마침내 P를 믿는 사람에게 이로운 결과가 되는" 경우이거나 또는 "P를 수용하는 것이 바람직한 결과를 가지는 행동으로 이끄는" 경우뿐이다. 이 "이로운 결과" 또는 "바람직한 결과"는 다시 행복의 최대화, 고통에 대한 쾌락의 최종적 차액의 최대화, 자연에 대한 기술공학과 통제의 최대화 등과 같은 것들로 확인될 수 있을 것이다.

인식적 실용주의에 따르면 훨씬 자주, 작용하다, 또는 유용하다는 인식적 용어로 해독된다. 예를 들면, P가 참인 것은 오직 P가 다음과 같은 경우들이다.

① 사람들의 동료가 사람들로 하여금 합리적으로 주장해도 좋은 것이라고 허락하는 경우
② 사람들이 주장하는 것이 이상적으로 정당화되는 경우
③ 이상적으로 합리적인 과학 공동체가 유관한 증거를 모두 가지고 받아들일 수 있을 만한 경우
④ P가 단순성, 설명력, 경험적 충전성, 성공적 예측으로 끝날 수 있는 성향과 같은 것을 보여 주는 그러한 것이 되는 경우

어떻게 해서든 인식적 형태의 실용주의는 명제의 진리성을 그 인식적 성공과 동일시한다.

실용주의 옹호자는 자신 이외의 다른 두 이론이 가진 문제점 즉, 이론(언어, 믿음)을 초월할 수 없는 우리의 무능력과 외부 세계(이와 같은 것이 있다면, 대다수의 실용주의자는 반실재론자이다)에 도달할 수 없는 우리의 무능력이 모두 실용주의에 유리하게 나타난다고 주장한다. 이에 대한 비판가의 주장들은 그러한 주장이 자기 논박적이라는 점, 변론 과정에서 실용주의 옹호자들은 그 이론 자체가 "유용하기" 때문에 추천하는 것이 아니라 언어, 과학적 이론 시험 등에 관한 어떤 사실들에 일치하기 때문에 추천하는 것이라고 한다는 점, 그 이론은 일종의 상대

주의이고 대응 이론을 위한 현상학적 논증을 저버린다는 점 등이다. 이와 같은 논증들은 이미 제시되었기 때문에 실용주의 평가를 좀더 상세하게 발전시키는 과제는 독자에게 남겨둔다.

3. 포스트모더니즘

현대적 환경에서 진리에 대한 논의는 **포스트모더니즘**(postmodernism)의 분석 없이는 불완전할 것이다. 불행하게도 두 가지 이유에서 이러한 분석은 짧은 시간 동안 입문적 방식으로 행하기란 극히 어려운 작업이다.

우선, 포스트모더니즘은 서로 다른 다양한 학문 분야의 전문 사상가끼리 모여 있는 느슨한 연합이고 이러한 포스트모더니즘을 이들 다양성에 공정한 방식으로 특징지우는 것은 어려울 것이다.

나아가서 포스트모더니즘의 본질의 일부는 어떤 거부 예를 들어, 정확한 정의를 가능하게 하는 안정적인 언어적 의미와 보편적으로 타당한 언어적 규정과 더불어, 진리, 객관적 합리성, 본문의 권위 있는 의미를 거부하는 데 있다. 그렇지만 포스트모더니즘 일반을 공정하게 정확히 특징지우는 것은 가능하다. 왜냐하면, 포스트모더니즘 지지자와 적대자는 그 입장을 천착할 정도로 포스트모더니즘을 충분하게 잘 이해하고 있기 때문이다.

그러나 독자들은 포스트모더니즘 옹호자는 독립적으로 말할 수 있도록 허용되어야 한다는 점을 명심해야 한다. 이제 아래에서 규명하는 특성의 모든 측면을 정당화가 이루어지기도 전에 개개의 사상가에게 귀속시키는 것은 오류를 범하는 것이 될 것이다.

1) 포스트모더니즘의 일반적 특성

포스트모더니즘은 역사적 연대기적 개념이고 철학적 이데올로기이다. 역사적으로 이해할 때 포스트모더니즘은 **근대** 이후 일정 시기의 사상이며 근대라고 부르는 시기에 대한 반작용이다. 근대는 르네상스 시대(14-17세기)에서 발전한 일정 시기의 유럽 사상이고 계몽 시대(17-19세기)에 데카르트, 로크, 버클리, 흄, 라이프니츠, 칸트와 같은 사람들의 사상에서 꽃을 피웠다. 연대기적 의미로는 포스트모더니즘은 때때로 "모더니즘(modernism) 이후(post)" 시대라고 불리운다.

이렇게 이해되면 포스트모더니즘은 종종 근대를 단순화하는 죄를 범한다고 말하는 것이 공평할 것이다. 왜냐하면, 그 당시 근대의 사상가들 역시 일원화된 획일성으로부터 멀리 떨어져 있었기 때문이다. 실로 데카르트, 흄 그리고 칸트는 소위 근대의 시기에도 마찬가지였지만 근대보다 포스트모더니즘 시대에 와서 더 많이 알려진 사상적 요소들을 함유하고 있다. 그렇지만 역사적 정확성을 별문제로 친다면, 포스트모더니즘의 연대기적 개념은 자신을 시작이 개시된 시대로 보고 어떤 의미에서 근대를 대체하는 시대로 해독한다.

철학적 관점으로서 포스트모더니즘은 주로, 지식이란 무엇인가, 무엇이 지식으로 간주되는가에 대해 재해석하는 관점이다. 보다 광범하게는 실재, 진리, 이성, 가치, 언어적 의미, 자아 그리고 여타의 개념들 등에 관해 일종의 문화적 상대주의를 대표한다. 포스트모더니즘 주요 사상가들로는 니체, 비트겐슈타인, 데리다, 쿤, 푸꼬, 하이데거, 료타르가 있다. 포스트모더니즘을 더 적절하게 파악하기 위해 7개의 소절로 나누어 분석하는 것이 유익할 것이다.

(1) 형이상학적 실재론에 대한 비판
철학적으로 형이상학적 실재론이 위임 받는 것은 다음과 같다

① 이론 독립적 또는 언어 독립적 실재의 존재
② 세계가 실제로 어느 한 가지 방식으로 존재하고 있다는 개념
③ 기본 논리 법칙(동일율, 비모순율, 배중율)이 실재에 적용된다는 개념

포스트모더니즘은 이러한 실재론적 동참에 대한 반실재론적 거부를 포함한다. 포스트모더니즘에 따르면 "실재"는 **사회적 구성물**이다. 언어가 실재를 창조한다. 어느 언어적 집단에 실재적인 것은 다른 집단에서 비실재적일 수 있다. 따라서 신은 그리스도인에게는 존재하고 무신론자에게는 존재하지 않는다. 나아가서 기본 논리 법칙은 서양의 구성물이고 결코 실재 자체에 보편적으로 타당한 법칙으로서 수용되어서는 안 된다.

신칸트주의 포스트모더니즘자로 부를 수 있는 어떤 포스트모더니즘자들은 물 자체, 외부 실재가 어떤 의미에서 존재한다는 데에 동의한다. 그러나 그들은 또한, 우리가 실재에 도달할 수 있는 아무런 방법도 가지고 있지 않다고 주장한다.

우리는 실재에 대해 아무것도 모르기 때문에 실재 자체는 무용한 개념이고 실천적 목적에서 보면 무시될 수 있는 것이다.

(2) 대응적 진리론의 거부

포스트모더니즘자는 진리의 대응 이론을 거부한다. 어떤 포스트모더니즘자는 진리에 관한 말을 삼가하지만 다른 포스트모더니즘자는 정합주의적 또는 더 자주 실용주의적 진리론을 내놓는다. 중요한 것은 진리는 동일한 이야기를 공유하는 언어적 공동체에 따라 상대적이라는 점이다(아래 참조). 사물에 대한 어떠한 객관적 진리도 없고 신의 눈의 관점도 없다. 오히려 모든 사고는 역사적으로 사회적으로 조건화된다.

더욱이 포스트모더니즘자는 **이분법적 사고**를 거부한다. 이분법적 사고는 어떤 사람이 일정 범위의 현상을 두 집단으로 나누고 하나가 다른 하나보다 낫다고 주장하게 될 때 발생한다. 여기에 몇 가지의 이분법을 제시한다. 즉, 실재와 비실재, 참과 거짓, 이성과 비이성, 옳음과 그름, 덕과 악덕, 좋음과 나쁨, 미와 추 등이다. 한 쌍의 개념은 각각 첫째가 둘째보다 선호되는 이분법을 표시한다.

이와는 대조적으로 포스트모더니즘자는 그러한 용어들을 사용하는 주장들은 폭넓은 다양한 범위에 걸쳐 공유된 언어, 이야기, 문화에 의해서 구성된 집단에 따라 상대적이라고 주장한다. 따라서 이러한 쌍 개념들은 이들을 분류하는 집단이 있는 것만큼 많은 분류 방법들이 있다. 왜냐하면, 이 모든 분류는 사회적 구성물이기 때문이다.

(3) 합리성과 지식의 상대성

포스트모더니즘자는 믿음이 참인가 거짓인가, 합리적인가 비합리적인가, 좋은가 나쁜가를 결정하기 위해 논리 법칙, 귀납 추리의 원리와 같은 보편적 문화 초월적 표준들이 있다는 것을 거부한다. 어떠한 선규정된 합리성도 없다. 또한, 포스트모더니즘자는 누구도 편견 없이 절대적 객관적 방식으로 삶에 접근하지 않는다는 근거로 합리성이 객관적이라는 개념을 거부한다. 따라서 객관성은 불가능하다. 관찰, 믿음 그리고 모든 이야기들은 이론 부담적이다. 세상에 접근하는 어떠한 중립적 관점도 없고 따라서 관찰, 믿음 등등은 자신의 믿음의 거미줄에 암시된 관점을 반영하는 조망적 구성물이다.

지식에 관해 포스트모더니즘자는 선결 문제를 요구하지 않고서 자기 자신의 입장에 유리하게 지식 자체를 규정할 수 있는 어떠한 관점도 없다고 믿는다. "지식"은 사람의 사회적 언어적 구조의 구성물이지, 사람의 정신 상태에 의해서 정당화된 진리가 가득 찬 실재 표상이 아니다.

이를테면, 지식은 다양한 전문가 협회의 전문 자격 이수 실습에 따른 전유물이다. 지식은 그 자체로서 그러한 전문가 협회의 사회적 언어적 구조를 표현하는 구성물이지 그 이상도 그 이하도 아니다.

(4) 토대주의에 대한 반대

포스트모더니즘자는 토대주의가 인식 정당화의 이론(제5장 참조)이라는 것을 거부한다. 이 거부에 대한 이유 가운데 몇 가지는 토대주의 비판과 대안을 논의한 앞장에서 거론된다. 예컨대 단순한 봄을 거부하는 것이 그 한 가지이다. 그러나 사람들이 포스트모더니즘 문헌에 퍼져 있는 것으로 발견하는 포스트모더니즘자의 토대주의 거부에 대한 추가적 이유가 있다.

토대주의는 인식적 확실성의 추구를 대표하고 토대주의의 지적 동력을 제공하는 것은 바로 이러한 확실성을 소유하고 싶은 욕망이다. 이러한 욕망 소위 **데카르트적 불안**이 인식 정당화에 대한 토대주의 이론들의 뿌리이다. 그러나 그러한 확실성은 없다. 그러한 확실성의 추구는 불가능한 추구이다.

나아가서 그러한 추구는 오도된 것이다. 왜냐하면, 사람들은 잘 살기 위해 확실성을 필요로 하지 않기 때문이다. 때때로 기독교 포스트모더니즘자는 확실성의 추구가 신앙에 대한 성경의 가르침, 우리의 지적 감각적 능력의 죄성, 무한한 신의 파악 불가능성과 어울리지 않는다고 단정함으로써 이러한 주장을 지지한다.

(5) 반본질주의와 유명론에 대한 지지

포스트모더니즘자는 보편자의 존재를 부인한다(제12장 참조). 보편자는 동일한 시간의 동일한 장소에 또는 서로 다른 시간대의 동일한 장소에 있을 수 있는 것보다 더 많이 있을 수 있는 존재물이다. 붉음, 정의, 짝수, 인간됨은 보편자의 보기들이다. 붉음이 보편자라면 그때는 사람들은 월요일에 (동일한 색조의) 붉음을 보고 또 다시 화요일에 붉음을 보며, 화요일에 본 붉음은 월요일에 본 붉음과 동일시되고 동일한 것이다.

포스트모더니즘자는 그러한 동일성을 부인하고 아무것도 반복될 수 없다고 주장한다. 아무것도 순간의 연속에도 문자적으로 동일하지 않고 아무것도 어느 시간 또는 장소에 현존할 수 없고 다른 시간 또는 장소에 문자적으로 현존할 수 없다. 따라서 포스트모더니즘은 일종의 **유명론**을 고수한다. 즉, 그들은 붉음과 같은 용어가 실재적 보편자를 대표하기보다는 다만 일군의 사물에 대한 이름으로만 간주한다.

또한, 포스트모더니즘자는 **본질주의**를 거부한다. 본질주의에 따르면 어떤 것들은 본질적 성질과 우연적 성질을 가지고 있다. 사물의 본질적 성질은 그 사물이 만일 잃게 되면 존재하기를 그치는 그러한 성질이다. 사물의 본질적 성질은 이것은 어떤 종류의 사물인가라는 가장 근본적인 물음에 답하는 것이다.

예를 들면, 짝수임은 숫자 2의 본질적 성질이다. 인간됨은 소크라테스에 본질적인 것이다. 전능하심은 하나님에 본질적인 것이다. H2O는 물에 본질적인 것이다. 우연적 성질은 사물이 잃을 수 있어도 여전히 존재할 수 있는 그러한 성질이다. 예를 들면, 키가 150 센티 미터라는 성질은 소크라테스에게 우연적이다. 포스트모더니즘자에 따르면 본질적 성질과 우연적 성질 사이에 아무런 차이가 없다. 오히려 이러한 구분은 우리의 관심, 가치, 분류 목적에 따라 상대적이고 그 구분 자체가 사회 집단마다 획일적일 수 없는 사회적 구성물이다.

예를 들면, 어떤 집단이 새에 대해 내리는 정의가 부리를 포함한다면 그때는 예해하는 목적상 부리를 가지는 모든 것은 깃털을 가진다고 가정하면, 깃털을 가지는 것이 새의 본질적 성질이 된다. 만일 그 집단이 박쥐를 포함하는 목적으로 새를 정의한다면 깃털을 가지는 것은 우연적 성질이 된다. 따라서 새에 본질적이라고 하는 그 무엇은 실재의 반영이 아니고 집단의 언어적 실천에 따른 구성물이다.

(6) 언어, 의미 그리고 사고에 대한 관점

포스트모더니즘에 따르면 문자 텍스트와 같은 언어 품목은 적어도 해석자에게 접근 가능한 의미로서 저자의 의미라는 것을 소유하지 않는다. 따라서 저자는 자기 자신의 작품을 해석하기 위해 어떠한 특전적 지위도 가지지 않는다. 사실상 텍스트의 의미는 텍스트의 해석을 공유하는 독자 공동체에 의해서 창조되고 독자 공동체에 귀속한다. 따라서 로마서와 같은 것은 없고 오히려 로마서에 대한 루터의 해석, 가톨릭의 해석, 마르크스주의자의 해석만 있다.

나아가서 언어 없는 사고와 같은 것은 없다. 사실상 사고는 사람들이 사회 집단의 언어적 실천에 따른 그들의 어법에 의해 올바른 공적 노하우를 보여 주는 단순한 언어적 행동일 뿐이다.

포스트모더니즘자는 데카르트의 지각의 관념 이론을 언어적으로 변경한다. 이 관념 이론과 포스트모더니즘의 변경을 잘 이해하려면, 상식적인 **비판적 실재론의 지각 이론**에서 출발하면 된다. 비판적 실재론에 따르면 주관이 사과와 같은 붉은 대상을 보고 있을 때 그 대상 자체는 감각 상태의 직접적 대상이다. 사람들이 직접 보는 것은 사과 자체이다. 사실이다. 사람들은 사과를 이해하기 위해 적색의 감각을 가져야 하지만, 비판적 실재론의 입장에 서면 적색의 감각은 적색으로 나타나고 있는 경우로 이해되고 **자기 현시적 속성**으로 분석된다.

자기 현시적 속성이란 무엇인가?

어떤 속성 F가 자기 현시적 속성이라면, 그때는 유관한 외적 대상이 사람에게 직접적으로 나타나는 것은 F에 의해서이고 F는 그 사람에게도 직접적으로 나타난다. 따라서 F는 직접적일지라도 그 대상을 간접적으로 나타내고 또 자신은 직접적으로 나타난다.

이것은 처음 보기와는 다르게 이해하기가 어렵지 않다. 적색으로 나타나고 있음과 같은 감각은 중요한 부류의 자기 현시적 속성이다. 존즈가 사과를 보는 동안 적색의 감각을 가지고 있다면 그때는 적색으로 나타나고 있음이라는 속성을 자기 의식의 일부로서 가지는 것은 자신의 실체적 자아를 수식한다. 존즈가 이러한 감각을 가질 때 그 감각은 적색 사과를 그에게 간접적으로 나타내는 도구이고 또한, 존즈에게 나타난다.

감각이 사과를 그에게 간접적으로 나타낸다고 말하는 것은 무슨 의미인가?

바로 이것이다. 즉, 존즈가 사과를 보는 것은 그 감각 덕택이고 또는 그 감각에 의해서이다. 더욱이 적색의 감각을 가짐으로써 존즈는 사과와 사과에 대한 자기 의식을 직접적으로 의식한다. 비판적 실재론자의 경우 실로, 적색의 감각은 존즈가 사과를 의식하기 위해 사용하는 도구나 수단이고 이로써 그는 사과를 직접적으로 의식한다. 존즈의 사과 의식은 존즈와 사과 사이에 아무것도 심지어 존즈의 사과 감각조차도 있지 않다는 점에서 직접적이다. 적색의 감각은 비록 도구로서일 뿐이지만, 사과를 직접적으로 나타낸다. 존즈는 사과를 보기 위한 필요 조건으로 감각을 가지지 않으면 안 된다.

반면에 데카르트의 **지각의 관념 이론**의 경우 사람의 관념 예를 들어, 감각은 주관과 지각의 대상 사이에 존재한다. 존즈는 직접적으로 자기 자신의 사과 의식을 의식하고 간접적으로 사과를 의식한다. 간접적으로 의식한다 함은 그 사과가 그 감각을 일으키도록 하는 것이라는 의미에서이다. 관념 이론에 서면 지각하는 주관은 자기 자신의 감각 이면의 덫에 빠져서 그 밖으로 나와 외부 세계에 도달할 수 없고 그 감각이 정확한지를 알기 위해 그 감각과 대상을 비교할 수 없게 된다.

이제 어떤 의미에서 포스트모더니즘자는 사람들이 외부 세계에 도달하려는 시도에서 어떤 대상의 이면의 덫에 빠진다는 것을 믿는다. 그러나 그들에게 사람과 실재 사이에 있는 그 벽은 데카르트에서와 같이 감각들로 이루어지지 않는다. 오히려 그것은 언어적 범주와 실천에 의해서 구성된다. 사람의 언어는 일종의 왜곡으로 기능하고 실로 창조적 필터로서 이바지한다. 사람들은 세계에 관한 자신의 말이 세계가 존재하는 방식대로인가를 알기 위해 언어 밖으로 나갈 수 없다. 사실상 외부 세계에 관해 말하는 것조차도 불필요한 여분의 것이다.

이러한 이유에서 포스트모더니즘자는 "외부 세계"는 다만 구성물일 뿐이라고 주장한다. 사실상 자아 자체는 언어의 구성물이다. 통일성을 가지고 있는 실체적 자아는 전혀 존재하지 않는다. "자아"는 아내라는 것, 어머니라는 것, 대학원생이라는 것, 보험 설계사라는 것 등과 같은 사회적 역할의 나말일 뿐이고 이러한 사회적 역할은 결부되어 있는 언어적 실천에 의해 창조되는 것이다. 포스트모더니즘자의 경우 의식과 자아는 사회적이지, 개체적이 아니다.

마지막으로 포스트모더니즘자는 이른바 **언어의 지시적 사용**을 거부한다.

"그 개가 뜰에 있다"는 문장을 고찰해 보자. 언어의 지시적 사용에 따르면 개라는 용어는 많은 기능이 있겠지만 언어 독립적 세계의 존재물 즉, 특정한 개를 지시하는 기능을 수행한다. 이러한 입장에 서면 사람들은 실재를 지시하기 위해 언제나 언어를 사용한다. 포스트모더니즘자는 단어와같은 언어적 단위가 현실적으로 다른 단어를 지시한다거나 또는 더 정확하게 말해서 그 단어가 다른 단어와의 관계에 의해서 공동체적 용법을 얻는다는 점에 일치를 보여 주지 않으면서도 그렇게 주장하고 있다. 따라서 개는 실재적 대상을 지시하는 용어가 아니며 오히려 "인간의 가장 좋은 친구", "우리 집을 지키는 애완 동물" 등과 같은 용어에 사회적으로 관련되는 용어이다.

(7) 메타 이야기에 대한 부인

포스트모더니즘에 따르면 **메타 이야기**는 없다. 메타 이야기의 개념은 두 가지 의미를 지닌다. 때때로 그것은 경합을 벌이는 개념적 도식이나 세계관 가운데서 어느 것이 참이고 또는 합리적인지를 결정하기 위한 절차를 지시한다. 더 자주는 그것은 불교, 무신론, 기독교 등등과 같은 대규모 집단의 사람들에 의해 받아들여졌던 광범한 일반적 세계관을 지시한다. 메타 이야기가 없다고 주장할 때 포스트모더니즘자는 경쟁적인 세계관들 가운데 어느 것이 참인지를 결정하는 아무런 방법이 없다는 것을 의미한다.

더 중요한 것은 모든 사람에게 참인 단 하나의 세계관이란 없다는 것이다. 아무런 메타 이야기도 없고 오직 국부적인 이야기만 있을 뿐이다.

2) 포스트모더니즘의 평가

여러 가지 점에서 이 책 전체는 포스트모더니즘에 대한 비판이요 대안이다. 그래서 세부적인 비판을 여기서 전개할 필요는 거의 없다.

제2장에서 논리적 기본 원칙과 추리 원칙이 진술되었고 그 보편적 타당성이 변론되었다. **제3장과 4장에서** 지식의 본성이 명료화되었고 다양한 형태의 회의주의에 반대하는 변론이 개진되었다.

제5장에서 토대주의가 논의되었고 변호되었으며 토대주의의 주요 논증은 데카르트적 확실성의 추구와는 거의 또는 아무런 관계도 없다는 것이 밝혀졌다. 토대주의만이 사람들이 자신의 믿음을 현실적으로 그리고 적합하게 정당화하는 방식인 것 같다.

제9장에서 존재의 본성이 논의될 것이고 사람들은 자신이 설명하고자 힘쓰는 특수자의 실재적 존재에서 시작함으로써 그 논쟁에 들어가야 하는 것이 분명해질 것이다.

제10장에서 보편자의 존재는 다양한 형태의 유명론에 반대해 변호될 것이고 **제11장과 12장에서** 의식과 자아는 사회적 구성물이 아니라 실재적이며 개체적이라는 주장에 대한 변호를 포함한다.

제25장에서 30장에서 기독교는 메타 이야기 즉, 모든 사람에 참인 세계관이라는 주장을 정당화하는 논제들이 포함될 것이다. 확실히 그 장에서 다루는 의

제들은 문제가 되는 논제들을 변호하는 이상의 것들이지만 그와 같은 변호를 포함하고 그 자체가 포스트모더니즘을 거부하는 근거를 제공한다.

이 장의 전반부에서 보는 바와 같이, 사람들이 언어로 사고할 필요가 없다는 주장이 변호된 것처럼 대응 진리 이론이 변호되었다. 그리고 대응적 진리론을 위한 현상학적 논증도 역시 지시적 언어 사용과 비판적 실재론의 지각 이론을 지지한다. 이 모든 것에 비추어 보면 포스트모더니즘에 대한 세부적인 비판이 필수적인 것은 아니지만, 이 장을 마무리하는 시점에서 포스트모더니즘에 대한 두 가지 반론이 제기되어야 한다.

첫째, 모든 사람은 어떻든 간에 편견을 가지고 있기 때문에 아무도 객관적 합리성을 쟁취하지 못한다는 것을 근거로 해서 그러한 합리성을 거부하는 주장을 처리하는 문제이다.

이러한 주장에 대한 첫째 조치는 우리가 심리학적 객관성과 합리적 객관성을 구별할 필요가 있다는 점이다. 심리학적 객관성은 어떤 의제에 대한 편견의 부재이고 어느 한 쪽으로 기우는 참여의 부재이다.

사람들은 도대체 심리학적 객관성을 가지고 있는가?

그렇다. 그들은 가지고 있다. 대표적으로는 그들이 관심도 없고 또는 생삭해 본 적도 없는 영역에서 그렇다. 심리학적 객관성에 대한 두 가지 사항을 주의하자. 우선, 그것은 반드시 덕스러운 것은 아니다. 사람들이 어떤 문제에 대해 깊이 생각해 본 적도 없고 아무런 확신도 없는 경우가 그렇다. 그러나 사람들은 어떤 의제에 대해 깊이 생각하고 지적 확신을 발전시킴에 따라 그 의제에 관해 편견이 없는 채로 즉, 참여하지 않은 채로 남는 것은 잘못된 것이다.

그렇지 않다면 연구와 증거가 우리의 삶에 대한 접근에서 발전을 이룩하기 위해 담당하는 역할이 무엇이겠는가?

사람들이 개개의 믿음에 대한 좋은 이유를 발견했는데도, 암이 병이라는 것, 강간이 나쁘다는 것, 신약 저술 시기는 1세기라는 것, 우주에 기획이 있다는 것에 대해 편견이 없는 채로 머물러야 하는가?

아니다. 사람들은 그렇게 해서는 안 된다.

다른 한 가지는 어떤 경우에는 심리학적으로 객관적이라는 것이 가능하지만, 대다수의 사람들은 자신들이 믿는 방대한 것들에 관해 심리학적으로 객관적이지 않다. 이러한 경우에 심리학적 객관성의 결핍은 중요한 것이 아니며 자신의 확신을 제시하고 찬성하는 논증을 펼치는 일과 단절되는 것도 아니라는 점을 관찰하는 것은 결정적 사항이다.

왜 그런가?

왜냐하면, 심리학적 객관성의 결핍은 합리적 객관성의 결핍을 함축하지 않고 대부분의 경우에 중요한 것은 전자가 아니라 후자이기 때문이다.

이것을 이해하기 위해 우리는 합리적 객관성의 개념을 분명히 할 필요가 있다. 사람들은 믿음에 대한 진실로 좋은 이유와 나쁜 이유의 차이점을 식별할 수 있고 진실로 좋은 이유에서 그 믿음을 고수하는 경우에만 합리적 객관성을 가진다.

여기서 중요한 것은 편견으로 인해서 어떤 것에 대한 이유를 평가할 수 있는 사람의 능력이 제거되지 않는다는 점이다. 편견으로 인해서 그 평가가 더 어려워질 수도 있으나 불가능한 것은 아니다. 편견이 합리적 객관성을 불가능하게 만든다면, 그때는 어떠한 교사도 예를 들어, 무신론자, 그리스도인 등 누구이든 간에 자신이 어떤 주제에 대해 믿었던 입장을 책임지고 가르칠 수 없을 것이다. 교사는 대립하는 관점도 가르칠 수 없을 것이다. 왜냐하면, 그는 그러한 관점에 대한 편견을 가지고 있기 때문이다.

이를 적용해보면 어떤 그리스도인은 신의 존재, 예수의 부활 등에 관해 심리학적 객관성을 결여할 수 있으나 여전히 빈 무덤, 신의 실재성 등과 같은 것에 대한 좋은 이유를 가질 수 있고 제출할 수 있다. 심리학적 객관성이 없을지라도 합리적 객관성은 가능하다. 바로 이 것이 시민의 토론, 합리적 대화, 사려 깊은 확신의 발전을 가능하게 하는 것이다.

예를 들어, 어떤 그리스도인 샤론이 한 입장에 대해 객관적으로 좋은 이유를 제시하려고 노력하고 있는데, 편견이 이유가 되어 자격 없는 사람이 하는 주장이라는 소리를 들을 때 적당한 반응은 다음과 같을 것이다.

즉, 그러한 사람에게 논의의 주제를 의제로 삼지 않고 그 주제를 논의하는 사람으로 바꾸고 있다고 말하라. 그 그리스도인은 들은 소리를 평가하고 자신의 내적 충동과 동기에 초점을 맞추겠지만, 대화는 방금 제출된 그 이유의 힘에 대해 다시 초점이 맞추어져야 한다고 생각한다는 것을 말하라. 아마도 다른 때에 그들은 서로의 개인적 동기와 충동에 관해 말할 수 있겠지만, 지금은 이유와 논증이 제시되었으므로 이에 대한 반응이 요구될 것이다.

둘째, 포스트모더니즘은 자기 논박적이다. 포스트모더니즘자는 근대성의 시기 그리고 언어와 의식이 작용하는 방식 등에 대해 자신의 주장이 참이고 합리적이라고 주장한다.

그들은 자기 자신의 저서에 관한 저자로서의 자기 의도가 오해될 때 글로 텍스트를 쓰고 저항한다. 그들은 언어가 무엇인가, 언어가 어떻게 작용하는가에 대한 진정한 본질을 제공하려는 취지를 가지고 있다. 그들은 모더니즘과 포스트모더니즘의 이분법을 사용하고 그러면서 후자의 우수성을 주장한다. 이런 저런 모습에서 포스트모더니즘은 자기 논박적인 것처럼 보인다.

포스트모더니즘자는 이러한 논증에 응수한다. 우선, 그들은 비판가들이 포스토모더니즘을 잘못 설명하고 허수아비를 패퇴시킨다고 주장할 수 있다. 예를 들면, 어떤 포스트모더니즘자는 진리의 객관성에 대한 거부를 다음과 같은 방식으로 변호한다. 즉, 진리가 객관적으로 실재 세계의 "저 밖에" 없다고 말하는 것은 문장이 없으면 진리도 없다고 말하는 것이며 문장은 인간 언어의 요소이며 인간 언어는 사회적 구성물이라고 말하는 것이다. 불행하게도 이러한 변호는 거짓일 뿐만 아니라 모종의 이해에 따르면 자기 패배의 문제도 피해가지 못하는 것이다.

이러한 변호가 거짓인 것은 그것이 적절한 진리 담지자는 언어라고 가정하기 때문이다. 그러나 우리가 앞서 본대로 더 적절한 후보자는 명제이다. 게다가 수학적 진리처럼 언어로 공표된 적이 없고 공표되지도 않을 수도 있는 수많은 진리가 있다. 그렇지만 그것들은 확실하게 "저 밖에" 있는 것들이다. 그들의 변호는 자기 패배를 피해가지 못할 수도 있다. 왜냐하면, 그 논증이 상대주의적 진리 개념을 가정한다면 그때는 그 논증 자체는 비상대주의적 의미에서 객관적 진리로서 나타나기 때문이고 즉, 그것은 자기 논박적이 되기 때문이다. 그 거부가 사람들은 언어를 통하지 않고는 진리를 표현할 수 없다는 주장으로 된다면, 그때는 그 논지는 허용될 수 있으나 포스트모더니즘이 철학적 관점으로서 충분한가에 관한 논쟁과는 아무런 유관성도 없다.

때때로 포스트모더니즘자의 반응은 그들이 자기 자신의 주장과 저서가 참이고 합리적인 것이며 저자 자신의 의도 등에 의해서 구성된 것이라는 견해를 가진다는 점을 부인하는 것으로 나타난다. 이러한 주장이 옳다면, 그때는 그들은 진정으로 포스트모더니즘을 자기 논박에서 구원하는 셈이다.

그러나 이것은 두 가지 이유에서 거부되어야 한다.

첫째, 사람들이 실제로 포스트모더니즘자의 저서를 주의 깊게 읽을 때 그들이 자신의 주장을 참이고 합리적인 것 등으로 제시한다는 인상을 피하기란 매우 어렵다. 이러한 의미에서 포스트모더니즘자는 수세에 몰리면 자신의 저서가 그러한 특징을 보여 준다는 것을 부인할지도 모른다. 그러나 그들의 저서를 검토해보면 그러한 부인은 훼파되는 것 같다.

둘째, 포스트모더니즘자는 진리, 합리성 등을 바람직하지 않은 개념으로 피하지만, 그러한 자기 자신의 주장을 의미 있는 것으로 만들어 주는 포스트모더니즘의 대안적 개념을 제공할 필요가 있을 것이다. 이러한 대안이 아직 확실하게 제출된 것 같지 않다.

그러나 그들이 곧 준비할 것이라고 가정해 보자.
그때는 우리가 포스트모더니즘을 어떻게 생각해야 할 것인가?
이 경우에 포스트모더니즘은 자기 자신을 참이고 합리적인 것으로 제공하고 있을 것도 아니고 포스트모더니즘자의 저서에 대한 주의 깊은 해석에 의해서 이해될 수 있는 것으로 제공하고 있을 것도 아니므로 자기 논박적이 되지는 않을 것이다. 그러나 어느 쪽으로도 그것을 받아들이는 이유는 전혀 없을 것이다. 왜냐하면, 그것은 자신이 참이고 합리적인 것이라고 또는 명확한 방식으로 이해가능한 것이라고 주장하고 있지 않을 것이기 때문이다. 우리가 알기 어려운 것은 포스트모더니즘자가 어떻게 자신의 입장을 추천할 수 있을 것이며 또 그 논지가 공식적 표명 과정에서 무엇이 될 것인지에 관한 것이다.

이 모든 것은 포스트모더니즘으로부터 얻을 수 있는 이점이 전혀 없다는 것을 의미하는가?
그렇지 않다. 포스트모더니즘자는 우리에게 다음과 같은 점에서 옳다. 즉, 타인을 지배하기 위해 언어를 사용하는 위험을 경고하는 점, 이야기와 이야기체의 중요성을 추천하는 점, 근대주의의 이념의 남용에서 성장한 과학주의와 환원주의의 역사적 과잉을 경고하는 점. 그러나 이러한 인정이 그리스도인들은 포스트모더니즘에 대해 그 문제점은 거부하고 그 이점은 포용하는 중립적 또는 우호적 관점을 채택해야 한다는 것을 의미하는 것은 아니다.

이를 보기 위해 나치 이데올로기를 숙고해 보자. 확실히, 나치 사상의 몇 가지 측면들 예를 들어, 강력한 국가 방위와 유소년 교육 강화에 대한 헌신은 올바르고 적절한 것이다. 그러나 사람들이 나치 사상의 문제점은 거부하고 그 이점은 포용하는 중립적 또는 우호적 관점을 취했다고 말하는 것은 두 가지 이유에서 잘못된 것이다.

첫째, 나치 사상은 극도로 공포스럽고 그 전체적 충격은 극악스러운 것이기 때문에 그 악한 특성이 상대적으로 소소한 이점을 훨씬 능가한다. 따라서 그러한 태도는 나치 사상에 대해 부적절한 것이다.

둘째, 방금 인정된 이점의 어느 것도 정당화되기 위해 나치 이데올로기를 요구하는 것은 아니다.

동일한 논점이 포스트모더니즘에 적용된다. 그리스도와 인류의 번영이라는 대의에 끼치는 그 해독은 그 대의에 돌아갈지도 모르는 이익을 훨씬 능가한다. 그 이익이 무엇이든 간에 그것은 정당화되기 위해 포스트모더니즘을 요구하지 않는다. 결국, 이야기와 이야기체의 중요성, 권력의 부적절한 사용을 각성할 필요성은 포스트모더니즘이 무대에 등장하기 오래 전에 이해되었다.

게다가 과학주의와 환원주의를 피해가는 방법은 포스트모더니즘자가 부인하는 바로 그런 것들을 사용함으로써 반대 논증을 펼치는 것이다. 과학주의와 환원주의를 주변화하기 위한 유일한 대안적 논증은 다른 어떤 것도 아닌 수사(rhetoric)를 순수하게 사용하거나 정치적으로 올바른 공적 힘을 사용하거나 하는 것에 있다. 그런데 이러한 공적 힘의 사용을 포스트모더니즘자는 진실로 싫어하는 것이다.

[요약]

이 장은 대응적 진리론이 진리에 대한 성경적 가르침의 중요한 일부인 것처럼 보인다는 주장을 지지하는 데서 시작했다. 그 다음, 진리의 절대주의적 또는 객관주의적 개념은 상대주의적 개념에 반대해 반복해서 변호되었고 수축론적 진리론은 거부되었다.

대응적 진리론은 유관한 세 가지 주요 존재물 즉, 진리 담지자, 진리 형성자, 일치 관계에 의해서 규정되었고 이에 대한 분석이 주어졌다. 현상학적 논증과 변증법적 논증이 대응적 진리론을 위해 제공되었고 대응 이론에 대한 세 가지 반론이 검토되었다. 정합적 진리론에 대한 분석이 이루어졌고 찬반 논증이 제시되었다. 현상학적 논증은 정합 이론의 심각한 난점을 드러내고자 제공되었다. 그 다음, 실용적 진리론이 논술되었고 인식적 형태의 실용주의와 비인식적 형태의 실용주의의 차이점이 밝혀졌으며 실용주의의 강점과 약점이 간략하게 논의되었다.

이 장의 마무리는 포스트모더니즘에 대한 검토였다. 포스트모더니즘의 7가지 측면이 명료화되었고 이에 따르는 난점들도 검토되었다.

〔기본 용어〕

객관적 진리
근대성
데카르트적 불안
동일율
메타 이야기
명제
문장
배중율
변증법적 논증
본질주의
비모순율
비인식적 실용주의
비판적 실재론의 지각 이론
사실
사태
사회적 구성물
상대주의
수축론적 진리 이론
실용적 진리론
언어의 지시적 사용

이분법적 사고
인식적 실용주의
일치 관계
잉여 진리론
자기 현시적 속성
절대적 진리
정당화의 정합 이론
정합
지각의 관념 이론
지향성
지향적 대상
진리 기준
진리 담지자
진리 조건
진리 형성자
진리의 대응 이론
진리의 정합 이론
진술
포스트모더니즘
현상학적 논증

제7장

종교적 인식론

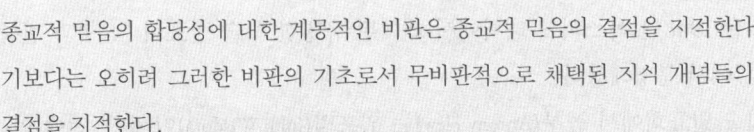

종교적 믿음의 합당성에 대한 계몽적인 비판은 종교적 믿음의 결점을 지적한다기보다는 오히려 그러한 비판의 기초로서 무비판적으로 채택된 지식 개념들의 결점을 지적한다.
*스티븐 에반스와 웨스트팔,『종교적 지식의 기독교적 조망』(*Christian Perspectives on Religious Knowledge*)

1. 서론

우리는 종교적 인식론을 문제로 삼을 때 전통적 인식론과 급속도로 발전하는 종교철학의 새로운 분야가 서로 만나는 것을 보게 된다. 종교철학에서 가장 급속히 발전하는 분야 중의 하나는 종교적 진리 주장의 인식적 지위, 그 주장의 합리성과 보증에 대한 탐구였다.

2. 실증주의와 무신론의 추정

근자에 와서 우리는 종교적 인식론이 과거 세대의 철학자들이 직면한 문제를 회고함으로써 얼마나 많이 변했는가에 대해 감사하게 될지도 모른다. 20세기 중반의 종교철학자들은 논리 실증주의의 장막에 가려 투쟁함에 따라 실증주의의 공격과 그와 같은 종류의 철학적 공격에 저항하면서 자신들의 주장의 유의미성을 변호하지 않을 수 없었다. 실증주의자는 의미의 검증 원리의 투사로서 활동했고 이 원리에 따르면 정보적 문장이라면 의미가 있기 위해 원칙적으로 경험적 검증이 가능하지 않으면 안 된다.

"신은 실존한다", "신은 세상을 사랑한다"와 같은 종교적 진술은 그들의 소견에 따르면 경험적으로 검증될 수 없었기 때문에 실증주의 철학자들은 그러한 진술을 "다가다이 고다마시 가는고이가"라고 주장한 것처럼 문자적으로 무의미한 것으로 취급했다. 검증 원리는 비판을 받으면서 수많은 변화를 겪었고 여기에는 그 원리가 반증 원리로 변형된 것도 포함된다. 반증 원리는 유의미한 문장이라면 원칙적으로 경험적 반증이 가능하지 않으면 안 된다고 주장했다. 종교적 언어의 운명은 검증주의 아래에서보다 반증주의 아래에서 더 밝은 것도 아니었다. 이것은 1948년 옥스퍼드 대학에서 개최된 유명한 학술 발표회 "신학과 반증 가능성"에서 분명해졌다.

학술 발표회에서 플루(Antony Flew)는 위즈덤(John Wisdom)이 수년 전에 언급한 두 탐험가 이야기를 빌어왔다. 이 이야기는 숲 속의 개간지에서 한 묶음의 꽃을 발견한 두 탐험가의 이야기이다.

한 탐험가는 그 꽃은 어떤 정원사에 의해 의도되었다고 확신했다. 그러나 며칠을 연속해서 그 두 탐험가는 그 정원사를 찾으려고 노력했지만, 어떠한 정원사도 탐지되지 않았다. 한 탐험가는 자신의 가설을 건지기 위해 자신의 원래의 가설을 제한하여 그 정원사는 보이지 않고 형체가 없으며 탐지될 수 없는 존재임에 틀림없다는 취지로 주장했다.

이에 격앙된 다른 탐험가가 마침내 다음과 같이 대답했다.

> 도대체 당신이 말하는 보이지 않고 형체가 없으며 영원히 피해가는 그런 정원사는 정원사가 전혀 없다는 것과 어떻게 다른 것인가?[1]

이 이야기에 나오는 정원사는 명백히, 세계의 창조주로서 보이지 않고 무형적이며 영원히 피해가는 신을 상징하는 것으로 추정된다.

이제 우리는 모두 그 탐험가가 말하는 원래의 정원사 가설이 수많은 제한이 붙음으로 해서사망에 이르렀다는 것에 동의할 것이다.

그러나 왜 그런가?

---

[1] Anthony Flew, R. M. Hare and Basil Mitchell, "Theology and Falsification", in *New Essays in Philosophical Theology*, ed. Anthony Flew and Alasdair McIntyre (New York: Macmillan, 1955), p. 96.

분명한 대답은 그 가설 즉, 19세기 물리학의 에테르 가설과 같은 그 가설은 사후 미봉책으로 되어 가고 또는 자료와는 일치하기에 무리라는 것이다. 이것이야말로 정원사의 가설이 문제의 사실들을 가장 잘 설명한다는 것을 반대하는 요점이다.

그런데 플루는 그 문제는 하나의 주장에 반대할 수 있는 어떤 것이 그 주장의 의미의 일부이어야 한다는 사실에서 성립한다고 주장했다. 어떤 것도 그 정원사 즉, 신의 가설에 반대하는 것으로 허용되지 않으면 그 가설은 그러므로 아무 것도 주장하지 않는다. 플루의 견해에 따르면 신의 가설은 거짓은 아니지만 다만 무의미할 뿐이다.

플루의 의미 이론은 분명하게 잘못된 것이다. 그 두 탐험가는 탐지될 수 없는 정원사 가설의 이점에 대해 일치하지 않을 것이라는(또는 플루의 패널 토론자가 그 이야기의 끝을 이해했다는) 사실이야말로 그 탐험가의 진술이 유의미했다는 것을 보여 준다. 그 미봉책적 가설의 이례적인 임시성은 그 가설의 진리성에 반대하지, 그 가설의 유의미성에 대해서가 아니다.

일반적으로 의미에 대한 검증주의자의 분석은 두 가지 극복할 수 없는 문제에 빠지게 된다.

첫째, 검증·반증의 원리는 너무 제한적이다.
그러한 의미 이론에서는 명백하게 유의미한 광대한 담론들이 무의미한 것으로 선언되지 않으면 안 된다는 점을 곧 깨닫게 되었다. 여기에는 그 원리가 보존해야 하기도 하는 과학적 진술들도 포함된다

둘째, 그 원리는 자기 논박적이다.
"정보 문장이 유의미하기 위해 원칙적으로 경험적 검증·반증이 가능하지 않으면 안 된다"는 진술은 그 자체로 검증도 반증도 될 수 없다. 그러므로 그것은 자기 스스로 무의미한 진술이거나 아니면 기껏해야, 우리가 자유롭게 거부할 수 있는 자의적 정의이다. 실증주의적 의미 이론의 불충분성은 20세기 후반기 동안 논리 실증주의의 완전한 붕괴로 이어지고 형이상학과 종교철학에 대한 관심을 부흥하게 하는 데 불을 붙이게 되었다. 플루와 같은 종류의 도전은 20세기 중반에는 거대하게 보였으나 오늘날에는 철학적 수신기의 화면에는 거의 나타나지 않는 소리이다.

유사하게 또 다른 철학적 잔재가 목소리 큰 무신론의 추정이다. 액면 가치로 보면 이것은 신의 실존의 증거 부재로 말미암아 우리는 신이 실존하지 않는다고 추정해야 한다는 주장이다. 무신론은 일종의 기본 값이고 유신론자는 신이 실존한다는 자신의 믿음에 대해 특별한 증명 책임을 진다.

이렇게 이해되면 그와 같이 추정된 주장은 무신론과 불가지론을 같이 뒤섞는 것이다. "신이 실존하지 않는다"는 주장은 곧바로 "신이 실존한다"는 주장과 동등한 지식 주장인 것이며 따라서 전자는 후자가 그렇듯 정당화를 요구한다. 신의 실존에 관해 실존하는지 실존하지 않는지를 모른다고 고백하면서 어떠한 지식 주장도 하지 않는 사람 따라서 아무런 정당화도 요구하지 않는 사람이 바로 불가지론자이다(여기서 우리는 신이 실존하는지의 여부에 대해 다만 무지를 고백할 뿐인 "연성" 불가지론을 말할 뿐이다. 신이 실존하는지의 여부는 알려질 수 없다고 주장하는 "강성" 불가지론이 아니다. 이러한 적극적 주장은 당연히 정당화를 요구할 것이다). 만일 무엇인가를 조금이라도 요구한다면 그때는 그가 말해야 하는 것은 기껏해야 불가지론자의 추정일 것이다.

사실상 사람들이 무신론의 추정 지지자들이 무신론자(atheist)라는 용어를 사용하는 법을 좀 더 자세히 살펴보면 그들이 때때로 그 말을 비표준 방식으로 즉, 비유신론자(nontheist)와 동의어로 정의하고 있음을 발견하거니와, 이것은 불가지론자, 전통적 무신론자, 신의 실존 문제가 무의미하다고 생각하는 사람들을 모두 포함하는 말이다. 플루는 다음과 같이 고백한다.

> "무신론자"라는 말은 현재의 문맥에서 그 뜻이 이례적인 방식으로 이해되어야 한다. 오늘날 그 말은… 신의 실존을 명시적으로 부인하는 사람을 의미하는 것으로 채택되는 것이 정상적이다. 그러나 여기서 그것은 그리스어 접두어 "a~"와 함께 적극적으로가 아니라 소극적으로 이해되어야 한다. 그리스어 접두어 a는 "amoral"과 같은 … 단어에서 관례적으로 사용되듯이 "atheist"에서도 동일한 방식으로 독해된다. 이러한 해석에 의하면 무신론자는 신의 비실존을 적극적으로 주장하는 사람이 아니라 단순히 유신론자가 아닌 사람이 된다.[2]

---

2   Anthony Flew, "The Presumption of Atheism", in *Companion to Philosophy of Religion*, ed. Philip Quinn and Charles Taliaferro (Oxford: Blackwell, 1997).

무신론자라는 말을 이렇게 재정의하면 무신론의 추정 주장은 보잘 것 없는 것이 되어버린다. 왜냐하면, 이러한 정의에 따르면 무신론자는 하나의 입장이기를 그치고 그 문제에 관한 아무런 입장도 없는 아기조차도 무신론자로 간주되기 때문이다. 사람들은 신이 실존한다든가 실존하지 않는다든가를 알기 위해 여전히 정당화를 요구할 수 있을 것이다.

무신론의 추정을 옹호하는 또 다른 사람들은 그 말을 표준 방식으로 계속 사용할 수 있었고 그래서 무신론이 참이라는 자신의 주장을 정당화할 필요를 깨달았다. 그러나 그들은 신이 실존하지 않는다는 자신의 주장을 정당화하는 것이 바로 유신론에 대한 증거가 없는 것이라고 주장했다. 따라서 신에 대한 증거의 부재에서 사람들은 무신론의 추정을 정당화한다.

이러한 입장의 문제점은 "증거의 부재가 부재의 증거는 아니다"고 하는 아포리즘에 의해서 보기 좋게 간파된다. 예를 들면, 이론 물리학에서 [아직까지] 아무런 증거가 없는데도 자주 요청되는 존재물이 있다. 그러나 증거의 부재가 그러한 존재물이 실존하지 않는다고 생각하는 것을 정당화하는 것은 아니다. 한 가지 예증을 제시하면, 시공간적 평면 곡선과 대규모의 등방성과 같은 우주의 팽창 특징을 설명하기 위해 초기의 팽창 시기가 우주 팽창 과정에 있었다고 요청하는 것은 천체 물리학적 우주론의 상식이 되었다. 불행하게도 이러한 상식의 본질은 그러한 시기의 어떤 증거라도 우리의 사건의 지평을 넘어서는 팽창론적 확장에 의해서 강요되었을 것이라는 점이다. 그래서 그것은 관찰될 수 없는 것이다. 그러나 이러한 증거의 부재가 팽창이 일어나지 않았다는 증거라고 주장하는 우주론자가 되면 그는 분노를 살 것이다.

그런데 증거의 부재가 부재의 증거를 구성하는 분명한 경우들이 있다. 어느 사람이 안뜰에 코끼리가 있다고 주장했을 때 그때는 거기서 코끼리를 관찰할 수 없다면 우리는 거기에 코끼리가 없다고 생각할 좋은 이유가 있을 것이다. 그러나 어느 사람이 안뜰에 벼룩이 있다고 주장했다면 그때는 그것을 관찰할 수 없다는 것이 안뜰에 벼룩이 없다는 좋은 증거를 구성하는 것은 아닐 것이다. 이 두 경우의 현저한 차이는 현실적으로 존재물이 실존했다면 그에 대한 어떤 증거를 한 경우에는 볼 수 있기를 기대해야 하나 다른 경우에는 기대하지 않아야 한다는 점이다. 따라서 요청된 존재물이 실존했다면, 우리는 그 실존에 대한 어떤 증거를 가지기를 기대해야 하는 경우에만 증거의 부재는 부재의 증거이다. 게다가 이러한 경우에 수여된 정당화는 우리가 가지고 있는 증거의 양은 그 존재물이 실존했다면 우리가 가지기를 기대해야 하는 증거의 양에 비례한다는 점에 있을 것이다. 그 비율이 작다면, 그때는 그 존재물이 실존하지 않는다는 믿음에 수여되는 정당화는 거의 없을 것이다.

거듭 말하거니와, 무신론의 추정 옹호자들은 이 점을 깨달았다. 예를 들면, 마이클 스크리번(Michael Scriven)은 어떤 있음직한 존재물의 실존을 제공하는 증거가 부재하는 경우 (1) 그것이 아무런 흔적도 남기지 않는 어떤 존재가 아니라면 그리고 (2) 그 존재물이 실존했다면 그 증거가 발견되었을 영역이 포괄적으로 조사되었다면, 우리는 그것이 실존하지 않는다고 믿는 것은 정당화된다고 주장했다. 그러나 이것이 옳다면, 그때는 무신론을 위한 우리의 정당화는 (1) 신은 우리가 가지는 것보다 더 많은 자기 실존의 증거를 남길 것이라는 개연성 그리고 (2) 우리가 그 실존의 증거 영역을 포괄적으로 조사했을 개연성에 달려 있다. 이로 말미암아 문제는 다른 국면으로 접어든다. 자신이 공유하는 증명 책임을 회피하기를 꾀했던 무신론 추정자는 갑자기 (1)과 (2)가 사실이라는 것을 증명하는 매우 중대한 책임을 스스로 지게 된다는 것을 발견한다.

그러므로 현대철학자들이 벌이는 논쟁은 무신론의 손쉬운 추정에서 소위 신의 은폐성에 대한 토론으로 넘어가버렸다. 사실상 이것은 신이 실존했다면 우리가 가지는 것보다 더 많은 자기 실존의 증거를 남겼을 것이라는 개연성 또는 기대에 대한 토론이다. 이 문제에 대한 사람들의 조망은 자연 신학의 과업에 대한 그들 자신의 평가에 의해 영향을 받지 않을 수 없다(제27-28장 참조). 왜냐하면, 사람들이 신은 자기 실존에 대한 비교적 확실한 증거를 남겼다고 확신하게 되면 그때는 우리가 가지는 증거보다 훨씬 더 많은 증거를 보게 되기를 기대해야 한다는 것을 회의하기 마련이기 때문이다.

최종적으로 스크리번은 신이 실존한다는 주장은 완전하게 지지되지 않는다고 하면 다시 말해서 그 실존에 대한 어떠한 특수한 증거도 없고 심지어 유리한 일반적 고찰도 없는 경우라면 그 실존을 거부하는 것은 정당화된다고 주장했다. 이러한 기준에 의해서 스크리번은 우리는 네스 호의 괴물 네시와 히말라야의 설인과 같은 존재물에 대해서도 믿지 않는다고 하기 보다는 오히려 다만 불가지론적으로 남는다고 옹호했다. 그러나 편견 없는 어떤 관찰자라도 네스 호의 괴물만큼이나 신에 대한 많은 증거를 식별할 수 있을 것임은 확실하다.

우리가 가지고 있는 증거에 불만족하므로, 어떤 무신론자는 신은 자신이 실존했다면, 자신을 강하게 나타나게 함으로써(말하자면 모든 원자에 "원산지 신"이라고 새김으로써 또는 천국의 십자가에 네온 간판으로 "구원자 예수"라고 광고함으로써) 세상의 불신을 예방했을 것이라고 주장했다.

그러나 신이 왜 그러한 일을 하기를 원해야 하는가? 폴 모제(Paul Moser)가 강조한 대로 기독교의 입장에서 사람들이 신이 실존한다고 믿는가 아닌가는 실제로 신에게는 대수롭지 않은 일이다. 왜냐하면, 신이 관심을 보이는 것은 우리로 하여금 그렇게 믿게 하는 것이 아니라 우리와 맺는 사랑의 관계이기 때문이다. 악마조차도 신이 실존한다는 것을 믿고 두려워 떤다. 왜냐하면, 악마는 신과 구원의 관계를 맺지 않기 때문이다(약 2:19). 물론 우리는 신을 믿기(believe in) 위하여 신이 실존한다고(believe that) 믿어야 한다. 그러나 신이 자기 실존을 보다 더 명백하게 했다면 더 많은 사람이 그분과 구원의 관계를 맺게 되었을 것이라고 생각할 어떠한 이유도 없다. 단순한 흥행술로써 마음의 변화는 일어나지 않을 것이다(눅 16:30-31).

인류를 다루는 신의 역사를 기록한 성경대로 우리의 내적 자아에 증언하는 성령에 대한 점증하는 강조와 함께 신과 인간의 상호 작용이 점진적으로 내면화되었다는 것은 흥미로운 사실이다(롬 8:16-17). 구약에서 신은 명백한 기적 즉, 이집트에 내린 역병, 불기둥과 구름 기둥, 홍해의 분리와 같은 기적 속에서 자기 백성들에게 스스로를 계시한 자로 기술한다.

그러나 이러한 기적이 지속적으로 사람의 회개를 가져왔는가?

그렇지 않다. 이스라엘 민족은 지루하게 반복적으로 배교에 빠져들었다. 신이 모든 원자에 자기 이름을 새기고 하늘에 네온 십자가를 설치했다면, 아마도 사람들은 신이 실존한다고 믿었을지도 모른다. 그러나 우리는 그들이 잠시 후에 창조주 신을 놋쇠 광고물로 만들고 싶어서 안달하지 않을 것이며 그러한 철면피 행동에 분개하지 않을 것이라고 얼마만큼 자신할 수 있겠는가?

사실상 우리는 사람들이 이 현실 세계에서보다 신의 실존이 얼굴의 코만큼 분명한 자유로운 피조 세계에서 더 많이 그분을 사랑하게 될 것이며 또 그분의 구원을 알게 될 것이라고 인식할 수 있는 방법을 전혀 가지고 있지 않다. 그러나 그렇다면 신이 실존했다면, 자기 존재를 더 명백하게 했을 것이라는 주장은 보증이 없거나 또는 거의 없는 것이다. 이로써 신의 존재 증거의 부재가 그 자체로 신이 실존하지 않는다는 적극적 증거라는 주장은 훼손되고 만다.

3. 보증 없는 종교적 믿음

무신론의 추정에 관한 최초의 논의에서 그 기초가 되는 전제 중의 하나는 신학적 합리주의 또는 이제는 알려지게 되었지만, 증거주의이다. 이 입장에 따르면 종교적 믿음은 정당화될 수 있는 것이라면 지지하는 증거를 가져야 한다. 따라서 스크리번은 어느 사람이 "유신론은 증거에 의한 정당화가 필요 없는 종류의 믿음이다"라고 주장한다면 그때는 "그 믿음에 대한 증거를 찾지 말고 그 믿음이 옳다는 것을 점검하는 다른 방법이 있어야 한다고 단정한다.

그러나 이것은 올바른 것일 수 없다. 왜냐하면, "그 믿음이 참일 것 같다는 것을 보여 주는 어떠한 방법도 정의상, 그 믿음의 정당화 즉, 이성에 대한 호소이기"[3] 때문이다.

여기서 스크리번은 믿음을 정당하게 가지는 것과 그 믿음이 참이라는 것을 보여 줄 수 있는 것을 동등시하고, 믿음을 정당화하기 위해 이성에 호소하는 것이 그 믿음에 대한 증거를 제공하는 것을 포함한다고 가정한다. 이 두 가정은 동시에 현대 인식론자들에 의해서 격렬한 도전을 받았다.

수많은 사상가는 어떤 믿음이 인식론적으로 정당화되는 것 또는 지식이라는 것과는 전적으로 별도로, 그 믿음을 가지는 사람에게 그 믿음을 가지는 것에 대한 실용적 정당화를 가질 수 있다고 논증했다.

플랜팅거를 따라가서 인식적 정당화를 보증으로 보고 이 성질이 단순한 참된 믿음을 지식으로 전환시킨다고 간주해 보자. 실용적 논증의 지지자들은 우리가 때로는 아무런 보증도 없는 믿음을 가지는 권리를 손에 쥐고 있다는 것을 보여 주고자 한다. 실용적 논증은 어떤 특정한 믿음을 가지는 근거를 제공하기를 추구한다. 그것은 그 믿음을 가지는 데서 얻어지는 이득 때문이다.

제프 조르단(Jeff Jordan)은 두 유형의 실용적 논증 즉, 진리 의존적 논증과 진리 독립적 논증을 유익하게 구별했다. 진리 의존적 논증은 어떤 믿음이 참인 것으로 밝혀지게 되면 그 믿음을 소유하는 데서 얻어지는 많은 이득이 있기 때문에 그 믿음을 소유하는 것을 추천한다. 진리 독립적 논증은 어떤 믿음이 참인 것으로 밝혀지는 것에 관계없이 그 믿음을 소유하는 데서 얻어지는 많은 이득이 있기 때문에 그 믿음을 소유하는 것을 추천한다.

---

3   Michael Scriven, *Primary Philosophy* (New York: McGraw-Hill, 1966), p. 99.

가장 많이 알려지고 때때로 거론되는 진리 의존적 실용적 논증은 프랑스 수학 천재의 발명품 즉, 파스칼의 도박이다. 파스칼은 실제로 신에 대한 믿음은 실용적으로 정당화된다고 논변했다. 왜냐하면, 우리는 그 믿음을 가지는 경우에 잃을 것은 아무 것도 없지만 모든 것을 가지게 되기 때문이다. 파스칼의 도박이 수많은 방식으로 정식화될 수 있다 해도 한 가지 이해 방법은 손익 명세서를 작성해 보는 것이다.

	I. 신이 존재한다	II. 신이 존재하지 않는다
i. 나는 믿는다	A. 무한 이득 유한 손실	B. 유한 손실
ii. 나는 믿지 않는다	C. 유한 이득 무한 손실	D. 유한 이득

<표 7.1 신에 대한 믿음의 손익 명세서>

파스칼의 추리는 다음과 같다.

내가 신이 실존한다는 것을 믿고 그렇다고 밝혀지면, 그때는 나는 한 때 죄의 쾌락을 범하는 작은 대가로서 천국을 얻는 셈이다. 내가 신이 실존한다고 믿고 그렇지 않다고 밝혀지면, 그때는 나는 아무 것도 얻지 못하고 이전에 범한 죄의 쾌락의 유한 손실을 당하는 셈이다. 반면에 내가 신이 실존한다고 믿지 않고 신이 실제로 실존하는 것으로 밝혀지면, 그때는 나는 영생을 잃어버리는 대가를 치르고 한 때의 죄의 쾌락을 얻는 셈이다. 내가 신이 실존한다고 믿지 않고 신이 없다고 밝혀지면, 그때는 나는 방탕한 생활 방식에 의한 쾌락이라는 유한 이득을 얻는 셈이다.

이제 **기대 효용 원리**라고 부르는 의사 결정 이론에 따라서 나의 선택의 효용성 또는 이득을 극대화하기 위해 나는 두 상태의 각각의 개연성과 상호 배타적 각각의 결과를 곱하여 합한 후에 최대의 기대 효용을 가지는 경우를 선택해야 한다. 파스칼의 도박에서 상태 I과 II의 확률은 각각 반반이라고 가정된다(신의 실존에 대한 찬반 증거는 정확하게 동등하다). 이리하여 X_0와 n은 각각 무한성과 어떤 자연수를 대표하는 것으로 하고 선택 i 과 ii는 선택의 효용성을 계산하면 다음과 같이 된다.

i $(A \times .5)+(B \times .5)=(X_0 \times .5)+(-n \times .5)=X_0$

ii $(C \times .5)+(D \times .5)=(-X_0 \times .5)+(n \times .5)=-X_0$

바꾸어 말하면 선택 i 은 무한 이득이고 선택 ii 는 무한 손실이다. 따라서 신에 대한 믿음은 믿지 않음보다 더욱 많은 기대 효용성을 가지는 것은 분명하다. 결론적으로 유신론이 우세한 증거가 부재하는 경우라도 우리는 신의 실존을 믿지 않으면 안 된다.

이러한 도박 논증에 대해 제기된 주요 반론은 두 가지이다.

첫째, 표준 의사 결정 이론에서 무한 효용성은 다루어질 수 없다.

특히, 무한 수량의 나눔은 초한 수학에서 금지되어 있으므로 $X_0 \times .5$를 말하는 것은 아무런 의미가 없다. 그러나 이 문제는 쉽게 해결된다. 즉, X_0를 어떤 임의적인 높은 유한 수량으로 대체하면 된다. 그래서 우리의 유한 손실 또는 이득을 대표하는 보다 낮은 수량 n을 삼켜버릴 것이다.

둘째, 파스칼의 도박의 보다 심각한 문제는 소위 다수의 신이라는 반론이다.

이슬람교인은 알라 신에 대한 믿음의 손익 명세서를 이와 비슷하게 제출할 수 있다. 모르몬교인도 역시 자신의 신에 대해 동일한 일을 할 수 있다.

바꾸어 말하면 상태 II, 즉 신은 실존하지 않는다는 기독교도의 신이 실존하지 않는다면 존재할지도 모르는 많은 신들에 대해 현실적으로 무한하게 복잡한 선언 명제인 셈이다. 따라서 선택은 그처럼 단순하지가 않다. 왜냐하면, 내가 기독교도의 신이 실존한다고 믿고 알라 신이 실존하는 것으로 밝혀지면, 그때는 나는 어떤 존재(그리스도)를 신으로 연관시킨 나의 죄로 인해서 지옥에서 무한 손실을 당할 것이기 때문이다.

이러한 반론에 대한 두 가지 가능한 대답이 있다.

첫째, 의사 결정 이론적 맥락에서 우리는 획득할 수 있는 개연성이 저 멀리 있는 아주 작은 상태라면 이를 무시해도 정당화된다는 점이다. 따라서 나는 예를 들어, 제우스나 오딘이 존재할지도 모르는 가능성에 관심을 기울일 필요가 없다.

둘째, 우리는 이용 가능한 살아 있는 선택지나 제공 가능한 대안들에만 제한하려고 노력할 수 있다. 이것이 파스칼의 전략이었을지도 모른다. 도박은 파스칼의 때 아닌 죽음으로 단축된 기독교 유신론을 위한 거대한 미완의 『변증론』의 조각보이다.

우리가 『팡세』의 다른 장절을 살펴보면 파스칼이 신의 실존에 대한 철학적 논증을 경멸하지 않았다고 하더라도 그리스도의 부활 증거와 같은 기독교의 증거들을 열정적으로 품었다는 사실을 발견한다. 그는 그러한 증거를 기초로 해서 현실적인 대안은 기독교 유신론 아니면 자연주의로 좁혀지고 만다고 생각했을 지도 모른다. 대안들이 이렇게 좁혀질 수 있다면, 그때는 파스칼의 도박은 성공적으로 이루어진다.

유신론적 믿음을 위한 진리 독립적 실용적 논증의 좋은 보기는 윌리엄 제임즈의 고전적 논문 "믿고자 하는 의지"에서 발견될 수 있다. 이 논문은 어떤 사람이 불충분한 증거에도 불구하고 믿고자 하는 것은 언제 어디서나 잘못된 것이라고 공언하는 W. K. 클리포드(W. K. Clifford)의 발언이 반향을 일으켜서 이에 대한 답신으로 집필되었는데, 제임즈는 우리가 진리라는 증거가 부재해도 어떤 것을 믿고자 함이 때때로 실용적으로 정당화되는 것을 보여 주고자 한다.

제임즈는 우리에게 믿음을 지지하는 아무런 압도적인 증거가 없을 때 그 믿음이 우리에게 진정한 선택이고, 다시 말하면 살아 있는 중대한 강제적인 선택이지 않을 수 없는 바로 그 경우에만 실용적 고찰에 의지해도 좋다는 점을 주장한다. 살아 있는 선택은 내가 진정으로 동의할 수 있는 믿음을 나에게 제시하는 선택이다. 중대한 선택은 많은 것이 달려 있는 선택이고 그것이 나에게 드문 기회를 제공하며 그 결과가 뒤바뀔 수 없는 선택이다. 마지막으로 어떤 선택이 강제적인 경우는 무관하게 있을 수 없는 선택이고 믿기로 선택하지 않는 것이 사실상 믿지 않기로 선택하는 것이 되는 선택이다.

제임즈는 종교적 믿음이 이러한 기준을 충족시킨다고 주장했다. 게다가 그는 종교적 믿음이 저 세상에 대한 약속에 관계 없이 이 세상에서 이득을 준다고 확신했다. 연구하는 과정에서 그는 종교적 믿음을 가지는 사람들은 믿음이 없는 사람들 보다 더 균형 잡혀 있으며 더 행복해 하며 더 덕스러운 사람들이라는 사실을 확신했다. 그렇다면 종교의 진리성에 관계 없이, 종교적 믿음은 이로운 것이고 이러한 이득을 감안할 때 실용적으로 정당화된다.

4. 증거 없는 보증

증거주의자는 실용적 논증이 종교적 믿음을 비롯해서 어떤 믿음을 가지는 것이 이롭고 따라서 분별 있는 것임을 보여 주지만 그렇다고 인식론적으로 허용할 수 있는 것임을 보여 주는 것은 아니라고 주장할 수 있고, 사람들이 증거 없이 믿을 때 어떤 인식적 의무를 위반하지 않았다고 보여 주는 것은 아니라고 주장할 수 있다. 현대의 종교적 인식론에서 가장 의미 있는 발전 중의 하나는 플랜팅거가 선봉에 서서 전개한 바, 증거주의자의 합리성 구성을 직접 공격한 이른바 개혁 인식론이다.

플랜팅거의 인식론은 30년간에 걸쳐 점진적으로 발전되었으며 기념비적 3부작으로 충분하게 세분화되었다. 그것은 『보증: 현대의 쟁점』(*Warrant: The Current Debate*, 1993), 『보증과 적절한 기능』(*Warrant and Proper Function*, 1993), 『보증 받은 기독교의 믿음』(*Warranted Christian Belief*, 2000)이다.

플랜팅거는 기독교의 믿음에 대한 사실적 반론과 권리적 반론이라고 부르는 것을 구별한다. **사실적 반론**은 기독교 신앙의 진리성을 겨냥한 반론이다. 그것은 기독교의 진리 주장이 거짓이라는 것을 보여 주고자 한다. 이와는 대조적으로 **권리적 반론**은 기독교가 사실상 참이라고 해도 그 믿음을 훼손하고자 한다.

플랜팅거는 세 가지 형태의 권리적 반론을 확인한다.

첫째, 기독교의 믿음은 정당화되지 않은 것이다.
둘째, 기독교의 믿음은 비합리적인 것이다.
셋째, 기독교의 믿음은 보증되지 않은 것이다.

플랜팅거의 목표는 이러한 모든 권리적 반론이 성공적이지 않다는 것을 보여 주고자 한다. 바꾸어 말하면 기독교의 믿음이 거짓으로 입증되는 경우에만 정당화되지 않은 비합리적인, 또는 보증되지 않은 믿음으로 입증될 수 있다는 것을 보여 주고자 한다. 따라서 기독교의 믿음에 관해 사실적 반론과 독립해 있는 권리적 반론은 없다.

플랜팅거는 보증 받은 기독교의 믿음 모델이나 이론 즉, 우리가 기독교의 다양한 진리 주장의 진리성을 아는 것은 어떻게 해서인가에 관한 이론을 전개함으로써 이를 보여 주고자 노력한다. 그 모델을 대표하는 플랜팅거의 주장은 기독교가 참이라는 것이 아니라, 기독교가 인식적으로 가능하다 즉, 우리가 아는 모든 것에도 불구하고 참일지도 모른다는 것이고, 기독교가 참이라면 그 모델에 대한 철학적 반론은 없다는 것이며, 기독교가 참이라면 그때는 그 모델과 같은 것은 매우 참일 것 같다는 것이다. 그래서 플랜팅거는 독립적으로 두 가지 과제 즉, 하나는 공적이고 다른 하나는 기독교적 과제를 설정한다.

첫 번째 공적 과제는 기독교의 믿음이 정당화, 합리성 또는 보증(기독교 믿음의 거짓됨을 전제하는 것은 제쳐두고)을 결하고 있다고 생각할 아무런 이유가 없음을 보여 주는 것이다.
두 번째 기독교적 과제는 기독교적 조망에서 보증 받은 기독교의 믿음에 대한 인식론적 설명을 제공하는 것이다.

이제 종교적 믿음 예를 들어, 신은 실존한다는 믿음에 대한 권리적 반론을 고찰해 보자. 증거주의자에 따르면 신이 실존한다는 것이 참이라고 해도 사람들이 그 믿음을 지지하는 증거를 가지고 있지 않으면 그 믿음은 정당화되지 않은 것 또는 비합리적인 것이다. 왜냐하면, 증거주의자에 따르면 사람들은 명제가 지식에 토대가 되어 주거나 궁극적으로 그러한 토대에 기초한 증거에 의해 확립되는 경우에만 그 명제가 참이라고 믿는 것이 합리적으로 정당화되기 때문이다. 이러한 관점에 따르면 신이 실존한다는 명제는 토대적이 아니기 때문에 그 진리성을 위한 합리적 증거와 독립해서 그 명제를 믿는 것은 비합리적일 것이다.

그러나 플랜팅거는 묻기를, 왜 신이 실존한다는 명제는 그 자체로 토대의 일부일 수 없는가, 그래서 어떠한 합리적 증거도 필요 없다는 말일 수 없는가?

증거주의자는 적절하게 기초적인 명제만이 지식의 토대의 일부일 수 있다고 대답한다. 그렇다면 명제가 적절하게 기초적인가 아닌가를 결정하는 기준은 무엇인가?

대표적으로 증거주의자는 자기 명증적 또는 교정 불가적 명제만이 적절하게 기초적이라고 주장한다(제5장 참조). 예를 들면, 직각 삼각형의 직각을 낀 두 변의 길이를 각각 한 변으로 하는 정사각형의 합은 직각 삼각형의 빗변의 길이를 한 변으로 하는 정사각형의 합과 동일하다는 명제는 자명하게 진리이다. 유사하게 "나는 아픔을 느낀다"는 문장에 의해서 표현된 명제는 교정 불가적으로 참이다. 왜냐하면, 내가 나의 상처를 상상하고만 있을지라도 내가 아픔을 느낀다는 것은 여전히 참이기 때문이다. 신이 실존한다는 명제는 자기 명증적도 아니고 교정 불가적도 아니기 때문에 그렇다면 증거주의자에 따라 적절하게 기초적이 아니며 결론적으로 믿을 수 있기 위해서는 증거를 요구한다. 그러므로 그 명제를 증거 없이 믿는 것은 비합리적이다.

그런데 플랜팅거는 자기 명증적이고 교정 불가적 명제가 적절하게 기초적이라는 점을 부인하지 않는다. 그러나 그는 어떻게 이러한 명제가 오직 적절하게 기초적 명제 또는 믿음이라는 것을 아는가라고 묻는다. 그는 그러한 제한은 유지될 수 없는 주장임을 증명하기 위해 두 가지 고찰을 제시한다.

첫째, 자기 명증적이고 교정 불가적 명제만이 적절하게 기초적이라면 그때는 우리는 모두 비합리적이다.

왜냐하면, 우리는 증거에 기초를 두지 않고 자기 명증적도 교정 불가적도 아닌 수많은 믿음을 공통적으로 받아들이고 있기 때문이다. 예들 들면, 미리 저장된 기억의 흔적과 아침에 결코 먹은 적이 없는 위 속의 음식물과 나이 먹은 외모를 고려해서 생각해 볼 때, 세계가 5분 전에 창조된 것이 아니라고 믿는 믿음이 주어질 수 있다고 해 보자. 확실히, 이런 것을 증명할 방법이 없어도 세계가 5분 이상 존재했다고 믿는 것은 합리적이다. 이처럼 적절한 기초성에 대한 증거주의자의 기준은 결점이 없을 수 없다

둘째, 사실상 그러한 기준의 지위는 어떠한가?

자기 명증적이고 교정 불가적 명제만이 적절하게 기초적이다라는 명제는 그 자체로 적절하게 기초적인가?

그렇게 보이지 않는다!

왜냐하면, 그 명제는 확실하게 자기 명증적도 교정 불가적도 아니기 때문이다. 그러므로 우리가 그 명제를 믿을 수 있다면, 그것이 참이라는 증거를 가지지 않으면 안 된다. 그러나 그러한 증거는 없다. 그 명제는 자의적 정의일 뿐이고 또 그런 정도로 매우 있을 수 없는 정의이다. 그러므로 증거주의자는 신에 대한 믿음도 마찬가지로 적절하게 기초적인 믿음일 수 있는 가능성을 배제할 수 없다.

사실상 플랜팅거는 신에 대한 믿음이 정당화에 관해 뿐만 아니라 보증에 관해서도 적절하게 기초적이라고 생각한다. 플랜팅거에게 **정당화**는 사람의 인식적 의무에 대한 복종 및 믿음의 건전한 인식 구조의 소유를 포함한다. 반면, **보증**은

충분한 정도로 소유하게 되면 단순한 참된 믿음을 지식으로 변환하는 성질이다.

플랜팅거는 유신론자가 증거 없이 신을 믿는 것은 자신의 인식적 권리 안에서 하는 일만은 아니며 실제적으로 신이 실존한다는 증거와 독립해서도 알고 있는 일이라고 생각한다. 이러한 입장이 유지될 수 있음을 보여 주기 위해 플랜팅거는 종교적 믿음의 인식론적 모델을 소개한다.

"인간 마음 안에는 진실로 자연적 본능에 의한 신성의 일깨움, 신성의 감각이 있거니와, 이는 결코 지워질 수 없는 신성으로서 인간의 마음에 새겨져 있다"(『기독교 강요』1.3.1, 3)는 칼빈의 가르침을 인용하면서, 플랜팅거는 "일종의 능력 또는 인지적 메커니즘 즉, 캘빈이 신의 감각 또는 신성의 감각이라고 부르는 것이 있거니와, 바로 이것이 광범위한 종류의 여건에서 신에 대한 믿음을 우리 안에서 산출한다."[4] 플랜팅거는 또한, 신성의 감각을 "이러한 신성의 감각의 작용을 가동시키는 다양한 여건 또는 자극에 대한 유신론적 믿음을 형성하는 성향 내지 일련의 성향들"[5]로 언급한다.

"나무가 있다"는 지각적 믿음이 이것보다 더 기초적 믿음에 의거하는 논증에 기초한 것이 아니라, 내가 나무가 거기에 있는 것으로 나타나는 여건에 처할 때 자발적으로 내 안에서 일어나듯이 "신이 실존한다"는 믿음은 죄책의 순간, 자연의 경관에 대한 경외, 감사와 같은 적당한 여건에 놓일 때 신의 감각의 작용 결과로서 자발적으로 내 안에서 일어난다.

플랜팅거는 신의 실존은 그러한 여건에서 추리되는 것이 아니라—그러한 논증은 명백하게 불충분할 것이다—는 것을 강조한다. 오히려 그 여건은 신의 감각이 신에 대한 기초적 믿음을 산출하도록 기동시키는 맥락을 형성한다. 따라서 신에 대한 믿음은 자의적이 아니다. 그것은 적합한 여건에 그 근거를 두고 따라서 적절하게 기초적이다. 그러므로 이러한 유신론적 믿음 모델이 참이라면, 이와 같이 기술된 방식으로 자기 믿음들이 산출되는 유신론자는 신이 실존한다고 믿는다 해도 아무런 인식적 의무도 위반하지 않으며 따라서 정당화된다.

그러나 그는 신이 실존한다는 것을 아는가?

우리는 거짓으로 밝혀지는 믿음을 때로는 정당화한다(예들 들면, 내가 나무라고 생각한 대상은 풀을 먹인 딱딱하고 두꺼운 종이 모형으로 드러난다).

---

4 Alvin Plantinga, *Warranted Christian Belief* (Oxford: Oxford University Press, 2000), p. 172.
5 Ibid., p. 173.

신이 실존한다는 우리의 믿음은 정당화될 뿐만 아니라 보증되는 것이며 따라서 지식인가?

모든 것은 보증이 무엇인가에 달려 있다. 플랜팅거는 보증에 관한 삼부작 1권에서 현대의 인식론자들에 의해 제공되는 모든 주요 보증 이론 이를테면 의무론주의(deontologism), 신뢰주의(reliablism), 정합주의 등등을 조사하고 비판한다. 근본적으로 플랜팅거가 이러한 이론들의 불충분성을 드러내는 방법은 사유 실험 또는 시나리오를 구성하는 것이다.

이러한 사유 실험 또는 시나리오에서 어떤 이론이 명기한 모든 보증 조건은 충족되는 것이지만 그러나 관계 당사자는 자기가 믿는 명제에 대한 지식을 가지고 있지 않다는 점이 드러난다. 왜냐하면, 그의 인지 능력은 그 믿음의 형성 과정에서 제대로 작동하지 않기 때문이다. 이러한 공통적 실패는 합리적 보증이 고유하게 우리의 인지 능력의 적절한 기능의 개념을 포함한다는 것을 시사한다. 그러나 이 때문에 어려운 문제가 발생한다. 즉, 사람의 인지 능력이 "적절하게 기능한다"는 것은 무엇을 의미하는가?

여기서 플랜팅거는 합리적 보증과 적절한 기능 즉, 사람의 인지 능력이 적절하게 기능하는 것은 신이 기능하도록 기획한 대로 기능하는 경우뿐이라는 특수한 유신론적 설명을 제시함으로써 주류 인식론에 폭탄을 떨어뜨린다. 그는 보증 조건을 다음과 같이 요약한다.

이 입장을 먼저 대략적으로 근사하게 진술하면, S가 p를 아는 조건은 다음과 같이 된다는 것이다.

① p라는 믿음은 적절하게 기능하는 인지 능력에 의해 S 안에서 산출된다.
② p가 산출되는 인지 환경은 그러한 능력에 고유하다.
③ 문제의 그 믿음을 산출하는 인식 능력의 모듈 목적은 참된 믿음을 산출하는 것이다(달리 표현하면 p의 산출을 지배하는 기획 모듈은 참된 믿음의 산출을 목표로 삼는 것이다).
④ 이러한 조건에서 산출되는 믿음이라면 참이 되는 객관적 개연성은 높다.[6]

---

[6] Alvin Plantinga, "A Defense of Religious Exclusivism", in *Philosophy of Religion*, 3d ed., Louis Pojman (Belmont, Calif.: Wadsworth, 1998), p. 529.

여러 가지 이상한 제한을 추가하기는 해도, 플랜팅거 설명의 기본 사상은 이러하다. 즉, 믿음이 어떤 사람에게 보증되는 것은 그의 인식 능력이 그 믿음을 형성할 때 신이 기능하도록 기획한 대로 적합한 환경에서 기능하고 있는 경우뿐이다. 이러한 사람이 문제의 그 믿음을 견고하게 가지면 가질수록 더 많은 보증을 가지는 것이고, 그가 그 믿음을 견고하게 충분히 믿는다면, 그것은 지식을 구성하기에 충분한 보증을 가진다.

신이 실존한다는 믿음에 관해 플랜팅거는 신은 우리가 어떤 환경에서 그 믿음을 자연적으로 형성하도록 그렇게 구성해 놓았다고 주장한다. 왜냐하면, 그 믿음은 그와 같이 적합한 환경에서 적절하게 기능하는 인지 능력에 의해 형성되기 때문에 우리에게 보증되는 것이고, 우리의 능력이 죄의 인식적 효과에 의해서 차단되지 않는 한 그 명제를 깊이 견고하게 믿을 것이며 따라서 우리는 이 믿음에 생기는 커다란 보증 덕분으로 신은 실존한다는 것을 안다고 말해질 수 있다.

그러므로 플랜팅거는 그의 모델이 참이라면 유신론적 믿음은 정당화되고 보증된다고 주장한다. 과연 그래서 유신론적 믿음은 보증되는가?

모든 것은 신은 실존하는가 아닌가에 달려 있다. 신이 실존하지 않는다면 그때는 유신론적 믿음은 아마도 보증되지 않을 것이다. 신이 실존한다면 그때는 플랜팅거는 유신론적 믿음이 보증된다고 생각한다. 왜냐하면, 신이 실존한다면 그때는 그분의 형상에 따라 우리를 창조했고 우리를 사랑하기 때문이며 우리가 그분을 알고 사랑하는 것을 그분이 바라기 때문이다.

> 사정이 이러하다면, 자연스럽게 생각하게 되는 점은 그분이, 우리를 신과 같은 인격이 있다는 참된 믿음을 소유하게 될 것이라는 방식으로 우리를 창조해놓았다는 사실이다. … 이렇게 되면 그때는 자연스럽게 생각하게 되는 점은 신에 대한 믿음을 산출하는 인지 과정은 기획자에 의해서 바로 그 믿음을 산출하는 것을 목표로 삼게 된다는 사실이다. 그렇지만 그 때 그 믿음은 진리를 목표로 삼아 성공적으로 겨냥하는 기획 의도에 따라 적절하게 기능하는 인지 능력에 의해 산출될 것이다. 그러므로 그것은 보증을 가질 것이다.[7]

---

7 Plantinga, *Warranted Christian Belief*, pp. 188-89.

결국, 핵심은 신에 대한 믿음이 보증되는가 하는 문제는 그 본질이 인식론적이 아니라 오히려 형이상학적 또는 신학적이라는 점이다. 이 문제는 "인식론적 고찰에 참여하는 것만으로는 해결될 수 없다. 그것은 근본적으로 인식론적 논구일 뿐만 아니라 존재론적 또는 신학적 논구이기도 하다."[8]

그 귀결은 유신론이 참인가 하는 사실적 문제와 독립해서 별도로 제기되는 유신론적 믿음에 대한 어떠한 권리적 반론도 없다는 것이다. 그러나 유신론적 믿음에 대한 아무런 권리적 반론도 없다면, 특별히 기독교의 믿음은 어떠한가?

사람들이 기독교적 유신론을 고수하는 것이 어떻게 정당화될 수 있고 보증될 수 있는가?

이 문제에 답하기 위해 플랜팅거는 자신의 모델을 확장시켜 신의 감각만 아니라 성령의 내적 증거 또는 일어남도 포함시킨다. 확장된 모델은 우리가 죄에 빠지는 것이 인지적으로 정서적으로 재앙적 결과를 가지게 되었다는 사실을 요청한다. 신의 감각은 손상되었고 왜곡되었으며 아무 말도 하지 않게 되었다. 게다가 우리의 정서는 일그러졌고 그래서 우리는 신 중심이라기 보다 자기 중심적이 되었기에 신의 감각이 전달하는 것으로 남아 있는 것에 대해 저항한다. 바로 여기서 **성령의 내적 증거** 또는 **일어남**이 가동하기 시작한다. 영광의 신이 우리에게 베푼 구원 계획을 알려줄 길을 찾을 필요가 있었고 그렇게 할 수 있는 수단으로서 세 가지를 선택했다.

첫째, 그분의 영감을 받았으며 복음의 위대한 진리를 담은 성경
둘째, 죄로 인한 인지적 정서적 손상을 보수하고 이로써 복음의 위대한 진리를 파악하고 믿도록 할 수 있는 성령의 임재와 활동
셋째, 믿는 사람의 마음에서 산출된 성령의 주요한 사역인 신앙

어떤 사람이 복음의 위대한 진리를 들어 알게 될 때 성령은 기꺼이 이러한 진리에 대한 동의를 그 사람 안에 산출한다. 그러므로 성령의 내적 일어남은 "정통 기독교 이야기에서 우리 안에 믿음을 산출하는 믿음의 원천이고 인지 과정"[9]이다.

---

8 Ibid., p. 190.
9 Ibid., p. 206.

플랜팅거의 입장에서 성령의 내적 일어남은 믿음을 형성하는 "메커니즘"이라는 점에서 인지 능력과 근사한 유비이다. 이러한 과정에 의해 형성된 믿음은 그 자체로 보증 조건을 충족시키는 것이다.

① 그것은 적절하게 기능하는 인지 과정에 의해 산출된다.
② 우리가 처해 있는 환경은 죄에 의해서 오도된 인지적 오염을 포함해서 이 과정이 기능하도록 설계된 인지적 환경이다.
③ 이 과정은 참된 믿음을 산출하도록 설계된다.
④ 이 과정에 의해 산출된 믿음 즉, 복음의 위대한 진리는 사실상 참이고 그래서 그 과정은 참된 믿음을 성공적으로 산출하는 것을 목표로 삼는다. 그러므로 사람들은 복음의 위대한 진리는 성령의 일어남을 통해 안다고 말해질 수 있다.

우리는 성령의 사역을 통해 복음의 위대한 진리를 알기 때문에 그에 대한 증거가 필요 없다. 오히려 그것은 정당화와 보증에 관해 우리에게 적절하게 기초적이다. 그러므로 플랜팅거는 "우리의 모델에 따르면 복음의 중심 진리는 자기 진정성을 가지고 있고"[10] 즉, "그것은 다른 명제의 증거에 기초하는 믿음이 됨으로써 증거나 보증을 얻지 않는다"[11]고 확신한다.

그리하여 거듭 플랜팅거는 다음과 같이 결론한다. 즉, 기독교가 참이라면, 그 때는 아마도 우리의 모델에서 기술된 방식과 유사한 방식으로 보증을 가질 것이다. 왜냐하면, 기독교의 믿음이 참이라면 그때는 우리는 죄에 빠졌고 구원이 필요하기 때문이다.

> 게다가 이러한 회복을 전유하는 대표적인 방법이 복음의 위대함을 믿는 믿음을 포함하는 신앙에 의한 것임은 물론이다. 그러나 그렇다면 신은 우리가 이러한 진리를 의식할 수 있다는 것을 의도했을 것이다. 이렇게 되면 자연스럽게 생각해야 하는 점은 기독교 신앙의 중심 요소에 대한 믿음을 산출하는 인지 과정은 그 기

---

10 Ibid., p. 261.
11 Ibid., p. 262.

획자에 의해서 그러한 믿음을 산출하는 것을 목표로 삼는다는 사실이다.[12]

플랜팅거의 종교적 인식론에 대해 더 많이 말할 수 있을 것이다. 예를 들어, 그는 자신의 인식론이 일종의 유신론적 논증을 구성하는 것이라고 주장한다. 왜냐하면, 보증 특히, 적절한 기능에 대한 어떠한 자연주의적 설명도 나오지 않고 있기 때문이다. 또는 그는 자연주의는 합리적으로 긍정될 수 없다고 주장한다. 왜냐하면, 자연주의자는 자신의 인지 능력이 다만 생존에만 기여하는 믿음과는 전혀 다른 참된 믿음을 산출한다고 희망할 수 없기 때문이다. 그러나 이상에서 전술한 모든 논의들은 플랜팅거 인식론의 일반적 서술이다.

5. 플랜팅거의 종교적 인식론에 대한 평가

플랜팅거의 종교적 인식론을 평가하기 위해 우리는 무엇을 말할 수 있을 것인가?

플랜팅거가 두 가지 과제 즉, 공적 과제와 사적 과제에 착수했다는 사실을 상기하자. 그리고 사적 과제는 기독교적 과제이다. 그의 공적 과제는 기독교 믿음이 그 거짓됨을 전제하는 것은 제쳐두고, 정당화, 합리성 또는 보증을 결하고 있다고 생각할 아무런 이유가 없다는 것을 보여 주는 것이었다.

이러한 공적 과제의 성공에 제기된 가장 공통적인 반론은 그것이 철저한 상대주의로 되어버린다는 점이다. 신 또는 기독교에 대한 믿음이 적절하게 기초적이라면, 그때는 어떤 믿음이라도, 예를 들어 그레이트 펌킨(Great Pumpkin)에 대한 리누스의 믿음은 마찬가지로 적절하게 기초적일 수 있다.

그런데 정당화에 관해서도 이 단언은 실제로 사실이다. 우리는 그 사람이 그레이트 펌킨에 대한 믿음이 적절하게 기초적인 방식으로 자신에게 정당화되는 환경에 놓여 있다고 상상할 수 있게 된다. 예를 들면, 리누스 부모가 그레이트 펌킨의 실존을 리누스에게 확신시켜 준다. 이는 마치 어떤 정상 가정의 신실한 부모가 자식에게 산타 클로스의 실재를 확신시켜 주는 것과 같다. 증언에 근거를 둔 이와 같은 믿음들은 플랜팅거의 분석에 따르면 적절하게 기초적이므로,

---

12　Ibid., p. 262.

그레이트 펌킨에 대한 리누스의 믿음은 정당화에 관해 역시 적절하게 기초적인 환경에 있는 것이라고 귀결된다.

그러나 플랜팅거에게는 이러한 인정은 귀결될 수 없는 것이다. 거기에는 그레이트 펌킨에 대한 믿음과 같은 이상한 믿음이 정상적인 생활을 하는 어른에게 적절하게 기초적이라는 점은 함축되어 있지 않다. 정당화에 관해 적절하게 기초적이려면, 믿음은 환경에 적합한 근거를 두어야 하고 대다수의 사람들에게는 그레이트 펌킨에 대한 믿음은 그렇지 않다.

더 중요한 것은 그레이트 펌킨에 대한 믿음은 하여간 보증에 관해 플랜팅거의 인식론에 의해서 적절하게 기초적이라고 함축되지 않는다는 점이다. 어떤 믿음들이 보증에 관해 적절하게 기초적이라고 한다는 그 이유만으로 자의적으로 선택된 아무 믿음이라도 그와 마찬가지 방식으로 보증된다것은 전혀 함축되어 있지 않다. 리누스의 경우에 인지적 환경은 적합하지 않다. 왜냐하면, 그는 거짓말을 듣고 있는 상황에 있고 그러므로 그의 믿음은 보증되지 않기 때문이다. 따라서 플랜팅거의 이론에 따라 리누스가 그레이트 펌킨을 믿는 합리적 권리를 소유한다고 할지라도 그가 그레이트 펌킨이 실존한다는 것을 안다는 귀결이 나오는 것은 아니다.

그러나 다시 제기된 반론이 있다. 즉, 기독교 인식론자가 자신들의 믿음이 적절하게 기초적이라고 합법적으로 주장할 수 있다면, 그때는 어떤 인식론자 공동체 예컨대 부두교 인식론자도 자신들의 믿음이 아무리 이상하게 보여도 적절하게 기초적이라고 역시 합법적으로 주장할 수 있다.

플랜팅거는 이러한 반론을 "그레이트 펌킨의 아들"이라고 부른다. 거듭 그는 그 주장이 정당화에 관해 옳다는 것을 자유롭게 인정한다. 우리는 부두교 인식론자가 자신들의 믿음이 부두족에게 기초적 방식으로 정당화된다고 합법적으로 주장할 수 있는 환경을 쉽사리 상상할 수 있다. 중요한 물음은 그들이 부두교의 믿음은 보증에 관해 적절하게 기초적이라고 합법적으로 주장할 수 있는가 하는 문제이다. 그 대답은 우리가 **합법적**이라는 말의 의미를 무엇으로 보는가에 달려 있을 것이라고 플랜팅거는 말한다. 우리가 다만 **정당화될 수 있다**는 의미라고 본다면, 그때는 다시 한번 플랜팅거는 그들은 합법적으로 주장할 수 있을 것이라고 자유롭게 인정한다.

그러나 그는 이러한 인정으로부터 흘러나오는 어떠한 상대주의적 귀결도 보지 않는다. 정당화됨은 너무 쉬운 일이 되고 말아서 많은 의미를 가지지 못하게 될 것이다. 부두교 인식론자는 토착 천연 마취제의 영향을 받으면서 부두교의 믿음이 보증에 관해 적절하게 기초적이라고 생각하는 합리적 권리를 마땅히 가진다. 그러나 이로부터 어떠한 상대주의적 결론도 나오지 않는다.

그렇다면 다음으로 **합법적**이라는 말의 의미를 **보증받은** 것으로 보는가?

그때는 플랜팅거의 모델에서 부두교 인식론자가 하는 주장이 보증된다는 것을 함축하는 것은 아무 것도 없다. 반대로 부두교의 믿음이 타고난 신의 감각과 양립 불가능한 것인 한에서 플랜팅거의 모델은 부두교 인식론자가 자신들의 믿음이 보증에 관해 적절하게 기초적이라는 주장은 보증받을 수 없다는 것을 함축한다. 따라서 플랜팅거의 모델은 상대주의로 빠져버리지 않는다.

흥미롭게도 플랜팅거는 다른 유신론적 종교 실천가들이 그리스도인처럼 동등한 설득력을 가지고 예를 들어, 이슬람교의 진리를 조건으로 하는 이슬람식 플랜팅거 모델이 인식적으로 허용될 수 있고 철학적으로 반론될 수 없으며 전술된 것과 유사한 방식으로 아마도 보증되는 것이라고 주장하는 것을 시인한다.

그러나 이러한 결론이 상대주의를 지지하는 것은 아니다. 그것은 다만 다른 유신론적 신앙에 대한 사실적 반론과 독립해서는 그 신앙에 대한 어떠한 권리적 반론도 없다는 것을 보여 줄 뿐이다. 아마 훨씬 의미심장한 것은 이러한 시인이 일단의 다른 믿음에 대해 타당하다는 것은 사실이 아니라는 점이다. 특히, 그것은 플랜팅거의 입장에서 보면 자연주의에 대해 전혀 타당하지 않다. 왜냐하면, 자연주의가 참이라면 그때는 우리의 믿음 형성 메커니즘은 신뢰할 수 있을 것 같지 않기 때문이다. 왜냐하면, 그 메커니즘은 진리를 목표로 삼도록 되어 있지 않고 다만 생존용으로 택해지는 것이기 때문이다.

이리하여 다른 유신론적 종교 지지자들이 설득력을 가지고 플랜팅거가 기독교의 믿음을 대표하여 주장하는 것을 자신들의 종교를 대표하여 주장할 수 있었을지는 모르겠으나 오늘날 서구의 학문 세계에서 기독교의 믿음의 주요 대안이 되고 있는 자연주의에 대해서는 그렇게 말해질 수 없다.

그렇다면 플랜팅거의 사적 과제는 무엇인가?

그는 기독교의 조망에서 기독교의 믿음을 인식론적으로 설명하는 것을 얼마나 잘하고 있는가?

여기에 대해서는 단서를 붙일 필요가 있다. 이 과제의 목표는 기독교가 참이라면 그때는 플랜팅거의 인식론 확장 모델이나 그런 류의 것은 참일 개연성이 매우 높다는 것을 보여 주는 것이다. 이상하게도, 이러한 주장을 지지하는 플랜팅거의 논증은 놀랍게도 빈약하다. 적절한 기능, 인지 환경, 기획 의도 등등과 관련된 일체의 복잡한 기계 장치들은 신의 감각의 뉘앙스에 대한 기술, 성령의 내적 일어남과 함께 이러한 논증에서 아무런 역할도 맡지 않는다.

실제로 우리가 가지는 것이라고는 위에서 인용된 바와 같이, 신이 실존했다면 그때는 그분이 우리가 자기를 알기를 원하고 그래서 그렇게 하는 수단을 제공했을 것이라는 정도의 한 두 단락에 불과하다. 따라서 기독교가 참이라면 그것은 보증될 것 같다.

그런데 이러한 결론에 기독교 증거주의자는 열광적으로 동의하면서, "그러므로 신이 자기 실존의 증거 예를 들어, 모든 죄 있는 인간들이 신이 실존한다는 보증된 추리를 이끌어낼 수 있는 그런 증거를 제공했다는 것은 매우 있음직한 일이다"라고 덧붙인다.

그렇다면 플랜팅거의 논증이 보여 주는 것은 기껏해야 다음과 같은 것이다.

① [기독교] 유신론적 믿음이 참이라면, 그때는 그것은 보증된다.
 이 진술은 증거주의자 또는 플랜팅거의 모델에 관해 중립적이다. 이제 플랜팅거는 또한, 다음과 같은 것이 아마도 사실일 것이라고 주장한다.
② [기독교] 유신론적 믿음이 참이라면, 그 모델 또는 그런 류는 옳다.
 그러나 플랜팅거는 이 주장을 지지하는 아무런 논증도 제공하지 않는 것 같다. ①과 ②를 반성해 보면 사람들은 플랜팅거가 아래의 가정된 전제의 도움을 받아 ①로부터 ②를 추리하려는 것은 아닌지 의심스럽게 생각한다.
③ [기독교] 유신론적 믿음이 보증된다면, 그 모델 또는 그런 류는 옳다.
 가설적 삼단 논법에 의해서 ②는 ①과 ③의 타당한 귀결이다. 이제 플랜팅거는 ③과 기만적으로 유사한 아래의 명제에 반대하는 논증을 상세하게 전개한다.
④ [기독교] 유신론적 믿음이 보증된다면, 그때는 그 모델 또는 그런 류에 대한 믿음은 보증된다.
 플랜팅거는 우리의 기독교 유신론적 믿음은 보증될 수 있다는 점에서 아주 분명하다. 그러나 우리가 그 모델을 믿는 것은 보증될 수 없을지도 모른다. 실로, (플랜팅거를 읽어본 적이 없는) 대다수의 그리스도인에게는 그들의 기독교 유신론적 믿음이 보증된다. 그렇지만 그들은 전혀 들어본 적조차 없는 플랜팅거의 모델을 믿는 아무런 보증도 가지고 있지 않다.

그러나 플랜팅거는 ④를 거부하는 반면 ③은 반론 불가라는 것을 발견해야 되는 것처럼 보인다. 실로 ③은 플랜팅거의 입장을 증거주의자의 입장, 권위주의자의 입장 등과 차별지우는 결정적 전제인 것 같다. 그러나 우리가 아는 한 플랜팅거는 ③을 지지하는 논증을 전혀 제공하지 않는다.

③에 대한 철학적 논증이 부재하기 때문에 그리스도인은 플랜팅거의 모델을 기독교의 믿음을 어떻게 보증받는가를 설명하는 모델로서 가치 판단할 때 그 모델이 자신들이 전달하는 것에 얼마나 근접하는가를 평가하기 위해 성경과 기독교의 체험으로 돌아갈 것이다. 그러나 우리가 그렇게 할 때 그 모델은 중요한 수정을 필요로 하는 것 같다.

우선, 신의 감각에 대한 플랜팅거의 요청을 들어 보자. 이 점에서 플랜팅거는 칼빈을 심각하게 오해하고 있다는 사실을 주목하자. 프랑스 종교개혁자가 타고난 신 감각에 대해 말할 때 그가 의도하는 것은 우리가 공포감, 또는 예감, 또는 관찰되는 느낌에 대해 말하는 것처럼 신에 대한 **의식**(awareness)인 것이다. 그러나 플랜팅거는 이를 우리의 시각, 또는 청각 또는 촉각과 닮은 인지 **능력**(faculty)을 의미하는 것으로 수용한다. 칼빈 안에는 우리가 신에 대한 믿음을 산출하는 특수한 타고난 인지 메커니즘을 가지고 있다는 사상을 지지하는 것이 아무것도 없다.

플랜팅거가 상기시켜주는 바와 같이 그 모델은 플랜팅거의 것이지 칼빈의 것은 아니다. 그러나 우리가 성경으로 돌아갈 때 성경에도 역시 신에 대한 믿음을 산출하도록 기획되는 영혼의 특수 능력을 시사하는 어떤 것도 없다는 것을 발견한다. 실제로 우리는 칼빈의 타고난 신 의식에 대한 보다 온건한 개념을 이의 없이 지지하는 것을 성경에서 발견하지 않는다(요한복음 1:9은 주석적 과장일 것이다).

기독교의 체험에 호소하는 문제는 어떻게 되는가?

여기서 난점은 타고난 신 감각과 성령의 내적 증거를 체험적으로 구별하는 것이 불가능하다는 것이다. 성경은 믿지 않는 자(요 16:7-11)와 믿는 자(롬 8:15-16; 요 2:20, 26-27; 3:24; 4:13; 5:6-10)의 두 경우 모두 성령이 사람의 마음에 역사하여 기독교 진리 주장의 확신을 가져온다고 가르친다. 그런데 사람들이 체험할지도 모르는 어떤 신 의식이라도 타고난 신 감각에 귀속되는 것은 성령의 역사에 귀속되는 것과 동등하게 개연적일 수 있다. 따라서 성경의 가르침은 신의 감각의 요청을 반대하는 쪽으로 기운다. 그리고 기독교의 체험은 그것을 요구하지 않는다.

성령의 내적 일어남에 관한 플랜팅거의 교리에 대해서는 무엇이라고 말할 것인가?

확실히, 성경은 그러한 증거가 있다고 가르친다. 그러나 성령의 증거가 인간의 죄와 타락에 반응해서만 주어진다는 플랜팅거의 놀라운 주장은 성경에서 지지하지 않는다. 죄가 성령의 사역을 억누른다는 것을 조건으로 하게 되면 아담이 죄를 저지르지 않았다면 성령의 충만함과 사귐을 향유하지 못했을 것이라는 놀라운 주장이 될 것이다.

실제로 우리는 우리의 주님의 생애에 비추어 볼 때 플랜팅거의 입장을 거부할 수 있는 강제적인 근거를 가진다. 주님은 죄가 없었지만 그런데도 사역하는 동안 성령에 이끌리어 영감을 받았으며 구약에서는 사사들과 선지자들이 성령의 사역을 하였다.[13]

성령의 증거에 대한 플랜팅거의 구성은 신의 감각을 타락 이전에는 적절하게 기능하는 그러나 타락의 인식적 효과에 의해 손상된 인지 능력으로 보는 그의 교리-성경의 아무런 지지도 없는 교리에서 나오는 결과이다.[14]

게다가 성령의 일어남을 인지 능력에 유비되는 믿음 형성 과정으로 보는 플랜팅거의 이해는 확실하게 의심스러운 것이다. 이것은 나의 밖에 어떤 능력이 있어서 내 안에 믿음을 형성한다고 하는 것과 같다. 그러나 이러한 능력 또는 과정은 나의 것도 아니고 나의 인식 장비의 일부도 아니라서, 그렇다면 "**나는** 신을 믿었다"는 것은 문자 그대로 참일 수 없거니와, 이는 성경과 체험에 모순되는 것이다. 확실히 그 믿음이 내 안에 형성되기는 하나, 나는 그것을 형성한 자가 아닌 것이다. 그러므로 나는 참되게 믿지 않는 셈이다.

이러한 이유로 해서 성령의 내적 증거를 문자 그대로 일종의 증거로서 그리하여 그 전달로서 보고 적절하게 기초적인 것으로서 구성하든지 아니면 신에 대한 믿음, 복음의 위대한 진리에 근거를 마련하는 데 이바지하는 환경의 일부로서 그리하여 다시 한번 성령의 증거의 문맥에서 형성된 믿음으로서 보고 적절하게 기초적인 것으로서 구성하든지 하는 것이 더 낫게 보인다. 어느 쪽이든, 영혼의 일상적 능력, 신이 수여한 능력을 사용하면서 성령의 증거에 반응하여 또는 그

---

13 폭넓은 논의를 위해 다음 책을 참조. James D. G. Dunn, *Jesus and The Spirit* (London: SCM Press, 1975).
14 플랜팅거는 비일관적이게도, 신의 감각을 오늘날에도 작용하는 것으로 그러면서도 타락할 때 손상만 된 것이 아니라 파괴되어버린 신의 협소한 형상의 일부로서 묘사한다.

분의 선행적 유죄 선고와 묘사를 체험하는 환경에서 신과 복음의 위대함을 믿게 되는 것은 바로 우리이다.

이러한 수정된 모델이 플랜팅거의 원 모델보다 기독교의 믿음이 어떻게 보증되는가를 설명하는 모델로서 사용되기에 더 낫고 모순이 없어 보인다. 그렇지만 여전히 이것은 플랜팅거의 접근 방법 즉, 기독교의 믿음이 참이라면 플랜팅거의 모델 또는 그런 류는 옳을 것 같다는 것과 아주 비슷하므로 결과적으로 그가 옳은 것으로 여겨진다.

[요약]

종교적 인식론의 커다란 진보가 금세기 말에 있었다. 종교적 믿음의 인지적 의미에 대한 실증주의적 도전은 지나치게 제한적이었고 자기 논박적이었던 의미 이론에 기초를 둔 것으로 드러나면서 지금은 지나간 유물이 되어버렸다.

유사하게 무신론자와 유신론자는 각각 서로 차이가 나는 증명 책임을 지고 있다는 주장이 있었고 그래서 유신론이 우세한 증거가 부재하는 경우에 무신론이 참이라고 추정된다는 주장이 있었으나 모두 폐기된다. 증거의 부재는 존재물이 실존했더라면 우리가 가지는 한도를 넘어서 자기 실존의 증거를 남길 것이라고 기대될 수 있었을 때에만 실존 주장을 반대하는 것으로 간주된다. 이 쟁점은 신의 은폐성의 문제로 이동했다. 무신론자의 난점 덕분에, 성경이 선포하는 대로 기독교의 신은 자기 자신을 어떤 믿지 않는 자들에게 숨겨서는 안 되는 이유가 드러났다.

유신론을 찬성하는 실용적 논증은 파스칼의 도박 논증처럼 진리 의존적이거나 제임즈의 믿고자 하는 의지처럼 진리 독립적 이거나이다. 이러한 논증은 성공적이라면 유신론적 믿음이 신중한 것일지도 모른다는 점을 보여 준다.

개혁 인식론은 증거주의를 직접 공격하고 그 일류 선두 주자가 플랜팅거이다. 플랜팅거는 기독교의 믿음에 대한 아무런 권리적 반론도 없다는 것을 보여 주고 보증된 기독교의 믿음에 대한 설명을 제공하려는 목적으로 인식론적 모델을 제공한다. 그는 자신의 모델이 기독교가 진리라고 하면 인식적으로 가능하고 철학적으로 반론 불가이며 기독교가 참이라면 필경 참일 것이라고 주장한다. 이것은 몇몇의 비기독교 유신론적 종교 지지자들도 역시 설득력을 가지고 할 수 있는 주장이지만 자연주의가 할 수 있는 주장은 아니다.

플랜팅거의 모델은 어떻게 신에 대한 믿음이 정당화와 보증에 관해 적절하게 기초적인가를 설명하기 위해 인지 능력인 신 감각에 호소하고 보증에 관한 분석은 우리의 인지 능력의 적절한 기능의 견지에서 이루어진다. 유사하게 기독교의 근본 믿음이 어떻게 적절하게 기초적인가를 설명하기 위해 그 모델은 성경에서 선포된 진리에 대한 성령의 증거와 믿는 자 안에 신앙을 일으키는 성령의 내적 일어남에 호소한다.

〔기본 용어〕

검증 원리
권리적 반론
기대 효용 원리
논리 실증주의
무신론 추정
반증 원리
보증
사실적 반론
성령의 내적 증거(또는 일어남)
신 감각

신의 은폐성
신학적 합리주의
실용적 논증
실용적 정당화
적절하게 기초적
정당화
증거주의
진리 녹닙석 논증
진리 의존적 논증
파스칼의 도박

제3부

형이상학

제8장 형이상학이란 무엇인가?

제9장 일반적 존재론: 실존, 동일성, 환원

제10장 형일반적 존재론: 두 범주-속성과 실체

제11장 심신 문제 1A: 이원론

제12장 심신 문제 1B: 이원론에 대한 대안들

제13장 심신 문제 2A: 실체이원론에 관한 여러 논증과 유형

제14장 심신 문제 2B: 실체이원론에 대한 주요 물리주의적 대안들

제15장 자유 의지와 결정론

제16장 인격 동일성과 사후의 삶

제8장

형이상학이란 무엇인가?

> "우리는 이러한 지식을 추구하고 있기 때문에 원인과 원리는 어떤 종류의 것이고 지혜인 지식은 어떤 종류의 것인가를 탐구하지 않으면 안 된다."
>
> *아리스토텔레스, 『형이상학』(Metaphysics) 982A5

> "보이는 것은 잠시이나 보이지 않는 것은 영원하다."
>
> *고린도전서 4:18

> "모든 것은 '존재'의 의미가 무엇인가에 달려 있다."
>
> *윌리엄 제퍼슨 클린턴

1. 서론

형이상학은 공적 관계의 문제를 가지고 있다. 어떤 사람은 형이상학이라는 말을 들으면 뉴 에이지 운동, 천체 투영, 동양식 약용 요리법에 관한 책을 구입할 수 있는 대형 서점의 어떤 코너를 생각할 것이다. 혹자는 형이상학을 과학이 답을 줄 수 없는 주제에 관한 순수 지적 사변이라고 생각할 것이다. 그러나 이러한 의견들은 대중적이긴 해도 하나도 정확하지 않다.

형이상학은 모든 시대의 가장 위대한 사상가들을 자랑하는 오랜 걸출한 역사를 가지고 있다. 그 중 얼마는 플라톤, 아리스토텔레스, 아우구스티누스, 보에티우스, 아퀴나스, 데카르트, 라이프니츠, 로크 등이다. 논리학과 인식론과 함께, 형이상학은 철학의 가장 기본적인 분야이다. 그리고 형이상학은 신학의 오랜 친구였다. 기독교 제국의 초기 신조들은 형이상학적 용어들 즉, 인격, 본질, 실체, 지속 등으로 가득 차 있다. 이러한 용어들은 형이상학이 조직 신학의 발전에 도움을 줄 수 있다는 증거이다.

형이상학이라는 용어는 처음에 아리스토텔레스(384-322 B.C.)의 저서들을 일컫는 서명으로 사용되었다. 그의 저서의 일부는 "자연의 사물"에 관한 것이었고 자연학(Physics)이라 호칭되었다(아리스토텔레스가 결코 이름 붙인 적이 없는).

다른 저서는 B.C. 1세기에 아리스토텔레스의 저서를 수집하고 편집한 어떤 고대 편집자에 의해서 『자연학 이후의 책』(ta meta ta physica)이라 호칭되었다. 따라서 형이상학은 본래 "자연학 이후"를 뜻한다. 형이상학적 반성은 아리스토텔레스 이전에도 존재했지만 그 이름은 방금 언급한 방식으로 처음 사용되었다. 바로 이것이 그 후 내내 어떤 철학 분야를 가리키는 것으로 계속 사용되었다.

형이상학의 적절한 정의를 찾아내는 것이 불가능하지는 않지만 어려운 작업이다. 관례적으로 형이상학은 존재 또는 실재의 본성, 실재하는 사물의 궁극적 범주 또는 종류에 관한 철학적 연구이다. 이러한 정의는 형이상학에서 행해지는 많은 부분을 담아내는 데 충분하다. 형이상학의 대표적인 질문은 다음과 같다.

존재와 비존재의 차이는 무엇인가?
실재는 하나인가 다수인가?
시공간적으로 존재하지 않는 추상적 대상이 존재하는가?
실체는 존재하는가, 그렇다면 그것은 무엇인가?
우리는 자유로운가 아니면 결정되어 있는가?
물질은 실재하는가, 그렇다면 그것은 무엇인가?
인간은 신체뿐 아니라 마음도 가지고 있는가?
붉음의 속성은 실재하는가, 그렇다면 그것은 무엇이고 어디에 있는가?

형이상학적 문제는 통상적으로 다음과 같은 질문 속에 표현된 궁극적 종류의 문제에 관한 수수께끼와 같다.

① 어떤 사물들이 사실이라면, X의 것이 존재하는 것이 어떻게 가능한가?
② 어떤 사물들이 사실이라면, X의 것이 존재하지 않는 것이 어떻게 가능한가?

①의 예로는 "우주의 만물이 물질이라면 살아 있는 존재자는 어떻게 실존할 수 있는가, 실존하는 만물이 시공간의 어떤 점에 실존해야 한다면 가치가 어떻게 실존할 수 있는가?" 등이 있다.
  ②의 예로는 "2+4=6이라는 산수 명제가 필연적으로 참이라면, 수라고 불리는 추상적 대상이 어떻게 존재하지 않을 수 있는가? 의지의 자유가 실존한다면 영혼이 어떻게 존재하지 않을 수 있는가?" 등이다.
  이러한 질문들은 형이상학이 설명하는 문제의 종류에 대해 독자들이 감을 잡도록 하기 위한 것이다. 이하에서 우리는 형이상학의 주요 분과를 살펴보고 때때로 형이상학적 연구에서 사용된 일반적 지침을 조사할 것이다.
  이 장의 말미에 가서는 적어도 플라톤 시대부터 거론된 형이상학적 논쟁의 유형을 예시하기 위하여 형이상학의 주요 논쟁 말하자면 추상적 실재(속성, 수, 명제, 집합, 관계)의 실존에 관한 자연주의자와 존재론자의 논쟁을 간략하게 살펴볼 것이다.

2. 형이상학의 주요 분과

  형이상학은 존재 또는 실재의 철학적 연구이다.
  이 문제를 명료화하기 위해 아래의 문장을 고찰해 보자.

  ① 소크라테스는 실재적이다.
  ② 소크라테스는 플라톤의 스승이다.
  ③ 소크라테스는 인간이다.
  ④ 소크라테스는 백색이다.
  ⑤ 소크라테스는 피부와 뼈이다.

  이 문장들은 각각 존재라는 말의 의미를 서로 다르게 사용한다. 형이상학적 연구의 일부는 이 다른 의미들을 구별하는 과제이고 그 각각의 의미에 공헌할 수 있는 어떤 것을 말해 주는 과제이다.

첫째, 문장 ①은 존재(is)를 존재 또는 실존이라는 의미로 사용한다.

그것은 소크라테스가 실존한다는 것을 주장한다. "존재"의 이러한 의미는 실존하는 것 또는 실존하지 않는 것은 무엇인가라는 문제를 일으킨다. 소크라테스의 실존을 설명하는 어떤 존재에 관해 그렇다면 바로 그것은 무엇인가라는 질문이 발생한다.

둘째, 문장 ②는 존재를 동일성으로 사용한다.

그것은 소크라테스가 플라톤의 스승으로 확인되고 플라톤의 스승과 동일하다는 것을 말한다. 이것은 다른 문제를 일으킨다.

어떤 것 X와 어떤 것 Y가 동일하다는 것은 무엇을 의미하는가?
어떤 것이 그 자체와 동일하고 그 밖의 것과는 다르다는 것은 도대체 무엇인가?

셋째, 문장 ③은 존재를 **본질적 술어**로 사용한다.

그것은 인간 존재가 바로 소크라테스의 본질이라는 것을 말한다.

이것은 문제를 일으키는데, 즉 어떤 것(인간 존재)이 그와 다른 어떤 것(소크라테스)의 본질이라고 말하는 것은 무엇을 의미하는가?
어떤 것은 실제로 본질을 가지는가?
그렇다면 그것은 무엇인가?

넷째, 문장 ④는 존재를 **우연적 술어**로 사용하는 것을 포함한다.

이것은 소크라테스가 속성 즉, 그 "속에 현존하는" 힘을 가진다고 말한다. 이것은 속성은 존재하는가, 그렇다면 그것은 무엇인가 하는 문제를 일으킨다.

본질적 술어와 우연적 술어는 구별되는가?
인간 존재와 소크라테스의 관계는 힘과 소크라테스의 관계와 서로 다른 방식인가?

다섯째, 문장 ⑤는 존재를 때때로 **부분-전체**라고 부르는 **구성**으로 사용한다. 이것은 소크라테스가 피부와 뼈를 부분으로 하는 전체라는 것을 말한다. 소크라테스는 이러한 부분들로 구성된다. 이것은 속성이 다르듯이 부분이 다른가 하는 문제를 일으킨다.

어떤 것은 부분을 잃어버려도 여전히 동일할 수 있는가?

이러한 다섯 문장과 이들 문장이 표면화하는 문제들은 형이상학적 연구의 가장 기본적인 영역을 형성한다. 철학자들은 시간을 내어 그 문제들을 반성했고 그들의 반성은 광범위하게 받아들여진 형이상학적 특수 분과를 낳았다. 형이상학의 두 주요 분과는 일반적 존재론(때때로 그냥 존재론이라고 부른다)과 특수 형이상학이다. 차례대로 살펴보자.

1) 일반적 존재론

일반적 존재론은 형이상학의 가장 기본적인 측면이다. 이 분야의 형이상학적 연구는 세 주요 과제로 구성된다.

첫째, 일반적 존재론은 실존 자체의 본성에 초점을 맞춘다.

존재한다 함 또는 실존한다 함은 무엇인가?
실존은 어떤 것이 가지는 속성인가?
무 그 자체는 어떤 의미에서 실존하는 것인가?
일각수 페가수스와 같은 허구적 대상들이 실존하지 않을지라도 존재를 가진다고 하는 그러한 존재는 의미가 있는가?

실존의 본성은 제2장의 중점 주제가 될 것이다.
둘째, 일반적 존재론에서 우리는 존재의 일반적 원리, 만물에 들어맞는 일반적 특징을 연구한다.

중세 철학자들은 실존하는 모든 다른 종류의 존재물(entities)을 특징지우는 특성들을 대표하기 위해 초월자(transcendentals)라는 용어를 사용했다. 실존, 통일, 진리, 선과 같은 개념들은 몇몇 철학자에 의해서 초월자의 보기들로서 채택되었다. 존재하는 모든 것 말하자면 탄소, 인격, 수 또는 파랑이라는 속성은 존재하는 그런 것으로서 하나의 통일성이고(즉, 어떤 의미에서 하나의 존재물에게), 참인 것이고 선한 것이다.

제9장에서 우리는 이와 같은 실재의 특성 하나 즉, 동일성의 본성을 연구할 것이다. 모든 것은 자기 자신과 동일하고 그 밖의 모든 것과 다르다. 동일성의 본성의 연구는 동일성이 실존하는 모든 존재물의 초월적 특성이라는 점에서 일반적 존재론의 일부로서 분류될 수 있다.

셋째, 일반적 존재론은 이른바 범주적 분석을 포함한다.

실존하는 사물을 매우 특수한 유형의 분류에서 매우 광범한 유형의 분류에 이르기까지 다양한 방식으로 분류하거나 무리짓는 것은 가능하다. 예를 들면, 책상 왼 편에 지켜 서 있는 밝은 갈색의 개 스팟을 고려해 보자. 그 개는 다음과 같은 도식에 따라 점점 더 광범하게 분류될 수 있다. 즉, 개체로서의 개, 포유동물로서의 개, 동물로서의 개, 생물로서의 개, 실체로서의 개 등이다. 그 개의 색깔은 이렇게 분류될 수 있다. 즉, 밝은 갈색, 갈색, 유형적 속성, 속성 등이다. 스팟과 책상의 관계는 다음과 같이 정리될 수 있다. 즉, 좌측, 공간적 관계, 관계 등이다.

이상에서 언급한 사례에서 사용된 궁극적 범주는 실체, 속성 그리고 관계의 범주이다. 일단의 범주들은 궁극적으로 가장 광범하게 분류된 모든 실존하는 존재물의 집합이고, 개개의 존재물은 특수 범주에 적합할 것이며, 집단으로 취급되는 그 범주로 인해서 모든 존재물은 분류가 허용될 것이다.

일단의 범주들은 모든 존재물을 상호 배타적으로 소진하여 분류된 존재물의 집합이다. 일단의 범주들이 상호 배타적이라고 함은 주어진 범주가 존재물을 그 범주로 구획하고 다른 범주의 존재물과 구별되게 하는 뚜렷한 특징을 가질 것이라는 점에서이고, 일단의 범주들이 소진하여라고 함은 모든 존재물(초월자는 제외하고)은 그 범주들의 어느 하나에 끼워 넣어질 것이라는 점에서이다.

스팟의 예가, 점점 더 포괄적이어서 점점 더 고차적인 집단화를 포함하는 사례라는 점을 주목하자. 이를테면, 사람들은 밝은 갈색에서 갈색으로 더욱이 유형적 속성에서 속성으로 이동할 때, 덜 포괄적인 분류에서 더 광범하고 포괄적인 또는 더 일반적인 분류로 이동한다. 때때로 더 고차적이고 더 광범한 분류와 더 저차적이고 더 특수한 분류의 관계는 이른바 유-종 관계이다. 유-종 관계의 예를 들면, 유형적 속성 즉, 갈색이라든가, 형태 즉, 사각형이라든가, 소리 즉, C 음조라든가, 공간적 관계 즉, ~위라든가 하는 등이다.

개개의 경우에 유는 종보다 광범하다. 사실상 유-종 구별을 바라보는 전통적 방식(아리스토텔레스로 돌아가면)은 종을 유가 존재할 수 있는 방식으로 보는 것이다. 특수한 종이 없는 유를 보여 주는 사례가 있을 수 있다(예컨대 어떤 존재물은 갈색 없는 즉, 녹색이라는 속성의 유형적 속성일 수 있다). 그러나 특수한 종보다 상위의 유가 없는 특수한 종의 사례는 있을 수 없다(예컨대 스팟이 갈색이라는 속성을 가진다면, 또한 유형적 속성이라는 그런 속성을 가진다).

일반적 존재론의 과제 가운데 하나는 실재의 범주적 분류를 체계적으로 행하는 것이고 개개의 궁극적 범주의 유일한 특성들을 연구하는 것이다. 일반적 존재론에서 또한, 우리는 개개의 궁극적 범주 내부의 분류 위계를 형성하는 다양한 유와 종을 연구한다. 존재라는 일단의 범주는 다양한 철학적 문제를 명료화하고 해결하는 데 도움을 주는 매우 유용한 범주들이라고 할 수 있다.

예를 들면, 많은 철학자는 마음의 뚜렷한 특징이 **지향성**이라는 사실을 주목했다. 대략적으로 말하면 지향성은 마음은 ~의 마음이고 ~에 대한 마음이라는 것이다. 모든 정신 상태(예컨대 희망하는 상태, 사고하는 상태, 믿는 상태, 두려워하는 상태, 소원하는 상태)는 그 상태가 항상 자신을 넘어서는 어떤 것의 상태이고 어떤 것에 대한 상태이다(그리고 이것은 정신 상태의 대상이 실존하지 않을지라도 즉, 어떤 사람이 제우스를 두려워하고 있어도 사실이다).

우리가 지향성에 대해 던질 수 있는 흥미로운 매우 중요한 물음은 이러하다. 즉, 지향성은 속성인가 관계인가?

이 물음은 우리가 지향성 자체를 어떻게 이해하고 분류해야 하는가 하는 문제에 주의를 집중하는 것이다. 제3장에서 우리는 존재의 두 가지 중요한 범주 즉, 실체와 속성을 살펴볼 것이다.

철학사는 범주의 본성 말하자면 일단의 범주들은 무엇과 같은가에 대한 다양한 의견을 보여 주었다. 그러나 범주에 관해 두 가지 주요 학파를 대표하는 인물이 아리스토텔레스와 칸트이다. 아리스토텔레스에 따르면 실재의 열 가지 기본 범주 즉, 실체, 양, 질, 관계, 장소, 시간, 소유태, 상태, 능동, 수동이 있다. 아리스토텔레스의 열 가지 범주는 다시 실체의 범주를 가장 근본적인 또는 기초적인 범주로 채택하고 있으며 다른 아홉 가지 범주는 실체가 수정되거나 변양되거나 할 수 있는 다른 방법으로서 이해되고 있다. 예를 들면, 실체 스팟은 10 킬로그램이고 갈색 등등이다.

그러나 범주에 대한 아리스토텔레스의 입장에서 가장 중요한 것은 그 분류의 정확한 본성이나 수가 아니다. 오히려 범주에 대한 아리스토텔레스의 접근법에서 중요 사항은 그가 범주를 우리에게 "저 밖에" 실존하는 현실 세계 즉, 인간의 사고나 언어와는 독립해 있는 세계 자체의 실재적 분류를 제공하는 것으로 받아들였다는 점이다. 아리스토텔레스에게 범주는 존재에 대한 가장 광범위한 실재적 분류인 것이다.

칸트의 경우 범주(칸트는 『순수 이성비판』에서 12가지의 범주를 열거했다)는 즉자적으로 존재하는 세계(그가 예지계라고 부르는 세계) 자체의 분류가 아니라 오히려 인식하는 주관으로서 우리에게 나타나는 세계(그가 현상계라고 부르는 세계)의 구분을 표현한다. 따라서 칸트의 범주는 인식 주관이 감각적 경험의 세계를 조직하고 분류하는 여러 가지 다른 방법들을 표현한다. 칸트의 범주는 현상 세계, 우리가 경험하는 대로의 감각 세계에 대한 가장 광범위한 구분이다. 따라서 칸트에 따르면 범주를 연구한다고 해서 즉자적 세계 자체의 실재적 구분이 우리에게 알려지는 것은 아니다. 오히려 그것은 우리가 감각하고 인식하는 주관으로서 감각적 경험의 세계를 구분하여 우리에게 알려질 수 있게 만드는 것이다.

우리는 여기서 어느 범주 이론이 옳은가를 논의할 수 없다. 이 논의의 일부는 인식론적 문제, 특히 회의주의의 문제, 지각의 본성의 문제, 포스트모더니즘의 불충분성과 다양한 유형의 해체주의의 문제와 연관되어 있다. 이러한 문제의 다른 일부가 이 책의 제2부에서 취급된다. 다만 여기서는 기독교 신학을 이해하는 가장 합당한 방식이자 가장 훌륭한 철학적인 논증으로서라고 한다면, 칸트의 범주 이론은 잘못되었다고 생각된다고 말하는 것만으로 충분할 것이다. 우리의 이러한 이해가 옳거나 그르거나 간에, 우리는 다음 몇 장에서 아리스토텔레스의 입장이 가지는 정신에 맞는 방식으로 몇 가지 범주에 다가가서 연구할 것이다. 말하자면 우리는 이제 곧 다룰 범주를 있는 그대로의 외부 세계 자체의 실재적 범주로서 받아들일 것이다.

범주들이 무엇인가를 이해하는 방법에 관한 논의 이외에도 존재의 궁극적 범주의 엄밀한 동일성과 수에 관한 의견들이 다양하게 나누어져 있다. 아리스토텔레스는 가장 기초적인 범주, 실체의 범주와 함께 10가지의 궁극적 범주가 있다고 생각했다. 다른 사람들 예를 들면, **과정 철학자들**은 가장 기초적인 범주, "사건"의 범주와 함께 여러 가지 범주군들이 있다고 주장한다. 또 다른 철학자들은 계속해서 실재를 의미 있게 만드는 필수적인 다양한 범주를 열거했다.

이미 언급한 대로 우리는 다만 두 범주 즉, 실체와 속성만을 살펴 볼 것이다. 그러나 사람들은 어떤 철학자들은 이를 수용하고 부수적인 범주들을 추가하는 데 반해, 어떤 철학자들이 이러한 범주를 거부한다는 것을 기억해야 한다.

2) 특수 형이상학

일반적 존재론 이외에도 형이상학의 제2의 연구 분야 이른바 특수 형이상학이 있다. 특수 형이상학에서 두 가지 다른 형태의 관심사가 고려된다.

첫째, 특별한 관심을 끄는 특수 논제에 대한 연구이다.

이를테면, 영혼은 존재하는가?
인간은 자유인가 결정되어 있는가?
인격의 동일성 같은 것이 있는가?
즉, 인간은 변화에도 동일하게 남는가 아니면 인간은 인격 단계라고 부르는 일련의 사건들로서 가장 잘 이해되는가?
인과 관계 같은 것이 있는가?

둘째, 다른 연구 분야 즉, 사회학, 생물학, 물리학, 심리학과 같은 분야에 대한 제2차 질서적 형이상학적 명료화와 탐구가 있다.

바로 여기서 형이상학자들은 전자가 있는가?
있다면 그것은 무엇인가?
이와 같은 물음을 던진다.
사회 집단은 그 부분의 합 "이상" 가는 전체로서 실존하는가?

기타 등등. 일반적 존재론과 특수 형이상학 사이의 질서가 있다는 점을 분명히 하지 않으면 안 된다. 특수 형이상학의 문제는 일반적 존재론의 과업이 이루어지고 난 후에 공략되어야 한다. 일반적 존재론에서 사람들이 채택하는 입장에 비추어 볼 때, 특수 형이상학적 주제에 영향을 미칠 수 있는 더 많은 개념적 도구들을 소유하게 될 것이다. 예를 들면, 어떤 사람이 탄소는 실체이라고 말한다면 일반적 존재론의 통찰을 통해 그 말을 어떻게 이해하고 이해해서는 안 되는가를 명료화하는 데 도움을 얻을 수 있다.

우리는 제9장과 제10장에서 일반적 존재론의 문제를 살펴본 후에 특수 형이상학의 몇 가지 문제를 제11장에서 제14장까지 탐구할 것이다.

3. 형이상학의 접근 방법

우리는 형이상학적 탐구를 할 때 어떻게 진행할 것인가?
우리는 어떤 방법론을 사용할 것인가?
불행하게도 이 문제에 답하는 방법과 관련해 철학자들 사이에 일치를 보는 일반적 동의가 아무것도 없다. 그리고 사실상 형이상학의 방법론에 관한 사람들의 입장은 적어도 부분적으로는 철학적 물음에 대한 일반적 해결책과 관련한 자기 입장에 좌우된다. 예를 들면, 어떤 철학자들은 철학적 **자연주의자**로서 실재는 우리의 가장 과학적인 이론들에 의해서 포용되는 물리적 대상의 시공간적 세계에 의해서 망라된다고 주장한다. 그들의 입장에서 보면 과학은 세계를 탐구하는 주요 접근 방법이다. 철학이 아니다. 이러한 종류의 자연주의를 포용하는 많은 사람은 형이상학의 역할을 우리의 언어 사용 특히, 과학적 언어의 사용을 명료화하는 역할이라고 본다.

형이상학자의 방법론은 과학 이론을 택해서 그 이론 내부의 형이상학적 용어 사용을 분석하고 명료화하는 것이며 그 이론에 세워진 세계관을 조직적으로 규명하는 것이다. 형이상학은 실재의 연구가 아니고, 그것은 과학이 한다, 오히려 우리의 말 특히, 실재에 대한 과학적 말의 연구이다. 이 입장에서 보면 언어 분석은 형이상학에서 사용되는 철학자들의 주요 도구이다. 철학자들은 "탄소는 이러저러한 속성을 가진 실체이다"라는 문장에서 실체와 속성이라는 용어에 대한 과학자의 사용을 분석하고 명료화할 것이다.

불행하게도 이러한 접근법은 방향이 잘못 잡혀 있다. 과학적 언어를 포함해서 우리의 언어 사용을 분석하고 명료화하는 것은 형이상학의 일부이다. 그러나 형이상학적 탐구를 이렇게 제한해야 할 좋은 이유는 하나도 없다. 특히, 우리가 과학은 철학적 형이상학적 교의를 전제한다는 것을 깨달을 때 그렇게 해야 할 아무런 이유가 전혀 없다. 따라서 형이상학은 과학보다 개념적으로 앞서고 그 역은 아니다. 과학은 다양한 방식으로 형이상학에 도움을 제공할지도 모른다.

그러나 과학은 형이상학자에게 실재나 형이상학의 방법론에 대해 무엇을 믿어야 하는가를 지령할 수 없다. 게다가 언어는 (과학적 언어를 포함하여) 그 자체 실존한다. 그러므로 형이상학은 언어로 환원될 수 없다. 왜냐하면, 언어 자체는 형이상학적 연구의 일부이기 때문이다. 형이상학의 접근법에 관해 일반적으로 수용된 방법이 없다는 사실에도 불구하고 이렇다할 제외할 만한 좋은 이유가 없다면 형이상학이 따라가야 할 몇 가지 일반적 지침을 진술하는 것은 가능하다.

그 몇 가지는 다음과 같다.

1) 형이상학적 연구는 우리가 형이상학을 시작하기 전에 이미 알고 있거나 참이라고 믿을 이유가 있는 것들에서부터 시작하고 설명해야 한다

형이상학은 그 뿌리가 우리가 알고 있는 것 또는 믿을 이유가 있는 것에 대한 놀라움과 당혹이고 이러한 지식과 합리적 믿음이라는 것을 분석하고 명료화하며 설명하는 시도이다. 적어도 이러한 믿음의 네 가지 원천이 있다.

(1) 형이상학은 상식을 비판적으로 사용해서 알게 되는 것에 초점을 맞춘다

이로써 우리가 의미하는 것은 우리의 상식적 믿음은 의식적 자각을 가지고 주의 깊게 반성하여 의미 있는 것으로 이해하고 조사에도 견딘다면, 그 "비판"은 형이상학적 연구의 재료를 제공한다는 것이다. 예를 들면, 사과는 붉고 달콤하다는 것은 비판적 상식의 품목으로 보일 것이다. 사과의 붉음은 실재적이고 그 달콤함과는 다르며 사과 표면의 색깔이다. 형이상학은 상식의 이 품목을 설명하려고 노력한다. 물론 비판적 상식은 틀릴 수 있다. 그러나 포기할 좋은 이유가 없을 때는 믿어야만 한다. 적어도 세 가지 이유가 비판적 상식을 지지하고 반대하지 않는 증명 책임으로서 작용한다.

첫째, 우리는 단순히 비판적 상식이 우리에게 제공하는 많은 것들을 알고 있다.
둘째, 형이상학의 많은 논지들은 우리가 비판적 상식에서 믿어야 하는 이유가 있는 것들에 대한 놀라움과 당혹에 그 뿌리를 둔다.
셋째, 기독교 유신론이 함축하는 것은 일반적으로 우리가 참된 합리적 믿음을 우리에게 제공하는 다양한 능력을 신뢰할 수 있다는 점이다.

이러한 믿음은 상식의 핵심적 일부이다. 그 일부가 되는 정도는 상식의 어떤 생각이 문화적 교화의 결과인 것으로 드러날 수 있다든지 [여전히 참일 수는 있지만] 의심스러운 것으로 된다든지 하는 정도를 말한다. 그러나 형이상학적 사변을 생성시키는 [사과의 사례와 같은] 상식적 믿음 가운데, 많은 믿음들이 그와 같은 믿음은 아니다.

(2) 기독교로부터 나오는 지식은 적어도 우리에게 세 가지 방식으로 형이상학을 하는 것을 도와주기 때문에 우리가 사용하지 않을 수 없다

첫째, 어떤 신학적 진리들은 자신을 명료화하는 것을 도와주기 위해 형이상학을 필요로 한다. 삼위일체의 교리가 그 예이다.

둘째, 기독교로부터 오는 진리는 어떤 형이상학적 입장을 거부하고 그 거부에 대한 더 많은 독립적인 이유를 추구하는 것을 인도해 주는 배경적 지식으로 사용될 수 있다.

우리가 물리주의를 인간 존재는 단순하게 물질적 대상일 뿐, 그 이상도 그 이하도 아니라는 입장으로 받아들이면, 그때는 영혼에 대한 구약과 신약의 가르침은 가장 자연스러운 주석 방식으로 교회사와 보조를 맞추는 방식으로 이해될 때 물리주의를 거짓된 합당하지 않은 것으로 거부하는 데로 이끌 것이며 우리가 이해한 이러한 기독교 입장을 위해 더 많은 독립적인 이유를 발견하기 위해 형이상학을 하게 될 것이다. 물론 이것은 남용될 수 있다. 그래서 우리는 주의를 기울여, 먼저 그 문제에 대한 기독교의 가르침을 정통신학 내에서 진정한 통전적 분별심을 가지고 신중하게 이해해야 할 필요가 있다. 그러나 신학은 여전히 형이상학을 하기 위한 명제들이 나오는 중요한 원천인 것이다.

셋째, 기독교 신학은 사상가들로 하여금 일방 통행적으로 형이상학적 입장을 채택하게끔 강요하는 지적 장벽들을 제거할 수 있다. 이러한 경우에 기독교철학자들은 논쟁의 양측을 이해하는 문제에서 자신의 세속적 적수들보다 더 개방적일 수 있다. 예를 들면, 물리주의를 형이상학적 세계관으로서 고수하는 철학자들은 수와 같은 추상적 대상(시간 또는 공간에 실존하지 않는 비물리적 존재물)의 실존을 포용할 수 없다. 왜냐하면, 그것은 물질적이 아니기 때문이다. 기독교철학자는 물리주의의 견지에서 형이상학을 하게끔 강요하지 않기 때문에 수의 실존을 추상적 대상으로서 포용하거나 거부하는 문제에서 개방적일 수 있다.

　반면에 기독교의 가르침은 자기 자신의 형이상학적 문제를 도입할 수 있다. 예를 들면, 수와 같은 추상적 대상이 실존한다면 그때는 그 대상은 시간에도 공간에도 없으므로 시간적 계기 안에서 탄생하지 않았다. 이것은 그 대상이 나무와 강이 창조된 것과 같은 방식으로 창조되지 않았다는 것을 의미한다. 그래서 추상적 존재물을 포용하는 기독교철학자는 그 대상의 실존과 만물의 창조주 신 교리와의 조화를 이루게 만들어야 한다.

(3) 비판적 상식과 기독교의 가르침 이외에도 우리 자신의 자기 인식은 형이상학을 위한 정보의 셋째 주요 원천이다

　우리의 자기 의식을 주의 깊게 기술해 보면 예컨대 우리는 여타의 세계와는 구별되어(사람의 책상은 그 사람의 일부가 아니다) 계속적으로 지속하는 존재인 것 같다는 자기 의식, 우리는 의식하고 있다는 자기 의식, 우리는 결정하고 믿음과 감각적 경험을 가진다는 자기 의식, 우리는 (적어도) 신체의 소멸 후에도 필시 존재할 것이라는 자기 의식 등등은 우리에게 형이상학적 통찰을 제공할 수 있다. 어떤 광범한 형이상학적 체계도 우리 자신의 자아에 대해 믿을 이유가 있는 것들을 설명해야 한다.

(4) 형이상학적 반성을 위한 믿음의 마지막 원천은 다른 연구 분야로부터 오는 신뢰할 만한 정보이다

　경영학 교수가 기업은 윤리적 책임을 가진다고 주장하면, 이것은 기업이 실존한다는 것을 의미하는가?
　자아가 두뇌 수술이나 다중 인격의 경우에 "나누어질" 수 있다면, 여전히 우리는 그 영혼을 통합된 존재물로서 의미 있는 것으로 만들 수 있는가?
　명체가 진화했다면, 그래도 우리는 여전히 그것이 본성을 가지고 있다고 믿을 수 있는가?

　이와 같은 경우에 다른 분야들은 형이상학적 연구를 위한 재료를 제공한다. 그러나 이와 같은 질문들이 신경 생리학 등과 같은 문제가 아니라 주로 형이상학적 문제라는 것을 명심하자.

이에 대한 답을 얻으려는 시도들은 다른 연구 분야에 현존하는 실재적 사실에 대해 성실하게 집중하는 노력을 경주하는 형이상학 전문 철학자의 주의 깊은 취급을 필요로 할 것이다. 형이상학은 사실에 관련되어 있는 상태에 있는 것이다. 그러나 더 중요한 것은 형이상학의 두드러진 관심은 우리가 그러한 실재적 사실을 철학적 방식으로 올바르게 해석한다는 점이다.

2) 당신이 해결하려고 노력하는 형이상학적 문제와 그 문제를 일으키는 것이 무엇인가를 진술하라

예를 들면, 여기 두 장미가 같은 향기를 낸다면, 문제는 이렇게 생긴다.

즉, 각각의 장미가 어떻게 같은 향기를 낼 수 있는가?
이것은 특별한 향기가 동일한 시간에 그 두 장미에 있는 것을 의미하는가?
어떻게 어떤 하나가 동시적으로 어떤 하나 이상일 수 있는가?
반면에 각각의 장미가 각자 자신의 향기를 가진다면, 우리는 어떻게 그 향기가 그 두 장미에게 같은 것이라는 사실을 설명할 수 있는가?
우리가 한 장미의 향기가 다른 장미의 향기와 정확하게 같은 것이라고 말한다면, 이것은 그 장미들은 동일한 향기를 낸다는 점에서 서로 같은 것이라고 말하는 것—왜냐하면, 색이나 모양에서 서로 같은 것이 아니기 때문—이 아닌가?

문제가 이렇게 진술되고 난 후, 이 문제에 대한 다른 형이상학적 대안을 열거하고 각각의 대안이 전제하는 가정들과 함께, 그 대안 각자가 함축하는 바를 도출하고 어느 것이 가장 합당한 것인가를 파악하라. 장미의 사례에서 두 가지 대안은 그 장미들이 같은 향기를 낸다는 것, 또는 각자가 다른 장미의 향기와 꼭 같은 자기 자신의 향기를 낸다는 것이다.

첫째 대안은 특별한 장미 냄새와 같은 속성이 동시에 하나 이상의 곳에 있을 수 있다는 것이다.
둘째 대안은 이를 부인한다.
형이상학적 연구 과정에서 어떤 대상이 실재적이라는 것을 수용하거나 부인하거나 하는 것으로부터 귀결되는 함축을 진술하는 것은 중요한 일이다. 플라톤의 대화록 『파르메니데스』, 136a에서 플라톤이 파르메니데스의 입을 통해 우리에게 상기시키는 것은 다음과 같다.

> 당신이 철저하게 단련되기를 원한다면 이러이러한 것이 있다고 가정하고서 그 귀결을 숙고해야 한다. 마찬가지로 또한, 당신은 그 동일한 것이 없다고 가정해야 한다.

우리가 속성, 진리, 신, 자유, 영혼, 또는 다른 존재물이 실재한다는 것을 부인한다면 이 부인으로부터 나오는 귀결은 무엇인가?
그 실재를 포용하는 것으로부터 나오는 것은 또 무엇인가?

3) 사유 실험을 형이상학적 논증의 반례로서 사용하라

형이상학에서 우리가 주로 관심을 가지는 것은 어떤 것이 무엇이어야 하는가에 대해서이지 우연적으로 무엇으로 보이는가에 대해서가 아니다. 예를 들면, 2라는 수는 짝수이지 않으면 안 되지만 우연적으로는 래리 아저씨가 좋아하는 숫자이기도 하다. 거듭 말하지만, 모든 개개의 인간 존재는 반드시 인간됨이라는 속성을 가진다. 그러나 또한, 우연적으로는 지구에서 태어난다는 속성을 가지기도 한다. 이러한 각각의 경우(짝수임과 인간됨)에서 형이상학에 더 중요한 것은 후자의 정보보다 전자의 정보이다. 형이상학적 연구는 수, 인과 관계, 마음, 가치, 속성 등등이 무엇이지 않으면 안 되는가를 드러내는 것을 추구한다.
이것들 자신의 본성과 본질은 무엇인가?
형이상학의 이러한 점 때문에 우리는 사유 실험이 형이상학적 주장을 평가하기 위한 반례의 원천으로서 역할한다는 사실을 통찰하게 된다. 이러한 통찰을 이해하기 위해 우리는 가능 세계라고 부르는 개념을 소개할 필요가 있다. 어떤 철학자가 다양한 가능 세계의 실존을 말할 때 그것은 동일하게 실재적인 대안적 병행 우주를 기술하려고 의도하는 것이다. 이것은 우리가 의미하는 가능 세계가 아니다. 가능 세계의 개념에 대한 우리의 용법은 다음과 같이 명료화될 수 있다.

현실적 세계, 즉 실존하는 존재물들만의 실재 세계는 모든 참된 명제의 연접에 의해 기술될 수 있다.

예를 들면, 버지니아에 염소가 있다는 명제는 현실적 세계를 참되게 기술하는 명제이다. 그러나 네브라스카에 일각수가 있다는 명제는 그렇지 않다. 현실적 세계는 신이 실제로 창조한 세계이다(그 세계는 또한, 신 자신을 포함한다).

불가능한 세계는 실존할 수 없는 세계이다.

그 세계를 기술하는 명제들의 연접은 논리적으로 불가능한 명제를 포함한다. 이러한 세계는 신이 창조할 수 없었던 세계이다. 이러한 세계를 실재로 만들 수 있는 어떠한 상상 가능한 환경도 실존할 수 없다. 예를 들면, 미주리에 있는 둥근 사각형의 세계는 불가능한 세계이다.

가능한 세계는 기술할 때 논리적으로 불가능한 명제를 포함하지 않는 세계이다.

가능한 세계는 신이 창조할 수 있었던 세계이고 실존하지 않았을지라도 실존할 수 있었던 세계이다. 예를 들면, 캘리포니아에 있는 일각수의 세계는 현실적 세계(우리가 희망은 하지만)가 아니다. 그러나 그것은 가능한 세계이다.

그런데 형이상학에서 어떤 철학자는 종종, 어떤 존재물 P는 오직 Q에 다름 아니라고 주장한다. 예를 들면, 열은 실제로 분자 운동에 다름 아니다. 마음은 실제로 두뇌에 다름 아니다. 적색이라는 색깔은 실제로 어떤 대상에 사용되고 있는 적색이라는 단어에 다름 아니다. 적색은 다만 빛의 파장에 다름 아니다.

또 다르게 어떤 철학자는 C가 바로 D의 본질이고 즉, D는 C가 실존하지 않고서는 그리고 곧 D의 본성이지 않고서는 실존할 수 없었다고 주장할 것이다. 예를 들면, 혹자는 주장하기를, 2라는 수의 본질이 1보다 더 큰 가장 작은 짝수이어야 하고 사각형의 본질은 하나의 형태이어야 하며 사람됨의 본질은 물질적 대상이어야 하고 실존의 본질은 시간적·공간적으로 어떤 장소를 차지하고 있어야 한다고 했다.

인용된 각각의 사례에서 우리는 문제의 그 제안과 모순되는 반례를 창안하는 사유 실험을 통해 그 명제를 시험할 수 있다. 이러한 사유 실험은 사람들이 P는 가질 수 있으나 Q는 가질 수 없는 또는 Q는 가질 수 있으나 P는 가질 수 없는 가능 세계를 진술하는 시도로 간주될 수 있다. 예를 들면, 두뇌 없는 마음(말하자면 신체 없는 실존 형태) 또는 마음 없는 두뇌(말하자면 좀비 세계)가 있는 가능 세계가 있다고 하면, 그때는 마음이 두뇌에 다름 아니라는 제안은 거짓이 된다.

더 나아가서 C가 D의 본성으로 제공되고 그리하여 C가 D가 실존하게 되는 모든 세계로서 제공된다면, C는 역시 실존하지 않으면 안 된다. 우리가 C 없이 D가 실존할 수 있는 가능 세계를 진술할 수 있다면, 그때는 C는 D의 본질로 채택될 수 없다. C가 "래리 아저씨의 마음에 드는 수"이고 D가 2라는 수이면, 그때는 D(2라는 수)는 실존하지만 C는 실존하지 않는 세계(래리 아저씨가 죽고 없는 세계 또는 2라는 수를 미워하는 세계)가 있을 수 있다. 이러한 가능한 세계는 문제의 그 제안에 대한 **반대 사례**이다.

4) 일반적으로 다른 형태의 지식도 그렇지만 형이상학에서 우리는 감각적 경험의 범위 안에 갇혀 있지 않다

경험주의 강경론 옹호자들은 모든 지식은 오관에서 나오는 감각적 경험에 의해서 직접 또는 간접으로 시험될 수 있는 것에 제한된다고 주장한다. 경험주의 강경론 옹호자들은 좋은 이유를 대면서 형이상학과 이성을 좋아해 본 적이 없다. 강경 경험주의의 범위 안에서만 진술될 수 있거나 입증될 수 있는 형이상학의 주요 문제나 해결책은 거의 없다. 이로부터 나오는 결론은 형이상학이 환상 또는 한갓된 사변이라는 것이 아니라 오히려 강경 경험주의가 우리가 일반적으로 알 수 있는 것 특히, 형이상학적 지식을 설명하는 데는 불충전적 인식론이라는 것이다.

우리가 형이상학 또는 기타 분야에서 알 수 있는 것을 감각적 경험의 경계 안에 가두어 두는 것은 지나치게 제한적일 뿐만 아니라 신앙의 발전에도 장애물이 되는 것이다. 『스크루테이프가 보내는 편지』(*The Screwtape Letters*)에서 루이스는 악마 스크루테이프로 하여금 자신의 "어린 유혹자" 웜우드에게 "환자" 인간을 그리스도인이 되지 못하도록 하는 방법을 상기시켜주고 있다. 스크루테이프는 웜우드에게 환자와 논쟁하지 않도록 경고한다. 왜냐하면, 추론하게 되면 토론은 적(신)이 역시 작용할 수 있는 영역으로 이동하게 되기 때문이다.

스크루테이프는 다음과 같이 말한다.

> 논증 활동에 의해서 당신은 환자의 이성을 깨우게 되고 일단 깨어나면, 누가 그 결과를 예측할 수 있는가? 특정한 연쇄적 사고 과정이 곡해될 수 있게 되어 우리에게 유리하게 종결된다 해도, 당신은 환자에게 보편적 문제에 참여하고 직접적 감각 경험의 흐름에서 벗어나는 치명적 습관을 길러주고 있다는 것을 발견할 것

이다. 당신의 임무는 그가 그러한 흐름에 고착되어 있도록 만드는 것이다. 이것을 "실재적 삶"이라고 부르고 가르치며 "실재적"이라는 말이 무엇을 의미하는가를 묻지 않도록 조치하라.[1]

 루이스의 언급은 "보편적 문제에 참여하는 치명적 습관"을 포함하여 형이상학적 연구가 수많은 이유에서 그리스도인의 성장에 실재적 도움이 될 수 있다는 점을 지적하는 기회를 제공하고 있다. 아무리 못해도 그것은 감각의 범위 안에서 문제와 진리를 파악하는 것으로부터 벗어나게 하는 습관을 지성이 가지도록 도와주고 있는 것이다.
 이 장에서 우리는 형이상학의 주요 부문을 살펴보고 형이상학적 연구에 유용한 몇 가지의 지침을 조사했다. 우리는 플라톤(428-348 B.C.) 이래 거론되어 왔던 주요 형이상학적 논쟁을 간략하게 살펴봄으로써 형이상학이 무엇인가에 대해 더 많은 의미를 얻을 수 있다.

4. 자연주의자와 존재론자 사이의 논쟁

 플라톤은 그 마지막 대화록에서 당시에 회자되었던 형이상학적 논쟁을 기술한다. 『소피스트』(*Sophist*) 246a-c에서 우리는 아래와 같은 글을 읽는다.

> **낯선 사람**: 우리가 보게 될 것은 실재에 관한 논쟁에서 벌어지고 있는 신과 거인의 투쟁과 같은 것이다.
> **테아에테투스**: 어떻게 해서 그런가?
> **낯선 사람**: 한 쪽은 자기 손 안에 들어오는 바위와 나무를 문자 그대로 파악하면서 모든 것을 천상의 보이지 않는 세계로부터 땅으로 끌어내리려고 애를 쓰고 있다. 왜냐하면, 그들은 목석 같은 사람임을 고수하고는 정력을 다해서 참된 실존은 조작될 수 있고 촉각적 저항감을 제공하는 것에만 속하는 것이라고 확언하기 때문이다. 그들은 실재를 신체와 같은 것으로 규정하고 반대 측이 신체 없는 어떤 것이 실재적이라고 단정하자마자 완전히 경멸적인 자세로 다른 말을 듣지 않

---

1 C. S. Lewis, The Screwtape Letters (New York: Macmillan, 1961), 8.

으려 한다.

테아에테투스: 당신이 기술하는 사람은 확실히 위협적인 존재이다. 나는 지금도 그러한 사람을 수없이 만난다.

낯선 사람: 그렇다. 그래서 그들과 대립하는 저항자들은 보이지 않는 세계의 어느 고지에서 자기 입장을 보호하는 데 매우 신중하고 전력을 다해서 참된 실재는 어떤 예지적, 신체 없는 형태에서 성립한다고 주장한다. 충돌이 생기면 이 저항자들은 그 사람들이 교묘하게 휘두르는 신체들을 부수고 분쇄해버린다. 그리하여 그들이 자칭 참된 실재라고 주장하는 것을 이 저항자들은 참된 존재가 아니라 일종의 운동 생성 과정이라고 부른다. 이 문제에 대해 그칠 줄 모르는 전투가 두 진영 사이에서 항상 벌어지고 있다.[2]

이 본문에서 플라톤은 형이상학적 논쟁을 지시하고 있으며 이를 현대적으로 풀이하면 추상적 존재물의 실존에 집중되어 있는 논쟁이다. 우리는 여기서 이 논쟁을 세부적으로 탐구할 수 없다. 이러한 대화의 몇몇 측면에 대해서는 제10장에서 다루어질 것이다. 지금으로서는 이 논쟁이 무엇에 관한 것이며 그 주요 대안들이 무엇이었는지를 진술하는 것과 관련하여 형이상학적 문제와 입장의 본성을 명료화하는 것에 도움을 줄 것이라는 점이다.

우주를 물질과 (비인격적) 에너지의 시공간적 체계 선체 즉, 어쨌거나 감각과 과학적 탐구로 접근할 수 있는 물질적 대상의 총체라고 규정하기로 하자. 우주는 시간과 공간 안에 실존하는 개별적 사물, 사건 및 과정 예들 들면 원자, 바위, 강, 삼투, 섬광으로 이루어져 있다. 우주의 어떤 존재물에 대해서도 그것이 있는 장소와 시간을 묻는 것은 적절한 것이다.

우주 이외에도 많은 철학자들 예를 들어, 플라톤 같은 철학자는 추상적 대상이라고 부르는 다른 영역의 존재물을 믿었다. 추상적 대상은 시간과 공간 안에 실존하지 않는 비물질적(즉, 비물리적) 존재물이다. 대신 그것들은 시간도 없고 공간도 없다. 그것들이 실존하는 장소와 시간을 묻는 것은 무의미하다.

추상적 존재물에는 많은 사례가 있다. 즉, 속성, 관계, 집합, 수 그리고 명제 말이다. 이러한 입장에서 **속성**은 많은 사물들에 의해 동시에 예증될 수 있는 존

---

2   Plato, *Sophist* 246a-c, in *The Collected Dialogues of Plato*, ed. Edith Hamilton and Huntington Cairns, Bollingen Series 71(Princeton, NJ: Princeton University Press, 1961).

재물(예컨대 붉음, 좋음, 삼각형임, 인간임)이다.

관계는 두 개 이상의 사물에 관계할 수 있는 그리고 어느 한 집단 이상의 사물에 동시에 존재할 수 있는 존재물(예컨대 ~보다 밝은 ~의 아버지, ~보다 큰)이다. 속성과 관계는 **보편자**라고 부른다. 왜냐하면, 전술한 대로 그것들은 한 가지를 넘어 동시에 그 안에 존재할 수 있고 어느 한 집단 이상의 것에 동시적으로 존재할 수 있기 때문이다. 여러 개의 사과들은 붉음이라는 동일 색깔을 동시에 가질 수 있고, 여러 집단의 사람들이 "~의 아버지"라는 관계를 맺을 수 있다.

집합은 그 집합의 원소라고 불리는 사물들의 그룹 또는 모음이다. 1에서 10에 이르는 모든 수의 집합이 바로 집합의 사례이다. 수는 더하기, 빼기와 같은 어떤 수학적 관계에 들어가는 사물이다. 명제는 사람들이 생각하고 있을 때 서술문으로 표현되어 있는 사람의 마음에 포함된 내용이다. 명제는 또한, 논리 법칙(예컨대 "~라면, 그때는", "~라면 오직 그 경우에만")에 의해서 서로 관계될 수 있는 거짓이거나 참이거나 하는 사물이다.

세계를 물리적 존재물의 시공간적 우주뿐만 아니라 비시공간적 추상적 존재물을 포함해서 실존하는 만물의 총체라고 부르기로 하자. 이제 플라톤이 논급하고 있었던 형이상학적 논쟁은 다음과 같이 표현될 수 있다.

즉, 추상적 존재물은 실존하는가?

이를 달리 표현하면 세계는 실존하는가 아니면 우주만 있을 뿐인가?

존재론자는 예를 들어, 플라톤처럼 세계와 추상적 존재물을 믿는 철학자들이다.[3] **자연주의**라는 용어는 상이한 많은 의미를 가지고 있으나, 그 표준 용법은 우주만이 실존한다는 입장으로 규정된다. 가장 현대적인 형태의 자연주의는 풍미하고 있는 물리주의이고, 자연주의는 실재는 어쨌거나 감각으로 접근할 수 있고 최고의 과학적 이론에 의해서 포용되는 물리적 대상들의 시공간적 세계에 의해서 소진된다는 뜻으로 사용되게 되었다.

자연주의는 스스로를 광범한 형이상학적 입장으로 변론할 수 있기 전에 먼저 세 가지 과제를 가지고 있다.

---

3 See Reinhardt Grossmann, The Existence of the World: An Introduction to Ontology (London: Routledge, 1992), 1-45.

첫 번째 과제, 자연주의자는 정신적 존재물이 실재적이 아니라는 것을 다음 가운데 어느 한 가지 방식으로 보여 주어야 한다.

① 정신적 존재물을 곧바로 부인함으로써(예컨대 믿음은 만약 실존한다면 정신적이어야 하므로, 그때는 우리는 믿음을 평평한 지구와 같이 취급해야 하고 이런 것이 있다는 것을 부인해야 한다)
② 정신적 존재물을 시공간 안에 있는 물리적 존재물로 환원함으로써(예컨대 믿음은 실존하나 실제로 두뇌 상태에 다름 아니다)
③ 어떻게라도 해서 정신적 존재물의 실존은 물리적 세계에 달려 있다는 것을 보여 주려고 노력함으로써

두 번째 과제, 자연주의자는 속성과 관계가 추상적 존재물이라는 것을 다음 가운데 어느 한 가지 방식으로 부인해야 한다

① 속성과 관계가 실존한다는 것을 부인하거나(극단적 유명론)
② 속성과 관계를 수용하나 전적으로 시간과 공간 안에 있는 물질적 실재로 다루거나 하는 방식(유명론과 불순 실재론).

세 번째 과제, 자연주의자는 추상적 존재물이 실재적이 아니라는 것을 다음 가운데 어느 한 가지 방식으로 보여 주어야 한다.

① 추상적 존재물의 실존을 곧바로 부인함으로써(예컨대 명제는 마녀처럼 전혀 실존하지 않는다)
② 정신적 존재물을 시간과 공간 안에 있는 물리적 존재물로 환원함으로써(예컨대 명제는 실존하나 실제로 문장이라고 부르는 물리적 갈겨쓰기에 다름 아니다).

존재론자와 자연주의자 사이의 논쟁은 형이상학적 논쟁의 명확한 예이다. 여기서 우리는 이를 다만 형이상학의 예시로서 언급할 뿐 그 논쟁의 뉘앙스를 답사하는 기회로 언급하는 것은 아니다. 그러나 첫 번째 과제는 제11장과 제12장에서 논의될 것이고 부차적으로 제15장과 제16장에서 거론될 것이다.

두 번째 과제와 세 번째 과제는 [특히, '두 번째 과제'는] 제10장의 중점 논제가 될 것이다. 그러나 우리가 이 문제들을 살펴보기 전에 보다 근본적인 일련의 형이상학적 개념들이 명료화되어야 한다. 즉, 실존, 동일성, 환원주의에 대한 본성 말이다(제9장 참조). 이제 이러한 문제로 넘어가보자.

[요약]

형이상학이라는 용어는 우선 아리스토텔레스가 저술한 일단의 저서들을 가리키는 제목으로 사용되었다. 대략적으로 말해서 형이상학은 존재 또는 실재의 본성 그리고 실재적인 사물의 궁극적 범주나 종류에 대한 철학적 연구이다. 형이상학의 두 가지 주요 구분은 **일반적 존재론**(때로는 이른바 존재론)과 **특수 형이상학**이다.

일반적 존재론의 세 가지 주요 과제는 다음 세 가지이다.

① 실존 자체의 본성 그리고 실존과 비실존의 차이를 이해하는 것이다.
② 모든 사물에 타당한 존재의 일반적 원리(초월자)를 연구하는 것이다.
③ 모든 존재물을 궁극적이고도 가장 광범하게 분류하는 상호 배타적이면서 더 이상 나올 수 없는 범주군을 제공하는 것이다

아리스토텔레스는 범주를 외부 세계의 실재적 구분으로 파악했다. 칸트는 범주를 인식 주관으로서 우리가 현상계를 조직하는 방법에 대한 구분으로 파악했다. 특수 형이상학은 그 초점이 특수한 관심을 끄는 특수한 논제(예컨대 우리는 자유로운가 결정되어 있는가)이고, 다른 연구 분야의 형이상학적 명료화이다.

형이상학을 하는 방법에 대해 어떠한 동의도 없다. 그러나 형이상학적 탐구를 위해 도움이 되는 지침으로 다음과 같은 원리가 있다.

① 형이상학은 형이상학을 하기에 앞서 이미 우리가 알고 있는 것 또는 믿는 이유가 있는 것을 설명해야 한다.
② 형이상학자는 문제를 진술하되, 해결을 위한 대안들 그리고 그 각각의 대안의 가정들과 사실들을 함께, 명료하게 진술해야 하고 각각의 해결책의 함축을 끌어내야 하며 어느 해결이 가장 합당한가를 알아보아야 한다.

③ 형이상학에서 우리는 형이상학적 주장의 반례로서 사용되는 사유 실험을 진술하기 위해 가능 세계를 사용할 수 있다.
④ 형이상학에서 우리는 미숙한 경험주의의 범위 안에서 기동할 필요는 없다.

세계 및 추상적 존재물의 실존에 관한 자연주의자와 존재론자 사이의 논쟁은 형이상학적 논쟁의 훌륭한 보기이다.

〔기본 용어〕

가능한 세계
과정 철학자
관계
구성
극단적 유명론
동일성
명제
범주
범주적 분석
보편자
본질
본질적 속성
부분-전체
불가능한 세계
불순 실재론
사유 실험
세계
속성
수

언어적 분석
예지계
우연적 속성
우주
유명론
유-종 관계
일반적 존재론
자연주의
자연주의자
존재
존재론
지향성
집합
초월자
추상적 존재물
특수 형이상학
현상계
현실적 세계

제9장

일반적 존재론: 실존, 동일성, 환원

"사자는 실재적이다"가 의미하는 것은 어떤 특수한 속성, … 사자라는 속성이 … 어떤 것에 실제로 속한다고 하는 것이다.

*무어(G. E. Moore)

"개개의 사물은 바로 자기 자신 그것이지 다른 것이 아니다."

*버틀러(Joseph Butler)

1. 서론

제1장에서 우리는 일반적 존재론의 두 가지 주요 과제가 실존 자체가 무엇인가를 설명하는 것과 모든 존재물에 참된 일반적 특성을 기술하는 것임을 보았다. 이 장에서 우리는 이러한 과제에 임할 것이다.

첫째, 존재 또는 실존 이론의 문제를 살펴보겠다.
과연 실존하는 것과 실존하지 않는 것은 무엇인가?
둘째, 우리는 모든 존재물에 참된 한 가지 특성 즉, 모든 것은 자기 자신과 동일하고 여타의 모든 존재물과 다르다는 특성을 탐구할 것이다.
동일성이란 무엇인가?
동일성의 이해가 철학에서 어떤 역할을 하는가?
셋째, 우리는 실존과 동일성에 밀접하게 관련된 형이상학의 분야가 가지는 몇 가지 측면 즉, 대체와 환원주의를 검토할 것이다.
하나를 다른 하나로 환원하는 것은 무엇을 의미하는가?

예를 들면, 색깔을 파장으로 환원하는 것, 열을 분자 운동으로 환원하는 것, 마음을 두뇌로 환원하는 것 말이다.

2. 실존의 본성

우리 앞에 퓨리라는 이름을 가진 살아 있는 실재적 말 한 마리가 있다고 가정해 보자. 이제 실재하지 않는 어떤 것 즉, 일각수 페가수스를 생각해 보자. 퓨리에 참된 많은 것이 있다. 이를테면 검은 색이고 말이고 등등. 그러나 퓨리에게 참된 가장 근본적인 것은 퓨리가 실존한다는 것이다. 우리가 퓨리와 페가수스를 비교하면, 그들 사이에는 명백히 다른 것이 있다. 즉, 퓨리는 실존하고 페가수스는 실존하지 않는다. 이 차이는 갈색 당구공과 청색 당구공이 색깔에서 나는 차이만큼 실재적인 것이다.

우리는 퓨리와 페가수스의 차이를 어떻게 설명해야 하는가?

이 문제를 비롯한 이와 연관된 문제로는 실존 이론은 무엇에 답하려고 애쓰는가 하는 물음이 있다. 그러나 우리가 실존 이론을 심층적으로 살펴보기 전에 먼저 존재가 유인가 하는 문제를 일별할 필요가 있다.

1) 존재는 유(有)인가?

존재가 유(有)라면, 즉 존재를 가지는 모든 사물에 동일한 방식으로 적용되는 일의어적 개념이라면, 그때는 그 의미는 어떠한 실존이라도 존재하는 것으로 판명된다면, 실존하는 모든 것은 동일한 의미에서 실존 또는 존재를 가질 것이라는 것이다. 존재는 모든 존재물에 대해 동일한 의미를 가지는 일의어적 개념이다. 반면에 존재가 유가 아니라면, 그때는 한 사물 예를 들어, 2라는 수가 실존한다고 함은 탄소 원자가 실존한다고 함과 전적으로 다르게 될 것이다. 존재를 유로 파악하는 것이 가장 자연스럽다.

다시 말해서 일반적 실존 이론은 존재가 실제로 실존하는 모든 사물에 동등하게 참된 일의어적 개념을 제공할 것이라고 말하는 것이 가장 자연스럽다. 우리가 실존하는 모든 것, 실존하지 않는 모든 것을 성찰할 때 우리가 가지는 개념은 전자를 특징짓고 후자를 특징짓지 않는 개념으로서 그 개념을 그렇게 통일적으로 사용하고 있는 듯하다.

그러나 모든 철학자가 존재가 유라는 점에 동의하는 것은 아니다. 그 입장에 반대하는 그들의 주요 논증을 이해하기 위해 한줌의 모래를 고찰해 보자. 하나하나의 모래알은 실존한다. 그래서 모래알을 부분으로 하는 전체 즉, 한줌의 모래는 실존한다. 존재가 유라는 것을 부인하는 사람들은 모래알들에 의해 유지되는 실존 자체도, 실존한다는 그 한줌의 모래 전체도 두 가지 점에서 매우 다르다고 말할 것이다. 즉, 한 알의 모래는 독립적 실존을 가지지만(그것은 그 한줌의 모래 바깥에 실존할 수 있을 것이다), 한줌의 모래는 의존적 실존을 가진다.

그러나 우리는 한줌과 한 알 사이의 차이를 두 가지 서로 다른 종류의 실존 사이의 차이로서 설명해야 하는가?

아마도 아닐 것이다. 이를 알아보기 위해 우리는 한편으로는 실존한다 함이 무엇인지(즉, 실존 그 자체 그것만의 본질), 다른 한편으로는 실존을 가지는 다른 종류의 사물들을 서로 구별할 필요가 있다. 우리는 한줌 그리고 그 한줌의 모래와 같은 사례를 설명하기 위해서(실존 그 자체 그것만이 고려되고 있을 때는) 여기에 연관된 두 가지 서로 다른 종류의 실존이 있다고 말할 필요가 없다. 오히려 우리는 실존을 가지는 두 가지 다른 종류의 사물들이 있다고 할지라도 다시 말해서 한줌은 실존을 가지는 의존적인 것이고 한 알은 실존을 가지는 독립적인 것이라고 할지라도, 한줌과 한 알이 모두 동일한 의미에서 실존한다고 말할 수 있다(우리는 실존 자체가 무엇인지에 대해 서로 다른 입장들을 간략하게 살펴볼 것이다). 요컨대, 한 알과 한줌은 다른 종류의 실존을 가지지 않는다. 대신 그들은 실존을 가지는 다른 종류의 사물들이다.

2) 실존 이론들

존재가 유라는 조건에서라면, 우리는 실존 또는 존재가 무엇인가를 발견하려고, 바꾸어 말하면 모든 존재물에 적용될 수 있는 일반적 실존 이론을 정식화하려고 노력할 수 있는 입장에 놓이게 된다.

이 절에서 우리는 실존 이론들을 두 단계로 살펴보고자 한다.

첫 번째 단계, 실존 이론이 소유해야 하는 일반적 특징들
두 번째 단계, 실존이 무엇인가에 대한 다른 설명들

(1) 충전적 실존 이론을 위한 5가지 특징들

좋은 실존 이론이 소유해야 하는 다섯 가지 특징이 있다.

첫째, 그것은 무엇이 현실적으로 실존하고 실존하지 않는지를 설명할 수 있어야 하고 일관성이 있어야 한다.

둘째, 그것은 실존할 수 있었으나 실존하지 않거나 하는 것, 또는 실존할 수 있었으나 실존한다고 믿어지지 않거나 하는 것(아마도 거짓이겠지만)을 어떤 특정한 실존관을 옹호하는 사람이 설명할 수 있어야 하고 일관성이 있어야 한다. 예를 들면, 일각수가 사실상 실존하지 않지만 실존할 수도 있었다. 신은 페가수스가 퓨리가 실존한다는 의미와 동일하게 실존하는 세계를 만들었을 수도 있다. 물리주의자는 영혼이 실재적이라는 것을 믿지 않는다. 그러나 그들이 옳다고 해도(제4-5장 참조), 실존은 영혼이 실존할 수 있었다고 말해도 좋을 그러한 실존임은 확실하다.

셋째, 실존 이론은 실존 자체가 실존한다는 사실을 참작해야 한다. 이 논지를 달리 표현하면 그것은 자기 논박적이어서는 안 된다. 예를 들면, 혹자가 실존한다 함은 공간과 시간 안에 있다 함과 동일하다(실존 자체는 시공간적으로 위치해 있는 것이다)고 주장한다면 그때는 적어도 어떤 입장에 따르면 시간과 공간은 시간과 공간 안에 있지 않으므로 실존하지 않을 것이다. 실존이 무엇이 될지에 대한 한 가지 분명한 사실은 실존은 세계에서 실재적 차이를 만들어낸다는 것이고 그러한 차이를 만들어내기 위해 실존하지 않으면 안 된다는 점이다. 실존 자체가 실존하지 않는다면, 그때는 다른 아무것도 실존을 소유하는 덕분에 실존할 수 없을 것이다.

넷째, 실존 이론은 기본 논리 법칙 즉, 동일율(P는 P와 동일하다), 비모순율(P는 동시에 동일한 의미에서 참이면서 거짓일 수 없다), 배중율(P는 참이거나 거짓이거나 둘 중의 하나이어야 한다)을 위반해서는 안 된다. 모순적 사태 예를 들면, 사각형이 둥글다거나 그랜드뷰에 지금 비가 오면서 오지 않는다는 것은 실존하지 않는다. 게다가 어떤 것은 실존하거나 실존하지 않거나이지 않으면 안 되고, 아무것도 실존하면서 동시에 실존하지 않는 것일 수 없다.

다섯째, 실존 이론은 인식 행위의 실존을 참작해야 한다. 실존 이론은 이론이기 때문에 그 합리적 수용 가능성을 위해 사람들이 소유하는 지식에 의존할 것이다. 그런데 어떤 것을 인식하는 행위는 다른 많은 것들도 그렇지만 사람의 의식적 행위이다. 따라서 사물을 인식하는 의식적인 사람의 실존을 부인하는 실존 이론이라면, 그 이론은 거짓 이론이다. 몇 가지 형태의 물리주의가 이러한 문제를 앓고 있다고 말했다고 해서 불공정한 것은 아닐 것이다(제4-5장 참조).

(2) 실존의 본성에 대한 여러 다른 이론

어떤 사람은 기독교 신학이 "실존이란 무엇인가"라는 질문에 대해 공정한 즉답을 가지고 있다고 생각할지도 모른다. 즉, 실존한다고 함은 신에 의해 창조된다고 함이거나 신이다고 함이다. 그런데 신 이외의 모든 것이 창조되었다고 함은 확실하게 참이지만, 여전히 이 대답은 충분하지 않을 것이다.

왜 그런가?

그것은 순환적이기 때문이다. "X가 실존한다"고 말하는 것이 무엇을 의미하는가를 알기 위해 "X는 신에 의해 창조된다"고 대답한다고 가정해 보자. 이제 우리는 이 진술이 무엇을 의미하는가를 묻는다면, "신이 X에 실존을 준다"고 대답할 것이다. 따라서 "X가 실존한다"는 "X는 신에 의해서 실존이 주어진다"가 될 것이다. 우리는 아무런 진전도 보지 못했다. 우리는 신이 어떤 것을 창조할 때 신이 무엇을 하는가를 정확하게 알고 싶다.

이에 대답하기 위해 우리는 실존 이론을 필요로 한다. 여러 가지 실존 이론들이 제공되었다. 불충전적인 이론들이 몇 가지가 있다.

① 시간과 공간에 위치한다 함이다.
② 물리적이다고 함이다.
③ 인과적으로 유효하다 즉, 작용인일 수 있다(작용인에 의해서 결과가 발생한다) 또는 작용인에 의해서 영향을 받을 수 있다고 함이다.
④ 사건 또는 사건의 다발이다고 함이다.
⑤ 지각된다 또는 지각하는 자이다고 함이다.
⑥ 속성이다고 함이다.
⑦ 속성들의 속성이다(즉, 제1차 속성들이 가지는 제2차 속성이다)고 함이다.

우리는 실존 이론의 다섯 가지 특징을 개개의 실존관에 각각 적용하지 않을 것이지만 그렇게 하는 것이 좋은 연습일 수는 있을 것이다. 그러나 여러 다른 실존관을 평가하기 위해 열거된 다섯 가지 특징을 어떻게 사용하는가에 대한 감을 주기 위해 몇 가지만 언급하고자 한다.

특징 3(실존 자체는 실존한다)은 ①과 ③을 배제하는 것 같다. 시간과 공간은 그 자체로 시간과 공간에 위치하지 않는다. 작용인이 결과를 산출할 때 원인과 결과는 인과 관계를 맺지만 이 관계 자체는 인과적으로 유효하지 않고 실존한다.

특징 2(실존할 수 있었으나 실존하지 않거나 하는 것, 또는 실존할 수 있었으나 실존한다고 믿어지지 않거나 하는 것)는 ⑤에 반대한다. 이 ⑤는 버클리(1685-1753)가 고수한 바 있다. 확실히, 산과 공룡은 아무도 보지 않을지라도 실존하는 것일 수 있다. 또 인간은 보지 못하고 신이 항상 산을 볼지라도 산에 존재를 주는 것은 신의 시선이 아니다. 그것은 산이 있으라고 말하고는 이를 지속적으로 존재하게 하는 신의 창조 행위이다. 게다가 사람들은 환상 속에서 산을 "보고 있었을" 수도 있다. 그렇다고 이로써 실재적인, 정신 바깥의 산이 실존했다는 귀결이 나오는 것은 아닐 것이다.

특징 2는 (열거된 다른 것들에 대해 뿐만 아니라) 역시 ②도 반대한다. 왜냐하면, 신체 없는 실존은 실재적이지 않을지라도 확실히 가능한 것이기 때문이다. 또 ②는 신체 없는 실존의 가능성을 배제하게 된다. 왜냐하면, 신체 없는 실존은 물리적 실존이 아닐 것이기 때문이다. 그것은 또한, 신의 실존을 형이상학적으로 불가능하게 만들고 이것은 강경한 주장이 되고 만다.

특징 1(현실적으로 실존하는 것과 현실적으로 실존하지 않는 것)은 마음, 신, 가치와 추상적 대상이 실존한다면 이것들은 사건도 사건군도 물리적 존재물도 아니므로 ②와 ④를 제거한다.

그것은 또한, ⑦을 배제한다. ⑦이 참이라면 그때는 실존은 속성들의 2차 속성이다. 즉, 실존은 속성들 예를 들면, 붉다는 것, 딱딱함, 삼각형됨, 인간됨에만 참되게 적용되는 어떤 것이 되는 셈이다. 그러나 우리는 이러한 속성들 이외에도 어떤 붉은 공과 같은 많은 개체들이 역시 실존한다는 것을 알고 있다. 실존이 다만 속성들의 특징일 뿐이라면, 그때는 개체들은 실존을 가질 수 없었을 것이다. 개체들은 사실상 실존을 가지고 있으므로 ⑦은 거짓이어야 한다.

지금의 논점은 실존 이론의 특징들이 실존 자체를 위한 대안적 의제를 평가하는 데 사용되는 방식들을 예시하는 데 있다. 지금까지 실존은 속성이다라고 하는 ⑥에 관해서는 아무 것도 말해지지 않았다. 철학사를 통틀어 많은 사상가들 (예컨대 플라톤과 데카르트)은 붉음 또는 네모꼴이 속성이라는 의미와 동일하게 실존을 속성이라고 파악했다. 공이 붉다는 것은 그 공이 붉음이라는 속성을 가진다는 것이다. 그것이 실존한다는 것은 그것이 실존이라는 속성을 가진다는 것이다. 그런데 얼핏 보기에 이러한 제안에는 무엇인가 옳은 것이 있는 것 같다. 우리는 그 공은 붉음을 가진다고 말하고 있고, 그 공은 실재를 또한, 가진다고 말하고 있는 것과 다를 바 없다. 그렇다면 어떤 의미에서 사물은 실존을 가진다거나 가지지 않는다거나 하고 말해질 수 있다.

그러나 이러한 제안에는 무엇인가 그른 것도 있는 것 같다. 실존은 단순하게 붉음과 같은 정상적인 속성이 아니다. 이 점은 칸트(1724-1804)에 의해서 『순수 이성 비판』(영역본 A600/B628)에서 지적되었다.

> 우리가 어떤 사물을 얼마나 많은 속성에 의해서 얼마나 많은 방식으로 생각할런지는 몰라도, 비록 완전하게 그 사물을 규정한다고 하더라도, 나아가서 그 사물이 존재한다고 선포할 때 우리는 그 사물에 조금이라도 무엇을 부가하는 것이 결코 아니다. 그렇지 않으면, 그것은 실존하는 바로 그 사물이지 않을 것이고 우리가 그 개념 속에서 생각했던 것 이상의 어떤 존재가 되고 말 것이다. 따라서 우리는 나의 개념의 바로 그 대상이 실존한다고 말할 수 없다.

칸트의 논점은 다음과 같이 이해될 수 있다. 여러분이 어떤 공을 생각할 때 그 공이 붉다는 말은 그 사물의 개념에 부가되는 어떤 것이라고 할 수 있다. 그러나 그 공이 실존한다는 말은 그 공의 개념에 부가되는 어떤 것이 아니다. 달리 표현하면 어떤 공이 붉다고 말하는 것은 그 공의 특징에 관해 무엇인가를 우리에게 말해 주는 것이다.

그러나 그것이 실재적이다라고 말하는 것은 그 공이 자신의 모든 속성과 함께 사실적으로 실존한다고 말하는 것이다. 따라서 실존이 그 공과 관계하는 방식은 붉다는 것이 그 공과 관계하는 방식과 같지 않다. 이 점에서 칸트는 옳은 것 같다. 그런데도 그 공이 실재적이라고 말하는 것은 무엇인가를 덧붙이는 것이다. 왜냐하면, 실존과 비실존 사이에는 실재적 차이가 사실상 있기 때문이다.

우리는 그 차이가 무엇인지에 더 많은 빛을 비추어줄 수 있는가?

그렇게 할 수 있다.

"호랑이가 실존한다"는 진술을 고찰해 보자.

이것은 다음과 같은 주장을 긍정하는 것 같다.

① 호랑이라는 속성이,
② 어떤 것(즉, 토니라는 이름의 호랑이라는 개체)에 속한다.

제10장에서 우리는 이 "소속" 관계를 살펴볼 것이다. 그러나 지금은 그 관계가 예시, 술어, 예화라는 이름으로 통했다는 사실에만 주의하자. 호랑이가 실존한다는 주장은 호랑이라는 것의 본질(호랑이라는 무엇임)이 현실적으로 어떤 것에 의해서 예시되거나 어떤 것(어떤 개체 호랑이가 실존하는 사실 또는 그렇다는 것)에 속한다는 주장이다. "호랑이가 실존한다"가 방금 언급한 두 측면으로 나누어질 때 ①은 호랑이라는 본질 또는 본성을 가리키고 ②는 실재 또는 실존을 표현한다.
이로부터 우리는 두 가지를 배운다.

첫째, 사물의 본질과 사물의 실존 사이에는 차이가 있다.
호랑이가 무엇인가에 대한 지식은 호랑이가 실존한다는 사실을 말해 주지 않는다. 본질(무엇임 whatness)과 실존(것임 thatness) 사이에는 근본적인 차이가 있다.
둘째, 실존은 속하는 속성이 아니라 속성의 속함이라는 것이다.
실존은 술어 관계 또는 예시 관계에 들어 있는 구성 요소이다. 일반적으로 말해서 실존을 다음과 같이 특징짓는 것이 실존 이론의 다섯 가지 특성에 부합하는 것 같다. 즉, **실존은 어떤 속성의 속함이거나 어떤 속성에 의해 속함을 당함이거나 즉, 보다 단순하게 말하면 예시 관계에 들어 있는 구성 요소이다.** 호랑이 토니의 경우 호랑이라는 속성이 어떤 것에 속한다는 사실 어떤 것이 그 자신에게 속하는 속성을 가진다는 사실이 실존을 수여하는 바로 그것이다. 실존은 술어 관계 또는 예시 관계에 들어 있는 구성 요소이다.

이러한 입장이 실존 이론의 다섯 가지 특징들과 어떻게 조화를 이루는가?
이것은 실존하거나 실존할 수 있었던 모든 것, 실존하지 않거나 실존할 수 없었던 모든 것을 설명하는 것처럼 보인다. 실존하는 사물은 속성들을 가진다. 제우스와 같은 어떤 것이 실존할 수 없다면, 속성들을 현실적으로 가지는 제우스라는 대상은 없다. 일각수는 실존할 수 있었다는 것은 일각수가 실존할 수 있었으므로 일각수라는 속성은 어떤 것에 속할 수 있었다는 것을 의미하게 된다.

또한, 이것은 실존하는 실존 자체도 설명할 수 있다. 왜냐하면, 속하는(예시, 술어) 관계가 스스로 예시되기 때문이고(비허구적이고 실재적인 토니라는 이름의 호랑이와 호랑이라는 속성은 바로 저 속하는 관계를 구성하는 부분이다), 또 다른 특징들을 예시하기 때문이다(속하는 관계는 자기 자신에게 속하는 관계라는 속성을 가진다). 최종적으로 이러한 실존관은 기본 논리 법칙도 위반하지 않고 인식 행위의 실존도 배제하지 않는다. 요약하면 우리는 실존에 대한 짧은 논의에서 세 가지를 배웠다

첫째, 실존함과 실존하지 않음 사이에 진정한 차이가 있다
둘째, 이 차이는 붉음이라는 속성과 같은 정상적 속성이 아니다
셋째, 실존은 일상적 존재물의 본질 또는 "무엇임"의 일부가 아니다.

다시 말해서 일상적 존재물에는 본질과 실존 사이의 차이가 있다.

(3) 실존에 관한 최종적 소견
실존에 관해 언급해야 할 논점이 세 가지가 더 있다.

첫째, 실존에 관한 첫 번째 언급은 이것이다.
우리의 실존 특징화 덕분으로 몇 가지 다른 개념들 즉, **생성**과 **소멸**을 명세화할 수 있게 된다. 우리는 이미 실존이 무엇인지에 대한 관념을 가지고 있으므로 그리고 생성과 소멸은 실존을 얻고 잃어버리는 것을 포함하므로, 그때는 이 후자들은 우리의 일반적 실존 이론의 견지에서 이해될 수 있다. 기호 =Df는 "로서 정의된다"로 읽어도 좋을 것이다.
E가 생성한다=Df 적어도 하나의 속성이 있는데 그 속성은 E가 가지는 그 속성과 같은 속성이고 E가 가졌던 그 속성과 같은 속성은 없다. E가 소멸한다=Df 적어도 하나의 속성이 있었는데 그 속성은 E가 가졌던 그 속성과 같은 속성이었고 E가 가지는 그 속성과 같은 어떠한 속성도 더 이상 없다.
어떤 것이 존재하게 될 때 적어도 그것에 속하는 하나의 속성이 있어야 한다. 예를 들면, 인간이 생성하게 될 때 그때는 인간임이라는 속성이 그 순간에 그 개체에 속한다. 어떤 것이 존재하지 않게 될 때 그것은 더 이상 아무런 속성도 가지지 않는다. 존재하게 됨과 소멸됨은 철학자들이 **변경**이라고 부르는 것과는 구별되어야 한다. 변경의 예는 단 사과가 신 사과로 변화하는 것이다. 변경은 **변화**

의 유형이다. 변화가 가능하기 전에 두 가지가 참이어야 한다.

① 변화하고 있는 사물이 실존해야 한다.
② 변화하는 사물이 변화의 시작과 과정과 끝에 실존해야 한다.

위의 예에서 사과는 단 사과로 있는 동안에도, 신 사과로 변화하는 시간에도, 신 사과로 있는 동안에도 실존하고 계속 실존한다. 변경은 어떤 사물이 자신이 가지는 속성에서 변화가 있는 경우이다. 그것은 어떤 것이 실존 자체에 관해 변화하는 경우가 아니다. 변경은 실존 자체를 전제하고 따라서 실존 자체의 변화와 동일한 것일 수 없다.

둘째, 실존에 관한 둘째 언급은 이것이다.

무는 바로 무 즉, 아무 것도 아니다. 무는 도대체 속성을 가지지 않는다. 실존하지 않는 사물들은 아무런 속성을 가지지 않는다. 예를 들면, 날아다니는 말 페가수스는 아무런 속성을 가지지 않는다. 이것은 그의 비실존을 뜻하는 것과 다를 바 없다. 여러분은 그가 날개 달린 말이라는 속성을 가지고 있다고 생각할지도 모른다. 그러나 그것은 사실이 아니다.

우리의 페가수스 개념(우리가 페가수스를 생각하고 있을 때 마음속으로 가지는)은 실존했더라면 날개 달린 말이라는 속성을 가졌을 어떤 것에 관한 개념이다. 그러나 페가수스는 실존하지 않는다. 그는 무의 다른 모든 경우가 그렇듯 어떠한 속성도 가지지 않는다. 그러나 역시 사람들의 페가수스 개념은 실존한다고 말해져야 한다. 즉, 그 개념은 그 개념을 인식하는 사람의 마음 속에 있고 그 개념 자체는 날개 달린 말이라는 속성을 가지지 않는다.

또한, 많은 철학자는 **부정적 속성들**이 실존하지 않는다고 파악한다. 예를 들면, 사과는 붉음이라는 속성, 달다는 속성, 둥글다는 속성을 긍정적으로 소유할 것이다. 그러나 부정적 속성이 실존한다면 그때는 그 사과는 역시 녹색이 아니라는 속성, 정사각형이 아니라는 속성을 가질 것이고, 실로, 끝없는 부정적 속성들(예컨대 코끼리가 아니라는 속성)을 가질 것이다.

그러나 그 사과가 녹색이 아니라는 속성을 가진다고 주장하는 대신 녹색이라는 속성을 가지지 못한다고 말하는 것이 보다 자연스러운 것이다. 일반적으로 x가 F라는 것이 사실이 아닐 때(그 사과는 녹색이 아니다), 우리는 이 사례를 부정적 속성의 긍정적 실존을 시인하기보다는 즉, x가 비F를 가지는 경우라기보다는 오히려 x가 F를 가지지 못하는 경우라고 설명할 수 있다.

셋째, 실존에 관한 세 번째 언급은 이것이다.

철학사에서 말하는 소위 **존재 양식** 입장에 대해서도 한 마디 해야 한다. 이 입장에 따르면 존재는 일반 범주이고 실존은 다만 일종의 존재 또는 존재 양식이다(도표 9.1 참조).

현실적으로 실존하는 사물들(예컨대 사자)은 실존을 가진다. 페가수스와 같은 **허구적 대상**들은 실존을 가지지 않고 실존하지도 않는다. 오히려 그것들은 존재를 가지고 따라서 현실적으로 실존하는 존재물이 실재적이기보다는 더 못한 정도로 실재적이다.

실존은 다만 일종의 존재일 뿐이고 비실존적 허구적 대상들은 실존하지 않지만 존재를 가진다. 이러한 입장에 따르면 실재성의 정도가 있고 페가수스가 가지는 존재의 유형은 실존함과 비실존함 사이의 중간 지점에 있다.

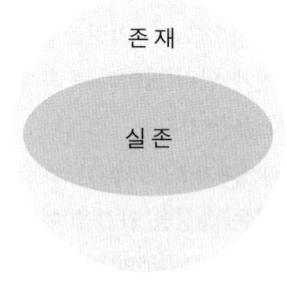

\<그림 9.1 존재 양식으로서의 실존\>

우리가 보기에 이것은 지나친 입장이다. 이 입장을 믿어야 하는 좋은 이유가 없다. 이 입장은 사물의 존재에 적용되는 기본 논리 법칙을 위반한다. 어떤 것은 존재를 가지거나 가지지 않거나이다. 모든 것은 존재를 가지거나 가지지 않거나이다. 존재 양식론에 따르면 페가수스는 존재를 가지면서 가지지 않는다.

게다가 존재 양식론은 생성과 소멸에 대한 부적합한 처리 방식을 취한다. 생성과 소멸은 전부 아니면 무이다. 그것들은 도서관 밖에서 걸어서 조금씩 이동하여 안으로 10퍼센트 그리고 50퍼센트, 마침내 완전히 들어가는 방식이 아니다. 생성과 소멸은 그와 같은 점진적 과정이 아니다.

왜 그런가?

실존함과 실존하지 않음은 적어도 하나의 속성을 가지는가 가지지 않는가 하는 문제이다. 어떤 속성에 대해, 어떤 것은 그 속성을 가지든가 가지지 않든가이다. 어떤 것이 생성할 때 그것은 실존의 기반을 부분적으로 얻는 것이 아니며 존재로 들어가게 되어서 마침내 충분히 실재적으로 되는 그런 것이 아니다. 어떤 것이 성장하는 강도나 감소하는 강도가 강화되는 상황(예컨대 소리가 더 커지거나 더 낮아지거나 하는 상황)에서라면 이것들은 변경의 경우이지 점진적 생성과 소멸의 경우가 아니다. 그렇다면 존재 양식 입장은 부적합한 것으로 여겨진다.

3. 동일성의 본성

실존은 근본적인 형이상학적 문제이다. **동일성**의 본성도 마찬가지이다.
철학자들이 동일성의 문제에 대해 거론할 때 그 마음 속에는 통상적으로 다음과 같은 네 가지 문제 가운데 어느 하나가 존재한다.

① x와 y가 동시적일 때 x가 y와 동일하다(동일한 존재물이다)는 것은 무엇인가? 일반적으로 어떤 것이 자기 자신과 동일하다는 것은 무엇인가?
② x와 y가 비동시적일 때 x가 y와 동일하다(동일한 존재물이다)는 것은 무엇인가?
자기 동일성을 유지하는 계속체가 있는가?
사물은 변화 중에도 동일하게 존재하는가?
그렇다면 우리는 무엇이 이것을 설명하는가를 어떻게 이해할 수 있는가?
③ 우리로 하여금 주어진 x와 y가 동일하다는 것을 알 수 있도록 하는 어떤 종류의 증거나 기준이 있는가?
④ 다른 종류의 동일성 진술들이란 무엇인가?

우리는 동일한 것을 지시하는 두 가지 또는 그 이상의 언어적 표현을 포함하는 문장들을 어떻게 이해할 수 있는가?
문제 ①과 ②는 기초적인 형이상학적 문제이다. 문제 2는 변화 중의 동일성이 그 초점이다. 우리는 실체의 형이상학(제10장)과 인격 동일성(제16장)을 살펴볼 때 그 문제를 연구할 것이다. 문제 ②은 동일성에 관한 가장 기초적인 형이상학적 문제이고 곧 탐구 주제가 될 것이다. 문제 ③은 기본적으로 인식론적 문제이지 형이상학적 문제가 아니다. 때때로 문제 ④은 문제 ①과 ②와 혼동되기도 한다.

우리는 이 점을 제16장에서 인격 동일성을 다룰 때 보게 될 것이다. 마지막으로 문제 ④는 언어철학의 문제이다. 그 주요 관심사는 동일성 자체가 아니라 동일성 진술 즉, 동일성을 주장하는 언어적 표현이다. 우리는 이 장의 후반부에서 이 문제를 살펴볼 것이다. 문제 ①에서 표면화된 논제를 살펴보는 것으로 우리의 연구를 시작해 보자.

1) 동일성 자체의 일반적 본성

여러분이 모어랜드가 에일린 스피크의 막내 아들과 동일한가(동일한 것인가)를 알고 싶었다고 가정해 보자. "그들"이 동일하다면 그때는 사실상 한 사람만 있다. 즉, 에일린 스피크의 막내 아들인(동일한) 모어랜드만 있다. 그들이 동일하지 않다면, 그때는 한 사람이 아니라 두 사람이 있다. **라이프니츠의 동일자의 식별 불가능성의 법칙**이라고 알려진 일반적 동일성의 법칙이 있다.

$$(x)(y)[(x=y) \rightarrow (P)(P_x \leftrightarrow P_y)]$$

이 원리가 진술하는 것은 다음과 같다. 어떤 x(예컨대 모어랜드라는 사람)와 어떤 y(에일린 스피크의 막내 아들로 보이는 사람)에 대해, "그들"이 서로 동일하다면(사실상 "그들"은 동일자이다) 그때는 어떤 속성 P(인간이고 키가 150센티미터라는 것)에 대해, P가 y(에일린 스피크의 막내 아들)에 유효한 바로 그 경우에만(기호 ↔로 표시) x(모어랜드)에 유효할 것이다. 일반적으로 모든 것은 자기 자신인 그것이고 그 밖의 다른 아무 것도 아니다. 모든 것은 자기 자신과 동일하고 따라서 자기 자신이 그렇듯 모든 속성을 공유한다. 이것은 비동일성 또는 차이성에 대한 시험을 함축한다. 다시 말해서 우리가 y에 유효하지 않은 한 가지가 x에 유효한 것이라고 또는 그 역이라고 발견할 수 있다면, 그때는 x는 y와 동일하지 않다.

이것이 사건에 적용되는 방식을 숙고하면 우리는 동일성에 대해 더 많은 통찰을 얻을 수 있다. 이른바 **속성 예시적 사건론**을 받아들여 보자. 사건이란 한 실체가 시간을 거치면서 어떤 속성이 오는 것이고 계속적으로 소유하는 것이며 가는 것이다. 정오에 녹색이 엷어지는 나뭇잎은 실체(나뭇잎)가 속성(녹색)을 어떤 시점(정오)

에 잃어버리는 사건의 예가 될 것이다. E, S, P, t가 각각 어느 사건(event), 어느 실체(substance), 어느 속성(property), 어느 시간을 가리킨다면, 그때는 라이프니츠의 동일성의 식별불가능성의 법칙은 사건에 적용되는 경우 다음과 같이 된다.

$$(E_1=E_2) \rightarrow [(S_1=S_2) \& (P_1=P_2) \& (t_1=t_2)]$$

E1과 E2가 동일하다면, 그때는 "이" 사건들을 구성하는 실체들, 속성들, 시간들은 역시 동일할 것이다. 후자들이 동일하지 않다면, 그때는 그 사건들은 다른 사건들이다. 예를 들면, S1이 S2와 다른 경우라고 한다면 두 사과가 동시적으로 붉게 되는 경우일 것이다. P1이 P2와 다른 경우라고 한다면 특정한 사과가 동시에 붉게 되었고 달게 되었던 경우일 것이다.

t1과 t2가 다른 경우라고 한다면 어떤 사과가 정오에 달게 되었다가 밤에 시게 되어 다음 날에 다시 달게 된 경우일 것이다. 거짓 원리일 개연성이 가장 높은 다른 동일성의 법칙 즉, **라이프니츠의 식별불가능자의 동일성의 법칙**이 있다.

$$(x)(y)[(P)(P_x \leftrightarrow P_y) \rightarrow (x=y)]$$

비상징적 일상 언어에서 이것은 모든 x와 y에 대해, x와 y가 보든 유일한 동일 속성들을 가진다면, 그때는 그것들은 서로 동일하다는 것을 말한다. 이 원리는 거짓이다. 왜냐하면, 사물에는 그 사물의 속성보다 더 많은 것이 있기 때문이다. 예를 들면, 우리는 동일 색상, 동일 형태, 동일 크기 등을 가진 두 개의 붉은 둥근 디스크를 가질 수 있다. 이것들은 모든 유일한 동일 속성들을 공유하지만 여전히 두 개의 디스크이지 한 디스크는 아니다. 왜냐하면, 디스크와 같은 개물은 그 속성에 의해 다 퍼내어지는 것이 아니기 때문이다.

우리는 제10장에서 이 점에 관해 더 많이 논구하게 될 것이다. 그러나 여기서는 "두" 사물은 동일하다면 "그것들의" 속성들을 모두 공유할 것이라는 점만을 기억해두자. 왜냐하면, "그것들"은 동일물이기 때문이다. 그러나 그 두 사물이 속성보다 더 많은 것을 가진다면, 그것들의 모든 속성을 공유할 수 있어도 동일물은 아닐 수 있다. 옳은 원리 즉, 라이프니츠의 동일자의 식별불가능성의 법칙은 동일성에 대한 또 다른 통찰을 함의한다.

$$(x)(y)[(x=y) \rightarrow \Box(x=y)]$$

일상 언어에서 이것은 모든 x와 y에 대해, x가 y와 동일하다면, 그때는 필연적으로 x와 y는 동일하다는 것을 말한다. x인 사물이 y인 사물과 동일하지 않는 가능 세계는 전혀 없다. 예를 들면, 어떤 고양이는 노랗고 9 킬로그램인데, 자기 자신과 동일하다는 점은 결코 우연이 아니다. 그것은 필연적으로 자기 자신과 동일하다. 어떤 것이 자기 자신과 동일하다는 사실은 모든 것에 필연적인 특징이다.

모어랜드라는 사람과 에일린 스피크의 막내 아들이라는 사람은 다른 사람이지만 둘 다 150센티미터라고 가정해 보자. 그렇다면 그들은 현실 세계에서 키가 다르지 않다. 그러나 그들이 키가 다르다는 것이 가능하다면, 즉 한 명은 150센티미터이고 다른 한 명은 152센티미터가 되는 가능 세계가 있다면, 그때는 그들은 동일하지 않다. 다시 한 번 말해 보자.

신체 없는 실존이 형이상학적으로 가능하다면, 즉 신체 없는 실존이 가능한 세계가 있다면, 그때는 사람은 자신의 신체와 동일자일 수 없다. 왜냐하면, 사람의 신체는 실존하는데 신체는 없다는 그러한 가능 세계는 전혀 없기 때문이다. 사람이 신체 없이 실존하는 것은 가능하지만 신체가 신체 없이 실존하는 것은 가능하지 않기 때문에 그때는 사람은 자신의 신체와 동일하지 않다.

왜 그런가?

그 사람의 신체에는 유효하지 않는 어떤 것(신체 없는 실존의 가능성)이 그 사람에는 유효하기 때문이다. 동일성 관계는 모든 것이 자기 자신과 맺는 관계이지 자기 이외의 다른 것과 맺는 관계가 아니다. 이 관계는 때때로 혼동되기도 하는 세 가지 다른 개념들 즉, **원인-결과**, 동연성, 분리불가능성과 구별되어야 한다. 원인-결과에 관해 A가 B의 원인이라면, 그때는 A는 B와 동일하지 않다. 연기가 불의 원인으로서 불이 그 결과라면, 연기는 불과 동일하지 않다. 그 밖에, 두 사물은 동연적일 수 있다.

동연성은 하나가 얻는 경우 바로 그 경우에만 다른 하나가 얻는다는 것을 의미한다. 예를 들면, 삼각형이라는 속성은 세 변이라는 속성과 동연적이다. 하나는 다른 하나가 얻는 경우 바로 그 경우에만 얻는다. 어떠한 대상도 하나 없이 다른 하나를 가질 수 없다. 그 두 속성이 동일했더라면 그때는 삼각형에 유효한 무엇이라도 세 변에 유효할 것이고 그 역도 마찬가지이다.

그러나 삼각형이라는 속성은 자기에는 유효한 것이나 세변이라는 속성에는 유효하지 않는 어떤 것 즉, 내각을 가지고 있다는 것 때문에 그 두 속성이 동일하지 않게 된다.

마지막으로 동일성은 **분리불가능성**과 다르다. 두 존재물은 어느 전체의 부분일 수 있고 서로로부터 또는 그 전체로부터 분리될 수 없으나, 여전히 동일하지 않을 수 있다. 예를 들면, 하얀 색을 예화하는 어떤 개체 즉, 각설탕은 그 각설탕이 예화하는 사각 형태로부터 분리될 수 없지만, 여전히 실존하고 있다. 이것은 의자의 등과 다리가 서로로부터 또는 전체로서 취해진 의자로부터 분리될 수 있는 것과 같다.

그러나 각설탕이 예화하는 하얀 색은 색의 예화이지만 각설탕이 예화하는 형태는 색의 예화가 아니다. 따라서 그것들은 동일하지 않다. 다시 말해 보자. 사람의 감정은 그 사람 또는 그 사람의 믿음으로부터 분리될 수 없고 신체의 손과 다리처럼 다른 공간적 위치에 놓일 수 없지만, 사람의 다양한 감정과 믿음은 서로 구별되고 여타의 감정이나 믿음과 동일하지 않다.

요컨대, 동일성-차이성의 구별은 원인-결과 구별, 동연성 구별, 또는 분리불가능-가능성 구별과 같은 것이 아니다. 우리는 동일성 진술을 살펴보기 전에 위대한 중세 철학자 프란시스코 수아레즈(Francisco Suarez <1548-1617>)가 자신의 저서 『다양한 종류의 구별』(On the Various Kinds of Distinctions)에서 주장했던 논점을 숙고하지 않으면 안 된다.

수아레즈는 동일성과 동일성 진술을 명백히 하는 몇 가지 구별들을 논의했다.

첫째, 수아레즈의 첫째 유형의 구별은 **실재적 구별**이라고 부른다.
두 존재물은 서로 분리될 수 있고 그래도 여전히 실존한다면 실재적 구별에 의해서 달라진다. 예를 들면, 의자의 다른 다리들은 서로에 대해 실재적 구별을 포함한다. 여기서 실존의 독립성이 열쇠이다.
둘째, 수아레즈의 둘째 유형의 구별은 **이성의 구별**이라고 부른다.
"두" 사물이 이성의 구별에 의해서 다르다면, 그때는 "그것들"은 동일하다.
수아레즈의 이성의 구별에는 두 가지 종류가 있다.

① **추리하는 이성의 구별**이다.
이것은 우리가 "피터는 피터이다"와 같은 문장들에서 동일한 단어를 두 번 사용한다는 이유만으로 일어난다. 여기에는 실재적으로 차이가 나는 구별은 없고 다만 그것은 동일하고 같은 것이 두 번 명명되는(사고되는) 데서 구별이 일어나는

사고 과정 또는 언어 과정일 뿐이다.

② **추리된 이성의 구별**이다.

붉은 단 사과 또는 두 개의 술어로 표현되는 금성에 대해 말해진 다음과 같은 예가 그러할 것이다. "붉은 대상은 달콤한 대상이다." "개밥바라기는 샛별이다." 추리된 이성의 구별이 나타나는 경우 그 지시된 "대상들"은 동일하다(사과 또는 금성). 그러나 그 대상들(붉은 사과 대 단 사과, 개밥바라기 대 샛별)을 지시하기 위해 사용된 그 개념이나 용어들로는 해당 대상이 다 퍼내어지지 않으며 또한, 동일하고 같은 대상의 비동일적 다른 측면들이 드러나고 있다.

셋째, 수아레즈의 셋째 유형의 구별은 **양상적 구별**이라고 부른다.

A가 B와 양상적으로 구별된다면, 그때는 그들 중의 하나는 다른 하나의 구성분이고, 그들 중의 하나 예를 들어, A는 다른 하나 B 없이 실존할 수 있다. 그러나 그 역은 성립하지 않는다. A와 B가 각각 독립적이고 의존적인 존재물이라면, 그때는 B는 A의 양상이다. 말하자면 B는 A로부터 분리될 수 없는 측면이고 B는 A에 달려 있다.

예를 들면, 붉음의 속성을 고찰해 보자. 붉음은 사과에 의해 예증되거나 사과가 소유하는 것이 될 때 그때는 적어도 세 가지 존재물이 관련되게 된다. 즉, 붉음의 속성, 사과, 사과가 붉음을 소유함. 이 후자 존재물은 붉음의 예이고 붉음과 양상적으로 구별된다. 붉음은 그 붉음이 사과에 의해서 예증된다는 것에 의해서 제한을 받는다. 붉음은 사과가 그 붉음을 소유하는 일 없이 실존할 수 있지만, 사과에 의해서 붉음이 예증되는 일 즉, 이 특정한 사과에서 붉음이 이처럼 특정하게 예시되는 일은 붉음 없이는 실존할 수 없다. 붉음은 이러한 붉음의 예와 동일한 것이 아니라 양상적으로 구별된다.

2) 동일성

진술동일성 관계 자체는 언어 사용자와 독립해 있다. 해는 언어 사용자가 실존하지 않았더라도 자기 자신과 동일한 것이다. 그러나 우리는 동일성 주장을 표현하기 위해 동일성 진술을 사용한다("색깔은 빛의 파장과 동일하다"). 그러므로 우리가 동일성 진술과 동일성 자체에 대해 무엇인가를 배우기 위해 동일성 진술을 논구하는 것은 중요한 일인 것이다. 고대인들은 저녁 하늘에 가장 밝게 빛나는 별이 있다는 사실을 주시했고 이 별을 그들은 개밥바라기 또는 헤스페루스(Hesperus)라고 불렀다.

그들은 또한, 아침 하늘에 가장 밝게 빛나는 별이 있다는 사실을 주시했고 이 별을 샛별 또는 포스포루스(Phosphorus)라고 불렀다. 그러나 경험적 관찰에 의해서 그 "두" 별이 동일자였고 실제로 금성이었음이 드러났다. 이 발견은 우연적 다시 말해서 그러한 사실들이 드러나게 되었을 때 드러나게 되었던 것이다.

말하자면 아무렇게나 무엇이든지 저녁과 아침에 가장 빛나는 별로 드러나는 것으로 이해되었더라면 개밥바라기와 샛별은 두 개의 서로 다른 천체였던 것으로 판명될 수도 있었다. 이제 다음의 두 진술을 고찰해 보자.

① 헤스페루스는 헤스페루스와 동일하다.
② 헤스페루스는 포스포루스와 동일하다.

이와 같은 동일성 진술을 이해하는 수많은 방식이 있다. 철학에서 매우 두드러지는 설명으로는 두 가지가 있다.

첫째, 전통적 또는 대상적 동일성 진술 설명이라 불리운다.
이 입장에 따르면 동일성 진술은 앞부분에 나오는 용어가 지시하는 사물이 자기에게 유효한 어떤 특징을 가진다고 즉, 그 사물은 자기 자신과 동일하다고 주장한다. 확실히, 이것은 우리가 동일성 진술을 사용할 때 말하는 많은 부분을 설명해 준다.
둘째, 그러나 프레게(1848-1925)는 이러한 전통적 설명에 문제를 제기하고 다른 설명을 내놓았다.
프레게는 전통적 입장에 따르면 진술 ①과 ②는 동일물을 주장한다고, 즉 앞부분에 나오는 용어에 의해 지시된 사물(즉, 금성)은 자기 자신과 동일한 것이라고 주장한다고 논변했다. 그러나 이것이 올바를 수 없는 것은 ①과 ②는 동일물을 주장하지 않기 때문이다.

우리는 이것을 어떻게 아는가?
진술 ①은 그처럼 정보적이지는 않다. 그것은 우리에게 거의 아무 것도 알려주지 않고 정의상 필연적으로 참이게 보인다. 우리는 천체를 경험적으로 연구하기 전에 ①이 참이라는 것을 안다. 그러나 ②는 매우 정보적이다. ②의 진리는 경험적 관찰이었다. 따라서 대상의 자기 자신에 대한 자기 동일성은 필연적이지만 ②는 우연적 진리인 것으로 보인다(이것은 거짓일 수 있었고 그 진리는 어떤 경험적 사실의 발견에 달려 있다). 이것은 정의상 참이지 않다.

어떤 사물의 자기 자신에 대한 자기 동일성이 그 사물이 실존하는 모든 가능 세계의 모든 곳을 관통한다면, 사람들은 ①과 ②를 어떻게 구별할 수 있는가?

그리고 보다 일반적으로 말해서 동일성이 필연적이라면 우연적 동일성 진술이 있을 수 있는가?

프레게는 이러한 문제에 답하기를 추구했고 그 과정에서 동일성 진술에 대해 메타언어적 설명(메타는 "~에 대한"을, 메타언어적은 "언어에 대한"을 의미한다)을 내놓았다. 이러한 입장에 따르면 ① 또는 ②와 같은 동일성 진술은 헤스페루스와 포스포루스라는 단어를 사용함으로써 지시되는 금성이라는 존재물에 대해 어떤 것을 말하는 것만이 아니다.

더욱 중요한 것은 그것이 그 단어 자체를 언급한다는 점이다. 다시 말해서 그것은 헤스페루스와 포스포루스라는 단어에 대해 어떤 것을 말한다는 점이다. 동일성 진술들은 언어에 대한 진술이다. 그 진술들은 어떤 관계가 그 진술에서 사용된 표현들 즉, 그 두 지시하는 표현들 사이에 지속한다고 주장한다. 다시 말해서 그 진술들은 공통 지시적 표현들이고 각자 동일물을 명명한다. 개개의 설명은 그 각각에 대해 말해지는 어떤 것을 가지고 있다. 개개의 설명의 강점과 약점을 저울질하는 것은 우리의 목적을 벗어난다.

그러나 참된 중요성을 담고 있는 한 가지 사항이 있다. 동일성 관계 자체는 직각적이고 분명하지만 동일성 진술은 좀더 애매하다. 여러분이 동일성 진술을 살펴볼 때마다 그 진술을 사용하는 사람이 정확히 무엇을 말하려고 애쓰는지를 이해하려고 노력해야 한다. 예를 들면, 어떤 사람이 "오늘 벡위드가 그 자신이어서 감사한다"고 말할 때 우리는 이를 문자적으로 그가 어제는 그 자신이지 않았다는 뜻으로 받아들여서는 안 된다. 오히려 그 사람은 벡위드가 그답게 행동하고 있었다고 주장하고 있는 것이다. 우리는 동일성 진술에 대해 두 가지 다른 이론을 살펴보았다.

이제 세 가지 다른 종류의 동일성 진술이 있다.

첫째, 의미 동일성 진술
이것이 일어나는 경우는 그 두 지시하는 표현들이 동의어일 때이다.

    총각은 미혼 남자이다.
    동력차는 자동차이다.

이러한 진술은 사전에서 발견될 수 있다.
둘째, 지시적 또는 이름 동일성 진술
이것이 일어나는 경우는 두 가지 고유 명사(톰 존즈와 같은 개인 이름)나 두 가지 자연종 용어("H_2O", "사자"처럼 자연적으로 발생하는 종류의 사물들을 명명하는 용어)가 각자 그 지시 대상이 실존할 수 있었을 모든 여건에서 그 대상을 지시하거나 꼬리표를 붙이는 기능을 수행할 때이다. 다음이 그 예이다.

    에베레스트 산은 초모랑마(Chomolungma)이다.
    물은 H_2O이다

"물은 H_2O이다"는 "현실적으로 물인 저 밖의 자재는 현실적으로 H_2O인 저 밖의 자재와 동일하다"는 진술과 매한가지이다. 이러한 진술들은 사전에 발견되지 않는다. 대신에 그것들은 세계에 관련된 필연적 진리를 표현한다.
셋째, 우연적 동일성 진술
어떤 존재물의 자기 자신에 대한 자기 동일성은 필연적인 반면에 어떤 동일성 진술들은 우연적이다 즉, 그것들은 어떤 가능 세계에서는 참이고 어떤 다른 가능 세계에서는 거짓이다. 우연적 동일성 진술이 발생하는 한 가지 맥락은 어떤 것에 대한 두 가지 기술이 동일한 것에 의해서 우연히 성취되고 그렇지만 다른 것들에 의해서 성취될 수 있었을 때이다.

샐리 아주머니가 좋아하는 색깔은 청색이다라고 가정해 보자. 그렇다면 "하늘의 색깔은 샐리 아주머니가 좋아하는 색깔이다"는 하나의 동일성을 표현한다. 그러나 이 동일성 진술은 비록 참일지라도 우연적이다. 신은 하늘을 녹색이게 만들 수 있었고 샐리 아주머니는 여전히 청색을 좋아할 수 있었다. 또는 하늘은 청색일 수 있었지만 샐리 아주머니는 핑크색을 더 좋아할 수 있었다. 어느 쪽이든, "하늘의 색깔은 샐리 아주머니가 좋아하는 색깔이다"는 거짓일 것이다. 이러한 종류의 동일성 진술은 다음과 같이 말하는 것으로 이해될 수 있다.

> 하늘의 색깔로 판명되는 무엇이라도 그것은 샐리 아주머니가 좋아하는 색깔로 판명되는 것과 동일하다.

동일성 진술은 우연적일 수 있으나 어떤 것이 자기 자신과 동일하다는 사실은 필연적이다. 동일성 및 동일성 진술의 본성은 제11장과 제12장에서 다루는 심신 문제를 살펴보는 논의에서 결정적 중요성을 지니게 될 것이다. 이제부터 이 장의 말미에서 실존, 동일성과 같은 개념들이 중요한 형이상학적 논제 즉, 대체와 환원주의에 적용될 것이다.

4. 대체와 환원주의

인간 존재로서 우리는 무엇이 실재적이고 무엇이 실재적이지 않는가에 관심을 가지고 있다. 중요한 지적 논쟁이 신의 실존, 영혼, 가치, 사후의 삶에 관해 격렬하게 일어난다. 다만 몇 가지만을 언급했을 뿐이다. 철학적으로 말하면 어떤 존재물 X의 실존을 부인하는 두 가지 중요한 방식이 있다. X를 소거하고 그에 대한 믿음을 그 이외의 다른 믿음으로 대체하는 것, 또는 X를 계속해서 믿되 X를 Y로 환원하는 것.

이것을 이해하기 위해 과학 이론을 잠시 고찰해 보자. 과학 이론은 항상 영원히 지속하는 것은 아니다. 이론의 변화가 과학에서 일어나고 이론들은 두 가지 핵심적 방식 즉, 대체와 환원주의로 부침을 거듭한다. 때때로 한 이론 S에서 새 이론 T로의 변화는 동시에 S의 포기 그리고 S에 의해 실존하는 것으로 요청된 존재물의 소거를 포함한다. **대체**라고 부르는 이러한 종류의 변화의 예는 플로지스톤에서 산소로 이행하는 화학적 변화였다. 어떤 물질은 대기에서 더워질 때 더워지기 전보다 더워진 후가 무게가 더 많이 나간다. 18세기 과학자들이 이것을 설명하는 방식은 열기가 무게를 줄여주는 플로지스톤으로 알려진 물질 속의 불순물을 쫓아낸다고 말하는 식이었다.

18세기 후반에 라브와지에의 산소 이론이 플로지스톤을 대체했다. 산소는 플로지스톤과는 다른 존재물로서 어떤 물질이 공기 중에서 더워질 때 그 물질에 부착되어 있는 무게를 더해 주는 존재물로 이해되었다. 플로지스톤에서 산소로 이행하는 이론은 대체라는 이론 변화였다. 라브와지에의 산소 모델은 적대적인 과학자들의 모델보다 플로지스톤을 좀더 낫게 그려내고 있는 것으로 간주된 것이 아니었다. 말하자면 플로지스톤은 소거되었고 대체되었으며 사람들은 더 이상 플로지스톤이 실존한다고 믿지 않았다.

다른 한편으로 이론의 변화는 때때로 환원을 포함한다. 어떤 존재물 X에 대한 믿음이 지속은 되나, 그 X는 더 이상 이론 S가 생각했던 것과 같은 것이라고는 생각되지 않는다. 오히려 이제 그것은 존재 Y로 "환원"되고 이 Y는 새 이론이 X라고 주장하는 그 Y이다. 예를 들면, 과학자들은 물체가 뜨거워지면 열을 받아서 그렇다고 믿으면서 그 열을 열소라고 알려진 기이하고 무게 없는 무형의 액체로 이해하곤 했다.

오늘날 과학자들은 열소와 같은 것은 없다고 믿는다. 대신에 열은 분자의 진동 즉, 가스의 평균적인 운동 에너지로 "환원"되었다. 열은 이론 변화에서 소거되지 않았고 대체되지 않았다. 과학자들은 여전히 열의 실존을 믿는다. 대신에 열은 처음에 X(열소)라고 생각되었다가 이제는 Y(분자의 진동)로 "환원"되었다.

대체의 관념은 꽤 분명하다.

그러나 하나를 다른 하나로 환원한다는 것은 무엇을 의미하는가?
환원주의란 무엇인가?

불행하게도 철학에서 환원주의의 개념은 폭넓은 다양한 의미를 가지고 있고 아무런 공통 용법 없이 사용되고 있다. 그러나 여기에 환원주의에 대한 몇 가지 다른 의미들이 있다.

1) 언어적 환원주의

이것이 일어나는 경우는 한 어휘나 용어군을 사용하는 언어가 다른 어휘나 용어군을 사용하는 언어에 의해 대체될 때이다. 다음과 같은 예이다.

① 한 가정에 평균적으로 2.5명의 자녀가 있다.
①´ 자녀를 모두 합하여 그 총수를 총세대수로 나누면 2.5가 된다.

이러한 경우 문장 ①은 "평균 가정"이라는 용어를 사용한다. 이 용어는 문장 ①´에서 산출 공식 용어들(덧셈, 나눗셈, 수)로 대체된다. 문장 ①은 **환원된 문장**이고 ①´는 **환원하는 문장**이다.

언어적 환원의 몇몇 경우 환원된 문장의 용어("평균 가정")는 더 이상 세상에 실재하는 존재물을 지정하기 위해 채택되지 않는다. 왜냐하면, 그것은 환원시키는 문장으로부터 제외되기 때문이다. 문장 ①은 어딘가에 그러한 가정 즉, 실제적으로 2.5명의 자녀를 가지고 있는 평균 가정이 있다고 생각하게끔 유도할 수 있었다.

그러나 우리는 언어적 환원을 통해 그러한 가정이 없다는 것을 알게 된다. 그러나 언어적 환원의 또 다른 경우 한 어휘로 말해진 진리가 다른 어휘로 말해질 수 있다는 단순한 사실 그것만으로 환원된 문장에 지정된 존재물이 실존하지 않는다는 것을 의미하게 되는 것은 아니다. 예를 들어, 보자.

① 방 안에 **삼각형** 물건이 세 개 있다.
②´ 방 안에 **세 변으로 된 물건**이 세 개 있다.
③ 고체는 그 **특정한 중력**이 액체의 그것보다 낮으면 뜬다.
③´ 고체는 **그 무게와 부피의 비율이 액체의 그것보다 낮으면** 뜬다.
④ **붉음**은 **색깔**이다.
④´ **붉은 사물**은 **유색 사물**이다.

②와 ②´의 예에서 ②와 ②´의 진리치는 동일하기(즉, ②는 ②´가 참이고 오직 그 경우에만 참이다) 때문이라고 해서 삼각형(삼각형이라는 속성)이라는 용어에 의해서 표현된 그 물건이 세 변으로 된(세 변으로 된이라는 속성)이라는 용어에 의해서 표현된 그 물건으로 환원될 수 있다(동일하게 될 수 있다)는 귀결은 나오지 않는다.

③과 ③´에서 만일 우리가 특정한 중력을 세상에 실재하는 존재물로 생각한다면 그때는 우리는 그것을 가라앉을 성향 또는 경향, 말하자면 물체가 소지하는 일종의 질량으로 생각할 것이다. 이것이 ③에서 표현되고 있는 것이다. 진술 ③´가 ③을 취급하는 방식은 진술 ①´가 ①을 취급하는 방식과 같다.

그러나 우리가 ③을 ③´로 대체하고 그래서 특정한 중력이라는 용어를 소거한다는 이유만으로 특정한 중력 자체는 가라앉는 경향 또는 질량으로 실재론적으로 이해되어 이것이 실존하지 않는다는 귀결이 나오는 것은 아니다.

마지막으로 ④와 ④′에서 ④가 언어적으로 환원되어 ④′로 될 수 있었다 해도 (제10장에서 우리는 그럴 수 없다는 것을 보게 될 것이다), 붉음과 유색성이라는 속성들이 실존하지 않는다는 귀결은 나오지 않는다.

진술 ④′는 그러한 속성들을 지시하는 것으로 보이는 붉음과 색깔이라는 용어를 소거하고 특수 개별자(붉은 공이나 깃발과 같은 붉은 개체와 색을 지닌 개체)를 지시하는 용어들만 사용한다. 요컨대, 언어적 환원은 환원된 문장에서 지시된 존재물이 실존하지 않는다는 것을 의미할 수도 있고 의미하지 않을 수도 있다.

2) 강경한 존재론적 환원

이것이 일어나는 경우는 어떤 존재물 x가 어떤 존재물 y로 환원될(동일시될) 때이다. 이러한 경우 x는 실존하고 y에 다름 아니다. 다른 말로 하면, x는 y와 동일하다. 어떤 사람은 (우리가 보기에 잘못된 것이지만) 다음과 같은 진술들은 강경한 존재론적 환원을 나타낸다고 말했다.

> 붉음은 빛의 파장이다.
> 열은 분자의 진동이다.
> 고통은 어떤 두뇌 상태이다.

개개의 경우에 한 존재물은 실존하고 다른 존재물 그 이상도 그 이하도 아니라는 점에서 전자의 존재물(붉음, 열, 고통)은 후자의 존재물(파장, 진동, 두뇌 상태)로 환원된다.

3) 온건한 존재론적 환원

존재물 x는 존재물 y에 의해 일어나거나 설명되거나 또는 y에 의존하거나 한다는 점에서 x는 y로 환원된다. y는 x의 충분 조건이다. 예를 들면, 습기는 물분자의 구조가 습기를 일으키고 설명하는 것이라는 점에 일군의 물분자의 분자 구조로 환원된다. 강경한 존재론적 환원의 경우 습기는 분자 구조와 동일한 것으로 취급될 것이다.

온건한 존재론적 환원의 경우 습기는 분자 구조에 수반하는 것이거나 창발하는 것이다. 일군의 물분자의 분자 구조는 바로 그 물의 습기와 다른 것이고 동일한 것이 아니다. 지금의 예에서 **창발**은 그 구조가 그 습기가 창발하는 충분 조건이라는 것을 의미한다. **수반**은 그 구조가 주어지면 그 습기는 그 구조에 수반한다(그 구조에 의해 일어나거나 설명되거나 그 구조에 의존한다)는 것을 의미한다.

요약하면 이런 저런 존재물의 실재성에 대한 논쟁은 그 존재물을 다른 하나로 대체하려고 하는 시도 또는 방식을 달리 해서 그 존재물을 다른 하나로 환원하려고 하는 시도를 포함한다. 이러한 대체와 환원의 시도들은 사례별 연구에 기초해서 평가되어야 한다는 점이 분명해지지 않으면 안 된다. 그러한 평가가 이루어질 때 실존 자체, 동일성, 동일성 진술의 본성에 대한 폭넓은 철학적 이해는 지금과 같은 사정 활동에 적절한 것이 될 것이다.

제9장에서 배워야 할 사항이 한 가지 더 있다. 우리가 자연주의(제10장 참조)를 실존하는 모든 것은 시공간에 있다는 입장으로 정의하고, 또 물리주의는 실존하는 유일한 존재물이 아무튼 감각 그리고 화학과 물리학에 사용된 과학적 탐구로 접근 가능한 물리적 존재물일 뿐이라고 말하는 자연주의의 한 형태로 파악한다면 그때는 물리주의는 거짓이다.

이렇게 이해되면 물리주의는 실존하는 모든 것은 적어도 원칙적으로 화학과 물리학의 언어를 사용함으로써 모조리 다 퍼내어져 기술될 수 있다는 점을 함축한다. 이렇게 되는 이유는 실존하는 유일한 존재물이 완전히 물리적(화학적이면서 물리적) 존재물이기 때문이다. 그러나 의자, 바위, 프로톤과 같은 이른바 물리적 존재물을 비롯해서 물리적이지 않는 모든 존재물에 관해 두 가지 사항이 있다.

첫째, 존재물의 실존(해당 존재물이 속성을 가지게 됨)을 설명하는 것은 무엇인가?
둘째, 존재물이 자기 자신과 동일하다는 것은 무엇인가?

이것들은 모든 물리적 실존자를 비롯한 일체의 실존자에 관한 형이상학적 사실이다. 따라서 부분적으로 물리학과 화학의 언어로 기술될 수 있다는 점에서 적어도 물리적 존재물들은 있겠으나, 오로지 물리적이기만 하는 존재물 즉, 화학과 물리학만을 사용해서 완전하게 퍼내어져 기술될 수 있는 그런 존재물은 없다. 물리적 대상에는 그 화학적 물리적 측면보다 더 많은 것이 항상 있을 것이다. 이것은 실존과 자기 동일성의 보다 근본적인 측면이 될 것이다.

이러한 방식으로 우리는 과학은 전자와 같은 물리적 사물에 불과한 것에 대한 지식의 한 유형일 뿐이라는 것을 이해한다. 형이상학은 그러한 물리적 사물의 형이상학적 비물질적 측면에 대한 보다 근본적인 지식을 제공한다.

[요약]

존재는 유이다. 그러므로 모든 존재물에 적용될 수 있는 일반적 실존 개념이 있다. 좋은 실존 이론은 무엇이 실존하고 실존하지 않는가, 무엇이 실존할 수 있었고 실존할 수 없었는가를 설명해야 한다. 그것은 실존 자체가 실존한다는 것을 함축해야 한다. 그것은 기본 논리 법칙을 위반해서는 안 된다. 그것은 인식하는 행위가 실존한다는 것을 함축해야 한다. 유수한 실존 이론들이 이러한 시험을 통과하는 데 실패한다.

그러나 한 가지 입장은 성공하는 것처럼 보인다. 실존은 어떤 속성의 속함이거나 한 속성이 속함을 당함이라는 것이다. 그리하여 이러한 실존 이해는 변경과 구별되는 생성과 소멸을 정의하는 데 사용되었다. 무는 아무런 속성도 가지지 않는다. 그러므로 무는 실존하지 않는다. 부정적 속성도 역시 실존하지 않는다. 오히려 더 정확히 말해서 그것은 사물이 어떤 속성을 가지는 데 실패할 수 있다는 뜻이다.

마지막으로 존재 양식 입장은 허구적 대상들이 존재를 가지나 실존을 가지지 않는다고 말한다. 이러한 입장은 거부되었다. 라이프니츠의 동일자의 식별불가능성의 법칙은 동일성 관계를 표현하는 참된 법칙이다. 그러나 식별불가능자의 동일성은 거짓된 것이다. 동일성 관계는 여타의 다른 관계들 예를 들면, 원인-결과, 동연성, 또는 분리불가능성과 혼동되어서는 안 된다.

수아레즈의 세 가지 구별은 동일성과 동일성 진술을 이해하는 데 도움이 된다. 동일성 진술에 대한 대상적 설명과 메타언어적 설명 사이의 토론은 동일성 진술들이 어떻게 애매할 수 있는가를 예증한다.

주요한 세 가지 유형의 동일성 진술은 다음과 같다.

① 의미적 동일성 진술
② 지시적 동일성 진술
③ 우연적 동일성 진술

어떤 존재물의 실존에 대한 토론은 때때로 대체 또는 환원주의를 포함한다. 주요한 세 가지 유형의 환원은 언어적 환원, 강경한 존재론적 환원, 온건한 존재론적 환원이다. 탄소 원자와 같은 물리적 존재물은 적어도 물리적이기만 한 것은 아니다. 왜냐하면, 속성을 가짐(실존)과 동일성 관계는 물리적 존재물이 아니기 때문이다.

[기본 용어]

강경한 존재론적 환원	실존
대체	양상적 구별
동연성	언어적 환원
동일성	예시
동일성 진술	예화
라이프니츠의 동일자의 식별불가능성의 법칙	온건한 존재론적 환원
라이프니츠의 식별불가능성의 동일성의 법칙	우연적 동일성 진술
메타언어적 동일성 진술 설명	원인-결과
변경	의미 동일성 진술
변화	이성의 구별
본질	전통적(대상적) 동일성 진술 설명
부정적 속성	존재 양식
분리불가능성	지시적(이름) 동일성 진술
사건	차이성
생성	창발
소멸	추리된 이성의 구별
속성 예시적 사건론	추리하는 이성의 구별
수반	허구적 대상
술어	환원된 문장
실재적 구별	환원하는 문장

제10장

형이상학적 존재론: 두 범주-속성과 실체

> 어떤 사람이 아름다움에 대한 지식으로 안내하고자 노력하고 있을 때 아름다운 물건이라고 믿고는 있으나 아름다움 자체를 믿지도 않고 따르지도 않는 사람이 있다고 해 보자. 여러분은 그의 삶이 꿈같은 삶이라고 생각하는가 깨어 있는 삶이라고 생각하는지 한번 숙고해 보라. 그것은 그 사람이 자고 있거나 깨어 있거나 간에 꿈의 상태 즉, 유사성을 동일성으로 착각하는 것이 아닌가?
> 확실히, 나는 그것을 꿈이라고 부를 수밖에 없다. 이렇게 그가 말했다.
>
> *플라톤, 『국가』(Republic) 476C

> 실체 상태의 지속적인 연속을 결정하는 법칙 자체를 제외하고는 아무 것도 그 실체 속에 영속하지 않는다.
>
> *라이프니츠, 『게하르트 2』(Gerhardt 2)

1. 서론

어떤 사람이 주위 세계를 반성할 때 개와 자동차 같은 개물들과 그 속성들 사이에는 차이가 있다는 것이 명백해질 것이다. 게다가 한 개물 내부의 속성과 그 개체가 다른 개체와 맺는 관계 사이에도 역시 분명한 구별이 있다. 특정한 개는 실체라고 부르는 개물이고 그 속에 갈색의 속성을 가지며 개 밥그릇보다 더 크다는 관계를 맺는다.

철학사에서 수많은 사상가가 존재의 범주들의 세 가지는 속성, 관계, 실체의 범주라고 주장했다. 이 장에서 우리는 속성과 실체의 연구에 연관된 철학적 문제들을 차례로 탐구할 것이다.

2. 속성

1) 세 가지 속성관

우리 앞에 두 개의 붉은 둥근 반점이 있다고 하고 각각 소크라테스와 플라톤이라고 이름을 붙이자. 소크라테스와 플라톤은 그 모든 성질(속성)이 정확히 닮았다. 그것들은 크기, 형태, 색깔 등에서 동일하기 때문에 성질 일치라고 불리는 경우이다. 소크라테스와 플라톤은 구체적 특수자이다. 즉, 속성을 가지고 있는 것으로 보이는 특수한 개물들(여기서는 붉음의 속성을 가지고 있는 것처럼 보이는 반점들)이다. 구체적 특수자의 다른 예들은 개개의 개들, 탁자들, 또는 금의 원소들이다.

우리는 성질 일치를 어떻게 설명할 수 있는가?

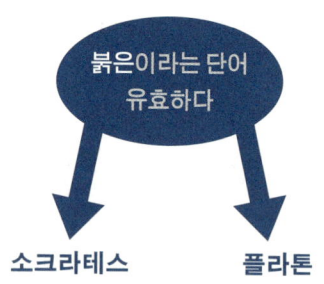

<그림 10.1 극단적 유명론자 전략 1>

이 문제에 대해 세 가지 개괄적인 대답이 제공되었다.

첫째, 성질 일치에 대한 둘째 입장은 극단적 유명론이다.
이것은 콰인(Quine)과 셀러즈(Sellars) 같은 철학자들이 옹호했다. 이러한 입장에 따르면 속성들은 전혀 존재하지 않고 구체적 특수자들과 일군의 구체적 특수자들만이 실재적인 유일한 것이다. 극단적 유명론자는 소크라테스와 플라톤 사이의 "성질 일치"를 다음과 같이 설명할 것이다.

a는 Q라는 경우 그리고 오직 Q라는 경우에만 속성 F를 가진다.

예를 들면, 소크라테스는 Q라는 경우 그리고 오직 Q라는 경우에만 붉음이라는 "속성"을 가진다. Q란 무엇인가?

Q는 "붉은이라는 단어가 소크라테스에 유효하다"는 것일 수도 있고 "소크라테스는 붉은 구체적 특수자의 집합 원소이다"는 것일 수도 있다.

이러한 두 가지 전략을 도표 10.1과 10.2처럼 그릴 수 있다.

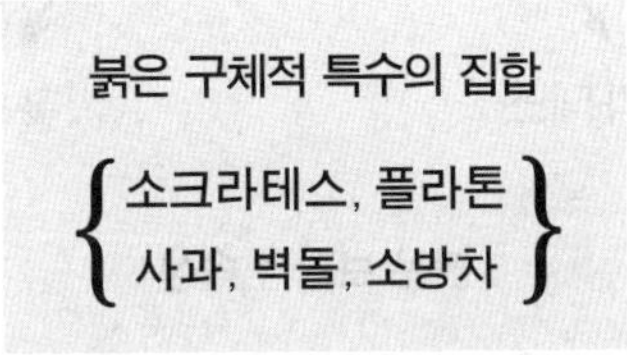

$$\left\{ \begin{array}{c} \text{붉은 구체적 특수의 집합} \\ \text{소크라테스, 플라톤} \\ \text{사과, 벽돌, 소방차} \end{array} \right\}$$

<그림 10.2 극단적 유명론자 전략 2>

극단적 유명론자의 경우 속성(예컨대 붉음)은 전혀 존재하지 않는다. 대신에 존재하는 유일한 것은 구체적 특수자(개개의 붉은 사물들)이고 이러한 특수자에게 유효한 "속성어"(예컨대 붉은이라는 단어)이다.

둘째, 성질 일치에 대한 둘째 입장은 소위 유명론이다.

D. C. 윌리엄즈(D. C. Williams)와 K. 캠벨(K. Campbell) 같은 철학자들이 옹호했다. 유명론자들은 속성의 실존을 받아들이지만, 그것이 한 가지 이상의 구체적 특수자에 의해 소유될 수 없는 추상적 특수자라고 불리는 특수한 개별화된 성질이라고 주장한다. 여기서 추상적이라는 용어는 그 표준적 형이상학적 의미 즉, 시공간 밖에 있는 어떤 것으로 사용되지 않는다. 오히려 추상적은 유명론자에 의해서 인식론적 의미 즉, 마음 환경 속의 여타의 것을 무시함으로써 마음 앞에 데려와지는 어떤 것으로 사용된다.

예를 들면, 사람들이 토마토의 형태, 맛 또는 크기를 무시하고 그 표면색에만 초점을 맞추면, 그 토마토의 붉음은 인식론적 의미에서 추상적이다. 소크라테스로 돌아가보자. 그것은 그 자신의 특수한 붉음을 가지고 플라톤은 그 자신의 특수한 붉음을 가진다. 우리는 이를 각각 붉은1과 붉은2이라고 부를 수 있다. 붉음 일반은 개개의 추상적 특수자 즉, 모든 구체적 특수자(개개의 사과, 반점, 자동차) 안에 있는 붉은1, 붉은2, … 붉은n의 집합이다. 소크라테스는 자신의 모든 추상적 특수자(붉은1, 둥근1 등등)를 부분으로 해서 구성되는 전체이다.

이것은 도표 10.3처럼 그려질 수 있다.

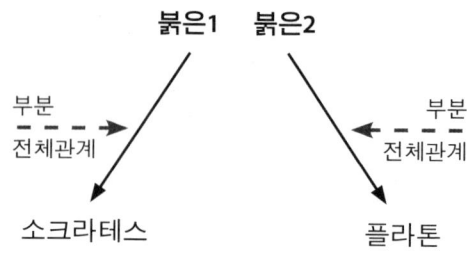

<그림 10.3 소크라테스와 플라톤은 추상적 특수자로 구성되는 전체이다>

셋째, 성질 일치에 대한 둘째 입장은 실재론이다.

D. M. 암스트롱(D. M. Armstrong)과 라인하르트 그로스만(Reinhardt Grossmann) 같은 철학자들이 옹호했다.

이러한 입장에 따르면 소크라테스와 플라톤은 각자 그 속에 붉음이라는 동일한 속성을 가진다. 속성은 다수 속에 들어 있는 하나이다. 속성은 많은 구체적 특수자들에 의해서 동시에 소유될 수 있다. 붉음과 같은 속성과 소크라테스, 플라톤과 같은 구체적 특수자 사이의 관계는 예시, 술어 또는 **예화** 관계(하나는 다른 하나의 예이다)라고 불리운다. 속성들은 보편자라고 불리운다. 즉, 그것들은 많은 사물들에 의해서 동시에 소유될 수 있는 예시 가능한 존재물들을 늘려갈 수 있다. 소크라테스에 의해 예시되는 붉음은 플라톤에 의해 예시되는 붉음과 동일하다. 실재론자는 성질 일치를 도표 10.4처럼 그린다.

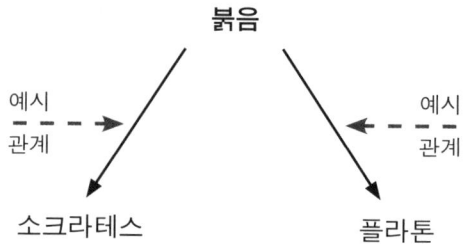

<그림 10.4 성질 일치에 대한 실재론자의 그림>

요약하면 극단적 유명론, 유명론 그리고 실재론은 속성의 존재론적 지위에 대해 다른 입장들이다. 극단적 유명론은 구체적 특수자(그리고 그 특수자에 유효한 단어들과 함께 하는 그런 특수자의 집합)의 실존만을 받아들인다. 유명론자는 구체적 특수자와 추상적 특수자(추상적 특수자의 집합과 함께)를 포용한다.

실재론자는 구체적 특수자의 실재성 이외, 보편자로서 이해된 다시 말해서 많은 구체적 특수자에 의해 동시에 예시될 수 있는 존재물로서 이해된 속성을 내세운다. 이러한 세 입장은 도표 10.5처럼 나타난다.

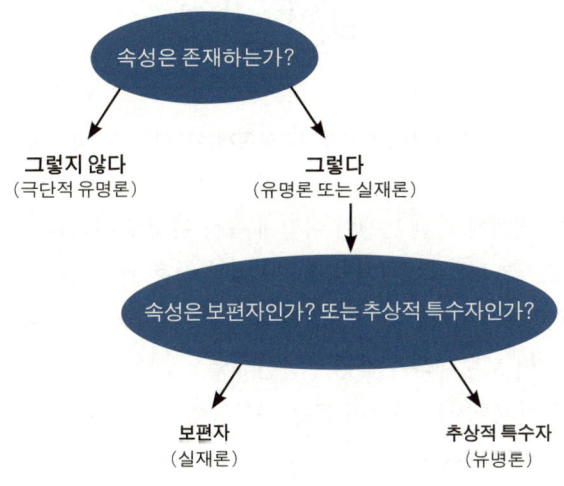

<그림 10.5 속성의 존재론적 지위>

2) 속성과 자연주의에 대한 논쟁

속성 논쟁은 제1장 끝부분에서 언급된 자연주의와 추상적 존재물에 관한 논쟁에 관련될 수 있다. **우주**는 물질과 (비인격적) 에너지의 시공간적 전체계 즉, 아무튼 감각과 과학적 탐구로만 접근 가능한 물질적 대상의 총합으로서 정의될 수 있을 것이다. **세계**는 비시공간적 추상적 존재물을 포함해서 실존하는 모든 것의 총합으로 정의될 수 있을 것이다.

형이상학적 의미에서 **추상적 존재물**은 시간 또는 공간에는 없는 실재적 존재물이다. 어떤 것은 공간적(또는 시간적) 지속(그것이 얼마나 큰가 또는 얼마나 긴가라고 물을 수 있다)과 위치(그것이 어디에 있는가 또는 언제인가라고 물을 수 있다)를 가진다면, 공간(또는 시간) 안에 있다. 이와는 대조적으로 추상적 존재물은 공간적(또는 시간적) 위치도 지속도 가지지 않는다. 자연주의자는 다만 우주만을 믿을 뿐이다. 때때로 존재론자로 불리는 철학자들은 세계를 믿는다. 그러므로 자연주의자에게 공간적(또는 시간적) 위치와 지속 또는 그 어느 한 쪽을 가지지 않으면 아무 것도 실존하지 않는다(도표 10.6에 그려진 대로).

<그림 10.6 자연주의자 입장과 존재론자 입장 사이의 관계>

자연주의와 세계에 관한 논쟁이 어떻게 속성 논쟁에 관련될 수 있는가?

무엇보다도, 극단적 유명론자와 유명론자는 십중 팔구 자연주의자이다. 이러한 입장을 옹호하는 사람들은 시공간적 구체적 또는 추상적 특수자만을 믿는다. 그들은 속성들이 보편자라는 것을 부인한다.

둘째, 모든 실재론자는 속성이 많은 사물들에 의해서 동시에 예시될 수 있다는 것에 동의한다. 예를 들면, 바로 그 동일한 붉음은 많은 붉은 사물들에 동시적으로 귀속되는 술어일 수 있다.

이것은 모든 실재론자가 속성들이 추상적 존재물 즉, 시공간 안에는 없는 존재물이라고 믿는다는 것을 의미하는가?

그 대답은 그렇지 않다는 것이다. 그 이유를 알기 위해 우리는 속성(예컨대 붉음)과 그 속성을 가지고 있는 사물(예컨대 소크라테스, 플라톤) 사이의 관계 즉, **예시** 관계에 집중할 필요가 있다.

실재론자가 이 관계를 이해했던 주요한 세 가지 방식이 있다. 예시에 대한 최초의 실재론적 입장은 **원형-모사 입장**이다. 이 입장에 따르면 붉음과 같은 속성들은 시공간 밖에 실존하는 추상적 실재물이다. 더욱이 속성들은 그 속성들을 가지고 있다고 추정되는 특수자들을 구성 부분으로 하지 않는다. 대신에 개개의 특수자들은 그 속성의 모본을 가지고 있다.

예를 들면, 소크라테스와 플라톤은 그 속에 붉음의 속성을 가지고 있지 않다. 오히려 그것들은 각자 그 속에 붉음의 모본을 가지고 있다. 붉음이 많은 붉은 사물들에 의해서 예시될 수 있다고 말하는 것은 개개의 붉은 사물이 그 자신 속에 붉음의 모본을 가질 수 있다고 말하는 것과 같다. 붉음 자체는 전적으로 시공간 밖에 그리고 그 모본을 소유하는 사물들 밖에 거주한다.

원형-모사 입장은 그 입장에 제기되었던 난점들 때문에 광범위하게 주장되지는 않는다. 그러난 난점 가운데 하나가 이른바 제3의 인간 논증이다. 이 논증은 속성과 예시에 대한 원형-모사 입장이 두 가지를 가정하고 있고 이를 함께 취하면 악무한 소급에 빠진다고 지적한다.

두 가지 가정은 다음과 같다.

비동일성 가정: 사물들 F는 어떤 다른 것 즉, 사물들 F를 F로 만드는 F임에 힘입어서 F이다.

자기-술어 가정: F임은 그 자체 F이다.

비동일성 가정은 예를 들면, 유수한 붉은 사물들(소크라테스, 플라톤, 벽돌)은 어떤 다른 존재물 즉, 개개의 사물에 모사되는 붉음 자체에 힘입어서 붉다고 주장한다. 자기 술어 가정은 개개의 붉은 사물들만이 아니라 붉음 자체도 붉다는 것을 함축한다.

많은 실재론자는 둘째 가정을 받아들이고 첫째 가정을 거부한다. 그들은 비동일성 가정은 다만 특수자에게만 적용되고 보편자에게는 적용되지 않는다고 논변한다. 예를 들면, 모든 붉은 특수자들은 어떤 다른 존재물(붉음)에 힘입어서 붉다는 것은 사실이다. 그러나 붉음 자체는 붉은 것일지라도 그 밖의 다른 것에 힘입어서 붉은 것은 아니다.

그러나 여기서 주요 논점은 원형-모사 입장이 이 두 가지 가정을 모두 함축한다는 점이고 이 두 가정을 함께 취하면 다음과 같이 될 수 있는 악무한 소급에 빠진다는 점이다. 우리가 유수한 붉은 사물의 집합(소크라테스, 플라톤, 벽돌)에 관해 이것들이 붉다는 것을 설명하는 것이 무엇인가를 묻는다면, 비동일성 가정은 그 붉음이 붉은 사물들 이외의 어떤 다른 존재물, 다시 말해서 그 사물들을 붉게 만들고자 그 사물들 속에 모사되는 붉음 자체에 기인한다는 것을 말해 준다. 그래서 세 가지 사물(소크라테스, 플라톤, 벽돌)로 구성되는 집합1이 붉은 사물들의 집합인 것은 붉음 때문이다.

그러나 이제 자기-술어 가정은 소크라테스, 플라톤, 벽돌만이 아니라 붉음 자체도 붉다는 것을 우리에게 확신시킨다. 이것은 우리가 새로운 집합2 즉, 소크라테스, 플라톤, 벽돌 그리고 붉음 자체로 구성되는 집합 2의 모든 원소의 붉음을 설명하는 것이 무엇인가라는 물음으로 곤혹스럽게 될 수 있다는 것을 의미한다.

비동일성 가정은 우리의 대답이 어떤 다른 존재물 소위 붉음2 즉, 집합 2의 모든 원소에 의해 소유되는 붉음2에 의존해야 한다는 것을 요구한다. 그런데 이제 우리는 새 집합3 즉, 소크라테스, 플라톤, 벽돌, 붉음 그리고 붉음2로 구성되는 집합 3을 만들 수 있고 이 새 집합의 모든 원소가 붉다는 사실을 설명하는 것이 무엇인가를 물을 수 있다. 그 대답은 집합3의 모든 구성원에 모사되는 붉음3에 의존할 것이다. 이러한 절차는 악무한 소급을 일으키고 따라서 원형-모사 입장은 거부되어야 한다.

예시에 대한 나머지 두 가지 실재론적 입장은 불순 실재론자와 순수 실재론자가 옹호하는 입장이다. 이 두 사상은 **위치화의 공리**(axiom of localization)라고 알려진 원리에 대해 의견이 다르다. 즉, 어떤 존재물도 동시에 또는 시간 간격을 달리 해서 다른 공간적 위치에 실존할 수 없다.

공간적 위치에 집중해 보자. 소크라테스와 같은 구체적 특수자는 한 시간에 한 공간적 위치에만 존재한다. 구체적 특수자는 같은 시간에 한 장소 이상의 장소에 존재할 수 없다. 위치화의 공리는 한 시간에 한 장소 이상의 장소에 있을 수 있는 것은 아무것도 없다고 말한다. 암스트롱 같은 불순 실재론자는 위치화의 공리를 부인한다. 말하자면 속성들은 그 속성들을 가지는 사물들 안에 공간적으로 포함되어 있다. 붉음은 소크라테스가 있는 바로 그 장소에 있고 플라톤이 있는 바로 그 장소에도 역시 있다. 이것은 붉음이 위치화의 공리를 위반하고 동시에 한 장소 이상의 장소에 존재할 수 있다는 것을 의미한다. 불순 실재론자는 그 핵심에 있어서는 자연주의자인 셈이다.

왜 그런가?

그들은 속성들이 보편자라는 사실로서 다시 말해서 하나 이상의 사물들에 의해서 동시적으로 예시될 수 있는 존재물로서 받아들이기 때문이다. 그러나 그들은 자연주의를 부인하고 싶지 않으며 시공간 밖에 있는 추상적 존재물을 믿지 않으려고 한다. 따라서 불순 실재론자는 모든 존재물이 실로 시공간 안에 있다고 주장한다. 그러나 그들은 두 가지 다른 종류의 공간적 존재물들을 포용한다. 한 시간에 한 장소에만 있는 구체적 특수자(소크라테스)와 동일한 그 시간에 상이한 공간적 위치에 있는 보편자(붉음과 같은 속성들)가 그것이다. 불순 실재론자에게 예시 관계는 공간적 용기 관계이다. 소크라테스는 소크라테스와 같은 동일한 장소의 바로 그 안에 공간적으로 포함되어 있는 그 붉음 안에서 붉음을 예시한다.

그로스만 같은 순수 실재론자는 **예시에 대한 비공간적**(그리고 초시간적) 입장을 고수한다. 붉음은 소크라테스가 그 존재 내부에 붉음을 가진다거나 예화한다는 의미에서 소크라테스 "안"에 있다. 그러나 붉음도 예시 관계 자체도 공간적이지 않다. 그렇게 되면 붉음은 소크라테스가 있는 그 장소에 있다고 말하는 것은 의미가 없는 것이 아닌가?

그렇지 않다는 것이 순수 실재론자의 말이다. 이와 같은 관계를 이해하는 방식은 소크라테스 즉, 붉은 점이 실로 지면 위에 공간적으로 위치하고 있으며 붉음이 확실히 소크라테스 "안"에 있기는 하나 이 "안"은 공간적 관계(예컨대 붉음이 지면 위에 있다고 말하는 것은 붉음이 반점 "안"에 있고 그 반점은 지면 위에 있다고 말하는 것이다)는 아니라고 말하는 것이다. 속성들은 모래가 물통 안에 있는 방식처럼 그 속성들을 가지는 구체적 특수자에 있는 것이 아니라는 것이다.

그러므로 불순 실재론자는 속성들을 보편자로서 받아들이기는 하나, 추상적 존재물로서는 거부하는 셈이다. 순수 실재론자는 속성들이 보편자라고 말하는 것이 무엇을 의미하는가를 이해하는 최선의 방식은 그 속성들을 추상적 존재물(형이상학적 의미에서)로 판단하는 것이라고 주장한다.

유명론자들은 순수 자연주의자들이다. 왜냐하면, 그들은 위치화의 공리를 받아들이기 때문이다. 불순 실재론자들은 불순 자연주의자들이다 왜냐하면, 그들은 위치화의 공리를 거부하고 그렇지만 모든 것이 어떤 의미에서는 시공간 안에 있다는 관념을 받아들이기 때문이다. 순수 실재론자들은 자연주의를 전체적으로 거부하고 추상적 대상들을 포용한다. 극단적 유명론, 유명론 그리고 상이한 형태의 실재론에 관한 우리의 논의를 요약하면 표 10.1처럼 될 수 있다.

3) 세 가지 입장에 대한 평가

예시의 본성에 대한 실재론자들 사이의 내부 논쟁은 제쳐두고 이제는 속성의 실재성에 대해 극단적 유명론자들, 유명론자들 그리고 실재론자들 사이에 있는 논쟁에 집중해 보자. 세 가지 주요 유형의 증거가 이 논쟁이 거치는 핵심 단계였다. 즉, 술어, 정확한 유사성, 속성 자체가 속성을 가진다(예컨대 붉음은 색깔이다)는 사실이 그것이다.

문제	긍정	부정
속성들은 실존하는가?	유명론자 모든 형태의 실재론	극단적 유명론자
속성들은 보편자인가? (시공간 안에 있지 않은)	모든 형태의 실재론	극단적 유명론자 (속성들은 없다) 유명론자 (속성들은 있지만 인식론적 의미에서 추상적 특수자이다.
속성들은 추상적 존재물인가?(시공간 안에 있지 않는)	순수 실재론자 원형-모사 실재론자	극단적 유명론자 유명론자 불순 실재론자
속성들은 그 속성들을 가지는 구체적 특수자 "안"에 있는가?	순수 실재론자 ("안"은 공간적 관계가 아니다) 유명론자 (위치화의 공리를 받아들이고 "안"은 정상적인 공간관계이다) 불순 실재론자 (위치화의 공리를 거부하고 "안"은 비정상적 공간관계이다)	극단적 유명론자 (아무런 속성도 없다) 원형-모사 실재론자 (속성 자체는 특수자 안에 없는 속성의 모사가 특수자 안에 있다)

<표 10.1 다양한 형태의 유명론과 실재론을 구별하기>

차례대로 간략하게 살펴보고, 우선 **술어** 말하자면 자기와 다른 것에 그 어떤 것을 긍정하는 것, 어떤 속성을 귀속시키는 것, 어떤 사물을 집합에 배당하는 것, 어떤 것에 속하는 특징을 지정하는 것에서 시작해 보자. 다음과 같은 문장을 고찰해 보자.

① 소크라테스는 붉다.
② 플라톤은 붉다.

실재론자는 이러한 문장들의 진리를 설명하는 단도직입적인 강력한 방법을 가지고 있다. ①과 ②는 소크라테스와 플라톤이 붉음이라는 그 동일한 속성을 예시한다는 사실을 표현한다. 따라서 붉음은 각자의 보편적 술어인 셈이다. 이 술어는 다음과 같은 방식으로 명백해질 수 있다.

①′ 소크라테스는 붉음을 가진다.
②′ 플라톤은 붉음을 가진다.

일반적으로 술어의 예는 이른바 **일**과 **다**의 예들이다. 다수의 붉은 사물들이 있고 그렇지만 붉은 사물들이라는 통합된 집합 하나가 있다. 이 집합에는 소크라테스와 플라톤은 포함되나 푸르고 붉지 않은 사물들(아리스토텔레스라고 부르자)과 같은 제3의 둥근 반점은 배제된다. 실재론자는 술어를 설명하는 분명한 방법과 일과 다를 설명하는 방법 즉, 붉은 사물들의 집합과 같은 하나의 통일된 집합을 설명하는 분명한 방법을 가지고 있다.

이 집합은 그 집합의 모든 구성원이 그 구성원들에 속하는 바로 그 동일한 속성(붉음)을 가지고 있다는 사실에 의해서 통합되고 그 집합에서 배제된 구성원들(아리스토텔레스)은 그 속성을 예시하지 못한다. 실재론자는 술어를 좀더 낫게 설명하기 위하여 극단적 유명론자와 유명론자에게 도전한다.

극단적 유명론자는 ①을 어떻게 취급할 것인가?

그는 ①의 언어적 환원(제2장 참조)을 제공할 것이다. 즉, 그는 ①은 실제적으로 ①″소크라테스는 붉은 사물이다와 동일한 것이라고 단정한다. ①″로 환원될 수 있다)고 주장할 것이다. ①″는 소크라테스가 붉은 구체적 특수자라고 말한다. 상이한 형태들의 극단적 유명론이 있고 이에 대한 토론은 이 장의 범위를 벗어난다. 그러나 적어도 한 가지 흔한 형태로서 극단적 유명론자는 붉은이라는 단어가 소크라테스에 유효한 것이고 소크라테스는 붉은 사물의 집합의 일원이라고 계속 주장할 것이다. ①″는 속성에 대한 어떠한 관계도 피해간다.

술어에 대한 극단적 유명론의 입장에는 두 가지 주요 문제가 있다.

첫째, 극단적 유명론자는 단순히 소크라테스가 붉은 사물의 집합의 일원이라고 단정한다. 그러나 실재론자는 소크라테스와 플라톤이 붉은 사물의 집합의 일원인 반면 아리스토텔레스(푸르고 둥근 반점)는 아니라는 사실을 무엇이 설명하는

가를 알고 싶어 한다.

실재론자는 대답을 가지고 있다. 즉, 소크라테스와 플라톤은 붉음의 속성을 가지고 있으나 아리스토텔레스는 아니라는 것이다. 이 집합의 통일성은 그 집합의 모든 구성원이 공유한 속성에 기초를 둔다. 그러나 극단적 유명론자는 이렇게 이동하는 것이 불가능하다. 왜냐하면, 그는 속성을 부인하기 때문이다. 따라서 그는 무엇이 붉은 사물의 집합의 통일성을 근거지우는가 그리고 무엇이 아리스토텔레스를 그 집합에서 배제하는가에 대해 아무런 대답도 제공할 수 없다.

둘째, 일과 다의 문제(자연적 집합은 많은 상이한 구성원들을 가지면서도 어떻게 하나로 통합될 수 있는가)는 붉음과 붉은 사물의 차원에서만 발생하는 것은 아니다. 그것은 또한, 단어 자체에 관해서도 발생한다. 예를 들면, 우리는 붉은 붉은 푸른과 같이 이렇게 연속되는 문장에 얼마나 많은 단어들이 들어 있는가를 물을 수 있다. 그 대답은 여러분이 단어를 무슨 의미로 사용하는가에 따라서 두 개 혹은 세 개가 된다. 유형(붉은이라는 유형과 푸른이라는 유형)으로는 두 개의 단어가 있고 개항으로는 세 개의 단어가 있다.

유형(type)이라는 단어는 동시에 한 곳 이상의 장소에 있을 수 있는 보편자이고 **개항**(token)이라는 단어는 그 유형의 특수한 사례들이다. 이제 극단적 유명론자가 붉은 사물들은 어떻게 붉을 수 있는가 하는 문제를 해결하고자 그 붉은이라는 단어가 개개의 붉은 사물에 유효하다고 말한다면 이것은 개개의 붉은 사물에 사용되는 것이 바로 그 동일한 단어(이를테면 붉은)라고 하는 것을 함축하는 것 같다. 이것은 곧 붉은이라는 단어를 유형(보편자)으로 취급하는 것이다. 이 점과 관련해 흄이 진술한 다음과 같은 극단적 유명론을 고찰해 보자.

> 우리가 여러 대상들, [예컨대 하얀 대상들] 사이에 있는 유사성을 발견했을 때 종종 우리에게 일어나는 일로서 우리는 그 동일한 이름["하얀"]을 그 모든 대상에게 적용한다. … 우리가 이러한 종류의 관습을 터득한 후 그 이름을 들으면 그러한 대상들 중의 하나에 대한 관념이 소생하고 상상력에 의해서 그 이름이 가지는 자신의 모든 특수한 여건과 부분들을 생각하게 된다.[1]

---

[1] David Hume, *A Treatise of Human Nature*, ed. P. H. Nidditch, 2nd ed. (Oxford: Clarendon, 1976), 20 (emphasis added).

흄의 진술에서 강조된 모든 단어는 보편자를 지시하는 것 같다. 흄은 "하얀"이라는 보편적 속성을 모든 하얀 사물에 유효한 하얀이라는 단어로 환원함으로써 그 속성을 없애버렸다. 그러나 그는 하나의 보편자(흼 자체)를 다른 보편자("하얀"이라는 유형 단어)로 대체했을 뿐이다.

극단적 유명론자가 앞서 말한 저 문제를 피할 수 있는 방식은 "하얀"이라는 유형 단어가 다만 "하얀"이라는 개개의 개항 단어의 집합에 불과하다고 말함으로써이다. 그러나 이렇게 되면 악무한 소급에 빠진다. 왜냐하면, 우리는 "하얀"이라는 개항 단어의 집합의 통일성을 무엇이 설명하는가를 물을 수 있고 극단적 유명론자는 이 물음에 대답하지 않을 것이고 아니라면 개항의 집합에 있는 모든 단어에 관해 사용된 새로운 단어를 요청할 것이며 이는 끝없이 계속될 것이기 때문이다. 어느 쪽이든, 극단적 유명론은 술어에 대해 부적합한 입장이다.

유명론자는 술어의 문제를 어떻게 해결할 것인가?
다음과 같다.

(1) **소크라테스는 붉은1을 가지고 있고 붉은1은 붉은 추상적 특수자들의 집합의 구성원이다**

플라톤은 붉은 2를 가지고 있을 것이고 아리스토텔레스는 푸른1을 가지고 있을 것이다. (1)에서 언급된 집합은 붉은 구체적 특수자들의 집합이 아니라 붉은 추상적 특수자들의 집합이라는 것을 기억하라. 불행하게도 술어에 대한 유명론자의 입장은 극단적 유명론에 제기된 것과 동일한 문제를 겪는다.

붉은1, 붉은2가 구성원이 되고 푸른1은 구성원이 되지 않는 이러한 붉은 추상적 특수자들의 집합을 근거지우는 것은 무엇인가?

거듭 말하지만, 실재론자는 붉은1과 붉은2가 그 속에 동일한 속성(붉음)을 가지는 반면 푸른1은 아니라고 말할 것이다. 그러나 유명론자는 이 문제에 대답하려면 우리가 극단적 유명론의 경우에서 보았던 것과 동일한 유형의 악소급에 빠지지 않을 수 없다.

요약하면 술어의 현상은 극단적 유명론과 유명론의 문제점이다. 왜냐하면, 이러한 입장은 어떤 것을 그 집합의 자리에 놓이게 하는 것이 무엇인가, 그 집합을 통일하는 것이 무엇인가, 다른 것을 집합의 원소이지 않게끔 배제하는 것이 무엇인가를 부적합하게 설명하기 때문이다. 그러나 실재론자는 그 동일한 속성을 소유하는가 아닌가에 호소하는 방식으로 설명할 수 있다.

(2) 속성의 실재성에 관한 논쟁에서 증거의 둘째 대목은 정확한 유사성이다

세계에 존재하는 사물들은 여러 가지 점에서 서로 닮기도 하고 닮지 않기도 한다. 소크라테스, 플라톤, 아리스토텔레스는 둥글다는 점에서 서로 닮아 있다. 그러나 소크라테스와 플라톤은 붉다는 점에서는 서로 닮았으나 아리스토텔레스는 아니다.

일반적으로 두 사물 a와 b가 정확히 닮을 때 서로 닮아 있는 F라는 측면이 있을 것이다. 이 측면은 a와 b에 의해 소유된 F임이라는 속성일 것이다. 그러므로 실재론자에게 소크라테스와 플라톤 사이에 색깔이 정확하게 비슷하다는 점은 각자는 서로 닮아 있는 그 측면을 구성하는 동일한 속성 즉, 붉음을 예시한다는 사실에 의해 설명된다. 실재론자는 극단적 유명론자와 유명론자에 도전하고 정확한 유사성에 대한 적합한 설명을 제안하는 셈이다.

극단적 유명론자는 이러한 도전에 대응하여, 모든 붉은 사물은 다만 서로의 관계에서 정확하게 비슷한 관계일 뿐이고 이것은 설명될 수 없는 기초적인 사실이라고 주장한다. 정말 단순하고 순박한 사실로서 소크라테스와 플라톤은 서로 닮았다는 점이고 노란 개를 닮지 않았다는 점이다.

그러나 이러한 접근 방식은 두 가지 문제가 있다.

첫째, 소크라테스와 플라톤 사이에는 실제로 서로 유사한 측면이 있다는 것이다. 즉, 그것들은 붉다는 점에서 서로 닮아 있다. 플라톤과 아리스토텔레스는 다른 측면에서 즉, 둥글다는 점에서 서로 닮아 있다. 극단적 유명론자가 하는 주장임에도 불구하고 이 상이한 유사한 측면들은 결코 순박한 사실들이 아니고 오히려 그 유사한 측면들을 구성하는 유사한 존재물들이 공통으로 소유하는 속성을 인증함으로써 설명될 수 있는 형이상학적 현상인 것이다.

둘째, 유사성에 대한 극단적 유명론자의 입장은 무너져서 실재론으로 되거나 악무한 소급에 연루되게 된다. 이를 이해하기 위해서는 다음과 같은 점을 유의하자. 소크라테스, 플라톤 그리고 붉은 벽돌이 서로 유사할 때 극단적 유명론자가 이를 설명하는 방식은 그것들은 정확한 유사성이라는 그 관계에 있다고 말함으로써일 것이다. 그러나 이렇게 되면 그때는 그 정확한 유사성의 관계라고 하는 것은 그 자체 두 사물이 정확하게 서로 유사한 모든 경우에서 반복되는 보편자로서의 관계가 될 것이다.

소크라테스는 플라톤이 붉은 벽돌과 맺는 정확한 유사성의 관계와 동일하게 정확한 유사성의 관계에 있을 것이다. 그러나 이러한 해결책은 정확한 유사성의 관계를 보편자로 취급함으로써 실재론 쪽으로 무너지고 있는 셈이다.

이러한 문제를 피하기 위해 극단적 유명론자는 각 쌍의 붉은 사물들은 각자의 개별적인 정확한 유사성의 관계에 있다고 말해야 할 것이다. 이것을 그림으로 나타내면 도표 10.7(ES는 두 사물 간의 정확한 유사성을 말한다)처럼 될 수 있다.

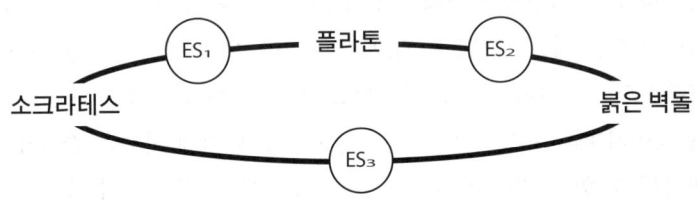

<그림 10.7 개물의 정확한 유사성의 관계>

여기서 소크라테스와 플라톤은 각자의 정확한 유사성의 관계(ES1)에 있다. 플라톤과 붉은 벽돌의 관계, 소크라테스와 붉은 벽돌의 관계 등등이 모두 그렇다. 그러나 이제 문제가 발생한다. 이 각자의 정확한 유사성의 관계 자체는 여타의 각자의 정확한 유사성의 관계와 정확하게 유사할 것이다.

이것은 어떻게 설명될 수 있는가?

극단적 유명론자는 도표 10.8이 그리는 것처럼 각 쌍의 보다 저차적인 정확한 유사성의 관계들 사이에 있는 보다 고차적인 정확한 유사성의 관계들을 요청해야 할 것이다.

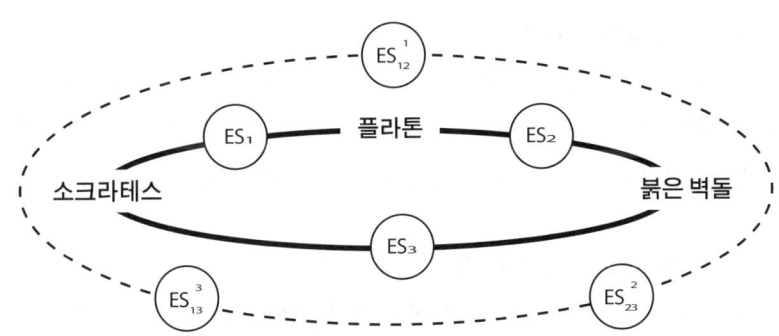

<그림 10.8 보다 고차적인 정확한 유사성의 관계들>

이러한 극단적 유명론자의 전략은 무한히 반복될 수 있고 이것은 악소급을 발생시킨다. 유명론자도 동일한 문제를 가지고 있다. 유명론자와 극단적 유명론자 사이의 유일한 차이점은 유명론자가 위 도표에 나오는 소크라테스, 플라톤 그리고 붉은 벽돌을 붉은1, 붉은2, 붉은3(벽돌 안에 있는 추상적 특수자)으로 대체할 것이라는 점이다.

요약하면 극단적 유명론자와 유명론자는 구체적 혹은 추상적 특수자들 가운데 있는 정확한 유사성을 기초적이고 설명할 수 없는 현상으로 남겨둔다면, 그 때는 그렇게 하는 것이 거짓으로 되고 말 것이다. 왜냐하면, 유사한 존재물들에 의해 공통적으로 소유된 속성을 인증함으로써 명세화될 수 있는 유사성의 측면이 있을 것이기 때문이다. 게다가 정확한 유사성의 관계 자체는 관계의 보편자로서 반복될 수 있을 것이고 이것이 아니라면 그러한 관계들의 악무한 소급에 빠질 것이다. 그러므로 사물들 가운데 있는 정확한 유사성은 실재론을 지지하는 것처럼 보인다.

논쟁에 관련된 셋째 대목의 증거는 속성들 자체가 속성을 가진다는 사실이다.

③ 붉은은 색깔이다

이 진술은 붉다는 일차적 속성이 색깔이라는 이차적 속성을 가진다고 말한다. 일차적 속성은 소크라테스 또는 플라톤과 같은 개체에 직접적으로 술어가 되는 속성이다. 예를 들면, 붉음과 푸름은 색깔이라는 속성을 가진다. 그러나 달콤함은 그와 같은 이차적 속성을 가지지 않는다. 속성들은 위계가 있다. 실재론자는 ③과 같은 문장을 다음과 같이 직설적으로 설명한다.

③′ 붉음은 유색성을 가진다

실재론자는 ③과 같은 문장을 설명하기 위해 극단적 유명론자와 유명론자에게 도전한다. 극단적 유명론자는 ③의 언어적 환원을 제공하려고, 그것이 ③″과 동일한 것이고 따라서 ③″에 의해 대체될 수 있는 것이라고 주장한다.

③″ 붉은 사물들은 유색 사물이다

③″는 구체적 특수자를 지시할 뿐이고 속성들과는 아무런 관계도 없다는 점에 유의하자. 그러나 실제로 ③″는 ③과 동일한 것을 말하는가?

그리고 일반적으로 이러한 종류의 환원은 실제적으로 효력이 있는가?

우리가 이러한 유형의 전략이 실패하는 사례를 발견할 수 있다면, 극단적 유명론자의 입장은 논박될 것이다.

이러한 사례가 있는가?

있다!

④ **붉은 사물들은 공간적으로 연장된 사물들이다**
④′ **붉은은 연장이다**

극단적 유명론자는 이러한 환원 패턴에 전념할 것이다. 왜냐하면, 그의 입장에서 ④와 ④′는 동일한 것을 말하고 ④는 속성을 언급하며 따라서 속성을 언급하지 않는 ④′에 의해 대체되어야 하기 때문이다. ④는 벽돌과 같은 붉은 사물들이 공간 영역에 연장되어 있기 때문에 참이다. 그러나 ④′는 분명히 거짓이다. 붉은은 연장이 아닌 색깔이다. 키가 150센티미터라고 하는 것은 연장의 속성 사례이다. 따라서 극단적 유명론자의 환원 전략은 거짓됨에 빠지고 따라서 실패한다.

유명론자의 환원 전략에도 동일한 말을 할 수 있다. 그는 ③을 다음과 같이 다룰 것이다.

③ **붉은은 색깔이다**

여기에는 구체적 특수자와의 관계가 아니라 추상적 특수자와의 관계가 있다. 그러나 모든 붉은 추상적 특수자는 역시 공간에 연장되어 있다(예컨대 소크라테스라는 붉은1은 소크라테스의 표면 위에 연장되어 있다). 따라서 다음과 같은 문장은 참이 될 것이다.

③′ **붉은은 연장이다**

그렇다면 유명론자의 환원 전략은 ⑤로부터 ⑤′를 도출할 수 있게 만든다.

⑤′ **붉음은 연장성이다**

그러나 ⑤′는 분명히 거짓이다. 붉음은 연장성이 아닌 색깔이다. 그렇다면 속성들은 다른 속성을 소유한다던 ③과 같은 문장들은 극단적 유명론자 혹은 유명론자에 의해 적합하게 처리될 수 없는 것으로 보인다. 그러나 그 문장들은 실재론자에 의해 설명될 수 있다.

우리는 속성의 실존과 본성에 대해 상이한 입장들을 탐구했고 이러한 형이상학적 논쟁 영역에 관련된 세 가지 증거를 살펴보았다. 속성들은 참으로 실존하고 진정한 보편자인 것으로 보인다. 그러나 실재성은 속성을 넘어 더 많은 것을 포함하고 있다. 속성을 가지고 있는 개와 고양이 같은 개체적인 사물들도 있다. 철학자들은 이러한 개체들을 실체라고 부른다. 이제 실체의 본성에 관한 연구로 넘어가보자.

3. 실체

실체라는 말은 영어에서 이와 연합된 상이한 의미들을 많이 가지고 있다. 마찬가지로 철학사에서도 그 용어는 상이하게 사용되었다. 그러나 형이상학의 역사에서 실체의 가장 핵심적인 관념은 생명을 가진 유기체 이를테면 개별적인 인간, 나비, 개, 도토리나무를 실체의 모범 사례(즉, 표준 사례, 가장 분명한 사례)로 받아들이는 것이다.

실체에 대한 우리의 연구에서 우리는 전통적 실체 개념을 검토하고, 실체와 속성-사물을 비교하며, 전통적 실체 개념의 주요 적수를 고찰하고, 전통적 입장의 함의들을 끌어낼 것이다. 이런 것들을 이해하기 위해 갈색의 큰 개인 개별자 피도를 고찰해 보자. 실체의 교리는 우리가 피도에 대해 알고 있는 것들이 무엇처럼 보이는가를 설명해야 한다. 전통적 실체의 개념은 바로 다음과 같다.

1) 전통적 실체의 개념

실체의 전통적 입장은 아리스토텔레스와 아퀴나스에 의해 파악된 입장이다. 이 영역과 관련된 그들의 사상에서 몇 가지 차이점이 존재한다. 실체의 형이상학에 관한 이 사상가들의 전반적 입장의 모든 측면을 해석하는 데 있어서 모든 철학자가 정확하게 일치하는 것은 아니다. 그런데도 아리스토텔레스와 아퀴나스는 충분히 분명하고 그들의 입장을 전통적 입장이라고 명명할 정도로 일치를 보고 있다.

현재에 이르기까지 상당한 수의 철학자들이 전통적 입장을 포용한다. 피도와 같은 개별적인 실체들은 철학자들에게 실체의 형이상학이 설명하려고 노력하는 어떤 사실들을 제출한다. 피도에게 명백하게 유효한 일곱 가지 사항이 있다. 이 일곱 가지 특징들은 전통적 입장의 핵심을 형성한다.

(1) 속성의 소유권

속성들은 자기 모습을 스스로 세계에 보여 주지 않는다. 예를 들면, 사람들은 갈색이 책장 위에 스스로 놓여져 있는 것을 발견하지 않는다. 속성들은 소유자가 있고 실체가 그 소유자이다. 실체는 자기 "안에" 있는 속성들을 가진다. 속성들은 그 속성들을 소유하는 실체에 의해서 소유된다. 피도는 갈색, 어떤 형태, 무게가 11 킬로그램이 되는 속성을 가지고 있다.

이러한 속성들은 피도에게 현존한다. 이러한 의미에서 실체는 속성보다 더 기초적이다. 속성에 대해, 무엇이 그러한 속성을 가지는가라고 묻는 것은 의미가 있다. 그러나 실체 예를 들어, 피도에 대해, 무엇이 그러한 실체를 가지는가라고 묻는 것은 의미가 없다. 속성들은 실체 "안에" 있다. 그러나 실체는 "안에" 없다는 점에서 혹은 자신보다 더 기초적인 사물들에 의해 소유되지 않는다는 점에서 기초적이다. 실체가 가짐을 행하고 속성들은 가짐을 당한다. 실체라는 영어 단어 substance(sub는 "아래"를, stance는 "서 있다"를 의미한다, 따라서 substance는 "아래에 서다"를 의미한다)의 어원이 이러한 실체의 측면 즉, 속성 아래에서 그 소유자로서 있다는 점을 드러낸다.

(2) 동시적 통일성과 전체성

피도 같은 실체는 그 자체가 하나의 전체이고 그 자체가 속성들, 부분들, 역량들의 심층적인 통일성이다.

첫째, 실체는 속성들의 심층적 통일성이다.

속성들은 개별적으로가 아니라 집단으로 함께 온다. 예를 들면, 갈색, 11 킬로그램, 어떤 형태의 소유는 세 가지 상이한 속성으로서 피도의 통일성을 형성한다. 게다가 갈색은 근처의 사과의 붉음이 피도의 형태와 통일되지 않는 방식으로 피도의 형태와 통일된다. 이것은 피도의 입 안에 사과가 있었고 따라서 그 사과의 붉음이 피도의 꼬리의 갈색에 있었던 것보다 공간적으로 더 가까이 피도의 일부 즉, 코에 있었다고 할지라도 사실일 것이다. 마지막으로 피도는 속성들의 통일성에서 한 덩어리의 소금보다 더 심층적이다. 이러한 덩어리는 하양이라는 통일성이고 그 덩어리의 형태일 것이다.

그러나 그러한 전체는 이러한 속성들의 참된 통일성일지라도 피도의 통일성만큼 더 심층적이지는 않다. 피도의 속성들은 소금의 속성들이 부분이 되어 덩어리를 형성한 통일성보다 훨씬 더 서로 긴밀하게 연관되어 있다. 속성들의 통일성에 대한 이러한 사실들은 속성들의 **응착**(adherence)이라고 불린다. 속성들은 실체에서 함께 응착한다. 즉, 그것들은 함께 통일된다.

무엇이 이 사실을 설명하는가?

전통적 입장은 응착은 **내속**(inherence)에 의해 설명된다고 말한다. 피도의 모든 속성은 그 아래에 서 있는 동일한 실체에 의해 모두 소유되기(혹은 내속되기) 때문에 통일된다.

둘째, 실체는 부분들의 통일성이다.

피도의 코, 눈, 심장과 다리는 통일된 전체를 형성하는 부분들이다. 속성과 부분의 차이점은 다음과 같다.

속성은 속성을 가지는 실체가 존재하지 않게 되었다고 해도 여전히 실존할 수 있을 보편자이다. 피도가 죽었다고 해도 다른 개가 갈색을 가질 수 있을 것이다. 부분은 부분을 가지는 실체가 없어졌다면 생존할 수 없는 특수자이다. 피도가 "갑자기 불쑥 존재하게" 되었더라도 그의 부분들 전체(예컨대 코)는 존재하지 않을 수 있을 것이다. 이러한 의미에서 실체의 부분들은 전체가 그 부분에 앞서는 방식으로 통일된다.

실체의 부분들은 그 부분들이 전체로서의 실체에서 담당하는 역할에 힘입어서 존재하는 대로가 그 본성이다. 따라서 실체의 부분들의 동일성은 전체로서의 실체를 전제한다. 심실은 그 심실이 전체로서의 심장에서 담당하는 역할에 힘입어서 존재하는 대로가 그 본성이다. 심장은 그 심장이 순환기 체계에서 담당하는 역할에 힘입어서 존재하는 대로가 그 본성이다. 순환기 체계는 그 체계가 전체로서의 유기체에서 담당하는 역할에 힘입어서 존재하는 대로가 그 본성이다. 게다가 실체의 그 부분들이 제거될 때 그 부분들은 변화한다.

아리스토텔레스가 말한 대로 절단된 손은 더 이상 인간의 것이 아니다. 왜냐하면, 그 손은 더 이상 동일성을 부여하는 그 실체의 부분이 아니기 때문이다. 절단된 손은 다만 원자 더미이고 다른 부분들의 덩어리일 뿐이며 이 점은 몇 주가 흐르고 나면 분명해지는 사실이다. 그 손은 자신의 통일성을 잃어버렸다.

셋째, 실체는 역량들(잠재성, 성향, 경향)의 통일성이다.

철학에서 우리는 F이기는 하나 G일 수 있는 어떤 x와 F이기는 하나 G일 수 없는 어떤 x를 서로 구별한다. 예를 들면, 소금은 고체이나 물에서 용해될 수 있고 다이어몬드는 고체이나 물에서 용해될 수 없다.

반대 사실적(counterfactual) 진술은 실체에 유효한 것이다. **반대 사실적 진술**은 사실에 반대해 이러이러한 것이 일어나게 되었더라면 사실로 되어버릴 것을 말하는 주장이다. 예를 들면, 도토리가 흙 안으로 들어가게 되면(항아리 안에 들어 있지만), 그때는 뿌리를 뻗게 될 것이다.

이러한 반대 사실들은 실체가 현실화하지는 않을지라도 자기 자신에게 유효한 일련의 역량들을 가지고 있다는 것을 말함으로써 설명된다. 소금은 소금 분리기에 있는 동안 용해 역량을 가지고 있다. 도토리는 항아리에 있는 동안 뿌리를 내릴 수 있는 역량을 가지고 있다. 실체는 그 역량들의 심층적인 통일성이다. 피도는 조용히 있지만 짖을 수 있는 역량, 달리거나 꼬리를 흔드는 역량 등등을 가지고 있다. 그는 자신의 역량들의 심층적인 통일성이다.

역량들은 자연적 집단화와 위계 속에서 온다. 예를 들면, 인간은 어떤 것들을 믿고 **생각하는** 다양한 역량, 어떤 것들을 **느끼는** 다양한 역량, 어떤 것들을 **선택하는** 다양한 역량을 가지고 있다. 이러한 상이한 역량들은 개별석인 실체(예컨내 특수한 인간 존재)에서 지성적, 정서적, 의지적 역량이라고 부를 수 있는 자연적 집단화를 형성한다. 심리학자들, 의사들, 생물학자들 그리고 많은 사람이 새, 식물 등과 같은 여러 가지 유형의 실체의 역량들 사이에서 집단화와 상호 연관성을 연구한다.

역량들은 또한, 위계적으로도 온다. 일차적 역량들이 있고 이러한 일차적 역량들을 가진다는 이차적 역량들이 있다. 마침내 궁극적인 역량들에 이른다. 예를 들면, 질은 영어를 말할 수 있고 러시아를 말할 수 없다면, 그때는 그녀는 일차적 역량을 가지는 이차적 역량뿐만 아니라 일차적 역량(자신이 이미 개발한 역량)도 이미 가지는 셈이다. 그녀는 또한, 러시아어를 말할 수 있는 이차적 역량을 가지고 있으나, 그렇게 할 수 있는 일차적 역량은 없을 것이다.

보다 고차적인 역량은 보다 하위적인 역량의 개발에 의해 실현된다. 도토리는 흙에서 영양분을 흡수하는 궁극적인 역량을 가지고 있다. 그러나 이것은 뿌리를 내리는 체계를 개발하고 그리고 나서 그 뿌리 체계의 보다 하위적인 역량들을 개발함으로써만 현실화되고 전개될 수 있다. 실체가 결점이 있을 때(예컨대 어린이가 색맹일 때), 그는 자신의 궁극적인 역량들을 잃지 않는다. 오히려 그는 궁극적인 역량들이 개발되기에 필요한 어떤 하위적인 역량이 없을 뿐이다.

실체의 역량들은 실체가 자신의 자연적 종류에 속함으로써만이 실체에 의해 소유되는 일련의 궁극적인 역량들에서 그 정점에 이른다. 예컨대 스미스의 궁극적인 역량들은 자신의 것이다. 왜냐하면, 그는 "인간이라는" **자연적 종류**에 속하기 때문이다. 실체의 **내적 본성**은 궁극적인 역량들의 질서지어진 구조적 통일성을 포함한다. 실체는 자신의 궁극적인 역량들에서 변화할 수 없다.

다시 말해서 실체는 자신이 궁극적인 본성을 잃었는데도 존재하기를 계속할 수는 없다. 스미스는 햇볕에 노출되어 자신의 피부색을 교체하고는 여전히 존재할 수 있겠지만, 자신이 인간이라는 것 즉, 자기 자신의 내적 본성인 바, 인간임을 구성하는 궁극적인 역량들을 잃어버린다면, 그때는 존재하기를 그친다.

요약하면 실체는 속성들, 부분들 그리고 역량들의 심층적 통일성이다. 게다가 실체 안에 있는 통일성의 유형은 실체의 부분들이 전체로서의 실체에서 담당하는 역할에 의해서 그 부분들의 동일성이 획득된다는 점에서 실체가 형이상학적으로 그 부분에 앞서는 전체로 이해되어야 한다는 것이다.

(3) 변화 속의 동일성과 절대적 같음

실체는 변화에도 동일하게 남는 **계속체**이다. 이 논점은 인격 동일성을 살펴볼 제7장에서 충분하게 전개될 것이다. **변화**는 같음을 전제한다. 어떤 x(개)가 F임(갈색)에서 G임(노랑)으로 이동할 때 그때는 그 동일한 x(그 개 자체)는 변화의 시작에도 끝에도 그리고 변화하는 동안에도 현존해야 한다. 그것은 변화한다.

사실상 변화는 일정 시간에 혹은 일정 시간 내내 실체의 속성의 부침으로 이해될 수 있다. 실체는 정기적으로 낡은 부분들, 속성들, 하위적인 역량들을 잃고 새로운 것들을 얻는다. 그러나 실체 자체는 이 변화의 근저에 놓여 있고 그 변화에도 동일하게 남아 있다. 야구 경기와 같은 장시간의 사건은 시간적 부분들을 가지고 있고 사실상 그 시간적 부분들의 합이다. 야구 경기는 9회의 합 또는 총체이고 개개의 회는 그 경기의 시간적 부분이다.

이와는 대조적으로 실체는 시간적 부분들을 가지고 있지 않다. 실체는 자기 역사를 철저하게 관통한다. 예를 들면, 피도는 자기 생애의 모든 순간에 충분히 현존한다. 피도는 개별적인 "개 단계들"의 합이 아니다. 이는 야구 경기가 "경기 단계들"(9회)의 합인 것과 같지 않다.

(4) 법칙과 법칙 같은 변화

도토리 같은 실체는 성장함에 따라 시간을 거치면서 변화를 겪는다. 이러한 변화들은 법칙 같은 것이다. 즉, 개개의 새로운 발전과 성장 단계는 존재하게 되다가 반복적으로 임의적이 아닌 법칙 같은 방식으로 낡은 단계들을 대신한다. 이 **법칙 같은 변화**들은 실체의 내적 본성에 기초를 두고 이러한 맥락에서 실체의 내적 본성은 개별적인 실체 내부에 내재하는 활동 혹은 변화의 동적 원리로서 이해될 수 있다.

도토리는 도토리로서 그 본성 내부에 잠재하고 내속하는 동적 경향성 때문에 특정한 방식으로 변화한다. 개개의 자연적 종류의 사물은 그 종류의 구성원에게 정상적인 그 자신만의 법칙 같은 변화들을 소유할 것이고 이러한 변화들은 그 종류의 실체들의 본성에 기초를 둔다.

게다가 이러한 내적 본성이 변화를 제약한다. 실체가 이러한 제약을 깨뜨리면, 그 실체는 더 이상 실존하지 않는다. 예를 들면, 유충이 변화해서 나비가 될 때 그 유기체의 내적 본성은 유기체가 성장 과정에서 겪을 수 있는 정확한 연속 단계들을 구체적으로 지정한다.

유기체가 그러한 변화의 경계를 넘어서면 즉, 유충이 물고기로 변화되었다면, 우리는 그 유충이 여전히 물고기로서 실존하고 있다고 말하지 않을 것이다. 오히려 우리는 그 유충은 존재하기를 그쳤고 물고기가 존재하게 되었다고 말할 것이다. 따라서 실체의 본성을 구성하는 법칙 같은 변화들은 성숙화 과정에서 일어날 일련의 질서지어진 변화들을 구체적으로 명세화하며, 사물이 겪어도 여전히 실존하며 자기가 속하는 종류의 사례로 간주될 수 있는 그런 종류의 변화들을 한정하는 셈이다.

(5) 자연종 자체의 통일성

여러분은 이 장의 전반부에서 사물이라는 자연적 집합 예컨대 붉은 대상들의 집합의 통일성이 실재론자에 의해서 그 집합의 개개의 구성원은 그 속에 동일한 속성, 여기서는 붉음이라는 속성을 가진다고 말함으로써 설명될 수 있다는 점을 기억할 수 있을 것이다. 이 속성은 그 집합의 통일성을 설명하고 어떤 대상들(소방차)

이 그 집합에 왜 속하는가, 다른 대상들(바나나)은 왜 속하지 않는가를 설명한다.

실체에 관해서도 동일한 논점이 제시될 수 있다. 실체들은 이른바 자연종이라는 자연적 집합 예컨대 개의 집합, 인간의 집합 등등에 편입된다. 이것은 자연종의 개개의 구성원이 그 속에 동일한 본질을 가지고 있다고 말함으로써 설명될 수 있다. 모든 인간은 인간임을 가지고 있고 이것이 인간의 집합의 통일성을 설명하며 어떤 사물(스미스)이 그 집합에 왜 속하고 다른 사물(피도)은 속하지 않는지를 설명한다.

이러한 의미에서 한 사물의 자연종(본질, 본성, "무엇임"으로서 아리스토텔레스는 개별적인 실체를 1차 실체라고 부르고 1차 실체의 본질을 2차 실체라고 불렀다)은 그 종의 구성원이기 위해 그 사물이 소유해야 하는 일련의 속성들로서 그 본질적 속성들의 하나라도 잃어버리면 존재하기를 그치는 그런 속성들이다.

(6) 목적인

전통적 실체의 교리는 작용인, 질료인, 형상인 그리고 목적인을 대조시킨다. **작용인**은 결과가 발생하게 되는 원인이다. 이 작용인은 결과를 가져온다. 예를 들면, 공이 다른 사물을 쳐서 움직이게 하면 그 최초의 공은 작용인이다. **질료인**은 어떤 것이 만들어지는 재료나 "자재"이다. **형상인**은 어떤 사물의 본질 혹은 "무엇임"(스미스의 인간임)이다. **목적인**은 결과나 변화가 생산되는 목적을 일컫는다.

전통적 입장의 많은 옹호자들은 개별적인 실체가 그 본성(형상인) 내에서 잠재성을 충분히 실현하려는 타고난 내재적 경향성(목적인)을 바로 자기 자신의 본성 내에 가지고 있다고 주장한다. 도토리는 도토리의 본성을 성숙하게 실현하려는 "목적"으로 변화한다. 태아는 인간의 본성에 기초를 둔 자기 자신의 잠재성을 현실화하는 것을 고려하는 목적으로 성장한다.

오늘날 목적인의 교리는 많은 사람에 의해서 낙후한 것이며 비과학적인 것이라고 판단된다. 대신에 종종 작용인과 질료인이 실체의 변화를 설명하는 데 필요한 모든 것이라고 생각된다. 예를 들면, 도토리의 성장에 대한 설명은 도토리 안에서 일어나는 화학적 부분들과 과정들을 공증하는 것을 필요로 할 뿐이다.

우리는 이러한 주장을 여기서 평가할 수 없다. 그러나 형상인과 목적인의 개념들에 대해 지적되어야 할 점은 그 개념들이 가장 우선적으로 철학적이라는 것이고 또 이에 대한 찬반 논증은 과학의 범위가 아니라는 것이며, 작용인과 질료인의 개념들과 양립 가능하고 상보적이라는 것이다.

(7) 개체화의 문제

개체화의 문제라고 불리는 실체에 관한 최종적인 문제가 존재한다.

두 사물이 정확하게 동일한 속성을 가진다는 조건이 주어질 때, 그 두 사물이 어떻게 동일한 것이 아니게 되는가?
무엇이 그 두 사물을 구별하게 만들고 두 개체로 만드는가?

이 장의 서두에 나왔던 두 반점, 소크라테스와 플라톤을 고찰해 보자. 그것들은 자신의 모든 속성을 공통으로 소유한다.
속성들이 보편자라면(그 두 반점들은 둘 다 같이 동일한 속성들을 가진다면), 그때는 그 둘을 하나인 대신 두 개의 반점으로 만드는 것은 무엇인가?
사람들은 그 반점들이 지면 위의 상이한 위치 때문에 다르다고 말할 유혹에 빠질지도 모르겠다. 그러나 분명하게, 이것으로는 충분하지 않을 것이다.
왜 그런가?
왜냐하면, 그 두 반점은 형이상학적으로 말해서 이미 다른 반점이 아니라면 상이한 위치에 있을 수 없기 때문이다. 공간적 위치의 상이성은 차이성과 개체화를 전제하고 따라서 개체화를 구성할 수 없다.
개별적인 실체들에 대해서도 동일하게 개체화의 문제가 발생한다.

스미스와 존즈가 동일한 인간성을 가지고 있다면, 그때는 그들은 어떻게 다른가?
무엇이 그들로 하여금 하나인 대신에 두 명의 인간으로 만드는가?

이 문제에 대한 여러 대답들이 제공되었으나 우리는 여기서 조사할 수 없다. 개별적인 실체를 개체화하는 본성 이외에도 그 실체 안에 무엇인가가 있어야 한다고 말하는 것으로 자족하자. 그 무엇인가가 무엇이든지 간에, 그것은 실체의 "이것임"이라고 부를 수 있다. 따라서 스미스와 같은 개별적인 실체는 때때로 그러한 이것이라고 불린다. 스미스가 하나의 "이것"이라고 주장함으로써 철학자는 스미스가 스미스와 같은 종류의 모든 구성원과는 다른 개체라는 것을 의미한다. 말하자면 스미스는 두 가지 형이상학적 존재물 즉, 보편적 본성과 개체화시키는 구성분의 결합이다.

2) 실체 대 속성-사물

이 순간까지도 생명을 가진 유기체가 어떤 의미에서 물리적 존재물로 "환원 가능한가" 하는 문제에 대한 논쟁이 계속되고 있다. 이와 밀접하게 관련된 문제가 생물학은 화학과 물리학으로 "환원 가능한가" 하는 쟁점이다.

이러한 문제들은 철학 입문 교과서의 범위를 넘어선 취급을 필요로 하는 수많은 복잡한 문제를 포함하고 있다. 그러나 이 논쟁의 핵심 부분은 상이한 종류의 부분들과 전체들, 구체적으로 말해서 전통적 의미에서 이해된 실체와 속성-사물 간의 차이점을 살펴봄으로써 명료화될 수 있다.

우리 주위의 세계는 부분들을 가지고 있는 수많은 상이한 종류의 전체들을 포함하고 있다. 상이한 유형의 전체들은 상이한 종류와 등급의 통일성을 현시한다. 여기에 작은 통일성에서 더 커다란 통일성으로 넘어가는 세 가지 사례가 있다.

① 한 덩어리의 소금
② 자동차
③ 생명 유기체

소금 더미는 **동질적 부분들**을 가진 덩어리이고(모든 부분 즉, 한 알의 소금은 다른 한 알의 소금과 같고) 폐지 더미는 **이질적 부분들**을 가진 덩어리일 수 있겠다. 인공물은 **속성-사물, 질서지어진 집적체, 구조화된 자재**라고 불리는 전체에서 발견된 보다 더 심층적인 유형의 통일성을 보여 주는 고전적 사례이다.

예를 들면, 차의 부분들은 단순히 공간적 근접성에 의해서만 통일되는 것은 아니다. 그것들은 또한, 그 자동차 설계자의 마음 속에 그려진 대로 다함께 기능하는 방식에서도 기계적 통일성을 가지고 있다. 속성-사물들은 한갓된 덩어리보다 더 심층적인 유형의 통일성을 가지고 있는 한편, 참된 실체들보다 못한 상이한 종류의 통일성을 가지고 있다. 표 10.2가 속성-사물들과 실체들 사이의 차이점을 드러낸다.

실체들의 보기에는 개별적인 생명 유기체들 예컨대 개, 도토리나무, 인간 존재가 포함된다. 속성-사물들의 보기에는 개별적인 인공물들 예컨대 시계, 탁자, 자동차가 포함된다.

속성-사물	긍정
분류하기 위해 두 개의 범주가 필요하다 (탁자는 구조화된 나무이고 차는 형태를 갖춘 금속이다).	분류하기 위해 한 개의 범주가 필요하다 (피도는 개이고 짐은 인간이다).
통일성의 출처는 대상을 형성하기 위해 바깥으로부터 일련의 부분들에 인위적으로 부과된 설계자의 마음 속에 있는 외적 원리 혹은 전체를 형성하기 위해 일련의 외적 관계에 들어가는 우연적 관여이다.	통일성의 출처는 실체 내에서부터 통일성의 원리로서 사용되는 자기 자신만의 내적 본질 또는 본성이다.
부분들이 형이상학적으로 전체에 앞선다. 전체의 실존과 본성은 부분들에 의존한다.	전체가 부분들에 앞선다. 부분들은 그 부분들을 형성하고 사용하는 전체에서 담당하는 기능에 힘입어서 존재하는 대로가 그 본성이다.
부분들은 외적 관계에 의해서 서로 관련되어 있다. 부분들은 전체의 안 혹은 밖에서 동일하고 따라서 전체에 무차별적이다.	부분들은 내적 관계에 의해서 서로 관련되어 있다. 부분들은 전체와 단절되면 동일성을 잃고 따라서 전체에 의존한다.
전체는 인간 목적을 위한 새로운 효용, 새로운 형태, 공간적 질서를 제외하고는 부분이 가지지 않는 어떠한 새로운 속성도 가지지 않는다.	전체는 전체가 한 단위로서 그 실체의 본질에 근거를 둔, 부분이 가지지 않는 새로운 종류의 속성을 가진다.
변화(낡은 부분들을 상실하고 새로운 부분들을 얻는 과정)를 거치는 동안 절대적 같음과 엄밀한 동일성이 전혀 없다.	변화(낡은 부분들을 상실하고 새로운 부분들을 얻는 과정)를 거치는 동안 절대적 같음과 엄밀한 동일성을 유지한다.

<표 10.2 속성-사물들과 실체들 사이의 차이점>

실체와 속성-사물 사이의 주요 차이점을 이해하기 위해 이 차이점을 각각의 범주에 들어가는 보기에 적용함으로써 그 논지들을 논평하는 것이 요구된다.

첫째 줄을 고찰해 보자.

속성-사물들은 그 분류를 위해 두 개의 형이상학적 범주를 필요로 한다.

예를 들면, 탁자는 구조화된 나무이다. 나무는 "자재"의 범주에 들어가고 일종의 질료이다. 탁자의 구조는 일련의 질서화된 관계들이고 이 경우에는 형태, 크기, 용적의 공간적 관계들이다. 따라서 관계의 범주와 자재의 범주는 속성-사물을 분류하기 위해 요구된다.

이와는 대조적으로 실체는 참된 심층적인 통일성이고 분류하기 위해 하나의 범주 즉, 실체의 범주를 요구할 뿐이다. 개, 인간 그리고 도토리나무는 모두 실체이다.

둘째 줄을 고찰해 보자.

속성-사물들은 심층적 통일성이 아니다. 오히려 선재하는 질료(나무)에 인공적으로 외적으로 부과된 질서화되는 관계적 속성들(탁자의 구조)의 우연적 (즉, 비본질적) 결합이다.

속성-사물의 통일성은 자기 자신의 존재 내부로부터 나오는 것이 아니고 혹은 그 내부에 체재하는 것이 아니다. 대신에 적어도 인간이 만든 인공물에 대해 그 통일성은 속성-사물의 설계자의 마음 속에 포함된 계획 속에 체재한다. 여기서 설계자는 부분들을 정리하고 모으며, 또 해당 대상을 형성하기 위해 마음속에서 밖으로부터 일련의 부분들에 구조적 질서를 외적으로 부과하는 통일성의 원리를 사용한다. 시계의 통일성은 그 시계의 부분들 내부 혹은 전체로서 취해진 시계 내부로부터 나오는 것이 아니다. 그것은 설계자의 마음 속에 체재한다.

유사하게 자연적으로 발생하는 속성-사물의 통일성은 예컨대 산의 통일성은 일련의 부분들(원석과 먼지)이 다른 부분들과 우연적으로 맺는 외적 관계 그리고 산을 형성하기 위해 함께 묶여지는 관계로부터 나온다. 이와는 대조적으로 실체의 동일성은 그 실체 내부로부터 나오고 그 내부에 체재하며 통합의 원리로 사용되는 그 실체의 내적 본질 혹은 **본성**에 기인한다. 개나 인간의 부분들의 통일성과 속성들은 그 내부의 본질에 기인한다.

셋째 줄을 고찰해 보자.

셋째 줄의 논지는 둘째 줄에 열거된 내용으로부터 자연스럽게 귀결된다.

속성-사물에 대해, 그 부분들은 시간적으로나(시계의 부품들은 시계가 조립되기 전에 책상 위에 있었다) 형이상학적으로 전체에 앞서 실존한다. 시계의 부분들은 실존하고, 전체로서의 시계에 통합되는 것과 독립해서 있는 그대로가 그 본성이다. 탁자 다리, 시계 줄, 자동차 타이어는 전체에 통합되기에 앞서 존재하는 그대로가 그 본성이다. 이러한 부분들은 이 부분들을 구성하는 자재에 의해서 확인된다. 탁자 다리는 구조화된 나무로, 시계 줄은 구부러진 철로 확인된다.

그러나 실체에 대해, 그 질서는 정반대이다. 이러한 의미에서 실체는 전체로서 그 부분들에 앞선다. 그 부분들은 전체로서의 실체의 지도와 그 본질에 의해서 회집되고 형성된다. 그러한 부분들은 실체 전체에 통합되는 것에 의해서 자신의 동일성을 받아들인다. 예를 들면, 특정한 심실은 그 심실을 구성하는 자재(속성-사물의 부분들처럼)에 의해서가 아니라 심장 전체에서 담당하는 역할(예컨대 심실은 심장 전체의 본성으로 말미암아 열리고 닫히는 기능을 하는 방이다)로 말미암아 존재하는 그대로가 그 본성이다. 그리고 심장은 순환기 체계 전체에서 담당하는 기능적 역할에 힘입어서 존재하는 그대로가 그 본성이다.

마지막으로 순환기 체계(그리고 다른 체계)는 유기체 전체에서 담당하는 역할에 의해서 자기 자신의 동일성을 얻는다. 따라서 유기체 전체는 전체가 그 부분들에 동일성을 부여하는 통일성의 원리를 자기 내부에 가지고 있다는 점에서 부분들에 앞선다.

넷째 줄을 고찰해 보자.

넷째 줄은 속성-사물의 부분들이 **외적 관계들**에 의해서 서로 관련된다는 사실을 강조한다.

이것은 그 관계들이 부분들의 본성을 고려하지 않는다는 것을 의미하고 부분들은 그 관계들에 무차별적이다. 예를 들면, 시계의 용수철과 톱니바퀴는 다양한 기계적 공간적 관계에 의해 서로 관련되어 있다. 그러나 이러한 관계들은 그 부분들을 바로 그 부분들이게 하는 것이 아니다. 사실상 용수철은 그 시계의 다른 부분들 혹은 그 시계 전체에 대해 "무차별적"이다. 즉, 용수철은 그 시계의 안에서나 밖에서나 자기 자신과 동일하다. 거듭 말하지만, 탁자 다리는 옮겨져서 다른 방에 배치됨으로써 그 탁자의 다른 부분들과 관계가 변할 수 있지만, 그렇다고 그 다리의 동일성에 영향을 받는 것은 아니다.

이와는 대조적으로 실체의 부분들은 내적 관계들에 의해서 서로 관련된다. 내적 관계의 본성을 이해하기 위해 두 존재물 a와 b가 어떤 관계 R을 맺고 있다고 가정해 보자. 우리가 흔히 해석하는 바와 같이 내적 관계에 대해 유효한 두 가지 사항이 있다.

① a와 b의 R관계가 a에 내적이라면 그때는 b와 R 관계에 있지 않는 어떤 것이라도 a와 동일하지 않다. 노란색과 자주색 사이에서 "보다 더 밝은" 관계가 노란색에 내적이라면, 그때는 자주색보다 더 밝지 않은 어떤 것이라도 노란색일 수 없다.
② 한 존재물 a가 다른 존재물 b와 내적으로 관련되어 있다면, b는 내적으로 a와 관련되어 있을 수도 있고 혹은 없을 수도 있다. 노란색은 내적으로 자주색과 관련되어 있고 그 역도 마찬가지이다. 그러나 동물을 전통적 실체로서 보는 입장에서 동물의 심장이 내적으로 동물 전체와 관련되어 있는 반면, 그 반대는 사실이 아니다.

전통적 입장에서 보면 동물의 기관 조직들은 전체로서의 유기체에서 담당하는 역할 때문에 존재하는 그대로가 그 본성이다. 예시할 목적으로만 이 입장을 감수한다면 전통적 입장은 동물의 기관 조직들을 그 동물과 내적으로 관련되어 있는 것으로 간주하는 셈이고 그 기관 예를 들어, 손은 그 동물과 절단되면 기관으로서 존재하기를 그치는 그러한 기관이다. 그러나 전체로서의 그 동물은 어떠한 특수한 기관과도 내적으로 관련되어 있지 않다. 동물은 손을 잃어버려도 여전히 그 손과 함께 존재했던 바로 그 동물인 것이다.

이를 적용해보면 실체의 부분들은 다른 부분들과 실체 전체와 유지하는 관계에 의해서 존재하는 그대로가 그 본성이다. 그 부분들이 그러한 관계를 벗어나면 그 부분들은 자기 동일성을 잃는다. 심장 혹은 손은 개별적인 인간과 절단되면 심장 혹은 손이기를 그치고 자신의 통일성의 원리(자신이 사라져감에 따라 시간적으로 분명하게 드러나게 될)를 잃어버리며 속성-사물이 되어버린다. 실체의 부분들은 그 부분들이 실체에 통합되는 것에 무차별적이지 않다. 그것들은 자신들이 부분이 되어 주는 실체로부터 자신들의 동일성을 얻으며 그러한 실체 밖에 있을 때는 자신들의 동일성을 잃어버린다.

다섯째 줄을 고찰해 보자.

다섯째 줄은 속성-사물들이 그 부분들에 이미 체재하지 않는 어떠한 새로운 종류의 속성들도 가지지 않는다는 점을 강조한다. 속성-사물은 다만 구조만 제공하고 이 구조를 통해 이미 실존하는 자연적 행위자가 새로운 방식으로 해석될 수 있는 결과를 생산하는 에너지를 흘러보낸다.

예를 들면, 시계는 그 부분들에 체재하지 않는 아무런 새로운 종류의 속성들을 가지고 있지 않다. 그것은 일련의 상이한 공간적 속성들 예를 들어, 새로운 형태와 차원을 가지고 있다. 그러나 그러한 속성들은 그 시계의 부분들에는 이미 없는 새로운 종류의 속성들은 아니다. 대신에, 그것들은 조립되기에 앞서 그 시계의 부분들 내부에 이미 체재하는 공간적 속성들의 새로운 배치에 기인하는 상이한 공간적 속성들이다.

더욱이 시계의 구부러진 용수철은 자연적 행위자, 자연적 에너지원으로 사용되는데, 이것들은 용수철이 에너지를 지도하는 매체로서 사용되는 시계의 구조를 가지지 않았더라면 가능하지 않을 새로운 방식으로 시계의 구조(톱니바퀴 등)가 흘러 보낼 수 있는 그런 자연적 행위자, 자연적 에너지원이다. 이로 인하여 어떤 결과가 생산된다. 즉, 새로운 결과인 시계추의 왕복이 허용된다.

그러나 이 결과의 새로움이란 그 시계가 조립에 앞서 그 부분들에 현존하지 않는 새로운 종류의 속성을 소유하는 것에서 말미암는 것이 아니다. 오히려 이 새로운 결과란 구부러진 용수철이 시계 내부에 없어도 그 용수철에 가능한 동일한 종류의 속성인 새로운 기하학적 운동(추의 순환 운동)으로 이해될 수 있고(그것은 상이한 비순환적 기하학적 운동을 일으킬 수 있었겠지만 그 운동은 여전히 기하학적일 것이다), 인위적 규약에 따라서 새로운 방식으로 외적으로 해석될 수 있는 결과로서 이해될 수 있다(우리는 이 순환 운동을 "시각 통보"로서 해석한다. 그러나 이것은 사실상 그 시계추의 속성이 아니고 시계 바깥에 있는 체계로부터 그 시계추의 운동을 이해하는 약정적 방식이다).

속성-사물의 이러한 특징은 매우 논쟁적이고 모든 철학자가 이를 받아들이는 것은 아니다. 어떤 사람들은 속성-사물이 창발적 속성들 대략 말하면 속성-사물의 부분들의 특징이 아닌 속성-사물 전체에 의해 예시되는 진정한 새로운 종류의 속성들을 가질 수도 있다고 믿는다.

전통적 입장에 따르면 속성-사물과 달리 실체는 그 부분들이 실체에 통합되기에 앞서 그 부분들에는 유효하지 않는 그러나 실체 전체에는 유효한 새로운 속성들을 가지고 있다. 이러한 새로운 속성들은 실체의 본성(짐의 인간됨, 피도의 개됨)에서 발견된다. 생명 유기체에 대해, 이러한 새로운 속성들은 특정한 종류의 재생산, 동화, 성장 등과 같은 것들을 포함한다. 이러한 새로운 속성들은 화학과 물리학의 법칙으로만 설명될 수 없고 부분적으로는 실체 전체를 지배하는 새로운 본성에 기인한다.

여섯째 줄을 고찰해 보자.

끝으로 여섯째 줄은 제16장에서 다루기에 충분한 의제를 언급한다. 여기서 우리는 상세하게 변론하지 않고 다만 속성-사물이 낡은 부분들을 잃어버리고 새로운 부분들을 얻을 때 실제로 동일한 존재물로 남아 있지 않다는 점만을 주장할 수 있다. 시계의 부분들이 점진적으로 새로운 부분들로 교체되었더라면 그 시계는 문자적으로 다른 시계일 것이다. 그러나 실체는 우연적 변화를 거치는 동안에도 절대적 동일성과 진정한 같음을 유지할 수 있다. 왜냐하면, 그 실체는 그 부분들과 우연적 속성들에 앞서는 전체이고 그것들의 기초가 되는 전체이기 때문이다.

지금 우리의 목적은 속성-사물과 실체 사이의 차이점을 명료화하는 것이다. 이렇게 하는 과정에서 우리는 생명을 가진 유기체는 진정한 실체인 것으로 보이고 속성-사물은 아닌 것 같다고 논구했다. 이 논쟁을 더 이상 탐구하는 것은 이 장의 범위를 벗어날 것이다. 그러나 여러분은 이제 이 문제를 독립적으로 생각할 수 있는 입장에 있어야 한다. 이 장의 나머지 부분에서 우리는 전통적 실체관의 주요 적수 즉, 다발 이론을 살펴볼 것이다.

3) 실체의 다발 이론

(1) 다발 이론의 진술

전통적 입장에 따르면 실체는 속성들의 집합만은 아니다. 그것은 속성들을 소유하거나 혹은 그 근저에 있는 사물이다. 이러한 전통적 입장은 여러 가지 이유들로 인해서 거부되었다. 사람들은 예를 들어, 개의 유형적 속성들의 기초가 되는 실체에 대해 감각적 인상을 가질 수 없다는 경험주의적 근거를 들었다. 어떤 철학자들은 이러한 적대적인 실체관을 정식화하여 다발 이론이라고 불렀다.

이 입장에 따르면 실체는 그 속에 박혀 있는 속성들을 가지고 있는 개체화된 본질이 아니다. 오히려 실체는 속성들 자체의 모집 또는 다발이지 그 이상도 그 이하도 아니다. 이를 명료화하기 위해 개 피도를 고찰해 보자. 피도는 갈색이고 무게가 있으며 형태와 냄새와 결 등등을 가지고 있다. 이러한 종류의 다양한 속성을 P_1-P_n이라고 부르자.

전통적 실체관은 피도를 다음과 같이 분석한다.

  Fido＝{P1-Pn, 피도의 개체화된 본질}

피도는 개됨이라는 본질적 성질을 가지고 이것은 (스팟과 비교되는 피도의 개체성을 설명하는) 개체화시키는 것들에 의해 예시된다. 더욱이 바늘이 방석에 꽂혀 들어가듯이 피도의 우연적 속성들 즉, 그가 잃어버리고도 여전히 존재할 수 있는 그런 속성들 즉, P1-Pn은 피도라는 실체(개체된 본질)에 의해 소유되고 그 속에 박혀 있다. 이와는 대조적으로 실체의 다발 이론은 피도를 다음과 같이 분석할 것이다.

  Fido＝{P1-Pn, 다발 관계 R}

다발 이론에 의하면 사물의 속성들을 소유하는 자는 전혀 없다. 그것들은 그 속성들을 실체에 의해서 소유되는 속성으로 가지는 실체와는 아무런 관계가 없다. 오히려 속성과 실체 사이의 관계는 부분-전체의 관계와 매우 흡사하다. 여러분이 피도의 모든 속성을 제거해버리면, 남아 있는 것은 아무것도 없다. 피도는 속성들의 "결합", "다발", "묶음", "모집"이지 그 이상이 아니다. 그런데 피도와 그리고 피도의 갈색, 형태 등등이 연결되지 않고 방 안 곳곳에 흩어져 있었던 상황 사이에는 명백한 차이가 있다. 따라서 피도는 일련의 속성의 목록만은 아니다.

다시 말해서 피도는 직접적으로 함께 묶어진 일련의 어떤 속성들이다. 따라서 이러한 속성들을 동일한 모집으로 묶는 다발 관계 R과 함께 하는 P1-Pn이 피도를 형이상학적으로 분석하는 전부인 셈이다. 그렇다면 그것은 실체에 대한 전통적 이론과 다발 이론 사이의 차이점이 된다.

(2) 다발 이론의 평가

다발 이론의 분명한 이점은 그것이 경험적으로 관찰될 수 없는 어떤 존재물(개체화된 개됨)에 대한 가담을 포함하지 않는다는 사실이다. 그리고 사람들은 형이상학이 감각적 인상의 경계 내에서 행해져야 한다면 그때는 다발 이론은 매력적일 것이다. 왜냐하면, 사람들은 P1-Pn이 단 하나의 묶음을 형성한다는 사실 뿐만 아니라 이러한 속성들까지도 피도에서 관찰할 수 있기 때문이다.

반면에 감각의 범위 안에서 형이상학을 해야 한다는 구속을 느끼지 않는 사람들은 그 점을 주요 사항으로 채택하지 않을 것이다.

부정적인 측면에서 두 가지 반론이 다발 이론에 대해 제기되었다.

첫째, 그것은 실체의 우연성을 설명할 수 없다.

피도와 같은 개별적인 실체들은 필연적인 존재들은 아니다. 그것들은 **우연적**이다. 다시 말해서 그것들은 시공간 안에 실존하고, 생성하기도 소멸하기도 하며, 일반적으로 실존하지 않을 수도 있었다. 그러나 속성들이 보편자라면 그리고 보편자들이 실재론자가 파악하는 대로 즉, 무시간적, 무공간적, 필연적 존재라면(그것들은 자기 실존을 신에게 의존하고 있지만 속성들이 실존하지 않는 그런 가능 세계는 전혀 없다는 점에서 필연적이다), 그때는 다발 이론은 실체를 필연적 존재로 바꾸는 셈이다.

왜 그런가?

왜냐하면, 다발 이론은 피도와 같은 실체가 그 속성들에 의해 다 퍼내어지고 또 그 모든 속성이 보편자라고 주장하기 때문이다. 따라서 피도는 단순하게 보편자의 모집이므로, 피도 자신은 필연적 존재이지 않으면 안 된다.

다발 이론가들은 피도가 보편적 속성들의 모집 이상이라고 대응할 수 있다. 그는 다발 관계에 있는 속성들의 모집이다. 그러나 이것으로 그 문제가 해결되는 것은 아니다. 왜냐하면, 다발 관계 R 자체는 속성의 묶음 묶음에 현존하고 있을 보편자이기 때문이다.

속성들이 보편자라고 하는 조건에서라면 그리고 실체들이 다만 속성 목록이고 다발 관계일 뿐이라면, 피도와 같은 실체의 개체성과 우연성에 대한 설명은 결코 쉽사리 입수되지 않을 것이다. 단순히, 피도가 함께 묶어지는 어떤 속성들의 개별적인 특정 사건이라고 주장하는 것만으로는 충분하지 않을 것이다. 이러한 대응은 선결 문제를 요구하고 있고 피도의 개체성과 우연성만을 단언하고 있을 뿐이다. 문제는 피도가 우연적 개체인가 하는 것이 아니다. 진실로 그는 우연적 개체이다. 문제는 다발 이론이 그 사실을 **설명할 수 있는가** 하는 것이다. 명백한 사실을 다만 단정하는 것만으로는 문제가 해결되지 않는다.

둘째, 다발 이론은 실체가 변화하는 동안에도 문자적으로 동일한 것이라는 주장을 유지할 수 없다.

그 이유는 명백하다. 실체는 어떤 속성들의 묶어진 다발이기 때문에 그러한 속성들 가운데 하나가 떠나간다면, 여러분은 새로운 다른 묶음을 가지는 셈이다.

피도가 갈색에서 노란색으로 이동한다면 우리는 없어지는 (갈색을 포함한) 낡은 묶음과 생성하는 (노란색을 포함한) 새로운 묶음을 가지는 셈이다.

이러한 입장에 따르면 피도는 변화에도 내내 문자적으로 동일한 계속체가 아니다. 사실상 변화는 환상인 셈이다. 피도는 실제로 "개 단계들"의 연속일 뿐이다. 피도의 생애 동안 개개의 순간들에는 그 순간마다 실존하는 특정 다발의 속성들이 있는 셈이다. 제16장에서 우리는 변화 속에서 지속하는 동일성을 탐구할 것이다. 그러나 지금으로서는 생명 유기체의 변화에도 불구하고 실재적 같음이 사실이고 믿기에 합당한 것이라면, 그때는 다발 이론은 곤경에 처해진다는 점을 지적해야 하겠다.

4. 최종 고려 사항

이 장에서 우리는 존재의 두 범주 즉, 속성과 실체에 관련된 약간의 형이상학적 문제들을 탐구했다. 또한, 우리는 철학 입문 교과서에 나오는 짧은 분량의 장으로 실재론적 속성관과 전통적 실체 개념을 충분하게 정당화하는 데 필요한 모든 문제들을 취급할 수는 없었지만, 이러한 입장들을 수용해야 할 이유를 발견했다.

모두는 아니지만 대부분의 기독교 사상가들과 많은 비기독교 사상가는 실재론자의 속성 교리와 전통적 실체 교리를 견지했고 좋은 이유들을 가지고 그렇게 했다고 말하는 것으로 자족하자. 만일 우리가 이 두 입장의 진리를 감당한다면 그때는 두 가지 사항이 뒤따른다.

첫째, 감각 중심의 조잡한 형태의 경험주의(지식과 정당화된 믿음은 오감의 범위 안에서만 운용될 수 있다)는 거짓이다. 왜냐하면, 적어도 많은 속성들(삼각형이라는 속성 혹은 짝수라는 속성)은 그런 범위 안에서는 인식될 수 있는 것이 아니기 때문이다.

둘째, 물리주의적 형태의 자연주의도 역시 거짓이다. 왜냐하면, 실체를 구성하는 속성들도 개체화된 본질들도 물질적 존재는 아니기 때문이다. 이러한 결론들은 만일에 옳다면, 교회의 삶과 현대 문화의 구조에서 결코 중요하지 않은 것이 아니다.

[요약]

속성과 관계는 실재성의 두 가지 주요 범주이다. 속성에 관한 세 가지 입장이 있다. 극단적 유명론(속성은 실존하지 않는다), 유명론(속성은 추상적 특수자이다), 실재론(속성은 보편자이다)이 그것이다. 극단적 유명론자와 유명론자는 위치화의 공리를 수용하고 자연주의자이다. 불순 실재론자는 그 공리를 부인하고 약화된 형태의 자연주의를 견지한다. 순수 실재론자는 자연주의자가 아니다. 대부분의 실재론자들은 원형-모사 예시 입장을 거부한다.

세 가지 주요 문제가 극단적 유명론자, 유명론자 그리고 실재론자 사이에 관련되어 있는 쟁점이다. 술어(소크라테스는 붉다), 정확한 유사성(소크라테스와 플라톤은 붉다는 점에서 서로 정확하게 유사하다), 속성 자체는 속성을 가진다는 사실(붉은 색깔이다)이 그것이다. 이 문제들은 실재론의 우위성에 대한 증거를 제공한다.

전통적 실체관은 여러 가지 형이상학적 현상들 즉, 속성들의 소유권, 동시적 통일성과 전체성, 변화 속의 같음, 법칙 같은 변화의 사실 자연종 자체의 통일성, 목적인 그리고 개체화의 문제를 설명한다. 참된 실체와 속성-사물 사이에는 여러 가지 중요한 차이점이 있고 이러한 차이점은 생명 유기체가 참된 실체라는 주장을 명백히 해 준다. 실체의 다발 이론은 전통적 입장의 주요 적수이다.

그러나 그 이론은 두 가지 주요 난점을 맞이한다.

첫째, 속성들이 보편자라고 한다면 다발 이론은 실체를 필연적 존재로 바꾸어 놓는다.

둘째, 그 이론은 변화하는 동안에도 실체가 실재적으로 같다는 사실을 포용할 수 없다.

[기본 용어]

개체화
개항
계속체
공간적 용기
관계
구체적 특수자
그러한 이것
극단적 유명론
내속
내적 관계
내적 본성
다발 이론
덩어리
동질적 부분
모범 사례
목적인
반대 사실적 진술
법칙 같은 변화
변화
보편자
본성
부분
불순 실재론자
비동일성 가정
성질 일치
세계
속성
속성-사물(질서지어진 집적체 혹은 구조화된 자재)

순수 실재론자
술어
실재론
실체
역량(잠재성, 성향, 경향)
예시
예시에 대한 비공간적(그리고 초시간적) 입장
예화
외적 관계
우연적
우연적 속성
원형-모사 입장
위최화의 공리
유명론
유형
이질적 부분
일과 다(the one and the many)
자기 술어 가정
자연종
작용인
정확한 유사성
제3의 인간
질료인
추상적 존재물
추상적 특수자
형상인

제11장

심신 문제 1A: 이원론

일개 물질에서 의식은 어떻게 발생하는가? 진화는 어떻게 생물학적 조직이라는 물을 의식이라는 포도주로 바꾸는가? 의식은 우주의 근본적 창발성으로 보이고 결코 빅뱅 여파의 구성물로 보이지 않는다. 만일 그렇다고 한다면 의식은 그보다 앞서 있는 것으로부터 어떻게 용케 존재하게 되었는가? ….

*콜린 맥긴, 『신비의 불꽃』 (The Mysterious Flame)

내가 보기에 과학은 유기체를 물리화학적 메커니즘으로 볼 수 있는 관점을 점차 강화하고 있는 것 같다. … 과학에 국한하는 한 우주에는 물리적 구성 분자의 복잡한 배열만 점차 많아지고 그 이외에는 아무 것도 없는 것 같다. 모든 존재가 다 그러할진대 딱 한군데만 예외이다. 즉, 의식이다. … 나는 도대체 이것이 가능하다는 것을 믿을 수 없다. 그렇다면 만유를 감각 사건 없이 물리학의 견지에서 설명할 수 있어야 한다는 말인데 솔직히 말해서 이것은 믿을 수 없는 주장이다.

*J. C. 스마트, 『감각과 두뇌 과정』 (Sensations and Brain Processes)

우리는 흔히들 우리가 인격으로서 정신적 신체적 차원을 가지고 있다고 생각한다. … 나는 이러한 이원론적 인간관은 대부분의 문화와 종교 전통이 공유하는 공통적인 앎이라고 믿고 있다.

*김재권, 『홀로 있는 영혼: 인과성과 실체이원론』 (Lonely Souls: Causality and Substance Dualism)

1. 서론

대부분의 사람들에게 실질적으로 자명한 사실은 사람이 사람의 신체와는 다르다는 점이다. 역사를 통해 거의 모든 사회가 [달리 생각하도록 가르쳐지지 않았다면] 어떤 형태의 사후의 삶을 믿었으며 이 믿음은 인간 존재가 자기 자신의 구성을 반성할 때 자연스럽게 발생하게 된다.

게다가 교회사를 통해 막대한 기독교 사상가들이 성경이 가르치는 것이 다음과 같다는 것을 올바르게 이해했다.

첫째, 인간 존재는 전체론적 기능적 통일성이다.

둘째, 기능적 통일성이지만 인간은 그런데도 비물질적 영혼/정신과 물질적 신체의 이원성이고 그 둘은 내재적으로 선하다.

영혼과 정신이 동일한가 다른가 하는 문제는 차치하고라도, 영혼(네페쉬[nephesh], 푸쉬케[psyche])과 정신(루아흐[ruach], 프뉴마[pneuma])에 대한 성경적 용어들은 폭넓은 다양한 의미를 가지고 있다는 점을 인정하면서도 여전히 분명한 사실은 성경이 영혼/정신은 신체와 다른 비물질적 구성 분자라는 것(전 12:7; 마 10:28)과 죽음은 영혼이 신체를 떠나는 것을 포함하는 것(창 35:18; 왕상 17:21, 22)과 사후에 영혼은 신체의 부활을 기다리면서 신체 없는 중간 상태로 계속 존재하는 것(히 12:23; 눅 23:46; 고후 5:1-10; 빌 1:21-24)이라고 가르친다는 점이다.

셋째, 동물들은 살아 있는 피조물이므로, 역시 영혼을 가지고 있다.

동물의 영혼들은 인간의 영혼들과 다르다. 동물들은 사후에 생존하는 것 같지 않다(창 1:30; 계 8:9). 이러한 성경적 가르침은 심리 철학으로 알려진 철학 분야에 통합되어야 한다. 심리 철학의 주요 부분은 이른바 심신 문제라는 것이고 이 문제는 이 장과 다음 장에서 우리의 주목을 끌 것이다.

이 장에서 우리는 예비적 문제들, [아래에서 정의된], 실체이원론과 속성 이원론을 지지하는 논증, 실체이원론만을 지지하는 논증, 이원론을 반대하는 논증을 살펴볼 것이다.

2. 예비적 문제들

1) 심신 문제

어떤 맥락에서는 마음, 영혼, 정신, 자아 혹은 자기를 서로 구별하는 것이 가능하고 중요하다. 그러나 우리의 목적상, 이것들을 상호 교환 가능하게 사용할 것이다. 여기서 우리의 주요 관심사는 심신 문제에 초점을 맞추는 것이며 이 문제는 다시금 두 가지 주요 문제를 포함한다.

첫째, 인간은 오로지 한 가지 구성 분자 예를 들어, 물질로만 만들어지는가? 혹은 두 가지 구성 분자 즉, 물질과 마음으로 만들어지는가?
둘째, 그 대답이 두 가지 구성 분자라면, 마음과 물질은 상호 작용하는가? 그리고 그렇다면 그 상호 작용은 어떻게 일어나는가?

이 장에서 우리는 주로 첫째 문제를 살펴볼 것이다. 마음과 물질의 상호 작용 문제는 이원론 비판을 논의할 때 간략하게 논의할 것이다. 현재로서는 심신 문제에 대해 두 가지 주요 입장이 있고 도표 11.1처럼 그려질 수 있다.

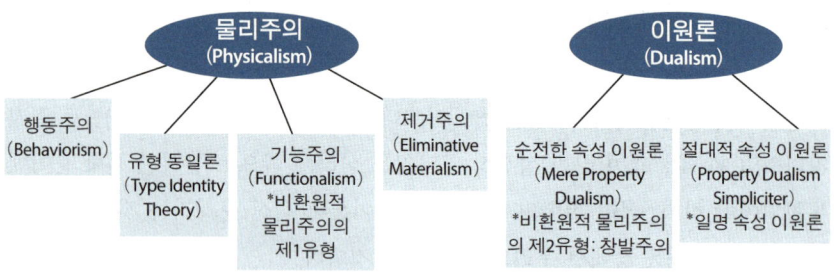

<그림 11.1 심신 문제에 대한 입장들>

두 가지 입장은 물리주의와 이원론이다.

첫 번째 입장인 물리주의는 인간 존재는 완전히 물리적이라고 주장하며, **이원론**은 인간 존재는 물리적이자 정신적이라고 주장한다.

두 번째 입장인 이원론은 다시금 두 가지 종류의 주요 입장 즉, **실체이원론**과 **속성-사건 이원론**으로 나타난다. **물리주의**는 그 종류가 상이하고 다음 장에서 검토될 것이다. 우리의 현재 목적은 위의 도표에서 나타난 상이한 입장들을 분명히 하는 것이다.

2) 심신 문제에 관한 선택지를 분명히 하기

물리주의는 정확히 무엇인가?
 그 이름으로 여러 가지 상이한 입장들이 통용되기 때문에 적확하게 말하는 것은 어렵다. 때때로 물리주의는 그에 관해 지금 유행하고 있는 모든 것을 가리킨다.

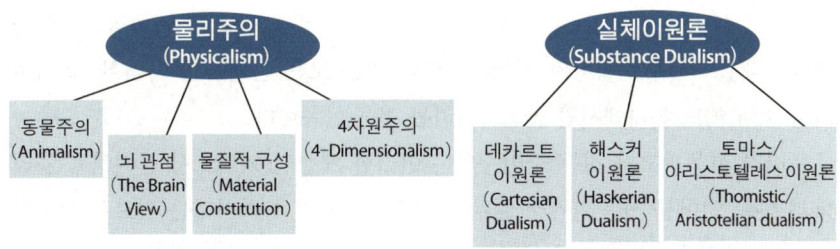

<그림 11.2 의식이 있는 인간 인격/주체의 정체성에 관한 주요 견해들>

그러나 우리는 이보다 더 정확한 용법을 사용할 수 있다. 무엇보다도, 역사적으로 말하면 유물론은 실존하는 유일한 실체는 물질적 실체라는 입장이었다. 그러나 이러한 실체들의 몇몇(생명 유기체)은 물질적 속성과 비물질적 속성의 이원성을 소유할 수 있고, 비물질적 추상적 대상(집합, 보편자)도 역시 실존할 수 있다(속성, 부분, 역량의 심층적 통일성이라는 전체 즉, 실체를 논의하는 제10장을 참조할 것).

오늘날 물리주의는 종종 앞서 정의된 유물론보다 더 제한적인 의미이다. 즉, 물리주의는 모든 존재물은 무엇이든지 다만 물리적 존재물이라는 입장으로 이해될 수 있다. 어떠한 추상적 대상들도 없고 모든 실체, 속성, 사건은 다만 물리적 존재물일 뿐이다.

어떤 물리주의자는 오로지 물리적 실체들만 있지만 그 실체들의 물리적 기초에 의존하여 그로부터 창발하는 진정한 정신적 속성들이 있다고도 주장한다. 이 입장은 일종의 속성 이원론으로 보이는 것이며 우리는 이를 별도로 다룰 것이다.

물리적 존재물이 의미하는 것은 무엇인가?
세 가지 상이한 사항을 의미할 수 있다.

첫째, 물리적은 물리학과 화학 언어를 사용해서 기술될 수 있는 모든 것을 의미한다.
둘째, 물리적은 방금 주어진 그 의미를 포함해서 물리 과학 특히, 생물학으로 기술될 수 있는 모든 것을 포함하는 것으로 확대될 수 있다.
셋째, 물리적은 첫 두 의미를 넘어서 물리적에 대한 상식적 개념을 포함하는 것으로 확대될 수 있다.

이것은 항상은 아니지만 종종, 제일 성질(형태, 무게, 크기, 운동)을 포함하지만 제이 성질(하나의 감각 기관을 통해 경험된 예를 들어, 색깔, 냄새, 감촉, 소리, 맛 등)을 배제한다. 그러므로 제한된 의미의 물리주의는 모든 존재물은 이러한 세 가지 의미 중의 어느 하나에서만 물리적이라는 것을 함축한다.

우리가 사용하고자 하는 물리주의는 이러한 제한된 의미로서 물리적을 물리학과 화학 언어를 사용해서 기술될 수 있는 모든 것을 의미하는 것으로 사용할 것이다. 실존하는 것이라면, 무엇이나 요소 분자의 다양한 형태화와 위계가 있다. 이러한 의미의 물리적은 물리주의자들이 자신의 입장을 진술하고 변호할 때 광범하게 사용하는 것이다. 이것으로 많은 사람에게 물리주의의 배후에 있는 추동력이 무엇인가가 포착된다. 그것은 **과학의 통일성**이고 과학의 통일성은 많은 다른 것을 의미하지만, 완전하게 발전한 물리학과 화학이 모든 현상에 대해 완전하게 통합적인 기술과 설명을 제공할 수 있을 것이라는 것을 의미한다. 왜냐하면, 세계는 하나의 물리 체계이기 때문이다.

물리주의에 따르면 인간 존재는 다만 물리적 존재물일 뿐이다. 실존하는 유일한 것이란 물리적 실체, 속성, 사건뿐이다. 인간이 문제가 되면 물리적 실체는 신체 혹은 두뇌이고 중추 신경 체계이다. 두뇌라고 부르는 물리적 실체는 어떤 무게, 부피, 크기, 전기 활동, 화학적 구성 등과 같은 물리적 속성들을 가지고 있다.

두뇌에서 일어나는 물리적 사건들도 있다. 예를 들면, 두뇌는 다양한 임펄스를 전달하는 수많은 신장 세포를 포함한다. 이 세포들이 소위 뉴런이다. 다양한 뉴런은 이른바 시냅스라는 연결점 또는 연접부를 통해 다른 뉴런들과 접촉한다. C-섬유는 피부 신경을 분포시키고(피부에 신경을 공급하는) 고통 자극을 전달하는 유형의 뉴런이다.

물리주의에 따르면 어떤 사람이 고통이 일어나는 기회 혹은 사고가 발생하는 일을 겪는다면, 이것들은 다만 물리적 사건들 즉, 이러이러한 C-섬유가 발화하고 있는 사건들일 뿐이고 어떤 전기 화학적 사건이 두뇌와 중추 신경 체계에서 일어나고 있는 사건들일 뿐이다. 따라서 물리주의자는 우리가 단순히 물리적 속성들을 가지고 있고 물리적 사건들이 일어나는 물리적 실체(신체에다가 두뇌와 중추 신경 체계가 있는)에 불과하다고 믿는다.

물질이란 무엇인가?

물질에 대한 어떠한 분명한 정의도 없다. 물질에 대한 사실이 있다면, 우리가 물질이 현실적으로 무엇인가에 대해 거의 정확하게 알지 못한다는 사실이다. 그러나 물질의 사례들을 수집하는 것은 어렵지 않다. 물리적 대상들은 컴퓨터, 탄소 원자 그리고 당구공 같은 것들이다.

물리적 속성들은 물리적 대상들에 의해서만 소유되는 속성들이다. 그것들은 사람들이 화학 또는 물리학 책에서 나열된 것으로 발견하는 속성들이다. 예컨대 딱딱함, 공간을 점령하고 공간적으로 이동하는 것, 어떤 형태를 가지는 것, 어떤 화학적, 전기적, 자기적, 중력적 속성들, 밀도와 무게를 가지는 것, 부서지기 쉬움, 가단성, 유연성이다. 물리적 사건은 물리적 실체에 의해서(혹은 물리적 실체들 사이에서) 동시에 이러한 속성들이 한 가지 이상 부침을 계속하는 점유이다.

물질적 실체, 속성, 사건에 관해 매우 결정적인 한 가지 관찰이 제시된다. **어떠한 물질적 사물도 실존하거나 혹은 특징지어지기 위해 의식과의 관계를 전제하거나 요구한다**. 여러분이 물리학 혹은 화학 도서에서 물질에 대한 기술에 포함된 의식을 발견하려는 것은 헛된 추구일 것이다. 세계의 완전한 물리적 기술은 의식과 관계하거나 의식을 특징지우는 어떠한 용어들도 포함하지 않을 것이다.

이원론자는 물리주의자와 불일치한다. 그들에 따르면 정신적 존재물은 실재적이고 마음과 그 내용은 철저하게 비물리적이다. 물질에 대해서와 마찬가지로 **정신적 존재물**을 정의하는 것은 어렵다. 어떤 사람들은 정신적 존재물을 지각을 가진 피조물이 없었더라면 실존하지 않았을 그러한 존재로 정의했다.

다른 사람들은 정신적 존재물을 주체가 자기 이외의 어떤 사람보다도 알기에 더 나은 위치에 있는 그런 대상 또는 주체가 사적이고 1인칭적인 접근을 하는 그런 대상으로 정의한다. 정신적 존재물은 내적 경험의 사적 세계에 속한다. 우리가 정신적 존재물을 어떻게 정의하든 간에, 그 보기들은 쉽게 공급될 수 있다.

첫째, 다양한 종류의 감각, 즉 색의 경험, 소리의 경험, 냄새의 경험, 맛의 경험, 감촉의 경험, 고통의 경험, 가려움의 경험 등등이 있다.

감각들은 특수한 시점에 일어나는 개별적인 사건들이다. 사람들은 어떤 방향으로 바라본 후에 혹은 눈을 감고 공상하면서 붉음의 감각을 가질 수 있다. 고통의 경험은 어떤 시간 예를 들어, 핀에 찔린 후에 일어날 것이다.

나아가서 감각들은 그 감각들을 바로 그것들이게 하는 느껴진 성질 혹은 감각적 성질을 자기 자신의 본질로 가지는 그런 자연적 종류의 것들이다. 고통의 본질의 일부는 그 고통이 가지는 느껴진 성질이다. 붉은 감각의 본질의 일부는 색깔의 특수한 음영이 사람의 의식에 나타나는 데 있다. 감각들은 사람의 신체 밖에 있는 사물과 동일하지 않다. 예컨대 고통의 느낌은 핀에 찔림, "허걱" 하는 외침과 동일한 것이 아니다. 감각들은 본질적으로 어떤 의식적 느낌에 의해 특징지어지고 따라서 자기 실존과 기술을 위해 의식을 전제한다. 의식적 존재가 없었더라면, 감각들도 없었을 것이다.

둘째, 명제적 태도라고 부르는 것이 있다.

명제적 태도는 that-접속절로 표현될 수 있는 명제를 통해 어떤 사태에 대한 정신적 태도를 가지는 것을 말한다. 예를 들면, 사람들은 P라고 희망할 수 있고 욕망할 수 있고 두려워할 수 있고 염려할 수 있고 소원할 수 있고 생각할 수 있고 믿을 수 있거니와, 여기서 P는 로얄스 팀은 위대한 야구팀이다는 명제일 수 있다. 사람들은 정신 외부의 어떤 사태(위대한 야구팀 로얄스 팀)에 대해 어떤 태도(예컨대 희망, 욕망 등)를 가진다. 이 태도는 "로얄스 팀은 위대한 야구 팀이다"와 같이 표현되는 정신적 명제를 통해 그 사태를 지향해 있다. 이 예가 보여 주는 것처럼, 명제적 태도는 적어도 세 가지 구성 분자를 포함한다.

① 그 태도가 지향하는 사태가 있다.
    사람들이 정신적 사태를 반성하고 있지 않다면, 이 사태는 사고하는 주에게는 외부의 것이 될 것이다.
② 태도 자체가 있다.
    희망, 두려움, 염려, 소원, 사고 등등은 모두 상이한 의식 상태이고 그 의식적 느낌에 기초해서 서로 상이하다. 희망은 삽화적인 두려움과는 다른 형

태의 의식이다.
③ 그러한 의식 상태는 모두 명제적 태도에 박혀 있는 내용 혹은 의미 다시 말해서 사람이 명제적 태도를 가지고 있는 동안에 사람이 의식하는 명제적 내용을 가진다.

댄의 P라는 희망은 Q라는 그의 희망과 다르다. 왜냐하면, P와 Q는 댄의 의식에 있는 다른 명제 혹은 의미이기 때문이다. 논란의 여지가 있지만, 의식적 자아가 없었더라면 명제적 태도도 없었을 것이다. 명제적 태도의 마지막 두 구성 분자(태도와 명제적 내용)는 의식의 측면들이기 때문이다.

셋째, 의지 행위 말하자면 **작심**(purposings)이 있다.
작심이란 무엇인가?
이 물음에 대한 답으로 이바지할 수 있는 한 가지 예를 들어, 보자. 쥬디는 모르지만 쥬디의 팔은 펼 수 없도록 묶어져 있어서 그녀가 바로 펴게 애를 쓴다면, 그때는 그 작심은 팔을 펴는 사건을 "일으키려고 애를 쓰는 것"이다. 지향적 행위들은 의식적 자아들이 다양한 행동을 하는 주체이자 통로가 되는 삽화적인 결의와 같다. 이러한 행위들은 의지 행위들이고 의지 행위들은 의식적 자아들에 의해 행해지는 삽화적인 사건들이다. 요컨대, 위의 모든 것은 이원론자에게 정신적 존재물의 보기로서 인용되는 사례들이다.

물리주의자와 이원론자 사이의 차이점 이외에도 속성 이원론자와 실체이원론자 사이에 벌어지는 내부 논쟁이 있다.

첫째, **속성 이원론**(속성-사건 이원론이라고도 부른다)에 따르면 물리적 속성만을 가지는 어떤 물리적 실체들이 있다. 당구공은 딱딱하고 둥글다. 나아가서 정신적 실체는 없다, 그러나 물리적 속성과 정신적 속성을 함께 가지는 물질적 실체가 있다. 즉, 두뇌이다. 사람들이 고통을 경험할 때 두뇌에 의해 소유되는 어떤 물리적 속성(화학적 전기적 속성을 가지는 C-섬유 자극)이 있고 두뇌에 의해 소유되는 어떤 정신적 속성(고통에 대해 느껴진 성질을 가지는 고통 자체)이 있다.

두뇌는 모든 정신적 속성의 소유자이다. 인간은 사고와 경험을 가지는 정신적 자아가 아니다. 오히려 인간은 두뇌이고 일련의 혹은 한 다발의 연속적 경험들 자체이다.

둘째, 반면에 **실체이원론**은 두뇌는 물리적 속성들을 가지는 물리적 대상이고 마음 혹은 영혼은 정신적 속성들을 가지는 정신적 실체라고 주장한다. 사람이 고통에 빠져 있으면 두뇌는 어떤 물리적(예컨대 전기적, 화학적) 속성들을 가지고 영혼 또는 자아는 어떤 정신적(고통의 의식적 자각) 속성들을 가진다. 영혼은 고통의 경험의 소유자이다. 영혼은 그 경험을 넘어 그 배후에 있고 사람의 생애 내내 동일하게 남아 있다.

영혼과 두뇌는 서로 상호 작용할 수 있지만 다른 속성들을 가진 다른 사물들이다. 영혼은 두뇌의 어떤 일부 혹은 어떤 특정한 정신적 경험과 동일한 것이지 않으므로 그렇다면 영혼은 신체의 소멸 후에도 살아남을 수 있을지 모른다.

3) 심신 문제에 관한 이원론자의 전략들

우리가 제9장에서 진술했던 동일성은 두 존재물 x와 y가 동일하다면, 그때는 x에 유효한 어떤 것이라도 y에 유효할 것이고 그 반대도 마찬가지라는 것이었다. 왜냐하면, x는 y와 동일한 존재물이기 때문이다.

물리주의자는 자칭 정신적 존재물은 실존하지 않거나 아니면 실존한다면 실제로 물리적 존재물 예컨대 두뇌 상태, 두뇌의 속성, 공개된 신체적 행동, 행동 성향(예컨대 고통은 어떤 정신적 느낌인 대신에 핀에 찔렸을 때 "허걱" 하고 소리치는 성향이다)과 동일하다는 주장에 동참한다. 물리주의가 참이고 정신적 존재물이 실존하기는 하나 다만 물리적 존재물에 불과하다면, 그때는 두뇌(그리고 두뇌의 속성, 두뇌 상태, 성향)에 유효한 모든 것은 마음(그리고 마음의 속성, 마음 상태, 성향)에 유효하고 그 반대도 마찬가지이다.

우리가 한 가지 사항이 참이고 혹은 아마도 그것이 마음(또는 마음 상태)에 대해서도 참이지만 두뇌(또는 두뇌 상태)에 대해서는 아니라는 점을 발견할 수 있고 혹은 그 반대를 발견할 수 있다면, 그때는 어떤 형태의 이원론은 확립되는 셈이다. 즉, 마음은 두뇌가 아니다.

다음 절에서 우리는 어떤 것이 마음 또는 마음 상태에는 유효하나 두뇌 또는 두뇌 상태에는 유효하지 않는 것이고 그 반대도 성립하고 따라서 마음 또는 마음 상태는 두뇌 또는 두뇌 상태와 동일할 수 없다는 것을 보여 주려고 노력하는 많은 이원론적 논증을 제시할 것이다. 그러나 그것들이 동일하지 않다면, 물리주의는 거짓이고 이원론을 유일한 다른 대안으로 받아들이게 되면 이원론은 참이 되는 셈이다.

동일성 관계는 여타의 관계들 예를 들면, 인과 관계 또는 항상적 관계와는 다르다는 사실을 명심하자. 두뇌 사건은 정신적 사건을 일으킬 수도 있고 혹은 그 반대도 일어날 수 있다(예컨대 두뇌에서 어떤 전기 활동을 가지는 것은 사람에게 고통의 경험을 일으킬지도 모르고, 팔을 드는 의도를 가지는 것은 신체적 사건을 일으킬지도 모른다). 모든 정신적 활동에 대해 신경 생리학자는 그와 상관되어 있는 물리적 활동을 두뇌에서 발견할지도 모른다.

그러나 A는 B를 일으키기 때문이라고 해서(혹은 그 반대라고 해서), 혹은 A와 B는 항상적으로 서로 상관되어 있기 때문이라고 해서 A가 B와 동일하다는 것을 의미하는 것은 아니다. 어떤 것은 삼각형이고 그리고 오직 그 경우에만 세 변으로 되어 있다. 그러나 세변으로 되어 있음(세 변을 가지는 속성)과 삼각형임은 비록 항상적으로 결합되어 있어도 양자가 동일한 것은 아니다. 물리주의를 확립하기 위해 신체를 가진 사람에게 정신적 상태가 두뇌 상태와 인과적으로 서로 관련되어 있거나 또는 항상적으로 결합되어 있다는 것만으로는 충분하지 않다.

물리주의는 자신을 사실로 만들어 주는 동일성이 필요하다. 그리고 어떤 것이 참이고 그것이 물리적 실체·속성·사건에 대해서는 사실이 아니면서도 정신적 실체·속성·사건에 대해서는 사실이라면, 그 때는 물리주의는 거짓이다.

3. 속성 이원론 및 실체이원론 지지 논증

1) 정신적 속성과 상태 그리고 물리적 속성과 상태 사이의 구별

정신적 사건은 삽화적인 사고, 고통의 느낌, 감각적 경험을 가지는 삽화를 포함한다. 물리적 사건은 화학과 물리학에서 나오는 용어들을 극진하게 사용하면서 기술될 수 있는 두뇌와 신경 중추 체계에서 일어나는 사건이다. 그러나 물리적 사건과 속성은 정신적 사건과 속성에 타당한 동일한 특징들을 가지고 있지 않다. 사람의 사고, 고통의 느낌, 혹은 감각적 경험은 어떠한 무게도 가지지 않고 공간의 어디에도 위치하지 않으며(점심 생각은 사람의 좌측 귀보다 우측 귀에 더 가까이 있는 것일 수 없다) 화학 물질로 구성되지 않고 전기적 속성을 가지지 않는다.

그러나 사람의 생각 등과 연결된 두뇌 사건, 말하자면 물질적 사건 일반은 이러한 특징을 진실로 가진다. 의사가 전극봉으로 사람의 두뇌의 일부에 갖다댄다면, 어떤 정신적 경험 예를 들어, 기억을 일으키는 일이 발생할지도 모른다. 그러나 증명되는 것이라고는 마음은 두뇌와 인과적으로 연결되어 있다는 점이지 그것들이 동일하다는 점이 아니다. 소리는 쌓여져 있는 음반에 저장되어 있는 것이 아니라 오히려 음반 트랙에 인과적으로 연결되어 있다(사람들은 음반 홈에 어떤 일을 함으로써 소리를 일으킬 수 있다).

마찬가지로 기억은 두뇌의 일부도 아니고 두뇌에 저장되어 있는 것도 아니다. 그것은 마음속에 저장되어 있고 그러나 두뇌와 인과적으로 연결되어 있는 것이다(사람들은 두뇌에 어떤 일을 함으로써 기억을 일으킬 수 있다).

단순한 사유 실험을 통해 이 점을 좀더 분명히 예증할 수 있다. 여러분의 마음속에 분홍색 코끼리를 떠올리도록 노력해 보라. 상상력이 풍부하지 않거든 유색 대상을 보고 눈을 감은 다음 잔상에 따라 그 대상을 의식하도록 해 보라.

이제 여러분이 분홍색 코끼리를 상상하거나 혹은 예컨대 푸른 잔상을 가진다면, 여러분이 의식하는 마음속에는 분홍색 또는 푸른색에 대한 자각(감각 소여 혹은 감각적 경험 방식)이 존재할 것이다. 여러분의 바깥에는 분홍색 코끼리는 전혀 없을 것이다. 그러나 여러분의 마음속에는 분홍색의 정신적 영상 혹은 분홍색의 자각이 있을 것이다.

그런데 그 시점에 여러분의 두뇌 속에는 아무런 분홍색의 존재물 혹은 푸른색의 존재물도 없으려니와 역시 분홍색이나 푸른색의 자각도 없을 것이다. 어떤 신경 생리학자도 여러분이 감각적 경험을 가지고 있는 동안 여러분의 두뇌를 절개하여 분홍색이나 푸른색의 존재물 혹은 그러한 존재물의 자각을 볼 수 없을 것이다. 그러나 그렇다면 감각적 사건은 두뇌 사건이 전혀 가지지 않는 분홍색임이나 푸른색임 혹은 분홍색이나 푸른색의 자각임이라는 속성을 가진다. 그러므로 그것들은 동일할 수 없다. 감각 상은 정신적 존재물이다.

이에 대한 어떤 물리주의자의 대응은 그것을 단순하게 부인하는 것이다. 그들은 사고, 기억 등이 두뇌 상태이기 때문에 그렇다면 사실상 두뇌의 어떤 국소에 공간적으로 위치하고 있다고 주장한다. 마찬가지로 그들은 기억은 두뇌에 저장되어 있고 기억 사건은 두뇌 사건이며 아마도 사람의 행동에서 어떤 기능적 역할을 담당하는 두뇌 사건이지, 두뇌 사건과 인과적으로 연관된 참된 정신적 사건이 아니라고 주장한다.

2) 자기 현시적 속성들

다음의 논증을 고찰해 보자

① 어떠한 물리적 속성도 자기 현시적이지 않다.
② 적어도 어떤 정신적 속성은 자기 현시적이다.
③ 그러므로 적어도 어떤 정신적 속성은 물리적 속성이 아니다.

슬프다는 느낌, 붉음의 경험 ③은 홀수라는 사고를 가지는 것 등과 같은 정신적 속성들은 **자기 현시적 속성들**이다. 즉, 그것들은 주체에 직접적으로 나타나고 심리학적 속성이며 직접적으로 주체에 현존한다. 왜냐하면, 그 주체는 자신의 의식 영역에서 직접적으로 단순하게 그것들을 가지고 있기 때문이다.

정신적 속성들이 자기 현시적인 반면 물리적 속성들은 아니라는 주장에 대한 두 가지 증거가 있다. 사람들은 자신의 정신적 속성들에 대해 사적 접근을 할 수 있으나 물리적 속성들에 대해서는 아니다. 또 사람들은 자신의 정신적 속성들 중 적어도 몇 가지를 교정 불가능하게 알 수 있으나 자신의 물리적 속성들에 대한 지식은 그렇지 않다.

사적 접근의 문제를 살펴보자. 사람이라면 자기 자신의 정신적 삶에 대한 사적 접근을 한다. 여자라면 다른 사람들에 비해서 여자가 무엇을 생각하고 감각하는가를 아는 문제에 특전적 위치에 있다. 사람들은 자기 이외의 다른 사람이 현재 붉은 잔상을 감각하고 있다는 것을 발견하기 위해 (그 다른 사람의 두뇌 상태를 분석하는 혹은 그녀의 행동 말하자면 깃발을 보고 "붉다"고 외치는 행동을 보는) 온갖 방법들을 갖고 있다고 하더라도, 이러한 방법들은 그녀가 자기 자신의 감각을 알려고 하는 시도 가운데서 타인이 취할 수 있는 방법들이다.

그러나 자기 이외의 다른 사람이 취할 수 없는 방법으로서 사람들이 붉은 잔상을 가지고 있다는 것을 아는 방법이 있다. 즉, 자신의 정신적 삶에 대한 자기 자신의 직접적 자각이 그것이다. 사람은 자기 이외의 사람이 취할 수 없는 방식으로 자기 자신의 정신적 삶을 알 수 있는 위치에 있다. 그러나 이것은 사람의 두뇌 그리고 다양한 두뇌 상태를 포함하는 물리적 속성에 대해서는 사실이 아니다. 사람의 두뇌를 비롯한 물리적 대상들은 공개적인 대상들이고 이 대상들에 대해 아무도 특전적 위치에 있지 않다.

신경 생리학자는 사람의 두뇌에 대해 해당 본인보다 더 많이 알 수 있지만, 그러한 과학자는 사람의 정신적 삶에 대해 해당 본인보다 더 많이 알 수 없다. 사실상 사람의 정신적 상태에 대한 과학자의 앎은 궁극적으로는 그것을 가지고 있는 해당 본인의 1인칭 보고에 달려 있을 것이지만, 물리적 상태에 대한 과학자의 앎은 1인칭 보고에 달려 있지 않을 것이다. 사람들은 자신의 정신적 삶에 대해 사적이고 특전적 접근을 한다. 왜냐하면, 그러한 삶은 자기 현시적 속성들을 포함하고 있기 때문이다. 물리적 속성들은 자기 현시적이지 않다.

이에 대해 어떤 물리주의자가 대응하는 방식은 환자의 현재 정신적 상태들에 대해 환자보다 과학자가 더 많이 알 때가 오고 본질적으로 이러한 과학적 지식은 1인칭 보고에 달려 있지 않을 때가 오리라고 주장하는 것이다. 그러나 그러한 과학적 지식의 진보가 외부의 관찰자에게 언어를 사용해 또는 행동으로 보고하는 주체 없이 어떻게 가능할 것인가를 알기란 어렵다. 왜냐하면, 그 주체만이 자신의 상태들에 사적으로 접근하기 때문이다.

또한, 어떤 물리주의자는 고통을 느끼는 정신적 상태가 그 정신적 주체에게 자기 현시적(직접적으로 주어진)일 때 그때는 그 주체가 현실적으로 자각하고 있는 것은 그 순간의 두뇌의 복잡한 속성이라고 주장한다. 이러한 제안에 문제가 되는 부분은 다음과 같다.

사람들이 고통을 직접 자각할 때 그 고통이 그에게 나타나는 방식은 그 고통은 반드시 특정한 종류의 고통스러운 느낌을 자기 본질의 일부로서 가진다는 사실 (화학과 물리학의 언어로 기술된) 물리적 속성을 자기 본질의 일부로서 전혀 가지지 않는다는 사실을 그가 자각한다는 것이다. 그리하여 고통에 대한 직접적 내성적 자각에 의해서 사람들은 그것이 물리적 상태가 아니라는 것을 단순하게 "볼" 수 있다. 사람들은 자신의 정신적 상태에 대해 사적 접근을 할 뿐만 아니라 더욱이 그 상태를 교정 불가능하게 알 수 있다. 어떤 것이 인식 주체에게 **교정 불가능한** 것이라면, 그때는 그 주체는 그 사물에 대해 범과할 수 없다.

샐리가 녹색 양탄자라고 생각한 것을 경험하고 있다고 가정해 보자. 그 양탄자가 거기에 있지 않거나 혹은 조도가 낮아서 실제로는 회색이거나 하는 일이 가능하다. 샐리는 그 양탄자 자체에 대해 범과할 수 있었을 것이다. 그러나 그녀가 녹색을 보고 있는 것 같다, 즉 녹색의 감각을 가지고 있다는 것이 잘못 되는 것은 가능하지 않는 일인 것 같다. 전자는 물리적 대상(양탄자)에 관한 주장이고 후자는 그녀의 내부에 있는 정신적 상태 즉, 그녀가 어떤 녹색을 보고 있는 것 같다는 상태에 관한 주장이다.

거듭 말하지만, 사람들이 의자가 옆방에 있다고 생각하는 것이 잘못될 수 있다. 그러나 사람들은 자신이 그 의자가 거기에 있다고 적어도 생각한다는 사실 즉, 어떤 특정한 사고가 자신에게 일어나고 있다는 사실에 대해서는 잘못 될 수 없다. 전자의 주장은 물리적 대상(의자)에 관한 것이고, 후자는 그 사람 내부의 정신적 상태 즉, 그 사람이 현재 가지고 있는 생각에 관한 것이다.

일반적으로 사람의 두뇌와 그 속성/상태에 관한 주장을 비롯한 물리적 상태에 관한 주장들은 잘못 될 수 있다. 그러나 사람들이 주의만 하고 있다면, (사람들이 나타나고 있는 방식들, 사람들이 이 순간에 가지고 있는 현재의 감각적 경험들과 같은) 자신의 감각적 상태들과 (사람들이 바로 지금 이러이러한 사고를 가지고 있다는) 삽화적인 사고들을 알 수 있다.

물리주의자들은 사람들이 자신의 정신적 상태들을 교정 불가능하게 안다는 사실을 부인한다. 예를 들면, 사람들은 가려움을 경험하고 있을지라도 이를 타인에게 잘못되게 고통으로 분류하거나 혹은 보고할 수 있다. 이원론자들이 이와 같은 경우에 보여 주는 대응은 다음과 같다. 사람들은 비록 그 가려움을 타인에게 보고할 정확한 말을 가지고 있지 않을지라도 혹은 상이한 종류의 가려움에 대한 과거의 가물거리는 빈약한 기억 때문에 현재의 가려움을 분류하는 법을 알 수 있을 정도로 충분히 기억하지 못한다고 할지라도, 여전히 그 경험 자체의 느껴진 감촉을 교정 불가능하게 자각한다.

요약하면 물리적 상태/속성은 자기 현시적이 아니다. 그러나 적어도 어떤 정신적 상태/속성은 사적 접근과 교정 불가능성이라는 쌍둥이 현상에 의해 증시된 것처럼 자기 현시적이다. 따라서 물리적 상태/속성은 적어도 어떤 정신적 상태/속성과 동일하지 않다.

3) 경험의 주체적 본성

경험의 주체적 성격은 물리주의자의 용어로는 포착하기가 어렵다. 경험 자체의 주체적 느낌이나 감촉에 의해서 구성된 의식의 사실성은 물리주의자에게 심각한 난점이다. 이를 이해하기 위해 지식 논증이라고 불렸던 다음과 같은 예를 고찰해 보자.

귀머거리 과학자가 청각 신경학계의 세계적인 지도자가 되었다고 가정해 보자. 그가 청각의 물리적 측면들에 연관된 모든 것을 알고 있고 또 기술하는 것은 가능할 것이다. 방금의 예에서는 물리적인 것에 관한 어떠한 지식도 배제되지 않고 전부 기술된다. 그러나 그 과학자가 아는 것으로부터 배제되어 남아 있는 어떤 다른 것이 여전히 존재할 수 있을 것이다. 즉, '들을 줄 아는 인간과 같은 것이 무엇일까?' 하는 경험이 그것이다.

하워드 로빈슨(Howard Robinson)은 다음과 같이 표현한다.

> 어떤 것을 경험의 대상으로 가진다는 개념은 일단 물리적 개념이 아니다. 그것은 물리 과학으로 계산되지 않는다. 어떤 것을 경험의 대상으로 가진다 함은 경험의 주체적 느낌 혹은 경험과 같은 것이 무엇일까 하는 것과 동일하다.[1]

경험의 주체적 상태들은 실재적이고 즉, 사람들은 소리, 맛, 색깔, 사고, 고통을 경험하며 이것들은 본질적으로 그 주체적 본성에 의해 특징지어진다. 그러나 이것은 물리적인 어떤 것에라도 유효한 것 같지는 않다.

4) 제2성질의 실존

제2성질은 색깔, 맛, 소리, 냄새, 감촉과 같은 성질들이다. 제1성질은 물질을 특징짓는 속성들 예를 들어, 무게, 형태, 크기, 고체성, 운동과 같은 것이라고 생각된 성질들이다. 혹자에 따르면 물리주의는 제이 성질은 외부 세계에 실존하지 않는다는 점을 함축한다. 예를 들면, 어떤 사람은 색깔은 빛의 파장에 다름 아니라고 주장한다. 그래서 일반적으로 물리주의는 물질의 속성들을 제1성질들 밖에 없는 것으로 축소시킨다. 우리에게 남겨지는 것은 제2성질을 빼앗긴 물질 상뿐이다.

그러나 우리의 상식적 경험 세계는 제2성질들로 채워져 있다. 따라서 이러한 성질들은 실존해야 한다. 이것들이 물질의 속성들로서 외부 세계에 실존하지 않는다면, 경험들 자체를 의식하는 마음속에 정신적 존재물로 실존해야 한다. 이점을 프랭크 잭슨(Frank Jackson)은 다음과 같이 말한다.

---

[1] Howard Robinson, *Matter and Sense* (Cambridge: Cambridge University Press, 1982), p. 7.

> 과학이 우리를 둘러싸는 세계를 그리는 상과 우리의 감각이 그리는 상 사이에 분명한 균열이 있다는 것은 상식이다. 우리는 색깔이 있고 물질적으로 지속하는 거시적인 안정적 대상들로 이루어진 세계를 감각한다. 과학 특히, 물리학은 물질 세계가 미세한 색 없는 고차원적인 운동 분자들로 구성되어 있다는 것을 말해 준다. ··· 과학은 물리적 혹은 물질적 사물들이 색이 없다는 것을 인정하라고 강요한다. ··· 이 때문에 우리는 감각 소여들은 모두 정신적이라고 결론하지 않을 수 없게 된다. 왜냐하면, 그것들은 색이 있기 때문이다.[2]

바꾸어 말하면 과학은 외부 세계에 있는 제이 성질을 없애버린다. 그러나 우리는 그것들이 실존한다는 알고 있기에 말하자면 우리는 그것들을 보고 있기에, 그것들은 우리의 마음속에 정신적 존재물로 실존해야 한다. 왜냐하면, 그것들은 물질의 측면들이 아니기 때문이다.

이원론자 혹은 물리주의자가 모두 이러한 논증에 동의하는 것은 아니다. 이에 대한 평가는 여러 가지를 요구하지만, 다양한 지각 이론을 살펴볼 것을 요구한다. 불행하게도 이것은 현재 논의의 범위를 벗어난다. 이원론자와 어떤 형태의 물리주의 옹호자들은 제2성질이 실존하고 물질적 대상들의 진정한 속성들이라고 주장할 수 있다.

그러나 제2성질의 실존은 다음과 같은 이유로 해서 물리주의에 문제를 제시하게 된다. 우리가 과학의 통일성을 수용하고 물리학과 화학을 기초 학문이라고 받아들이면, 그때는 우리는 모든 존재물은 물리학과 화학에 의해 환원되거나 혹은 설명될 수 있다는 입장에 동참하는 셈이다. 그런데 물리학에는 색깔은 빛의 파장이라고 주장하는 분명한 경향이 있다. 따라서 우리가 사과가 붉다고 말할 때 이것이 의미하는 것은 사과는 어떤 빛의 파장을 흡수하고 반사하는 등과 같은 모종의 물리적 성향을 가지고 있다는 것으로 된다.

우리는 사과가 사과와 빛의 파동과 관찰자의 신체 사이에 일어나는 모든 과학적 인과 관계를 설명하기 위해 사과 표면 위의 붉은 음영을 현실적으로 가진다고 요청할 필요가 없게 된다. 그런데 바로 이와 동일한 전략이 많은 물리주의자가 정신 상태를 물리 상태로 환원하기 위해 사용하기를 원하는 것이다. 이러한 전략을 제2성질에 적용하지 않는 물리주의자들이 있다면, 그들은 이 전략을 정신 상태에도

---

2 Frank Jackson, *Perception* (Cambridge: Cambridge University Press, 1977), p. 121.

적용하지 않는 것이 더욱 일관적일 것이라고 보여 진다.

5) 지향성

어떤 사람들은 정신적인 것의 표징이 이른바 지향성이라고 논변했다. 지향성은 마음의 "~에 관한"(ofness), 혹은 마음의 "~에 대한"(aboutness)이라는 특징이다. 정신적 상태들은 그 상태들에 내재적으로 지시된 방향성을 가진다. 그것들은 자기 자신을 넘어서 다른 것들을 가리킨다. 사람이 가지는 모든 정신적 상태 혹은 적어도 그 중의 다수는 어떤 것에 관한 혹은 어떤 것에 대한 것이다.

이를테면, 스미스가 올 것이라는 희망, 사과의 감각, 그림이 아름답다는 생각에 대한 것이다. 정신적 상태들은 실존하지 않는 것들에 대한 것일 수도 있다. 예컨대 도깨비에 대한 공포, 제우스에 대한 사랑일 수 있다. 우리의 정신적 상태가 가지는 ~에 대한 것임 혹은 ~에 관한 것임은 이러한 상태들의 내재적이고 비성향적인 환원불가능한 특징이다. 예를 들면, 그림이 아름답다는 조의 생각이 그림에 대한 것이라는 사실은 조의 두뇌와 중추 신경 체계에 관한 어떠한 물리적 사실로도 환원될 수 없다. 이 사실은 어떤 일들을 하는 조의 성향이나 경향, 예를 들면 그림을 본 후에 "얼마나 아름다운지"하고 미소를 지으면서 말하는 것과 동일할 수 없다. 사람의 생각이 그 사람이 어떤 방식으로 행동하는 성향 이상의 것이 아니라면, 그때는 그 행동이 드러났을 때까지는 그가 무엇을 생각하고 있었는지에 대해 아무 것도 알 수 없는 결과가 될 것이다.

이제 지향성은 "~관한 것임" 혹은 "~대한 것임"이라는 개념이 물리학과 화학 언어의 일부인 어떤 것이지 않기 때문에 물리적 어떤 것의 속성이나 관계가 아니다. 물리적 대상들은 다른 물리적 대상들과 물리적 관계에 있다. 한 물리적 사물은 다른 물리적 대상과 좌우 관계, 더 큰 관계, 더 딱딱한 관계, 크기가 동일한 관계, 혹은 운동을 일으키는 관계에 있다. 그러나 한 물리적 사물은 다른 물리적 사물에 관한 것도 대한 것도 아니다.

사람이 지휘대 가까이에 있을 때 그 지휘대와 다양한 관계를 형성할 수 있다. 그 사람은 지휘대에서 60센티미터일 수 있고 지휘대보다 높으며 몸이 지휘대와 부딪칠 수 있다. 이것들은 모두 사람이 그 지휘대와 유지하는 물리적 관계들의 사례이다. 그러나 이것들 이외에도 사람은 그 지휘대를, 그 쪽으로 향하는 다양한 의식 상태의 대상으로서 가지는 의식적 주체일 수 있다. 사람은 그 지휘대에 대한 생각이나 욕구를 가질 수 있고 그 지휘대의 감각 등등을 경험할 수 있다. 이것들은 모두 정신적 상태들이고 지향성(~관한 것임, ~대한 것임)을 공통으로 가진다. 요컨대, 적어도 다수의 정신적 상태들은 지향성을 소유하고 물리적 상태들은 그렇지 않다. 따라서 적어도 다수의 정신적 상태들은 물리적 상태가 아니다.

우리는 다음 장에서 지향성을 다루는 물리주의자의 전략들을 살펴볼 것이다. 그러나 그들 가운데 많은 사람이 마음의 지향성을 컴퓨터 모형으로 이해한다. 컴퓨터가 산수에 대해 생각할 수 있다고 말하는 것은 원인이 되는 입력이 올바르게 컴퓨터에 들어가면("2", "+", "2", "=", "엔터 버튼") 그때는 출력이 화면에 바르게 나올 것이고("4") 또 컴퓨터는 새로운 입력을 기다리고 있을 것이며 이것이 지향성의 모든 것이라고 말하는 것과 다를 바 없다. 이러한 전략은 제5장에서 평가될 것이다.

4. 실체이원론 지지 논증

위에 나열된 논증들은 물리주의보다 이원론을 선호하는 근거를 제공한다. 그것들은 모두 어떤 것이 정신적 상태에는 유효하나 두뇌 상태에는 유효하지 않다는 증거, 또한 그 역에 대한 증거, 그리하여 그 둘은 동일할 수 없다는 증거를 제시한다. 이제 이러한 논점들이 실체이원론 및 속성 이원론 지지에도 동일한 가치를 가지고 있는 것으로 논증될 수 있다. 우리는 이러한 주장을 논변하지 않을 것이다. 그 대신 만일 성공하게 된다면, 실체이원론을 지지하고 물리주의와 단순한 속성 이원론을 반대하게 될 일련의 논증을 제공하고자 한다. 이러한 논증은 다음과 같은 형식을 가진다. 인간의 어떤 특징 또는 능력은 실재적이라는 것과, 이것이 어떻게 실재적일 수 있을 것인가를 의미 있는 것으로 만들어 주는 최선의 방법은 실체이원론이 참이 되면 된다는 것이다.

1) 우리의 기본적인 자기 지각

우리는 자신만의 의식을 주시할 때 우리에게 나타나는 가장 기본적인 사실을 자각할 수 있게 된다. 즉, 우리는 우리 자신의 자아가, 우리의 신체와 우리가 가지는 특수한 정신적 경험과 다르다는 사실을 깨닫는다. 우리는 우리의 신체 혹은 정신적 사건들과 동일하지 않다는 사실을 기본적이고 직접적인 사실로서 깨닫는다. 더 정확하게 말해서 우리는 신체와 의식적 정신적 삶을 가지는 자아들이다.

이 논점을 더 확대시키려면, 내성을 통해 사람이 직접적으로 깨닫는 사실이 사람은 자신의 신체를 물질 세계와 상호 작용하는 도구로서 사용하는 의식과 결의의 비물질적 중심이라는 점, 사람은 자신의 경험들의 소유자이고 한 다발의 정신적 경험들이지 않다는 점, 사람은 시간이 지나는 동안 자신의 모든 경험을 동일하게 소유하는 자로서 실존하는 지속적인 자아라는 점에 유의하면 된다.

이러한 직접적 자각은 사람이 전체로나 부분으로나 자신의 신체 혹은 자신의 경험과 동일하지 않고 오히려 그것들을 가지는 것임을 보여 준다. 요컨대, 사람은 정신적 실체이다. 물론, 물리주의자들과 속성 이원론자들은 사람들이 이러한 것들을 자각한다는 것을 부인한다. 그들이 우리에게 부담을 가지는 부분은 역시 왜 사람들이 사실상 그런 것들을 자각한다는 생각에 넘어가는 것일까 하는 대목일 것이다. 제7장에서 자아의 자각에 의거한 논증을 좀더 거론하게 될 것이다.

2) 3인칭으로 환원될 수 없는 1인칭

1인칭 조망은 사람들이 자기 자신만의 입장에서 세계를 기술하는 데 사용하는 관점이다. 1인칭 관점의 표현들은 소위 **지시어**(indexical) 즉, 나, 여기, 지금, 저기 그리고 그때와 같은 단어들을 사용한다. 여기와 지금은 내가 있는 곳, 내가 있는 때이다. 저기와 그때는 내가 없는 곳, 내가 없는 때이다. 지시어들은 자기 자신의 자아를 가리킨다. 나(그리고 지금도 거의 마찬가지이지만)는 가장 기본적인 지시어이고 자기 자신의 자아를 가리키며 이 자아를 사람들은 자기 지각의 행위 속에서 자기 자신의 자아와 면식함으로써 알게 된다. 즉, 사람들은 자기 자신의 자아를 직접적으로 깨닫고 사람들이 그 지시어를 사용할 때 나가 누구를 가리키는지를 안다. 그것은 자신의 신체와 정신적 상태의 소유자인 바로 그 사람을 가리킨다.

물리주의에 따르면 환원될 수 없는 특전적인 1인칭 조망이란 없다. 모든 것은 3인칭 조망에서 대상 언어로 완전하게 남김없이 기술될 수 있다. 톰에 대한 물리주의자의 기술은 거리가 150센티미터가 되는 위치에 높이가 200센티미터가 되고 무게가 72킬로그램이 나가는 어떤 신체가 실존한다고 말할 것이다. 속성 이원론자는 그 신체에 의해 소유되는 속성들에 대한 기술도 덧붙일 것이다.

예컨대 그 신체는 고통을 느끼고 있고 점심을 생각 중이며 1965년에 미주리

그랜드뷰에 있었던 것을 기억할 수 있다. 그러나 3인칭 기술이 아무리 많이 주어져도 톰 자신의 자기 의식 행위 속에 있는 자아에 대한 주체적인 1인칭적 면식을 포착할 수 없을 것이다. 사실상 톰에 대한 어떠한 3인칭 기술이라도 3인칭 용어로 기술된 그 사람이 톰이라고 하는 바로 그 사람과 동일인이었는가 하는 문제는 언제나 미제로 남아 있을 것이다.

톰이 자신의 자아를 아는 이유는 그가 일련의 정신적 물리적 속성들에 대한 어떤 3인칭적 기술을 알기 때문이고 또한, 어떤 사람이 그 기술을 만족시킨다는 것을 알기 때문이어서가 아니다. 오히려 톰은 자기 지각의 행위 속에서 자기 자신의 자아를 면식하는 것을 통해 자기 자신을 자아로서 직접적으로 안다. 그는 나라는 용어를 사용함으로써 그러한 자기 지각을 표현할 수 있다.

논란의 여지가 있지만, 나는 자기 자신의 실체적 영혼을 가리킨다. 그것은 사람이 가지고 있는 어떤 정신적 속성 혹은 한 다발의 정신적 속성들을 가리키지 않으며 3인칭 조망에서 기술된 어떤 신체를 가리키지도 않는다. 이러한 논증은 제7장에서 좀더 충분하게 개진될 것이다.

3) 변화에도 지속하는 인격 동일성

사람은 변화를 거치면서 절대적 같음 즉, 인격 동일성을 유지할 수 있는 것 같다. 보다 구체적으로 말해서 사람의 신체는 부단하게 새로운 부분을 얻고 낡은 부분을 상실하며 사람의 정신적 상태는 급속한 흐름 속에서 부침을 계속하지만, 그런데도 그 사람 자신은 동일하게 남아 있다. 왜냐하면, 그는 자신의 신체 부분들과 정신적 상태들과는 다른 정신적 자아이기 때문이다. 사람이 단순하게 신체이거나 정신적 속성을 가진 신체에 불과하다면, 그때는 사람의 신체 부분 혹은 정신적 삶이 변화를 겪었을 때 문자 그대로 동일인일 수 없을 것이다. 앞의 두 논증과 마찬가지로 이 논증은 제14장에서 충분히 논의될 것이다.

이 세 가지 논점(자아에 대한 우리의 기본적인 자각, 1인칭-3인칭 조망 그리고 변화에도 지속하는 인격 동일성)은 그 초점을 이원론과 인격 동일성과의 관계에 맞추고 있다.

4) 자유 의지, 도덕성, 책임 그리고 형벌

우리의 목적상, 우리가 "자유 의지"라는 용어를 사용할 때 소위 자유주의적 자유를 의미할 것이다. 선택 A와 B가 주어지면, 사람들은 문자 그대로 어느 하나를 하기로 선택할 수 있다. 사람의 선택을 결정해 주기에 충분한 여건이라고 하는 것은 결코 존재하지 않는다. 즉, 사람의 선택은 자기 자신의 책임이다. 그가 그 둘 중의 어느 하나를 한다면 그는 달리 행동했을 수도 있고 아니면 적어도 행동을 전혀 아니 할 수도 있었다. 사람은 자기 자신의 행동의 궁극적 발원자로서 행동하는 행위자이고 이러한 의미에서 자신의 행동을 통제한다.

물리주의가 참이라면 그때는 논란의 여지는 있지만, 결정론은 참이고 적어도 두뇌나 신체와 같은 규격화된 대상들에 대해서는 참이다. 사람들이 다만 물리 체계라면, 그에게는 어떤 일을 자유롭게 하기로 선택하는 능력을 가지고 있는 것이라고는 아무 것도 없다. 물질 체계 적어도 대규모의 물질 체계라면 시간이 흘러가는 대로 이 체계의 초기 조건과 화학과 물리학의 법칙에 따라서 결정론적 방식으로 변화한다. 항아리에 들어 있는 물은 수량, 열 투입, 열 전이 법칙에 따라 결정되는 방식으로 일정 시간에 일정 온도에 다다를 것이다.

그런데 이제 도덕성이 문제가 될 때, 결정론이 참이라면, 도덕적 의무와 책임을 의미 있는 것으로 만드는 것은 어려운 일이라고 혹자는 주장한다. 이것들은 자유주의적인 의지의 자유를 전제하는 것 같다. 사람이 어떤 것을 "해야 한다"면, 사람이 그것을 자유주의적 의미에서 할 수 있다고 가정하는 것은 필연적인 것 같다. 아무도 사람이 아기를 구하기 위해 50층 빌딩 옥상까지 뛰어 올라 가야 한다고 또는 2002년의 내전을 중지시켜야 한다고 말하지 않을 것이다. 왜냐하면, 사람은 그 중 어느 하나를 할 수 있는 능력을 가지고 있지 않기 때문이다.

물리주의가 참이라면 사람은 자신의 행동을 선택하는 진정한 능력을 하나도 가지고 있지 않다. 물리주의는 많은 사람이 가지고 있는 자유, 도덕적 의무, 책임 그리고 형벌에 대한 상식적 개념들을 철저하게 수정할 것을 요구한다고 말하는 것이 안전할 것이다. 반면에 이러한 상식적 개념들이 참이라면, 물리주의는 거짓이다. 동일한 문제가 속성 이원론을 괴롭힌다.

속성 이원론이 인간 행동을 처리하는 두 가지 방식이 있다.

첫째, **부수현상론**의 개념이다.

부수현상론자에 따르면 인간 두뇌와 마찬가지로 물질이 어떤 조직적 복잡성과 구조에 도달하면, 그때는 불이 연기를 내거나 물의 산소와 수소의 어떤 구조가 습기를 "산출"하듯, 물질은 정신적 상태를 "산출"한다. 마음과 신체의 관계는 연기와 불의 관계와 같다. 연기는 불과 다르지만(유비를 계속 사용하면, 어떤 물리주의자들은 연기의 정체성을 불 또는 불의 기능으로 확인할 것이다), 불은 연기를 일으킨다. 그러나 그 반대는 성립하지 않는다.

정신적 상태는 두뇌의 부산물이지만, 정신적 상태는 결과를 일으키는 원인으로서는 아무런 힘도 없다. 정신적 상태는 다만 두뇌의 사건 꼭대기 위에 "타고 있을" 뿐이다. 부수현상론이 자유 의지를 부인한다는 사실이 분명해지지 않으면 안 된다. 왜냐하면, 이 이론은 정신적 상태가 어떤 것을 일으킨다는 사실을 부인하기 때문이다.

둘째, 사건-사건 인과 관계(역시 상태-상태 인과 관계)라는 개념을 통해서다.

사건과 사건의 인과 관계를 이해하기 위해 병을 깨뜨리는 벽돌을 고찰해 보자. 이 경우에 원인은 (실체인) 벽돌 자체가 아니라, 그 벽돌이 어떤 상태에 있음 즉, 운동 상태이다. 결과는 병이 어떤 상태에 있음 즉, 병의 파괴이다. 따라서 한 상태 또는 사건 이를테면 벽돌의 운동은 다른 사건 즉, 병의 파괴를 일으키도록 하는 것이다. 한 당구공이 다른 당구공을 움직이도록 할 때 받치는 당구공의 운동을 일으키는 것은 치는 당구공의 운동이다.

그렇다면 일반적으로 사건-사건 인과 관계는 다른 사물에 있는 어떤 상태의 산출 즉, 결과에 앞서는 작용인으로서 존재하는 한 사물의 상태를 포함한다. 게다가 사건-사건 인과 관계에서 한 사건이 다른 사건을 일으킬 때 그 두 사건은 인과적 사건과 자연 법칙이 주어지게 되면 결과가 불가피하게 뒤따르는 사건들로 되게끔 연결시키는 어떤 자연 법칙이 있는 셈이다.

이와는 대조적으로 행위자 인과 관계는 많은 형태의 자유주의적 의지의 자유에 대해 요구되는 것이며 수많은 실체이원론자에 의해서 포용되는 인과 관계론이다.

행위자 인과 관계의 전형적인 예로는 사람이 팔을 드는 인간 행동이 있다. 사람이 팔을 들 때 행위자는 실체로서 자신의 능동적인 인과력의 자발적인 행사로써 행동할 뿐이다. 행위자는 자신의 팔을 들고 자유롭고 자발적으로 자신의 실체적 영혼 내부의 힘을 행사하고 행동할 뿐이다. 행위자가 팔을 드는 기회들을 규정하거나 결정하는 데 충분한 조건들이라고 하는 것이 행위자 내부에는 전혀 없다.

행위자 인과 관계에서는 실체가 원인이고, 사건-사건 인과 관계에서는 실체 내부의 상태가 원인이다. 사건-사건 인과 관계에 따르면 사람이 팔을 들 때 그 팔이 올라가도록 인과적으로 조건지우거나 결정하는 어떤 상태가 그 사람의 내부에 있다. 예를 들면, 사람의 팔을 들어올리는 욕구의 상태 또는 의지의 상태가 있다.

불행하게도 속성 이원론자에게는 사건과 사건의 인과 관계는 행위자 인과 관계와 일치하는 것이 아니다.

왜 그런가?

우선, 행위자, 자아, 나가 자신의 행동에 간섭하거나 기여할 수 있는 자리가 없다. 오히려 정확하게 말해서 팔을 들어올리는 욕구 상태가 그러한 결과를 산출하는 충분한 조건이다. 사람 내부의 정신적 상태와는 대립되는 자기 자신의 자아가 행동할 수 있는 자리가 없다.

다른 이유는 이러하다. 즉, 사람 내부의 모든 정신적 상태(욕구하는 상태, 의지하는 상태, 희망하는 상태)는 시간적으로 앞서는 정신적 물리적 상태에 의해서 자연법칙에 따라 일으켜진 상태이다. 행동에 관계되는 한 "나"는 인과적 연쇄 속에 있는 상태/사건의 흐름이 되고 사건들의 연쇄가 경과하면서 신체적 운동이 출력되는 수동적 무대가 된다. 개개의 연쇄 고리가 다음의 연쇄 고리를 일으키는 원인이 된다. 더욱이 개개의 정신적 상태는 그 상태를 산출하는 두뇌 상태에 의해서 출현하고 결정된다. 자연 법칙에 의해 관련된 시간적 연속의 사건들과 최하위 단계의 결정론적 출현의 어느 한쪽이든 간에 행위자 인과 관계는 배제되는 것으로 여겨진다.

요약하면 속성 이원론은 행위자 인과 관계 형태의 자유주의적 자유를 부인한다. 왜냐하면, 그것은 부수현상론이나 사건-사건 인과 관계 중 어느 하나를 채택하기 때문이다. 따라서 도덕적 능력, 도덕적 책임과 형벌의 상식적 개념들과 행위자 인과 관계의 진리를 조건으로 한다면 속성 이원론은 물리주의에 못지 않게 거짓이다. 이러한 논증의 강점은 여러 가지가 있겠지만, 우리가 일상적 의미에서 도덕적으로 책임이 있는가 그리고 행위자 인과 관계가 이러한 책임을 설명하는 필요 조건인가 하는 것에 달려 있다. 인간의 자유는 제13장에서 보다 자세히 분석될 것이다.

5) 스스로를 논박하는 물리주의와 속성 이원론

수많은 철학자가 물리주의와 속성 이원론은 결정론을 함축하고 결정론은 자기 논박적이기 때문에 거짓이어야 한다고 논변했다. 예를 들면, H. P. 오웬(H. P. Owen)은 다음과 같이 진술한다.

> 결정론은 자기 수치적이다. 나의 정신적 과정이 전적으로 결정되어 있는 것이라면, 나는 결정론을 수용하거나 거부하거나 하는 것도 전적으로 결정되어 있다. 그러나 내가 X를 믿거나 믿지 않거나 하는 유일한 이유가 내가 인과적으로 그렇게 결정되어 있다는 것이라면, 나는 나의 판단이 참인가 거짓인가를 견지할 아무런 근거도 가지고 있지 않게 된다.[3]

물리주의와 속성 이원론은 왜 많은 철학자에 의해서 자기 논박적이라고 생각되는가?

간단한 대답은 그것들이 합리성 자체가 가능하기 위한 필연적인 전제 조건을 잘라내기 때문이다. 바꾸어 말하면 그것들은 합리성 자체를 불가능하게 만든다. 혹자는 물리주의나 속성 이원론이 참이라는 것을 알고 있다고 또는 수용하기에 좋은 이유가 있다고 주장한다면 그리고 사람들이 그것들은 좋은 이유가 있어서 믿기로 선택한다고 주장한다면 그때는 이러한 주장들은 자기 논박적이다. 합리성을 나타내는 진정한 이성적 행위자가 있으려면 적어도 세 가지 요소가 가정되어야 한다.

이 세 가지는 모두 엄격한 물리주의에 의해서 배제된다. 그리고 그 중 마지막 두 가지도 속성 이원론과 일치하지 않는 것이다.

첫째, 인간들은 자신들에 유효한 어떤 정신적 특징들을 가지고 있어야 한다. 그것들은 진정한 지향성을 가지고 있다. 그것들은 그 마음속에 사고와 명제를 가질 수 있어야 한다. 그것들은 자기 자신의 마음속의 내용들뿐만 아니라 자신들이 안다고 주장하는 사물들을 자각할 수 있어야 한다. 그러나 지향성, 사고와 명제, 자각은 정신적 개념들이지 물리적 개념들이 아니다. 물리주의자들은 이 문제에 다양하게 대응하고 이를 우리는 다음 장에서 살펴볼 것이다.

---

3 H. P. Owen, *Christian Theism* (Edinburgh: T & T Clark, 1984), p. 118.

둘째, 사람들은 추리의 연쇄에서 그 지시 연관을 알 수 있도록 합리적으로 생각하려면 사유 과정의 끝이나 시작이나 동일하게 현존하는 자아이어야 한다. 칸트가 오래 전에 논증한 대로 사유 과정은 참되게 지속하는 "자아"를 필요로 한다.

전제 ① "P면 Q다"를 반성하는 한 자아가 있고, 전제 ② 즉, "P"를 반성하는 제2의 자아가 있고, 결론 진술 ③ 즉, "Q"를 반성하는 제3의 자아가 있다면, 그 때는 그 논증을 통해 사고하고 결론을 도출하는 지속하는 자아는 문자 그대로 없는 셈이다. H. D. 루이스(H. D. Lewis)는 다음과 같이 주목한다.

> 한 가지는 분명한 것 같다. 즉, 의식의 흐름 속에서 그 용어와 관계를 다함께 견지하는 경험의 핵심에 어떤 사람이나 어떤 대상이 존재하지 않으면 안 된다.[4]

셋째, 이 "나"는 [적어도] 본질적으로 사고하고 추리하고 의식하는 즉, 정신적 "나"이지 않으면 안 된다. 그러나 우리는 적어도 물리주의와 속성 이원론 대다수의 형태들이 문자적인 지속하는 "나"를 부인하고 이를 잇단 자아의 연속물로 대체하는 것을 이미 보았던 터이다. 따라서 그것들은 이와 같은 합리성의 필요 조건과 불일치한다.

넷째, 합리성은 자아를 행위자로 보는 입장과 진정한 자유주의적 의지 자유를 전제하는 것 같다. 하나의 합리적 "의무"가 있다. 즉, 어떤 증거가 주어지는 조건이라면 사람들은 어떤 것을 믿지 "않으면 안 된다."

사람들은 몇 가지의 증거가 주어지는 것을 조건으로 해서 도출해내는 일정한 결론에 대해 지적으로 책임이 있다. 사람들이 그러한 결론을 도출하지 않는다면 비합리적인 것이다. 그런데 "해야 한다"는 "할 수 있다"를 함축한다. 사람들이 어떤 것을 믿어야 한다면 그때는 사람들은 그것을 믿든지 믿지 않든지 선택하는 능력을 가지고 있어야 한다. 사람들이 합리적일 수 있으려면 어떤 이유들로 해서 자신의 믿음을 자유롭게 선택할 수 있어야 한다.

어떤 의미에서 우리는 우리의 믿음을 자유롭게 선택할 수 없다. 지금 당장 여러분은 50마리의 분홍색 코끼리가 거실에 있다는 믿음을 자유롭게 선택할 수 없다. 왜냐하면, 여러분은 그러한 믿음을 받아들이면 많은 돈을 주겠다는 제안을 받았으

---

4   H. D. Lewis, *The Self and Immortality* (New York: Seabury, 1973), p. 34.

므로 믿고는 싶었지만 그 믿음을 자유롭게 선택할 수 없는 처지에 있기 때문이다. 그러나 여러분은 어떤 것들을 자유롭게 할 수 있다. 예를 들면, 어떤 증거를 탐구하기로 선택하는 것, 어떤 것들을 생각해 보는 것은 자유롭게 할 수 있다.

수많은 경우에 우리는 어떤 믿음을 낳는 몇 가지 종류의 증거를 자유롭게 생각했기 때문에 자신이 어떤 결론을 믿고 있었던 것을 알게 될 것이다. 종종, 사람들은 자신이 믿으려고 하는 것이 무엇인가를 숙고하기도 하며 혹은 어떤 것에 대한 증거를 숙고하기도 한다. 그러나 이러한 숙고는 어떤 시점에서 사람들이 행하려고 하는 것 혹은 믿으려고 하는 것이 그 사람에게 달려 있고 자유롭게 선택하며 따라서 부적절하게 선택하게 되어 그 비합리성에 책임이 있다고 가정하는 경우에만 의미가 있는 것이다.

그러나 우리는 이미 물리주의와 속성 이원론이 자유주의적 자유를 행위자 인과 관계로 보는 입장을 불편해 하는 것을 보았다. 요컨대, 물리주의와 속성 이원론은 합리성의 가능성을 배제하는 것으로 여겨진다. 사람들이 물리주의 혹은 속성 이원론을 그 **증거**가 물리주의 혹은 속성 이원론에 **좋다**는 것을 **알아들어야 한다**는 사실에 **기초**해서 선택하기로 **해야 한다**고 **논증**하는 것은 스스로를 논박하는 것에 다름 아니다. 이렇게 강조한 단어들은 어느 것도 물리적 개념을 표현하는 것이 아닌 것이다.

5. 이원론 반대 논증

이원론을 반대하는 수많은 논증이 제기되었다. 우리는 세 가지를 열거하고 간단하게 논평할 것이다.

1) 상호 작용의 문제

(1) 반론

물리주의자는 인간 존재에 대한 이원론자의 구성에서 마음과 신체가 너무나 다르기 때문에 그 두 상이한 존재물이 어떻게 그리고 어디서 상호 작용하는가를 설명하는 것이 불가능한 것으로 보인다고 주장한다.

물리적 속성을 전적으로 결하고 있는 영혼이 신체에 무슨 일을 어떻게 일으킬 수 있는가, 또는 그 반대가 어떻게 일어날 수 있는가?
영혼이 팔을 어떻게 이동시키는가?
손가락을 찌르는 핀이 어떻게 영혼에 고통을 일으킬 수 있는가?

(2) 대응

이 반론은 우리가 A가 B를 어떻게 일으키는가를 알지 않는다면, 그때는 특히, A가 B와 상이하다면, A가 B를 일으킨다는 사실을 믿는 것이 합당하지 않다고 가정한다. 그러나 이 가정은 좋은 가정이 아니다. 우리는 종종, 한 가지가 다른 한 가지를 일으킬 때 그 둘이 서로 다르지만 그 인과 관계가 어떻게 일어나는가를 알지 못해도 그렇다는 것을 알고 있다. 사람이 유신론자가 아니라고 해도, 신이 존재한다면 신과 물질적 우주가 매우 달라도 신이 세계를 창조하거나 그 세계에서 행동하는 것이 가능하다고 믿는 것이 사유될 수 없는 것이 아니다. 자기장은 못을 움직일 수 있고 중력은 수백만킬로미터나 멀리 있는 행성에 작용할 수 있으며 프로톤은 상호 척력을 행사한다.

이러한 보기에서 우리는 그러한 상호 작용이 어떻게 일어나는가를 몰라도 한 가지가 다른 한 가지에 인과적으로 상호 작용할 수 있다는 사실을 안다. 더욱이 개개의 보기에서 원인은 결과와는 다른 본성을 가지고 있는 것으로 여겨진다. 이를테면 힘과 장은 공간적으로 위치한 딱딱한 분자 같은 존재물과는 다르다.

마음과 신체의 경우에 우리는 그들 사이의 인과성을 끊임없이 의식한다. 신체나 두뇌의 삽화적인 사건들(핀에 찔리는 것, 머리를 다치는 것)은 영혼 안에 일어나는 일들(고통의 느낌, 기억의 상실)을 일으킬 수 있다. 영혼은 신체 안에 일어나는 일들을 일으킬 수 있다(근심이 위궤양을 일으킬 수 있고 사람들은 자유롭게 의도적으로 팔을 들어올릴 수 있다). 우리는 인과적 상호 작용이 일어난다는 사실에 대한 압도적인 증거를 가지고 있고 그것을 의심할 충분한 이유가 없다는 사실에 대한 압도적인 증거를 가지고 있다.

더욱이 심신 상호 작용에 관한 "어떻게"라는 질문은 제기될 수 없는 것일지도 모른다. A가 어떻게 B와 인과적으로 상호 작용하는가에 관한 질문은 A와 B 사이에 간섭하는 기술 가능한 메커니즘이 있다는 요구와 같다. 사람들은 자동차 키가 어떻게 시동을 거는가를 물을 수 있다. 그 이유는 그 키와 자동차 엔진 사이에 간접적인 전기 장치가 있어서 이를 통해 키를 돌리면 엔진 가동이 일어나기 때문이다.

이러한 "어떻게"라는 질문은 이와 같은 간접적인 메커니즘을 기술하라는 요구이다. 그러나 심신 상호 작용은 매개 없는 직접적인 것일지도 모르고 그럴 개연성은 매우 높다. 간섭하는 메커니즘이 전혀 존재하지 않는다. 따라서 그 메커니즘을 기술하는 "어떻게"라는 질문은 제기되지도 않는다.

2) 자연주의적 진화론과 일치하지 않는 이원론

(1) 반론

물리주의의 배후에 있는 추동력이 진화론이라는 사실은 잘 알려져 있다. 진화론자 처치랜드(Paul Churchland)는 다음과 같이 주장한다.

> 표준 진화 이야기의 요점은 인간 종과 그 모든 특징이 오직 순수 물리적 과정의 전적인 물리적 결과라는 것이다. ··· 이것이 우리의 기원에 대한 올바른 설명이라면, 그때는 비물리적 실체 혹은 속성을 우리의 이론적 설명에 끼워 맞출 필요도 없고 여지도 없다. 우리는 물질의 피조물이다. 우리는 이러한 사실과 함께 살아가는 것을 배워야 한다.[5]

바꾸어 말하면 이 반론은 다음과 같은 주장인 셈이다. 인간은 선적으로 물리적인 물질에 작용하는 전적으로 물리적인 과정(진화론이 말하는 과정)의 결과이므로 그때는 인간은 전적으로 물리적인 존재이다.

(2) 대응

이원론자는 이 반론은 분명히 선결 문제를 요구하고 있다고 지적할 것이다. 이 점을 알아보기 위해 이 반론이 전건 긍정식(제1부 제2장 참조)의 논리적 형식으로 표현될 수 있다는 사실에 주목하자. 인간이 다만 자연주의적 진화 과정의 결과일 뿐이라면, 그때는 물리주의는 참이다. 인간은 다만 자연주의적 진화 과정의 결과일 뿐이다. 따라서 물리주의는 참이다.

그러나 이원론자는 후건 부정식의 논증 형식을 채택할 것이다. 인간이 다만 자연주의적 진화 과정의 결과일 뿐이라면, 그때는 물리주의는 참이다. 그러나

---

5 Paul Churchland, *Matter and Consciousness* (Cambridge, Mass.: MIT Press, 1984), p. 21.

물리주의는 참이 아니다. 그러므로 인간은 다만 자연주의적 진화 과정의 결과일 뿐이라는 것은 사실이 아니다. 바꾸어 말하면 진화론적 논증은 이원론 반대라는 선결 문제를 요구하고 있는 셈이다. 이원론자를 위한 증거가 좋은 것이라면, 그때는 **후건 부정식**의 논증 형식은 포용되어야 하고 **전건 긍정식**은 배척되어야 한다.

3) 오캄의 면도날에 의해 배제되는 이원론

(1) 반론

오캄의 면도날은 사람들은 어떤 것을 설명할 때 필요한 것 이상으로 존재물을 증가시켜서는 안 된다는 진술이다. 동일한 사태에 대한 두 가지 설명이 주어질 때 사람들은 보다 단순한 설명 즉, 문제의 대상을 설명하기 위해 최소의 존재물 혹은 최소 종류의 존재물을 사용하는 설명을 선호해야 한다.

그런데 물리주의는 이원론보다 단순하다. 왜냐하면, 그것은 인간 존재의 설명에서 두 개의 존재물(물질과 마음) 대신 단 한 가지 유형의 존재물(물질)만을 요청하기 때문이다. 따라서 오캄의 면도날의 요구 조건을 따를 때 물리주의가 이원론보다 선호된다.

(2) 대응

오캄의 면도날을 심신 문제에 적용할 때 발생하는 두 가지 주요 문제가 있다.

첫째, 오캄의 면도날이 어지간히 명백한 상식적 원리 즉, 현상의 설명은 그 현상을 설명하는 데 필수적인 요소만을 그 내부에 포함해야 한다는 원리로 이해될 수 있다면, 그때는 그 원리는 논쟁의 여지가 없다. 그러나 그것이 이원론 논쟁에 적용될 때는 선결 문제의 요구가 되고 만다.

왜 그런가? 이원론자는 물리주의가 하나의 이론으로서는 부적합하게 되고 마는 여러 가지 현상들을 인증하기 때문이다. 이원론자들은 사람들이 이원론을 불필요하게 요청해서는 안 된다는 점에 동의할 수 있다. 그러나 그들은 이원론은 사실상 인간 존재로부터 없애버릴 수 없는 중요한 특징들을 정직하고 공정하게 설명하는 데 필요하다고 주장한다. 그렇다면 논쟁의 참모습은 오캄의 면도날에 관한 것이 아니라 대립하고 있는 이원론과 물리주의의 상대적 이점에 관한 것이다.

둘째, 오캄의 면도날이 증명 책임을 이원론자에게 귀속시키는 방향으로 사용된다면, 그때는 다음과 같은 점이 지적될 수 있다. 즉, 자신의 자아에 대한 1인칭 자각과 나의 정신 상태의 자기 현시적 본성, 다시 말해서 나의 정신 상태의 자기 인식이 때때로 교정 불가능하고 사적으로 접근하며 물리 상태에 유효하지 않다는 점에 비추어 보면 사람들이 더 확신하는 것은 신체를 가진다는 것보다 영혼을 가진다는 점이다.

우리는 심신 문제를 살펴보았고 실체이원론 및 속성 이원론 대 물리주의 그리고 실체이원론 대 속성 이원론 및 물리주의에 관한 논증을 검사했다. 다음 장에서 우리는 다양한 형태의 물리주의를 진술하고 평가할 것이다.

[요약]

심신 문제는 두 가지 주요 문제를 포함한다.

첫째, 인간 존재는 한 개의 구성 분자 아니면 적어도 두 개의 상이한 구성 분자로 이루어지는가?

둘째, 두 개라면, 마음과 물질은 어떻게 상호 작용하는가?

우리는 물리주의와 이원론이 적대하는 두 입장이라는 것과 실체이원론 및 속성 이원론이 심신 문제에 대한 두 가지 다른 형태의 이원론자의 해결책이라는 것을 보았다. 우리는 또한, 물리적 존재물이 무엇이며 정신적 존재물이 무엇인가(예컨대 감각, 명제적 태도 그리고 작심)를 명료화했다.

다음으로 이 장에서 어떤 형태의 이원론은 물리주의보다 우수하다는 점을 보여 주는 여러 가지 논증들을 검사했다. 이를테면, 물리적 속성과 상태로부터 구별되는 정신적 속성과 상태, 자기 현시적 속성의 본성과 그 사적 접근성과 교정 불가능성, 경험의 주체적 본성, 지식 논증, 제2성질의 존재 그리고 지향성의 사실. 이러한 상이한 논증들은 어떤 것이 정신적 존재물에는 유효하나 물리적 존재물에는 유효하지 않다고 혹은 그 반대의 경우를 보여 주는 따라서 그것들은 서로 동일하지 않다는 것을 보여 주는 범례로서 적합한 것이다.

제11장에서 물리주의와 속성 이원론에 대립하는 실체이원론을 지지하는 논증들이 제시되었다. 이러한 논증들은 인간들이 가지고 있되 실체이원론을 전제하는 것으로 여겨지는 어떤 특징 혹은 능력이 있다는 것을 보여 주는 것이었다. 말하자면 우리의 기본적인 자아 의식, 3인칭 조망으로 환원될 수 없는 1인칭 조망의 사실성, 변화 속에서도 존재하는 인격 동일성과 사람의 절대적 같음, 자유주의적 자유, 도덕적 책임과 형벌, 물리주의와 속성 이원론의 자기 논박적 본성이다.

끝으로 우리는 이원론에 자주 제기되는 세 가지 반론을 살펴보았다. 말하자면 심신 상호 작용의 문제, 이원론과 자연주의적 진화론을 조화시키기 어려운 난점, 오캄의 면도날이다.

[기본 용어]

1인칭 조망
3인칭 조망
감각
과학의 통일망
교정 불가능
명제적 태도
물리적 속성
물리주의
부수현상론
사건-사건(상태-상태) 인과 관계
사적 접근
속성(속성-사건) 이원론
실체이원론
심신 문제

오캄의 면도날
유물론
이원론
인격 동일성
자기 현시적 속성
자유주의적 자유
작심
정신적 존재물
제1성질
제2성질
지식 논증
지향성
행위자 인과 관계

제12장

심신 문제 1B: 이원론에 대한 대안들

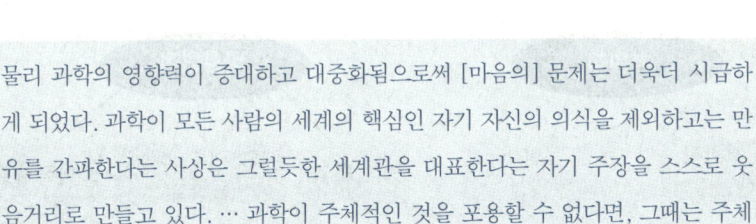

> 물리 과학의 영향력이 증대하고 대중화됨으로써 [마음의] 문제는 더욱더 시급하게 되었다. 과학이 모든 사람의 세계의 핵심인 자기 자신의 의식을 제외하고는 만유를 간파한다는 사상은 그럴듯한 세계관을 대표한다는 자기 주장을 스스로 웃음거리로 만들고 있다. … 과학이 주체적인 것을 포용할 수 없다면, 그때는 주체성은 신비적, 비합리적, 종교적 개념들로 들어갈 수 있는 통로가 되고 과학적 실재론의 현대 형이상학에 반대할 수 있게 된다.
>
> *하워드 로빈슨,『물질과 의미』(Matter and Sense)

> 지난 50년간을 회고하면, 인지 과학, 심리학 분야뿐만 아니라 심리 철학까지도 이상한 광경을 연출하고 있다. 가장 뚜렷한 특징은 지난 50년의 주류 심리 철학의 많은 부분이 어떻게 명백하게 거짓인 것으로 간주되는가 하는 점이다.
>
> *존 썰,『마음의 재발견』(The Rediscovery of the Mind)

1. 서론

앞장에서 우리는 심신 문제의 탐구를 이원론의 입장을 검토하는 것으로부터 시작했다. 이 장에서 우리는 이원론의 주요 적수 즉, 물리주의를 살펴볼 것이다. 앞장 서두에서 우리는 물리주의를 모든 존재물은 다만 물리적 존재물일 뿐이라는 입장으로 정의했다. 여기서 "물리적 존재물"은 탄탄한 학문 특히, 물리학과 화학 언어를 사용해서 완전하게 기술될 수 있는 존재물을 의미한다.

이 장의 마지막 절에서 우리는 물리적을 이렇게 이해하는 것이 왜 현대 물리주의자가 받아들일 수 있는 가장 합당한 이해인가를 살펴볼 것이다. 그때까지는 아무런 더 이상의 논평 없이 그러한 의미로 사용할 것이다.

심신 문제에 적용되면 물리주의자는 인간 존재가 다만 물리적 존재물이라고만 믿는다. 그러나 모든 물리주의자가 물리주의가 어떻게 설명되어야 하는가에 동의하는 것은 아니다. 도표 12.1은 물리주의를 나타내는 현대의 주요 형태들이다.

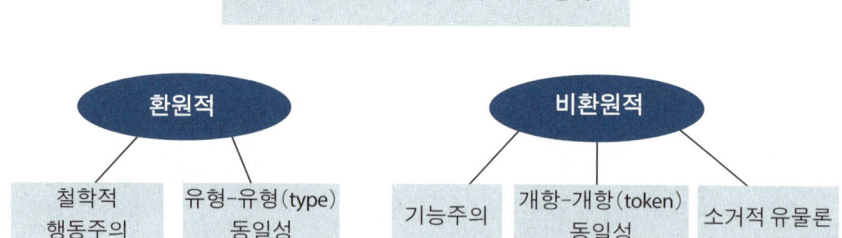

<그림 12.1 환원적 물리주의와 비환원적 물리주의의 다양성>

이 그림은 두 가지 주요 물리주의자의 전략을 보여 주는데, 각각 다른 모습을 취하고 있다. 하나는 환원적 물리주의이고 다른 하나는 비환원적 물리주의이다 (제14장 마지막 부분에 환원주의의 본성을 논의한다. 이 부분을 먼저 읽어보는 것이 좋다). 심신 문제의 맥락에서 환원적 물리주의와 비환원적 물리주의는 비교적 특수한 무엇을 의미한다.

심리 철학에 대한 이러한 접근법을 이해하기 위해 어떤 유형의 정신 상태 이를테면 고통 유형 상태, 붉음의 자각, 2+2=4라는 생각을 고찰해 보자. 이러한 개개의 정신적 상태들은 반복 가능한 유형의 상태이다. 어느 한 사람이 다른 기회를 맞이해서도 그와 같은 유형의 상태에 있을 수 있고 다수의 사람들이 동시에 동일한 유형의 상태에 있을 수 있다.

그런데 **환원적 물리주의**에 따르면 어떤 정신적 유형의 상태에 대한 일반적, 환원적, 비유심론적 필요 충분 조건을 제공하는 것이 가능하다. 예를 들면, 고통 유형의 상태에 있는 어떤 경우와 모든 경우에 대해 물리적 용어로 된 일련의 필요 충분 조건을 진술하는 것이 가능할 것이다. 철학적 행동주의와 유형-유형 동일론은 이러한 조건들이 무엇인지에 대해 자세히 설명하는 여러 가지 방식들이다.

이와는 대조적으로 **비환원적 물리주의**는 정신적 존재물을 물리주의적으로 취급하기 위해 일련의 일반적 필요 충분 조건이 존재한다거나 필수적이라는 것을 믿지 않는다. 비환원적 물리주의자는 인간 존재에 관한 모든 것 즉, 인간의 모든 부분, 속성과 상태가 다만 물리적이라는 점에는 동의한다. 그러나 그들은 정신적 상태를 인간 존재로 돌리기 위한 일반적 조건을 진술하는 것이 가능하거나 필수적이라는 점을 믿지 않는다. 따라서 비환원적 물리주의자는 고통 유형 상태를 인간 존재에게 돌리기 위해 물리적 용어로 된 일반적 조건을 제공하지 않을 것이다. 개항-개항 동일론, 기능주의 그리고 소거적 유물론은 비환원적 유물론의 세 가지 주요 형태이다.

기능주의자는 방금 비환원적 물리주의의 한 형태로 특징지어졌는데, 그러나 이 주장은 전적으로 정확한 것은 아니다. 철학자들은 기능주의가 비환원적 물리주의의 일종인가에 대해 불일치한다. 이 불일치는 환원에 대한 상이한 이해에 의존한다. 우리가 사용한 바와 같이, 환원은 사람들이 획일적인 물리적 조건들의 견지에서 모든 정신적 유형(예컨대 고통)의 필요 충분 조건을 제공한다는 것을 요구한다. 나중에 보게 되겠지만, 이것은 복수 실현의 문제 때문에 불가능한 것으로 입증되었다.

대충 말하면 이 문제는 철저하게 다른 두뇌와 물리적 유형의 상태를 가진 피조물들 예를 들어, 인간, 불카누스, 개, 거북은 모두가 동일한 유형의 정신적 상태 즉, 고통에 있을 수 있다는 사실에 의존한다. 따라서 고통 유형의 상태를 환원시킬 수 있는 획일적인 필요 충분 조건들은 없는 셈이다. 그러나 물리주의 형태의 기능주의가 찬동하는 다른 종류의 환원이 있다. 이 환원은 두 단계로 이루어진다.

1) 1 단계

정신적 속성을 기능화하라. 예를 들면, 고통 속에 있다는 정신적 속성은 유기체에서 바른 기능을 하는 이런 저런 물리적 속성을 가진다는 예를 들어, 찌르는 바늘, 치통에 의해서 유발되고 그 유기체가 얼굴을 찡그리고 벗어나게끔 하는 물리적 속성이 있다는 속성과 동일시된다.

2) 2단계

1단계에서 언급된 올바른 기능을 담당하는 속성을 물리적 속성과 동일시하라. 2단계는 기능적 역할을 실현하는 유일한 속성들이 물리적 속성이라는 것을 요구한다. 이것은 어떤 종류의 물리적 하드웨어만이 컴퓨터 소프트웨어에서 지정된 기능적 역할을 실현하는 자일 수 있다는 것과 같다.

이러한 방식으로 기능주의자는 인간, 불카누스, 개 혹은 거북이 각각 동시에 고통 속에 있다는 것, 특수한 고통 사건이 두뇌와 신경 체계의 물리적 사건과 동일자로 받아들여져야 한다는 것을 요구한다. 따라서 고통은 비록 정신적 상태의 유형을 환원시키는 그런 유형의 두뇌 사건에 대한 필요 충분 조건을 진술하는 것이 불가능한 것으로 남게 될지라도 이런 저런 물리적 사건으로 환원되거나 동일시된다. 게다가 개별적인 물리적 사건을 고통 사건으로 만드는 것은 그 물리적 사건의 내재적 특징들이 아니다. 오히려 정확하게 말해서 그것이 고통 사건이 되는 이유는 그것이 유기체에서 바른 기능을 담당한다는 사실 때문이다.

물리주의를 위하는 여러 가지 이유들이 제공되었다. 그 가운데 어떤 것은 본성상 철학적이다. 사실 제4장에는 그 가운데 두 가지 이유가 포함되었다. 즉, 이원론적 인간관에서 나오는 상호 작용의 문제와 심신 문제에 대한 오캄의 면도날 적용 문제가 그것이다. 이 두 문제는 물리주의가 더 좋은 더 단순한 입장임을 지지하는 이유였다. 그러나 현재의 토론 상황에서 물리주의를 위하는 가장 중요한 논증은 과학에서 나온다고 말하는 것이 안전한 언급이다. 존 썰은 20세기 심리철학의 뛰어난 철학자로서 다음과 같이 관찰한 바 있다.

> 현재[물리주의자] 입장의 수용은 자신의 진리에 대한 독립적 확신에 의해서라기보다는 외견상 유일한 대안인 것처럼 보인다는 폭력에 의해서 동기화되는 것이다. 즉, 그 선택은 두 접근법 사이에서 우리에게 말없이 제시되는 선택이다. 그 두 접근법은 현대적 형태의 이런 저런 "유물론"이 대표하는 "과학적" 접근법과 데카르트주의적 혹은 어떤 다른 전통적 종교적 마음 개념이 대표하는 "비과학적" 접근법이다.[1]

바꾸어 말하면 물리주의의 근저에 놓여 있는 주요 지적 동인은 이원론을 반대하고 물리주의를 지지하는 철학적 논증을 최우선으로 하는 것이 아니라 자연주의적 과학적 세계관의 함축이라고 여겨지는 것이라는 사실이다. 이것이 사실이 되어버리면, 많은 물리주의자에게 철학이 그림을 구성하는 주요 지점은 그럴 듯한 형태의 물리주의를 진술해서 변론하는 것이 되어버리고 만다.

---

1 John Searle, *Rediscovering the Mind* (Cambridge, MA: MIT Press, 1992), 3-4.

이 점을 염두에 둘 때 이 장에서 우리의 최우선 관심은 이와 같은 상이한 형태의 물리주의를 진술하고 평가하는 것이 될 것이다. 이 작업은 곧바로 2절에서 수행될 것이다. 이 장에서 우리는 물리주의를 위한 주요 논증 몇 가지를 조사하고 물리주의의 배후에 숨어 있는 주된 지적 충동을 최종적으로 언급할 것이다.

2. 상이한 형태의 물리주의

1) 철학적 행동주의

관행적으로 행동주의는 심리학자 왓슨과 스키너에 연결되어 있는 용어이다. 현재로서는 두 가지 형태의 행동주의 즉, **방법론적 행동주의**와 철학적 행동주의가 있다.

첫째, **방법론적 행동주의**는 경험적 관점에서 심리학을 할 때 사람들이 정신적 상태를 공개적으로 관찰 가능한 행동의 견지에서 기술하고 보고하고 설명해야지 사적 1인칭적 내적 의식 상태의 견지에서 하면 안 된다는 입장이다. 심리학의 연구 전략으로서 방법론적 행동주의는 심리학자가 유기체의 자극 입력과 행동 출력에만 초점을 맞추고 내성적 사적 정신 상태에 관계해서는 안 된다는 점을 함축한다. 방법론적 행동주의는 어느 쪽으로도 정신적인 것의 실존에 동참하면 안 된다.

둘째, **철학적 행동주의**는 동참해야 한다는 입장이다. 정신적 상태는 어떤 자극 입력이 주어지는 조건에서 보이는 공적인 신체적 행동 혹은 어떤 행동 경향이다. 현실적으로 철학적 행동주의는 정신적 상태 자체에 대해서보다는 그에 상응하는 정신적 용어의 본성에 더 많은 강조점을 두는 입장이다. 정신적 용어들은 조작적 정의들이거니와(어떤 것을 어떤 검사 혹은 운용에 의해서 경험적으로 검사될 수 있거나 측정될 수 있는 것만을 견지함으로써 내리는 정의), 공개적인 행동 혹은 그러한 행동 성향을 의미한다.

이러한 입장에 따르면 우리가 소금은 용해된다고 말할 때 소금에 어떤 신비하고 관찰 불가능한 존재물, 용해 가능성을 귀속시키는 것이 아니다. 오히려 단순하게도, 우리가 소금을 물에 넣을 때 녹을 것이라는 것을 의미할 뿐이고 이러한 진술은 다만 소금의 공개 관찰 가능한 행동만을 가리킬 뿐이다.

마찬가지로 존즈가 고통 속에 있다고 말하는 것은 다만, 일정한 입력이 주어지면(예컨대 바늘에 찔리면) 얼굴을 찡그리고 "아야" 하고 소리치는 경향을 가지고 있다고 말하는 것과 같다. 존즈가 유럽에 가고 싶다고 말하는 것은 그저, 존즈가 유럽 여행 브로슈어를 다룰 수 있고 유럽의 대성당을 말할 수 있으며 유럽 항공료 담당 여행사 직원에게 전화를 걸 수 있다고 말하는 것과 같다. 지금에 와서, 철학적 행동주의는 제기되었던 강력한 반론으로 인해서 혹독한 시련에 빠져버렸다.

반론은 다음과 같다.

첫째, 고통 속에 있다는 정신적 상태는 어떤 신체적 행동 혹은 행동 성향과 동일시될 수 없다. 왜냐하면, 사람들은 찡그리지도 않고, 소리를 외치지도 않고, 혹은 어떤 신체적 행동에 처해 있지 않으면서도 고통 속에 있을 수 있기 때문이다. 사람들은 고통과 같은 정신적 상태가 현재 현존하지 않음에도 불구하고 고통 속에 있는 것처럼 위장하여 고통스러운 행동을 보여 줄 수 있다. 여러분은 고통 행동 혹은 행동 성향 없이도 고통을 가질 수 있고 그 반대도 보여 줄 수 있기 때문에 그 둘은 동일할 수가 없다.

이와 밀접하게 관련된 반론은 다음과 같다. 예를 들어, 고통을 고통 행동과 동일시함으로써 철학적 행동주의자는 고통이 그러한 행동을 일으키는 것이고 따라서 그 행동과 동일시될 수 없다는 사실을 무시한다.

둘째, 본질적으로 고통은 우리 자신의 내적 사적 1인칭적 주체적인 지각 상태와의 면식을 통해 직접 알려질 수 있는 모종의 해로운 느낌으로 특징지어진다. 그러나 신체적 행동은 이러한 특징을 가지고 있지 않고 그래서 양자는 동일할 수 없다. 요컨대, 고통은 해를 주고 신체적 행동은 해를 주지 않는다.

셋째, 일련의 조건 명제로써 정신 상태를 정의하는 것은 제멋대로가 될 수 있고 끝없이 길어질 수 있어서 결과적으로 학습될 수 없는 것이 될 것이다. 예를 들면, 철학적 행동주의에 따르면 "존즈는 유럽에 가고 싶다"가 의미하는 것은 다음과 같다.

존즈가 여행 브로슈어를 입수하면, 유럽 여행 안내책자를 입수할 것이고, 존즈가 돈을 가지면, 말을 사는 것이 아니라 유럽 항공권을 구입할 것이다.

이러한 목록에 덧붙여질 수 있는 조건 명제들이 끝없이 있을 것이라는 점은 분명한 사실이다. 더욱이 행동주의자의 정의를 구성하는 조건 명제들은 내적 정신 상태와 관계하는 용어들을 덧붙임으로써 채워나가는 경우에만 의미가 있을 것이다. 예를 들면, 존즈는 여행 브로슈어가 유럽에 관한 정보를 줄 것이라고 믿는 경우에만 그 브로슈어를 입수할 것이다. 그는 말과 항공권을 둘 다 살 수 없다고 생각하고 말을 가지는 것보다 여행을 하고 싶다는 경우에만 항공권을 사고 말을 사지 않을 것이다. 따라서 행동주의자의 정신적 용어 정의는 완전하게 이루어지려면 암묵적 다른 정신적 용어들을 사용해야 하므로 순환적이 된다.

넷째, 사람이 어떤 것을 생각하고 있다는 것이 어떤 감각적 입력이 주어지면 어떤 방식으로 행동하는 성향을 보인다는 점에서 성립하는 것일 뿐이라면, 그때는 그 행동 성향이 신체를 통해 드러날 때까지는 그가 생각하고 있었던 것이 무엇인지를 알 수 없을 것이다. 그러나 확실히, 우리는 그가 행동하기 전에 무엇을 생각하고 있는지를 안다. 그는 자신의 신체적 행동을 관찰함으로써가 아니라 자신의 의식 상태에 대한 직접적 내성적 자각을 통해 자신의 생각을 안다.

다섯째, 철학적 행동주의에 대한 두 가지 비판이 더 제기되었다. 많은 철학자가 이러한 비판이 모든 형태의 물리주의에 똑같이 적용된다고 믿고 있으므로 여기서 거론하는 것이 낫겠고 나중에 상세하게 재론하지 않을 것이다. 그렇지만 여러분은 이러한 비판이 성공적이라면, 아래에 열거되는 다른 형태의 물리주의에도 적용된다는 점을 기억해 두어야 한다.

형태 1. 철학적 행동주의는 어떤 형태의 결정론과 자유주의적 의지 자유의 부인을 함축하는 것으로 간주된다. 우리는 다음 장에서 자유와 결정론의 문제를 면밀히 검토할 것이다. 그러나 이 함축은 자유주의적 자유가 참이고 결정론이 거짓이라고 믿는 사람들에게는 철학적 행동주의를 반대하는 것으로 간주될 것이다.

형태 2. 철학적 행동주의(다른 형태의 물리주의와 함께)는 어떤 시점에 있는 자아가 통일되어 있고 변화에도 문자 그대로 동일하게 남아 있는 지속적 자아가 있다는 것을 부인하는 것으로 보인다. 이 점은 제13장에서 보다 충분하게 전개될 것이지만 지금으로서는 물리주의가 사실상 통일된 지속적 자아 부인을 함축하게 되면 그리고 이러한 자아를 믿는 좋은 이유가 있으면, 그때는 어떤 형태의 물리주의에 대해서도 난점을 불러일으키게 된다.

이 두 마지막 논점이 증시하는 것은 많은 철학자가 한 편으로는 심리 철학과 이원론자-물리주의자 논쟁 사이에 다른 한 편으로는 자유와 결정론의 문제와 인격 동일성의 문제 사이에 친밀한 관계가 있다는 것을 보고 있었다는 점이다.

2) 유형-유형 동일론(하드웨어 입장 #1)

유형-유형 동일론을 이해하기 위해 유형과 개항(제10장 참조)의 차이점을 분명히 하는 것이 중요하다.

첫째, **유형**(type)은 동일한 시간에 한 장소 이상에 있을 수 있는 혹은 다른 차이 나는 시간에 동일한 장소에 있을 수 있는 일반적 종류의 것이다.

고통이 유형으로 간주될 때 그것은 동일한 시간에 다른 유기체에 있을 수 있는 혹은 다른 시간에 동일한 유기체에 있을 수 있는 일반적 종류의 상태로서 간주되고 있는 셈이다.

이와는 대조적으로 **개항**(token)은 어떤 유형의 개별적인 특수한 예이다. 고통 개항은 고통 유형 상태로 알려진 일반적 종류의 상태를 예시하는 특수 사례이다.

유형-유형 동일론 옹호자들은 개개 유형의 정신적 상태(예컨대 고통 유형 상태 혹은 2+2=4라고 생각하는 유형의 상태)는 어떤 두뇌 유형 즉, 어떤 패턴의 뉴런 점화와 동일하다고 주장한다. 이 입장은 그러므로 **하드웨어 입장**이라고 부른다. 왜냐하면, 정신적 상태의 유형은 물리적 자재의 유형 혹은 두뇌와 중추 신경 체계의 하드웨어와 동일하기 때문이다.

둘째, 이 입장의 옹호자들은 한 유형의 정신적 상태와 한 유형의 물리적 상태 사이의 동일성이 우연적 동일성(제9장 참조)이라고 주장한다. 철학적 행동주의에서 고통이라는 용어는 어떤 공적 행동에 참여하는 경향을 표현하는 용어와 동일하다고 했고 이 동일성은 동일성 진술에서 사용된 용어의 의미에 의거하면 분석적이거나 참이다.

이와는 대조적으로 우연적 동일성 진술은 두 가지 용어가 상이한 의미로 사용되나 그런데도 동일한 우연적 사실을 가리키는 동일성이다. 예를 들면, "개밥바라기는 샛별과 동일하다"는 진술 혹은 "열은 분자의 운동과 동일하다"는 진술에서 그 용어들은 동일한 것을 의미하지 않지만 (추정적으로) 동일한 것을 가리킨다. 개밥바라기는 샛별과는 다른 행성이었던 것으로 판명될 수도 있었지만 우연적 사실 문제로서 경험적 발견 덕분에 그 두 용어 즉, "개밥바라기"와 "샛별"은 동일자 즉, 금성을 가리킨다.

이와 동일한 방식으로 정신적 상태를 가리키는 용어들은 두뇌 상태들을 가리키는 용어들로서 동일자를 의미하지 않지만 우연적 사실 문제로서 과학적 발견 덕분에 (추정적으로) 두 용어가 동일자 즉, 두뇌와 중추 신경 체계의 신경 생리학적 상태를 가리키는 것을 보여 주었다. 고통이라는 용어는 유기체에서 고통 행동을 일으키는 것이 무엇이든지 간에 바로 그것을 가리키며 경험적 우연적 사실 문제로서 우리는 이제 고통이 가리키는 것이 동일론에 따르면 두뇌 상태라는 것을 안다.
　U. T. 플레이스(U. T. Place), 헤르베르트 파이글(Herbert Feigl), J. J. C. 스마트(J. J. C. Smart)는 이러한 유형-유형 동일성 논제를 옹호했던 철학자들이다.
　철학적 행동주의에서처럼, 유형-유형 동일론에 대해 수많은 심각한 비판이 제기되었다.

　첫째, 두뇌 상태의 유형들과 정신적 상태의 유형들은 각각 매우 다른 속성들을 가지는 것으로 여겨진다. 따라서 그것들은 서로 동일할 수 없다. 이러한 측면에서 치좀은 다음과 같이 지적한다.

> 어떤 특수한 심신 동일성 진술을 고찰해 보자. 즉, 일각수를 생각하는 것은 N 방식으로 진동하는 Q 섬유를 가진다는 것과 동일하다. 사람들이 이러한 진술을 이해하기 위해 ~을 가리키는 속성 혹은 속성들을 파악할 수 있거나 사고할 수 있어야 하는 것은 말할 나위도 없다. 우리는 문제의 그 진술을 이해할 수 있는 정도까지 가리키는 그 두 속성이 동일한 속성이 아니라는 것을 깨달을 수 있다. 이것은 모든 사람이 죽는다고 믿는다는 속성이 외부 공간에 생명이 있는가를 의심스럽게 생각한다는 속성과 다르다는 것을 깨달을 수 있는 것과 같다.
> 이러한 합리적 통찰의 타당성을 부인하는 것이 모든 유형의 추리의 가능성을 해치는 것과 같다고 주장된 바 있으며 이는 개연성이 없지 않고 그럴 법한 파악이다.[2]

2　Roderick Chisholm, "Mind," in *Handbook of Metaphysics and Ontology*, ed. Hans Burkhardt and Barry Smith (Munich: Philosophia, 1991), 2:556.

제11장에서 우리는 정신적 상태와 물리적 상태의 차이점 몇 가지를 살펴보았다. 본질적으로 정신적 상태는 그 1인칭적, 사적, 내적, 주체적 성질(예컨대 본질적으로 고통은 자신의 느껴진 성질에 의해, 붉음의 자각은 자신의 경험의 주체적 양식에 의해, 사고는 다른 사고와 논리적 관계에 있을 수 있는 자신의 내적 내용에 의해 특징지어진다) 그리고 지향성 등에 의해 특징지어진다. 이와는 대조적으로 두뇌 상태는 그러한 특성들을 가지지 않으며 오히려 다양한 물리적 화학적 속성들을 가진다. 따라서 그것들은 동일할 수 없다.

이 점을 더욱 다듬어서 크립키(Saul Kripke)는 예를 들어, 고통은 그 주체적 의식적 느껴진 성질에 의해 특징지어지기도 하지만 이 느껴진 성질을 자신의 본질의 일부로서 가진다는 사실을 지적했다. 모든 가능 세계에서 어떤 것이 이러한 유형의 느껴진 성질을 가지는 바로 그 경우에만 그것은 고통으로 간주될 것이다. 그러나 어떠한 두뇌 상태도 신체적 행동도 이러한 느껴진 성질을 자신의 본질의 일부로서 가지지 않는다.

더욱이 이 점은 사후의 삶이 거짓일지라도 가능한 일이라는 것은 확실하다. 사실상 신체 없는 사람이 실존하고 생각하며 어떤 느낌, 믿음, 욕망 등등을 가지는 것은 가능하다. 그러나 두뇌 상태에 대해 신체 없이 비물질적 방식으로 실존할 수 있었다고 말하는 것은 거의 의미가 없는 일이다. 따라서 정신적 상태와 두뇌 상태는 동일자일 수 없다.

둘째, 때때로 **복수 실현**의 문제라고 부른다. 소위 고통 유형 상태와 같은 정신적 상태를 하나 들어서 이 유형의 상태를 MS1이라고 부르자. 유형-유형 동일론에 따르면 이 유형의 상태는 인간 신체에 있는 어떤 유형의 두뇌 상태 및 중추신경 상태 BS1과 동일하다.

이제 한 가지 문제가 발생한다. 추측하건대, 개들, 화성인들 그리고 수많은 다른 피조물이 고통 속에 즉, 우리가 MS1이라고 불렀던 유형의 상태에 있을 수 있다. 그러나 이러한 피조물들은 BS1에 있을 수 없다. 왜냐하면, 이것들은 다른 패턴의 물리적 자재로 구성된 상이한 하드웨어 상태를 가지고 있기 때문이다.

어떤 화성인이 탄소 화합물로가 아니라 오히려 다른 물리적 구성분으로 이루어져 있었다고 가정해 보자. 그렇다면 그 화성인은 어떤 종류의 두뇌 상태 즉, BS2에 있을 수 있었다. 이 BS2는 BS1이 아니다. 말하자면 고통 속에 있는 인간을 구성하는 물질이 아니라 화성인을 구성하는 부분이다. 그러나 고통 유형 상태 MS1은 BS1과 동일하므로(그 이상도 그 이하도 아니므로) 그리고 화성인은 BS1

에 있을 수 없으므로 그렇다면 화성인(개 혹은 다른 피조물)이 고통 속에 있는 것은 불가능하게 된다.

여기서 무언가가 잘못 되었다고 보고 이원론자는 이 문제에 대한 해결책을 마련한다. 이원론자에게 화성인은 다른 유형의 두뇌 상태에 있을지라도 인간처럼 고통 속에 있을 수 있다. 왜냐하면, 고통은 두뇌 상태와 동일하지 않고 본질적으로 자신의 느껴진 의식적 성질에 의해 특징지어진 상태와 동일하기 때문이다. 기능주의와 개항-개항 동일론은 이 문제에 대한 물리주의자의 두 가지 반응으로서 곧 아래에서 살펴보겠다.

유형-유형 동일성 논제의 세 번째 문제는 이것이다. 즉, 과학은 두뇌 상태의 유형과 정신적 상태의 유형이 동일하지는 않지만 상호 관련을 맺거나 원인-결과 관계를 이룬다는 입장에 대립각을 세우면서, 그 두 유형이 동일하다는 입장을 선호해야 함을 증명할 수 없다는 점이다. 바로 이 두 입장 즉, 정신적 유형 상태와 두뇌 유형 상태가 동일하다는 입장과 동일하지 않고 다르지만 상호 관계를 맺는다는 입장은 경험적으로 동등하다.

각각의 입장은 일련의 동일한 과학적 관찰들과 일치한다. 유형-유형 동일성 입장의 문제점에 비추어볼 때, 이 상호 관계 대안이 더 선호되어야 하는 셈이다. 게다가 이러한 상호 관계를 확립하기 위해 과학자는 연구되고 있는 사람의 사적 1인칭적 내적 의식 생활에 무엇이 일어나고 있는지를 1인칭적으로 보고하는 일에 의지하지 않을 수 없다. 그러나 과학자는 두뇌 혹은 어떤 물리적 상태에 관해 아무것이라도 알기 위해 그러한 보고에 의지해서는 안 된다.

3) 개항-개항 동일론(하드웨어 입장 #2)

개항-개항 동일론을 이해하기 위해 복수 실현의 문제를 상기해 보자. 예를 들면, 화성인은 인간에게 가능한 유형의 두뇌 상태에 있지 않았어도 고통 속에 있을 수 있었다. 이 문제에 대한 이원론자의 해결책은 조금 전에 전술된 바와 같다. 그러나 동일성 논제의 옹호자들도 역시 이에 대한 대응책을 가지고 있다. 그것은 동일성 논제 자체를 포기하는 것이라기보다, 오히려 사람들은 유형-유형 동일성 논제를 수정하고 개항-개항 동일성 논제를 수용해야 한다는 것이다.

개항-개항 동일론에 따르면 **일반적 종류**의 정신적 상태와 **일반적 종류**의 두뇌 상태를 동일시하기 위해 주어질 수 있는 일련의 일반적 조건들은 아무것도 없다.

우리는 정신적 상태를 물리적 상태와 동일시하기 위한 일반적 조건을 진술하고자 환원적 물리주의를 도입했기 때문에 그렇다면 바로 그러한 의미에서 개항-개항 입장은 환원적이 아닌 셈이다. 그러나 다른 의미에서 그 입장은 환원적**이다**.

그 입장의 옹호자들은 정신적 상태 유형과 물리적 상태 유형의 동일시를 거부하는 반면 어떤 특수한 사례의 정신적 상태에 대해, 바로 이 상태는 사실상 어떤 특수한 사례의 물리적 상태와 동일할 것(그리고 이러한 의미에서 환원될 수 있는 것)이라는 사실을 수용한다. 정신적 상태 유형과 물리적 상태 유형을 동일시하기 위해 진술될 수 있는 아무런 일반적 조건들이 없다 할지라도 개별적인 정신 상태 개항은 항상 개별적인 물리 상태 개항과 동일하다.

예를 들면, 고통 유형 상태라고 부르는 일반적 정신 상태는 일반적 두뇌 상태 유형과 동일시될 수 없을지라도, 다시 말해서 화성인, 인간 그리고 개는 모두 매우 상이한 두뇌 상태 유형에 있으면서 특정한 동일한 정신적 유형 상태에 있을 수 있을지라도, 인간(화성인, 개)이 겪는 어떤 특정한 고통에 대해, 바로 이 개별적인 고통이 특정한 개별적인 두뇌 상태와 동일할 것이라는 것은 여전히 사실이다. 모든 개항의 정신적 상태는 정신적 상태 유형과 두뇌 상태 유형 사이에 아무런 동일성이 진술될 수 없어도 두뇌 상태 개항과 동일하다. 개항-개항 동일론의 현대적 옹호자는 맥도널드(Cynthia Macdonald)이다.

개항-개항 동일론은 적어도 화성인의 고통 사례에서 표면화된 문제의 일부만을 해결하는 것 같다. 고통 속에 있다는 것과 같은 일반적 유형의 정신적 상태는 일반적 두뇌 유형 상태 말하자면 인간에 현존하는 BS1과 동일하지 않다. 따라서 화성인, 개 그리고 인간은 각각 다른 유형의 두뇌 상태에 있을 수 있었지만 여전히 우리가 고통 유형 상태라고 부르는 유형의 상태에 있을 수 있다. 이것은 개개의 개별적인 고통 사례가 화성인, 인간 혹은 개 속에 있는 특정한 두뇌 상태 개항과 동일하다고 해도 사실이다.

그러나 사정이 이러함에도 불구하고 개항-개항 동일론은 심각한 비판을 당하게 되었다. 복수 실현의 문제는 차치하고라도, 유형-유형 동일론에 제기되었던 모든 비판이 개항-개항 동일성 논제에도 적용된다

① 어떤 특수한 고통에 대해, 바로 이 고통은 이 개항과 병행하는 두뇌 상태를 포함하여 도대체 두뇌 상태에는 유효하지 않는 속성을 가진다

② 바로 그 정신적 상태(즉, 특수한 고통, 생각 등)가 신체 없는 상태로 얻어질 수 있었다는 것이 가능하지만 이 점은 어떠한 개별적인 물리적 상태에도 유효하지 않다
③ 상호 관계보다 동일성을 선호하는 정당화의 문제가 기다리고 있다.

그러나 개항-개항 동일론에는 자기 자신만의 특유한 문제가 더 있다. 모든 개별적 고통의 집합에 통일성을 주는 것은 무엇인가 하는 문제이다.
모든 고통 개항을 고통의 집합에 집어넣고 냄새의 집합, 사랑의 감정의 집합, 혹은 어떤 다른 집합에 넣지 않게 하는 것이란 도대체 무엇인가?
이원론자는 모든 고통 개항은 고통으로 알려진 유형의 구성원이라고 말할 것이다. 왜냐하면, 개별적인 고통은 각자 각각의 고통의 본질인 어떤 것 즉, 특정한 유형의 의식적 느낌을 공통으로 소유하기 때문이다. 그러나 이러한 이동을 개항-개항 동일론자들이 채택할 수 없음은 명백하다.
두 사람이 동일한 종류의 정신적 상태에 있지만(각자가 고통 속에 있지만), 상이한 신경 생리학적 상태에 있다면, 그때는 각자의 고통을 동일한 정신적 상태의 개항으로 만들어 주는 저 상이한 신경 생리학적 상태들은 도대체 무엇인가?
우리는 그 공통적인 것이 동일한 느껴진 성질을 소유하는 것일 수 없음을 보았던 터이다. 또 그것이 동일한 신경 생리학적 특징늘의 소유일 수도 없다. 왜냐하면, 이 특징들은 우리가 고찰하는 사례에서 보듯 구별되는 것들이기 때문이다.
개항 동일성을 옹호하는 어떤 물리주의자는 개별적인 정신적 사건에 대한 이러한 입장을 정신적 사건의 종류에 대한 기능주의자의 입장과 결합시킨다. 곧 이어서 기능주의를 기술할 것이다. 지금은 그 이론이 대략 말해서 고통 유형 사건과 같은 정신적 종류는 어떤 입력(바늘에 찔림)과 어떤 출력("아야" 하고 소리를 치며 불쌍하다고 느끼는 것)에 의해 특징지어지는 유형의 기능이라는 입장이라고만 말해두자. 기능적 역할을 담당하도록 허락되는 유일한 사건은 개별적인 두뇌 사건뿐이다. 불행하게도 이러한 이행은 정신적 종류의 통일성의 문제를 적절하게 해결할 수 없다.
왜 그런가?
그 이유는 하나의 개별적 상태의 본질이 그 상태에 내재적인 특징들(그 내적으로 느껴진 성질 혹은 그 내부의 물리적 특징들)에 의해서 구성되어야 하고 그 상태가 다른 것들과 유지하는 외적 관계(그 상태가 찌르는 바늘에 의해서 일어나고 어떤 행동

을 일으키는 것)에 의해서 구성되어서는 안 되기 때문이다. 어떤 것(예를 들어, 고통)은 자신이 먼저 실존하고 자기 내적인 어떤 특성(자신의 내적 본성을 구성하는 그 느껴진 성질)을 가지고 있지 않으면, 자기 이외의 다른 것(행동)과 관계할 수 없다.

게다가 내부의 정신적 상태와 신체적 입출력 사이의 관계는 우연적이다. 신이 화성인을 창조할 수 있었을 때 바늘로 찔러서 얼굴상을 찌푸리기도 전에 "아야" 하고 말하면서도 고통을 체험하는 것이 아니라 정신적 쾌락 상태를 체험하도록 창조할 수 있었음은 확실하다.

정신적 상태 유형 내부에 있는 정신적 상태 개항들의 통일성의 문제는 개항-개항 동일성 논제의 심각한 문제점이다. 따라서 모든 고통 사건이 개개의 사건에 내재하는 특성(해로움)으로 말미암아 "고통" 종류의 구성원이지, 고통 류에 속하는 개개의 사건에 외재하는 기능적 역할과 같은 특성으로 말미암아 구성원인 것이 아니라고 주장하는 것이 훨씬 더 합리적이다.

4) 기능주의(소프트웨어 입장)

개항-개항 동일성 논제에 대한 우리의 최종적 언급을 통해 매우 대중적인 현대적 형태의 물리주의 즉, 이른바 기능주의로 이행하게 된다. 상이한 형태의 물리주의가 있으나 그 모두가 공통적으로 소유하는 사실은 정신적 상태를 유기체의 기능적 상태라고 보는 노선에 따라 모형화한다는 점이다. 대중적 형태의 물리주의는 정신적인 것을 인공 지능으로 모형화하는 소위 강경 인공 지능 모형론이다. 여기서 마음은 근본적으로 컴퓨터 프로그램이다.

우리는 컴퓨터를 그 하드웨어 혹은 소프트웨어에 따라서 기술할 수 있다. 우리가 하드웨어를 기술할 때, 컴퓨터를 구성하는 물리적 자재 혹은 구성 요소들과 관계한다. 이것은 앞에서 두 가지 형태의 동일성 논제를 옹호하는 자들이 정신적 상태를 기술할 때 행하는 것과 비슷하다. 또한, 우리는 소프트웨어를 가진 컴퓨터에 유비시켜 컴퓨터를 상이한 입력, 출력 그리고 컴퓨터가 작동하기 위해 사용하는 프로그램의 다른 특징들과 관계하게 함으로써 기술하듯, **소프트웨어 입장**에서 정신 상태를 기술할 수 있다. 이러한 방식이 기능주의를 옹호하는 사람들이 정신적 상태를 다룰 때 행하는 것이다.

기능주의자에게 정신적 상태는 감각적 입력, 행동 출력, 다른 "내적" 상태에 의해서 완전하게 퍼내어져 기술될 수 있다. 어떤 유형의 정신적 상태라도 그 본질적 특성은 그 상태가 신체에 대한 환경적 입력, 관련된 다른 유형의 "정신적 상태" 그리고 신체적 행동으로 이해된 출력과 관계를 맺는 일련의 인과적 관계들이다. 예를 들면, 고통 속에 있다는 정신적 상태는 우리가 인과적 역할 R이라고 부를 수 있는 다음과 같은 기능적 역할을 수행하는 바로 그 상태로서 정의될 수 있다.

기능적 역할을 수행하는 그 상태란 바늘에 찔린 결과로서 혹은 어떤 다른 입력의 결과로서 조직 손상이 일어나는 상태이고 이것은 다시금 그 사람에게 스스로 불쌍하다는 느낌을 일으키고 도움과 동정을 바라게 유발하고 "아야" 하고 소리치게 만드는 동안 얼굴을 찡그리면서 도움을 구하게 만든다. 유기체가 고통 속에 있는 것은 기능주의에 따르면 유기체가 인과적 역할 R에 의해서 특징지어지는 상태에 있는 바로 그 경우뿐이다.

엄밀하게 말해서 기능주의는 이원론과 일치한다. 왜냐하면, 인과적 역할 R을 성취하는 그 상태(예컨대 찌르는 바늘에 의해서 일어나서 자기 연민을 일으키고 도움을 요청하도록 일으키며 "아야" 하고 소리치도록 일으키는 상태)가 고통에 본질적인 의식적 느낌에 의해서 내적으로 특징지어진 환원불가의 정신 상태라고 주장될 수 있을 것이기 때문이다. 그러나 대부분의 기능주의자들은 물리주의자들이고 인과적 역할 R을 성취하는 것으로 보이는 상태가 두뇌의 신경 생리학적 상태라고 주장한다.

유의 깊게 주시할 대목은 정신적 상태 예를 들어, 고통, 사고 기타 등등의 정의적(defining) 특징들이 1인칭 내성적 자각을 통해 알려진 그 상태 자체의 내적 사적 의식적 성질들이 아니라는 점이다. 오히려 정신적 상태의 정의적 특징들은 어떤 신체적 입력, 어떤 신체적 출력 그리고 다른 "정신적" 상태들 사이에서 획득되는 인과적 관계들이다.

기능주의를 자세히 설명하는 한 가지 방식이 왜 정신적인 것에 대한 인공 지능 접근법인지가 분명해져야 한다. 컴퓨터가 "수학을 해독하여 덧셈을 할 수" 있으려면, 그 컴퓨터는 어떤 입력("2", "+", "2", "=")을 받아들일 수 있어야 하고 어떤 출력("4"가 화면에 출력된다)을 산출할 수 있어야 하고 어떤 다른 내적 상태(2를 곱하라는 명령을 입력하면 "8"을 출력할 준비가 되어 있다)로 진행할 수 있어야 한다.

기능주의는 철학적 행동주의와 매우 흡사하지만, 행동주의자가 공개적으로 관찰 가능한 입력과 신체적 출력에 의해서만 정신 상태를 규정하고자 하는 반면 기능주의자는 입력에 의해서 일어나고 출력을 일으키는 유기체 내부의 것이 무엇이든 간에 그것과 관계하며 또 문제의 그 상태와 인과적으로 관계되어 있는 다른 "정신적" 상태(고통 상태는 일어나는 많은 것이 있지만 자기 연민과 구제 요청을 일으키는 상태이다)와도 관계한다.

기능주의자에게 고통과 같은 정신적 용어는 고통이라는 용어가 타인의 행동을 기술하고 설명하는 데 사용되는 3인칭 이론에서 담당하는 역할로부터 그 일차적 의미를 획득한다. 따라서 우리는 고통이라는 용어를 바늘에 찔린 후에 "아야" 하고 외치는 이유를 설명하는 이론의 일부로서 사용하는 셈이다. 우리는 타인의 행동을 설명하기 위해 많은 것 중에서도 그 어떤 상태를 그 타인에게 귀속시킨다.

루이스(Davis Lewis)와 퍼트남(Hilary Putnam)이 탁월한 기능주의자들이다. 다른 물리주의자 이론에서와 마찬가지로 수많은 실질적인 비판이 기능주의에 대해 제기되었다. 첫째 반론의 핵심은 기능주의자가 정신 상태의 정의적 특징들을, 내성적 자각을 통해 직접적으로 알게 된 상태 자체의 내적 특징들이 아니라 입력과 출력이 유기체와 맺는 인과적 관계로 만들어버린다는 사실에 있다.

첫째 반론을 예증하는 표준 방식은 소위 **전도된 감각질**(여기서 질은 특수한 체험된 성질을 말하고 예를 들면, 붉음 혹은 푸름을 경험하는 것은 무엇과 같을까 하는 것이다)의 문제를 통해 제시된다.

여기에 두 사람, 존즈와 스미스가 있다. 그들은 둘 다 방에 들어가서 눈으로 둘러보고 붉은 대상을 나머지 대상들과 나누어 분류한 다음 붉은 대상을 가리키면서 같이 "붉은 대상이 저기에 있군" 하고 말한다. 기능주의에 따르면 존즈와 스미스는 둘 다 매우 동일한 정신 상태에 있고 다시 말해서 붉음을 의식하는 상태에 있다.

그러나 스미스가 색에 정상인 데 반해 존즈는 전도된 색 지각을 가지는 것이 형이상학적으로 가능하다. 스미스와 나머지 모든 사람이 붉음을 감각할 때마다 존즈는 푸름의 지각을 가지고 그 반대도 가능하다. 이러한 경우에 스미스는 붉음을 감각하는 자신의 정신적 상태에 기초해서 붉은 대상을 나머지 대상으로부터 분류할 것이다. 그러나 존즈는 푸름을 감각하는 자신의 정신적 상태에 기초해서 그렇게 한다.

기능주의자는 존즈와 스미스가 동일한 정신적 상태에 있다고 주장한다. 왜냐하면, 그들은 둘 다 어떤 입력(방을 둘러봄)에 의해 일어난 그 상태에 있고 이것은 다른 출력('붉은'이라는 단어가 붉은 대상에 적용된다는 믿음과 함께 이 대상들을 다른 대상들로부터 분류함)을 일으키기 때문이다. 그러나 존즈와 스미스는 정신적 상태가 그 내적 본성에 의해 특징지어진다면 동일한 정신적 상태에 있지 않다. 존즈는 푸름을 의식하고 스미스는 붉음을 의식한다. 존즈와 스미스는 매우 다른 정신적 상태에 기초해서 동일한 방식으로 기능하고 있다. 두 가지 다른 정신적 상태가 동일한 기능적 상태와 일치하므로 후자는 전자와 동일할 수 없다.

둘째 반론은 기능주의와 관련된, 소위 **결여된 감각질**의 문제이다.

기능주의에 따르면 컴퓨터와 같은 의식 없는 기계들이 올바른 기능적 상태를 육화함으로써 의식을 모방할 수 있다면, 그때는 그 기계들은 사실상 바로 그 정신적 상태에 있는 셈이다. 그러나 이것은 잘못된 것으로 보인다. 로봇이 상을 찡그리도록 장치되어 있어서 바늘에 찔린 후 "아야" 하고 외칠 수 있었을지라도 여전히 그 로봇은 고통 속에 있는 상태에 있지 않을 것이다. 왜냐하면, 고통스러움이라는 특정한 의식적 속성이 부재할 것이기 때문이다.

이러한 문제를 보여 주는 또 다른 유명한 예가 있는데, 이 예는 사고와 의미 이해와 같은 정신적 상태에 대한 기능주의자의 설명이 성공하지 못한다는 것을 드러내는 데 사용되었다. 그 이유는 그 설명이 그와 같은 정신적 상태를 컴퓨터의 기능 상태와 같은 기능 상태 그 이상도 그 이하도 아닌 것으로 취급했기 때문이었다. 존 썰이 만든 예로서 **중국어방**이라고 알려져 있다.

여러분이 방에 갇혀 있다고 상상하라. 그리고 그 방에는 중국어를 나타내는 기호들이 가득 한 바구니들이 많이 있다. 여러분은 (나처럼) 중국어를 하나도 모른다고 상상하라. 이제 중국어 기호들을 다루는 영어 규칙집이 여러분에게 전달된다. 이 규칙들은 의미론이 아니라 구문론의 견지에서 순수하게 형식적으로 기호들을 다루는 조작법을 자세하게 규정하고 있다. 규칙집에는 다음과 같은 규칙이 적혀 있다.

"바구니 1로부터 스퀴글-스퀴글을 집어서 바구니 2에 있는 스코글-스코글 기호 다음에 놓아라."

이제 어떤 다른 중국어 기호들이 그 방으로 들어오고 그 방에서 중국어 기호들을 다시 되돌려 제출하는 절차에 관한 더 많은 규칙이 전달된다고 가정해 보자. 여러분은 모르지만, 방금 방에 들어온 그 기호들은 그 방 밖의 사람들에게는 "질문"이라 알려져 있는 것들이라고 가정해 보자.

그리고 여러분이 방에서 다시 돌려준 그 기호들은 "그 문제에 대한 답"이라고 가정해 보자.

나아가서 프로그래머들이 그 프로그램을 너무나 잘 설계하여 여러분은 그 기호들을 잘 조작할 수 있으므로 곧바로 여러분의 답이 중국어를 말하는 중국 사람이 작성한 답과 전혀 구별될 수 없게 되었다고 가정해 보자.

거기서 여러분은 방 안에 갇힌 채로 중국어 기호들을 뒤섞어 놓으면서 방 안으로 들어오는 중국어 기호들에 반응하고 또 다시 중국어 기호들을 밖으로 내어 주고 한다. … 이 이야기의 논지는 단순하다. 즉, 여러분은 외부 관찰자의 관점에서 형식적 컴퓨터 프로그램을 실행하는 것에 힘입어서 중국어를 이해하고 있는 것처럼 정확하게 행동하고 있기는 하나 그와 동시에 여러분은 중국어를 하나도 이해하지 못하고 있다는 것이다.[3]

안에 사람이 들어 있는 중국어방은 사람이 밖에서 모의 실험하는 컴퓨터와 같을 것이고 사고와 의미 이해와 같은 정신적 상태에 대한 기능주의적 설명을 재현한다. 밖에 있는 사람에게 그 방은 입력을 받아들이고, 그 방이 중국어를 이해하는 것처럼 보이게 만드는 방식으로 출력을 내놓는다.

그러나 말할 것도 없이, 그 방이 하는 것이라고는 정신적 이해를 흉내내는 것일 뿐이고 그 방은 정신적 이해를 소유하지 않는다. 컴퓨터는 중국어방과 같을 뿐이다. 그것들은 정신적 작용을 흉내내지만 정신적 작용을 실제로 예화하지 못한다.

셋째 반론, 기능주의자는 정신적 상태의 집합의 통일성을 설명하는 데 어려움을 겪는다. 우리는 개항-개항 동일론과 관련해 이러한 유형의 반론을 부각시킨 바 있다. 특정한 유형의 모든 고통의 집합을 고찰해 보자. 이 집합의 통일성, 다시 말해서 모든 고통을 이 집합의 일원으로 만드는 바로 그것은 개개의 구성원에 내적인 어떤 것이다. 즉, 그것은 그 모두가 동일한 내적 본성, 동일한 질적인 주체적 느낌을 가진다는 사실이다. 개개의 고통이 동일한 유형의 입력(바늘 찔림)에 의해서 일어난 것으로 여겨지지는 않는다. 개개의 고통이 동일한 유형의 출력("아야")과 다른 "정신적" 상태(동정 요망)를 일으킨 것으로 여겨지지는 않는다.

---

3 John Searle, *Minds, Brains and Science* (Cambridge, MA: Harvard University Press, 1984), 32-33; cf. Searle, "Minds, Brains and Programs," *The Behavioral and Brain Sciences 3* (1980): 417-24.

제3부 | 제12장 심신 문제 1B: 이원론에 대한 대안들   423

이러한 인과적 관계들은 고통 자체와 외적으로 관계한다. 그것들은 우연적으로 고통과 관계한다. 이러한 인과적 관계들이 없는 고통들이 있을 수 있을 것이다. 그리고 인과적 관계들은 쾌락의 감각과 같은 다른 정신적 상태와 상호 결합될 수도 있었다. 신이 우리를 창조했을 때 바늘에 찔린 후에 얼굴상을 찡그리고 "아야" 하고 외치기 바로 전에 쾌락을 경험하도록 창조했을 수도 있었다. 따라서 이러한 인과적 관계들은 고통의 본질을 구성하지 않는다. 일반적으로 정신적 상태의 본질은 그 자신의 내적 정신적 본성이지, 그 상태가 신체적 입력, 출력 그리고 다른 "정신적" 상태와 관계를 맺어 유지하는 외적 인과적 관계들이 아니다.

5) 소거적 유물론

고찰되어야 할 마지막 형태의 물리주의는 아마도 가장 철저한 물리주의자로서 이른바 소거적 유물론이다. 소거적 유물론을 이해하기 위해 먼저 제2장에서 논의한 바, 과학사에서 나타난 이론 대체 현상을 기억해야 한다. 때때로 새로운 이론은 다른 이론을 대체한다. 이는 플로지스톤 이론이 산소 이론으로 대체된 것과 같다.

이와 같은 경우에 대체를 당한 이론은 포기되고 그 이론에서 실재적이라고 요청된 존재물은 더 이상 실존한다고 믿어지지 않는다. 한 때 실존한다고 생각된 여러 존재물들 예를 들어, 에테르, 플로지스톤, 열소 등은 더 이상 실재적인 것이라고 받아들여지지 않는다. 이러한 존재물들은 낡은 이론들을 대체한 이론을 옹호하는 사람들에 의해 요청된 새로운 존재물들을 지지하는 입장에서 소거되었다.

현재, 소거적 유물론을 옹호하는 사람들은 정신적 상태 이를테면 고통, "P라는 믿음"을 가리키는 용어들이 플로지스톤과 에테르라는 용어들과 같은 것이라고 믿는다. 그 용어들은 더 나은 이론을 지지하는 입장에서 포기되어야 하는 부적합한 이론의 일부였다. 이러한 부적합한 이론은 때로는 **민속 심리학**(folk psychology)이라 부르고 더 나은 이론은 신경 생리학에서 나오는 이론이다.

이러한 입장에 서면 민속 심리학은 사람(그리고 어떤 동물)의 행동을 상식적으로 설명하기 위해 정신적 상태를 가리키는 용어들을 사용하는 이론이다. 이러한 정신적 용어들을 사용하는 민속 심리학의 상식적 일반화가 존재하는데, 예컨대 고통 속에 있는 사람들은 얼굴상을 찌푸리는 경향이 있다. 갈증을 느끼는 사람들은 음료수를 마시고 싶은 경향을 보인다.

첫째 문장을 고찰해 보자. 이 문장은 사람의 행동을 설명하는 이론의 일부이다. 우리가 마리가 얼굴상을 찌푸린 이유를 물으면, 고통을 느끼는 사람이라면 얼굴상을 찌푸리는 경향을 보인다고 말함으로써 설명할 수 있다. 그런데 마리는 고통의 경험으로 알려진 정신적 상태에 있고 따라서 마리는 얼굴상을 찡그리고 있다.

불행하게도 소거적 유물론을 논변하게 되면 마리에게 얼굴상을 찌푸리게 하는 상태, 실로 민속 심리학에서 요청된 자칭 모든 정신적 상태는 실존하지 않는다는 것을 알게 된다. 그 대신에, 마리에게 얼굴상을 찌푸리게 하는 것은 이런 저런 C-섬유가 마리 속에서 어떤 방식으로 진동하고 있다는 것이다. 일반적으로 민속 심리학은 거짓이고 정신적인 것에 대한 그들의 규정은 포기되어야 하고 물리적 상태를 가리키는 용어만을 사용하는 더 나은 이론에 의해 대체되어야 한다.

소거적 유물론은 정신적 상태가 두뇌 상태로 환원되어야 한다는 것을 믿지 않는다. 이것은 과학자가 플로지스톤이 산소로 환원되어야 한다는 것을 믿지 않는 것과 같다. 도대체 정신적 상태란 존재하지 않는다. 어느 누구도 고통의 정신적 상태, 사고나 믿음을 가지는 정신적 상태 혹은 어떤 것을 감각하는 정신적 상태에 있어 본 적이 없다. 로티와 처치랜드가 소거적 유물론을 옹호하는 현대 철학자들이다.

소거적 유물론에 대한 주요 비판의 중심은 사고, 고통, 욕망과 같은 정신적 상태들이 실존하고 우리에게 자신의 모습을 내성적 행동들에서 가져지는 것으로 나타내는 본성을 가진다는 점이 우리 자신의 의식 생활의 내성적 자각을 통해 지극히 분명하다는 사실에 있다. 소거적 유물론은 이 사실을 부인하고 따라서 거부되어야 마땅한 것이다. 사실상 소거적 유물론은 정신적 삶과 그 삶을 기술하는 용어에 대해 그릇된 상을 가지고 있다.

우선 한 가지를 지적하면, 심신 문제의 주요 초점은 정신적 상태 자체이지 정신적 상태를 이야기하는 정신적 용어(예컨대 고통)가 아니다. 따라서 우리가 사용하는 고통이라는 용어가 민속 심리학에서 나온다는 점을 인정할지라도 고통 자체는 그렇지 않다. 고통 자체는 이론의 일부가 아니라 오히려 정확하게 말해서 자기 의식 활동에서 우리에게 잡히는 어떤 특징적 느낌을 가지는 정신적 사건이다. 과학적 지식의 어떤 진보가 도대체 어떻게 우리가 고통, 욕망 등등을 직접적으로 자각하는 문제에 대해 최소한의 적절성이라도 가질 수 있는지를 알기란 어렵다.

나아가 일차적으로 고통이라는 용어와 같은 정신적 용어들은 먼저 타인의 행동을 설명하고 다음으로 연장해서 자기 자신의 행동을 설명하는 3인칭 이론(민속 심리학)에서 어떤 역할을 맡고 있는 용어가 아니라고 주장될 수 있다. 오히려 일차적으로 고통은 우리가 가지고 있는 경험을 타인에게 보고하려고 사용하는 용어이며 고통 자체를 우리가 직접 면식함으로써 즉물적으로 정의되는 것이다.

"고통"은 일차적으로 어떤 것을 보고하는 데 사용되는 용어이고 설명하지 않는 용어이다. 도대체 어떤 설명 이론(예컨대 신경 생리학적 이론)이 어떻게 고통을 대체할 수 있는지를 알기란 어렵다. 기본 정신 용어들은 일차적으로 설명에서 사용된 용어들이 전혀 아니기 때문이다. 그리고 우리가 사실상 타인의 행동을 설명하기위해 고통을 사용할 때도 우리가 고통 속에 있을 때 느끼는 내적 상태에 유비되는 정신적 상태를 타인에게 돌리고 있을 뿐이다.

엄밀하게 말해서 타인의 행동을 설명하기 위해 이렇게 고통을 사용하는 것은 그 행동에 대한 신경 생리학적 설명과 상보적이다. 왜냐하면, 그 둘은 둘 다 어떤 사람이 고통에 있을 때 일어나는 것을 상이한 측면에서 바라보는 참된 기술일 수 있기 때문이다. 이러한 경우에 정신적 고통은 그 사람의 영혼에서 예화되고 어떤 두뇌 상태는 그 사람의 신체에서 예화된다.

이제 우리는 물리주의자의 전략에 대한 검토를 썰의 진술로 마무리한다.

> 초기의 유물론자들은 독립된 정신 현상과 같은 것은 하나도 없다고 주장했다. 왜냐하면, 정신 현상은 두뇌 상태와 동일하기 때문이다. 최근의 유물론자들은 독립된 정신 현상과 같은 것은 하나도 없다고 주장한다. 왜냐하면, 정신 현상은 두뇌 상태와 동일하지 않기 때문이다. 나는 이러한 패턴이 매우 계시적이라는 것을 깨닫게 되며 이것이 계시하는 바는 정신 현상을 어떠한 대가를 치르는 한이 있더라도 없애려는 충동이다.[4]

---

4 Searle, *Rediscovery of the Mind*, 48-49.

3. 물리주의의 배후에 있는 주요 지적 동인

정신 현상을 없애고자 하는 이러한 충동의 배후에는 무엇이 있는가? 이 문제는 이 장의 서두에서 이미 언급되었다. 이제 우리는 이 문제에 대한 몇 가지 언급을 이 장의 결론으로 삼고자 한다. 이원론을 반대하고 물리주의를 찬성하는 이유로서 크게 세 가지가 제공되었다.

첫째, 이 입장의 세부 내용을 검토하게 되면 어떤 형태의 물리주의는 이원론의 형태들보다 더 그럴 듯하게 여겨진다고 주장된다. 예를 들면, 고통에 대한 이원론자의 취급은 우리가 실제적으로 고통에 대해 아는 것이 주어지게 되면 어떤 형태의 물리주의보다 합리적이지 않은 것이 되기도 한다.

이 장과 앞 장의 진의는 주로 상이한 입장들을 제시하는 것에 있었으므로 고통, 사고 등등을 믿는 것이 더 합리적이라는 조건이 주어지게 될 때 그러한 입장들을 재검토하여 어느 입장이 더 합리적인가를 판단하는 문제는 독자에게 맡겨 두기로 한다.

둘째, 이원론을 반대하거나 아니면 물리주의를 지지하거나 하기 위해 주어지는 일반적인 철학적 논증이 있었다. 이들 가운데 두 가지가 제11장에서 간단하게 언급되었다. 심신 상호 작용이 어떻게 어디서 일어나는가 하는 문제가 이원론의 문제였고, 물리주의를 지지하기 위해 단순성을 고려하는 오캄의 면도날을 사용하는 문제가 있었다.

우리는 여기서 이에 대한 논의를 더 이상 반복하지 않을 것이다. 이밖에 이원론을 반대하는 두 가지 다른 주요 철학적 논증이 있다. 즉, 다수 마음의 문제와 다른 마음의 문제이다. 이것을 차례로 살펴보자.

다수 마음의 문제는 이것이다: 이원론이 참이고 마음과 신체가 다르다면, 그때는 왜 우리가 한 신체에 한 마음만 소속될 것이라고 기대해야 하는가?

우리가 사람을 만날 때 우리 앞의 신체가 17개의 마음 대신에 한 마음만 가졌다는 것을 도대체 어떻게 알 수 있단 말인가?

이원론은 다수 마음의 가능성을 배제할 수 없기 때문에 이원론은 타인이 얼마나 많은 마음을 가지는가에 대한 우리의 지식을 의심하는 회의주의로 귀결된다. 따라서 이원론은 거부되어야 한다.

이 문제에 대한 네 가지 반응이 주어질 수 있다.

첫째, 이원론은 한 신체에 다수 마음의 가능성을 인정하기 때문에 그리고 그러한 상태는 현실적으로 귀신 들림의 경우에 일어나기 때문에 그렇다면 이러한 가능성에 대한 이원론자의 인정은 악이 아니라 덕이다.

둘째, 우리가 제4장에서 본 대로 회의주의를 논리적으로 가능하게 만드는 입장이 있다는 단순한 사실로부터 회의주의가 합리적이라는 귀결은 나오지 않으며 혹은 해당 문제의 영역에 대한 우리의 지식이 없다는 귀결은 나오지 않는다. 우리는 다수 마음의 가능성을 선천적 방식으로 배제할 수 없지만, 그런데도 우리 자신의 의식과 타인의 삶과 함께 하는 귀납적 경험에 기초해서 자기 아닌 다른 사람이 반대의 증거(예컨대 귀신 들린 경우)가 없는 한, 한 신체에 한 마음만 소속될 뿐이라고 주장할 권리가 있다

셋째, 아리스토텔레스나 아퀴나스의 전통을 이어받는 어떤 형태의 실체이원론이 옳다면, 그때는 영혼은 (아마도 DNA 분자를 사용함으로써) 신체를 만드는 것이고 신체에 그 본성(예컨대 인간 영혼에 의해 형태를 부여받아서 우리의 신체는 인간적이 된다)을 수여하는 것이다. 영혼이 신체의 형태 혹은 본질을 공급한다. 신체는 그 생성을 위해 영혼에 의존한다. 그 반대는 아니다. 한 영혼과 한 신체 사이의 이러한 친밀한 관계는 한 신체의 소유주인 한 영혼만 있을 것이라는 기대를 정당화하는 모델을 제공한다. 악령 들림의 경우에 악령은 신체의 본질을 공급하지 않고 다만 신체에 거주할 뿐이다.

넷째, 끝으로 물리주의자들은 의식의 동시적 통일성과 변화 속의 통일성을 설명하는 자기 자신만의 문제를 가지고 있다. 이것이 물리주의자들이 정신적 사건들에 자신의 노력을 경주하는 이유이고 흔히 실체의 형이상학에 관한 문제들을 회피하는 이유이다. 이 논점은 제14장에서 충분히 전개될 것이다.

다른 마음의 문제는 이것이다: 이원론이 참이라면, 우리는 다른 사람들이 정신적 상태들을 가지고 있다는 것을 결코 알 수 없다. 왜냐하면, 그러한 상태들은 우리가 직접적으로 접근할 수 없는 사적 정신적 존재물이기 때문이다.

이 점과 관련해 이원론은 회의주의를 두 가지 방식으로 함축한다. 제일 먼저 다른 마음이 실존하는가에 대해 우리는 회의주의자로 남는다. 다른 마음이 실존한다고 해도 다른 마음의 정신적 상태가 어떠한지에 대해 회의주의자로 남는다.

아마도 다른 마음은 나와 비교해 보건대, 전도된 감각질을 가질지도 모른다. 다른 마음은 내가 푸름과 고통을 감각할 때 붉음과 기쁨을 감각할 것이다. 그 반대도 성립한다. 이원론이 참이라면 우리는 결코 알 수 없을 것이다.

이원론자의 다른 마음의 문제는 크게 과장된 것이다. 이 문제에 대한 우리의 반응은 다수 마음의 문제와 관련해 말한 것과 비슷하다.

첫째, 이원론은 실제로 다음을 함축한다.

즉, 우리는 어떤 사람의 두뇌, 신경 체계 그리고 행동을 아는 것으로부터 그 사람의 정신적 상태를 논리적으로 연역할 수 없다. 그러나 거듭 말하지만, 이것은 악이기는커녕, 사물이 실제로 존재하는 방식으로 여겨진다. 어린 아동들조차도 가끔씩은 다른 사람들과 다른 방식으로 색을 감각하고는 놀란다. 일반적으로 사실 물리적 상태에서는 동일하더라도 한 사람이 한 종류의 정신적 상태에 있고 다른 사람은 다른 종류의 정신적 상태에 있는 것은 논리적 가능성이다.

둘째, 방금 언급된 논리적 가능성은 다른 마음에 대해 회의주의를 함축하지 않는다.

우리가 다른 마음에 대해 잘못되는 것이 논리적으로 불가능하다면 어떤 것을 아는 일은 있을 수 없을 것이다. 우리가 어떻게 다른 마음의 지식을 가지는가에 대해 이원론자의 많은 입장이 있다. 예를 들면, 우리는 타인들이 바늘에 찔려 얼굴상을 찌푸리고 있는 것을 간취할 때 이 사실들을 가장 잘 설명하는 단순 추리로서 혹은 비슷한 상황에 우리가 무엇을 체험하고 있을지를 알고 있다는 유비에 기초해서 그들이 고통 속에 있다고 가정한다.

그러나 우리가 다른 마음의 지식을 어떻게 설명하는가에 관계없이 우리는 실제로 그러한 지식을 가지고 있다. 다른 사람의 정신적 상태에 대해 우리가 잘못된다는 논리적 가능성만으로는 회의주의를 정당화하기에 충분하지 않다.

우리가 보기에 현대 물리주의의 배후에 있는 진정한 지적 동력은 이원론 찬반의 철학적 명분이 아니라 자연주의와 과학주의에 대한 문화적 헌신이다.

베이커(Lynne Rudder Baker)는 다음과 같이 지적한다.

> 물리주의는 특정한 과학 개념과 함께 가는 과학에 대한 권리 주장의 산물이다. 이 주장은 과학이 실재의 독점적 결정자라는 주장이다. … 이러한 입장에 서면 과

학적 지식은 완전하게 남김없이 규명한 앎이다.[5]

과학에 의해 연구된 시공간의 물리적 대상 세계가 존재하는 모든 것이라면 그리고 과학이 우리를 둘러싸고 있는 세계에 관한 믿음을 모으는 최상의 혹은 아마도 유일한 합리적 방식이라면, 그때는 대부분의 물리주의자에 따르면 이원론은 거짓이어야 한다.

왜 그런가?

왜냐하면, 정신적 상태 혹은 비물질적 영혼의 실존은 과학의 통일성 특히, 실재의 전부를 설명하는 화학과 물리학의 적절성을 위협하기 때문이다. 그렇다면 자연주의와 물리주의는 거짓일 것이다.

이원론에 대해 자칭 과학적이라는 많은 반론이 제기되었다. 실제로 이러한 반론들은 과학 그 자체에서 도출되는 것이 아니라 과학이 무엇을 말해야 하는가를 철학자들이 우리에게 말하는 것으로부터 나오는 것이다.

첫째, 어떤 사람들은 정신적 존재물은 다만 형이상학적으로 기이하고 지나치게 터무니없는 것이라고 주장했다.

그러나 누구에게 기이하단 말인가?

영혼은 유신론적 세계관에서 너무나 정통한 것이다. 그 이유는 그러한 조망이 마음을 물질보다 더 근본적인 것으로 간주하기 때문이다. 영혼은 여러분이 벌써 자연주의와 과학주의를 전제했을 경우에만 기괴한 것이 될 것이다.

둘째, 다른 사람들은 정신적 상태가 실존하고 사물을 세계에서 발생시키는 원인이라면, 그때는 이것은 물리적 우주가 "인과적으로 폐쇄되어" 있다는 사실 다시 말해서 일어나는 어떤 사건이라도 발생시키기에 충분한 다른 물리적 요인들의 결과에 불과하다는 사실을 위반한다. 물리적 사건 이외에는 물리적 사건에 인과적으로 영향을 미치는 것은 아무것도 없다. 때때로 이 문제는 열역학의 제일 법칙 혹은 소위 에너지 보존의 원리의 견지에서 표현되기도 한다.

이 원리는 폐쇄된 체계의 에너지 양은 불변한다고 진술한다. 그러나 정신적인 것과 물리적인 것 사이에 인과적 상호 작용이 있다면, 그때는 어떤 물리적 결과

---

5 Lynne Rudder Baker, *Saving Belief: A Critique of Physicalism* (Princeton, NJ: Princeton University Press, 1987), 4.

들은 다른 물리적 요인들의 결과만은 아니며 에너지는 정신적 인과성에 의해 그 체계로 유입되고 그 원리는 위반되는 셈이다.

이원론자는 이러한 반론에 대해 수많은 대응책을 제공했다.

첫째, 이 반론은 옳다면, 자유주의적 의지 자유를 제거한다. 그리고 이러한 자유가 실존한다면 그때는 그 반론은 실패한다(제6장 참조).

둘째, 이 반론은 옳다면, 세계에 대한 신의 직접적 기적적 간섭을 배제할 것이다. 그리고 이러한 간섭을 믿을 이유가 있다면, 그 반론은 실패한다.

셋째, 열역학의 제일 법칙은 "폐쇄 체계" 즉, 외부의 간섭이 없는 체계에 대해서만 공식 원리이다. 게다가 제일 법칙은 본성이 전적으로 물질적인 체계에 대해서만 공식 원리이다. 이원론자는 제일 법칙은 엄밀하게 말해서 완전하게 물질적 폐쇄 체계에만 적용되지 정신적 인과성의 영향을 포함하는 체계에는 적용되지 않는다는 점을 지적한다. 어떤 사람이 행동할 때 새로운 에너지가 창조될지도 모르는데, 그러나 이것은 제일 법칙의 범위 밖에 있는 일이고 제일 법칙의 위반이 아닌 셈이다.

그러나 여전히 사람들은 인간 행동에서 발생하는 새로운 에너지의 창조를 경험적으로 관찰한 적이 없었다고 주장할 수 있을 것이다. 그래서 저러한 이원론자의 단정은 의심스럽게 보인다.

이러한 반대 논증에 대해 두 가지 반응이 주어질 수 있다.

첫째, 사람들은 행위자 인과 관계에서 결과하는 에너지의 창조가 수월하게 측정될 수 있어야 하고 따라서 자유주의가 원칙적으로 거짓이 될 수도 있지만, 그러나 실제적 현실에서 아무도 그와 연관된 적합한 탐구를 하려고 노력한 적이 없다. 그런 것이 정확히 어떻게 측정되어야 하는가는 전적으로 분명한 것은 아니다.

둘째, 자유로운 행동력의 행사는 투표를 위해 거수하는 모든 행동 속에 포함된 에너지와 비교하면 지극히 사소하고 실질적으로 감지 불가능한 에너지 양을 포함할지도 모른다는 사실이다.

기술자가 후버 댐 밖으로 물을 방출하기 위해 전원 스위치를 누를 때, 쏟아지는 물에 의해 터지는 막대한 양의 잠재적 에너지는 스위치를 누르는 기술자의 행위 속에 포함된 에너지를 압도하고도 남는다. 자유주의적 행동에도 사정은 마찬가지일지 모른다. 아마도 자유로운 행동력의 행사 때 방출된 에너지는 유관한 인과적 행로를 통해 신체에 흘러간 잠재적 에너지와 비교하면 작은 글자에 지나지 않을 것이다. 이것이 사실이라면, 그때는 자유로운 행동력의 행사에 의해 창조된 에너지를 측정하는 것은 불가능한 일은 아니더라도 매우 어려운 일이 될 것이다.

종종 이원론에 대해 제기된 셋째이자 마지막 과학적 반론은 세계가 빅뱅으로부터 진화 과정을 통해 어떻게 지금과 같은 형태로 되었는가를 과학적으로 설명하는 표준화가 주어지게 된다면, 정신적 속성이나 실체와 같은 현상을 이러한 그림에 일치시킬 필요도 여지도 전혀 없을 것이라는 반론이다. 인간을 비롯한, 생명을 가진 유기체는 물리적 물질에 작용하는 물리적 과정의 결과일 뿐이고 따라서 그러한 메커니즘의 산물은 오로지 물리적일 뿐이다.

다윈의 진화 설명의 배후에 있는 동력 중 하나가 심신 문제에 관한 유물론이었다는 것은 널리 알려져 있는 사실이다. 하워드 그루버(Howard Gruber)는 다음과 같이 설명한다.

> 날마다 우주를 운용하는 일에 참여하고 있는 계획의 섭리 혹은 간섭의 섭리라는 관념은 사실상 [다윈의 진화 이론과] 경쟁을 벌이는 이론이었다. 사람들이 세계를 정확하게 처음부터 지금처럼 존재하게끔 설계한 신이 존재했다고 믿었다면, 자연 도태를 통한 진화 이론은 불필요한 여분의 것으로 여겨졌을 것이다. 마찬가지로 사람들이 유기체의 얼마와 생명 세계에서 발견된 기관 조직이나 기능을 창조하기 위해 때때로 간섭하는 신을 믿었다면, 다윈의 이론은 불필요한 여분의 것으로 여겨졌을 것이다. 지적 계획이나 의사 결정을 도입하게 되면 자연 도태는 필연적 보편적 원리라는 입장에서 한갓된 가능성으로 바뀌게 된다.[6]

---

6 Howard E. Gruber, *Darwin on Man: A Psychological Study of Scientific Creativity* (Chicago: University of Chicago Press, 1974), 211.

데닛은 설명한다.

> 다윈이 애초부터 자신의 이론은 '마음'의 기원에 대한 완전한 자연주의적 설명을 포함해야 한다는 것을 알았다. … 왜냐하면, 인간이 다윈의 규칙의 찬란한 예외였더라면 그 이론 전체는 폐기될 수 있었을 것이기 때문이다.[7]

이렇게 하는 가장 합당한 방식은 어떤 형태의 엄밀한 물리주의를 주창하는 것이다. 왜냐하면, 정신적 상태나 실체와 같은 어떤 것이 실존하고 생명을 가진 유기체에 관해 진화 이론의 설명력의 범위 밖에 있는 한 가지가 있게 되면 바로 이 한 가지 때문에 그 이론은 위협을 받아 타당하지 않는 것으로 되어버리기 때문이다.

마음은 단순히 진화 과정에서 물질로부터 출현한 것이라는 주장은 기껏해야 반증 불가능한 주장일 뿐이지 우리의 기원에 대한 다윈의 이해와 일치하는 주장은 아니다. 그 주장은 다윈의 시대에서 현재에 이르기까지 계속해서 동일하게 제시되어 왔다. 근자에 와서 제시된 사례를 몇 가지 인용해 보자.

처치랜드는 다음과 같이 주장한다.

> 표준 진화 이론의 중요한 논점은 인간 종과 그 모든 특징이 순수 물리적 과정의 완전한 물리적 결과라는 것이다. … 이것이 우리의 기원에 대한 올바른 설명이라면, 그때는 비물리적 실체나 속성을 우리 자신에 대한 우리의 이론적 설명에 일치시킬 필요도 여지도 없는 것으로 여겨진다. 우리는 물질의 피조물이다. 그리고 우리는 이 사실과 함께 살아가는 것을 배워야 한다.[8]

데이비드 M. 암스트롱(David M. Armstrong)은 다음과 같이 단언한다.

> 신경 체계가 일정 수준의 복잡성에 도달하면 새로운 속성을 발달시켜야 한다는 개념은 특별히 어려운 개념은 아니다. 신경 체계가 일정 수준의 복잡성에 도달

---

[7] Daniel Dennett, review of *Darwin and the Emergence of Evolutionary Theories of Mind and Behavior*, by Robert J. Richards, *Philosophy of Science* 56 (1989): 541.

[8] Paul Churchland, *Matter and Consciousness* (Cambridge, MA: MIT Press, 1984), 21.

하면 이미 존재한 어떤 것에 새로운 방식으로 영향을 미쳐야 한다는 개념 속에는 특별히 어려운 것이 아무 것도 없을 것이다. 그러나 신경 체계가 자기 자신과는 아주 다른 본성을 가진 어떤 것을 창조하되 아무런 물질 없이 창조하는 힘을 가져야 한다고 주장하는 것은 아주 다른 문제이다.[9]

피코크는 다음과 같이 동의한다.

나는 어떤 복잡한 물리적 구조 속에 코드화된 기능적 속성(의식)이 완전히 다른 종류의 새로운 존재물을 야기하고 그 창발을 보장하기 위해 현장에 나타나야 하는 것을 요구하는 이유를 아는 것이 매우 어렵다는 것을 발견한다. 지금까지 진화되어 온 것과는 종류가 다른 실체적인 어떤 것이나 실체 혹은 다른 존재물이 어떻게 갑작스럽게 진화의 시간적 연속 안으로 들어올 수 있었을 것인가?[10]

사물은 무로부터 생성되지 않으므로 자연주의가 옳다면, 그때는 물질을 기술하는 화학적 물리적 속성들이 존재하는 모든 것이어야 한다. 왜냐하면, 그러한 속성들은 존재했던 모든 것이 함께 시작하는 바로 그것이기 때문이다. 암스트롱이 전술한 대로 다른 종류의 존재물의 창발은 그 특징이 정신적이라고 할 정도로 특별히 너무나 다른 종류의 것이라서, 이러한 새로운 종류의 존재물은 무로부터 나오거나 아니면 물질 속에 잠재된 정신적 가능성으로부터 나오거나이다.

첫째 선언지는 사물은 무로부터 생성되지 않는다는 원리를 위반한다.
둘째 선언지는 자연주의의 본성을 위반한다.

왜냐하면, 그 선언지는 정신적 속성들이 물질이 어떤 방식으로 조직화될 때 나타나는 물질의 잠재적 속성들로서 우주에서 궁극적인 것임을 함축하기 때문이다.

9　D. M. Armstrong, *A Materialist Theory of the Mind* (London: Routledge & Kegan Paul, 1968), 30.
10　This statement by Peacocke appears in Richard Swinburne, "The Structure of the Soul," in *Persons and Personality*, ed. Arthur Peacocke and Grant Gillett (Oxford: Basil Blackwell, 1987), 55.

이상과 같은 논의가 물리주의를 최우선적으로 포용하게 되는 주된 이유이고 또한, 가장 일관적인 형태의 물리주의가 **물리적**을 오로지 화학과 물리학 언어로만 기술될 수 있는 것의 견지에서 정의하고자 하는 이유이다. 우리가 빅뱅 후에 곧장 존재했던 것으로 자연주의자들이 믿는 모든 것을 넘어서는 "창발적" 속성들을 기술하고 그리하여 이를 사용할 필요가 있다면, 그러한 속성들의 형이상학적 지위는 하나의 문제로 되고 만다.

어떤 철학자들, 예를 들어 리처드 스윈번(Richard Swinburne)은 의식의 실존과 본성이 과학에 의해 설명될 수 없다는 것과 유한한 정신적 상태나 영혼의 실존에 대한 최선의 설명이 바로 그것들을 창조한 거대 영혼(Grand Soul)의 실존이라는 것을 논증했다. 이것은 우리가 여기서 상세하게 전개할 수 없지만 합당한 논증이라 여겨지지 않으며 모든 철학자가 동의한 논증도 아니다. 그러나 이원론과 유신론 사이에 분명하고 변론 될 수 있는 관계가 있다고 해도 무리는 아니라는 사실과 마음의 실존과 본성이 유신론에 의해 가장 잘 설명되고 물리주의자식의 자연주의와 조화를 이루기가 어렵다는 사실 때문에 우리는 물리주의를 향하는 지적 동인의 많은 부분을 이해할 수 있는 폭넓은 조망을 얻게 된다.

이원론은 자연주의적 세계관과 유신론적 세계관을 시험하는 시금석이다. 정신적 존재물의 실존은 그 두 세계관이 동등하게 친밀한 분야는 아니다. 종종, 이원자-물리주의자 논쟁에는 눈에 보이는 것 이상의 숨겨진 속내가 걸려 있다. 이 점에 비추어보면서 우리는 이 장을 로빈슨의 진술로 마감한다.

윌리엄 제임스는 유물론을 완강한 이론이라 불렀다. 그렇다면 유물론자들이 왜 그토록 자주 철학에서 방어적인 자세를 취하는가 하고 이상하게 여기면서 우리는 이 글을 시작했다. 이에 대한 설명은 유물론자가 완강함을 자랑하지만 사실상 이성의 권위에 복종하지 않고 어떤 세계상에 복종하는 독단론자라는 것으로 될 듯싶다.

이상 즉, 세계를 기계로 보고 우리 모두는 그 기계의 하찮은 부품으로 보는 세계상은 매력은 있지만 무시무시한 것이다. 많은 사람이 네이글(Nagel)처럼 공통적으로 이러한 세계상을 두려워한다. 그러나 많은 사람이 네이글처럼 겁을 먹고 그것이 참이어야 한다고 믿게 된다. … 그러나 이성은 여타의 모든 구성적 인간 본능과 하나가 되어, 그 세계상이 거짓이라는 것과 물리 과학을 향한 파당적 노예적 태도만이 사람을 오도하여 믿도록 할 수 있다는 것을 우리에게 알려 주고 있다. 유물론을 고르는 것은 이성의 지도를 거부하고 비난 받을 일을 믿기로 택하는 것과 같다. 이것은 완강함이 아니라, 일종의 영혼 없는 파괴적인 거짓 현대주의에 대한 자의적 편애일 뿐이다.[11]

[요약]

현재의 흐름으로 볼 때, 물리주의는 이원론의 주요 적수이다. 두 가지 주요한 물리주의자의 전략 즉, 환원적 물리주의와 비환원적 물리주의가 있다. 전자는 정신적 상태 유형에 대한 일반적 환원적 필요 충분 조건을 물리적 용어로 규정하려는 시도이고, 후자는 그러한 시도를 하지 않는다.

두 가지 주요 형태의 환원적 물리주의 즉, 철학적 행동주의와 유형-유형 동일론이 있다. 세 가지 주요 형태의 비환원적 물리주의 즉, 기능주의, 개항-개항 동일론, 소거적 유물론이 있다. 이러한 물리주의는 그 형태별로 각각 규명되고 평가되었다.

두 가지 문제가 모든 형태의 물리주의에 나타난다.

첫째, 물리주의는 순전한 자유주의적 의지 자유를 부인한다.
둘째, 물리주의는 주어진 시간의 자아 동일성과 변화 속의 자아 동일성을 인정하기 어려운 난점을 가지고 있다.

철학적 행동주의는 정신적 용어들이 자극 입력과 공개 관찰 가능한 신체적 행동이나 행동 경향의 견지에서 조작적으로 정의될 수 있다는 입장이다. 유형-유형 동일론은 정신적 상태 유형을 "하드웨어"나 두뇌 상태 유형 그리고 중추 신경 상태 유형과 동일시한다. 기능주의는 정신적 상태 유형을 감각적 입력, 행동 출력, 유기체의 다른 "내적" 상태 가운데서 얻어지는 인과적 관계의 견지에서 규정한다.

개항-개항 동일론은 정신적 상태 유형과 물리적 상태 유형 사이의 일반적 동일성 조건의 실존을 부인하고 개별적인 정신적 상태 개항과 개별적인 물리적 상태 개항과의 동일성을 옹호한다. 소거적 유물론은 정신적 용어들을, 이른바 민

---

11 Howard Robinson, *Matter and Sense* (Cambridge: Cambridge University Press, 1982), 125.

속 심리학에 비추어서 폐기된 과학 이론의 플로지스톤이나 그와 같은 다른 용어들처럼 취급함으로써 정신적인 것의 실재성을 다함께 부인한다. 개개의 입장에 대한 반론이 제기되었다.

이 장은 물리주의를 위해 제공된 광범위한 세 가지 종류의 이유들을 검토하는 것으로 마무리되었다.

첫째, 이원론과 비교해서 볼 때 일반적 우월성을 가지는 물리주의가 있다.

둘째, 이원론이 가지는 철학적 난점이 있다(인과적 상호 작용, 오캄의 면도날, 다수 마음의 반론 그리고 다른 마음의 문제).

셋째, 과학에 의거한 논증이 있다(이원론자의 정신적인 것의 기괴함, 열역학의 제일 법칙의 위반, 우리의 기원에 대한 자연주의적 설명이 주어지게 되면 이원론자가 설명하기 어렵게 되는 마음의 기원과 본성).

과학주의와 자연주의에 의거한 논증들이 현대 물리주의의 배후에 있는 일차 동력이고 현대 물리주의는 심신 문제가 폭넓은 세계관 충돌의 피뢰침임을 보여 주고 있다.

[기본 용어]

강경 인공 지능
개항
개항-개항 동일론
결여된 감각질
기능주의
다른 마음의 문제
다수 마음의 문제
민속 심리학
방법론적 행동주의
복수 실현
비환원적 물리주의

소거적 유물론
소프트웨어 입장
유형
유형-유형 동일론
전도된 감각질
조작적 정의
중국어방
철학적 행동주의
하드웨어 입장
환원적 물리주의

제13장

심신 문제 2A:
실체이원론에 관한 여러 논증과 유형

영혼은 한 육체 전체에 온전하게 존재할 뿐만 아니라, 그와 동시에 육체의 가장 작은 모든 부분에도 존재한다.

*아우구스티누스, 『영혼의 불멸성에 관하여』(On the Immortality of the Soul), 26.25

영혼의 불멸성이란 매우 중요한 것으로서 우리에게 너무나 깊은 영향을 미치고 있다. 그 사실을 모르는 것이 어떤 느낌인지 알 수 없을 정도이다.

*파스칼, 『팡세』(Pewnsées, 라푸마 판), 427

우리는 인간에게 영혼이 있다는 사실만 중요할 뿐 아니라 인간에게 영혼이 있다는 사실을 아는 것도 중요하다는 점을 고수해야만 한다.

*J. G. 메이첸, 『기독교 인간관』(The Christian View of Man)

인간의 형상(human form), 즉 "영혼"은 인간의 신체적 유기체를 형성하고, 그것에게 생물학적이고 심리적이고 이성적이고 사회적이고 문화적이고 도덕적인 존재 목적을 부여한다. 또한, 그것이 인간 본성에 적합한 모든 방식으로 기능할 수 있도록 생물학적이고 심리적이고 이성적이고 의지적인 능력들을 부여한다.

*존 쿠퍼, 『육체와 영혼, 그리고 영원한 삶』(Body, Soul and Life Everlasting)

1. 서론

앞의 두 장에 걸쳐서 우리는 이원론자와 물질주의자가 의식과 정신적 특성, 정신적 상태에 관해 지니는 서로 다른 견해들을 살펴보았다. 또한, 우리는 각 관점을 찬성하는 논증들과 반대하는 논증들을 검토했고, 의식을 비물질로 보는 유형이 가장 합리적인 입장이라는 결론을 내렸다. 이 유형은 순전한 속성 이원론(mere-property dualism)이나 절대적 속성 이원론(property dualism simpliciter)이라는 견해다.

이제 우리는 한 가지 주장을 검토해보고자 한다. 의식이 비물질적 실체(immaterial substance)에 담겨 있다는 주장이다. 이 실체는 육체와 구별된다. 따라서 우리는 다음과 같은 것을 이 장에서 제시하고자 한다.

첫째, 영혼이 존재하는지, 만일 그렇다면 영혼이 무엇인지를 분석하는 데 있어서 중요한 형이상학적 관념들을 간략하게 요약할 것이다.
둘째, 일련의 논증들을 설명할 것이다. 이 논증들이 성공한다면 다른 모든 유형의 실체이원론을 지지할 것이며 이원론 전반(generic dualism)을 지지할 것이다.
셋째, 서로 다른 세 가지 유형의 실체이원론이 서로 어떻게 다른지 그 특징을 제시할 것이다.
넷째, 인간 영혼의 구조와 동물 영혼의 본성에 관한 몇 가지 생각들로 마무리할 것이다.

우리는 실체이원론에 반대하는 표준적인 논증들은 두 가지 이유로 검토하지 않을 것이다. 순전한 속성 이원론과 절대적 속성 이원론을 반대하는 논증은 대부분 앞의 두 장에서 제시되었다. 이 논증들은 실체이원론을 동일한 수준에서 반대하는 것으로 이해될 수 있다.

다음으로, 실체이원론을 반대하는 논증들 중 하나는 물질주의자가 "자아"(self)를 대신하여 좀 더 나은 대안을 제공했다는 주장 때문에 나온다. 그리고 우리는 이 주장을 다음 장에서 검토할 것이다.

2. 영혼을 분석하기 위한 형이상학적 틀

우리가 영혼에 대해 충분히 논의하기 전에 관련 어휘를 살펴보는 것이 유용할 것이다. 이어지는 논의 가운데 몇 가지는 앞 장들에서 이미 살펴본 것들을 보충해 줄 것이다.

부분과 전체의 관계는 실체이원론을 다루는 데 있어서 중요하다. 우리 논의와 관련하여 두 종류의 부분이 있다. 분리 가능한 부분과 분리불가능한 부분이다.

> P는 어떤 전체 W의 **분리 가능한 부분**이다.
> (정의) P는 개별자이고, p는 W의 한 부분이 아니라도 존재할 수 있다.
> P는 어떤 전체 W의 **분리 불가능한 부분**이다.
> (정의) P는 개별자이고, p는 W의 한 부분이 아니라면 존재할 수 없다.

현대 철학에서 분리불가능한 부분들을 가장 왕성하게 분석한 사람은 프란츠 브렌타노(Franz Brentano, 1838-1917)와 에드문트 후설(Edmund Husserl, 1859-1938), 그들을 따르는 사람들이다.[1]

이 전통에 따르면 분리불가능한 부분의 전형적 사례는 단자적인 속성-사례(property-instance)나 관계-사례(relation-instance)이다. 따라서 만일 실체 s가 속성 P를 지닌다면, s에 의한 P 소유는,

① P의 속성-사례이다.
② s의 분리불가능한 부분은 s의 양태(mode)라고도 불린다.

우리 논증을 위해, 실체를 지닌 점토 한 덩어리가 있고 그것이 원 모양이라고 가정해 보자. 아래에서 보겠지만, 그것은 아마도 어떤 실체가 아니라 질서정연한 집합체일 것이다. 그렇다면 그 점토 덩어리는 실체이고, 원 모양이라는 속성

---

[1] 브렌타노가 부분과 전체를 어떻게 다루었는지에 관하여, 그리고 그의 전기에 관하여 알려면, R. M. Chisholm, *Brentano and Intrinsic Value* (Cambridge: Cambridge University Press, 1986)을 보라. 후설이 부분과 전체를 어떻게 다루었는지에 관하여, 그리고 그의 전기에 관하여 알려면, Barry Smith, ed. *Parts and Moment: Studies in Logic and Formal Ontology* (Munich: Philosophi Verlag, 1982); J. P. Moreland, "Naturalism, Nominalism, and Husserlian Moments," *The Modern Schoolman* 79 (2002): 199-216를 보라.

은 보편적 특성이 된다. 또한, 그 점토 덩어리에 의한 원 모양 소유는 그 점토의 분리불가능한 **양태**로서, 이는 원 모양이라는 속성-사례이다.

속성들을 고려하지 않는다면, 어떤 사물이 단순해질 수 있는 방법이 두 가지 있다. 분리할 수 있는 부분을 제거하거나, 형이상학적으로 분리할 수 없는 상태가 되는 것이다. 여기에서 사용되는 "형이상학적 불가분성"(metaphysically indivisible)은 철학자들이 말하는 "생각에서의 불가분성"(indivisible in thought)을 의미한다.

어떤 사물이 형이상학적으로는 분리될 수 있지만 물리적으로는 분리될 수 없는 상태가 될 수는 있겠다. 하지만 그리고 만일 그러한 분리가 전체를 없앤다면 그 반대는 될 수 없다. 더 나아가서, 형이상학적으로 분리될 수 없는 모든 개별자(particulars)는 비구성적(uncomposed)이지만 그 반대는 그렇지 않다. 다시 말해서, 분리 가능한 부분 없이 확장된 전체(an extended whole)는 여전히 분리 가능하다. 우리 용례에 따르면 분리불가능한 부분이 있는 실체는 단순하다.

실체

(정의) 그 본질의 특성이 나타난 개별자로서 (1) 속성을 가지고 있(고 그 속성을 위한 통합의 원리)지만 그것보다 더 기본적인 것에 의해 소유되지 않거나, 그것보다 더 기본적인 것의 속성이 될 수 없는 것. (2) 영속적인 연속체. (3) 분리할 수 없는 부분들을 가지고 있지만, 분리할 수 있는 부분들로 구성되지는 않는 것. (4) **한 종**(species)**으로서 완전**한 것.[2]

조건 4와 관련하여 한 사물의 종(본질)은 "이것이 무슨 종류의 사물인가?"라는 가장 기본적인 질문에 답을 제시한다. 여기에서 말하는 "가장 기본적인"의 의미는 다음과 같다.

첫째, 이 질문에 대한 답은 이러한 종류의 기본적인 질문에 대한 답에서 예상된다. 소크라테스의 경우, "소크라테스는 어떤 종류의 것인가?"라는 덜 기본적인 질문에 대해 "백인이다"라는 답이 주어질 때, 그가 인간이라는 점이 전제된다.

---

2   실체와 실재물에 관해 유용한 두 자료로는 Joshua Hofman and Gary S. Rosenkrantz, *Substance: Its Nature and Existence* (London: Routledge, 1997); Christopher M. Brown, *Aquinas and the Ship of Theseus* (London: Continuum, 2005).

둘째, 이 질문에 대한 답이 모든 가능 세계(possible world)에서 존재하는 대상에 관해 참이 된다. 한쪽 손은 한 종으로서 완전하지 않다.
"한쪽 손으로 존재하는 것"으로는 그것이 어떤 종류인지 적절하게 파악되지 않기 때문이다. 오히려 사람의 손이나 고릴라의 손으로 존재해야 한다. 하지만 인간으로 존재하는 것은 완전하게 한 종으로 존재하는 것이다.

> **부분전체론적 집합체**(mereological aggregate)
> (정의) ① 어떤 개별자 전체. ② 최소한 실체가 있으며 분리 가능한 부분들로 구성되고, 그 실체가 있는 분리 가능한 부분들 사이에 외적인 관계-사례가 있는 것. (그러한 집합체들이 추가적인 구성 성분을 갖는지에 관하여는 차이가 있다.)

3. 일반적 실체이원론 변증

4절에서 우리는 오늘날 대중적인 형태의 실체이원론을 살펴볼 것이다. 이 절에서 소위 "일반적 실체이원론"을 변증하고자 한다. 각 형태를 동일하게 지지하는 논증들이 있기 때문이다. **일반적 실체이원론**에 따르면 실체가 있으며, 비물질적인 '자아'와 '나', '영혼', '마음'이 존재한다. 그리고 그것은 그 육체와 동일하지 않다. 최근 문헌들을 보면 특정 유형의 실체이원론에 대해 최소한 여섯 가지 논증이 제시되었다.

1) 우리의 기본적 자아인식

스튜어트 괴츠(Stewart Goetz)는 아래의 논증을 발전시켰다. 그것은 자아의 비물리적 본성에 관한 것이다. 우리는 그것을 수정했다.[3]

① 나는 본질적으로 분리불가능하고 단순한 영적 실체(spiritual substance)이다.
② 물리적 육체는 본질적으로 분리 가능하거나 복합적인 실재물이다. 모든 물

---

3   Stewart Goetz, "Modal Dualism: A Critique," in *Soul, Body and Survival*, ed. Kevin Corcoran (Ithaca, NY: Cornell University Press, 2001), 89.

리적 육체에는 공간적 연장이나 분리 가능한 부분들이 있다.
③ 동일률. 만일 x가 y와 동일하다면, x에 관해 참인 것은 모두 y에 관해 참이고, 그 반대도 마찬가지이다.
④ 그러므로 나는 나의 (또는 그 어떤) 물리적 육체와 동일하지 않다.
⑤ 내가 어떤 물리적 육체와도 동일하지 않다면, 나는 영혼이다.
⑥ 그러므로 나는 영혼이다.

전제 ②는 꽤나 명확하고 전제 ⑤는 상식적이다. 육체와 뇌는 복합적이고 물질적인 대상으로서 수십억 개의 원자나 분자 등과 같은 부분들로 이루어진다. 전제 ③은 우리가 제1장에서 소개했던 동일률이다. 우리는 내면적 성찰을 통해 전제 ①이 참임을 알 수 있다. 우리가 우리 내면으로 깊이 파고들 때, 우리에게 제시되는 매우 기본적인 사실을 자각하게 된다. 우리 육체와 구별되고 특정한 정신적 경험과도 구별되는 우리 자신(자아, 나, 의식의 중심)을 인식하게 된다. 단순하게 말하자면 그것은 의식의 중심이다. 구성 요소가 없고 공간적으로 연장되지도 않는다.

요약하자면 우리는 우리 자신을 단순하고 의식적인 것으로 인식한다. 이 근본 인식은 나의 진정으로 기초적ㄴ인 믿음(properly basic belief; 다른 믿음에 기초하지 않고 지닐 수 있는 합리적 믿음)의 토대를 이룬다. 단순히 말하자면 내가 의식의 본질적 중심이라는 믿음이다. 이 인식을 토대로, 그리고 전제 (2)와 전제 (3)을 토대로, 나는 내가 내 육체와 동일하지 않으며 나의 의식 상태와도 동일하지 않음을 알게 된다. 오히려 나는 비물질적인 자아로서 육체와 의식적 정신생활을 갖는다.

여러분이 이것을 확신하는 데 한 가지 실험이 도움이 될 것이다. 지금 나는 내 사무실에서 의자 하나를 찾고 있는 중이다. 의자를 향해 걸어가면서 나는 우리가 현상학적 대상(phenomenological objects)이나 의자의 표상(表象)이라고 부르는 것을 경험하게 된다. 다시 말해서, 나는 몇 개의 서로 다른 의자를 경험하게 된다. 하나가 다른 하나를 재빠르게 대체한다. 내가 의자에게 다가갈수록, 내가 감각하는 의자는 다양해진다.

좀 더 집중해보면, 나는 두 가지 사항을 더 인식하게 된다. 먼저, 내가 의자에 관해 일련의 감각 이미지들만을 경험하는 것이 아니라는 것을 인식하게 된다. 오히려 자기 인식을 통해서 의자를 각각 경험하는 것이 나 자신(I myself)이라는 사실을 경험하게 된다. 시선의 각도에 따라 만들어지는 각각의 의자 경험에는 "나"라는 인식자가 있다. 각각의 "나"는 각각의 감각경험을 수반하고, 이를 통해 일련의 인식을 만들어 낸다. "지금 나는 의자의 감각 이미지 하나를 경험하고 있다."

내가 또 인식하게 되는 기본 사실이 있다. (내 눈이 의자와 30센티미터 이하로 가까워지면서) 꽤 큰 의자를 경험하고 있는 지금의 동일한 자아가, 그 경험에 앞서 다른 모든 의자 경험을 경험한 자아와 동일하다는 사실이다. 내가 자기 인식을 통해서 인식하게 되는 사실은 나는 '영속적인 나'로서 일련의 모든 경험 가운데 있었고 지금도 있고 앞으로 있을 것이라는 점이다.

나는 내 경험의 소유자다. 나는 영속적 자아다. 이 두 가지 사실이 보여 주는 바에 의하면 나는 내 경험과 동일하지 않다. 나는 그 경험들을 소유하는 의식자(the conscious thing)이다. 또한, 내가 인식하는 나 자신은 의식의 중심이다. 단순하고 다른 구성 요소가 없고 공간적으로 연장되지 않는다. 간단히 말해서, 나는 정신적 실체(mental substance)이다. 게다가 나는 내 육체 전체에 "온전히 존재"한다. 내 팔이 잘려 나간다고 해서, 한 자아의 5분의 4로만 존재하는 것은 아니다. 나의 육체와 뇌는 서로 분리될 수 있다. 전체의 몇 퍼센트만이 존재할 수도 있다. 수술 후 뇌의 80퍼센트만 존재할 수도 있다. 하지만 '나'는 전부가 아니면 아무것도 아닌 종류의 것이다. '나'는 분리될 수 없다. '나'는 몇 퍼센트로만 존재할 수 없다.

2) 영혼, 문맥 의존 지시어 나, 그리고 일인칭 관점

아래 논증들을 생각해 보자.

① 내가 뇌나 육체와 같은 물리적 대상이었다면, 삼인칭 관점에서 물리적으로 묘사하는 것은 나에 관해 참된 사실을 모두 파악했을 것이다.
② 하지만 삼인칭관점에서 물리적으로 묘사하는 것이 나에 관해 참된 사실을 모두 파악하지는 못한다.
③ 그러므로 나는 물리적 대상이 아니다.
④ 나는 물리적 대상이거나 영혼이다.
⑤ 그러므로 나는 영혼이다.

세상을 물리적으로 완전하게 묘사하려면, 모든 것을 그 대상과 속성, 과정, 임시 공간적 위치와 관련하여 삼인칭 관점에서 철저하게 묘사해야 한다. 가령 어떤 방에 있는 사과 하나를 묘사하는 것이 그럴 것이다. 사과는 남쪽 벽으로부터 90센티미터, 동쪽 벽으로부터 60센티미터 떨어진 곳에 놓여 있고, 빨갛고 동그랗고 달콤하고 등의 속성을 가지고 있다.

일인칭 관점은 내가 내 관점을 가지고 세상을 묘사하기에 좋은 지점이다. 일인칭 관점은 문맥 의존 지시어라고 불리는 것을 활용한다. '나', '여기', '지금', '거기', '그때' 등이 여기에 포함된다. '여기'와 '지금'은 내가 존재하는 곳과 내가 존재하는 때를 말한다. '거기'와 '그때'는 내가 존재하지 않는 곳과 내가 존재하지 않는 때를 말한다.

문맥 의존 지시어는 '나'와 '나 자신'을 가리킨다. '나'는 가장 기본적인 문맥 의존 지시어(**문맥 의존 지시어 나,** indexical *I*)이다. 그리고 그것은 나 자신을 가리키고, 나는 자기 인식이라는 행위를 통해 나 자신을 알고 있다. '나'는 즉각적으로 나 자신을 인식하고, 내가 '나'를 사용할 때 누구를 '나'로 지칭하는지 알고 있다. 그것은 내 육체와 정신 상태를 소유하는 존재를 가리킨다. 자기-의식적이고 재귀적인 소유자다.

널리 받아들여지는 형태의 물리주의(physicalism)에 따르면 환원될 수 없고 특권을 지니는 일인칭 관점은 없다. 모든 것은 삼인칭 관점을 통해 객관적 언어로 철저하게 묘사될 수 있다. 물리주의자는 나를 이렇게 묘사할 것이다. "특정 위치에 한 육체가 존재한다. 신장은 173센티미터 정도이고 체중은 72킬로그램이다." 순전한 속성이원론자는 그 육체가 지니는 속성들에 대한 묘사를 덧붙일 것이다. "그 육체는 고통 중에 있다"라는 묘사나 "점심에 뭘 먹을지 생각 중이다"라는 묘사 등이다.

하지만 삼인칭 관점의 묘사가 아무리 많다고 해도, 나의 주관적이고 일인칭적이고 문맥 의존적인 이해를 온전히 담지는 못한다. 자기 인식 행위를 통해 내 자신을 이해하는 것이다. 사실, 나를 삼인칭 관점에서 묘사하려는 모든 시도는, 삼인칭 관점으로 묘사된 사람이 나라는 사람과 동일한가라는 질문에 언제나 열려 있다. 나는 나 자신을 모른다. 나는 제3자가 나의 일련의 정신적/육체적 속성들을 묘사하는 것 가운데 일부를 알기 때문이다. 또한, 어떤 사람이 그 묘사(즉, 나)에 대해 만족한다는 것을 알기 때문이다. 내가 나 자신을 하나의 자아로 알게 되는 것은 자기 인식 행위를 통해 나를 알게 될 때이다. 나는 'I'라는 단어를 사용해서 그러한 자기 인식을 표현할 수 있다.

'**나**'는 나 자신의 실체를 지닌 영혼(substantial soul)을 가리킨다. 그것은 나에게 있는 정신적 소유물(mental property)이나 여러 정신적 특성들(mental properties)을 가리키지 않는다. 또한, 그것은 삼인칭 관점으로 묘사된 육체를 가리키지도 않는다. '**나**'는 존재하는 어떤 것을 가리키는 용어이다. '**나**'는 삼인칭 관점으로 묘사되는 대상이나 속성들의 집합을 가리키지 않는다. 오히려 '**나**'는 나 자신을 가리키고, 나는 그것을 직접적으로 안다. 자기 인식의 행위들을 통해서 나는 '**나**'가 나의 정신적 상태와 내 육체로 구성되지 않은 실체의 소유자(the substantial uncomposed possessor)임을 안다.

3) 영혼, 그리고 의식의 단일성

이제 우리는 의식에 담긴 특별한 유형의 단일성(unity)에 집중하는 관련 논증을 살펴보고자 한다.

① 내가 뇌나 육체와 같은 물리적 대상이라면, 특정한 때에 통일된 시야, 즉 특정한 때에 종합되고 통합된 의식 상태가 나에게 없다.
② 특정한 때에 나에게는 통일된 시야가 있다.
③ 그러므로 나는 물리적 대상이 아니다.
④ 나는 물리적 대상이나 영혼 둘 중 하나이다.
⑤ 그러므로 나는 영혼이다.

윌리엄 해스커(William Hasker)는 이 논증을 사용해서 실체이원론을 다른 누구보다 더 옹호해 왔다.[4] 많은 철학자는 **의식의 단일성**에 관해, 다시 말하자면 누군가의 시야에 관해 두 가지를 말한다.

첫째, 팀 베인(Tim Bayne)과 데이비드 차머스(David Chalmers)가 현상들을 포섭하는 단일성(subsumptive phenomenal unity)이라 부르는 것이 있다. 즉, 모든 개인의 경험은 하나의 통합된 의식 상태에 포함된다. 이 통합된 상태는 고유한 의식 상

---

4   William Hasker, *The Emergent Self* (Ithaca, NY: Cornell University Press, 1999), 122-44.

태이고, 그 상태 안에 어떤 것이 존재한다.[5]

예를 들어, 상태 A(의자 인식)와 상태 B(전등 인식)를 생각해 보자. 상태 A에는 그 상태 안에 존재하는 것이 있고, 상태 B에도 그 상태 안에 존재하는 것이 있다. 그리고 상태 A와 상태 B에서 그 안에 함께 존재하는 것도 있다. 현상 전체의 단일성(total phenomenal unity)을 주장하는 테제에 따르면 특정한 때에 한 사람의 서로 다른 현상적 상태들(phenomenal states)을 종합하는 하나의 현상적 상태(single phenomenal state)가 언제나 있다.

"포섭"이라는 관념이 다소 불분명하다. 따라서 우리는 의식의 단일성이 종종 의미하는 두 번째 사안을 살펴보아야 한다. 베인에 따르면 의식 상태에 관한 원자론적 이론은 현상적 장(phenomenal field)[6]이 "의식 원자들"로 구성되어 있다고 주장한다. 이것은 독립적인 의식 상태다.[7]

둘째, 이와는 대조되게 베인은 **전체론**(holism)[8]을 받아들인다. 베인이 보기에 현상적 장을 구성하는 요소들은 오직 그 장의 구성 요소로서만 인식된다. 흥미로운 사실이 있다. 통시적으로 봤을 때 의식은 연속적 흐름으로서 변화하지만 뇌의 상태는 별개의 원자적 방식으로 변화한다. 전체론을 분석하는 한 가지 방식은 현상적 장을 하나의 전체로 보는 것이다. 다시 말해서 그 안에서 구성 요소들은 그 장 전체나 본질적 영혼의 양태이거나 분리될 수 없는 부분들이다. 본질적 영혼이 좀 더 가능성이 있다.

이제 (F)라는 원칙에 대해 생각해 보자. 분리될 수 있는 여러 부분으로 이루어진 어떤 복잡한 물체를 O라 할 때, 만일 그 물체 O가 기능 F를 수행한다면, 물체 O가 기능 F를 수행하는 것은, 부분들 p1-pn과 하위 기능/활동인 f1-fn으로 구성된다. 가령, 부분 p1이 기능 f1을 수행하고, … 부분 pn이 기능 fn을 수행한

---

[5] Tim Bayne and David J. Chalmers, "What is the Unity of Consciousness," in *The Unity of Consciousness*, ed. Axel Cleeremans (Oxford: Oxford University Press, 2003), 26-27.
[6] 특정 순간에 인간이 지각하고 경험하는 모든 경험 세계, 주관적인 경험을 지칭한다. 동일한 사건이나 현상이라도 개인이 서로 다르게 경험하기 때문에 이 세상에는 개인이 경험한 현실, 즉 현상학적 장만이 존재한다고 본다-역자 주.
[7] Tim Bayne, *The Unity of Consciousness* (Oxford: Oxford University Press, 2010), 225-29.
[8] 어떤 존재는 그 존재를 구성하는 부분들의 합 이상으로서, 부분들을 모아 놓는다고 그 존재 전체가 생기는 것은 아니라는 입장이다. 전체론에 따르면 한 존재는 유기적으로 이해되어야 하고 기계적으로, 원자적으로 기해되어서는 안 된다-역자 주.

다. 예를 들어, 기능 F를 수행하는 컴퓨터 한 대는 고유의 기능들을 수행하는 부품들의 특정 조합이다. 원칙 F가 속성과 관련해서 진술될 수도 있다. 일련의 속성 P를 지니는 어떤 물체 O는 어떤 속성이나 다른 것을 가지고 있는 각 부품으로 구성된다. 이것은 분명히 가감성(additive property)의 경우에 해당한다.

가령, 흙덩어리가 그렇다. 하지만 그것은 창발성(emergent property)을 배제하지 않는다. 단순하고 창발적인 특성들이 국소적으로 발생한다는 가정은 합리적이다. 부수적으로 나타나는 단순한 특성은 획득하는 것이며 그 부수적인 토대 위에서의 진행에 의존하는 것이다.

이 가정에 따르면 O와 같이 복잡한 물체의 전형으로 나타나는 창발적 속성들을 환원불가능한 전체로 취하는 것을 허용되지 않는다. 하지만 그것은 물체 O의 관련 부분들이 창발성을 지니지 못하도록 하지는 않는다.

그렇다면 어떤 사람이 살아 있는 육체나 뇌에 불과하다면 의식의 단일성이 설명될 수 없음을 보여 주려는 논증이 이어진다. 뇌는 서로 분리될 수 있으며 서로 다른 물리적 부분들의 종합일 뿐이기 때문이다. 자아가 하나의 단순한 주체일 경우에만 의식의 단일성을 제대로 설명할 수 있다.

논증을 이해하기 위해서, 어떤 사람이 복잡한 사실 하나를 인식하는 일을 생각해 보자. 이를테면 여러 사물이 어떤 사람의 시야에 지각되며 각 사물의 서로 다른 표면이 한 번에 자각되는 일을 생각해 보자. 그 사람의 시야 전체에는 서로 다른 경험이 몇 가지 포함된다. 교실 전체를 시각적으로 경험할 때, 자기 왼쪽에 있는 책상과 한 가운데에 있는 교단을 함께 자각한다. 그 경험에 상응하는 사례는 다수의 서로 다른 광파들(light waves)이 서로 다른 물체들에게 튕겨 나오는 것이다. 그리고 그 물체 표면의 서로 다른 위치로부터 튕겨 나오는 것이다.

다시 말해서, 책상 위의 서로 다른 영역들로부터 튕겨 나오는 것이다. 그 광파들은 인식 주체의 망막과 상호작용하고, 뇌의 여러 부분에 도달하는 신호를 일으키고, 한 물체를 구성 성분으로 분해한다.[9] 여기에다 국소적 창발 개념을 추가한다면, 우리는 뇌의 각 관련 부분이 원자적 감각 경험을 구체적으로 예증한다고 볼 수 있을 것이다.

---

9   Eric LaRock, "From Biological Naturalism to Emergent Substance Dualism," *Philosophia Christi* 15 (2013): 97-118.

따라서 어떤 물리주의자의 주장에 따르면 방 전체를 자기 시야로 그렇게 통합적으로 자각하는 일에는 뇌의 서로 다른 물리적 부분들이 포함된다. 뇌의 각 부분은 하나의 파장을 종결시키면서 방 전체라는 복잡한 사실 전부를 자각하지 않고 방의 특정 부분을 자각하게 된다. 하지만 이것은 시야 전체가 하나의 단일한 자각을 하는 일을 설명해 주지 못한다. 시야 전체를 갖는 것에는 존재하는 어떤 것이 있다. 이에 대한 설명을 찾는 일을 전체론적인 현상적 장에서 끝낸다면, 두 가지 문제가 생긴다.

첫째, 무수한 원자 부분들이 어떻게 단일하고 비원자적이고 전체적인 장(single, nonatomistic, holistic field)을 일으킬 수 있는지 알기 어렵다. 우리는 이것을 주관적 물리주의(subject physicalism)라는 제한 안에서 설명해야 하는 의무가 있다.

둘째, 우리의 경험이라는 기본 데이터는 그저 이 물건이나 저 물건을 방 안에서 인식하는 것에 불과하지 않다. 오히려 나에게 **통합 상태**(totalizing state)가 있지만, 나는 그 통합 상태와 동일하지 않다. 철학사를 살펴보면 고전적 형태의 실체(classic substance)가 사물들을 이런 식으로 통합하는데 사용되었다.

이 존재론은 논쟁이 되기도 했지만 우리가 어떻게 통합되고 통일된 의식의 장을 가질 수 있는지를 가장 적절하게 설명해 주었다. 바로 실체가 있는 영혼(substantial soul)이 왼쪽 책상을 인식하고, 가운데 교단을 인식하고, 그리고 방 안의 구분 가능한 측면들을 인식한다. 하지만 뇌의 어떤 부분이 시야 전체의 종착지로서 그에 상응하여 활성화되는 것은 아니다. 오직 구성 요소가 없으며 단일한 정신적 실체(mental substance)가 개인 시야의 단일성을 적절하게 설명할 수 있으며, 좀 더 일반적으로 말하자면 의식의 단일성을 적절하게 설명할 수 있다.

물리주의자의 가장 뛰어난 대답은 대상의 현상적 단일성(objectual phenomenal unity)을 **동시성**(synchronicity)이라는 용어로 설명한다. 대상의 색상이나 크기, 모양 등과 같이 서로 다른 측면들과 관련된 전기 신호들을 처리하는 뇌의 모든 다른 부분이 동시에 함께 활성화된다는 것이다. 이것은 객관적 단일성을 설명해 준다. 하지만 점점 늘어나는 경험 증거들은 이 테제를 반박한다. 이는 불행한 일이다.[10]

---

[10] Eric LaRock, "Emergent Dualism Is Theoretically Preferable to Reductive Functionalism" (unpublished manuscript, March 31, 2015), 12-15.

그리고 철학적으로 볼 때, 동시성과 물체 단일성 사이의 연관성은 분명하지 않다. 에릭 라로크(Eric LaRock)의 비유를 생각해 보자.

> 다섯 명의 요리사가 서로 분리되어 있는 주방에 있고, 각 요리사가 동일 조리법의 일부만 알고 있다면, 어떤 요리사도 조리법을 하나의 전체로 알고 있다고 할 수 없다. 모든 요리사가 동일한 조리법의 부분들을 각기 의식적으로 알고 있다고 하더라도 말이다.[11]

그렇다면 동시성이라는 해결책은 실패한다.

4) 양상 논증

영혼에 관한 **양상 논증**의 핵심은 꽤 간단하다.

① 나는 육체로부터 분리될 수도 있다. 즉, 나는 뇌나 육체가 없이도 살 수 있다.
② 나의 뇌나 육체는 분리될 수 없다. 즉, 뇌나 육체는 물리적이지 않고는 살 수 없다.
③ 따라서 나는 나의 뇌나 육체가 아니다.
④ 나는 영혼이나 뇌, 육체 중 하나이다.
⑤ 따라서 나는 영혼이다.

가장 논란이 되는 전제는 ①이다. 이 논증을 옹호하는 사람들은 그것을 지지하기 위해서 일반적으로 두 가지 전략을 취한다.

첫째, 스튜어트 괴츠와 같은 사람들은 소위 **단순 논증**(simple argument)을 인식론적 근거로서 옹호한다.

이 논증에 따르면 나는 나의 자아를 단순한 실체로 이해하고, 내 육체를 복잡한 사물로 이해하고, 따라서 나는 내 육체와 동일하지 않다. 나는 내 육체가 아

---

11 LaRock, "Emergent Dualism Is Theoretically Preferable to Reductive Functionalism," 15.

니라는 것을 나는 안다. 그래서 실제로 존재하지 않는 결정적인 파기자(overriding defeaters)가 없을 때 내가 육체 없이 존재하는 것은 형이상학적으로 가능하다.¹²

둘째, 찰스 탈리아페로(Charles Taliaferro)와 같은 사람들이 ①을 지지하는 근거가 있다.

그 근거는 육체와 분리되어 존재할 수 있다는 양상 직관(modal intuition)을 대다수 사람들이 인식할 수 있고 지니고 있다는 것이다.¹³ 흥미로운 일이 있다.

탈리아페로가 ①을 옹호하고 있음을 지지해 주는 신뢰할 만한 자료의 양은 놀랄 만큼 많다. 신뢰할 만하고 잘 연구된 **임사 체험**(NDE; near death experiences)은 상당히 많이 있다. 임사 체험(NDE)은 죽음을 경험하는 것이라고 불러야 한다. 죽음에 가까운 것은 아무것도 없기 때문이다. 대부분의 경우 체험자의 심장 박동이 멈추고 뇌줄기 활동은 잠잠해진다.

임사 체험은 드문 현상이 아니다. 한 갤럽 여론조사와 그 밖의 연구들에 따르면 독일인의 4 퍼센트와 미국인의 4 퍼센트가 임사 체험을 했다. 이는 25명 중 1명꼴이다. 900만 명에서 1200만 명에 이르는 미국인들은 임사 체험을 했다. 세계인구 중 2억 명에서 3억 명에 이르는 사람들이 그러한 체험을 했다. 흥미로운 사실이 있다. 임사 체험의 핵심 요소들이 고대 근동 지방까지 거슬러 올라갈 정도로 다양한 문화와 종교 전통에 걸쳐서 놀랍도록 동일하다.¹⁴

게다가 임사 체험에 관해 900여 편의 학술 논문이 출간되었다. 마지막으로, 대부분의 임사 체험 연구가들은 자신들의 연구를 시작하기 전에 회의적이었고, 철학박사(Ph.D.)나 의학박사(M.D.) 학위를 소지하고 있었다.¹⁵

---

12 Stewart Goetz, "Modal Dualism: A Critique," in Corcoran, *Soul, Body and Survival*, 89-104.
13 Charles Taliaferro, "A Modal Argument for Dualism," *Southern Journal of Philosophy* 24 (1986): 95-108.
14 Allan Kellehear, "Census of Non-Western Near-Death Experiences to 2005: Observations and Critical Reflections," in *The Handbook of Near-Death Experiences*, ed. Janice Holden, Bruce Greyson, and Debbie James (Santa Barbara, CA: Praeger, 2009), 135-58; Jeffrey Long, *Evidence of the Afterlife* (San Francisco: HarperOne, 2010), 149-71.
15 위에서 언급한 내용을 많이 담고 있는 세 권의 핵심 저술을 살펴보라. Holden, Greyson, and James, *Handbook of Near-Death Experiences*; Long, *Evidence of the Afterlife*; J. Steve Miller, *Near-Death Experiences as Evidence for the Existence of God and Heaven* (Acworth, GA: Wisdom Creek Press, 2012). 임사 체험에 관하여 대중적이면서도 탄탄하게 논의하는 책으로는 P. M. H. Atwater, *The Complete Idiot's Guide to Near-Death Experiences* (Indianapolis:

실제 임사 체험에서 도출되는 증거는 강력하고도 설득력 있다. 일례로 임사 체험은 천국이나 죽음, 사후 세계에 관해 전혀 알지 못하는 어린 아이들에게도 일어난다. 그들은 임사 체험이 진짜가 아니라는 것을 배웠을 리 없다. 그들은 죽었을 때에야 비로소 그것들을 알게 된다.[16] 소위 증거 사례들 중에서 또 다른 예를 들자면 임사 체험을 하는 사람은 일련의 사실들을 보고 나서야 알게 된다.

① 그 사실들은 그가 자신의 육체를 떠나는 임사 체험이 실제가 아니라면 알 수 없는 것들이다.
② 또한, 그 사실들은 다른 사람들에 의해 독립적으로 검증된다.

가령, 한 젊은 여성이 교통사고로 중상을 입었는데, 수술 중에 사망했다가 성공적으로 소생한 경우를 생각해 보자.[17]

그녀는 생기 있게 일어나면서 반대편에 아버지가 서 있었다고 주장했다. 그녀의 아버지는 자신이 방금 죽었다고 그녀에게 말했다. 자신이 어떻게 죽었는지에 대해 자세하게 말해 주었다. 그 장면이 너무도 생생해서 그녀는 가만히 있을 수 없었다. 의사들이 그녀를 치료할 수 없을 정도였다. 의사 한 명이 대기실에 있는 가족들에게 갔다. 모든 가족은 그녀의 아버지가 여전히 살아 있다고 말했다.

그들 중 한 명은 그녀의 아버지와 아침에 대화를 나누기도 했고, 그가 기분이 좋아 보였다고 말했다. 이 정보는 소생한 여성에게 영향을 미치지 않았다. 의사는 이 모든 상황을 진정시키기 위해 가족들에게 그녀의 아버지를 불러줄 것을 요청했다. 몇 번의 전화 통화 끝에 그녀의 아버지가 실제로 여성의 수술 직전에 죽었다는 것을 알게 되었다. 그리고 그가 사망하게 된 경위는 그녀가 조금 전에 말했던 것과 정확하게 일치했다.

문서로 잘 정리된 또 다른 사례를 보면, 케이티(Katie)라는 젊은 여성이 YMCA 수영장에서 익사했다. 그녀는 엎드려 떠 있는 채로 발견되었다.[18] 그녀에 따르면 그녀의 의식이 돌아오기 전 3일 동안, 한 천사가 그녀를 데리고 터널을 지나 예

Alpha, 2000).
16 Melvin Morse, *Closer to the Light: Learning the Near-Death Experiences of Children* (New York: Ballantine, 1990).
17 Atwater, *Complete Idiot's Guide*, 52-53.
18 Morse, *Closer to the Light*, 1-17.

수를 만나게 했다. 그 천사는 케이티를 그녀의 집에도 데리고 갔다.

케이티는 집을 잠시 둘러보았다. 케이티의 남동생은 지프를 타고 있는 지아이 조(GI Joe)를 방에서 밀고 있었고, 여동생은 인기곡을 부르면서 인형의 머리를 빗고 있었다. 케이티는 주방에도 갔다. 그녀의 어머니는 로스트 치킨을 만들고 있었고, 아버지는 소파에 앉아서 멍하니 앞을 바라보고 있었다. 의식이 돌아온 후, 케이티는 가족들이 입고 있던 옷을 포함하여 모든 것을 생생하게 설명했다. 가족들은 주치의와 면담하는 동안 놀라면서도 그녀의 모든 설명이 사실임을 확인했다.

마리아(Maria)라는 사람의 경우도 살펴보자. 그녀는 심장마비를 겪었고, 시애틀에 있는 하버뷰 병원(Harborview Hospital)에서 임사 체험을 했다. 기록에 따르면 그녀는 육체를 이탈해 병원을 떠나는 경험을 했다. 이 때 그녀는 방에서 보이지 않는 쪽의 창문 선반 위에 있는 신발 한 켤레를 보았다.[19]

킴 클라크(Kim Clark)는 용기를 내서 선반에 올라갔다. 클라크는 조심스럽게 빌딩 모서리를 돌아갔고, 마리아가 묘사했던 것과 동일한 신발을 찾았다.

마지막으로 또 다른 사례를 살펴보자. 한 간호사가 입원한 혼수 상태 남자의 틀니를 빼서 크래시카트에 올려놓았다. 간호사는 알 수 없었지만, 그 환자는 혼수 상태에서 육체를 이탈해 있었고 그 일 전체를 목격했다.[20] 그 다음 주 내내 그는 의식불명 상태였고, 여러 간호사들이 그를 돌보았다. 7일째 되는 날, 그는 의식을 차렸고 마침 그의 틀니를 뺀 간호사가 근무 중이었다. 그는 그녀가 자신의 틀니를 빼서 어디에 두었는지 다 보았다고 말했다. 그리고 그것을 가져다 달라고 말했다.

또한, 그는 모든 장면을 위에서, 병실 천장 부근에서 보았다고 말했다. 틀니를 뺄 무렵에 누가 함께 있었는지를 포함해서 그 방의 모습을 정확하게 묘사했다. 간호사는 그 환자가 말한 것이 맞다고 확인했다.

임사 체험을 한 사람들은 자신에 대한 소생술을 위에서 지켜보면서 소생술에 관해 의학적 세부사항들을 알게 된다. 그들의 보고는 놀랍도록 정확하다. 심장병 전문의 마이클 세이봄(Michael Sabom)은 피트(Pete)라는 이름의 남성에 대해 이렇게 말한다.

---

19 Morse, *Closer to the Light*, 19-20.
20 Miller, *Near-Death Experiences as Evidence*, 50-51.

제3부 | 제13장 심신 문제 2A: 실체이원론에 관한 여러 논증과 유형   453

그는 첫 번째 심장마비 때 육체를 이탈해서 심폐소생술을 지켜봤다고 말했다. 나는 그가 본 것을 자세히 설명해 줄 것을 요청했다. 그는 심폐소생술에 관해 매우 자세하고도 정확하게 묘사했다. 그의 진술 녹음테이프는 의사들 수업에 사용할 수 있을 정도였다.[21]

세이봄은 심장마비 환자들을 두 그룹으로 나누어 연구를 진행했다. 임사 체험을 했다고 주장하는 그룹과 그렇지 않은 그룹으로 분류했다.[22]

첫 번째 그룹에서, 26명의 사람은 자신들의 경험을 의료기록에 준할 만큼 충분히 자세히는 묘사하지 못했다. 하지만 그들 중에서 자신들이 본 것을 진술함에 있어서 오류가 있는 사람은 아무도 없었다. 하지만 이 그룹에서 6명은 자신들의 심폐소생술을 매우 자세하게 묘사했다. 그들의 설명은 의료기록의 거의 모든 세부사항을 준수했다. 이와 반대로, 임사 체험 비경험자 그룹에 속한 사람들 25명 중 80퍼센트는 심폐소생술 절차에 관해 설명하는 과정에서 중대한 오류를 범했다.

맹인으로 태어나 임사 체험에서만 시력을 잠시 되찾았던 사람들을 주의 깊게 연구한 사례들이 있다. 그들은 제한된 어휘를 사용했지만 병실의 내부 상황과 외부 상황을 묘사했다. 다시 육체로 들어왔을 때, 그들은 다시 눈이 보이지 않게 되었다.[23]

임사 체험과 그에 대한 주의 깊은 연구 사례들은 너무도 많아서 그것들의 진실성을 바로 묵살하기는 쉽지 않다. 게다가 그것에 대한 자연주의적 설명은 존재하지 않는다. 다른 사람들이 공동으로 입증한 증거에 따르면 임사 체험자들이 자신의 육체를 이탈해 뭔가를 보거나 들었다는 것에는 합리적 의심이 들어설 여지가 없어 보인다. 게다가 위에서 언급했듯이, 사람들이 겪는 임사 체험에는 세계적으로 일관적인 핵심 요소들이 있다.[24]

이 경험은 폭넓고도 빈번하게 발생한다. 그것은 무신론자들에게도 일어나고 매우 어린 아이들에게도 일어난다. 청각 장애인이 듣기도 하고, 시각 장애인이 보기도 하며, 색맹 환자가 색을 알아보기도 한다. 임사 체험 경험자들은 의식이

21　Michael Sabom, *Light and Death* (Grand Rapids: Zondervan, 1998), 12.
22　Holden, Greyson, and James, *Handbook of Near-Death Experiences*, 199-203
23　Kenneth Ring and Sharon Cooper, *Mindsight: Near-Death and Out-of-Body Experiences of the Blind* (New York: iUniverse, 2008).
24　Long, *Evidence of the Afterlife*, 149-71.

전혀 없을 때 한층 강화된 의식을 갖기도 하고, 그것 때문에 생기는 삶의 놀라운 변화를 경험하기도 한다.

물리주의자의 주장에 따르면 양상 논증은 형이상학적 가능성을 입증하지 못하며 **인식적** 가능성이나 **관념적** 가능성만을 입증한다. 형이상학적 가능성은 육체를 이탈한 상태로 존재하는 것이 정말 가능하다는 것이며, 인식적 가능성은 육체이탈 상태로 존재하는 것이 가능할 수 있다는 것이다.

하지만 이것은 논점을 회피하는 주장에 불과하다. 그것의 유일한 "증거"는 물리주의를 전제하기 때문이다. 임사 체험이 실제로 존재한다. 임사 체험에 관한 설명에 전혀 모순이 없음은 **형이상학적 가능성**(metaphysical possibility)이 참임을 보여준다. 이는 육체 이탈의 형이상학적 가능성을 적절하게 입증한다. 그리고 앞서 제시한 논증에 따라서 이것은 일부 유형의 실체이원론이 사실임을 지지한다.

5) 자유의지와 도덕, 책임, 형벌

다음 논증을 생각해 보자.

> 내가 뇌나 육체와 같은 물리적 대상이라면, 나에게는 자유의지가 없다.
> 하지만 나에게는 자유의지가 있다.
> 그러므로 나는 물리적 대상이 아니다.
> 나는 물리적 대상이거나 영혼이어야 한다.
> 그러므로 나는 영혼이다.

우리가 **자유의지**(free will)라는 용어를 사용할 때 그것은 **자유의지론적 자유**(libertarian freedom)를 의미한다. 나는 말 그대로 어떤 행동을 하기로 선택할 수도 있고 그 행동을 하지 않기로 선택할 수 있다. 내 선택을 결정하기에 충분한 상황은 존재하지 않는다. 내 선택은 나에게 달려 있다. 나는 내 행동의 궁극적 기원이 되는 행위자로서 행동한다.

게다가 내가 행동하는 이유들이 내 행동의 일부 원인이나 전체 원인은 아니다. 나는 내 행동을 나 스스로 일으킨다. 내가 행동하는 이유들은 내가 행동하는 목적론적 목표이자 목적이다. 내가 목말라서 물을 한 모금 마신다면, 내 갈증을 해소하려는 욕구는 내가 스스로 자유롭게 행동하는 목적이 된다. 나는 의사 표시를 **하기 위해** 손을 들어 올린다.

물리주의가 참이라면 인간의 자유의지는 존재하지 않는다. 그 대신에 결정론(determinism)이 참이 된다.[25] 내가 물리 체계(physical system)에 불과하다면, 어떤 것을 하겠다고 자유롭게 선택할 수 있는 능력이 나에게는 전혀 없다. 물질적 체계들(material systems)은, 적어도 대규모의 체계는, 시간이 흐르면서 결정론적 방식으로 변화한다. 다시 말해, 최초의 조건과 물리·화학 법칙에 따라 변화한다. 주전자에 담긴 물은 물의 양과 열의 유입, 열전달 법칙에 의해 결정되는 방식으로, 특정 시간에 특정 온도에 도달할 것이다.

이제 도덕률과 관련해서 생각해 보자. 결정론이 참이라면 도덕적 의무와 책임은 이치에 맞지 않는다. 그것들은 의지의 자유(freedom of the will)를 전제하는 것처럼 보이기 때문이다. 또한, 내가 어떤 것을 "해야 한다"면 그것은 내가 그것을 **할 수 있다**는 것과, 그것을 다른 방식으로 할 수 있었다는 것, 내가 내 행동을 통제한다는 것을 반드시 전제하는 것처럼 보이기 때문이다. 내가 50층 건물 꼭대기에서 뛰어내려 아기를 구해야 한다고 말하는 사람은 아무도 없을 것이다. 또는 내가 미국의 남북전쟁을 2014년에 멈춰야 한다고 말하는 사람도 아무도 없을 것이다. 둘 중 하나를 할 수 있는 능력이 나에게 없기 때문이다. 물리주의가 참이라면 내 행동을 선택할 수 있는 참된 능력이 나에게는 전혀 없다. 더 나아가서, 자유로운 행동들은 목적론적으로 보인다. 우리는 목표나 목적을 위해 행동한다. 순전한 속성이원론이나 물리주의가 참이라면 참된 목적론이란 있을 수 없다. 그렇다면 자유의지론적 자유 행위도 있을 수 없다.

물리주의를 받아들이려면, 자유와 도덕적 의무, 책임, 형벌에 관한 우리의 상식적 관념들을 상당히 수정해야 한다고 말하는 것이 안전할 것이다. 다른 한편으로, 이러한 상식적 관념들이 참이라면 물리주의는 거짓이다.

속성이원론도 동일한 문제를 안고 있다. 속성이원론자는 인간 행동을 두 가지 방식으로 다룬다.

---

[25] 여기에서 양자역학의 비결정성(quantum indeterminacy)은 두 가지 이유로 관련이 없다. (1) 양자역학의 비결정성을 가장 잘 해석한 것은 인식론적 해석이지 존재론적 해석이 아니다. (2) 양자역학의 비결정성이 실재라면, 사건들은 선행하는 조건들에 의해 결정될 기회를 여전히 가지고 있게 되는데, 이것은 행위자 원인론(agent causation)과 모순된다. 이 관점 위에서는 어떤 것도 자유로운 행위의 가능성(chances of a free action)을 정할 수 없기 때문이다.

첫째, 일부 속성이원론자들은 **부수현상론자**(epiphenomenalists)이다.[26] 사람은 살아 있는 물리적 육체로서 정신(mind)을 지닌다. 정신은 의식상태나 무의식상태가 이어지는 연속으로 이루어져 있다. 정신은 육체적 행동의 원인이 결코 아니라 결과에 불과한 사건들로 이루어져 있다. 다른 방식으로 표현하자면 인간 뇌의 경우와 같이 물질이 특정한 조직적 복잡성과 구조에 도달했을 때, 그 물질은 정신적 상태를 산출하게 된다. 이는 마치 불이 연기를 만들어내고, 수소와 산소의 배열이 물의 축축함을 만들어내는 것과 같다. 육체에 있어서 정신은 불에 있어서 연기와 같다. 불과 연기는 서로 다르다.

유비를 계속 해보자면 물리주의자는 연기와 불을 동일시하거나 연기의 기능과 불의 기능을 동일시할 것이다. 불은 연기의 원인이지만, 연기가 불의 원인은 아니다. 정신은 뇌의 부산물이지 어떤 것의 원인이 결코 아니다. 정신은 뇌에서 일어나는 사건들의 꼭대기에 "편승"할 뿐이다. 따라서 부수현상론자는 자유의지를 거부한다. 정신 상태가 어떤 것의 원인이 된다는 것을 부정하기 때문이다.

둘째, 속성이원론자는 인간 행동을 **사건 인과론**(event-event causation)이라 불리는 관념을 통해 다룬다.[27]

사건 인과론을 이해하기 위해 어떤 벽돌이 유리잔 하나를 깨트린 경우를 생각해 보자. 이 경우 원인은 그 자체로 실체인 벽돌 자체가 아니라 사건이다. 이를테면, 벽돌이 특정 상태에 이른 것이, 즉 운동 상태에 이른 것이 원인이다. 그리고 벽돌이 운동 상태에 도달한 사건의 원인은 그 앞의 사건이다. 그 운동 상태는 또 다른 사건의 원인이 되었다.

유리잔이 특정 상태에, 즉 깨진 상태에 이른 것이다. 따라서 벽돌의 운동이라는 하나의 사건은 유리잔이 깨어지는 다른 사건의 원인이 되었다. 더 나아가서

26　사람의 정신과 육체의 관계에 관한 이론 중 하나로서, '에피페노메널리즘'이라고도 불리는 부수현상설은 정신이 육체의 부산물에 지나지 않다고 보는 입장이다. 이 입장에 따르면 정신현상은 육체현상에 아무런 영향을 미치지도, 원인이 되지도 못한다-역주.

27　오코너(Timothy O'Connor)의 주장에 따르면 행위자의 인과력(agent causal power)은 어떤 물리적 혼합체(a physical aggregate)를 넘어서는 창발적 속성(emergent property)일 수 있다. 그의 *Persons and Causes* (New York: Oxford University Press, 2000)을 보라. 그 후에 오코너(O'Connor)는 자신의 견해를 바꾸었고, 행위자란 창발적 개인(emergent individual)이라는 생각을 선택했다. Timothy O'Connor and Jonathan D. Jacobs, "Emergent Individuals," *Philosophical Quarterly* 53 (2003): 540-55을 보라. 오코너(O'Connor)에 관한 비판을 보려면 J. P. Moreland, *Consciousness and the Existence of God* (London: Routledge, 2008), chap. 4을 참고하라.

사건 인과론에 따르면 하나의 사건이 또 다른 사건의 원인이 될 때마다 두 사건을 연결시키는 자연의 결정론적 법칙이나 확률론적 법칙이 있을 것이다. 자연법칙들과 결합된 첫 번째 사건은 두 번째 사건의 발생가능성을 결정하거나 확정하기에 충분하다.

행위자 행동(agent action)은 의지의 자유를 자유의지론적으로 적절하게 설명하는 데 있어서 중요한 부분이다. 행위자의 행동을 보여 주는 한 가지 전형적인 사례는 '내가 내 팔을 들어 올리는 것'이다. 내가 내 팔을 들어 올릴 때, 나는 하나의 실체로서 나의 활동능력들을 자발적으로 행사하여 행동할 뿐이다. 나는 내 팔을 들어 올린다. 나는 실체를 지닌 내 영혼 안에 있는 능력들을 자유롭고도 자발적으로 행사하여 행동할 뿐이다. 내가 내 팔을 들어 올리도록 결정하기에 충분한 조건의 집합은 내 안에 존재하지 않는다.

게다가 이 실체가 있는 행위자의 특징을 보여 주는 것은 적극적인 자유 능력과 의식적인 인식 능력, 목표와 계획을 생각하고 구성하는 능력, 목표를 향해 목적을 가지고 행동하는 능력 등이다. 그러한 행위자는 비물질적인 실체(immaterial substance)이지 물리적인 대상(physical object)이 아니다. 따라서 자유의지론적 자유를 가장 잘 설명해 주는 것은 물리주의나 순전한 속성 이원론이 아니라 실체이원론이다.

안타까운 일이 있다. 순전한 속성이원론자에게 사건 인과론은 결정론적이다. 왜 그러한가?

한 가지 이유는 개인의 행동에 간섭하거나 기여할 수 있는 여지가 행위자에게, 자아에게, "나"에게 없다는 데 있다. 나는 내 팔을 들어 올리는 행위를 만들어내지 않는다. 팔을 들어올리기를 원하는 상태가 그 결과를 만들어내기에 충분하다. 내 안의 정신 상태와 반대되는 개념으로서의 나 자신에게는 행동할 수 있는 여지가 없다.

또 다른 이유는 원하고 의지하고 희망하는 등 내 안의 모든 정신 상태는 그보다 앞서고 내가 통제할 수 없는 정신적이고 물리적인 상태들과 관련 법칙들에 의해 결정론적으로 그 가능성이 확정되거나 야기되기 때문이다. "나"는 나를 거치는 것에 불과한 인과 사슬 안에서 상태의 흐름이나 사건의 흐름이 된다. 사슬의 각 고리가 그 다음에 발생하는 고리를 결정한다.

요약해 보면, 속성이원론은 자유의지론적 자유를 거부한다. 그것이 부수현상설이나 사건 인과론을 받아들이기 때문이다. 따라서 자유의지에 관한 자유의지론적 설명과 도덕적 능력, 도덕적 책임, 형벌 등이 진리임을 고려해 볼 때, 속성이원론은 물리주의 못지않게 거짓이다. 도덕적 능력이나 책임, 형벌에 관해 우리가 상식적으로 지니는 관념은 자명하다. 우리는 그것들이 참이라는 가정 위에서 서로를 향해 움직인다.

그리고 이 상식적 관념들은 자유의지론적 자유의지를 가정하는 것처럼 보인다. 물리주의나 속성이원론이 참이라면, 우리는 도덕적 능력이나 책임, 형벌에 관해 우리가 상식적으로 지니는 관념들을 포기하거나 수정해야만 할 것이다. 자유의지가 배제되기 때문이다.

6) 시간이 흘러도 동일한 자아

다음 논증들을 생각해 보자.

① 어떤 물건이 여러 부분으로 구성된 물리적 대상이라면, 그것이 다른 부분을 갖게 될 경우, 그것은 시간이 흐르면서 동일한 대상으로 유지되지 않는다.
② 나의 육체와 뇌는 여러 부분으로 구성된 물리적 대상이다.
③ 그러므로 나의 육체와 뇌는 다른 부분들을 갖게 될 경우 시간이 흐르면서 동일한 대상으로 유지되지 않는다.
④ 나의 육체와 뇌는 지속적으로 다른 부분들을 갖게 된다.
⑤ 그러므로 나의 육체와 뇌는 시간이 흐르면서 동일한 대상으로 유지되지 않는다.
⑥ 나는 시간이 흘러도 동일한 대상으로 남는다.
⑦ 그러므로 나는 나의 육체와 뇌가 아니다.
⑧ 나는 영혼이거나 육체이거나 뇌이다.
⑨ 그러므로 나는 영혼이다.

전제 ②는 상식적으로 볼 때 참이다. 전제 ④도 명백히 참이다. 우리의 육체와 뇌에서는 지속적으로 새로운 세포가 생성되거나 오래된 세포가 소멸된다. 최소한 새로운 원자와 분자가 생성되거나 오래된 원자와 분자가 소멸된다. 그렇게 이해할 경우 육체와 뇌는 끊임없는 흐름(constant flux)이다. 전제 ⑧이 대부분의 일반인들에게 유효한 선택지를 제시한다고 가정해 보자. 이제 남는 것은 전제

①과 전제 ⑥이다.

전제 ①부터 시작해보자. 왜 일부 철학자들은 분리 가능한 부품들로 구성된 일반적인 물질적 대상들이 어떤 부분을 교체하는 동안 동일하게 유지되지 않는다고 생각하는가?[28]

이것이 많은 철학자에게 왜 말이 되는지를 알려면 흩어져 있는 널빤지 다섯 장(a-b-c-d-e)을 생각해 보면 된다. 그 널빤지들은 서로 다른 사람의 마당에 자리 잡고 있다. 상식적으로 볼 때, 그 널빤지들은 한 물건에서 떨어져 나온 것처럼 보이지 않는다. 그것들은 개별 널빤지들에 불과하다. 이제 우리가 그 널빤지들을 모아서 서로 면이 닿도록 무더기로 쌓는다고 가정해 보자.

이제 우리가 무더기라 부르는, 널빤지 더미라고 불리는 물체를 갖게 되었다고 생각해 보자. 그 더미는 사실 빈약한 물체로서, 그것을 붙잡아주는 유일한 것은 a-e 사이에 있는 공간적 관계(spatial relationship)이다. 그 널빤지들은 근접해 있고 서로 맞닿아 있다. 이제 우리가 널빤지 b를 빼내고, 그 대신에 새로운 널빤지 f를 추가하여 a-c-d-e-f로 구성되는 더미를 새로 만든다고 가정해 보자.

이 새 널빤지 더미는 처음 더미와 동일한가?

그렇지 않은 것이 분명하다. 널빤지 더미는 널빤지들과 그것들 서로의 관계일 뿐이고, 우리는 새로운 널빤지들과 새로운 일련의 관계를 갖기 때문이다.

더미의 널빤지 수를 천 장으로 늘리면 어떻게 될까?

이제 우리가 널빤지 한 장을 꺼내어 새 널빤지 한 장과 교체할 경우, 우리는 여전히 새로운 널빤지 더미를 얻게 된다. 널빤지의 수는 문제가 되지 않는다.

이제 우리가 처음 살펴보았던 a-e의 널빤지들을 한꺼번에 못 박아서 임시변통의 뗏목으로 만들었다고 상상해보자. 이럴 경우 널빤지들은 단단하게 연결되어 있어서 서로 따로 움직이지 않는다. 대신에 우리가 뗏목을 들 경우 널빤지들은 모두 함께 움직인다. 우리가 널빤지 b를 빼내서 그것을 널빤지 f와 바꿀 경우, 우리는 여전히 새로운 물체를 얻게 될 것이다.

이상하게 들리겠지만, 우리가 널빤지 b를 빼다가 나중에 다시 끼워 넣는다 하더라도, 우리는 마찬가지로 새 뗏목을 갖게 되는 것이다. 뗏목이 부분들의 집합

---

28 물질 구성(material composition)에 관한 문제들을 더 알려면 Michael Rea, ed., *Material Constitution: A Reader* (Lanham, MD: Rowman & Littlefield, 1996); Christopher M. Brown, *Thomas Aquinas and the Ship of Theseus* (London: Continuum, 2005).

이고 각 부분들이 서로 결합 관계를 맺고 있기 때문이다. 따라서 새 뗏목이 동일한 부분들(a-e)을 여전히 갖고 있다고 하더라도, 널빤지 b와 그것에 붙어 있는 다른 널빤지들 사이에는 새로운 결합 관계가 있게 된다.

이제 구름 한 점을 생각해 보자. 멀리서 볼 때, 그 구름은 견고하고 연속적인 대상으로 보인다. 하지만 가령 비행기를 타거나 해서 구름에 가까이 가면, 구름은 물방울이 매우 느슨하게 모인 것임이 분명해진다. 경계는 모호하고, "가장자리" 부근에 있는 어떤 물방울도 구름 밖에 있는 물방울과 비교해서 정말로 구름의 일부인지 아닌지 결정하기 어렵다. 구름은 널빤지 더미나 뗏목과 같다. 물방울이 더해지거나 없어질 때, 엄격히 말해서 그 구름은 동일한 구름이 아니다.

이제 우리의 육체와 뇌를 생각해 보자. 그리고 그것들이 수십억 개의 부분들로 구성된 물리적 대상(physical objects)에 불과하다고 가정해 보자. 우리의 일상에서 이득이 되는 관점에서 볼 때, 육체와 뇌는 견고하고 연속적인 대상으로 보인다. 하지만 우리가 원자의 수준으로 축소될 수 있다면, 우리는 육체와 뇌가 실제로는 구름과 같다는 것을 보게 될 것이다. 즉, 틈이 많고 대체로 빈 공간이며, 각 부분들의 다양한 결합 관계로 이루어진 수십억 개의 원자(분자, 세포)로 구성되어 있음을 알게 될 것이다.

우리가 한 부분을 떼어내어 바꿀 경우, 우리는 새로운 물체를 갖게 된다. 육체와 뇌는 구름이나 뗏목과 같다. 부분들과 각 부분들 사이에 있는 관계를 제외한다면, 육체나 뇌가 어떤 부분을 교체하는 동안 동일하게 남아 있을 수 있는 능력의 근거는 전혀 없다. 이것이 육체나 뇌의 한 부분이 수정되는 동안에 동일하게 유지될 수 없다는 관점 이면에 있는 근본적 이해이다.[29]

---

29 우리가 전개하고 있는 견해는 부분전체론적 본질주의(mereological essentialism)이다. ("부분"을 뜻하는 헬라어 '*meros*'에서 왔다.) 부분전체론적 본질주의는 어떤 대상의 정체성을 결정할 때 그 대상의 부분이 본질적으로 중요하다는 개념이다. 거꾸로 말해서 그 대상의 부분이 대체될 경우 그 정체성을 유지할 수 없다는 것이다. 동물권리옹호자(animalists)와 헌법주의옹호자(constitutionalists)는 부분전체론적 본질주의를 거부한다. 이 견해들에 대한 간략한 설명으로는, Eric Olson, *What Are We? A Study in Personal Ontology* (Oxford: Oxford University Press, 2007), 2-3장을 보라. 각 견해들이 서로 다른 방식으로 주장하는 바에 의하면, 특정 상황에서 부분들이 하나의 전체를 구성하게 될 때 그 전체 자체는 부분의 수정을 견뎌낼 수 있는 종류의 것이다. 우리 견해에 따르면 이것은 단순히 하나의 주장에 불과하다. 전체는 부분들과 그것들의 다양한 관계로 이루어진다. 부분과 관계가 대체될 경우, 대상의 정체성은 유지될 수 없다. 전체는 기초 사물(basic object)이 아니다. 전체는 전체를 이루는 부분들과 그 관계들이다.

육체와 뇌는 철학적으로 엄격하게 말해서 어떤 순간과 그 다음 순간에 동일하지 않다. 그 부분과의 관계를 끊임없이 바꾸기 때문이다. 일상의 실제적인 목적을 위해 우리가 느슨하고 대중적인 의미로 그것들을 동일하게 간주하더라도 그러하다.

전제 ①은 충분히 살펴보았다. 전제 ⑥은 어떠한가?

왜 우리는 시간이 흘러도 동일하게 유지된다고 생각해야 하는가?

당신이 갈색 탁자 하나에 다가간다고 가정해 보자. 당신은 서로 다른 세 번의 자기성찰 순간에, 그 탁자에 대한 자기 인식이나 경험에 주의를 기울인다. 당신이 시간 t_1에 탁자로부터 1.5미터 정도 근처에 접근했을 때, 당신이 경험한 것은 미미한 발 통증(P1)과 방의 특정 위치에 놓여 있는 희미한 갈색 탁자에 대한 감각(S1), 그 탁자가 낡은 것 같다는 생각(T1)이었다. 잠시 후 시간 t_2에 당신은 탁자에 90센티미터 정도로 접근하면서 히터에서 나오는 열을 느꼈고(F1), (S1)과는 살짝 다른 색조의 갈색과 다른 모양을 감지(S2)했고, 그 탁자가 당신의 어린 시절 책상을 떠올려준다는 새로운 생각(T2)이 들었다. 마지막으로 또 잠시 후인 시간 t_3에 당신은 그 탁자를 갖고 싶다는 욕심(D1)이 들었다. 30센티미터 부근까지 근접하면서 탁자를 새롭게 감지(S3)했다. 그 탁자를 3만 원 정도에 살 수 있다는 새로운 생각(T3)이 들었다.

이 연속된 경험들 속에서 당신은 서로 다른 순간에 서로 다른 것들을 인식했다. 하지만 매 순간 당신이 또 인식했던 것은 그 시간에 그 경험들을 소유하는 '나 자신'이 있었고 그 경험들을 의식의 한 장으로 엮는 '나 자신'이 있었다는 것이다. 더 나아가서, 당신이 또 인식하고 있는 것은 시간 t_1과 시간 t_2, 시간 t_3에 동일한 자아가 경험을 했다는 것이다. 마지막으로 그 모든 경험을 한 자아가 다름 아닌 당신 자신이라는 것을 당신은 인식하고 있다. 이것을 그림으로 표현하면 표 13.1과 같다.

원래 위치   **탁자**

{P1, S1, T1}   {F1, S2, T2}   {D1, S3, T3}

I_1 I_2 I_3

$I_1 = I_2 = I_3$ 나 자신

<표 13.1 자아의 기본 경험>

당신이 성찰을 통해 인식하는 것은 당신 자신이 매 순간의 경험들을 소유하고 결합시킨다는 것과, 당신 자신이 시간이 흘러도 동일하게 지속된다는 것이다.

이것은 대다수의 사람들에게 꽤 명백하다. 어떤 사람이 노래를 흥얼거릴 때, 그 사람은 그 과정 동안 유지되는 주체가 자신임을 분명하게 인식한다. 이것은 경험에 있어서 기본 사항이다.

미래에 있을 고통스러운 사건을 두려워하거나 과거 행위에 대한 비난과 처벌을 두려워하는 것이 이치에 맞으려면, 그 고통을 경험할 사람이나 과거 행동의 행위자가 말 그대로 나 자신임을 암묵적으로 가정해야 한다. 시간이 흐르면서 내가 동일하게 유지되지 않는다면, 이러한 두려움이나 처벌의 사례들은 이치에 맞지 않는다. 미래의 사람이나 과거의 사람이 지금 나의 기억이나 심리적 특징들을 비슷하게 가진다는 점에서 지금의 나와 유사하다면, 또는 나의 육체와 시공간적으로 연속되는 육체를 지니거나 지금 내 육체와 동일한 부분을 많이 지닌다는 점에서 지금의 나와 유사하다면, 우리는 그러한 두려움을 가질 필요가 없고 그러한 처벌을 받을 이유도 없다.[30]

마지막으로 일부 사람들의 주장에 따르면, 어떤 명제의 진실성을 알아차리거나 최소한 그것에 의미가 있다고 생각하려거든 동일한 자아가 그것의 서로 다른 부분들을 인식해야 한다. 관련 문장의 주어나 동사, 술어로 표현된 것들이다. 만일 사람의 한 단계가 주어를 생각하고, 다른 단계가 동사를 생각하고, 또 다른 단계가 술어를 생각한다면, 말 그대로 어떤 자아도 그 명제를 전체적으로 생각하고 파악하지 못하는 것이다.

나, 즉 자아가 시간이 흘러도 동일한 대상으로 유지된다는 것을 우리가 믿을 수 있는 보장이 있다고 주장하는 사람들이 있다. 여기에는 이런저런 이유들이 제시된다. 의심할 여지없이 이 논증에는 논란이 많다. 모두가 그것을 수용하지는 않는다. 나무가 나뭇가지나 나뭇잎 하나를 잃는다고 해서 그것이 동일한 나무가 아니라고 생각하는 것은 터무니없다고 주장하는 사람도 있다.

---

30 일부의 주장에 따르면 어떤 사람의 다양한 심리적 단계를 한 개인의 삶으로 엮어주는 것은 서로에 대한 내재적 인과관계(immanent causal relation)에 있는 마지막 단계들이다. 하지만 내재적 인과관계는 동일한 사물 안에 있는 두 상태를 붙잡아 주는 것이다. 따라서 인과관계가 내재적인 것으로 고려되기 전에 두 상태를 가지고 있는 동일 사물이 이미 존재해야만 한다. 내재적 인과관계가 사물의 동일함을 전제로 하기 때문에 그 사물의 동일함이라는 것이 무엇인지 구성할 수 없기 때문이다. 게다가 내재적 인과관은 시간이 지나도 물체가 지속될 수 있도록 하는 것과 물체가 동일하게 유지되는 것이 무엇인지를 혼동한다.

그 논증을 옹호하는 사람들이 응수하는 바에 따르면, 만일 우리가 물질에 관해 원자론을 진지하게 받아들인다면, 명백한 세계(manifest world)와 과학적 심상(scientific image) 사이에는 차이가 있다. 명백한 세계는 일반 사람들이 대상을 감각으로 파악할 수 있는 감각의 세계다. 과학적 심상에 따르면 명백한 세계의 "대상들"은 전반적으로 텅 빈 공간으로 채워져 있고, 수십억 개의 원자와 분자로 만들어진다. 과학적 심상의 대상들은 실제로 부분전체론적 집합체이고, 이 집합체는 부분전체론적 본질주의에 종속되어 있다. 과학적 심상은 영혼이 없는 모든 대상에 관해 옳기 때문이다. 따라서 과학은 우리에게 명백한 세계에 기반을 두는 우리의 상식적 직관을 포기하라고 요청한다.

다른 이들의 주장에 따르면 살아 있는 것에는 모두 "영혼"이 있다. 그 의미는 나무나 강아지 등의 내면에 단일한 형이상학적 생명 원리가 있고 그것이 살아 있는 것들을 부분전체론적 집합체가 아니라 실체로 바꾸어 준다는 것이다. 따라서 살아 있는 것은 부분이 바뀌더라도 그대로 유지된다. 요약하자면 이 논증에는 논쟁거리가 많고, 철학자들은 그 논증의 가치에 대해 의견이 나뉘어져 있다.

4. 실체이원론의 세 가지 유형

오늘날 가장 대중적인 형태의 실체이원론에는 세 가지 유형이 있다. 기억할 것이 있다. 실체이원론이라는 표현을 사용하여 우리는 '비물질적 자아'나 '영혼', '지성', '나'가 있고 그것이 육체와 동일하지 않음을 의미한다. 우리는 반드시 두 가지 실체이원론을 의미하는 것은 아니다. 물론 일부 유형의 실체이원론이 그것을 주장한다. 데카르트 이원론을 계승하는 **데카르트식 이원론**(Cartesian dualism), **토마스/아리스토텔레스식 이원론**(Thomistic/Aristotleian dualism), 현대 철학자 윌리엄 해스커의 이름을 딴 **해스커식 이원론**(Hasekrian dualism)이 세 가지 유형에 속한다. 처음 두 가지 유형의 이원론은 주된 견해를 서로 다른 방식으로 제시하는 것에 따라 서로 다른 몇 개의 하위 유형들로 나뉜다.

1) 데카르트 이원론

(1) 정신이 영혼을 대체함

데카르트 이원론은 밀접하게 관련된 여러 유형의 실체이원론을 부르는 호칭으로 모두 데카르트로부터 이어지는 것이다. 오늘날 데카르트식 이원론을 받아들이는 사람들로는 리차드 스윈번(Richard Swinburne)과 스튜어트 괴츠(Stewart Goetz), 찰스 탈리아페로(Charles Taliaferro) 등이 있다. 데카르트 이전에는 아리스토텔레스 이원론이 영혼을 의식이 있는 비물질적 실체로 정의했고, 육체를 활성화시키고 살아있게 만드는 비물질적 실체로 정의했다.

하지만 데카르트와 현대 데카르트주의자들은 영혼을 의식을 지닌 것으로서의 정신으로 축소시켰다. 데카르트주의자들에게 정신이란 의식이 있거나 정신적 속성을 예시하는 비물질적 실체이다. 데카르트가 영혼을 정신으로 축소시킨 결과 사람은 순전히 의식이 있는 실체와 동일시되거나, 최소한 의식을 지닐 수 있는 기본 능력이 있는 실체로 여겨졌다. 정신은 육체를 살아 있게 하거나 생기를 불어넣지 않는다.

(2) 육체

데카르트는 육체를 물리적 기계(physical machine)로 보았다. 그의 실체이원론에는 정신과 육체라는 두 개의 구분된 실체가 있다. 현대 데카르트주의자들에게 정신은 실체이고, 육체는 순전한 물리적 속성(physical property-thing)이거나 부분전체론적 집합체이다. 둘 중 하나의 방식으로 이해되는 육체는 물리적 대상이 된다. 온전히 물리적 용어로 설명될 수 있다.

(3) 심신의 관계

데카르트 이원론은 육체를 다음과 같이 생각한다. 정신과 육체 사이에 외적 인과관계만이 있다. 육체 B가 정신 A에 속하게 만드는 것은 핀에 찔리는 것처럼 어떤 일이 B에게 일어날 때 A가 그 일의 정신적 결과인 고통을 느끼는 경우이다. A가 의사표명을 위해 손을 드는 것처럼 어떤 일이 A에게 일어나거나 A 안에서 발생할 때, B의 팔이 올라가는 결과는 B에게 나타난다. 심신관계에 관한 데카르트식 이원론에 따르면 정신이 육체와 관련하여 어디에 위치하는지를 정하는 서로 다른 방식이 세 가지 있다.

일부에 따르면 정신은 어떤 의미에서도 공간적이지 않다.[31] 다른 사람들에 따르면 정신은 연장되지 않는 수학적 점(unexpected mathematical point)과 같이 공간적으로 연장되지 않았더라도 육체의 특정 위치에 자리 잡고 있다. 또 다른 사람들은 정신이 육체 안에 전체로도 부분으로도 자리 잡고 있다고 주장한다. 다시 말해서, 그들에 따르면 정신은 하나의 전체로서 육체에 완전하게 존재하고, 육체의 경계선 내에서 각 공간 지점에 완전하게 존재한다.

일반 이원론(generic dualism)에 대한 모든 논증은 데카르트식 이원론을 지지하고 있다.

(4) 실체이원론에 반대하는 세 가지 논증

김재권은 데카르트 이원론에 반대하는 논증을 세 가지 제시했다.[32] 첫째, 소위 **인과적 짝지음의 문제**(causal pairing problem)가 있다. 총 두 자루(A와 B)가 동시에 발사되었고, 아담(Adam)과 밥(Bob)을 동시에 죽였다고 가정해 보자.

권총 A가 발사되면서 아담이 죽고, 권총 B가 발사되면서 밥을 죽인 것이지 그 반대가 아니라는 것을 무엇이 입증해 주는가?

김재권의 대답에 따르면 이에 대한 해결책은 공간 방향과 관계이다. 따라서 공간적 특성들이 인과관계를 위한 필요조건이다. 그것들은 인과적 짝지음이라는 문제를 해결한다. 우리는 A에서 발사되어 아담에게 향하는 총알의 공간 경로를 추적할 수 있다. 권총 A가 공간적으로 아담을 향하고 있기 때문이다. 따라서 우리는 권총 A가 왜 밥이 아닌 아담에게 명중했는지 설명할 수 있다. 권총 B와 밥을 짝짓는 문제도 동일한 설명으로 해결된다. 하지만 데카르트가 말하는 정신에는 이러한 공간적 특성들도 없다. 공간이 없기 때문이다. 따라서 데카르트가 말하는 정신은 인과적 짝지음 논증의 희생물이 되고 만다.

인과적 짝지음이라는 문제에 대한 대답을 네 가지로 제시해보고자 한다.

---

31 이 문장의 원문은 "Some hold the body is not spatial in any sense"이다. 그러나 앞뒤 문맥에 따르면 "the body" 대신에 "the mind"가 와야 될 것으로 보인다. 역자는 "the mind"를 넣어 번역하였다-역주.

32 Jaegwon Kim, *Physicalism, or Something Near Enough* (Princeton, NJ: Princeton University Press, 2005), chap. 3.

첫째, 공간적 특성이 인과관계와 인과적 짝지음에게 필요한 조건이라고 주장하는 것은 논점회피이고 명백히 거짓으로 보인다. 공간이 전혀 없지만 인식될 수 있는 가능 세계가 분명히 존재한다. 이 가능 세계에서 성부 하나님은 성자 하나님의 의식 가운데 한 가지 생각이 떠오르게 하시면서 성령 하나님에게는 그렇게 하지 않으실 수 있다. 여기에서 전지에 관한 문제는 관련이 없기에 배제하도록 하자. 또는 한 천사가 생각을 다른 한 특정 천사에게 전달하면서 또 다른 천사에게는 전달하지 않을 수 있다.

사실 물리적 인과관계에 관한 특정 사례들은 김재권의 공간적 조건들을 만족시키지 못한다. 구멍을 통해 전자(electron) 하나씩을 동시에 발사할 수 있는 전자총 두 자루가 딱 붙어 있다고 생각해 보자. 더 나아가서 그 전자들의 확률공간(probability spaces)이 서로 겹친다고 가정해 보자. 우리가 양자적 불확정성을 존재론적으로 상정할 경우, 다른 전자의 안착이 아니라 한 전자의 안착이 첫 번째 총에 의해 야기된 것으로 간주될 이유는 없다.

둘째, (티모시 오코너와 같은) 일부 사람들의 주장에 따르면 공간을 차지하지 않으면서 형이상학적인 공간 유사체(일종의 **형이상학적 망**, metaphysical grid)가 있어서 각 영혼에 비공간적 "위치"를 제공한다. 특정 영혼과 특정 육체를 이 위치만을 가지고 짝지을 수 있다.

셋째, 철학자들은 **일반적 인과관계**(general causation)와 **특수한 인과관계**(singular causation)를 서로 구분한다. 전자는 사건들의 속성에서 야기되는 사건들로부터 일종의 법칙 형태로 표현할 수 있는 유형의 사건들까지를 다룬다. 흡연 유형의 사건들은 암 유형의 사건들을 야기한다. 후자는 특정 사건들을 개별적인 것으로 다룬다. 아담을 맞추는 권총 A라는 공간적 예시의 유형을 김재권이 사용하는데, 우리는 이 유형이 일반적인 인과관계의 사례들이라고 주장할 수도 있다. 특정 유형의 공간적 특징을 지니는 총이 발사된다는 사건 유형이 그 총알에 맞는다는 사건 유형을 야기한다.

하지만 데카르트식 비공간적 정신과 그것의 육체 사이의 인과적 상호작용(causal interaction)은 특수한 인과관계 사례이다. 이 경우 외면할 수 없는 사실이 있다. 특정 정신과 특정 육체 사이에 인과적 연결 관계가 있다. 유신론이 참이라면 특정 영혼이 특정 육체와 관계되도록 하나님께서 창조하셨다고 말하는 것이 적절할 것이다. 그 이상 말할 것은 없다.

넷째, 마지막으로 대부분의 데카르트 이원론자들은 정신이 비공간적이라는 것을 믿지 않는다. 그들은 영혼에 공간적 연장이 없다는 것을 믿기는 한다. 하지만 그들 대다수는 영혼이 육체의 특정 지점에 존재하거나 육체에 전체로도 부분으로도 존재한다고 본다. 이것은 짝지음이라는 문제를 잘 해결할지도 모르지만, 데카르트 이원론에 대한 김재권의 두 번째 비판으로 이어지기도 한다.

김재권에 따르면 연장되지 않은 수학적 점과도 같은 정신을 우리가 육체 안에 위치시킬 때 그것은 정확하게 한 지점이어야만 한다. 영혼이 육체 안의 여러 지점에 동시에 존재한다고 말하는 것은 터무니없다. 하지만 여기에서 데카르트 이원론은 자의적이어 보인다.

이 지점은 어디인가?
정신이 다른 곳이 아닌 바로 이 지점에 위치하는 이유는 무엇인가?
위치 당 오직 한 정신만 있다는 공간적 차단(spatial exclusion)에 정신이 종속되어 있다고 본다면, 왜 정신을 이상한 물리적 대상(odd material objects)으로 다루지 못하는가?

어떤 사람은 정신/영혼이 여러 지점에 왜 동시에 존재할 수 없는지에 대해 김재권이 논증을 제시하지 않는다고 답할 수도 있다. 수 세기 동안 수백만 명의 사람들이 이 생각을 완벽히 이해할 수 있다고 생각했다고 답할 수도 있다. 하나님의 편재(omnipresence)를 이해하는 방식이 여럿 있지만, 그 중 한 가지는 하나님이 공간의 전체와 부분을 동시에 차지하신다는 것이다. 하나님이 공간의 각 위치에 완전히 존재하신다는 것이다. 우리는 이것을 설명할 수 없을지도 모른다.

하지만 그래서 어떻다는 말인가?
우리가 인간다움이나 삼각형을 설명할 수 없지만, 이것들은 완전히 이해할 수 있는 관념들이다. 전체와 부분에 동시에 존재하는 것을 반대하는 적절한 논증이 없더라도, 우리는 그것을 이해할 수 없다고 말해야 할 필요성을 느끼지 않는다.

더 나아가서, 영혼이 정확하게 한 지점에만 위치해 있다고 말한다면, 우리가 무엇 때문에 그 장소가 어디인지를 알 수 없는지 이해하기 어렵다. 우리가 영혼의 존재를 믿고 그것이 정확히 한 지점에만 위치해 있다고 생각할 만한 적절한 이유가 있다면, 그럴 경우 우리의 인지능력이 그 지점이 어디인지 아는 데 미치지 못하기 때문일 것이다. 이러한 종류의 일은 항상 일어난다. 우리는 어떤 대상에 관하여 상당히 많이 아는 동시에 그 대상의 다른 특징들을 알지 못하는 것처럼 보이는 경우가 종종 있다. 실제로 하이젠베르크(Heisenberg)의 불확정성 원리에 따르면 둘 중 하나이다.

첫째, 우리는 한 입자의 위치 에너지와 그 입장의 운동 에너지를 동시에 알 수 없지만, 그것은 그 입자가 존재하지 않음을 의미하지 않는다.
둘째, 또는 우리는 그것에 관하여 많은 것을 알고 있다.
그렇다면 왜 저 지점이 아니라 이 지점인가라는 질문에 관하여는 어떠한가? 이것은 반복되는 질문으로 나쁜 종류의 질문이다. 우리가 정신을 위치시키는 매 지점마다 왜 다른 어떤 곳이 아니라 그곳인가라는 질문이 발생한다. 따라서 그것은 대답할 수 없는 원칙 안에 있다.
셋째, 마지막으로 공간적 차단을 영혼에 적용하더라도 영혼을 비물질적인 것으로 간주해야 하는 이유는 꽤 간단하다. 사물이란 그것의 속성들 덕분에 존재하는 것이고, 데카르트가 말하는 정신의 속성은 물리적이지 않고 정신적이기 때문이다.

김재권의 세 번째 논증은 다음과 같은 주장에 이른다.
영혼이 공간적으로 어떤 수학적 점에 위치한다면, 어떻게 영혼은 자기가 수행하는 모든 인과적 작업에 관여할 수 있기에 충분한 구조를 지닐 수 있는가?
이 문제에 대한 요점을 많이 알기는 어렵다. 그것을 이렇게 생각해 보자.
영혼의 구조는 상호관련 되도록 배열된 방대한 속성들과 분리될 수 없는 부분들의 집합으로 구성된다. 공간적 연장이 구현되어야 할 하나의 속성으로 이루어지지 않는 것이다.
그와 반대로, 만일 어떤 것이 가령 빨강과 같은 한 가지 색상을 구현한다면, 그것은 공간적 연장을 가져야만 한다. 하지만 감각이나 생각, 욕구, 믿음, 자발적 선택은 공간적 연장을 수반하지 않는다. 특히, 서로 다른 일을 할 수 있는 개인의 다양한 능력은, 한 능력이 또 다른 능력의 왼쪽에 위치한다거나 한 생각이 또 다른 생각의 위에 위치한다는 식으로 위치해 있지 않다.
정신적 속성들이 영혼(soul)이나 정신(spirit)의 구조를 구성할 때 공간적 연장이 반드시 있어야 하는 것은 분명히 아니다. 이는 유일신 사상의 역사에서, 하나님이 공간적으로 연장되지 않은 존재임에도 불구하고 하나님의 내적 생명이 복잡한 정신 상태 구조임을 사람들이 분명하게 인식했던 이유이다. 따라서 문제가 없는 부분에서 김재권이 문제를 만들어 낸 것처럼 보인다.

2) 토마스/아리스토텔레스식 이원론

토마스/아리스토텔레스식 이원론(Thomistic/Aristotelian-like Dualism)에는 서로 다른 유형이 여럿 있다. 현대에 이런저런 유형의 토마스 이원론을 고수하는 사람들에는 에드워드 페저(Edward Feser)와 엘레노어 스텀프(Eleonore Stumpt), 피터 크리프트(Peter Kreeft) 등이 있다. 여기에서 제시되는 유형은 중세 후기 아리스토텔레스주의자들로부터 많이 가져왔다.[33]

(1) 영혼

인간 영혼(이후부터는 간단하게 영혼)은 단순하고, 분리 가능한 부분들이 없으며, 공간적으로 연장되지 않은 실체이다. 의식 능력과, 육체에 생기를 주고 활성화시키고 목적을 향해 발전하게 해 주는 능력이 영혼에 담겨 있다. 이런 방식으로 육체는 영혼의 한 가지 양태이다. 가령, 영혼은 육체 없이 존재할 수 있지만 그 반대는 아니다. 영혼이 없는 "육체"는 육체가 아니라 시체이기 때문이다. 영혼의 본질은 정보나 청사진이라고 간주될 수도 있다.

다시 말해서, 영혼 안에는 정확하게 배열된 내적 기질이나 능력이 집합되어 있어서, 그것들이 실현될 때 육체의 발전을 지시한다는 것이다. 따라서 이 견해를 옹호하는 많은 사람의 주장에 의하면 육체는 영혼 안에 있다. 그 의미는 육체가 영혼에 상응하도록 실현된 구조이고, 영혼 안에 거하는 동형의 내적 구조, 즉 본질의 구현이라는 것이다. 따라서 시력과 같은 영혼의 능력은 대부분 그 능력이 구현되는 동안 의존하는 눈과 같이 적절한 기관이 발달해야 실현될 수 있다.

더 나아가서 영혼의 본질은 명확하고 확인 가능한 속성들로 구성된다. 다시 말해서 인간성(human personhood)으로 구성된다. 인간이 된다는 것은 인격이 되기 위한 충분조건이다. 영혼의 기능은 마음과 의지, 정신, 감정, 육체 생산과 활성화

---

33 Dennis Des Chene, *Life's Form: Late Aristotelian Conceptions of the Soul* (Ithaca, NY: Cornell University Press, 2000); Robert Pasnau, *Metaphysical Themes, 1274–1671* (Oxford: Clarendon, 2011)를 보라.

능력 등이다. 이 기능은 영혼의 분리될 수 없는 부분이자 양식으로서, 본질적으로 유사한 능력이나 수용력을 갖고 있다. 영혼의 본질은 어떤 사물의 자연적 종류의 토대가 된다. 그리고 우리는 아리스토텔레스의 본질주의에 근거하여 영혼의 본질을 이해해야 한다. 따라서 조(Joe)라는 사람이 펭귄이 아니라 인간의 종류로 분류되는 이유는 그가 인간성이라는 본질을 지닌다는데 있다.

중세 후기의 아리스토텔레스주의자들(1225-1671)은 충만한 특수자(thick particular)와 결핍된 특수자(thin particular)를 서로 구분했다. 충만한 특수자는 육체를 포함해서 구체적인 유기체 전체를 말한다. 결핍된 특수자에 우연을 더한 것이다. 결핍된 특수자는 본질이나 형상, 실증의 결합체, 개별자이며, 이 경우 원물질이다.[34]

이러한 유형의 토마스/아리스토텔레스식 이원론에 따르면 인간의 인격은 자신의 영혼, 즉 결핍된 특수자와 동일하다. 그의 영혼은 세 가지 형이상학적 구성을 이룬다. 인간 본질과 구현, 개별자이다.[35] 개별화된 본질은 본질 안에 기능들로 자리 잡고 있는 다양한 형식의 토대이자 개발자이자 조정자이다. 기능들은 잠재력/기질의 자연적 집합이다.

(2) 육체와 육체-영혼 관계

우리는 이러한 유형의 토마스/아리스토텔레스식 이원론을 **형이상학적 아리스토텔레스주의**(metaphysical Aristotelianism)라고 부를 것이다. 이 유형에 따르면 살아 있는 유기체(living organisms)는 부분전체론적 집합체나 체계가 아니다. 그것은 분리 가능한 부분들이나 일단의 속성들로 구성되는 집합체도 아니다. 또한, 그것은 일종의 완전체로 여겨지는 구체적인 기관도 아니다. 오히려 이 기간에 이루어진 합의에 의하면 살아 있는 유기체는 결핍된 특수자다. 육체와 같은 유기체의 우연적 특성들 아래에 있는 개별자(원물질)에 의해 구현되는 본질이다.[36]

결핍된 특수자는 유기체의 영혼과 동일하다. 그것은 부분전체론적으로 단순하다. 분리 가능한 부분들로 구성된다는 의미에서 그러하다. 하지만 그것은 형

---

34 Pasnau, *Metaphysical Themes*, 99-114.
35 J. P. Moreland, "Theories of Individuation: A Reconsideration of Bare Particulars," *Pacific Philosophical Quarterly* 79 (1998): 251-63. Dallas Willard는 자신의 존재론에서 벌거숭이 특수자(bare particulars)를 매우 중요한 부분으로 크게 옹호한다.
36 Pasnau, *Metaphysical Themes*, 99-134.

이상학적으로 복잡하다. 복잡한 본질과 구현, 개별자로 구성된다는 의미에서 그러하다. 그리고 그것은 유기체의 육체 전체와 부분에 동시에 존재한다.

다시 말해서, 육체 전체에 온전히 존재하는 동시에 육체 각 부분에도 온전히 존재한다. 편재에 관한 일부 모델을 따라 공간적 개념으로 말하자면 영혼은 하나님이 일반적으로 공간에 존재하시는 것처럼 육체에 존재한다.

결핍된 특수자는 형이상학적 핵심 역할을 네 가지 수행한다.

① 그것은 살아 있는 것들에 특수한 종류의 단일성의 토대를 제공한다. 심층적이고 동시적인 단일성의 토대를 제공한다. 특히, 부분전체론적 집합체나 체계에 비해 그렇다.
② 그것은 살아 있는 것들이 특정 변화들을 거쳐도 지속되는, 견고하고도 절대적인 정체성의 토대를 제공한다. 그 변화는 유기체 육체의 부분을 교체하는 것을 포함한다.
③ 그것은 그 유기체를 그것의 자연적 종류(natural kind)대로 분리하고, 그러한 종류를 통합하는 데 필요한 존재론적 토대(ontological ground)를 제공한다.
④ 그것은 육체와 더불어 실체를 지닌 영혼의 다양한 형태를 일종의 법칙처럼 통일시키고 발전시킨다.

형이상학적 아리스토텔레스주의의 또 다른 특징이 있다. 결핍된 특수자(영혼)의 능력을 발휘할 때 육체가 매우 중요하다는 것이다. 이것은 사물의 일반적 과정과 영혼의 다양한 능력을 현실화시키는 과정에서 그러하다.

인간 영혼에 관하여 데니스 데 쉔(Dennis Des Chene)은 다음과 같이 말한다.

> 사실 인간의 영혼은 육체와 단순하게 연결되어 있는 것이 아니다. 인간 영혼은 육체와 분리되어 존재할 수 있는 능력을 가지고 있지만 ⋯ 본질적으로 육체와의 결합을 전제하며, 더 나아가서 여러 기관을 지니고 있는 특정 종류의 육체와의 결합을 전제하며, 그 모든 능력을 수행하는, 그런 **종류**의 영혼이다. 여기에는 심지어 이성도 속한다.[37]

---

37 Des Chene, *Life's Form*, 71.

데 쉔은 다른 곳에서 또 이렇게 설명한다.

> 영혼이 육체와 연결되어 있는 한, 심지어 지성도 뇌의 특정 배열을 필요로 한다.[38]

그러므로 영혼의 의식 능력을 현실화하는 것과 관련된 신경학적인 인과적, 기능적, 의존적 특정 조건을 찾고자 하는 것은 형이상학적 아리스토텔레스주의와 일치할 뿐만 아니라, 형이상학적 아리스토텔레스주의에게 필요하기도 하다. 물론 그러한 탐색은 그것이 현실화시키는 능력이나 속성(고통)의 내재적 본질에 관해 정보를 주지는 않을 것이다. 그 능력의 담지자(영혼, 뇌)에 관한 정보도 주지 않을 것이다. 하지만 그것은 그것이 현실화되는 데 필요한 육체적 조건에 관해 정보를 제공할 것이다. 이러한 형태의 이원론은 현대의 신경학적 발견과도 꽤 잘 어울린다.

파스나우(Pasnau)가 언급하듯이 형이상학적 아리스토텔레스주의의 또 다른 특징에 의하면, 영혼은 "직접적인 인과적 역할을 수행한다. 어떤 동물의 육체의 행위나 물리적 구조를 설명하기 때문이다."[39]

이런 의미에서 볼 때, 영혼은 육체의 형식적/본질적 원인일 뿐만 아니라, 육체의 발전과 구조를 이끄는 내재적이고 유효한 첫 번째 운동 원인이 되고, 그 발전과 구조를 위한 목적론적 안내자가 된다. 따라서 기능이 형태를 결정한다.

이 때 영혼은 본질이나 내적 본성을 지닌 실체이다. 그것은 최초의 단일성으로서 육체를 발전시키기 위한 능력/성질의 복잡하고도 구조적인 배열을 담고 있고 그와 함께 다른 기능이나 형태를 담고 있다. 이 정렬된 구조 전체를 집합적으로 볼 때, 그것은 연장되지 않았고, 몸 전체와 부분에 동시에 존재하며, 영혼의 활동 원리를 구성한다.

이 원리는 실체가 성장과 발전의 과정에서 일반적으로 겪게 되는 정확하고도 질서 있는 변화 순서를 통제한다. DNA를 포함하여 다양한 물리적/화학적 부분과 과정은 도구, 즉 수단적 원인이다. 그것들은 영혼에 뿌리를 두고 있는 다양한 기능을 유지하기 위해서 상위 질서의 생물학적 활동에 의해 사용된다. 따라서 영혼은 육체가 발달하도록 하는 최초의 작용인이고, 영혼의 본질과 내적으로 관

---

38 Des Chene, *Life's Form*, 96.
39 Pasnau, *Metaphysical Themes*, 558; 또한, 549, 560-65를 참고하라.

런 있는 기능과 구조에게 목적인이다.[40]

영혼의 본질이 어떤 기능을 요구하는지가 곧 도구의 특성을 결정한다. 하지만 결국, 그 요구들은 육체 전체에서 일어나는 다양한 화학 과정을 제한하고 지시한다. 형이상학적 아리스토텔레스주의가 이러한 방식으로 암시하는 바에 의하면 전체로서의 유기체인 영혼은 그것의 육체적 부분들에 비해 존재론적으로 먼저 있다. 영혼의 본질을 이렇게 이해하고, 영혼이 육체 안에 전체와 부분에 동시에 존재한다고 이해하는 경우 오늘날 생물학에서 사용되는 정보 개념과 영혼의 본질을 매우 유사한 것으로 만든다.

더 나아가서, 한 유기체의 부분들은 분리될 수 없는 부분으로서, 다른 부분들이나 개별화된 영혼의 본질과 내적 관계를 맺고 있다. 그 부분들은 문자 그대로 기능적 실체이며, 전체로서의 유기체 안에서 자신들의 역할에 따라 구성되어 있다. 육체는 목적론적 방식으로 발전하고 자란다. 그 수단은 영혼의 내적 본질에 뿌리를 둔, 법칙과 같이 전개되는 일련의 사건들이다.

한 유기체의 신체에 있는 특징의 첫 번째 작용인은 그것의 영혼이다. 그것은 개별화된 본질 안에 청사진이나 정보를 담고 있다. DNA나 유전자를 포함해서, 다양한 신체 부분은 영혼이 특성들을 만들어내기 위해 사용하는 중요한 도구적 원인(instrumental causes)이다. 이와 같은 관점은 그것이 연관된 전체주의와 함께 생물학에서도 우위를 점하고 있다.[41]

실체에 관한 토마스/아리스토텔레스식 관점의 한 유형은 형이상학적 아리스토텔레스주의로 표현된다.

① 전체로서의 유기체인 영혼은 존재론적으로 분리 불가능한 부분/형태보다 앞서 있다.
② 유기체의 신체 부분들은 다른 부분들이나 영혼의 본질과 내적 관계를 지니고 있다. 그것들은 문자 그대로 기능적 실체이다. 이는 심장 기능이 말 그

---

40 Tom Kaiser, "Is DNA the Soul?" (아스토텔레스/토마스 학회 발표 논문, 2012년 6월 14일), www.aristotle-aquinas.org.
41 Brian Goodwin, *How the Leopard Changed Its Spots* (New York: Simon & Schuster, 1994); Michael Denton, Govindasamy Kumaramanickavel, and Michael Legge, "Cells as Irreducible Wholes: The Failure of Mechanism and the Possibility of an Organicist Revival," *Biology and Philosophy* 28 (2013): 31-52.

대로 혈액을 움직이게 하는 것과 같다.
③ 육체의 활동적 기능은 영혼의 내적 구조에 달려 있다. 본질이나 내적 구조는 육체의 구조와 기능에 대해 이러한 방식으로 책임지는 청사진이자 정보이다.
④ 육체는 목적론적으로 발전하고 자란다. 즉, 인간 영혼의 내적 본질에 담긴, 법칙과 같은 방식으로 발생하는 일련의 발전 사건들이다.
⑤ 인간 육체에 특징을 부여하는 첫 번째 작용인은 영혼이다. 그리고 DNA와 유전자들을 포함하는 다양한 신체 부위는 중요한 도구적 원인이다. 영혼은 이를 사용하여 특징을 만들어낸다.
⑥ 육체는 영혼의 한 양태이다. 영혼은 육체 없이 존재할 수 있다. 하지만 그 반대는 아니다. 영혼 없는 육체는 시체이다. 그것은 영혼을 그렇게 불어넣은 물리적 구조이다. 따라서 육체에는 두 가지 측면이 있다. 영적이고 비물질적인 측면과 물질적 측면이다.

(3) 토마스/아리스토텔레스식 이원론 반박: 그것은 폐기된 생기론의 한 유형이다

윌리엄 해스커는 이러한 이원론 유형이 사실 일종의 생기론(vitalism)이라고 강력하게 반대했다. 오랫동안 과학자들이 거부한 유형이며 이는 정당하다.[42] 이에 대해 생기론이 자주 오해되었음을 지적할 필요가 있다. 논쟁이 되는 그 개념들이 여러 다른 방식으로 사용되었기 때문이다.

예를 들어, 생기론이 과학연구 프로그램으로서 절정기에 있는 동안 서로 다른 형태의 생기론이 몇 가지 있었다. 좀 더 조잡한 형태의 생기론이 정당하게 거부되었던 이유는 그것이 개별화된 본질(individuated essence)을 묘사하는 경향에 있었다.

다시 말해서, 그것을 공간에 위치하는 필수적 실체나 힘, 열량적이고 연소적인 유체 중 하나로 묘사하는 경향 때문에 그런 형태의 생기론이 거부되었다. 그런 것들은 다른 기계적 부품들과 함께 기계론적 실체(mechanistic entity)로 여겨졌다. 이 전략은 살아 있는 유기체를 특별한 종류의 부분전체론적 집합체로 환원시킨다. 어쩌면 비물질적일 수도 있는 또 다른 기계적 부품을 가진 것으로 환원시킨다.

우리가 이 장에서 다루는 유형의 이원론은 생물학자들이 **유기체론**(organicism)이나 전체론이라고 부르는 것에 좀 더 가깝다. 그리고 그 이원론은 생물학자들

42　William Hasker, "The Dialectic of Soul and Body," *American Catholic Philosophical Quarterly* 87 (2013): 495-509.

사이에서 다시 인기를 얻고 있다. 토마스/아리스토텔레스식 이원론에 따르면, 영혼이 육체의 전체와 부분에 동시에 있다고 생각하면서 영혼의 본질을 이렇게 이해하는 것은 오늘날 생물학에서 사용하는 정보 개념과 매우 유사하다.

과학자들은 비명제적 정보가 무엇을 하는지, 그것을 어떻게 측정하는지 말할 수 있다. 하지만 그들은 정보를 정의하기 어려워한다. 정보는 적어도 가능성들의 단순화이다.[43] 가령, 스콧이 자신이 캘리포니아에 산다고 말한다면, 그 작은 정보는 여러 가능성을 남겨 둔다. 하지만 스콧이 자기가 살고 있는 동과 번지를 준다면, 이 새로운 정보는 여러 가능성들 중 상당수를 제거하게 된다.

게다가 생물학자 조나단 웰스(Jonathan Wells)의 주장에 따르면 정보는 독특하고 환원 불가능한 실체다. 유기체의 발전에 있어서 비물질적이고 비연장적이고 다면적인 청사진이다. 그렇게 정보는 전체로서의 유기체에 존재하고 가용하며, 그렇게 유기체에 통합된 각 세포에 온전히 존재하고 가용하다. 유기체가 성숙을 향해 그렇게 발전할 수 있도록 목적은 그 유기체를 안내한다. 유기체는 다양한 박테리아 세포를 가지고 있는데, 이것들은 유기체들과 공생하는 중요한 역할을 수행하면서도 엄밀히 말해서 그 유기체의 "부분들"은 아니다.[44]

정보가 아리스토텔레스가 말하는 본질과 동일하지 않다 하더라도, 그것과 매우 유사한 것처럼 보인다. 소수의 생물학자가 일종의 아리스토텔레스적 본질주의로 회귀하고 있는 셈이다.[45] 그리고 점점 더 많은 소수의 생물학자가 환원불가능한 목적론(irreducible teleology)을 자기들 영역으로 끌어들이고 있는 셈이다.[46]

---

43 William Dembski, *Being as Communion: A Metaphysics of Information* (Burlington, VT: Ashgate, 2014), 17-19.
44 Jonathan Wells, Personal email communication, April 3, 2015.
45 Gerry Webster and Brian Goodwin, *Form and Transformation: Generative and Relational Principles in Biology* (Cambridge: Cambridge University Press, 1996), 3-100, esp. 17-25.
46 Georg Toepfer, "Teleology and Its Constitutive Role for Biology as a Science of Organized Systems in Nature," *Studies in History and Philosophy of Biological and Biomedical Sciences* 43 (2012): 113-19; Armando Aranda-Anzaldo, "Assuming in Biology the Reality of Real Virtuality (A Come Back for Entelechy?)," *Ludus Vitalis* 19 (2011): 333-42.

3) 해스커의 실체이원론

(1) 해스커의 견해

윌리엄 해스커에 따르면 물질이 특정 수준의 복잡성(complexity)에 이를 때, 영혼이라는 새로운 실체가 창발한다. 가령, 그 복잡성은 특정 종류의 뇌나 신경계다. 그것은 자유의지론적 자유(libertarian freedom)를 행사하는 것으로서, 진정한 연속체이다. 하나님의 지속 능력 안에서 육체의 죽음을 이겨내고 보존될 수 있다.[47] 따라서 영혼은 창발적 개인(emergent individual)이다. 자기장을 만들어내는 것의 특징들과 자기장 자체가 서로 다른 속성을 지니는 창발적 실체인 것처럼, 영혼은 물리적 특징을 지니지 않고 정신적 특징을 지닌다.

해스커의 또 다른 주장에 의하면 영혼은 영혼이 상호작용하는 뇌 부분들의 특정 거리만큼 공간적으로 연장된다. 해스커가 보기에 연장은 원초적이다. 분리 가능하고 공간적인 부분들로부터 연장의 분량이 형성되지 않는다는 의미에서다. 영혼은 이런 방식으로 단순하다. 하지만 해스커가 말하는 영혼은 서로 다른 자아들로 나뉠 수 있다. 영혼이 연장되었기 때문이다. 아마도 뇌가 분리될 때 그렇게 될 수 있는 것 같다.

마지막으로 해스커의 주장에 따르면 그의 견해에 두 가지 이점이 있다.

첫째, 그 견해는 다른 유형의 실체이원론보다 과학과 좀 더 밀접하다. 그것이 일종의 창발론이며, 점점 더 많은 철학자와 과학자가 생각하기에 창발현상은 발전하고 있는 과학적 세계관과 더 잘 맞기 때문이다.

둘째, 특정 경우 대뇌의 좌반구와 우반구를 연결하고 있는 뇌량(corpus callosum)이 약간 끊어진 사람들에게 실험을 한 결과 이 사람들은 두 개의 자아가 있는 것으로 해석될 수 있는 현상을 드러내는 것으로 보였다. 해스커가 말하는 영혼은 의식의 두 흐름으로 보이는 것과 연결된 두 개의 자아로 나뉠 수 있다. 공간적으로 확장되기 때문이다.

---

[47] Hasker, *The Emergent Self*.

(2) 해스커의 실체이원론에 대한 반응

우리는 해스커의 실체이원론을 어떻게 이해해야 하는가?

먼저 구조적인 수반 속성들(supervenient properties)의 사례는 많다. 가령, 개미의 턱뼈는 부수적 수준으로 존재하는 부위들과 특성들의 새로운 구조 배열에 불과하다. 하지만 정말로 창발적인 속성, 즉 새로운 종류의 속성에 관해 논쟁의 여지가 없는 사례들은 거의 없다. 다시 말해서 더 높은 단계에서 수반토대 단계(subvenient level)의 실체들을 규정하지 않는 사례들은 거의 없다.

기본적으로 세 가지 사례가 창발적인 것으로 제시된다. 색상과 냄새, 소리 등과 같은 이차적 특징들과, 정신적 속성들, 내재적 가치를 지닌 인간이라는 규범적 속성들이다. 우리는 여기에서 뒤의 두 가지를 살펴보고자 한다. 새로운 종류의 속성이 이 세상에 생겨날 때, 그것은 창발적일 수도 있고, 새로운 실체의 존재를 나타낼 수도 있다. 이 경우 실체는 창발적이지 않은 실재물이며, 그 새 속성이 새로운 실체에 속할 수 있다. 많은 실체이원론자에 따르면 정신적 속성이 생겨날 때, 그것은 창발적 실체가 아니라 새로운 비창발적 실체(영혼)를 나타낸다. 그리고 그들은 규범적 속성에 관해서도 동일한 말을 할 것이다.

예를 들어, 새로운 실체인 인간은 그 본성에 따라 내재적 가치를 지닌다. 따라서 속성은 그것이 의존하는 수반토대로부터 창발되지 않는다. 이차석 특징들은 분석하기에 조금 더 어렵고, 다양한 전략과 상호작용하는 것은 여기에서 가능하지 않다. 최소한, 논쟁의 여지가 없는 창발적 속성이 하나만 있는 경우, 자아를 창발적인 것으로 처리하는 것이 과학에서 일반적으로 나타나는 패턴에 일치한다고 말하는 것은 지나치다.

분리뇌 현상(split-brain phenomena)과 관련하여 일부의 주장에 따르면 이 현상에 대한 해결책으로서 팀 베인의 것은 해스커의 좀 더 극단적인 두 자아 관점보다 더 낫다.[48] 분리뇌 현상을 설명하기 전에 알아두어야 할 사항이 몇 가지 있다. 장미 한 송이를 보는 것과 같이 어떤 현상을 의식하는 상태는 그 상태 그대로의 모습에 의해 구성된다는 것을 생각해 보자. 더 나아가서 누군가 A를 보는 현상적 상태에 있고, 다른 누군가는 B를 보는 또 다른 현상적 상태에 있을 때, 현상

---

48 Tim Bayne, "The Unity of Consciousness and the Split-Brain Syndrome," *Journal of Philosophy* 105 (2008): 277-300.

학적 단일 의식 테제에 따르면 통합되고 통일된 상태가 있음이 암시된다. 즉, A를 보는 상태와 B를 보는 상태에는 그에 대한 그대로의 고유한 모습이 있다.

마지막으로, 좌반구는 언어 전달(verbal reporting)과 오른쪽 손의 운동을 통제한다. 우반구는 왼쪽 손을 통제한다. 분리뇌 현상에서는 우반구와 좌반구가 서로 분리되어 있다. 따라서 둘 사이에는 어떤 전기신호나 다른 물리적 상호작용이 불가능하다. 환자의 왼쪽 눈이 오른쪽 시야만 볼 수 있도록 설정되어 있는 실험에서 '반지'라는 단어가 등장한다. 그리고 환자의 오른쪽 눈이 왼쪽 시야만 볼 수 있게 설정되어 있는 실험에서 '열쇠'라는 단어가 등장한다. 그에게 무엇을 보았는지 질문하자, 환자는 좌반구에 근거하여 '반지'라는 글자를 봤다고 말하면서 오른손으로 가리켰다.

반면에 우반구에 근거할 때는 '열쇠'라는 글자를 바라보면서 왼손으로 가리켰을 뿐, '열쇠'라는 글자를 봤다고 말로 설명하지는 않았다. 이 경우 현상학적 단일성이 망가진 것처럼 보인다. 다시 말해서 '열쇠'와 '반지'를 볼 때 있는 그대로의 통일된 모습이 없다. 또한, 두 개의 독립된 의식 흐름이 있는 것처럼 보인다. 하나의 의식 흐름이 자아를 필요로 할 경우 뇌가 분리되면서 생기는 두 개의 자아가 있는 것처럼 보인다.

우리는 그러한 실험을 어떻게 이해해야 하는가?

첫 번째로 주목해야 할 점이 있다.
실험이라는 매우 구체적인 한계를 벗어날 경우 뇌가 분리된 주체는 일상생활에서 일상적이며 현상학적으로 통일된 행동을 보여 준다. 형이상학적으로 말하자면 실험 장치를 제거하는 것이 어떻게 한 자아의 존재를 중단시키는 원인이 되어, 두 자아를 다시 하나로 축소시키는지 알기 어렵다. 우리는 이 문제를 피하기 위해 이 실험들을 해석해야만 한다.

두 번째로 주목할 점이 있다.
현상적 의식과 접근적 의식이라는 구분을 떠올릴 때, 분리뇌를 경험하는 주체는 현상적 통일성을 유지하여 단 하나의 자아만 존재한다. 하지만 그 자아는 이러한 실험을 특징짓는 비정상적인 상황 때문에 접근적 분열(access disunity)을 경험한다. 현상적 의식은 그 상태에 있는 모습 그대로 존재하는 의식 상태다. 접근적 의식은 언어 전달과 추론 행위, 안내 행위가 가능한 정신 상태다.

분리뇌 현상에 관해 더 나은 해석이 있는가?

많은 사람이 그렇다고 생각한다. 그리고 베인은 **전환 모델**(switch model)이라고 불리는 전도유망한 해결책을 제시했다. 이 모델에 따르면 의식을 가진 자아라고도 말할 수 있는 의식은 한쪽 반구로부터 다른 쪽 반구로 빠르게 왔다 갔다 하며 연이어 전환된다. 의식은 뇌의 양쪽 반구에서 발생하지 **않고** 양쪽 반구에 의해 발생하지도 **않는다**.

가령, 좌뇌가 활성화되거나 사용될 때, 오른쪽 시야에 들어온 자극은 의식으로 들어가는 경쟁에서 승리한다. 왼쪽 시야에서 이용할 수 있는 것을 희생시킨다. 빠른 전환은 주체가 가령, '열쇠'와 '반지'를 하나의 전체로 인식하여 실제 상황을 그 이상으로 인식하는 것과 같은 인상을 준다. 반구간 활성화 전환(interhemispheric activational switching)은 주체의 집중력과 보조를 맞추어 진행된다. 따라서 주체는 '열쇠'와 '반지'를 결코 한 순간에 인식하지는 않는다. 행동은 좌뇌의 활성화를 바탕으로 '반지'를 말하는 동시에 우뇌의 활성화를 바탕으로 '열쇠'를 가리킴으로써 그러한 동시적 인식을 암시할 지도 모른다.

하지만 이것은 좌뇌에서 우뇌로 전환되는 속도 등으로 설명될 수 있다. 따라서 전환 모델은 해스커의 해결책보다 더 선호할 만하다. 현상적 의식의 통일성을 보존하면서도, 우리 측면에서 볼 때 하나의 자아만 있기 때문이다. 이 부분을 마무리하면서 해스커의 이원론에 있는 세 가지 문제를 좀 더 살펴보고자 한다.

첫째, 인간은 기능과 관련하여 분리되거나 등급이 나뉠 수 있다.
어떤 질병이나 사고로 인해 정신 기능의 25퍼센트를 상실하는 경우나 분리뇌 실험에서 사람이 기능에 따라 분리되는 경우에 그러하다. 하지만 인간의 존재가 분리될 수 있다고 말하는 것은 직관에 매우 맞지 않다.

사람과 영혼은 전부 아니면 아무것도 아닌 실체다. 영혼이나 사람이 존재하거나, 그렇지 않으면 아무것도 존재하지 않는다. 영혼이나 사람은 물리적 사물처럼 등급별로 존재하지는 않는다. 우리는 테이블을 반으로 잘라서 반쪽자리 테이블 두 개를 소유하거나, 테이블 일부를 잘라내서 테이블의 75퍼센트를 소유할 수도 있다. 하지만 우리는 사람에 관해 이렇게 생각할 수 없다. 이것은 해스커의 견해를 반박한다. 그의 견해는 사람이 나뉠 수 있다고 말하고 있기 때문이다.

둘째, 바위나 메탄 분자와 같은 사물이 나뉠 때, 그것들이 언제나 동일하게 존재하는 결과로 이어지지는 않는다.

하나의 테이블이나 하나의 메탄 분자가 정확하게 반쪽으로 나누어질 때 두 개가 존재하게 된다. 대부분의 사물은 매우 다양한 비율로 나뉠 수 있다.

해스커의 견해에서 영혼이 분리되어 공간적으로 확장될 때, 왜 의식 흐름을 각각 지니는 두 개의 충만한 영혼이 존재하는 결과를 갖게 되는가? 왜 우리는 85퍼센트 사람으로 분할된 결과물과 15 퍼센트 사람으로 분할된 또 다른 결과물을 갖지 못하는가?

이것이 엄연한 사실이라고 말하는 것은 독단적이어 보인다. 이 경우 사람은 전혀 나뉠 수 없다고 말하는 것이 좀 더 나아 보인다. 분리뇌 현상이나 다중인격 사례를 통해 해답을 찾는 것이 좀 더 나아 보인다.

셋째, 해스커 이원론은 신체 일부가 점진적으로 상실된다는 문제를 안고 있다. 우리가 기억해야 할 것이 있다. 해스커에게 새로운 영혼이 창발하는 시점은 뇌가 적절한 신체부위 수준이나 복잡성의 수준에 이를 때이다. 이 지점을 E라고 부르자. 이제 분명한 것이 있다.

뇌 유형의 물체에 단지 두 개의 뉴런(neuron)만 있을 경우, 새로운 영혼이 창발하지 않는다. 이 지점을 M이라고 부르자. 만일 우리가 지점 E에 이른 뇌로부터 원자 하나를 빼내어 지점 E-1의 뇌를 만든다면, 분명 뇌 E-1은 새로운 영혼을 만들고 유지할 수 있을 것이다. 하지만 만일 우리가 지점 M에 이르기 전의 어떤 한 지점에서 하나의 원자를 한 번에 제거하는 것을 고려했다면, 만일 우리가 하나의 작은 원자에 불과한 것을 제거했다면, 존재론적 사실을 고려해 볼 때, 우리는 영혼이 결코 창발할 수 없는 한 지점에 있게 될 것이다. 하지만 지금 우리는 심각한 문제를 갖게 된다.

마지막 원자의 제거라는 그러한 작고도 거의 하찮은 원인이 영혼 존재의 종결이라는 그렇게 거대하고 중요한 결과를 가져올 수 있단 말인가?

또는 지점 E 대 지점 E-1의 경우를 생각해 보자. 영혼은 지점 E에서 생겨나지만, 지점 E-1에서는 그렇지 않다.

하지만 작은 원자 하나가 있느냐 없느냐에 따라 어떻게 둘 사이의 차이가 나올 수 있단 말인가?

사실 지점 E와 지점 E-1 사이의 차이점은 매우 임의적인 것처럼 보인다. 해스커의 견해는 이런 종류의 문제들로 꽉 차 있는 것처럼 보인다. 지금까지 우리는 실체이원론의 유형들을 분석하는 데 많은 지면을 할애했다. 이제 인간 영혼의 특성과 동물 영혼의 특성을 살펴보고자 한다.

5. 인간의 영혼과 동물의 영혼

영혼은 복잡한 것이며 난해한 구조를 지닌다. 그 구조를 이해하려면 우리는 두 가지 중요한 쟁점들을 파악해야 한다. 영혼 안의 서로 다른 유형의 상태와, **영혼의 기능**에 관한 관념이다. 영혼은 어떤 실체이자 통합된 실재로서, 육체에 정보를 전달한다. 영혼과 육체의 관계는 하나님과 공간의 관계와 같다. 영혼은 육체의 모든 지점에 온전히 "존재"한다.

더 나아가서, 영혼과 육체는 인과관계의 방식으로 서로와 관련된다. 예를 들어, 내 영혼이 근심할 때 내 뇌 속의 화학 구조가 변화한다. 내 영혼이 팔을 들고자 하면, 내 팔이 올라간다. 또한, 영혼에는 다양한 정신적 상태가 있다. 감각이나 생각, 믿음, 욕망, 의지 행위 등이 있다. 이것은 생각보다 복잡하지 않다. 물은 차거나 뜨거운 상태일 수 있다. 마찬가지로 영혼도 느끼는 상태나 생각하는 상태에 있을 수 있다.

1) 인간의 영혼

(1) 영혼의 다섯 가지 상태

영혼 안에서 발생하는 서로 다른 의식 상태들, 즉 **영혼의 상태들**을 되짚어 보자. 이미 살펴본 것처럼, 영혼에는 서로 다른 상태들이 최소한 다섯 가지 있다. **감각**은 인식하는 상태로서 의식의 한 형태이다. 가령, 의식은 소리나 고통을 인식한다. 나무를 경험하는 것과 같은 시각적 감각은 영혼의 한 상태이지 안구의 한 상태가 아니다. 눈이 보는 것은 아니다. 내가 또는 내 영혼이 눈과 함께 보거나 눈을 통해 보는 것이다.

생각은 정신적 내용이다. 그것은 하나의 완전한 문장으로 표현될 수 있고, 생각하는 동안에만 존재한다. 어떤 생각들은 다른 생각들을 논리적으로 암시한다. 가령, "모든 강아지는 포유류이다"라는 문장은 "어떤 강아지들은 포유류이다"라는 것을 수반한다. 전자가 참이라면 후자는 반드시 참이다. 어떤 생각들은 다른 생각들을 수반하기보다 증거를 제공하기만 한다.

믿음은 사물이 실제로 어떤지에 관한 한 사람의 견해로서 다양한 정도로 수용된다. 누군가 비가 온다는 믿음을 가지고 있다면, 그 믿음은 그 사람이 그 믿음에 근거하여 우산을 챙기는 것과 같이 행동하려는 성향의 기초 역할을 한다. 어떤 사람은 특정 시간에 심사숙고되지 않는 여러 믿음을 지닐 수 있다. **욕망**은 어떤 것을 하거나 갖거나 경험하려는 특정 성향이다. 욕망은 의식적일 수도 있다. 심리치료(therapy)와 같은 일련의 활동을 통해 의식적인 것이 될 수도 있다. **의지 행위**는 의지력이나 선택이다. 또는 대개 어떤 목적이나 목표를 위해 능력을 행사하거나 어떤 것을 행하려고 노력하는 것이다.

(2) 영혼의 기능

영혼은 특정 시간에 어떤 상태에 있다. 그 뿐 아니라, 아직 현실화되거나 활용되지 않는 능력도 몇 가지 있다. 도토리를 예로 들어 생각해 보자. 도토리에는 실제적인 특성이나 상태가 있다. 구체적인 크기와 색상이 있다. 또한, 도토리에는 어떤 일이 발생할 경우 현실화될 수 있는 여러 가지 능력(capacities)이나 가능성(potentialities)도 있다. 예를 들어, 도토리에는 뿌리계(root system)로 자라거나 어떤 나무형상으로 변할 수 있는 능력이 있다.

이와 마찬가지로 영혼에도 여러 가지 능력이 있다. 색을 보거나 수학문제를 생각하거나 아이스크림을 먹고 싶어할 수 있는 능력이 나에게 있다. 심지어 그러한 능력은 내가 잠이 들었을 때에도 있다. 그 능력은 앞서 언급한 실제 상태에 있지 않을 때에도 있다.

능력들에는 위계질서가 있다. 일차적 능력이 있고, 이 일차적 능력을 지니려는 이차적 능력도 있다. 이러한 질서는 궁극적 능력들에 이를 때까지 이어진다. 예를 들어, 내가 영어를 구사하고 러시아어는 구사하지 못한다고 할 때, 나에게는 영어 구사라는 일차적 능력이 있다. 또한, 내가 이미 개발한 일차적 능력을 지니려는 이차적 능력도 있다.

또한, 나에게는 러시아어를 구사하는 능력을 지니고자 하는 이차적 능력도 있다. 하지만 그렇게 할 수 있는 일차적 능력은 없다. 더 높은 수준의 능력은 낮은 수준의 능력을 개발함으로써 구현된다. 영양분을 토양에서 흡수하는 궁극적 능력이 도토리에 있다. 하지만 이것은 더 낮은 수준의 능력을 개발함으로써 구현되고 펼쳐진다. 뿌리계를 가지려는 능력을 개발시키고 뿌리계에 속한 더 낮은 능력들을 개발시키는 것이 필요하다.

성인 영혼의 구조 안에는 말 그대로 수천 가지 능력이 있다. 하지만 영혼은 임의로 관계하는 별개의 구분된 내적 능력들의 단순한 조합에 불과하지 않다. 오히려 영혼 안에 있는 다양한 능력은 영혼의 **기능**(faculties of the soul)이라 불리는 자연적 그룹에 속한다. 이해를 위해 이 기능들의 목록에 관해 잠시 생각해 보자.

빨강을 보는 것과 오렌지를 보는 것, 개 소리를 듣는 것, 선율을 듣는 것, 수학에 관해 생각하는 것, 하나님에 관해 생각하는 것, 점심 식사를 원하는 것, 가족을 갈망하는 것 등이 여기에 포함된다. 빨강을 보는 능력은 수학에 관해 생각하는 것보다는 오렌지를 보는 능력과 좀 더 밀접하게 관련된다. 우리는 이 점을 빨강이나 오렌지를 보는 능력이 시각 기능이라는 동일한 기능의 부분이라고 말한다. 수학에 관하여 생각하는 능력은 사고 기능에 속한다. 종합하자면 **기능이란 영혼의 한 구획으로서 관련된 능력들의 자연적 집합을 담고 있다.**

이제 우리는 영혼을 좀 더 자세하게 그릴 수 있는 위치에 있다. 영혼의 볼 수 있는 능력은 모두 시각 기능의 부분이다. 어떤 사람의 안구에 결함이 생긴 경우, 영혼의 시각 기능은 제대로 작동하지 않을 것이다. 이는 마치 자동차의 점화 플러그가 고장이 날 경우 자동차로 출근할 수 없는 것과 같다.

마찬가지로 내 안구가 작동하지만 영혼이 주의를 기울이지 않을 경우, 다시 말해서 내가 공상이나 하고 있을 경우, 나는 내 앞에 있는 것을 보지 못할 것이다. 영혼에는 후각 기능과 촉각 기능, 미각 기능, 청각 기능 등도 있다. 이 다섯 가지 기능은 모두 영혼의 감각 기능이라고 불린다. 의지는 선택하고자 하는 능력을 담고 있는 영혼의 한 기능이다. 영혼의 감정적 기능은 두려움이나 사랑 등을 경험하는 능력이다.

(3) 마음과 영혼

영혼의 추가적인 두 기능은 매우 중요하다. **정신**(mind)은 생각과 믿음을 담는 영혼의 기능이다. 여기에는 그것을 지닐 수 있는 관련 능력도 포함된다. 내가 생각할 수 있는 것은 나에게 마음이 있기 때문이고, 내 믿음들이 내 정신에 담겨 있기 때문이다. **영**(spirit)은 인간이 하나님과 관계를 맺는 통로로서의 기능을 갖는다(시 51:10; 롬 8:16; 엡 4:23).[49]

---

49 성경에서 인간과 관련된 어휘들(**마음** heart, **혼** soul, **영** spirit, **지성** mind)에는 서로 다른 넓

중생하기 전에도 영혼은 실재하며, 하나님을 인식할 수 있는 특정 능력을 지닌다. 하지만 중생하지 않은 영혼의 능력들은 대부분 죽어 있고 활동하지 않는다. 중생할 때 하나님께서 새로운 능력들을 영혼 안에 심으신다. 이 새로운 능력들이 자라려면 자양분을 공급받아 성장해야 한다.

2) 동물 영혼

(1) 동물 영혼에 관한 사실

성경은 인간에게뿐 아니라 동물에게도 혼(soul)이 있다고 가르친다. 그러한 가르침은 놀라울 뿐이다. 구약에서 동물에 관해 말할 때 창세기 1:30과 전도서 3:21은 각각 '네페스'(soul)와 '루아흐'(spirit)를 사용한다. 신약에서는 요한계시록 8:9이 '프쉬케'(soul)를 사용하여 동물을 언급한다. 게다가 아메바나 박테리아, 곤충을 제외하고는 여러 동물이 의식 없는 기계에 불과하지 않다는 것이 상식으로 받아들여지고 있다. 오히려 동물은 의식이 있고 살아 있는 존재다. 동물에게는 감각과 두려움과 같은 감정이나 욕구가 있다. 최소한 일부 동물에게는 생각과 신념이 있다.

기독교 교리의 역사를 보면 "인간과 짐승의 혼(soul)"이 존재한다는 점이 널리 일치하여 확언되고 있다. 결과적으로 쟁점은 어떤 종류의 것이 의식을 가질 수 있는가가 아니라, 영혼(soul)이 존재하는가이다. 가령, 그것은 의식에 대한 적절한 통합체를 제공한다. 기억하겠지만, 의식 상태는 그것을 소유하는 주체에 속한다. 주인 없는 의식 상태란 없다. 따라서 동물에게 의식이 있다면, 동물에게 주체적인 소유자가 있는 것이다. 그 후보자로 가장 적합한 것은 영혼이다.

그렇다면 동물의 영혼은 무엇이란 말인가?
동물의 영혼은 동물의 죽음 이후에도 생존할 수 있는가?

이 두 가지 질문을 차례로 살펴보도록 하자.

은 범위의 의미가 있다. 어떤 성경 용어의 특정 용례가 그 용어의 모든 사례에 적용될 수 없다. 우리는 여기에서 **영혼**이라는 용어의 좀 더 좁고 특정한 용례에 집중하고자 한다.

(2) 동물 영혼의 본질을 어떻게 규정할 수 있는가?

우리는 동물 영혼이 무엇인지 어떻게 결정할 수 있는가?

우리가 그것을 직접 검사할 수 없다는 것은 분명하다. 우리는 동물의 의식적 생명(conscious life) 안으로 들어가 그것의 내부 상태를 살펴볼 수 없다. 최선의 방법은 다음과 같다. 우리가 우리의 내적 생명(inner lives)을 직접 인식한 것에 기초하여, 동물 행동을 설명하는 데 필요한 의식 상태들을 유비로 동물에게 적용하는 것이다. 그 이상도 그 이하도 아니다.[50]

예를 들어, 핀에 찔린 강아지 한 마리가 멍멍 짖으면서 앞발을 들 경우, 핀에 찔린 직후 우리 표정이 일그러지기 직전, 우리 안에서 일어나는 동일한 종류의 상태를 강아지에게 적용하는 것이 정당화된다. 강아지는 고통을 느낀다. 이번에는 강아지가 핀으로 강아지를 찌르는 것에 대한 도덕률을 생각할 수도 있겠다. 하지만 우리가 강아지의 행동을 계속 관찰하더라도 이에 대한 적절한 증거를 발견할 수는 없다. 그러한 적용은 정당화되지 않는다.

이러한 접근법에는 흥미로운 암시가 담겨 있다. 우리가 동물 사슬에서 유인원으로부터 아메바, 곤충, 지렁이로 향하는 것처럼 인간과 점점 더 멀어지는 동물들로 내려갈 때, 정신적 삶을 그러한 동물에게 적용하는 것은 점점 정당화되지 않는다. 미생물의 경우 의식적 생명이 있기도 하고 없기도 하다. 가령, 벌레는 고통을 느끼기도 하지만 느끼지 않기도 한다. 위 방법론에 따르면 고통이라는 감각을 벌레보다 유인원에게 귀속시키는 것에는 좀 더 많은 근거가 있다.

데카르트/해스커식 이원론자와는 달리 토마스/아리스토텔레스식 이원론자에 따르면 모든 살아 있는 동물에게 유기적 생명(organic life)이 있다면 그것들이 영혼을 의식하는 정도와 상관없이 영혼을 가지고 있다. 하지만 우리가 살펴본 동물에게 더 낮은 등급의 영혼을 부여하는 것이 정당한 이유는 그 동물과 우리의 유사성이 더 낮다는 데 있다.

(3) 동물 영혼의 본질

이 방법론에 비추어 볼 때, 우리는 동물 영혼에 대해 무엇을 말할 수 있는가? 우리의 대답은 우리가 다루는 동물에 따라 다양하다는 것이 분명하다. 하지만

---

50 이에 대해 좀 더 자세히 알려면, Richard Swinburne, *The Evolution of the Soul* (Oxford: Clarendon, 1997), 11-16, 180-96, 200-19.

여러 동물에게 맛이나 고통을 느끼는 것과 같이 특정한 종류의 감각이 있다고 말하는 것은 합리적인 것으로 보인다. 대다수의 동물은 아니더라도 많은 동물에게 음식에 대한 욕구와 같이 욕구가 있어 보인다. 어떤 동물은 생각하는 것으로 보이기도 하고, 특정 종류의 신념을 가지고 있는 것처럼 보이기도 한다.

가령, 어떤 강아지는 목적을 달성하기 위해 추론하는 것처럼 보인다. 먹이를 얻기 위해서 어떤 문을 지나야 하는데, 그 문이 닫혀 있을 경우 그 강아지는 바라는 목적을 이루기 위해서 대안을 선택하기도 한다. 많은 동물은 자발적으로 행동하기도 한다. 다시 말해서, 동물에게 자유의지론적 자유가 있다는 것을 암시하는 적절한 증거가 없음에도 불구하고 동물에게는 어떤 일을 하려는 의지가 있다. 동물의 의지는 동물의 신념이나 욕구, 감각, 신체 상태 등에 의해 결정될 가능성이 높다.

동물에게 없는 것처럼 보이는 능력이 몇 가지 있다. 우리는 이미 의지에 관해 자유의지론적 자유를 언급했다. 또한, 동물에게는 도덕적 인식이 없는 것처럼 보인다. 동물은 도덕률에 있어서 핵심 관념을 이해하지 못하는 것처럼 보인다. 가령, 동물은 미덕이나 의무, 다른 사물의 내면적 가치나 권리, 보편적 도덕 판단 등에 관한 개념을 이해하지 못한다. 동물은 자신이 가장 원하는 것을 본질적으로 가장 바람직한 것과 구분할 수 없다. 동물이 보이는 이타적 행동은 동물이 내면적 의무를 인식했기 때문이 아니라 동물적 욕구 때문이라고 설명할 수 있다.

그러므로 동물에게는 욕구와 의무 사이에 충돌이 일어날 수 없다. 동물은 욕구들 사이의 충돌을 경험할 뿐이다. 가령, 의자를 물어뜯으려고 하는 욕구와 주인에게 혼나기 싫은 욕구가 서로 충돌한다. 동물은 여러 종류의 추상적 사고를 즐길 수 없는 것처럼 보인다. 가령, 동물은 물질 일반에 대하여, 사랑 일반에 대하여, 음식 일반에 대해 추상적 사고를 할 수 없다. 게다가 동물은 참된 보편판단('모든 악어는 위험하다')과 단순한 통계적 일반화('대다수 악어들은 위험하다')를 구분할 수 없고, 진리 자체라는 관념도 지닐 수 없다.

이에 대한 논란의 여지가 있을 수도 있다. 우리의 이러한 판단이 틀렸을 수도 있다. 하지만 동물에게는 언어가 없어 보인다.[51] 사람들이 이 문제를 분명하게 이해할 수 없게 만드는 한 가지 문제는 무슨 언어인가에 관해 모호하다는 데 있

51　Swinburne, *Evolution of the Soul*, 203-19; J. P. Moreland, ed., *The Creation Hypothesis* (Downers Grove, IL: InterVarsity Press, 1994), chap. 7.

다. 좀 더 구체적으로 말해서 동물 언어에 관한 질문은 기호(sign)와 상징(symbol)을 구분하지 않고서는 적절하게 논의될 수 없다.

기호는 감각 지각될 수 있는 대상(sense perceptible object)이다. 대개 바나나라는 글자 모양 자체와 같이 어떤 모양이 있는 사물이거나, '바나나'를 소리 내어 읽은 것인 어떤 소리이다. 어떤 동물이, 또는 이 문제와 관련해서는 인간 유아가 '바나나'라는 글자의 시각적 표현인 기호와 실제 바나나를 동시에 반복적으로 경험한다면, 끊임없는 연관에 의해 동물은 '바나나'라는 글자 모양을 본 직후에 실제 바나나를 감각적으로 인식할 수 있게끔 설정될 것이라고 기대할 수 있다. 이 경우 '바나나'라는 글자 모양은 바나나를 나타내거나 의미하지 않는다. 따라서 그것은 기호가 아니다. 대신에 '바나나'라는 글자는 실제 바나나와 연관되어 나타나는 방식으로 기하학적으로 인식되는 특정 모양일 뿐이다. 전자를 바라보면 후자가 떠오르는 방식으로 인식된다.

이와 대조되게 실제 기호뿐 아니라 **상징**도 필요하다. 언어 사용자가 '바나나'라는 단어를 사용할 때, 그것은 실제 바나나를 가리키고 의미하고 지칭하기 위해 사용된다. 동물이 기호를 다루고 행동으로 반응할 수 있는 특정 능력을 지니고 있음을 암시하는 증거가 있다. 하지만 상징이라는 관념이 동물에게 있는지는 분명하지 않다. 이러한 주장이 제기되는 이유 중 하나는 실제 언어를 사용하는 사람들에게 있는 문법적 창조성(grammatical creativity)과 언어 사체에 대한 논리적 사고(logical thought)가 동물에게는 없다는 데 있다.

마지막으로 아우구스티누스의 언급에 따르면 동물에게는 욕구가 있지만 욕구를 지니려는 욕구는 없다. 동물에게 신념과 의지, 생각, 감각이 있을 수도 있다. 하지만 동물은 자신의 신념에 대한 신념을 지니고 있지 않아 보인다. 자신의 선택을 개선하기 위해 애쓰지 않고, 자신의 생각에 대하여 생각하지 않고, 자신의 인식에 관하여 알지 못한다. 또한, 동물은 자기 자신을 자각하는 것처럼 보이지 않는다.

요약하자면 자기 자신의 상태를 초월하여 자기 자신과 자기 내면의 상태에 대해 고찰할 수 있는 능력이 동물에게는 없다. 동물은 하나님의 귀중한 창조물이다. 따라서 그러한 창조물로 존중받아야 한다. 하지만 동물 영혼은 인간 영혼과 같이 풍성하게 구성되어 있지 않다. 동물 영혼에는 하나님의 형상이 없다. 인간 영혼에 비해 동물 영혼은 동물 육체와 감각 기관에 훨씬 더 많이 의존하고 있다.

〔요약〕

　이 장을 시작하면서 이 장의 나머지 부분을 이해하는 데 필요한 형이상학적 틀이나 대요를 제공하고자 했다. 다음으로, 이원론 일반에 관해 여섯 가지 논증을 제시함으로써 이원론 일반을 정의하고 옹호하고자 했다.
　우리는 세 가지 유형의 실체이원론을 분석했다. 데카르트식 이원론과 토마스/아리스토텔레스식 이원론, 해스커식 이원론을 분석하면서, 각 견해를 찬성하고 반대하는 논증들을 제시했다.
　마지막으로, 인간 영혼과 동물 영혼의 차이점을 영혼의 상태와 기능을 중심으로 설명했다. 특정 동물 영혼의 종류를 결정할 수 있는 방법론을 제시했다.

〔기본 용어〕

의지 행위
형이상학적 가능성행위자 행동
정신
신념
양상적 논증
능력(높은 능력과 낮은 능력)
양태
데카르트 이원론
임사 체험
인과적 짝지음의 문제
유기체론
종으로서의 완전감각
관념적 가능성
분리 가능한 부분
뇌량
기호
욕구

단순 논증
부수현상론
특수한 인과관계
인식적 가능성
실체
사건 인과론
현상들을 포섭하는 단일성
영혼의 기능
영
일인칭 관점
분리뇌 현상
일반적 인과관계
영혼의 상태
일반적 실체이원론
상징
해스커 이원론
동시성

전체-부분 동시 존재
전체론
충만한 특수자
문맥 의존 지시어 나(indexical I)
결핍된 특수자
분리 불가능한 부분
토마스/아리스토텔레스 이원론
자유의지론적 자유

사고
부분전체론적 집합체
통합된 상태
형이상학적 아리스토텔레스주의
의식의 단일성
형이상학적 망(metaphysical grid)
생기론

제14장

심신 문제 2B:
실체이원론에 대한 주요 물리주의적 대안들

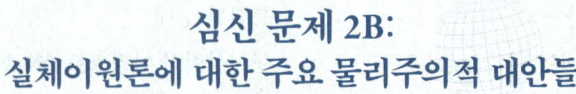

물리법칙에 반대될 수 있는 비물질적 영혼이라는 개념은 자연과학의 발전 덕분에 그 신뢰성이 유지되고 있다.

*대니얼 데닛, 『자유의 진화』(Freedom Evolves)

문헌을 살펴보면 내가 옹호하는 인간관은 구성적 관점(constitution view)으로 알려져 있다. 그 관점에 따르면 우리 인간은 우리를 구성하는 육체와 동일하지 않지만 우리 육체로 구성되어 있다.

*케빈 코코런, 『영혼을 찾아서』(In Search of the Soul)

인간동물설은 우리 각자가 동물과 수학적으로 동일하다고 말한다. 어떤 유기체가 있고, 그것과 당신은 하나이며 동일하다.

*에릭 올슨, 『우리는 무엇인가?』(What Are We?)

물질주의는 여러 중요한 측면에서 사그라지고 있다. 물질주의를 거부하는 주요 철학자들의 수는 끊임없이 늘고 있다. 그들은 최소한 반물질주의적 관점에 강한 공감을 나타내고 있다.

*로버트 쿤스 & 조지 빌러, 『물질주의의 쇠퇴』(The Waning of Materialism)

1. 서론

제11장에서 우리는 속성 이원론과 순전한 속성이원론을 찬성하거나 반대하는 논증들을 살펴보았다.

제12장에서 의식과 정신적 속성에 관해 이원론을 대신하는 물리주의자의 대안들을 고찰했다.

제13장에서 의식이라는 주제에 집중했고, 여러 유형의 실체이원론과 그것에 찬성하거나 반대하는 서로 다른 논증을 분석했다.

이 패턴에 따라, 우리는 제14장에서 실체이원론에 대한 주요 물리주의자들의 대안을 간략하게 다루고자 한다. 여기에는 인간동물설(animalism)와 물질적 구성주의(material constitution), 뇌 관점(brain view), 벌레 이론(worm theory) 등이 포함된다.

2. 인간동물설

1) 견해

인간동물설에 따르면 천사와 같은 비인간적 인격체가 있을 수 있겠지만, 우리는 생물학적 **유기체**인 동물과 본질적으로 동일하다. 우리는 호모 사피엔스 종(種)에 속하며, 인공 신체가 없이 살아 있는 육체이다. 그러한 방식으로 우리는 실체를 지닌 연속체(substantial continuants)이다. 우리가 전적으로 물질로 만들어진다거나, 시간이 지나면서 신체 부위를 얻거나 잃는다 하더라도, 우연적 변화 가운데서도 우리의 절대적 정체성은 유지된다.

신체 일부를 바꾸더라도 문자 그대로 동일성을 유지하는 동물의 능력을 무엇으로 설명할 수 있을까?

이에 대한 대답에 따르면 동물에게 생명이 있다. 좀 더 정확하게 말하자면 생명에게 유기체가 "있다."

생명이란 스스로 조직되고 스스로 유지되는 사건이다. 생명은 유기체의 물질이 변경되더라도 유기체의 내적 구조를 유지해준다. 생명은 일련의 광대한 생물학적 사건이나 과정이다. 유기체가 신체 부위를 바꾸더라도 정체성을 유지할 수 있는 능력을 생명은 어떻게 제공하는가? 다음과 같은 방식으로 그렇게 한다. 유기체 O1이 특정 시간 T1에 "p"로 불리는 부위들로만 구성된다고 가정해 보자. 각 부위는 끊임없이 진행 중인 사건과 변화, 생물학적 과정이다. 시간 T1에 p들이 일으키는 모든 사건의 집합을 "e"라고 부르도록 하자. 이제 유기체 O2가 시간 T2에 있는 경우를 생각해 보자.

시간 T2에 있는 모든 부위를 "q"라 부르고, q들이 시간 T2에 일으키는 모든 사건의 집합을 "k"라고 부르도록 하자. 이제 우리는 유기체나 동물이 지속되는 조건들을 아래와 같이 진술할 수 있다.

> PO: e들이 시간 T1의 생명 L1을 구성하거나 그것에 포함되는 경우에만, 그리고 k들이 시간 T2의 생명 L2를 구성하거나 그것에 포함되는 경우에만, 그리고 L1이 L2와 동일할 경우에만, 시간 T1에 있는 유기체 O1은 시간 T2에 있는 유기체 O2와 동일하다.

좀 더 간단하게 설명하면, 어떤 유기체의 부분들이 벌이는 활동이 "또 다른" 유기체의 부분들이 벌이는 활동과 동일한 생명을 구성할 경우, "두" 유기체는 실제로 동일하다. 이러한 생각에 따르면 "생명"이라고 불리는 사건은 존재론적으로 유기체보다 좀 더 근본적이다. 생명은 유기체의 생애(career)이다. 즉, 생명은 유기체 부분들의 섬세하고 복잡한 구조를 지탱한다.

생명은 특별한 종류의 사건으로서 유기체의 부분들이 벌이는 신진대사활동의 총체다. 생명은 원자적 단순체들(atomic simples)의 체내 역동적 폭발(homeodynamic storm)이다. 생명은 시간에 따른 동적 과정 일체로서, 부분을 새로 받아들이거나 버리면서도 그 구조를 유지한다. 한 마디로 말하자면 생명은 스스로 유지되고 잘 개별화된, 자신을 잘 지키려는 사건(jealous event)이다. 유기체는 그것의 생명인 신진대사 과정이 그것의 특징적인 조직을 새로운 부분에 계속 부과할 때 지속된다.

더 나아가서, 일련의 실체(x)들을 부분으로 간주하도록 하는 것은 무엇인가? 만일 x들의 활동이 생명을 구성할 경우, x들은 항상 어떤 유기체 y를 구성하거나 y의 부분이 된다. 결과적으로 우리가 본질상 동물인 동안, 우리는 우연히 사람이 된다. 사람이 된다는 것은 십대가 된다는 것과 같다. 이는 어떤 심리적 기준이 충족될 때 우리가 겪는 국면과 같다. 이 기준은 추론이 가능하거나 목표를 설정하는 것이며, 그것을 이루기 위한 방법을 전개하는 것 등이다. 따라서 당신은 임신과 함께 존재한다.

하지만 당신은 동물에 불과하기 때문에 당신에게는 가치가 거의 없고, 잠시 동안만 사람이 된다. 생애 말미에 인간성에 대한 심리적 기준을 충족시키지 못했을 경우, 당신은 계속 존재할 수는 있지만 이제 비인격적 동물로서 존재하게 된다. 주요 인간동물설을 주장하는 사람으로는 에릭 올슨(Eric Olson)과 반 인웨건(Peter van Inwagen), 트렌튼 메릭스(Trenton Merricks) 등이 있다.

2) 인간동물설 평가

인간동물설은 어떤 사람이 문제 있다고 여기는 실체이원론을 피하게 해준다. 이는 사실이다. 하지만 인간동물설에 대한 주요 논증에 따르면 그것은 '**생각하는 동물의 문제**'를 해결해준다. 밥(Bob)이라는 사람이 의자에 앉아 있는 경우를 생각해 보자.

생각하는 동물이 그 의자에 앉아 있는 것처럼 보이고, 이 살아 있는 신체는 밥과 밀접하게 관련된다. 그 동물은 정신적 생명과 살아 있는 유기체, 육체를 지니면서도 밥과 구분되지 않는다. 우리가 밥을 생각하는 동물과 동일시해야 하는 것이 명백해 보인다. 생각하는 동물과 밥이 신체적으로나 정신석으로 서로 동일해서 서로 구분될 수 없기 때문이다. 그렇지 않다면, 최소한 우리는 생각하는 사람 둘(생각하는 동물과 밥)이 동일한 의자에 있다고 생각해야만 한다. 하지만 이것은 아무런 근거 없이 실체를 증식시킨다. 인간동물설은 그 문제를 깔끔하게 해결한다. 많은 철학자가 이 논증에 대한 반응을 두 가지 제시한다.

첫째, 이 논증의 토대가 되는 직관(intuition)은 단순한 거짓에 불과하다. 생각하는 동물이 의자 위에 앉아 있는 것처럼 보인다는 직관이다. 물리주의를 받아들인 극소수의 서구 지성인들을 제외하고는 네안데르탈인 이후로 오늘날 전 세계에 있는 사람들의 압도적 다수는 자아에 관하여 이원론자이다. 인간동물설을 주장하지 않는 대다수 물리주의자도 그러하다.

이것의 증거는 인류 역사에서 폭넓게 나타나는 신념이다. 우리는 죽을 때 우리 육체를 떠나 사후 세계에서 의식을 가지고 계속 존재한다. 의자에 앉아 있는 밥을 바라보는 사람 중에서 그가 살아 있는 육체로서 의식을 가지고 생각하는 존재라고 생각하는 사람은 거의 없을 것이다. 사실상 모든 사람은 밥이 의자에 앉아 총에 맞아 죽었다면, 밥은 자신의 육체를 떠날 것이고 계속 생각하고, 의식을 가지고 있을 것이라고 생각할 것이다. 어떤 TV 프로그램이 임사 체험을 특집으로 다룰 때, 회의론자를 포함하여 사실상 모든 사람이 그 타당성에 대해 이와 같이 말할 것이다.

> 나는 이러한 임사 체험 주장에 대해 회의적이다. 하지만 나는 그들이 참일 수 있다고 인정할 것이다. 그들이 진실을 말하고 있는지 여부는 그들을 찬성하거나 반대하는 증거의 자질에 관한 문제이다.

사각형 원에 관한 증거를 몬타나(Montana)에서 찾는 일에 대해 이렇게 말하는 사람은 아무도 없을 것이다. 우리 모두는 그러한 것이 발견될 수 없다는 것을 알고 있다. 사각형 원은 대체로 논리적으로 불가능하기 때문이다. 우리는 몬타나 지역을 터벅터벅 걸어 다니며 증거를 찾을 필요가 없다. 사람들이 증거를 기꺼이 보려 한다는 사실은 대체로 그들이 육체와 분리되어 존재하는 일이 논리적으로 가능하다고 여긴다는 의미이다.

만일 그들이 인간동물설을 주장했다면 이것을 믿지 않았을 텐데, 인간동물설은 우리를 본질적으로 살아 있고 물리적 유기체로 보기 때문이다. 그와 같이, 육체와 분리된 상태로 존재하는 유기체는 논리적으로 불가능하다는 것이 일반적이다. 육체와 분리된 존재를 배제하기 위해서 증거를 찾을 필요는 없다.

몇 년 전에 모어랜드는 다른 두 명의 기독교철학자들과 팀을 꾸려, 육체와 분리된 사후 세계가 실재하는지에 관해 세 명의 무신론 사상가들과 토론을 벌였다. "오늘밤 여기서 제시된 증거를 살펴볼 필요는 없습니다. 육체와 분리되어 존재한다는 것이 사각-원이 존재한다는 것과 같다는 것을 이미 알고 있기 때문입니다. 다시 말해서, 그것은 우리가 살아 있는 물리적 유기체이므로 불가능합니다." 아무도 이렇게 말하지 않았다. 대신에, 양쪽 진영의 모든 사람은 그 쟁점이 증거를 통해 해결될 필요가 있다고 말했다. 하지만 그것이 의미하는 바는 토론 참가자들이 육체가 분리되어 존재하는 것이 형이상학적으로 가능함을 인정한다는 것이다. 이는 임사 체험에 대한 TV쇼를 보면서 증거를 지향하는 관점을 지닌 모든 사람과 같다. 육체와 분리되어 존재하는 것이 형이상학적으로 가능하려면, 인간동물설이 말하는 것처럼 우리가 본질적으로 물리적 존재가 아니어야 한다. 따라서 대부분의 사람들이 밥을 생각하는 동물로 본다는 주장은 거짓에 불과하다.

둘째, 인간동물설이 참이라면 자유로운 행위자와 의식의 단일성에 관한 문제들이 어떻게 해결될 수 있는지 알기 어렵다. 이 문제들은 여기에서 다시 반복하지는 않을 것이다. 제13장에서 다루어졌기 때문이다. 다만, 살아있는 물리적 유기체가 생각한다고 여기는 사람들에게 그 문제들이 난점을 안겨준다는 것 정도만 언급하고자 한다. 그렇다면 인간동물설의 주요 논증이 실체이원론을 거부하도록 할 뿐만 아니라 성공하지 않는 것처럼 보인다.

인간동물설을 반대하는 강력한 논증이 있는가?
우리는 그렇다고 생각한다. 그리고 이어지는 일련의 논증은 인간동물설을 반대하는 누적사례를 구성하고, 우리가 보기에 인간동물설을 지지할 수 없게 만든다.

반대 1. 인간동물설이 보기에 생명은 존재론적으로 기본적이거나 원초적이다. 유기체는 그 존재와 정체성을 관련된 생명사건에서 얻는 일종의 파생된 실체이다. 하지만 이것은 역행하는 것처럼 보인다. 생명은 인간동물설이 말하는 의미의 유기체를 "소유"하지 않는다. 유기체가 생명을 소유한다. 현대 생물학에 따르면 생명은 스스로 보존되지 않고 유기체가 스스로 보존된다. 그리고 사실 생명은 어떤 유기체 안에서 발생하는 일련의 특정 활동들로 특징지어진다. 따라서 유기체는 기원적이고 생명은 파생적이다.

아리스토텔레스 이후, 이것이 압도적 다수의 견해로 자리를 잡았다. 이 부담을 벗어버리기 위한 입증의 부담은 인간동물설에게 있는 것이 분명하다. 우리가 알 수 있는 한, 갑작스럽게 변화하는 생명이나 유기체가 있다는 논증은 없다. 충분한 논증이 없다는 것도 분명하다. 따라서 입증 부담은 아직 충족되지 않았다.

반대 2. 부분전체론적 본질주의는 세포의 단순한 모음을 의미할 수도 있겠지만, 인간동물설은 그것을 살아 있는 유기체에 적용할 때 거짓이 된다고 주장한다. 안타깝게도 사물들은 그렇게 단순하지 않다. 인정하건대 우리 중 대다수에게 있는 강력한 직관에 의하면, 살아 있는 것은 어떤 부분을 교체하더라도 절대적 동일성을 유지한다. 하지만 우리가 제13장에서 논의했듯이, 어떤 사람들은 물질에 관한 원자론에 따라, 생물을 부분전체론적 집합체로 환원시키는 견해를 따라 이것이 참임을 가장 잘 설명해 주는 것이 일부 유형의 실체이원론이라고 주장한다. 따라서 인간동물설이 유기체를 연속체(continuants)로 본 것은 옳아 보인다. 하지만 그들이 유기체를 존재론적으로 분석한 것은 이러한 가능성을 약화시킨다.

생물학적 구조와 생명은 스스로 끊임없이 유동적이다. 따라서 부분이 바뀌더라도 유기체의 정체성의 토대를 이룰 만큼 그 구조와 생명이 형이상학적으로 강력하지는 않다. 인간동물설의 존재론은 유기체를 형이상학적으로 분석하여 유기체를 부분전체론적 본질주의에 종속된 부분전체론적 집합체로 다루는 것을 피하도록 해 주지 않는다.

왜 일부 철학자들은 부분전체론적 본질주의가 우리를 원자적 단순체와 동일하게 보는 사람들에게뿐 아니라, 사실상 인간동물설을 포함하여 모든 유형의 물리주의에게도 문제가 된다고 생각하는가?

종국에는 모든 유형의 물리주의가 우리를 부분전체론적 집합체와 동일하게 여길 것이고, 부분전체론적 본질주의는 그러한 것을 피할 수 없기 때문이다.

부분전체론적 집합체의 정의는 이러하다. 그것은 특정 완전체로서 최소한 분리 가능한 부분들과 외적 관계로 구성된다. 가령, 인과관계나 공간적이고 일시적인 관계와 같이 분리 가능한 부분들 사이의 사례들로 구성된다. 그리고 유기체는 부분전체론적 집합체다. 그 생명이란 특정 시간대에 있는 무수한 사건들의 집합이다. 그것은 시간이 흐르면서 증대하거나 약해지기도 하고, 급속한 변화를 겪거나 급격한 활동변화를 일으키기도 한다.

왜 부분전체론적 본질주의가 부분전체론적 집합체를 규정한다고 생각하는가? 그러한 집합체를 형이상학적으로 적절히 분석하더라도, 어떤 부분이 수정되는 동안 문자 그대로의 정체성을 지지해 주기에 적절한 실체가 제공되지 않기 때문이다. 이해를 위해, 우리가 어떤 부분전체론적 집합체 W를, 이를테면 자동차 한 대를 실제 세계 w에서 특정 시간 t에 지니고 있다고 가정해 보자. 그리고 "p들"이 W를 구성하는 원자적 단순체들을 각각 지칭한다고 가정해 보자. 우리에게 "q들"과 같이 다른 단순체 목록이 있다면, 두 목록이 공통의 한 부분을 제외하고는 모든 것을 공유한다고 하더라도, "p들"과 "q들"은 동일하지 않다. 이제 "p들"은 구조와 상관없이 따로따로 취해진 단순체들의 특정 목록에 불과하기 때문이다. 이와 동일한 통찰이 참일 경우는, 우리가 "p들"과 "q들"을 한데 묶어서 일련의 부분전체론적 합을 가리키려고 할 때이다. 어떤 경우든 부분이 바뀌어도 동일성이 유지되는 기초가 될 수 있는 부품을 "넘어서는" 실체는 없다.

이제 자동차 W에는 다른 지속 조건이 있다. 그것은 그 자동차를 구성하는 일차적 부품인 p들과 동일하지 않다. W가 분해되더라도 p들은 어떤 의미에서든 남아 있을 수 있다. p들 사이에 있는 다양한 관계를 S라고 해보자. S는 W의 구조이다. W는 S와 p들과 동일한가? 많은 사람이 그렇지 않다고 생각한다. 구조에서 W와 완전히 비슷한 어떤 다른 W* 전체와 비교해 볼 때 W에는 그 고유의 구조가 있다.

W와 W*는 각기 고유하지만 매우 비슷한 구조를 가지고 있다. S는 수많은 자동차들이 나타내는 일종의 구조다. S는 W의 특정 구조를 특수자로 만든다는 의미로 개별화하는 데 충분하지 않다. 보편자이기 때문이다. 그렇게 하려면 W의 **구조-사례**(structure-instance)인 SI가 우리에게 필요하다. W의 특징으로서의 S와 SI는 p들 사이에서 구체화된 특정 관계-사례(relation-instance)로만 구성된다. SI를 구성하는 관련된 모든 관계-사례를 "r들"이라고 부르자.

이제 분명한 것은 SI가 r들로 구성되는 부분전체론적 집합체라는 사실이다. 만일 r들이 관계-사례의 변화를 겪는다면, 그것은 더 이상 동일한 관계-사례 모음이 아니다. r들에 관계-사례의 변화가 발생한다면, SI는 더 이상 존재하지 않게 되고 아마도 SI와 정확하게 비슷한 다른 구조가 생길 것이다. SI가 부분전체론적 집합체이거나 어쩌면 r들의 특정 배열일 수 있기 때문이다. 부분이 바뀌더라도 SI가 동일하게 유지될 수 있도록 해 주는 토대로서의 실체가 없기 때문이다. W가 p들과 SI의 합이라면, W는 부분전체론적 본질주의가 제시하는 제한에 종속되는 결과가 나오는 것처럼 보인다.

생명에게 호소하는 것도 별 소용이 없을 것이다. 특정 순간에 생명은 다양한 활동의 모음이다. 그리고 그러한 활동은 시시각각 변한다. 어떤 유기체가 잠을 자거나 달리거나 신체 기관을 상실할 때, 서로 다른 생명활동이 일어난다. 따라서 생명이란 서로 다른 하위 사건들이 증대하거나 약해지는 흐름으로 구성되는 연장된 사건이다. 동물론적 관점에 따르면 생명은 한 순간과 그와 다른 순간에 동일하지 않다.

일부 동물론자들은 생명을 원초적 사실로 주장하기도 한다. 생명 그 자체는 하나의 연속으로서 그 생명이 존재하는 매 순간에 온전하게 존재한다는 것이다. 하지만 이 운동이 생명을 사건이 아닌 실체로 바꾸는 것 같다는 사실 외에, 이 주장에 대한 증거는 없다. 우리가 아는 한, "생명"은 특정 시간에 발생하는 생명활동들의 종합으로 환원된다. 그리고 잠시 후 그 활동들은 끝이 나고, 연이어 발생하는 다른 활동들로 대체된다.

요약하자면 동물론자가 이해하는 생명은 그 자체가 연속체는 아니다. 대신 그것은 지속적 흐름으로서 한 유기체가 연속체가 되기 위한 근거가 될 수 없다.

반대 3. 일부 주장에 따르면 인간동물설은 생명체가 얼마나 많은지에 대해 잘못된 답을 제시한다. 인간동물설은 좀 더 바람직한 심리적 특징 대신에 생물학적 특징을 추적하기 때문이다. 이해를 위해 가슴 부위가 상부로부터 하부까지 붙어 있는 두 쌍둥이를 생각해 보자.

이 경우 생명체는 몇 개인가?

살아 있는 유기체가 하나밖에 없다고 하더라도 두 사람이 존재한다는 것은 명백하다. 각자에게 고유한 의식의 흐름이 있기 때문이다.

여기까지는 좋다. 이제 아놀드(Arnold)에 관한 가상의 사례를 생각해 보자. 아놀드가 어떤 의미에서 살아 있는 인간 존재라고 가정해 보자. 아놀드에게는 살아 있는 육체가 하나만 있는데, 기적적으로 완전히 독립된 두 개의 의식 흐름과 그에 따른 두 개의 주체가 있다고 가정해 보자. 당신이나 나와 같이 살아 있는 단일한 동물이 "나는 배고프다"와 "나는 피곤하다" 등과 같은 생각을 할 때, 그것을 "나는 배고프고 피곤하다"는 식의 사고 결합(conjunct thought)으로 말하는 것은 적절하다.

하지만 아놀드에게는 그렇지 않다. 한 의식 흐름이나 주체는 "나는 배고프다"라고 생각하고, 다른 흐름이나 주체는 "나는 피곤하다"라고 생각한다. 우리는 이것으로부터 사고결합과 같이 하나의 생각이 있다고 추론할 수 없다. 살아 있고 사고하는 두 개의 생명체가 있는 것이 분명해 보인다. 이 경우 한 사람이 아니라 두 사람이 있다. 인간동물설이 하는 것처럼 생물학적 특징을 따라간다면, 살아 있고 사고하는 생명체가 하나만 있다고 말해야 할 것이다.

결국, 하나의 살아 있는 육체가 있는 셈이다. 하지만 우리가 심리적 특징을 따라간다면, 두 개의 의식 흐름이 있고 두 개의 경험 주체가 있는 셈이 되고, 통합된 두 사람이 존재하는 것이다. 일부 사람에 의하면 인간동물설은 살아 있고 사고하는 생명체를 계수함에 있어서 잘못된 기준을 선택한다. 통합된 의식 대신에 생물적 생명을 강조했기 때문이다.

반대 4. 인간동물설은 '더미의 역설'이라고도 불리는 **무더기 역설**(sorites paradox)에 빠진다. 모래알갱이 10만 개가 쌓여 있다면, 모래더미로 인정받는다. 거기에서 모래알갱이 하나를 빼더라도 그것은 여전히 모래더미이다. 모래알갱이 하나를 더 빼더라도 그것은 여전히 모래더미이다. 계속해도 마찬가지이다. 우리는 이 과정을 모래알갱이가 하나만 남을 때까지 진행할 수 있다. 그것은 여전히 모래더미라고 부를 수 있는 것처럼 보인다. 물론 그것은 터무니없다. 또는 우리는 특정 모래알갱이를 빼는 순간 더 이상 모래더미라고 부를 수 없는 지점이 있다는 것을 인정할지도 모른다. 외견상 임의적인 지점이 있다는 것을 인정해야 할지도 모른다.

많은 사람이 이 무더기 역설을 해결하려고 했다. 몇몇 사람은 우선 그 모래더미가 실제로 존재하지 않는다고 주장했다. 또 다른 사람들에 따르면 우리의 모래더미 개념이 모호하고 불분명하다. 그래서 우리가 그것을 다양한 용도로 사용하지만 모래더미를 이루기 위해 얼마나 많은 모래가 필요한지를 정확히 설명하기에 충분하지 않다. "더미"는 "노골적임"과 같이 느슨하고 모호한 관념이다.

안타깝게도 인간동물설에게는 그 어느 것도 어울리지 않는다. 인간동물설에 따르면 살아 있는 유기체들과 생각하는 주체들이 있다는 것은 분명하다. 유기체에 존재와 정체성을 부여하는 생명은 스스로를 보존하는 사건이다. 존재론적으로 말해서 어떤 부분에서든 생명이 유기체 전체의 부분이거나 부분이 아니다. 유기체는 잘 개별화되어 있는 사건이다. 존재론적으로 모호하지 않다는 의미에서 그러하다.

유기체는 자신을 잘 지키려는 사건이다. 자신의 구조와 정체성을 지키려고 "욕망"한다는 의미에서 그러하다. 하지만 인간동물설은 무더기 역설 때문에 심각한 문제에 빠지는 것처럼 보인다. 우리가 유기체로부터 작은 부위 하나를 그것의 활동과 함께 제거할 경우, 그 유기체는 여전히 존재하고 자신의 정체성을 보존하는가? 분명히 인간동물설은 '그렇다'라고 말할 것이다.

우리가 작은 부위를 하나 더 제거한다면, 동일한 유기체가 여전히 존재한다고 볼 수 있는가?

그렇다. 하지만 이제 다섯 개의 아주 작은 조각만이 뛰어다니는 지점에 이르게 될 경우, 그 유기체가 더 이상 존재하지 않는다는 것을 우리는 알고 있다.

이 사실들은 인간동물설에게 불편한 문제를 두 가지 제기한다.

첫째, 작은 원자적 단순체 하나를 제거하는 것이 어떤 지점에서 유기체 전체의 존재를 사라지게 한다고 말하는 것이 이상해 보인다. 그러한 작은 원인이 그렇게 큰 형이상학적 결과의 적절한 원인이 될 수는 없다.

둘째, 특정 원자적 단순체 하나를 제거하는 것이 유기체의 존재가 사라지는 원인이라고 말하는 것은 전적으로 인위적인 것으로 보인다.

그 원자적 단순체가 왜 정확한 지점 이전에 제거되지 않는가?
그 원자적 단순체가 왜 정확한 지점 이후에 제거되지 않는가?

이 질문에 대한 대답은 모두 그에 대해 인위적이고 임시적인 태도를 지닐 뿐이다. 그리고 이것은 인간동물설을 강력하게 반대한다.

반대 5. 인간동물설은 사상가가 너무 많다는 문제를 제기한다. 이해를 위해, 당신이 아주 멀리서 바라보고 있는 구름 하나를 생각해 보자. 그것은 잘 응축되어 선명한 경계를 지니면서 존재하는 하나의 개체로 보인다. 하지만 그 구름에 아주 가까이 가면, 그것은 하늘에 엉성하게 얽혀 있고 선명한 경계도 없는 수증기 집합으로 보일 뿐이다. 수증기 집합의 여러 "가장자리들"로 향하는 지점에서 보면 수증기 흐름은 수증기 집합에서 떨어져 나가는 것처럼 보인다. 반면에 다른 지점에서 보면 수증기 흐름은 수증기 집합으로 빨려 들어가는 것처럼 보인다.

우리가 구름을 실제 사물로 인정한다면, 우리에게 문제가 하나 생긴다. 우리가 하늘에 떠 있는 구름 하나로 생각했던 것이 이제 겹겹이 쌓인 구름들로 판명되었다.

왜 그러한가?

최초의 수증기 집합이 하나의 구름이라고 생각해 보라. 이제 수증기 집합의 일부로 여겨지던 구름의 서편에서부터 물 분자 하나를 없애거나 무시해보자. 그리고 수증기 집합의 일부로 여겨지지 않던 구름의 동편에서 물 분자 하나를 더하거나 고려해보자. 이 새로운 개체에는 처음 수증기 집합과 마찬가지로 구름이라고 주장할 만한 정당성이 있다.

하지만 우리는 수증기 집합 주위를 돌면서 이 과정을 계속 반복할 수 있다. 그래서 처음 수증기 집합의 총 분자 수와 동일한 수의 물 분자로 이루어진 새로운 집합들을 형성할 수 있다. 처음 수증기 집합이 실제 구름이었다면, 이 모든 무수한 집합도 중복된 구름들이다. 이제 우리에게는 너무도 많은 구름이 있는 것처럼 보인다. 우리는 구름 하나가 있다고 생각했지만, 실제로는 무수히 많은 구름이 있다.

이러한 결과를 피하는 한 가지 방법은 구름이 잘 개별화된 객체로 존재한다는 것을 부정하는 것이다. 대신에 구름은 구름과 같은 방식의 물 분자들의 배열로 밝혀졌다고 말하는 것이다. 다시 말해, 구름 안에 있던 것은 느슨하게 연결된 분자 집합이다. 우리가 멀리서 구름으로 받아들였을 뿐이라는 것이다.

인간동물설과 다른 유형의 물리주의는 동일한 문제를 안고 있다. 우리가 물질에 관해 원자론과 같은 것을 수용한다면, 뇌나 동물 등은 명백한 심상(manifest image)과 과학적 심상(scientific image)을 지니고 있다. 명백한 심상은 육안에 비치는 모습이다. 과학적 심상은 미시적 물리학에 따라 우리가 실제로 믿는 모습이다. 현상적 심상은 살아 있는 신체나 뇌를 보고, 그 경계를 잘 묘사하고 있는 덩어리의 연속을 보게 된다. 하지만 이것은 그릇된 견해이다. 좀 더 정확히 말해서, 과학적 심상은 신체나 뇌를 구름과 같은 실재(reality)로 변환시킨다. 우리가 전자(electron) 단위까지 내려가서 볼 수 있다면, 우리는 육체가 서로 관련되는 입자들이 입자들을 측정하는 수준에서 볼 때 서로 상당히 멀리 있으며 대체로 텅 빈 공간임을 알게 될 것이다.

분자들이 집합 안에 속해 있다는 측면에서 볼 때, 분자 집합 전체는 운동하고 증대하고 감소한다. 입자들은 어떤 지점에서 밀려나간다. 입자들은 또 다른 지점에서 흡수된다. 이 모든 것이 재빠르게 항상 일어난다. 구름에서와 마찬가지로 우리는 작은 부분들의 집합 주변을 시계방향으로 돌 수 있다. 한 쪽을 무시하더라도 다른 쪽을 부분전체론적 집합체에 통합시키면서 말이다. 하지만 이것이 의미하는 것은 살아있고 생각하는 동물이 동일한 위치에서 서로 중첩되면서 무수히 많다는 것이다.

인간동물설은 그러한 논증이 구름에게는 적합하지만 살아 있는 유기체에는 적합하지 않다고 대답할 수도 있다. 살아 있는 유기체는 그 생명에 속한 부분들의 활동을 통해 모호하지 않고 잘 개체화되기 때문이다. 그 활동이 생명에 속한 부분은 유기체의 부분이다. 그 활동이 생명에 속하지 않은 부분은 유기체의 부분이 아니다. 인식론적으로 볼 때, 우리는 어떤 부분이 구름과 달리 잘 개체화되어 있는지 말할 수 없을지도 모른다. 하지만 형이상학적으로 볼 때, 우리는 어떤 살아있는 동물이 구름과 달리 잘 개체화되어 있는지 말할 수 있다.

안타깝게도 이러한 대답은 효과가 없을 것이다.

왜 그러한가?

우리가 위에서 살펴보았듯이, 생명이란 안정적이지 않고, 여기에서 그들에게 요구되는 일을 할 수 있을 만큼 튼튼하지도 않기 때문이다. 생명이란 특정 시간에 일어나는 무수한 활동들의 집합이다. 이 집합은 순간마다 변화한다. 사실, 생명이 살아 있는 유기체와 같이 어떻게 너무도 많은 구름이나 사상가 논증을 피할 수 있는지에 대해 설명이 상당히 필요하다. 생명이 이것을 할 수 있다는 것은 비이성적 사실이 아니다. 앞에서 언급했듯이, 생명은 증대하거나 사그라드는 활동을 통해 일종의 흐름으로 분해될 수 있다. 따라서 이 대답은 실패한다.

반대 6. 강아지와 같이 살아 있는 유기체(living organisms)와 토네이도나 허리케인과 같이 살아 있지 않은 실체(nonliving entity) 사이의 차이에 대해, 인간동물설은 형이상학적으로 심오한 대답을 주지 않는다. 특정 유형의 실체이원론이 그에 대해 답을 준다. 살아 있는 것들에는 영혼이 있고 살아 있지 않은 것들에는 영혼이 없다는 답이다. 하지만 그러한 구분선을 긋는 것은 인간동물설이 보기에 다소 독단적이고 모호해 보인다. 허리케인을 하나 생각해 보자. 그것은 변동하는 여러 부분들의 집합이지만, 그 부분들의 활동은 그 허리케인의 구조를 지탱하고, 그 허리케인의 생명에 속해 있는 것처럼 보인다.

결국, 그것은 허리케인이 자기 고유의 생명을 가지고 있는 것처럼 보인다. 그 생명은 스스로를 유지하고 지키고 개체화된 연속체가 될 수 있도록 해 주는 모든 활동으로 구성되어 있다. 허리케인과 강아지 사이의 차이는 종류가 아니라 정도에 있다. 이것이 맞는다면, 생물과 무생물 사이의 차이에 관해 독단적이 않으면서도 심오한 형이상학적 대답은 없다. 이 경우 인간동물설은 강아지를 포함시키고 허리케인을 배제하는 구분선을 그리는 데 있어서 독단의 정도와 관련된 비판을 받을 수 있다.

지금까지 우리는 인간동물설을 반대하는 논증을 여섯 가지 살펴보았다. 우리 견해에 의하면 그것들은 전망 좋은 입장이 아니다. 반면에 인간동물설보다 더 나은 다른 물리주의 견해들이 있을지도 모른다. 이제 우리는 인간동물설에 대신하는 주요 물리주의 대안들을 살펴보고자 한다.

3. 물질적 구성주의(material constitutionalism)

1) 견해

지난 15-20년 동안 물질적 구성 요소(material composition)에 관한 고찰들이 대유행이 되었다. 따라서 기독교적 견해를 포함하여 인간에 관한 견해를 확대하는 방법으로 물질적 구성 요소를 사용하려는 사상가들이 늘어났다. **물질적 구성주의**를 옹호하는 두 명의 주요 지지자들은 케빈 코코런(Kevin Corcoran)과 린 베이커(Lynne Rudder Baker)이다. 여기에서 우리는 이 견해에 관해 가장 유명한 지지자인 베이커를 간략하게 살펴볼 것이다.

이에 앞서, 우리는 **구성 요소 관계**(composition relation)와 **구성 관계**(constitution relation)를 분명하게 구분해야만 한다. 구성 요소는 사람들에게 가장 친숙한 관계로서 다대일(多對一)의 관계이다. 예를 들어, 여러 원자 입자가 테이블 하나의 구성 요소이고, 여러 세포가 신체 하나의 구성 요소이다. 반대로 구성은 같은 시간에 같은 공간에 있는 두 사물들 사이의 일대일(一對一) 관계이다. 예를 들어, 특정한 플라스틱 조각이 운전면허증을 구성하거나, 대리석 덩어리가 조각상을 구성하거나, 육체가 사람을 구성한다. 베이커의 견해를 좀 더 깊이 고찰하면서 구성의 의미가 좀 더 선명해질 것이다.

베이커는 자신이 가장 근본적으로 인격체(person)라고 주장한다. 그리고 인격체라면 인간적이든 비인간적이든 **일인칭 시점**의 가능성을 지닌 실체이다.[1] 일인칭 시점은 인격체가 지니는 한 속성으로 뇌의 인과능력과 인격체의 구성 요소에 토대를 둔다. 자신을 자신으로 인식하는 능력은 강력하고도 견고한 일인칭 시점을 갖는 데 필요한 조건인 동시에 충분한 조건이다. 인간 인격체(human person)는 인간적 유기체, 즉 호모 사피엔스 종(種)이라는 동물의 육체로 전적으로 구성되는 인격체이다. 따라서 그 인격체가 자기 육체와 가지는 관계는 육체가 인격체를 구성한다는 것이다. 그 둘은 동일하지 않다.

베이커에 따르면 구성은 정체성이 아니다.

왜 그러한가?

다윗상을 구성하는 대리석 "덩어리"와 다윗상 자체를 생각해 보자. 이 둘이 동일하지 않은 이유는 둘에게 서로 다른 양상적 특징들(modal properties)이나 지속 조건들(persistence conditions)이 있다는 데 있다. 가령, 대리석 덩어리의 모양이 바뀌어도 그 덩어리는 남지만 다윗상은 그렇지 않다. 구성은 일종의 통합 관계(unity relation)로서, 그것에 속하는 관계항들(relata; 관계된 것들)은 서로 동일하지 않다. 서로 독립되고 분리 가능한 두 개의 특수자도 아니다.

다윗상과 대리석 덩어리는 공간적으로 일치하고, 분리 가능한 물리적 부분들과 크기나 부피, 색상 등과 같은 속성들을 동일하게 가지고 있다. 또한, 다윗상의 미적 특성은 대리석 덩어리의 특성에 달려 있다. 하지만 다윗상이 대리석 덩어리를 적절한 부분으로 갖지는 않는다. 구성은 정체성과 분리 가능한 존재 사

---

[1] Lynne Rudder Baker, *Persons and Bodies: A Constitution View* (Cambridge: Cambridge University Press, 2000), 특히 제1부.

이 어딘가에 있는 관계이다. 만일 x가 y를 구성한다면, x는 통합된 개별자로서 y에 의해 규정되는 정체성을 갖는다. 사물 x는 그것이 구성하는 y의 정체성에 의해 감춰지거나 포함된다. 베이커는 구성 관계가 어디에나 있다는 것을 설명하기 위해서 여러 사례를 나열한다. 종이가 지폐를 구성한다거나 DNA가 유전자를 구성한다는 것이다.

베이커는 사물들이 서로 다른 방식으로 속성을 지닐 수 있다고도 주장한다. 파생적으로 갖거나, 비파생적으로 갖는다는 것이다. 즉, **파생된 속성**과 **파생되지 않은 속성**이 있다. 가령, 대리석 덩어리에는 가령 어떤 조각상이 되는 등과 같은 여러 속성이 있다. 여기에는 다윗상을 구성하면서 생기는 파생된 특징과, 부피와 같이 파생되지 않는 속성이 있다. 다윗상에는 대리석으로 만들어진다는 의미에서 대리석 덩어리로 구성된다는 파생적 속성이 있고, 조각상이 된다는 파생되지 않은 속성이 있다. 하지만 파생된 속성은 첨가되는 것이 아니다. 즉, 조각의 부피는 두 배 존재하지 않는다. 어떤 x가 P를 파생적으로 갖는 것은, x가 P를 비파생적으로 지니는 어떤 y를 구성한다는 것이다.

구성 관계의 관계항들의 종류가 다양할 수 있다. 플라스틱 조각과 운전면허증, 종이 한 조각과 지폐 한 장, 대리석 한 덩어리와 조각상 하나, 살아 있는 유기체, 신체와 인격체 사이가 그렇다. 따라서 물체의 지속적 조건을 결정하는 것은 운전면허증과 지폐 한 장, 조각상 하나, 인격체와 같은 일차 종류이다. x라는 물체가 y라는 물체를 구성하기 위한 충분조건에는 여러 특정 정황이 있다. 이때 x와 y는 대리석과 조각상과 같이 동일하지 않고 서로 다른 종류에 속한다. 다시 말해서, 조각상과 같이 구성된 물체 안에 새로운 종류의 인과적 힘 전체가 존재하는 것은 조각상으로 존재한다는 그 종류 때문인 것이다.

인간 인격체와 관련해서 이해하자면 원자, 분자들의 부분전체론적 집합은 특정 시간대에 육체와 그 인격체의 구성 요소이지만, 그 집합이 그 육체와 동일하지는 않다. 인간 유기체인 인간 육체는 인간 인격체를 구성한다. 인간 인격체는 개별자로서 전적으로 인간 유기체, 육체에 의해 구성되고, 일인칭 시점의 가능성을 지니고 있다. 베이커는 부분전체론적 본질주의를 거부한다. 물질적 대상이 **일시적 부분들**(temporal parts)의 종합이 아니라 영속적 연속체(enduring continuants)라고 주장한다. 따라서 인간 인격체는 그러한 연속체이다. 베이커는 자신이 왜 물질적 대상에 대해 부분전체론적 본질주의를 거부하는지 구체적인 논증을 제시하지는 않는다.

한 인격체는 본질적으로 인격체다. 하지만 인간 인격체가 본질적으로 인간인 것은 아니다. 인간 인격체는 생물학적인 인간 육체로 구성되어야 인간이 된다. 다시 말해서 인간적 동물이나 인간적 유기체로 구성되어야 인간이 된다. 인간 인격체가 비생물학적 육체로 구성되더라도, 그 육체가 일인칭 시점을 상실하지 않은 채 생체공학적 부위들로 점차 교체된다면, 그 인격체는 계속 존재할 수도 있을 것이다. 인간 인격체는 새로운 종류의 육체로 구성되는 최후의 부활 이전에 중간 상태(intermediate state)에 도달함으로써 육체의 죽음을 이겨낼 수 있다. 실제로 구성이 정체성은 아니기 때문이다.

2) 이 관점 평가하기

베이커의 설명에 칭찬할 만한 것이 많이 있다. 하지만 결론적으로 많은 철학자들에 따르면 그 설명은 인간 인격체를 의식적이고 통합적이며 지속적인 연속체로 일관되게 설명하는 데 실패한다. 물질적 구성이라는 견해에 최소한 두 가지 장점이 있다는 주장이 제기되었다.

첫째, 그 견해는 실체이원론에 호소하지 않고도 물질적 구성에 관한 문제들을 해결한다. 예를 들어, 그 견해는 왜 인격체와 그 육체들이 서로 다른 양상적 특성을 갖는지 설명한다. 혼수 상태에서 인격체는 더 이상 존재하지 않지만 살아있는 육체는 생존하는 식이다.

이에 대한 실체이원론자의 반응에 따르면, 실체이원론을 회피하는 것이 지적으로 책임 있는 행동인지 분명하지 않다. 게다가 우리가 나중에 살펴보겠지만, 물질적 구성 요소와 관련 있는 일련의 문제들을 해결하는 데 좀 더 간단하고 좀 더 상식적인 방법이 있다.

둘째, 물질적 구성은 실체이원론을 회피하면서도 절단 난제와 같은 다른 난제들을 해결한다. 절단 난제란 이런 것이다. 피터와 피트라는 사람을 생각해 보자. 피트는 왼쪽 손이 없는 피터라는 대상과 동일하다. 따라서 절단되기 전에, 피트는 피터의 임의적으로 분리되지 않은 부위이다. 피터의 왼손이 절단되기 전에, 피터와 피트는 동일하지 않다. 피터에게는 피트에게 없는 왼손이라는 부분이 있기 때문이다. 하지만 왼손이 절단된 후, 둘은 동일해 보인다. 그 둘은 동일한 공간적 위치에 있고, 물리적 관점에서 볼 때 완전히 구분되지 않기 때문이다.

하지만 피트가 어떻게 피터와 동일하거나 동일하지 않을 수 있는가?

물질 구성을 옹호하는 사람들에 의하면 해답은 왼손 절단 이전이나 이후에 피트가 피터와 결코 동일한 적이 없다고 말하는 것이다. 이것은 왼손 절단 이전에 명백하다. 하지만 왼손 절단 이후에 피터는 피트에 의해 구성되는 것이지 피트와 동일한 것이 아니다. 따라서 난제는 풀렸다. 우리가 알게 되겠지만, 물질 구성이라는 견해에 있는 이 작은 이점이 그것이 직면하는 문제들을 크게 상쇄한다. 그리고 실체이원론자에게는 훨씬 더 단순한 해결책이 있다. 피터는 유지된다. 왼손이 절단되기 이전이나 이후에 그가 자신의 육체와 동일하기 때문이 아니라 그가 수술 이전이나 이후에 특정 영혼으로서 육체 안에 존재하기 때문이다.

이제 물질 구성에 대한 몇 가지 반박을 살펴볼 차례이다.

첫째, 우리가 이미 살펴보았지만, 그것은 임사 체험에서 육체를 이탈하여 존재하는 것의 가능성을 설명할 수 없고, 그것의 현실성은 훨씬 더 설명할 수 없다. 성경이 그리스도인에게 가르치는 분명한 사실에 따르면 죽음과 최후 부활 사이에 **육체와 분리된** 중간 상태가 있다.

더 나아가서, 자유의지론적 자유가 물질 구성과 어떻게 조화되는지 알 수 없다. 인격체의 물리적 본성은 기본적인 것으로 보이고, 일인칭 시점의 예증은 그것이 살아 있는 물질적 육체에 존재론적으로 선행하는 것에 의존하는 것으로 보인다. 인격체가 일인칭 시점을 예증하는 물질적 객체이기 때문이다. 따라서 육체는 인격체의 행동을 자연법칙에 따라 결정할 것이다.

게다가 이 견해를 지지하는 사람들이 부분전체론적 본질주의를 배제하는 데 성공할 수 있는지 알기 어렵다. 육체와 인격체 둘 다 분리 가능한 부분들로 구성되기 때문이다. 이에 대해서는 아래에서 좀 더 살펴볼 것이다.

마지막으로 물질 구성은, 위에서 인간동물설에 대한 반대로 제기된 "너무 많은 사상가" 문제의 희생양이 되는 것처럼 보인다.

둘째, 플라스틱 조각과 운전면허증, 대리석 덩어리와 조각상, 살아 있는 육체와 인격체라는 두 개의 물리적 대상들이 동시에 동일한 곳에 존재할 수 있다고 말하는 것은 명백히 거짓으로 보인다. 이것은 분명히 이상하다. 베이커가 그에 대한 반응으로 하는 주장에 따르면 두 대상이 동일 장소에 위치하는 것이 가능하려면 대리석이나 조각상과 같이 서로 다른 자연적 종류에 속해야 한다.

하지만 반대 사례는 수백만 가지에 이른다. 사자와 호랑이, 전자와 양성자, 소파와 냉장고 등은 서로 다른 종류에 속하지만, 동일 장소에 존재할 수 없다. 두 개의 자연적 종류들은 하나는 구성하는 대상(대리석)이고 다른 하나는 구성되는 대상(조각상)일 경우에만 동일 장소에 배치될 수 있는 것으로 보인다. 하지만 이제 그 견해가 논점을 회피하고 있고, 미봉책에 불과하다는 것이 드러난다.

셋째, 두 개의 대상이 동시에 정확하게 동일한 곳에 있고, 두 개의 대상이 동일한 부분으로 구성되어 있고 동일한 질량과 크기와 모양 등을 가지고 있어 물리적으로 완전히 분리 불가능할 경우, 어떻게 두 대상이 서로 다른 속성들을 가질 수 있겠는가?

이것은 전혀 상상할 수 없는 일이다. 이것이 가능하다고 말하는 것은 소용없다. 두 개의 대상이 대리석이나 조각상과 같이 서로 다른 자연적 속성에 속하기 때문이다. 이것은 문제를 더 악화시키기 때문이다.

그러한 두 개의 대상이 어떻게 서로 다른 자연적 종류에 속하는 것이 가능하겠는가?

우리가 알 수 있는 한, 이에 대해 논점을 회피하지 않는 대답은 불가능하다.

넷째, 베이커가 "일인칭 시점"을 사용하는 것에는 두 가지 문제점이 있다.

일례로, 의심스럽지만 그러한 속성이 존재한다면, 그것은 순수하지 않은 속성이다. **순수하지 않은 속성**을 예로 들면, 소크라테스와 동일하거나 어떤 책상의 왼쪽과 동일한 것이다. 그것은 묘사되어야 할 특수자에 대해 언급할 필요가 있다. 그러한 속성은 순환적이지 않고서는 소크라테스와 책상과 같은 그러한 지시대상을 구성할 수 없다. 속성은 소크라테스나 책상, 개별 사람과 같은 지시대상으로서의 특수자를 전제한다. 그러므로 속성은 특수자를 구성할 수 없다. 그리고 무엇이 이러한 속성을 가지고 있는지 알기 어렵다.

가령 x가 속성 P를 구현할 경우, x는 P가 x에게 있기 전에 존재론적으로 앞선다. 이것은 P가 어떤 본질일 때에도 참이다. 사자 y는 사자 한 마리가 존재하는 것보다 존재론적으로 앞선다. 하지만 엄격하게 말해서 사자 한 마리가 존재하도록 구현하는 것은 사자가 아니라 사자 안에 있는 원물질과 벌거숭이 특수자로서의 개별자가 사자 한 마리가 존재하도록 구현하는 것이다.

그 결과로 나타나는 실체, 즉 개별자가 사자가 되는 것은 특정 사자이다. 따라서 일인칭 시점을 구현하는 것은 인격체가 될 수 없다. 육체도 독단이라는 위협 때문에 그렇게 될 수 없다. 일인칭 시점이 존재하도록 구현하는 것에 존재론적으로 선행하는 것은 동일 장소에 배치되어 있고 물리적으로 분리될 수 없는 두 대상이다. 살아 있는 육체와, 살아 있는 육체가 구성하는 객체이다. 이 객체가 일인칭 시점을 구현시켜 한 인격체를 만들어낸다.

이 객체와 살아 있는 육체는 서로 분리될 수 없는데, 왜 살아 있는 육체가 아니라 객체가 왜 이 속성을 구현하는가?

또 다른 문제가 있다. 그러한 속성이 없을 가능성이 크다는 것이다. 일반적으로 일인칭 시점에 관해 환원적 분석이 다음과 같이 제시된다. S에게 일인칭 시점이라는 속성이 있으려면, S가 개인적이고 조망적인 지점이어야 한다. 다시 말하자면 S가 일종의 실체(지점)이고, 지각(조망)이 있는 실체이고, (자각과 같은) 인격체의 특징을 최종적 가능성을 포함하는 속성들로 지니고 있어야 한다. 일인칭 시점은 인격체에 있는 속성이 아니다. 그것은 인격체가 개인적 의식의 실제적인 중심이 되게 하는 속성이다. 실제적이고 통합적인 중심으로서의 인격체는 일반적인 정신적 속성들을 구체화한다.

가령, P라는 생각을 하는 것, 빨강을 감각하는 것, 고통을 느끼는 것 등이다. 하지만 그것들은 일인칭 시점이라는 속성을 이것들에 더하지 않는다. 실제적이고 인격적인 자아가 일반적인 정신적 속성을 구체화할 때, 그것은 결과적으로 일인칭 시점이다. 일인칭 시점이라는 불필요한 속성에 토대를 놓을 필요가 있는 추가 사실은 없다. "일인칭 시점"은 실제적이고 지각하는 인격체를 묘사하거나 가리키는 한 가지 방식에 불과하다. 그 인격체는 존재론적으로 선행한다. 이 인격체에 일반적인 정신적 속성이 있는 것이고, 일인칭 시점이 이 인격체로 환원될 수 있다.

다섯째, 인간 인격체의 원래 육체가 상당량의 신체 부위 교체나 죽음으로 인해 존재를 멈추고 다른 육체가 그 인격체를 구성하더라도, 그 인격체가 연속체가 될 수 있는지에 대해 베이커가 명료하게 제시했는지 불분명하다. 스튜어트 괴츠나 찰스 탈리아페로가 딘 짐머맨(Dean Zimmerman)을 따라 하는 지적에 의하면, 유기체와 물질 집합체는 자신들의 모든 부분을 한 번에 상실할 수 없다.

후자의 단계들이 이전 단계들로부터 어떻게 진화할 수 있는지에 한계들이 있다.[2] 하지만 베이커의 인격체들은 그러한 한계들로부터 자유로워 보인다. 그것들은 한 육체로부터 다른 육체로 기적적으로 옮겨갈 수 있고, 전적으로 서로 다른

---

2 Charles Taliaferro and Stewart Goetz, "The Prospect of Christian Materialism," *Christian Scholar's Review* 37 (2008): 317-18.

특징을 지닐 수 있다. 하지만 단순한 물질덩어리나 유기체는 이것을 할 수 없다. 유기적 물질로부터 생체공학적 부위로 전환될 수 있는 "육체들"은 다른 말로 하자면 사실상 영혼이다. 실제로 일부의 의혹에 의하면 베이커의 인격체 설명은 실제로 실체이원론적 설명이고, 인격체의 정체성에 관해 불분명한 설명을 내포하고 있다.

베이커는 시간이 경과함에 따라 인격체의 정체성이 어떻게 유지되는지 그 기준을 제시한다.

> 시간 T1의 인격체 P1이 시간 T2에 있는 인격체 P2와 동일하려면, 인격체 P1과 P2가 동일한 일인칭 시점을 가져야만 한다.[3]

하지만 이것은 유익하지도 않고 공허할 뿐이다. 베이커는 자신이 일인칭 시점의 동일성에 관해 비순환적으로 설명할 수 없다는 것을 인정한다. 우리가 위에서 제기한 비판은 그 이유를 보여 준다. 일인칭 시점이 되는 것은 순수하지 않은 속성이다. 순환적으로 설명된 속성이다. 그리고 그것은 실제적이고 인격적인 영혼으로 환원될 수 있다. 이 경우, 인격체의 동일성은 영혼의 동일성과 같다.

더 나아가서, 일부 사람들의 생각에 의하면 베이커나 다른 현대 지지자들 중에서, 구성된 부분전체론적 집합체가 부분전체론적 본질주의를 어떻게 피할 수 있는지 분명하게 제시한 사람은 아무도 없다. 그들이 보기에 문제는 분석적 존재론(analytic ontology)이 너무도 자주 이루어지는 방식에 있다. 분석 대상(analysandum)을 존재론적으로 분석하여 진리 조건이 어떻게 획득될 수 있는지를 보여 주지 않은 채, 진리 조건이 어떤 분석 대상에게 주어진다는 것이다. 따라서 꽃병을 구성하는 원자적 단순체들과 꽃병 사이나, 유기체를 구성하는 원자적 단순체들과 유기체들 사이에는 서로 다른 **양상적 특징**이 있다. 따라서 그들은 서로 동일하지 않다. 그러한 주장들은 충분히 사실로 간주될 수 있다. 하지만 꽃병이나 유기체에 관해 존재론적 분석을 제공하지는 못한다.

다시 말해서, 우리는 그것들의 양상적 특징들이 서로 어떻게 다른지 알 수 없다. 이 문제를 해결하기 위해 인용된 존재론적 관련 요소들은 어떤 꽃병이나 유기체의 일부가 교체되더라도 그것이 계속 존속되는지 알기에 충분하지 않다. 구

---

3 Baker, *Persons and Bodies*, 132.

성이 곧 정체성은 아니라고 말하는 사람들이 보기에는 그것의 존재론적 구성 요소들(ontological constituents)을 명확히 하기 위해 구성된 사물을 존재론적으로 분석해야만 하는 것처럼 보인다.

그 요소들은 구성된 것(constituted thing)이 구성하는 것(constituting thing)을 넘어서고 그것과 동일하지 않도록 해준다. 이 구성 요소들이 무엇이든지간에 그것들은 구성된 것이 어떻게 단일성을 충분히 가지고 있는지 밝히는 데 충분해야 한다. 그리하여 부분전체론적 본질주의자들의 취급을 피할 수 있어야 한다.

여섯째, 물질 구성 요소에 관한 다양한 난제를 해결하기 위해 좀 더 간단하고 상식적인 방법이 있다. 다시 말해서, 물질적 구성주의처럼 형이상학적으로 과장된 관점에 호소할 필요가 없다. 이해를 위해 다윗상과 대리석 덩어리를 다시 살펴보자. 그리고 그 둘에게 원자적 단순체들이 있다고 생각해 보자.

"p들"이 대리석 덩어리의 원자적 단순체들 전부를 가리킨다고 하자. 부피에 관한 다원성 이론(a plurality theory of masses)에 따르면 "p들"과 같은 용어들은 "p들"이라는 집합체와 동일한 사물 하나와 같은 개별 물체를 나타내지 않는다. 대신에 "p들"은 대상들의 다원성(plurality of objects)을 이 p와, 그리고 이 p와 같이 따로따로 가리킨다. 그 각각은 대리석 덩어리의 분리 가능한 한 부분이다. 따라서 우리는 원자적 단순체들의 목록에서부터 시작한다.

게다가 우리에게는 대리석 덩어리, 즉 대리석 조각이 있다.

대리석 덩어리란 정확히 무엇인가?

극히 작게 이해한다면, 대리석 덩어리란 p들의 다양한 n개조(n-tuples) 사이에 있는 모든 관계 사례를 p들에 더한 것과 동일하다. 대리석 덩어리는 p들과 동일할 수 없으며 그것들을 내포하는 관계적 구조와 동일할 수 없는 것처럼 보인다. 관계적 구조는 특수자가 아니라 보편자이기 때문이다. 관계적 구조는 대리석 덩어리를 개별화시키는 것에 도움을 줄 수 없다. 개별화는 어떤 것을 특수자로 만드는 것이다.

관계적 구조는 한 번에 여러 물체 안에 있을 수 있기 때문이다. 따라서 대리석 덩어리는 p들에 그 구조의 관계-사례를 더한 것과 동일함에 틀림없다. 그리고 관계-사례는 외적인 관계-사례이다. p들은 원자적 단순체들이고 분리 가능한 부분들이기 때문이다. 추가적으로 대리석 덩어리는 단순하고도 의존적인 부분으로서의 표면 경계를 지니고 있을 것이다. 대리석 덩어리는 부분전체론적 집합체이다.

아리스토텔레스 형상의 대리석 덩어리가 우리에게 있다. 어떤 특수자 x가 속성 P를 지니고 있을 때, 'x에 의한 P 소유'는 x의 한 **양식**이고, 그것은 x와 양상적으로 구분된다. 두 실체가 서로 양상적으로 구분될 때, 하나가 다른 하나 없이 존재할 수는 있다. 하지만 그 반대는 불가능하다. 둘 중 하나는 의존적 실체(dependent entity)이기 때문이다.

게다가 양식들은 의존적인 것이고 분리 불가능한 부분이라 하더라도 특수자들이다. 특수자는 가령 대리석 조각이 이러저러한 모양을 하고 있는 것이다. 따라서 우리가 다루고 있는 실체는 대리석 덩어리에 의해 관련 있는 모양으로 구현됨으로써 구성된 대리석 덩어리 하나이다.

일곱째, 마지막으로 우리에게는 조각상이 있다. 그것은 아리스토텔레스 모양을 하고 있는 대리석 덩어리로서, 조각상으로 간주되거나 의도되었다. 그것이 어떤 가치를 지니든, 몇몇 사람은 의도하거나 평가하는 등과 같은 지향적 속성(intentional properties)을 관계로 여기지 않는다. 대신에 그들은 그것들이 개체적 속성(monadic properties)이라고 생각한다. 따라서 우리의 형상 덩어리를 향하는 다양한 목적이나 의도, 평가, 목표 등은 그 조각상의 구성 요소이다.

아리스토텔레스 조각상은 사람들의 마음에 있는 지향적 상태를 대리석 덩어리에 더한 것과 동일하다. 대리석 조각이나 대리석 형상 덩어리가 구체화하는 속성은 없다. 조각상이 되는 속성은 없다. 의도를 지니는 실체들의 집합인 사람들만이 있을 뿐이다. 그들의 정신적 상태가 대리석 덩어리를 조각상이라는 동일한 방식으로 이해하는 것을 지향할 뿐이다.

일반적으로 인공물은 관련된 정신적 상태가 지향하는 대상이다. 우리는 이 정신적 상태가 그 대상을 취해 이러저러한 것을 나타내도록 한다거나, 그런 식으로 기능하도록 한다고 말할 수도 있다. 우리의 대리석 덩어리와 같은 일부 대상은 그것이 가리키는 대상과 실제로 닮았다. 그리고 이 경우, 유사함이 대리석 덩어리가 아리스토텔레스 조각상이 되는 자격을 주지만, 유사함이 대리석 덩어리를 조각상으로 구성하는 것은 아니다. 사람들은 돈에 관한 물리학은 없다고 종종 일컫는다. 그리고 그 말은 참이다. 돈이나 조각상과 같은 인공물의 구성 요소에 대한 하나님의 시선은 그것이 그런 것임을 말해 주지는 않는다. 인공물의 구성 요소인 지향적 상태는 관련 집단에 속한 사람들의 속성을 내포하지, 관련 물체의 속성이나 관련 물체 내의 관계를 내포하지 않는다.

따라서 우리에게는 네 가지의 서로 다른 실체들이 있다. 이 때 p들은 물체이거나, 개별적인 원자적 단일체의 숫자에 불과하다. 물체는 전체로 이해되는 원자적 단일체 목록이다. 우리의 존재론적 분석은 그것들이 왜 동일하지 않은지, 그리고 그것들이 왜 서로 다른 양상적 속성들을 갖는지 보여 준다. 그것들은 서로 다른 구성 요소들로 구성되기 때문이다.

대리석 덩어리의 경우, 부분이 바뀌더라도 그 정체성이 유지될 수 있는가?

어떻게 그럴 수 있는지 알기 어렵다. 어떤 부분이 교체될 때, p들은 새로운 집합이 된다. 그리고 심지어 p들 중 단 하나만이 질적으로 동일하면서 동일한 관계를 이루는 단일체와 교체되더라도 다른 관계적 구조가 생기게 될 것이다. 그 구조 자체가 관계-사례들의 부분전체론적 구성이고, 관계-사례들의 새 집합은 원래의 단일체들로 이루어지는 집합과는 서로 다르기 때문이다.

관계적 구조는 끊임없이 변화한다. 그리고 생명 그 자체는 살아있고 변화하는 무수한 활동들의 흐름으로서 변화한다. 오고 가는 부분으로서, 또는 서로에 대한 관계들을 단순하게 변화하는 부분으로서 끊임없이 변화한다. 그와 관련된 부분전체론적 본질주의를 피하기 어렵다. 관계-사례 전체가 p들과 같은 부분전체론적 집합체이기 때문이다.

이 둘은 단순한 실체들의 산더미나 집합체와 같이 보이기 때문이다. 경계 하나를 더하는 것은 도움이 되지 않는다. 풍선 속 구슬들 집합이 그 요소들을 바꾼다면, 또는 서로에 대한 관계에 변화가 일어난다면 이제 당신에게는 동일한 구조를 지니는 풍선 속 구슬들 집합이 없게 된다. 풍선이 있고 없고가 상황에 영향을 미치지는 않는다.

살아 있는 유기체나 인격체가 어느 정도의 실체로 구성되는지에 따라 그것들은 부분전체론적 본질주의에 따라서도 분석되어야 한다. 그것들은 단일한 지속체들이 아니다.

그렇다면 왜 우리는 살아 있는 유기체가 지속체라는 강력한 직관을 가지고 있는가?

그것은 우리가 자아나 나, 영적 실체가 살아 있는 유기체에 있다고 말하기 때문이다. 또는 우리가 그것을 대리석 덩어리나 테이블과 같은 사물들과 함께 그 자체가 우리 감각에 제시되는 것으로 여기기 때문이다.

다시 말해서 미세부분으로 구성되지 않는 **존재론적 감상 덩어리**(ontological blob of goo)로 여기기 때문이다.

우리는 여전히 테이블에 다리와 상판이 있다고 여긴다. 테이블이 원자와 분자로 구성되어 있다고 생각하지 않는다. 우리의 감각은 우리에게 매끄럽게 지속되고 변하지 않는 존재 덩어리를 보여 준다. 그 존재 덩어리들은 과학이 묘사하는 것처럼 부분전체론적 구성으로 우리에게 제시되지 않는다. 우리의 직관은 이 두 가지 원천 중 하나에 의해 솟구친다.

유기체나 인격체가 연속체가 될 수 있으려면 그것은 단순히 영적 실체여야만 한다. 속성의 범주를 잠시 떠올려보고, **구조적 수반 속성**(structural supervenient property)과 **창발적 수반 속성**(emergent supervenient property)을 구분해 보자. 구조적 수반 속성이란 관계적 구조로서 수반토대 단계(subvenient level)에서 부분과 관계, 속성 등으로 구성된다(가령, H2O).

이에 반해 창발적 수반 속성은 단순하게 독특한 속성(가령, 축축함)이다. 구조적 속성은 구성 요소를 얻거나 잃을 경우 동일하게 유지될 수 없는 것이 분명해 보인다. 구조적 속성이란 그 구성 요소들과 그 관계-사례들로 구성되는 관계적 실체(relational entity)이기 때문이다. 하지만 예비적 토대가 창발적 속성이 존재하도록 유지시켜주는 한, 예비적 실체 안에서 일어나는 변화는 창발적 속성이 정체성을 상실하는 원인이 되지 않는다.

왜 그러한가?

그것은 구성되지 않은 단순체(uncomposed simple)이기 때문이다. 실제의 범주 안에서 독립체(entities)도 동일해 보인다. 그리고 베이커는 구성된 부분전체론적 혼합물과 유기체, 사람이 연속체가 될 수 있는 충분한 사례를 제시하지 않았다.

베이커는 우리를,

첫째, 구성된 부분전체론적 혼합물로 보고
둘째, 인격적이고 영적인 실체로 보지 않는 것에 대해 충분한 사례를 제공하지 않는다고 결론 내릴 수도 있다.

사실 우리가 연속체이기 때문이기 때문이다.

4. 뇌 관점

1) 견해

뇌 관점은 대부분의 실용 과학자들이 고수하는 입장이다. 특히, 물리주의적 신경과학자들이 그렇다. 그 입장의 특징은 꽤 간단하다. '나는 뇌와 동일하다'는 것이다. 앞에서 언급했던 것처럼 그 견해는 거짓임에 분명하다. 뇌의 특정 조직이나 혈액 등과 같이 뇌의 많은 부분이 의식과 직접 연결되어 있지 않고, 뇌가 아닌 특정 부분들이 의식과 직접 연결되기 때문이다. 시신경과 같은 신경계의 특정 부분들이다.

게다가, 앞에서 언급했듯이 그 견해는 왜 간이나 폐, 심장이 아니라 뇌를 선택하는지 설명하지 않는다. 따라서 '나는 뇌이다'라는 뇌 관점은 다른 두 가지 원칙들로부터 도움을 받아야 한다.

> **사고 주체 최대주의**(thinking subject maximalism): 사고하는 사람(의식을 가진 인격체)의 부분들이 사고과정(즉, 의식)에 직접 내포되는 전부이다.

이것은 왜 뇌가 선택되었는지, 그리고 왜 뇌의 특정 부분이 배제되고 뇌가 아닌 특정 부분(가령, 신경계)이 포함되는지 설명해 준다. 하지만 사고 주체 최대주의(TSM)는 뇌 관점에 난제 하나를 초래한다. 그것은 서로 다른 여러 자아로 이어진다는 문제를 안고 있다. 서로 다르며 독립된 의식 상태에 직접 관여하는 부분들이 뇌의 서로 다른 하위 영역들에 있기 때문이다.

가령, 색상을 분별하는 것, 모양을 감지하는 것, 공감을 느끼는 것 등이다. "나"는 사실상 자아들의 종합으로 드러난다. 색상을 분별하는 자아, 모양을 감지하는 자아 등 말이다. 따라서 뇌와 한 인격체를 통합시키고 하위 체계라는 문제들을 해결하려면, 사고 주체 최대주의라는 원칙은 아래의 원칙으로부터 보완되어야 한다.

> **심리적 개별화 원리**(the psychological individuation principle): 의식 상태들이 동일한 인격체에 속하려면, 그 의식 상태들이 다른 인격체에 사고와 상호작용하는 것이 아니라, 의식 상태들 서로가 인과적 상호작용을 해야만 한다.

이것은 뇌 관점을 간략하지만 정확하게 설명한다.

2) 이 견해 평가하기

뇌 관점이 인기가 있을 지도 모르지만, 매우 중요한 문제들을 안고 있다.

첫째, 뇌 관점은 다른 물리주의적 관점들과 관련해 언급된 모든 문제를 안고 있다. 그것은 임사 체험을 설명할 수 없다. 육체와 분리되어 존재하는 것이 형이상학적으로 가능하다는 것도 설명할 수 없다. 그것은 자유의지론적 자유를 허용할 수 없고, 부분전체론적 본질주의를 벗어날 수도 없다.

둘째, 뇌 과점이 위에서 언급한 제반 문제들을 피하려면 사고주체 최대주의와 심리적 개별화 원리가 필요하다. 사고주체 최대주의를 살펴보자. "직접적으로 내포된다"라는 문구는 매우 모호하다. 그 문구의 가장 그럴법한 의미는 "의식 상태의 직접적인 원인이 된다"일 것이다. 하지만 이것은 인간 인격체로 간주되는 실체에 대해 두 가지 핵심 역할을 위반하는 것처럼 보인다.

① 의식의 소유자라는 역할과,
② 시점의 소유자라는 역할이다.

뇌 관점은 다양한 뇌 상태를 창발적으로 수반하는 정신적 속성/상태의 수반토대적 원인(subvenient causes)으로 묘사한다. 하지만 그것이 인과관계가 아니라면 어떤 창발적 수반인지 알 수 없다. 따라서 사고주체 최대주의는 "사고하는 사람(의식 있는 인격체)의 부분들은 창발적으로 수반하는 의식적 속성/상태에 불과한 것"이 된다. 하지만 일반적으로 볼 때 x가 y의 원인이 될 때, y는 x에 속하지 않고 x가 y를 소유하지도 않는다. 불이 연기의 원인이 될 때, 번개가 천둥의 원인이 될 때, 나트륨을 산소에 노출시키는 것이 불꽃의 원인이 될 때, 그 결과는 각 원인에 의해 만들어지는 것일지도 모른다.

하지만 그 결과는 그 원인에 속하지 않고 독립된 실체이다. 인간 인격체인 실체가 의식을 소유하려면, 그 실체는 의식을 예증해야만 한다. 하지만 그것은 뇌가 창발적인 속성/상태의 원인이 될 때 하는 일이 아니다. 게다가 그 원리는 퇴보하는 것처럼 보인다. 사고하는 사람의 분리 가능한 부분들은 유일하게 의식의 원인이 되는 전부가 아니다. 어떤 분리 불가능한 부분은 의식의 원인이 되고 소화액과 같은 다른 부분은 그렇지 않은 이유는 전자가 사고하는 사람의 부분이라는 데 있다. 사물들이 자신들의 일을 수행하는 것은 그것들이 가지고 있는 부분들과 속성들 때문이지 그 반대가 아니다.

이제 심리적 개별화원리를 살펴보자.

첫째, 심리적 개별화원리는 필수적이지 않다. 누군가 잠깐 헛된 생각을 할 수도 있고, 그 생각에는 다른 어떤 생각과의 인과관계가 없을 수도 있다. 다시금, 고통을 느끼는 것과 같은 정신적 상태는 진통제를 원하는 다른 정신적 상태의 원인이 되지만, 언제나 그런 것은 아니다. 어떤 사람이 삼단논법을 통해서 생각할 때, 그 사람은 서로 다르지만 연속된 생각을 세 가지 경험하게 된다. 처음 두 생각이 결론이라는 생각의 원인이 되지는 않는다. 하지만 그 두 생각은 결론이라는 생각을 수반하고, 생각하는 사람은 처음 두 생각과 그 논리적 관계에 관한 통찰력 있는 인식을 통해 그 결론을 자유롭게 도출한다.

일반적으로, 합리적 숙고의 단계들은 앞의 통찰이 이후의 통찰의 원인이 되는 순서가 아니다. 앞의 통찰이 뒤의 통찰에 증거를 준다. 마지막으로, 임사 체험을 경험한 수백만 명 중에서, 그리고 그들의 경험들을 연구하고 조사한 수만 명 중에서 매우 높은 비율의 사람들은 임사 체험 주체와 하나님 사이에나 임사 체험의 서로 다른 주체들 사이에 직접적인 의사소통이 있다고 주장한다. 이 사례들의 경우, 매개로서의 문장이나 언설은 필요 없다. 의사소통은 텔레파시 형태로 이루어진다. 하지만 또 다른 사람이 직접 다른 사람으로 하여금 생각하도록 하는 경우, 심리적 개별화원리는 만족되지 않지만 그 생각은 여전히 수신자의 것이다. 어떤 사람이 그 사례들이 모두 거짓이라는 비합리적인 생각을 하더라도, 그 사례들이 형이상학적으로 가능하다는 것은 분명하다.

둘째, 심리적 개별화원리는 낙후된 것이다. 어떤 사람의 의식 상태는 다른 사람의 의식이 아니다. 서로 인과적 상호작용을 하는 것이 보편적으로가 아니라 일반적으로 참이다. 그것은 그 의식상태가 다른 상태들과 인과적으로 상호작용하는 것보다 존재론적으로 앞서는 특정 인격체에 속하기 때문이다.

셋째, 뇌 관점은 문맥 의존 지시적 사실(indexical facts)을 피하거나 수용할 수 없다. 뇌 관점에 따르면, 나는 뇌와 동일하다.

하지만 어떤 뇌와 동일하단 말인가?

세상의 모든 뇌에 대한 3인칭적 설명은 우리에게 해답을 줄 수 없다.
왜 그러한가?
우리가 3인칭으로 묘사하고 있는 뇌가 내 것이 아니라면 누구의 뇌가 묘사되고 있는지 알 수 없다는 사실을 우리는 이미 알고 있기 때문이다.
뇌 관점은 스스로를 조정해서 나는 나의 뇌와 동일하다고 말하지 못한다. 두 가지 문제점이 나란히 숨어 있다.

문제1. "나의"는 소유형용사나 소유명사로 분류된다. 어느 경우라도 그것은 1인칭 문맥 의존 지시어 '나'의 파생어이다. 가령, "**나는 이** 뇌를 소유한다"에서 강조 단어들은 **문맥 의존 지시어**이다. 따라서 뇌의 소유자가 3인칭 물리주의 언어로 파악되지 않는, 특정한 '나'가 된다는 문맥 의존지시어 사실이 있다.
문제2. 게다가 내가 나의 뇌라면, "나의 뇌"라는 문구는 "나의 엄지손가락"이나 "나의 자동차"와 같다. 모든 경우에서 나는 내가 소유하는 사물과 동일하지 않다. 나는 그것의 소유자이다. 따라서 "나는 나의 뇌이다"라는 진술은 내가 나의 뇌와 동일하지 않음을 암시한다. 오히려 나는 뇌를 지닌 사물이다.

넷째, 뇌 관점은 생각하는 사람이 너무 많다는 문제를 두 가지 방식으로 겪는다.

방식 1. 위에서 언급했듯이 뇌에 다양한 하위 체계가 있다는 것이다. 이 하위 체계들은 각자 고유의 독립된 의식 상태에 속한다. 그러므로 우리는 뇌 관점이 하나가 아니라 몇 개의 자아를 수반한다는 점을 고려해야 한다. 사고 주체 최대주의와 심리적 개별화 원리가 실패작이라는 것을 생각하면, 뇌를 옹호하는 사람은 그것들을 사용하여 이 문제를 피할 수는 없다.
방식 2. 인간동물설을 반대하기 위해 제기되었고 물질 구성주의에 적용되었던 동일한 종류의 논증이 동일한 힘으로 뇌 관점에 적용된다는 것이다. 가령, 이 경우, 우리가 구름을 진짜로 받아들이면 여러 겹의 구름이 존재하는 것처럼 보이는 것만큼, 육체나 뇌를 구름과 비교하는 것을 포함한다. 그리고 우리가 인접하고 있는 동안, 우리는 의식의 단일성에 관한 문제(13장 참고)가 뇌 관점을 파괴한다는 사실을 언급해야 한다.

다섯째, 뇌는 뇌가 기능할 수 있는 한 나뉘거나 몇 퍼센트만으로도 존재할 수 있다. 하지만 인격체는 전부 아니면 전무이고, 인격체의 몇 퍼센트만으로 존재할 수는 없다. 특정 활동의 경우, 뇌의 절반 이상이 제거되고 특정 기능이 상실되더라도, 완전한 인격체가 여전히 존재한다. 한 인격체가 기능하는 뇌와 동일할 경우에는 그렇지 않을 것이다.

이와 같은 이유들로 우리는 뇌 관점이 거부되어야만 한다고 생각하는 바이다.

5. 웜 이론: 우리는 4차원적 물질 덩어리

1) 견해

4차원적 임시 부분들이라는 관점을 이해할 수 있으려면, 우리는 일련의 구분을 가져와야 한다.

① 시간의 존재론적 상태에 대한 두 가지 이론

현재주의(presentism): 시간은 언제나 존재해왔고, 지금도 존재하고, 앞으로도 그러할 것이다. 따라서 실재하지만 존재하지 않는 대상은 없다.
4차원주의(four-dimensionalism): 현재주의는 거짓이다. 가장 대중적인 형태의 4차원주의는 **영원주의**(eternalism)이다. 존재했고, 존재하며, 존재할 모든 것은 "그곳에" 시제 없이 존재한다.

② 현재성에 대한 두 가지 이론

인속(endurance): 사물은 그것이 존재하는 매 순간에 온전하게 존재함으로써 시간이 흘러도 지속된다. 사물에게는 일시적 부분들이 없다.
편속(perdurance): 사물은 그것이 존재하는 매 순간에 부분들(일시적 단계나 대응하는 부분)을 소유함으로써 시간이 흘러도 지속된다. 사물은 일시적으로 확대되는 사건과 같다.

③ 시제(흐름, 일시적 생성)에 대한 두 가지 이론: 시제는 세계의 객관적이고 환원되지 않는 특징인가?

A 연속 견해: 시간은 일종의 연속으로서 어떤 시간 x의 경우, x는 과거이거나 현재, 미래이다. 일시적 생성은 실제적이고, 환원되지 않고, 근본적이다.
B 연속 견해: 시간은 일종의 연속으로서 x는 y보다 앞서거나, 같은 날짜이거나, 뒤쳐진다. 시간은 정적이다. 유수나 흐름, 생성에 대한 감각은 환상이다.

[요약]

상식적 관점: 현재론자, 인속론자, A연속
주요 경쟁자: 웜 이론(영원주의, 편속주의, B연속)

당신도 알 수 있듯이, **웜 이론**(worm theory)에 따르면 우리는 시간 안에서 연장된 물질적 대상이다. 서로 다른 정적 시간(static times)에 시제 없이 존재하는 서로 다른 일시적 부분들이 우리에게 있다. 우리는 야구경기와 같이 일시적으로 연장된 사건들이다. 야구경기 전체는 어떤 순간에도 결코 존재하지 않는다. 오히려 야구경기 전체는 이닝(innings)이라고 불리는 9개의 일시적 단계들의 종합이다. 이 일시적 단계에는 그것을 구성하는 일시적 단계들이 더 있다고 간주될 수 있다. 하지만 우리는 설명의 용이성을 위해 이것을 제쳐두고자 한다.

이와 유사하게 인간 인격체는 어떤 순간에도 결코 존재하지 않는다. 우리가 특정 순간에 직면하는 것은 어떤 인격체-단계이다. 전체 인간은 이론적 실체로서 결코 관측되지 않는다. 웜 이론을 지지하는 대부분 사람들이 보기에, 어떤 사람은 시제 없이 그의 역사와 동일하다. 이는 제1차 세계대전이 시제 없이 그 역사와 동일한 것과 마찬가지이다. 일련의 특별한 일시적 단계들이 그것을 구성한다. 더 나아가서, 한 인격체는 십대가 되는 것과 같다. 인간의 삶에서 한 국면과 같다는 것이다. 따라서 "인격체"는 그것이 일시적 국면과 같이 사물을 분류하고 가리킨다는 의미에서 한 국면의 범주이다. 사물의 종류를 분류하고 가리킨다는 의미에서 말하는 자연적 종류의 범주가 아니다. 이해를 위해 표 14.1를 보라.

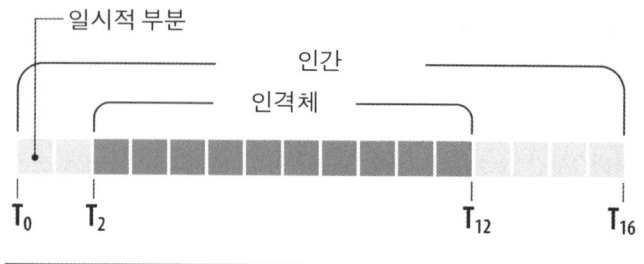

<표 14.1 웜 이론>

보다시피 인간은 태어나는 시간(T_0)부터 죽는 순간(T_{16})까지 존재한다. 하지만 인격체는 시간 T_2부터 시간 T_{12}까지 활성화된다. 이 시간 T_2부터 시간 T_{12}까지의 사건에 있는 각 단계는 몇 가지 심리적인 인간성 기준을 충족한다. 그 기준은 언어를 사용할 수 있는 것과 자아 개념을 가지고 있는 것, 목표를 세우고 그것을 달성하는 수단을 활용할 수 있는 것이다. 하지만 수정으로부터 시간 T_2까지의 기간, 그리고 시간 T_{12}부터 시간 T_{16}까지의 기간은 인간 비인격체(human nonperson)의 단계를 나타낸다. 후자의 단계는 혼수 상태나 식물 인간 상태로 특징지어지는 단계일 수도 있다.

웜 이론은 좀 더 상식적인 견해와 대조된다. 그 견해에 따르면 우리는 시간을 지나는 영속적인 연속체이고, 우리 삶의 각 순간에 온전히 존재하고, 일시적 부분을 지니지 못한다.

2) 이 견해 평가하기

웜 이론을 옹호하는 사람들의 주장에 의하면 웜 이론에는 두 가지 유리한 철학적 특징이 있다.

첫째, 그것은 **일시적 내재 속성**(temporary intrinsics)이라는 문제를 해결한다. 이것은 시간이 지날 때 내재 속성이 변한다는 문제이다. 가령, 사과는 시간이 지나면서 초록색에서 빨간색으로 변하고, 사람은 앞으로 굽어 있다가 바로 서는 것으로 변한다. 그 문제는 어떤 때에는 초록색이던 사과가 나중에 빨간색이 되는 것과 같이 변하는 객체는 동일한 사물이 될 수 없다는 것이다. "그것"은 라이프니츠의 동일률(law of identity)에 부합하지 않는다. "그것"은 초록색으로 존재한다는 속성을 이전에 지니고 있었다. 하지만 이후에 "그것"은 그 속성을 지니지 못한다.

예를 들어, 초록색으로 존재하는 것이 빨간색으로 존재하는 것으로 대체되었기 때문이다. 변화를 거치면서 동일함이 변화 이전과 이후에 객체의 정체성을 수반한다. "그" 사과는 동일할 수 없다. 변화를 거치면서 다른 속성을 지니게 되었기 때문이다. 웜 이론은 이 문제를 해결한다. 서로 다른 일시적 부분들이, 즉 서로 동일하지 않은 것들이 서로 다른 시간에 시제 없이 서로 다른 속성들을 갖는다고 말함으로써 해결한다. 따라서 그 사과 전체가 초록색이다가 빨간색이 된 것이 아니다. 대신에 사과-t1은 초록색을 지니며, 사과-t2는 빨간색을 지닌다. 하이픈으로 연결된 문구는 사과의 일시적 단계를 나타낸다. 일반적으로 x가 시간 tn에 F라는 것을 공식으로 하면, x-tn은 시제 없는 F이다.

둘째, 웜 이론은 가짜 물질 구성(이유 없이 주어진 웜 이론)을 가져오지 않아도 여러 난제를 해결할 수 있다.

대리석 덩어리가 조각상으로 만들어지는 것을 생각해 보라. 물질 구성을 옹호하는 사람들은 대리석 덩어리와 조각상이 같은 위치에 있으며 물리적으로 구분할 수 없는 객체들이라고 주장한다. 대리석 덩어리와 조각상은 서로 다른 지속 조건들을 지니고 있기 때문이다. 대리석 덩어리는 끌로 치더라도 유지되지만 조각상은 그렇지 않다. 다시 말해서 그들의 주장에 따르면 전자가 후자를 구성한다. 웜 이론가들은 이 해결책을 거부하고, 표 14.2에서 묘사하는 4차원적 해결책을 선호한다.

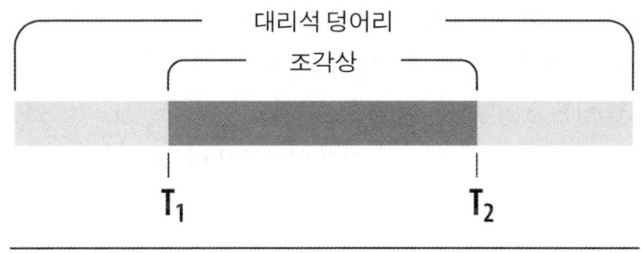

<표 14.2 4차원적 해결책>

조각상은 대리석 덩어리의 생애에서 한 국면이고, 두 객체가 시간 T1으로부터 시간 T2를 아우르고 있다. 이제 티블스(Tibbles)라는 이름의 고양이, 그리고 티블스(Tibbles)와 동일하게 구성되지만 꼬리만 제거된 사물 팁(Tib)을 생각해 보

자. 수술 이전에 티블스와 팁이 분명히 동일하지 않은 것은 팁이 사실상 티블스 안에 있으며 인위적으로 분리되지 않은 부분이기 때문이다.

하지만 수술 이후에 그 둘은 동일해 보인다. 그 둘은 동일 장소에서 동일 부분을 공유하고 있다. 하지만 두 사물은 한 시점에서는 서로 다른 실체이고, 그 이후 시점에서도 서로 동일한 실체일 수 없다. 물질적 구성을 옹호하는 사람들은 두 객체가 이후 시점에 동일하지 않다고 말함으로써 이 문제를 해결한다. 오히려 그들은 그 시점에 팁이 티블스를 구성한다고 말한다.

웜 이론을 옹호하는 사람들은 대안적 해결책을 제안한다(표 14.3을 보라).

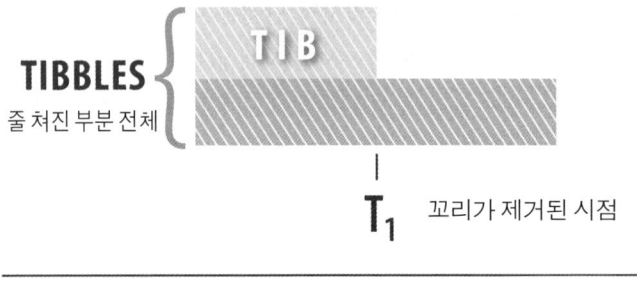

<표 14.3 대안적 해결책>

표 14.3으로부터 분명해지는 사실이 있다. 티블스가 팁과 동일하지 않다. 티블스는 전체의 큰 사물로 표시되며, 꼬리가 제거될 경우 크기 면에서 축소된다. 하지만 팁은 좀 더 작은 시-공간 웜 전체이다. 시간 T1 이전에 팁은 티블스의 인위적으로 떨어지지 않은 부분이다. 시간 T1 이후에 팁과 티블스는 서로 중첩된다.

우리는 웜 이론을 어떻게 이해해야 하는가?

그 이론을 받아들이는 것은 여러 가지 이유로 인해 쉽지 않다.

첫째, 시간에 관한 A 연속 견해가 참이라는 극도로 강력한 직관이 우리에게 있다. 시간의 흐름이 있다. 일시적 생성이 원초적이면서도 실제적이다. "지금"이나 "그때"와 같은 일시적 문맥 의존 지시어는 세계의 실제적인 특징, 즉 시제를 가진 사실들을 가리킨다. 그리고 우리는 시간을 지나면서 우리 삶의 매 시간에 전체로 존재하는, 영속적인 연속체처럼 보인다. 바로 지금, 나 자신은 온전한 인격체로서 이 문장을 쓰고 있다. 시제 없이 글쓰기를 하고 있는 나의 일시적 부분은 없다. 내가 일시적으로 안정되고 연장된 사건이며 나의 일시적 부분이 시제 없이 속성을 가진다는 생각은 직관적으로 이해하기 매우 어려운 생각이다.

둘째, 생각하는 것은 나 자신이다. 나는 생각하는 사람과 동일하다. 생각 과정에 시간의 흐름에 따라 연속되는 흐름이 성경에 있다. 시제 없이 사고하는 일시적 부분이 나에게 있다고 생각하지 않는다. 웜 이론 지지자들은 이 문제를 피하기 위해 자신들의 견해를 적응시켜, [297] 사고자인 나 자신이 각 사고 단계와 동일하다는 관념을 포함시킨다. 하지만 이러한 대답은 다시금 환자를 죽이는 수술이 되는 것처럼 보인다. 지금, 내가 찰나의 일시적인 '나'들의 연속이라는 것은 매우 믿기 어렵다.

셋째, 표 14.4에서 묘사하는 분열 사례를 생각해 보라.

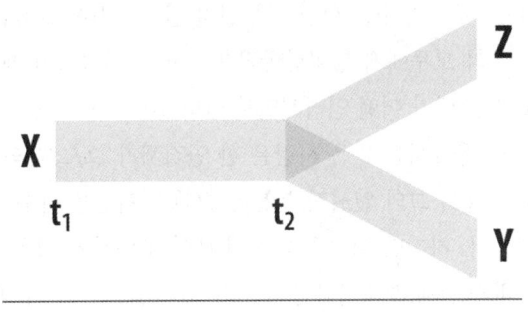

<표 14.4 분열 사례>

어떤 뇌 활동이 시간 t2에 발생한다. 나의 좌뇌와 우뇌는 서로 다르지만 정확하게 유사한 두 신체에 유입된다. 그 후, Y와 Z는 시간 t2 이후에 심리적으로 서로 구분되지 않는다.

이제 누가 나인가?

나는 X-Z인가?

그것은 Y가 존재하는가에 달려 있다. Y가 존재하지 않는다면, 나는 시-공간의 웜인 X-Z이다. Y가 존재한다면 내가 X-Z라고 말할 이유가 없다. 사실 그것은 나일 리 없다.

이 딜레마는 **근접 연속자 문제**(closet continuer problem)의 한 사례이다. 어떤 실체 A가 "또 다른" 실체 B와 동일한지는 A와 B만 관련된 문제가 되어야 한다. 하지만 이 자명한 진술은 우리가 다루는 사례에서 그렇지 못하다. 내가 X-Z와 동일한지는 Y가 존재하는지에 의존하기 때문이다. Y는 X로부터 뇌수술 시점까지 이어지는 단계들의 근접 연속자이다. 그 의미는 Y가 X-Y가 내가 된다는 주장을 X-Z와 동일하게 갖는다는 것이다. Y가 Z로부터 심리적으로 구분될 수 없기 때문이다. Y는 Z만큼이나 인격체-단계들의 한 연속자에 가깝다. 하지만 이것이 의미하는 바에 따르면 내가 X-Z와 동일한지는 전적으로 다른 어떤 실체(Y)가 존재하는지에 달려 있다. 그리고 이것이 일련의 형이상학적 난제이다.

또한, 시간 t1부터 시간 t2까지의 **인격체-단계들**을 생각해 보라. 기억할 것이 있다. 내가 이 시간 **동안에** 인격체가 아닌 것은 인격체가 전체 시공간의 웜이거나 시공간 웜의 연장된 계(係)이기 때문이다. 대신에 나는 특정 시간에 인격체-단계이다. 하지만 웜 이론이 참이라면, 이 기간 동안에 나는 내가 누구인지 모른다. 나는 내가 어떤 웜에 속하는지(X-Z인지 X-Y인지) 알지 못하기 때문이다. 우리는 우리의 현 인격체-단계가 누구를 향한 부분인지 알 수 없다. 그러한 **분열** 활동(fission operation)은 우리 모두에게 형이상학적으로 항상 가능하기 때문이다. 하지만 분명 나는 바로 지금 내가 어떤 인격체인지 알고 있다. 이는 전혀 모호하지 않다.

넷째, 웜 이론을 옹호하는 많은 사람은 한 인격체가 그/그녀의 역사와 동일하다고 주장한다. 그래서 그의 일시적 부분은 그의 정체성을 이루는데 본질적이라는 결론이 뒤따른다. 하지만 이것은 나에게 대안적 역사가 있을 수 없다는 뜻이다. 예를 들어, 내가 실제로 태어났던 것보다 조금 앞이나 후에 태어나는 것이나 내가 실제로 죽은 시간과 다르게 죽는 것이 대안적 역사다. 하지만 이러한 결론은 터무니없다. 내 역사는 나에게 우연히 있는 특징(accidental feature)이다. 그것은 내가 존재하게 되는 본질이 아니다.

웜 이론 옹호자들이 위에서 언급된 철학적 난제들을 해결하기 위해 제시한 주장들은 어떠한가?

많은 사람에 따르면 이 난제들에 대해 좀 더 낫고 좀 더 상식적인 해결책이 있다. 그들은 이 해결책이 매우 비싼 대가를 치를 필요가 없다고 생각한다. 과장되고도 극도로 반직관적인 웜 이론을 수용하는 대가다. 사과가 초록색에서 빨간색으로 변하는 일시적 내재 속성의 문제를 생각해 보라. 우리가 만일 시제가 있는 사실들을 포함하는, 시간에 관한 A 연속 견해를 받아들인다면, 시간은 사과와 같은 사물에 속하는 속성이 아니다. 링컨 대통령은 1865년에 암살**되었고**, 나는 지금 이 문장을 쓰고 **있는 중이며**, 내년에 슈퍼볼이 열리게 **될 것**이라는 등이 시제가 있는 사실이다. 오히려 시간은 일종의 활동무대로서, 사과가 존재하는 배경 환경이다.

이제 우리가 사과를 부분전체론적 집합체가 아니라 살아 있는 사물로서의 실체(substance qua living thing)로 여긴다고 가정해 보자. 이 경우, 사과 자체는 시간이 흘러 우연한 변화를 거쳐도 여전히 동일하다. 사과가 지금은 빨간색이지만 초록색이었다고 말할 수 있고, 사과가 초록색이었을 때는 나중에 빨간색이 될 것이라고 말할 수 있다. 따라서 사과는 자신의 속성을 자신과 공유하지만, 시간을 온전히 통과하면서 그 속성을 서로 다른 순간에 지니게 된다.

조각상으로 만들어졌다가 나중에 부서지게 되는 대리석 덩어리는 어떠한가? 대리석 덩어리가 실체이고 부분전체론적 집합체가 아니라고 가정해 보자. 우리가 부분전체론적 본질주의에 속하는 쟁점을 고려해볼 때 당면한 주제들이 흐려질 것이기 때문이다.

실체인 대리석 덩어리가 조각상인 동안에 우리는 동일 시간과 동일 장소에 존재한다. 물질적 구성주의 관점이 암시하듯이 물리적으로 구분할 수 없으며 다른 사물(조각상)을 구성하는 한 가지 사물(덩어리)을 지니지 않는다. 중첩되는 시공간 웜은 웜 이론이 암시하듯이 두 개 있는 것도 아니다. 대리석 덩어리는 일정 시간 동안 다른 모양으로 만들어진 것이다. 그 시간 동안 어떤 조각가나 그러한 의도를 지닌 집단에 의해 조각상으로 취급되고 있을 뿐이다. 따라서 전체 시간 동안 대리석 덩어리라는 하나의 사물만이 존재하지만, 그것은 일정 기간 동안 다르게 만들어지고 취급되었을 뿐이다.

그렇다면 티블스와 팁은 어떠한가?

만일 당신이 제멋대로이고 분리되지 않은 부분의 존재를 부정한다면, 꼬리 제거 이전에, 당신은 한 영혼과 한 육체로 이루어진 티블스를 지니는 것이다. 꼬리 제거 이후에, 티블스는 동일하게 존재하지만 육체만 축소된 것이다. 만일 당신이 제멋대로이고 분리되지 않은 부분들을 인정한다면, 꼬리 제거 이전에 티블스의 육체는 팁과 중첩되는 하위 영역을 그 안에 지니고 있는 것이다. 꼬리 제거 이후, 티블스(고양이의 영혼)는 여전히 동일하지만 그의 육체는 축소되었다.

지금까지 우리는 실체이원론에 대한 주요 물리주의적 대안을 살펴보았다. 그리고 각 대안에 큰 어려움이 있음을 발견했다. 그 결과 우리는 일부 유형의 실체이원론이 선호할 만하다고 생각하게 되었다. 하지만 우리가 옳은지 여부는 독자의 판단에 맡기도록 하겠다.

[요약]

    이 장에서 우리는 실체이원론에 대한 주요 물리주의적 대안을 간략하게 제시했다. 여기에는 인간동물설과 물질적 구성주의, 뇌 관점, 웜 이론이 포함된다. 우리는 각 견해를 다루면서 견해 자체에 대해 간략하지만 정확한 묘사를 제공하면서 시작했다. 그 후에 각 입장을 찬성하거나 반대하는 논증을 살펴보면서 각 입장에 대한 평가를 내렸다.
    우리의 결론에 따르면 실체이원론에 대한 물리주의적 대안은 인간 인격체에 관해 사용할 수 있는 견해가 되지 못한다.

[기본 용어]

시간에 관한 A 연속 견해
부분전체론적 집합체
분석 대상
부분전체론적 본질주의
인간동물설
양상적 특징
양상
뇌 관점
파생되지 않은 특징
근접 연속자 문제
존재론적 감상 덩어리
구성 요소 관계
유기체
구성 관계
편속
파생된 속성
인격체-단계
창발적으로 수반하는 속성

현재주의
인속
심리적 개별화 원리
영원주의
무더기 역설
일인칭 시점
구조적으로 수반하는 속성분열
구조-사례
4차원주의
일시적 부분
순수하지 않은 속성
일시적 내재 속성
문맥 의존 지시어(indexical)
사고하는 동물 문제 개별자
사고 주체 최대주의생명
사상가가 너무 많다는 문제
물질적 구성
웜 이론

제15장
자유 의지와 결정론

> 잘 배열된 연속적인 동자와 피동자에서 최초의 동자가 제거되거나 동하는 것을 멈출 때 어떤 다른 동자도 [타자를] 동하게 하지 않을 것이고 [스스로] 동하게 되지 않을 것이라는 것은 필연적 사실이다. 왜냐하면, 최초의 동자는 여타의 모든 것의 운동 원인이기 때문이다.
>
> *아퀴나스, 『반이교도 대전』(Summa contra Gentiles) 1. 13

> 되는 대로 일어나는 것은 아무 것도 없다. 일어나는 것은 무엇이든지 이성적 필연성에 따른 것이다.
>
> *레우키푸스, 『단편』(Fragment) (2)

> 자연적 작인의 문제는 존재론적 문제 다시 말해서 행동의 존재가 자연적 과학적 존재론 내에서 인정될 수 있는가에 관한 문제이다. 자연주의는 본질적으로 첫 항을 사람이나 행위자의 범주에 두는 인과 관계의 개념을 사용하지 않는다. [이 문제에 관해서라면 보다 넓은 범주인 계속체 혹은 "실체"의 범주에도 두지 않는다.] 모든 자연적 인과 관계는 첫 항을 사건이나 사태의 범주에 두고 있다.
>
> *존 비숍, 『자연적 작인』(Natural Agency)

1. 서론

인정하건 말건, 우리 모두는 옳고 그른 것, 덕이나 악덕, 칭찬할 것이나 비난할 것이 무엇인가에 대한 윤리적 조망을 가지고 있다. 그리고 일반적으로 삶에 대한 윤리적 조망은 인간 존재를 지성적 도덕적 책임 존재로 묘사하는 셈이다. 그러나 그러한 책임은 필요 조건으로 모종의 자유 의지를 요구하는 것으로 여겨진다.

그런데 우리는 과연 자유로운가?
그렇다면 어떤 종류의 자유를 우리가 가지고 있다는 말인가?
결정론은 참인가 그리고 자유와 양립될 수 있는가?

　자유 의지의 존재와 본성은 우리의 개인적인 사회적인 대인 관계에서 우리가 윤리적 조망을 어떻게 사용할 것인가에 대해 실제적 중요성을 가지고 있는 문제이다. 또한, 그것은 사람들이 품고 있는 다양한 세계관에 비추어 볼 때 까다로운 이론적 문제이다. 예를 들면, 혹자는 자연주의가 참이라면 인간 행동이 어떻게 존재할 수 있을 것인지를 알기란 어렵다고 주장한다. 왜냐하면, 자연주의는 인간을 보다 커다란 물리적 인과 네트워크의 부품, 말하자면 수동적 기계로서 묘사하기 때문이다. 이러한 입장에서 모든 사건은 순수하게 원인 없는 또는 되는 대로의 것이거나 아니면 선행 사건에 의해 결정되어 있는 것이다.
　어느 쪽이든, 자유로운 행동은 배제된다. 자유 의지의 존재와 본성에 대한 몇 가지 입장에 대해 문제를 제기한 기독교 유신론의 여러 교의들이 여기에 있다. 즉, 악의 존재와 기원, 하나님의 주권, 예정과 선택, 지옥의 정당성, 인간의 우연적 자유로운 행동에 대한 신의 예지가 그것이다.
　이 장에서 우리는 자유의 본성을 명료화하고 그 실재성을 변론 혹은 비판하는 데에 관련된 철학적 문제들을 살펴볼 것이다.
　그런데 우리에게 자유는 어떤 의미인가?
　이 장에서 우리 목적의 일부는 이 문제를 설명하는 것이지만 지금으로서는 세 가지 상이한 의미의 자유를 구별할 것이다.

첫째, 허용의 자유
　즉, 권리 논쟁, 국가의 권위, 법에 관련된 사회적, 정치적 자유 개념이 있다. 이러한 의미의 자유는 이 장의 관심사가 아니다.
둘째, 개인적 통합의 자유
　즉, 통일적 자아로서 책임을 가지고 성숙한 방식으로 행동하는 사람, 다시 말해서 충분히 발달하고 이상적으로 기능하는 사람이 가지는 능력의 자유가 있다. 이러한 의미의 자유는 미성숙하고 분열되어 있고 발달하지 못한 자아로부터 파생되는 노예와 굴종과는 대조를 이룬다. 이렇게 이해되면 개인적 통합의 자유는 철학적 측면이 없는 것은 아니지만, 대체로, 심리학적 정신 형성의 연구에서 넓게 사용되는 발달 개념이다.

셋째, 도덕적 합리적 책임의 자유

다시 말해서 그 자유가 무엇이 되든 간에 **인간 행동**과 **작인**의 일부로서의 자유이다. 여기서 인간 존재는 어떤 의미에서 자기 자신의 행동의 발원자이고 이러한 의미에서 자신이 행동을 통제하는 행위자로서 행동한다.

이러한 유형의 자유는 도덕적 책임, 혹자가 지적 책임이라고 말하는 그런 책임의 필요 조건으로 사용된다. 이 셋째 의미의 자유가 이 장에서 고려되는 주된 용법이다. 우리가 자유 혹은 **자유 의지**를 말할 때 별다른 의미를 가리키지 않는다면 바로 그러한 의미이다.

모든 그리스도인이 동의하는 점은 우리가 자유 의지를 가지고 있다는 것이다. 그러나 자유 의지가 무엇인가에 대해서는 그들 사이에도 그리고 철학자들 사이에도 커다란 차이가 있다. 우리는 **결정론**을, 일어나는 모든 사건에는 조건들이 있는데, 그 조건들이 주어지게 되면 그 사건은 달리는 일어날 수 없었다는 입장으로 정의한다. 일어나는 모든 사건은 선행 요인들에 의해 일어나거나 조건화되었고, 이러한 선행 요인들이 주어지게 되면 문제의 그 사건은 일어나야만 했던 것이다.

결정론의 한 가지 형태는 결정론을 모든 사건은 이 사건의 산출에 충분한 앞선 인과적 사건들과 유관 법칙들에 의해서 일어난다는 입장으로 정의하는 것이다. 어떤 시간 t1에 얻어질 수 있는 단 하나의 물리적 가능 미래 세계가 있다. 모든 사건은 그 사건으로 귀결되기에 충분한 연쇄적인 사건들의 엄연한 결과이다. 강성 결정론자들은 결정론이 자유 의지와 양립될 수 없다고 견지하는 점에서 자유론자와 일치한다.

강성 결정론은 (자유론에 의해서 이해된) 자유 의지의 존재를 부인하고 자유론자는 자유 의지를 수용하며 인간 자유에 관해 결정론을 부인한다. **연성 결정론** 소위 양립 가능론은 자유와 결정론은 서로 양립 가능하다고 주장하고 따라서 결정론의 진리는 자유를 제거하지 않는다. 우리가 보게 되겠지만, 양립 가능론자는 자유론자와 강성 결정론자가 품는 자유 의지 이해와는 다른 이해를 가지고 있다.

이 장의 주요 목적은 자유론과 양립 가능론을 정의하고 비교하며 서로의 강점과 약점을 제시하는 것이다. 양립 가능론자와 자유론자의 자유관을 평가할 수 있는 과제의 일부는 그 두 입장이 무엇인가를 명료화는 것이 될 것이다. 사실 이 두 입장의 설명은 어느 입장을 받아들일 것인가 하는 이유를 제공하는 문제에서 주요 대목이 된다. 왜냐하면, 이 점과 관련해 사람이 내리는 결정은 자주, 어느 이론이 인간 행동의 논의에서 발생하는 수많은 문제를 사람들이 숙고한 직관과 보다 더 일치하는가 하는 물음에 귀착하기 때문이다.

이 물음을 염두에 두고, 이 장의 주요 절들에서 적절한 자유 이론에 결정적 중요성을 차지하는 다섯 가지 쟁점을 중심으로 두 입장을 비교함으로써 일반적 개관을 제공하고자 한다. 그 다섯 가지 쟁점은 능력 조건, 통제 조건, 합리성, 인과 관계 그리고 사람이다. 이 장의 마무리는 두 가지 마지막 쟁점 영역에 대한 검토가 될 것이다. 그 영역은 운명론과 신학적 문제이다. 개진하는 과정에서 비교와 대조, 각 입장의 찬반 논증이 언급될 것이다.

2. 자유에 대한 양립 가능론자와 자유론자

1) 일반적 비교

(1) 양립 가능론

양립 가능론의 배후에 있는 핵심 관념은 다음과 같다. 결정론이 참이라면, 그 때는 모든 인간 행동(예컨대 투표를 위해 거수하는 것)은 그 사람이 태어나기 전에 존재했던 사건들을 비롯해서 그 행동에 앞서 획득된 사건들에 의해 인과적으로 조건화된다. 즉, 인간 행동은 단순히 **일어나는 일**일 뿐이다. 그것들은 결정론적 방식으로 끝나는 인과적인 연속 사건들의 부분들이다. 게다가 결정론은 참이다. 그러나 자유는 적절하게 이해되면 결정론과 양립 가능하다. 즉, 결정론과 자유는 둘 다 참이다.

결정론과 자유 사이의 양립 가능성에 관해 **강성 양립 가능론자**와 연성 양립 가능론자는 서로 구별될 필요가 있다. 강성 양립 가능론자의 경우 자유로운 선택은 결정론 없이는 상상될 수 없는 것 혹은 불가능한 것이다. 즉, 그것은 결정되어야 하는 선택이다.

왜 그런가?

그 이유는 강성 양립 가능론자가 주장하는 바와 같이, 자유로운 유일한 선택들은 사람의 성격, 믿음과 욕망에 의해 일으켜진 선택들이기 때문이다. 투표를 위해 거수하는 선택은 선행 사건에 의해 일으켜지지 않는다면, 그때는 그것은 완전히 원인이 없는 것이고 자의적이거나 뜻밖의 우연한 것이다.

사람들이 통제할 수 없는 완전히 자의적인 사건(거수)이 어떻게 "자유로운" 선택일 수 있는가?

연성 양립 가능론자는 자유론이 참일 것 같지 않아도 자유로운 선택은 가능하고 따라서 결정론을 필요로 하지 않는다고 논변한다. 그러나 적어도 자유로운 선택이 결정론과 양립 가능하고(즉, 일관적이고) 따라서 결정론의 진리는 자유를 반대하는 논증으로 사용될 수 없다.

양립 가능론자들 사이에는 서로 차이점이 있어, 고전적 양립 가능론 대 현대적 또는 계층적 양립 가능론의 차이점을 밝히는 것이 현대의 양립 가능론자식의 자유를 명료화하는 데 도움을 줄 것이다. 이 차이점을 이해하기 위해 우리는 먼저 어떤 행동들은 정신적이기만 하고 움직이는 신체를 필요로 하지 않는 데(이 주제에서 저 주제로 생각을 바꾸어 옮겨 가는 행동) 반해 전형적인 인간 행동은 움직이는 신체를 필요로 한다(거수와 같은 행동)는 사실을 인식해야 한다. 그런데 로크와 흄 같은 고전적 양립 가능론자들은 주로 자유의 개념을 신체적 행동에 적용했다. 그들의 경우 사람들이 외적 제약 없이 자신의 욕망과 취향에 따라 행동할 수 있는 바로 그 경우에만 자유로웠다. 줄리가 자유로운 것은 그녀가 방을 떠나고 싶고, 떠나고 싶은 욕망이 인과적으로 결정된다고 해도 아무도 그녀를 붙잡지 않거나 방문을 잠그지 않는 경우이다.

현대적 혹은 **계층적 양립 가능론자**에 따르면 고전적 양립 가능론의 문제점은 신체적으로 행동하는 자유가 책임지는 행위자에 필수적인 유형의 자유를 가지는 데 필요하지도 충분하지도 않는 것 같다는 점이다. 도벽, 심각한 중독자, 혹은 공포증 환자는 외적 제약 없이 자신의 욕망에 따라서 행동할 수 있어도 자유롭지 않다. 이러한 사람들의 문제점은 그들의 선택이 결정되어 있다(결정론은 자유와 일관적이므로)는 점이 아니라 오히려 중독에 사로잡힘으로써 악질적인 방식으로 결정되어 있다는 점이다. 행위자는 자신의 선택이나 선택을 일으키는 욕망을 통제할 수 없다. 따라서 고전적 행동의 자유는 진정한 자유의 충분 조건이 아니다.

그것은 또한, 필요 조건도 아니다. 이를 알아보기 위해 어떤 사람이 자기가 한 것과 다르게 행동할 수 없었지만 여전히 자유롭게 행동할 수 있었던 경우를 고찰해 보자. 어떤 과학자가 전극봉을 존즈의 두뇌에 꽂아서 존즈가 어떤 때에 무엇을 하고 있는지를 판독할 수 있고 과학자가 욕구하는 대로 무엇이든 할 수 있도록 유발할 수 있다고 가정해 보자. 그런데 그 과학자는 존즈가 스미스를 죽이는 것을 원하고 존즈는 그 과학자의 영향을 받지 않고도 스스로 살인을 궁리하고 있다고 가정해 보자. 존즈가 스미스를 죽이지 않기로 결정한다면 그 과학자는 전극봉을 자극해서 살인을 일으키도록 할 것이다. 그러나 그 과학자는 그렇게 할 필요가 없다. 왜냐하면, 존즈가 자기 스스로 살인 행동을 수행하기 때문이다. 이 점에서 존즈는 자유로웠다. 그러나 그는 달리 행동할 수 없었다.

이러한 사례가 보여 주는 것은 책임에 필수적인 자유의 개념에 중심되는 것이 의지의 자유가 신체적 행동의 자유보다 더하다는 사실이라는 점이다. 다시 말해서 의지가 단순한 신체적 행동보다 사람에게 더욱더 중심적이라는 뜻이다. 따라서 계층적 양립 가능론자들의 강조점은 행동 자체의 자유가 아니라 의지의 자유에 주어진다. 철학사에서 주요한 양립 가능론자들은 로크, 흄, 홉즈였고 현대적 옹호자들은 대니얼 데닛(Daniel Dennett), 게리 왓슨(Gary Watson)이다.

(2) 자유론

자유론은 책임지는 행동에 필수적인 자유가 결정론과 양립 가능하지 않다고 주장한다. 진정한 자유는 사람의 행동, 더욱 중요하게는 사람의 의지에 대한 일종의 통제를 필요로 한다. 그것은 A(거수해서 투표하기) 혹은 B(방 떠나기)를 하기로 하는 선택이 주어지게 되면 어느 쪽을 선택하든 그 선택을 아무것도 결정하지 않는 자유이다. 오히려 행위자 자신은 단순하게 자신의 **인과력**을 행사하여 어느 한 쪽 말하자면 A를 행할 의지를 행사해야 한다(혹은 어떤 것을 행할 의지를 금지하는 힘을 가져야 한다). 이것이 일어날 때 행위자는 자기 존재의 내외부에서 달라지는 것이 없는 상태에서 A를 행할 의지를 금지할 수 있었거나 혹은 B를 행하기로 의지할 수 있었다. 그는 자기 행동의 절대적 발원자이다.

아리스토텔레스가 『자연학』(*Physics*), 256a에서 말한 대로 "자재는 돌을 움직이나 그 자재는 손으로 움직여지고 손은 사람이 움직인다." 자재가 움직이는 사건은 손의 움직임에 의해서 일으켜지고 움직이는 손은 인간 자신으로 알려진 실체에 의해서 일으켜진다. 행위자가 자유롭게 행동할 때 그는 **최초의** 혹은 **부동의 동자**이다.

어떤 사건이나 작용인도 그 사람이 행동하도록 일으키지 못한다. 그의 욕망이나 믿음이 선택에 영향을 미칠 수도 있고 심사숙고에 중요한 역할을 할 수도 있지만, 자유로운 행동은 행위자의 선행 사건이나 사태에 의해 결정되거나 일으켜지지 않는다. 오히려 자유로운 행동은 최초의 동자로서 행동하는 행위자 자신에 의해서 자발적으로 행해진다. 따라서 자유론적 자유는 자유 자체에 대한 입장이자 행위자와 작인의 본성에 대한 이론이다.

어떤 사람 P가 어떤 행동 e를 자유롭게 행한다고 가정해 보자. 예를 들어, P는 생각을 바꾸거나 팔을 들었다. 자유론적 자유와 작인을 보다 정확하게 준비 단계 삼아 다음과 같이 특성화할 수 있다.

① P는 e를 일으킬 수 있는 힘을 가진 실체(제3장 참조)이다.
② P는 e를 일으킬 수 있는 최초의 동자(원인 없는 행동 수행자)로서 자기 힘을 행사했다.
③ P는 e를 일으킬 수 있는 힘을 행사하는 것을 금지하는 능력을 가졌다.
④ P는 e를 행한 목적 즉, 목적인이었던 어떤 이유 R을 가졌다.

역사적으로 유명한 자유론자는 아퀴나스였고 토머스 리이드(Thomas Reid)였다. 지금은 티모시 오코너(Timothy O'Connor), 피터 반 인위겐(Peter van Inwagen) 그리고 로위(William Rowe)가 자유론적 자유의 옹호자들이다. 우리는 자유 의지의 적절한 이론에 중심이 되는 5개 영역을 살펴봄으로써 양립 가능론자 및 자유론자의 자유 설명을 깊이 탐구할 것이다.

2) 양립 가능론과 자유론의 5개 영역 비교

(1) 능력 조건

대다수의 철학자는 능력 조건에 대해서는 일치한다. 이것은 책임지는 행위자에 필수적인 자유를 가지기 위해 사람들은 행위자가 실제로 행하는 방식과 다르게 선택하거나 행동하는 능력을 가져야 한다는 조건이다. 그렇다면 자유로운 선택은 사람이 행할 수 있는 선택 혹은 적어도 달리 행하는 것을 의지할 수 있는 선택이다. 대다수의 양립 가능론자와 자유론자들은 이 점에 일치한다. 그러나 그들은 "자유로운 행동은 사람이 행하는 방식과 다르게 행할 수 있는 행동이다"라고 말할 때 이 능력(can)의 개념이 정확히 무엇인가에 대해서는 서로 다르다.

우리는 이 능력을 어떻게 구체적으로 명시할 것인가?

양립 가능론자에 따르면 자유에 필수적인 능력은 가설적 능력, 말하자면 능력의 조건적 의미로 표현되어야 한다. 대략 말해서 이것은 행위자가 어떤 다른 조건이 획득된다면 예를 들면, 이렇게 또는 저렇게 하기로 마음을 품는다면 달리 행동할 것이라는 의미이다. A 혹은 B를 행할 선택이 주어져서 스미스가 A를 하기로 자유롭게 의지하고 그리고 나서 그는 그것을 했다. 양립 가능론자는 그가 A를 행하는 마음을 품었기 때문이라고 말한다. 그러나 스미스는 B를 행하는 마음을 품었다는 가설적 조건 아래에서라면 B를 행할 수도 있었다. 우리는 우리의 욕망이 결정되어 있다고 해도 무엇을 욕망하든 그것을 자유롭게 의지한다. 자유는 가장 강한 선택에 따라 기꺼이 행동함이다.

자유론자들은 이러한 능력 개념은 일종의 속임수로서 우리가 책임지는 행위자이기 위해 필요한 적절한 자유 이론이 아니라고 주장한다. 자유론자들의 경우 진정한 쟁점은 우리가 원하는 것을 무엇이든 자유롭게 행하는가가 아니라 우리가 제일 먼저 자유롭게 원하는가 하는 문제이다. 바꾸어 말하면 자유로운 행동은 행위자가 궁극적으로 행동 자체의 발원적 원천이 되는 그런 행동이다. 자유는 우리가 행동하는 혹은 적어도 행동하기로 의지하는 범주적 능력을 가져야 한다는 것을 요구한다. 이것은 스미스가 A를 자유롭게 행한다(혹은 행하기로 의지한다)면, 그는 전혀 조건이 달라지지 않았어도 A를 행하는 것(혹은 행하기로 의지하는 것)을 금지할 수도 있었거나 B를 행하는 것(혹은 행하기로 의지하는 것)을 할 수도 있었다는 의미이다.

스미스의 욕망, 믿음, 성격 혹은 기타 등등을 무엇으로 기술해도, 또 A를 행하기로 하는 선택에 앞서는 우주와 선택 순간의 우주를 무엇으로 기술해도, 아무것도 스미스가 A를 행했다는 것을 내포하기에는 충분하지 않다. 스미스가 A를 행하는 것을 금지하기 위해 혹은 B를 행하기 위해 무언가가 달라져야 한다는 점은 필수적인 것이 아니었다. 스미스의 능력은 선택 순간에 욕망(혹은 믿음 등등) 상의 어떤 가설적 차이에 따라 조건화되지 않는다. 그것은 범주적 능력이다.

많은 자유론자는 자유론적 범주 능력 개념이 **이중 능력**(혹은 통제) 개념이라고 주장한다. 사람이 A를 행하는(행하기로 의지하는) 힘을 행사하는 능력을 가진다면, 마찬가지로 A를 행하는(행하기로 의지하는) 힘을 행사하는 것을 금지하는 능력도 가진다. 이와는 대조적으로 양립 가능론자의 가설적 능력 개념은 이중 능력이 아니다. 시간 t에 있는 어떤 사람의 여건과 내적 상태를 기술하는 것이 가능하다면, 다만 한 가지의 선택이 획득될 뿐이지 금지하는 능력은 거기에 없다는 것이다. 이 능력의 현존은 그 사람이 현실적으로 현존하지 않았던 욕망(즉, 행동을 삼가는 욕망)을 가졌다는 가설적 조건에 달려 있는 셈이다.

범주적 능력 개념에 대한 양립 가능론자의 반론에 관해 사람들이 알아두어야 할 점은 다음과 같다. 이 반론은 우리의 많은 선택이 결정되어 있는 것 같고 우리의 성격으로 말미암아 달리 행동하는 것은 불가능하다는 점을 우리가 때때로 발견한다는 사실을 지적하고자 한다. 예를 들면, 어떤 사람들은 현재의 순간 t에 성숙한 도덕감을 가지고 있어서 지금의 성격, 욕망과 믿음이 주어진다 해도 옆집 사람을 살인하는 것이 심리학적으로 불가능하다. 이것이 사실이 아니었다면, 우리의 행동은 엉망이고 성격과 완전 무관할 것이며 예측 불허일 것이다.

이러한 문책에 대한 자유론자들의 대응은 두 가지 중의 어느 하나이다.

첫째, 혹자는 방금 언급된 보기에서와 같이 금지하기로 하는 선택은 매우 있을 법하지는 않지만 그래도 그것은 자유론자가 말하는 선택이라고 주장한다. 왜냐하면, 성격, 욕망, 믿음은 우리의 선택을 조건화하지는 않아도 강력한 영향을 미칠 수 있기 때문이다. 이러한 대응의 결정적 차원은 양립 가능론을 반대하는 선결 문제로까지 나아가지 않도록 성격이 행동에 모종의 충격을 준다는 "영향"이 어떤 영향인가를 명료화하는 말하자면 행동이 일어나기 직전에 멈추는 영향이 어떤 영향인가를 명료화하는 부분이다.

둘째, 다른 자유론자들은 자아 속에 있는 일차 능력과 고차 능력을 서로 구별한다. 이 말이 무슨 말인가를 예를 들어서 명료화해 보자. 사람 A는 영어를 말할 줄 알고 러시아어를 말할 줄 모르는 일차 능력을 가질 수 있다. 그러나 그는 러시아어를 말하는 능력을 개발할 수 있는 이차 능력을 가질 수 있다. 그렇다면 습관, 성격 형성, 기타 등등에 힘입어서 어떤 시간 t의 사람은 행동하는 범주적 능력, 예를 들면 이웃을 살해하는 능력을 가지지 않을 수도 있을지 모른다.

그러나 금지하는 행동은 그 사람이 과거의 어떤 시점에 자신이 행한 방식으로 자신의 성격을 발달시키는 혹은 그러한 실천을 금지하는 범주적 능력을 가졌다는 의미에서 여전히 도덕적으로 책임을 지는 자유로운 행동일 수 있다. 그러므로 행동은 시간 t에 결정되어 있는 것일 수 있으나, t에 앞선 어떤 시점에 행해진 행동에 적합한 고차적 능력을 행사하는 아니면 행사를 금지하는 자유론자의 선택은 여전히 도덕적으로 책임을 지는 행동이다.

우리는 양립 가능론자와 자유론자가 책임 있는 행위자에 적합한 능력의 의미를 이해하는 문제에서 서로 다르다는 사실을 보았다. 그리고 이 차이에 대한 우리의 논의를 통해 암시되고 있는 것은 하나의 밀접하게 연관된 문제 즉, 행위자가 자신의 행동을 통제하는 중심에 있는가 하는 문제가 자유 의지 논쟁에 중요하다는 점이다.

(2) 통제 조건

존스가 투표하기 위해 거수한다고 가정해 보자. 양립 가능론자와 자유론자는 거수 행위가 자유로운 행동이기 위한 필요 조건이 존스가 그 행동 자체를 통제해야 한다는 점에 동의한다. 그러나 이러한 통제 조건이 무엇인가 하는 문제에서는 서로 철저하게 다르다.

통제 조건에 대한 양립 가능론자의 입장을 이해하기 위해 양립 가능론자가 결정론은 참이라는 것과 원인과 결과가 앞 사건이 뒤 사건을 일으키는 자연 법칙과 함께 인과적 연쇄를 구성하는 연속적인 사건들로 묘사될 수 있다는 것에 동의한다는 사실을 상기해 보자.

우주란 우주를 기술하는 정확한 인과 법칙과 함께 하면서 지금 순간 직전의 우주 상태 때문에 지금 이 순간에 존재하는 모든 것이다. 이러한 인과 연쇄를 소박하게 보여 주는 예를 들어보겠다.

도미노 패 100장은 첫 장이 넘어지게 되면 마지막 100장에 이를 때까지 연속적으로 넘어진다. 모든 도미노 패가 흑색이고 40에서 50에 이르는 패만 녹색이라고 가정해 보자. 도미노 패 1에서 100에 이를 때까지 계속되는 인과적 연속 사건들이 있고 이 연속 사건들은 녹색 도미노 패를 "관통"한다.

반면에 도미노 패 1에서 39까지가 순서대로 배열되어 있다고 가정하고 도미노 패 39에 이르면 인과적 연쇄는 다른 연속적인 도미노 패들을 관통하고 녹색 도미노 패를 우회함으로써 51에서 100에 이르게 된다고 가정해 보자. 이 경우에 도미노 패 100에 이르는 인과적 연쇄는 녹색 도미노 패를 관통하지 않는다. 그것은 에둘러 경유한다.

그런데 양립 가능론자에 따르면 행동이 자유로운 것은 행동이 행위자의 통제를 받는 경우뿐이다. 그리고 행동이 행위자의 통제를 받는 것은 행동(존즈의 거수 행위)을 일으킨 인과적 연속 사건들(행위자가 태어나기 전에 실현된 시간적으로 소급 확장되는)이 정확한 방식으로 행위자 자신을 "관통하는" 경우뿐이다. 과학자가 존스의 두뇌에 전극봉을 놓아서 [안건에 투표하기 위해 거수하라는 요청을 받을 때] 존스가 손을 들도록 즉시 버튼을 누르는 상황을 고찰해 보자. 이 행동이 존스의 자유로운 행동이 아닌 것은 그가 손이 올라가는 것을 통제하지 못했기 때문이다.

왜 그런가?

그 대답은 그의 손이 올라가는 것이 거수로 끝나는 연쇄적인 사건들에 의해서 결정론적으로 일으켜진 사건이었다는 것이 아니다. 양립 가능론자의 경우 자유에 필수적인 통제는 **일방향 능력**(혹은 통제)이지, 모든 것이 그 행동 자체에 이를 때까지 동일하다는 조건에서 행동하는 혹은 행동 금지하는 이중 통제가 아니다. 존스는 내부에 변화가 더 많이 일어나지 않고는 거수 혹은 거수 금지에 필수적인 통제를 하지 못한다. 오히려 존스의 행동이 자유로운 행동이 아닌 이유는 인과적 연쇄가 존스를 정확한 방식으로 관통하지 않았고 대신에 존스를 우회하여 과학자와 그 전기 장치를 관통했다는 것이다.

그러나 인과적 연쇄가 "행위자를 정확한 방식으로 관통한다"고 말하는 것은 무엇을 의미하는가?

여기서 양립 가능론자는 서로 달라진다. 그러나 기본 사상은 행위자의 행동이 행위자 자신의 선행 사태 즉, 행위자 자신의 성격, 믿음, 욕망 그리고 가치에 의해서 바른 방식으로 일으켜지는 경우라면 행위자는 행동을 통제한다는 것이다.

예를 들면, 어떤 사람이 두 개의 일차 욕망(즉, 특정한 사태나 사건을 포함하는 저급한 일차 욕망) 예를 들어, 끽연하고 싶은 것과 건강해지고 싶은 것 사이에서 갈등한다고 가정해 보자.

해리 프랑크푸르트(Harry Frankfurt)에 따르면 도덕적 책임에 필수적인 통제의 개념은 **자유로운 행동** 즉, 자기가 원하는 것을 행하는 자유, 자기의 일차 욕망에 따라 행동하는 자유이다. 프랑크푸르트는 또한, 의지 자유는 사람이 개인적 통합의 자유, 자기가 행동할 일차 욕망에 따라 이를 성숙하게 돌보는 데서 성립하는 자유를 가지기 위해 필수적인 것이라고 주장한다.

자유 의지에 필수적인 통제의 개념은 사람의 행동은 일차 욕망을 효과적이게끔 하는 **이차 욕망**의 결과라는 것이다. 즉, 사람의 행동은 사람이 그 문제에 관해 의지하는 것이어야 한다는 것이다. 방금 언급한 경우에서 그 사람이 건강하게 행동하고 싶은 일차 욕망이 실행되는 욕망이라야 한다는 이차 욕망을 가지고 있다면, 그때는 이 이차 욕망은 일차 욕망을 효과적이게끔 일으키고 이 일차 욕망은 금연하는 사건을 일으킨다. 이러한 행동이 자유로운 행동인 것은 이 행동이 행위자가 통제하도록 바른 방식으로 행위자를 통과하기 때문이다.

왓슨은 다른 입장을 가지고 있다. 왓슨에 따르면 우리는 평가하지 않고 욕망하는 행동들(예컨대 끽연)과 우리가 욕망하여 우리의 **가치 체계**를 표현하는 행동들(대략적으로 말하면 주어진 상황에서 무엇이 옳은지, 무엇을 해야 가장 합당한지에 대한 일련의 신중한 가치 판단)을 구별해야 한다. 행동이 통제 받는 것은 그 행동이 나의 가치 체계에 의해서 바른 방식으로 일으켜지는 경우이고 즉, 나 자신의 가치에 의해 일으켜지고 또 그 가치와 일치하는 경우이다.

다른 양립 가능론자들은 행동은 강제될 수 없고 정보에 근거하는 방식 등으로 행해져야 한다고 덧붙인다. 여기서 기본 관념은 행동을 가져오는 연쇄적인 사건들은 행위자를 바른 방식으로 관통해야 한다는 것이고 그 의미는 행동이 행위자의 선행 사태 예를 들어, 성격, 욕망, 믿음 그리고 가치에 의해서 적절하게 일으켜져야 한다는 것이다. 이것이 이른바 인과적 행동론이다. 행동이 자유로운 것은 행동이 행위자 자신의 통제를 받는 오직 그 경우뿐이고, 행동이 통제를 받는 것은 행동이 그 행동에 앞서 행위자에게 존재하는 바른 정신적 사태에 의해서 적절하게 일으켜진 오직 그 경우뿐이다.

인과적 행동론은 많은 비판을 받았다. 이 입장의 주요 문제점을 이해하기 위해 적군이 내일 공격하기로 되어 있다면 스파이 활동을 하던 동료가 자기 동료에게 신호를 보내기로 했다고 하는 경우를 고찰해 보자. 이 스파이는 그 날 오후에 적과 접선하고 있을 장소에서 자기가 무슨 신호를 보낼 것인지를 자기 동료가 망원경을 사용해서 살피고 있을 것임을 안다. 예정대로 공격한다면 이 스파이는 커피 잔을 톡톡 두드리는 신호를 보낼 것이다. 접선이 이루어지고 공격은 내일로 잡혀 있어서 이 스파이는 약속한 방식대로 자기 동료에게 신호를 보내야 한다는 의향을 가지고 있다.

그러나 신호를 보내고자 하는 그의 욕망은 신호를 보내려면 커피 잔을 두드리면 된다는 믿음과 결합되어 있어서 신경이 너무 날카로운 탓에 우발적으로 커피 잔을 두드리게 되었고 이 사건이 망원경으로 접선 장소를 관찰하고 있던 사람에 의해 포착된다.

그런데 인과적 행동론이 행위자의 통제를 받는 자유로운 행동이 행위자 자신의 선행하는 정신적 상태(지금의 경우에는 스파이의 믿음과 발신 욕망)에 의해서 일으켜지는 행동이라고 말한다면 그때는 스파이의 두드리는 행위는 자유로운 의도적 행동으로서 처리될 것이다. 그러나 그렇지 않다는 점은 명백하다. 그것은 대관절 행동이 아니었고 오히려 우발적인 신체적 경련 행위였을 뿐이다. 따라서 이러한 사례는 인과적 행동을 만족시키는 것이 자유로운 의도적 행위에 충분하지 않다는 것을 보여 준다. 왜냐하면, 스파이는 인과적 행동론의 조건을 만족시키지만 그런 행동을 한 것은 아니었기 때문이다.

이와 같은 경우들이 이른바 **인과적 일탈**의 사례들이다. 말하자면 적절한 정신적 상태(예컨대 믿음과 욕망)가 실제로 사건을 일어나게 만들지만 그 사건은 진정한 행동으로 간주되지 않는 그러한 우발적 방식으로 일어나게 되는 경우들이다.

인과적 행동론의 옹호자들이 인과적 일탈의 경우에 대처하는 방식은 미봉책을 사용하여 그 이론에 그러한 행동은 바른 정신적 상태에 의해서 적절한 방식으로 일어나게끔 되어야 한다는 관념을 포함시키는 것이다. 그 스파이의 정신적 상태는 그러한 행동을 적절한 방식으로 일으키지 않았으므로 인과적 행동론의 올바른 공식을 실제로 만족시키는 것이 아니다. 이러한 대응의 문제점은 인과적 행동론의 옹호자들이 "적절한 방식으로"를 정의하는 문제에서 어려움을 겪었다는 사실이다.

자유론자들은 인과적 행동론과 양립 가능론자의 통제 개념을 거부하고 대신에 통제의 다른 의미가 자유가 존재하기 위해 요구된다고 주장한다. 그들의 입장을 이해하기 위해 앞서 인용된 아리스토텔레스의 보기로 돌아가보자. 이 보기는 지재가 돌을 움직이게 하나 그 지재 자체는 사람에 의해 움직이는 손에 의해서 움직인다는 것이었다. 『반이교도 대전』, 1.8에서 아퀴나스는 이 보기와 연관된 인과적 연쇄에 관한 원리와 보다 일반적으로는 자유론자를 따라가는 자유에 필수적인 유형의 통제를 진술한다.

> 잘 배열된 연속적인 동자와 피동자에서 [동하는 것은 모종의 방식으로 변화하는 것이다] 최초의 동자가 제거되거나 동하는 것을 멈출 때 어떤 다른 동자도 [타자를] 동하게 하지 않을 것이고 [스스로] 동하게 되지 않을 것이라는 것은 필연적 사실이다. 왜냐하면, 최초의 동자는 여타의 모든 것의 운동 원인이기 때문이다. 그러나 동자와 피동자가 질서를 따라 끝없이 배열된다면, 최초의 동자는 없을 것이고 모든 것은 매개 동자가 될 것이다. … [그런데] 도구적 원인으로서 [타자를] 동하게 하는 자는 [그래서] 최초의 원인이 되는 동자 [제1원인, 부동의 동자]가 없다면 동할 수 없다.

아홉 대의 차량을 범퍼와 범퍼를 잇대어 고정시켜 놓고 열 번째의 차량을 최초의 차량에 돌진하게 하면 개개의 차량은 다음 차량을 움직이게 하고 마침내 아홉 번째 차량도 움직이게 된다고 가정해 보자. 나아가서 모든 차량은 흑색이고 다섯 번째에서 여덟 번째에 이르는 차량만은 녹색이라고 가정해 보자.

그렇다면 아홉 번째 차량을 움직이게 하는 것은 몇 번째 차량인가?

아퀴나스에 따르면 첫 번째에서 여덟 번째에 이르는 차량들은 아홉 번째 차량을 움직이게 하는 진정한 원인이 아니다.

왜 그런가?

그 차량들은 다만 도구적 원인일 뿐이기 때문이다. 이 차량들은 각각 수동적으로 운동을 받아들이고 이 운동을 연결된 다음 차량에 전한다. 최초의 차량(여기서는 열 번째 차량)이 진정한 원인이다. 왜냐하면, 우리의 보기에서 그 차량이 연쇄적으로 배열되어 있는 연속적 질서에서 최초의 동자이기 때문이다. 이것이 여타의 모든 차량의 운동의 원천이다. 일반적으로 최초의 동자만이 행동의 원천이고, 운동을 수동적으로 받아들이기만 하고 이를 인과적 연쇄 속에서 다음 구성원에 전달하는 도구적 동자는 행동의 원천이 아니다.

아리스토텔레스의 보기에서 자재도 손도 돌의 운동을 통제하는 원인은 아니다. 왜냐하면, 각자는 매개 원인이기 때문이다. 오히려 사람 자체가 최초의 부동의 동자이고 그 자체로서 행동의 절대적 원천이다. 자유론자의 경우 행위자가 자유에 필수적인 통제를 하는 것은 행위자가 최초의 원인, 부동의 동자인 경우뿐이다. 행위자는 자기 자신의 행동이 통제를 받기 위한 절대적 시발적 원천이다. 양립 가능론자가 그리는 대로 행위자가 연속적인 도구적 원인들이 지나가는 무대에 불과하다면 그때는 진정한 통제는 결코 없다. 나아가서 자유로운 행동에서 부동의 동자가 행사하는 통제는 이중 통제이다. 즉, 그것은 자기 자신의 행동 능력을 행사하거나 이 행동 능력을 행사하는 것을 금지하는 힘이다.

철학자들은 이러한 논쟁에서 어느 누가 옳은가에 대해 일치하지 않는다. 자유론자들은 양립 가능론자의 통제 개념이 진정성이 없다고 지적한다. 양립 가능론자는 위의 녹색 차량들(다섯 번째에서 여덟 번째에 이르는 차량)이 아홉 번째 차량을 통제했고 따라서 아홉 번째 차량의 상처에 책임이 있다고 말하는 사람과 같다. 왜냐하면, 인과적 연쇄가 녹색 차량들을 바른 방식으로 통과했기 때문이다. 그러나 이것이 잘못된 것은 연쇄적인 아홉 대의 차량(녹색차량을 포함해서)이 수동적인 매개 연결 고리로서 연쇄를 이루고 있고 최초의 동자만이 책임을 지기 때문이다.

마찬가지 방식으로 양립 가능론자는 잘못을 범한다. 즉, 그들은 거수 사건이 과학자의 전극봉에 의해 일으켜진다면 자유롭지 않고, 행위자의 선행하는 성격, 믿음, 욕망 상태에 의해 일으켜진다면 자유롭다고 말한다. 이것이 잘못인 이유는 이 두 경우 모두, 손을 올라가게 만드는 앞선 사건들(전극봉을 누르는 상태 대 투표하고 싶은 욕망 상태 그리고 거수하면 이 욕망이 충족될 것이라는 믿음 상태)이 이보다 앞선 인과적 연쇄 사건들의 수동적 결과이고 진정한 통제가 현존하지 않기 때문이다. 행위자는 궁극적으로 행위자 바깥에 당도하고 행위자의 탄생 이전의 과거로 뻗어가는 인과적 연쇄의 수동적 사건들에 지나지 않는다.

이와는 달리 양립 가능론자는 부동의 동자 개념은 신비스러운 것이고 이해하기가 어려운 것이라는 점을 지적한다. 행위자의 성격, 믿음과 욕망이 우리의 행동을 일으키지 않는다면, 그때는 그것들은 무슨 역할을 한다는 말인가?

어떻게 사람의 행동이 그 사람의 성격 등에 비추어서 예측 가능해지겠는가?

통제라는 것이 없다고 하면 부동의 동자의 행동들은 자의적인 사건이 되고 말 것이다. 이러한 논점으로 말미암아 우리는 자연스럽게 자유의 세 번째 특징 즉, 합리성 조건을 고찰하게 된다.

(3) 합리성 조건

합리성 조건은 행위자가 행동을 자유로운 행동으로 간주하기 전에 그 행동에 대한 개인적 이유를 가지고 있다는 것을 요구한다. 그런데 어떤 자유론자들은 아무런 이유도 없이 행해지는 자유로운 행동의 존재를 인정한다. 예를 들어, 손을 자유롭게 앞뒤로 흔드는 것, 어떤 사물을 보다가 다른 사물을 보는 것 등이다(이러한 행동들은 신경 근육 경련 혹은 갑작스러운 소리에 의해서 일으켜지지 않는다).

자발성은 자유 의지의 비합리적 단순한 행사를 일컫는다. 그러나 이러한 자유론자들은 중요한 종류의 인간 행동들이 어떤 이유에서 행해진다는 사실에 동의하고 그래서 여전히 자유로운 선택에서 차지하는 이유의 역할에 대한 자유론자와 양립 가능론자 사이의 중요한 논쟁 영역이 존재한다. 자유는 이렇듯 자유 의지의 사례를 원소로 하는 집합을 일컫는다.

다시 한 번 투표를 위해 거수하는 존스의 사례를 고찰해 보자. 이 사례를 합리성 조건에 비추어 처리하는 양측의 입장 차이를 이해하기 위해 작용인과 목적인을 구별할 필요가 있다. 작용인은 결과가 나오는 원인이다. 한 공이 다른 공을 움직이는 것은 작용적 인과성의 사례이다.

이와는 달리 목적인은 나오는 결과의 목적이다. 목적인은 사건이 행해지는 목적론적 목표, 목적, 의도이고 사건은 목적인인 목적을 위한 수단이다.

그런데 양립 가능론자는 존스의 투표 거수 행위를 작용인의 견지에서 설명하고 목적인의 견지에서 설명하지 않는다. 이 입장에 따르면 존스는 투표하고 싶은 욕망을 가졌고 거수가 이 욕망을 만족시킬 것이라는 믿음을 가졌으며 이러한 내부 사태(앞서 언급된 두 항목으로 구성된 **믿음, 욕망 무대**)가 손이 올라가는 사태를 일으켰다. 일반적으로 어떤 사람 S가 A(거수)를 B(투표)를 위해 행할 때마다 우리는 이를 다음과 같이 재진술할 수 있다. 즉, S가 A(거수)를 행하는 것은 B(투표)를 욕망했고 A를 행함으로써 욕망 B를 만족시킬 것이라고 믿었기 때문이다.

이 입장에 서면 행동하는 이유는 행위자 내부의 어떤 유형의 상태 즉, 믿음-욕망 상태인 것으로 판명된다. 이 상태가 행동이 일어나는 진정한 작용인이다. 사람은 실체로서 행동하지 않는다. 오히려 사람의 내부 상태가 사람의 상태를 일어나도록 만든다. S가 B를 위해 A를 행하는 사례를 분명하게 설명하는 방법을 가진 양립 가능론자는 자유론자에 도전하여 대안적 설명을 제안하라고 다그친다.

많은 자유론자는 우리의 행동 이유가 작용인이 아니라 목적인이라고 말함으로써 대응했다. 존스는 투표하기 위해 혹은 아마도 투표하고 싶은 욕망을 충족시키기 위해 거수하는 셈이다. 일반적으로 S가 B를 위해 A를 행할 때 B는 이유(예컨대 욕망 혹은 가치)를 진술하고 이 이유는 S가 자유롭게 A를 행하는 목적론적 목적이나 의도이다. 여기서 사람은 자발적으로 거수할 때 자기 힘을 단순하게 행사함으로써 부동의 동자로서 행동한다. 그 사람의 믿음과 욕망이 손을 올라가게 만드는 원인이 아니다. 그 사람 자체가 그렇게 한다. 그런데 B는 그 사람이 A를 행하는 목적인 또는 목적으로 기능한다. 따라서 양립 가능론자들은 믿음/욕망 심리학(행위자 내부의 믿음·욕망 상태가 행동을 일으키게 한다)을 포용하는 셈이다. 그렇지만 적어도 많은 자유론자가 이 포용을 거부하고 믿음과 욕망이 자유로운 행동에서 차지하는 다른 역할을 본다.

이유의 본성에 대해 양측 입장의 두 번째 차이가 있다. 많은 자유론자의 경우 숙고라고 알려진 추리 과정 다시 말해서 어떤 행동을 찬성하고 반대하는 다양한 이유를 고찰하는 과정은 행위자가 자유론자의 자유를 가지고 있다고 전제한다. 사람의 미래는 한 가지 이상을 할 수 있는 범주적 능력을 가지고 있다는 점에서 진정으로 열려 있으며 사람의 선택은 최초의 동자로서 자기에게 달려 있다는 의미에서 통제 범위의 것이다.

　이러한 의미에서 합리성은 자유를 전제한다. 간혹, 자유론자들은 교의론적 주의주의(doxastic voluntarism)에 헌신함으로써 이 점을 표현한다. 교의론적 주의주의는 사람은 자기가 믿겠다고 하는 것을 자유롭게 선택한다는 입장이다. 그런데 **직접적 교의론적 주의주의**는 분명히 거짓이다. 즉, 어떤 순간에도 사람은 주어진 조항을 직접적으로 믿기로 혹은 믿지 않기로 선택할 수 있다는 사상은 거짓이다. 일반적으로 이런 일은 불가능하다. 사람은 그렇게 믿으면 10억을 주겠다는 제안을 받아도 큰 분홍색 코끼리가 글을 쓰는 이 지면 위에 앉아 있었다고 지금 당장 진심으로 믿겠다고 선택할 수 없었다.

　그러나 많은 자유론자는 **간접적 교의론적 주의주의**가 참이라고 하는 것은 무리가 없다고 말한다. 즉, 사람의 믿음은 무엇을 고려하고 고려하지 않을 것인가, 문제를 어떻게 볼 것인가 등등에 대해 길을 찾아가면서 도달하는 여러 지점에서 자유를 행사하는 숙고 과정에서 나온다는 사상이다. 자유론자들은 사람들이 믿고 있는 것에 대해 책임이 있는 것으로 우리가 파악하고 있다고 주장하고(신약 성경은 사람들에게 어떤 것을 믿으라고 명령하고 믿는 선택과 믿지 않는 선택에 대해 스스로 설명할 수 있어야 한다고 말한다) 이 때문에 모종의 교의론적 주의주의는 참일 것을 요구한다.

　이와는 달리 양립 가능론자는 교의론적 주의주의가 사람이 자신의 믿음을 간접적으로 선택하는 자유론적 자유를 가진다는 의미라면 거부하고 만다. 양립 가능론자의 경우 숙고 과정은 단순히 일종의 인과적 연쇄이고 정신적 사건들의 연속(추리, 욕망, 숙려, 믿음 등)이 어떤 결론에 도달하게 해서 행동 절차를 취하도록 일으키는 그런 연쇄 과정일 뿐이다. 여기서 자유는 합리성을 전제한다. 그 반대는 아니다.

　다시 말하면 행동이 어떤 사람의 행동 이유를 구성하는 개인의 믿음/욕망 무대에 의해서 일으켜지지 않는다면, 그때는 그 행동은 완전히 제멋대로의 우발적인 것이 되고 사람이 책임을 질 수 있을 종류의 것은 아닐 것이다. 기독교 양립 가능론자들은 신약 명령들을 결정론과 양립 가능한 자유 개념을 이용하는 일종의 교의론적 주의주의를 표현하는 것으로 믿으라고 취급하거나 아니면 그 신약 구절들을 참된 명령으로서가 아니라 차라리 청자의 가슴에 이미 현존하는 것을 분명히 하는 기능을 맡고 있는 진술들로 믿으라고 하는 것으로 취급한다.

양립 가능론자와 자유론자의 논쟁 영역 가운데 이성에 관한 셋째 논쟁 영역이 있다. 우리가 행동 "이유를 가짐"이라는 개념을 믿음과 같은 개념적인 혹은 보다 지적인 요인들만이 아니라 동기, 느낌, 욕망을 포함하는 것으로 받아들이면, 그때는 이 셋째 논쟁 영역은 아크라시아(akrasia) 즉, 의지 박약에 관한 것이다. 자유론자에 따르면 의지 박약은 자기 자신의 개인적 취향(가치, 욕망, 믿음 등)을 지키는 행동에 실패하는 경우로 이해되는 실재하는 현상이다.

양립 가능론자의 경우 사람들은 자신의 실제적 취향을 거슬러서 결코 행동하지 않는다. 따라서 아크라시아가 이러한 방식으로 정의된다면 아크라시아는 없는 셈이다. 행동은 언제나 행위자 내부의 가장 강력한 우선적 상태에 의해서 일어난다. 사람들은 갈등하는 취향(끽연과 금연)을 가지고 있을 뿐이고 간혹 일련의 취향들이 보다 강해서 다른 것들을 능가하여 실행되기에 이른다.

아크라시아의 의미가 우리가 어느 정도 좇아 행동하고 싶은 일련의 취향들이 보다 강력한 때로는 비도덕적 취향들에 의해 때때로 제압당하게 되는 것으로 된다면, 그때는 아크라시아와 같은 것은 존재하는 셈이다. 요컨대, 자유론자와 양립 가능론자는 아크라시아와 같은 것이 있는가 하는 문제와 또는 어떻게 정의할 것인가 하는 문제에서 서로 다르다.

(4) 인과 관계

이상에서 이미 말한 것으로부터 우리는 인과 관계에 대한 자유론자와 양립 가능론자의 차이를 미리 예상할 수 있다. 이 차이를 명료화하기 위해 인과 관계는 두 사물 사이의 관계 즉, 원인과 결과의 관계라고 수용하자. 양립 가능론자의 경우 유일한 유형의 인과 관계는 이른바 **사건-사건(소위 상태-상태) 인과 관계**이다. 인과적 관계로 들어갈 수 있는 유일한 종류의 존재물은 사건이다.

벽돌이 유리를 깬다고 생각해 보자. 일반적으로 사건-사건 인과 관계는 다음과 같이 정의될 수 있다. C 종류의 환경(액체 상태가 아니라 고체 상태에 있는 유리)에서 E 종류의 존재물(유리 자체)에 일어나는 K 종류의 사건(벽돌의 운동, 유리 표면에 벽돌이 접촉하는 사건)은 Q 종류의 사건(유리 파괴)을 일으킨다. 우리가 바람이 벽돌이 유리를 파괴하는 것을 일으켰다고 말한다면 엄밀하게 말해서 이것은 올바르지 않다. 오히려 더 정확하게 말하면 우리는 바람의 운동이 벽돌의 운동을 일으키고 이것이 다시 유리의 파괴를 일으켰다고 말해야 한다. 여기서 연쇄를 이루는 모든 원인과 결과는 사건들이다.

마찬가지로 우리가 투표하고 싶은 욕망이 존즈가 거수하는 것을 일으켰다고 말한다면 우리는 잘못된 것이다. 엄밀하게 말해서 투표하고 싶은 욕망이 존즈 내부에서 거수를 일으켰다.

자유론자들은 사건-사건 인과 관계가 유리를 깨뜨리는 벽돌처럼 자연 세계의 정상 사건들을 설명하는 옳은 방식이라는 점에 동의한다. 그러나 사람의 자유로운 행동이 문제가 될 때는 사람 자신은 실체로서 또 행위자로서 인과 관계에서 최초의 항(원인)을 점령하고 사람의 행동은 제2항(결과)이다. 사람은 행위자이거니와, 또 그 자체로서 사람은 자유로운 행동에서 이유를 위해 행동을 일으키거나(소위 **행위자 인과 관계**), 사람의 행동은 이유를 위해 자신의 힘을 행사함으로써 자발적으로 행하는 원인 없는 사건들이다(소위 **비인과적 작인 이론**).

어느 쪽이든, 사람은 자신의 행동의 궁극적 발원자로서 행동하는 능력을 단순하게 자유로운 행위자로서 행사하는 힘을 가지고 있는 제1원인 혹은 부동의 동자로서 이해된다. 행동하는 자는 나 즉, 자아이다. 어떤 종류의 운동을 일으키는 것은 자아 내부의 상태가 아니다. 자유론자들은 자신의 입장으로 인해서 행동(능동적 소리에 의해 표현된, 다시 말해서 존즈가 투표하기 위해 손을 들었다)과 단순히 일어나는 일(수동적 소리에 의해 표현된, 다시 말해서 손을 드는 것은 투표하고 싶은 욕망에 의해 일으켜졌고 이것은 x에 의해 일으켜졌으며, …) 사이의 차이가 의미 있게 된다고 주장한다.

이 지점에서 **양자 물리학**이 자유 의지 논쟁에 대해 가지는 유관성을 고찰해 보는 것이 도움을 줄 수 있을지도 모른다. 혹자에 의하면 어떤 양자 사건(예컨대 틈 사이로 쏘인 후 극판을 때리는 전자의 정확한 위치, 특정한 우라늄 원자가 납으로 변하는 정확한 반감기)은 전적으로 원인 없는 사건이고 그 자체로서 비결정론적으로 일어나는 자의적인 일이다. 따라서 양자론적 실재관은 결정론을 포기하고 **비결정론**과 자유론자의 자유를 위한 여지를 제공한다고 논변된다.

불행하게도 양자 물리학은 자유 의지 논쟁과는 유관성이 거의 없다. 우선 한 가지는 많은 과학자는 양자 세계가 야구공, 차와 같은 거시 대상의 규칙 세계만큼 결정되어 있다고 믿는다. 우리는 어떤 사건의 원인을 모르고 있을 뿐이고 (아마도 모를 수 있고) 그래서 양자 존재의 정확한 행동을 정밀하게 예측할 수 없다. 다른 한 가지는 우리가 양자 세계에서 결정론이 실제로 거짓이라는 것을 시인한다고 해도 거시 세계에서는 여전히 결정론이 다스린다고 주장될 수 있다.

가장 중요한 사항으로 자유론자의 경우 자유 의지의 필요 조건은 사람을 행위자로서 말하자면 제1원인 혹은 부동의 동자로서 행동하는 실체로 보는 입장이다. 따라서 결정론은 자유론자의 자유를 부인하기에 충분한 것이다. 왜냐하면, 결정론은 모든 사건은 선행 사건에 의해서 일으켜지고 부동의 동자로서 행동하는 실체적 행위자는 없다고 말하기 때문이다.

그러나 결정론이 거짓이라고 해도 이것만으로 자유론자의 자유가 확립되는 것은 아니다. 왜냐하면, 이유 없이 제멋대로 일어나는 완전히 원인 없는 사건이 양자 세계에서와 같이 자유론자의 자유 즉, 행위자가 실체로서 자기 행동을 통제하는 그런 자유에 필요한 유형의 작인을 제공하는 것은 아니기 때문이다. 양립 가능론자와 자유론자 사이의 주요 논쟁은 방금 언급된 바와 같이 결정론의 진리가 자유론을 부인하기에 충분한 것일지라도, 작인의 본성에 관한 것이지 결정론 이것 자체에 관한 것은 아니다.

이 점을 염두에 둔다면, 우리는 지금까지 사용했던 현대적 양립 가능론에 대한 이해를 수정해야 할 입장에 놓이게 된다. 기본적으로 양립 가능론은 자유와 결정론이 서로 양립 가능하다 즉, 양측은 둘 다 참일 수 있다는 논제이다. 그러나 어떤 사람들 실로 대다수의 양립 가능론자들은 결정론의 진리를 계속 수용하지만 다른 사람들은 결정론의 수용에 자신을 위임하지 않는다. 그러나 이 양 집단의 양립 가능론자들은 둘 다 자유론적 작인을 거부한다. 그래서 우리는 결정론을 실제로 받아들이는 대다수의 양립 가능론자들에게 초점을 계속 맞출 것이지만, 결정론 자체가 아니라 작인의 본성이 양립 가능론자와 자유론자의 대립 축이라는 것을 기억할 필요가 있다.

(5) 행위자로서 사람

인과 관계에 대한 우리의 논의는 이미 양립 가능론자 행동 모델과 자유론자 행동 모델에서 사람을 기술하는 문제로 넘어 왔다. 이 두 모델은 행위자로서의 사람을 어떻게 이해할 것인가에 대해 서로 다르다.

양립 가능론자의 경우 사람은 행위자인 한에서는 다만 일련의 사건들이고 이 사건들을 통해 결과, 말하자면 거수 행위를 산출하는 인과적 연쇄가 진행된다. 이 결과가 바른 방식으로 바른 사물에 의해서(예를 들어, 행위자 내부의 성격 상태) 일으켜지는 한, 그 행동은 자유로운 행동으로 간주된다. 그런데 양립 가능론자들은 사실상 사람이 변화 가운데서도 절대적 인격 동일성을 지속하는 진정한 실체라고 파악할 수도 있을 것이다. 그러나 그 이유는 다른 철학적 고찰에서 나와야 할 것이다. 작인에 관한 한, 개인적 행위자가 속성-사물이고(제10장 참조) 시간을 경유하는 일련의 사건들로 환원되며 절대적 인격 동일성을 지속하지 않는 다(제16장 참조)고 보는 것은 양립 가능론과 일치하는 입장이다.

이와는 달리 자유론적 자유의 필요 조건은 행위자가 아리스토텔레스, 아퀴나스의 전통에서 말하는 진정한 실체라는 점에 있다는 것이다. 제3장-제5장에 걸쳐서 우리는 과학적 자연주의가 사람과 같은 생명 유기체는 전통적 의미에서 실체로 이해되어야 한다는 점을 부인하는 것을 이미 보았다. 이제 우리는 대부분의 자연주의가 자유론적 자유를 어째서 부인하는지를 이해해야 하는 입장에 이르렀다. 이것은 모든 양립 가능론자가 자연주의자라는 것을 의미하는 것은 아니다.

많은 그리스도인은 선택과 예정이라는 몇 가지 입장을 포함하는 수많은 이유에서 양립 가능론을 포용한다. 그러나 자연주의자는 모종의 자유관을 수용하는 그 정도로 역시 양립 가능론자일 개연성이 매우 높을 것이다. 왜냐하면, 대부분의 자연주의자들이 인정하는 대로 자연주의는 행위자를 실체로 보는 입장 뿐만 아니라 행위자를 속성-사물로 보는 입장을 지지하는 능동적 힘의 실재 그리고 수동적 경향성만이 있을 뿐인 사건-사건 인과 관계를 부인하기 때문이다.

우리는 양립 가능론과 자유론과의 일반적 비교를 살펴보았고 자유 논쟁에 관련된 상이한 다섯 영역 즉, 능력 조건, 통제 조건, 합리성 조건, 인과 관계의 본성, 행위자로서의 사람의 본성을 대비하면서 검토했다. 이제 우리는 양립 가능론과 자유론을 마지막으로 비교하는 문제즉, 운명론와 신학적 반성을 검토한다.

3) 두 가지 마지막 문제

(1) 운명론의 문제

양립론자는 결정론이 진실이며 자유와 조화를 이룬다고 주장한다. 그렇기 때문에 어떤 사람들은 양립론자에게 한 가지 문제가 발생함을 보여 주고자 했다. 그들에 따르면 결정론이 운명론을 내포하고, 운명론은 거짓이며, 따라서 결정론은 양립론과 함께 거절되어야만 한다.

간단히 말해서, 운명론이란 발생하는 것이 모두 필연적으로 그렇게 된다는 견해이다. 그러므로 우리는 우리가 해야 할 일 말고는 다른 어떤 일도 할 수 없다. 결정론이 참이라면 우리의 모든 행위는 우리의 통제를 벗어난 과거 사건들의 필연적 결과이다. 그 문제를 설명하는 또 다른 방식에 따르면 결정론은 실제로 발생하는 것만이 가능하다는 현실론(actualism)을 암시한다. 이 견해에 따르면 사람이 실제로 하는 것과 그가 할 수 있을 것은 서로 일치한다. 이 견해는 포괄적 운명론(global fatalism)이라고 불리기도 한다. 그것은 논쟁의 여지가 있는 테제이고, 국소적 운명론과 구별된다. 국소적 운명론은 논쟁의 여지가 상대적으로 덜한 견해다.

국소적 운명론(local fatalism)에 따르면 우리의 의도나 선택과 상관없이 발생하도록 정해져 있는 결과들이 우리 삶에서 실제 독립된 사례로 나타난다. 예를 들어, 어떤 사람이 높은 건물 위에서 뛰어내리면, 그 의도의 정도가 어떠하든지, 그 의지의 행위가 어떠하든지, 그 사람의 운명의 궤적이 바뀌지 않을 것이다! 포괄적 운명론은 이것이 우주에서 일반적으로 나타나는 사례라고 말한다. 일부 철학자들에 따르면 포괄적 운명론은 거짓이고, 삶의 한 형태로서의 수동성으로 인도한다.

양립론자와 그 밖의 사람들은 운명론의 문제에 응수했다. 그들의 주장에 따르면 운명론은 거짓이며 결정론이 운명론을 내포하지 않는다. 결정론이 사실이라면, 사건의 진행에 있어서 오직 하나의 미래적 경과만 발생할 수 있다. 그것은 이 사건의 미래적 경과가 우리의 의도나 선택과 무관하게 일어날 것임을 의미하지 않는다. 예를 들어, 보자.

해리(Harry)라는 미혼 남성은 결혼을 하거나 결혼하지 않도록 운명 지어져 있다. 우리는 현재 어떤 결과가 운명 지어져 있는지 모르지만, 둘 중 하나일 것이다. 그것은 해리의 선택과 의도와 무관하게 발생할 것이다. 이렇게 말하는 것은 이치에 맞지 않는다. 해리의 선택과 의도가 결과에 이르는 인과관계의 연속에서 중요한 역할을 담당하기 때문이다. 일반적으로 미래는 우리의 의도와 선택으로 구성되는 사건들의 연속을 통해 펼쳐질 것이다. 따라서 의도와 선택은 어떤 미래가 있을지에 대해 인과적 공헌이라는 중요한 역할을 수행한다.

다른 철학자들의 지적에 따르면 이러한 대답은 운명론에서 생겨나는 논증의 실제 요점을 놓친다. 그 요점에 따르면 우리의 선택이나 의도는 결정론 때문에도 결정된다. 그것들은 과거로 확장되어 우리의 통제를 벗어나는 일련의 인과적 사건들 안에 있다. 따라서 결정론에 비추어 볼 때, 이 세상에는 실질적인 행동(real actions)이란 없으며 수동적 사건(passive happenings)만 있다.

범주적 능력(categorial ability)이나 실제로 다른 결과가 나올 가능성은 이 세상에 없다. 최초의 동자(first mover)나 우리 선택을 통제하는 행위자는 이 세상에 없다. 인과적 연속은 단순히 그 사람을 "관통"할 뿐이다. 따라서 운명론으로부터의 논증은 실제로 결정론에서 나오는 것처럼 보이는 세계와 인간 행동을 일반적으로 묘사하려는 시도이다. 그러한 이해를 통해 볼 때, 그 논증은 양립론자가 능력과 통제, 행위자, 인과관계를 다루는 것의 문제를 나타내는 또 다른 방법이다. 그렇다면 그 논증에 설득력이 있는지 여부는 이 쟁점에 관한 토론을 바라보는 견해에 달려 있다.

(2) 벤저민 리벳의 발견

1979년과 1980년대 초반에 미국 과학자 벤저민 리벳(Benjamin Libet, 1916-2007)이 일련의 실험을 수행했다. 많은 사람의 해석에 의하면 그 실험은 자유의지와 같은 것은 없음을 입증하는 과학적 증거를 제시했다. 피실험자들은 가령 30초와 같이 정해진 특정 시간 내 자신이 원하는 순간에, 손목을 돌리거나 손가락으로 버튼을 누르는 것 등과 같이 자발적인 행위로 알려진 간단한 운동 동작을 수행하도록 지시받았다. 그와 동시에 피실험자들은 자신의 행동에 대한 "결정"과 "충동", "의도"를 처음으로 자각한 시간을 적어 자신의 경험을 추적하도록 지시받았다. 그들은 자신들 앞에 걸린, 커다란 회전시계를 바라보며 시간을 측정했다. 그 모든 과정 동안에 리벳은 뇌파검사(EEG)를 통해 그들의 뇌 활동을 추적했다.

리벳의 발견에 따르면 그가 준비전위(RP: readiness potential)라고 부르는 뇌 활동의 증가는 손가락이 움직이기 550밀리세컨드 이전에 발생했다. 하지만 피실험자들은 자신들이 손가락을 움직이기 200밀리세컨드 이전에 결정했다고 보고했다. 따라서 피실험자들이 자신의 행동을 결정했다고 인식한 시간과 준비전위 시간 사이에는 350밀리세컨드의 간극이 있다. 많은 사람에 따르면 이것은 준비전위라는 뇌 활동이 행동 "결정"을 인과적으로 결정했고 따라서 그 결정은 자유롭지 않았음을 의미한다. 리벳의 실험 결과는 표 15.1에서 확인할 수 있다.

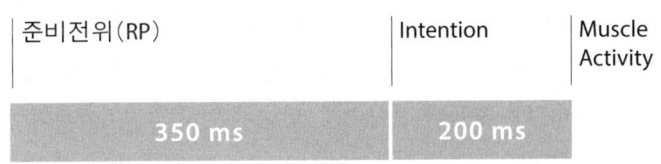

<표 15.1 준비전위>

리벳의 실험에 근거할 때, 우리는 결정론자의 주장을 어떻게 이해해야 하는가? 몇 가지 이유로 인해, 우리는 이 실험이 자유의지론적 자유의지(libertarian free will)가 없다는 증거를 제시한다는 생각을 거부해야만 한다.

첫째, 후속 실험자들이 이 문제를 해결하려고 노력했지만, 리벳의 용어는 철학적으로 엉성했다. 그는 결정과 충동, 의도, 바람, 욕구, 선택 등과 같은 단어들을 서로 동일한 것으로 호환하여 사용하는 것처럼 보인다. 불행히도 이 단어들은 결단코 서로 호환되지 않는다. 행동을 연구하는 철학자들이 종종 하는 주장에 따르면 행동하려는 욕구나 충동, 바람이 먼저 발생한다. 이것은 행동을 억제하려는 반대 욕망에 의해 잠시 균형이 맞춰지며, 그 후 신속한 숙고 과정이 일어난다. 그 다음에야 행동의 결정과 의도, 선택이 오게 된다.

하지만 이것만이 행동을 만들어내지는 않는다. 의지가 약하거나 자신의 최종 의도에 따라 행동하지 않는 사람이 여전히 있기 때문이다. 따라서 최종 단계가 발생해야만 한다. 근육활동을 일으키기 위해 힘이 실제로 행사되어야만 한다. 리벳은 힘의 행사를 완전히 배제하는 것처럼 보이고, 다른 관념들을 잘못 해석해 결과를 의심스럽게 만드는 것 같다.

둘째, 리벳 자신도 자유의지론적 자유를 부정하지 않았다. 리벳이 이어지는 실험들에서 한 발견에 의하면 사람들은 준비전위가 발동하고 자신이 버튼을 누르려고 결정한 것을 인식한 후에도, 여전히 그 결정을 거부하고 행동을 자제할 수 있는 능력을 유지했다. 리벳과 다른 사람들은 이것을 "자유거부의지"(free won't)이라고 불렀다. 그리고 그것은 앞선 뇌 활동에도 불구하고, 행위자가 실제적인 힘을 행사하기를 자제할 수 있음을 보여 준다.

셋째, 리처드 스윈번(Richard Swinburne)의 주장에 따르면 리벳의 통제 실험에서 극도로 단순한 행동은 일상의 삶에서 수행되는 극도로 복잡한 행동과 거의 유비되지 않는다. 그리고 이러한 행동의 복잡성이 거의 보장해 주는 바에 따르면, 이러한 행동에 관한 결정론에 대해 그 어떤 신경과학적인 증거도 제시될 수 없다. 신경과학은 행동하려는 충동과 같이 매우 단순한 원자적 감각들과의 관계를 발견할 수는 있다. 하지만 그것이 전부이다.

스윈번에 따르면 일상의 좀 더 복잡한 행동은 아래와 같이 적절하게 분석될 수 있다.

(신념 + 뇌 상태 + 감각 + 생각 + 욕구) → (의도 + 의도를 성취하기 위한 수단에 대한 신념)
→ 육체적 운동

예를 들어보자. 어떤 사람의 [나는 저녁 식사를 위해 마트에 가야만 하지만 투표도 해야 한다는] 신념들에 그 사람의 신념과 [나는 배가 고프다는] 감각을 연결시키는 뇌 상태를 더하고, 여기에 (아이들이 배가 고픈지 궁금하다는 것과 후보자들 모두가 나쁜데 내가 투표하지 않더라도 누가 알 수 있겠는가 하는) 생각을 더한다. 그리고 또 여기에 [나는 피자를 원하고, 매일 제때에 자녀들에게 저녁 준비를 해 주는 좋은 엄마가 되고 싶다는)]욕구를 더한다.

이 모든 것은 [투표하지 않고 피자를 사러 간다는] 의도로 이어지고, 여기에 [자동차 키를 찾아서 마트가 아니라 도미노 피자로 가고, 페어몬트 거리로 갈 경우 더 빨리 갈 수 있다는] 수단을 더한다.

이 모든 것은 [차 키를 찾고, 차에 올라타고, 시동을 켜는 등의 일련의 육체 운동으로 이어진다. 육체 운동이 사람에 따라 상대적이고 서로 맞물려 있는 여러 정신 상태(피자에 대한 신념은 사람마다 서로 다를 수 있다)의 결과라는 스윈번의 주장은 옳다. 따라서 누군가 도미노 피자에 갈 때마다, 그 직전의 정신 상태와 뇌 상태가 정확하게 동일하다고 주장하는 것은 불가능하다.

넷째, 행동하려는 의도와 그 의도를 인식하는 것 사이에는 시간적 간극이 있을 것이다. 특히, 영혼과 육체 사이의 이원론적 상호 작용이 참이라면 말이다. 이 경우, 행동하려는 의도는 그에 뒤따르는 뇌 상태, 즉 그 의도를 인식하는 상태를 가져올 것이다. 행동하려는 의지가 그 인식을 직접 불러일으킬 수도 있다. 이 경우에도 둘 사이에는 시간적 간극이 있을 것이다. 하지만 이원론적 상호 작용의 견해에 따르면 영혼과 육체는 [눈으로 보고, 뇌로 생각하는 것과 같이] 어떤 일을 하는 데 있어서 기관을 사용한다. 그래서 서로 다른 뇌 상태를 그 상황으로 가져오는 데 있어서 의도와 인식 사이에는 좀 더 긴 시간적 간극이 있을 것이다. 따라서 행동하려는 의도를 준비전위와 매우 인접한 시점이나 그와 동시에 형성할 수는 있겠지만, 그 의도를 인식하는 것은 이후에나 가능하다.

다섯째, 우리의 정신 상태가 비이성적 원자 활동으로 야기된다는 생각은 자가당착이다. 리벳은 자신의 실험에서 피실험자가 특정한 정신 상태(정직하려는 욕구, 진리가 무엇인지에 관한 지식, 행동하려는 인식, 이 모든 것을 정확하게 보고하려는 의도)를 지니고 있다고 가정해야만 했다. 그렇지 않으면 그의 실험결과는 신뢰받을 수 없었다. 조금 더 구체적으로 말해서, 만일 리벳이 손의 움직임이나 언어적 보고를 앞선 뇌 사건에 의해 결정론적으로 야기되는 단순한 물리 사건(physical events)으로 믿게 되었다면, 즉 피실험자의 욕망이나 의도 등에 담긴 의미론적 내용과는 전혀 상관없는 물리 사건으로 믿게 되었다면, 리벳은 손의 움직임이나 언어적 보고를 믿지 않았을 것이 분명하다.

여섯째, 마지막으로 누군가 자신에게 자유의지가 전혀 없다고 실제로 믿는 것이 정말로 가능한가?

우리는 이것이 정말로 가능한지 의심스럽다. 우리가 옳다면, 자유의지를 반대하는 어떠한 증거 조각이라도, 이 파괴적 증거를 찾을 권리가 누구든 그에게 있을 것이다. 우리가 보기에는 리벳 실험의 고도로 인위적인 조건 아래에서, 준비전위가 결정에 대한 기대를 나타내는 것이 당연할 수는 있다. 하지만 그것은 그 이상도 그 이하도 아니다. 우리가 이 판단에서 틀렸다 하더라도, 행동할 자유가 우리에게 있는지 평가하는 데 있어서 우리가 리벳의 실험을 무시할 수 있는 이유를 살펴보았다.

[요약]

결정론에 따르면 발생하는 모든 사건에는 다른 어떤 것도 발생할 수 없게 하는 조건이 있다. 강경한 결정론자는 결정론과 자유의지가 서로 양립할 수 없다는 자유의지론자에게 동의한다. 전자는 자유를 수용하고, 후자는 자유를 거부한다. 양립론자는 결정론과 자유의지가 서로 양립할 수 있다고 생각한다. 따라서 양립론자와 자유의지론자 사이의 주요 차이점은 그들이 자유를 어떻게 이해하느냐에 있다.

자유 개념은 다양하다. 하지만 우리가 분석했던 주요 개념은 도덕적 자유(freedom of moral)와 이성적 책임(rational responsibility)이다. 즉, 자유란 책임 있는 행위자에게 꼭 필요하다. 우리는 자유에 관해 양립론자의 관점과 자유의지론자의 관점을 모두 살펴보았다. 그리고 각 견해를 찬성하고 반대하는 일련의 논증을 살펴보았다. 표 15.2은 자유의지론자와 양립론자를 비교하는 주요 영역을 다섯 가지로 묘사하고 있다.

영역	양립론	자유의지론
능력 조건	가정적, 일방적 능력	단정적, 양방향 능력
통제 조건	인과적 행위론	최초의 또는 부동의 동자
합리성 조건	작용인으로서의 추론	목적인으로서의 추론
인과 관계	사건-사건 인과 관계	위자 인과 관계 또는 비인과적 행위자
행위자로서 사람	실체와 동일하지만 반드시 실체일 필요성 없는 사람	반드시 실체여야만 하는 사람

<표 15.2 자유의지론자와 양립론자를 비교하기>

마지막으로, 이 장에서 우리는 양립론자와 자유의지론자를 비교하는 영역을 두 개 더 살펴보았다. 운명론과 벤자민 리벳의 발견이다. 모든 기독교인은 책임 있는 행위자가 되기 위해 필요한 자유가 인간 전반에 있다는 데 동의한다. 하지만 그들은 자유에 관해 어떤 설명이 옳은지에 대해 입장이 서로 다르다. 쟁점은 복잡하다. 하지만 한 사람의 입장은 어떤 설명에 가장 높은 개연성이 있는지에 대한 성경적 연구와 신학적 고찰, 철학적 판단에 달려 있다.

[기본 용어]

가설적 능력
가치 체계
개인적 통합의 자유
결정론(강성과 연성)
교의론적 주의주의(직접적 그리고 간접적)
능력 조건
도구적 원인
도덕적 합리적 책임의 자유
매개 동자
목직인
믿음/욕망 무대
범주적 능력
비결정론
비인과적 작인론
사건-사건(혹은 상태-상태) 인과 관계 숙고
아크라시아
양립 가능론(강성과 연성, 고전적 대 현대적 혹은 계층적)
양자 물리학
우연적 미래 사건
운명론(전체적 대 국소적)
이중 능력/통제
이차 능력
이차 욕망
인간 행동

인과 관계
인과력
인과적 일탈
인과적 행동론
일방향 능력(혹은 통제)
일어나는 일
일차 능력
일차 욕망
자유 의지
자유로운 행동
자유론
작용인
작인
전택설
제1원인 혹은 부동의 동자
중간 지식
통제 조건
합리성 조건
행위자 인과 관계
행위자로서 사람
허용의 자유
현실론
후택설

제16장

인격 동일성과 사후의 삶

그러므로 나의 인격 동일성은 자아라고 부르는 분리할 수 없는 지속적 존재를 함축한다. 이 자아가 무엇이라고 할지라도 사유하는 존재, 숙고하는 존재, 결심하는 존재, 행동하는 존재, 체험하는 존재이다. 나는 사유가 아니고 행동도 아니며 느낌도 아니고 사유하는 존재, 행동하는 존재, 체험하는 존재이다. 나의 사고와 행동과 느낌은 순간마다 변하고 계기적으로 실존할 뿐, 아무런 지속적 실존도 가지지 않는다. 그러나 이것들이 속해 있는 자아 혹은 나는 영속하는 존재로서 나의 것이라고 부르는 바, 계기적으로 일어나는 사고, 행동, 느낌과 동일한 관계를 가진다.

*리이드, 『동일성에 대해』(*Of Identity*)

나는 내면을 향해 반성할 때 이런 저런 지각 이외에는 아무것도 지각할 수 없다. 나는 도대체 지각 이외 아무것도 지각할 수 없다. 그러므로 자아를 형성하는 것은 지각의 합성일 뿐이다.

*흄, 『인성론』(*A Treatise of Human Nature*)

1. 서론

죽음은 극적인 중단 사태이다. 그렇지만 기독교의 핵심 진리는 내가 죽은 후에도 살아 남아 사후의 삶을 사는 인격의 불멸성이 실재한다는 입장을 견지한다. 성경에서 말하는 사후의 삶을 묘사하는 수많은 상이한 모형이 있지만, 그 가운데 세 가지가 가장 대중적이다.

첫째, 교회사에서 가장 많이 고수된 **전통적 입장**이 있다.

이 입장에 의하면 신만이 오직 불멸하는 존재이다(딤전 6:16 참조). 그러나 인간 존재는 적절하게 물질적 인체와 비물질적 실체적 영혼의 통일로서 해석되는 것이 정상적이지만, 여전히 임종에서 완전하지는 않지만 일시적으로 신체와 분리되는 상태에 들어가고 그 후에 미래의 보편적 부활 사건에서 새로이 부활된 신체를 받을 것이다. 사후의 삶을 사는 인격은 절대적 문자적 의미에서 "나 자신"이다.

둘째, **직접적 부활 입장**으로 일컬어질 수 있을 것이다.

이 입장에 따르면 인간은 죽을 때 모종의 일시적 신체를 부여 받아 최종적으로 부활된 신체를 기다리거나, 아니면 죽기 전의 신체는 임종시 신이 가져가고 매장된 사체로 교체된다. 이 입장은 중간 상태에서 지속하는 인격의 존재를 허용하는 이점을 가지고 있다. 그러나 이 입장은 몇 가지 성경 본문 말씀이 중간 상태를 신체와 분리된 상태로 기술하는 것처럼 보인다는 사실과 만나게 된다(시 49:15; 마 27:50; 고후 5:1-8; 히 12:23; 계 6:9-11 참조).

셋째, 근자에 제기된 입장으로서 **재창조 입장**이라고 일컬어진다.

인간이 죽을 때 그는 사멸하게 되는데, 즉 중간 상태에서는 신체와 분리되어 존재하는 인격은 하나도 없는데, 죽은 자들이 부활할 때 신이 무로부터 다시 한 번 반복해서 그 인격을 창조한다.

이 입장에 따르는 주석적 난점들은 별도로 한다고 해도, 이 입장이 재창조되는 그 인격이 문자적으로 먼저 죽었던 그 인격과 동일 인격이라고 파악하는 자료를 가지고 있다는 점은 불분명하다.

우리는 이 장의 말미에 가서 이 문제 및 사후의 삶의 문제를 다룰 것이다. 그러나 부분적으로 개인의 사후 생존 (그리고 각종 형태의 사후 생존)의 이해 가능성이 변화 가운데 있는 인격 동일성에 대한 일반적 관점의 문제라는 점은 분명할 것이다. 인격 동일성의 문제는 그 자체만으로도 아주 큰 관심사이고 또한, 동시에 사후의 삶의 믿음과도 관계가 있다.

변화 가운데 있는 인격 동일성에 관한 문제들은 일반적으로 같음과 변화라는 보다 폭넓은 문제의 일면이다. 제9장에서 우리는 변화가 가능하기 전에 변화하는 사물은 변화의 처음부터 그 과정을 거쳐 끝에 이르기까지 실존해야 한다는 사실을 지적한 바 있다. 사과가 노랑에서 빨강으로 변할 때 그 사과는 변하는 동안 내내 처음부터 끝까지 동일한 사과이지 않으면 안 된다. 일반적으로 변화는 변화 가운데 있는 문자적 절대적 같음을 전제한다. 그러한 같음이 없다면, 그때는 다만 계기만 있을 뿐이고 실재적 변화는 없다. 즉, 시간 x에 존재하기를 멈춘 노란 사과가 있는 한편, 시간 x를 잇는 시간 y에 존재하는 빨간 사과가 있을 수 있다. 제10장에서 우리는 전통적 실체 이론이 많은 것을 추구하지만, 변화 가운데 있는 같음을 설명하고자 하는 형이상학적 입장이라는 것을 보았다.

그러나 이 장에서 우리의 목적은 같음과 변화를 일반적으로 추구하는 것이 아니라 특수 문제로서 인격 동일성의 본성을 추구한다. 사람의 인격이란 무엇인가?

사람의 인격은 변화 가운데 동일하게 남아 있는가?

그렇다면 우리는 이것을 어떻게 이해해야 하는가?

전통적 기독교 신학, 상식과 다양한 철학적 논증이 결합하여 인격은 다양한 종류의 변화 가운데서도 절대적 실재적 같음을 유지한다는 것을 확정한다. 이 입장은 절대적 인격 동일성 입장이라 일컬어지고 항상은 아니지만 아주 자주 실체이원론과 연합되어 있다(제13장 참조). 그러나 몇 가지의 현대 이데올로기들 예를 들어, 과학주의, 물리주의, 감각 중심의 완고한 경험주의 등은 변화 가운데 있는 같음을 불가능하게 만들어버린다. 이런 저런 이유들로 해서 다양한 경험론적 인격 동일성 입장은 절대적 입장의 대안으로서 제시되었다.

첫째, 이 장에서 먼저 우리는 변화 가운데 있는 물리적 인공물의 동일성을 살펴볼 것이다.

둘째, 우리는 인격 동일성에 관해 절대적 입장과 두 개의 경험론적 입장(신체 입장과 기억 입장)을 구체적으로 명시할 것이다.

셋째, 우리는 이 세 입장의 찬반 논증을 평가할 것이다.

우리는 진행하기 전에 몇 가지 예비적 구별을 분명히 해야 한다.

첫째, 우리는 **절대적 엄밀한 의미의 동일성**과 느슨한 대중적 의미의 동일성을 서로 구별해야 한다. 시간 t1의 존재물 x(12세의 스미스)가 시간 t2의 존재물 y(43세의 스미스)와 절대적 엄밀한 동일성을 지속한다면 그때는 x와 y는 상호 동일성의 관계에 있다. 이 동일성은 라이프니츠의 동일자 식별불가능성의 법칙(제9장 참조)이 x와 y에 타당하다(어떤 것이 y에 유효한 바로 그 경우에만 x에 유효하다)는 그런 동일성이다.

12세의 스미스에 유효한 모든 것은 43세의 스미스에 유효하다. 왜냐하면, 12세였던 바로 그 동일인은 지금 43세이기 때문이다. 절대적 같음을 가지는 채로 인격은 시간의 처음부터 끝까지 움직이고 삶의 매순간마다 충분하게 존재한다. 인격은 아무런 일시적 부분이나 단계를 가지지 않는다. 따라서 시제와 연대는 인격의 부분들이 아니다. 12세의 스미스는 키가 150센티미터였고, 43세에는 키가 180센티미터라는 것으로 되었다. 43세의 스미스는 지금 키가 180센티미터이고, 이전에는 150센티미터였다.

우리는 물리적 대상의 동일성을 살펴볼 때 **느슨한 대중적 의미의 동일성**을 자세하게 살펴볼 것이다. 그러나 지금으로서는 어떤 것이 변화 가운데 있는 느슨한 대중적 동일성을 유지하는데도 같다고 하면, 우리의 판단은 다소 자의적인 것이며, 엄밀한 방식으로 이해될 수 없다는 점을 지적해야 한다. 예를 들면, 캔자스 시티 로얄 야구팀은 모든 선수를 비롯하여 매니저, 구단주 그리고 경기장과 유니폼을 모두 바꾸었으며 엄밀하게 말해서 다른 팀이지만 그래도 여전히 느슨한 대중적 의미에서 같은 팀이라고 판단될 수 있다. 우리가 살피고자 하는 한 가지 문제는 인격이 변화 가운데서도 엄밀한 절대적 같음을 유지하는가 아니면 다만 느슨한 대중적 "같음"을 유지하는가 하는 것이다.

둘째, 인격 동일성의 형이상학적 측면들은 인식론적 측면들과 구별되어야 한다. 전자는 무엇이 인격 동일성을 구성하는가 즉, 인격 동일성은 무엇인가, 인격 동일성을 실재적이게 만드는 것은 무엇인가에 집중한다. 시간 t1의 인격 x는 t2의 y와 동일 인격이라고 말하는 것은 무엇인가?

인식론적 측면은 인격 동일성의 기준에 집중한다.

시간 t2의 인격이 t1의 인격과 동일 인격이라고 아는 것 또는 정당하게 믿는 것이 어떻게 가능한가?

인식론적 문제는 매우 다른 두 하위 문제로 나누어질 수 있다. **하나**는 나 자신이 변화 가운데서 동일인이라는 것을 어떻게 아는가라는 1인칭 문제이고 **다른 하나**는 사람들은 타인이 변화 가운데서도 동일 인격이라는 것을 어떻게 알 수 있는가라는 3인칭 문제이다. 게다가 인식론적 문제는 우리가 인격 동일성은 죽기 전에 신체적 상태로, 그랬다가 대립적으로는 죽은 후에 신체 없는 중간 상태로 획득된다는 것을 (1인칭 또는 3인칭 방식으로) 어떻게 아는가라는 문제를 포함한다.

이 장에서 우리의 초점은 인격 동일성의 인식론적 문제들이 논의의 일부로서 다루어지기는 하겠지만 주로 형이상학적 측면에 맞추어질 것이다. 우리는 논의할 지면이 짧기 때문에 이 주제에 대한 모든 중요한 입장을 망라할 수 없다. 더 정확하게 말해서 이 장은 인격 동일성 논쟁사에서 중요한 역할을 담당한 세 가지 주요 입장만을 겨냥할 것이다.

2. 변화 가운데 있는 물리적 인공물의 동일성

세계는 인간, 개와 같은 생명 존재도 포함하고 탁자와 배 같은 물리적 인공물도 포함한다. 그러나 세계는 역시 과정(끓고 있는 물)과 사건(생일 파티나 야구 경기)이라고 일컬어지는 존재물도 포함한다. 야구 경기와 같은 시간이 소요되는 사건을 고찰해 보자. 이런 종류의 사건은 시간이 지나면서 확장되고 따라서 시간적 부분들로 구성된다. 야구 경기는 이른바 회라는 아홉 개의 시간적 부분들로 구성된 총합이다.

다음으로 배와 같은 인공물을 고찰해 보자. 이러한 존재물은 공간을 거치면서 확장되고 따라서 공간적 부분들(배면, 갑판, 돛)을 가진다.

이러한 물리적 인공물은 변화를 거치면서 엄밀한 같음을 지속하는가? 이것들은 물리적 부분 이외에도 시간적 부분을 가지는가?

이러한 물음들은 철학이 시작한 이래로 철학의 일부였고 고대 그리스의 항해사이자 전사 즉, 아테네의 왕이었던 테세우스(Theseus)가 소유한 배에 대해 제기된 질문이다.

플루타르크는 테세우스의 배에 대해 다음과 같이 언급한다.

> 테세우스와 아테네의 젊은 전사들이 되돌아간 배는 30개의 노를 가지고 있었다. 이 배는 데메트리우스 팔레레우스(Demetrius Phalereus) 시대에 이르기까지 아테네 사람들이 보존한 배이다. 왜냐하면, 그들은 그 배가 부식해짐에 따라 낡은 널빤지를 제거하여 강한 새 것으로 갈아 끼우고 그렇게 해서 철학자들 사이에 제기된 질문

에 대해 뛰어난 본보기가 되었기 때문이다. 다시 말해서 그 질문은 성장하는 사물에 대한 논리적 질문으로서 한 측은 그 배는 동일하게 남아 있다고 주장하는 보기로 사용하고 다른 한 측은 그 배는 동일하지 않다고 주장하는 보기로 사용했다.[1]

수년이 지나면서 테세우스의 배는 그 모든 부품들이 널빤지는 널빤지대로 못은 못대로 각각 교체되고 마침내 항해를 계속하기 시작했을 때는 그 배의 원래 부품들은 하나도 없고 모두 새 것으로 교체되었다.

이 배는 교체되었는가 아니면 수리되었는가?
이 배는 문자 그대로 테세우스의 원래 배와 동일한가, 아니면 원래의 배를 닮았지만 계속해서 전함으로 기능하는 새로운 배인가?

이 이야기를 윤색하여, 이 배를 구성하는 원목 부분들이 교체될 때마다 나무를 쓰지 않고 냉동 녹색 젤로(Jell-O)를 사용했다고 가정해 보자. 나아가서 수년 동안 제거된 모든 원래의 부분들 하나하나가 창고에 보관되어 있어서 수년 후에 그것들을 가지고 다시 재조립하여 원래의 배와 동일한 구조를 가진 배로 복원했다고 가정해 보자.
이제 논증을 구성하려는 의도에서 어떤 대답이 주어지는가를 물어보자.

즉, 어느 쪽 배가 테세우스의 원래의 배와 동일한 것인가?
냉동 녹색 젤로 배인가?
아니면 원래의 모든 부품을 동일한 구조로 재조립한 배인가?

상식적 직관과 많은 철학자가 동의한 것은 원래의 배는 냉동 녹색 젤로 배가 아니고 그 배의 원래의 부품과 구조로 복원된 배라는 것이었다.
합당하게 보인다고 말하자면 이 대답이 옳은 것이라고 가정해 보자.
많은 철학자에 의하면 테세우스의 배, 우리의 결론 그리고 수수께끼 같은 문제에 이르는 과정에서 도출될 수 있는 교훈은 네 가지라고 한다.

---

[1] Plutarch, "The Life of Theseus," in *The Lives of the Noble Grecians and Romans,* trans. John Dryden, rev. Arthur H. Clough (New York: Random House, 1992), 13.

첫째, 물리적 인공물은 변화 가운데서 절대적 엄밀한 동일성을 지속하지 않는다. 인공물은 새 부분을 얻을 수 없고 헌 부분을 잃어버릴 수 없어도(혹은 구조적으로 다시 배치된 부분을 가질 수 없어도) 여전히 동일한 배일 수 있다. 물리적 인공물은 다만 구조화된 부분들(속성-사물)일 뿐이다. 그 부분들이나 구조가 변할 때 그 배는 자기 동일성을 잃는다. 물리적 인공물에 대해서라면, 변화 가운데 있는 엄밀한 같음은 허구이다.

이 입장은 이른바 **부분론적 본질주의**(mereological essentialism)의 변형이다. 그리스어 메로스(meros)는 "부분"을 의미한다. 부분론적 본질주의는 사물의 부분은 전체로서의 그 사물에 본질적이라는 것을 의미한다. 그 대상이 부분을 얻거나 잃어버리면, 다른 대상이 되고 만다. 모두는 아니지만 다수의 철학자들이 부분론적 본질주의를 테세우스의 배와 같은 물리적 대상에 대한 가장 적합한 설명으로 채택한다.

둘째, 우리가 인공물에 대해 기대할 수 있는 최상의 것은 느슨한 대중적 동일성이다. 어떤 철학자들은 그러한 대상은 일련의 시공간적 부분들이 된다는 관념을 안출하고 싶어 한다.

도표 16.1에서 나타난 대로 이 시공간적 부분들은 때때로 **시공간적 나선** 혹은 행로라고 일컬어진다.

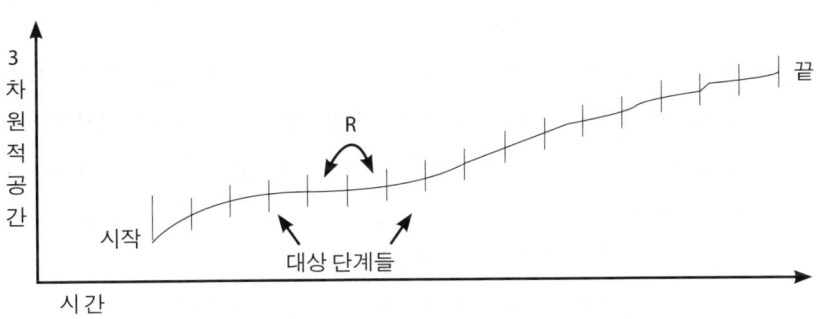

<그림 16.1 시공간적 나선 혹은 행로>

우리가 어떤 배가 시간이 지나도 "동일하다"고 주장한다면 그 배는 자신의 시간적 공간적 부분들의 총합이라는 것을 의미한다. 시간적 부분들은 대상 단계들 또는 대상의 시간적 단면들이라고 일컬어진다. 이러한 관념으로부터 여러 가지 함의들이 도출된다

① 그 배는 처음부터 소멸되는 끝까지 매순간마다 실존하지 않는다. 더 정확하게 말해서 배의 단계가 매순간마다 실존한다. 그 배는 **시간을 지나는 동안 내내** 실존하지 않는다. 그것은 야구 경기와 같다. 배 전체는 개개의 시간적(그리고 공간적) 부분(배의 단계)의 총합이다.

② 우리가 테세우스의 배의 모든 다양한 단계를 "동일한" 배(동일한 시공간적 행로)로 통합하는 것이 무엇인가를 묻는다면, 대답은 그 배의 단계들은 모두 서로 어떤 관계 R을 맺고 있고 다른 배의 단계들(율리시즈가 소유한 두 번째 배의 다양한 시간적 단면)은 테세우스의 배의 단계들과 R의 관계를 하등 맺고 있지 않다는 것이다. R이 무엇이어야 하는가에 대한 많은 설명이 제시되었다.

예를 들어, 앞선 단계가 뒤 단계의 실존을 일으켜야 한다, 개개의 단계는 시공간에서 이웃하는 단계들과 연속적이어야 한다(어떠한 스타 트렉도 여기서는 빛나지 않는다), 개개의 단계는 자기 이웃들을 현상적으로 충실히 닮아야 한다, 또는 배 전체는 일정한 양의 부분들(예컨대 50퍼센트 이상)을 제멋대로 잃어버릴 수 없고 부분 교체는 천천히 점진적으로 진행되어야 한다 등등. 관계 R이 무엇으로 드러나든 간에 그것은 배의 다양한 계기적인 단계를 관련시켜 "한" 배로 통합시키는 어떤 것이고 그러나 동일성보다는 약한 관계이다. 때때로 이러한 관계는 동종동일성(genidentity)이라고 일컬어진다.

셋째, 동일성은 다소 임의적이고 등급으로 나타난다. 예를 들면, 우리는 냉동 젤로로 교체된 배를 우리가 선택하는 어떤 임의적 한계를 노출할 때까지 테세우스의 원래의 배와 동일한 배로 간주할 수 있다. 그 한계는 예를 들어, 원래의 부분들을 51퍼센트를 상실한다든지, 젤로를 갈색 기타 등등의 색깔로 물들이지 않았는데도 일부를 상실한다든지 하는 등이다.

여기서 같음은 약정의 문제이고 교체를 이룬 배는 원래의 배의 부분을 잃어버리면 버릴수록 혹은 색깔, 형태 등에서 원래의 배를 닮지 않으면 않을수록 점점 더 원래의 배와 "동일하지" 않게 된다. 우리는 희망하는 같음을 위한 어떤 임의적 한계를 선택할 수 있고 그 지점에 도달한 후에는 현존하는 그 배가 다른 배이며 "동일한" 배가 아니라고 계산할 수 있다.

넷째, 시간적(그리고 공간적) 부분들, 이제는 시공간적 행로로 간주된 이 부분들은 물리적 인공물에 본질적인 것이므로, 특정한 인공물은 다른 시간적 기원을 가질 수 없어서 지금까지도 동일한 대상일 수 없었다(그것은 더 이상 길게 지탱할 수 없었고 혹은 공간적 다른 행로를 밟아갈 수 없어서 지금까지도 동일한 대상일 수 없었다)는 결론이 나온다. 테세우스의 배가 실제로 제작된 날보다 일주일 후에 만들어졌다면, 다른 시간적 부분들을 연속적으로 가지게 되었을 것이고 따라서 다른 배가 되었을 것이다. 우리가 나중에 살펴보겠지만, 동일한 사정이 인격에게도 말해질 수 있는지는 불분명하다.

이제 시간 가운데 있는 인격 동일성을 보는 세 가지 입장을 명료화할 시점에 이르렀다. 절대적 인격 동일성 입장은 인격은 변화 가운데 엄밀한 같음을 지속한다는 것을 견지한다. 다른 두 가지 경험론적 입장은 이러한 입장을 부인하고 인격을 물리적 인공물처럼 취급한다.

3. 인격 동일성에 대한 세 가지 입장

1) 세 입장의 진술

(1) 상식적 입장

버틀러(Joseph Butler <1692-1752>) 주교와 리이드(Thomas Reid <1710-1796>) 같은 철학자들이 옹호하는 입장으로서 상식적 입장이 있다. 이것은 **절대적 인격 동일성 입장**으로 알려져 있다.

이 입장에 따르면 인격은 엄밀한 절대적 같음을 변화 속에서 지속한다는 점에서 물리적 인공물과 다르다. 라이프니츠의 동일자의 식별불가능성의 법칙은 시제를 제외한다면 인격이 실존하는 모든 순간에 타당하다. 왜냐하면, 인격은 시간적 부분들을 가지지 않기 때문이다. 키가 180센티미터인 어른은 아이였을 때 키가 90센티미터인 인격과 엄밀하게 동일하다. 아이는 키가 90센티미터인 속성을 과거에 가졌고 어른은 그 속성을 지금도 가진다. 그 어른은 아이가 20년 전에 가졌던, 키가 90센티미터라는 속성을 항상 가지고 있었다.

인격 동일성은 절대적이다. 그것은 약정에 의해 해결될 문제가 아니다. 그것은 등급으로 나타나지 않는다. 그것은 부분적이 아니다. 우리가 시간 t_2의 인격에게 t_2보다 이른 t_1에 존재하는 인격과 동일 인격인가라고 물으면, 그 대답은 긍정이거나 부정일 것이다. 이 점을 물질적 대상과 대조해 보자. 있던 탁자의 반쪽이 없어지고 새 탁자 부분으로 교체되었다고 가정해 보자. 새 탁자는 있던 헌 탁자와 동일한가?

엄밀하게 말하면 그 대답은 그렇지 않다는 것이다. 그러나 우리는 이 새 탁자는 헌 탁자와 부분적으로(50퍼센트) 동일하다고 말할 수 있다. 또 우리는 임의로 50퍼센트라는 선을 그어서 이 새 탁자가 원래의 부분 50퍼센트나 그 이하를 잃어버린다면 아직도 "동일하다"고 말할 수 있을 것 같고 50퍼센트 이상을 잃어버린다면 동일하지 않다고 말할 수 있을 것 같다. 그러나 우리는 우리의 목적에 적합한 지점에서 그 선을 그을 수도 있다. 우리가 탁자 다리를 평가할 때 탁자는 원래의 부분 50퍼센트 이상을 잃어버렸을지라도 원래의 다리 세 개를 지금도 모두 가지고 있다면 "동일한" 것이었다고 말할 수도 있다. 인격 동일성은 이와 같지 않다. 절대주의자 입장에서 보면 그것은 전부 아니면 전무의 문제이고 약정의 문제가 아니다.

다음으로 절대주의자는 인격 동일성은 분석될 수 없고 시원적인 것이라고 주장한다. 그것은 인격 동일성을 구성하기 위해 기본적인 것으로 채택될 수 있는 어떤 것으로 쪼개어질 수 없다. 탁자의 동일성은 그와 같이 분석될 수 있다. 우리는 탁자가 변화하는 가운데 지속하는 "동일성"이 탁자의 부분들의 안정성에 관한 입장으로 쪼개어질 수 있다고 말할 수 있다. 그러나 인격 동일성은 바로 이러한 동일성보다 더 기본적인 어떤 것의 견지에서 정의될 수 없다. 이 점은 가끔씩 다음과 같이 표현되기도 한다. 즉, 1인칭 관점, 즉 "나"는 환영적이어서 3인칭 관점으로 환원될 수 없다고 말해진다. "나"는 궁극적이고 두 가지 의미에서 인격의 통합자로서 소용된다.

첫째, 인격은 주어진 시간의 통일성이다.

지금 당장 여러분은 여러 가지 상이한 그러나 동시적인 경험들을 가지고 있으리라. 발의 가려움, 인격 동일성 생각, 배경 음악의 의식, 커피가 당기는 욕구, 앉아 있는 의자의 느낌 등 말이다. 이처럼 상이한 경험들은 동일한 인격 즉, 당신의 경험으로서 통합된다. 왜냐하면, 그것들은 모두 의식의 동일 중심 즉, 동일한 "나"에 의해 소유되거나 가지게 되는 것이기 때문이다.

둘째, 인격은 **시간을 통한 통일성**이다.

수년에 걸쳐 여러분의 신체 부분들은 성쇠를 거듭하고 다양한 정신 상태, 즉 기억, 성품 등은 부침을 거듭한다. 그러나 그것들은 모두 동일한 인격의 면면들이다. 왜냐하면, 그 모두가 절대주의자 입장에 따르면 동일하게 지속하는 "나"에 속하기 때문이다. 따라서 분석에 의하면 1인칭 관점은 "1인칭 관점" 즉, 의식의 실체적 중심인 자아, "나"를 소유할 수 있는 특별한 종류의 것에 근거를 두는 것으로 판명된다. 1인칭 관점은 이 1인칭 관점을 가지는 의식의 실체적 중심에 뿌리를 두기 때문에 "1인칭 관점"이라는 문구는 실제로 어떤 종류의 지점(사물, 통합된 중심, 실체), 즉 바라보고 지각하는 종류의 지점 이른바 "나"를 가리킨다.

셋째, 모두는 아닐지라도 대부분의 절대주의자 입장 옹호자들은 실체이원론이 인격 동일성을 설명하는 "나" 혹은 자아를 이해하는 최선의 방법이라고 파악한다. 나는 본질적으로 나의 영혼이다. 내가 동일한 영혼이고 인격이며 다른 영혼이고 인격이다. 인격 동일성이 토대를 가지는 것은 나의 영혼이 실존하고 나의 정신적 삶을 소유하며 나의 신체에 퍼지고 변화 가운데서 지속하기 때문이다. 인격 동일성은 절대주의자 입장을 옹호하는 많은 사람에게는 영혼에 근거를 두고 있다. 따라서 분석에 의하면 1인칭 관점은 1인칭 관점의 장소 즉, 실체적으로 자기 의식하는 자아에 근거를 두는 것으로 판명된다.

인격 동일성에 대해 이와는 근본적으로 다른 두 입장이 경험론자의 입장이다. 경험론적 인격 동일성 입장의 두 가지 주요한 보기가 신체 입장과 기억 입장이다. 우리가 하나씩 살펴보기 전에 이들이 절대주의자 입장을 공통적으로 거부하는 세 가지 중점 사항이 있다.

첫째, 경험주의자 입장은 변화 가운데 있는 동일성을 물리적 인공물로부터 도출하는 관점에서 시작하고 이를 인격 동일성에 확장시킨다. 이것은 변화 가운데 있는 인격 동일성이 민족과 탁자의 동일성처럼 등급으로 나타난다는 것과 부분적이라는 것과 어느 정도 약정의 문제라는 것을 의미한다.

둘째, 인격 동일성은 분석될 수 없는 것이 아니다. 그것은 그와는 다른 어떤 것의 견지에서 정의되어야 한다. 신체 입장의 경우 인격의 "동일성"은 신체의 "동일성"에 의해 구성된다. 기억 입장의 경우 그것은 다양한 심리학적 요인, 다시 말하면 기억, 성품, 관심과 목표 그리고 아마도 이러한 심리학적 요인들의 필수적 "운반자"로서 두뇌의 연속성이 될 것이다. 바로 이런 심리학적 요인들이 인격 동일성을 구성한다. 어느 쪽이든, 인격은 과정 같은 것이 되고 인격은 적절한 관계 속에서 상호 관련되는 일련의 인격 단계들이 된다.

인격 동일성 이론의 주요 논점은 다양한 인격 단계 사이에서 이 단계들을 "동일" 인격의 모든 단계로 만들어 주는 그 관계 혹은 관련이 무엇인가를 구체적으로 명시하는 것이다. 이것은 문제의 인격을 3인칭으로 기술함으로써 아무런 정보 손실 없이도 나라는 단어로 표현되는 1인칭 조망을 완전하게 남김없이 대체할 수 있다는 것을 의미한다.

셋째, 아무런 실체적 영혼이나 자아도 없다. 이러한 존재물은 경험주의자를 옹호하는 사람에 따르면 과학 이전의 관찰 불가능한 쓸 데 없는 요청이다. 인격은 동시에 묶어지는 물리적 정신적 상태의 다발이고(그리고 대부분의 물리주의적 형태의 경험론적 입장은 제14장에서 언급된 다양한 전략에 따라서 정신적 상태를 여전히 물리적 상태로 환원시키는 것을 계속하고 있다) 시간을 지나는 일련의 물리적 정신적 상태이다.

(2) 경험론적 신체 입장

경험론적 신체 입장은 다양한 인격 단계를 "동일" 인격의 단계들로 통합하는 그 관계라는 것이 모든 정신적 단계가 "동일" 신체에 연관된다는 점이다. 여러분이 이 문단의 첫 문장을 읽고 있는 인격과 동일 인격이라는 이유가 이 문장을 읽고 있는 체험이 특정한 신체에 결합된다는 점, 이 문장을 읽고 있는 체험이 특정한 신체에 연관된다는 점, 이 두 경우에 신체가 모두 "동일하다"는 점에 있다는 말이다. 인격 동일성이 신체 동일성의 견지에서 분석되기 때문에 이 입장의 옹호자들은 신체가 변화 가운데서 동일하다는 말이 느슨한 비절대적 의미에서 무슨 뜻인가를 우리에게 알려 주어야 한다.

이에 대한 다양한 답이 제시되었다. 새로운 신체 단계들은 그 직전과 직후에 이웃하는 단계들과 공유하는 부분들을 일정한 백분율로 가지고 있어야 한다. 또 새로운 단계들은 이웃하는 단계들과 시공간적으로 연속적이어야 한다. 새로운 신체 단계들은 이웃하는 단계들을 현상적으로 닮아야 한다.

개개의 경우에 종종, 신체 입장은 부분들의 의미심장한 대체, 시공간적 장소 변화, 초기 신체 단계들과 대비되는 후기 신체 단계들의 현상적 변화를 허용해야 한다. 그러나 일반적으로 말해서 이러한 변화들은 점진적이고 연속적이어야 하며 급격하게 격심하게 단속적으로 이루어져는 안 된다.

(3) 경험론적 기억 입장

경험론적 기억 입장은 인격 동일성을 구성하는 것은 심리학적 특성들의 연속성이라고 파악한다. 경험들 사이의 내적 관계가, 시간을 지나는 일련의 경험들을 "동일" 인격의 경험이게 한다는 관념을 의미 있게 만드는 데 필요한 전부이다.

이러한 심리학적 특성들 가운데 주요 특성이 바로 기억이다. 여러분이 아침에 기상한 인격과 "동일" 인격이라는 이유는 여러분이 아침에 기상한 인격과 "동일한" 기억들(물론 깨자마자 여러분이 그 앞 단계에서 소유한 적이 없는 그 날의 기억들을 지금 가지고 있다는 점은 제외하고)을 지금도 대다수 가지고 있기 때문이다. 기억들이 인격의 동일성을 결정하기 위한 인식론적 기준으로서 간주되지 않는다는 점에 주의하기 바란다. 다시 말하면 기억들은 인격의 동일성을 구성하는 것이다.

종종, 기억 기준은 다른 심리학적 요인들로 보충된다. 이를테면, 호불호의 연속성, 목표와 관심의 연속성, 성품의 연속성, 따뜻한 느낌과 초기 인격 단계 소유의 연속성 등이다. 혹자는 두뇌가 이러한 심리학적 특성들을 운반하고 함유하고 있는 것이기 때문에 그렇다면 두뇌의 연속성은 심리학적 특성의 연속성의 필요 조건이고 따라서 인격 동일성의 필요 조건이라고 덧붙인다.

속성 이원론자들, 사건 이원론자들(제4장 참조), 예를 들어 A. J. 에이어(A. J. Ayer)는 심리학적 상태는 환원불가능하게 정신적이고 자아는 동시적인 다발이며 시간을 지나는 불연속적인 아니면 소유 주체 없는 정신적 상태(고통의 느낌, 점심 생각, 성욕)의 연속이라고 파악한다. 기억 입장을 옹호하는 물리주의자는 심리학적 상태는 환원불가능하게 정신적이 아니며 오히려 더 정확하게 말해서 두뇌 상태로 환원될 수 있고 혹은 사람을 물리주의적으로 보는 입장(제14장 참조)과 일치하는 방식으로 어쨌든 취급될 수 있다고 고집한다.

2) 세 입장의 평가

(1) 절대주의자 입장 찬성 논증

① 자아의 기본적인 경험

여러분이 갈색 탁자에 접근하고 있는 도중에 세 가지 상이한 내성의 순간에 자기 자신을 의식하고 있다고 가정해 보자. 시간 t_1에 여러분은 탁자에서 150센티미터 거리에 있고 발에 가벼운 고통(P_1)을 경험하고 방의 한 곳에서 밝은 갈색 탁자 감각(S_1)을 경험하며 탁자가 낡았다는 특정한 사고(T_1)를 경험한다. 탁자에서 90센티미터 되는 시간 t_2에 여러분은 난방기가 가동하고 있어 따뜻한 느낌(F_1)을 경험하고 S_1과 다른 탁자 감각 말하자면 다른 형태와 다른 갈색 음영을 가지는 탁자 감각(S_2)을 경험하며 그 탁자가 어린 시절의 책상을 떠올리게 한다는 새로운 사고(T_2)를 경험한다. 끝으로 몇 초가 지난 뒤 시간 t_3에 탁자를 가지고 싶다는 욕구(D_1)를 느끼고 30센티미터 거리에서 새로운 탁자 감각(S_3)을 가지며 50,000원 정도면 살 수 있을 것이라는 새로운 사고(T_3)를 경험한다.

이러한 일련의 경험들에서 여러분은 다른 시간에 다른 것들을 의식하고 있다. 그러나 개개의 순간에 여러분은 또한, 이러한 경험들을 가지고 있는 바로 그 시간에 자아가 있고 이 경험들을 하나의 의식 장으로 통합한다는 것을 의식한다. 게다가 여러분은 또한, 바로 그 동일한 자아가 시간 t_1, 시간 t_2, 시간 t_3의 경험들을 가졌다는 것을 의식한다. 결국, 여러분은 이 모든 경험을 가진 자아가 당신 자신과 다른 누구도 아니라는 것을 의식한다.

이것을 도표 16.2처럼 그려볼 수 있다.

{P_1 S_1 T_1}	{F_1 S_2 T_2}	{D_1 S_3 T_3}
I_1	I_2	I_3
$I_1 = I_2 = I_3$ 나 자신		

<그림 16.2 자아의 기본적인 경험>

내성을 통해 여러분은 자신이 신체가 아니며 경험의 집합이 아니라는 것을 의식한다. 더 정확하게 말해서 여러분은 자신이 개개의 순간에 경험을 소유하고

통합하는 자아이며 시간을 통해 지속하는 동일한 자아라는 것을 의식한다. 요컨대, 여러분은 신체 안에 있으면서 경험을 소유하고 통합하며 변화 가운데서 동일성을 지속하는 정신적 주체라는 것을 의식한다.

이러한 의식은 오도된 것이거나 실존하지 않는 것이라는 주장이 제기될 수 있다. 예를 들면, 흄은 자기 자신의 "나"를 결코 의식해 본 적이 없고 다만 이런 저런 경험이나 경험들만을 의식한다고 주장했다. 그러나 이러한 주장에는 두 가지가 잘못 되어 있다.

첫째, 흄은 자기 자신의 "나"를 찾기 위해 어느 의식의 흐름에 초점을 맞추어야 하는지를 어떻게 알았는가?
그는 어느 경험이 자신의 것인지를 확인할 수 있기 전에 이미 어떤 의미에서 자기 자신의 자아를 의식한 것이 아니었던가?
우리는 이 문제를 나중에 다시 다룰 것이다.
둘째, 우리가 감각(색, 맛, 냄새, 소리, 감촉, 고통, 쾌락)만을 경험으로 간주하기로 한다면 우리 자신의 "나"를 경험하는 것을 결코 하지 못할 것이라는 주장은 사실일지도 모른다. 그러나 "나" 자신은 그렇게 감각될 수 있었을 종류의 것이 아니라고 주장될 수 있다.

이로부터 나오는 결론은 우리가 우리 자신의 자아를 의식하지 않고 있다는 것이 아니라 감각적 의식 이외에도 다른 종류의 의식, 다시 말해서 우리 자신의 자아를 의식함이 다른 종류의 의식에 의한다는 의식이 있다는 것이다. 우리가 이제 곧 예로 드는 경우보다 더 확실하게 의식할 수 있을 어떤 것을 상상하기란 어렵다. 즉, 내가 음악을 듣고 있는 동안 나는 나의 경험을 가지는 자아요 음악이 흘러나오는 동안 지속하기를 계속하는 자이다.

② 3인칭으로 환원될 수 없는 1인칭

3인칭 기술의 견지에서 수행되는 어떠한 세계 설명도 나 자신의 1인칭 조망(세계를 나 자신의 관점에서 기술하기 위해 사용하는 유리한 고지)을 하나도 남김없이 포착할 수 없을 것이다. 그것은 또한, 세계 속의 어느 대상이 나 자신인가를 알려 줄 수도 없을 것이다. 나의 신체나 심리학적 특성을 어떻게 기술해도 기술되고 있는 존재물이 나라는 것을 내포하지 않을 것이다. 신체를 비롯한 물질 세계 전체를 완전하게 물리주의적으로 기술하는 것이 3인칭 조망(관찰자의 관점, 예를 들어 어떤 위치 x에 키가 180센티미터 되는 하얀 대상이 있다)에서 주어질 수도 있을 것이다. 이것으로써 시공간에 있는 모든 물리적 대상은 충분히 확인될 수 있을 것이다. 그러나 그러한 기술로는 어느 신체가 나의 것인지 혹은 어느 존재물이 나 자신인지를 알려줄 수 없다.

우리가 덧붙여서, 이러한 물리주의적 기술이 모든 신체에 현존하는 일체의 정신적 상태를 완전하게 남김없이 기술한다고 해도(x라는 위치의 대상은 1979년 슈퍼보울을 관람했던 기억을 가지고 있고 그 대상은 이러이러한 특성과 욕망 등등을 가지고 있다), 여전히 문제는 남아 있다. 즉, 이러한 설명은 그렇게 기술된 어느 존재물이 나 자신인가를 알려줄 수 없을 것이다. "나"와 1인칭 관점은 소거될 수 없고 3인칭 관점으로 환원될 수 없다. 나 자신의 "나", 나 자신의 1인칭 관점 그리고 직접적인 대면에 의한 나 자신의 자기 인식은 그러한 3인칭 기술에서 무시될 것이다.

어떤 말들은 지시어라고 일컬어진다, 나, 여기, 저기, 지금, 그때가 지시어들이다. 이 말들은 재귀적 표시이다. 즉, 이 말들은 맥락에 의존하면서 그 지시체를 체계적으로 변용시킨다. 예를 들면, 스미스는 "내일 도착할 것이다"라고 바르게 말하기 위해 지시어 내일을 사용한다면 그때는 다음 날 도착하자마자 "나는 내일 도착했다"고 말할 수 없다. 왜냐하면, 지시하는 내일은 어제로 변했기 때문이다. 오히려 스미스는 "나는 오늘 도착했다"고 말해야 할 것이다.

가장 기본적인 지시어는 나(그리고 가장 많이 쓰이는 지금)이다. 여기와 지금은 내가 있는 곳과 때를 지시한다. 저기와 그때는 내가 없는 곳과 때를 지시한다. 세계를 완전하게 3인칭으로 설명한다고 해서 지시어에 의해 표현된 정보들이 포착되는 것은 아닐 것이다. 만일 내가 일인칭 의식 장소이고 나의 신체와 정신적 상태와 다른 정신적 실체라면 그 점은 설명될 수 있을 것이다. 나의 동일성이 다만 나의 신체요 정신적 상태의 다발이기만 한 점에서 성립한다면 세계의 3인칭 설명은 하나도 남김없이 완전한 것이요 어느 대상이 나인지를 분명하게 확인시켜 줄 수 있을 것이다. 이리하여 1인칭 관점의 환원 불가능성은 절대주의자 입장을 지지한다.

자아의 통일성과 단일성 그리고 1인칭 관점에 대한 이러한 기본적 통찰은 사유 실험을 통해 예시될 수 있다. 다음과 같은 두뇌 수술이 언젠가는 가능하게 될 것이라고 가정해 보자. 이 두뇌 수술은 어떤 사람의 두뇌의 반을 신체의 반과 함께 다른 사람에게 이식하는 수술로서 이식을 기다리는 사람은 각각 두뇌가 없고 신체의 반만 있는 사람이다. P₁의 반을 P₂와 P₃에게 이식하는 수술 상황을 도표 16.3처럼 그려본다.

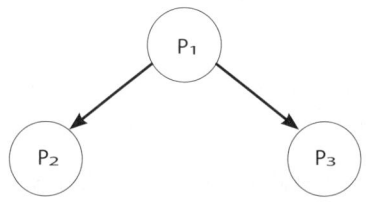

<그림 16.3 P1을 P2와 P3에게 이식하기>

나아가서 이식 받은 두 사람이 각각 회복하자마자 동일한 성격 특징을 드러내고 P₁의 기억과 동일한 기억을 가진다고 가정해 보자. 먼저 이식으로 인해 두 명의 새로운 인격이 창조되었다는 점에 유의하자. 그러나 P₁은 P₂와 P₃라는 두 인격과 동일할 수 없다. 그 이유는 오직, 하나가 다른 둘과 동일할 수 없다는 단순한 사실 때문이다.

기억 입장에 따르면 인격의 동일성은 성격 특징과 기억상의 동일성이 획득되는 바로 그 경우에만 획득된다. 따라서 기억 입장은 P₁이 P₂ 그리고 P₃와 동일하다는 것을 함축하는 셈이고 이것은 문자 그대로 수용되는 한 불합리하다. 그러나 기억 입장 옹호자들은 P₂와 P₃가 둘 다 P₁을 심리학적 특성 면에서 정확하게 닮아 있다는 점에서 각각 P₁이라고 파악한다.

P₁이 문자적으로 P₂이기도 하고 동시에 P₃이기도 할 수는 없으므로 우리가 선택할 수 있는 다른 대안은 무엇인가?

그것은 P₁이 존재하지 않게 되고 P₂와 P₃가 전혀 다른 두 명의 새로운 사람이라는 것일지도 모른다. 또는 P₁은 살아 남았고 P₂(혹은 P₃)와 동일하고 한 명의 새로운 사람 P₃(혹은 P₂)가 수술 결과로 탄생되었다는 것일지도 모른다.

어느 쪽이든, 우리는 이러한 사례로부터 두 가지 사항을 배운다.

첫째, 인격은 자신의 신체, 혹은 기억, 성격 특징과 동일하지 않다(인격은 이러한 것들을 가지기는 하지만 동일하지는 않다는 점을 상기하라).

왜 그런가?

P₂와 P₃는 각각 P₁의 기억과 성격 특징을 가지고 있고 P1의 두뇌와 신체의 반을 동등하게 가지고 있지만 둘 다 동시에 P₁이다라는 것은 있을 수 없기 때문

이다. 그러므로 P1이 인격이다라는 사실은 기억과 성격 특징을 가지는 두뇌 혹은 신체만이 아니고 그 이상이지 않으면 안 되는 셈이다.

둘째, 인격은 물리적 대상처럼 부분적 동일성과 생존을 가지는 것으로는 될 수 없다는 점을 보여 준다.

여러분이 탁자를 반으로 쪼개고 나눠진 반을 각각 사용해서 두 개의 새로운 탁자로 만든다면, 그때는 원래의 탁자는 부분적으로 남아 있고 부분적으로 두 개의 새 탁자에 각각 현존한다고 말하는 것은 의미가 있다. 그러나 우리가 두뇌 수술 사례에서 본 대로 어떤 일이 발생했는가를 이해하는 가능한 방법으로 네 가지가 있다.

① P_1은 없어지고 두 명의 새로운 인격 P_2와 P_3가 존재하게 된다
② P_1은 생존하고 P_2와 동일하며 새로운 인격 P_3가 존재하게 된다
③ P_1은 생존하고 P_3와 동일하며 새로운 인격 P_2가 존재하게 된다
④ P_1은 부분적으로 P_2와 P_3에 생존한다

④는 탁자와 같은 물리적 대상에 대해서는 의미가 있지만 인격에 관해서는 합당한 선택이 아니다. ④가 좋은 선택이 아니라는 것을 알기 위해 다음과 같은 둘째 사유 실험을 고찰해 보자. 미친 외과의가 당신을 납치하여, 좌뇌 반구와 신체의 반을 어떤 한 사람의 신체의 반에 이식하고 우뇌 반구와 신체의 반을 또 다른 어떤 한 사람의 신체의 반에 이식한다고 가정해 보자.

수술 후, 그는 수술 덕분으로 탄생한 두 인격 중 한 명에게는 고문을 가하고 다른 한 명에게는 수십 억원 대의 보상금을 주려고 한다. 당신은 두 인격 A와 B로서 고문을 당할 인격이기를 선택할 수도 있고 보상받을 인격이기를 선택할 수도 있다. 당신은 어느 쪽을 선택해도 그 선택은 위험한 것이 될 것이다. 아마도 당신은 존재가 없어져서 인격 A도 B도 아니게 될 수 있을 것이다. 그러나 당신이 A 혹은 B 중 어느 한 사람이라는 것은 가능할 것이다.

그러나 한 가지는 불가능한 것 같다. 즉, 당신은 부분적으로 A이고 부분적으로 B라는 것은 불가능하게 보인다. 왜냐하면, 그 경우에 당신은 즐거운 기대와 전율하는 두려움을 동시에 둘 다 가지고서 그 외과의에게 다가갈 이유를 가질 것이기 때문이다. 그러나 이러한 뒤섞인 예상을 의미 있는 것으로 만들기란 어려운 일이다. 왜냐하면, 수술 후에 이러한 뒤섞인 운명을 경험할 어떤 인격도 없

을 것이기 때문이다. 부분적 생존은 적어도 이것이 인격에 관한 문제가 될 때는 의미가 없는 것으로 간주된다. 인격은 통일성이지, 물리적 대상처럼 부분적 생존을 허용하는 사물의 집합이나 결합이 아닌 것이다. 1인칭 관점 즉, "나"는 이 사실을 바로 포착한다.

③ 미래 고통의 두려움과 과거 처벌

가까운 미래의 어떤 고통스러운 사건에 대한 두려움과 과거의 어떤 행위에 대한 비난과 처벌은 그 고통을 겪을 자 혹은 과거에 행했던 자가 문자 그대로 나 자신이라는 것을 암시적으로 수용하는 경우에만 의미 있는 것으로 간주된다. 미래의 고통과 과거의 행위는 약정에 의해 나의 것이 되는 것이 아니다. 실재적 동일성이 허구라면 두려움과 처벌에 대한 이러한 경우들은 의미를 가지는 것으로 되기가 어렵다. 만일 미래나 과거의 그 인격이 다만 유사한 기억, 심리학적 특성, 또는 나의 것과 시공간적으로 연속적인 신체나 아니면 나의 현재 신체와 동일한 부분들을 다수 가진 신체를 닮기만 한다면 우리는 그러한 공포를 가지지도 않을 것이고 그러한 처벌을 마땅히 받지도 않을 것이다.

경험론적 입장의 이론가들은 이러한 논증에 대해 상이한 방식으로 대응했다. 미래 고통에 관해 혹자는 경험론적 입장은 이타주의에 근거를 주는 방식을 제시한다는 점을 지적했다. 말하자면 미래의 고통에서 우리는 실제로 타인에 관심을 가지고 이것은 좋은 일이라는 것이다. 다른 사람들은 미래 고통에 대한 두려움이 다만 "우리의" 욕망, 목표와 기억의 연속성에 달려 있을 뿐이라고 주장한다. 어떤 사람이 지금으로부터 25년 전에 고통을 당했으나 지금의 나에게는 그에 관한 아무런 기억도 다른 심리학적 특성도 공유되어 있지 않다면 나는 그 사람을 걱정할 필요가 없다.

과거의 행위에 관해 어떤 철학자들은 응보가 경험론적 인격 동일성 입장 측에서 정당화하기 어려운 것이라는 점을 인정한다. 그러나 그들은 계속해서 처벌의 다른 측면들은 정당화될 수 있다는 점을 지적한다(타인 억제력, 사회 복귀, 사회 보호). 이러한 측면들이 과거 행위에 대해 현재의 인격 단계를 처벌하는 것을 정당화해 주는 중요 사항들이다.

④ 합리성과 사유 과정

혹자는 어떤 명제의 진리를 깨닫거나 유의미한 것으로 경청하기 위해 동일 자아가 그 명제의 다른 부분들(예컨대 문장 주어, 술어, 동사가 표현하는 것들)을 의식하지 않으면 안 된다는 점을 지적했다. 어떤 인격 단계는 주어를 생각하고 다른 단계는 동사를 생각하며 또 다른 단계는 술어를 생각한다면 그 명제 전체를 온전히 사유하고 파악하는 아무런 자아도 문자 그대로 지속하지 않는 셈이다.

동일한 논지가 논증의 전제를 온전하게 사유하고 결론을 도출하는 과정에도 적용된다. 동일 자아가 전제들을 통합하고 비교하기 위해 현존해야 하고 전제가 결론을 함의하고 그 결론을 낳는가를 보아야 한다. 만일 우리가 시간이 흘러가는 데도 지속하지 않아서 잠시라도 우리의 주의를 끌 수 있는 것이 하나도 없다면, 그때는 다만 순간적 내용만 있을 뿐이고 우리의 사유 과정은 불가능할 것이다. 명제나 논증에 참여하기 위해 우리는 계속해서 존재해야 한다. 이러한 논증이 건전하다면, 그때는 경험주의자 입장은 지지 논증을 사용해서 합리적인 주장으로 단정되려면 자기 논박적으로 되는 것임을 의미하게 된다. 왜냐하면, 그러한 이론들은 방금과 같은 유형의 합리성을 불가능하게 만들어버리기 때문이다.

이러한 논증에 대한 주요 반응은 다음과 같다. 즉, 개개의 인격 단계는 일련의 연속적인 사고에서 나타나거나 멈추기 때문에 그 개개의 단계는 다음 단계로 자신의 내용과 소유감("이 사고는 나의 것이었음")을 넘겨 준다. 따라서 그 시점에서 논증의 결론이 사유되고 동시적으로 결론에 해당하는 사고가 있으며 논증의 전제에 대한 기억에서 나오는 사고가 있다. 여러분은 순간적인 인격 단계가 동시적으로 이 모든 상이한 사고들을 단번에 동시적으로 결합할 수 있을 것인지를 스스로 결정해야 할 것이다. 사실상 이것이 우리가 사고할 때 일어나고 있는 바로 그것인 것이다.

⑤ 전환 사례들

논리적으로 가능하게 보이는 몇 가지 전환 상황을 살펴보자. 예를 들면, 사람이 깨어보니 신체가 완전하게 달라져 있거나 기억과 심리학적 특성이 전적으로 달라져 있는 경우가 가능하다. 그 사람이 그렇게 되고 싶어서 신이 인격 A를 인격 B의 신체에 넣어 두었고 그 반대도 가능하다.

또 신은 B에게 A의 기억과 정확하게 같은 기억을 넣어 두었고 그 반대도 가능하다. 요컨대, 자서전적 내용의 대안적 교환이 가능하다. 다시 말하면 동일 인격은 다른 신체와 기억을 가질 수 있었다. 이것이 가능하다면, 그때는 신체나 기억의 "동일성"은 인격 동일성의 필요 조건이 아니라는 점이 증시된다. 사람은 심리학적 혹은 신체적 연속성 없이도 계속해서 존재할 수 있다.

마찬가지로 사람의 현재 신체는 교체를 겪은 새로운 인격이 점령할 수 있었다. 혹은 귀신들림의 경우처럼 사람의 신체는 한 인격을 넘어서 다수의 인격이 점령할 수 있다. 동일한 방식으로 신은 인격 A의 사본을 창조할 수 있었고 이 인격에게 A의 "동일" 기억과 심리학적 특성을 제공할 수 있었다. 그러면서도 여전히 A 자신은 질적으로 동일한 기억과 특성을 보유하고 있다. 요컨대, 서로 구별은 되지만 질적으로 동일한 자서전이 가능하다는 것이다. 다시 말해서 동일 신체 혹은 동일 기억 체계가 상이한 인격에 의해 소유될 수 있다. 이것이 가능하다면, 그때는 신체의 동일성 혹은 기억의 동일성은 인격 동일성의 충분 조건이 아니라는 점이 증시된다.

경험주의자 입장의 옹호자들은 이러한 사례들이 사실상 논리적으로 가능하다는 것을 부인만 한다. 다시 말해서 그들은 그러한 사례들이 인격 동일성 개념을 어떻게 품고 있는가에 따라 가능하기도 하고 가능하지 않기도 하다고 말한다. 그들은 이 모든 것이 우리의 인격 개념이 얼마나 자의적이고 약정적인가를 보여 주는 것에 다름 아니라는 점을 인정하는 셈이다.

⑥ 경험론적 입장의 특수한 문제들

마지막으로 절대주의자들은 경험주의자 입장에서는 시달리게 되지만 절대주의자 입장에서는 시달리지 않는다고 주장하는 몇 가지 문제들을 지적한다.

첫째 문제로, 신체 입장부터 고찰해 보자.

사람들은 아침에 일어나서 눈을 뜨지 않아도 자신이 누구인가를 알 수 있다는 사실이다. 사실상 이상하게 보일지는 몰라도 사람들은 깨어나는 순간에 동시적으로 자신이 누구이고 자신이 지속하는 자아라는 것을 알 수 있고 심지어 신체를 가지고 있나 하고 의심하는 일까지 한다(할 린지 <Hal Lindsey>의 책을 읽고 있다가 잠시 밤새에 휴거가 일어났다고 가정해 보라). 신체 입장은 이러한 가능성을 설명해야 하는 난점을 가지고 있다.

그리고 이미 지적한 대로 귀신들림은 논리적으로 가능한 것이 확실하고 이러한 일이 현실에서 발생한다는 좋은 증거가 실제로 있다. 그러나 이 경우에 신체의 원리(동일 신체라면 동일 인격)는 거짓이다. 왜냐하면, 두 인격이 동일 신체를 "점령하기" 때문이다.

마지막으로 사람의 자기 인식은 교정 불가능하다. 즉, 사람은 자신이 어느 자아라는 것에 대해 잘못을 범할 수 없다. 사람이 현재의 순간에 자신의 자아를 오인할 수 있다는 것은 의미 없어 보인다. 그러나 만일 자기 인식이 어떤 신체에 대한 사실을 아는 것을 사람에게 우선 요구하고 그리고 나서 그 신체를 사람에게 귀속시킨다면, 그때는 두 가지 문제가 발생한다.

① 그러한 자기 인식은 사람이 주어진 신체를 자기 자신에게 귀속시킬 수 있기 전에 자기 자신의 "나"를 직접 대면할 것을 전제한다. 사람의 신체를 아는 것은 자기 인식을 전제하고, 그러므로 그것은 자기 인식을 구성할 수 없다.
② 사람은 어떤 신체를 자기 자신에게 귀속시킬 때 언제든지 오류를 범할 수 있다. 1인칭 확인은 교정 불가능한 것이고 자기 인식은 신체 입장에 따르면 그 입장이 그리는 그림에 따라서 얻어지는 것이기 때문에 그렇다면 신체 입장은 거짓임에 틀림없는 셈이다.

기억 입장에 관해 순환성의 문제가 신체 입장에서와 마찬가지로 제기된다. 버틀러와 리이드의 시대로부터 기억은 인격 동일성을 전제하고 그러므로 그것은 인격 동일성을 구성할 수 없다고 논변되었다. 지금의 나를 과거의 개인과 같은 동일 인격으로 만들어 주는 것은 그 과거 사람의 기억을 지금의 내가 가지고 있다는 사실일 수 없다. 내가 그러한 기억을 가지려면, 이미 나는 그 사람이어야 한다.

바꾸어 말하면 과거 사건의 실재적 기억(내가 그 과거 사건을 행했던 그 자였다)과 질적으로 구별될 수 없지만 겉으로만 그럴 뿐인 기억을 구별시키는 것은 실제 상황에는 내가 있었고 가현 상황에는 내가 없었다는 사실이다. 따라서 기억은 인격 동일성의 인식론적 검사일 뿐이고 인격 동일성의 본성을 우리에게 주는 것이 아니다.

둘째 문제로, 앞서 언급한 사유 실험 즉, 두뇌 수술을 검토해 보자.

한 인격이 이식 수술을 받고, 두 인격이 이식 전의 원래 인격과 같은 동일 기억과 심리학적 특성을 모두 가지게 되는 것은 확실히 가능하다. 어떤 기억 옹호자들은 이러한 상황에서 우리는 원래의 인격이 새로운 두 인격과 "동일하다"고 주장해야 한다고 주장한다. 그런데 그들이 여기서 "동일성"을 문자적 동일성을 의미하는 것으로 사용할 수 없다는 것은 명백하다. 왜냐하면, 한 가지 사항은 지금 상황에서 인격은 두 인격과 문자적으로 동일할 수 없다는 것이기 때문이다. 그들이 의미하는 것으로는 동일성이 곧 유사성이라는 것뿐이다. 바꾸어 말하면 새로운 두 인격은 수술 이전의 인격과 특성 면에서 유사할 뿐이고 그래서 어느 쪽을 바로 그 인격으로 간주할 것인가는 자의적인 처사이다.

그러나 이렇게 하는 것이 실제로 의미가 있는가?

사람 자신의 동일성이 실제로 그토록 자의적일 수 있는 것인가?

1인칭 조망에서 보면 그 사람이 신체 수술을 받은 후에 깨어나서, 자신의 특성과 기억을 정확하게 가진 인격을 바로 옆에 보는 것을 상상하기란 쉬운 일이다. 이것은 그 사람이 어느 쪽의 인격이었는가 하는 문제와 관련해 비록 제3자가 3인칭 관점에서 볼 때 어느 쪽의 새로운 인격이 수술 이전의 자아인가를 알려줄 수 없을지는 몰라도, 1인칭 관점에서 볼 때 결코 자의적인 문제가 아닐 것이다.

어떤 기억 옹호자들은 이러한 경우에 기억 기준의 조건을 부가하는 반응을 보였다. 시간 t_2의 인격 y가 보다 앞선 시간 t_1의 인격 x와 "동일하다"는 것은 기억 및 다른 심리학적 특성의 연속성이 있고, y만큼 x를 닮은 시간 t_3의 다른 인격 z가 하나도 없는 바로 그 경우뿐이라는 것이다.

이러한 대응의 문제점은 앞서 든 그러한 경우가 쉽게 상상할 수 있는 성질의 것이라는 점에 있다. 즉, 수술은 행해질 수 있는 것이고 나는 심리학적으로 구별될 수 없는 두 사람 가운데 한 명으로 생존할 수 있었고 나 자신의 관점에서 나 자신이 수술 이전의 인격이라는 것을 알 수 있었으며 이 모든 것은 다른 새로운 인격이 실존하는가에 전혀 관계 없다는 점이다.

한 인격이 보다 앞선 시간의 다른 인격과 동일한가 아닌가가 어떻게 다른 인격의 존재 혹은 비존재에 달려 있을 수 있는가?

세 번째 문제로, 경험주의자의 두 가지 입장 모두를 괴롭히는 것처럼 보이는 문제이다.

경험주의자는 인격을 시간적 부분들을 가진 단계들로 기술하기 때문에 그렇다면 만일 부분들이 그 전체(다른 부분들, 다른 전체들)에 본질적인 것이라고 한다면 그때는 실제적 출생 시간과는 다른 시간에 태어날 수 있었던 인격은 아무도 없을 것이다. 그러나 이러한 일이 가능하다면, 사실인 것처럼 보이는 일이려니와, 그때는 경험주의자 입장은 부적절한 것이 되고 말 것이다.

(2) 절대주의자 입장 반대 논증

절대적 입장을 반대하는 논증 가운데서 세 가지가 눈에 띈다.

첫째, 흄을 위시한 많은 다른 사람이 우리는 결코 우리의 "나"를 의식하지 못한다고 주장한다. 우리는 다만 우리의 신체를 의식하고 내성을 통해 우리의 현재의 정신적 상태(예컨대 고통, 색깔, 사고, 의욕에 대한 우리의 현재 감각)를 의식할 뿐이다. 따라서 "나"는 허구이다.

절대주의자들은 두 가지 방식으로 대응했다. 그들은 우리가 사실상 우리 자신의 자아를 의식하지만 이 의식 행위가 고통 감각, 색깔 감각과 같지 않다고 지적한다. 경험주의자는 우리가 가질 수 있는 유형의 의식을 후자에 국한한다. 그러나 사실상 우리는 우리 자신을 우리의 정신적 삶과 신체의 지속적 소유자이자 통합자로서 의식하는 경우들로부터 전자와 같은 의식을 가진다.

나아가서 만일 우리가 이미 우리 자신을 의식하지 않았다면, 나의 "자기" 의식을 입증하거나 제외하기 위해 우리가 어떤 의식의 흐름이나 어느 신체를 탐구할 것인지를 어떻게 알 수 있을 것인가?

내성, 자기 신체 인식 그리고 정신적 삶은 "나"의 의식을 전제한다.

둘째, 경험주의자들은 만일 "나"가 어떤 비물질적 존재물이고 말하자면 신체 안에 있는 영혼이고 우리의 정신적 삶의 근저에 있는 것이라면, 그때는 우리는 제3자인 타인이 누구인지를 결코 알 수 없을 것이라고 주장한다. 왜냐하면, 우리는 계속해서 이어지는 타인의 신체, 기억, 성격 특징만을 가지기 때문이다. 우리는 그들의 순전한 자아와 직접 대면하는 경험을 가지지 못한다. 이것은 다른 마음의 문제의 변형으로서 절대주의자 입장이 타아 인식의 회의주의로 귀착된다는 사실을 말해 준다.

어떤 절대주의자들은 다음과 같은 방식으로 대응했다. 즉, 그들은 신체나 연속적인 기억들을 만날 때 우리가 평소에 알고 있는 다른 인격이 현존한다는 것이 항상 논리적으로 가능하다는 점을 인정한다. 그렇지만 회의주의를 논박하기 위해 회의주의가 논리적으로 불가능하다는 것을 보여 줄 필요는 없다. 즉, 오류나 의심의 계기가 도대체 없는 어떤 믿음의 영역이 존재한다(제4장 참조). 이와 동일한 문제가 외부 세계의 존재를 의심하는 회의주의에도 존재한다(아무런 세계가 없는 데도 세계의 감각을 가지는 것이 논리적으로 가능하다).

회의주의를 반박하기 위해 사람은 자신의 1인칭 사례에서 자신이 누구인지를 알고 자신이 직접적 내성 의식에 의해 지속하는 자아라는 것을 알며 또한, 자기 자신의 지속하는 자아를 자신의 신체와 심리학적 특성의 연속성과 상관시킬 수 있다는 것을 지적하면 충분하다. 이로부터 사람들이 좋은 귀납적 상관 관계는 그 둘 사이에 존재한다는 것을 알게 되고 그렇게 해서 이 상관 관계를, 신체의 연속성과 기억을 타인의 인격 동일성의 증거로서 사용해도 좋다는 것을 정당화하기 위해 사용할 수 있게 된다. 비록 그러한 연속성이 인격 동일성을 구성하지 않고 그러한 판단이 잘못 되는 것이 논리적으로 가능하다 해도 말이다. 경험주의자의 대응은 이러한 귀납적 일반화는 극히 취약한 것이라고 말하는 것이다. 왜냐하면, 그 귀납화는 귀납화하는 당신 자신의 경우라는 단 하나의 상관 관계 즉, 지속하는 자아와 기억 및 신체의 연속성 사이에서 세워지는 것이기 때문이다.

셋째, 어떤 경험주의자들은 지속하는 자아의 근거를 마련하기 위해 지속하는 영혼을 요청하는 것이 아무것도 해결하지 못한다고 논변했다.

우리는 비물질적 영혼이 동시적 경험들의 집합이나 다발이 아니며 시간을 통한 불연속적인 영혼들이 아니라는 것을 어떻게 아는가?

게다가 사람들은 어느 영혼이 그의 것이었다는 것을 어떻게 알 것인가?

신체와 심리학적 특성에 관한 확인 문제에서 제기된 문제가 비물질적 영혼에 관해서도 동일하게 일어난다. 절대주의자의 대응은 1인칭의 경우에는 사람들이 자기 자신의 경험과 신체를 소유하고 시간을 통해 지속하는 비물질적 실체라는 것을 "요청하지" 않는다는 것이다. 사람들은 직접적으로 그렇게 의식하고 타인에게 보고하면 그만이다. 우리의 자기 인식은 우리가 가지는 지식 가운데서 최고의 지식이라고 주장하는 철학적 일류 전통이 있다.

실체의 가장 명석하고 명백한 사례는 우리 자신의 자기 면식에 있다. 내성적 활동에서 우리는 우리 자신을 느낌, 사고, 믿음, 욕망 그리고 의지의 지속하는 비물질적 중심으로 의식하고 있다. 궁극적인 사실로서 자기 자신의 자아는 그렇게 지속하는 존재이고 사람들의 자기 의식은 기초적이고 근본적인 사실이다.

(3) 사유 실험과 상상에 대한 결어

이 장 전체에 걸쳐서, 인격 동일성 입장에 대한 많은 찬반 논증은 무엇이 가능하고 가능하지 않는지에 대해 가지는 직관에 좌우되었다.

신체 전환 혹은 기억 전환은 가능한가 아닌가?

나는 이식 후에 두 명의 새로운 인격으로 생존할 수 있을 것인가 없을 것인가?

절대주의자 입장은 비교적 상식적 직관의 지지를 받고 1인칭 조망과 우리 자신의 내성적 자각을 크게 강조한다. 경험주의자 입장은 3인칭 조망과 그리고 자주 현대 과학을 강조한다. 다시 말해서 많은 철학자가 현대 과학의 전망에 따라 이원론과 절대주의자 입장이 배제된다고 믿는다. 이러한 입장에 서면 인격은 다른 모든 만물처럼 다만 자연적 물리적 대상에 불과하고 인격 동일성에 대한 우리의 입장을 의자나 바위 같은 자연적 대상의 동일성에 동화시켜야 한다.

인격 동일성 그리고 관련 심신 문제에 대한 사람들의 입장은 의미심장할 정도로 한 편으로는 과학, 다른 한 편으로는 철학 및 상식 사이에 있는 적절한 질서에 대해 가지는 태도에 달려 있다.

우리의 입장에 따르면 이 점과 관련해 세 가지를 부각시킬 수 있다.

첫째, 그리스도인으로서 절대주의자 입장은 자아의 실재성, 신체와 분리된 중간 상태의 실재성, 최후의 부활, 보상과 형벌 등에 대한 성경의 가르침을 이해할 수 있는 가장 자연스러운 방법으로 여겨진다.

둘째, 철학은 과학보다 근본적이고 기초적이다. 사실상 과학적 지식은 철학적 공식과 변론을 요구하는 전제들을 전제하고 그 전제들 위에 토대를 둔다. 이 질서가 전복되고 과학이 철학적 문제 입장을 공식적으로 정리하기 위한 기준점으로 되면 인격 동일성에 대한 경험주의자 입장처럼 지극히 직관에 반대되는 결과들이 자주 귀결된다.

셋째, 엄밀히 말해서 절대주의자(그리고 이원론자) 입장은 적어도 몇몇의 과학 영역과는 확실하게 일치하지만 온건한 과학주의의 변형들과는 일치하지 않는다. 그런데 이러한 형태의 과학주의는 과학의 발견물을 엄밀하게 말해서 과학이 침묵하는 입장들을 지원하기 위해 사용하는 과학주의인 것이다. 컴퓨터가 지능을 흉내내기 때문에 또는 우리가 두뇌 그리고 영혼과의 상호 작용을 계속적으로 더 많이 알게 되기 때문에 영혼도 없고 지속하는 통합적 자아도 없다는 결론이 나오는 것은 아니다.

경험주의자의 자아 입장은 과학의 직접적 결과가 아니라, 오히려 과학의 결과에다가, 올바르게 이해된 과학의 범위를 벗어난 철학적 문제들에 답하는 최고의 또는 유일한 방법이 과학이라는 철학적 입장이 더해져서 나온 결과이다. 따라서 인격 동일성에 대한 입장은 상식과 철학적 논증에서 나오는 직관을 과학에서 나오는 직관과 비교해서 검토하는 것에 달려 있는 것이 아니라, 과학을 과학의 고유 영역이 아닌 분야에까지 확장하는 철학적 입장에서 나오는 직관을 심사숙고해서 평가하는 것에 달려 있다.

그렇다면 심신 문제나 인격 동일성 문제에서 차지하는 과학의 역할이 동일성에 관해 많은 물리주의자나 경험주의자가 우리로 하여금 믿게 하고자 하는 만큼 그렇게 직결되어 있지 않다는 점을 명심하는 것은 중요한 일이다.

4. 마지막 비평

이 장의 서두에서 우리는 사후의 삶에 대한 입장은 사람들이 인격 동일성에 대해 취하는 입장에 따라 영향을 받고 그 반대도 마찬가지라고 지적한 바 있다. 우리는 사후의 삶에 대한 세 가지 주요 경쟁 이론 즉, 신체와 분리된 중간 상태라는 전통적 입장, 직접적 부활 입장, 재창조 입장이 현대 그리스도인에 의해 옹호되고 있다는 사실을 보았다.

전통적 입장은 인격 동일성에 관한 절대주의자 입장 그리고 기억 입장과 일치한다. 그러나 절대주의자 입장은 이 장의 논증이 용인된다면 견지하기에 가장 좋은 입장이며 교회사를 통틀어서 대다수가 포용하는 입장이다. 재창조 입장은 경험주의자 입장의 하나에 비추어 보아 가장 의미 있는 입장으로 여겨질 것이고 모두는 아니지만 그 입장의 대다수 옹호자들이 모종의 경험주의자 입장을 받아들인다. 이것이 사실이고 경험주의자 형태의 인격 동일성 입장이 절대주의자 입장보다 덜 적합하다면, 그때는 인격 동일성 쟁점들은 재창조 입장에 불리하게 돌아갈 것이다.

이 장 전체에 걸쳐서, 우리는 또한, 실체이원론이 기독교 신학자들에 의해서 절대적 입장을 정초하는 최선의 방법으로 가장 자주 제시되었지만 그렇게 하는 것이 유일한 길이 아님도 유의했다. 요즈음 기독교 사상가들 사이에 힘을 얻고 있는 사람의 인격에 대한 다른 입장은 이른바 물질적 구성(material-constitution) 입장(MC)이다. 이 입장을 옹호하는 사람들은 피터 반 인워겐(Peter van Inwagen), 트렌튼 메릭스(Trenton Merricks) 그리고 케빈 코코란(Kevin Corcoran) 등이다. 어떤 물질적 구성 입장 옹호자들(예컨대 밴 인왜건)은 일종의 직접적 부활 입장을 수용하지만 다른 사람들(예컨대 메릭스)은 재창조 입장을 수용한다.

물질적 구성 입장 지지자들은 이 입장이 실체이원론을 반드시 포용하지 않고도 절대주의자 입장을 허용할 수 있는 방편이라고 믿는다. 물질적 구성 입장 옹호자들은 자신의 입장 하나 하나에 모두가 일치를 보는 것은 아니지만 공정하게 요약하면 대체적으로 다음과 같이 될 수 있다.

1) 합성의 존재 입장

합성의 **존재**는 동일성의 **존재**가 아니다. 진흙으로 합성된 항아리를 가지고 있다고 가정해 보자. 진흙 조각은 또다시 이보다 작은 분리된 부분들로 구성된다. 그런데 항아리를 구성하는 부분으로서 더 이상 중첩되지 않는 궁극적이고 단순하고 분리 가능한 물리적 부분들에 도달한다고 가정해 보자. 집합적으로 취해서 이 부분들을 우리는 "p의 것"이라고 부른다.

우리가 "항아리는 p의 것이다"고 말할 때 그 항아리가 p의 것과 동일하다는 것을 의미하지 않는다.

왜 그런가?

왜냐하면, 만일 우리가 항아리를 부수어 흩어버린다면, 그 항아리는 존재하지 않게 되지만 아직도 p의 것은 존재하기 때문이다. 이 경우에 항아리에는 유효하나 p의 것에는 유효하지 않은 어떤 것이 있고 그래서 그것들은 동일할 수 없다. 우리가 "항아리는 p의 것이다"고 말할 때 그 항아리가 p의 것으로 합성되거나 구성되는 것을 의미한다. 게다가 우리가 집합적인 p의 것을 하나의 대상으로 간주하고 p의 것이 그 항아리를 구성하지만 동일하지는 않다는 사실을 기억한다면 그때는 우리는 동일한 시간과 장소를 점하는 두 가지 다른 대상 즉, p의 것과 항아리를 가진다는 결론이 나온다.

2) 물질적 구성 입장

물질적 구성 입장에 따르면 사람의 인격에 대한 기독교 입장의 주요 관심사는 죽을 수밖에 없는 사람의 인격이 최후의 날에 살아난 사람의 인격과 수적으로 동일하다는 그런 방식으로 죽은 자의 부활을 이해 가능하게 만드는 일이다.

3) 비환원적 물리주의 입장

우리는 사람의 인격에 관해 일종의 비환원적 물리주의를 채택한다면 실체이원론을 피하면서 죽은 자의 부활을 의미 있게 만드는 일을 할 수 있다. 이 입장에 서면 정신적 상태는 진정한 정신적 속성을 예화하는 사람의 인격을 포함하고 사람의 인격은 물리적 유기체로 간주된 자신의 신체와 동일하다.

그런데 신체(따라서 신체와 동일한 사람의 인격)는 지속하는 부분론적 합성체(궁극적인 물리적 단순체로 구성된 전체)이다. 즉, 그것은 새로운 p의 것을 얻을 수 있고 헌 것을 잃어버려도 여전히 동일 신체일 수 있게끔 p의 것(중첩되지 않는 궁극적이고 단순하고 분리 가능한 부분들)으로 구성된다. 바로 이것이 사람의 인격에 대한 물질적 구성 입장과 속성-사물 입장(제3장 참조) 사이의 차이점이다. 물론 가장 중요한 차이는 아닐지라도 말이다. 전자는 사람의 인격(신체)을 지속하는 부분론적 합성체로 취급하고 후자는 오래 견디는 합성체로 취급한다. 따라서 물질적 구성 입장 옹호자들은 부분론적 본질주의를 거부한다.

4) 인격 동일성 입장

시계는 해체되면 사라지나 다시 조립하면 동일 시계로 존재하게 되듯이 사람의 인격, 말하자면 신체는 죽을 때 없어지게 되나 미래의 부활 때에 다시 존재할 수 있다. 어떤 물질적 구성 입장 옹호자들은 사후의 삶을 사멸-재창조 입장을 채택해서 바라보고 있고, 다른 물질적 구성 입장 옹호자들은 인격이 중간 상태에서 생존해 있고 어떤 물리적 대상, 말하자면 특정 신체나 신체의 고유 부분과 동일하다고 믿고 있다.

현재로서는 소수의 의견이지만 물질적 구성 입장은 절대적 인격 동일성 입장을 확인하는 문제에 이르면 실체이원론과 결합된다. 따라서 이 두 입장을 지지하는 사람들은 이 장에서 논의된 경험주의자 입장을 거부하는 점에서 일치한다. 그렇지만 그들은 절대적 인격 동일성의 근거에 관해서는 통일되어 있지 않다.

[요약]

절대주의자 입장과 경험주의자 입장은 인격 동일성의 본성에 대해 일치하지 않는다. 경험주의자 입장은 인격을 물리적 인공물에 동화시키고 변화 가운데 있는 인격의 절대적 엄밀한 동일성을 부인한다. 대신에 인격은 시간적 부분들을 가진 시공간적 나선이다. 동일성은 임의적이고 그리고 등급으로 또는 그 어느 한 쪽으로 나타난다.

경험주의자 입장인 신체 입장은 신체의 연속성이 인격 동일성을 구성하는 것이라고 파악하고 기억 입장은 이것을 거부하고 기억과 여타 심리학적 특성의 연속성이 인격 동일성을 구성하는 것이라고 주장한다. 절대주의자는 인격은 변화 가운데서도 엄밀한 문자적 동일성을 지속한다고 파악하고 인격 동일성이 분석 불가능하고 인공물의 동일성과 다르다고 고집한다. 또 그들은 1인칭 "나"는 주어진 시간과 시간을 흐르는 통일성이고 실체적 영혼에 근거를 두는 것이 가장 합당하다고 파악한다.

절대주의자 입장을 지지하는 수많은 논증이 주어졌다. 즉, 우리가 하게 되는 자아의 기본적인 경험, 1인칭은 3인칭으로 환원될 수 없다는 사실 미래 고통의 두려움과 과거 악행의 처벌, 우리의 추리 과정 정초에 필요한 지속하는 자아, 신체 기억 또는 기억 기준이 인격 동일성의 필요 조건도 충분 조건도 아님을 보여 주는 전환 사례들, 경험주의자 입장을 괴롭히는 특수한 문제군들, 이어서 절대주의자 입장을 반대하는 세 가지 논증이 검토되었다.

첫째, 우리는 "나"를 의식해 본 적이 없다는 것
둘째, 비물질적 "나"는 타인 인식을 불가능하게 만든다는 것
셋째, 비물질적 영혼은 자아의 통일성의 문제를 해결하지 못한다는 것

왜냐하면, 그것은 동시에 하는 경험들의 집합일 수 있고 시간을 흐르는 계기적인 영혼들일 수 있기 때문이다. 끝으로 우리는 상식적 직관, 철학적 논증, 과학과 과학주의가 사유 실험을 통해 무엇이 가능하고 불가능한지를 어림할 때 어떤 역할을 하는지를 살펴보았다. 우리는 이 장을 사후의 삶에 대한 전통적 입장과 재창조주의자 입장 논쟁에서 인격 동일성이 차지하는 역할에 대한 소견으로 마무리하였다.

〔기본 용어〕

1인칭 조망
3인칭 조망
경험론적 기억 입장
경험론적 신체 입장
경험론적 인격 동일성 입장
느슨한 대중적 의미의 동일성
동시적 통일성
동종 동일성
부분론적 본질주의

시간을 통한 통일성
시공간적 나선
재귀적 표시
재창조 입장
전통적 입장
절대적 인격 동일성 입장
절대적 엄밀한 의미의 동일성
지시어
직접적 부활 입장

제4부

과학철학

제17장 과학적 방법론

제18장 실재주의-반실재주의 논쟁

제19장 철학 그리고 과학과 신학의 통합

제20장 시간과 공간의 철학

제17장

과학적 방법론

> 과학적 발견으로 확실히 이끌어 주는 5단계의 간편 공식같은 "과학적 방법"은 없다는 사실을 처음부터 밝혀야 한다. 광범위하게 변하는 상황 속에서 그리고 서로 다른 탐구 단계에서 사용되는 많은 방법이 존재 한다.
>
> *이언 바버, 『과학과 종교에서의 논쟁점』 (Issues in Science and Religion)

1. 들어가는 말

의심의 여지없이 근대 세계를 형성한 가장 중요한 힘은 과학이다. 미국 남북전쟁 중에 살았던 사람은 우리보다는 아브라함과 공통점이 더 많다. 우주여행부터 원자력까지, 마취부터 생체 이식까지, DNA 연구부터 레이서까지 우리 세계는 근대과학의 세계이다.

만일 그리스도인이 근대 세계에 대해 말하고 이와 상호 작용하려 한다면 그들은 과학과 상호 작용해야 한다. 신자들이 하나님의 세계를 과학을 통해 탐구하려 한다면 그리고 그 탐구 결과와 신학적 신념을 통합하려 한다면 그들은 과학 자체를 보다 깊게 이해해야 한다. 과학이란 무엇인가?

과학적 방법이라는 것이 존재하는가?

존재한다면 그것은 무엇인가?

좋은 과학 이론은 최소한 근사적으로(approximately) 참된가, 아니면 그것들은 단지 유용한 허구일 뿐인가?

신학은 어떻게 과학과 상호 작용해야 하는가?

창조 과학 즉, 유신론 과학은 과학인가 종교인가?

이런 물음들은 철학적 물음이다. 이후 세 개의 장에서 우리는 과학을 탐구하는 철학적 여정에 나설 것이다. 이 여행을 시작하는 제17장은 과학적 방법론에 초점을 둔다.

첫째, 우리는 과학철학의 본성, 과학과 과학철학의 관계를 연구할 것이다.
둘째, 과학적 방법론을 명료화하는 데 필요한 핵심 쟁점을 검토할 것이다.

2. 과학과 과학철학

한편에서 철학은 과학을 포함하여 다른 학문 분야의 가정, 개념, 논증 형식 등을 연구하는 이차 학문 분야이다. 이에 비해 과학은 일차 학문 분야들의 집합이다. 과학철학에서 연구하는 것은 **과학에 관한** 철학적 물음이다.

과학철학자와 과학사학자는 이런 유형의 물음을 다루는 데 훈련 받은 전문가이지만 과학자는 그렇지 않다. 과학에서 연구하는 것은 과학 연구의 **특정 영역에 관한** 과학적 물음인데 여기에서 과학자가 전문가가 된다.

과학자가 형식화하는 몇 가지 **일차 물음**이 있다. 공유 결합은 무엇이며 이것은 어떻게 작동하는가?
메탄의 분자 구조는 어떠한가?
무엇 때문에 생태계는 안정되어 있는가?
어머니와 아이의 껴안기 관계(the holding relationship, 파지 관계)는 이후 아동기 발달에 어떤 영향을 끼치는가?
2062년 11월 1일에 달은 어디에 있을 것인가?
이와 대조적으로 과학에 관한 몇몇 **이차 물음** 즉, 철학적 물음들이 있다. 과학이란 무엇인가?
한 지적 활동이 과학으로 여겨지기 위해 갖추어야 하는 분명한 필요 충분 조건이 있는가?
과학적 방법이라는 것이 존재하는가?
존재한다면 그것은 무엇인가?
과학 이론은 사태를 어떻게 설명하는가?

관찰 자료는 어떻게 이론을 입증하는가?
한 과학 이론이 좋은 이론이라면, [예컨대 정확히 예측하고 우리 관측과 조화를 이룬다면] 이것은 그 이론이 최소한 근사적으로 참되다는 것을 의미하는가?
그리고 [예컨대 전자처럼] 그런 이론이 상정한, 보이지 않는 이론상의 실체들(theoretical entities)은 실제로 존재하는가?

몇몇 물음은 좀 더 복잡하다. 이런 물음을 정식화하고 이에 답하는 것은 단순하게 규정지을 일이 아니다. 이 일은 과학과 철학 간의 협력 사업으로 보는 것이 제일 낫다. 예컨대 전자가 존재하느냐 않느냐의 물음은 우선 철학적 물음이다. 제18장에서 살펴보겠지만, 지난날과 오늘날 많은 과학자와 철학자는 일종의 반실재주의(antirealism)를 받아들였다.

몇몇 반실재주의자는 좋은 과학 이론이 상정한 이론적 품목이 실재한다는 명제를 부정한다. 다른 반실재주의자는 과학 이론의 이론적 품목이 실제로 존재할지 모른다 하더라도, 과학 이론의 성공은 그 품목이 실재한다는 생각을 충분히 정당화시키지 못한다고만 주장할 뿐이다. 그들이 주장하는 것처럼, 전자라는 것은 단지 예측하거나 기술 개발을 가능하게 해 주는 실용적으로 유용한 허구물일 뿐인지 모른다.

반면 과학적 실재주의를 채택할 경우 우리는 좋은 과학이 상정한 품목이 존재한다고 믿어야 한다. 과학적 실재주의가 우리 견해라면, 과학자들이 전자이론이 좋은 이론이라고 판단하는 한, 우리는 전자의 존재를 믿어야 한다. 그리고 이 판단은 대개 과학적 문제가 될 것이다. 요컨대 과학의 쟁점과 과학철학의 쟁점을 구별하는 데 많이 신경 써야 한다. 그리고 두 분야 모두를 직접 포함하고 있는 쟁점에 대해 우리는 그 쟁점의 과학적 측면과 철학적 측면을 명료화하려고 애써야 한다.

과학철학에 접근하는 매우 다르면서 경쟁 관계에 있는 두 방법이 있다.

첫째, **외재적 과학철학**(external philosophy of science; EPS)이라 부르는 것이다.
이 견해에 따르면 과학 자체가 탐구의 대상이 된다. 우리는 실재, 인식, 논리 구조에 대한 철학적 일반 이해를 [형이상학, 인식론 등을] 과학 이야기에 적용하여, 그 과학 이야기가 좋은 과학인지 나쁜 과학인지를 평가한다.

철학이란 형이상학과 인식론에서 그 논거를 이미 찾은 믿음들에 비추어 과학의 전제들을 정당화하고 과학적 주장들을 평가하는 규범적(normative) 학문 분야로 간주된다. 예컨대 EPS의 옹호자는 인식론이 자연화될 수 있다는 것을 [인식론이 예를 들어, 심리학 내부의 기술적 <descriptive> 연구로 환원될 수 있다는 것을] 거부한다. 이를 거부하기 위해 그들은 우리 믿음이 형성되는 데까지 어떤 심리학적 과정을 거치는가 하는 물음은 특정 믿음을 합리적 믿음으로 정당화시키는 것에 관한 규범적 물음과 다르다고 주장한다.

과학철학에 대한 이러한 전통 접근법은 다음과 같은 점들을 인정한다.

① 실재와 인식에 관한 과학 내부의 주장은 실재와 인식이 애초부터 존재한다는 것을 이미 전제하고 있다.
② 어떤 명제가 참이라거나 합리적이라는 과학적 주장은 우리가 철학으로부터 이미 알게 된 합리성과 실재에 대한 일반 이해와 부합해야 하며 충돌하지 말아야 한다.
③ 철학은 본디 규범적(normative) 학문이며 과학은 본디 기술적(descriptive) 학문이다.

둘째, 이와 대조적으로 W. V. O. 콰인(W. V. O. Quine)과 윌프리드 셀러스(Wilfred Sellars) 같은 사상가들이 발전시킨 과학철학의 최근 견해를 **내재적 과학철학**(internal philosophy of science; IPS)이라 부른다.

이 견해에 따르면 철학은 과학의 한 분과이다. 예컨대 인식론은 심리학의 한 분과, 진화생물학과 신경 생리학의 한 분과이다. 철학적 물음과 과학적 물음 사이에는 유형상 차이가 없으며, 단지 정도의 차이만 있을 뿐이다(예를 들어, 실재는 일반적으로 무엇인가와 같은) 철학적 물음은 보통 [예를 들어, 물질이란 무엇인가와 같은] 과학적 물음보다 많은 것을 포괄한다. 더구나 과학은 그 스스로를 정당화하기 때문에 모종의 더 높은 관점에 비추어 평가받을 필요도 없다. 요컨대 과학은 만물의 척도이다. 과학철학의 임무는 과학자가 자기 직무를 어떻게 수행하는지 면밀히 기술하는 것이며 과학적 언어와 활동을 명료화하는 것이다. 과학철학은 본디 언어적이고 기술적이다.

대부분의 철학자는 IPS가 부적절하다는 이유에서 이를 받아들이지 않는다. IPS는 과학을 기술하려 할 때 우리가 이미 좋은 과학과 나쁜 과학의 차이를 인식할 수 있다고 가정한다. 그러나 그런 인식은 각별히 철학적 평가를 두드러지게 포함하고 있을 것이다. 더구나 회의주의자는 우리가 과학의 인식적 권위를 처음부터 수용하는 것이 어떻게 정당화되는지를 묻겠지만 IPS는 이러한 선결 문제를 미리 가정하고 있다.

IPS는 단지 과학의 인식론적 권위를 주장할 뿐이지만 이는 선결 문제를 요구하는 것이다. 끝으로 IPS는 규범적 쟁점과 기술적 쟁점의 구별을 없애버린다. 우리 믿음이 실제로 어떻게 형성되는지에 관한 과학의 기술적 물음은 믿음 일반에 대한 우리 신뢰가 어떻게 정당화되는지에 관한 철학의 규범적 물음과 매우 다르다. 전자는 후자의 답변을 전제하고 있다.

과학과 과학철학의 차이 그리고 외재적 과학철학과 내재적 과학철학 간의 논쟁에 덧붙여, 과학철학 내부의 탐구 분과로서 세 개의 주요 분야가 있다.

첫째, 과학의 인식론이 있다.
이것은 과학 법칙과 과학 이론을 발견하는 과정을 탐구하고, 사태를 설명할 때 우리가 그런 법칙과 이론을 어떻게 사용하며, 성공적인 예측 같은 다양한 근거를 통해 법칙과 이론이 어떻게 입증되는지를 탐구한다.

둘째, 과학의 존재론이 있다.
이것은 실재주의와 반실재주의 논쟁에 초점을 맞춘다.
좋은 과학 이론은 그 이론과 독립된 세계에 관한 참된 기술로서 또는 근사적으로 참된 기술로서 해석해야 하는가?
그리고 (또는) 우리는 그 이론이 상정한 이론적 품목의 존재를 믿어야 하는가?
또는 좋은 과학 이론의 성공을 설명할 때, 그 이론 내 이론적 품목의 존재를 신봉할 것을 요구하지 않는 방식으로 이를 해석해야 하는가?

셋째, 자연철학이 있다.
우리가 과학적 실재주의를 받아들인다고 할 때, 실재하는 것에 관한 과학적 신념을 어떻게 실재 일반에 관한 보다 포괄적 세계관 속의 한 요소로서 포함시켜야 하는가?

세 탐구 분야 중에서 첫째는 이 장의 나머지에서 다룰 것이고, 둘째는 제18장에서 다룰 것이다. 셋째는 제2장에서의 주제, 형이상학을 다룬 책에서 일부 개관되었던 주제이며, 또한 앞으로 제20장의 관심이기도 하다.

3. 과학의 인식론: 과학적 방법론

분명한 방식으로 특화할 수 있으며, 과학과 다른 학문 분야를 구분시켜주는 소위 **유일한 그** 과학적 방법이라는 것이 있다는 믿음이 상당히 넓게 퍼져 있다. 예를 들어, 널리 사용되는 고등학교 생물학 교과서에서 따온 다음 진술이 전형적인 예이다.

> 과학자는 자연을 설명하려 할 때 유일한 그 과학적 방법을 사용한다. 그 과학적 방법은 정보를 모으고 개념을 검사하는 수단이다. … **그 과학적 방법**은 다른 탐구 분야와 과학을 분리시킨다.[1]

이 절에서 우리는 과학적 방법론을 탐구함으로써 두 가지를 발견하게 될 것이다.

첫째, 유일한 그 과학적 방법이라는 것은 없다. 오히려 다양한 상황에서 사용되고 느슨하게나마 과학적 방법론들이라고 부를 수 있는 실행과 쟁점들의 다발이 있을 뿐이다.

둘째, 과학적 방법론들의 다양한 측면은 과학 바깥 분야에서도 사용된다. 우리가 과학적 실무를 철학적으로 바라볼 때 이런 발견들이 뚜렷이 드러나게 된다. 귀납주의라 부르는 과학적 방법론의 한 견해를 검토하고 이를 거부하는 것에서 시작하기로 하자. 그 다음 과학적 방법론에 대한 보다 적절하고 절충된(eclectic) 견해를 여러 측면에서 살펴보자.

1) 귀납주의

귀납주의(inductivism)는 과학적 방법에 대한 한 견해인데 19세기에 유명해졌으며, 일반적으로 프란시스 베이컨(1561-1591), J. F. W. 허셜(J. F. W. Herschel; 1792-1866), 존 스튜어트 밀(1806-1873)의 생각과 연관되어 있다. 그러나 과학적 방법론에 대한 이 세 인물의 실제 기술은 이 절에서 기술할 유형의 귀납주의보다 훨

---

1 Peter Alexander et al., *Biology: Teacher's Edition* (Morristown, N.J.: Silver Burdett, 1986), 4.

씬 더 복잡하다. 귀납주의는 과학적 방법론에 관한 포괄 견해이며 **귀납법**(induction) 자체와 혼동하지 말아야 한다.

귀납법은 전제들의 참됨이 결론의 참됨을 보장하지는 않지만 다만 어느 정도로 지지해 주는 추론 형식이다. 20세기 중반에 이해한 바에 따르면 과학적 방법에 대한 한 견해로서 귀납주의는 과학자를 다음과 같이 기술한다.

> 그는 처음에 사실을 편견 없이 관찰하고, 그러한 관찰을 통해 점차 많은 사실을 점진적으로 쌓아올리고, 열거적(enumerative) 귀납법을 통해 그 사실들로부터 법칙을 일반화해 내고, 더 많은 사실을 쌓아 이러한 일반식들을 묶어 보다 더 폭넓은 일반식을 만들어, 마침내 다양한 수준의 과학 법칙에 도달하게 되는데 이 법칙은 내용상 사실들의 일반 형식일 뿐이다.

귀납주의는 과학적 방법을 도표 17.1과 같이 묘사한다.

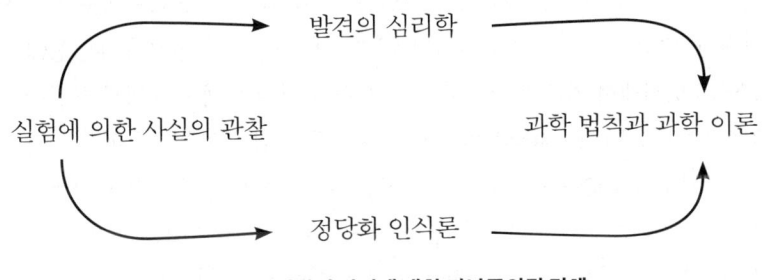

<그림 17.1 과학적 방법에 대한 귀납주의적 견해>

그림 1.1이 보여 주듯이 과학적 방법에 대한 귀납주의적 견해는 두 주요 요소, 즉 발견의 심리학과 정당화 인식론으로 구성되어 있다.

첫째, 발견의 심리학은 개별 과학자나 과학자 공동체가 법칙과 이론을 한 단계 한 단계 형성해가는 심리 과정을 시간적으로 기술하는 것을 가리킨다.

이것은 과학자가 귀납주의에 근거한 과학적 방법론을 따른다고 할 때 그들이 자기 작업을 어떻게 수행하는지를 기술한다. 그 과학자는 관찰과 실험에서 출발하여, 이전 관찰들로부터 일반식을 귀납적으로 유도함으로써 즉, **열거적 귀납법**에 의해 법칙과 이론을 형성하는 데로 나아간다.

둘째, 정당화 인식론은 과학자나 과학자 공동체가 과학 법칙과 과학 이론을 정당화하는 데 사용하는 규범적 논리 구조를 가리킨다.

귀납주의는 과학 법칙과 과학 이론을 지지하는 증거가 귀납적 도식에 부합할 때만 그 법칙과 이론이 정당화된다는 것을 의미한다. 과학자는 다음에 의해서 법칙과 이론을 형성하고 검사한다.

① 중요하든 중요하지 않든 관찰 대상에 관한 편견이나 사전억측 없이 관찰에서부터 출발한다.`
② 앞 단계에서 모은 사실들을 관측하고 분석하여 여러 가지 방식으로 분류한다.
③ 사실들의 이런 분류로부터 일반식을 귀납적으로 유도한다.
④ 후속 관찰과 실험을 통해 이 일반식을 검사하여, 고차 일반식을 형성한다.

과학 지식은 잘 입증된 사실들의 결합인데, 잘 입증된 사실은 보통 기존 사실을 변경시키지 않는 새 사실을 첨가함으로써 생겨난다. 한 법칙의 개연성에 대한 믿음은 그 법칙에서 기술된 현상의 긍정적 관찰 사례 수에 비례해서 커진다.

그레고르 멘델(Gregor Mendel, 1822-1884)의 연구는 귀납주의의 한 예로 알려져 있다. 그는 완두에 집중해 유전법칙을 연구한 과학자이자 성직자이다. 멘델은 매끈하거나 주름진 씨앗 결, 노랗거나 풀빛인 씨앗 색깔, 길거나 짧은 줄기 길이 등 두 개의 상이한 형태에서 나타나는 완두의 서로 다른 특질을 연구했다. 그와 조수들은 완두를 키워 교잡하고, 각 세대마다 일정 특징을 지닌 완두 개수를 세었다.

멘델이 얻은 결과 일부가 표 17.1에 나온다.

부모 특징	F1*	F2*	F2 비율
매끈한 씨앗 × 주름진 씨앗	모두 매끈함	5474 매 : 1850 주	2.96:1
노란 씨앗 × 풀빛 씨앗	모두 노랑	6022 노 : 2001 풀	3.01:1
긴 줄기 × 짧은 줄기	모두 김	787 긴 : 277 짧	2.84:1

*F1과 F2는 각각 제1세대와 제2세대이다.

<표 17.1 멘델이 얻은 일부 결과>

이런 저런 관찰에 기초하여 멘델은 순전히 귀납에 의해 다음과 같은 법칙을 유도했다고 전해진다. 서로 상관되어 있는 두 특질의 최대 빈도와 최소 빈도의 비는 제2세대에서 3:1이다.
　멘델과 다른 과학자들은 귀납주의에 따라 이 법칙을 어떻게 유도하고 정당화 하였는가?

　첫째, 그는 단순히 표본 X라는 완두 표본에서 출발해, 그것을 키워 교잡하고, 관찰할 것과 하지 않을 것에 관한 사전 추측 없이 결과를 관찰했을 것이다. 표본 X의 관찰 결과를 기록한 후, 그는 표본 Y, Z 등에 대해서도 동일하게 했을 것이다.
　둘째, 그는 X, Y, Z와 다른 표본의 결과를 관측하고, 이들 특정 표본에서 사용된 완두 유형에 적용되는 일반식을 만들었을 것이다.
　셋째, 그는 다른 완두 유형에 대해서도 이 같은 절차를 반복하고 그 다음 다른 식물 유형에 대해서도, 마지막으로 다른 생물 유형에 대해서도 이를 반복하여, 마침내 그는 가능한 모든 생물체를 포괄하는 일반식, 3:1 비율로 서로 연관된 관찰 가능한 두 특질의 모든 경우를 포괄하는 가장 광범위한 일반식에 도달했을 것이다.

　비록 귀납주의가 대중적 개념으로뿐만 아니라, 심지어 다수 과학자들의 마음속에 계속 존속하고 있다 하더라도, 극히 소수의 과학철학자들이 이를 받아들인다. 귀납주의는 과학의 다채로운 구조를 파악하지 못하며, 그리하여 귀납주의에 대한 반대도 격심하다.

　첫째, 잠정적으로 받아들여지긴 하지만, 관찰하는 데 유관한 것과 무관한 것을 결정하도록 이끌어 주는 어떤 안내 가설이나 배경 가정이 없다면, 우리는 관찰을 그저 시작할 수 없다. 전제 가정 없는 순수한 관찰은 과학에서 하나의 우화이다. 과학자들은 거의 예외없이 관찰에서부터 시작하지 않는다. 보통 그들은 풀어야 할 하나의 문제에서 그리고 관찰과 유관한 것과 무관한 것에 관한 일군의 가정과 가설에서 시작한다.
　위 멘델의 경우 멘델과 그 동료들은 실험할 때 달의 위치, 보스턴의 날씨, 그들이 신고 있는 신발 색깔을 관찰하고 기록하지 않았다. 이것들과 다른 방대한 요인들을 관찰하지 않았던 것은 실험자들이 완두 육종에 대해 많은 관념을 갖고 있어서 그런 요인들은 실험과 무관하지만 [씨앗 색깔과 결, 줄기 길이 같은] 다른 요인들이 유관하다는 것을 알고 있었기 때문이다. 이러한 판단은 관찰 작업에 개입되어 있으며, 이 판단은 단순히 관찰로부터 도출되지 않는다.

둘째, 바로 이 점은 다른 완두 표본과 다른 생물에 대한 관찰들을 분류하고 정리하는 데도 똑같이 적용할 수 있다. 무엇이 벌어지고 있는지에 관한 모종의 작업 틀이 없다면, 어떤 요인이 특정 사실들을 분류하는 기초로서 도움을 주는지 결정할 수 없다.

셋째, 과학 법칙은 해석되지 않은 생생한 관찰 자료를 점진적으로 쌓음으로써 형성·축적·정당화되는 것이 아니다. 오히려 그 과정에는 이론과 관찰이 간단히 규정할 수 없는 방식으로 스며들어 혼합되는 과정을 포함하고 있다. 실제로 이론을 바꾸면 사실처럼 보이는 것도 때때로 거짓으로 바뀔 수 있다.

롬 하레는 이를 다음과 같이 지적했다.

> 예컨대 원자량을 결정해왔던 역사를 생각해 보자. 무엇이 사실**이었는가**?
>
> 프라우트 가설의 영향을 받으며, 몇몇 화학자는 원소의 원자량이 정수 값에서 벗어난 것이 (예를 들어, 염소가 근사적으로 35.5라는 것이) 오류라고 생각했다. 왜냐하면, 프라우트는 모든 원소의 원자는 온전한 수소 원자 정수 개의 조합이라고, 그래서 그들의 원자량은 수소와 비교해 볼 때 정수가 되어야 한다고 주장했기 때문이다. 프라우트의 가설을 받아들이지 않거나 거부한 사람들은 차라리 비정수 원자량이 사실이라고, 비정수가 자연현상의 진정한 측도라고 가정하려는 경향이 있었다. 무엇이 사실이었냐 하는 것은 우리가 특정 이론을 지지하느냐 않느냐에 부분적으로 의존했다.[2]

방금 언급한 사례에서 무엇을 사실로서 여겼던가 하는 것은 이론의 앞선 수용에 의존했다. 귀납주의는 이런 유형의 **사실-이론 상호 작용**을 허용하지 않는다. 그러나 이 유형의 추론은 역사상 과학의 마땅한 일부였기 때문에 귀납주의는 과학적 방법론에 대한 총괄적 설명으로서 부적절하다고 판단해야 한다.

---

[2] Rom Harré, *The Philosophies of Science* (Oxford: Oxford University Press, 1972), 43.

넷째, 관찰 자료의 유한 집합으로부터 그 자료와 양립하는 일반 법칙이 잠재적으로 항상 무한히 도출될 것이다. 관찰 자료는 이론을 결정하기에 부족하다. **자료에 의한 이론의 과소결정**(underdetermination of theories of data)이 가리키는 사실은 자료들은 그 자체로 정확히 오직 한 법칙만을 골라주지 않는다는 것이다.

그러나 만일 우리가 귀납주의의 한계 내에서 작업해야 한다면 달리 선택 가능한 그런 법칙들 중에서 어떻게 하나를 선택할 것인가?

이를 선택하는 한 방법은 자료들과 양립하는 가장 단순한 일반식을 고르는 것이다. 그러나 이러한 전략은 귀납주의의 한 부분이 아니다(단순성은 관찰로부터 도출되지 않고 다만 관찰을 위한 하나의 배경 가정으로서 도입한 것이다). 더구나 단순성이 무엇을 의미하는지에 대해 경쟁하는 서로 다른 이해들이 존재한다. 이 논쟁을 해결하는 것은 부분적으로 과학적 방법론을 명확히 이해하는 일이며, 이 쟁점은 귀납주의에 포함된 과학관을 넘어선다.

귀납주의에 반하는 여러 다른 문제들이 제기되었다.

첫째, "관측된 모든 A가 B이다"로부터 "무엇이건 A는 모두 B이다"의 추론을 정당화하는 귀납의 문제가 있다.

둘째, [예컨대 '식물은 태양의 온기로 성장한다'처럼] 단순히 어쩌다가 들어맞게 된 현상에 관한 우연적 일반식과 [예컨대 '식물은 태양 빛에 의한 광합성을 통해 성장한다'처럼] 현상의 참된 본성에 관한 배경 이론에 기반을 둔 자연의 실제 필연성을 표현하는 법칙다운 일반식을 판별하는 어려움이 있다.

셋째, 과학자는 일반식을 통해 현상을 그저 기술하려 하는 것이 아니라, 때로 관찰되지 않거나 심지어 관찰할 수 없는 하부 기제에 관한 이론을 통해 관찰 일반식을 설명하고 그 현상까지 설명하려 한다는 사실. 이런 것들이 귀납주의에 반하는 문제가 있다.

종합하면, 귀납주의는 과학적 방법에 관한 하나의 견해이지만 이것은 부적절한 것으로 드러난다. 과학적 추론을 묘사하는 더 좋은 방법은 **가설·연역 방법**(hypothetico-deductive method)이라 부르는데 다른 누구보다 칼 헴펠(Carl Hempel)이 이를 옹호했다. 개략적으로 이 견해는 과학자를 다음과 같이 본다.

이런 저런 방식으로 가설을 형성 및 제안하고, 경계 조건이라 부르는 것을 따라 그 가설로부터 검증을 위한 함축을 도출하고, 그 다음 관찰이 그 가설을 입증하는지 살펴본다. 예컨대 우리가 [압력 P, 부피 V, 온도 T, 기체 몰 수로 나타낸 기체의 양 n, 상수 R에 대해, PV = nRT이라는] 이상기체 방정식을 받아들인다면 그리고 [방정식에 대입할 수 있는 P와 V에 대한 개별적인 값인] 기체의 특정 양 n_1에 대해 P_1과 V_1이 경계 조건으로서 주어진다면, 우리는 온도 T_1이 가져야 하는 값을 도출하게 될 것이다. 그러면 우리는 우리가 모은 자료가 이를 뒷받침한다는 것을 보여 주는 관찰을 얻을 수 있다.

그러나 우리가 알게 되겠지만, 심지어 **가설·연역 방법**조차도 과학자가 하는 모든 일을 포착하지 못한다. 과학적 방법론을 보다 깊게 탐색하기 위해 과학적 실무에 대한 보다 절충된 모형을 검토하기로 하자.

2) 과학적 방법론의 절충 모형

제안된 절충 모형은 탐구할 만한 7가지 측면을 갖고 있다

① 과학적 관념의 형성
② 과학적 물음과 문제의 본성
③ 과학적 관념과 과학적 설명의 사용
④ 과학 실험의 본성
⑤ 과학적 관념의 검사 또는 과학적 입증
⑥ 과학적 관념(법칙과 이론)의 본성
⑦ 과학적 관념의 목적과 목표

7가지 영역을 각각 살펴보기 전에 예비 관찰이 이루어져야 한다. 우리가 과학적 방법론에 대한 한 견해를 세부적이고 포괄적인 방식으로 진술하려고 한다면 우리는 저런 7가지 측면을 둘러싼 다양한 논쟁의 장에 관한 입장을 기술할 필요가 있을 것이다. 우리가 알게 되겠지만, 과학적 관념이 형성되는 서로 다른 방식들, 과학자가 해결하려고 하는 서로 다른 문제들, 사태를 설명하기 위해 과학적 관념이 사용되는 서로 다른 방식들 등등이 존재한다.

나아가 이런 7가지 영역 각각에는 주요한 논쟁들이 존재한다. 예컨대 과학자가 사태를 설명하는 데 자기 법칙과 이론을 어떻게 사용해야 하는지에 관해 모든 이들이 동의하는 것이 아니다.

이것은 과학적 방법론에 대한 서로 다른 여러 견해들이 가능하다는 것을 의미하는데, 그 견해들이 이러한 7가지 영역 내에서 자기 자리를 점할 만큼 충분히 명료할 경우에 이것들이 가능하다. 우리가 살펴보게 될 몇몇 견해는 다른 것에 비해 그럴듯하진 않지만, 그런데도 각각은 과학적 실무와 논리적으로 일관되며, 이것은 **과학적 방법론의 절충 모형**을 뒷받침해 준다.

이것이 보여 주는 것은 과학적 방법론이란 서로 다른 방법론들의 집합체이지, "그 과학적 방법"이라고 이름 붙일 만한 하나의 단일한 방법이 아니라는 것이다. 과학적 방법론의 다채로운 구조를 느끼기 위해 과학적 방법론의 절충 모형이 가진 7가지 측면 각각을 순서대로 검토해 보자.

(1) 과학적 관념의 형성

종종 발견의 심리학이라 불리는 첫째 영역은 개별 과학자 또는 과학자 공동체가 그들 관념을 발견하고 형성하는 과정을 가리킨다. 과학적 발견 과정을 특징짓는 형식화된 방법도 없고, 단계별 절차도 없다는 데 일반적으로 동의한다. 과학자는 때때로 사물을 우연히 발견한다. 다른 경우 그들은 보다 별난 방식으로 자기 관념을 생성한다.

잘 알려져 있듯이 예컨대 F. A. 케쿨레(F. A. Kekule, 1829-1896)는 뱀이 자기 꼬리를 쫓아다니며 몸을 굽혀 고리를 형성하는 몽환적 환상을 보고 벤젠 고리의 육각 화학식에 이르게 되었다. 그러나 과학자는 보다 흔히들 다음 두 방식 중에서 하나로 자기 관념을 형성한다.

첫째, 과학자는 **가추법**(abduction)으로 알려진 어떤 창조적 과정을 통해 관념을 형성한다.

가추법은 일종의 숙련된 추측법으로서 관찰된 사실을 설명해 주는 이론의 고안 과정을 가리킨다. 과학은 하나의 기교이다. 과학자는 얼마 동안 한 영역에서 작업한 후, 이 개인적 몰두로 인해 그 영역에 관한 요령을 계발하게 되는데, 예를 들어 말로 표현되지 않는 비법(tacit knowhow)을 발견하는 감각 같은 것을 계발한다.

이 비법의 일부 중에는 일정한 방식으로 사태를 보는 능력, 현상의 패턴을 직관하는 능력, 그러한 패턴을 설명하기 위해 창조적 상상력을 동원하여 개념적 그물을 이끌어 내는 [가추하는] 능력이 있다. 때때로 과학자는 자신이 이론을 어떻게 생각해내었는지를 말할 수 없다. 자동차 정비사, 판사, 성서 해석가 등처럼 사태를 가늠하기 위해 자기 분야의 지식을 사용하고 문제의 해법을 이끌어 내는 사람들은 이와 동일한 유형의 암묵지를 사용한다.

이 같은 방식으로 과학적 관념을 생성하는 것에는 한 가지 난점이 있다. 때때로 장기간 한 분야에서 작업한 과학자는 한 구역의 자료를 유행하는 방식으로 보도록 심하게 강박되어서 자료에서 사태를 읽어내면서 자료를 왜곡할 수 있으며, 사태를 다른 방식으로는 볼 수 없게 된다. 바로 이 때문에 토마스 쿤은 과학에서 발견이 종종 신참이나 다른 과학 분야 또는 완전히 다른 영역에서 연구하는 사람에 의해 이루어진다고 지적했다. 그들은 유행하는 패러다임과 인지적 거리를 두고 있어서 사물을 다르게 보기 때문이다.

가추법은 말하자면 "밑으로부터" 발견법, 즉 일정 영역의 자료와 연관된 감각적 요령으로부터 발견하는 방법이다.

둘째, 과학자가 자기 관념을 발견하는 데 자주 취하는 둘째 방법이 있다.

"위로부터"의 방법이다. 과학자는 이론에 대한 자신의 탐색을 이끌어갈 때 세계가 존재하는 방식에 관한 큰 그림으로부터 또는 자료가 드러나는 방식에 관한 큰 그림으로부터 출발한다. 이러한 큰 그림은 형이상학, 수학, 신학 및 다른 영역에서 유래할 수 있다. 예컨대 몇몇 과학적 발견은 처음부터 과학자들이 옳은 방정식은 수학적으로 아름답거나 우아해야 한다는 생각에 몰두해 있었기 때문에 이루어졌다.

또 코페르니쿠스가 프톨레마이오스의 행성 운행 모형을 거북하게 여긴 이유는 그 모형이 하나의 중심을 가진 균일한 원운동이라는 플라톤적 이상을 벗어났기 때문이다. 플라톤주의자로서 코페르니쿠스는 원운동이 보다 완전하며 행성은 원운동을 추구한다는 기하학적 관념에 의해 "위로부터" 인도 받았다. 요점은 그가 옳았다는 것이 아니라 단지 그가 이런 방식으로 발견 과정에 인도되었다는 것이다.

형이상학적 견해는 때때로 과학자의 인도자가 된다. 어떤 과학자들은 원격작용에 반대하는 형이상학적 신념에 빠져 있었고 이것은 (예컨대 중력자의 교환 같은) 두 물체 사이를 매개하는 모종의 메커니즘을 발견하려는 탐구로 과학자를 인도했다. 신학적 신념은 때때로 탐구를 인도하고 과학적 관념을 생성하도록 돕는다.

라이프니츠(1646-1716)가 한 광선이 한 광학적 매질에서 다른 매질로 평행하지도 직교하지도 않고 비스듬하게 이동한다면 그 광선은 입사각의 사인 값과 굴절각의 사인 값의 비가 모든 두 매질에 대해 상수가 되는 방식으로 즉, $n_1 \sin\theta_1 = n_2 \sin\theta_2$이도록, 표면에서 굴절된다는 스넬 법칙을 유도한 것은 자연은 주어진 일군의 선택 가능한 경로 중에서 가장 쉽고 가장 직접적인 작용 경로를 선택한다는 그의 형이상학적 원리로부터였다.

그리고 그는 하나님이 최대의 단순성과 완전성이 구현되도록 세계를 창조했다는 그의 신학적 확신으로부터 이 원리를 유도했다. 하나님이 분류 가능한 유형으로 구별되게 생물을 창조했다는 신학적 관념은 린네와 다른 초창기 분류학자들의 연구를 인도했다.

제임스 맥스웰은 빛을 마당(field)으로 그린 자신의 기술을 부분적으로 삼위일체와 성육신에 관한 그의 신학적 확신으로부터 유도했다. 그리하여 수학과 철학과 신학 같은 영역은 발견의 심리학을 위로부터 인도하는 기준을 제공함으로써 과학적 방법론의 바로 그 구조 속으로 들어올 수 있다.

(2) 과학적 물음과 문제의 본성

과학자는 가끔 최소한 세 유형의 물음에 답함으로써 문제를 해결하려 한다.

첫째, "**무엇**"이라는 **물음**이 있다.
이 화석 유물은 무엇처럼 보이는가?
우라늄의 반감기는 무엇인가?
여기서 과학자는 심지어 사실을 원리적으로라도 설명할 수 없는 경우조차도 그 사실을 확인하려 한다. 예컨대 과학자는 추정된 모종의 궁극 입자의 정지질량이 무엇인지 확인하려고 시도할 것이다. 심지어 그 입자가 궁극적인 것으로 간주되기 때문에 그 정지질량이 하필이면 왜 그런 특정 값을 갖는지 더 근본적인 설명이 있다고 믿지 않는 경우에도 그렇게 시도할 것이다.

둘째, 과학자는 "**왜**" **물음**에 답한다.
금속은 가열하면 왜 팽창하는가?
여기서 초점은 어떤 현상의 원인(예컨대 동력인이나 목적인)을 정하는 데 놓여 있다.

셋째, 과학자는 **"어떻게"** 물음에 답한다. 빛은 어떻게 전자를 금속 표면에서 튀어나오게 하는가?

"어떻게" 물음은 어떻게 해서 원인이 결과를 이루어내게 되는지를 기술하기를 원한다.

이러한 물음에 관해 두 가지를 유의해야 한다.

첫째, 과학 외부의 학문 분야는 이와 매우 유사한 유형의 물음을 묻고 답한다.
둘째, 과학적 방법론은 "어떻게" 물음에 답하려는 탐구에만 전력하지 않는다. 과학적 방법론은 "무엇" 물음과 "왜" 물음에도 역시 답한다.

과학자는 물음을 묻고 문제를 풀려 한다. 일반적으로 말해 이 문제들은 크게 두 유형으로 경험 문제와 개념 문제로 나누어진다. 과학 이론은 두 유형의 용어(term, 명사名辭, 여기서 '용어'는 반드시 한 낱말일 필요는 없다. 역주)를 포함하고 있다 (예컨대 '붉다', '떠다니다', '보다 더 길다'처럼) 직접 관찰되는 것을 지시하는 관찰어(observational terms) 그리고 (예컨대 '유전자', '전자', '운동에너지'처럼) 이론적 개념을 표현하는 이론어(theoretical terms)가 그것이다. 경험 문제는 이론 내에서 관찰과 연관된 난점에 초점을 둔다. 개념 문제는 이론 내에서 이론적이고 개념적인 난점에 초점을 둔다.

일반적으로 경험 문제는 우리에게 이상하게 와 닿으며 그래서 설명이 필요한 관찰 세계에 관한 어떤 것이다. 조수(tide)는 왜 그런 식으로 일어나는가?
왜 화석 유물 사이에 간격이 있는가?
이런 것들이 경험 문제의 예이다. 어느 이론을 추종해야 할지를 놓고 겨루는 두 경쟁 이론이 우리에게 있다고 가정해 보자.
이런 상황은 세 가지 경험 문제를 야기한다.

첫째, (어느 경쟁 이론도 적절히 풀지 못하는) **미해결 문제**
둘째, (아마도 다른 방식으로 둘 모두가 해결하는) **해결된 문제**
셋째, (한 경쟁 이론은 해결하고 다른 것은 못하는) **변칙 문제**

이 셋 중에서 변칙 문제가 인식론적으로 가장 중요하다. 비록 중요하긴 해도 변칙 문제들이 한 이론을 거부하는 데 반드시 결정적인 것은 아니다. 변칙 문제가 효력을 내는 것은 여러 사항들의 작용이다.

얼마나 많은 변칙 문제가 있으며, 그들은 해당 이론에 얼마나 중요하고 얼마나 중심적인가?

경쟁 이론은 그 문제를 얼마나 잘 해결하는가?

변칙 문제들을 해결하는 능력 이외에 다른 요인들에 비추어볼 때 다양한 경쟁 이론들은 얼마나 강한가?

과학 이론에서 변칙 문제의 인식론적 영향력이 과학 바깥 영역에서 변칙 문제의 영향력과 비슷하다는 점은 유의할 만하다. 예컨대 성경 외부의 변칙 자료나 성경 내부의 문제 구절에 비추어 볼 때, 성서 무오류를 믿는 것이 정확히 언제 더 이상 온당하지 않게 되는가?

이런 물음에 답하는 것이 과학에서 쉽지 않은 것처럼 신학에서도 쉽지 않다. 과학자는 개념 문제도 해결하려 한다. 일반적으로 이 문제는 이론의 개념적 측면과 관련된 난점인데 두 유형으로 나눈다.

첫째, 내부에서 생긴 개념 문제가 있다.

이것은 이론 내 개념이 모호하고, 애매하고, 순환적으로 정의되거나 모순적으로 보일 때 발생한다. 예컨대 어떤 이들은 전자기 복사의 파동-입자 특성이 모순적이라고, 조금씩 변하는 일련의 중간 단계를 거쳐 파충류의 비늘이 새의 깃털로 발전한다는 진화 경로가 불분명하고 모호하다고, 스티븐 호킹 같은 우주론자의 허수 시간 사용이 지성적으로 이해될 수 없다고, "적자생존"이 순환적으로 정의되었다고 논증하기도 한다. 요점은 이런 반대들이 결정적이었다는 말이 아니라, 이것들이 내부에서 생긴 개념 문제의 예라는 것이다.

둘째, 외부에서 생긴 개념 문제가 있다.

어떤 과학 이론 T가 합리적 근거가 충분한 다른 이론 T'의 어떤 명제와 충돌할 때, T'의 연관 분야가 무엇이든지 상관없이 T가 T'의 명제와 충돌할 때, 개념 문제가 이론 T 외부에서 발생한다. T는 T'와 논리적으로 일관되지 않을 수 있다. 또는 비록 둘이 논리적으로 일관되기는 하지만 보다 약한 방식으로 충돌할 수 있다. 즉, 둘은 서로를 강화시켜주지 않으면서 둘을 합해서 보면 틀린 것처럼 보이는 경우이다. 만일 T가 우주에 무한한 과거가 있음을 함축하는 진동 우주 모형이고, T'는 과거가 유한해야 함을 함축하는 철학적 논증이라면, T'는 T의 옹호자가 풀어야 하는 T의 외부 개념 문제이다.

또 만일 자연주의적 진화론이 [물체는 전적으로 물리적 물질에 작용하는 물리적 과정의 결과이기 때문에] 생물체는 순전히 물리적이라고 주장한다면 모종의 마음-육체 이원론을 지지하는 철학적 논증이 있을 때, 이 논증은 자연주의 진화론의 외부 개념 문제를 이룬다. 만일 신학자들이, 말하자면 인류가 중국에서 기원했다고 주장하는 인류 기원설에 반대하는 신학적 논증을 합리적으로 정당화했다면, 이 신학적 논증은 그 과학 이론의 외부 개념 문제일 것이다.

결코, 과학은 합리적인 것에만 전력하지 않았다. 과학은 과학사를 통틀어 인식론적으로 적극적 방식으로 또는 소극적 방식으로 다른 학문 분야와 직접 상호 작용했다. 과학은 외부에서 생긴 개념 문제를 통해 철학과 신학 같은 영역들과 직접 상호 작용한다. 이 때문에 우리는 과학이 철학과 신학 같은 영역들을 단지 상보하는 것만은 아니라는 사실을 보여 주는 실례를 과학의 외부 개념 문제들에서 얻을 수 있다.

제19장에서 과학이 단지 철학과 신학을 상호 보완할 뿐이라는 말의 의미에 관해 더 많은 것을 이야기할 것이다. 그러나 현재로서 우리는 [예컨대 수소와 산소로부터 물이 조성되는] 어떤 현상에 대한 과학적 기술과 [신이 수소와 산소로부터 물을 창조했다는] 그 현상에 대한 철학적 내지 신학적 기술이 동일 현상에 대한 서로 간섭하지 않는 상이한 두 접근법이라는 주장을 이해할 것도 같다. 그런 주장은 [물의 예처럼] 어떤 경우에는 매우 적절할지도 모른다. 그러나 외부 개념 문제가 있다는 것은 과학적 방법론에 관한 여러 요소들 중 하나인데, 이것은 철학과 과학의 통합에 대한 상보적 접근법을 이 주제의 최종 결론으로 이해할 경우 이 접근법이 부적절하다는 것을 보여 준다.

(3) 과학적 관념과 과학적 설명의 사용

과학자는 법칙과 이론을 사용하여 사태를 설명한다. 토마스 쿤 같은 몇몇 철학자는 과학적 설명의 기본 유형은 존재하지 않으며, 오히려 존재하는 과학 분과들의 수만큼 서로 다른 과학적 설명 모형이 있다고 논증했다. 그래서 과학적 설명에 관해 말할 수 있는 것은 일반적으로 거의 없다. 다른 이들은 이에 대해 이의를 제기하고 우리가 과학적 설명으로 여기곤 하는 대부분이, 아무도 모든 것이 다음 상이한 두 선택 중에서 하나 또는 둘 다에 해당한다고 논증했다.

첫째, 헴펠(Carl G. Hempel)과 네이글(Ernest Nagel)이 유행시킨 설명의 **포괄 법칙**(covering-law) **모형** 또는 **추론주의 모형**이 있다.

이 견해에 따르면 한 설명이 과학적 설명이 되게 하는 두 요소가 있다.

① 설명의 논리적 형식
② 설명 전제의 본성

'설명항'(explanans)이라는 용어는 "설명하는 일을 하는 것"을 의미하고, '피설명항'(explanandum)이라는 용어는 "설명되어야 하는 것"을 의미한다. 논리적 형식과 관련해 과학적 설명은 올바른 연역 논증이나 귀납 논증을 제시함으로써 어떤 현상을 설명하는데, 다음 세 방식 중 하나를 통해 제시한다.

연역-법칙적 포괄법칙 모형:

L_1: 모든 금속은 전기를 전도한다.
C_1: 이 전선은 금속이다. 　　　　　　　　　　　　　설명항
―――――――――――――――――――――――――――
E: 이 금속 전선은 전기를 전도한다. 　　　　　　　피설명항

연역-통계적 포괄법칙 모형
L_1: 시간 t 동안 방사성 물질 x의 50퍼센트가 붕괴될 것이다.
C_1: 이것은 z 그램의 물질 x이다. 　　　　　　　　설명항
―――――――――――――――――――――――――――
E: 시간 t 동안 z의 50퍼센트가 붕괴될 것이다. 　피설명항

귀납-통계적 포괄법칙 모형
L_1: 페니실린을 맞은 사람의 90퍼센트가 회복된다.
C_1: 존은 페니실린을 맞았다. 　　　　　　　　　　설명항
―――――――――――――――――――――――――――
E: 존은 회복되었다. 　　　　　　　　　　　　　　　피설명항

각 경우에 설명되어야 하는 것(피설명항)은 전제들(설명항들)로부터 추론됨으로써 설명되거나 "포괄된다." 전제들 중 첫째는 일반 법칙이고 둘째는 초기 조건의 진술이다.

연역-법칙적 형식에서 설명항들은 오직 보편 일반 문장만을 포함하고 있고 논증은 연역적이다. 연역-통계적 형식에서 설명은 설명항에 최소한 하나의 통계적 일반 문장이 들어 있는 연역 논증이다. **귀납-통계적 형식**에서 설명은 설명항에 최소한 하나의 통계적 일반 문장을 포함하는 귀납 논증이다(C_1 아래 접선은 귀납 논증이라는 것을 표시한다). 주어진 설명이 피설명항 E에 대한 좋은 과학적 설명이라면 위 세 논리적 형식 중 하나를 띠게 될 것이다.

과학적 설명의 포괄법칙 모형의 둘째 특징은 논리적 형식이 아니라 전제의 본성에 초점을 둔다. 과학적 설명의 설명항은 모종의 방식으로 예컨대 관찰과 실험에 의해, 과학적으로 검사할 수 있어야 한다. 어떤 사람은 설명항들이 법칙다운 참된 일반 문장이어야 한다고 부언하기도 한다.

포괄법칙 모형이 최소한 과학적 설명의 본성을 부분적으로 포착한다는 데는 대부분이 동의한다. 그런데도 이 모형에는 비판자들이 있어 왔다.

일부는 이 모형에 어떤 개념 문제가 있다고 주장한다.

① 어떤 것을 관찰과 실험으로 검사한다는 것이 무엇을 의미하는가?
② 과학 바깥 영역에서도 이와 같은 검사를 하지 않는가?
③ 과학적 일반식은 참되어야 하는가?
④ 또는 단지 참이라고 그리고 잘 확립되었다고 생각되기만 하면 되는가?
⑤ 설마 거짓 과학적 설명도 여전히 과학적 설명일까?
⑥ 무엇이 법칙다운 일반식이며, 이것은 어떻게 우연적 일반식과 다른가?

다른 이들은 이 모형이 과학적 설명의 주요 측면을 빠뜨리고 있다고 지적하기도 했다. 예컨대 포괄법칙 모형이 그 자체로 어떻게 설명적인가 하는 것을 깨닫는 것은 어려운 일이다.

"모든 x는 F를 갖고 있고 이것은 하나의 x이기 때문에 이 x는 F를 갖는다"는 진술은 "왜 모든 x는 처음부터 F를 갖고 있는가?"라는 질문을 불러들이기 때문에 이는 설명을 다만 뒤로 미룬 것일 뿐이다.

뒤의 이 질문에 대해 설명하기 위해서는(예를 들어, 전자라고 불리는 작은 존재가 금속 안에서 고정되어 있지 않아서 금속은 전기를 전도한다고 말하는 것처럼) x를 그려주는 모형에 내포된 새로운 개념들을 사용해야 할 것이다. 그래서 포괄법칙 모형은 설명하는 데 불충분하다. 실제로 포괄법칙 설명은 무엇이 일어나는지에 관한 일반화된 기술일 뿐이지, 사태가 왜 일어나는지에 관한 실제적인 설명은 아니다.

둘째, 이러한 문제들 때문에 어떤 이들은 **인과적 실재주의 설명 모형**이라는 제2의 모형을 받아들이게 되었다.

포괄법칙 모형에 따르면 과학적 설명의 본질이란 모종의 결과를 연역하도록 해 주는 관찰 현상들 간의 일반적 상관 관계를 기술하는 것이라고 이 모형의 옹호자들은 지적해 준다. 이것의 사례는 이상기체 방정식 $PV = nRT$일 것이다(여기서 P는 압력이고, V는 부피, T는 온도, n은 존재하는 기체의 몰 수, R은 이상기체 상수이다). 이상기체 방정식은 기체에서 관찰적 현상(P, V, T)의 규칙적 상관 관계를 기술하며, 이를테면 압력과 부피에 대한 지식으로부터 기체의 온도를 연역하도록 해 준다. 그러나 소위 이런 설명은 왜 현상이 그런 식으로 벌어지는지를 설명하지 않고, 단지 현상들이 어떻게 연관되어 있는지를 기술해줄 뿐이다.

그러나 기체의 온도가 왜 그런 값을 가질까를 설명하기 위해 사용할 모형은 관찰되지 않은 품목과 과정을 그려주는 모형일 텐데, 그런 품목과 과정은 관찰된 상관 관계를 낳는 원인이라고 가정될 것이다. 기체의 거동을 설명하기 위해 이 모형에서는 기체를 탄성충돌에 관여하고, 공간을 이동하며, 용기 벽에 부딪혀 튀어나오고, 온도에 비례하는 속도로 이동하는 자그만 당구공 같은 분자들의 무리로서 묘사될 것이다.

인과적 실재주의 모형에서 과학적 설명은 관찰할 수 있는 것을 넘어서는데 그 이유는 이 설명이 관찰적 현상의 인과적 원인이 될 수 있는 이론적 품목과 과정에 대한 모형을 만들기 때문이다.

흥미로운 점은 반 프라센(Bas C. van Fraasen)과 스탠리 재키(Stanley Jaki) 같은 철학자가 이 유형의 과학적 설명이 자연신학에 사용되는 신 존재 증명과 매우 가까운 유사성을 나타내고 있음을 보여 주었다는 것이다. 예컨대 설계 논증의 한 형태는 다양한 유형의 디자인에서 출발하는데 이 디자인은 나중에 설명되어야 하는 관찰 현상이다. 이런 현상에서 출발한 다음, 이 현상을 야기한 인격적 설계자가 존재할 것이라고 가정한다.

인과적 실재주의 모형에 대한 비판자는 흔히들 일종의 경험주의자이다. 아니면 한 과학 이론을 신봉(commitment)하는 것은 오직 그 이론이 관찰 결과를 정확하게 예측한다는 사실을 신봉하는 것을 함축할 뿐이라고 주장하는 사람이다. 그 사실을 신봉한다고 해서 관찰할 수 없는 이론적 품목이 존재한다는 것을 믿어야 하는 것은 아니다. 경험주의자들은 관찰할 수 없는 그런 이론적 품목은 과학 이론에게는 순전히 형이상학적 애물단지일 뿐이라고 그들은 주장한다. 이런 비판은 다음 장의 주요 관심 중 하나이다.

우리는 과학적 설명이 어떤 식으로 기능해야 하는지에 관한 서로 다른 견해들이 있다는 것을 알아보았다. 과학에서 사용되는 또 다른 유형의 설명들이 존재한다.

첫째, 대상의 속성을 부분의 속성이나 부분의 구조적 관계를 통해 설명하는 **구성적**(compositional) 또는 **구조적**(structural) **설명**이 있다.

둘째, 대상의 속성과 존재를 그 대상과 선행 대상의 시간적 전개와 역사를 통해 설명하는 **역사적 설명**이 있다.

셋째, **기능적 설명**은 대상의 능력을 그것이 모종의 시스템 내에서 수행하는 기능을 통해 설명한다. 예를 들어, x(심장)의 기능은 y하는 것(피를 분출하는 것)이다.

넷째, **추이적**(transitional) **설명**은 어떤 대상 내의 상태 변화를 대상 내의 어떤 교란과 그 교란기에 대상의 상태를 통해 설명한다.

다섯째, 끝으로 유기체의 행동이나 어떤 사태의 존재를 그 유기체의 믿음, 욕구, 공포, 의도 등을 통해 설명하는 **지향적**(intentional) **설명**이 있다.

과학적 방법론의 다음 영역으로 가기 전에 논쟁점 하나를 더 언급해야 한다. 자연에 "개입하는" 창조자 내지 설계자로서 신 개념은 과학적 설명의 일부로서 쓰일 수 없다고 간혹 주장되곤 한다. 이 주장을 옹호하기 위해 보통 일종의 포괄 법칙 설명 모형을 사용하는데 이것은 과학은 자연 법칙을 통해 사태를 설명해야 하며 기적적인 신의 행위는 자연 법칙의 부분이 아니라는 발상과 짝을 이룬다.

그러나 이 주장은 완전히 거짓이다. 과학자는 설명하기 위해 단지 자연 법칙만을 사용하지 않는다. 우리가 보았듯이 그들은 설명하기 위해 인과적 품목, 과정, 사건, 행위를 언급하기도 한다. 예컨대 우주론자는 우주의 한 측면을, 말하자면 팽창률을 설명하기 위해 자연 법칙을 사용할 뿐만 아니라 단일한 인과 사건으로서 대폭발을 언급한다.

외계 지성 탐색, 고고학, 법의학, 심리학, 사회학 등 같은 과학의 몇몇 분야에서 요즘 과학자들은 인간 행위자와 행위자의 다양한 내적 상태(욕구, 소망, 믿음, 의도)를 사용하는데 이것들은 그들 설명에 언급된 인과적 품목과 과정을 부분적으로 기술해 준다.

이와 동일한 유형의 논증이 왜 생물학이나 관련 분야 내 어떤 현상을 설명하기 위해 예를 들어, 생명의 기원을 설명하는 데 사용될 수 없는가?

과학적 설명의 본성으로부터는 그 이유를 도출할 수 없다. 물론 설명이 좋은 것인지 아닌지는 대체로 과학적 물음이 될 것이다. 이런 맥락에서 많은 과학자와 철학자는 경험과학과 역사과학을 구별한다.

두 범주의 과학은 묻는 물음, 설명, 답하는 데 사용된 방법에서 서로 다르다("귀납적", "법칙론적" 혹은 "조작적" 과학이라고 부르기도 한다).

첫째, 경험과학은 일반적으로 자연 세계가 어떻게 반복가능하고 규칙적인 방식으로 작동하는지에 초점을 둔다. 산염기 화학반응에 대한 탐구가 한 예이다(이따금 "기원" 과학이라 부른다).

둘째, 역사과학은 (예컨대 공룡의 죽음, 최초 생명의 기원처럼) 과거의 단일 사건에 초점을 두고, 사태가 어떻게 일어나게 되었는지, 사건들이 왜 일어났는지를 설명하려고 시도한다.

경험과학과 역사과학의 구별은 과학에서 신의 작용 개념에 관한 우리 현재 논의와 다음과 같이 연관된다(신이 예컨대 회심에서처럼 어떤 반복가능한 행위를 하기 위해 사실상 규칙적으로 "개입하는" 것이 아니라면) 신의 지성적 개입에 호소하는 것은 경험과학에서는 부적절하지만, 생명의 기원 등을 설명하려는 역사과학에서는 그런 호소가 적절할 수 있다고 논증할 수 있다.

(4) 과학 실험의 본성

과학자는 관찰과 실험을 수행한다. 관찰이 일어나는 것은 관찰자가 관찰될 일련의 사건 바깥에 서있고 그 사건을 조작하지 않을 때이다. 실험이 일어나는 것은 실험자가 실험이 생기는 방식으로 자연을 변경함으로써 일련의 사건에 개입할 때이다. 과학자가 관찰을 행하고 실험을 수행할 때 최소한 서로 다른 세 가지

도구를 가끔 사용한다.

첫째, 측정할 때 사용하는 도구가 있다.
이것들 중 몇몇은 (예컨대 미터 막대처럼) 측정되는 사물의 본보기(example)가 되는 고유 측정기(self-measurers)이다. 몇몇은 어떤 현상의 결과를 사용하여 그 현상의 원인을 측정하는 비고유 측정기이다(예를 들어, 온도계는 직접 부피 팽창을 측정하여 온도를 추론한다).
둘째, 현미경, 망원경, 증폭기처럼 우리 감각 기관을 확장하는 도구가 있다.
셋째, 환경과 독립적으로 현상을 연구하도록 현상을 고립시키는 도구가 있다.

이러한 도구를 사용할 때 과학자는 다양한 가정을 하게 된다. 이러한 가정들 중 많은 것은 매우 합당하지만 몇몇은 그렇지 않을 수 있다. 그러나 어쨌든 어떤 것을 "관찰"하거나 측정하기 위해 도구를 사용하는 것은 과학자가 어떤 것을 관찰한다고 할 때 관찰될 사물과 관찰에 쓰이는 도구에 관한 수많은 이론적 배경 가설을 토대로 자료를 때때로 해석하고 있다는 것을 보여 준다.

(5) 과학적 관념의 검사: 과학적 입증

과학적 방법론의 다섯째 측면은 과학 법칙과 과학 이론을 검사하고 정당화하는 쟁점을 담고 있다. 과학적 방법론의 이 측면을 이해하는 데 다음 두 물음이 핵심적으로 중요하다.

첫째, 과학 법칙 내지 과학 이론을 지지해 주는 관찰과 실험은 어떻게 긍정적 검사 결과를 내는가?
둘째, 과학 법칙이나 과학 이론이 합리적이라는 주장에는 어떤 요소가 내포되어 있는가?

이 물음을 차례대로 살펴보기로 하자.
만일 과학 이론이 어떤 일들이 관측될 것이라고 예측하거나 또는 모종의 방식으로 그 관측 결과를 함축하고 있다면 그리고 그러한 일들이 **정말로** 관측되었다면, 이것은 해당 이론을 입증하는 데 어떤 식으로 도움이 되는가?

이 물음에 어떻게 답해야 할지에 관해 철학자들 사이에 일반적 일치는 없다. 사실 많은 철학자는 과학 이론의 평가가 몹시 다면적이고 복잡해서 이론의 진위에 관한 긍정적 검사 결과로부터 따라 나오는 어떤 결론도 신뢰하지 않는다. 다른 이들은 이에 동의하지 않고 다음과 같이 주장한다.

긍정적 검사 결과는 사실상 정말로 이론을 지지해 주며, 그 결과는 최소한 그 이론이 아직 반증되지 않았음을 보여 준다는 것이다. 긍정적 검사 결과의 가치를 믿는 사람에게 반증주의(falsificationism)와 정당화주의(justificationism)라는 두 가지 주요 사조가 존재한다.

첫째, 반증주의의 주요 옹호자는 칼 포퍼(1902-1994)였다.

그에게 긍정적 검사 결과는 단지 이론이 참될 수도 있음을 보여 줄 뿐이다. 긍정적 검사 결과가 이론이 참될 가능성을 조금도 높여주지는 않는다.

"모든 까마귀는 검다"라는 일반 문장을 생각해 보자. 검은 까마귀들의 입증 사례가 아무리 많아도 그 사례들은 이 일반 문장이 참이라는 것을 보여 주지 않는다. 왜냐하면, 우리는 항상 장래에 흰 까마귀를 발견할지도 모르기 때문이다. 단지 하나의 흰 까마귀만 발견해도 그 일반 문장이 거짓이라는 것을 보여 줄 수 있다. 그래서 포퍼는 과학 이론이란 반증하려는 대담하고 모험적인 추정이어야 한다고 결론 내린다.

긍정적 검사 결과는 그 이론이 아직 반증되지 않았다는 것을 보여 준다. 그리고 만일 우리가 한 이론을 자주 검사하고 그 이론이 모든 검사를 통과한다면 그 이론은 강화될(corroborate) 것이다. 이것은 우리가 그 이론에 대한 긍정적 증거를 갖고 있다는 것을 의미하지 않는다. 다만 우리가 그 이론을 반증하려고 반복적으로 시도했으나 여태 실패했고 그래서 그 이론은 참될 가능성이 있다는 것을 보여 줄 뿐이다.

둘째, 루돌프 카르납(1891-1970)과 칼 헴펠(1905-1997) 같은 정당화주의자는 이에 동의하지 않는다.

정당화주의에 여러 가지 유형들이 있기는 하지만, 옹호자들은 긍정적 검사 결과가 한 이론이 참될 가능성의 크기를 높인다는 데 동의한다. 우리가 가진 긍정적 검사 결과가 많을수록 그리고 부정적 검사 결과가 적을수록, 우리 이론이 가진 입증의 크기가 커진다.

요컨대 반증주의는 긍정적 검사 결과가 보여 주는 것은 단지 그 이론이 여태 반증되지 않았고 그 이론이 참될 가능성이 있다는 것뿐이라는 견해이다. 정당화주의는 긍정적 검사 결과가 이런 저런 방식으로 그 이론이 참될 가능성을 증가시키며 그 결과가 그 이론의 긍정적 증거가 된다는 견해이다. 과학 이론이 합리적이라는 주장에는 무슨 요소가 내포되어 있는가 하는 둘째 물음을 생각해 보자. 우리는 우선 탐구의 합리성과 수용의 합리성을 구별할 필요가 있다.

① **탐구의 합리성**(rationality of pursuit)은 이론이 비교적 새로워서 개발되지도 검사되지 않았음에도 불구하고 전도유망한 경우를 가리킨다. 이 경우 어떤 이에게 그 이론이 참되다고 생각할 충분한 정당성은 없겠지만, 그 이론에 따라 연구를 수행하는 것은 여전히 합당할 수 있다.
② **수용의 합리성**(rationality of acceptance)은 수용되거나 거절될 만큼 충분히 오랫동안 이론이 거론되었으며, 이런 저런 이유로 그 이론의 수용이 합리적으로 정당화되는 경우를 가리킨다.

수용의 합리성에서 볼 때 한 이론은 무엇 때문에 합리적으로 정당화되는가? 이 물음에 쉽게 답할 수는 없고 이를 답하는 데 많은 요인이 관련되어 있다. 한 요인으로는 유망한 경쟁 이론의 존재 여부가 있다. 만일 유망한 경쟁 이론이 없다면, 심지어 우리 이론에 심각한 문제가 있는 경우에도, 우리가 가진 것은 그 이론 하나뿐이다. 만일 하나 이상의 경쟁 이론이 있다면, 우리 이론을 경쟁 이론에 견주어 그 적합성을 비교함으로써 우리 이론을 평가해야 한다.

또 다른 요인으로는 주어진 이론이 다양한 인식적 덕목을 소유하는지 않는지 그리고 어느 정도까지 소유하는가 하는 것이 있다. **인식적 덕목**(epistemic virtue)이란 이론이 이를 소유하고 있을 경우 그 이론에 일정 정도의 합리적 정당성을 부여해 주는 규범적 속성이다. 인식적 덕목은 이론을 믿기 위한 정당성을 높여준다. 인식적 덕목의 예에는 이런 것들이 있다.

① 이론은 단순해야 한다.
② 경험적으로 정확해야 한다.
③ 예측에서 성공적이어야 한다.

④ 새로운 연구를 선도하는 데 유익해야 한다.
⑤ 내부 및 외부 개념 문제를 해결할 수 있어야 한다(예를 들어, 원격작용은 피해야 하고 작용인에 호소하지만 목적인에는 호소하지 않아야 한다는 등).
⑥ 어떤 설명 유형은 사용하고 다른 유형은 사용하지 말아야 한다.

적어도 두 이유로 인식적 덕목의 중요성은 이론의 합리성 평가를 복잡하게 한다.

첫째, 각각의 인식적 덕목은 한 가지 방식 이상으로 해석될 수 있다.
예컨대 한 이론이 단순하다는 것은 무엇을 의미하는가?
이론이 상이한 존재 유형들을 가장 적게 갖고 있다는 것을 의미하는가?
방정식 속 변수의 차수가 가장 낮다는 것을 의미하는가, 아니면 다른 것인가?
단순성 같은 특정 인식적 덕목에 대해 두 경쟁 이론이 서로 다른 해석을 사용할 수 있다.
둘째, 두 경쟁 이론은 위 목록의 덕목들에 대해 상대적 중요성에서 서로 다르게 순위를 매길 수 있다.
예컨대 한쪽 경쟁 이론은 경험적 정확성보다는 단순성에 가치를 두지만 다른 쪽 경쟁 이론은 그 반대일 수 있다. 더구나 한 경쟁 이론은 누세 넉목에서 볼 때 성공적이지만 다른 경쟁 이론은 그와는 다른 덕목들에서 볼 때 성공적일 수 있다.
이 경우 우리는 경쟁 이론들을 어떻게 비교할 것인가?
경우마다 연구하는 것만이 최소한 원리상으로라도 이 물음에 답할 수 있는 방법이다. 어쨌든 과학 이론의 합리성을 평가하는 데 있어서 인식적 덕목의 역할이 보여 주는 것은 이론 평가에서 결정적 실험 모형(crucial-experiment model)이 순진한 모형이라는 사실이다.
이 모형에서 한 경쟁 이론은 어떤 현상 P를 예측하고 다른 경쟁 이론은 P가 거짓이라고 예측한다. 우리는 P가 벌어지는지 P가 벌어지지 않는지 그래서 한 경쟁 이론은 입증되고 다른 이론은 반증되는지 살펴보는 결정적 실험을 하게 된다. 불행히도 과학에서 이론 평가와 관련된 일은 그렇게 단순하지 않다. 또는 이 문제에 관해 신학과 다른 분야에서도 마찬가지이다. 이것은 한 과학 이론을 믿는 것이 어느 때 합리적인지 우리가 결코 말할 수 없다는 것을 의미하지 않는다. 단지 그런 판단이 우리가 때때로 믿게 되는 것만큼 일사천리로 내려지지 않는다는 것을 의미한다.

(6) 과학적 관념의 본성: 법칙과 이론

여태 우리는 **법칙**과 **이론**이라는 용어를 정의하지 않고 사용해왔다. 불행히도 이 용어의 정의 중에 일반적으로 받아들여지는 것은 없다. 그러나 과학 법칙과 과학 이론에 관한 다음 두 의견이 이 분야의 탐구에서 사용되는 중요한 구별을 잘 설명해 줄 수 있다.

첫째, **이론**과 **법칙**을 구별하는 세 개의 기본적 방식이 있다는 것이다.

① 이론은 대충 말해 하나의 가설이고, 이 가설이 잘 입증될 경우에 법칙의 지위로 올라갈 수 있다고 주장하는 것이다. 이 견해에서 이론과 법칙의 유일한 차이는 이론은 잠정적으로 주장되어야 하며, 법칙은 확고하게 주장되어야 한다는 것이다. 즉, 그 차이는 인식론적 설득력의 상대적 크기(degree)에 놓여 있다. 이런 방식으로 말하는 것은 꽤나 인기 있지만 과학적 방법론의 본성을 이해하는 데는 거의 도움이 되지 않아서 과학철학자들 간에는 널리 사용되지 않는다.

② 일반성의 상대적 크기에 초점을 둔다. 이론은 법칙보다 범위가 넓다. 예컨대 케플러의 행성운행 법칙이나 갈릴레오의 자유낙하 법칙($s = 4.9t^2$, s는 거리이고 t는 시간)은 단지 행성운행(케플러)이나 지표 근방 운동(갈릴레오)에 대해서만 유효할 뿐이다. 반면 뉴턴의 운동 법칙은 다른 천체의 운동이나 다른 형태의 운동에도 적용된다는 점에서 이 경우들뿐만 아니라 다른 경우에도 보다 넓게 유효하다. 그리하여 법칙과 이론을 구별하는 둘째 방식에 따르면 운동에 관한 케플러와 갈릴레오의 진술은 법칙일 것이고 뉴턴의 진술은 이론일 것이다.

③ 특별히 모종의 과학적 실재주의(제18장 참조)를 고수하는 사람들 그리고 이 장 전반부에서 논의된 과학적 설명의 인과적 실재주의 모형을 고수하는 사람들이 받아들인다. 이 견해에서 볼 때 법칙은 자연에서 관찰되는 법칙다운 규칙성을 단순히 **기술할** 뿐이다. 그리고 이론은 그런 규칙성의 인과적 원인이라고 생각되는 이론적 존재, 구조, 과정에 대한 모형을 제시함으로써 그 규칙성을 **설명한다**. 이상기체 방정식 $PV = nRT$는 법칙이고 [기체란

탄성 충돌하는 작은 입자 무리라는] 기체운동론은 이론이다.

둘째, 과학 법칙과 과학 이론에 관한 둘째 의견은 과학 법칙을 분류하는 서로 다른 방식을 다룬다.

① 법칙은 언어적 존재나 개념적 존재를 가리킬 수 있다. 이런 의미에서 법칙은 과학자가 어느 한 시점에 발견할 수 있는 어떤 것이다. 과학자는 법칙을 종이 한 장에 쓰거나 마음속에 품을 수도 있다.
② 법칙은 이론과 독립된 세계 속에서 벌어지는—예를 들어, 수소 원자는 전자를 잃을 경우 양전하로 대전될 것이라는—실재적 성향이나 (예를 들어, 기체 온도의 증가는 일정한 부피에서 압력을 증가시킬 것이라는) 실재적 관계를 가리킬 수 있다.

첫째 의미에서 **법칙**은 언어적 존재이거나 개념적 존재이기 때문에 법칙이 모종의 사건을 야기하는 것은 아니라고 말하는 것은 적절하다. 그러나 둘째 의미에서 법칙은 자연이 거동하는 방식을 가리키는 요소 중 하나가 되기 때문에 세계 속에서 발생하는 사건들을 야기한다. 그래서 법칙이 어떤 것을 야기하는 것으로 말할 수 있는지 없는지는 우리가 **법칙**이라는 단어를 어떻게 사용하고 있느냐에 의존한다.

게다가 법칙은 ["우라늄 U^{238} 원자가 일정 시기 동안 붕괴될 확률은 50퍼센트이다"처럼] 통계적일 수 있고 ("모든 구리는 가열하면 팽창한다"처럼) 비통계적일 수 있다. 나아가 좋은 과학 법칙은 항상 참된 것도 아니다. 예컨대 이상기체 법칙은 실제 세계에 있는 어떤 기체에 대해서도 성립하지 않지만, 엄밀히 말해 설사 이 법칙이 거짓이라 하더라도, 여전히 편리한 근삿값이다.

(7) 과학적 관념의 목적과 목표

과학자와 철학자는 과학자들이 이론을 정식화할 때 도달하고자 의도하는 명시적 또는 암묵적 목적으로서 여러 가지 상이한 목적 내지 목표를 드러내었다. 이 목표에는 **과학의 부차**(extrinsic) **목표**와 **고유**(intrinsic) **목표**라는 두 개의 서로 다른 유형이 존재한다.

부차 목표는 예컨대 신을 영화롭게 하기 위해 자연에 지배력을 행사하기 위해 환경을 보존하기 위해 등 과학자가 과학을 하는 동기나 이유를 말한다. 과학 이론의 진리성이나 인식적 설득력을 평가하는 데 있어서 보다 더 중요한 것은 고유 목표이다. 고유 목표는 단순한 이론, 경험적으로 정확한 이론 등 과학자가 추구하는 인식적 덕목을 말한다. 그리고 과학 법칙이나 과학 이론은 다양한 인식적 덕목을 구체화한 "좋은" 이론인 셈인데, 과학의 고유 목표에 대한 부분적 이해는 법칙과 이론을 해석하는 우리의 방식에 놓여 있다.

과학자가 덕목을 가진 이론을 추구하는 이유는 실재하는 세계를 정확하게 기술하는 참된 이론을 추구하기 때문인가 아니면 덕목을 가진 이론이 잘 돌아가는 유용한 허구이기 때문인가? 과학적 실재주의자는 과학의 고유 목표에 대한 전자 견해를 채택하고 과학적 반실재주의자는 후자를 채택한다. 이 논쟁은 다음 장의 초점이 될 것이다.

[요약]

과학철학은 과학에 관한 철학의 제2차 학문 분야이다. 과학은 과학 연구의 구체적 영역에 관한 제1차 학문 분야이다. 과학철학을 다루는 두 개의 경쟁하는 접근법이 있다.

첫째, 외재적 과학철학은 규범적 접근법으로서 과학에 대한 연구와 정당화에 철학의 일반적 쟁점을 적용한다.

둘째, 내재적 과학철학은 과학 자체를 좋은 본보기로 간주하는 데서 출발하는데, 이것은 본성상 기술적(descriptive) 과학철학이며, 철학을 과학의 한 분야로 여긴다.

과학철학의 세 개의 주요 영역으로는 과학의 인식론, 과학의 존재론, 자연철학이 있다. 이 장의 나머지는 과학의 인식론에 초점을 두었다. **하나의 그** 과학적 방법이라는 것은 존재하지 않는다. 존재하는 것은 오히려 과학적 방법론의 일부로서 그리고 과학 바깥 분야에서도 사용되는 관행과 쟁점의 다발이다. 더구나 "그 과학적 방법"이라 불리는 것이 존재한다고 주장하는 많은 이에게 그 방법은 귀납주의라 불리는 것과 동일시된다. 그러나 귀납주의는 과학적 방법론에 대한 부절적한 접근법이다.

과학적 방법론에 대한 보다 절충적인 모형은 과학적 관념의 형성, 과학적 물음과 문제, 과학적 관념과 설명의 사용, 과학 실험, 과학적 관념의 검사와 과학적 입증, 과학 법칙과 과학 이론의 본성, 과학적 관념의 목적과 목표라는 일곱 영역에서 다양한 쟁점과 논쟁을 담고 있다. 끝으로 과학적 방법론의 이런 일곱 영역에 대한 검토를 통해 신학적 쟁점과 철학적 쟁점이 과학적 방법론의 바로 그 구조 속으로 참여할 수 있는 여러 가지 방식이 드러났다.

〔기본 용어〕

가추법
변칙 문제
구성적 설명 혹은 구조적 설명
설명의 포괄법칙 모형 혹은 설명의 추론 모형
연역-법칙론적
연역-통계적
과학적 방법론의 절충 모형
(해결된, 미해결된, 변칙적) 경험 문제
경험 과학
열거적 귀납법
인식적 덕목
정당화 인식론
과학의 인식론
외부 개념 문제
외재적 과학철학
과학의 부차 목표와 고유 목표
반증주의
일차 물음과 이차 물음
역사적 설명

역사 과학
가설·연역 방법
귀납법
귀납-통계적
귀납주의
지향적 설명
내부 개념 문제
내재적 과학철학
정당화주의
법칙 대 이론
과학의 존재론
자연철학
발견의 심리학
수용의 합리성
탐구의 합리성
인과적 실재주의 설명 모형
자료에 의한 이론의 과소결정
"무엇", "왜", "어떻게" 물음

제18장

실재주의–반실재주의 논쟁

> 필요한 슬로건 하나. 실재주의는 진리이고 온건 합리주의가 정도이다.
>
> *W. H. 뉴턴 스미스, 『과학의 합리성』(The Rationality of Science)

> 내 생각에는 "실제로 거기에"와 같은 구절을 이론 독립적으로 재구성할 방법은 없다. 이론의 존재론 그리고 자연에서 그 "실재적" 대응물을 서로 맞추어 본다는 개념은 이제 원리상 미망처럼 보인다. 게다가 역사가로서 나는 그 견해가 그럴듯하지 않다는 데 깊은 인상을 받았다.
>
> *토마스 쿤, 『과학 혁명의 구조』(The Structure of Scientific Revolutions)

1. 들어가는 말

일상 언어뿐만 아니라 우리의 과학 담론에는 과학에 나오는 쿼크, 양자 진공, 전자, DNA 분자, 대륙판, 그 밖에 많은 이론적 품목(entities)을 가리키는 용어들이 스며들어 있다. 더구나 예를 들어, DNA 분자에 대해 우리가 지금 갖고 있는 견해들이 그렇듯이 오늘날 대부분의 사람들은 이러한 품목들에 관한 현행 이론들이 상당히 정확하고 이론과 독립된 실재 세계를 근사적으로 참되게 묘사한다고 생각하는 경향이 있다.

그러나 이것이 넓게 수용된 견해임에도 불구하고 다음과 같은 질문을 제기하여 이 견해를 의문시하는 것은 여전히 적법하며 부분적으로는 철학의 업무이기도 하다.

예를 들어, 사실을 잘 설명하고 훌륭하게 예측한다는 의미에서 과학 이론은 "성공적"이라고 가정한다면,

그 이론이 가정한 이론적 품목의 실재성을 믿고 그 품목에 대한 우리 기술이 근사적으로 참되다는 것을 믿을 자격이 우리에게 있는가?

고대 그리스인이 자연을 탐구하기 시작한 이래로 여태 이 질문 및 관련 질문들에 관한 논쟁이 계속되었다. 과학 이론의 목적은 무엇인가?

과학 이론이 성공적이라 말하는 것은 무엇을 뜻하는가?

성공한 과학 이론은 한갓 경험적 관찰을 설명하고 정확한 예측을 생산하는 유용한 허구일 뿐인가?

과학의 이론 용어들은 과연 실재하는 품목을 지시하는가?

성공한 이론은 그 품목에 대해 상당히 정확한 기술을 제공해 주는가?

이 논쟁을 실재주의-반실재주의 논쟁이라 부르며 과학자와 철학자 사이에서 여전히 뜨겁게 논의되고 있다. 아주 거칠게 말해서 **과학적 실재주의**란 과학이 "저기 바깥에" 이론과 독립하여 실재하는 세계에 관한 참되거나 근사적으로 참된 이론을 점진적으로 확보해 주고 있으며, 그 확보가 합리적으로 정당화될 수 있는 방법으로 이루어지고 있다고 보는 견해이다.

이와 대조적으로 반실재주의는 아주 다양한 형태를 띠고 있는데 과학에 대한 실재주의 해석에 반대하고 다른 대안 해석에 찬성한다. 그리하여 과학 내 이론적 품목의 존재를 옹호하는 것이 궁극적으로 모종의 과학 이론이 "성공적"인지 아닌지의 문제가 아니라는 점을 유념하는 것이 중요하다. 보다 근본적으로 말해 과학 내 이론적 품목의 존재를 옹호하는 문제는 과학 이론의 성공을 특징짓는 과학철학이 과학적 실재주의와 모종의 반실재주의 중에서 어느 것인지를 묻는 문제이다.

그리스도인은 왜 이런 쟁점에 관심을 기울여야 하는가?

이 논쟁의 지적 가치와는 별도로 논쟁 그 자체로만 볼 때 이 논의는 그리스도인에게 흥미로운 다른 측면이 있다. 실재주의-반실재주의 논쟁에 관한 우리의 견해는 과학과 신학의 통합에 대한 우리의 이해에 반영되어야 한다. 예컨대 허수 시간을 실재하는 어떤 것으로 보는 시간 개념을 도입함으로써 우주에 시초가 있었다는 가정을 기피할 수 있다는 생각이 있다.

과학적 실재주의를 이와 같은 과학 이론에 대한 올바른 견해로서 수용한다면 그 과학 이론은 예를 들어, 우주에 시초가 있다는 일부 신학적 주장과 배치되는 것처럼 보일 것인데 이 경우 그리스도인은 그 과학 이론을 반박하든지, 그 신학적 주장에 대한 이해를 조정하든지, 다른 전략을 채택해야 할 것이다. 그리하여 이론의 확립 내지 이론의 성공이 의미하는 바에 많은 것이 좌우된다. 이는 다시 실재주의와 반실재주의에 관한 논쟁과 관련되어 있다.

그러나 만일 반실재주의가 채택되어 과학 이론을 한계 지을 경우 사람들은 확립된 과학 이론을 참되거나 근사적으로 참된 것으로 여기지 않으려 할 것이다. 아마도 그 이론은 한갓 유용한 허구에 지나지 않으며 더불어 신학적 주장의 진리를 조정하라는 압박도 받지 않을 것이다. 예컨대 한 신학자가 모든 물리적 사건에는 원인이 있다고 믿고 있고 양자물리학은 이를 부정하는 것처럼 보인다면, 양자 이론을 반실재주의적 방식으로 이해할 경우 인과 작용에 대한 그의 견해를 조정할 필요가 없을 것이다.

한편으로는 과학 이론에 대해 반실재주의를 채택할 때 위험이 따를 수 있다. 왜냐하면, 일단 반실재주의를 채택할 경우 반실재주의를 오직 과학 이론에만 제한하는 것은 곤란할 수 있기 때문이다. 예컨대 만일 어떤 이의 반실재주의가 그의 신학적 주장에 영향을 끼친다면, 실재하는 세계의 실제 품목을 지시하는 것으로 간주하지 않은 채 주장될 수 있는 방식으로 신이나 내세에 관한 주장을 해석할 수 있다.

도표 18.1은 실재주의-반실재주의 대화에서 제기될 수 있는 몇몇 주요 선택 사항을 도식화한 것이다.

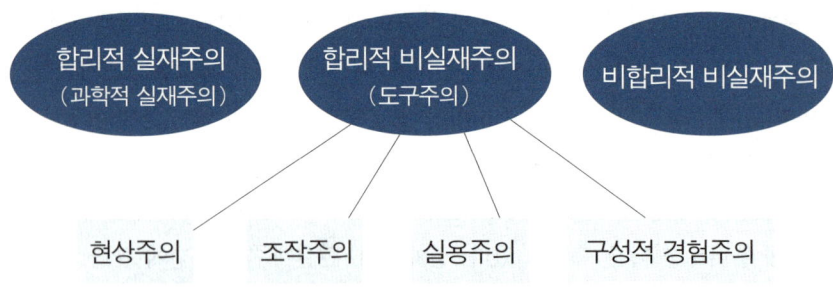

<그림 18.1 실재주의-반실재주의 대화에서 선택 사항>

이어지는 내용에서는 과학적 실재주의를 이야기하여 평가하고, 이와 경쟁하는 반실재주의들 중 일부를 살펴본 후, 과학과 신학의 통합이라는 과제와 관련하여 실재주의-반실재주의 논쟁을 매듭짓는 몇 가지 생각을 제안할 것이다.

2. 과학적 실재주의

1) 과학적 실재주의 개요

20세기 중반까지만 하더라도 과학적 실재주의는 적어도 목소리 높은 철학자들 가운데서는 소수 의견이었지만 이제는 현역 과학철학자들 가운데서 다수설로 자리 잡고 있다. 저명한 과학적 실재주의자로는 어넌 맥멀린(Ernan McMulin), 보이드(Richard Boyd), W. H. 뉴튼-스미스(W. H. Newton-Smith), 칼 포퍼(Karl Popper), 하레(Rom Harré)가 있다.

과학적 실재주의에는 여러 가지 상이한 변종이 있지만 핵심 교의는 다음과 같다.

SR1: 성숙하게 발전된 과학 내의 과학 이론은 참이든지 근사적으로 참이다.
SR2: 성숙한 과학 이론의 주요 관찰어와 이론어는 세계 내 실물을 진정으로 지시한다. 이 단어들은 존재를 주장한다.
SR3: 두 경쟁하는 이론 중에서 어느 이론이 더 참인지 혹은 근사적으로 참인지 판단할 때, 그렇게 판단할 만한 합당한 이유를 갖는 것은 원리상 가능하다. 합리성은 객관적 개념이며 개념 상대주의는 거짓이다(개념 상대주의란 합리성 자체는 한 사람, 한 과학자 공동체나 한 과학 이론에 상대적이기 때문에 한 사람이나 한 집단에게 합리적인 것이 다른 사람이나 다른 집단에게도 반드시 합리적인 것은 아니라는 견해이다).
SR4: 한 과학 이론이 참이거나 근사적으로 참일 때 그리고 오직 그 때만 그 이론은 일정한 인식적 덕목을 구체화할 것이다(인식적 덕목으로는 단순성, 명료성, 내부 및 외부 개념 문제의 부재, 예측의 성공, 경험적 정확성, 넓은 연관성, 새로운 연구를 이끄는 생산성, 사태를 설명할 때 예컨대 목적인보다는 작용인을 선호하는 등 적절한 방법의 활용 등이 있다).
SR5: 과학의 목적은 이론과 독립된 외부 세계를 말 그대로 참되게 개념화하는 것이다. 과학이 진보한다는 것은 사실이며 과학은 세계를 점점 더 참되게 개념화하는 데로 수렴하는 경향이 있다. 후속 이론은 일반적으로 이전 이론의 가장 좋은 부분을 정교화하고 보존하며 그래서 [이전 이론과 후속 이론이 같은 것에 관해 말하고 있어서 서로 비교할 수 있는] 동일 담론 영역 내에서는 후속 이론이 이전 이론보다 진리에 더 가깝게 다가선다.

2) 과학적 실재주의의 설명

SR1이 진술해 주는 것은 과학이 모종의 진리 대응론을 포함하고 있다는 것이다(제6장을 보라). 즉, 한 이론이 세계에 관해 말하는 것이 사실상 있는 그대로의 세계일 때 오직 그때만 그 이론이 참이라는 것이다. 이론과 독립된 세계는 한 이론을 참이게 하는 어떤 것이다. 또한, SR1은 근사적 진리 개념이 정합적인 것이라고 가정한다. 어떤 이론은 다른 것보다 진리에 보다 더 근사적일 수 있다.

결국, SR1은 "성숙하고 발전된 과학"이라는 개념을 포함하고 있으며 이 개념은 다시 두 개의 서로 다른 측면을 갖고 있다. 하나는 과학의 미성숙한 영역은 시간이 지나 그 주요 이론 중 하나가 발전되고 시험 및 "입증"된다면 성숙할 수 있다는 것이다. 바로 이 관념이 말하는 것은 성숙 발전된 과학이란 충분히 긴 시간 동안 살아남아 스스로 증명된 과학이라는 것이다.

성숙 발전된 과학이라는 개념의 또 다른 측면은 몇몇 과학 이론은 이상적이고 원형적인 과학이라는 의미에서 성숙했다고 간주된다는 것이다. 이런 의미에서 물리학과 어쩌면 화학은 이상적인 과학이라는 점에서 성숙했다고 간주된다. 과학의 여타 영역은 물리학과 화학에서 사용되는 방법, 이론적 개념 및 설명 도구로 환원되거나 근접하는 정도에 따라 성숙도가 결정된다.

성숙한 과학이라는 개념에는 암묵적으로 **환원주의**(reductionism)가 내포되어 있다. 즉, 모든 과학의 통일이 있으며 어떤 의미에서 여타 과학이 물리학과 화학으로 환원되거나 대체될 수 있다. 예컨대 몇몇 환원주의자는 생물학의 법칙과 이론이 언젠가 화학과 물리학의 법칙 및 이론으로 환원될 것이라고 믿는다.

SR1은 때때로 **진리 실재주의**(alethic realism, truth realism)라 불리는 것을 표현하고 있다. 이에 따르면 [예컨대 전자처럼)]성숙하게 발전된 과학에서 상정된 이론적 품목들은 실재하며 [예컨대 전자는 음전하를 띠며 이런 저런 정지질량을 갖고 있다는] 그것들에 대한 우리 묘사는 적어도 근사적으로나마 참이다. 반면 **품목 실재주의** (entity realism)는 [화성처럼] 관찰가능한 일상적 품목, 우리가 충분히 작다면 관찰할 수도 있는 [전자처럼] 아주 작은 품목, [쿼크나 자기장처럼] 원리상 관찰할 수 없는 품목 등이 실재한다고 주장한다. 그러나 이 품목들에 대한 우리 기술은 참되지도 아니 근사적으로도 참되지 않다고 주장한다. 품목 실재주의는 현재 실재주의자 중에서 소수설에 속해 있으며 이 장과 다음 장의 취지에 비추어 이에 대한 논의를 여기서 하지는 않을 것이다.

SR2는 의미론적 논제인데 말하자면 언어의 본성에 관한, 언어 내 용어(역주 삭제)가 어떻게 세계 내 사물을 지시하는 데 성공적인지에 관한, 언어적 의미의 본성에 관한 논제이다.

과학 이론은 **관찰어**(observational terms)와 **이론어**(theoretical terms)를 포함하고 있다. 이 두 유형의 단어들 간 구별이 절대적인지 아닌지의 논쟁이 있다(예를 들어, 하나의 단어가 관찰어나 이론어로 기능하지만 동일 이론 내에서는 동시에 두 방식으로 기능하지 않는다는 주장이 있다).

또한, 관찰어와 이론어의 구별을 이론에 의해 채색된 관찰어와 최소한 약간의 관찰내용을 언제나 담고 있는 이론어 간의 연속체로서 이해하는 것이 최선인지 아닌지의 논쟁도 있다. 어느 쪽이든 그 구별은 과학적 실재주의를 이해하는 데 중요한 요소이다.

표 18.1은 두 단어 유형의 일부 사례를 보여 준다.

이론어		관찰어	
전자	질량	붉은	부유물
전기장	운동에너지	보다 긴	나무
원자	온도	의 왼쪽	물
분자	유전자	떡딱한	무게
바이러스	전하량	부피	쇠

<표 18.1 이론어 대 관찰어>

SR2에 관해 중요한 점은 이론어가 지시어(referring terms)라는 주장이다. 이것의 의미를 이해하기 위해 다음 두 문장을 생각해 보자.

① 피도(fido)는 갈색이다.
② 그 평균 가족은 2.5명의 자녀를 둔다.

문장 ①에서 단어 '피도'는 지시어이다.

이것은 세계 안에 있는 "언어 외적인 품목"인 피도라는 개를 지시하며 그 개가 갈색 속성을 갖고 있다고 말한다. 만일 문장 ①이 참이라면 '피도'가 지시어이기 때문에 문장 ①은 실재에 대한 함축을 지닐 것이다. 즉, 이 문장은 단어 '피도'에 의해 지시된 품목이 실제로 존재한다는 함축을 지닌다.

이제 문장 ②를 생각해 보자.

이것은 한정 기술(definite description)을 포함하고 있다. 이것은 '그'(the)로 시작하는 어구로서 그 기술을 만족하는 항목 그리하여 그 기술이 지시하는 항목에 대한 기술이다.

한정 기술 '그 평균 가족'이 고유명사 '피도' 같이 지시어로 기능하는 것처럼 보인다는 점에서 ②는 문법적으로 ①과 비슷하다. '그 평균 가족'과 '피도' 모두 주어-술어 문장처럼 보이는 문장의 주어부를 차지하고 있다. 그러나 보다 면밀히 살펴보면 '그 평균 가족'은 전혀 지시어가 아니라는 것을 깨닫게 된다. 아무도 그 평균 가족이 어디에 있는지 찾아내려고 하지 않을 것이며 그 자녀를 세어 사실상 2.5명의 자녀를 두고 있는지 알아보려고 하지도 않을 것이다. 오히려 '그 평균 가족'은 일군의 수학적 연산에 대한 약어이다.

문장 ②를 ②'로 바꾸면 이를 더 분명하게 이해할 수 있다.

②' 자녀 수를 더하여 가족 수로 나누면 2.5가 나온다.

문장 ②'는 ('가족과 자녀들이 존재한다', 처럼) 모종의 존재 함축을 지닐 수 있지만 기본적으로 이는 수학적 연산의 처리이다. '그 평균 가족'은 문장 ①에서 '피도'가 그런 것과 달리 하나의 품목을 직접적인 방식으로 가리키지 않는다.

이제 다음 문장을 생각해 보자.

③ 양성자는 양전하를 띤다.

SR2는 '양성자'라는 이론어가 지시어라고 말한다. 즉, 이것은 '피도'처럼 기능하지만 '그 평균 가족'과는 다르게 기능한다. 일반적으로 잘 정립된 과학 이론 내 이론어는 실제로 품목을 지시하며, 그 품목들 대부분은 (자기장처럼) 실제로 또는 원리상 관찰될 수 없으나 진정으로 존재한다.

한 관찰어 내지 이론어가 한 이론에서 중심적이라고 말하는 것은 무엇을 의미하는가?

구리라고 생각되는 어떤 물질 X의 정체를 밝혀내려 한다고 가정해 보자. 금속 일반에 관한, 특히 구리에 관한 현행 이론을 받아들인다면, 물질 X를 구리로 분류하는 데 많은 이론적 속성이나 관찰 결과가 연관되어 있다. 예컨대 불그스름하고 녹는점이 1083℃이고 원자수(원자핵 내 양성자의 개수. 역주)가 29이다.

이들 중 몇몇은 보다 큰 연관성을 지니고 있어서 다른 것들보다 결정적이다. 두 이론적 내지 관찰적 속성(그리고 그 속성을 지시하는 용어들)을 비교해 볼 때 한 속성의 소유(또는 결여)가 다른 속성의 소유(또는 결여)보다 X를 구리로 분류하는 데 보다 다 긍정적인 것으로 (또는 부정적인 것으로) 간주되는 경향이 있을 때 오직 그때만 전자는 후자보다 X를 분류하는 데 더 중심적이다.

구리와 관련해는 녹는점이 불그스름한 것보다 더 중요하고, 녹는점보다는 원자수 29를 갖는 것이 더 중요하고 더 중심적이다. 보다 더 중심적인 속성일수록 분류를 둘러싼 논란을 해결하는 데 보다 더 중요하다. 여기에 들어 있는 직관적 관념은 과학 이론 내에는 여러 가지 이론어와 관찰어가 있는데 그것들 중 몇몇은 다른 것보다 더 중요하며, 더 중요하다고 판단된 것들은 분류의 목적상 보다 중심적인 것들이라는 점이다. 한 용어가 잘 정립된 이론에서 중심적이면 중심적일수록 과학적 실재주의자는 그 용어가 함축하는 존재 주장을 더욱 더 신봉하게 된다.

SR3가 주장하는 것은 과학이란 객관적으로 합리적인 학문 분야라는 것이다. 과학자들이 편견이 없다는 의미에서가 아니라 우리가 주어진 과학 이론을 수용하거나 거부할 객관적 이유 내지 보증을 최소한 원리적으로는 가질 수 있다는 의미에서 과학은 객관적으로 합리적인 학문 분야이다. 합리성은 규범적이고 개관적 개념이지 상대적 개념이 아니다.

더구나 두 경쟁 이론을 판단할 때 하나를 찬성하고 다른 것을 반대하도록 결정하는 데 사용할 수 있는 고려 사항들이 원리상 존재한다. 경쟁 이론들은 **통약 가능하다**(commensurable). 경쟁 이론들은 자료 그리고 각 이론이 구현하는 인식적 덕목 등과 같은 모종의 공통 기반에 비추어 서로를 견주어 비교할 수 있다.

SR4가 주장하는 바에 따르면 만일 한 과학 이론이 어떤 인식적 덕목을 갖고 있을 경우 그런 덕목을 갖고 있기 **때문이라서** 그 이론이 참되거나 근사적으로 참되다고 믿는 것은 객관적으로 합리적이다. 만일 이론 T_1이 이론 T_2보다 더 단순하거나 더 많은 자료를 설명하고 더 정확한 예측을 제시한다면 T_1이 참이라고 또는 근사적으로 참이라고 믿을 이유는 T_2보다도 더 많다.

나아가 만일 한 이론은 참인데 그 경쟁 이론은 거짓이라면 또는 한 이론이 그 경쟁 이론보다 더 참에 가깝다면, 그 이론이 종국에는 자료를 예측하는 데 더 낫고 더 명료한 용어를 포함하고 있거나 다른 인식적 덕목들을 구현하고 있다고 기대해도 될 것이다.

SR4가 함축하는 것은 합리성이 진리와 연결되어 있다는 것이다(인식적 덕목을 갖고 있느냐에 따라 가늠해 볼 때) 한 이론의 합리성이 커질수록 그 이론이 참되다는 또는 근사적으로 참되다는 우리의 확신도 역시 커진다.

SR5는 과학의 역사와 목적에 관한 논제이다. 이 진술에 따르면 과학의 목적은 [예컨대 자연을 통제하도록 돕고 현상을 예측하고 우리 관찰과 조화를 이루는)] 잘 돌아가는 이론을 제공할 뿐만 아니라 참된 이론을 제공하는 것이다. 과학은 세계의 실제 존재 방식을, 특히 세계의 관찰되지 않은 이론적 품목과 과정의 실제 존재 방식을 알려 주려 한다.

더구나 최신 과학 이론일수록 선행 이론에 비해 세계를 더욱 정확하게 그려낸다. 과학은 시간이 지날수록 세계에 대한 참된 그림으로 진보해나간다. 과학적 진보는 진리를 향한 진보로서 이해될 수 있다. 과학에서는 **교체**(replacement)와 **정교화**(refinement)라는 두 종류의 이론적 변화가 있다. 교체에서 후속 이론은 선행 이론을 교체하며 선행 이론은 전부 폐기된다. 실재주의 관점에서 폐기된 이론은 거짓으로 판단된다. 플로지스톤(phlogiston) 이론에서 산소 화학으로 변화한 것이 그 한 사례이다.

후속 이론이 선행 이론을 정교화하는 정교화에서는 선행 이론 내에서 진리를 보존하는 요소로 가정된 것들이 후속 이론에서도 보존되며 보다 정밀하고 정확하게 다듬어진다. 일부 사람들에 따르면 시간, 공간, 질량에 대해 뉴턴주의에서 아인슈타인주의로 변화한 것은 이론 정교화의 한 예이다.

SR5의 함축에 따르면 과학사에 이론 교체 사례가 분명히 포함되어 있지만 다수의 이론 정교화 사례도 포함되어 있다. 이론 교체나 이론 정교화 어느 쪽이든 신식 이론일수록 구식 이론보다 진리에 더 가깝게 다가선다.

3) 과학적 실재주의의 평가

(1) 긍정적 증거

앞에서 말한 것은 하나의 과학철학으로서 과학적 실재주의가 주장하는 것이다. 우리는 이 입장을 어떻게 평가해야 하는가?

과학적 실재주의를 찬성하는 최소한 네 가지 기본 논증이 지금까지 제안되었다. 지면 관계상 우리는 이 논증들을 간략하게 살펴볼 것이다.

첫째, 만일 과학적 실재주의와 모종의 반실재주의 중에서 하나를 채택해야 하는데 유력한 유형의 반실재주의가 모두 심각한 문제를 안고 있다면, 이 모두를 고려하여 과학적 실재주의를 선호해야 한다. 명백히 이 논증의 설득력은 다양한 유형의 반실재주의가 부적절하다는 사실 여하에 달려 있다.

이 장의 후반부에서 주된 반실재주의적 입장을 제시할 것이다. 그 때에 독자는 다양한 견해에 대한 하나의 느낌을 가지게 될 것이다. 이 느낌을 통해 견해들의 강점과 약점을 독자 스스로 평가하고 이를 도식화할 수 있기를 바란다.

둘째, 과학적 실재주의자는 SR1에서 SR5까지를 찬성하는 논증을 제안할 수 있다. 예컨대 과학적 실재주의자는 진리 대응론에 찬성하고, 합리성은 진리와 밀접하게 연결되어 있다는 생각에 찬성하지만, 다양한 형태의 개념 상대주의에는 반대하는 논증을 제안할 수 있을 것이다.

마찬가지로 실재주의자는 이론의 정교화와 교체를 통해 세계의 존재 방식을 점점 더 낫게 묘사하는 데로 나아가는 분명한 진보의 역사를 과학사에서 읽어내는 것을 정당화하려 할 것이다.

첫째 쟁점과 둘째 쟁점(진리의 대응론 및 합리성과 진리의 연결 문제)은 이미 제6장과 3장에서 논의했다. 셋째 쟁점(개념 상대주의)은 『인식론』, 제2장과 제6장의 주된 주제였다. 넷째 쟁점은 특별히 과학사에 대한 면밀한 탐구를 포함할 것이다.

여기서 이 논쟁들을 다룰 수는 없지만 빠뜨려서는 안 될 주요한 점이 하나 있다. 이 모든 주제는 본성상 몹시 철학적이라는 점이다. 그래서 과학적 실재주의에 대한 변호나 항변은 과학 자체에 과학철학이 전제되어 있다는 사실을 예증한다. 즉, 주어진 과학 이론의 존재 주장을 우리가 어떻게 이해해야 할지를 묻는다면 이는 부분적으로 과학적 실재주의에 대한 우리 태도를 통해 답변될 것이다.

그 다음 이 태도는 대개 철학 용어로 정당화될 것이다. 그리하여 실재주의-반실재주의 논쟁은 제17장 초반에서 논의했던 외재적 과학철학이 옳다는 것을 보여 주는 또 다른 예증으로 적절하다.

과학적 실재주의를 지지하는 셋째 논증은 아마도 가장 핵심적인 논증일것이다. 이 논증에 따르면 과학적 실재주의는 다음과 같은 사실들을 가장 잘 설명해 준다

① 우리 이론은 (다양한 인식적 덕목을 구현하여) 실제로 제대로 작동한다.
② 과학은 문제 해결에서 진보를 이룬다.
③ 가끔 어떤 과학 이론은 자신을 입증하는 독립적이고 경험적인 방대한 증거를 갖는다.

설사 몇몇 경험적 입증이 애초부터 그 이론이 담당하는 구역의 일부로서 간주되지 않는 경우조차도 그 입증 증거들은 그 이론을 지지하는 데 일제히 수렴한다. 과학적 실재주의자의 주장에 따르면 이 세 사실에 대한 최선의 설명은 우리 이론이 실재를 파악하고 실재하는 존재를 적어도 근사적으로나마 참되게 기술하는 데 성공한다는 것이다.

과학적 실재주의자의 입장에서 우리 이론들이 인식적 덕목을 구현하고, 문제를 해결하게 하고, 경험적 입증을 얻고, 이전에 생각하지 못했던 새로운 탐구 영역으로 확장할 수 있는 것은 바로 그 이론들이 **세계의 존재 방식을 포착하기** 때문이다. 옹호자의 입장에서 말하면 만일 우리가 과학적 실재주의를 포기할 경우 과학에 관한 사실들은 단지 우연적인 기적으로 간주될 뿐이다.

이 논증은 반실재주의자에게 입증의 책임을 지운다. 다시 말해 반실재주의자는 자기 견해가 과학적 실재주의보다 선호될 수 있다는 것을 보여 줄 수 없는 한 우리는 실재주의가 옳다고 가정해야 한다. 무엇보다 이것이 의미하는 바는 반실재주의자는 과학의 성공적 측면에 대한 대안 설명을 제시하거나, 그런 성공이 실제로 있다는 것을 부인해야 한다는 것이다. 나중에 살펴보게 되겠지만 래리 라우든(Larry Laudan)과 반 프라센은 전자의 접근법을, 쿤은 후자의 접근법을 취한다.

과학적 실재주의를 찬성하는 것으로 제시된 마지막 논증 하나는 본성상 신학적이다. 몇몇 기독교 과학철학자에 따르면 하나님은 우리가 그의 창조를 알고 그의 생각을 좇아 생각하도록 우리를 창조했다. 그는 우리를 이 세계에 데려다 놓았고 세계의 진실을 쥐고 있는 자가 될 수 있도록 인지 능력과 감각 능력을 우리에게 주었으며 그의 세계를 알고자 하는 욕구를 우리에게 주었다. 그리고 이런 신학적 사실들은 과학적 실재주의를 지지해 준다. 다른 기독교 과학철학자들은 이에 동의하지 않는다.

그들에 따르면 하나님과 우리 능력과 욕구와 세계에 관한 이런 사항들은 다만 신학과 철학과 상식에서 비롯된 인식의 존재와 그 획득가능성을 뒷받침해 줄 뿐이다. 그러나 이런 것들은 과학과 같은 전문 작업을 뒷받침해 주지 않으며 과학은 오히려 반실재주의적 방식으로 이해하는 것이 더 낫다고 주장한다.

(2) 과학적 실재주의에 대한 반대들

과학적 실재주의에 반대하는 주요 논증들에는 어떤 것들이 있는가?
여태 다수의 논증이 제기되었다.

첫째, 반실재주의자는 실재주의의 진리 개념을 두 가지 방식으로 비판해 왔다. 우선 반실재주의자는 진리의 대응론과 우리가 접근할 수 있는 이론과 독립된 외부 세계 개념을 비판해 왔다.

모든 관찰에는 이론이 실려 있으며 이론과 독립하여 외부 세계에 직접 접근하는 것이 불가능하다는 것은 때때로 그런 이론과 독립된 세계 개념에 대한 비판을 뒷받침해 준다. 그래서 그런 세계에 대한 실재주의적 개념은 이해 불가능하거나 부적절하다는 것이다. 이런 비판은 5장과 6장에서 중점적으로 다루었으므로 여기서 이 문제를 되풀이하진 않을 것이다. 5장과 6장에서 언급했던 인식론적 주제와 형이상학적 주제는 우리가 취하는 과학관과 직접적으로 관련된다는 점을 명심해야 한다.

반실재주의자가 실재주의의 진리 개념을 비판하는 또 다른 방식은 근사적 진리 개념을 중심으로 이루어진다. 우리의 현행 이론이 어떤 완전한 또는 최종적 의미에서 진리라고 논증하는 이들은 거의 없을 것이다. 오히려 과학적 실재주의자는 잘 확립된 현행 이론이 어느 정도는 근사적으로 진리라고 주장한다.

"근사적 진리"는 다른 말로 **박진**(진짜 같음, verisimilitude)이라 한다. 주어진 믿음 또는 일군의 믿음들이 진리일 가능성이 아주 높다는 다시 말해 믿음 그 자체가 아니라 그 믿음 또는 믿음들에 관한 우리의 확신이 그럴듯하다는 인식론적 개념이 있는데 이 개념과 박진을 혼동하지 말아야 한다.

이 인식론적 개념 하에서 믿음 그 자체는 일단 진리라면 완전히 진리이다. 그러나 박진은 한 믿음 또는 일군의 믿음들이 그 자체로 근사적으로 진리라는 것을 의미한다. 과학적 실재주의의 몇몇 비판자는 특별히 진리 대응론을 고려할 경우 근사적 진리가 무엇을 의미하는지를 아무도 충분히 명료하게 말할 수 없었다고 지적한다.

어떤 것은 진리 아니면 거짓이다. 그리고 진리는 정도의 문제가 아니다. 어떤 목적을 위해서는 한 거짓 명제가 다른 거짓 명제보다 더 나을 수 있겠지만 그것은 여전히 거짓이다. 도시락이 부엌 바닥에 있다면, '도시락이 식탁에 있다'는 명제는 '도시락이 외양간에 있다'는 명제에 비해 도시락을 찾는 데 도움이 될지 모른다. 그러나 엄격히 말해 두 명제는 모두 거짓이다.

마찬가지로 만일 우리가 운동, 공간, 시간, 질량에 대해 아인슈타인의 법칙을 수용한다면 (발사체의 낙하지점을 예측하고 비행기를 날게 하는 등) 낮은 속도에서 뉴턴 운동 법칙이 다용도로 쓸모 있다 할지라도, 뉴턴의 운동 법칙은 말 그대로 거짓이다. 그래서 반실재주의자는 실재주의자의 박진 개념이 부적합한 개념이라고 주장한다.

둘째, 반실재주의자의 둘째 비판은 과학 법칙이나 과학 이론의 이론어가 경험 내용의 손실 없이 제거될 수 있으며 그 단어를 진정한 지시어로 여길 필요가 없다고 주장하는 것이다.

실재주의자는 이론어의 역할이 현실적으로 존재하는 이론적 품목을 지시하는 것이라고 해석한다는 점을 상기하라. 그러나 관찰을 정확하게 예측하는 능력을 손실하지 않고도 그 이론어들을 제거할 수 있다면 그리고 경험적 세계에 법칙과 이론을 맞출 수 있다면, 우리는 그런 이론어들이 불필요하다고 간주할 수 있다. 이런 반실재주의적 논증을 명료화하는 데 도움을 줄 것 같은 예가 있다.

몇몇 경험적 일반식은 다음과 같이 적용 범위가 한정되어 있고 예외도 갖고 있다.

① 나무는 물에 뜨고 쇠는 가라앉는다. 이 일반식은 나무와 물과 쇠에 한정되어 있다(예를 들어, 이것은 바위에는 적용되지 않는다). 이것은 예외를 갖는데 예컨대 흑단(ebony) 조각은 가라앉고 철선(iron ship)은 뜬다. 그러나 고체의 무게를 그 부피로 나눈 비로서 정의되는 비중(specific gravity)이라는 이론적 개념을 도입하여 이 상황을 해결할 수 있다. 이제 위의 일반식을 수정하여 예외를 제거하고 나무와 철과 물 이상으로 적용 범위를 넓힐 수 있다.

② 고체가 액체보다 비중이 작다면 그 고체는 그 액체에 뜬다. 만일 과학적 실재주의자가 '비중'을 지시어로 해석할 경우 이 단어는 세계 내 사물의 실재 성향 내지 용량을 가리킬 것이다. 우리는 이 성향을 대상이 소유하고 있는 일종의 항력이나 무게로 이해할 수 있다. 그러나 반실재주의자는 이렇게 하는 것이 비중

을 물체가 지닌 관찰 불가능한 형이상학적 속성으로 즉, 신비로운 품목으로 만들어버린다고 주장할 수 있다. 우리는 '비중'이라는 용어를 뜨는 것과 가라앉는 것을 예측할 수 있게 해 주는 일련의 계산을 약칭하는 장치로 취급함으로써 저런 형이상학적 군더더기를 피할 수 있다. 그래서 비중은 다음 문장에서처럼 통째로 제거될 수 있다.

③ 고체의 질량과 부피의 비가 액체의 그것보다 작다면 그 고체는 그 액체에 뜬다. 몇몇 반실재주의자의 논증에 따르면 보이지 않는 품목을 지시한다고 추정되는 대부분 아니 아마도 모든 이론어가 법칙과 이론의 경험 내용이나 예측 능력을 손실하지 않은 채 위와 같이 제거될 수 있다.

셋째, 반실재주의자의 주장에 따르면 성공한 이론이 거짓으로 판명될 수 있기 때문에 SR4에서 과학적 실재주의자가 주장한 것과는 달리 이론의 진리 또는 근사적 진리는 이론의 성공(다양한 인식적 덕목의 구현)을 위한 필요 조건이 아니다. 과학사에서 많은 이론이 현상을 설명해내고 유익한 연구를 촉진하고 정확한 예측을 산출했지만 나중에 거짓된 것으로 여겨져 폐기되었다. 예컨대 어거스틴 프레넬(Augustin Jean Fresnel, 1788-1827)은 에테르 광학을 이용하여 새로운 검사 결과를 예측했다. 즉, 작은 광선을 원반 위에서 내리쬐면 광선이 회절(빛이 사물의 모서리에서 굽는 현상)하여 원반 그늘 중심에 밝은 점이 생길 것이라고 예측했다. 검사를 해보니 그 예측이 옳다는 것이 증명되었다. 그러나 우리는 에테르 광학을 이제 더 이상 믿지 않는다.

넷째, 반실재주의는 다음과 같이 주장한다. 과학사를 모두 둘러보면 (예컨대 프라우트 William Prout, 1785-1850가 주창한 초기 원자이론처럼) 지금에 와서 평가해 보면 현대 과학에 대한 실재주의적 이해에 근거해 볼 때 근사적으로 참된 이론들은 오늘날에 와서 우리가 거짓이라고 간주하는 당시 경쟁 이론들에 비해, 오랜 시간동안 성공적이지 못했다. 따라서 이론의 진리 또는 근사적 진리는 그 성공의 충분 조건이 아니다. 셋째 논증과 넷째 논증은 과학 이론의 진리가 그 이론이 성공하기 위한 필요 조건도 충분 조건도 아니라는 것을 보여줌으로써 SR4를 직접적으로 공격한다.

다섯째, 과학적 실재주의에 대한 마지막 반대는 과학사를 제대로 이해하면 표면 현상에도 불구하고 과학이 점점 더 참된 이론을 향해 진보하지 않는다는 것을 알게 된다는 것이다. 쿤과 같은 일부 반실재주의자는 이 주장을 지지하기 위해 과학에 어떠한 진보도 없다는 것을 논증한다.

이 장 후반부에서 쿤에 대해 살펴보겠지만 간단히 언급하면 그의 요지는 다음과 같다.

과학사는 실제로 후속 이론이 이전 이론을 완전히 교체하는 역사이지 이전 이론을 정교화하는 역사가 아니라는 것이다. 이것은 지구를 우주 중심에 놓는 이론처럼 몇몇 경우에는 분명히 참이다. 그런데 쿤은 우리의 현행 이론이 이전 이론의 언어를 여전히 사용할 때조차도 이것이 참이라고 논증한다.

[예컨대 아인슈타인 이론에서 '질량', '공간', '시간'을 여전히 사용하는데] 공간과 시간과 질량에 관한 뉴턴 이론에서 아인슈타인 이론으로 전환한 것이 말해 주는 변화는 구식 이론에서 사용하는 많은 용어를 신식 이론에서도 여전히 똑같이 사용하기는 하지만, 구식 이론과 신식 이론을 비교해 보면 두 이론은 그 용어들이 표상하는 품목들을 극단적으로 다르게 묘사하는 변화이다. 그래서 두 이론의 주창자들은 그 용어를 다의적으로 사용한다(둘은 똑같은 용어를 매우 다른 의미로 사용한다). 그리고 이제 우리는 뉴턴식 질량과 공간과 시간이 존재한다는 것을 더 이상 믿지 않는다. 그래서 과학사는 버림받은 이론들의 역사이며 이는 우리의 현행 이론 또한, 언젠가 버림받을 것이라는 점을 암시한다. 따라서 우리가 참된 이론을 지금 갖고 있다거나 가질 것이라고 생각할 아무런 이유가 없다.

[이 장 후반부에서도 논의할] 라우든 같은 다른 반실재주의자는 과학이 역사적으로 사실상 진보한다고 믿는다. 하지만 그 진보는 후속 이론이 이전 이론보다 더 참되다는 그런 개념과는 아무런 관련도 없는 것이다. 오히려 우리 현행 이론이 더 훌륭하게 예측하고 더 많은 것을 설명해 주고 더 나은 기술을 생성하는 등 실용적으로 더 유용하다는 점에서 이전 이론과 비교해 볼 때 진보를 표상한다고 할 수 있다. 그러나 반실재주의자들이 말해 주듯이 실용적 유용성과 진리를 혼동해서는 안 된다. 그리고 과학적 진보라는 것이 실제로 있다 하더라도 그것은 이론의 진리성이 아니라 실용적 유용성과 연관된 것이다.

과학적 실재주의에 반하는 또 다른 반대들이 제기되었지만 여기서는 주요한 것들을 이야기했다. 이제는 과학적 실재주의를 대신하는 반실재주의적 대안을 살펴볼 시간이다. 이 다음에는 그림 2.1에 제시된 순서대로 도구주의 같은 네 가지 합리적 비실재주의(rational nonrealism)를 살펴본 다음 비합리적 비실재주의 입장 하나를 살펴보도록 하자.

3. 반실재주의

1) 합리적 비실재주의 또는 도구주의

도구주의(instrumentalism)라 불리는 **합리적 비실재주의**는 다음 두 주안점에 동의하는 일군의 견해이다.

첫째, 과학은 객관적으로 합리적인 작업이며 개념 상대주의는 과학의 합리성을 이해하는 방법으로서는 잘못된 것이다.
둘째, 과학 이론은 우리가 경험적으로 관찰하는 것의 인과적 원인이 되는 관찰 불가능한 이론적 사실과 과정들에 대한 참된 그림 내지 근사적으로 참된 그림을 그려주지 않는다. 또한, 과학 이론의 이론어는 이론과 독립된 세계 내 실제 품목을 지시하지도 않는다(설사 이론어가 존재하는 품목을 우연히 지시한다 하더라도 이것은 과학과는 전적으로 무관한 일이다). 오히려 과학 이론은 어떤 일을 수행하도록 도와주는 유용한 연장 내지 도구이다(여기서 '도구주의'라는 이름이 나왔다).

그렇다면 과학은 무슨 일을 수행하도록 도와주는가?
이 지점에서 도구주의자들은 서로 갈리며 그들은 이 물음에 대해 최소한 네 개의 답변을 제시하였다.

(1) 현상주의

그 중에서 **현상주의**(phenomenalism)는 지각의 본성에 관한 견해를 포함하고 있는 인식론적 주장이다. 이는 8장에서 논의되었기에 여기서는 현상주의가 과학의 본성과 관계하는 방식에 특별히 초점을 맞추어 간략하게만 다룰 것이다. 현상주의는 금세기 초에 더 인기 있었던 견해이다.

이런 저런 형식의 현상주의를 옹호하는 주요 학자로는 벤자민 브로디(Benjamin Brodie), 에른스트 마흐(Ernst Mach), A. S. 에딩턴(A. S. Eddington)이 있다. 본질적으로 말해 현상주의는 인식론에서 하나의 급진 경험주의인데 결과적으로 우리 모든 지식이 직접 감각 경험으로부터 비롯되며 그 감각 경험에 관한 것이라고 주장한다. 과학에 적용하면 현상주의가 함축하는 바는 과학 지식이란 직접 관찰할 수 있는 것에 관계한다는 것이다. 지각될 수 없는 어떠한 사물이나 과정도 과학을 위해 그 존재를 가정해서는 안 된다.

[전자나 원자같이] 보이지 않는 이론적 품목을 지시하는 것처럼 보이는 표현들의 의미는 감각 경험을 지시하는 것으로 간주해야 한다. 직접 관찰 가능한 것에 관한 명제만이 유의미하거나 지식의 지위를 가질 수 있기 때문에 관찰 불가능한 이론적 품목에 관한 주장은 실제로는 감각 경험에 관한 진술을 흉내 낸 것이다. 그런 주장은 감각 경험에 관한 진술로 번역되거나 환원되어야 한다. 과학은 다만 **현상들을 구하려고**(save the phenomena) 시도할 뿐이다. 즉, 우리가 가진 세계에 대한 연쇄적 감각 경험을 기술하거나 미래 감각 경험을 기대하고 예측하는 우리 능력을 촉진하려고 시도할 뿐이다.

마흐의 표현을 빌리면 다음과 같이 정의한다.

> 과학의 목적은 바로 생각 속에서 사실을 재생산하고 예상함으로써 경험을 바꾸거나 **구하는** 것이다.[1]

이론어는 단지 자료들의 요약이자 관찰을 분류하는 노동절약형 장치일 뿐이다. 이론이란 감각적 사실을 저장했다가 다시 불러내는 기억 보조 장치이다. 이론은 관찰 가능한 사건과 속성들 사이에서 규칙적으로 발생하는 의존 관계를 적은 간략화 된 공식이다. 그리하여 이론어는 잠재적으로 무한히 많은 일군의 현실적 내지 가능적 감각 경험에 관한 진술 묶음으로서 깔끔히 번역될 수 있다.

더구나 현상주의자는 경험이란 매개 없이 주어진 의식 상태의 연쇄에 지나지 않는다고 주장한다. 이 의식 상태는 관념, 감각 자료, 인상으로 다양하게 불리는데 직접 점검을 통해서나 우리 의식의 흐름을 면식(acquaintance)함으로써 알려진다.

몇몇 예를 통해 이 모든 것이 의미하는 바를 명료화할 수 있을 것이다. 현상주의에 따르면 '수소'라는 낱말이 지시하는 것은 존재하는 하나의 원자가 아니라 "수소화된 공간"(hydrogenated space)에 대한 실험적 관찰 모음이다(즉, "수소화된 공간"을 마련하는 방법을 포함하여 일련의 선행 감각 경험이 발생한 이후에 경험하게 되는 무색, 무게 및 부피에 대한 실험 관찰 집합을 지시한다).

"탁자 위 전선에 전류가 지금 흐르고 있다"라는 진술은 전류라는 이론적 품목을 지시하지 않는다. 오히려 그 진술은 다음과 같은 진술 모음으로 번역할 수 있다.

---

1 Ernst Mach, *The Science of Mechanics* (La Salle, Ill.: Open Court, 1960), 577.

만약 거기 탁자에 놓인 검류계를 그 전선 회로에 끼워 넣는다면 검류계 바늘이 현재 위치에서 비껴 나갈 것이다.

이 진술은 다시 일군의 감각 경험에 관한 진술로 번역할 수 있다.

만일 누군가 적절한 시간에 특정 방향으로 머리를 돌린다면 일정한 모양을 가진 바늘 유형의 감각 자료를 가지게 될 것이다.

"$2H_2 + O_2 \rightarrow 2H_2O$"라는 법칙은 단지 다음을 말해 준다.

예전에도 그리고 거의 앞으로도, 일정한 기술로 생성되었으며 어떤 부피와 무게와 무취로 관찰되는 단위 두 개가 다른 기술로 생성되었으며 어떤 부피와 무게와 무취를 지닌 한 단위에 더해지면 축축하고 무색인 물질 두 단위가 늘 따라 나온다. 그 법칙의 본질적 내용은 (관찰된 부피와 무게와 무색 같은) 감각 경험을 통해 모두 분석될 수 있다는 점을 유의하라.

여기서 현상주의에 대한 비판에 착수할 수는 없지만 한 가지를 지적해야 하겠다. 세계 내 관찰 불가능한 이론적 품목과 과정에 관한 진실을 과학이 우리에게 제공한다는 믿음과 과학의 경험적 측면 사이에 긴장이 늘 있어 왔다는 점이다. 과학의 경험적 측면을 강조하면 할수록 과학적 실재주의를 유지하기 어려워진다. 다른 한편 과학적 실재주의를 포용하면 할수록 과학이 매개 없는 관찰을 통해 직접 검사할 수 있는 요소를 넘어서고 그것 이외 요소를 포함한다는 점을 허용해야 한다.

(2) 조작주의

조작주의(operationalism, 때때로 'operationism'이라 쓴다)는 현상주의와 매우 비슷하게 과학에 접근한다. 주요 옹호자로는 P. W. 브리지먼(P. W. Bridgman, 1882-1962)이 있었다. 현상주의는 과학 용어, 법칙 및 이론을 현실적 감각 경험이나 가능적 감각 경험에 연결하는 반면에 조작주의는 이것들을 현실적 또는 가능적 실험 조작에 연결한다. 현상주의자에게 과학 법칙과 이론어가 실제로 지시하는 것은 정신과 독립된 품목과 사건이 아니라 정신적·의존적 감각 작용이다. 조작주의자에게 그것들은 실제로 실험 활동과 조작을 지시한다. 여기서 이론어는 SR2와 연계하여 논의했던 "평균 가족"과 같은 단어를 말한다.

브리지먼은 조작주의의 중심 논제를 다음과 같이 진술했다.

> 일반적으로 모든 개념들이 의미하는 것은 조작들의 집합 그 이외 아무 것도 아니다. 개념은 그에 상응하는 조작들의 집합과 동의어이다. [⋯] 한 개념은 그 속성들이 아니라 현실적 조작들과 관련하여 적절하게 정의된다.[2]

예컨대 길이는 물체가 가진 속성이 아니다. 길이는 오히려 자를 대고 접점을 긋고 조작 횟수를 세는 일군의 조작들로 정의된다. 방의 "길이"란 (센티미터 눈금이라 부르는) 100개의 표시를 가진 막대기를 갖고, 방의 한쪽 끝에서 시작하여 막대기 끝과 끝을 이어서 다른 쪽 끝으로 갈 때까지 이동하고, 이 모든 활동을 기록하는 조작에 지나지 않는다. 마찬가지로 x만큼의 어떤 산이 y만큼의 어떤 염기를 중화한다는 진술이 의미하는 것은 만일 누군가 일정 분량의 액체(이 액체는 다시 이것을 얻는 데 사용된 어떤 조작을 통해 정의된다)를 비커에 따르고 일정 분량의 다른 액체를 여기에 첨가한다면 일정 측정들이 따라 나온다는 것이다(예를 들어, 그 측정을 일정한 방식으로 수행하면 그 혼합액의 색깔이 변한다).

도구주의의 세 번째 견해인 **실용주의**로 넘어가기 전에 조작주의에 관해 마지막으로 살펴보아야 할 것이 있다. 조작주의는 그 이념이 환원주의적인데 이 때문에 부적절한 이론이다. 길이는 일군의 측정 조작으로 측정될 수 있는 물체의 속성이지만 측정과 똑같은 것은 아니다. 그래서 우리는 하나의 과학철학으로서 조작주의와 조작적 정의의 적절한 사용을 주의 깊게 구별해야 한다. 예컨대 '지능', '저기압', '길이'와 같은 것에 대해 모종의 **조작적 정의**(operational definition)를 고안하는 것이 매우 적절하다.

이 조작적 정의에서는 측정 가능하고 경험적으로 검사 가능한 일군의 조작들이 연구대상에 대한 검사로서 정식화된다. 어떤 현상 P에 대해 적절한 조작적 정의를 사용하고자 노력한다고 해 보자. 측정 x, y, z가 현상 P의 존재에 대한 좋은 검사라고 말하는 것은 조작주의자가 주장하듯이 현상 P가 측정 x, y, z와 동일

---

2 P. W. Bridgman, "The Logic of Modern Physics", in *The World of Physics*, ed. Jefferson Hane Weaver (New York: Simon & Schuster, 1987), 3:842

하고 그 이상 아무 것도 아니라고 주장하는 것과는 완전히 다른 것이다. 따라서 우리는 독실한 조작주의자가 되지 않고서도 조작적 정의를 사용할 수 있다.

(3) 실용주의

세 번째 도구주의적 견해는 **실용주의**라 불리는 것인데 오늘날 주요 옹호자로는 철학자 라우든(Larry Laudan)이 있다.[3]

그에 따르면 모든 과학철학자는 과학사의 다음 세 특징을 고려해야 한다.

첫째, 과학사의 각 시기에서 (과학자들이 몇몇 이론의 적합성에 대해 일치를 보는) 일치 사례와 (다양한 이론이 지지받기 위해 경쟁하는) 불일치 사례를 발견할 수 있다.

둘째, 과학이 객관적으로 합리적이며 진보하는 분야이긴 하지만 과학적 진보는 진리와는 거의 또는 전혀 관련이 없다. 따라서 우리는 명제 SR5에서 표현된 과학적 실재주의의 제안과는 다른 방식으로 과학적 진보를 이해해야 한다.

셋째, 과학은 경험 문제와 개념 문제를 해결하려 한다(제1장 참조).

문제에 대한 해법이 참일 필요는 없다. 해법은 다만 어떤 현상에 관한 우리의 당혹감을 제거하고 자연계에 대해 유용한 예측을 하도록 해 주며 우리 이론과 관찰을 조화시켜 주면 될 뿐이다.

라우든의 과학철학은 과학사의 이 세 특징을 설명하려는 시도이다. 그렇다면 그에게 과학의 주요 목적은 문제를 해결하는 것이다. 해결된 문제는 과학적 진보의 기본 단위이다. 예컨대 만일 우리의 중력 이론이 조수 운동을 설명하고 예측하는 데 도움을 준다면, 우리는 조수 문제에 대한 당혹감을 제거하기 위해 이 이론을 사용해 왔을 것이다. 그리고 우리 해법이 훌륭하다면 그 이유는 그 이론의 진위 여부와는 상관없이 그 해법이 우리에게 효능이 있기 때문이다. 그리하여 과학적 진보는 한 이론이나 연구 프로그램에 의해 달성한 기결 문제의 상대

---

[3] Larry Laudan, *Progress and Its Problems* (Berkeley: University of California Press, 1977); *Science and Value: An Essay on the Aims of Science and their Role in Scientific Debate* (Berkeley: University of California Press, 1984); "A Confutation of Convergent Realism", *Philosophy of Science* 48 (1981): 19~49, "Explaining the Success of Science: Beyond Epistemic Realism and Relativism", in *Science and Reality*, ed. James T. Cushing, C. F. Delaney and Gary Gutting (Notre Dame, Ind.: University of Notre Dame Press, 1984), 83~105.

비율과 수량과 그 중요성을 통해 정의해야 하지 진리로 나아가는 수렴을 통해서는 아니다.

[대략 말해 연구 프로그램이란 같은 쟁점에 초점을 둔 일군의 이론들이다. 예컨대 역사적으로 제안된 모든 모형의 원자론은 같은 연구 프로그램의 일부일 것이다.] 만일 A 이론이 B 이론보다 더 빨리 중요 문제를 해결한다면 B보다 A를 받아들이는 것이 보다 합리적이다. 이론이 [단순성과 성공적 예측 등과 같은] 다양한 인식적 덕목을 소유한 것은 단지 그 이론이 성공적이라는 것, 즉 문제 해결에 효과가 좋다는 것을 말해 줄 뿐이지, 그 이론이 근사적으로 참이라는 것을 말해 주지 않는다.

요컨대 라우든이 주장한 것은 문제 해결이 과학의 근본 특성이라는 것이다. 과학적 진보는 진리를 통해서가 아니라 문제 해결 실적에서의 성공률을 통해 정의해야 하며, 과학적 합리성은 다시 이론의 진보를 통해 정의해야 한다는 것이다. 보다 진보한 이론을 받아들일수록 보다 합리적이다. 라우든에 따르면 이런 생각들 중 어떤 것도 실재주의 진리 개념과 상관없다.

그러나 과학적 실재주의자는 만약 이론이 최소한 근사적으로라도 참되지 않을 경우 과학이 어떻게 문제 해결에서 진보할 수 있는지를 알고 싶어 할 것이다. 만일 우리 이론의 참됨이 이론이 효력을 발휘하는 요인이 아니라면 무엇이 요인이라는 것인가?

라우든은 인식 정당화의 정합론(coherence theory)을 갖고서 답변한다("기독교 세계관의 철학적 기초"시리즈 『인식론』, 5장 참조). 이론의 핵심은 그것이 효력을 발휘한다는 것이고, 이론에 문제가 생기면 다양한 방식으로 조정을 계속할 것이다. 우리는 자료에 문제가 있으면 [도구들이 신뢰할 만하지 않다면서] 그 자료가 실제로 정확하다는 것을 부인할 수 있다. 그리고 [예를 들어, 경험적 정확성보다는 이론적 단순성을 선호하기 시작하여, 우리 이론과 조화를 이루는 다른 검사방법을 시도하고, 그렇지 않은 검사 방법은 버리는 등] 우리가 승인한 목적과 방법을 바꿀 수 있다.

또는 이론 자체를 부분적으로 조정할 수도 있다. 요지는 우리가 모종의 수단을 강구하여 이론, 자료, 목적, 방법 사이에 정합성을 재정립할 것이라는 점이다. 그러나 일단 그런 정합성을 획득했다고 해서 그 이론이 근사적으로 참되다는 것을 의미하지는 않는다. 다만 과학자가 그것들이 효력을 발휘할 때까지 그것들을 모두 꿰워 맞추는 일을 잘 하게 되었다는 것을 의미할 뿐이다. 라우든은 이것만으로 과학이 문제 해결에서 어떻게 진보를 이루었는지를 설명한다.

(4) 구성적 경험주의

프린스턴의 철학자 반 프라센은 스스로 **구성적 경험주의**(constructive empiricism)라 부르는 과학관을 지지한다.[4] 그에 따르면 과학적 실재주의는 적합하지 않다. 과학의 요지는 "현상 구하기" 즉, 경험적 관찰 및 예측과 일관성을 이루는 이론을 개발하는 것이다. 과학의 목표는 경험적으로 적합한 이론을 우리에게 제공하는 것이며 한 이론의 수용은 단지 그 이론이 경험적으로 적합하다는 믿음을 포함하고 있을 뿐이다.

반 프라센은 과학의 목적이 관찰 불가능한 것에 관한 진리를 탐구하는 것이 아니라 이론적 모형을 구성하는 것이라고 보기 때문에 자기 철학을 **구성적**이라 부른다. 또한, 이미 언급했듯이 과학의 주요 목표는 경험적으로 적합하고 성공적으로 예측하는 이론을 개발하는 것이기 때문에 자기 철학을 **경험주의**라 부른다. 반 프라센은 이론을 믿는 것과 수용하는 것을 구별한다.

이론을 수용하는 것은 단지 그 이론이 경험적으로 적합하다는 믿음, 다시 말해 관찰할 수 있는 것에 관해 그 이론이 우리에게 말해 주는 것이 참이라는 믿음을 포함할 뿐이다. 이것은 이론 안에 들어있는 관찰 불가능한 이론적 품목과 과정에 대한 진리를 신봉할 것을 포함하지 않는다. 단지 그런 신봉을 통해 경험적 성공으로 점점 더 나아간다면, 마치 그런 품목과 과정이 실재하는 것처럼 거동한다는 실용주의적 신봉을 포함할 뿐이다.

한편 이론을 믿는다는 것은 좋은 이론이 관찰 세계 **그리고 관찰 불가능한** 세계 모두를 참되게 묘사한다는 믿음을 신봉하는 것을 포함한다. 과학적 실재주의자는 좋은 이론을 믿으며 구성적 경험주의자는 그것을 단지 수용할 뿐이다.

만일 과학적 실재주의가 거짓이라면, 이론이 "현상 구하기"에서 진보한다는 것은 어떻게 말해야 하는가?

반 프라센의 답변은 라우든이 제안한 답변과 비슷하다. 과학의 취지는 우선 경험적 적합성이기 때문에 과학자는 우리 모형이 그런 적합성을 획득할 때까지 조정하는 일을 계속할 것이다. 과학 이론 간 경쟁은 자연선택과 같다. 강한 것만

---

4 Bas C. van Fraassen, *The Scientific Image* (Oxford: Oxford University Press, 1980); "To Save the Phenomena", in *Scientific Realism*, ed. Jarrett Leplin (Berkeley: University of California Press, 1984), 250-59. Paul M. Churchland and Clifford Hooker, eds., *Images of Science: Essays on Realism and Empiricism, with a Reply from Bas C. van Fraassen* (Chicago: University of Chicago Press, 1985).

이 (즉, 경험적으로 적합한 것만이) 생존한다.

이것으로 과학에 대한 네 개의 도구주의적 견해를 모두 간략하게 살펴보았다. 이들 모두는 과학이 객관적으로 합리적인 분야들의 집합이라는 데 동의한다. 비합리적 비실재주의자는 이 생각을 거부한다. 그들과 도구주의자들이 일치하는 것은 실재하는 이론적 품목과 과정에 대한 진리가 과학의 목표가 아니라는 점이다. 그러나 그들은 과학이 구현하고 있는 어떤 객관적 의미의 합리성이 있다는 생각을 거부한다.

2) 비합리적 비실재주의

토마스 쿤은 가장 잘 알려진 **비합리적 비실재주의**(nonrational nonrealism)의 옹호자인데 우리는 이 견해의 대표 격으로 그의 과학철학을 살펴볼 것이다.[5]

쿤의 과학관이 가진 두 개의 핵심 측면은 과학의 인식론과 과학사이다. 쿤에게 과학의 인식적 권위는 과학적 방법이라 불리는 어떤 것을 과학자들이 사용한다는 사실에 놓여 있지 않다(쿤은 과학적 방법 따위가 있다는 것을 부정한다). 오히려 과학의 권위는 공유하는 패러다임 내에서 작업하는 일군의 현업 기술자로서 과학자 공동체 자체에 놓여 있다.

패러다임이라는 개념은 과학의 인식론과 과학사에 대한 쿤의 견해를 이해하는 데 핵심적이다. 패러다임이란 무엇인가? 어떤 사람들은 쿤이 이 용어에 대해 22개의 서로 다른 정의를 사용했다고 주장하기도 했지만 여기서는 주요한 것 몇 개를 거론한다. **패러다임**은 전반적 세계관이다. 패러다임은 [공간, 시간, 운동, 질량 등에 대한 뉴턴의 견해와 같은] 특정 과학 이론이다. 패러다임은 [학생에게 기체를 어떻게 보아야 하는지를 가르쳐 주는 이상기체 방정식 PV = nRT처럼] 과학자가 현장에서 신참을 교육하는 데 사용하는 교수법적 도구이다. 패러다임은 자연 자체의 구성물을 바라보는 방식 그리고 세계를 바라보는 방식이다. 이것은 이론에서 기술된 세계가 무엇과 같은지 우리에게 말

---

5   Thomas Kuhn, *Structure of Scientific Revolutions*, 2nd ed., 증보판 (Chicago: University of Chicago Press, 1970); *The Essential Tension* (Chicago: University of Chicago Press, 1977); "Logic of Discovery or Psychology of Research?" and "Reflections on My Critics", in *Criticism and the Growth of Knowledge*, ed. Imre Lakatos and Alan Musgrave (Cambridge: Cambridge University Press, 1970), 1~23과 231~78.

해 준다(어떤 패러다임에는 원자 입자가 있고 다른 패러다임에는 파동이 있고 또 다른 패러다임에는 둘 다 있다).

과학사에서 과학을 정상 과학(normal science)으로 간주할 수 있는 시기가 있다. 이 시기는 보편적으로 수용된 패러다임 하나가 한 영역을 지배하는 기간이다. 이 기간 동안 그 패러다임은 의문시되지 않으며, 과학 활동은 그 패러다임의 적용 범위를 넓히고 정확성을 보다 높이는 데 초점을 둔다. 그러나 그 패러다임으로는 적절하게 처리할 수 없는 다수의 변칙사례들이 드러날 경우 경쟁 패러다임이 형성되는 위기의 시기가 출현한다.

결국, 과학 혁명이 발생하여 구식 패러다임을 완전히 폐기하고 신식 패러다임을 수용하여 새로운 정상 과학 시기로 접어든다. 이에 따라 쿤은 과학사 전체에서 모든 진보 개념을 그리고 이론적 변화의 한 형태로서 모든 이론의 정교화 개념을 거부한다. 과학사는 정상 과학, 위기, 혁명 그리고 정상 과학이라는 순환 과정을 통한 이론 변화와 교체의 역사이다.

과학의 인식론에 관련해 쿤은 중립적 사실 내지 중립적 자료 따위는 없다고 주장한다. 관찰에는 이론이 실려 있다. 그리고 애초부터 패러다임에 의존하지 않으면서 그 패러다임을 정당화하는 데 쓰일 수 있는 자료나 인식적 덕목 같은 것은 존재하지 않는다. 그래서 대응으로서 진리 개념, 이론과 독립된 외부 세계 개념 등과 같은 것은 가짜이며 과학과는 무관하다.

두 "경쟁" 패러다임의 현역 연구자는 말 그대로 서로 다른 세계를 보고 있다. 경쟁 패러다임들은 **통약불가능**(incommensurable)하다. 즉, 어느 것이 더 합리적이고 사실에 더 가까운지 알아보기 위해 그것들을 서로 비교할 수조차 없다. 왜냐하면, 이들 사이에는 어떠한 공통 기반도 없으며, 심지어 원리상으로 그러한 비교의 토대로 삼을 수 있는 것이 패러다임 외부에도 없기 때문이다. 다른 패러다임은 말 그대로 다른 세계를 기술한다.

이것은 한 패러다임에서 다음 패러다임으로의 전환이 개종 경험과 비슷하다는 것을 의미한다. 그것은 사물을 바라보는 다른 방식을 표상한다. 패러다임 전환은 폐기된 패러다임을 위해 보다 참되거나 보다 합리적인 이론을 획득하는 문제가 아니다. 합리와 비합리의 구별 자체는 상이한 패러다임들에 상대적이다.

한 패러다임에 의해 일군의 현역 과학자 공동체에게 합리적이라고 정의된 것이 다른 공동체에게 반드시 합리적인 것은 아니다. 그래서 객관적 합리성 개념은 과학에 적용될 수 없기 때문에 과학은 객관적으로 합리적인 것이 아니다. 과학의 합리적 권위는 주로 문화적 문제이며 다양한 유형의 설득에 의존한다. 그것은 객관적 합리성의 문제가 아니다.

우리의 현행 이론은 500년 전 이론보다 더 합리적인 것이 아니며 다만 그것을 받아들이는 우리에게 더 합리적일 뿐이다. 쿤의 과학관은 대응으로서 진리, 이론과 독립된 객관적 세계 개념, 객관적 합리성 관념을 반대한다는 점에서 포스트모던적 성향을 띠고 있는 것이 분명하다. 또한, 쿤의 관점이 포스트모더니즘 일반에 따라붙는 몇몇 문제점들을 안고 있다는 것 또한 분명하다.

4. 통합과 실재주의-반실재주의 논쟁

그리스도인들은 신학 외부의 출처에서 온 정당화된 신념들과 자신의 신학적 신념을 통합하고자 하는 욕구, 책임감, 특권을 갖고 있다. 우리는 다음 장에서 과학과 신학의 통합이라는 주제를 다룰 것이다. 그러나 여기에서는 실재주의-반실재주의 논쟁이 이 통합의 과제를 어떻게 북돋는지 묻고자 한다.

"어디에서 발견된 진리든 진리를 향한 그리고 기독교적 가르침을 향한 복합적 헌신에 비추어 볼 때 그리스도인은 실재주의자가 되어야 하는가?"

"반실재주의자가 되어야 하는가?"

이 장의 도입부에서 우리는 이 물음의 중요성을 약간 언급했다. 이 질문은 그 자체로 중요하다. 왜냐하면, 그리스도인으로서 그리고 단순히 책임 있는 인간으로서 우리는 실재주의-반실재주의 논쟁에 포함된, 사물에 관한 진리를 알고 싶어 하기 때문이다.

이 질문은 통합의 과제를 위해서도 중요하다. 예컨대 일부 잘 정립된 과학 이론이 우리 기독교 세계관 중에서 잘 정립된 부분과 대립하는 것처럼 보인다면, 그 과학 이론을 반실재주의적 어구로 파악하는 것은 이 딜레마를 해소하는 한 방법이 될 것이다. 그렇게 하면 우리는 그 이론이 성공적이라는 것을 받아들이지만 이것이 그 이론의 참됨을 의미하는 것이라고 보지 않아도 된다. 그래서 이것은 해당 신학적 신념의 진리에 대한 직접적인 도전이 되지는 않을 것이다. 물론 이런 전략은 쉽사리 남용될 수 있고 지성적 난관을 피해가는 편리한 방식이라는 비난을 얻을 수도 있다. 그래서 그런 전략을 채택하는 사람은 누구든 통일성을 갖고 그것을 사용할 필요가 있다. 더구나 그런 것에 기대는 것은 반실재주의가 적어도 때로는 하나의 선택 사항이라고 가정하는 것이다.

그리스도인은 하나의 과학철학으로서 실재주의나 반실재주의를 채택해야 하는가?

이것은 쉬운 물음이 아니다. 이 장 서두에서 지적했듯이 책임 있는 그리스도인 철학자는 이 쟁점에서 갈린다. 기독교 교의가 관련되어 있는 한, 각 입장은 적절하고 가능한 선택 사항처럼 보일 것이다.

그러나 반실재주의는 그리스도인에게 가능한 선택 사항이지만 과학적 실재주의는 가능한 선택 사항이 아니라면서 과학적 실재주의에 반대하는 논증이 몇몇 있다고 여겨진다. 이 때문에 이 문제를 여기서 그냥 넘어가서는 안 된다.

우리의 관점에서 볼 때, 상식, 탄탄한 철학적 논증, 기독교 신학을 통합하면, 실재주의-반실재주의 대화에 관련된 다음 세 믿음이 정당화된다.

첫째, 대응으로서 진리 개념은 최소한 부분적으로 진리에 대한 적절한 철학적 설명이다. 이론과 독립된 또는 [유한한] 정신과 독립된 외부 세계 개념이 그렇듯이 이런 진리 개념은 은연중에 성경에 나오고 성경에서 전제되어 있다고 배웠다.

둘째, 비록 타락하긴 했지만 우리의 자연적 감각능력과 인지능력은 세계에 관한 정당화된 참된 믿음을 얻는 데 여전히 적합하다. 이 세계는 그 자체로 우리와 비슷한 유형의 능력을 소유한 피조물이 인식하기 알맞은 종류의 세계이나. 더구나 [현상주의나 조작주의에서처럼] 강력한 형태의 경험주의적 한계 속으로 인간 인식을 제한하려는 모든 시도는 잘못된 것이다.

셋째, 합리적으로 행동하고 합리적인 신념을 갖는 주된 가치와 의미는 그런 행동과 신념 때문에 우리가 살기 더 좋고 진리를 얻는 데 더 좋은 곳으로 가게 된다는 것인데, 이런 식으로 합리성은 진리와 긴밀하게 연결되어 있다. 그래서 이 세 개념과 대립하는 반실재주의적 논증은 합리적이면서 신학적인 근거에서 거절될 수 있다.

한편 중요하게 보이는 반실재주의적 논증 세 개가 있다

첫재, 현행 과학을 실재주의적으로 해석했을 때, 여러 가지 인식적 덕목을 구현하고 있었음에도 불구하고 지금 보기에 거짓된 것이라고 판단되는 과거 이론들이 있다. 그리고 현행 이론을 실재주의적으로 해석했을 때, 경쟁 이론에 비해 한 때는 다양한 인식적 덕목을 구현하는 데 실패하였지만 근사적으로 참되다고 판단되는 이론들이 있다. 과학사에서 이와 같은 많은 사례를 분명히 찾아볼 수 있다.

둘째, 유한하고 타락한 우리 상태로 인해, 인식을 불가능하게 하지는 않지만, 심리적이고 사회학적인 다양한 비합리적 요소가 신념을 형성하고 정당화하는 과정에 영향을 끼친다. 이것은 과학처럼 사회적 신망의 정도가 높은 생활 영역에서 특별히 맞는 말이다. 그래서 (진화론처럼) 어떤 이론을 과학자 공동체가 광범위하게 수용하는 것은 그 이론이 잘 정당화되고 근사적으로 참된 세계관이라는 사실 때문이 아니라 다양한 비합리적 요인 때문일 수 있다.

셋째, 일부 과학 영역, 특히 (이론 물리학이나 순수 우주론 같은) 고도로 수학적인 영역에서의 주안점은 "현상 구하기"다. 이 영역에서 몇몇 이론의 보다 형이상학적 측면이 거부된다 해도 잃는 것이 그리 많지 않다.

그렇다면 이제 우리는 어디에 놓여 있는가?

우리 견해는 실재주의와 반실재주의 중 하나를 반드시 선택하지 않아도 된다는 것이다. 오히려 각 사안에 기초해서 이것이나 저것을 채택할 자유가 있다. 우리는 실제적인 특정 과학 이론에 대한 검토에서 시작하여, 기존 논의에 비추어 그 이론에 대한 실재주의 해석과 반실재주의 해석의 강점과 약점을 평가하고, 그에 따라서 선택해야 한다. 유의할 것은 과학 내부의 개별적 사례에서 시작해야지 실재주의와 반실재주의를 선택하기 위한 일반적 기준을 갖고 시작해서는 안 된다는 점이다. 보편적 기준은 아니라 하더라도 그런 선택을 위한 일반적 기준은 오직 개별 사례를 면밀하게 살펴본 후에야 드러난다.

어떤 특정 이론에 대한 실재주의 관점과 반실재주의 관점을 선택하는 데 도움을 줄 수 있는 기준은 없는가?

적합한 기준의 최종 형태에 대해서는 알지 못한다. 그러나 예외를 허용하긴 하지만 여전히 가치 있는 몇몇 기준들이 있다. 과학적 실재주의를 찬성하면서 방금 언급한 (대응으로서 진리와 외부 세계의 실재성, 경험을 넘어선 인식의 존재, 합리성에서 진리의 중요성이라는) 세 요지의 설득력에 근거해서 과학적 실재주의를 가정하고 반실재주의자에게 입증의 책임을 지우기로 해 보자. 아래 중 하나 이상이 유효하지 않다면 우리는 그 과학 이론을 실재주의적으로 해석해야 한다.

① 실재주의 해석은 합리적으로 잘 확립된 내부 문제나 외부 문제와 충돌하지만 반실재주의 해석은 그렇지 않다.
② 해당 탐구 영역 내 이론의 역사는 이론 정교화에 비해 이론 교체의 비율이 높다는 사실을 보여 주고 있다. 그래서 이 탐구 영역 내에서 널리 공유된 이론으로 수렴하는 뚜렷한 진보는 없다.
③ 과학 공동체의 이론 수용은 거의 비합리적 요인으로 설명할 수 있다.
④ 이론의 주요 덕목은 경험적 적합성이다. 보다 형이상학적이고 이론적인 측면은 이론의 성공을 설명하려는 우리 시도에서 파생된 불필요하고 과도한 형이상학적 군더더기로 이해할 수 있다.
⑤ 대개 부적절하고 임시방편적인 조정을 통해 그 이론을 계속 수용해왔다.

이 기준들은 절대적 규칙이 아니라 단순한 길잡이로서 이해해야 한다. 이렇게 이해할 때, 이 기준들은 과학을 이해하려는 모든 시도에 정보를 줄 수 있으며 과학과 신학을 통합하려는 시도에도 유용할 수 있다.

원칙 ②에서 ⑤까지는 부연 설명이 거의 필요 없다.

②에서 염두에 둔 실재주의자는 과학사를 점진적 정교화 과정으로 보는 견해를 역설하는 사람이다. 과학의 한 영역에서 점진적 정교화가 없거나 드물 경우 이는 실재주의에 반하는 것으로 간주된다.

③이 포착하고 있는 것은 한 이론의 수용이 [사회학적 요인같이] 비합리적 요인으로 적절히 설명될 수 있다면, 그 이론을 성공 사례로 보는 이유를 설명하기 위해 이론의 근사적 진리에 호소할 필요가 없다는 것이다.

④가 드러낸 발상은 [아마도 역학, 이론 물리학, 순수 우주론의 일부 영역처럼] 경험적 적합성이라는 인식적 덕목이 이론의 가치를 대부분 좌우하는 영역에서는 이론의 보다 형이상학적인 측면은 그 이론의 합리적 수용성에서 덜 중요하다는 것이다(그 같은 영역은 종종 심하게 수학적인 영역이거나 양자세계처럼 상식 세계와 매우 다른 방식으로 현상을 기술하는 영역일 것이다).

⑤에서 이론의 **임시방편적**(ad hoc) 조정은 성취하는 것이 거의 없거나 전혀 없지만, 변칙사례 때문에 그 이론이 허위로 드러나지 않도록 그 이론을 구출하기 위한 목적으로만 고안된 것이다. 이론의 임시방편적 조정이 적절한지 부적절한지를 구별하는 것은 쉽지 않다. 그런데도 부적절한 임시방편적 조정을 통해 이론이 유지될수록 이론의 성공을 근사적 진리의 징후로 이해할 명분은 없어지

게 된다.

남은 것은 ①인데 이것은 통합의 과제를 위한 다섯 원칙 중에서 가장 중요할지도 모른다. ①이 말해 주는 것은 만일 한 이론을 실재주의적으로 해석할 때 모호성과 순환정의의 문제가 있고 개념의 명료성이 결여되어 있는데, 그런데 그 이론에 대한 반실재주의적 이해가 이들 문제를 제거해 준다면, 이는 반실재주의적 이해에 우호적인 것으로 간주된다는 것이다. 더구나 이론에 대한 실재주의적 이해는 합리적으로 정당화된 철학적 혹은 신학적 신념과 충돌하는 반면에 반실재주의적 이해는 그렇지 않다면, 이 또한, 반실재주의적 입장에 우호적인 것으로 간주된다. 예컨대 시공간 우주가 유한 시간 전에 시초를 갖는다고 믿을 만한 좋은 철학적 혹은 신학적 이유를 갖고 있는데 하나의 "성공적" 과학 모형이 이 믿음에 역행할 경우 그 모형을 반실재주의적으로 해석하는 것이 최선일 수 있다.

우리가 신학적 신념과 과학적 신념을 통합하려 할 때, 원칙 ①뿐만 아니라 원칙 ②에서 ⑤까지 그리고 실재주의-반실재주의 논쟁 일반을 유념하는 것이 중요하다.

철학이 통합 과제에 어떻게 도움이 될 수 있는지 더 이야기할 수 없을까?

다음 장에서 예시하겠지만 단연코 더 있다.

[요약]

과학은 [전자처럼] 관찰 불가능한 이론적 품목을 가리키는 용어를 일정하게 사용한다. 이 품목의 존재를 믿을지 말지를 결정하려면 과학적 실재주의-반실재주의 논쟁에서 한 입장을 취해야 한다. 더구나 이 논쟁을 이해하는 것은 과학과 신학을 통합하는 과제까지 특징짓는다.

과학적 실재주의는 과학이란 보다 참된 이론을 점진적으로 획득해나가는 객관적으로 합리적인 분야들의 집합이라는 견해이다. 과학의 핵심 관찰어와 이론어들은 실재하는 품목과 과정을 진정으로 지시하며, 이론들은 근사적으로 참일 때 오직 그 때만 인식적 덕목을 구현한다.

과학적 실재주의자는 다음과 같은 점들을 논증한다. 그들 견해가 반실재주의적 입장보다 우월하다. SR1에서 SR5까지를 믿는 것이 합리적이다. 과학적 실재주의는 과학 이론이 효력을 발휘하고 진보를 이루고 새로운 영역으로 확장할 수 있다는 기적 같은 사실을 설명해 준다. 과학적 실재주의는 특정 신학적 신념과 어울린다. 그러나 반실재주의자는 이런 주장을 거부하며 다음과 같은 점들을 논증한다.

① 대응으로서 진리 개념과 근사적 진리 개념에 문제가 있다.
② 이론어들은 경험적 내용의 손실 없이 과학에서 제거될 수 있다.
③ 성공한 이론도 거짓일 수 있다.
④ 실재주의가 참이라고 여긴 이론이 장기간 성공적이지 않을 수 있다.
⑤ 과학은 진보를 이루지 않거나 그 진보가 진리와 무관하다.

반실재주의적 대안은 주로 두 부류로 나누어진다.

첫째, (도구주의 같은) 합리적 비실재주의가 있다.

도구주의자는 과학이 객관적으로 합리적이라는 데 동의하지만, 이론적 품목에 관련된 실재주의적 진리 주장은 거부한다. 오히려 이론은 감각 작용(현상주의)이나 실험 조작(조작주의)을 요약하는 데, 실용적으로 문제를 해결하는 데(라우든), 경험적으로 적합한 세계 그림을 구성하는 데(반 프라센) 유용한 도구이다.

둘째, 토마스 쿤이 대변하는 비합리적 비실재주의가 있다.

이 견해는 과학의 신뢰성과 지시적 측면 둘 다를 거부할 뿐만 아니라, 과학이 객관적으로 합리적이라는 생각 또한, 거부한다.

통합 과제와 관련하여 그리스도인은 이 논쟁에서 의견이 갈린다. 게다가 과학적 실재주의에 반대하는 좋고 나쁜 논증들이 있다. 이에 비추어 보면 절충 모형이 최선일 수 있다. 이 모형은 의사결정을 도와주는 몇몇 유용한 원칙의 안내를 받아 사안별로 실재주의적 견해나 반실재주의적 견해를 취할 것을 제안한다.

〔기본 용어〕

임시방편적	패러다임
진리 실재주의	현상주의
반실재주의	실용주의
통약 가능	합리적 비실재주의, 합리적 도구주의
구성적 경험주의	환원주의
품목 실재주의	정교화
인식적 덕목	교체
통약 불가능	현상 구하기
비합리적 비실재주의	과학적 실재주의
관찰어(관찰 용어)	이론어(이론 용어)
조작적 정의	박진(진짜 같음)
조작주의	

제19장
철학 그리고 과학과 신학의 통합

> 과학이 궁극적이며 모든 것이라 주장하고 과학 교과서에 없는 것은 알 가치가 없다고 주장하는 이론가는 자기 나름의 독특하고 왜곡된 교의를 가진 이데올로기 신봉자다. 그에게 과학은 더 이상 인지적 작업의 한 구역이 아니라 단지 모든 것을 포괄하는 세계관일 뿐이다. 이것은 과학의 교의가 아니라 과학주의의 교의다. 이 입장을 취하는 것은 과학을 칭송하는 것이 아니라 왜곡하는 것이다.
>
> *니콜라스 레셔, 『과학의 한계』(*The Limits of Science*)

1. 들어가는 말

앞의 두 장에서 우리는 철학적 렌즈를 통해 과학의 여러 측면을 엿보았다. 또한, 우리는 신학적 믿음과 과학적 믿음을 통합하는 것이 그리스도인에게 얼마나 중요한지 여러 곳에서 보았다. 이 장에서 우리는 통합적 쟁점을 더욱 깊게 탐구할 것인데, 이 과정에서 기독교 세계관의 형성과 통합에서 철학이 얼마나 중요한지를 다시 한 번 보게 될 것이다.

제18장에서 우리는 실재주의-반실재주의 논쟁이 통합에 어떻게 연관되는지를 보았다. 이 장의 취지 때문에 과학적 실재주의를 가정할 것이지만 우리가 말하는 많은 것이 반실재주의 개념에도 똑같이 적용될 수 있다.

앞으로 우리는 먼저 최근에 상당히 인기를 끌고 있는 과학주의라는 이데올로기를 검토할 것이다. 그 다음 과학과 신학을 통합하는 여러 모형을 조사하고, 끝으로 이른바 방법론적 자연주의라 불리는 것을 과학이 전제해야 하는지의 물음에 초점을 맞출 것이다. 이 물음을 검토하면서 쟁점들을 분명하게 하는 데 창조론·진화론 논쟁을 사용할 것이다.

2. 과학주의

　과학주의(scientism)는 이 장의 서두에 있는 레셔의 인용문에 표현되어 있는데, 이는 과학이 진리와 합리성의 바로 그 [유일한] 패러다임이라는 견해이다. 만일 어떤 것이 최근 잘 확립된 과학적 믿음과 맞지 않다거나 과학 탐구에 적합한 존재 영역 내에 있지 않다면, 또는 과학적 방법론으로 다룰 수 없다면, 그것은 참되거나 합리적이지 않다. 과학 바깥의 모든 것은 합리적 평가가 불가능한 단순한 믿음이자 주관적 의견의 문제이다. 과학은 지성적 탁월성을 보여 주는 독보적이고 이상적인 모델이다. 실제로 과학주의에는 강한 과학주의와 약한 과학주의라는 두 가지 형식이 있다.

　강한 과학주의(strong scientism)는 명제 또는 이론이 과학 명제나 이론일 때 다시 말해 잘 확립된 과학 명제나 이론일 때 그리고 오직 그때만 그 명제가 참이고 (혹은 참이거나) 합리적 믿음이라는 견해이다. 잘 확립된 과학 명제나 이론이 되는 것은 적절한 과학적 방법론에 따라 성공적으로 형성되고 검사되고 응용되는 데 달려 있다. 과학적 진리 말고 다른 진리는 없으며 설사 그런 진리가 있다 하더라도 그것을 믿어야 할 어떠한 이유도 없을 것이다.

　약한 과학주의(weak scientism)의 옹호자들은 과학 말고 다른 진리들의 존재를 허용한다. 그들은 심지어 그런 것들이 과학적 증거 없이도 최소한 긍정적 합리성의 지위를 가질 수 있다는 것까지 인정하려 한다. 그러나 약한 과학주의의 옹호자들은 여전히 과학이 가장 가치 있고 가장 진지하며 가장 권위 있는 인간의 학습 영역이라고 주장한다. 다른 모든 지적 활동은 과학보다 열등하다.

　나아가 과학에는 사실상 아무런 한계도 없다. 과학 연구가 규명할 수 없는 분야는 없다. 과학 바깥에 있는 쟁점이나 믿음은 그것이 과학적 증거를 지니면 지닐수록, 과학으로 환원되면 될수록, 합리적으로 받아들일 만하다. 그리하여 지금까지 과학적 방법론으로 다루지 않았던 여타 분야의 문제를 푸는 데 과학을 사용하려고 하는 것은 우리에게 지성적 의무이자 아마도 심지어 도덕적 의무이기도 하다. 예컨대 우리는 마음에 관한 문제를 신경 생리학과 컴퓨터과학의 방법을 써서 풀려고 시도해야 한다.

　유의할 것은 약한 과학주의의 옹호자들이 예컨대 좋은 철학적 신학적 논증을 통해 지지받는 우주에 시초가 있다는 믿음이 그것에 대한 좋은 과학적 논증까지 가지게 된다면, 그 믿음이 **별도의** 증거를 얻게 된다고 주장하는 것이 아니라는 점이다. 그렇게 주장하는 것은 그다지 논란이 되지 않는데 그 이유는 믿음이 조금 좋은 지지 논증을 가지다가 나중에 더 좋은 지지 논증을 얻게 된다면, 보통 이것은 문제의 그 믿음의 합리성을 증가시킬 것이기 때문이다.

그런데 애초에 과학적 논증에 의해서만 지지받던 우주의 시초에 대한 믿음이 좋은 철학적 신학적 논증에 의해 그 합리성이 증가될 것이라는 것도 똑같이 진실이 될 것이다. 따라서 그렇게 주장하는 것은 두 갈래의 길을 내는 것이고, 이것은 약한 과학주의가 함축하는 바가 아니다. 약한 과학주의의 옹호자들은 과학적 증거가 주어진다면 과학 바깥의 분야들은 그 합리성을 얻겠지만, 과학 바깥의 증거가 주어진다고 해서 과학 내부의 합리성이 증가하는 것은 아니라고 주장한다.

약한 과학주의나 강한 과학주의가 참이라면 이것이 과학과 신학의 통합에 대해 함축하는 바는 가혹한 것이다. 만약 강한 과학주의가 참이라면, 신학은 전혀 인지적 활동이 아니며 신학적 앎 같은 것은 존재하지 않는다. 만약 약한 과학주의가 참이라면, 신학과 과학 사이의 대화는 신학이 과학에 귀 기울이고 과학이 지지해 주기를 기다리는 독백일 것이다. 생각하는 그리스도인에게는 이 대안들 중에서 어느 것도 받아들일 만하지 않다.

그렇다면 우리는 과학주의에 대해 뭐라고 말해야 하는가?

먼저 유의할 것은 강한 과학주의가 자기 논박적이라는 점이다(자기 논박을 다룬 제2장을 보라). 강한 과학주의 자체는 과학의 명제가 아니다. 결과적으로 오직 과학 명제만이 참이고 [참이거나] 합리적 믿음이라 말하는 **과학에 관한 철학의** 이차 명제이다.

강한 과학주의는 그 자체로 합리적으로 정당화된 참된 입장으로서 제안된다. 하지만 [예를 들어, '진리는 없다'처럼] 자기 논박적인 명제는 단지 공교롭게 거짓이 되기도 하지만 참이었을 수 있는 그런 명제가 아니다. 자기 논박적 명제들은 필연적으로 거짓이며 다시 말해 그것들이 참이 되는 것은 불가능하다. 이것이 의미하는 바는 무엇보다도 장래에 아무리 큰 과학적 진보가 일어난다 해도 이 진보가 강한 과학주의를 약간이라도 더 그럴듯하게 만들지 못한다는 것이다.

강한 과학주의와 약한 과학주의에 똑같이 반대되는 것으로 여길 수 있는 두 개의 문제가 더 있다.

첫째, [강한 및 약한] 과학주의는 [과학적 실재주의를 가정한다든지 하는] 과학 자체가 실행에 옮겨지기 위해 필요한 전제를 제시하고 방어하는 과제를 적절히 허용해 주지 않는다. 그래서 과학주의는 자신이 과학의 아군이 아니라 적군이라는 것을 보여 준다.

과학은 허공에서 행해질 수 없다. 사실 과학은 그 자체로 수많은 실질적인 철학적 논제를 전제하는데 이 전제들은 과학이라는 비행기가 최소한 활주로에서 이륙이라도 하려면, 꼭 가정되어야 하는 것들이다. 이 가정들 각각은 지금 도전받고 있으며 이 가정들을 주장하고 방어하는 과제는 철학의 과제 중 하나이다. 과학이 의존하고 있고 결론에 도달하는 데 쓰이는 과학의 전제들보다, 과학의 결론이 더 확실할 수는 없다.

강한 과학주의는 과학을 위한 이런 전제들 자체도, 이들에 대한 방어도 모두 과학적 문제가 아니라는 이유에서 이 전제들 일체를 배제해 버린다. 약한 과학주의는 과학 명제들이 철학과 같은 다른 분야의 명제들보다 인식적으로 더 강한 권위를 갖는다는 견해를 갖고 있다는 점에서 과학을 위한 전제들의 위력을 잘못 해석하고 있다. 이것은 과학의 결론이 이 결론에 이르게 하고 이를 정당화하는 데 쓰인 철학적 전제들보다 더 확실하다는 것을 의미할 텐데 이는 터무니없는 것이다.

이와 관련해 아래 켁스(John Kekes)의 진술은 약한 과학주의의 급소에 일격을 가하는 것이다.

> 과학이 합리성의 [유일한] 패러다임이라는 것을 성공적으로 논증하기 위해 과학의 전제들이 다른 전제들보다 더 우수하다는 점을 그 근거로서 증명해야 한다. 이 증명을 위해 필요한 것은 어떤 문제를 해결하는 데 그리고 이상을 성취하는 데, 비록 과학이 경쟁하는 다른 전제들에 의존하기는 하지만, 과학이 그런 전제들보다 우위에 있다는 것을 보여 주는 것이다. 그러나 이를 보여 주는 것은 과학의 과업이 될 수 없다. 사실 이것은 철학의 과업이다. 그리하여 어떤 문제를 해결하는 데 그리고 이상을 성취하는 데 과학이 최상의 방법이라는 것을 과학의 전제들의 도움으로 보여 주고 이를 통해 과학의 전제들을 정당화하려는 기획은 과학을 정당화할 때 선취해야 할 필요 조건이다. 따라서 합리성의 바로 그 패러다임이 될 만한 더 강력한 후보는 과학이 아니라 철학이다.[1]

---

1 John Kekes, *The Natures of Philosophy* (Totowa, N. J.: Rowman & Littlefield, 1980), 158.

여기서 과학의 철학적 전제 중 몇 가지를 나열한다.

① 이론과 독립된 외부 세계의 존재
② 외부 세계의 질서 잡힌 본성
③ 외부 세계의 인식 가능성
④ 진리의 존재
⑤ 논리 법칙들
⑥ 우리의 인지적 환경 내에서 진리의 수집자이자 정당화된 믿음의 원천으로 기능하는 우리 인지기능과 감각기능의 신뢰 가능성
⑦ 세계를 기술하는 언어의 적합성
⑧ [예컨대 "이론을 공정하게 검사하고 검사 결과를 정직하게 보고하라" 같은]과학에서 사용하는 가치의 존재
⑨ 한결같은 자연과 귀납
⑩ 수의 존재

이들 가정 대부분은 이해하기 쉽고, 이 책 다른 부분 또는 다른 책에서 좀 더 자세히 논의되었다. 그러나 ⑨와 ⑩에 대해 한 마디 하는 것이 도움이 될 것 같다. ⑨와 관련해 과학자는 [예를 들어, "관찰된 모든 에메랄드는 풀빛이다"처럼] 어떤 현상에 대한 과거 사례나 검사된 사례로부터 [예를 들어, "모든 에메랄드는 무엇이든 풀빛이다" 처럼] 검사되건 안 되건 과거든 미래든 그 현상의 모든 사례로 귀납적으로 추론하게 된다. **귀납의 문제**는 그러한 추론을 정당화하는 문제이다.

이 문제는 보통 데이비드 흄(David Hume)과 연결된다. 이에 대한 그의 진술이다.

> 그러므로 경험을 통한 어떠한 논증이라도 그것이 미래가 과거와 유사하다는 것을 증명하는 것은 불가능하다. 왜냐하면, 그 모든 논증은 그런 유사성을 전제하는 데 근거해 있기 때문이다. 사태의 진행이 여태까지는 너무나도 규칙적이었다고 하자. 하지만 새로운 논증이나 추론 없이 이것만으로는 미래에도 사태의 진행이 계속 그럴 것이라는 점을 증명해 주지 못한다. 과거 경험으로부터 물체의 본성을 배웠던 양 행세하는 것은 헛되다. 감각적 성질이 전혀 변하지 않고도 물체의 비밀스런 본성이 바뀔 수 있으며 그에 따라 그 본성의 모든 결과와 영향까지도 바뀔 수 있다. 이런 일은 때때로 벌어지며 몇몇 사물에서 일어나고 있다. 왜

이 일이 항상 벌어지지는 않으며 모든 사물에서 일어나지는 않는가? 당신은 무슨 논리로, 무슨 논증 과정으로 이 가정을 거슬러 안심하게 되는가? 당신은 내 실제 행동이 내 의심을 논박한다고 말할 것이다. 그러나 당신은 내 질문의 취지를 오해한 것이다. 행위자로서 나는 이 점에 몹시 만족하고 있지만 신중함의 본분을 가진 철학자로서 나는 회의주의를 말하려는 것이 아니라 [귀납] 추론의 토대를 알고 싶다.[2]

우리가 여기서 귀납의 문제를 해결하려는 다양한 시도를 살펴볼 수는 없다. 다만 귀납추론이 미래는 과거를 닮아 있을 것이라는 이른바 **자연의 한결같음**(uniformity of nature)을 가정하고 있음을 유의하라. 그리고 자연의 한결같음 원리는 과학의 철학적 가정들 중 하나라는 것도 ….

[수가 존재한다는] ⑩에 관해 말하면 일반적으로 우리가 "탁자 위 공은 붉다" 같은 명제를 참인 것으로 받아들인다면, 이로써 우리는 예컨대 특정 공과 붉음이라는 속성 같은 것들의 존재를 인정하게 된다. 그런데 과학은 수학적 언어를 여러 번 많이 사용하는데 그런 사용은 수학적 언어가 참이라는 것을 전제하는 것처럼 보인다. 이것은 다시 수학적 명제에 의해 참되게 기술되는 [예컨대 수 같은] 수학적 대상의 존재를 전제하는 것처럼 보인다.

예컨대 "2는 짝수이다" 같은 명제는 우리가 [수에 대한 우리 분석이 무엇으로 결정되든지 간에] 짝이라는 속성을 가진 수 2라는 품목의 존재를 인정하는 것처럼 보이게 한다. 수학 바깥에서 쓰이는 진리 이론(대응 이론)이 수학에도 역시 똑같이 적용된다. 수의 존재와 본성에 관한 논쟁은 철학적 논쟁이니까 이 논쟁을 표출하고 수의 존재를 옹호하는 것은 과학이 전제하고 있는 또 다른 철학적 업무이다.

둘째, 합리적으로 정당화된 참된 믿음이 과학 바깥에도 존재한다는 것이다. 합리적으로 정당화된 참된 믿음이 과학 바깥 수많은 분야에 존재한다는 것은 단순한 사실이다. 이 책의 많은 쟁점이 이 범주에 속한다. 강한 과학주의는 이 사실을 부정하며 따라서 우리의 지성적 작업들을 부적절하게 설명하고 있기 때문에 우리는 이 견해를 거부해야 한다.

---

2   David Hume, *An Inquiry Concerning Human Understanding* (1748; Indianapolis: Bobbs-Merrill, 1965), 51-25 (section 4.2 in the original)

더구나 [예를 들어, "빨강은 색깔이다", "재미로 아기를 괴롭히는 것은 잘못이다", "나는 지금 과학에 관해 생각하고 있다" 같이] 과학 바깥에서 믿게 된 몇몇 명제는 [예를 들어, "진화는 일련의 매우 짧은 단계를 거쳐 일어난다" 같이] 과학 안에서 믿게 된 명제들보다 더 잘 정당화된다. 현재 우리가 갖고 있는 과학적 믿음들 중 많은 것이 백년 후에 개정되거나 버려질 것이라고 믿는 건 어렵지 않다.

그러나 방금 언급한 과학 외적 명제들에 대해 이와 똑같이 말할 수 있을 방법을 생각하기란 어려울 것이다. 약한 과학주의는 이 사실을 설명하지 못한다. 사실 약한 과학주의는 모든 쟁점을 과학적 쟁점으로 환원하려고 시도하면서 종종 지적 쟁점을 왜곡하는 결과를 가져 오기도 한다. 마음의 존재와 본성을 과학적 문제로 만들려는 현재의 시도도 이와 같은 경우라고 논증할 수 있을 것이다.

요컨대 두 형식의 과학주의는 모두 부적절하다. 과학 바깥에도 과학과 별개로 지식의 영역이 존재한다. 우리가 여기서 이를 보여 주지 않았지만 신학은 이런 영역들 중 하나이다.

그러면 과학의 영역과 신학의 영역은 어떻게 통합되어야 하는가?
이제 이 물음으로 옮겨가 보자.

3. 과학과 신학을 통합하는 모형들

과학과 신학을 통합하는 데 적어도 여섯 가지 서로 다른 모형이 있다. 이들 중 하나를 통합의 전체 진리로 간주하지 않는 한, 물론 이들 모형들은 서로 배타적이지 않다. 한 쟁점이 어떻게 하면 과학적 쟁점이 되고 아니면 신학적 쟁점이 되는지를 분명하게 규정하는 것이 항상 쉬운 일은 아니다.

그러나 과학과 신학이 별개로 나누어지는 분명한 사례들이 있으며 어쨌든 대학에서 현실적 학술 분과들로서 존재한다. 그래서 현실적으로 실행에 옮겨질 때 이들 분과들을 어떻게 통합해야 하는가 하는 물음을 제기하는 것은 적절하다.

이 모형들에 따르면,

① 과학과 신학은 두 개의 구별되고 겹치지 않는 탐구 영역 즉, 자연적인 것과 초자연적인 것에 초점을 둔다.
② 과학과 신학은 상이한 전망을 갖고 똑같은 실재에 다가가는 두 개의 상이한 상호 보완적 접근 및 기술(description)에 관련된다. 각각은 상이한 수준의 기술에 관련되며 상이한 유형의 사물에 대해 말해 주며 상이한 어휘를 사용한다. 각 기술 수준은 자기 수준 내에서 완전한데 자기 조망에서 볼 때 빈 공백을 갖지 않는다. 그런데도 과학과 신학은 각각 기술하는 전체 실재를 부분적으로 기술해줄 뿐이다. 과학과 신학은 인식적으로 적극적이든 소극적이든 직접 상호 작용하지 않지만 기술하는 전체 실재에 대해 상호 보완적 견해를 낸다. 과학과 신학은 한 분야가 다른 분야의 영역을 부당하게 침해할 때만 충돌한다.
③ 과학은 신학의 세부를 채우거나 신학적 원리를 적용하는 데 도움을 줄 수 있으며 역도 성립한다.
④ 신학은 과학에 필수적인 전제를 정당화하거나 최소한 그 정당화를 도와줌으로써 과학의 형이상학적 인식론적 토대를 마련한다.
⑤ 과학은 신학이 따라야 하는 활동 반경을 제시한다. 신학은 과학의 자문을 받은 후에만 자기 일을 행할 수 있다. 그래서 과학은 신학을 가르칠 수 있지만 역은 성립하지 않는다.
⑥ 과학과 신학이 연루하고 있는 [실재에 대한 두 개의] 기술들은 직접, 서로 보강하거나 경쟁하는 방식으로 상호 작용할 수 있다.

이 모형들을 순서대로 살펴보자.

입장 ①는 과학과 신학이 정해진 구역을 갖는다는 것을 분명하게 설명해 준다. 예컨대 속죄의 범위나 천사의 본성에 관한 논쟁과 메탄 분자의 구조에 관한 논쟁은 연구와 실재에서 매우 상이한 영역에 초점을 두고 있다. 입장 ② 역시 특히, 하나님이 제2원인을 통해 사역하는 영역에서 유용하다. 하나님의 제1원인 행위와 제2원인 행위 사이의 구별은 여기서 중요하다. 거칠게 표현하자면 하나님이 홍해를 가를 때 했던 것은 하나님의 제1원인 행위였다. 그 기적 전후에 홍해를 지배하고 유지할 때 하나님이 했던 것은 제2원인 행위를 포함한다.

제2원인(secondary causes)은 하나님의 일반적 사역 방식인데 하나님은 존재하는 자연적 과정을 유지하고 모종의 목적을 수행하는 데 이를 간접적으로 활용한다.

제1원인(primary causes)은 하나님의 특별 사역 방식인데 그의 직접적이고 불연속적이며 기적적인 행위를 수반한다.

상보적 견해(입장 ②)는 하나님이 이차 원인을 통해 사역할 때 특히, 유용하다. 예컨대 수소와 산소에서 물이 합성된다는 화학적 서술은 반응이 일어나는 동안 하나님이 그 화학물질을 유지 및 섭리하여 통치한다는 신학적 서술과 상보적이다. 또 회심의 몇몇 측면은 생물학적, 심리학적, 사회학적, 신학적 기술과 상보를 이룰 수 있다.

견해 ③과 ④는 비교적 간단하다. 아버지는 아이를 화나게 하지 말아야 한다는 신학적 주장은 ③의 한 예이다. 심리학은 상이한 성격 유형에 따른 화(anger)의 본성과 원인에 관한 정보를 제공함으로써 이 신학적 주장에 중요한 세부 내용과 실제 적용을 덧붙일 수 있다. 마찬가지로 심리학은 한 사람이 성숙한 사람인지 아닌지를 평가하는 여러 가지 검사법을 고안할 수 있는데, 성숙한 사람의 구성 요소가 무엇인지에 관한 세부 내용을 채우는 데 신학이 우선적으로 도움을 줄 수 있다.

견해 ④와 관련하여 주장하는 것은 이 장 초반부에 나열된 과학을 위한 여러 가지 전제들 대부분이 기독교 세계관에서는 매우 편하게 다가오지만 순수 자연주의 세계관에서는 이상하게 느껴지며 여기서는 궁극적 정당화가 없다는 점이다. 그래서 기독교 유신론은 과학을 위한 전제들과 일관될 뿐만 아니라 또한, 어떤 의미에서 그 전제들을 가장 잘 설명해 주며 정당화해 주기까지 한다.

⑤의 한 예로는 과정신학자가 제기한 주장을 들 수 있겠다. 과학이 보여 주는 것은 실재의 근본 건축자재는 실체가 아니라 사건이며 모든 것이 과정 중에 있다는 것이다. 그래서 그는 모종의 과정 철학에 기초해서 하나님에 대한 자신의 신학적 모형을 만들어야 한다. 여기서 하나님 자신은 끊임없이 진화하며 가변적이다. 액면 그대로 받아들인다면 입장 ⑤는 신학적 이유와 철학적 이유에서 수용할 수 없다. 이것은 이미 비판 받았던 약한 과학주의의 한 표현으로 볼 수 있다. 더욱이 신학적 모형은 일반 계시의 통찰로부터 확실히 도움을 받겠지만, 그렇다고 해도 성경의 분명한 가르침과 충돌을 일으키지 말아야 한다.

이것은 과학이 신학에 대한 우리 이해에 아무런 변화도 끼칠 수 없다는 것을 의미하는가?

아니, 그것을 의미하지 않는다. 견해 ⑤를 완화한 형식은 통합에 도움이 될 수 있다. 완화된 형식은 다음과 같은 것이다. 예컨대 원문을 다르게 해석하는 두 해석처럼, 만일 두 신학 명제 A와 B가 경쟁한다면 그리고 A는 과학과 신학의 지적 긴장을 없애지만 B는 없애지 않는다면, **다른 모든 것이 같을 경우** A는 B보다 낫다. 특히, 두 해석은 과학적 고찰과는 별개로 자기 방식대로 석의를 통해 정당화되어야 할 것이며, 둘 다 하나님의 영감이자 무오한 계시로서 성경의 본성과 일관되어야 할 것이다. 예컨대 근대과학에 비추어 보아서, 지구를 네 모서리를 가진 것으로 묘사하는 하는 구절을 문자 그대로 이해해서는 안 된다.

이제 남은 것은 입장 ⑥인데 **유신론 과학**이라 불린다. 이 견해는 인식론적으로 긍정적이든 부정적이든 과학과 신학이 직접 상호 작용할 가능성을 다른 견해들보다 더 많이 허용한다. 다시 말해 ⑥은 신학의 몇몇 명제가 과학을 뒷받침하거나 과학이 뒷받침하게 할 수 있고 또는 신학 명제들이 과학적 믿음과 충돌하고 상반될 수 있다는 것을 의미한다. 예컨대 우주가 유한 시간 전에 시초가 있었다는 신학 명제는 대폭발 모형에서 지지를 받을 수 있지만, 우주가 실제로 무한한 과거를 갖고 있으며 시작이 없다는 과학적 모형(예컨대 진동 우주 모형)과는 대립할 것이다. 지지와 대립의 강도는 변할 수 있다.

예컨대 방금 언급한 진동 우주 모형의 경우에서처럼 신학 명제와 과학 명제는 서로 논리적으로 양립하지 않을 수도 있다. 또는 둘이 서로 논리적으로 양립할 수 있지만 그런데도 서로를 강화해 주지는 않는 이상한 명제 쌍도 있다. 예를 들어, "모든 인류 그리고 오직 인류만이 갖는 인간 본성 같은 것이 존재한다" 처럼 생명체는 본성을 갖는다는 견해는 철학적 자연주의에 기반하고 있는 생명 기원의 진화론적 설명과 논리적으로 양립한다. 그런데도 그런 견해를 믿는 것은 진화론적 설명을 받아들일 때보다는 모종의 생명 기원에 관한 창조론적 설명을 받아들일 때 더 합당해진다. 진화론적 자연주의는 생명체를 속성-사물로 환원하려는 경향이 있다(제10장을 보라.)

입장 ⑥이 함축하는 바는 과학에서 가설을 만들고 검사하는 데 그리고 사물을 설명하는 데 그리스도인은 자신이 알거나 정당하게 믿고 있는 모든 것을 참조해야 한다는 것인데, 그들이 참조해야 하는 것들의 목록 중에는 신학적 지식이나 정당화된 신학적 믿음도 있다. 예컨대 만일 신학이 우주에 시작이 있다고, 인류가 범죄했다고, 인류가 중동에서 시작했다고, 생명은 하나님의 일차적 직접 인과 작용에서 비롯되었다고 말한다면 그리스도인은 검증 가설을 개발하는 데, (예를 들어, 인류가 중국에서 시작했다는) 몇몇 과학 이론을 수용할지 말지를 평가하는 데 그리고 사물을 설명하는 데, 그런 신학적 믿음들을 사용해야 한다.

입장 ⑥에 모두가 만족하는 것은 아니다. 몇몇은 ⑥이 과학과 신학의 상호 보완적 본성 그리고 과학이 방법론적 자연주의를 가정해야 한다는 사실에 위배된다고 주장한다. 방법론적 자연주의에 따르면 과학적 물음에 대한 답은 자연 안에서만, 우연적으로 생성된 질서 안에서만 발견된다. 이 논쟁을 좀 더 깊게 탐구해 보자.

4. 유신론 과학과 방법론적 자연주의

⑥에 관한 논쟁이 초점을 두었던 주요 영역은 창조·진화 논쟁이다. 따라서 통합과 과학의 본성에 대한 보다 넓은 물음을 명료하게 나타내는 한 방법으로서 창조·진화 논쟁을 사용하는 것은 도움이 될 것이다.

1) 창조·진화 논쟁에서 신학적 선택 사항

진화라는 용어는 여러 의미를 갖는다.

첫째, 이것은 단순히 "시간에 따른 변화"를 의미할 수 있다. 소진화가 일어났음을 의미하는 것으로 다시 말해 유기체가 일정한 한계 내에서 다양한 방식으로 변화할 수 있고 변해왔음을 의미하는 것으로 간주될 경우 이런 의미의 진화에는 논란의 여지가 없다.
둘째, 진화의 둘째 의미로는 공통 혈통 논제가 있다. 즉, 모든 유기체는 공통 조상과 혈연관계를 맺고 있다.
셋째, 이는 흔히 대진화라 불리며, 특히 진화의 셋째 의미인 눈먼 시계수리공 논제와 연결될 때 그렇게 불린다. 눈먼 시계공 논제는 진화의 메커니즘에 관한 논제인데 첫째와 둘째 의미에서 진화가 어떻게 일어났는지를 설명해 준다. 이 논제는 진화의 과정이 [예컨대 돌연변이, 자연 도태, 유전적 표류<한 개체

군에서 유전자의 빈도가 무작위적 요인에 의해서 변화되는 것-역주>를 통해] 비지성적이고 맹목적이며 완전히 자연주의적이라고 주장한다.

창조·진화 논쟁과 관련하여 그리스도인은 크게 세 가지 진영으로 나뉜다(각 진영은 상이한 하부 진영을 갖고 있다).

첫째, 젊은 지구 창조론이다.

이 견해의 옹호자로는 기시(Duane Gish), 헨리 모리스(Henry Morris), 존 모리스(John Morris)가 있는데 이들은 하나님의 창조 작업이 문자 그대로 하루 24시간 꼬박 엿새 만에 일어났으며, 우주의 처음 창조는 최근에, 즉 1만에서 2만 년 전에 발생했다고 주장한다. 더구나 대부분의 젊은 지구 창조론자는 대홍수로 알려진 노아의 홍수가 지구 지질주상도(지층이 쌓인 순서에 따라 지층의 두께와 암석의 종류를 나타낸 그림-역주)를 이해하는 데 핵심 열쇠라고 주장한다.

둘째, [때때로 "늙은 지구 창조론"이라 불리는] **점진 창조론**(progressive creationism)이다.

램(Bernard Ramm), 브래들리(Walter Bradley), 로스(Hugh Ross) 같은 사람들이 이를 지지하는데 이들은 유신론 진화가 과학적으로나 성경적으로나 부적절하다고 주장한다. 보다 긍정적인 방식으로 말하면 그들은 하나님이 다양한 시점에서 제1원인 작용으로 창조 행위를 수행했다고 주장할 만한 과학적이고 성경적인 강한 증거가 있다고 주장한다.

점진 창조론자는 하나님이 정확히 얼마나 자주 이 일을 했는지 이견이 있지만, 많은 점진 창조론자는 [좀 더 명료화할 필요가 있지만] 하나님이 생명체를 각각 "종류"대로 직접 창조했다고 말한다. 그리고 그들 대부분은 하나님이 "하늘과 땅"을, 첫 생명을 [특히, 동물을] 그리고 아담과 하와를 직접 창조했다는 데 동의한다.

점진 창조론자는 창세기의 날들을 문자 그대로 하루 24시간 연속된 엿새 기간으로 간주하지 않는다. 그 대신에 그들은 그 날들을 정해지지 않은 긴 기간으로 또는 긴 기간으로 각기 서로 분리된 여섯 번의 24시간으로 간주하는 것을 선호한다. 어느 방식이든 점진 창조론자들은 우주와 지구의 나이를 수십 억 년으로 보지만, 그들 대부분은 아담과 하와가 최근에 창조되었다고 주장한다.

점진 창조론자들 사이에서 노아 홍수가 지구적 홍수인지 지역적 홍수인지 의견이 갈리지만, 그들 모두는 노아 홍수가 지구 지질학을 이해하는 데 참조해야 할 주요 요소가 아니라는 데 동의한다.

셋째, 하워드 J. 반 틸(Howard J. Van Till)과 부브(Richard Bube)로 대표되는 **유신론 진화론**이다.

유신론 진화론은 일반적으로 신학은 과학과 상호 보완적이며, 성경은 과학 교과서가 아니고, [물음에 대한 답은 자연 안에서 그리고 우연적으로 생성된 질서 안에서만 찾아진다는] 방법론적 자연주의는 과학을 수행할 때는 올바른 자세로 간주된다고 주장한다. 그래서 유신론 진화론은 기원과 관련해 취하는 특유한 견해이다. 이에 따라 일반 진화론은 근사적으로 참된 것으로 간주될 수 있다.

대부분의 유신론 진화론은 앞서 거론된 진화의 세 의미 모두를 받아들이는데 다만 그들은 셋째 의미를 수정할 뿐이다. 그들은 자연주의적 과정이 정말이지 모든 생명의 창조에서 작동하고 있고, 이 과정은 신의 창조 행위와 섭리를 보충해 줄 것이라고 주장할 것이다.

몇몇 유신론 진화론자는 하나님이 태초에 세계를 창조했을 때 기능적 완전성을 갖고 일을 했으며, 피조 세계에는 아무런 빈틈도 기능적 결함도 없어서 하나님이 일차 인과 작용을 통해 행위할 필요가 없었다고 주장한다. 오히려 하나님이 그의 태초 창조시에 가능성들을 심어 놓아서, 그 가능성들이 펼쳐지면서 모든 다양한 종류의 피조물이 정상적 과정을 통해 발생했을 것이라고 말한다. 다른 유신론 진화론자들은 하나님이 단지 일반적으로 알려진 진화 과정을 이끌고 유지하는데, 오직 그러한 진화 과정의 매개를 거쳐 제2원인 작용으로 창조할 뿐이라고 주장한다.

젊은 지구 창조론자와 점진 창조론자 사이의 주요 논쟁은 창세기에 나오는 히브리어 '욤'(yom, 날)의 용례를 둘러싼 것이다. 그래서 우주와 지구의 나이를 둘러싼 논쟁, 지질학을 하는 데 대홍수를 사용하는 것을 둘러싼 논쟁이 핵심적이다. 그러나 그들은 일반 진화론이 거짓이며 모종의 유신론 과학이 적합하다는 데 동의한다.

반면에 일반적으로 유신론 진화론자는 과학이 방법론적 자연주의를 전제하며, 과학과 신학은 서로 상보적이라고 주장한다. 그리고 자연 세계가 존재하는 모든 것이라는 포괄적 세계관인 철학적 자연주의와 진화가 결부될 때만, 진화가 그리스도인에게 문제가 될 뿐이라고 주장한다. 그래서 이 진영들 사이의 대화는 단순히 과학적 사실에 관한 것이 아니다. 이것이 결코 과학적 사실에 관한 것이 아난 이유는 다윈 자신부터 시작해서 창조·진화 논쟁이 과학철학에 관한 논쟁이었기 때문이다.

신학은 과학이라는 바로 그 직조물과 직접 상호 작용하고 그 속으로 들어가야 하는가?
과학은 방법론적 자연주의를 받아들여야 하는가?

2) 유신론 과학

유신론 과학의 배후에 있는 생각은 간단하다. 그리스도인이 과학을 포함해 지적 활동에 개입할 때 그 활동과 관련하여 그들은 자신이 알고 있거나 믿을 이유가 있는 모든 것을 참고해야 하는데, 여기에 신학적 믿음도 포함되어야 한다. 더구나 몇몇 신학 명제는 과학의 실무와 분명히 관련되어 있으며 기독교 과학의 한 실무여야 한다.

이 신학 명제의 예들로서는 우주는 시초를 갖고 있고, 인간 존재는 [그리고 동물도] 혼을 갖고 있어서 단순히 물리적 품목이 아니며, 인간은 타락했고, 인류는 어떤 시대에 중동에서 발생했으며, 생명의 기본 종들은 하나님이 직접 창조했고, 노아 홍수는 지구적 현상이었다는 것 등이 있다. 이 명제들 모두는 검사 가능한 함축을 가진 가설을 만드는 데 활용할 수 있고, 다양한 가설, 특히 경쟁하는 과학적 가설의 개연성을 평가하는 배경 지식에 동원되는 데 그리고 과학적으로 다룰 수 있는 어떤 사태를 설명하는 데 활용할 수 있다. 그래서 유신론 과학은 무엇보다 과학적 통찰을 과학 수행에 활용하는 한 연구 프로그램으로서 이해할 수 있다.

제17장에서 우리는 이미 신학이 과학적 방법론 안으로 들어갈 수 있는 몇몇 방법을 보았으며, 과학의 실무와 관련될 수 있는 몇몇 신학 명제를 방금 나열했다. 여기에 덧붙여, 신학적 관념이 과학에 편입될 수 있고 편입되어야 하는 몇몇 방법을 간략히 열거할 텐데 이는 유신론 과학의 옹호자에 따른 것이다. 이 목록은 요점을 드러내는 사례들을 포함하고 있는데, 이 사례들은 때때로 예시하려는 요점보다 더 논란이 될 수도 있다. 그래서 예시가 받아들여지지 않더라도 요점은 여전히 합당할 수 있다.

첫째, 신학은 **가설·연역 방법**과 보조를 맞추면서 연구를 지도하는 "위로부터" 명제들을 제안할 수 있다.

이 명제들은(예를 들어, 인간 기원의 증거는 중동에서 발견되어야 한다는 주장, 특정 대폭발 모형처럼 무한한 과거의 존재를 함축하는 우주 모형은 반증될 것이라는 주장처럼) 긍정적 검사 결과와 부정적 검사 결과를 가져올 수 있다.

둘째, 신학은(예를 들어, 지성적 통제 없이 우연히 생명이 발생할 확률은 매우 낮다는 점을 극복하는 문제처럼) 내부 및 외부 개념 문제를 제기하고 그 해결에 도움을 줄 수 있다.

셋째, 신학은 일부 과학적 문제와 자료를 설명해 줄 수 있다.

몇몇 설명은 하나님의 제1원인 행위의 사용, 그리하여 인격적 행위자의 사용을 수반한다. [예를 들어, 화석 기록의 공백으로 볼 때 하나님의 일차 인과적 행위가 생명체를 "종류" 대로 구별하여 창조하는 데 개입했다고 예상할 수 있다는 점을 주시하고, 그 공백 문제를 해결하는 데 그런 인격적 행위자를 도입할 수 있다]. 다른 설명은 인격적 행위자를 직접 포함하지 않는 신학 명제를 도입한다(예컨대 심리적 방어 기제의 여러 유형들을 설명하는 데 원죄 개념을 사용한다).

넷째, 신학은 과학적 가설의 입증에 관한 다양한 쟁점을 해명해 줄 수 있는데 적어도 네 가지 방법이 있다.

① 합리적으로 정당화된 믿음을 제공함으로써,
　이 믿음들에 비추어 특정 과학 이론에 대한 합리적 평가가 내려질 수 있다. 예컨대 하나님의 제1원인 행위로 사람이 창조되었다는 믿음을 받아들인다면, 인류 이전의 모습에 대한 다양한 증거는 이 배경 믿음이 없을 때보다 중요성이 더 낮아질 것이다.
② 검사 받을 수 있는 긍정적 결과와 부정적 결과를 산출함으로써(위의 ①을 보라),
③ 모종의 방법론적 규칙을 다른 것에 우선하도록 권장함으로써,
　예컨대 실체 모형에 기반해서 생명체를 설명하는 것과 속성이나 기계로 생명체를 설명하는 것이 서로 충돌할 때 전자를 선호한다(제10장을 보라).
④ 어떤 정해진 사례들에서 인식적 덕목들에 순위를 매김으로써,
　예를 들어, 생명 기원에 대한 연구에서 생명 발생에 대한 자연주의적 기계론 연구를 이끌어나가는 데 유리한 방법을 권장하는 이론보다는 내부 및 외부 개념 문제를 신학적으로 해결하는 이론을 선호한다.

다섯째, 신학은 과학의 부수 목표를 제공할 수 있다.

예를 들어, 하나님을 영화롭게 한다거나, 성경이 성경 외부의 증거들로부터 합당하게 믿을 수 있는 것과 상충하지 않는다는 것을 보여 준다든가 하는 목표, 그리고 신학은 과학의 어떤 고유 목표를 정당화하는 데 도움을 줄 수 있다. 예를 들어, 제18장에서 보았듯이 기독교 유신론자는 과학적 실재주의를 정당화하는 데, 그래서 과학 이론의 진리성이라는 목표를 정당화하는 데 유신론을 활용한다.

유신론 과학의 옹호자에 따르면 이런 것들은 신학이 과학의 실무에 참여할 수 있고 참여해야 하는 몇몇 방법이다. 모든 사람이 위에서 나열한 각 측면의 구체적 세부사항을 공유하지는 않을 것이다. 구체적으로 어떤 방법을 신봉할지의 선택은 어떤 정해진 영역에 대해 신학이 정확히 무엇을 가르쳐 주는지 [예를 들어, 최초 생명이 하나님의 제1원인 행위에 의해 야기되었는지 제2원인 행위에 의해 야기되었는지] 각자가 이해하고 있는 바에 부분적으로 의존할 것이다.

최근에 **지적 설계 운동**(intelligent design movement, ID 운동)이라는 새로운 운동이 일어났다. ID 운동의 주요 참여자로는 필립 E. 존슨(Phillip E. Johnson), 마이클 베히(Michael Behe), 윌리엄 뎀스키(William Dembski), 조나단 웰스(Jonathan Wells), 폴 넬슨(Paul Nelson), 스티븐 마이어(Stephen Meyer)가 있다. ID 운동은 방법론적 자연주의를 거부하며 유신론 과학의 적절성을 원칙적으로 신봉한다.

ID 운동은 과학에 대한 포괄적 접근이다. 이것은 그 자체로 진화론과는 별개의 주제이다. 이것이 진화 문제에 적용될 경우 앞에서 언급한 [젊은 지구 창조론, 점진 창조론, 유신론 진화라는] 세 견해와 깔끔하게 연결되지 않는다. 젊은 지구 창조론과 점진 창조론의 옹호자들은 그들 간에 내부적 차이가 존재하지만 원칙적으로 ID 운동에 참여한다.

그러나 그 역은 참이 아니다. ID 운동의 모든 참여자들이 젊은 지구 창조론자 또는 점진 창조론자인 것은 아니다. ID 운동 내에는 유신론 진화론의 한 변형으로 볼 만한 것도 있다. ID 지지자에 따르면 진화에 관한 주요 논쟁은 우주의 나이가 아니며, 다양한 생명 종을 창조하는 하나님의 일차적 인과 행위에서 기인한 시간 공백이 우주와 생명의 역사에 포함되어 있는지 여부도 아니다. 이 문제는 과학과 신학에 관한 주요 논쟁이 아니다.

ID 지지자에 따르면 진화에 관한 주된 논쟁은 우주의 나이가 아니고, 다양한 생명의 종을 창조하는 하나님의 일차적 인과 행위에서 기인한 시간 공백이 우주와 생명의 역사에 포함되어 있는지의 여부가 아니다. 이 문제는 과학과 신학에 관한 주된 논쟁이 아니다. 진화와 관련하여 ID 지지자들은 크게 두 주장을 신봉한다.

첫째, 중심 논점은 지적 설계 가설과 눈먼 시계수리공 논제 사이에 놓여 있다. 눈먼 시계수리공 논제에 의하면 생명의 역사와 생물의 존재와 본성을 설명하기 위해 지적 설계자에 호소할 아무런 과학적 증거도 지적 정당성도 없다. 오히려 지적이지 않고 맹목적인 자연주의적 과정이 관련된 모든 과학적 사실을 설명하는 데 완전히 적합하다. ID 옹호자들은 지적 설계 모형이 눈먼 시계수리공 논제보다 더 뛰어나다고 항변한다.

둘째, 지적 설계자가 존재한다는 추론을 정당화해 주는 사실과 이 추론 자체를 과학 영역의 내부 논의로 간주하는 것은 온당하다. ID 지지자들은 방법론적 자연주의를 거부하고 유신론 과학을 받아들인다.

이 두 신념에 비추어 보면 유신론 진화론이 어떤 의미에서 ID 운동과 양립하며 어떤 의미에서 양립하지 않는지가 분명해 질 수 있다. 만일 유신론 진화론이 [모든 생명이 공동 조상과 친족관계에 있다는] 공동 조상 논제, [태초 우주 창조 이후 시간 공백은 없으며, 자연의 역사에서 하나님은 일차 인과적 기적을 통해 사역하지 않는다는] 창조의 기능적 통일성, 방법론적 자연주의 등을 신봉한다면 유신론 진화론은 ID 이론과 양립할 수 없다. 그러나 만일 유신론 진화론이 처음 두 논제를 신봉하지만 셋째 논제를 거부하는 것으로 이해된다면, 유신론 진화론과 ID 이론은 양립할 수 있다. ID 이론의 핵심 요소는 설계된 사물이 설계되었다는(designedness) 사실이 과학적으로 수용 가능한 방식으로 확인될 수 있다는 생각이다.

ID 이론가 뎀스키(William Dembski)는 ID 이론의 이 측면을 발전시킨 주요 인물이었다.[3] 우리는 제6부 "기독교철학", 제26장에서 설계 추론에 대한 뎀스키의 분석을 다시 살펴볼 것이지만, 그의 이론을 간략하게 그려보는 것으로 이 절을 마무리하고자 한다.

뎀스키는 보험설계사, 경찰, 법의학자들이 어떤 죽음에 대해 그 죽음이 [지적 원인이 없는] 사고인지 [지적 행위자가 목적을 갖고 행한] 의도적으로 발생한 것인지 결정해야 하는 경우들을 분석했다. 뎀스키에 따르면 다음 세 요소가 있을 때마

---

[3] William Dembski, *Intelligent Design* (Downers Grove, Ill.: Inter Varsity Press, 1999)

다 과학 탐구자들은 한 사건이 의도적으로 발생했다는 결론을 합리적으로 이끌어낼 의무가 있다.

첫째, 그 사건은 우연적이다.
즉, 비록 그것이 일어났다 해도 그것은 반드시 일어날 필요는 없었다.
둘째, 그 사건은 일어날 개연성이 낮다.
셋째, 그 사건을 독립적으로 규정하는 것은 가능하다.

예를 들어, 두 사람이 카드 몇 장을 받는 브리지 게임을 생각해 보자. 경기자 패에는 임의의 카드들이 있고 [A카드 패라고 하자.] 다른 패에는 딜러 자신이 가질 완전한 브리지가 있다. 이제 딜러가 그 날 저녁 행운이 있을 거라며 완전한 패가 나와도 놀라지 않을 것이라거나, 그 날 저녁 한 번 이상 그런 패를 받았다고 말한다고 가정해 보자. 그러면 우리는 A카드 패가 의도적으로 돌려진 것은 아니지만 완전한 브리지 패는 의도적으로 돌려진 것이라고 그리고 사실상 딜러 쪽에서 속임수를 쓰는 경우라고 즉각 추론할 것이다.
우리의 의심은 무엇으로 정당화될까?

첫째, 어느 쪽 패도 반드시 일어날 필요는 없었다. 이들 중 한 패가 우주의 역사에서 필연적으로 일어나게끔 하는 자연 법칙, 논리나 수학은 존재하지 않는다. 이런 의미에서 각 패 그리고 그 카드 게임 자체도 일어날 필요가 없는 우연적 사건이다.
둘째, A카드 패와 완전 브리지 패는 카드 수가 똑같기 때문에 각 패가 일어날 개연성은 똑같이 낮다. 그래서 한 사건의 낮은 개연성은 그 사건이 행위자의 의도적 행위에 의해 일어났을 것이라는 의심을 불러일으키기에는 설사 필요하다 하더라도 충분하지 않다.
셋째, 완전한 브리지 패는 일어날 패가 우연히 일어났다는 사실과는 별개로, 특별한 것으로 규정될 수는 있지만 A카드 패는 그렇지 않다. A카드 패는 "모종의 무작위 패 내지 누군가 우연히 가질 다른 패"로 규정할 수 있다.

이런 규정은 어느 패에든 적용되며, 발생한 어느 특정 패를 놓고 이것이 특별하다고 표시할 수는 없다. 이렇게 이해하면 A카드 패는 다른 무작위 카드 패에 비해 더 특별한 것이 아니다.

그러나 완전한 브리지 패에 대해서는 특히, 누군가 예고하거나 한 번 이상 발생하는 것에 대해서는 그렇지 않다. 완전한 브리지 패는 딜러가 받게 되는 카드라는 사실과는 완전히 별개로, 브리지 규칙을 따르는 특별한 유형의 카드 조합으로 특징지을 수 있다. 이것은 [이 카드 패가 돌려질 필연성이 없다는 점에서] 우연성, [이런 특별한 카드 배열은 거의 일어날 것 같지 않다는 점에서] 낮은 개연성, [이것은 딜러가 받게 될 상당히 특수한 패이며, 딜러는 그런 패를 받게 될 것이라거나 그런 패를 한 번 이상 받았다고 발설했다는 점에서] 독립적 규정의 조합이다. 이는 딜러가 속임수를 쓰고 있다는 우리의 항의를 정당화해 준다.

이와 비슷하게 한 배우자가 건강했음에도 불구하고 드문 방식으로 젊은 나이에 죽게 된 경우에 그리고 이 일이 그와 결혼하기로 약속한 일주일 뒤 그의 배우자가 큰 보험에 가입한 직후에 일어났다면, 또는 남은 배우자가 자기 배우자를 요절로 반복적으로 '잃었다면', 지적 설계를 정당화해 주는 세 요인이 모두 등장하게 된다.

뎀스키와 다른 ID 이론가들은 우주의 미세 조정, 생명체의 생물 정보 등의 현상들이 지적 설계자가 존재한다는 과학적 추론을 정당화시켜 준다고 논증한다. 그래서 ID 이론가들은 유신론 과학을 받아들이고 방법론적 자연주의를 거부한다. 한데 신학은 과학이라는 그 직조물과 직접 상호 작용해야 하고 거기에 들어가야 하는가?

또는 과학은 방법론적 자연주의를 채택해야 하는가?

몇몇 사상가는 후자를 주장해왔는데 그들의 주장에 대해 살펴보기로 하자.

3) 자연과학과 방법론적 자연주의

많은 기독교 유신론자는 [명시적으로는 물리학, 화학, 생물학, 지질학 등 흔히 '딱딱한' 과학 또는 '자연적' 과학으로 정의되는] **자연과학**에서 방법론적 자연주의를 채택해야 한다고 믿는다. 하워드 반 J. 틸(Howard J. Van Till), 찰스 흄멜(Charles Hummel), 폴

드 브리스(Paul de Vries)는 이런 저런 형태로 이 입장을 옹호했다.[4]

이 견해에는 네 가지 주요 특징이 있다.

(1) 자연과학의 목표

자연과학의 목표는 우연적 자연 현상을 다른 우연적 자연 현상을 통해 엄격하게 설명하는 것이다. 설명은 오직 자연적 사물과 사건만을 언급해야 하며 인격적 선택, 인간 행위, 신적 행위자를 언급해서는 안 된다. 자연과학은 물리 세계의 물리적 속성, 거동, 조성 역사에 관한 지식을 추구한다.

(2) 방법론적 자연주의 대 철학적 자연주의

과학 안에서 우리는 **방법론적 자연주의**(methodological naturalism)를 채택해야 하는데, 이에 따르면 물음에 대한 답변은 자연 안에서 창조된 우연적 질서 안에서 추구된다. 예컨대 대전된 두 전극을 물에 넣었을 때 물이 어떻게 수소 기체와 산소 기체로 분리되는지를 기술할 때 "신 가설"은 불필요할 뿐만 아니라 부적절하다. 물리적 우주 즉, 원자, 아원자 입자, 원자로 이루어진 사물의 세계는 과학 탐구의 고유 대상이며, 방법론적 자연주의는 이 탐구를 추진하는 고유 방법이다.

반면 **철학적 자연주의**(philosophical naturalism)는 자연 세계만이 존재하는 모든 것이며, 신과 천사와 그 비슷한 것은 존재하지 않는다는 철학적 주장이다. 과학은 방법론적 자연주의를 전제하지만 철학적 자연주의는 아니다. 둘을 혼동하지 말아야 한다.

(3) 자연과학적 설명

자연과학은 "무엇" 물음에 대한 답을 추구하며, 일정 탐구 영역에 존재하는 사실이 무엇인지만을 입증해 준다. 그러나 보다 중요한 것은 과학이 설명하기 위해 "어떻게" 물음에 답한다는 것이다. "어떻게"라는 물음에 대한 답은 자연 세계 안에 있는 경험적으로 관찰 가능한 규칙적 패턴을 기술하는 것인데, 이 패턴을 설명하기 위해 과학적 실재주의의 방식으로 이해된 자연적 기제(mechanism)를 기술한다.

---

4 See Howard J. Van Till, Robert E. Snow, John H. Stek and Davis A. Young, *Portraits of Creation* (Grand Rapids, Mich.: Eerdmans, 1990); Charles E. Hummel, *The Galileo Connection* (Downers Grove, Ill.: Inter Varsity Press, 1986); Paul de Vries, "Naturalism in the Natural Sciences: A Christian Perspective", *Christian Scholar's Review* 15 (1986): 388-96

(4) 통합과 행위에 대한 상보적 견해

방법론적 자연주의의 옹호자는 앞에서 언급한 통합의 상보적 견해(입장 B)를 강력하게 지지한다. 더욱이 그들은 이 모형을 신적 행위 및 인간 행위에 적용한다. 예컨대 한 회의에서 의결하기 위해 손을 드는 행위는 물리적 수준에서 아무런 공백 없이 완전히 기술할 수 있고 설명할 수 있다는 것이다.

이 설명은 두뇌 상태, 뉴런 등을 통해 정식화될 텐데, 물리적 접근 수준에서는 완전하고 참될 것이다. 그러나 손을 드는 사건을 다른 수준에서도 완전하고 독립적으로 기술할 수 있다. 그것은 의결 방식에 대한 사람의 목적과 이유에 호소하는 것이다(신적 행위뿐만 아니라) 인간 행위에 대한 이 두 가지 기술은 각 수준 내에서 완전하며 상보적이다.

우리는 무엇 때문에 방법론적 자연주의를 하나의 과학철학으로 취급하는가? 이 견해는 모종의 강점과 약점을 갖고 있다. 약점부터 이야기하자.

방법론적 자연주의의 첫째 문제는 과학과 비과학 또는 과학과 사이비 과학 사이의 구획선(line of demarcation)과 관련되어 있다. 이 선은 어떤 것을 과학으로 간주하기 위한 일군의 필요 충분 조건을 서술하는 데 놓여 있다. 여태 아무도 그런 구획선을 그릴 수 없었으며 그런 것 자체가 존재하지 않는다. 과학사 대부분에 걸쳐서 과학자와 과학철학자들은 유신론 과학을 과학으로 간주했기 때문에 그리고 유신론 과학은 [앞에서 보았듯이] 다양한 방식으로 명확히 예시될 수 있기 때문에 입증의 책임은 [하나의 이차 철학적 주장으로서] 유신론 과학이 하나의 과학이라는 것을 부정하는 사람이 져야 한다. 이러한 입증의 책임은 여태까지 완수되지 못했다.

구획선으로서 어떤 것을 과학으로 간주하기 위한 필요 충분 조건으로서 다양한 기준이 제시되어 왔다. 자연 세계 또는 물리 세계에 초점을 두어야 한다거나, 자연 법칙을 따라야 한다거나, 자연 법칙을 언급함으로써 설명해야 한다거나, 경험적으로 검사할 수 있어야 한다거나, 최종 결론이 아니라 잠정적으로 주장되어야 한다거나, 반증할 수 있어야 한다거나, 측정할 수 있거나 양화될 수 있어야 한다거나, 예측을 포함하고 반복될 수 있어야 한다거나 하는 것이 그것들이다. 문제는 이들 중 어느 것도, 어느 집합도, 과학으로 간주되기 위한 필요 조건이나 충분 조건이 아니라는 것이다. 논란이 되는 기준을 만족하지 않는 과학의 사례가 있다(그래서 그것은 필요 조건이 아니다). 그 기준을 만족하는 비과학의 사례가 있다(그래서 그것은 충분 조건이 아니다).

예컨대 자기 견해를 독단적으로(dogmatically) 주장하는 과학자가 있으며 자기 견해를 잠정적으로(tentatively) 주장하는 신학자가 있다. 또 다른 예로 (바이러스가 어떻게 작용하는지에 관한 이론처럼) 과학에도 양화될 수 없는 측면이 있지만, (한 작가가 한 단어를 어떻게 사용하는지를 결정하기 위해 단어 빈도를 정량적으로 다루는 것처럼) 문학 연구에서는 양화될 수 있는 측면이 있다.

방법론적 자연주의에 초점을 두면, 이 견해의 옹호자는 방법론적 자연주의의 네 가지 특징을 과학의 필요 조건으로 간주할 필요가 있다. 왜냐하면, 그것은 신학적 개념이 과학의 한 부분이어서는 안 된다는 결론을 내려주기 때문이다. 예컨대 자연물을 통해서만 사물을 설명하는 것이 자연과학을 위한 필요 조건이라면, 하나님의 제1원인적 작용 개념을 사용하는 설명은 과학일 수가 없다. 방법론적 자연주의의 맨 앞에 두 특징, 즉 자연과학의 목표와 방법론적 자연주의 그 자체에 대한 서술을 살펴보기로 하자.

이것들이 과학에서 필요한 측면인가?

이것이 필요하지 않다는 것을 보이기 위해 단지 우리는 필요 조건으로 간주된 그 측면을 예시하지 않는 자연과학의 사례를 제시해야 한다.

첫째, 과학의 목표를 생각해 보자.

방법론적 자연주의의 옹호자는 과학의 목표를 특징짓는 데 과학적 실재주의를 가정한다. 이제 과학적 실재주의는 사실상 참일지도 모른다. 만일 자연과학의 목표를 실재주의적 용어로 서술한다면 그리고 이 목표를 자연과학의 필요 조건으로 제시한다면 자연과학의 목표를 (예컨대 단순히 현상을 구한다는 것처럼) 반실재주의적으로 진술하는 것은 이 필요 조건에 비추어 볼 때 불가능해질 것이다.

그러나 이것은 매우 강한 요구이며 옳지 않은 것이다. 반실재주의가 자연과학의 목표를 다루는 방식은 과학철학이며 옳을지도 모른다. 방법론적 자연주의의 옹호자들은 과학에 대한 필요 조건을 진술하면서 실재주의적 개념을 사용함으로써 반실재주의가 옳을 가능성을 봉쇄해버린다. 더구나 과학에 오직 하나의 목표가, 아니 심지어 가장 중요한 목표가 존재한다는 주장은 그럴듯하지 않다.

제18장에서 우리는 과학을 실행함에 있어 [예컨대 단순한 이론을 얻거나 경험적으로 정밀한 이론을 얻는 등] 여러 가지 목표가 양립한다는 것을 보았다. 또한, 과학의 이러한 목표들이 실재주의 해석과 반실재주의 해석을 가질 수 있다는 점도 보았다.

둘째, 철학적 자연주의와 대조하여 방법론적 실재주의 그 자체에 대한 성격 규정을 생각해 보자.

버클리, 마흐, 일부 실증주의자의 정신을 따르는 현상주의적 과학관은 최소한 참일 가능성이 있으며, 확실히 과학과 양립할 수 있다(제18장을 보라). 그러나 과학에 대한 이런 접근법들은 물질적 우주의 존재를 거부한다. 그리고 이 접근은 [예를 들어, '전선을 통해 전자가 흐르고 있다' 같은] 물리 대상에 대한 진술을 개인적 심적 품목이나 다름없는 실제적 감각 자료 또는 가능적 감각 자료에 관한 진술로 환원시킨다. 만일 그런 견해들이 과학철학일 가능성이 있다면, 아무도 물질의 존재나 그에 대한 탐구가 과학의 필요 조건이라 말할 수 없다.

나아가 [예컨대 로던이나 반 프라센이 가진] 어떤 반실재주의적 견해가 참되다면, 원자들의 세계는 거의 존재할 것 같지 않다. 다만 그 세계는 유용한 허구이다. 그러니 우리가 원자의 존재를 인정한다 하더라도, 사건이나 마당(field) 같은 품목을 실재하는 것으로 여기고, 원자나 사물 비슷한 다른 품목은 허구들로 여기는 형이상학적 견해는 확실히 자연과학과 양립할 수 있다. 그래서 우리는 물질이나 원자의 존재가 과학의 실무를 위한 필요 조건이라고 여길 수 없다.

방법론적 자연주의의 이런 난점들은 과학과 비과학 또는 과학과 사이비 과학 사이에 구획선을 그어서 선 바깥의 나쁜 쪽에 있는 것들을 배제하려는 것의 문제점을 잘 보여 준다. 앞에서 언급했듯이 다양한 방식으로 신학 냄새를 사용하는 유신론 과학은 [흔히 젊은 지구 창조론을 가리키는 용어이긴 하지만, 진화론에 적용했을 때 **창조론**이라 불리는 것인데] 대부분의 과학사에서 과학으로 간주되어 왔다. 창조론에 우호적이지 않은 필립 키처(Philip Kitcher)도 이 점을 인정한다.

> 더구나 창조론의 다른 버전들은 수많은 탁월한 19세기 과학자에게 지지를 받았다. … 이러한 창조론자들은 자신들이 올바른 방식이라 생각한 대로 자기 이론을 해석할 경우 자기 이론들은 성경을 따른다고 믿었다. 그러나 이 사실은 그들 이론의 과학적 지위에 영향을 주지 않는다. 심지어 보이지 않은 창조주를 가정하는 것이 보이지 않는 입자를 가정하는 것과 마찬가지로 비과학적이라 할 필요가 없다. 문제가 되는 것은 제안의 성격과 그것이 표명되고 옹호되는 방식이다. 18세기와 19세기의 위대한 과학적 창조론자들은 진화론이 제기한 많은 문제를 해결

하는 전략을 제안했다.[5]

설사 창조론자의 이론들이 거짓이라 하더라도, 이것은 그것들이 과학적이지 않다는 것을 의미하지는 않는다. 참 또는 거짓인 과학 이론이 되는 것과 전혀 과학 이론이 될 수 없는 것 사이에는 차이가 있다. 방법론적 자연주의의 옹호자는 창조론들이 전혀 과학 이론이 될 수 없다고 주장하지만, 그들은 이 일을 하기 위해 필요한 입증의 책무를 다하지 않는다.

셋째, 방법론적 자연주의의 또 다른 측면, 과학적 설명에 대한 그림 그리고 신적 행위 및 인간 행위에 대한 상보적 견해에 대해 이야기해 보자.

과학적 설명과 관련하여, 방법론적 자연주의의 옹호자는 과학적 설명의 포괄 법칙 모형에 너무 많이 의존하는 것처럼 보인다. 또한, 역사과학과 상반되는 경험과학에 너무 많이 집중하는 것처럼 보인다. 그러나 이미 살펴본 바에 의하면 과학자는 단순히 사태를 자연 법칙에 포섭함으로써만 "어떻게" 물음에 답변하는 것은 아니다. 과학자는 또한, 인과적 품목, 과정, 사건, 행위를 언급함으로써 사태를 설명한다. 예컨대 우주론자들은 [별의 현재 위치와 운동 같은] 우주의 어떤 측면을 설명하기 위해 [예컨대 운동 법칙 같은] 자연 법칙을 언급할 뿐만 아니라 단일 인과 사건으로서 대폭발도 언급한다.

요즘 예컨대 SETI(외계 지성체 탐사), 고고학, 법의학, 심리학, 사회학 같은 과학 분야들은 해당 사태를 설명하고자 하면서, 인과적 품목을 기술하는 일환으로 인간 행위와 [욕구, 의지, 의도, 믿음과 같은] 행위자의 다양한 내적 상태를 사용한다. 이것은 경험과학과 대조적으로 역사과학에서 특별히 맞는 말이다. 그래서 우주의 기원, 최초의 생명, 최초의 인간 등과 같은 현상을 창조론적으로 설명한다면서 신적 행위에 호소하는 것은 전혀 비과학적이 않다. 최소한 그러한 호소가 자연 법칙 아래의 포섭을 통해 설명된 것이 아니라 인과적 행위자를 통한 설명을 포함하고 있다는 이유로, 그것이 비과학적이라고 흠 잡을 수는 없다. 더구나 하나님이 이차 원인이 아니라 일차 원인을 통해 행위한다고 믿을 신학적 이유가 있을 때, 신적 행위에 호소하는 것은 특별한 경우 적절할 수 있다.

---

5 Philip Kitcher, *Abusing Science: The Case Against Creationism* (Cambridge, Mass.: MIT Press, 1982), 125.

이런 호소가 생물학이나 고생물학 같은 소위 자연과학뿐만 아니라 인간과학에서도 허용된다는 것을 반대할 수도 있다. 그러나 이런 대응은 분명 결론을 미리 가정하는 것인데, "자연과학"의 사례를 정의하고 분류하기 위해 자연과학에 대한 중립적이고 명시적인 정의를 사용하는 대신에, 자연과학의 정의에다 방법론적 자연주의를 슬그머니 끄집어들이는 시도라는 점에서 그렇다. 찰스 다윈부터 제이 굴드까지 과학자들은 신학적 관념이 과학적으로 검사할 수 있는 함축을 가질 수 있음을 똑똑히 알고 있었는데, 과학적 설명을 방법론적 자연주의 식으로 볼 때 이런 사실은 이해되지 않는다.

예컨대 우리는 다윈과 여타 진화론자들이 다음 주장과 거의 비슷한 말을 한다는 것을 발견하곤 한다. 즉, 만일 하나님이 설계 행위에서 다양성을 자유롭게 활용하는 최상의 유능한 설계자라 한다면 [예컨대 비슷한 구조를 갖지만 다른 용도로 쓰이는 새, 돌고래, 인간의 앞발 따위의 상동 구조처럼] 어떤 생물학적 구조는 효율적이지도, 별다른 창조성을 보이지도 않기 때문에 그런 구조들이 출현하지 않았을 것이라고. 여기서 요점은 그들이 사용한 논증의 강도를 평가하거나 설계자로서 신 모형의 적절성을 검토하는 것이 아니다. 오히려 요점은 생물학과 고생물학의 역사는 반복해서 이런 유형의 논증들을 예시하고 있음을 보여 주려는 것이다. 그리고 그런 논증은 단순히 수사적 장치가 아니라 실질적 주장인데 이것은 적절하건 부적절하건 신학적 관념이 어떻게 과학적 설명, 평가, 검사에 맞는 의미를 가질 수 있는지를 보여 준다.

인간 및 신적 행위에 대한 상보적 견해에 대해 살펴보자. 앞 장에서 이 견해에 대해 이미 검토했기에 우리는 여기서 간략한 비판만 제안하고자 한다. 하나님이 제2원인을 통해 행위할 때, [수소와 산소로부터 물이 합성되는 것처럼] 부분적으로 자연적 메커니즘을 통해 생성되고 규칙적으로 발생하는 현상을 고려할 때, 신학이 과학을 보충하는 것으로 보는 것이 합당할지 모른다.

그러나 이런 통합 그림은 단지 [한 공의 움직임이 다른 공의 움직임을 야기하듯이] 한 사태가 다른 사태의 원인 역할을 하는 **사건-사건 인과**(event-event causation) 또는 **상태-상태 인과**(state-state causation)를 허용할 뿐이다. 그러나 하나님이 일차 원인으로서 행위할 때, 하나님은 하나의 행위자로서 행위한다(그리고 심지어 그가 제2원인을 통해 행위할 때조차도 그는 어디선가 제1원인의 방식으로 행위해야 한다. 그렇지 않다면 해결 불가능한 제2원인의 무한 후퇴가 필요할 것이다).

행위자 인과(agent causation)에서 우리가 상기해야 할 중요한 사항은 [예컨대 손을 들거나, 선거에서 투표하거나, 최초의 생명을 직접 창조하는 것과 같이] 행위의 원인이 하나의 실체 즉, 행위자 자신이고 행위자 안의 상태가 아니라는 점이다. 행위자의 안쪽이나 바깥쪽에서 그 전에 벌어진 그 어떤 조건들도 이 행위 결과를 보장하는 데 충분하지 않다. 행위자가 하나의 실체로서 자기 인과적 힘을 발휘해야 하며, 단지 행위해야만 한다.

[손의 올라감이나 생명의 창조처럼] 행위자 원인이 직접 산출하는 사태에 대해 말하자면 이는 그 행위 이전에 존재하는 사태와 결과 사태 [또는 그 결과와 결부된 사태] 사이에 어떤 간격이 존재한다는 것을 의미한다. 한 여자가 손을 들 때, 그녀가 손을 들기 직전에 물리적 수준에서 그녀 내부의 사태, 말하자면 그녀 두뇌나 중추신경계의 상태 그리고 손을 드는 것과 결부된 물리적 상태들은 그 이전 상태와 부드럽게 연속되어 있지 않을 것이다. 그녀의 내부 상태는 그녀의 손듦을 설명하는 데 충분하지 않으며, 행위자 자신에 의해 완수되는 결과의 산출에는 인과적 공백이 존재한다. 하나님의 제1원인적 행위의 경우에도 비슷한 것을 고찰할 수 있다. [예컨대 생명체가 아닌 물질과 최초의 생명 사이에] 생긴 공백은 최소한 원리상 과학적으로 관찰할 수 있는데, 이는 상보적 견해를 옹호하는 이의 주장과 다르다.

이러한 결함들에도 불구하고 방법론적 자연주의의 옹호자들이 우리에게 환기시킨 다음 두 사실은 옳다.

첫째, 하나님은 세계를 유지하고 통솔하는 데 항상 능동적이다. 그리고 하나님의 능동성을 일차 인과 작용에 국한하는 것은 신학적으로 부적절하다.

둘째, 우리는 하나님의 제1원인 능동성에 호소할 때 주의를 기울여야 하는데, 그렇게 호소할 좋은 신학적, 철학적, 과학적 이유가 있는 곳에서만 하나님의 능동성에 호소해야 한다.

일반적으로 방법론적 자연주의는 경험과학이나 실험과학을 기술하는 데 가장 유용한데, 이런 과학에서 하나님은 제2원인을 통해 행위한다. 이런 데서 우리의 주된 목적은 하나님이 그의 능동성을 수행하기 위해 사용하는 자연적 메커니즘을 서술하는 것이다.

4) 유신론 과학에 대한 마지막 두 반론들

마지막으로 우리는 유신론 과학에 대해 흔히 제기되는 반론 두 개를 생각해야 한다.

(1) 반론 1

유신론 과학 모형은 인식론적으로 부적절한 "빈자리의 신" 전략을 활용하는데 이 전략에서 하나님은 자연에 빈자리가 있을 때에만 행위한다. 그들이 하나님에게 호소하는 것은 단순히 자연주의적 메커니즘에 대한 우리 과학 지식의 빈자리를 매우기 위해서이다. 이 빈자리는 기독교 유신론을 뒷받침하기 위한 자연신학적 변증론 논증에 사용되며, 과학적 진보가 이루어지면 이 빈자리는 점차 사라지는데 이 때문에 이 전략은 좋은 것이 아니다.

(2) 답변

첫째, 이 모형은 하나님의 인과적 능동성을 빈자리에만 국한하지 않는다.

자연은 자율적이지 않으며, 하나님은 우주를 유지하고 다스리는 데 항상 능동적이다. 더구나 유신론 과학은 **아무런** 변증론적 목표도 가질 필요가 없다. 기독교 유신론자는 과학 이론을 만들고 평가하고 검사하는 데 그리고 과학적 현상을 설명하는 데, 신학적 신념을 포함하여, 자기가 알고 있으며, 참이라고 믿을 이유가 있는 모든 것을 참고해야 한다는 점만 그냥 믿어도 될 것이다. 설사 누군가 유신론 과학을 변증론적 의도로 사용한다 하더라도, 창조론자들은 그들의 변증론적 주장을 빈자리 문제에 국한시킬 필요가 없다.

유신론 과학 모형은 다만 제1원인과 제2원인 사이의 구별을 인정할 뿐이며, 최소한 이런 인정의 변증론적 의도와는 별개로 제1원인이 과학적으로 검사 가능한 의미를 지닐 수 있음을 줄곧 주장할 뿐이다.

둘째, 유신론 과학 모형은 우리의 무지를 감출 목적으로 하나님과 그의 능동성을 빌어 설명하려 하지 않는다.

단지 좋은 신학적 또는 철학적 이유가 있을 경우에만, 예컨대 우리가 모종의 신학적 혹은 철학적 이유 때문에 자연에서 불연속성을 인정해야 할 때만, 하나님과 그의 능동성을 빌어 설명하려고 시도한다. 그런 불연속성이 있는 곳에서 하나님은 제1원인 작용으로 행위한다. 또는 원죄 같은 교의를 통해 인간 행위에 관한 일부 심리학적 이론을 해명하는 것도 이 경우이다.

셋째, 비록 자연주의적 과학적 설명에서 공백이 점차 줄어든다 하더라도, 이는 공백이 전혀 없을 것이라는 점을 증명하지는 않는다.

공백이라고 추정되었던 대부분의 것이 설명의 그 수준에서 공백 없이 자연주의적 용어로 설명될 수 있음이 드러났다는 이유만으로 추정된 모든 공백이 그런 식으로 드러날 것이라고 논증하는 것은 결론을 미리 가정하는 것이다. 그렇다면 달리 무엇 때문에 우리는 공백이 적을 것이라고 기대하는가?

신의 일차적 행위로 말미암은 공백은 기적에 해당하며, 두 가지 이유에서 기적은 드물다.

첫째, 우리는 하나님이 사역하는 통상적 방식은 제1원인을 통한 것이며, 제1원인으로 공백이 생기는 것은 하나님이 사역하는 비상하고 유별난 방식이라는 것을 이미 살펴보았다. 정의상 그런 공백은 매우 적고 드물다.

둘째, 기적의 공백이 갖는 증험적이고 표상적인 가치는 그 공백이 드물고 예기치 못한 것이며 종교적인 맥락을 갖고 있을 때 가장 자연스럽게 드러난다.

경험과학과 역사과학의 구별은 빈자리의 신 문제를 답하는 데 도움이 된다. 경험과학은 세계에 대해 비역사적이고 경험적으로 접근한다는 점을 기억하라. 이 접근법은 [예컨대 기체의 압력, 온도, 부피 사이의 관계처럼] 자연에서 반복될 수 있고 일정하게 재발하는 사건이나 패턴에 초점을 둔다. 이와 달리 역사과학은 본성상 역사적이며, [예컨대 우주, 최초 생명, 다양한 생물 종의 기원처럼] 반복될 수 없는 과거의 특이점에 초점을 둔다. 경험과학과 역사과학 간 구별을 옹호하는 이는 하나님의 제1원인적 능동성에 호소하는 것이 설사 경험과학에서는 적법하지 않다 하더라도 역사과학에서 적법하다고 주장한다. 왜냐하면, 역사과학은 신학적으로 말해 하나님의 제1원인적 능동성이 발견되는 경우들을 다루는 반면, 경험과학은 하나님의 제2원인적 능동성을 다루기 때문이다.

이제 공백에서 우리의 무지를 덮기 위해 하나님께 호소하는 대부분의 경우는 역사과학이 아니라 경험과학에 해당되는 이슈들이라고 주장할 수 있겠다. 그래서 그러한 공백들이 자연주의적 메커니즘으로 채워질 때 우리가 내려야 할 결론은 과학적으로 관찰 가능한 일부 현상들을 설명한답시고 하나님께 호소해서 결코 안 된다는 점이 아니다. 오히려 하나님의 제1원인적 행위 개념은 역사과학의 사례로 한정해야 한다는 점이다. 왜냐하면, 정확히 말해 제1원인 작용과 제2원인 작용의 차이는 역사과학과 경험과학의 구별에서 따온 것이기 때문이다.

끝으로 앞에서 말했듯이 ID 이론의 옹호자들은 이런 저런 방식으로 우주의 역사에서 공백을 신봉하지 않고서 유신론 과학을 실행한다. ID 옹호자에 따르면 우리는 지적 설계의 산물이 어떻게 생기게 되었는지 전혀 모른 채, 과학을 이용하여 그 산물을 탐구할 수 있다. 유신론 과학에 반대하면서 "공백의 신" 반론을 제기하는 비판자들은 ID 이론을 감안하지 못했다.

(3) 반론2

하나님의 직접적이고 일차적 인과적 능동성으로 몇몇 현상이 설명된다는 관념은 탐구의 다른 영역에서 새로운 연구를 이끌고 경험적으로 검사 가능한 새로운 구조물을 산출하는 데 유익한 개념이 아니다. 그래서 그런 관념은 "과학 이론은 새로운 연구를 이끄는 데 유익해야 한다"는 인식적 덕목을 위배한다. 이 때문에 하나님의 직접적 인과 작용에 호소해서 뭔가를 설명하려는 행위는 과학적 실무가 아니며 자연과학에서 배제되어야 한다. 리차드 E. 디커슨(Richard E. Dickerson)이 표현한 것처럼, "초자연적 창조론의 가장 음험한 악행은 그것이 호기심을 질식시키고 그래서 지성을 무디게 한다는 것이다."[6]

(4) 답변

첫째, 어떤 것은 유익하지 않아도 참될 수 있다. 하나님의 제1원인적 능동성에 호소하는 것은 연구의 새로운 방향을 제안하지 않고서도 (우주의 기원 같은) 몇몇 과학적 현상을 참되게 설명할 수 있다.

하나님은 제1원인적 행위를 수행하기 위해 제2원인으로서 자연적 기제를 사용한다. 일차 행위에 호소하는 이유가 정확히 그 어떤 이차 원인도 존재한다고 믿어지지 않아서기 때문에 그런 호소가 더 깊고 더 기본적인 자연적 기제에 대한 탐구를 중단시킬 것이라는 것은 옳은 말이다. 그러나 이로부터 나오는 결론

---

6   Richard E. Dickerson, "The Game of Science: Reflections after Arguing with Some Rather Overwrought People ", *Perspectives on Science and Christian Faith* 44 (June 1992): 137.

은 그런 호소가 결코 이루어져서는 안 된다는 것이 아니라, 다만 우리가 그렇게 호소할 때는 마땅한 신학적, 철학적, 과학적 이유를 가져야만 한다는 것이다.

둘째, 비록 유신론 과학자가 신학적 개념을 사용하는 것이 유익하면서 새로운 연구 방향을 제시하지 않는다는 것을 인정한다 하더라도 [이는 인정될 필요가 없지만], 이로부터 따라 나오는 모든 것은 유신론 과학자가, 적절하다 판단하면, 그들 모형의 하부구조를 개발하는 작업을 더 진행시킬 필요가 있다는 것이다. 그러나 그로부터 그들의 모형이 자연과학의 일부가 아니라는 것은 따라 나오지 않는다. 예컨대 한 창조론자가 노아의 홍수에 호소하여 지질 현상을 설명하기를 희망하는 경우에 중요한 것은 그 홍수가 어떻게 그런 역할을 할 것인지 보다 세부적인 모형을 개발하는 것이다.

셋째, 하나님의 제1원인적 능동성의 경우 유익함에 호소하는 것은 선결 문제를 요구할 수 있고, 이는 경쟁하는 가설의 상대적 장점을 평가하는 한 기준으로서 유익함을 꼽는 것이 매우 복잡한 문제인데도 이를 소박하게 이해하고 있음을 나타내는지 모른다.

두 경쟁 이론은 해당 현상을 기술하는 방식에 따라 하나의 문제를 각각 상이하게 해결할 수 있다. 프톨레마이오스는 태양계의 중심에 지구를 놓고, 큰 궤도 안에 포함된 작은 궤도(주전원)라는 복잡한 궤도들의 집합을 사용하여 행성 운행의 문제를 해결했다. 코페르니쿠스는 우주의 중심에서 지구를 제거하였지만 여전히 주전원을 도입함으로써 행성 운행의 문제를 해결했다. 그들은 어떤 측면에서 공통점을 갖지만 각 해결책은 중요한 지점에서 서로 다르다(그 해결책들이 똑같이 효과적일 필요는 없다).

나아가 "좋은" 해결책으로 간주되기 위한 기준뿐만 아니라 [예를 들어, 경험적 정확성보다 단순성을 선호하라, 같은] 다양한 인식적 덕목을 상대적으로 등급 부여하는 기준은 경쟁하는 패러다임들에 따라 매우 다르게 결정될 수 있다. 그래서]비록 항상은 아니지만] 문제 해결에서 적합성 여부를 판단할 기준은 종종 경쟁 패러다임이 아니라 해당 패러다임 그 자체에 의해 설정된다.

창조론자와 진화론자는 하나의 문제를 말하자면 화석 기록에서 공백을 정확히 동일한 방식으로 해결하려고 시도할 필요는 없다. 또한, 두 이론은 동일한 유형의 해결책을 도입하거나, 해결책을 평가하는 데 인식적 덕목 간의 순위를 똑같이 도입할 필요도 없다. 창조론자는 "신학적 내부 및 외부 개념 문제나 철학적 내부 및 외부 문제를 해결하라"는 덕목을 "유익하고 새로운 연구 노선을 제안하라"는 덕목보다 상위에 놓을 수도 있다.

이러한 순위 매기기에 비과학적인 것은 전혀 없다(예컨대 진화 메커니즘과 화석상 공백을 채울 중간 형태를 탐색하는) 이론이 설정한 "유익함" 같은 기준이 다른 경쟁 이론에서도 가장 중요한 기준이어야 한다고 주장하는 것은 결론을 미리 가정하는 것이다. 비록 그 경쟁이론이 심지어 과학이 아닐지라도 그렇다.

더구나 때때로 한쪽 경쟁 이론은 한 현상 두고 이것을 해결할 필요성을 느끼지 않고 근본 현상으로 여기기도 할 것인데, 이 경우 그 현상이 어떻게 왜 발생하는지에 관한 물음은 금지된다. 그래서 그 이론에서는 그 현상의 메커니즘이 존재하리라고 가정하지 않을 텐데, 이론이 그런 메커니즘에 대한 탐구 노선을 제안하는 데 유익하지 않다는 이유로 그 이론을 흠 잡을 수는 없다. 레셔(Nicholas Rescher)는 이 점을 지적했다.

> 일단의 지식 S가 물음 Q를 다룰 수 있는 한 방법은 물론 그 물음에 답하는 것이다. 그러나 물음을 다룰 수 있는 보다 중요한 다른 방법은 S가 그 물음을 금지하는 것이다. 물음 Q가 가정하는 것 중에서 S가 승인하지 않는 것이 있을 때 S는 Q를 **금지한다**. 주어진 S에 대해 단지 우리는 Q를 제기할 위치에 있지 않다.[7]

예컨대 아리스토텔레스의 우주관에서 운동은 자연스러운 것이 아니라서, 운동 사례들은 설명이 필요한 문제를 제기한다. 뉴턴의 우주관에서 등속 직선 운동은 자연스러우며 다만 운동 중에 변화만이 해결이 필요한 문제를 제기한다. 그래서 예컨대 뉴턴주의자나 아리스토텔레스주의자가 되어 개별 물체가 왜 어떻게 등속 직선 운동을 하는가 하는 관찰의 문제를 해결한다고 가정해 보라. 그 문제를 풀기 위해 아리스토텔레스주의자는 왜 어떻게 그 물체가 운동하고 있는가를 말해야 한다.

그러나 그 운동 현상을, "어떻게" 물음을 통해, 보다 근본적 메커니즘을 사용하여 해결하는 것이 전혀 불가능할 경우 뉴턴주의자는 그 운동 현상을 근본적인 것으로 분류함으로써 그 해결의 필요성을 금지할 수 있다.

---

7 Nicholas Rescher, The Limits of Science (Berkeley: University of California Press, 1984), 22.

이와 유사하게 창조론에서 생명의 기원이나 화석 기록상의 공백 같은 일부 현상은 하나님의 제1원인적 행위에 호소하는 것 이상을 해서 풀어야 하는 어떤 문제가 아니다. 그러나 이 현상들은 진화론에서 문제가 되며 그래서 새로운 메커니즘을 위한 유익한 연구 노선이 반드시 발견되어야 한다.

그러나 진화론자와 비교하면서, 이러한 공백 문제를 해결하는 유익한 전략을 개발하지 않는다는 이유에서 창조론자들을 흠 잡는 것은 순진하고 논점을 회피하는 일이다. 왜냐하면, 화석상의 공백 현상이 창조론자에게 근본적인 것이라는 것을 받아들인다면, 공백 문제를 해결하는 전략 자체가 단지 금지되기 때문이다. 이런 경우에 창조론자는 기꺼이 신학적 개념을 사용하여, 과학적 검사를 탐색하는 길로 안내 받아, 신학적 이론이 예측해 주는 현상들을 입증할 수 있다. 그러나 일단 "무엇"이라는 물음이 답해지면, 그 이상의 유물론적 내지 기계주의적인 "어떻게"라는 물음은 제기될 수 없다.

마지막으로 유신론 과학의 옹호자는 그들 모형에 비추어 적절하다고 생각할 경우 사실상 그들 이론이 반증되기 위한 조건을 개발한다. 이 분야에 더 많은 연구가 필요하지만, 현재 유신론 과학의 지지자는 그들 모형을 반증하는 실험을 제안하고 있으며, 이는 긍정적 실험 증거에 비추어 그들 모형을 강화하는 것이다.

[요약]

이 장은 과학과 신학의 통합에 대한 연구를 시작하기 위해 강한 유형과 약한 유형의 과학주의를 검토하고 거부했다. 강한 과학주의는 과학 지식이야말로 존재하는 유일한 지식이라고 주장하고, 약한 과학주의는 과학 지식이 지식의 이상적이고 가장 고상한 형식이라고 주장한다. 그러나 강한 과학주의는 자기 스스로 논박된다. 두 형식 모두 과학의 전제 조건을 서술하고 비판하는 과업을 적절히 허용해 주지 않으며, 과학 외부에 합리적으로 정당화된 믿음이 존재한다는 사실과 그 중요성을 설명하지 못한다.

그 다음 과학과 신학의 여섯 가지 통합 모형을 제안했다. 마지막 모형은 인식론적으로 긍정적인 방식과 부정적인 방식으로 과학과 신학 간의 직접적인 상호작용을 허용한다. 이 입장에 유신론 과학이라는 이름이 붙어 있다. 유신론 과학의 다섯 가지 상이한 측면이 제시되었으며, 이를 논의하고 예시하기 위해 창조와 진화 논쟁을 활용했다.

많은 그리스도인은 방법론적 자연주의라 불리는 견해에 찬성하면서 유신론 과학을 거부한다. 방법론적 자연주의의 네 가지 측면을 서술하고 비판했으며 두 가지 긍정적 측면을 언급했다. 간혹 유신론 과학에 반대되는 것으로 알려진 두 가지 결정적 비난을 검토하는 것이 이 장의 결론이었다.

첫째, 유신론 과학은 "공백의 신"이라는 부적절한 전략을 대변한다는 것이고, **둘째**, 새로운 연구로 이끌고 다른 탐구 영역에서 경험적으로 검사 가능한 새로운 연구물을 산출하는 유익한 탐구 전통이 아니라는 것이다.

[기본 용어]

행위자 인과 작용
상호 보완적 견해
창조론
사건-사건 (상태-상태) 인과 작용
(세 가지 의미에서의) 진화
지적설계(ID)운동
구획선
방법론적 자연주의
자연과학
철학적 자연주의
제1원인

귀납의 문제
점진 창조론
과학주의
제2원인
강한 과학주의
유신론 진화
유신론 과학
자연의 균일성
젊은 지구 창조론
약한 과학주의

제20장

시간과 공간의 철학

> 그리하여 사물의 현상에서 신에 관한 많은 것을 이야기하는 것은 확실히 자연철학에 속한다.
>
> *아이작 뉴턴, 『자연철학의 수학적 원리』(Mathematical Principles of Natural Philosophy)

1. 들어가는 말

시간과 공간의 철학은 전통적으로 형이상학의 한 분과였다. 그러나 20세기 초부터 이것은 과학철학의 하부 분야 중 하나로 포함되었다. 오늘날 시간과 공간의 주류 철학은 주로 물리학에서 기술하는 것처럼, 특별히 [특수 및 일반] 상대성 이론과 양자 이론에서 기술하는 대로 시간과 공간에 대해 반성하는 것이다.

드라마 같은 이런 변화가 일어난 이유는 그 자체로 생각해 볼 만한 철학적 관심사이다. 아인슈타인은 에른스트 마흐의 급진 경험주의가 **특수 상대성 이론**(special theory of relativity, STR)을 개발할 때 매우 중요한 역할을 했다고 설명하면서, 심지어 마흐의 반대자들조차도 그들이 얼마나 많이 마흐 철학을 말하자면 모유로서 섭취했는지를 깨닫지 못했음을 언급한 적이 있다.[1]

실증주의(positivism) 철학과 그 짝인 **검증주의**(verificationism)와 관계하여, 시간과 공간의 현대 철학자에 대해서도 이와 똑같이 말할 수 있다(실증주의는 과학주의적이고 몹시 반형이상학적인 사조이다. 검증주의에 따르면 정보를 주는 문장이 의미 있기 위해 원리상 경험적으로 검증될 수 있어야 한다). 이런 급진 경험주의적 조망은 오늘날

---

[1] Albert Einstein, "Ernst Mach", *Physikalische Zeitschrift* 17(1916), 101. Ernst Mach, *Die Mechanik in ihrer Entwicklung*, ed. Renate Wahsner and Horst-Heino Borzeszkowski (Berlin: Akademie-Verlag, 1988), 683~89에 재수록.

거의 보편적으로 거부되지만, 이것의 유산은 이런 주의들에 기초를 두고 있는 물리 이론 속에 살아남아 있다.

20세기 물리학의 체계는 상대성 이론과 양자 이론이라는 두 기둥으로 지탱되고 있다. 이 거대한 기둥은 둘 다 검증주의 인식론이라는 낡은 토대 위에 서 있다. 이 이론의 수학적 중심부가 부정확하다는 것이 아니라, [비록 둘이 서로 양립할 수 없고, 둘을 조정해 주는 어떤 상위 수준의 이론이 필요하겠지만] 수학 방정식에 대한 통상의 물리적 해석이 본질적으로 검증주의적이라는 것이다. 이 사실은 응당 이 이론들에 대한 반실재주의 해석이나 도구주의 해석에 상당히 많이 동조하게 할 것이다. 그러나 [비록 양자 이론에 관련된 실재주의 주장은 상당히 많은 회의주의를 불러들였지만] 철학자도 물리학자도 그런 이유로 그 이론에 대한 실재주의 해석을 대체로 포기하지는 않았다.

더구나 시간과 공간에 대한 철학적 논의는 대체로 마치 20세기 하반기에 실증주의의 종언을 일으킨 인식론적 혁명이 일어나지 않았던 것처럼 진행되었다. 『과학철학 개론』의 "시간과 공간의 철학"을 개관한 글에서 노턴(John Norton)은 이 주제가 논리 실증주의의 관념들을 "가장 분명하게 적용"했다는 점을 주시했다.

① 뉴턴의 고전 시공간 이론에서 상정한 절대 정지 상태를 아인슈타인의 특수 상대성 이론으로부터 제거하기 위해 의미의 검증 원리를 적용했다.
② 시간과 공간의 계량(metric)과 단일 기준계 내에서 동시성 관계를 규약적으로 주장했다.
③ 시공간 관계를 인과적 시간 이론 내의 인과 관계로 돌리는 환원주의 분석을 행했다.[2]

②와 ③은 비판에 대체로 굴복하였지만 ①은 거의 변하지 않는 독단으로 남아 있다. 상대성 이론의 출현은 절대 정지, 절대 동시성, 심지어 시간과 공간의 분리성까지 포기하게 함으로써 시간과 공간의 고전 개념을 파괴시켰다고 흔히들 말한다.

2　John D. Norton, "Philosophy of Space and Time", in *Introduction to the Philosophy of Science*, ed. Merrilee Salmon (Englewood Cliffs, N.J.: Prentice-Hall, 1992), 179.

2. 상대성과 시간의 고전 개념

이런 주장들을 평가하기 위해 우리는 시간에 대한 고전 개념의 원천, 즉 뉴턴의 획기적인 작품 『자연철학의 수학적 원리』(Philoso-phiae naturalis principia machematica, 1687)로 되돌아가야 한다. 뉴턴은 『원리』의 중심 정의들에 대한 주석에서 시간과 공간에 대한 자신의 개념을 설명하고 있다. 이 개념을 명료화하기 위해 뉴턴은 **절대 시간 절대 공간**과 **상대 시간 상대 공간**을 구별 짓는다.

> I. 절대 시간은 바깥 어떤 사물과도 무관하게, 저절로 그 본성에서부터 한결같이 흐른다. 지속(duration)이라는 이름으로 달리 부른다. 상대 시간은 운동을 통해 측정된 지속의 양, 감각할 수 있고 바깥에 있는 지속의 양이다. 마치 한 시간, 하루, 한 달, 한 해처럼, 참된 시간 대신에 흔히 이것을 사용한다.
>
> II. 절대 공간, 바깥 어떤 사물과도 무관하게, 그 본성 속에서 한결같고, 움직이지 않는다. 상대 공간은 절대 공간의 어떤 움직일 수 있는 양이다. 우리 감각은 물체의 위치를 통해 물체들을 식별한다. 그리고 절대 공간은 흔히 움직이지 않는 공간으로 간주된다. 지하, 대기, 하늘 공간의 크기 같은 것은 지구에서 본 위치로 결정된다.[3]

우선 무엇보다도 뉴턴은 여기서 그 자체의 시간·공간과 시간·공간에 대한 우리의 척도를 구별하고 있다. 상대 시간은 다양한 유형의 시계와 달력으로 결정되거나 기록된 시간이다. 상대 공간은 자나 측량용 컵 같은 도구로 결정된 길이, 면적, 부피이다. 뉴턴의 말처럼, 이런 상대적인 양들은 시간과 공간 그 자체에 대한 다소 정밀한 측도가 될 수 있다. 시간과 공간 그 자체는 이것이 단지 그 자체로 양이라는 의미에서 절대적이다. 우리는 물리적 도구를 사용해서 이를 측정하려고 시도한다.

뉴턴이 시간과 공간을 절대적인 것으로 여기는 둘째 의미가 있다. 이것은 유일하다는 의미에서 절대적이다. 하나의 보편 시간과 보편 공간이 존재한다. 그

---

3 Isaac Newton, Sir Isaac Newton's "Mathematical Principles of Natural Philosophy" and His "System of the World", Andrew Motte의 번역, Florian Cajori의 수정 및 부록 (Los Angeles: University of California Press, 1966), 1:6.

시간 속에서 모든 사건이 명확한 지속을 갖고, 명확한 순서 속에서 발생한다. 그 공간 속에서 모든 물리 대상이 명확한 모양을 갖고 명확한 배열 속에서 존재한다. 그리하여 뉴턴은 절대 시간은 "바깥 어떤 사물과도 무관하게, 저절로 그 본성에서부터 한결같이 흐르며", 절대 공간은 "바깥 어떤 사물과도 무관하게, 그 본성 속에서 한결같이, 움직이지 않는다"고 말한다. 상대 시간들과 상대 공간들은 많고 다양하지만 시간과 공간 그 자체는 그렇지 않다.

시간과 공간의 이 정의에 기초해서 뉴턴은 절대 장소와 절대 운동 대 상대장소와 상대 운동을 정의해 나갔다.

> III. 장소(place)는 한 물체가 차지하는 공간의 한 부분이고, 공간에 따라 절대적이거나 상대적이다.
> IV. 절대 운동은 물체가 한 절대 장소에서 다른 절대 장소로 이동(translation)하는 것이고, 상대 운동은 한 상대장소에서 다른 상대장소로 이동하는 것이다.[4]

뉴턴에게 "이동"(translation)은 수송이나 변위를 의미한다. **절대 장소**는 대상이 점유하는 절대 공간의 부피이고, **절대 운동**은 한 절대 장소에서 다른 절대 장소로 가는 물체의 변위이다. 한 사물은 상대적으로는 정지 중이지만 절대적으로는 운동 중에 있을 수 있다. 뉴턴은 그 예로서 배의 한 부분 말하자면 돛대를 든다. 만일 돛대가 강하게 고정되어 있다면, 배에 상대적으로 정지해 있다. 그러나 항해할 때처럼 배가 절대 공간에서 움직인다면, 그 돛대는 절대 운동 중에 있다. 그리하여 두 대상은 서로에 대해 상대적으로 정지해 있지만, 둘은 절대 공간에서 나란히 움직일 수 있고 그래서 절대적으로 운동 중일 수 있다.

뉴턴 물리학에 이미 일종의 상대성이 있었다(가속도 감속도 일어나지 않는) **균일 운동** 중에 있는 물체는 **관성계**(inertial frame)를 정의하는 데 도움이 된다. 관성계는 상대 공간인데 이 속에서 정지한 물체는 그대로 정지해 있고, 운동하는 물체는 같은 속력, 같은 방향으로 그대로 운동한다. 그리하여 균일하게 항해하는 뉴턴의 이상적인 배는 하나의 관성계로 정의할 수 있다. 비록 뉴턴이 절대 관성계의 존재를, 즉 절대 공간 내 기준계의 존재를 가정했음에도 불구하고 절대 공간에서 운동하는 관성계 속에 있는 관찰자가 자신이 사실상 움직이고 있다는 것을

---

4 같은 글, 1: 6~7.

실험적으로 결정하는 것은 불가능하다. 만일 누군가의 상대 공간이 절대 공간에서 균일하게 운동한다면 그 사람은 자신이 절대 정지 중인지 절대 운동 중인지 말할 수 없다.

똑같은 사례로서 그의 상대 공간이 절대 공간에서 정지 중이라면 그는 자신이 절대 운동이 아니라 절대 정지 중에 있다는 것을 알 수 없다. 그는 자신의 관성계가 어떤 다른 관찰자의 기준계(예컨대 지나가는 다른 배)에 상대해 운동 중이라는 것을 알 수 있지만, 둘 중에 어느 것이 절대 정지 또는 절대 운동 중인지 알 수 없다. 그리하여 뉴턴 물리학에서 관찰자는 단지 자신의 관성계의 상대 균일 운동만을 측정할 수 있고 절대 균일 운동은 측정할 수 없다.

뉴턴 물리학은 19세기 말까지 도처에서 널리 유행했다. 19세기 고전물리학의 두 거대 판도는 **뉴턴 역학**(물체의 운동에 대한 연구)과 **맥스웰 전자기학**(빛을 포함한 전자기 복사에 대한 연구)이다. 19세기 말의 물리학 탐구는 이 두 영역의 이론들을 상호 일관되게 정식화하는 것이었다. 이미 언급했듯이 비록 뉴턴 역학이 상대성에 의해 특징지어졌음에도 불구하고 맥스웰 전자기학은 그렇지 않았다는 것이 문제였다. 빛은 파동으로 구성되었다는 것이 널리 받아들여지고 있었다. 그리고 [예컨대 음파는 공기의 파동이고, 바다 파도는 물의 파동인 것처럼] 파동은 뭔가의 파동이어야 하기 때문에 빛 파동은 보이지 않고 모든 것을 투과하는 물질의 파동임이 틀림없다. 이 물질에 **에테르**(aether)라는 이름이 붙었다.

19세기가 끝날 때, 에테르에게 부여했던 속성이 점점 더 많이 떨어져나가 마침내 에테르는 사실상 특성이 없어졌고, 단지 빛의 전파를 위한 매질로서만 이바지할 뿐이었다. 에테르의 파동으로 이루어진 빛의 속도 즉, **광속**(speed of light)이 측정되었고, 빛은 에테르 내의 파동으로 이루어져 있으며, 광속은 다른 움직이는 물체와는 달리 절대적이다. 이 때문에 광속은 절대 관성계, 그러니까 에테르 계에 상대적으로 결정될 수 있다. 분명히 뉴턴 도식에서는 운동하는 물체는 절대 관성계에 상대해 절대속도를 **갖지만** 임의의 한 관성계에서는 그 절대속도가 무엇인지 **측정할** 방법이 없다. 이와 대조적으로 파동은 파동을 야기한 대상이 얼마나 빨리 움직이고 있는지와 무관하게 매체를 통해 일정 속도로 움직이기 때문에 빛은 어떤 결정 가능한 고정된 속도를 갖고 있다. 그래서 역학과 달리 전자기학은 상대성의 특징이 없다.

그래서 우리는 전자기학을 사용하여 상대성을 제거할 수 있는 것처럼 보인다. 빛은 에테르 속에서 등속으로 운동하기 때문에 서로 다른 방향에서 광속을 측정함으로써 우리는 에테르에 상대적인 우리 자신의 속도를 계산해낼 수 있을 것이다. 우리가 에테르를 헤치고 광원 쪽으로 움직인다면, 광속은 우리가 정지해 있는 경우보다 더 빠르게 측정되어야 한다. [이는 마치 우리가 파원을 향해서 수영하면 그냥 물에 떠 있을 때보다 물결파가 더 빨리 우리를 지나치는 것과 같다.] 반면에 우리가 에테르를 헤치고 광원에서 멀어지게 움직인다면, 광속은 우리가 정지해 있는 경우보다 더 느리게 측정되어야 한다. [이는 마치 우리가 파원으로부터 멀어지면서 수영하면 그냥 물에 떠 있을 때보다 물결파가 더 느리게 우리를 지나치는 것과 같다.] 따라서 우리가 에테르 안에서 정지해 있는지, 에테르를 헤치고 얼마나 빨리 움직이고 있는지는 한 관성계 내에서 실험적으로 결정할 수 있다.

그러면 1887년 **마이컬슨-몰리 실험**(Michelson-Morley experiment)과 같은 실험에서 에테르를 헤치고 나아가는 지구의 운동을 전혀 검출하지 못했을 때 그 놀라움을 상상해 보라!

지구가 태양 주위를 회전한다는 사실에도 불구하고 측정 장치가 어디를 향하더라도 빛의 속도는 똑같이 측정되었다. 이것이 얼마나 이상한 상황인지 강조할 필요가 있다. 빛 파동은 광원의 운동과 무관하게 일정한 속력으로 퍼져나가는데 이것은 투사체 운동과 다르다. 투사체가 이동할 때의 속도는 발사대의 속도와 이에 상대적인 투사체의 속력을 합한 것이다. 예컨대 경찰차로부터 발사된 총알은 차의 속력과 총알의 속력을 합한 속력으로 움직인다. 이것은 차의 사이렌에서 나오는 음파와 대조할 수 있는데, 이 음파는 차가 정지해 있든 움직이든 상관없이 똑같은 속력으로 공기 중으로 퍼져나간다.

결과적으로 음파와 같은 쪽으로 이동하는 관측자는 그가 정지해있을 때보다 더 느린 속력으로 음파가 자신을 지나친다는 것을 관측하게 될 것이다. 만일 그가 충분히 빠르게 이동한다면 음파를 따라잡아 소리의 벽을 넘어설 수 있다. 그러나 빛 파동은 다르다. 빛의 속도를 측정하면 모든 관성계에서 모든 관측자에게 똑같다. 예컨대 광속의 90퍼센트로 이동하는 로켓 안의 관측자가 자기 앞으로 광선을 쏠 경우 그 관측자와 광선을 받는 사람 모두 빛의 속도를 똑같은 값으로 측정하게 될 것이다. 광선을 받는 사람이 정지해 있든, 그가 광속의 90퍼센트로 달리는 로켓 쪽으로 이동하든, 또는 반대쪽으로 멀어지게 이동하든, 빛의 속도는 이와 상관없이 똑같이 관측될 것이다.

어떻게든 해결책을 찾기 위해 아일랜드 물리학자 피츠제럴드(FitzGerald)와 네덜란드 물리학자 로렌츠(Lorenz)는 놀랄 만한 가설을 제안했다. 측정 장치가 에테르 속에서 운동할 때 이 장치가 운동방향으로 수축되거나 줄어들어, 빛의 이동거리가 사실상 속력에 따라 달라지지만, 빛이 똑같은 시간동안 똑같은 거리만큼 이동하는 것처럼 보인다는 것이다. 관측자가 더 빠르게 움직일수록 그의 측정 장치는 더 많이 수축하므로, 광속의 측정값은 변하지 않고 그대로다. 그리하여 모든 관성계에서 광속은 똑같은 것처럼 보인다.

로렌츠는 영국 과학자 라모(Larmor)의 도움으로 시계가 에테르 계에 대해 상대 운동을 할 때 시간이 느려진다는 가설도 내놓았다. 이리하여 우리는 **로렌츠 상대성**(Lorentzian relativity)이라는 것에 도달하게 된다. 절대 운동, 절대 길이, 절대 시간은 존재하지만, 에테르 안에서 운동은 측정 장치에 영향을 끼치기 때문에 이것들을 경험적으로 파악할 방법은 없다. 로렌츠는 **로렌츠 변환**(Lorentz transformations)이라 불리는 일련의 공식들을 개발했는데, 이것은 한 사건의 시공간 좌표 측정을 다른 관성계의 좌표 측정으로 변환해 준다. 비록 특수 상대성 이론(STR)에 대한 로렌츠의 물리적 해석이 아인슈타인의 해석과 다르긴 하지만, 로렌츠 변환 공식들은 오늘날 STR의 수학적 핵심으로 남아 있다.

스위스 베른 특허청의 평범한 사무직원이었던 아인슈타인(Albert Einstein)은 1905년 자신의 상대론을 발표했다. 이 당시 젊은이였던 아인슈타인은 아직 독일 물리학자 마흐(Ernst Mach)의 제자였다. 열렬한 경험주의자였던 마흐는 형이상학 냄새가 나는 것은 무엇이든 몹시도 싫어했는데, 이 때문에 시간과 공간에 대한 진술을 감각지각들과 이것들의 연결에 대한 진술로 환원하려 했다.

젊은 아인슈타인은 그 스스로 "인식론적 신조"라고 불렀던 것을 마흐에게서 가져왔다. 그는 앎이 감각 경험의 총체, 개념과 명제의 총체로 이루어져 있다고 보았는데, 두 총체는 다음과 같이 연관되어 있다.

> 개념들과 명제들은 오직 감각 경험과 연결됨으로써만 '의미' 즉, '내용'을 얻는다.[5]

그렇게 연결되지 않는 모든 명제는 말 그대로 내용이 없고 의미가 없다. 의미에 대한 이러한 검증주의 기준을 받아들인다면, 로렌츠의 절대 시간, 절대 공간,

---

5 Albert Einstein, "Autobiographical Notes", in Albert EinsteinL *Philosopher-Scientist*, Library of Living Philosophers 7 (LaSalle, Ill.: Open Court, 1949), 13.

절대 운동은 "형이상학적" 개념이며 따라서 의미가 없다.

아인슈타인은 1905년 논문을 시작하면서 에테르가 쓸데없다고 폐기하는데, 그의 말대로 에테르가 자기 논문의 목적을 이루는 데 불필요하기 때문이었다. 이제 아인슈타인은 운동을 물리적으로 의미 있게 말하기 위해 **시간**이 무엇을 의미하는지 분명히 말해야 한다고 주장한다. 시간에 대한 모든 판단은 동시 사건들에 관계하고 있으므로 우리에게 필요한 것은 멀리 떨어진 사건들의 동시성을 경험적으로 결정하는 방법이다. 그래서 아인슈타인이 착수한 것은 두 시계의 동시성을 정의하는 대신에 그 동시성을 결정하는 방법을 제안하는 것이었다. 똑같은 관성계 안에 놓여 있어서 공간적으로 떨어져있지만 상대적으로 멈춰있는 두 시계의 동시성을 결정하는 방법 말이다. 이를 결정하는 절차는 나중에 사건의 시각을 정의하는 기초로 쓰일 것이다.

그는 점 A에서 점 B까지 빛이 이동하는 데 걸리는 시간이 점 B에서 점 A로 빛이 이동하는 데 걸리는 시간과 같다고 가정하자고 한다. 이론적으로 볼 때, 비록 왕복 속도는 언제나 일정하겠지만, 빛이 A에서 B까지 좀 더 느리게 가지만 B에서 A까지는 좀 더 빠르게 갈 수도 있다. 그러나 아인슈타인은 **빛의 편도 속도**(one-way velocity of light)가 일정하다고 가정해야 한다고 말한다.

이렇게 가정한 뒤에 그는 한쪽에서 다른 쪽으로 빛 신호를 보내 A와 B에 놓인 두 시계들의 시각을 일치시킨다. A에서 B로 신호를 보내고, 곧이어 B에서 A로 신호를 되돌려 보낸다고 가정해 보자. 만약 A에서 B로 신호를 보낼 때의 시각을 알고 또한, B로부터 신호가 되돌아올 때의 시각을 안다면, A로부터 신호를 받았을 때 B에 있는 시계의 시각은 A가 신호를 보내고 그 신호를 다시 받았을 때 걸린 시간의 정확히 절반일 것이다.

이런 식으로 A와 B에 있는 시계들의 시각을 서로 일치하도록 맞출 수 있다. 만일 두 사건이 서로 맞추어진 두 시계들에서 똑같은 시각에 발생한다면 그 사건들은 동시성을 가졌다고 말할 수 있다. 이렇게 맞추어진 시계를 이용하여, 아인슈타인은 사건이 일어난 시각을 "그 사건이 발생한 위치에 정지한 채 놓여있는 시계에서 일어난 것을 동시에 읽는 것, 즉 정지한 특정 시계에 맞추어진 시계에서 일어난 것을 동시에 읽는 것"[6]으로 정의했다.

---

6 Albert Einstein, "On the Electrodynamics of Moving Bodies", Arther Miller의 번역, in Arther I. Miller, Albert Einstein's Special Theory of Relativity (Reading, Mass.: Addison-Wesley, 1981), 394.

이런 정의를 사용하여 아인슈타인은 시간과 공간을 근본적으로 새롭게 이해하는 토대를 마련했다. 에테르가 불필요하다고 완곡하게 무시했던 아인슈타인이 버린 것은 단지 에테르만이 아니다. 보다 근본적으로는 에테르 기준계 즉, 절대 공간까지 버린 것이다. 절대 공간이 없다면, 절대 운동이나 절대 정지도 있을 수 없다. 물체들은 다만 다른 물체들에 상대적으로만 운동하거나 정지하며, 고립된 물체가 그 자체로 정지해 있는지 일정하게 운동하는지를 묻는 것은 무의미하다. 움직이는 물체들은 다른 물체와 전기역학적으로 서로 관련되어 있을 것이다. 만일 모든 관성계 내에서 광속이 일정하다면, 전자기 신호를 사용해 물체들 사이의 동시 관계를 정의하는 것은 우리가 보통 **동시성**이라고 말하는 것을 깨뜨리는 방식으로 서로 관련되어 있을 것이다. 바로 이 때 동시성의 상대성이 생기게 된다.

아인슈타인은 "그리하여 동시성 개념에 절대적 의미를 부여할 수 없고, 한 좌표계에서 동시적인 것으로 측정된 두 사건은 그 좌표계에 상대적으로 운동하는 다른 좌표계에서 측정하면, 더 이상 동시 사건으로 간주될 수 없다"[7]고 썼다. 이것은 한 관성계에서 동시 사건으로 측정된 사건들이 다른 관성계에서는 더 이상 동시 사건으로 측정될 수 없다는 것을 의미한다. A의 미래에 있을 사건은 이미 B의 현재이거나 과거일 수도 있다! 사실 인과적으로 서로 연결되지 않은 사건들은 관성계를 달리하면, 다른 시간 순서로 발생하는 것으로 측정될 수도 있다!

사실상 아인슈타인이 한 일은 에테르와 함께 뉴턴의 절대 시간과 절대 공간 개념을 없애버리고, 이들에 대한 경험적 측정량만을 남겨 놓은 것이었다. 시간과 공간의 측정은 관성계에 상대적이기 때문에 결국에 남게 되는 것은 **동시성과 길이의 상대성**이다. 아인슈타인은 이러한 급진적인 변화를 어떻게 정당화한 것일까?

그는 절대 공간과 절대 시간이 존재하지 않는다는 것을 어떻게 알았을까?

그 답은 한마디로 검증주의이다. 아인슈타인은 1905년 논문의 도입부에서 검증주의 가정을 정면으로 기술했다. 이것은 자신의 핵심 개념들을 조작주의에 의거하여 재정의할 때 가장 분명하게 드러난다.[8]

---

[7] 같은 글, 396.
[8] 조작주의적 정의에 따르면 과학 이론과 이론 용어는 실제로 실험 활동과 조작들을 지칭한다. 현상은 현상의 측정과 동일한 것으로 본다.

시간의 의미는 **동시성**의 의미에 의존하게 되었는데, 동시성은 바로 그 장소에 놓인 시계를 읽는 일을 통해 국소적으로 정의된다. 공간적으로 떨어져 있는 두 시계의 공통 시간을 정의하기 위해 우리는 빛이 A에서 B로 지나가는 것과 B에서 A로 지나가는 것에 똑같은 시간이 걸린다는 규약을 채택한다. 이것은 절대 공간이 존재하지 않는다는 것을 **전제하는** 정의이다. A와 B가 상대적으로는 정지해 있지만 절대 공간 속에서 나란히 움직이는 경우라면, 광선이 A에서 B로 지날 때 걸리는 시간과 B에서 A로 지나갈 때 걸리는 시간이 같다는 것은 사실이 아니다. 왜냐하면, 지나가는 거리가 두 경우 똑같지 않을 것이기 때문이다(그림 20.1).

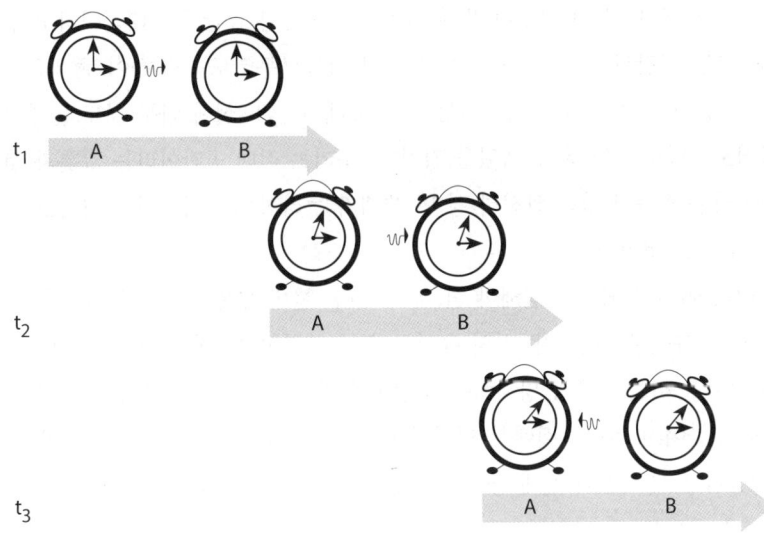

<그림 20.1 운동 중이지만 상대적으로 서로 멈춰 있는 시계들의 시각 동기화[9]>

---

9   빛 신호는 먼저 A에서 B로 보내진다. 신호가 B에 도달할 때까지 A와 B는 둘 다 A가 처음에 신호를 보낸 곳으로부터 일정 거리만큼 함께 움직였을 것이다. 결국, B로부터 반사된 신호가 A에 다시 도착할 때까지 A와 B 모두 신호가 보내진 곳으로부터 더 멀리 움직였을 것이다. 신호는 B에서 A로 돌아오는 때보다 A에서 B로 갈 때 더 많이 이동했기 때문에 A에서 B로 이동하는 데 걸리는 시간은 B에서 A로 이동하는 시간보다 더 길다.

아인슈타인의 이론이 절대 공간의 존재를 논박한 것이 아니라, 실제로는 그것의 비실재성을 전제한다고 말하는 것은 바로 이 때문이다. 이 모든 것은 단순히 약정으로 행해진 것이다. 실재성은 우리가 측정을 통해 읽은 것으로 환원된다. 조작적 정의를 넘어서는 뉴턴의 형이상학적 시간과 공간은 단지 우리 상상의 산물일 뿐이라는 것이다.

아인슈타인은 오직 검증주의에만 의거하여, 절대 시간과 절대 공간을 신봉한 뉴턴의 형이상학적 토대를 무시할 수 있었다. 우리가 이미 살펴본 바에 따르면 뉴턴의 시간과 공간은 그것들에 대한 우리 측정과 다르다는 의미에서 그리고 유일하면서 모든 것을 포괄하는 시간과 공간이 존재한다는 의미에서 절대적이다. 그러나 뉴턴은 보다 더 심오한 셋째 의미에서 시간과 공간이 절대적이라고 생각했다. 그는 시간과 공간이 그 어떠한 물리 사물로부터도 독립하여 존재한다고 믿었다. 통상 이는 다음을 의미하는 것으로 해석된다. 설사 아무 것도 존재하지 않았어도 시간과 공간은 존재했을 것이며, 우리는 절대 공간이라는 그릇과 절대 시간이라는 흐름만 있는 완전히 텅 빈 세계가 논리적으로 가능할 것이라고 생각할 수 있다는 것이다.

그러나 여기서 매우 조심해야 할 것이 있다. 현대 세속 학자들은 뉴턴이 얼마나 열렬한 유신론자였는지, 그의 유신론이 자기 형이상학적 전망에 얼마나 결정적인 역할을 했는지 종종 망각하는 경향이 있다. 사실 뉴턴은 1713년 『프린키피아』에 덧붙여진 일반주해에서 **영원성**(eternity)과 **편재성**(omnipresence)이라는 신의 속성이 절대 시간과 절대 공간을 구성한다고 매우 명백하게 밝혔다.

> 하나님은 영원하며 무한하다. … 그는 영원에서 영원까지 지속한다. 그는 무한에서 무한까지 현존한다. … 그는 영원성과 무한성은 아니지만 영원하며 무한하다. 그는 지속이나 공간이 아니지만, 그는 지속하고 현존한다. 그는 영원히 지속하며 어디에서나 현존한다. 그는 언제 어디서나 존재함으로써 지속과 공간을 구성한다. 공간의 모든 입자는 **언제나** 존재하며, 지속의 모든 순간은 **어디서나** 존재하기 때문에 확실히 만물의 창조주이자 주인이 **없는 때**와 **없는 곳**은 있을 수 없다.[10]

---

10 Newton, *Mathematical Principles*, 2:545

하나님은 영원하기 때문에 그치지 않는 지속이 존재하며, 하나님은 편재하기 때문에 무한한 공간이 존재한다. 따라서 절대 시간과 절대 공간은 하나님의 존재에 부수적이라는 점에서 상대적(relational)이다.

뉴턴은 그의 초기 논문 "중력과 유체의 평형에 대해"에서 공간은 (함축적으로 시간도) 실체도 속성도 아니며 무도 아니라고 주장했다.

> 공간은 모든 방향으로 무한함과 동질성 같은 속성을 지니고 있으므로 무일 수는 없다. 이것은 몸통 없이도 존재할 수 있기에 속성일 수도 없다. 이것은 실체도 아니다. 공간은 그 자체로 절대적이지 않기 때문에 … 그것은 실체가 아니다. 그것은 말하자면 하나님에게서 발산되는 영향이거나 만물의 성향이다.[11]

통상적으로 이해되고 있는 것과는 달리 여기서 뉴턴은 공간이 그 자체로 절대적이지 않으며, 그래서 실체가 아니라고 명시적으로 표명한다. 오히려 공간은 하나님에게서 발산되는 영향이다. 이 개념으로 뉴턴이 말하고자 했던 것은 시간과 공간이 하나님의 존재 그 자체의 직접적 결과라는 것이다. 하나님이 무한한 존재라는 것은 결과적으로 무한한 시간과 공간을 낳는데 이것들은 그의 지속과 현존의 크기를 표상한다. 뉴턴은 시간이나 공간을 어쨌든 하나님 자신의 속성이라고 여기지 않았고 오히려 하나님에게 부수적으로 따라 나온 영향이라고 보았다.

뉴턴의 관점에서 하나님의 "지금"은 절대 시간의 현재 순간이다. 하나님은 공간의 특정 장소에만 존재하는 "꼬맹이 신"이 아니라[12] 편재하기 때문에 절대적으로 현재하는 우주 규모의 순간이 존재한다. 그리하여 뉴턴의 시간 유신론은 절대 동시성의 토대가 된다. 절대 현재와 절대 동시성은 하나님의 시간, 절대 시간 그리고 이로부터 파생된 측정된 시간 또는 상대 시간의 가장 중요한 특징이다.

---

11 Isaac Newton, "On the Gravity and Equilibriem of Fluids [*De gravitatione et aequipondio fluidorum*], in *Unpublished Scientific Papers of Isaac Newton*, A. Rupert Hall과 Marie Boas Hall 편집 (Cambridge: Cambridge University Press, 1962), 132.
12 Isaac Newton, "Place, Time, and God", in J. E. MacGuire, "Newton on Place, Time, and God: An Unpublished Source", *British Journal for the History of Science* 11 (1978): 123.

그래서 시간에 대한 뉴턴의 고전 개념은 유신론 세계관에 단단히 뿌리 박혀 있다. 뉴턴이 깨닫지도 짐작할 수도 없었던 것은 물리적 시간이 **상대적**일 뿐만 아니라 **상대론적**이라는 사실이다. 또한, 물리적 시간이 절대 시간과 근사적으로 같다고 보기 위해서는 자기 시계의 규칙성뿐만 아니라 시계의 운동도 따져 보아야 한다는 사실이다. 시계가 절대 정지 상태가 아니라면, 그 시계는 절대 시간의 흐름을 정확하게 기록하지 않는다. 움직이는 시계는 천천히 돌아간다. 뉴턴에게 알려지지 않은 이 사실을 과학자들이 마침내 파악하게 된 것은 상대성 이론이 출현하고 난 후였다.

그러므로 뉴턴에게 부족했던 곳은 절대 시간 또는 형이상학적 시간에 대한 분석이 아니라 (그는 그런 시간을 상정할 만한 신학적 근거를 가졌다) 상대 시간 또는 물리적 시간을 불완전하게 이해한 부분이다. 그는 이상적인 시계가 운동과는 무관하게 시간을 정확히 측정할 것이라고 너무 쉽게 가정했다. 만약 뉴턴이 상대론적인 증거를 대면하게 되었다면, 그는 의심 없이 흔쾌히 자신의 예단을 정정했을 것이지만, 그 증거가 그의 절대 시간 이론에 위협이 된다고는 보지 않았을 것이다. 요컨대 상대성으로 인해 뉴턴의 상대 시간 개념은 수정되겠지만 절대 시간 개념은 아니다.

실증주의의 계속된 영향으로서 현대 물리학과 과학철학에는 형이상학적 실재로서 뉴턴 식 공간과 시간에 대한 상당한 반감이 존재하는데, 주된 이유는 그것들이 물리적으로 측정될 수 없기 때문이다. 하지만 뉴턴은 물리적 관측불가능성과 비실재성을 동일하게 보는 검증주의에 각별하게 냉담했을 것이다. 형이상학적 공간과 시간의 토대는 물리적인 것이 아니라 철학적인 것이고, 보다 정확히는 신학적인 것이다.

옥스퍼드 철학자 루카스(John Lucas)가 잘 표현했듯이 "뉴턴은 전지하며 편재하는 신성을 생각하고 있었는데 신이 사물 및 공간과 맺고 있는 독특한 관계는 명령법으로 표현되고 있기"[13] 때문에 그 토대에 대한 인식론적 반대들은 뉴턴의 골칫거리가 되지 못한다. 현대 물리학 이론들은 하나님의 존재에 반대되는 또는 뉴턴이 생각한 것처럼 하나님의 영원성에 의해 구성된 형이상학적 시간의 존재에 반대되는 그 어떤 것도 말하지 않는다. 결과적으로 상대성 이론이 했던 일은 단순히 그림에서 하나님을 제거하고 그 자리에 유한한 관측자를 대입한 것이

---

[13] J. R. Lucas, *A Treatise on Time and Space* (London: Methuen, 1973), 143.

었다. 그리하여 과학사가 홀턴(Gerald Holton)의 말대로 상대성 이론은 "물리학의 마지막 세속화"[14]를 나타낸다. 하지만 뉴턴과 같은 유신론자에게 이러한 세속적 조망은 실재의 본성에 대한 우리 이해를 진보시킨다기보다는 방해한다.

그렇다면 이제 우리는 특수 상대성 이론(STR)이 절대 시간과 절대 공간을 제거했다는 주장을 어떻게 평가해야 할까?

가장 먼저 말할 수 있는 것은 아인슈타인의 애초 STR 정식화를 특징지었던 검증주의가 본질적으로는 STR의 철학적 토대에 해당된다는 것이다. 전체 STR은 아인슈타인이 동시성을 재정의한 것에 의존하는데, 그는 빛 신호를 쓴 시각 동기화에 의거하여 동시성을 재정의했다. 그러나 이 재정의에서 필연적으로 가정해야 할 것은 상대적으로 정지해 있는 두 관찰자 A와 B 사이를 빛이 이동하는 데 걸린 시간이 왕복 여행의 경우 A에서 B로 가는 것과 B에서 A로 가는 것이 똑같다는 것이다.

이 가정은 A와 B가 둘 다 절대 운동 중인 것은 아니라는 것을, 달리 말해, 절대 공간도 존재하지 않고 특권을 부여받은 관성계도 존재하지 않는다는 것을 전제한다. 이 가정에 대한 유일한 정당화는 그런 관성계에 상대적으로 정지해 있는 것과 등속 운동하는 것을 경험적으로 구별할 수 없으며, 만일 절대 공간, 절대 운동, 절대 정지가 경험적으로 관측불가능하다면 그것들은 존재하지 않는다는 (그리고 심지어 무의미하다고 말할 수 있다는) 것이다.

그러나 만약 검증주의가 본질적으로 STR의 토대에 해당한다면 그 다음으로 말할 수 있는 것은 검증주의가 완벽히 옹호될 수 없는 것으로 판명되었으며 이제 구식이 되었다는 것이다. 뉴턴은 예컨대 우리의 물리적 측정과 독립하여 존재하는 시간 속에, 그 측정을 통해 정확하게 알려질 수도 있고 아닐 수도 있는 시간 속에 하나님이 존재한다고 여겼는데, 검증주의는 뉴턴이 여기서 오류를 범했다고 생각할 만한 정당한 근거가 되지 못한다. 유한한 피조물로서 우리가 하나님의 절대 시간에서 지금이 언제인지 알수 있는지는 전혀 중요한 문제가 아니다. 하나님은 알고 있으며 그것으로 충분하다.

우리는 여기서 신적 영원성과 편재성에 관한 뉴턴의 견해를 받아들이고 있지 않지만, (제27장을 보라) 뉴턴이 제시한 형이상학적 고려 같은 것들이 시간과 공

---

14 Gerald Holton, "On the Origins of the Specoal Theory of Relativity", in *Thematic Origins of Scientific Thought: Kepler to Einstein* (Cambridge, Mass.: Harvard University Press, 1973), 171.

간을 올바로 이해하는 데 몹시 중요하다고 주장하고 있다.

만약 우리가 하나님이 시간 속에 존재한다고 가정한다면 우리는 어떻게 STR을 이해해야 하는가?

위대한 프랑스 수학자이며 상대성 이론의 선구자인 푸엥카레(Henri Poincare)는 "시간의 측정"이라는 에세이에 나오는 매혹적인 구절에서 "무한 지성" 가설을 짧게 불러들이면서 이 가설의 함축을 고찰한다. 푸엥카레는 우리가 어떻게 공간적으로 떨어져 있는 사건들에 대해 하나의 동일한 시간 측정을 적용할 수 있는지를 숙고하는 중이었다.

예컨대 두 사람의 마음속에 두 생각이 동시에 일어난다고 말하는 것은 무엇을 뜻하는가?

또는 콜럼버스가 신대륙을 발견하기 전에 초신성이 나타났다고 말하는 것은 무엇을 뜻하는가?

푸엥카레는 훌륭한 검증주의자처럼 "이 모든 긍정 진술은 그것 자체로 아무런 의미도 없다"[15]라고 말한 후 다음과 같이 덧붙인다.

> 우리는 다른 사람들이 간과할 수 없는 그토록 많은 세계를 동일한 기준계 속에 놓을 수 있다는 관념을 갖고 있는데 우리가 이 관념을 어떻게 가질 수 있었는지를 먼저 자문해야 한다. 우리는 외부 세계를 우리 자신에게 표상하고 싶어 할 텐데, 오직 이렇게 함으로써만 우리는 외부 세계를 이해한다고 느낄 수 있었다.
>
> 우리가 이 표상을 결코 얻을 수 없다는 것을 우리는 안다. 우리의 약점은 너무 크다. 하지만 바라건대 적어도 우리에겐 이런 표상을 할 수 있는 무한 지성을 생각할 능력은 있다. 마치 **우리 시간 속에서** 우리가 본 소수의 것들을 분류하듯이 일종의 위대한 의식으로서 이 무한 지성은 모든 것을 보고 **그의 시간 속에서** 모든 것을 분류할 것이다.
>
> 이 가설은 정말이지 미숙하고 불완전한데, 이 최고 지성은 단지 절반만 신이기 때문이다. 어떤 의미에서 이것은 무한하지만, 다른 의미에서 이것은 제한되어 있다. 그는 다만 과거를 불완전하게 회상할 뿐이다. 완전하게 회상하는 것은 모든 회상이 그에게 똑같이 나타나는 것인데 그에게는 그럴 만한 시간이 없기 때문에

---

15 Henri Poincare, "The Measure of Time", in *The Foundation of Science*, G. B. Halstead의 번역 (1913: 재편집, Washington, D.C.: University Press of America, 1982), 228.

그는 완전한 회상을 가질 수 없다.

그런데 우리가 시간에 대해 이야기할 때, 우리 바깥에서 벌어지는 모든 것에 대해 우리는 이 가설을 부지불식간에 채택하지 않을까?
우리는 이 불완전한 신의 자리에 우리 자신을 놓지 않을까?
심지어 무신론자조차도 신이 존재한다면 신이 있을 자리에 자신들을 놓지 않을까?

내가 방금 말한 것은 아마도 왜 우리가 모든 물리 현상을 동일한 기준계 속에 놓으려고 시도했는지를 보여 주는 것 같다. 하지만 이것을 동시성의 정의로 여길 수는 없다. 왜냐하면, 이 가설적 무한 지성은 설사 존재한다 하더라도, 우리가 간파할 수 있는 존재가 아니기 때문이다. 따라서 뭔가 다른 것을 찾을 필요가 있다.[16]

여기서 푸엥카레는 동시성 개념을 고려하면서, 우리가 직관적으로 하나님 자리에 우리를 위치시키고, 자기 시간에 따라 사건들을 과거, 현재, 미래로 분류한다고 제안하고 있다. 푸엥카레는 신의 관점에서 절대 동시성 관계가 존재할 것이라는 점을 부인하지 않는다. 하지만 그는 우리가 그러한 동시성 관계를 알 수 없기 때문에 신 가설을 통해 동시성 정의를 산출하는 것을 거부한다. 동시성 관계에 대한 앎은 하나님 자신만이 배타적으로 소유하고 있다.

푸엥카레도 의심의 여지없이 전제했듯이 우리가 모종의 검증주의 의미이론을 전제하지 않는다면, 분명 푸엥카레의 걱정은 동시성 정의와 무관하다. 우리가 완전한 암흑 속에서 더듬을 때조차도, 하나님이 사건들의 절대 동시성을 안다는 것은 여전히 사실이다. 시간적 존재가 과거를 완전하게 회상하는 것이 불가능하다고 생각할 이유가 없기 때문에 무한 지성이 단순히 절반만 신이라는 푸엥카레의 논증을 우리가 고려할 필요는 없다.

모든 과거 시제 진실들을 아는 존재를 생각하는 데 아무런 개념적 어려움이 없다. 점점 더 많은 사건이 과거 사건이 될수록 그의 앎은 계속 변할 것이지만, 이어지는 순간순간마다 그는 바로 그 순간에 존재하는 모든 과거 시제 진실을 알 수 있을 것이다. 그리하여 하나님이 시간적 존재라면 그는 과거를 완벽하게 회상할 수 없을 것이라고 결론내릴 필요가 없다.

---

16 같은 글, 228~229.

따라서 푸엥카레 가설이 알려 주는 것은 만일 신이 시간적 존재라면 그의 현재는 절대 동시성 관계들을 구성한다는 것이다. 이러한 관점에서 볼 때 철학자 J. M. 핀들레이(J. M. Findlay)가 다음과 같이 말한 것은 잘못되었다.

> 모든 세계선(world-lines)을 조화시키고 연결시키는 힘은 하나님도 아니고 형체 없는 불활성 매체도 아니다. 그 힘은 천지의 첫 산물, 빛이라 불리는 살아 있고 능동적인 인터체인지이다.[17]

오히려 시각 동기화를 얻는 데 빛 신호를 쓰는 것은 유한하고 무지한 피조물이 채택할 수밖에 없는 규약이다. 하지만 모든 것을 아는 살아 있고 능동적인 하나님은 그런 식으로 의존적이지 않다. 하나님의 시간 경험 속에서는 시계로 시간을 재든 말든, 절대 시간 안에 현재하는 한 순간이 존재할 것이다. 하나님은 시각 동기화 절차나 다른 물리적 조작에 의존하지 않은 채, 사건들이 절대 시간 안에 동시적으로 현재한다는 것을 알 것이다. 그가 이를 아는 것은 우주를 물리적으로 관찰하지 않고서도 단지 모든 순간순간에 대해 각 순간에 참이 되는 현재시제 진실들의 유일 집합을 알기 때문이다.

그래서 만일 하나님이 시간 속에 존재한다면 특수 상대성 이론(STR)은 어떻게 되는가?

지금까지 말한 것으로 볼 때 하나님의 시간 내 실존이 함축하고 있는 것은 상대성 이론을 올바르게 해석한 사람은 아인슈타인이 아니라 로렌츠라는 것이다. 말하자면 아인슈타인의 시각 동기화 절차는 선호하는 (절대) 기준계 내에서만 유효하다. 그리고 바로 이 절대 기준계의 관점에서 운동 중일 때, 측정 막대는 특수상대론의 통상적 방식으로 줄어들고 시계는 느려진다.

로렌츠 상대성은 아인슈타인 상대성과 모든 면에서 경험적으로 동등하다고 인정되는데, 최근 탐구에 비추어볼 때 오늘날 과학의 최전선에서는 로렌츠의 견해가 더 낫다는 견해도 있다. 신의 시간성은 로렌츠의 해석을 뒷받침할 것이다. 왜냐하면, 절대 시간의 "지금" 존재하는 하나님은 우주에서 어느 사건들이 지금 창조되고 있는지를, 그래서 그 사건들이 자신의 "지금"과 절대적으로 동시적인 사건이라는 것을 알고 있을 것이기 때문이다. 이 놀랄만한 결론은 뉴턴의 유신

17　J. M. Findlay, "Time and Eternity", *Review of Metaphysics* 32(1978-1979): 6-7.

론 가설이 부질없는 사변이 아니라, 세계의 존재 방식을 이해하는 데 그리고 경쟁하는 과학 이론을 평가하는 데 중대한 함축을 지닌다는 것을 보여 준다.

3. 시제의 실재성과 시간적 생성

우리는 뉴턴이 "시간은 그 스스로, 그 본성으로부터 외부의 어떤 것과 무관하게 한결같이 흐른다"고 말한 것을 살펴보았다. **시간의 흐름**이라는 은유를 씀으로써 뉴턴은 **시제**를 객관적 실재로 신봉하고 있음을 드러내었다. 다시 말해 시간 순간은 정신과 독립하여 과거이거나 현재 또는 미래이다. 이와 마찬가지로 그는 **시간적 생성**도 객관적 실재로 신봉하고 있는데, 즉 시간이 흘러감에 따라 존재가 생기고 사라진다는 것을 믿는다. **시간**에 대한 이런 견해를 **동적 시간 이론, 시제 시간 이론** 또는 (대세가 된 맥타르트의 용어로) **A 시간 이론**이라 부른다.

반면 많은 과학철학자는 시제와 시간적 생성이 주관적 성격을 갖는다고 주장한다. 시간의 모든 순간은 똑같이 현존하며 이들은 '**보다 먼저**', '**동시에**', '**보다 나중에**'라는 무시제 관계들로 서로 연관되어 있다. 과거, 현재, 미래 사이의 구별은 객관적 구별이 아니다. 그렇게 구별하는 것은 단지 의식의 주관적 특성일 뿐이다. 예컨대 1868년에 있는 사람들에게 1868년의 사건들은 현재이고 우리는 그들에게 미래이다. 똑같은 예로서 2050년에 사는 사람들에게 현재인 것은 2050년의 사건들이고 우리는 그들에게 과거이다. 만일 마음이 없다면, 과거도 현재도 미래도 없었을 것이다. 단지 덩어리처럼 존재하는 4차원 시공간 우주만 있었을 것이다. 시간에 대한 이런 견해를 **정적 시간 이론, 무시제 시간 이론** 또는 **B 시간 이론**이라 부른다. A 시간 이론이 옳은지 B 시간 이론이 옳은지는 "시간의 철학에서 가장 근본적인 물음"[18]으로 알려져 있다.

논쟁의 두 진영에서 모두 인정하는 것은 과거, 현재, 미래 사이에 객관적 구별이 존재한다는 주장이 일상 상식 견해라는 것이다. 우리는 다양한 방식으로 시제의 실재성을 경험하는데, 시제가 객관적 실재라는 믿음은 인간 경험의 보편적 특징이라는 것은 매우 명백하고 널리 알려져 있다. 오랫동안 시간 의식을 연구한 심리학자 윌리엄 프리드먼(William Friedman)은 다음과 같이 보고했다.

---

18 Michael Tooley, *Time, Tense and Causation* (Oxford: Clarendon, 1997), 13.

과거, 현재, 미래의 분할은 우리 경험에 너무 깊이 스며들어 있어 그런 분할의 부재를 상상하는 것은 어렵다.[19]

그는 말하기를 "우리는 현재를 믿게 되는 거부할 수 없는 경향을 지닌다. 일부 물리학자와 철학자들이 현재는 물리 세계에서 아무런 특별한 지위를 차지하지 않으며, 다만 시간들의 연쇄만 있을 뿐이고, 과거, 현재, 미래는 인간 의식에서만 구별될 수 있을 뿐이라고 주장할 때, 우리 대부분은 깜짝 놀라게 된다."[20]

결과적으로 시간과 공간을 연구하는 모든 철학자, 심지어 B 시간 이론을 주장하는 이들까지도, 시간에는 과거, 현재, 미래 사이에 실제적 구별이 포함되어 있다는 견해가 일반인의 견해라는 것을 인정한다. 정적 시간 이론의 한 옹호자는 동적 시간 이해가 우리에게 너무 깊게 배어있어 마치 "원죄로 인해 프로그램 되어 있는 것"[21]처럼 보인다고 불평했다. 아마도 A 시간 이론의 옹호자는 시제에 대한 우리 경험을 부정할 만한 보다 강력한 이유가 없는 한, 그 경험이 진실되고 믿을 만한 것으로 받아들여야 한다고 주장할지 모르겠다.

A 이론가들은 우리 시제 경험을 가장 잘 설명해 주는 것은 시제의 객관적 실재성이라는 논증을 만들어낼지 모르겠다. 그러나 시제의 실재성에 대한 우리의 믿음은 그런 논증이 보여 주는 것보다 훨씬 더 근본적이다. 우리는 시간적 세계에 대한 우리 경험을 **설명**하려고 과거, 현재, 미래 사이에 객관적 차이가 있다는 믿음을 채택한 것이 아니다. 오히려 이 때 우리 믿음은 인식이론가들이 "순수 기본 믿음"(properly basic belief)이라고 부르는 것이다(제7장의 논의를 상기하자).

한 믿음이 순수 기본 믿음이라는 것은 그 믿음이 파기되지 않는 한 그리고 파기될 때까지는 그 믿음을 갖는 것이 정당화된다는 것을 뜻한다. 우리는 그런 믿음이 액면 그대로 정당화된다고 말할 수 있다. 예컨대 "외부 세계는 실재한다"는 믿음을 생각해 보자.

사실 당신은 화학약품 통에 담긴 두뇌인데 어떤 미친 과학자가 그 두뇌를 전극으로 자극하여 당신이 이 책을 읽고 있는 양 믿게 했을 가능성이 있다. 정말이지 이 가설이 틀렸다고 증명할 길은 없다. 하지만 이것으로부터 외부 세계가 실

---

19 William Friedman, *About Time* (Cambridge, Mass.: MIT Press, 1990), 92.
20 같은 글, 2.
21 J. J. C. Smart, "Spacetime and Individuals", *Logic and Art*, Richard Runder와 Israel Scheffler 편집 (Indianapolis: Bobbs-Merrill, 1972), 19~20.

재한다는 당신의 믿음이 정당화될 수 없다는 것이 따라 나오지 않는다. 반대로 그 믿음은 당신 경험에 근거한 순수 기본 믿음이며, 그것을 파기시키는 것이 나타날 때까지 그 믿음은 그 자체로 정당화된다. 이 믿음은 단순히 당신이 통 속에 담긴 두뇌일 **가능성**이 있다는 것으로 파기되지 않는다. 왜냐하면, 누군가 사실상 통 속에 담긴 두뇌라고 생각할 아무런 보증도 없기 때문이다. 정말이지 외부 세계가 실재한다는 우리 믿음은 몹시도 깊이 뿌리박혀 있고 강하게 지지되고 있어서 이 믿음을 성공적으로 파기하는 것은 엄청나게 강한 보증을 가져야 할 것이다. 외부 세계에 대한 우리 경험을 파기하는 데 성공하는 것이 없는 한, 그 경험이 진실되다고 여기는 것은 우리에게 완벽히 정당한 일이다.

이제 A 시간 이론의 옹호자는 과거, 현재, 미래에 대한 우리 믿음을 이와 비슷한 방식으로 논증한다. 시제가 객관적으로 실재한다는 믿음은 인류에게 보편적인 순수 기본 믿음이라는 것이다. 따라서 이로부터 [이 믿음을 능히 파기할 만한 것이 자신에게 없다는 것을 알면서도] 이 믿음을 부정하는 사람은 누구나 비합리적이라는 것이 따라 나온다. 이런 사람은 자신에게 순수 기본적인 믿음을 고수하지 못하기 때문이다.

때때로 B 시간 이론의 옹호자는 과거, 현재, 미래에 대한 우리 믿음이 진실되다고 여길 필요가 없다고 주장한다. 그 까닭은 우리는 우리 우주와 똑같으면서, 우리 정신 상태와 정확히 일치하는 정신 상태를 가진 개인들이 살고 있는 4차원 덩어리 우주를 상상할 수 있기 때문이다.

> 그렇다면 덩어리 우주에 있는 우리 복사판들은 확실히 우리와 똑같은 경험을 할 것이다. 이 경우에 그들은 이 우주가 동적 우주라는 것을 알려 주는 존재가 전혀 아니다. 심지어 우리 자신이 덩어리 우주를 이루는 사물들이라 하더라도 이와 똑같이 이야기할 수 있다.[22]

그러나 이것은 통 속에 담긴 뇌가 외부 세계에 대해 우리와 똑같이 경험할 것이기 때문에 더 이상 우리 경험이 진실되다고 간주할 아무런 근거가 우리에게 없다고 논증하는 것과 비슷하다. 우리 경험에 근거한 믿음들을 파기하는 것들이 없는 한, 우리 경험들은 우리 믿음들을 보증해 준다.

---

22 Huw Price, *Time's Arrow and Archimedes' Point* (New York, Oxford University Press, 1996), 15.

그렇다면 시제가 객관적 실재라는 믿음은 순수 기본적인가?

가장 명백한 것부터 이야기하면, 우리는 사건들을 현재 일로서 경험한다. 사건이 현재 일어나는 중이라는 믿음은 그 사건이 일어나는 중이라는 믿음과 실제로 다르지 않다. 그리고 후자 믿음은 우리 지각 경험에 근거한 기본 믿음이다.

정적 시간 이론을 지지하는 멜러(D. M. Mellor)는 현재가 실재한다는 것을 믿지 않는다. 따라서 겉보기와 달리 우리는 현재를 경험하는 중일 수 없다.

멜러는 매우 긴 지면을 이용해서 현재라는 것의 경험을 제거해버린다.

그는 우리가 실제로 사건의 시제를 관찰하지는 않는다고 논증한다. 그는 망원경으로 천체 사건을 관찰하는 예를 든다. 우리가 별들을 볼 때, 현재 일어나는 사건을 관찰하는 것처럼 보인다. 하지만 우리는 그 사건이 실제로는 수백만 년 전에 일어났다는 것을 안다. 그래서 우리가 보는 것은 사건들이 벌어진 **순서**이지만, 우리 관찰은 그 사건들의 시제를 말해 주지 않는다. 따라서 한 사건이 현재한다고 우리가 관찰하고 있다고 우리가 생각할 때 우리는 단지 혼동하고 있을 뿐이다. 우리는 사건 자체가 현재한다고 관찰하지 않고, 그보다는 그 사건에 대한 우리 **경험**이 현재한다고 관찰한다.

하지만 멜러의 반론은 우리가 세운 논증을 반대하는 데 효과적이지 않은 것처럼 보인다. 왜냐하면, 사람들은 "전화가 울린다"와 같은 믿음을 형성할 때 "전화가 울리는 내 경험은 현재한다"라는 보다 근본적인 믿음으로부터 추론함으로써 그것을 형성하는 것은 아니기 때문이다.

일반적으로 사람들은 후자 같은 믿음을 형성하지 않는다. 사건의 시제에 관한 사람들의 믿음은 추론되는 것이 아니라 기본적인 것이다. 망원경을 통해 사건을 관찰하는 예에서 증명된 것은 사건의 시제에 관한 우리 믿음은 폐기될 수 있고 때때로 틀린다는 것이다. 게다가 현미경을 통해 본 사물은 실제보다 더 크게 관찰되기 때문에 지각적 믿음은 순수 기본적이지 않다고 주장할 수도 있겠다. 단순히 우리 감각 지각이 때때로 실수한다는 사실은 우리가 사물을 지각하지 않는다고 생각할 이유가 되지 않는다.

마찬가지로 특정 사건의 현재성을 잘못 관찰한 것은 우리가 현재성을 관찰하지 않는다는 것을 증명해 주지 않는다. 대부분의 경우 우리가 관찰하는 사건들은 심리적 현재의 한계 내에 있으므로 우리가 한 사건을 현재 일이라고 관찰하는 것은 진실되고, 그에 대한 우리 판단은 순수 고유 믿음을 이룬다.

어쨌든 멜러는 우리 경험이 현재 일이라는 것을 우리가 관찰하고 있음을 인정한다. 이를 이른바 **경험의 현재성**이라 한다. 설사 우리가 망원경으로 관찰한 초신성의 현재성에 관해 착각할 수 있을지라도, 초신성을 관찰하고 있는 우리 경험의 현재성에 관해서는 착각할 수 없다. 만일 우리 경험이 현재 일이라고 우리가 관찰한다면 우리는 이런 정신 사건의 시제를 관찰하는 중이지 않는가?

멜러는 우리가 사건의 시제를 관찰하는 것이 아니라고 답한다.

> 우리가 우리 경험이 현재 일이라고 관찰할지라도 실제로는 그렇지 않다.[23]

이것은 역설적 진술이다. 멜러는 우리가 우리 경험이 현재한다고 판단할 때 우리는 착각할 수 없다는 것을 인정하며 다음과 같이 말한다.

> 그래서 내 경험이 현재한다고 판단하는 것은 내 경험이 무통증이라고 판단하는 것과 매우 비슷하다. 한편으로 그것은 반드시 그렇게 내려야만 하는 판단이 아니다. … 그러나 다른 한편 내가 그렇게 판단한다면 마치 내 경험이 무통증이라고 판단할 때처럼, 내가 옳을 수밖에 없도록 되어 있다. 경험의 현재성은 … 만일 우리가 그것을 감지했다면, 그에 대해 우리가 틀릴 수 없는 어떤 것이다. … 내가 누구든 상관없이, 내 경험이 현재한다고 내가 판단할 때마다 그 판단은 참일 것이다.[24]

그러나 만약 우리가 우리 경험의 현재성을 관찰한다는 것이 우리 경험이 고통스러운지 그렇지 않은지를 관찰하는 것과 유사하다면, 우리는 우리 경험이 현재라고 판단할 **수밖에 없도록 되어 있다**면, 우리 경험의 현재성을 감지하는 데 우리가 **틀릴 수 없다**면, 우리 경험이 현재라는 우리 판단이 **언제나 참일 것이다**면, 멜러의 말처럼, "실제로는 그렇지 않다"는 것이 어떻게 사실일 수가 있는가?

멜러가 인정했듯이 "초신성을 관찰하는 내 경험이 현재한다"는 내 믿음이 파기될 수 없다면, 초신성 그 자체가 현재하지 않는 경우에도, 어떻게 내 경험이 현재하지 않을 수 있는가?

---

23 D. H. Mellor, *Real Time* (Cambridge: Cambridge University Press, 1981), 26.
24 같은 글, 53.

멜러의 답변은 자신의 경험이 현재한다는 믿음은 인식에서 중요한 의미를 가질 수 있지만, 그 믿음이 담고 있는 사실적 내용은 동어반복이며 따라서 사소한 진실이다. 멜러의 주장에 따르면 다음 믿음 (A)는 단지 정의에 의해서 참이다.

  (A) 내가 지금 가진 경험은 현재라는 속성을 갖는다.

(A)가 정의에 의해 참인 까닭은 아래 (B)가 참일 때 오직 그 때만 (A)도 참이기 때문이다.

  (B) (A)를 발화한 시점에 내가 가진 경험은 바로 그 시점에 존재하는 속성을 갖는다.

그런데 (B)는 사소한 진실이며, 한낱 동어반복일 뿐이다. 따라서 (A)가 참이라 하더라도, (B)가 드러내주듯이 (A)가 담고 있는 사실적 내용은 현재성의 객관적 실재성을 함축하지 않는다. 멜러의 응답에는 여러 가지 결점이 들어 있다.

첫째, 멜러가 동어반복이라고 한 것은 자기 구성적인데, 그 이유는 "내가 지금 가진 경험"이 현재에 판단된 것이라고 그가 약정하고 있기 때문이다. 그러나 자기 경험을 그가 지금 갖고 있는 것으로서 기술할 아무런 이유가 없다. 지금 쟁점이 되고 있는 믿음은 (A)라기보다는 다음 (A')와 같은 것이다.

  (A') 초신성을 보고 있는 내 경험은 현재한다.

그리고 (A')는 동어반복이 아니다.

둘째, 심지어 (A)조차도 동어반복이 아닌 방식으로 읽을 수 있다. "내가 지금 가진 경험"이라는 구절을 초신성을 관찰하는 것처럼 특수하고 유일한 경험으로 이해하기로 하자. 이 경우 우리가 여태 겪은 모든 경험 가운데서 고른 그 특수한 경험에 현재성을 부여하는 것은 사소한 진실이 아니고, 또는 정의에 의해 참이지 않다.

셋째, 설사 (A)가 사소한 진실이라 하더라도, (A)는 경험의 현재성이 사소한 진실이라는 것을 함축하지 않는다. "내 현재 경험은 현재한다"거나 "내 현재 경험은 경험이다"라고 말하는 것은 사소한 진실일 수는 있다. 하지만 이것은 사람들이 현재 경험을 갖는다는 사실을 설명으로 풀어 없애버리거나, 경험의 현재성에 대한 믿음을 파기할 만한 무엇이 아니다.

넷째, 자기 경험의 현재성을 믿는 믿음의 진리 조건을 시제 없이 진술하는 것은 겉보기에 그 믿음을 파기하는 것조차 되지 못한다. 그런 시제 없는 진리 조건들은 자기 경험의 현재성에 대한 믿음이 순수 기본 믿음이라는 점과는 무관할 뿐이다. 왜냐하면, 우리 믿음의 무시제 진리 조건이 우리 믿음을 진술해 준다는 사실은 우리 믿음의 대상이 아니기 때문이다. 이렇게 되려면, 진리 조건을 서술한 (B)가 시제 있는 믿음을 진술하고 있는 (A)와 똑같은 **의미**를 지녀야 할 것이다(멜러 자신은 이를 부정한다). 둘은 의미가 같지 않기 때문에 진리 조건을 진술하는 일이 사소하다는 것은 시제 있는 믿음이 사소하다는 것을 함축하지 않는다. 또한, 시제 있는 믿음이 가진 사실적 내용이 무시제 진리 조건 안에 모두 담겨질 것이라고 생각할 이유도 없다.

따라서 멜러는 우리 경험이 현재한다는 우리 믿음을 능히 파기시킬 수 있는 것을 제시하지 못한 것처럼 보인다. 우리 경험이 현재한다는 믿음은 순수하게 기본적일 뿐만 아니라 심지어 파기할 수 없는 진리처럼 보인다. 우리가 시제의 실재성을 경험하는 둘째 방법은 과거와 미래를 바라보는 우리 태도에서 드러난다. 우리는 과거 사건을 향수나 후회를 갖고 되돌아보는 반면, 미래 사건은 두려움이나 기대를 갖고 기다린다. 이런 태도들을 표현하는 믿음에는 시제가 있다.

옥스퍼드의 시제 논리학자 A. N. 프라이어(A. N. Prior)가 한때 말한 것처럼, 우리가 "다행히 드디어 끝났다!"고 말할 때 확실히 그것은 "그 일이 끝난 날이 1954년 6월 15일이라는 것이 다행스럽다!" 또는 "그 일이 끝난 날은 이 발화와 동시에 일어났다는 것이 다행스럽다!"를 뜻하지 않는다.

그런 것을 왜 누군가 다행스러워해야 하는가?[25]

프라이어의 요점은 다행스러워함과 같은 그런 태도들이 시제 없는 사실에 관계할 수는 없고 오히려 시제 있는 사실에 관계한다는 점이다. 또 다른 요점은 그런 태도들을 갖는 것은 전적으로 합리적이라는 점이다. 따라서 그런 태도들에 나타난 시제 있는 믿음 또한, 틀림없이 합리적이다. 만일 어떤 사람이 자기가 치

---

25   A. N. Prior, "Thank Goodness That's Over", *Philosophy* 34 (1959): 12-17.

과에 간 것이 과거라는 점을 안도하는 것이 합리적이라면, 그 일이 과거라는 그의 믿음 역시 합리적이다.

B 시간 이론에서 안도와 기대의 느낌들은 궁극적으로 비합리적인 것으로 여겨야 하는데 왜냐하면, 안도하고 기대하는 대상이 되는 사건은 실제로 과거도 미래도 아니기 때문이다. 그러나 우리는 그 어떤 B 시간 이론가도 그런 느낌들을 떨쳐버리는 데 성공한 적이 없다고 자신 있게 말할 수 있다. 정말이지 그런 느낌들과 이를 표현하는 시제 믿음들을 없애는 데 성공했던 사람은 누구나 인간이기를 멈추었을 것이다.

이에 응답하면서, B 이론가들은 그러한 태도들이 시제 있는 믿음을 표현하고 있다는 것을 인정하지만, 그들은 다시 그 믿음들에서 시제가 담긴 사실적 내용을 제거하려 한다. 그들은 말하기를 우리가 두통이 끝났다는 데 다행스러워하는 것은 두통이 끝났기 때문이 아니라, 우리가 두통이 끝났다고 **믿기** 때문이다. 그리고 이 믿음의 내용을 정해 주는 것은 '두통의 존재는 자기 믿음의 시간보다 앞선다'와 같은 시제 없는 진리 조건이다. 따라서 두통이 끝났다는 것을 우리가 진심으로 믿는 것은 우리 두통이 객관적으로 과거라는 것을 함축하지 않는다.

이제 B 이론가들이 확실히 옳은 것은 우리 태도가 직접 표현하는 것이 시제 있는 **믿음**이지 시제 있는 **사실**은 아니라는 점이다. 기대되었던 사건은 피할 수 있고 그래서 결코 벌어지지 않을 수도 있다. 하지만 이것은 시제 있는 우리 믿음이 파기될 수 있다는 점을 증명할 뿐이다. 많은 경우 우리의 시제 있는 믿음들은 옳다. 정말이지 때때로 그 믿음들은 파기될 수 없을 만큼 옳은데 예컨대 내가 내 고통이 끝났다고 믿는 때가 그렇다. 그래서 우리의 물음은 다시 한 번 경험의 현재성으로 건너간다. 우리가 안도감을 느낄 때, 우리가 안도하는 것은 하나의 복합 사실로 분석될 수 있는데 이 사실은 다음 믿음들을 포함하고 있다.

① 우리 경험은 현재이다.
② 몇몇 사건은 현재 일보다 앞서 있다.
　우리는 ②에 대해 착각할 수 있지만 ①에 대해서는 착각할 수 없으므로 시제의 객관성은 여전히 살아남.

과거와 미래에 대한 우리 태도와 관련해 강조해둘 만한 또 다른 특징이 있는데, 이를 테면 한 사건을 대하는 방식에서 **차이점**은 그 사건이 과거인지 미래인지에 달려 있다는 점이다. 미래에 있을 불쾌한 사건은 두려움의 느낌을 일으키지만, 바로 이 똑같은 경험이 일단 과거 일이라면 안도의 느낌을 불러일으킨다.

이러한 상이한 태도는 A 시간 이론에서는 시간적 생성의 실재성에 근거하고 있다. 미래 사건은 아직 존재하지 않지만 현재할 것이지만, 과거 사건은 더 이상 존재하지 않고 현재했을 뿐이다. 따라서 이들 사건에 대해 다른 느낌을 갖는 것을 합리적이다. 하지만 과거와 미래에 대한 태도 차이는 B 시간 이론에서는 근거가 없으며 그래서 불합리하다.

시간철학자 슐레신저(George Schlesinger)가 지적했듯이 B 시간 이론에서 "지금"도 "여기"도 모두 객관적이지 않으므로 사건이 지금보다 한 시간 앞에 일어난 것과 지금보다 한 시간 뒤에 일어난 것 사이에 차이점이 없는 것은 한 사건이 여기서 1킬로미터 오른쪽에서 일어난 것과 여기서 1킬로미터 왼쪽에서 일어난 것 사이에 차이점이 없는 것과 마찬가지이다. 과거든 미래든 두 사건은 똑같이 실재적이고, 시간적 생성은 존재하지 않고, 우리가 한 사건을 향해 움직이는 것도 아니고 다른 사건에서 멀어지는 것도 아니며, 과거와 미래 사이의 구별은 순전히 주관적이다. 따라서 두 사건을 다르게 보는 것은 다만 난센스에 불과하다. 그러나 슐레신저가 관찰했듯이 관심의 차별은 여전히 인간의 보편적 경험이다.

예컨대 사람의 출생과 죽음에 대한 우리 태도 차이를 생각해 보자.

B 시간 이론에서 죽은 후 개인적 부재의 시기는 태어나기 전 부재의 시기보다 더 중요한 것이 아니다. 그러나 우리는 생일을 축하하지만, 일반적으로 죽어가는 것을 두려워한다. 이 두려움은 몹시도 깊어, 누군가의 죽음은 출생과는 완전히 다르게, 삶 그 자체의 가치 이면에 있는 물음을 제기하는 것처럼 보인다. 많은 실존주의 철학자가 말했던 바인데, 삶은 "나의 죽음"에 비추어볼 때 부조리해진다. 하지만 이러한 부조리가 "내 출생"의 결과라고 말하는 사람은 아무도 없었다.

B 이론가들은 자연히 과거와 미래 사건에 대한 우리의 태도 차이를 비합리적이라는 이유를 들어 거부하는 것을 주저해왔다. 그래서 그것을 거부하는 대신에 정적 시간 이론 내에서 이 차이를 설명할 모종의 토대를 찾으려 했다. 예컨대 정적 시간 이론의 열렬한 옹호자 오클랜더(Nathan Oaklander)는 그러한 태도 차이가 합리적이라고 주장하는데, 왜냐하면, B 시간에서 시간은 비대칭적이기 때문이다. 다시 말해 **보다 먼저** 관계와 **보다 나중** 관계에 따라 사건들의 순서가 결정되는 **시간의 방향**이 존재하기 때문이다. 오클랜더의 생각에 따르면 한 사건이 우

리의 시간 위치보다 나중인지, 또는 보다 먼저인지 여부가 세계에서 그 모든 차이를 만들어낸다.

하지만 명백한 것은 B 시간 이론에서 **보다 먼저** 관계와 **보다 나중** 관계에 따라 방향을 지니는 단순한 **시간의 비대칭성**은 시간적 생성을 적절히 대신해 주지 못한다는 것이다. 모든 시제를 없애버렸을 때, 한 사건에 대한 **보다 먼저** 관계와 **보다 나중** 관계가 우리의 태도 차이를 정당화해 주지 못하는 것은 **오른쪽** 관계와 **왼쪽** 관계가 우리 태도 차이를 정당화해 주지 못하는 것과 같다. 정말이지 B 시간 이론에서는 시간에 두 방향이 실제로 존재한다. 하나는 "보다 먼저" 방향이고 다른 하나는 "보다 나중" 방향이다.

시간적 생성이 없다고 했을 때, 이런 두 방향이 사건 계열에 놓일 수 있는 방식은 완전히 임의적이다. 시간의 두 화살은 사실들과 아무런 논리적 충돌 없이도 180도로 역전될 수 있다. 비록 몇몇 과학자가 열역학 법칙이나 다른 물리 과정에 호소하여 하나의 유일한 **시간의 화살**을 내세우려함에도 불구하고 그런 모든 시도는 방향을 미리 선택할 것을 **전제한다**. 예컨대 엔트로피 증가의 방향은 **보다 나중** 방향이다. 시간적 생성이 없을 경우 그런 선택은 전적으로 임의적이다. 만일 우리가 원했더라면, 엔트로피 증가 방향을 **보다 먼저** 방향이라 불렀을 수 있다. 그래서 **보다 먼저** 방향과 **보다 나중** 방향이 A 시간 이론에서 갖는 중요성을 B 시간 이론에서는 갖지 못할 뿐이다.

과거 사건과 미래 사건에 대한 우리의 태도 차이는 시제 있는 믿음들이 얼마나 깊게 배어 있으며 얼마나 강하게 유지되고 있는지를 강조해서 드러내준다. 만일 B 시간 이론이 옳다면, 안도, 향수, 두려움, 기대의 감정들은 모두 비합리적이다. 그런 느낌들은 근절될 수 없으므로 B 시간 이론은 우리 모두가 비합리적이라고 책망할 것이다. 그러나 과거, 현재, 미래 사이의 객관적 구별을 믿는 우리 믿음을 파기할 만한 것이 없다면, 그런 믿음은 여전히 순수하게 기본적이며, 그 믿음이 불러온 감정들은 전적으로 적절하다.

우리는 시제와 시간적 생성이 객관적 실재성을 지닌다는 것을 다른 많은 방식을 통해 경험한다. B 이론가들이 B 시간 이론을 채택하도록 해 주는 더 강력한 보증을 제시할 수 없는 한, 우리는 A 이론을 고수해야 한다. 그렇다면 도대체 무슨 이유에서 B 시간 이론이 참이라고 생각하는가?

의심의 여지없이 과학철학자들이 B 시간 이론을 채택하는 주된 동기는 상대성 이론이 B 이론을 요구한다는 확신이다. 아인슈타인이 스스로 깨달았듯이 그의 특수 상대성 이론은 4차원 기하학 내에서 정식화될 경우 가장 잘 이해된다. 그리고 그의 일반 상대성 이론은 중력을 하나의 힘으로서가 아니라, 4차원 시공간의 곡률로서 특징짓는 한다(시간과 공간을 하나의 단일한 실재로 합치는 것은 중력의 기하학적 접근법이 전제하는 바이다). 그러나 우리가 이미 앞에서 말했던 것에서 생각해 볼 때, 이러한 논증이 어쩔 수 없는 것이 전혀 아니라는 것은 분명하다.

첫째, 특수 상대성의 수학적 핵심을 해석한 것 중에서 아인슈타인 해석과 경험적으로 동등하면서 A 시간 이론과 완전히 양립 가능한 해석 즉, 로렌츠 상대성 해석이 존재한다.

로렌츠 해석에 무슨 잘못이 있는가?

검증주의를 제외하고, 많은 물리학자가 로렌츠 상대성에 반감을 가지게 된 원천은 아인슈타인의 다음 아포리즘에서 표현된 확신이다.

"주님은 어렴풋하지만 심술궂지는 않다."

말하자면 만일 자연에 근본적 비대칭성이 존재한다면 자연은 그 비대칭성을 숨기려고 음모를 꾸미지 않을 것이다. 그러나 로렌츠 상대성은 설사 절대 동시성과 절대 길이가 이 세상에 존재한다 하더라도 우리가 그것을 측정하려고 할 때 자연은 시계를 느리게 하고(시간 느려짐) 측정막대를 줄임으로써(길이 줄어듦) 그런 절대 동시성과 절대 길이를 숨긴다는 믿음을 우리에게 요구한다.

다브로(D'Abro)는 자연의 이러한 음모에 반대 목소리를 낸다.

> 만일 대자연이 눈멀었다면, 얼마나 놀라운 일치가 있어야 에테르를 지나는 속도를 감출 정도로 만물이 조율되겠는가? 만일 대자연이 슬기롭다면, 대자연은 분명 보다 더 가치 있는 것을 보살피려고 다른 것들에 관심을 기울일 것이고, 철학하려는 우리의 가련한 시도를 방해하는 데는 거의 흥미가 없을 것이다. 로렌츠 이론에서 우리가 임시변통의 이상한 조율을 자연의 체계 내에서 읽어낼 때, 로렌츠 이론은 대자연을 장난꾸러기처럼 보이게 한다. 우주적 기획에서 장난스러움 같은 인간 특성을 찾아낸다고 우리 자신이 만족한다는 것은 몹시도 어려운 일이다.[26]

---

26 A. d'Abro, *The Evolution of Scientific Thought*, 2판에 재수록 (1927; n.p.: Dover Publications, 1950), 138.

먼저 말해야 할 것은 다브로가 음모가 미치는 범위를 크게 과장했다는 것이다. 어쨌든 특수 상대성은 제한된 이론이다. 특수 상대성은 다만 특별 취급을 받는 기준계에 상대적인 균일 운동에만 적용되는데 그 특별 기준계는 우리에게 감추어져 있다. 그러나 가속 운동과 회전 운동은 자연이 숨길 것이 없는 절대 운동이다. 나아가 만일 근본적 비대칭성이 존재한다면 자연은 이를 드러낼 것이라는 전제에 분명 우리는 의문을 제기해야 한다. 자연의 하부 상태가 경험적으로 발현될 때, 이론과 증거 사이에 개입된 왜곡의 결과로, 때때로 변형된 모습을 지닐 수 있다. 그래서 왜곡된 발현으로부터 자연의 상태를 추출하는 것은 사소한 과제가 아니다.

과학철학자 팀 모들린(Tim Maudlin)은 상대성 이론에서 이른바 양자 비국소성(quantum nonlocality)의 함축을 전문적으로 연구해왔는데, 그는 벨 정리의 결과와 상대성 이론을 통합하려는 모든 시도를 검토한 후, 다음과 같이 결론 내렸다.

> 이런 저런 방법으로 신은 우리에게 심술궂은 속임수를 부려왔다.[27]

모들린은 로렌츠 상대성 해법이 자연을 기만적인 것으로 보게 한다는 근거에서 이를 거절할 수는 없다고 주장한다. 왜냐하면, **각** 해법의 열렬 지지자들은 다른 모든 해법이 자연을 기만적인 것으로 보게 한다고 말하기 때문이다. 결국, 그는 "진정한 도전이 물리학적 신학자들에게 남겨지는데, 그는 비록 악마는 아니지만 적어도 엄청나게 장난스러운 신의 행동 방식을 정당화해야 한다"[28]고 성찰한다.

"우주적 기획 속에서 인간 특성"을 찾는 것을 다브로가 불평한 것에 대해, 로렌츠주의자들은 **인간 원리**라 불리는 것에 호소해서 답변할지 모르겠다. 인간 원리에 따르면 모종의 우주 모습들이 필연적으로 존재하지 않는다면 우리 같은 관찰자가 존재하지 않는다는 것을 우리가 염두에 둘 때만, 우주의 모습들을 올바르게 조망해 볼 있다. 만일 우주가 그런 모습들을 갖지 않았다면, 우리는 그 우주가 가진 모습들을 관찰하도록 여기에 존재하지 못했을 것이다. 그러니까 우리 존재 자체가 우리 가운데 있는 모종의 평형 상태를 유지하는 것에 종속되어 있다. 그러나 로렌츠의 관점에서 볼 때, 길이 줄어듦과 시간 느려짐은 분명 운동하

---

27 Tim Maudlin, *Quantum Non-Locality and Relativity*, Aristotelean Society Series 13 (Oxford: Blackwall, 1994), 241.
28 같은 글, 242.

는 와중에 물질계의 평형 상태를 유지하려 할 때 나온 결과이다.

그래서 만일 자연이 이런 보정 행동을 하지 않았다면 우리는 여기에 존재하지 못해서 그 사실을 관찰하지 못했을 것이다!

보정 행동 없이는 우리가 존재할 수 없었다는 것을 받아들인다면, 우리가 자연의 "음모"를 관찰한다고 해서 왜 놀라야 하는가?

하지만 왜 자연은 그런 방식으로 구조화되어 있는가?

우리가 유신론 관점을 받아들이고 이로부터 이 물음에 접근한다면 우리는 우주가 우리 존재를 지탱하는 방식으로 설계되어 있다는 것에 전혀 놀라지 않을 것이다. 우리는 하나님이 자연 법칙을 선택하여 우리 존재에 본질적인 평형 상태를 유지하리라고 기대해야 할 것이다. 설사 대자연이, 다브로의 표현처럼, 눈멀었다고 해도, 하나님은 그렇지 않으며, 설사 대자연이 슬기롭지 않다고 해도, 하나님은 슬기롭다. 그래서 우리 연약한 자아에 관심을 갖고, 우리를 챙겨야 할 가치 있는 주체라고 여기는 이는 대자연이 아니다. 그는 사람에게 마음을 쓰는 우주의 창조주이자 유지자이다(시 8:3-8). **주님은 그윽하며 또한, 자비롭다.**

일반 상대성 이론에서 아인슈타인의 기하학적 중력 이론은 상대성을 실재주의에 따라 이해해야 할지, 단지 도구주의에 따라 이해해야 할지를 묻는다. 저명한 과학철학자 파인(Arthur Fine)에 따르면 소수의 식견 있는 현장 과학자들은 일반 상대성의 실재주의 해석에 신뢰를 보낸다. 반면에 일반 상대성 이론은 **중력** 문제를 다루는 데 적합한 "거대한 조직화 도구"로 보인다.

> 이 이론을 실제로 사용하는 대부분의 사람은 이 이론이 '거대한 진리'를 표현한다기보다 강력한 도구라고 생각한다.[29]

기하학적 중력 이론을 순전히 도구로서 취급해도 여기에 아무런 과학적 손실이 생기지 않는다고 말할 수 있다. 그 반대로 시공간의 실재주의 이해는 물리적 중력 대신에 기하학을 가져옴으로써 그래서 중력 이론을 입자물리학에 연결하려는 진척을 방해함으로써 자연에 대한 우리 이해를 실제로 흐리게 한다고 주장할 수도 있다.

---

29 Arthur Fine, *The Shaky Game, Einstein, Realism, and the Quantum Theory* (Chicago: University of Chicago Press, 1986), 123.

노벨상을 수상한 물리학자 와인버그(Steven Weinberg)는 자신의 『중력과 우주론』에서 중력을 실재하는 힘으로 여기는 것은 일반 상대성과 **입자물리학** 사이의 "결정적인 고리"[30]라고 주장했다. 왜냐하면, 중력을 실재하는 힘으로 여길 경우 중력 복사 입자, 이른바 중력자(graviton)가 존재해야 하기 때문이다. 그리하여 시공간의 기하학 접근법 가운데 실재주의는 우리가 물리학을 보다 통합적으로 이해하는 데 명확히 장애가 된다. 와인버그의 관점에서 보면 기하학적 시공간은 "중력 이론의 근본토대가 아니라" "단지 수학적 도구로서" 이해되어야 한다.[31]

B 시간 이론을 채택하게 할 만한 무슨 다른 이유를 제시할 수 있겠는가? 가장 각광받는 논증 가운데 하나는 **맥타가트의 역설**(McTaggart's paradox)이다. 케임브리지의 관념주의자 존 엘리스 맥타가트(John Ellis McTaggart)는 1908년 학술지 『마음』에 "시간의 비실재성"이라는 주목할 만한 논문을 게재했다.[32]

그의 논증은 두 부분으로 이루어져 있다.

첫째 부분에서 맥타가트는 시간은 본질적으로 시제가 있다고 논증한다.
둘째 부분에서 그는 시제 있는 시간은 자기모순이라는 것을 논증한다. 따라서 이로부터 시간은 비실재적이라는 것이 따라 나온다.

우리 관심은 B 시간 이론을 지지하는 논증이므로, 우리는 맥타가트의 증명 중 둘째 부분에 초점을 둘 것이다. 여기서 우리가 그의 논증에 깔린 형이상학적 전제를 먼저 이해하지 않다면, 그의 논증은 혼란스럽게 보이기 십상일 것이다. 시간에 시제가 있다는 견해가 모순이라는 맥타가트의 주장을 이해하는 열쇠는 과거, 현재, 미래 사건들은 모두 동등하게 실재하거나 현존한다는 전제 그리고 시간적 생성이 과거 현재 미래의 사건 계열을 따라 움직이는 현재의 운동에 놓여 있다는 전제이다. 맥타가트는 시간적 사건 계열을 길게 뻗은 전구들의 고리로 간주한다. 이 전구 고리의 전구들은 하나씩 연속해서 잠깐 불이 켜지고, 그래서 불빛은 전구 계열을 따라 움직이는 것처럼 보인다.

이와 똑같은 방식으로 현재성은 사건 계열을 따라 움직인다. 모든 사건은 동

---

30 Steven Weinberg, *Gravitation and Cosmology, Principles and Explications of the General Theory of Relativity* (New York, John Wiley&Sons, 1972), 251.
31 같은 글, vii.
32 J. Ellis McTaggart, "The Unreality of Time",, *Mind* 17 (1908), 357~74.

등하게 존재하기 때문에 사건들이 변화하는 유일한 측면은 그 사건들이 겪는 시제의 변화이다. 먼저 그것들은 미래이고, 그 다음 현재이고, 그 다음 과거이다. 다른 모든 측면에서 사건들은 다만 **존재한다**. 그래서 분명 맥타가트에게 **생성되는 현재**(becoming present)는 **생성되는 존재**(becoming existent)를 함축하지 않는다.

맥타가트는 과거성, 현재성, 미래성을 상호 양립불가능하다고 본다.

그 어떤 사건도 세 가지 모두를 가질 수 없다. 그러나 우리가 맥타가트처럼 시제 없이 존재하는 시간적 사건 계열을 받아들인다면, 모든 사건은 세 가지 모두를 정말 갖는다! 시간 t_1에 시제 없이 자리 잡은 한 사건을 생각해 보자. t_1에 그 사건은 분명 현재이다. 그러나 모든 사건이 동등하게 실재하기 때문에 앞에서 말한 그 똑같은 사건은 시간 t_2에 과거이고 시간 t_0에 그것은 미래이므로, 그 사건은 과거성과 미래성 또한, 갖는다. 순간 t_1은 t_0나 t_2보다 더 실재하지도 않고, 우월한 지위를 지니지 않으며, 그래서 바로 이 사건이 t_0, t_1, t_2에 갖는 시제를 통해 이 시간이 특징지어져야 할 텐데 이것은 불가능하다.

우리는 이 세 순간 각각에 존재하는 세 사람을 상상함으로써 이 문제를 시각화할 수 있다. t_1에 있는 그 사람에게 t_1은 현재이다. t_1도 사라지지 않고 그 사람도 사라지지 않기 때문에 t_1에 있는 그 사람에게 순간 t_1이 현재라는 사실은 시간이 t_2인 때에도 여전히 사실이다. 하지만 t_2에 있는 사람에게 t_1은 과거이다. 순간 t_1은 현재성을 벗어던지고 과거성을 취하는 것이 결코 아니다. t_1에 있는 사람에게 당장 물어보라!

그러나 t_2에 있는 사람이 우리에게 말해 주는 것처럼, t_1은 자신의 과거성을 다른 시제와 교환하지 않는다. 그리하여 t_1은 아무 것도 바뀌지 않은 채 현재이자 과거인데, 이것은 불가능하다. 만일 누군가 "그렇지만 t_1은 t_1과 관계해서 현재이며, t_2와 관계해서는 과거인데, 이것은 모순되지 않는다"고 말한다면 무시제 시간 이론의 옹호자는 그런 관계 속성은 무시제 이론이 인정해 주는 '와 동시적인'과 '보다 먼저'와 같은 무시제 관계 속성들로 환원될 것이라고 말할 것이다.

수십 년 동안 논의가 있은 후, 맥타가트의 역설은 시간적 생성의 동적 이론을 정적 사건 계열과 결합시킨 그릇된 시도에 기초하고 있다는 합의가 생기고 있는 것처럼 보인다. 맥타가트가 만든 동적-정적 시간 이론이 자기모순으로 밝혀진 것은 놀라운 일이 아니다. C. D. 브로드(C. D. Broad)나 A. N. 프라이어(A. N. Prior)처럼 맥타가트를 예리하게 비판했던 이들은 거의 애초부터 시제 시간 이론 또는 A 시간 이론이 **현재주의**(presentism)의 신봉을 함축한다고 내내 주장해왔다. 현재주의란 존재하는 시간적 품목은 오직 현재 품목뿐이라는 신념이다. 현재주의에 따르면 과거 품목도 미래 품목도 존재하지 않는다. 그래서 모종의 사건들이 존재한 적이 있었고 모종의 사건이 존재할 것이라는 예외적인 의미를 제외한다면 그 어떤 과거 사건도 미래 사건도 실제로 존재하지 않는다. 실재하는 사건은 오직 현재 사건뿐이다. 그리하여 한 사건이 미래성을 현재성과 교환하는지, 또는 과거성을 지불하고 현재성을 사는지의 물음은 있을 수 없다.

시간적 생성은 시제 없이 존재하는 사건들이 자기들끼리 시제를 교환하는 것이 아니라, 품목 그 자체가 실존으로 들어오고, 실존에서 나오는 것이다. 사건들이 시제를 바꾸지 않는 것은 사건들이 비존재 속성과 존재 속성을 서로 바꾸지 않는 것과 마찬가지이다. 한 사건은 오직 그것이 현재일 때 갖는 시제, 말하자면 오직 현재성만을 소유한다. 현재가 아닌 사건은 존재하지 않으므로 그 어떤 사건도 과거성이나 미래성을 소유하지 않는다. 그래서 사건이 양립불가능한 시제들을 갖는지 물음은 전혀 있을 수 없다. 그래서 맥타가트의 역설은 현재주의자들에게 아무런 효과가 없다. 이 역설은 A 시간 이론 내의 모순으로부터가 아니라, A 시간 이론과 B 시간 이론의 잘못된 결합으로부터 발생했다.

현재주의는 특수 상대성 이론(STR)과 결합하여 일종의 **유아주의**(solipsism)를 함축한다고 생각되기 때문에 때때로 거부된다. 유아주의는 (나 자신만 홀로 존재한다는 견해인데) 제 정신인 사람은 아무도 이를 믿을 수 없다. 이 달갑지 않은 결론은 STR의 맥락에서는 절대 시간과 절대 공간이 존재하지 않는 데서 기인한다. 절대 시간과 절대 공간이 부재한다면 자아 자신과 다른 사물들 사이의 공존 관계를 그럴듯하게 정의하는 것이 불가능하다. 그러나 지금까지 우리 논증을 따라온 사람은 누구나 현재주의에 대한 이러한 반론에 답하는 것이 어렵지 않다는 것을 깨달을 것이다.

이 반론은 상대성 이론의 아인슈타인 해석에 입각한 것인데, 우리는 로렌츠 해석을 받아들이는 완전히 독립적인 토대 위에서 이 반론을 거부할 수 있다. 상대성의 로렌츠 식 이해는 절대 동시성 관계를 보존하며, 그래서 이 이해는 시간적 존재들 간 공존 관계에 직면한 도전을 받지 않는다. 따라서 로렌츠 상대성을 받아들이는 현재주의자는 유아주의의 망령에 위협받지 않는다.

결론으로 시제와 시간적 생성이 객관적 실재성을 갖는다는 우리 믿음이 순수 기본적 믿음이라는 관점에서 우리는 A 시간 이론을 받아일 만한 좋은 토대를 갖는다.

반면에 B 시간 이론을 지지하는 논증들이 쉬 의지하는 상대성 이론의 물리적 해석이 있는데 이 해석은 유지될 수 없는 검증주의 인식론에 바탕을 두고 있다. 일반적으로 현대 시간철학과 공간철학은 실증주의 시대의 산물로서 건강치 못한 과학주의에 철저하게 감염되어 있다. 지금은 시간과 공간의 철학이 제대로 소속될 철학 분야 즉, 형이상학으로 복원될 좋은 시기이다. 앞에서 인용되었던 뉴턴처럼, 유신론 고찰이 무시될 수 없는 형이상학으로.

[요약]

전통적으로 형이상학이 다루던 주제였던 시간과 공간의 철학은 오늘날 관행으로 과학철학에 흡수되었다. 이는 20세기 전반기 동안 철학을 지배했던 검증주의와 실증주의라는 산성욕조에서 서서히 진행된 결과이다. 특히, 시간과 동시성 같은 핵심 개념들을 검증주의 식으로 분석한 것은 실질적으로 상대성 이론의 인식론적 토대로 자리 잡았는데, 상대성 이론은 시간과 공간 문제를 다루는 물리학의 주요 분야이다. 실증주의의 퇴거는 시간과 공간의 전통적 형이상학 문제를 다시 재개했다. 그런 물음을 다룰 때 우리는 하나님의 존재가 갖는 철학적 영향력을 무시할 수 없는데, 그의 존재는 시간과 공산에 내한 고진 개념의 형이상학적 토대가 된다.

시간의 본성에 관한 가장 중요한 형이상학적 물음 가운데 하나는 시제와 시간적 생성의 지위에 관한 것이다. 시제 시간 이론 또는 A 시간 이론의 열렬 지지자는 우리가 시간적 존재라는 것에 비추어 보아서, 과거, 현재, 미래 사이의 객관적 차이를 믿는 우리 믿음이 순수 기본 믿음이라고 그럴듯하게 논증할 수 있다. 무시제 시간 이론 또는 B 시간 이론의 지지자가 이 결론을 물리치기 위해 상대성 이론에 호소하는 것은 무익하다. 왜냐하면, A 시간 이론과 양립하는 그럴듯한 상대성 해석이 존재하기 때문이다. 나아가 맥타가트의 역설에 바탕을 둔 반론은 현재주의라는 형이상학을 채택함으로써 반박할 수 있다.

[기본 용어]

A 시간 이론 (동적 시간 이론 또는 시제 시간 이론)
절대 운동
절대 장소
절대 공간
절대 시간
에테르
인간 원리
시간의 화살
시간의 비대칭성
B 시간 이론 (정적 시간 이론 또는 무시제 시간 이론)
시간 느려짐
시각 동기화
광속 불변
시간의 방향
영원성
일반 상대성 이론
기하학적 중력 이론
관성계
길이 줄어듦
로렌츠 변환
로렌츠 상대성
맥타가트 역설
맥스웰 전자기학

마이컬슨-몰리 실험
뉴턴 역학
편재
빛의 편도 속도
조작주의식 정의
입자 물리학
실증주의
현재주의
경험의 현재성
상대 공간
상대 시간
길이의 상대성
동시성의 상대성
동시성
유아론
시공간
특수 상대성 이론
광속
시간적 생성
시제
시간 흐름
균일 운동
검증주의

제5부

윤리학

제21장 윤리학과 도덕, 메타윤리학
제22장 윤리 상대주의와 윤리 절대주의
제23장 규범적 윤리설:
　　　　이기주의와 공리주의
제24장 규범적 윤리 이론들:
　　　　의무론적 윤리와 덕 윤리

제21장

윤리학과 도덕, 메타윤리학

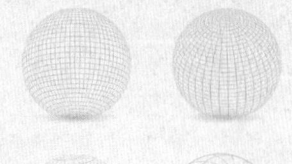

> 윤리 이론을 아는 것에는 엄청난 실용적 유익이 있다. 그것은 우리를 편견과 독단주의에서 벗어날 수 있게 해 준다. 그것은 우리의 개별판단들의 방향을 정해 주는 포괄적 체계들을 제시해 준다. 그것은 도덕적 전망을 나누기에 우리의 문제들을 가려낼 수 있다. 윤리 문제들에 관해 보다 분명하고 자신 있게 생각할 수 있도록 ….
> *루이 P. 포즈만, 『옳음과 그름을 발견하기』(Discovering Right and Wrong)
>
> 도덕과 관계없이 행하는 것보다 도덕적으로 행하는 것을 완전히 객관적으로 비인격적으로 정당화할 수 없다.
> *카이 닐센, "왜 나는 마땅히 도덕적이어야 하는가?"(Why Should I Be Moral?)
> in 『윤리 이론 강독』(Readings in Ethical Theory)

1. 서론

도덕이란 정확히 무엇이며, 왜 우리에게 그렇게 중요해 보이는가?
선(善)과 악(惡), 옳음과 그름, 덕목(德目)과 악덕(惡德) 사이에 정말 객관적 차이가 있는가?
만일 그러하다면, 우리는 그 차이를 어떻게 말할 수 있는가?
어떤 형태의 도덕 상대주의가 최선의 윤리 이론인가?
성경과 가장 일치하는 폭넓은 윤리 이론이 있는가?
만일 그렇다면 그것은 무엇인가?

우리가 윤리 문제들에 관해 깊이 생각하기 시작할 때 이 질문들과 많은 다른 질문이 생긴다. 다음 4개의 장들에서 이 물음들 가운데 많은 것을 다룰 것이다.

윤리학 영역의 개관을 살펴봄으로써 "인간에게는 본질적 가치가 있다"나 "도둑질은 그르다"와 같은 윤리 명제들의 본질과 윤리 용어들의 의미에 관해 메타윤리학에서 주요 선택지들을 검토함으로써 그리고 "왜 나는 도덕적이어야 마땅한가?"라는 물음을 엄밀히 조사함으로써 이 장에서 윤리 주제들에 대해 이렇게 중요한 탐구를 시작할 것이다.

2. 윤리학 영역과 도덕

1) 도덕의 본질

윤리학(ethics)은 철학적 도덕 연구로 이해될 수 있는데, 옳고 그른 동기와 태도, 성품과 행위에 관한 우리 믿음과 판단을 다루는 것이다. 윤리학자가 도덕을 연구할 때, "옳은"과 "그른", "선한", "악한", "당위", "의무", "덕이 높은", "나무랄 만한" 등과 같은 특정한 가치 개념들(value concepts)이 초점의 중심이다.

하지만 문제가 하나 있다. 이 가치 개념들 대부분에는 도덕적 용법뿐 아니라 도덕과 무관한 용법도 있다. 예를 들어, 날씨 유형들에 관해 어떤 증거가 있다면, 우리는 다음 24시간 안에 비가 올 것이라고 믿어야 "마땅"하다. 하지만 여기서 "마땅함"은 도덕적 마땅함이 아니라 이성적 마땅함이다. 우리가 이 믿음을 품지 않는 것은 비합리적일 수는 있지만, 부도덕하지는 않을 것이다.

다시 말하자면 어떤 그림들은 좋고 다른 그림들은 나쁘지만, 이 용어들은 도덕적 평가가 아니라 미적 평가를 표현한다. 종교와 법, 관습, 에티켓, 정치 그밖의 영역들은 가치 용어들을 사용한다.

이 가치 용어들의 도덕적 용법과 비도덕적 용법의 구분선을 긋는 데 사용될 수 있는 한 부류의 필요 충분 조건들을 말하는 길이 있는가?

다른 것들 가운데 그런 한 부류의 조건들은 윤리학을 보다 엄밀하게 정의하는 데 사용될 수 있을 것이다. 일반적으로 거의 모든 것의 완벽한 부류의 필요 충분 조건들을 말하는 것은 매우 어렵다. 예를 들어, 경기나 스포츠, 사랑, 역사, 우정, 정의, 걱정을 정의하려고 그런 부류를 말하는 것은 어려울 것이다. 하지만 이 사례들 각각에서 사람들은 문제되는 용어의 분명한 경우들과 그 용어의 사례들이 아닌 분명한 경우들을 알아볼 수 있다. 미키 맨틀(Mickey Mantle)이 뉴욕 양키즈(New York Yankees)에서 한 일은 스포츠이지만, 우편집배원이 편지를 전달할 때 하는 일은 스포츠가 아니다.

인식론에서 특수주의로 불리는 견해가 있다. 특수주의(particularism)에 따르면 우리는 문제되는 것의 분명한 사례들을 알 수 있기 전에 한 부류의 필요 충분 조건들을 언제나 필요로 하지는 않는다. 그 대신 우리는 그것의 특수한 사례들을 우선 알아본다.

적용을 통해 우리는 그런 종차(種差)들의 기준이 없어도 가치 용어들의 도덕적 용법과 도덕과 무관한 용법의 분명한 사례들을 모두 알아볼 수 있다. 실제로 우리는 분명한 사례들에서 출발한다. "도둑질은 그르다"는 도덕적 진술이며, "칼로 완두콩을 먹는 것은 그릇되다"는 에티켓에 대한 진술이다. 그리고 나서 우리는 필요 충분 조건들의 명확한 대안 표현들을 검사하기 위해 이 진술들을 사용한다.

이제 이 조건들은 보다 어려운, 어느 편이라 결정하기 어려운 사례들을 밝히는 데 도움을 줄 수 있다. "미국에서 도로 왼쪽으로 주행하는 것은 그르다"는 "그르다"를 도덕적 용어나 법적 용어 또는 두 용어 모두로 사용할 수 있다. 그렇지만 분명한 사례들에 대한 지식은 그 조건들을 정당화하지만, 그 반대는 아니다.

수많은 철학자에 의해 다음 조건들이 도덕을 정의하기 위한 한 부류의 필요 조건(그리고/또는 충분 조건)으로 제시되었다.

(1) 어떤 판단은 행위와 태도, 동기에 대해 최고 권위를 지니는 최우선의 길잡이로 받아들여지는 경우에만 도덕적이다

이 기준의 요점은 도덕이 우리 삶에서 모든 다른 것보다 가장 우선시되어야 한다는 것이다. 이런 식으로 도덕은 단순한 관습과 에티켓과 대조를 이루며, 아마도 법과도 대조를 이루는 것 같다. 이 기준은 우리가 도덕에 관해 말하고 싶어 하는 것을 상당 부분 확실하게 잡아낸다. 그렇지만 일부 사람들은 종교적 의무들과 같이 단순한 도덕적 의무들보다 위에 설 수 있을 다른 의무들을 지닐 수 있다는 이유를 들어 그것이 도덕의 필요 조건(이나 충분 조건)으로 적합하지 못하다고 주장할 것이다. 예를 들어, 일부 사람들은 신적 존재에 대한 예배가 국가에 순종해야 하는 도덕적 의무나 다른 사람에게 해를 끼쳐서는 안 된다는 도덕적 의무보다 앞선다고 주장할 것이다.

이 논증에 대한 답변은 이 종교적 의무들과 도덕적 의무들이 서로 배타적이지 않으며, 그 대신 둘 다 도덕의 영역 안에 있음을 지적할 수 있을 것이다. 그렇지만 종교적 의무가 도덕적 차원에 의해 완전히 규명되는지는 결코 분명하지 않다. 그래서 그 논증은 결정적이지 못하다.

이 기준은 도덕의 모든 사례를 다루는 데 필수적이지 않을 수 있지만, 약화된 형태일 때 이 기준은 많은 도덕적 맥락에서 유익하다. 도덕적 판단들은 매우 중요하며, 상당한 권위를 수반하고 단순한 에티켓과 관습, 법의 고려 사항들보다 우위에 있다.

(2) 어떤 판단은 행위와 태도, 동기에 관한 사실적 기술(記述)에 그치지 않고 행위와 태도, 동기를 권고하는 규범적 명령인 경우에만 도덕적이다

이 기준은 단순한 기술적, 사실적 "존재"(descriptive, factual "is")와 지시적, 평가적 "당위"(prescriptive, evaluative "ought") 사이의 구분을 나타내며, 도덕을 후자(後者)와 같이 여긴다. 이 기준이 도덕의 충분 조건이 아니라는 사실이 분명하게 밝혀져야 마땅하다. 미적 당위(악보는 최고 아름다움을 위해 이 템포로 연주되어야 마땅하다)와 합리적 당위(증거에 비추어 볼 때 스미스가 말한 것을 믿어야 마땅하다)가 있기 때문이다.

더 나아가서 행위에게 지시적(指示的) 행위 길잡이를 제공하는 것 외에도 다른 특징들이 도덕에 있다. 예를 들어, 일부 도덕 진술들은 칭찬하고 비난하는 데 사용되며, 일부는 우리가 옳은 것을 행하라고 반드시 명령하지 않으면서 그저 옳은 것을 기술(記述)하는 데 사용되기도 한다. 그런데도 이 기준은 도덕 판단들의 중요한 측면을 하나 잡아낸다. 그 판단들은 사람들이 실제로 행하는 것을 그저 기술하기보다는 우리의 도덕적 의무들을 권고한다.

(3) 어떤 판단은 보편 가능한(universalizable) 경우에만, 즉 상대적으로 비슷한 모든 상황에 똑같이 적용되는 경우에만 도덕적이다

이 기준의 주안점은 도덕 판단들이 상황의 도덕적으로 관련되는 특징들을 모두 설명함으로써 도덕적 상황들에 공평하게 적용되어야 한다는 확신을 나타내는 것이다. 어떤 사람은 한 행위가 옳고 그 다음 행위가 그르다고 주장하지만, 그 사람이 두 행위의 적절한 구분을 예증할 수 없다면, 그 판단은 임의적으로 보이며 적절한 근거가 없는 것처럼 보일 것이다.

이 기준은 도덕의 중요한 측면을 하나 지적한다. 도덕 판단들은 개인적 선호(選好)에 따른 임의적 표현들이 아니다. 그 판단들은 참인 경우 그 주장이 근거하는 관련조건들에 맞는 모든 사례에 구속력을 지니는 합리적으로 정당화될 수 있는 주장들이다. 거짓말하는 하나의 행위가 그르다면, [예를 들어, 거짓말하는 어떤 행위는 생명을 구하는 유일한 길이 될 수 있다와 같이] 관련되는 특징들이 없는 경우 거짓말하는 모든 행위는 그르다.

(4) 어떤 판단은 적절한 인간 번영과 인간 존엄, 타인의 행복, 해악 방지, 유익 제공을 언급하는 경우에만 도덕적이다

이 기준은 인간들만 가리키는 한 분명히 도덕의 필요 조건으로 적합하지 못하다. 이론(異論)의 여지는 있지만, 동물들과 환경이 그 자신의 권리에 따라 도덕적 관심의 적합한 대상들이며, 그 관심이 인간 번영에 유익하기 때문만은 아니다. 하지만 이 경고를 염두에 둔다면, 기준 (4)는 정말 좋은 기준이다. 그 기준은 도덕의 큰 특징이 인간 삶의 존엄과 행복, 풍요함을 보존하는 것이라는 사실에 주목하도록 한다.

요약하자면 우리는 도덕적 판단과 도덕과 무관한 판단 사이의 경계선을 그을 수 있는 한 부류의 필요 조건 그리고/또는 충분 조건이 없어도 도덕적 판단과 도덕과 무관한 판단의 사례들을 모두 알아볼 수 있다. 또한, 완벽한 부류의 조건들이 아마 없더라도, 우리가 우리의 지성적, 문화적 삶의 다른 영역들을 정의(定義)하려할 때 같은 상황이 통용된다. 그런데도 위의 네 가지 특징은 우리가 도덕이라는 말로 뜻하는 것을 상당 부분 잡아낸다. 대부분의 경우 도덕은 최고 권위를 지니며 규범적이며 보편 가능하며, 인간의 존엄과 행복, 번영을 언급한다.

우리는 윤리학이 도덕 연구라는 점을 살펴보았다. 게다가 우리는 도덕의 본질을 짧게 살펴보았다. 이제 연구 영역으로서의 윤리학의 다양한 분과를 살펴보자.

2) 윤리학의 영역

적어도 네 가지 서로 다른 연구 영역들이 도덕에 초점을 둔다. 두 영역은 행해져야 마땅한 것이나 행해지지 않아야 마땅한 것을 권고하려 하지 않는다는 점에서 규범적이지 않다. 또 다른 한편, 규범윤리학(normative ethics)의 두 영역은 옳거나 그른 행위와 태도, 동기를 결정하기 위한 길잡이를 제공하려 한다.

도덕 연구에 대한 두 가지 비규범적 접근들은 기술(記述)윤리학과 메타윤리학이다. **기술윤리학**(descriptive ethics)은 다양한 개인과 문화에 구현되어 있는 도덕적 태도와 행위, 규칙, 동기에 대한 사실적 연구이다. 기술윤리학 그 자체는 실제로 윤리학의 한 분과가 아니라, 윤리학에 관한 사회학적 견해이거나 인류학적 견해, 역사적 견해, 심리학적 견해이다.

메타윤리학(metaethics)은 두 가지 주요 연구 영역을 포함한다.

첫째, 메타윤리학은 옳음(right)과 그름(wrong), 선(good)과 악(bad), 마땅함(ought)과 마땅하지 않음(ought not), 의무(duty) 등과 같이 중요한 윤리 용어들의 의미와 지칭(指稱)에 초점을 둔다.

예를 들어, 메타윤리학은 "사랑은 덕목이다"와 같은 진술의 의미를 연구한다. **정서주의**(emotivism)는 이 진술을 다음과 같이, 즉 "만세! 사랑!"으로 번역하는 메타윤리학의 한 견해이다. 정서주의자들에 따르면 도덕 진술은 참이나 거짓일 수 있는 직설법 진술이 아니라, 다른 사람들에게 비슷한 감정을 불러일으키려는 감정표현일 뿐이다. 두 번째 견해는 메타윤리적 상대주의(metaethical relativism)인데, "사랑은 덕목이다"를 "사랑은 우리 문화에 속한 사람들에 의해 선호된다"를 뜻하는 것으로 번역한다. 일부 자연주의 윤리학자들은 그 진술을 "사랑은 대부분의 사람이 원하는 것이다"나 "사랑의 행위들은 생존을 장려하는 경향이 있다"와 같은 주장으로 다룬다.

자연주의를 반대하는 윤리학자들은 그 진술이 덕목이라는 비물리적 이차 속성을 사랑이라는 비물리적 일차 속성에 속하는 것으로 여긴다고 주장한다. 이런 식으로 자연주의를 반대하는 윤리학자들은 "사랑은 덕목이다"를 "붉음은 색이다"와 비슷한 것으로 다룬다. 후자가 참이라면, 우리로 하여금 붉음과 색이 있음이라는 두 속성들의 존재를 받아들이도록 한다. 전자가 참이라면, 우리로 하여금 사랑과 덕목이라는 두 가지 도덕적 속성의 존재를 받아들이도록 한다.

여기서 중요한 것은 메타윤리학에서 모든 선택지를 살펴보는 것이 아니다. 가장 두드러지는 선택지들이 이 장 뒷부분에서 검토될 것이다. 도리어 메타윤리학이 특정 상황에서 취해야 하는 옳거나 그른 행동 과정이 무엇인지를 결정하는 데 우리에게 도움을 주는 명시적(明示的) 원리들을 주는 것이 아니라는 것이 지금 논점이다.

둘째, 메타윤리학은 주로 도덕 용어와 도덕 문장의 의미를 개념적으로 분석하는 데 초점을 둔다. 메타윤리학 연구의 두 번째 영역은 도덕적 추론과 정당화의 구조에 대한 물음이다.

추론과 정당화는 도덕과 관련되는가?

그렇다면 도덕적 정당화는 과학적 정당화와 같은 것인가, 아니면 다른 것인가?

예를 들어, 우리가 정서주의자라면(도덕적 진술은 단순히 감정표현이다), 도덕 진술에 대해 합리적이고 도덕적인 정당화는 불가능하다. 우리는 감정 표현을 정당화하지 못하기 때문이다. 그런 표현은 참도 거짓도 아니다.

또 다른 한편, 우리가 자연주의적 윤리학자라면(예를 들어, 도덕 진술은 대부분의 사람들이 실제로 원하는 것을 기술(記述)한다), 과학적 방법론은 도덕적 정당화에 적합한 모델일 것이다. 우리는 과학적으로 통제된 조사를 통해 대부분의 사람들이 원하는 것을 결정할 수 있다. 반면에 우리가 자연주의를 반대하는 윤리학자라면, 도덕적 추론이 도덕적 입장을 정당화할 때 도덕적 속성이나 도덕적 명제의 환원 불가능한 근본 직관에 결국, 호소한다고 주장할 수 있다. 예를 들어, 사람들에게 가치가 있고 자비 자체가 덕목이라는 것은 직관적으로 자명해 보인다.

기술윤리학이나 메타윤리학 모두 이 책의 이 부분의 주요 초점이 아니다. 특정의 도덕적 입장이 평가받을 곳을 제외하면 그러하다. 다음 몇 장은 규범윤리학에 초점을 둔다. 진정한 규범윤리학(normative ethics proper)은 어떤 행위를 해야 마땅하며 어떤 행위를 하지 않아야 마땅한지, 어떤 동기를 품어야 마땅하며 어떤 동기를 품지 않아야 마땅한지, 우리가 어떤 종류의 사람이어야 마땅하며 어떤 종류의 사람이지 않아야 마땅한지를 정하는 길잡이 역할을 하는 도덕적 기본 원리들과 규칙, 체계, 덕목을 공식화하고 옹호하려 한다. 공리주의와 의무론적 윤리, 덕 윤리는 규범적 윤리설의 사례들이다. 응용윤리학(applied ethics)은 낙태와 안락사, 사형과 같은 구체적 도덕문제들을 탐구하는데 중점을 두며 규범윤리학을 그 문제들과 연관시키려는 연구 영역이다.

3. 도덕 진술의 의미와 메타윤리학

앞 절에서 메타윤리학은 특정 도덕적 용어들(옳음, 그름, 선함, 악함, 마땅함, 가치 있음 등)의 의미를 분석하는 철학 분과로 정의되었다. 특정의 도덕 진술들은 인간이나 행위를 언급한다. 인간과 관련해 우리는 "인간은 목적 자체로만 다루어져야 마땅하다"나 "인간에게는 내재적 가치와 존엄이 있다"라는 도덕 진술을 긍정할 것이다. 행위와 관련해 우리는 "이웃을 사랑하는 행위가 도덕적으로 옳다"나 "살인은 그르다"를 긍정할 것이다. 일반적으로 많은 도덕 진술은 다음 형식으로 되어 있다. X는 옳다(또는 그르다). X에는 가치가 있다(또는 가치가 없다).

이와 같은 진술들을 서로 다르게 분석하는 서로 다른 형이상학적 견해들이 제시되어 왔다. 메타윤리학에서 주요 선택지들은 다음과 같이 요약될 수 있다.

I. 비인지주의 이론들
  A. 정서주의
  B. 명령주의(Imperativalism)/규정주의(Prescriptivism)
II. 인지주의 이론들
  A. 주관주의 이론들
    1. 사적 주관주의
    2. 문화 상대주의
  B. 객관주의 이론들
    1. 자연주의 윤리설(Ethical Naturalism)
    2. 비자연주의 윤리설(Ethical Nonnaturalism)

1) 비인지주의 이론들

비인지주의(Noncognitivism)는 (예를 들어, "X는 옳다"와 같은) 도덕 진술들이 참이나 거짓일 수 있는 직설법 진술이라는 사실을 부정한다. "그 사과는 붉다"라는 진술을 살펴보자. 이것은 직설법 진술이다. 그것은 존재론적 함축을 지니는 사실이라고들 말하는 것을 주장한다. 그것은 존재하며, 그것 안에 존재하는 속성, 즉 붉음을 지니는 사과가 존재한다고 주장한다. 그래서 직설법 진술들에는 존재론적 함축이 있다. 더 나아가서 그 진술들은 참이거나 거짓일 수 있다. 이 경우 그 사과가 정말 붉다면, 그 진술은 참되다. 그 사과가 녹색이라면, 그 진술은 거짓일 것이다. 그래서 직설법 진술은 참이거나 거짓일 수 있다는 의미에서 인지적이며, 세계에 어떤 사태가 행해지고 있다고 주장하기에 존재론적 함축을 지닌다.

그렇지만 비인지주의적 이론들이나 도덕 진술들은 도덕 진술이 참이거나 거짓임을 부정하며, 도덕 진술에 존재론적 함축이 있음을 부정한다. 정서주의자들은 도덕 진술의 의미가 감정 표현에 있다고 주장한다. "X가 옳다"는 실제로 "x에 대해 만세!"를 뜻한다. "X는 그르다"와 같은 진술은 "어! x!"를 뜻할 뿐이다. 예를 들어, 살인이 그르다고 누군가 말할 때, 정서주의자들은 그 사람이 "어! 나는 살인을 미워해!"라는 느낌을 표현하고 있을 뿐이라고 주장한다.

명령주의/지시주의(imperativalism/prescriptivism)는 도덕 진술이 직설법적 사실 진술이 아니라고 하는 점에서 정서주의자와 의견을 같이 한다. 하지만 그들은 도덕 진술이 감정표현이라고 생각하지 않는다. 도리어 그들은 도덕 진술들이 단순히 도덕명령이며, 그 명령의 유일한 기능이 행위의 길잡이 역할을 하는 것이라고 주장한다. "x는 옳다"는 "x를 행하라!"는 명령일 뿐이다.

도덕 진술의 비인지주의 이론들은 도덕의 본질을 정당하게 취급하지 못한다. 적어도 두 견해에 대해 세 가지 반론을 제기할 수 있다.

첫째, 도덕 판단들은 감정이 없거나 명령이 없는 상태에서 일어날 수 있다. 또한, 일부 감정표현이나 일부 명령은 도덕 판단이 아니다. 예를 들어, 우리는 어떤 것도 느끼거나 명령하지 않으면서도 "쥐를 죽이는 것은 그르다"고 판단할 수 있다. 하지만 도덕 판단이 감정표현이거나 명령하는 것이라면, 감정 없이 또는 명령하지 않고 도덕 판단을 내리는 것은 불가능할 것이다. 감정과 명령은 일반적 도덕 이론의 일부일 수 있지만, 도덕의 본질을 완전히 규명하지는 못한다. 이와 마찬가지로 어떤 사람이 탁자에 발가락을 부딪칠 때 감정을 표현할 수 있지만("어! 나는 탁자를 싫어해!"), 이 표현은 도덕 판단이 아니다. 그래서 도덕 판단은 감정이나 명령 없이도 일어날 수 있으며, 그 반대도 마찬가지이다. 그래서 그것들은 동일할 수 없다.

둘째, 정서주의와 명령주의는 [배워야 할 인지적 정보가 없기에] 도덕 교육과 같은 것이 없음을 함축하며, 도덕적 불일치와 같은 것이 없음을 함축한다. 낙태에 관해 도덕적으로 불일치하는 것처럼 보이는 두 사람을 살펴보자. A라는 사람은

"낙태가 옳다"고 말하며, B라는 사람은 "낙태가 그르다"고 말한다. 정서주의자는 A가 말하고 있는 것과 같은 이 진술들을 "와! 나 A는 낙태를 사랑해!"로, B가 말하고 있는 것과 같은 이 진술들을 "어! 나 B는 낙태를 싫어해!"로 분석한다. 정서주의자(와 명령주의자)가 그 진술들을 번역한 것에 따르면 불일치가 일어나지 않고 있다. 어떤 사람도 참이나 거짓일 수 있을 사실 주장을 하고 있지 않기 때문이다. 한 사람은 어떤 주장이 참되다고 주장하고, 다른 사람은 그것이 거짓이라고 주장할 때 불일치가 일어난다. 그래서 정서주의와 명령주의는 도덕적 불일치가 불가능함을 함축한다. 하지만 이와 같이 받아들이기 힘든 주장을 함축하는 견해는 도덕적 의미의 일반 이론으로 적합하지 못하다.

마지막으로 일부 도덕 진술들은 다른 도덕 진술들과 논리적 관계에 있는 것 같다. 예를 들어, "나에게는 x를 행할 의무가 있다"는 진술은 "나에게는 x를 행할 권리가 있다"는 진술을 논리적으로 함축하는 것 같다. 하지만 정서적 진술들이나 단순한 명령들은 다른 정서적 진술들이나 단순한 명령들과 논리적 관계에 있지 않다. 직설법 진술들만 서로 논리적 관계에 놓일 수 있다. 그래서 정서주의와 명령주의는 도덕의 이 특징을 설명하지 못한다.

명령주의자는 이 마지막 논증에 대해 다음과 같이 응수할 수 있다.

이 삼단 논법을 살펴보자.

삼단 논법 A

① 모든 약속이 지켜지고 있음을, 부탁해.
② 이것은 약속이다.
③ 이 약속이 지켜지고 있음을, 부탁해.

명령주의자는 도덕 명령들이 두 요소를 포함하는 ①과 같은 문장으로 표현될 수 있다고 주장할 수 있다. 기술적(記述的) 요소는 쉼표 왼쪽에 있고("모든 약속이 지켜지고 있음을"), 쉼표 오른쪽에 명령적 요소("부탁해")가 있다. 기술적 요소는 사태를 기술하며, 이 경우 모든 약속이 지켜지는 세계를 기술한다. 이제 모든 약속이 사실 지켜지는 가능 세계는 어떤 구체적 약속이 지켜진다는 것을 논리적으로 함축할 것이다. 그래서 어떤 의미에서 볼 때 ①과 ②는 ③을 함축한다. 물론 엄격히 말하자면 이 명제들 가운데 어떤 것도 참이나 거짓이 아니다. 하지만 우리는 첫 번째 두 전제들이 그 결론을 함축하는 의미가 있는 것처럼 보인다는 것을 인정한다면 명령주의자는 도덕 명령들이 다른 도덕 명령들과 논리적 관계에 있음을 보여 주기에 이것으로 충분하다고 주장할 수 있다.

이 명령주의자의 응수는 먹혀드는가?

대답은 아니오인 것 같다. 논증이 이렇기에 ③을 통해 ①이 참도 거짓도 아니라면, ①과 ②가 ③을 논리적으로 함축한다는 것은 분명하지 않다. ①과 ③에서 "부탁해"를 제거하여 다음 삼단 논법을 만든다면 이것이 참일 수 있을 유일한 의미가 있다.

삼단 논법 B

①' 모든 약속이 지켜진다.
②' 이것은 약속이다.
③' 이 약속이 지켜진다.

이 경우 ③'은 그 전제들로부터 나온다. 그렇지만 삼단 논법 B는 더 이상 도덕 진술을 담고 있지 않다. 명령주의자의 관점에서 볼 때 명제를 도덕 명제로 만든 것은 부탁해라는 단어에 표현된 명령의 힘이기 때문이다. ③을 통해 ①에게 행위 길잡이의 능력을 주는 것은 "부탁해"이다. 그래서 삼단 논법 A에서 도덕 명제들이 서로 논리적 관계에 있다고 이야기될 수 있는 유일한 방식은 우리가 삼단 논법 B를 만들어 주는 두드러지게 도덕적인 요소를 버리는 경우이다. B가 더 이상 도덕 명제들로 이루어지지 않기에 이 응수는 실패한다.

2) 인지주의 이론들

인지주의(cognitivism)는 도덕 진술들이 기술적, 사실적 정보를 전달해 주는 직설법 진술들이기에 진리 주장을 한다고 주장한다. "X는 옳다"는 진술은 참이거나 거짓일 수 있다. 그런데도 도덕 진술들의 의미에 대한 인지주의 이론들은 그것들이 무엇을 윤리 진술들이 기술하는 대상과 동일시하느냐에 있어서 서로 다르다.

(1) 주관주의 이론들

주관주의(subjectivism)는 도덕 진술들이 도덕 진술을 하는 사람에 관한 정보를 전달한다고 주장한다. 사적 주관주의(private subjectivism)에 따르면 "X가 옳다"는 "내가 x를 싫어한다"는 심리적 사실을 진술한다. 이것은 정서주의와 다르다. 정서주의는 도덕 진술이 그저 감정을 표현한다고 주장한다.

그렇지만 사적 주관주의는 도덕 진술이 감정을 표현하지 않기보다 말하는 사람의 심리상태를 기술한다고 주장한다. 감정 표현은 거짓일 수 없다. 하지만 A라는 사람이 "나는 x를 싫어한다"고 말한다면 A가 실제로 x를 좋아하지만 그것을 인정하지 않으려 한다면 이것은 거짓일 수 있다. 문화 상대주의(cultural relativism)는 "X가 옳다"와 같은 진술들이 "우리 문화에 속한 우리는 x를 싫어한다"라는 사회학적 사실을 진술한다는 견해이다.

문화 상대주의와 사적 주관주의는 정말 매우 유사하며, 이 책의 제4장과 제5장에서 더 자세하게 비판될 것이다. 하지만 당분간 이 메타윤리 이론들이 도덕을 적합하게 다룬 것이라고 주장하는 철학자는 거의 없다는 사실이 지적되어야 마땅하다. 주된 이유는 그 이론들이 도덕 진술들을 도덕과 무관한 진술들로 만든다는 것이다.

"X가 옳다"는 진술은 옳음과 그름에 관해 규범적 주장을 하는 도덕 진술처럼 보인다. 또한, 그것은 우리가 해야 마땅한 것에 관한 진술을 함축한다. 하지만 이 진술의 심리학적, 사회학적 번역들, 즉 "나는 x를 좋아한다"와 "우리 문화에 속한 우리는 x를 좋아한다"는 어떤 종류의 규범적 진술도 하지 않는다. 그 번역들은 사람들이 무엇을 좋아하는지를 주장한다. 그래서 그것들은 도덕 진술들을 번역하지 않는다. 그것들은 도덕 진술들을 도덕과 무관한 진술들로 적절하지 못하게 변형시킨다. 그래서 사적 주관주의와 문화 상대주의는 도덕적 의미를 제대로 이해하는 것일 수 없다.

(2) 객관주의 이론들

객관주의 이론들은 도덕 진술들이 참이거나 거짓인 사실 진술들을 주장한다고 하는 점에서 도덕적 의미의 주관주의 이론들과 의견을 같이한다. 그렇지만 객관주의(objectivism)는 도덕 진술들을 하는 사람들에 초점을 두기보다, 도덕 진술들이 도덕 행위들 자체나 가치를 지닌다고 이야기되는 대상들에 관한 사실을 진술하고 있다고 주장한다.

"그 사과는 붉다"는 진술은 그 사과에 관해 무언가 말한다. "인간들에게 가치가 있다"와 "살인은 그르다"라는 진술들은 인간들과 살인 행위들에 관해 무언가 말한다. "그 사과는 붉다"는 그 사과에 속성(붉음)이 있다고 주장하듯이 도덕 진술은 인간이나 도덕 행위에 특정 속성이 있다고 주장하는 것이다. 요약하자면 객관주의 이론들은 도덕 진술들이 인간들이나 도덕 행위들의 속성들을 기술함으로써 그 인간들이나 도덕 행위들에 관한 정보를 전달한다고 주장한다.

객관주의자들 사이의 일치가 끝나는 곳이 바로 여기이다. 크게 두 가지 유형의 객관주의(자연주의 윤리설과 비자연주의 윤리설)는 도덕 판단이 인간이나 행위의 것으로 삼는 도덕적 속성들의 본질에 관해 의견을 달리한다. 두 유형 사이의 논란은 도덕적 환원주의라는 문제를 둘러싼 것이다(즉, 도덕적 속성들이 도덕과 무관한 속성들로 환원될 수 있거나 도덕과 무관한 속성들과 동일시될 수 있는지 여부를 둘러싼 것이다). 자연주의 윤리학자들은 그런 환원이 올바르다고 말하며, 비자연주의 윤리학자들은 도덕적 속성들이 유일무이하며 도덕과 무관한 속성들로 환원될 수 없다고 말한다.

자연주의 윤리설(ethical naturalism)은 (선함과 가치, 옳음이라는) 윤리 용어들이 자연적, 과학적 속성들, 즉 본성상 생물학적이거나 심리학적이거나 사회학적이거나 물리적인 속성들에 의해 정의될 수 있거나 그것들로 환원될 수 있다고 주장하는 환원주의 견해이다. 예를 들어, 자연주의 윤리설에 따르면 "X가 옳다"에서 옳은(right)이라는 용어는 다음의 것들, 즉 "대부분의 사람들에 의해 승인되는 것"이나 "대부분의 사람들이 원하는 것", "공평한 이상적 관찰자에 의해 승인되는 것", "욕구나 이익을 최대로 만드는 것", "인간 생존을 장려하는 것" 가운데 하나를 뜻한다. 여기서 중요한 논점은 이 도덕 용어들과 도덕적 속성들이 본성상 환원불가능하게 도덕적인 것이 아니라는 것이다(예를 들어, 가치나 선, 옳음과 같은) 도덕적 속성들은 생물학적이거나 심리학적인 속성들로 드러난다.

더 나아가서 자연주의 윤리설에 따르면 이 속성들에 조작적 정의를 부여함으로써 이 속성들은 과학에 의해 측정될 수 있다. 한 가지 예를 살펴보자. "X가 옳다"가 "X는 대부분의 사람들이 원하는 것이다"를 의미한다고 가정해 보자. 그리고 이어서 우리는 쾌락이 있고 고통이 없는 것이 대부분의 사람이 원하는 것이라고 주장한다. 과학자는—특정 심장 박동수의 존재나, 신경체계의 특정 자극의 부재(不在), 피부의 작은 변색이라는—생리학적 용어들로 그런 상태를 정의함으로써 쾌락의 존재와 고통의 부재를 측정할 수 있을 것이다. "옳음"은 대부분의 사람들에 의해 원해지는 것을 뜻한다. 대부분의 사람에 의해 원해지는 것은 쾌락의 존재와 고통의 부재이다. 그리고 쾌락과 고통은 신체의 특정 물리적 특성에 의해 정의될 수 있다. 그래서 옳음의 도덕적 속성은 측정될 수 있는 자연적 속성으로 환원되었다.

도덕적 환원주의(moral reductionism)에 모두 근거하는 자연주의 윤리설에 대해 두 가지 주요 반론이 제기될 수 있다.

첫째, 그것은 당위(ought)를 존재(is)로 환원시켜 존재를 당위와 혼동한다. 도덕적 속성들은 규범적 속성들이다. 그것들은 도덕적 "당위"를 수반한다. 어떤 행위에 옳음이라는 속성이 있다면, 우리는 그 행위를 해야 마땅하다. 하지만 열거된 것들과 같은 자연적 속성들은 규범성을 수반하지 않는다. 그 속성들만 있다.

둘째, 도덕적 속성을 자연적 속성으로 환원시키려는 시도들은 모두 실패했다. 어떤 행위가 자연적 속성을 지니지 않는데도 옳은 경우들과, 어떤 행위가 자연적 속성을 지니는데도 옳지 않은 경우가 있기 때문이다.

예를 들어, 우리가 "X가 옳다"에서 옳음이라는 도덕적 속성을 "X는 대부분의 사람들에 의해 승인되는 것이다"로 환원시킨다고 가정해 보자. 이 환원은 적절하지 못하다. 한 가지 예를 들자면 다수(多數)가 그를 수 있다. 대부분의 사람들이 승인하는 것은 도덕적으로 그를 수 있다. 대부분의 사람들이 아기를 고문하는 일을 승인한다면 이 유형의 자연주의 윤리설에 따르면 이 행위는 옳을 것이다. 하지만 그것이 대부분의 사람들에 의해 승인되었다 해도, 그것은 여전히 그를 것이다. 또 다른 한편, 일부 행위들은 대부분의 사람들에 승인되지 않거나(심지어 드문 일이지만 생각조차 되지 않는다 해도) 옳을 수 있다.

비자연주의 윤리설(ethical nonnaturalism)은 우리가 살펴본 견해 가운데 유일하게도, 환원 불가능한 도덕적 사실들과 속성들이 실제로 우주(宇宙)의 가구의 일부로 존재한다고 주장하는 견해이다(붉음 등과 같은) 자연적 속성들 외에, (옳음과 선, 가치와 같은) 도덕적 속성들이 있는데, 그 속성들은 인간들과 행위들에게 있으며, 도덕 진술들이 인간들과 행위들에 속한다고 여기는 것이다.

"그 사과가 붉다"는 붉음이라는 자연적 속성이 그 사과에 속한다고 하듯이 "X가 옳다"는 분석불가능하고 환원 불가능한 도덕적 속성이 X에 속한다고 한다. 대부분의 기독교 유신론자들은 특정 형태의 비자연주의 윤리설을 옹호해왔다. 그들은 도덕적으로 관련되는 특정의 가치 속성들(선과 거룩함 등)이 하나님 자신에게 있다고 주장하며, 하나님의 형상대로 지음 받은 인간들에게 (그분에게서와 같이) 가치와 존엄이 있다고 주장하며, 일부 행위에 도덕적 옳음이라는 속성이 있다고 주장하기 때문이다.

비자연주의를 비판하는 사람들은 J. L. 맥키(J. L. Mackie)가 기이함에 근거한 논변(argument from queerness)이라 부른 것을 종종 사용한다. 이 논증은 형이상학적 요소와 인식론적 요소를 모두 지닌다. 맥키는 다음과 같이 논증한다.

> 객관적 가치들이 있다면, 우주에 있는 다른 모든 것과 정말 다른, 매우 이상한 종류의 존재들이나 성질들, 관계들일 것이다. 이와 비슷하게 우리가 그 가치들을 안다면, 모든 다른 것을 아는 우리의 일상적 방식들과는 전혀 다른, 도덕적 지각 내지 직관의 어떤 특별한 능력에 의해서이어야 할 것이다.[1]

맥키는 논증하고 있다.-주장하고 있다는 것이 더 좋은 말일지 모른다. 이것은 그 상태로는 대단한 논증은 아니기 때문이다.-그는 도덕적 가치들이 너무 기이해서 그것들의 존재가 낯설 것이며, 그것들을 알 수 있는 우리 능력이 기이할 것이라고 논증하고 있다.

하지만 왜 모든 사람이 이것에 관해 맥키의 의견을 따라야 마땅한가? 도덕이 존재한다면 모든 사람은 도덕이 다른 종류의 것들과 같다고 왜 기대할 것인가?

맥키는 도덕적 가치들이 물리 대상들과 같이 작용하지 않는다는 이유를 들어 흠잡는 것처럼 보인다. 하지만 이것은 흠을 잡는 터무니없는 사례이다. 도덕적 가치가 물리 대상이 아니라면, 왜 사람들은 그 대상이 물리 대상과 같다고 기대해야 마땅한가?

맥키의 견해가 옳다면, 다수의 존재들—수와 인간, 논리법칙, 보편자, 집합, 그 밖의 다른 비물리적 존재들—은 "기이하기"에 버림받는다. 맥키의 반박은 자연주의에 치우친 편견을 주장하는 것일 뿐이다. 물리주의 유형의 철학적 자연주의가 참이라면 객관적 도덕 가치가 있지 않다고 말하는 것은 타당해 보인다.

---

[1] J. L. Mackie, *Ethics: Inventing Right and Wrong* (New York: Penguin, 1977), p.38.

하지만 철학에서는 한 인간의 전건 긍정(modus ponens)이 다른 인간의 후건 부정 (modus tollens)인 경우가 종종 있다. 맥키는 전건을 긍정하고 도덕적 가치의 객관성을 부정할 것이다. 그렇지만 반대자는 그 결론을 부정하고 그래서 물리주의 유형의 철학적 자연주의가 참임을 부정할 것이다. 제26장에서 우리는 이 대립을 다시 검토할 것이며, 도덕 가치의 객관성이 하나님의 존재를 믿을 만한 근거를 준다는 사실을 볼 것이다.

요약하자면 이것들은 메타윤리학에 나타난 주요 선택지들이다. 도덕적 용어들과 주장들의 분석에 덧붙여 메타윤리학에서 중요한 또 다른 문제는 도덕적 관점 자체를 정당화하는 문제이다.

4. 왜 나는 도덕적이어야 마땅한가?

삶의 원숙한 철학은 왜 우리가 도덕적이어야 마땅한가라는 물음에 대한 대답을 포함해야 마땅하다. 하지만 "왜 나는 도덕적이어야 마땅한가?"라는 질문은 명확하게 될 필요가 있다.

세 가지 논점이 그 질문을 밝히는 데 기여해야 마땅하다.

첫째, 사람들은 특정의 도덕 행위(친절한 행위, 자기 희생적 행위)를 사람들이 도덕적 관점이라 부르는 것과 구분할 수 있다.

"왜 나는 도덕적이어야 마땅한가?"라는 물음은 실제로 "왜 나는 도덕적 관점을 택해야 마땅한가?"라고 묻고 있다. 그래서 도덕적 관점이 무엇인지 이해하는 것이 중요하다. 우리가 도덕적 관점(moral point of view)을 택한다면 다음 일을 하는 셈이다. 사람들은 행위들과 대상들(인간들, 환경들), 동기들에 관한 규범 판단을 기술(記述)한다. 사람들은 자신들의 판단을 보편화하고자 한다. 사람들은 그들의 도덕적 견해를 자유롭고 편견 없고 훤히 통달한 방식으로 증진시키려 한다.

달리 말하자면 그들이 도덕적 관점을 택한다면 규범적이고 보편화가능한 도덕의 명령들에 성숙하고 편견 없고 공정하게 복종하며 그 명령들을 그렇게 증진시키려 한다. 사람들은 도덕의 명령들을 받아들이고 도덕적 관점에 비추어 살고자 한다. 그러한 관점이 사람들의 삶과 우선순위를 다스린다. 그렇게 이해될 때, "왜 나는 도덕적이어야 마땅한가?"라는 질문은 "왜 나는 도덕적 관점을 내 삶을 인도하는 힘으로 택해야 마땅한가?"라는 질문이 된다.

둘째, 우리는 도덕적 관점을 택하는 동기와 이유를 구분할 수 있다.

전자와 관련해 그 물음은 우리가 도덕적 관점을 택하게 하는 동기가 무엇인지 묻는다. 동기는 합리적 요소를 필요로 하지 않는다. 예를 들어, 사람들은 도덕적 관점이 그들에게 부모와 사회로부터의 승인을 주었기 때문에 또는 그저 그렇게 하려는 어떤 감정이나 갈망 때문에 그 도덕적 관점을 택하려는 동기를 부여받았다고 말할 수 있을 것이다. 이유와 관련해 그 질문은 도덕적 관점을 택하는 것을 옹호하기 위해 어떤 합리적 정당화를 할 수 있는가를 묻는다. 일반적으로 그 질문은 이유들로써 구성되지만, 이유와 동기는 모두 우리가 도덕적 관점을 택하는 이유를 완전히 논의하는 것과 관련된다.

셋째, 이 질문이 어떤 종류의 정당화를 찾고 있는지가 분명하지 않다. "왜 나는 도덕적이어야 마땅한가?"라는 질문에 어떤 종류의 "당위"가 관여되는가?

그것이 도덕적 "당위"(moral "should")라면, 그 질문은 도덕적 관점을 택하는 것에 대한 도덕적 정당화를 요구하고 있다. 도덕적 "당위"가 그 질문에서 사용된다면, 일부 철학자들은 그 질문이 적절하지 못한 자기모순을 수반한다고 여긴다. 그러면 우리는 도덕적 이유를 받아들일 도덕적 이유를 묻고 있기 때문이다. 달리 말하자면 우리는 그 질문에서 도덕적 "당위"를 사용하고 있다면, 이미 도덕적 관점 안에서부터 추론하고 있는 셈이다.

우리는 이미 도덕적 질문에 대한 도덕적 대답을 기꺼이 인정하고 있기 때문이다. 하지만 우리가 이미 도덕적 관점을 택했다면, 그렇게 할 도덕적 이유를 물을 때 논점이 그리 맞지 않다. 우리가 그 질문에 대해 거의 유일하게 줄 수 있는 대답은 우리가 도덕적 관점을 택하는 것이 그저 도덕적으로 옳다는 것일 것이다.

하지만 우리가 그런 행위가 도덕적으로 옳기 때문에 그 도덕적 관점을 택하고자 한다면 이미 그것을 알지도 못한 채 도덕적 관점을 택하고 있는 셈이다. 그래서 "왜 나는 도덕적이어야 마땅한가?"라는 질문은 "당위"의 도덕적 의미를 실제로 사용하고 있지 않으며 그리고 사용하고 있다 해도 유일한 대답은 그런 행위가 그저 도덕적으로 해야 옳은 것일 뿐이다.

하지만 그 질문의 일부로 더 적합한, 다른 "당위" 개념이 있다. 이것은 합리적 "당위"(rational "should")이다. 이런 의미의 "당위"에 따르면 우리는 "왜 내가 도덕적이어야 마땅한가?"라는 물음을 도덕적 관점 안에서부터가 아니라 도덕적 관점 일체의 밖으로부터 묻고 있다. 달리 말하자면 우리는 "내가 도덕적 관점을 고려하지 않고 내 자신의 최고 이익을 위해 내 삶을 다스리는 자기본위적(自己本位的) 이기적 관점이라는 다른 관점 대신 도덕적 관점을 택하는 것이 타당할 이유에 대해 어떤 합리적 정당화가 나에게 주어질 수 있는가?"

우리가 스스로 합리적 인생설계(rational life plan)를, 즉 우리가 합리적 인간이 되기 위해 살아갈 길에 대한 심사숙고하고 타당한 접근을 체계적으로 나타내려 하듯이 왜 도덕적 관점은 그 합리적 인생설계의 일부이어야 마땅한가?

요약하자면 "왜 나는 도덕적이어야 마땅한가?"는 동기를 묻고 있지만, 더욱 중요한 것은 어떤 사람이 도덕적 관점을 합리적 인생설계의 일부로 택해야 마땅한 이유들이다.

윤리 이론 또는 보다 일반적으로 말하자면 완전한 세계관에 대한 합리적 평가의 일부는 이론이나 세계관이 "왜 나는 도덕적이어야 마땅한가?"라는 물음에 주는 대답에 대한 평가이다. 서로 다른 대답들이 그 질문에 대해 주어지지만, 가장 두드러지는 두 대답은 이기주의적 대답과 유신론적(有神論的) 대답이었다. 거칠게 말하자면 이기주의적 응답은 그렇게 행하는 것이 자신에게 최고 이익이 되는 경우에만 도덕적이어야 마땅하다고 말한다. 어떻게라도 해서 유신론적 응답들은 하나님의 존재에 대한 언급을 포함한다.

예를 들어, 도덕법은 참되며, 선하고 정의롭고 지혜롭고 사랑하는 하나님의 임의적이지 않은 명령들에 의해 구성되기 때문에 또는 그러한 하나님에 의해 제대로 기능하도록 우리가 설계된 방식에 근거를 두기 때문에 우리는 도덕적이어야 마땅하다. 이기주의 윤리설은 제3장에서 검토될 것이며, 하나님과 도덕적 책임의 관계는 제5권 『기독교철학』의 제5장에서 검토될 것이다. 이 논의들을 곰곰이 생각할 때 "왜 나는 도덕적이어야 마땅한가?"를 염두에 두어야 마땅하다.

[요약]

윤리학은 철학적 도덕연구로 이해될 수 있지만, "당위"와 같은 가치 개념들에는 도덕적 용법과 도덕과 무관한 용법이 있기에 도덕의 본질을 밝힐 필요가 있다. 어떤 판단을 도덕적이라 간주할 수 있는 특정 조건들이 주어졌다. 그것은 행위와 태도, 동기에 대해 최고 권위를 지니는 길잡이로 반드시 받아들여져야 한다. 그것은 반드시 규범적 명령이어야 하며 보편 가능해야 한다. 또한, 그것은 진정한 인간 번영과 인간 존엄 등과 같은 것을 반드시 언급해야 한다.

도덕에 초점을 두는 서로 다른 연구 영역이 적어도 네 가지 있다. 두 영역은 규범과 무관하다. 기술윤리학과 메타윤리학이다. 둘은 규범적이다. 진정한 규범윤리학과 응용윤리학이다.

비인지주의와 인지주의의 다양한 메타윤리 이론이 분석되었다. 전자는 도덕 진술이 참이거나 거짓임을 부정한다. 정서주의와 명령주의/규범주의는 주요 형태의 비인지주의이다. 인지주의 이론들은 도덕 진술들을 직설법으로 묘사한다. 주관주의적 인지주의 이론들(사적<私的> 주관주의와 문화 상대주의)은 도덕 진술들이 도덕 진술을 하는 사람에 관한 정보를 전달한다는 함축을 지닌다.

객관주의 이론들은 도덕 진술들이 도덕 행위 자체나 (예를 들어, 인간들과 같이) 가치를 지닌다고 이야기되는 대상들에 관한 정보를 전달한다는 함축을 지닌다. 자연주의 윤리학자들은 도덕적 속성들이 도덕과 무관한 속성들로 환원될 수 있다고 주장하며, 비자연주의 윤리학자들은 이 주장에 동의하지 않는다.

올바로 이해될 때, "왜 나는 도덕적이어야 마땅한가?"라는 질문은 결과적으로 "내가 도덕적 관점을 고려하지 않고 나 자신의 최고이익을 위해 내 삶을 다스리는 자기본위적 이기주의 관점과 같은 다른 관점 대신 도덕적 관점을 내가 택하는 것이 타당할 이유에 대해 어떤 합리적 정당화가 나에게 주어질 수 있는가?"라는 질문이 된다.

[기본 용어]

응용윤리학
인지주의
문화 상대주의
기술윤리학
기술적, 사실적 "존재"
정서주의
자연주의 윤리설
비자연주의 윤리설
윤리학
명령주의/지시주의
메타윤리적 상대주의
메타윤리학
도덕적 관점
도덕적 환원주의

도덕적 "당위"
비인지주의
규범윤리학
진정한 규범윤리학
객관주의
특수주의
지시적, 평가적 "당위"
사적 주관주의
합리적 "당위"
합리적 인생설계
주관주의
보편화가능한
가치 개념들

제22장

윤리 상대주의와 윤리 절대주의

> 인간은 만물의 척도이다. 존재하는 것들에 대해 그것들이 존재한다는 것을, 존재하지 않는 것들에 대해 그것들이 존재하지 않는다는 것을.
>
> *프로타고라스, 『진리에 관해』(*On Truth*)

> 달리 말하자면 [프로타고라스는] 각 개인의 사적 인상(印象)이 절대적으로 참되다고 말하고 있었다. 하지만 저 입장이 채택된다면, 동일한 것이 존재하는 동시에 존재하지 않으며, 선한 동시에 악하며, 마찬가지로 그 밖의 반대되는 것들에 대해서도 그러하다는 결론이 나온다. 결국, 특정 사물이 한 부류의 사람들에게 아름답고 다른 부류의 사람들에게 추할 것이며, 문제되는 그 이론에 의해 상충되어 보이는 것들 각각이 "척도"가 될 것이기 때문이다.
>
> *아리스토텔레스, 『형이상학』(*Metaphysics*), 1062B13

1. 서론

한 사람이 낙태나 사형, 안락사와 같은 응용윤리학의 특정 문제들에 접근할 때 그는 일반적 윤리 주제들에 관한 한 부류의 배경 신념들을 그 문제들로 끌어온다. 이것은 마땅히 그러해야 하는 방식이다. 모든 연구 영역에서 특정 논쟁들은 그 논쟁들과 관련되는 폭넓은 이론들의 틀 안에서 논증된다. 예를 들어, 두 명의 역사가가 로마 제국의 몰락의 원인들에 대해 논의하고 있다면, 역사와 문명 등에 관한 더 넓은 이론들에 뿌리를 두는 논증들을 사용할 것이다.

역사가들은 사실을 창조하는가 아니면 발견하는가?

고대 로마에 관해 좋은 기록들이 우리에게 있는가?

한 문명에 대해 다른 요소들과 비교해서 경제적 요소들의 상대적 중요성을 어떻게 결정하는가? 등등 ….

이와 마찬가지로 우리가 특정의 윤리 문제들을 분석하려 할 때, 어떤 폭넓은 주제들이 중요하다.

사실 판단(예를 들어, 사람들은 살인에 찬성하지 않는다)과 가치 판단(예를 들어, 사람들은 살인에 찬성하지 않아야 마땅하다)의 차이는 무엇인가?
모든 가치는 상대적인가, 아니면 일부 가치가 절대적인가?
어떤 도덕적 가치가 절대적인 것이라고 말하는 것은 무엇을 뜻하는가?

도덕 상대주의와 도덕 절대주의 간의 논쟁은 윤리적 추론에서 매우 중요하며, 이 논쟁은 오늘날 문화에서 특히, 절박하다.
루이스 포즈만(Louis Pojman)은 다음과 같이 말한다.

> 에스키모 사람들은 노인들이 굶어죽도록 하지만, 우리는 이 관행이 도덕적으로 그르다고 믿는다. 도둑질이 도덕적으로 옳다고 고대 그리스의 스파르타 사람들이 믿었고 오늘날 뉴기니(New Guinea)의 도부(Dobu) 사람들이 믿고 있지만, 우리는 그것이 그르다고 믿는다. 동아프리카 누에르(Nuer) 사람들은 기형아들을 하마들에게 던져주지만, 우리는 유아 살해를 혐오한다. 루스 베네딕트(Ruth Benedict)는 협동과 친절을 악덕으로 여기는 말레이시아의 한 부족을 기술하며, 콜린 턴불(Colin Turnbull)은 북 우간다의 이크(Ik) 부족에게는 자녀나 부모에 대한 의무감이 없다는 기록을 남겼다. 일부 사회들은 어린이가 나이든 부모를 죽이는 것(때로 목졸라 죽이는 것)을 의무로 삼는다. 에스키모 사람들은 새로운 장소로 이동할 때때로 노인들을 버린다. 성적 관행들은 시기와 지방에 따라 다양하다. 일부 문화들은 동성애 행위를 허용하지만, 다른 문화들은 동성애를 비난한다. 일부 문화들은 식인풍습을 실천하는 반면, 우리는 식인 풍습을 혐오한다. 문화 상대주의는 기록에 의해 잘 입증되며, 문화는 "모든 것 위에 군림하는 왕"이다.[1]

---

1 Louis P. Pojman, *Ethics: Discovering Right and Wrong* (Belmont, Calif.: Wadsworth, 1990), p. 19.

이 장에서 우리는 두 가지를 할 것이다. 윤리 상대주의와 연관되어 온 서로 다른 논제들을 진술하고 평가하는 일과, 다양한 형태의 윤리 절대주의를 진술하고 평가하는 일이다.

2. 윤리 상대주의

이 절에서 우리는 어떻게라도 해서 상대주의와 연관되어 온 6개의 서로 다른 논제들을 밝히고 평가하고자 한다. 하지만 우선 사실과 가치라는 철학적으로 중요한 구분을 잠시 살펴보자.

1) 사실과 가치

A와 B라는 두 문화를 살펴보자. 문화 A에서는 노인이 나이가 들 때 그 사람을 죽임으로써 그 사람에게 이롭게 하는 것이 도덕적 의무로 여겨진다. 문화 B에서 그런 행위는 도덕적으로 금지되어 있다.

문화 A와 문화 B는 그들이 받아들이는 가치에 대해 서로 의견이 다른가?

아마 그렇지 않다. 두 문화는 무고한 사람을 살인하지 말라는 도덕적 명제가 진리라는 데 대해 의견을 같이 한다. 그렇지만 사실에 관한 믿음에서 차이가 나기에 문화 A는 [문화 B와는 대조적으로] 노년의 부모를 죽이는 것을 살인으로 여기지 않을 수 있다. 문화 A가 우리가 우리 몸을 내세로 가져가야 하고 먹거리를 그 몸으로 영원히 사냥해야 한다고 믿는다고 가정해 보자.

그런 경우 내세에서 우리의 행복과 안전은 죽을 때 우리 몸의 상태에 달려 있을 것이며 그리고 노인을 죽이는 일은 살인이 아니라, 도덕적으로 정당화될 수 있는 죽임의 사례일 것이다. 또는 A의 구성원들이 그렇게 주장한다. 문화 B에는 내세에 관한 그런 믿음이 없으며, 따라서 노인을 죽이는 일은 살인 행위이다. 문화 A와 문화 B는 도덕적 가치(무고한 사람을 죽이는 일은 그르다)에 관해 의견을 같이 하지만, 세계의 실상에 관한 사실에 대한 믿음에 있어서는 의견을 달리한다.

일반적으로 사실(fact) 내지 사실에 대한 믿음은 세계가 경험적으로나 형이상학적으로나 종교적으로 존재하는 방식에 관한 기술(記述, description)을 포함한다. "등불이 탁자 위에 있다"와 같은 일부 기술들은 도덕과 무관하다. 기술적 진술이 도덕을 포함한다면 그것은 도덕에 관한 진술이다. 예를 들어, "미국의 대부분 사람들은 인종주의가 그르다고 생각한다."

이와 대조적으로 가치(value) 내지 가치에 대한 믿음은 도덕적으로 마땅히 있어야 하는 것을 권고하는 일부 도덕적 명제에 충실한 것을 포함한다. "당위" 진술은 권고(prescription)한다. 도덕적 규범진술들은 도덕의 진술들이다. 예를 들어, "인종주의는 그르다"나 "인종주의가 도덕적으로 허용될 수 있다."

이 차이들은 표 22.1에 요약되어 있다.

사실	존재	기술	도덕에 관한 진술
가치	당위	권고	도덕의 진술

<표 22.1 사실과 가치의 구분들>

사실과 가치의 구분이 정말 분명하지만, 그런데도 이 구분은 매우 다른 두 가지 방식으로 사용되어 왔다. 일부 사람들은 실재하며 정신과 독립된 세계의 일부인 사태를 나타내는 데 사실을 사용했다. 결국, 가치는 어떻게라도 해서 주관적인 것으로 드러난다. 예를 들어, 우정에 가치가 있다고 말하는 것은 내가 주관적으로 우정을 가치 있게 여긴다는 것을 말할 뿐이다. 사실과 가치의 구분을 보는 두 번째 방식은 보다 적합한데, 다음과 같다.

첫째, 가치는 세계의 실재 존재들이다. 예를 들어, 인간에게 본래적 가치가 있다고 말하는 것은 인간에게 본래적 가치라는 속성이 있다고 말하는 것이며, 이것은 사람들이 그러하다고 믿는 것과 무관하게 인간들에게 적용된다.

둘째, 가치적 사실들(value facts)—마땅히 있어야 하는 것에 대한 기술—과 가치가 아닌 것(nonvalue) 내지 "단순한" 사실들("mere" facts)—그저 있는 것에 대한 기술들—이 있다. 두 종류의 사실 모두 실재하기 때문이다. 이 견해에 따르면 사실과 가치의 구분은 가치적 사실과 "단순" 사실의 구분이다. 그래서 결국, 그 구분의 중요성은 어떤 것이 사실 그러하기에 그것이 마땅히 그러해야 한다는 결론이 자동적으로 나오지 않는다는 생각이 된다. 우리는 두 번째 의미에서 그 구분을 사용하고 있으며, 사실을 가치가 아닌 것 내지 "단순한" 사실로 사용하고자 한다.

사실에 대한 믿음에 나타나는 차이는 윤리적 불일치에서 중요한 역할을 할 수 있다. 예를 들어, 여호와의 증인이 수혈을 거부하고 죽을 때, 이것은 그가 자살의 도덕적 적절함을 받아들이는 것을 함축하는가?

결코, 그렇지 않다. 여호와의 증인들은 자살이 도덕적으로 금지되어 있다는 데 다른 사람들과 의견을 같이 할 수 있다. 하지만 그들은 하나님이 피를 먹는 것에 찬성하지 않으며 수혈이 피를 먹는 사례라고 믿기에, 사실에 대한 이 종교적 믿음들 때문에 다음과 같은 입장에 이른다. 수혈을 거부하는 행위는 자살행위가 아니라, 하나님을 위해 자신의 생명을 희생하는 행위이다.

우리는 사실과 가치라는 구분 덕분에 낙태 논쟁으로 설명될 수 있는 도덕적 불일치의 세 가지 서로 다른 원인(three different sources for moral disagreements)을 통찰할 수 있다.

첫째, 도덕적 논쟁은 사실 차이에 관한 것일 수 있다.

예를 들어, 낙태에 관한 논쟁은 때로 태아가 인격 내지 인간인가에 관한 논쟁을 포함한다. 그런 논쟁은 사실에 관한 논쟁이며, 기본적으로 도덕 논쟁은 아니다. 물론 그것에는 도덕적으로 진지한 함축들이 있다. 논쟁의 양편은 살인 내지 과실치사(過失致死)가 그르다는 데 의견을 같이할 수 있으나, 태아의 지위에 관한 사실에 대해 서로 다른 믿음이 그들에게 있기에 그들은 낙태가 살인 내지 과실치사인지에 관해 의견을 달리한다.

도덕적 불일치의 다음 두 원인은 가치 차이를 포함한다.

둘째, 무고(無辜)한 사람을 고의로 죽이는 것이 그르다는 명제와 같은 도덕 명제를 한편이 긍정하고 다른 편이 부정할 때 가치 차이가 일어날 수 있다.

셋째, 양편이 둘 내지 그 이상의 도덕 원리들을 받아들이지만, 그 원리들의 상대적 힘의 비중을 서로 다르게 잴 때 가치 차이가 일어날 수 있다. 예를 들어, 생명권과 선택권은 낙태 논쟁의 양편에 의해 받아들여질 수 있을 것이지만, 양편은 그 권리들의 비중을 다르게 잰다. 생명 옹호론자들은 생명권이 선택권보다 앞선다고 주장할 수 있을 것이며, 선택 옹호론자들은 이 순서를 바꿀 수 있을 것이다. 일반적으로 볼 때, 도덕적 불일치의 중요한 원인들이 세 가지 있다. 언제 그러한 불일치가 가치 차이에 근거하는지에 대한 평가는 이것이다.

한편이 긍정하고 다른 편이 부정하는 도덕 원리가 있는가, 아니면 둘 내지 그 이상의 원리들의 비중이 서로 다른가?

우리는 윤리적 논쟁들이 사실과 가치에 관한 불일치를 포함한다는 점을 보았다. 우리는 특정의 윤리논쟁에서 논란이 되는 것을 정확히 이해하려 해야 마땅하다. 사실과 가치라는 구분은 윤리 상대주의와 종종 연관되는 서로 다른 6개의 논제들을 이해하는 데도 유익하다.

2) 윤리 상대주의와 연관되는 여섯 가지 논제들

(1) 문화 상대주의 내지 기술적 상대주의

첫째, 문화 상대주의(cultural relativism) 내지 기술적(記述的) 상대주의(descriptive relativism)가 있다.

이것은 인류학자들과 사회학자, 역사학자들에 의해 종종 표현되는 기술적이고 사실적인 논제이다. 사실 사회에는 윤리적 기본 판단들에 대해 다른 견해들이 있다는 논제이다. 사실에 대한 모든 문제가 일치되고 두 문화가 "옳은"이나 "그른"과 같이 동일한 윤리 개념들에 의해 동일한 것을 뜻하지만, 어떤 행동이 옳고 그른지에 대해서는 의견을 달리할 때 근본적인 윤리적 불일치(basic ethical disagreement)는 여전히 있는 것이다. 그래서 근본적인 윤리적 불일치는 가치 차이일 것이다.

그렇다면 결국, 문화 상대주의는 옳고 그르다고 여겨지는 것 내지 도덕 원리들의 비중이 서로 상대적으로 평가받는 방식이 문화에 따라 다르다는 논제가 된다. 이 논제의 개인적 설명 - 옳음과 그름이 개인마다 다르다 - 이 있지만, 여기서 우리는 문화적 설명에만 초점을 두고자 한다.

문화 상대주의를 평가할 때 두 가지를 염두에 두어야 마땅하다.

둘째, 그것은 도덕적 논제가 아니다.

그것은 도덕의 규범적 진술이 아니라, 도덕에 관한 기술적이고 사실적인 진술이다. 그것 자체로는 어떤 종류의 실질적 도덕논제를 수반하지 않는다. 문화 상대주의에서는 특히, 모든 사람에게 적용되는 절대적 도덕들이 있다는 결론이 나오지 않으며, 이 절대적 도덕들을 알 수 없다는 결론도 나오지 않는다. 서로 다른 문화들은 지구의 형태에 관해 의견을 달리하지만, 이것은 누구도 지구의 형태에 관해 옳지 않다는 것이나, 지구의 형태에 관한 자신의 견해를 믿을 때 누구도 합리적이지 않다는 것을 함축하지는 않는다. 똑같은 노선의 추론이 문화 상대주의에 적용된다.

누군가 사람들이 어떤 것에 관해 의견을 같이 할 수 없다는 사실이 때로 관련 사안의 실재적 사실이 없음을, 즉 누구도 옳지 않고 누구도 그르지 않다는 것을 보여 준다고 응수할 수 있을 것이다. 또 다른 한편, 어떤 것에 관해 해결되지 않은 불일치가 있다는 사실로부터 누구도 옳지 않다는 결론이 나오지는 않는다. 이 추가 결론은 그저 주장되어서는 안 되고, 논증될 필요가 있다.

더 나아가서 참된 도덕적 가치를 옹호하는 주장을 할 수 있다면(아래 참조), 도덕적 견해들의 불일치가 있다는 것은 도덕 진술의 상대적 진리치와는 다른 것을 보여 준다. 예를 들어, 사람들이 이기적이고 죄 된 이유 때문에 도덕적 견해를 형성하는 경우가 많다는 사실이다.

셋째, 마지막으로 윤리적 차이는 많은 사람이 생각하는 것만큼 광범위하지 않을 수 있다. 이것은 두 번째 관찰에 이른다.

문화 상대주의는 사실에 관해 오히려 약한 논제일 수 있다. 사실 해명을 정당하게 고려할 때, 외견상의 많은 도덕적 차이는, 결국 도덕적이지 않고 사실적일 뿐임이 드러난다. 이것은 문화들이 기본 가치들에 관해 광범위한 일치를 드러낸다는 주장을 뒷받침해 준다. 예를 들어, 어떤 문화도 전쟁 중에 보이는 비겁을 가치 있게 여기지 않았다. 그래서 많은 문화적 차이는 사실 차이들로 드러난다고 할 법하다.

우리는 기독교의 일반 계시론과 자연적 도덕법(natural moral law)이라는 관—모든 사람에 의해 인식될 수 있고 그 원리들이 만들어지는 방식과 창조에 뿌리를 두는 보편적 구속력을 지니며 참된 도덕 원리들이 있다는 생각—덕분에 적어도 도덕적 가치들에 관한 일부 광범위한 의견일치를 알아챈다. 또 다른 한편, 윤리적 기본 판단들에 관해 문화들 사이의 진정한 논쟁인 것처럼 보이는 것이 있다. 또한, 성경의 원죄 이론 덕분에 그 문화가 일반 계시나 특별 계시에 비추어 살고 생각하는 정도에 따라 문화들이 도덕적으로 왜곡되고 반항적일 수 있지 않을까 생각해야 마땅하다.

(2) 규범적 상대주의 내지 윤리적 상대주의

두 번째 윤리적 논제는 규범적 상대주의(normative relativism) 내지 윤리적 상대주의(ethical relativism)이다. 이 실질적인 도덕적 논제는 모든 사람이 행위자의 사회규범에 따라 행동해야 마땅하다고 주장한다. 한 사회에 옳은 것이 다른 사회에도 반드시 옳은 것은 아니다. 예를 들어, 사회 A는 "간음이 도덕적으로 허용될 수 있다"를 규범에 지닐 수 있고, 사회 B는 "간음은 도덕적으로 금지된다"를 규범에 지닐 수 있다. A와 B는 "간음"과 "도덕적으로 허용될 수 있는", "도덕적으로 금지되는"이라는 표현을 통해 동일한 것을 뜻하며, 그래서 이 사회들은 간음의 옳음에 대해 정말 의견을 달리한다.

달리 표현하자면 규범적 상대주의는 도덕 명제들이 그저 참이거나 거짓이 아니라는 함축을 지닌다. 도리어 도덕 원리들의 진리치(眞理値) 자체는 특정 문화의 믿음들에 따라 상대적이다. 예를 들어, "살인은 그르다"는 단순하고 분명하게 참인 것은 아니다. 그것은 "문화 A에 대해 참"이지만, 아마도 "문화 B에 대해서는 거짓인 것 같다".

여기서 요점은 도덕 원리들의 적용에서 어떤 상대성이 있다는 것만이 아니다. 예를 들어, 두 문화 모두 "우리는 결혼생활에서 성적(性的) 정절(貞節)을 지켜야 마땅하다"고 주장할 수 있을 것이지만, 결혼생활에서의 성적 정절에 관한 사실적 차이들(예를 들어, 일부일처제 아니면 일부다처제) 때문에 이것을 다르게 적용할 수 있을 것이다. 사실적 다양성은 도덕 규칙이 적용되는 방식에 차이를 낳을 수 있다.

규범적 상대주의는 이 유형의 다양성을 넘어서며, 도덕 원리들의 객관적 가치 자체가 특정 문화에 대해 상대적이라고 주장한다. 예를 들어, 성적 정절 자체를 주장해야 마땅한지 여부는 한 문화에 대해 상대적으로 참이며 다른 문화에 대해 상대적으로 거짓일 수 있을 것이다. 문화 상대주의에 대해 말하자면 개인적 유형과 문화적 유형 사이에 차이가 있다. 개인적인 규범적 상대주의는 (주관주의<subjectivism>로도 불리는데) 도덕 규칙의 진리가 각 개인의 믿음에 따라 상대적이라고 말한다. 문화적인 규범적 상대주의는 (관행주의<conventionalism>로도 불리는데) 도덕적 진리를 전체 문화나 사회에 따라 상대적이 되게 한다.

다수의 도덕철학자 신학자는 규범적 상대주의에 가해지는 비판의 심각성 때문에 규범적 상대주의를 받아들이지 않는다.

첫째, 사회가 무엇인지 정의(定義)하는 일이나 특정 경우에 관련된 사회가 무엇인지 명기(明記)하는 일은 어렵다. 위의 사회 A와 사회 B를 살펴보자. A 출신의 사람이 A나 B와 다른 견해를 지닌 세 번째 사회인 C에 있는 한 호텔에서 B 출신의 여성과 성관계를 한다면 그 행위가 옳은지 그른지 결정해 주는 관련 사회는 어떤 사회인가?

둘째, 우리는 종종 서로 다른 도덕적 가치를 주장할 수 있는 서로 다른 여러 사회들의 구성원이라는 사실이 이와 연결되는 반박이다.

우리의 핵가족이나 확대가족, 우리의 이웃이나 학교, 교회, 사회 클럽, 우리의 직장, 우리 마을과 주, 국가, 국제 공동체가 그 사회들이다. 관련되는 사회는 어떤 사회인가?
내가 동시에 두 사회의 구성원이며, 한 사회가 어떤 도덕적 행위를 허용하는 반면 나머지 사회는 금지하는 경우 어떠한가?
이 경우 나는 무엇을 하는가?

셋째, 규범적 상대주의는 개혁가의 딜레마로 알려진 문제를 겪는다. 규범적 상대주의가 참이라면, 한 사회가 예수 그리스도나 간디(Gandhi), 마틴 루터 킹(Martin Luther King Jr.)과 같이 덕성 있고 도덕적인 개혁가를 지닌다는 것은 논리적으로 불가능하다.
왜 그러한가?
도덕개혁가들은 그 사회의 규범 밖에 있는 사회 구성원들이며, 그 규범의 변화와 개혁이 필요하다고 외친다. 그렇지만 한 행위가 특정 사회의 규범과 일치하는 경우에만 옳다면, 도덕개혁가는 당연히 부도덕한 사람이다. 그의 견해들은 그 사회의 견해들과 맞지 않기 때문이다. 도덕개혁가들은 언제나 그를 수밖에 없다. 그들은 그 사회의 규범을 어기기 때문이다. 하지만 도덕개혁가가 불가능하다는 함축을 지니는 견해에는 모두 결함이 있다.
달리 말하자면 규범적 상대주의는 (관행주의가 고려된다면) 문화들이나 (주관주의가 고려된다면) 개인들이 그들의 도덕규범을 증명할 수 없음을 함축한다. 그것들이 유일하게 할 수 있는 것은 그것을 바꾸는 것이다.

왜 그러한가?
예를 들어, 인종주의가 옳다고 믿다가 인종주의가 그르다고 생각하는 규범 변화를 생각해 보자.
우리는 이 변화를 어떻게 평가해야 마땅한가?

규범상대주의가 말할 수 있는 것은 이전 규범의 관점에서 볼 때 새 원리가 그르고 새 규범의 관점에서 볼 때 옛 원리가 그르다는 것이다.

요약하자면 관점에서만 변화가 있었다. 새 규범이 옛 규범의 개선을 반영한다는 생각에는 아무 의미도 줄 수 없다. 이 생각은 그 판단을 내리게 되는 그 사회(나 개인)의 규범 밖에, 그 규범 위에 있는 관점을 요구하기 때문이다. 또한, 규범적 상대주의가 부정하는 것이 바로 그러한 관점이다.

일부 상대주의자들은 모든 도덕개혁가가 하는 것은 그 사회규범에 이미 있지만 간과된 것을 명시적(明示的)으로 밝히는 것이기에 그들이 도덕개혁가들을 허용한다고 주장함으로써 이것에 응수한다. 그래서 사람들이 평등하게 대우받아야 마땅하다는 원리가 이미 한 사회에 있다면, 이것은 명시적으로 언급될 수 없다 해도 인종주의 금지를 암묵적으로 담고 있다.

도덕개혁가들은 사람들에게 그들의 규범에 관해 더 주의 깊게 생각하라고 요구함으로써 이 점을 명시적으로 밝힐 뿐이다. 불운하게도 이 주장은 거짓일 뿐이다. 사실 많은 도덕개혁가는 사람들에게 규범을 바꾸라고 요구한다. 그들은 기존 규범에 이미 담겨 있는 것을 명백히 하는 일만 하지는 않는다.

다른 상대주의자들은 사회들이 "도덕개혁가들의 조언을 따르라"는 원리를 암묵적으로나 명시적으로 규범에 담을 수 있음을 인정함으로써 도덕개혁가들의 존재를 허용할 수 있다고 주장한다. 하지만 다시 한 번 말하지만, 이 응수는 먹혀들지 못한다.

예를 하나 들자면 이 개혁가들이 사회규범들 가운데 나머지 규범들을 지키지 않는 경우 이들을 "도덕적"이라 부르는 것은 어떤 뜻인가?
또 다른 한편, 개혁가가 사회규범들 가운데 나머지 규범을 지키고 믿는다면, 그 규범의 변화는 어떻게 도덕적 개선으로 간주될 수 있을 것인가?
개혁가는 변화를 가져오는 힘(power)을 지닐 수 있을 것이지만, 그렇게 할 도덕적 권위(authority)가 어떻게 그에게 있을 것인가?
또한, 왜 그 변화는 도덕적 개선으로 불리는가?

그런 원리가 사회규범에 있지 않아도 도덕개혁가들이 존재할 수 있기에 그런 원리가 있든 없든 상관없다.

동시에 작동하는 상호배타적 과제들을 지니는 둘 또는 그 이상의 도덕개혁가들이 있다면 어떠한가?

우리는 누구를 따르는가?

사회규범에 그런 원리가 있으면 모든 다른 도덕 원리가 위태로워질 것이다. 그 원리들은 다음에 오는 도덕개혁가의 변덕에 따르는 일시적 원리일 것이기 때문이다. 사실 어떤 사람이 그들의 사회규범에서 한 원리를 정직하게 따를 수 있으려면 그 전에 그들은 도덕개혁가가 그 당시 그 규범의 그 부분을 바꾸지 않았음을 확실히 하기 위해 노력해야 할 것이다.

넷째, 일부 행동들은 사회적 관습과 상관없이 그르다. 이 비판을 옹호하는 사람들은 보통 인식론적 특수주의(epistemological particularism)의 관점을 택하며(제4장 참조), 모든 사람은 그들이 아기를 재미삼아 고문하는 일이나 도둑질 자체, 탐욕 자체를 사실 어떻게 알게 되는지 아는 기준을 먼저 요구하지 않아도 그것들과 같은 것들이 그르다는 것을 알 수 있다고 주장한다(예를 들어, 아기를 재미삼아 고문하는 것과 같은) 행위는 그것이 옳다고 사회가 이야기한다 해도 그를 수 있으며, 어떤 행위는 사회가 그것이 그르다고 이야기해도 옳을 수 있다. 사실 어떤 행위는 사회가 그 행위에 관해 아무 말도 하지 않는다 해도 옳거나 그를 수 있다.

다섯째, 어떤 경우 한 사회가 다른 사회를 도덕적으로 비난하는 것이 어떻게 정당화될 수 있을 것인지 알기 어렵다. 규범적 상대주의에 따르면 우리는 사회규범에 맞게 행동해야 마땅하며, 다른 사람들은 그들의 사회규범에 맞게 행동해야 마땅하다.

그의 규범에서는 옳지만 내 규범에서는 그른 행위를 스미스(Smith)가 한다면 어떻게 나는 그의 행동을 그르다고 비판할 수 있는가?

사람들은 사회 A가 예를 들어, 살인 행위들을 어디서 일어나는지와 상관없이 비판해야 마땅하다는 원리를 규범에 지닐 수 있다고 지적함으로써 이 반박에 응수할 수 있을 것이다. 그래서 A의 구성원들은 다른 사회들에 나타나는 그런 행위들을 비판할 수 있을 것이다.

하지만 그런 규칙은 규범적 상대주의에 나타난 모순을 또 다시 드러낸다. 규범적 상대주의가 옳아서 A의 구성원들에 의해 받아들여진다는 사실과 이 규칙이 가정된다면, A에 있는 사람들은 B의 구성원들이 (그것이 옳다고 그들의 규범이 말하기에) 살인해야 마땅하며 내가 마땅히 해야 한다고 내 규범이 말하기에 내가

B의 구성원들을 비판해야 마땅하다고 주장해야 하는 입장에 있는 것 같다. 그래서 나는 B의 구성원들을 부도덕하다고 비판하는 동시에, 그들의 행위가 행해져야 마땅하다고 주장하는 셈이다. 또한, B의 구성원들은 A의 구성원들의 생각에 왜 마음 써야 마땅하단 말인가?

결국, 규범적 상대주의가 참이라면, 사회 A의 도덕적 견해들에 관해 본래적으로 옳은 것은 없다.

(3) 메타윤리적 상대주의

세 번째 유형의 윤리 상대주의는 메타윤리적 상대주의로 불린다. 규범적 상대주의에 따르면 문화 A와 B는 옳음과 그름과 같은 도덕적 평가용어들로써 같은 것을 뜻한다. 상대주의는 개념적 의미의 차원에서 나타나지 않지만, 무엇을 옳고 그른 것으로 여기는가에 대한 판단의 차원에서 나타난다. 이 견해에서 두 사회는 일부 행동이나 관행의 도덕적 가치를 둘러싸고 정말 의견을 달리할 수 있다.

그렇지만 (개념적 상대주의<conceptual relativism>로도 불리는) 메타윤리적 상대주의(metaethical relativism)에 따르면 도덕적 평가용어들의 의미 자체는 상대적이다. 형이상학적으로 표현하자면 선(善)이나 옳음과 같은 속성이란 없다. 도리어 선이나 옳음은 행위와 사회의 관계이다. 언어학적으로 표현하자면 "X가 옳다"는 진술은 "X가 사회 A에 대해 옳다"는 진술을 간단히 표현한 것이다. 옳음(과 다른 도덕 용어들)의 의미는 특정 문화에 따라 상대적이다.

메타윤리적 상대주의는 규범적 상대주의보다 훨씬 더 극단적이다. 그것은 규범적 상대주의에 대해 가해진 것과 같은 문제들 가운데 일부 문제를 겪는다.-사회를 정의(定義)하는 문제와, 행위와 행위자와 관련되는 사회를 결정하는 문제, 사회가 옳음과 그름을 무엇으로 이해하는가와 상관없이 일부 행동이 직관적으로 그르다는 사실이다.

메타윤리적 상대주의는 그것을 정말 받아들이기 어렵게 하는 추가반론 때문에 고민한다. 메타윤리적 상대주의가 참이라면 두 사회가 도덕적 차이를 지니는 것조차 불가능하다. 사회 A가 "살인이 옳다"고 주장하고, B는 "살인은 그르다"고 주장한다고 가정해 보자.

메타윤리적 상대주의에 따르면 이 두 진술은 불완전한 번역이다. A에 의해 실제로 이야기되는 것은 "우리에게 살인으로 여겨지는 것은 우리에게 그르다"는 것이다. 이 경우 도덕 논쟁은 일어나고 있지 않다. 두 진술 모두 참일 수 있을 것이기 때문이다. 사회 A와 B는 살인(murder)과 옳음(right), 그름(wrong)의 의미에 관해 다르게 쓰고 있다. 그런데 초문화적 도덕 갈등의 가능성을 배제하는 도덕 이론은 틀린 것처럼 보인다. 적어도 때로 사회들이 실제 다르다는 것이 도덕적 삶의 기본 특징이기 때문이다. 사실 [예를 들어, 히틀러<Hitler>와 나치<Nazis>처럼] 일부 사람들은 윤리적 의무들을 다하지 못한다. 그래서 도덕 진술들은 메타윤리적 상대주의자들이 우리에게 말해 주는 의미를 뜻하지 않는다.

(4) 윤리적 회의주의

종종 윤리적 상대주의와 연결되는 네 번째 논제는 윤리적 회의주의(ethical skepticism)이다. 이것은 어떤 사람의 윤리적 믿음들이 참이 아니거나, 참이라 해도 그것들이 참이라는 것을 누구도 알 수 없다는 견해이다. 윤리적 회의주의의 두 가지 주요 설명이 있다. 인식론적 설명과 존재론적 설명이다.

인식론적 설명(epistemological version)은 객관적으로 참인 도덕 가치가 없다고 말하지 않는다. 그것은 그런 가치들이 있다 해도 그것들이 무엇인지 우리가 알 수 없다고 주장할 뿐이다. 윤리적 회의주의의 존재론적 설명(ontological version)은 객관적으로 인식될 수 있는 도덕 가치가 없기에 도덕 지식이란 없다고 주장한다. 우리는 어떤 사람이 그것을 주장할 수 있을 두 가지 주된 이유가 있다고 말하기 위해서가 아니면 특별히 윤리적 회의주의 존재론적 설명을 보지 않을 것이다.

첫째, 누군가 자신의 윤리적 견해 일반 때문에 그것을 주장할 수 있을 것이다. 어떤 사람은 규범적 상대주의나 메타윤리적 상대주의자이기에 존재론적 윤리 회의주의를 받아들일 수 있을 것이다. 두 사람 모두 도덕 원리들에 객관적 진리치(眞理値) 내지 의미가 있음을 부정하기 때문이다. 이와 마찬가지로 어떤 사람은 메타윤리학에서 비인지주의자(noncognitivist)였기에 그것을 주장할 수 있을 것이다(3장 참조).

둘째, 존재하는 것이 무슨 의미인지에 관한 입장 때문에 그 견해를 주장할 수 있을 것이다. 예를 들어, 어떤 사람은 존재하는 것이 모두 물질로 이루어져 있고 가치는 물질로 이루어져 있지 않기에 존재할 수 없다고 주장할 수 있을 것이다. 존재 이론들과, 그와 관련되는 그 밖의 형이상학적 주제들은 이 시리즈의 제3부 "형이상학"에서 연구된다.

우리의 총체적 인식론(제2부 참조)이 도덕 지식의 여지를 남겨두지 않기에 일반적으로 윤리적 회의주의의 인식론적 설명이 받아들여진다. 예를 들어, 우리는 도덕적 회의주의를 포함하여 회의주의 일반을 받아들일 수 있을 것이다. 그렇지 않으면 우리는—진술 P는 오감(五感) 가운데 하나에 의해 검증될 수 있는 경우에 오직 그런 경우에만 인식될 수 있다는—엄격한 형태의 경험주의를 고수하고서 도덕 지식이 경험적으로 검증불가능하다고 주장할 수 있을 것이다.

세 가지가 윤리적 회의주의에 반대해 이야기될 수 있다.

첫째, 우리는 특수주의 입장을 택한 다음, 어떤 것들이 그저 옳거나 그르다는 것이 자명하게 참이라고 주장할 수 있을 것이다. 자비 자체는 덕성이며, 강간 자체는 그르다. 회의주의자는 이 주장이 선결 문제 요구의 오류라고 응수할 수 있을 것이다. 그는 우리에게 우리가 이것들이 그르다는 것을 어떻게 아느냐고 물을 수 있을 것이다.

특수주의자는 우리가 위의 주장들을 할 자격이 합리적으로 있기 전에 위의 주장들을 어떻게 아는지 우리에게 말해 주는 기준이 우리에게 필요하지 않다고 응수할 수 있을 것이다. 더 나아가서 윤리적 회의주의가 참이라고 믿을 만한 근거보다 자비 자체가 덕성이라고 믿을만한 근거가 우리에게 더 있다. 그래서 이 경우 증명의 부담은 회의주의자들에게 있는 것 같다.

둘째, 윤리적 회의주의의 두 번째 문제는 이것이다. 윤리적 회의주의의 우선적 동기인 철학적 이유들이 자기 논박적(自己論駁的)인 것으로 드러나는 경우가 종종 있다.

한 진술은 스스로를 논파하고 그래서 참일 수 없는 경우 자기 논박적이다. "나는 존재하지 않는다", "어떤 진리든 진리가 없다", [영어로 말하면서] "나는 영어로 한 문장도 말할 수 없다"는 진술은 모두 자기 논박적이다. 때로 윤리적 회의주의는 엄격한 경험주의와 같은 견해들의 결과이며, 우리가 그 견해들을 안다고 주장하는 경우 자기 논박적이다. 위에서 진술된 경험주의 원리 자체는 감각에 의해 검증될 수 없으며, 따라서 그 자체의 기준에 의해 인식될 수 없다.

셋째, 윤리적 회의주의가 참이라면, 우리는 서로 다른 도덕적 견해들의 관용이나, 회의적이어야 한다는 소위 도덕적 책임을 포함하는 어떤 도덕적 행위도 권할 수 없다. 우리는 도덕적 "당위들"의 존재나 인식 가능성을 부정하고 바로 이어서 하나의 도덕적 "당위"를 긍정할 수는 없다. 적어도 우리는 이것을 하는 동시에 일관될 수는 없다.

(5) 조합적 상대주의

또 다른 형태의 상대주의는 조합적 상대주의(combinatorial relativism)로 불린다. 그것은 절대주의와 상대주의의 조합을 포함하기 때문이다. 우리는 이 입장을 이해하기 위해 형식적 도덕 원리와 실질적 도덕 원리를 구분할 필요가 있다.

형식적 원리(formal principle)는 문제되는 것의 필요 조건들을 말하며, 그 사물의 구조를 제시한다. 그것은 동상을 만드는 데 사용되는 틀에 비유될 수 있다. 그것은 그 동상의 미래 모습에 필요한 구조를 제공하지만, 그 자체로는 동상이 아니다. 실질적 원리(material principle)는 문제되는 사물의 충분 조건을 말하며, 그것의 내용을 준다. 실질적 원리는 여러분이 동상을 얻기 위해 틀에 붓는 내용물과 같다. 전체 동상은 형식적 원리와 실질적 원리의 조합이다.

여기에 또 다른 예증이 있다. 정의의 형식적 원리는 평등한 사람들이 평등하게 대우받아 마땅하며 불평등한 사람들은 불평등하게 대우받아 마땅하(거나 적어도 그렇게 대우받을 수 있)다. 이것은 그 일에 관한 한 참이지만, 실질적 내용을 주지 않는다. 사람들이 불평등하게 대우받을 수 있는 세부 내용들을 구체적으로 밝히지는 않는다.

이 질문에 대해 서로 다른 대답들은 서로 다른 실질적 정의원리들을 구성한다. 각자에게 평등한 몫(평등주의), 각자에게 필요에 따라(마르크스주의), 각자에게 개인의 노력이나 공적에 따라(자유주의), 각자에게 사회적 기여에 따라(공리주의). 정의의 형식적 원리는 정의의 완전한 원리를 좀 더 구체화하기 위한 필요 조건을 말한다. 그것은 정의의 다양한 실질적 원리가, 다양한 내용이 부어지는 틀을 제공한다.

그런데 도덕 규칙의 주요 목적들 가운데 하나는 그것이 행위 길잡이 노릇을 한다는 것이다. 그것(도덕 규칙-역주)은 우리가 어떤 행위를 반드시 해야 하며 하지 않아야 하는지 구체적으로 밝힐 정도로 구체적이어야 한다. 그래서 적절한 도덕 규칙들은 [예를 들어, 선을 추구하고 악을 피하라, 사람들을 존중하라와 같은] 형식적 원리들과 [예를 들어, 사람들을 존중하는 한 가지 방식은 그들에게 진실을 말하는 것이다와 같은] 실질적 원리들의 조합이어야 한다. 형식적 원리들만으로는 행위 길잡이 역할을 하는 데 필요한 내용을 지니지 못한다.

조합적 상대주의(combinatorial relativism)는 절대적 도덕으로 여겨지는 형식적 원리를 상대적으로 여겨지는 실질적 원리와 조합하는 견해이다. 예를 들어, 조합적 상대주의의 일부 설명들은 전기적(傳記的) 삶(biographical lives)을 사는 창조물(사람-역주)을 존중해야 마땅하다고 말하거나, 선한 삶을 추구하고 다른 사람들이 그와 같은 일을 하도록 허용해야 하는 의무가 우리에게 있다고 말하거나, 다른 사람들에게 해악을 끼치지 않아야 하는 의무가 우리에게 있다고 말한다.

이 원리들은 이야기된 것처럼 형식적 원리들일 뿐이라는 점에 유념하라. 조합적 상대주의는 이 원리들을 절대적인 형식적 원리들로, 즉 객관적으로 참되며 예외 없이 구속력을 지니는 원리들로 여긴다.

그렇지만 그 원리들은 그 상태로는 행위 길잡이 자격을 할 정도로 충분한 내용을 주지 못한다. 조합적 상대주의자들이 사용하는 "전기적(傳記的) 삶"과 "선한 삶", "해악"이라는 용어들은 그 원리들에 실체를 주는 데 필요한 내용을 지니지 않기 때문이다. 실질적 내용이 조합적 상대주의자들에 의해 이 개념들에 주어질 때, 그 결과 나오는 행위 길잡이는 각 개인의 가치와 이익, 욕구에 따라 상대적이 된다. 예를 들어, "전기적 삶"은 개인의 개인적 입장에서 볼 때 가치 있다고 여겨지는 한 사람의 포부와 목표, 욕구, 계획 등의 총합이다. "선한 삶"은 각 개인이 스스로 자유롭고 자율적으로 선택하는 행복과 번영의 개념이다. 또한, 이 맥락에서 "해악"은 개인의 관점에서 볼 때 그 개인에게 손실로 간주될 수 있는 것 모두이다. 조합적 상대주의의 주요 문제는 그것이 개인적 주관주의로 추락한다는 점이다.

왜 그러한가?

형식적 원리(선한 삶을 추구하라. 다른 사람에게 해악을 끼치지 말라)에 실질적 내용(전기적 삶을 지니는 것, 선한 삶을 추구하는 것, 해악을 받는 것의 의미)을 줌으로써 형성되는 행위 길잡이가 개인의 주관적 선호에 따라 상대화되기 때문이다. 그래서 조합적 상대주의는 개인적 규범적 상대주의를 반대해 제기될 수 있는 반박들을 겪는다. 예를 들어, 선한 삶에 대한 일부 이해를 다른 이해들에 비추어 객관적으로 평가할 수 있는 여지가 조합적 상대주의에는 없다. 그래서 인도(人道) 주변에 있는 목재(木材) 장애물을 밀어내는 일을 하면서 삶을 보내기로 자유롭게 결정한 사람은 가난한 사람들과 궁핍한 사람들을 섬기는 일과 예수 그리스도에게 삶을 바치기로 자유롭게 선택한 마더 테레사(Mother Teresa)와 같은 사람이 누리는 만큼 번영하는 삶을 사는 셈이다.

그렇지만 일부 형태의 "선한 삶"은 다른 형태의 것들보다 더 좋으며, 실제로 "선한 삶"의 일부 선택들(예를 들어, 자해<自害>와 자기 중심주의)은 나쁜 형태의 삶이다. 일부 생활양식이 다른 생활양식보다 객관적으로 더 가치 있고, 일부 생활양식이 자유롭게 선택되었다 해도 실제로 무가치하다는 것은 단순한 사실이다. 조합적 상대주의는 이 사실을 설명할 여지를 남기지 않으며, 이것은 조합적 상대주의에 불리하다.

(6) 관용의 원리

마지막으로 관용의 원리는 종종 상대주의에 관한 논쟁과 다음과 같이 연결된다. 그 원리는 상대주의에 함축되어 있지만, 일부 형태의 절대주의가 판단하고 독단적인데 반해 상대주의가 태도에 있어서 더 관용적이기에 그 원리가 일부 형태의 절대주의와 맞지 않는다는 생각이 종종 있다. 우리는 이 주장을 평가하기 위해 관용의 원리(principle of tolerance)가 무엇인지 분명하게 할 필요가 있다. 실제로 그것은 서로 다르게 정의되었지만, 두 의미로 구분될 수 있다.

첫째, 관용 원리의 고전적 의미(classical sense of the principle of tolerance)에 따르면 한 사람은 그 자신의 도덕적 견해들이 참되며 반대자들의 도덕적 견해들이 거짓이라고 주장한다. 하지만 여전히 그는 반대자를 한 사람으로 존중하며, 그의 견해를 옹호할 그의 권리를 존중한다. 그래서 어떤 사람에게는 다른 도덕적 견해를 관용해야 할 의무가 있다. 그것이 도덕적으로 옳다고 생각한다는 의미에서가 아니라, 그와 정반대로 한 사람이 반대자를 계속 평가하고 존중하며, 그를 위엄 있게 대하고, 그의 생각을 논증하고 선전하는 등의 그의 권리를 인정할 것이라는 의미에서이다.

엄밀히 말하자면 고전적 견해에 따르면 우리는 사람들을 관용하는 것이지, 그들의 생각을 관용하는 것은 아니다. 이런 의미에서 볼 때, 비록 어떤 사람이 다른 사람의 도덕적 믿음들과 실천들에 동의하지 않는다 해도 그는 그들을 부적절하게 해치지는 않을 것이다. 그렇지만 한 사람이 반대자의 견해들이 그르다고 판단하며 그 견해들을 거스르기 위해 도덕적으로 적합한 모든 일을 하는데 헌신하는 것은 이 견해와 모순되지 않는다.

둘째, 관용 원리의 고전적 의미는 실제로는 절대주의의 입장이며 규범적 상대주의나 메타윤리적 상대주의, 윤리적 회의주의와 모순된다는 사실이 분명해져야 마땅하다.

한 사람이 다른 입장을 도덕적으로 그르다고 주장하지 않는다면, 무엇이 관용될 수 있단 말인가?

분명히 그것은 우리가 문제되는 견해를 좋아하지 않는다는 사실뿐 아니라 그 견해가 잘못되었다고 판단한다는 사실이기도 하다.

관용의 현대적 설명(modern version of tolerance)은 일반 문화에서 인기가 있는데, 다른 사람들의 관점들이 잘못이라고 판단하지 않아야 마땅하다고 주장할 때 고전적 설명을 넘어선다.

어떻게 이 견해가 상대주의와 일치하는가?
그것은 분명하지 않다.

첫째, 이 관용 원리는 문화적 상대주의에서 나오지 않는다. 문화들이 기본적 윤리판단에서 서로 다르다는 사실로부터 어떤 도덕적 의무도 나오지 않는다.

둘째, 규범적 상대주의는 관용 원리가 그 사람의 사회규범에 있는 경우 관용적이어야 마땅하며 비관용 원리가 그 사람의 사회적 규범에 있는 경우 비관용적이어야 마땅하다는 함축을 지닌다. 그래서 관용의 도덕은 그 문제에 관해서는 규범적 상대주의나 메타윤리적 상대주의에서 분명하게 나오지는 않는다.

규범적 상대주의는 관용의 원리를 허용하지만, 비관용의 원리도 똑같이 허용한다. 사실 조합적 상대주의는 다른 사람들이 자유롭게 선택한 선한 삶에 대한 이해에 대해 판단하지 않아야 마땅하다는 함축을 지닌다. 하지만 일부 형태의 "선한 삶"은 실제로 다른 형태의 것들보다 가치가 없거나 무가치하기에 조합적 상대주의의 이 특징은 덕성이 아니라 악덕이다.

셋째, 마지막으로 관용해야 하는 도덕적 의무는 윤리적 회의주의에서 나오지 않는다. 윤리적 회의주의로부터 어떤 도덕적 의무도 나오지 않기 때문이다. 그렇다면 관용의 현대적 개념은 많은 사람의 생각에도 불구하고 서로 다른 유형의 상대주의와 잘 맞지 않아 보인다.

요약하자면 다양한 유형의 상대주의는 정말 문제가 많다. 상대주의는 옹호될 수 있는 도덕 이론으로 보이지 않으며, 그래서 일부 형태의 절대주의가 나오는 것 같을 것이다. 절대주의의 본질을 짧게 살펴보자.

3. 절대주의

1) 절대주의의 본질

어떤 도덕 원리 P가 절대적이라고 주장하는 것은 무엇을 뜻하는가?
이 질문에 대해 적어도 세 가지 대답이 있다.

(1) 절대적 도덕에 대한 두 번째 이해

우리는 P가 개인이나 문화의 믿음들과 무관하게 객관적으로 변함없이 참이라는 의미로 말할 수 있다. 이 형태의 절대주의(absolutism)를 주장하는 사람은 다음 주장 가운데 하나 또는 그 이상을 받아들일 것이다.

① 도덕 진술들은 개인이나 문화의 믿음에 조회하지 않는 진리치를 지닌다.
② 사람들이 취하는 도덕적 입장들의 진리를 옹호하는 객관적으로 좋고/나쁜 논증들이 있다
③ [예를 들어, 사람들이 존재한다는] 도덕과 무관한 사실들과 [선<善>과 같이 환원 불가능하게 도덕적인 속성들인] 도덕적 사실들은 도덕 진술의 진리치 평가와 관련된다
④ 두 도덕 진술이 상충할 때, 하나만 참일 수 있다
⑤ 하나의 참된 도덕이 있다.

여기서 염두에 두어야 할 주안점은 절대적(absolute) 도덕에 대한 첫 번째 이해가 우리는 도덕적 믿음을 만들어내지 않고 도덕적 가치를 발견한다는 사실을 강조한다는 것이다. 이것은 도덕적 절대주의자들이 사용하는 이 용어의 가장 근본적인 의미이다.

(2) 절대적 도덕에 대한 두 번째 이해

절대적 도덕은 참이며 예외가 전혀 없다.

이것은 때로 절대적 도덕이 보편 가능(universalizable)하다고 말함으로써 표현된다. 그것은 상대적으로 비슷한 상황에 있는 모든 사람에게 언제나 똑같이 구속력이 있다. 도덕 원리의 예외(exception)는 그 원리가 정상적으로 적용되는 경우이지만, 어떤 이유 때문에 그것은 이 특별한 경우에 적용되지 않는다. 절대적 도덕에 대한 이 이해에 따르면 도덕 원리들에는 예외가 전혀 없다.

절대적 도덕에 대한 이 개념과 관련해 두 가지 중요한 문제가 있다.

첫 번째 문제는 거짓말이나 자살과 같은 윤리 용어들의 정의(定義)가 순전히 기술적(記述的)인가 아니면 가치 평가적인가라는 물음이다. 도덕 용어들의 기술적 정의(descriptive definitions of moral terms)에서 그 정의는 (긍정적이든 부정적이든) 도덕적 가치 평가를 정의의 일부로 포함하지 않은 채 특정 행태만 기술한다. 거짓말(lying)은 다른 사람을 고의로 속이는 것으로 정의될 수 있을 것이다. 자살(suicide)은 "상황과 무관하게 자신의 생명을 직접 끝내는 것"으로 정의될 수 있을 것이다.

이와 대조되게 보다 넓게 받아들여지는 견해는 도덕적 정의들이 본질적으로 가치 평가적 정의들(evaluative definitions)이라는 함축을 지닌다. -그 정의들은 긍정적 내지 부정적 가치 평가를 도덕적 정의들 자체의 일부로 포함한다. 그래서 거짓말은 부도덕하게 다른 사람을 고의로 속이는 것으로 정의된다. 자살은 자신의 생명을 부도덕하게 직접 끝내는 것으로 정의될 수 있을 것이다.

도덕 용어들에 대한 이 서로 다른 접근들은 절대적 도덕에 대한 두 번째 의미와 어떻게 연결되는가?

이런 식으로이다. 도덕 용어들이 순전히 기술적(記述的) 방식으로 정의된다면, 도덕 규칙의 예외들의 존재를 피하기 어렵다. 이 경우 농구에서 페인트[속이는 동작-역주]를 하거나 카드 게임에서 허세를 부리거나 어떤 사람을 속여 깜짝 생일 파티에 오도록 하는 것은 모두 거짓말의 사례들이 될 것이며, 따라서 "거짓말하지 말라"는 규칙의 예외들일 것이다. 이와 마찬가지로 적에게 비밀을 누설하지 않기 위해 죽도록 하는 알약을 먹는 병사와, 항의하느라 분신하는 승려, 어린이를 치지 않기 위해 다리를 벗어남으로써 죽는 트럭운전기사는 모두 자살하지만, 이것들은 "자살하지 말라"는 규칙의 도덕적으로 적합한 예외들일 것이다. 또 다른 한편, 우리가 도덕적 정의들을 가치 평가적으로 접근하면, 이 경우들은 그것들 각각의 도덕 규칙들의 예외가 아닐 것이다. 그것들은 우선 그 규칙들의 타당한 사례들로 간주되지 않을 것이기 때문이다. 예를 들어, 농구에서 페인트 동작을 취하는 것은 거짓말로 간주되지 않을 것이며, 트럭 운전기사의 경우는 자살로 간주되지 않을 것이다.

두 번째 문제는 도덕 원리들의 예외 없는 본성과 다양한 미끄러운 내리막길 논증들의 관련성이다. 이러저러한 방식으로 미끄러운 내리막길 논증들(slippery slope arguments)은 첫 발을 디디면 수용될 수 없는 결론을 불가피하게 받아들이는 방향으로 나아감을 알게 될 것이라는 사실을 어떤 사람에게 보여 주려 한다. 미끄러운 내리막길 논증들은 논쟁에서 반대자에게 증명의 부담을 넘기는데 종종 사용된다.

미끄러운 내리막길 논증들의 서로 다른 유형들이 있다. 논리적으로 미끄러운 내리막길 논증(logical slippery slope argument)이 있다. 이 논증은 실천 A가 그르다고 주장함으로 시작해서 실천 B가 실천 A와 도덕적으로 관련해 비슷하다고 주장하며 따라서 실천 B도 그르다고 주장한다. 사형 반대론자는 사형 옹호론자에 맞서 이것을 다음과 같이 사용할 수 있을 것이다(한 사람을 고의로 죽이는) 실천 A는 그르다(사형인) 실천 B는 실천 A와 도덕과 관련되어 비슷하며, 그래서 [사형인] 실천 B는 그르다.

논리적으로 미끄러운 내리막길 논증들에 나타나는 주된 문제는 실천 A와 B가 도덕과 관련되어 비슷한가 여부이다. 방금 인용된 사례에서 사형 옹호론자는 사형이 사람을 고의로 죽이는 것과 상대적으로 다르다는 점을 보여 주려 할 수 있을 것이다. 예를 들어, 전자(사형-역주)는 국가가 사형감에 해당하는 범죄를 지은 사람에게 가하는 것이며, 후자(사람을 고의로 죽이는 것-역주)는 개인이 무고한 사람에게 스스로 가하는 행위에 의해 이루어진다. 논리적으로 미끄러운 내리막길 논증들은 도덕 원리들이 예외 없고 보편화가능하다는 통찰을 도덕 논쟁에 적용한 것들이다.

미끄러운 내리막길 논증의 다른 유형들이 적어도 세 가지 있다.[2]

이 논증들은 적합할 수 있지만, 절대적 도덕을 보편 가능한 원리로 여기는 생각과 분명하게 연결되지는 않는다.

---

[2] Douglas Walton, *Slippery Slope Arguments* (Oxford: Clarendon, 1992), chap. 1 참조.

① 선례의 미끄러운 내리막길(precedent slippery slope)

실천 A가 허용된다면, 그것은 선행조건으로 작용할 것이며, 그 조건은 또 다른 선행조건을 제시할 것이며, 계속 그렇게 해서 결국, 당신은 돌아올 수 없는 지점에 이를 것이다. 낙타의 코를 천막에 들여놓는 순간 낙타를 더 이상 들어오지 못하게 하지 못할 것이다.

예를 들어, 일부 사람들은 우리가 긍정적 행동을, [예를 들어, 인종과 같은] 요소 X에 근거해서 고용하는 쿼터 시스템을 시작한다면 이것은 [예를 들어, 성적 성향과 같은] 요소 Y에 근거한 긍정적 행동의 선행조건을 세울 것이며, 이어서 요소 Z에 근거한 긍정적 행동의 선행조건을 세울 것이며 계속 그러할 것이다.

② 미끄러운 내리막길 연쇄삼단 논법(sorites slippery slope)

["더미"<heap>를 뜻하는 그리스어 소로스<sōros>에서 나온] 연쇄삼단 논법은 어떤 상황의 작은 변화들에서 생기는 역설들에 초점을 둔다. 예를 들어, 우리는 한 알의 모래를 취해서 한 알을 원래 한 알에 더함으로써 큰 모래더미를 만들 수는 없으며, 처음의 모래 한 알과 두 번째 모래 한 알에서 형성한 두 알의 모래알에 한 알의 모래를 더함으로써 큰 모래더미를 만들 수도 없다.

일반화하자면 한 알의 모래를 아무리 많이 더해서 새로운 전체를 만든다 해도 많은 양의 모래더미에 이르지 못할 것처럼 보일 것이다. 하지만 이것은 부당하며, 그 역설은 해결될 필요가 있다. 종종 역설적 연쇄삼단 논법들은 임의적이지 않도록 명확하게 하기 어려운, 모호하고 가변적인 용어("큰 더미")가 있기에 생겨난다.

이와 마찬가지로 미끄러운 내리막길 도덕적 연쇄논증에서 임의적이지 않도록 명확하게 하기 어려운 모호한 용어가 어떤 도덕적 실천에게 성격을 부여한다. 이 경우 그 실천이 언제 더 이상 허용될 수 없는지를 결정해 주는 분명한 구분점이 없다. 일부 사람들은 예를 들어, 그 생명이 "삶의 충분한 질"을 지니지 못한다는 이유나, "의미 있는 삶"이 아니라는 이유나 "생물학적 가치가 있는 삶"이 아니라는 이유로 생명의 종결을 허용한다면 문제되는 용어들의 모호성 때문에 이 실천에 임의적이지 않은 제한을 둘 방법이 없을 것이라고 주장했다.

③ 미끄러운 내리막길 인과논증(causal slippery slope)

실천 A가 그르다. 실천 B가 허용된다면 그것은 실천 A의 증가에 기여할 것이며, 그래서 실천 B는 금지되어야 마땅하다. 예를 들어, 일부 사람들은 아동 성추행이 그르다고 주장하며, 포르노가 허용된다면 아동 성추행의 증가에 이를 것이기에 포르노가 금지되어 마땅하다고 주장한다.

요약하자면 절대적 도덕에 대한 두 번째 이해는 그것이 도덕적으로 적합하게 비슷한 상황들에 있는 사람들 모두에게 언제나 구속력을 지니는 참되며 보편적으로 타당하고 예외 없는 원리라는 함축을 지닌다.

때로 이 입장은 객관주의라고 불린다. 객관주의는 때로 [우리가 그렇게 여기듯이] 절대주의의 한 유형으로 여겨지며, 때로 절대주의의 경쟁자로도 여겨진다. 그 경우 절대주의(absolutism)라는 용어는 우리가 지금 논의하는 세 가지 견해들 각각에 대해 사용되지 않고, 다음 견해를 위한 것이다.

(3) 절대적 도덕에 대한 세 번째 이해

보다 엄격한데, 절대적 도덕은 최고도의 의무(highest degree of incumbency)를 지니는 참되고 예외 없는 도덕 원리라는 생각이다.

이 견해에서 도덕 진술은 더 비중 있는 원리에 의해 무효가 될 수 없는 경우에만 절대적 도덕의 자격을 얻는다. 절대적 도덕은 카드에서 에이스와 같다. 에이스는 모든 경쟁자 가운데 으뜸 패일 수 있다(모든 경쟁자를 무효로 만들 수 있다). 하지만 에이스는 자신을 무효화시킬 수는 없다. 달리 말하자면 모든 도덕 원리는 똑같은 비중을 지닌다.

절대적 도덕에 대한 이 이해가 너무 강한 것처럼 보일 것이다. 분명히 어떤 도덕 진술이 최고도의 의무를 지닌다면 그것은 절대적일 것이다. 하지만 우리는 더 중요한 의무들에 의해 무효화될 수 있지만 절대적인 (객관적으로 참되고 예외 없는) 의무들도 지닌 것 같다. 비중이 더 큰 절대적 도덕과 비중이 덜한 절대적 도덕이라는 생각은 이해 불가능한 것이 아니다. 사실 그것은 도덕적 삶에서 중요한 역할을 한다. 이것을 이해하기 위해 철학자들이 조건부적 의무라 부르는 것을 살펴보자.

조건부적 의무(prima facie duty)는 객관적으로 참되며 예외 없는 도덕적 의무이지만, 특정 경우 비중이 더 큰 의무에 의해 무효화될 수 있는 것이다. 이 일이 일어날 때 조건부적 의무는 사라지지 않고 문제되는 특정 상황에 계속 적용되며 그것의 존재를 계속 느끼게 한다. 절대적 도덕이 비중이 더 큰 의무에 의해 무효화될 때 그 절대적 도덕의 면제(exemption)가 일어난다.

면제와 예외의 차이는 이것이다. 면제가 있을 때, 무효화된 원리는 계속 적용된다. 예외가 있을 때 예외가 된 원리는 더 이상 적용되지 않는다. 교수가 정확히 제 시각에 모든 과제물이 제출되어야 한다고 규정하고 첫 번째 과제물 제출일을 제시한다고 생각해 보자. 또한, [예를 들어, 중병에 걸려] 과제물을 늦게 제출할 만한, 우선적 이유가 샐리(Sally)에게 있다고 생각해 보자.

그러지는 상황이 지각 규칙의 예외라면, 그 규칙은 사라질 뿐이며, 샐리는 그 교수로부터 한 마디 듣고 시작한다. 샐리는 지각 원리가 더 이상 적절하지 않기에 그 과제물이 2년이나 2주 뒤에 제출될 수 있을 것이라고 쉽게 주장할 수 있을 것이다. 그것은 무효가 되었다. 그렇지만 그러지는 상황에서 지각 규칙이 면제된다면, 샐리의 질병이 우선적이지만 그 규칙은 그 상황에 내용을 부여하며, 이 경우 샐리가 회복될 때 그 과제물이 즉각 제출되어야 한다는 교수의 요구를 뒷받침한다. 이론의 여지는 있지만, 면제는 도덕적 의무들에게 일어나지만 예외는 그러하지 못하다.

조건부 의무들은 실례를 통해 밝혀질 수 있다. 의료 윤리에서 수많은 조건부적 절대적 도덕(moral absolutes)은 흔히 윤리적 딜레마와 관련된다. 여기에 이 원리들 가운데 일부가 있다.

① **자율성 원리**(principle of autonomy)
정신이 온전한 사람은 자신이 선택하는 계획에 맞게 의료행위 과정을 결정한 권리를 지닌다. 정신이 온전한 환자가 표현하는 소원과 요구를 존중할 의무가 우리에게 있으며, 사전 동의를 보장하는 것은 이렇게 하는 방식이다.

② **악행금지 원리**(the principle of nonmaleficence)
우리는 다른 사람에게 해를 끼치는 (또는 부당하게 해를 끼칠 위험이 있는) 일을 하지 않아야 마땅하다. 악행금지는 내가 다른 사람에게 해로운 일을 하지 않아야 한다고 요구한다.

③ **선행 원리**(principle of beneficence)
우리는 다른 사람의 행복과 유익을 증진시키기 위해 그리고 그 사람에게 대한 악이나 해를 막기 위해 행동해야 마땅하다. 선행은 다른 사람에게 무언가 하라고 나에게 요구한다.

④ **정직 원리**(principle of honesty)
  다른 사람들에게 정직하게 대해야 할 의무가 우리에게 있다.
⑤ **생명 보존 원리**(principle of life preservation)
  가능할 때마다 인간 생명을 보존하고 지켜야 할 의무가 우리에게 있다.

때로 이 의무들은 상충할 수 있으며, 하나가 다른 하나를 무효화시킬 수 있다. 예를 들어, 요양원의 여성은 신장 투석 치료를 중단해서 죽도록 해달라고 요구할 수 있다. 여기서 자율성 원리는 우리에게 그녀의 요구를 존중하라고 요구하지만, 악행금지 원리와 선행 원리, 생명 보존 원리는 우리에게 그녀의 요구를 거절하라고 요구한다.

여기 다른 예가 있다. 응급실로 가는 길에 응급차 간호사는 방금 심장마비를 일으킨 35세 남성의 활력징후(온도와 맥박, 호흡, 혈압-역주)를 체크하고 있었다. 갑자기 그 남자가 간호사에게 그가 심장마비를 겪었는지 물었다. 간호사의 의료 지식과 환자의 불안한 상태에 근거해볼 때 간호사는 그에게 진실을 말한다면 그가 위험에 빠질 것이라는 사실을 알았다. 여기서 자율성 원리는 악행금지의 원리와 선행 원리와 상충하고 있었다.

간호사는 자율성이 조건부 의무라고 판단해서 대화의 주제를 바꿈으로써 그 의무를 면제시켰다. 이것은 면제였다. 그 원리는 간호사가 계속되는 그의 사전 고지(事前告知) 동의가 필요했으며 일의 진행을 그에게 고지하지 않았다는 함축을 지니기 때문이다. 그는 간호사에게 다시 물었으며, 간호사는 병원에서 일들이 잘 될 것이라고 말함으로써 절반의 진실을 그에게 말했다. 결국, 그는 간호사가 그의 질문에 바로 대답하지 않는다면 그가 심장마비를 겪었다고 생각할 것이라고 말했다. 이 지점에서 간호사는 그 환자에게 거짓말을 했다. 간호사의 행위를 여러분이 어떻게 평가하든 이 경우는 어떻게 자율성이 조건부 의무인지를 설명해 주었다.

간호사가 처음에 자율성 원리를 면제했을지라도 악행금지와 선행이라는 더 높은 원리들을 존중하는데 필요한 만큼 천천히 그 일을 했다. 자율은 예외가 되지 않았다. [그녀는 자유롭게 자율성을 완전히 무시해도 된다고 느끼지 않았다.] 하지만 자율은 면제되었다. [자율은 무효화되었지만 그 존재를 계속 느끼게 했다.] 그 상황이 자율의 예외라면 그 원리는 적용될 수 없을 것이며, 그 원리를 존중할 이유가 전혀 없을 것이다.

절대적 도덕에 대한 이 세 번째 이해는 조건부 의무의 존재를 인정하지 않으며, 그러하기에 많은 사람은 그 견해가 너무 강하다고 믿는다. 우리는 절대적 도덕의 본질에 관해 세 가지 견해를 검토했다. 그 과정에 우리는 적어도 표면상 둘 또는 그 이상의 절대적 도덕들이 불가피하게 상충하는 것처럼 보이는 사례들을 논의하게 되었다.

우리는 이와 같은 상황들을 어떻게 보아야 마땅한가?

절대적 도덕에 대한 다양한 이해를 논의할 때 우리는 이 질문에 대한 세 가지 서로 다른 대답들 사이의 차이를 이해할 수 있게 된다.[3]

첫 번째 견해는 무조건적 절대주의(unqualified absolutism)다.

이것은 모든 도덕적 의무가 똑같은 비중을 지니며, 절대적 도덕의 위의 세 번째 이해가 맞으며 그래서 조건부 의무란 없다는 견해이다. 불가피한 도덕적 딜레마로 보이는 것은 모두 겉보기에만 불가피한 것이다. 딜레마를 피할 수 있는 길이 언제나 있을 것이다.

두 번째 견해와 세 번째 견해는 [두 악 가운데 차악을 택하는 견해 <lesser of two evils view>로도 불리는] 상충적 절대주의(conflicting absolutism)와 [두 선 가운데 최선을 택하는 견해 <greater of two goods view>로도 불리는] 차등적 절대주의(graded absolutism)로 불린다. 두 입장은 조건부 의무의 존재를 받아들이며, 비중이 큰 의무와 비중이 작은 의무가 있다는 생각도 받아들인다. 그래서 이 관점들을 옹호하는 사람들은 절대적 도덕에 대한 세 번째 이해가 적절하다는 생각을 거부한다. 또한, 두 입장들은 진짜 도덕적 딜레마가 일어난다고 믿는다. 그렇지만 그들은 그런 상충 상황에서 이루어지는 행위를 어떻게 보아야 마땅한지에 대해 의견을 달리한다.

위에서 살펴본 간호사와 심장마비를 겪은 환자를 예로 살펴보자.

두 견해들은 이 경우 그 간호사가 자율성과 정직보다 선행과 악행금지를 존중해야 마땅하다고 아마 말할 것이다. 하지만 상충적 절대주의자는 환자에게 정보를 주지 않은 [그리고 나중에 거짓말까지 한] 간호사가 도덕적 악을 행했다고 말할 것이지만, 차등적 절대주의자는 그 간호사가 도덕적으로 선한 행위를 했다고 말

---

[3] 이 점에 대해 더 알고자 하면 Norman L. Geisler, *Christian Ethics: Options and Issues* (Grand Rapids, Mich.: Baker, 1989), chaps. 5-7.

할 것이다.

　우리는 여기서 이 세 견해들을 평가하는 일을 할 수는 없으며, 각 견해는 좋은 의도를 지닌 박식한 사상가들에 의해 주장된다. 우리는 위에서 살펴본, 절대적 도덕의 세 번째 의미를 고려해서 이것을 살펴봄으로써 이 논쟁에 빛을 비출 수 있다는 점만 언급한다.

　무조건적 절대주의자는 이 세 번째 의미를 적합하다고 받아들이며, 상충적 절대주의자와 차등적 절대주의자는 그렇게 하지 않는다.

2) 절대적 도덕의 존재를 옹호하는 전략들

절대적 도덕의 존재를 옹호하는 일반적 전략 세 가지 있다.

　첫째, 우리는 상대주의자이거나 절대주의자이어야 하기에 상대주의를 반박하는 논증들은 절대주의를 옹호하는 논증으로 여겨진다.

　절대주의자는 다양한 형태의 상대주의가 부적합함을 보여 주고자 하며 이것을 절대주의를 옹호하는 증거로 사용할 수 있다. 우리는 예를 들어, 절대적 도덕들이 부정되는 경우 도덕적으로 받아들일 수 없고 비합리적인 결과들이 나온다는 점을 지적할 수 있다.

　우리는 예를 들어, 절대적 도덕들이 없다면 히틀러와 나치가 유대인에게 행한 일이 분명하고 확실하게 그른 것이 아니라 보다 약한 상대적 의미에서만 그른 것이라고 주장할 수 있을 것이다. 이 결론이 받아들여질 수 없다면, 그 결론에 이른 전제(절대적 도덕들이 없다)는 거짓일 수밖에 없다.

　둘째, 어떤 세계관이 타당하다고 판단된다면 절대적 도덕들이 기대될 수 있음을 보여 주려 할 수 있다.

　예를 들어, 유신론자(有神論者)들이나 플라톤주의자들(어떤 신적 존재로부터 나오는지 여부와 무관하게 도덕적 속성들과 명제들을 포함하여 객관적 속성들과 명제들이 존재한다고 주장하는 사람들)은 그들의 세계관에 다음과 같은 결과가 있다는 사실을 들 수 있을 것이다. 그들의 세계관에서 절대적 도덕이 익숙하며 기대될 수 있다.

　또 다른 한편, 물리주의나 자연주의의 세계관들은 절대적 도덕들을 유신론이나 플라톤주의에 필요하지 않는 방식으로 정당화하려 한다. 인간에게 의존하는 객관적인 도덕적 속성들과 명제들은 그들의 세계관과 맞지 않고 의외이기 때문이다. 이 유형의 논증은 논쟁을 일반적 세계관의 단계로 그리고 세계관과 객관적 도덕의 관계에까지 몰고 간다.

셋째, 마지막으로 우리는 절대적 도덕들의 존재에 대한 믿음을 근본적이고 기본적인 도덕 직관들에 호소함으로써 정당화하려 할 수 있다.

우리는 이미 이 전략의 사례들을 살펴볼 기회를 가졌다. 도덕 상대주의자는 그런 호소들이 선결 문제 요구의 오류에 빠진다고 응수할 수 있다. 문제는 도덕 상대주의에 관한 증명의 부담에 대한 서로 다른 견해들로 요약된다(제4장 참조).

절대주의자는 상대주의가 참이라고 믿을 근거보다 이 기본 직관들을 믿을 근거가 더 많다고 믿는다. 그가 그르다는 것이 논리적으로 가능하다는 단순한 사실로는 상대주의자에게 승리를 안겨주기에 충분하지 못하다. 상대주의자는 반대되는 견해를 주장한다. 그는 오류가능성이 어떤 도덕 명제들이 객관적으로 참임을 안다는 주장의 포기를 정당화하기에 충분하다고 주장한다.

우리가 절대적 도덕들을 논의하는 일은 윤리설에서 직관의 역할을 언급하기에 알맞은 기회를 제공한다. 프린스턴(Princeton) 철학자 솔 크립키(Saul Kripke)는 한 견해가 우리의 근본적이고 반성적인 직관과 일치한다는 사실보다 더 그 견해를 강하게 옹호한다고 이야기될 수 있을 것이 무엇인지 알기란 어렵다고 말한 적이 있다. 크립키의 말은 직관이 윤리설을 포함하여 철학에서 중요한 역할을 한다는 사실을 우리에게 떠올린다.

직관이란 무엇인가?

직관(intuition)의 철학적 용법은 예를 들어, 도덕적 태도의 단순한 직감이나 반성이전(反省以前)의 표현을 뜻하지 않는다. 그것은 "내 직관은 P가 참이라고 나에게 말하지만 실제로 나는 모른다. 그리고 당신이 P를 선택하기로 한다면 그 일을 하는 것은 당신 책임이다"고 말할 때처럼 신중을 기하는 방식도 아니다. 철학자들이 직관의 정확한 정의에 대해 의견을 달리하지만, 하나의 공통 용법은 직관을 어떤 것에 대한 즉각적이고 직접적인 의식(意識) 내지 면식(面識, acquaintance)으로 정의한다. 직관은 어떤 것이 우리의 의식에 직접 있는 것처럼 보이거나 나타나는-감각적이거나 지적이거나 다른 방식의-의식 양상이다. 예를 들어, 우리는 탁자를 감각으로 직관할 수 있거나, 예를 들어 2+2=4라는 개념적 진리를 지적으로 직관할 수 있다.

직관은 오류불가능하지 않지만, 조건부로 정당화된다. 즉, 우리가 어떤 것에 대해 신중하게 반성한다면 어떤 관점이 직관적으로 참되게 보인다면, 그 관점을 무효화하는 반대논증들이 없는 경우 우리가 그 관점을 믿는 것이 정당화된다(반대논증들은 결국, 대안적 직관에 의존할 것이다). 또한, 직관에 대한 호소는 그 호소를 추가로 뒷받침해 주는 추가 논증들의 사용을 배제하지 않는다. 우리는 갈색이고 의자 유형으로 나타나는 감각적 기본직관에 호소함으로써 갈색 의자가 있다는 것을 안다고 주장할 수 있다.

하지만 우리는 의자가 있다는 주장을 추가 논증들을 통해 뒷받침할 수 있다. 다른 사람들의 증언이나, 우리가 예를 들어, 방에 의자가 있다고 가정하는 경우 사람들이 의자가 가정되는 어떤 공간적 위치 주변으로 걸어가는 이유를 설명한다는 사실이 추가 논증들이다. 이와 마찬가지로 윤리학에서 직관에의 호소는 오류불가능성을 주장하는 것도 아니며, 추가 논증들의 대역도 아니다.

윤리학에서 직관에 대한 호소는 네 가지 주요 영역에서 일어난다.

첫째, 특정 주장들이나 판단들이 있다.
예를 들어, 존스<Jones> 박사는 내일 아침 10호실에서 환자에게 거짓말을 하지 않아야 마땅하다.
둘째, 도덕적 규칙들과 원리들이 있다.
예를 들어, 약속은 지켜져야 마땅하며, 인격은 존중받아야 마땅하다.
셋째, 일반적이고 규범적인 이론들이 있다.
예를 들어, 의무론적 이론들이 공리주의 이론들보다 선호되어야 마땅하다. 또는 그와 반대이다(제23-24장 참조).
넷째, 마지막으로 사실에 대한 철학적 내지 종교적 배경 믿음들이 있다.
예를 들어, 본래적 가치라는 속성이 인간에게 있다.

다시 말하자면 그런 직관에의 호소들은 조건부 정당화를 주장하며, 추가 논증을 배제하지 않는다. 반성적이고 숙고된 직관들에 대한 호소는 우리의 지적 삶 전체에 걸쳐 일어나며, 윤리학도 예외가 아니며, 상대주의와 절대주의에 관한 논쟁도 예외는 아니다.

[요약]

사실 진술들은 실제 그러한 것을 기술하며, 가치 진술들은 그러해야 마땅한 것을 권고한다. 어떻게라도 해서 상대주의와 연결되는 여섯 가지 다른 논제들이 있는데, 각기 진술되고 비판되었다. 문화 상대주의 내지 기술적 상대주의는 문화들에 윤리적 근본차이가 있다는 견해이다.

규범적 상대주의 내지 윤리적 상대주의는 우리가 사회규범을 따라야 마땅하며 사회들은 규범 내용에 있어 의견을 달리한다고 주장한다. 메타윤리적 상대주의 내지 개념적 상대주의는 도덕 용어의 의미 자체가 문화에 따라 상대적이라고 말한다. 윤리적 회의주의자들은 도덕적 진리가 존재하지 않으며 설령 존재한다 해도 우리는 그것이 무엇인지 알지 못한다고 주장한다.

조합적 상대주의는 절대적 형식원리를 상대적 내용원리와 조합하여, 상대적 행위길잡이를 낳는다. 고전적 관용 원리는 절대적인 것이었으며, 현대적 관용 원리는 모든 형태의 상대주의로부터 분명하게 나오지 않는다.

윤리적 절대주의자들은 도덕 상대주의자들과 의견을 달리하며, 절대적 도덕들의 존재를 주장한다. 절대적 도덕에는 서로 다른 의미가 세 가지 있다

① 그것은 객관적으로 참되다
② 그것은 예외가 없다
③ 그것은 최고도의 책임을 지니는 원리이다.

대부분의 절대주의자들은 [객관주의자들로도 불리는데] 첫 번째 두 원리들을 받아들이지만 세 번째 원리는 거부하며, 조건부 의무들을 받아들인다. 갈등 상황들에 관한 세 견해들은 무조건적 절대주의와 상충적 절대주의, 차등적 절대주의이다. 첫 번째 견해만 조건부 의무들을 거부한다.

절대적 도덕들은 ① 상대주의를 반박하는 논증을 통해, ② 그것이 자연주의적 세계관보다는 플라톤의 세계관이나 유신론적 세계관에 정통함을 보여줌으로써 그리고 후자가 전자보다 우월하다고 주장함으로써 ③ 직관에 호소함으로써 옹호될 수 있다.

[기본 용어]

절대주의
근본적인 윤리적 불일치
조합적 상대주의
상충적 절대주의
관행주의
기술
도덕 용어들의 기술적 정의
규범적 상대주의 내지 윤리적 상대주의
윤리적 회의주의: 존재론적 설명과 인식
  론적 설명
도덕 용어들의 가치 평가적 정의들
예외
면제
사실
형식적 원리
차등적 절대주의
최고도의 책임
직관
실질적 원리

메타윤리적 상대주의
내지 개념적 상대주의
자연적 도덕법
가치가 아닌 것 내지 "단순한" 사실들
객관주의
권고
조건부적 의무
자율성 원리
선행 원리
정직 원리
생명 보존 원리
관용 원리
미끄러운 내리막길 논증들
주관주의
도덕적 불일치의 세 가지 서로 다른 원인
보편화가능
무조건적 절대주의
가치

제23장
규범적 윤리설: 이기주의와 공리주의

> 각 사람은 자신의 이익들을 (그것들이 무엇이든) 극대화하려 해야 마땅하다. - 일반적으로 "긴 안목에서 볼 때" 또는 평생에 걸쳐.
>
> *존 호스퍼스, 『규칙 이기주의』(Rule-egoism)
>
> 공리, 즉 최대 행복 원리를 도덕의 근본으로 받아들이는 신조는 행위들이 행복을 증진하는 경향이 있는 비율에 따라 옳으며, 행복의 반대를 낳는 경향이 있는 비율에 따라 그르다고 주장한다.
>
> *존 스튜어트 밀, 『공리주의』(Utilitarianism)

1. 들어가는 말

윤리학에서 규범적 이론들은 어떤 행위가 옳으며 어떤 행위가 그른지, 왜 그러한지 설명하려 한다. 오늘날 윤리학 논의에서 규범적 이론들은 일반적으로 서로 배타적인 두 개의 기본 집단으로 나뉜다. 목적론 집단과 의무론 집단이다.

목적론적(teleological)이라는 용어가 윤리학에서 목적론적 규범 이론을 확인하는데 사용될 때 그 용어에는 서로 다른 의미가 두 가지 있다.

첫째, 목적론적 윤리는 일반적 차원에서 인간 삶의 목표를, 특히 도덕 규칙들을 우리가 만들어진 목적 내지 목표(텔로스, telos)를 - 우리 인간 본성에 맞는 이상적 인간 번영을 - 향해 움직이고 그 목표를 증진시키는 것으로 묘사하는 특정 유형의 자연적 도덕법을 가리킬 수 있다.

이 의미의 "목적론적 윤리"는 우리가 이 장에서 사용하고 있는 의미가 아니다. 덕 윤리는 이 유형의 목적론과 밀접하게 연결되며, 이런 식의 사고는 다음

장에서 검토될 것이다.

둘째, 목적론적 윤리설의 두 번째 개념은 우리가 여기서 염두에 두는 개념이다. 거칠게 말하자면 이 개념의 목적론적 윤리(teleological ethics)는 한 행위의 옳음 내지 그름이 오직 그 행위의 결과의 좋음 내지 나쁨의 함수(函數)라고 주장한다. 결국, 결과들이 그리고 오직 결과들만 중요하다. 그렇게 이해될 때 목적론적 윤리는 의무론적 윤리설과 상충된다.

의무론적 윤리(deontological ethics)는 결과들이 옳음 내지 그름을 유일하게 결정한다는 주장을 부정한다. 그것은 목적론적 고려들의 타당성을 제한한다. 의무론자들은 일부 행위가 도덕적 관점에서 본래적으로 옳거나 그르다고 주장한다. 이 접근은 다음 장에서 연구될 것이다.

분명히 공리주의는 가장 폭넓게 받아들여지는 목적론적 이론이다. 그렇지만 일부 사람들은 다른 목적론적 견해, 즉 윤리적 이기주의를 받아들였다. 그래서 다음에서 우리는 윤리적 이기주의를, 이어서 다른 형태의 공리주의들을 명확히 제시하고 평가하고자 한다.

2. 윤리적 이기주의

1) 윤리적 이기주의에 대한 설명

가장 그럴법한 형태의 윤리적 이기주의는 아인 랜드(Ayn Rand)와 존 호스퍼스(John Hospers)와 같은 철학자들에 의해 받아들여졌는데, 보편적 규칙 이기주의(universal rule egoism) 내지 사적(私的)이지 않은 규칙 이기주의(impersonal rule egoism)로 불린다(지금부터는 윤리적 이기주의로 부른다).

장기적으로 행위자의 최대 이익이 될 도덕 규칙들을 그리고 그 규칙들만 따라야 하는 도덕적 의무가 각 사람에게 있다. 윤리적 이기주의자가 보기에 "올바른" 도덕 규칙들을 따라야 하는 의무가 우리에게 있다. 또한, 한 규칙을 "올바른" 규칙으로 만드는 요소는 그 규칙이 준수되는 경우 장기적으로 행위자의 최대이익이 될 것이라는 점이다. 각 사람은 자신의 이익을 촉진해야 마땅하며, 그것이 도덕의 유일한 토대이다.

윤리적 이기주의는 때로 별개의 다양한 문제와 혼동된다.

첫째, 개인적인 윤리적 이기주의 내지, 사적인 윤리적 이기주의(individual or personal ethical egoism)가 있다. 이것은 나의 이익에 이바지하기 위해 행동해야 할 의무가 모든 사람에게 있다고 말한다. 여기서 모든 사람은 말하는 사람의 장기적 최대이익에 이바지해야 할 도덕 의무를 지닌다.

둘째, 심리적 이기주의(psychological egoism)가 있다. 거칠게 말하자면 각 사람은 자신의 이익을 극대화하기 위해 취하는 행위만 할 수 있다. 심리적 이기주의는 우리가 우리 자신의 이익이 되는 동기에서만 행동할 수 있다는 취지에서 나온 동기(動機)에 관한 기술적(記述的)[1] 논제이다. 심리적 이기주의는 때로 윤리적 이기주의를 옹호하는 논증의 일부로 사용되지만, 둘은 별개의 논제이다.

셋째, 윤리적 이기주의는 자기 중심주의(egotism)와 같은 것이 아니다. 자기 중심주의는 언제나 주목받는 중심이 되려는 비위에 거슬리는 성품이다. 그것은 때로 동기가 없다고 불리는 것과 같은 것이 아니다. 동기가 없는(wanton) 사람은 의무감을 전혀 지니지 않으며, 자신의 욕구를 채우기 위해서만 행동한다. 동기가 없는 사람이 유일하게 아는 갈등은 그가 동시에 충족시킬 수 없는 둘 또는 그 이상의 욕구 사이의 갈등이다(더 먹는 일과 몸무게를 줄이는 일이 그 예이다). 그는 의무에 관해 아무것도 알지 못한다.

넷째, 윤리적 이기주의는 이기주의자(egoist)가 되는 것, 즉 행위의 유일한 가치가 개인에 대해 매우 직접적인 유익이라고 믿는 사람이 되는 것과 혼동되어서는 안 된다.

2) 윤리적 이기주의를 옹호하는 논증들

윤리적 이기주의를 옹호하는 논증들 가운데 두 논증이 가장 두드러졌다.

(1) 윤리적 이기주의를 옹호하는 첫 번째 논증

일부 사람들은 윤리적 이기주의가 심리적 이기주의에서 나온다.
그 논증은 다음과 같이 진행된다. 심리적 이기주의는 참되며 또한, 이것은 우

---

1 가치 평가 없이 현상 그대로 묘사하면 사람들이 모두 이기적 동기에서 행동한다는 뜻이다-역주

리가 언제나 이기적으로 행동하며 그렇게 행동할 수밖에 없다는 함축을 지닌다. 이것은 인간의 동기와 행위에 관한 사실이다. 또한, 당위(當爲)는 가능(可能)을 함축한다. 내가 x를 해야 마땅하다면, x를 행하는 의무가 나에게 있다면, 나는 x를 반드시 행해야 한다. 내가 어떤 것을 행할 수 없다면, 그것을 행할 의무나 책임이 나에게 없다. 이기주의에 적용될 때 이것은 내가 이기적으로만 행할 수 있기에 도덕적 행위를 설명하는 것은 인간 심리학의 이 사실과 모순되지 않아야 한다는 뜻이다. 그리고 윤리적 이기주의는 이 설명들 가운데 가장 좋은 설명이다. 또한, 나는 비이기적으로 행동할 수 없기에 그렇게 할 의무가 나에게 없다. 그래서 윤리적 이기주의는 도덕적 책임을 정확하게 그린다. 그것은 인간의 동기와 행위의 본질과 모순되지 않으며 그것을 가장 잘 파악한다.

이 논증은 작동하는가?

대부분의 철학자들은 그렇게 생각하지 않았다.

첫째, 심리적 이기주의의 원리는 우리가 언제나 우리 자신의 이익을 극대화하기 위해 행동한다는 것인데, 이는 모호한 원리이다. 그렇게 진술될 때 그 원리는 행위의 결과(result)와 행위의 의도(intent)를 구분하지 못한다.

그 원리는 첫 번째 방식으로 이해되는 경우 부적절하며, 두 번째 방식으로 이해되는 경우 거짓이다. 그 진술은 실제 우리 행위의 결과가 이익의 극대화라고만 주장한다면 이것은 윤리적 이기주의를 함축하지 않는다. 윤리적 이기주의는 한 행위의 도덕적 정당화가 자기 이익을 극대화하려는 행위자의 의도라는 견해이다. 그래서 사람들이 자기만족을 낳는 행위만 한다는 단순한 심리적 사실(그것이 사실이라 해도)은 아무것도 입증하지 못한다.

또 다른 한편, 그 진술은 우리가 언제나 우리 욕구를 충족시키려는 의도만으로 행동한다는 주장을 한다면 이 주장은 그저 거짓이다. 우리는 다른 사람을 도우려는 의도로만 행동하며, 그것이 행해야 마땅한 옳은 일이라고 생각하기에 어떤 일을 하며, 타자(他者) 중심적이고 덕성 있는 행위를 표현하는 것을 매일 의식한다. 기독교철학자 조셉 버틀러(Jesoph Butler, 1692-1752)가 주장했듯이

> 인류는 짐승이 지니는 다양한 본능과 행동 원리를 지닌다. 일부 사람들은 매우 직접적이고 즉각적으로 공동체의 선(善)에 이르며, 일부 사람들은 사적(私的) 선에 매우 직접적으로 이른다. … 사람들이 자기애(自己愛)와 권력애(權力愛), 세속적

욕망에 의해 완전히 지배받는다고 인정하는 것은 인류를 참되게 나타내는 것이 아니다. … 동일한 사람들이, 대다수 사람들이 우정과 동정, 감사의 영향을 종종 받는다는 것이 명백한 사실이다. … 또한, 공정하고 정의로운 것을 좋아하는 것이 행위의 다른 동기들 가운데 도움이 된다.[2]

더 나아가서 우리가 원하는 것을 하려고 언제나 노력한다는 것이 참이 아니기도 하다. 때로 우리는 우리가 원하는 것을 행하지 못하거나 행하려고 노력하지 않을 때 아크라시아(akrasia, 의지의 연약)를 경험한다(롬 7:15-25). 또한, 때로 우리는 의무를 행하고 싶어 하지 않을 때에도 그 의무를 행하거나 (행하려고 한다.)

둘째, 윤리적 이기주의를 옹호하는 이 논증은 쾌락주의의 역설(paradox of hedonism)로 불린 것을 겪는다. 많은 경우 욕구충족과 행복을 얻는 가장 좋은 방법은 그것을 목표로 삼지 않는 것이다.

일반적으로 행복은 의도된 목표로 성취되지 않으며, 잘 사는 삶과 옳은 것을 행하는 것의 부산물이다. 사람들이 행복을 얻기 위해 언제나 행동한다면 행복은 영원히 잡히지 않을 것이다. 그렇다면 윤리적 이기주의를 포함하여 규칙과 행위의 도덕 이론의 주요목적은 우리가 도덕적 행위에서 하고자 의도해야 마땅한 것을 정당화하는 설명을 자세히 밝히고 제시하는 것이다.

이 관점에서 볼 때 윤리적 이기주의는 우리에게 자기 이익을 극대화하려는 의도를 지니고 행동하라고 요구한다. 또한, 한 행위를 정당화하는 것은 자기 이익의 현실적 극대화이다. 그렇지만 윤리적 이기주의가 자세히 밝히는 목표(자기 이익의 현실적 극대화)는 종종 윤리적 이기주의에 의해 지시되는 올바른 도덕적 의도(자기 이익을 극대화하려는 의도로 행동하는 것)에 의해 방해받는다는 것이 쾌락주의의 역설이다. 그래서 윤리적 이기주의는 인간의 의도와 행위의 모델로 간주될 때 윤리적 이기주의의 옹호자들에게 역설을 제공한다.

셋째, 마지막으로 인간 행위의 모델로서 심리적 이기주의는 의지의 자유주의적 자유(libertarian freedom)의 가능성을 배제한다. 자유주의적 자유는 제3부 "형이상학"의 제15장에서 논의되었기에 여기서는 자세히 설명하지 않을 것이다. 현재 목적 때문에 자유주의의 자유가 인간 행위의 옳은 설명이라면 다음 명제들

---

2 Joseph Butler, "Fifteen Sermons", in *British Moralists*: 1650-1800, vol. 1, ed. D. D. Raphael (Oxford: Clarendon, 1969), pp.328-29 (원래 1726년에 출판).

이 나온다는 점이 언급되어야 마땅하다.

① [욕구와 믿음, 감정과 같은] 내적 상태들도 아무리 많아도 행위를 낳기에는 충분하지 못하다.
② 행위자 자신은 자신의 인과적 힘을 자발적으로 발휘해야 하며, 목표로 기능하는 이유 때문에 또는 그 행위가 수행하고자 하는 목적론적 목표를 위해 행위 해야 한다.

이 견해에 따르면 심리적 이기주의는 양립 가능론(compatibilism)의 한 유형이며 자유주의가 선호되는 인간 작용 설명이기에 그 이기주의가 인간 행위의 완전한 설명으로 받아들여진다면 거짓이다. "당위"(S는 x를 해야 마땅하다)는 "하지 않을 수 있다"(S는 x를 하지 않을 수 있다)를 함축하기에 (예외가 있을 수 없는 인간 행위나 동기에 관한 이론으로서의) 심리적 이기주의는 어떤 도덕 이론도 승인할 수 없다. 자유주의적 자유는 쟁점이 되고 있으며, 모든 사람이 이 행위 모델을 받아들이지는 않지만, 이 논증은 이 모델을 받아들이는 사람들에게 힘을 지닌다.

(2) 윤리적 이기주의를 옹호하는 두 번째 논증

공리공론의 공리주의 논증(closet utilitarian argument)이다. 모든 사람이 윤리적 이기주의에 맞게 행동한다면 이것의 결과는 최대다수의 사람들의 최대 행복일 것이라는 점이 지적된다. 윤리적 이기주의는 그것을 좇아 행동하는 경우 사실 인간 개량에 이른다.

이 논증에는 두 가지 주요 문제가 있다.

첫째, 결과적으로 그것은 윤리적 이기주의의 공리주의적 정당화가 된다. 우리가 짧게 살펴볼 것처럼, 공리주의는 (윤리적 이기주의와-역주) 경쟁하는 규범 이론이다. 따라서 어떤 사람이 하나의 경쟁 이론을, 이 경우 공리주의를 윤리적 이기주의의 도덕적 정당화로 사용하는 것은 문제가 있다.

우리가 윤리적 이기주의자라면, 그는 최대 다수의 최대 선을 왜 그것만을 위해 돌보아야 마땅하단 말인가?

그러한 "돌봄" 자체가 한 사람의 개인적 욕구들의 더 큰 충족에 이를 것이기 때문만이 아닌 경우에 말이다.

둘째, 그 주장은 실제로 거짓인 것처럼 보인다.

모든 사람이 윤리적 이기주의에 따라 행동한다면 그것은 모든 사람의 행복을 극대화할 것이라는 것은 정말 사실인가?

분명히 그러하지 않다. 때로 자기 희생과 개인적 절제는 최대 다수의 행복을 최대화하는 데 필요하며, 윤리적 이기주의를 옹호하는 이 논증은 그것이 사실이 도록 할 수 없다.

3) 윤리적 이기주의를 반대하는 논증들

윤리적 이기주의를 반대하는 논증들 가운데 세 가지가 가장 두드러진다.

(1) 윤리적 이기주의를 반대하는 첫 번째 논증

공공성 반박(publicity objection)이 있다. 도덕 원리들은 도덕 상황에 특징을 부여하는 행위 길잡이 역할을 반드시 해야 한다. 대부분의 도덕 상황들은 한 사람 이상을 포함하며, 이런 의미에서 공적(公的) 상황이다. 그래서 도덕적 행위 길잡이들은 다른 사람에게 가르쳐질 수 있으며, 그래서 개인 간의 도덕적 상호 작용에서 우리를 돕고 공적으로 사용되는 원리들일 수 있다.

그렇지만 윤리적 이기주의 자체에 따르면 내가 다른 사람들에게 윤리적 이기주의를 받아들이라고 가르치는 것은 부도덕할 수 있다. 그 일은 나의 이익이 아닌 것으로 쉽게 드러날 수 있을 것이기 때문이다. 다른 사람들이 언제나 이타적(利他的)으로 행동하는 경우 나에게 더 좋을 수 있다. 그래서 우리가 윤리적 이기주의를 공표하고 다른 사람들에게 가르치는 것은 부도덕할 수 있을 것이며, 그렇다면 이것은 도덕 이론의 필요 조건 가운데 하나를, 즉 그것이 다른 사람들에게 가르쳐질 수 있어야 한다는 조건을 위반할 것이다.

이에 대한 응답으로 일부 사람들은 도덕 이론이 모순 없이 공표될 필요가 있다고 믿을 만한 좋은 근거가 우리에게 없다고 주장했다. 왜 우리는 도덕 이론을 다른 사람에게 가르칠 수 있어야 마땅하단 말인가?

그런 질문이 주어진다. 누군가 다음의 도덕적 생각 P를 모순 없이 붙들 수 없을 것인가?

"어떤 것이든 공표하는 것은 결코 옳지 않다."

불행하게도 이 반응은 성공적이지 않다. 도덕 원리들이 개인 간의 도덕 갈등을 판결하는 행위길잡이 역할을 하는 한 그 반응은 도덕 원리들의 공적 본성을 잡아내지 못한다.

어떻게 원리 P는 우선 행위 길잡이의 의무와 덕성, 권리들의 다양한 측면을 다루기에 충분한 행위 길잡이 역할을 할 수 있단 말인가?

더 나아가서 이 응답은 도덕 규칙의 보편 가능성을 설명하지 못한다.

내가 어떤 것도 공표하지 않아야 마땅하다면, 이것은 내가 어떤 것을 다른 사람에게 가르치지 않아야 마땅하다는 함축을 지닌다. 하지만 이 경우 다른 사람들과 내 자신 사이에는 분명한 도덕적 차이가 있어 보이지 않는다. 그렇다면 모순이 없으려면 나는 이 도덕 원리를 내 자신에게 공표하지 않아야 마땅하다.

한 원리를 자신에게 공표하는 일이 가능하겠는가?

가능한 것처럼 보일 것이다. 여기서 수반되는 모든 것은 그 원리에 대한 우리의 헌신을 강화하기 위해 독서와 다른 수단을 통해 고려되는 원리에 관해 자기를 가르치려 한다는 것이다. 그렇다면 내가 내 자신에게 이 도덕 원리를 공표하지 않아야 마땅하다면, 무엇보다도 이것은 내가 P를 보편화되어야 마땅한 도덕 원리로 고수하며 P를 내 자신에게 적용하는 경우 나는 P를 받아들일 도덕적 근거를 지니지 못할 것이라는 함축을 지닌다. 또 다른 한편, 나는 P가 보편화되어야 마땅하다고 생각하지 않는다면, P는 어떤 의미에서 도덕 원리인가(보편화가능성은 정말 한 원리가 도덕적<moral>으로 여겨지는 데 필요한 조건일 것 같기 때문이다)?

(2) 윤리적 이기주의를 반대하는 두 번째 논증

이기주의의 역설(paradox of egoism)로 불린다. 예를 들어, 이타주의와 깊은 사랑, 진정한 우정과 같은 것은 윤리적 이기주의와 모순된다. 왜 그러한가?

덕 있고 도덕적인 삶의 이 특징들은 우리에게 우리 자신의 이익을 추구하지 말고, 다른 사람의 이익을 추구하라고 요구하기 때문이다. 더 나아가서 윤리적 이기주의는 예를 들어, (행위자에게 장기적 수익이 없는 경우) 손해를 무릅쓰고 다른 사람들을 돕는 일이 그르다는 함축을 지니는 것처럼 보인다. 그래서 이기주의는 도덕적 삶의 중요하고 중심된 특징들을 배제하는 것처럼 보일 것이다. 규범적 도덕 이론의 주안점은 우리가 이미 도덕의 주요 국면으로 알고 있는 것을 설명하는 것이지 그것을 제거하는 것이 아니다. 더 나아가서 우리는 이기주의의 목표(개인의 행복)에 이르기 위해 이기주의를 반드시 포기하고 사랑과 우정, 다른 방식에 있어 반드시 이타적이어야 한다. 그래서 이기주의는 태어날 때부터 역설적이며, 도덕적 삶의 핵심 국면들을 제거한다.

일부 사람들은 이타주의(altruism)가 윤리적 이기주의와 전혀 모순되지 않는다고 주장함으로써 응수한다. 이기주의자들은 사실 우리가 다른 사람에게 유익이 되는 행위를 해야 마땅하며 그것이 우리에게 이익이 되기 때문이라고 말한다. 하지만 이 응수는 사이비 이타주의와 진정한 이타주의를 구분하지 못한다. 진정한 이타주의(genuine altruism)는 이타적 행위가 다른 사람의 이익을 의도할 것을 요구한다. 자기 이익만 의도하지만 그런데도 다른 사람에게 유익된 결과를 낳는 행위는 사이비 이타주의(pseudo-altruism)이다.

어떤 사람이 당신이 아니라 자신에게 유익을 주려는 의도로 당신을 "사랑하거나" 당신에게 "이타적" 행위를 하는 것을 당신이 발견한다면 당신은 그 행위가 어떤 식으로든 당신에게 유익을 준다 해도 그것을 진정한 사랑 내지 이타주의로 여기지 않을 것이다. 그래서 "이기주의적 이타주의"(egoistic altruism)는 용어에 있어 모순된다. 윤리적 이기주의는 사이비 이타주의와 모순되지 않지만, 진정한 이타주의와는 모순된다.

(3) 윤리적 이기주의를 반대하는 세 번째 논증

마지막으로 세 번째 반박은 **윤리적 이기주의가 모순된 결과에 이른다**고 주장한다. 도덕 이론은 공적이고 보편 가능한 도덕 규칙들을 반드시 고려해야 한다. 하지만 윤리적 이기주의는 이것이 해당되지 않는 상황에 이를 수 있다.

어떻게 그러한가?

A와 B라는 두 사람을 살펴보자.

두 사람 모두 윤리적 이기주의자이며, 이익 갈등을 수반하는 상황에 있다. 예를 들어, 이식될 수 있는 신장(腎臟)이 오직 하나 있으며 A와 B 모두 그것이 필요하며 그 신장을 얻지 못하는 사람은 죽을 것이라고 가정해 보자.

윤리적 이기주의에 따르면 A는 자기 이익에 맞게 행동해야 마땅하며, 그의 욕구가 우세하게 드러나야 한다고 권고해야 마땅하다. 그 신장을 확보해야 하는 의무와 그렇게 하려는 B의 시도를 좌절시켜야 할 의무가 A에게 있다. 이것은 A가 그 신장을 얻는 것이 옳고 보편 가능한 도덕적 결론이기에 A의 이익에 맞게 행동해야 할 의무가 B에게 있다고 A가 권고해야 마땅하다는 함축을 지니는 것처럼 보일 것이다. 물론 윤리적 이기주의에 따르면 B는 그의 관점에서 B의 이익에 맞게 행동해야 하는 의무를 지닌다. 하지만 그렇다면 신장을 A에게 주어야 할 의무와 신장을 스스로 가져야 하는 의무가 B에게 모두 있다는 함축을 윤리적 이기주의가 지니기에 모순이 생긴다.

윤리적 이기주의자들은 이 반박이 윤리적 이기주의의 본질을 제대로 파악하지 못한다고 주장함으로써 응수한다. 그들은 윤리적 이기주의자로서 A는 B가 A의 이익에 맞게 행동해야 마땅하다고 주장하지 않고 B가 B 자신의(own) 이익에 맞게 행동해야 마땅하다고 주장해야 마땅하다고 주장한다. 이것은 위의 모순되는 의무 문제를 해결하는 것처럼 보일 것이다.

하지만 이런 식으로 윤리적 이기주의를 말하는 것은 윤리적 이기주의의 이기적 정신을 파악하지 못한 것처럼 보인다. 그것은 B가 A의 이익에 맞게 행동하지 않고 B의 이익에 맞게 행동해야 마땅하다는 주장을 왜 이기주의자 A가 해야 할 필요가 있는가라는 문제에 대답하지 못하기 때문이다.

더 나아가서 윤리적 이기주의를 이렇게 표현하는 데 또 다른 문제가 있다. 이 문제는 다음과 같이 분명해질 수 있다. B는 B 자신을 위해 신장을 얻어야 하는 의무를 지니며, 그 자신의(B의) 이익이 우선시되도록 해야 하는 의무를 지니며, 그래서 이것이 B의 의도가 아닐지라도 A에게 실제로 해가 되는 행위를 해야 할 의무를 지닌다고 A는 주장한다.

하지만 이 경우 여전히 윤리적 이기주의는 A의 편에서 (그리고 B의 편에서) 모순된 태도를 함축하는 것 같다. B가 자기 이익에 좇아 행동해야 마땅하다고 A가 생각하기에 신장을 자기를 위해 얻을 의무가 B에게 있다고 A가 생각하는 것이 모순된 태도이다.

하지만 B가 그렇게 행동한다면 그 결과는 A의 이익의 극대화에 실제적 해(害)를 줄 것이다. 그래서 A는 자기 이익에 좇아 행동할 때 B가 그 자신의 의무를 행하지 못하도록 해야 할 의무를 지닐 것이다. 다른 사람들이 그들의 도덕적 의무를 행하지 못하도록 해야 하는 도덕적 의무가 어떤 사람에게 있다는 함축을 지니는 도덕 이론은 모두 분명히 곤란해진다. 반박은 그렇게 진행된다. 또한, 어떻게 윤리적 이기주의자 A는 다른 사람이 A 자신에게 해를 가할 의무를 지닌다고 주장할 수 있을 것인지 알기 어렵다.

모든 사람이 이 논증을 받아들이는 것은 아니다. 일부 사람들은 우리가 다른 사람들의 의무를 좌절시킬 의무가 우리에게 있는 것이 사실임을 종종 발견한다고 주장한다. 예를 들어, 전쟁에서 한 병사는 승리해야 하는 의무를 이루려는 다른 사람의 노력을 좌절시켜야 하는 의무를 지닌다. 우리가 윤리적 상황에 관한 믿음을 욕구와 분리시킨다면, 전쟁에서 이기거나 신장을 얻어야 하는 의무가 B에게 있다고 A가 믿을 수 있지만, 동시에 A는 이 목표들을 자신을 위해 바랄 수 있으며, 자신의 욕구에 따라 행동할 수 있다. 응수는 이렇게 진행된다. 일반적으로 B가 x를 해야 마땅하다는 믿음은 B가 x를 하기를 A가 원한다는 함축은 지니지 않는다.

우리는 이 응수를 어떻게 생각해야 마땅한가?

첫째, 병사의 예는 맞지 않다. 그것은 주관적 의무와 객관적 의무를 구분하지 못하기 때문이다. 주관적 의무(subjective duty)는 무엇이 해야 할 옳은 일이며 무엇이 옳은 일이 아닌지 발견하기 위해 최선을 다했을 때 그 사람에게 있는 의무이다. 어떤 사람이 옳은 것을 진지하고 성실하게 확인하려 하고 그것에 따라 행동하려 한다면 그는 주관적 의무를 성취했으며, 따라서 어떤 의미에서 그는 칭찬할 만하다. 하지만 사람들은 최선을 다하려 했을지라도 진지하게 그릇되어 객관적 의무(objective duty)-하나님의 시각에서 볼 때 해야 하는 정말 옳은 것-에 따라 살지 못할 수 있다.

병사 A는 조국에 복종해야 하는 주관적 의무가 병사 B에게 있다고만 주장할 수 있을 것이다. 하지만 A는 B의 나라가 사실 도덕적으로 정당화되는 선생을 수행하는 경우에만 그렇게 해야 할 객관적 의무가 B에게 있다고도 믿는다. 그렇다면 A나 B는 어느 편이 옳은지 말하기 어렵다 해도 전쟁의 옳은 편에 서 있다. 그래서 A와 B는 다른 사람들과 싸우고 그들을 좌절시켜야 하는 객관적 의무가 그들 가운데 한 사람에게만 있다고 믿을 수 있을 것이다. 그래서 전쟁의 사례는 싸워야 하는 [객관적)]의무가 B에게 있으며 B를 좌절시켜야 하는 (객관적) 의무가 그에게 있다고 A가 믿는 진짜 사례를 줄 수 없다.

둘째, 믿음을 욕구와 분리시키는 논점은 어떻게 되는가?

첫째는 도덕 이론의 바람직한 특징은 그것은 덕 있는 사람이 어떤 사람인지 그리고 덕성이 성취될 수 있는지 기술한다는 것이다. 그런데 덕 있는 사람의 한 측면은 욕구와 의무 사이에 조화가 있다는 것이다. 덕 있는 사람은 선한 사람이 번영하고 도덕적 의무가 존중받는 것을 보고 싶어 한다. 이것을 염두에 둘 때 윤리적 이기주의가 모순 없이 실천되는 경우 의무에 관해 한 가지(예를 들어, B가 x를 행해야 마땅하다고 A가 믿는다)를 믿지만 다른 것(예를 들어, A는 B가 x를 행하기를 원하지 않는다)도 전체적으로 원하는 덕이 없고 파편화된 사람들을 낳을 수 있을 것이라는 점이 분명해진다.

그렇지만 믿음과 욕구라는 윤리적 이기주의자의 구분이 도덕적 관점에서 볼 때 정당하다고 우리가 인정한다면 이 구분은 윤리적 이기주의가 욕구의 갈등에 이른다는 주장을 해결해 준다. 예를 들어, A가 자신을 위해 신장을 원하면서 B가 신장을 얻기를 원하는 경우 욕구의 갈등에 이른다. 믿음과 욕구의 이 구분을 인정한다면 윤리적 이기주의는 신장을 얻어야 하는 의무가 B에게 있다고 A가 믿으면서 그 자신이 신장을 지니기를 원한다는 함축을 지닌다. 그런데도 이 응수는 윤리적 이기주의에 대한 반박의 실질적 논점을 빗나간다.

그 논점은 윤리적 이기주의가 곧바로 욕구의 갈등에 이른다는 것이 아니다. 도리어 반박은 윤리적 이기주의가 도덕적 믿음과 도덕적 의무의 해결 불가능한 갈등에 이른다는 것을 보여 준다. A와 B가 윤리적 이기주의자라면, A는 B가 신장을 얻는 것이 그르다고 믿을 뿐 아니라, 신장을 얻으려 해야 하는 것이 B의 의무라고 믿기도 한다.

하지만 그릇된 것을 해야 할 의무가 B에게 있다는 믿음을 A는 어떻게 모순 없이 지닐 수 있단 말인가?

그리고 B의 객관적 의무를 좌절시킬 객관적 의무가 A에게 어떻게 있을 수 있단 말인가?

4) 기독교와 윤리적 이기주의

우리는 공리주의로 넘어가기 전에 한 가지 문제를 더 살펴볼 필요가 있다. 일부 사람들은 성경이 지옥을 피하고 천국으로 가라고 강조하고, 지상에서의 삶에 대해 영원한 보상을 약속하기에 윤리적 이기주의를 적합한 도덕 이론으로 암묵적으로 긍정한다고 주장한다. 이것은 기독교를 반대하는 논증으로 간주된다는 생각이 있다. 윤리적 이기주의가 부적합하다는 것을 인정하는 경우 기독교는 옳지 않은 도덕 이론을 함축하기 때문이다.

이 주장을 어떻게 생각해야 마땅한가?
정당한 자기 이익이 성경의 가르침의 일부임이 분명하다.
하지만 이것은 성경이 윤리적 이기주의를 도덕 이론으로 함축한다는 뜻인가?

우선 우리는 행위의 부산물로 내 이익이 되는 것과 행위의 유일한 의도로서의 내 이익을 구분할 필요가 있다. 자기 이익에 호소하는 성경 구절들은 당신이 옳은 것을 의도적으로 행하는 경우 이것의 선한 부산물이 다양한 종류의 보상일 것이라고 지적하고 있을 뿐일 수 있다. 이 구절들이 자기 이익을 도덕적 행위의 유일하게 정당한 의도로 명확하게 사용하지 않는다고 주장할 수 있을 것이다.

예를 들어, 출애굽기 20:12은 "네 부모를 공경하라 그리하면 네 하나님 여호와가 네게 준 땅에서 네 생명이 길리라"고 말한다. 분명히 이 구절이 한 부분이 되는 십계명은 신자의 이익이 되기 때문만이 아니라 거룩한 하나님의 옳은 도덕적 명령이기에 순종되어야 한다.

이 준수는 동기와 이유라는 두 번째 구분과 연결된다. 거칠게 말하자면 동기는 어떤 사람이 어떤 것을 믿거나 어떤 식으로 행하도록 영향을 주고 감동시키는 그 사람 안의 어떤 상태이다. 이와 대조적으로 이유는 우리에게 있는 믿음이나 우리가 행한 행위를 이성적으로 정당화하는 데 이바지하는 것이다. x를 믿는 이유를 언급하는 것은 x가 참이 될 만하도록 하는 것을 언급하려는 시도이다.

x를 행하는 이유를 언급하는 것은 x를 내가 이성적으로나 도덕적으로 해야 마땅한 것이 되게 하는 것을 언급하는 것이다. 이 맥락에서 어떤 것이, 예를 들어 자기 이익이 행위의 동기 역할을 해야 하기에 그것이 우선 그 행위를 정당화하는 이유 역할도 한다는 결론이 나오지는 않는다. 자기 이익은 도덕적 행위의 정당한 동기가 될 수 있지만 하나님의 명령들과 객관적 도덕법 등은 우선 한 행위를 우리 의무로 만드는 것들로 이성적으로 언급될 수 있을 것이라는 주장이 있을 수 있다. 성경은 자기 이익을 행위의 동기로 언급할 수 있지만, 그 행위를 우리 의무로 만드는 것의 이유로 언급할 수는 없다.

더 나아가서 성경은 어떤 의무를 행하는 이유가 자기 이익이라고 가르치고 있다 해도, 그것은 자기 이익을 사려 깊은 것으로 제시하고 있으며, 의무를 행하는 도덕적 이유로 제시하지 않을 수 있다. 달리 말하자면 성경은 지옥을 피하고 보상을 추구하는 것이 지혜롭고 타당하고 좋은 판단의 사안이라고 말하면서, 이 고려들이 자기 이익에 따라 행동해야 하는 도덕적 이유들이라고 주장하지 않을 수 있다.

요약하자면 성경은 자기 이익을 행위의 의도가 아니라 부산물로, 이유가 아니라 동기로, 도덕적 이유가 아니라 사려 깊은 이유로 옹호하는 것으로 이해될 수 있다는 논증이 있을 수 있을 것이다.

이것이 그러하다면, 이 성경적 생각들은 윤리적 이기주의를 함축하지 않는다.
또한, 성경은 자기 이익이 어떤 것을 나의 도덕 의무로 만드는 데 이바지한다고 가르칠지라도, 윤리적 이기주의가 나오지는 않는다.

우선 규범적 윤리설로서 윤리적 이기주의는 한 행위가 나의 이익을 극대화하는 경우에만 도덕적이라고 가르친다. 윤리적 이기주의는 어떤 것이 내 의무가 되는데 필요 충분하다고 가르친다. 그렇지만 이기적 요소들은 한 행위에 도덕적으로 유일하게 관련되는 요소들이 아니지만(원래 옳기 때문에 행하는 하나님에 대한 순종과 자기 희생과 같은 다른 것들도 관련될 수 있다), 그런데도 종종 한 행위의 도덕적 가치를 평가하는 데 중요한 특징이 적어도 한 가지 있다. 도덕적 의무는 윤리적 이기주의가 함축하는 것처럼 자기 이익에 의해 다 설명되지 않는다. 도리어 자기 이익은 도덕적 숙고에서 정당한 요소일 수 있으며, 성경은 이 점을 표현하고 있을 수 있다.

게다가 성경에 담겨 있는 자기 이익의 정확한 본질은 윤리적 이기주의를 일부 형성하는 자기 이익과 두 가지 방식으로 다를 것 같다.

첫째는 윤리적 이기주의에 따르면 한 행위를 옳게 만드는 것은 그것이 나에게 이익이 된다는 것이다. 여기서 가치를 형성하는 중요한 속성은 어떤 것이 행위자의 1인칭적(人稱的) 이익을 증진시킨다는 사실이다. 여기서 도덕적 행위자는 자신을 자신과 똑같은 존재로서 돌보며, 다른 어떤 사람도 돌보지 않는다.

둘째는 이와 대조적으로 성경이 자기 이익을 강조한 것은 그 자기 이익의 적합성을 그런 이익이 나의 것이라는 단순한 사실에서 뒷받침하지 않고 내가 하나님의 형상으로 만들어진, 본래적 가치를 지닌 피조물이며 그러한 존재이기에 내가 나에게 일어나는 일에 마음을 써야 마땅하다는 사실에 있는 것 같다. 여기서 나는 내 행복이 내 것이기 때문이 아니라 높은 본래적 가치를 지닌 창조물이라는 나의 본질 때문에 내 행복을 추구한다.

인간에게 가치가 전혀 없는 가능 세계를 살펴보자. 그 세계에서 윤리적 이기주의는 자기 이익을 법으로 정할 것이지만, 고려되는 두 번째 견해(내가 가치 있는 피조물이라는 사실에서 자기 이익이 나온다는 견해)는 자기 이익의 필요 조건(본래적 가치를 지닌 피조물임)이 그 세계에 통용되지 않기에 자기 이익을 법으로 정하지 않을 것이다.

칸트의 견해와 목적론적 견해들은 모두 다른 사람들 못지않게 자아도 고려해야 한다. 내 자아(自我)는 보편 가능성 고려들에서 적절하다. 또한, 내 자신의 이익이 중요한 고려 사항이 되는 특별한 맥락들이 있을 수 있다. 예를 들어, 나의 영원한 운명이 관련되는 맥락이 있다. 더 나아가서 하늘의 선물이 중요하기 위해 그것은 일부 개인적 이익이나 구원에 대한 욕구에 반드시 응해야 한다. 하나님이 구원을 주시는 것이 우리가 이해관계를 지니는 것이 아니라면 하나님은 구원을 주신 것 때문에 영광 받으실 수 있을 것인가?

자기 이익의 본질이 성경에서와 윤리적 이기주의에서 서로 다른 두 번째 방식이 있다. C. S. 루이스(C. S. Lewis)가 주장했듯이 서로 다른 종류의 보상이 있으며, 일부 보상은 우리가 그것을 얻기 위해 하는 것과 자연스럽게 연결되기에, 그것이 하나님이 우리를 만드신 본성적 본질의 표현이기에 적합하다.[3]

돈은 사랑에 대한 자연적 보상이 아니다(돈을 보고 결혼하는 사람은 돈을 위해 일하는 사람이다). 돈은 사랑에 수반되어야 마땅한 욕구들에는 낯설기 때문이다. 이와 대조되게 승리는 전투에 대한 자연적 보상이다. 그것은 적합한 보상이다. 그것은 보상이 주어지는 활동에 부가되지 않기 때문이다. 승리는 활동 자체의 완성이다.

루이스에 따르면 천국과 보상에 대한 욕구는 본성상 우리의 본질을 표현하는 자연적 욕구이다. 우리는 하나님 앞에서의 영광을 욕구하고, 그분의 임재 가운데 있고, 그분이 우리에게 주실 보상을 즐기는 일을 갈망하도록 만들어졌다. 또한, 이것들은 지상에서의 우리 활동의 자연적 완성이다. 그래서 하늘과 보상을 찾는 일의 적합성은 이 결과들이 우리 본성의 진정한 표현들이며 하나님을 위한 우리 활동들의 자연적 완성이라는 사실에서 나온다.

이와 대조되게 윤리적 이기주의에 따르면 결과의 가치는 본질적으로 우리 본성이나 활동의 자연적 완성과 무관하다. 도리어 이 결과들의 가치는 그것들이 행위자 자신에게 유익을 준다는 사실의 함수일 뿐이다. 그리고 그것이 그것에게 있는 모든 것이다. 이것은 윤리적 이기주의에 대한 우리 논의를 끝낸다. 이제 우리는 목적론적 윤리의 훨씬 더 유명한 유형, 즉 공리주의를 다룬다.

---

[3] C. S. Lewis, *The Weight of Glory* (Grand Rapids, Mich.: Eerdmans, 1949), pp. 1-45; *The Problem of Pain* (New York: Macmillan, 1962), pp. 144-54.

3. 공리주의

공리주의자는 도덕적 삶을 수단과 목적의 추론을 통해 이해한다. 공리주의(utilitarianism)의 본질은 이런 식으로 이야기될 수 있다. 한 행위나 도덕 규칙의 옳음 내지 그름은 그 행위나 규칙의 결과에서 직간접적으로 생기는 도덕과 무관한 선(善)의 문제일 뿐이다. 공리주의는 이 이름을 지니는 이론들의 서로 다른 세 가지 측면을 조사함으로써 밝혀질 수 있고, 공리주의에 대한 비판도 예리해질 수 있다.

첫째, 공리주의의 가치 이론들
둘째, 공리 원리 자체
셋째, 서로 다른 형태의 공리주의

1) 공리주의의 가치 이론들

우선 우리는 도덕적 가치와 도덕과 무관한 가치를 구분할 필요가 있다. 공리주의자는 [때로 선<善, goodness>으로 불리는] 도덕과 무관한 가치(nonmoral value) 개념을 밝힐 때 수많은 것에 본래적 가치가 있을 수 있으며 그 가치가 도덕적이지 않다는 사실을 올바로 지적할 수 있다.

이 맥락에서 도덕적 가치(moral value)는 때로 옳음(rightness)으로 불리는데, 도덕 규칙들(도둑질하지 말라)이나 개별적 도덕적 행위들(도둑질 행위), 행위들의 종류들(예를 들어, 도둑질 유형의 행위들 일반)을 가리킨다. 도덕과 무관한 본래적 가치의 사례들(도덕적 규칙과 행위와 무관한 본래적 가치를 지니는 것들)은 건강과 아름다운 예술, 우정, 수학적 지식이다.

여기서 본래적 가치란 무슨 뜻인가?

첫째, 어떤 것에 예를 들어, 기쁨과 같은 본래적 가치(intrinsic value)가 있다면, 그것은 그 자체로 가치 있으며, 그 자체로 목적이며, 그 자체 때문에 선하며 욕구될 가치가 있다.

둘째, 이와 대조되게 어떤 것에 예를 들어, 돈과 같은 도구적 가치(instrumental value)가 있다면, 그것의 유일한 가치는 본래적 가치의 수단으로서다. 도구적 가치가 없어도 본래적 가치가 있을 수 있지만, 본래적 가치가 없이는 도구적 가치가 있을 수 없다는 사실에 주목하라.

셋째, 마지막으로 어떤 것에 본래적 가치와 도구적 가치가 모두 있다면, 예를 들어 건강과 같은 혼합된 가치(mixed value)가 있다. 공리주의자들은 우리 행위의 결과가 나와야지만 마땅한 것에 관해 서로 의견을 달리한다.

내재적 가치에 관해 주요한 공리주의 견해들이 세 가지 있다.

첫 번째 견해는 쾌락공리주의(hedonistic utilitarianism)는 공리를 오직 행복이나 쾌락을 통해서만 이해한다. 모든 다른 것은 행복이나 쾌락을 얻고 불행과 고통을 피하는 수단인 한에서만 가치 있다. 초기 공리주의자 가운데 한 사람인 제레미 벤담(Jeremy Bentham, 1748-1832)은 양적 쾌락주의자(quantative hedonist)였다. 벤담에 따르면 쾌락 대(對) 고통의 양이 중요하다. 그는 한 행위가 낳을 법한 쾌락 대 고통의 전체량을 계산할 수 있는 쾌락계산법을 발전시키려 했다. 그의 계산은 한 행위가 그 결과 지니게 될 쾌락의 강도와 지속, 근접, 순수를 고려하는 데 의존한다.

또 다른 초기 공리주의자 존 스튜어트 밀(John Stuart Mill, 1806-1873)은 이 접근을 거부했다. 밀은 만족한 돼지보다 만족한 인간이 되는 편이 더 좋다고 지석했다. 만족한 바보보다 불만족한 소크라테스인 것이 더 좋다. 벤담의 견해에 따르면 만족한 돼지는 불만족한 소크라테스보다 더 많은 양의 쾌락을 지녔으며, 따라서 더 큰 가치의 좋은 예가 된다. 하지만 밀은 이 생각에 무언가 잘못이 있다고 주장했다.

벤담은 서로 다른 종류의 쾌락을 구분하지 못했으며, 어떤 종류의 쾌락이 다른 종류의 쾌락보다 더 가치 있다는 사실을 무시했거나 간과했다. 더 나아가서 벤담이 보여 주는 것과 같은 다양한 쾌락의 지속과 강도의 측정법을 알기 어렵다. 그래서 도덕적 행위/결정이라는 구체적 상황에서 쾌락계산의 적용은 정말 문제가 있다. 밀은 질적 쾌락주의(qualitative hedonism)를 받아들였다. 여기서 공리를 이루는 것은 여전히 쾌락 대 고통이지만, 서로 다른 종류의 쾌락이 고려될 여지가 있다.

예를 들어, 이 견해에 따르면 본래적 가치를 지니는 것은 우정이나 아름다운 예술과 같은 것들 자체가 아니라 그것들에서 나오는 쾌락이다. 밀의 견해의 문제는 그 견해가 서로 다른 종류의 쾌락의 상대적 가치의 서열을 어떻게 매겨야 하는지 구체적으로 밝히는 일을 제대로 하지 못한다는 것이다.

두 번째 견해는 쾌락주의와 반대되는데 다원적 공리주의(pluralistic utilitarianism)로 불린다. 이 견해에 따르면 쾌락과 행복만 도덕과 무관한 본래적 가치를 지니는 것이 아니라 그 밖의 많은 것도 그러하다. 다원적 공리주의자들이 허용하는 도덕과 무관한 다른 내재적 가치들은 지식과 사랑, 아름다움, 건강, 자유, 용기, 자존감 등을 포함한다.

예를 들어, 다원적 공리주의에 따르면 가치 있는 것은 우정이 낳는 쾌락만이 아니라 우정 자체이기도 하다. 이 접근을 옹호하는 사람들은 위에서 열거된 항목들에 정말 내재적 가치가 있음이 직관적으로 명백하다고 주장한다. 그리고 누구도 이 다양한 항목이 공통적으로 지니는 하나의 특징을 제시하지 못했다.

수많은 근대 공리주의자는 다원적 공리주의를 거부했다. 그들이 지적하는 주요 문제는 앞서 언급된 가치들이 우리가 무엇을 해야 마땅한지를 결정할 때 상대적으로 쓸모없다는 것이다. 위에서 열거된 항목들의 상대적 장점들에 관해 서로 크게 다른 견해가 있다. 또한, 예를 들어 일어날 수 있는 다양한 종류의 우정을 포함하여 우정을 미적 경험이나 용기와 같은 가치들과 비교하고 순위를 매기도록 하는 공통된 척도가 있어 보이지 않는다. 이러저러한 이유로 오늘날 대부분의 공리주의자들은 주관적 선호공리주의(subjective preference utilitarianism)라는 제3의 가치 이론을 받아들인다.

일반적 가치론을 발전시키려는 것이 많은 사람이 보기에 쓸데없고 주제넘어 보이기에 이 입장은 한 행위가 개인의 욕구와 선호의 충족을 극대화해야 마땅하다고 주장한다. 도덕적 행위의 목표는 개인적 선호를 표현하는 욕구나 바램의 충족이다. 불행히도 이 이론은 조합적 상대주의의 한 부류처럼 보인다(20장 참조). 그래서 그 이론은 행위를 인도하도록 선(善)을 구체화하는 데 사용될 때 일종의 상대주의로 떨어진다.

왜 그러한가?

어떤 행위를 취해야 하는지 결정하기 위해 그 원리를 사용하려 할 때 어떤 행위든 개인의 사적(私的) 선호를 충족시키는 한 정당화될 수 있기 때문이다. 어떤 사람이 아동 성 추행범이 되고 싶어 하거나 어떤 형태의 자해(自害)를 하고 싶어 한다면 이 견해에 따라 그런 행동은 적합하다. 그것은 개인의 욕구 충족을 극대화할 수 있을 것이기 때문이다. 그 이론은 사람들이 대량학살에의 욕구와 같이 도덕적으로 받아들일 수 없는 선호(選好)들을 지닐 수 있다는 단순한 사실을 설명하지 못한다.

공리주의자들은 이 반박에 대해 다음과 같이 응수했다. 그들은 주관적 선호의 원리를 합리성 조건으로 보완한다. 선한 것은 욕구하는 것이 합리적인 개인적 욕구의 충족에 있다. 그들은 공리주의가 보편적 어리석음의 문제를 해결해야 할 책임을 지니지 않는다고 주장한다. 달리 말하자면 주관적 선호라는 견해는 합리적 선호만 설명한다. 아동 성추행이나 자해 행위는 합리적이지 않으며, 그래서 "적절한" 선호로 여겨지지 않는다.

하지만 여기서 합리성은 무슨 뜻인가?

지시적 합리성과 기술적 합리성을 구분해 보자.

지시적 합리성(prescriptive rationality)은 두 가지를, 즉 내재적으로 가치 있는 것에 관한 믿음을 정당화한 능력과 이 믿음들이 자신의 욕구에 적합한 성격을 부여하도록 한 능력을 포함한다.

이 유형의 합리성은 공리주의자가 염두에 두는 것일 수 없다. 그런 합리성은 다원적 공리주의(도덕과 무관한 가치를 지니는 것에 관해 정당화되는 믿음을 지니는 능력)를 함축하거나 의무론적이기(내재적 도덕적 가치를 지니는 것에 관해 정당화된 믿음을 지니는 능력) 때문이다. 어떤 식으로든 합리성(rationality) 정의는 순환적일 것이다. "선한" 것은 욕구하는 것이 합리적인 것으로 정의되며, "합리성"은 사람들이 선한 것을 욕구할 때 욕구하는 것으로 정의된다.

주관적 선호라는 형태의 공리주의가 유일하게 사용할 수 있는 유형의 합리성은 기술적 합리성(descriptive rationality)이다.

이것은 반드시 두 가지를 포함한다.

첫째, 어떤 목표들이 상정되는 경우 그 목표를 이루기에 효과적인 수단을 사용할 수 있는 능력을 포함한다.

하지만 이것만으로는 주관적 선호공리주의를 구하기에 적합하지 않다. 우리는 도덕적으로 견딜 수 없는 목표들을 설정할 수 있을 것이며, 이 목표들을 이루는 데 효과적인 수단들을 아는 경우 합리적일 수 있을 것이기 때문이다.

둘째, 그래서 기술적 합리성에 반드시 포함되어야 한다.

우리는 심리적으로 정상(즉, 통계적으로 보통)인 사람들이 모두 욕구하는 것을 욕구하는 경우에만 오직 그 경우에만 합리적이다. 우리가 심리적 균형을 유지한다면 아마도 아동 성추행범이 되는 일을 선택하지 않을 것이다. 우리의 인간 본성들은 우연적이다.

예를 들어, 진화적 진보가 다른 방향으로 선회했다면 그 본성들은 다른 것으로 드러났을 수 있다. 우리에게 우연적 인간 본성들이 있다면, 통계적으로 보통 사람들이 욕구하는 것은 모두 욕구하는 것이 합리적인 것이다. 또한, 우연적 사태로서 그런 사람들은 아동 성추행범이 되기를 욕구하지 않는다.

하지만 문제는 왜 정상적 인간이 그런 방식의 삶을 선택하지 않을 것인가이다. 그런 행동이 그저 그르다는 것은 대답일 수 없다. 이 경우 주관적 선호공리주의를 옹호하는 사람들은 순환 논증에 빠질 것이기 때문이다. 심리적으로 "정상"(즉, 전형적)인 사람들이 수많은 매우 부도덕한 욕구를 충족시키기를 선호할 것이라는 사실이 드러날 수 있었을 것이다. 이 주장에는 모순이 들어 있지 않다. 사람들이 우연적 사태로서 어린이를 성추행하는 일을 전형적으로 욕구하는 [현실 세계를 미래를 포함하여] 가능 세계들이 있다. 하지만 그러하다면, 이 욕구들의 충족은 주관적 선호라는 견해에서 볼 때 도덕적으로 적합할 것이다. 이런 까닭에 그런 견해는 반드시 부적합하다고 판정되어야 한다. 아동 성추행과 수많은 다른 부도덕한 행위가 도덕적으로 정당화될 수 있을 논리적 가능성을 허용하기까지 하는 견해라면 가치를 그릇되게 이해한다. 또한, 인간 선호는 시간이 흐름에 따라 변할 수 있기에 우리는 그저 논리적으로 가능한 것에 대해 걱정하지 않아도 된다.

결론으로서 공리주의 가치론을 생각할 때 두 가지 중요한 점을 반드시 염두에 두어야 한다.

첫째, 도덕적 가치(도덕적 행위들과 규칙들)에는 도구적 가치만 있다.

그것들은 목적을 위한 수단에 불과하다. 공리주의자들은 "선한 것"으로 불리는 그 목적이 무엇인지에 대해 의견을 달리한다. "옳은" 것과 "선한" 것의 관계는 수단과 목적의 관계와 같다. 이것은 표 23.1에서처럼 그려질 수 있다.

옳은 것	선한 것
도덕적 행위들과 규칙들	쾌락(양 내지 질), 다원적 가치, "합리적인" 주관적 선호
도구적 가치	내재적 가치

<표 23.1 공리주의적 가치론들>

둘째, 대부분의 공리주의자들은 도덕과 무관한 가치의 본질에 관해 객관주의자들이다.

쾌락주의자와 다원적 공리주의자에게 선한 것은 객관적이며, 개인의 믿음이나 욕구에 의존하지 않는다. 이와 대조되게 주관적 선호공리주의자들에게 선한 것은 개인의 믿음과 욕구에 상대적이며, 그래서 주관적이다.

2) 공리 원리

우리가 방금 살펴본 것처럼 공리주의자들은 공리를 정의할 때 가치가 무엇을 계산에 넣는지에 관해 의견을 달리한다. 여기서 공리(utility)는 우리의 도덕적 행위와 규칙의 결과로 극대화하려 해야 마땅한, 선한 것을 나타낸다. 공리주의자들은 공리 원리의 형식 자체에 관해서도 의견을 달리한다. 공리 원리(principle of utility)는 우리가 해야 마땅한 것의 목표 내지 시금석을 말해 준다.

공리주의에 따르면 아주 일반적으로 한 도덕 행위(나 도덕 규칙)는 그 행위에 의해 옳은 종류의 결과들이 그리고/또는 옳은 척도에 따라 (실제로) 생기고 (또는 도덕 규칙을 따른 결과인) 경우에만 오직 그 경우에만 옳다. 하지만 이것은 너무 일반적이며, 공리주의자들은 이 원리를 보다 정확하게 묘사하는 최선의 방법에 관해 의견이 각기 다르다. 다음 주장들이 각각 제시되었다.

① 그것은 선한 결과들만 낳는다.
② 그것은 선한 결과들을 극대화한다.
③ 그것은 모든 나쁜 결과를 피한다.
④ 그것은 나쁜 결과들을 최소화한다.
⑤ 그것은 최대 다수의 최대 행복을 낳는다.
⑥ 그것은 선한 결과 대(對) 나쁜 결과의 최종 균형을 극대화한다.

분명히 이 원리들은 서로 충돌하기 쉬울 수 있다. 그래서 공리주의자들은 정확히 같은 상황에서 무엇이 옳고 무엇이 그른지에 관해 의견이 크게 갈라진다. 원리①과 ②, ③, ④ 는 자명하며 특별한 설명이 필요 없지만, 원리 ⑤와 ⑥을 해명하는 것이 유익할 수 있다.

단순화해서 우리에게 열 사람으로 이루어진 사회가 있고 분배해야 할 사탕이 열 개 있다고 가정해 보자. 헤돈(hedon, 쾌락을 나타내는 그리스어 헤도네-역주)이 쾌락을 양수(陽數)에 고통을 음수(陰數)에 두는 쾌락-고통 저울 내지 연속체에서 하나의 단위를 나타내도록 해 보자. 또한, 우리 사회의 여덟 사람이 사탕 한 개에서 +1 헤돈을 얻으며, 한 사람은 사탕을 싫어해서 사탕 하나 먹는 일 때문에 -1 헤돈을 얻으며, 한 사탕 감식가는 각 사탕으로부터 엄청난 +5 헤돈을 얻는다고 가정해 보자.

원리 ⑤는 주어진 상황에서 무엇이 옳고 무엇이 그른지 생각할 때 두 개의 함수로 생기는 공리의 양(量, 즉 선한 결과 대 나쁜 결과)을 반드시 측정해야 한다고 말한다. 공리의 양은 관여된 사람들의 총 수(數)와 생긴 양수의 헤돈과 음수의 헤돈을 대조시켜 나온 총합이다.

원리 ⑥은 후자의 요소를 언급하지 않으며, 오직 생기는 헤돈 전체에만 초점을 둔다. 원리 ⑥은 우리가 사탕 감식가에게 열 개를 모두 주라고 요구할 것이다. 이것은 50 헤돈(사탕 10개 곱하기 5 헤돈)을 낳기 때문이다. 각 개인이 한 개씩 얻는 것과 이것을 비교하라. 첫 번째 여덟 사람은 각자 하나의 헤돈을 기여하며, 감식가는 다섯 헤돈을 기여하며, 사탕을 싫어하는 사람은 전체 12 헤돈에서 1 헤돈을 뺀다. 이것은 50 헤돈보다 적기 때문에 원리 ⑥은 10개 사탕을 모두 감식가에게 주는 것이 우리의 도덕의무이어야 한다고 요구한다.

그렇지만 원리 ⑤는 더 복잡하다. 그것은 방정식에서 사람의 수(數)도 요소이어야 한다고 요구하기 때문이다. 열 개가 모두 감식가에게 주어진다면, 그것은 평등한 분배에 관여되는 10명의 사람과 비교해서 한 명만 포함한다. 원리 ⑤는 우리가 헤돈의 양과 사람의 수 사이에 균형을 잡으라고 명령하며, 그래서 태도에 있어서 ⑥과 다르다.

공리 원리의 이 대안적 표현들을 더 자세히 분석하는 것은 지금 우리 논의의 영역을 넘어선다. 여기서 강조되어야 하는 점은 공리주의자들이 공리 원리를 어떻게 진술해야 하는가에 관해 서로 의견을 달리한다는 것이다. 이 불일치는 그 이론에 대한 비판으로 종종 제시되었다. 또한, 공리 원리의 각 개별적 표현은 비판을 받는다. 위의 원리 ⑤를 살펴보라. 그 표현은 공리주의와 자주 연결된다. 공식 ⑤의 난점은 ⑤가 행위나 규칙의 도덕성을 평가하는데 사용되는 두 개의 서로 다른 척도들 사이에서 균형을 잡으려 한다는 것이다. 영향을 받는 사람들의 수와 생기는 공리의 총합이 그 척도들이다. 이것은 일정 경우 무엇이 우리의 의무인지, 무엇이 우리의 의무가 아닌지에 대해 상충(相衝)하는 대답들을 할 수 있게 한다. 한 행위가 보다 많은 사람에게 더 좋을 수 있지만, 대안적 행위는 더 많은 공리를 낳기 때문이다.

공리 원리에 대해 보다 일반적인 또 다른 비판은 그 원리가 공리주의자들에 의해 사용되는 방식을 포함한다. 공리주의자들은 우리가 우리 행위에서 행하려 해야 마땅한 것은 결국, 그 행위들의 결과에서 공리를 극대화하는 것이라고 강조한다. 그들은 한 행위의 단기적 결과에 관심을 두지 않는다. 중요한 것은 그 행위에 의해 생기는 공리의 총합이며, 이것은 그 행위의 장기적 결과를 반드시 설명해야 한다.

하지만 이제 문제가 하나 나타난다. 우리가 수행할 수 있을 대안적 행동들의 장기적 결과들을 비교해서 안다는 것은 불가능하지는 않다 해도, 어렵다. 우리는 [대략] 전지(全知)하지 못하기에 대안 A가 의무이고 행위 B가 도덕적으로 금지된다고 정확하게 판단할 수 없을 것이다. 행위자의 의도가 행위자 행동의 도덕적 성격에 아무 영향을 주지 못한다는 사실을 염두에 두어라. 어떤 사람은 A를 진지하게 행하며, 그것이 최대 공리를 낳을 것이라고 생각할 수 있을 것이지만, B가 결국, A와 비교하여 공리를 극대화하는 것으로 드러나는 경우 실제 부도덕한 일을 하는 셈이다.

일부 공리주의자들은 한 행위의 결과가 될 것이라 기대하는 것이 정당할 것에 비추어 행동해야 할 의무만 우리에게 있으며 결국, 공리를 실제로 극대화하는 것을 해야 할 의무는 우리에게 없다고 주장함으로써 이에 응수한다. 또한, 결과에 관해 합당한 기대에 비추어 최선을 다해 행동하는 것 자체는 전혀 행동하지 않거나 공리를 극대화한다는 기대를 합당하게 주지 못하는 식으로 행동하는 것과 비교해볼 때 공리를 극대화한다.

하지만 이 응수는 논점을 놓친다. 논점은 도덕적 행위자들이 행위에서 할 수 있는 최선을 다해야 할 책임이 있다는 것이 아니다. 그들은 전지(全知)하지 않기에 때로 실수할 것이다. 이 점은 정확하며, 모든 도덕 이론에 적용된다. 반박에서 떠오르는 진짜 문제는 도덕과 도덕적 결정에 대한 공리주의적 접근이 그 이론 중심부에 결함을 지닌다는 것이다. 한 행위를 옳거나 그르게 해 주는 요소-대안적 행위들과 비교해서 그 행위가 낳는 최종 공리-는 (전형적이지는 않더라도) 종종 도덕적 결정을 무력화하는 불확실성을 지닌다. 그 불확실성은 확신과 품성의 발전에 이바지하지 못하는 의무에 관한 망설임을 잘 보여 준다(22장 참조).

솔로몬이 전도서 2:18-29에서 말했듯이 "내가 해 아래에서 내가 한 모든 수고를 미워하였노니 이는 내 뒤를 이을 이에게 남겨 주게 됨이라. 그 사람이 지혜자일지, 우매자일지야 누가 알랴마는 내가 해 아래에서 내 지혜를 다하여 수고한 모든 결과를 그가 다 관리하리니 이것도 헛되도다."

솔로몬의 논점은 이러하다. 내 수고와 수고의 열매의 가치가 그 일의 최종 결과들에서 나온다면, 지금 나의 행위에는 어떤 덧없음이 있고 무력하게 하는 불확실성이 있다. 나는 결국, 나쁜 결과를 낳는 일에 실제로 기여하고 있을 수 있기 때문이다. 그래서 지금 내 수고에 가치가 있을 수 있다면, 그 가치는 최종 결과들에 덧붙여지는 어떤 것으로부터 반드시 나와야 한다.

공리 원리에 대한 공리주의적 견해들의 무력화 효과는 소위 안정이 없다는 반박(no-rest objection)에 의해서도 부각되었다. 공리주의에 따르면 우리는 공리를 궁극적으로 극대화하는 행위를 해야 마땅하다. 하지만 우리가 수행할 수 있는 모든 행위에 대해 언제나 대안적 행동들이 잠재적으로 무한히 있을 것이다.

우리는 관계되는 모든 대안을 어떻게 효과적으로 설명해야 마땅한가?
또한, 어떻게 우리는 이 대안들 각각의 최종 결과를 근사치(近似値)라도 평가할 수 있을까?
다른 형태의 공리주의들을 살펴보기 전에 공리 원리에 관해 한 가지 물음을 더 검토해볼 필요가 있다.
공리 원리는 공리주의를 일종의 도덕 상대주의에 빠뜨리는가?

많은 사람은 그 대답이 긍정적이라고 잘못 믿는다. 왜 이것이 잘못되는지 보기 위해 관계(relation)인 것 대 관계적(relative)인 것을 구분해 보자. 붉음은 단순한 속성이다. 그것은 오직 하나인 것이, 예를 들어 하나의 사과가 그것을 가지도록 한다. 이와 대조되게 관계는 둘 또는 그 이상의 것들 사이에 있는 세계의 객관적 특징이다. 예를 들어, "-보다 큰"이나 "사이"는 관계들이다. 어떤 대상 A가 어떤 대상 B보다 더 크냐 여부는 또는 어떤 대상 C가 다른 두 대상 D와 E

사이에 있는지 여부는 세계의 객관적 특징이라는 점에 주목하라. A가 B보다 크다고 믿는 것은 그것을 그렇게 하는 것이 아니다. 또 다른 한편 어떤 것(한 믿음)의 참 또는 거짓이 개인이나 문화의 믿음에 의존한다면 그것은 상대적이다. P가 나에게 참되지만 너에게 거짓이다는 말이 때로 있다. 그런 진술은 P의 참이 주관적이라는 생각을 표현한다. P의 참은 P가 믿어진다는 것에 의존한다.

그렇다면 공리주의는 한 행위(나 규칙)의 도덕을 특정 상황에서 생기는 결과와 그 행위의 관계로 삼는다. 행위 공리주의자들에게(아래 참조) 화요일 스미스(Smith)의 도둑질 행위는 그 구체적 행위의 결과에 따라 옳거나 그르다. 수요일 존스(Jones)의 도둑질 행위에 대해서도 똑같은 말을 할 수 있을 것이다. 각 경우 도덕적 옳음이나 그름은 그것들과, 바로 그 경우에 관여되는 상황들에 대한 관계이다. 그래서 도덕적 옳음이나 그름은 불변하지 못하다. 결과와 상황이 바뀜에 따라 그것도 바뀐다. 일부 사람들은 이 변화가 공리주의를 일종의 상대주의로 만든다고 생각한다.

하지만 이것은 잘못이다. 그것(변화-역주)은 주어진 상황에서 어떤 행위가 그 경우 공리를 실제 극대화할 것인지에 대해 [언제나 쉽게 발견되지는 않지만] 세계의 객관적 특징일 것이기 때문이다. 그래서 공리주의가 옳음 내지 그름을 관계로 바꾸다 해도, 이것은 도덕적 가치를 상황이 그 관계를 바꾸듯이 바꿀 수 있는 것으로 만드는데, 공리주의는 도덕적 가치를 개인의 믿음들에 의존하지 않도록 한다. 따라서 그것은 일종의 상대주의가 아니다.

3) 서로 다른 형태의 공리주의들

마지막으로 공리주의의 주요 형태가 두 가지 있다.

첫째, 행위 공리주의
둘째, 규칙 공리주의

행위 공리주의는 개별적인 구체적 행위에 의해 생기는 공리에 초점을 두며, 규칙 공리주의는 행위의 종류를 다스리는 규칙을 택함으로써 생기는 공리에 초점을 둔다. 우리는 이 두 접근의 차이를 이해할 수 있기 전에 먼저 두 개의 예비적 구분을 반드시 해야 한다.

① 행위 유형(act type) 대(對) 행위 토큰(act token)이라는 구분과,
② 규칙들의 요약 개념 대(對) 규칙들의 관행 개념이라는 구분이다.

행위 유형은 같은 시간의 서로 다른 장소들이나 서로 다른 시점에 일어날 수 있는 종류의 행위이다. 행위 유형은 반복될 수 있다. 약속을 지키는 종류의 행위, 약속을 어기는 종류의 행위, 도둑질 유형의 행위는 모두 행위 유형의 사례들이다. 그렇지만 행위 토큰은 행위 유형의 개별적이고 구체적인 사례이다.

스미스가 화요일 정오에 약속을 어기고 존스(Jones)가 다음 날 정오에 동일한 일을 한다면 이것들은 동일한 종류의 행위의 두 개의 행위 토큰이다. 로스(Roth)가 목요일 정오에 도둑질한다면 이것은 세 번째 행위 토큰이지만, (약속을 어기는 행위 유형이 아니라 도둑질 하는 행위 유형이라는) 다른 행위 유형의 한 사례이다.

행위 유형과 행위 토큰의 차이에 대해서는 이만큼 이야기하고자 한다. 규칙들, 이 경우 "도둑질하지 말라"나 "약속을 어기지 말라"와 같은 도덕 규칙들의 요약 개념과 규칙의 관행 개념이라는 두 번째 구분은 어떻게 되는가?

규칙들의 요약 개념(summary conception of rules)에 따르면 그런 도덕 규칙들은 과학적 일반화와 같다. 예를 들어, "모든 까마귀는 까맣다"라는 과학적 규칙은 여러 개별 사례들을 조사함으로써 시작,—까마귀1이 까맣다, 까마귀2가 까맣다 등 지금까지 조사된 까마귀가 모두 까맣다—일반화해서 아마 (조사된 까마귀든 조사되지 않은 까마귀든) 어떤 까마귀이든 모두 까맣다는 결론에 이름으로써 도달하는 일반화이다.

우선 [예를 들어, 각 특정 까마귀와 같은] 개별 사례들은 규칙보다 더 근본적이고 중요하다. 규칙은 사례들에 의해 정당화되지만, 그 반대는 성립하지 않는다. 또한, 규칙은 지금까지 참된 것으로 드러난 것의 유용한 요약일 뿐이며(조사된 까마귀는 모두 까맣다), 미래의 사례들을 경험적으로 가리키는 길잡이이다(미래 검토되는 까마귀들은 까말 것이다).

우리가 하얀 까마귀를 만난다면 어떤 일이 일어날까?

우리 규칙(모든 까마귀는 까맣다)은 우리에게 까마귀들이 반드시 까매야 한다(must)고 말해 주지 않는다. 만일 그러하다면, 우리는 반드시 우리의 새로운 새를 희다는 이유를 들어 까마귀가 아닌 것으로 분류해야 할 것이다. 그렇지 않다. 우리는 우리 앞에 흰 까마귀가 있다고 긍정할 것이며, 그 규칙을 "대부분의 경우 까마귀는 까맣다"로 바꿀 것이다. 그 규칙은 대부분의 경우 여전히 일반적으로

옳고 편리한 길잡이일 것이지만, 보편적으로 참이지는 않을 것이다.

규칙들의 관행 개념(practice conception of rules)은 매우 다른 것이다. 실천은 규칙과 직무, 역할, 의무 등에 의해 구체화되는 형태의 활동이다. 야구 경기와 불법행위(tort law, 고의나 과실로 타인에게 손해를 가하는 위법행위-역주) 체계, 보험 산업은 이런 의미에서 제도나 관행의 사례들이다. 여기서 (예를 들어, 야구에서의 투구나 법정에서의 고소와 같은) 한 관행 안에서 활동하기를 원한다면 그는 그 관행의 실체를 이루는 게임 규칙들을 반드시 따라야 한다.

관행의 규칙은 그 관행 안에서 일어나는 개별 활동들 이전에 이미 있다. 투구하고자 한다면 반드시 그는 (투창 대신) 야구를 익혀 (내기 당구장 대신) 야구장으로 가서 어떤 규칙에 따라 공을 던져야 한다. 이 규칙들은 투수가 그동안 해왔던 일을 과거 관찰한 내용의 유용한 요약이 아니다. 도리어 그것들은 정의(定義)적이다. 규칙이 관행을 결정한다.

어떤 사람이 내기당구장에서 투창을 던지면서 야구에서 투구하고 있다고 주장한다해도, 우리는 "모든 투수가 공을 이러이러하게 홈 플레이트(본루-역주)를 통과하도록 공을 던진다"는 우리 규칙은 우리가 하얀 까마귀를 발견할 때 하듯이 약간 바뀔 필요가 있다고 생각하지 않을 것이다. 그렇지 않다. 그저 우리는 투창을 무엇이라 부르든 상관없이 야구의 투구의 사례로 여기지 않을 것이다. 우리는 이 구분들을 염두에 둘 때 행위 공리주의와 규칙 공리주의의 차이를 더 잘 이해할 수 있다.

(1) 행위 공리주의(act utilitarianism)

행위 공리주의에 따르면 한 행위는 그 행위자가 사용할 수 있는 어떤 다른 행위도 문제되는 그 행위보다 공리를 더 극대화하지 못하는 경우에만 오직 그 경우에만 옳다. 여기서 각 도덕 행위는 원자론적으로 다루어진다. 즉, 그 행위는 다른 행위들과 완전히 분리되어 평가된다. 행위 공리주의자들은 행위 유형이 아니라 토큰을 도덕적 평가의 올바른 대상으로 여긴다. 각 개별적 도덕 상황(스미스가 화요일에 약속을 위반해야 마땅한가?)은 그 상황과 관련되는 규칙(일반적으로 약속을 지켜라)보다 더 중요하다.

또한, 행위 공리주의자들은 도덕 규칙들의 관행 개념 대신 도덕 규칙들의 요약 개념을 받아들인다. "도둑질하지 말라"나 "약속을 위반하지 말라", "무고한 사람을 처벌하지 말라"와 같은 일반적 도덕 규칙들은 경험 규칙들일뿐이다. 이 순간까지 사람들이 고려되는 행위와 비슷한 행위들의 결과들을 일반적으로 경험한 방식의 요약이다. 내가 도둑질 행위의 도덕을 고려하고 있다면, "도둑질하지 말라"는 규칙은 그런 행위가 일반적으로 공리를 극대화하지 않는다는 사실을 나에게 떠올린다. 하지만 그런 규칙들에는 내재적 도덕 가치가 없으며, 그것들은 내가 현재 그 행위를 반드시 어떻게 보아야 하는지 나에게 명령하지도 않는다. 즉, "도둑질하지 말라"와 같은 도덕 규칙들은 특정의 도둑질 행위들의 도덕적 본질을 이루지 않는다. 도리어 그것들은 경험의 규칙들일뿐이며, 그러하기에 고려되는 구체적 행위의 실제 도덕적 특성을 반영하는 데 도움을 주지만 오류에 빠질 수 있는 조력자이다.

행위 공리주의에 대해 수많은 반박이 제기되었다.

첫째, 행위 공리주의는 부도덕하게 보이는 수많은 행위를 도덕적으로 정당화할 수 있도록 한다. 예를 들어, 약속을 위반하거나, 경찰이 무고(無告)하다고 알고 있는 사람을 처벌하거나(물론 경찰이 경찰에 대한 존경을 낮추는 결과 생길 수 있는 사회적 혼란을 막기 위해 이 비밀을 지킨다면 아마도 경찰의 효율성을 보여 주어 억지력 역할을 하거나) 다수의 이익을 위해 소수를 노예로 삼는 것이 공리를 극대화할 것이라면, 이 행위들을 부도덕하다고 판정할 근거가 행위 공리주의 안에 전혀 없다. 때로 이런 종류의 행위들은 "도덕적으로 바람직한 결과들"을 낳을 것이다. 하지만 이 부도덕한 행위들을 도덕적으로 정당화될 수 있다고 여기는 이론은 모두 그르다.

이 논점들 배후에 있는 생각은 우리가 도덕적으로 적합한 것과 그렇지 않은 것에 관해 합리적 직관을 지니고 도덕적 이론화를—이 경우 행위 공리주의와 같은 규범 이론을 진술하려는 우리 시도를—시작한다는 것이다. 무고한 사람을 처벌하는 것은 그르다. 그런 행위가 도덕적 책임이거나 허용 가능한 것일 것이라는 함축을 행위 공리주의와 같은 이론이 지닌다면, 그 이론은 반드시 거부되어야 한다. 행위 공리주의를 받아들이는 것보다 무고한 사람을 처벌하지 않아야 마땅하다고 믿을 근거가 우리에게 더 있기 때문이다. 무언가 가야 한다면 그것은 우리의 직관이 아니라 이론이다. 물론 공리주의자들은 이 경우 우리가 우리 직관을 이론에 비추어 맞추어야 마땅하다고 응수할 수 있다.

하지만 행위 공리주의 비판자는 특정의 도덕적 사례들에 대한 직관적 지식을 과학자들이 사실을 사용하는 것과 거의 같은 식으로 즉, 대안 이론들을 평가할 때 사용하는 중요한 요소로서 사용하고 있다. 또한, 이것이 어떻게 잘못될 수 있는지 알기란 어렵다. 또한, 한 규칙에 예외를 두는 것은 결국, 그렇게 좋은 일이 아닐 수 있다. 그래서 행위 공리주의는 무너져서 규칙 공리주의가 될 우려가 있다.

둘째, 위에서 열거한 비판들, 즉 행위 공리주의는 개별 권리를 지니는 개인들에게 본래적 가치가 있으며 사람들이 그저 사회적 공리의 다발들만이 아니라는 우리의 확신과 조화되지 못한다는 사실을 보여 주는 경향이 있다.

이 경우 사람들은 목적을 위한 수단으로 다루어진다. 때로 그렇게 하는 것이 사회적으로 큰 공리를 지닐 것이라는 근거에서 그러하다. 하지만 이것은 이 사람들을 개별 권리를 지닌, 본래적으로 가치 있는 목적으로 대하지 못한다. 달리 말하자면 개인의 본래적 권리를 존중하는 직관적으로 수용될 수 있는 확고한 정의 원리를 공리 원리에서 끌어내기 어렵다.

셋째, 행위 공리주의는 사소한 행위들을 도덕적 행위로 만든다. 아침식사로 어떤 시리얼을 먹을지 선택하는 것을 생각해 보자. 당신이 세 가지 시리얼을 먹을 수 있으며 그 가운데 하나가 선택되는 경우 아마도 씹히는 느낌과 향기 등에서 조금 더 좋기에 다른 시리얼보다 조금 더 많은 공리를 낳을 것이라고 생각해 보자. 이 경우 행위 공리주의는 이 시리얼을 먹는 행위가 공리를 최대화할 것이기에 그렇게 해야 할 도덕적 책임이 있다는 함축을 지닐 것이다. 하지만 행위 공리주의의 주장들에도 불구하고 그런 행위는 결코 도덕적 행위로 보이지 않는다. 그래서 행위 공리주의는 이와 같이 사소한 행위들을 도덕적 책임의 문제들로 만들기에 실패한다.

다른 반박들은 행위 공리주의와 규칙 공리주의에 똑같이 적용되는데, 아래에서 고려될 것이다. 방금 언급된 반박들에 비추어 볼 때 일부 공리주의자들은 그들이 믿기에 행위 공리주의의 틀 안에서는 가능하지 않는 방식으로 이 반박들을 다루는 서로 다른 유형의 규칙 공리주의를 형성했다.

(2) 규칙 공리주의(Rule Utilitarianism)

규칙 공리주의에 따르면 한 행위는 행위의 그 유적(類的) 유형을 포괄하는 정확한 도덕 규칙 아래 들어가는 경우에만 오직 그 경우에만 옳다. 또한, 한 규칙은 모든 사람이 이 규칙에 따라 행동하는 것이 모든 사람이 대안적 규칙에 따라 행동하는 것과 비교되어 공리를 최대화하는 경우에만 오직 그 경우에만 정확한 도덕 규칙이다. 규칙 공리주의는 (행위 토큰이 아니라) 행위 유형과 도덕 규칙의 관행 개념을 강조한다.

여기서 행위는 더 이상 도덕 규칙과 동떨어져 평가되지 않는다. 행위 공리주의가 실패한 이유는 약속을 지키거나 무고한 사람을 처벌하는 개별 행위를 일반적 도덕 규칙("약속을 지켜라", "죄인만 처벌하라")과 분리시키고 그 개별행위가 직접 일으키는 공리를 평가할 수 있을 것이라는데 있었다. 행위 공리주의에서 약속을 어기는 일이 약속을 지켜야 한다는 도덕 규칙에 대한 존중을 약화시키지 않는다면(그 경우 혼돈이 생기고 나쁜 공리가 생길 것이다.), 그 행위는 정당화될 수 있다. 규칙 공리주의자들은 규칙과 행위의 연결을 강화시킨다.

행위 토큰(도둑질의 구체적 사례)은 그것이 사례 노릇을 하는 행위 유형에 비추어 판단된다. 또한, 행위 유형은 도덕적 관행으로 간주되는 그 행위 유형과 관련되는 도덕 규칙의 정확성에 조회함으로써 평가된다. 공리 계산은 대안이 되는 도덕적 관행과 행위 유형을 지배하는 대안적 도덕 규칙들을 평가하는 차원에서 진행된다. 예를 들어, 모든 사람이 "죄인만 처벌하라"는 규칙을 따른다면, 모든 사람이 "죄인뿐 아니라 무고한 사람들도 처벌하라"는 규칙을 따르는 경우보다 더 큰 공리를 낳을 것이다.

그래서 규칙 공리주의는 행위 공리주의를 반박하는 데 인용된 문제 행위들을 정당화하는 데 사용될 수 없다. 또한, 아침식사로 무엇을 먹어야 하는가와 같이 사소한 행위들을 도덕 문제로 다룬다면 공리를 극대화하지 못할 것이라고 주장된다. 개인의 자유 영역이 유지되는 경우 공리가 극대화된다. 규칙 공리주의자들이 그렇게 말한다.

하지만 아침식사 선택이 공리를 극대화하지 못할 것이기에 우리가 그것을 도덕적 물음으로 다루지 않는다는 것이 정말 사실인가?

그와 반대로 그런 행위는 본성상 도덕적이 아닌 것처럼 보인다. 또한, 행위 공리주의자들은 우리가 도덕적 상황에 직면할 때 언제나 이 규칙을 따라야 마땅하다고 주장한다. 도덕적 딜레마를 만날 때 공리를 극대화하라는 규칙이다. 이것은 모든 사람이 선택해야 하는 정확한 도덕 규칙이다. 우리가 그렇게 한다면 공리가 극대화될 것이기 때문이다. 그래서 규칙 공리주의는 이 개별 규칙의 채택을 함축할 것이다.

하지만 행위 공리주의자들은 이 규칙이 행위 공리주의를 달리 표현하는 방법일 뿐이라고 말한다. 그래서 실제로 규칙 공리주의는 실패해서 행위 공리주의가 된다. 결국, 행위 공리주의자들은 공리를 낳는 일이 중요하며 규칙이 아니라 행위가 구체적 현실 세계에서 공리를 낳는다고 주장한다.

규칙 공리주의와 행위 공리주의 모두에 대해 또 다른 반박이 세 가지 제기되었다.

첫째, 우리가 앞서 윤리적 이기주의를 다룰 때 만났던 공공성 반박이 있다.

사람들이 윤리학에 대해 의무론적 접근을 택한다면(제2권의 『형이상학』의 5장 참조) 이것은 공리주의를 택하는 사람에 비해 실제로 공리를 극대화할 수 있을 것이라는 것은 분명히 가능하다. 사람들이 그저 도덕법에 대한 순수한 존중으로부터 행동하고 도덕 규칙에 객관적이고 내재적인 도덕적 가치가 있다고 믿는다면, 이것은 공리주의자로서 의식하면서 행위 하는 사람들에 비해 공리를 더 효과적으로 극대화할 수 있을 것이다.

이 경우 공리주의 이론은 다른 사람들에게 공리주의자가 되라고 가르치는 것이 도덕적으로 그를 것임을 함축할 것이다. 그 이론을 다른 사람들에게 가르치는 것이 부도덕할 수 있을 가능성을 허용하는 도덕 이론에는 분명 결함이 있다.

둘째, 규칙 공리주의(와 행위 공리주의)는 직무 이상으로 하는 행위의 존재를 부정하지만, 그런 행위가 실제 있어 보인다. 직무 이상으로 하는 행위(supererogatory act)는 도덕적 책임이 아니지만(그런 행위를 하지 않는다고 부도덕한 것은 아니다) 도덕적으로 칭찬받을 만하다. 그래서 직무 이상으로 하는 행위는 도덕적 의무의 요청보다 위에 있고 그 요청을 넘어서는 도덕적 영웅의 행위이다. 자신의 수입의 절반을 가난한 사람들에게 주는 일, 다른 사람을 구하기 위해 자신을 던져 폭탄을 막는 일 등이 그 사례에 들어갔다.

이 경우 각각에서 우리는 직무 이상으로 행위 하거나 그렇게 행위 하지 못할 수 있을 것이다. 어떤 선택이든 일정량의 공리를 낳을 것이며, 더 큰 공리를 낳을 선택이 규칙 공리주의와 행위 공리주의 모두에 따라 도덕적 책임일 것이다. 그래서 직무 이상으로 하는 행위는 불가능하게 된다. 하지만 공리주의에도 불구하고 그런 행위는 가능해보일 뿐 아니라 가끔 실제로 일어난다.

셋째, 마지막으로 규칙 공리주의와 행위 공리주의는 모두 동기를 다룰 때 부적합하다. 우리가 좋은 동기를 칭찬하고 나쁜 동기를 비난하는 것이 옳다. 하지만 공리주의는 동기들에는 내재적인 도덕적 가치가 없다는 함축을 지닌다. 도덕적 관점에서 문제가 되는 것은 모두 행위의 결과이며, 행위가 이루어지는 동기는 아니다.

공리주의자들은 이 마지막 두 비판에 대해 응수한다. 그 응수는 도덕적 입장으로서의 공리주의의 본질을 더 분명하게 밝혀준다. 공리주의자들은 우리가 도덕적 자유의 영역을 허용한다면(아침식사의 사례를 기억하라) 공리를 극대화한다고 주장한다. 그래서 우리가 직무 이상을 반드시 해야 한다고 요구하는 규칙 자체는 공리를 극대화하지 못할 것이다. 그래서 직무 이상 하는 행위들은 그것 자체가 최선의 결과를 낳을 것이기 때문에 보존되어야 마땅하다.

이와 마찬가지로 우리는 좋은 동기를 칭찬하고 나쁜 동기를 비난해야 마땅하다. 그렇게 칭찬하고 비난하는 행위들은 나쁜 동기를 칭찬하고 좋은 동기를 비난하는 것이나 동기를 전혀 논의하지 않는 것에 비해 공리를 극대화할 것이기 때문이다.

이 지점에서 공리주의의 진짜 어려움이 분명해 보인다. 공리주의는 우리의 도덕적 책임의 진짜 본질과 근원을 잘못 이해한다. 공리주의의 함축과는 반대로 일부 행위(재미로 아기를 고문하는 일)는 내재적으로 옳거나 그른 것으로 나타나며, 일부 규칙(죄인만 처벌하는 일)은 내재적으로 옳거나 그른 것으로 보이며, 삶의 일부 영역들(아침식사로 무엇을 먹을까)은 내재적으로 사소해 보이거나 직무 이상 하는 일(수입의 절반을 가난한 사람들에게 주는 것)처럼 보인다.

도덕적 관점에서 볼 때 일부 동기들은 그렇게 칭찬하거나 비난하는 행위들이 공리를 낳기 때문이 아니라 그것들의 내재적 본질 때문에 [도덕적으로] 비난받거나 칭찬받아 마땅하다. 사람들에게는 내재적 가치와 권리가 있어 보인다. 그것들은 그들과 관련하여 정의롭고 부정의한 처우를 뒷받침한다. 우리 의견으로는 공리주의는 도덕적 삶의 이 특징들을 제대로 설명하지 못한다.

〔요약〕

　규범적 윤리 이론의 주요 유형이 두 가지 있다. 목적론적 이론과 의무론적 이론이다. 목적론은 자연법 입장을 뜻할 수 있거나, 그렇지 않으면 한 행위의 옳음 내지 그름이 그 행위의 좋거나 나쁜 결과의 함수일 뿐임을 함축하는 이론일 수 있다. 이 장은 두 번째 용법의 두 가지 주요 사례들에 초점을 둔다. 즉, 윤리적 이기주의와 공리주의이다.

　윤리적 이기주의는 장기적으로 행위자의 이익이 될 규칙들을 따라야 할 도덕적 의무가 각 사람에게 있다는 견해이다. 그것은 이 장에서 논의된 어떤 다른 생각들(예를 들어, 이기주의)과 혼동되지 않아야 마땅하다. 윤리적 이기주의를 옹호하는 두 주요 논증들은 심리학적 이기주의로부터의 논증과, 공리공론의 공리주의 논증이다. 공공성 반박과 이기주의의 역설, 윤리적 이기주의가 모순된 결과에 이른다는 사실은 그 이론을 약화시키는 문제들이다. 윤리적 이기주의는 그것과 관련되는 성경의 가르침과도 비교되었다.

　공리주의자들은 한 행위나 도덕 규칙의 옳음 내지 그름이 그 행위나 규칙의 결과에서 직간접적으로 생기는 도덕과 무관한 선(善)의 문제일 뿐이라고 주장한다. 서로 다른 공리주의적 가치론들(양적 쾌락주의와 질적 쾌락주의, 다원적 공리주의와 주관적 선호공리주의)이 검토되었다. 이어서 공리성 원리의 다양한 진술을 개괄했다. 이 원리의 가장 대중적 진술은 최대 다수의 최대 행복을 낳기 위해 행위해야 마땅하다는 주장이다.

　행위 공리주의와 규칙 공리주의는 이 목적론의 서로 다른 두 형태이다. 전자는 행위 토큰과 규칙들의 요약 개념에 초점을 둔다. 후자는 행위 유형과 규칙들의 관행 개념에 초점을 둔다. 이 장은 공리주의에 대한 주요 비판들을 명확하게 밝히면서 그 비판들로 끝을 맺었다.

〔기본 용어〕

행위토큰
행위 유형
행위 공리주의
이타주의
공리공론의 공리주의 논증
의무론적 윤리
기술적 합리성
이기주의자
자기 중심주의
윤리적 이기주의
쾌락공리주의
도구적 가치
내재적 가치
혼합된 가치
도덕적 가치
도덕과 무관한 가치
안정이 없다는 반박
객관적 의무
이기주의의 역설

쾌락주의의 역설
다원적 공리주의
규칙들의 관행 개념
지시적 합리성
공리 원리
심리적 이기주의
공공성 반박
규칙 공리주의
주관적 의무
주관적 선호공리주의
규칙들의 요약 개념
직무 이상으로 하는 행위
목적론적 윤리
공리주의
공리
동기가 없는
개인적인 윤리적 이기주의 혹은 사적인 윤리적 이기주의

제24장

규범적 윤리 이론들: 의무론적 윤리와 덕 윤리

> 그래서 나는 말한다. 사람은 그리고 일반적으로 모든 합리적 존재는 스스로 목적으로서 존재하며, 이러저러한 의지에 의해 임의적으로 사용되는 수단으로만 존재하지는 않는다. 그의 모든 행위에서 그 행위가 자신에게 향하든 다른 합리적 존재들에게 향하든, 반드시 그는 언제나 동시에 목적으로 여겨져야 한다.
> *임마누엘 칸트, 『도덕형이상학의 기초』(Foundations of the Metaphysics of Morals)
>
> 덕성이란 한 사람 본성의 최고 잠재력들을 얻을 수 있도록 해 주는 탁월함이다.
> *길버트 메일렌더, 『덕성의 이론과 실천』(The Theory and Practice of Virtue)

1. 들어가는 말

교회사에 걸쳐 기독교 사상가들 대다수는 의무론적 윤리나 덕(德) 윤리 또는 둘의 조합을 받아들였다. 십계명은 그리고 보다 일반적으로 구약 율법은 가장 자연스럽게 의무론적 윤리의 사례로 보인다. 잠언과 산상수훈은 덕 윤리 방법의 표현처럼 보인다. 또한, 이 두 규범적 윤리 이론은 대부분의 사람들이 윤리의 본질에 대한 상식적 접근으로 여기는 것을 포착하는 것처럼 보인다.

거칠게 말하자면 의무론적 윤리(deontological ethics)는 옳고 그른 도덕 행위들과 도덕 법칙에 초점을 두며, 일부 도덕 행위와 도덕 규칙이 그 행위를 하거나 그 규칙을 따를 때 생기는 결과와 무관하게 본래 옳거나 그르다고 주장한다. 의무론적 윤리에 따르면 도덕은 적어도 부분적으로는 그 자체이며 그리고 도덕적 의무는 그 자체를 위해 행해져야 마땅하다.

이와 대조되게 덕 윤리(virtue ethics)는 좋은 사람의 본성과 형성에 초점을 두며, 좋은 사람을 이루는 성향과 성품의 종류에 초점을 둔다. 덕 윤리에 따르면 좋은 사람은 제대로 기능하고 있는 사람, 즉 인간으로서 마땅히 기능해야 하는 사람이며, 그래서 삶에 뛰어난 사람이다.

이 장에서 의무론적 윤리와 덕 윤리가 차례로 검토되고 평가될 것이다. 이 장은 두 이론이 도덕적 삶의 포괄적 비전과 하나가 될 수 있는 서로 다른 방식들을 간략히 검토함으로써 맺어질 것이다.

2. 의무론적 윤리

의무론적 도덕 이론을 파악하기 위해 그 이론의 세 가지 측면, 의무론적 가치론과 도덕 규칙의 본성, 그 이론을 옹호하는 논증들과 반대하는 논증들이 이해되어야 마땅하다.

1) 의무론적 가치론

의무론(deontology)이라는 용어는 그리스어 "데온"(deon)에서 나온다. 그 단어는 '구속력 있는 의무'를 뜻한다. 따라서 의무론적 윤리접근의 본질은 의무가 의무를 위해 행해져야 마땅하다는 생각에 있다. 도덕적 옳음 내지 의무는 도덕적 행위의 결과로 실현되는 도덕과 무관한 선(善)과 일부 무관하다.

이 견해에 따르면 하나의 도덕적 행위는 도덕적 의무의 적절하고 정확한 원리와 일치할 때 옳다. 도덕적 의무의 정확한 원리는 내재적으로 옳은 원리이거나 내재적으로 옳은 원리에서 파생된 원리이다.

"살인하지 말라"는 도덕 법칙을 생각해 보라.

의무론자는 이것을 내재적으로 정확한 도덕 규칙으로 여길 수 있거나, "인격을 내재적 가치를 지닌 것으로 존중하라"는 보다 근본적인 규칙에서 파생된 것으로 여길 수 있다. 이 후자의 접근에서는 "살인하지 말라"는 더 근본적인 규칙을 존중하는 중요한 방식으로서 정당화되며, 이런 의미에서 그 기본 규칙에서 파생된 것이다.

둘 중 어떤 방식으로든 참된 도덕 규칙들은 도덕적 관점에서 볼 때 내재적으로 옳다. 그래서 행위들은 그 행위들을 따름으로써 생기는 결과들에 의해서 뿐 아니라 개별 행위들이 해당되는 행위 유형 때문에도 옳거나 그르다. 약속을 어기는 특정 행위는 그 행위―약속을 어기는 행위―의 유형이 내재적으로 정확한 도덕 규칙, 즉 "약속을 지켜야 마땅하다"를 위반하기 때문에 그르다.

의무론적 가치론은 그것을 공리주의와 비교함으로써 명확하게 될 수 있다. 일반적인 공리주의 가치론에서 시작하자.

첫째, 내재적 가치와 도구적 가치 사이에 구분이 있다는 점에 주목하라.

어떤 것이―예를 들어, 우정이―그 자체 목적으로서 가치 있는 경우에만 그것에 내재적 가치(intrinsic value)가 있다. 어떤 것이―예를 들어, 돈이―목적을 위한 수단으로서 가치 있는 경우에만 그것에 도구적 가치(instrumental value)가 있다. 어떤 것들은 두 종류의 가치 모두의 예가 될 수 있다. 그래서 우정은 내재적으로 좋으며, 또한 쾌락을 위한 수단이 되기도 한다.

둘째, 도덕적 가치와 도덕과 무관한 가치 사이에 구분이 있다.

도덕적 가치(moral value)는 때로 옳음(rightness)으로 불리는데, 도덕 행위와 도덕 규칙이 지니는 가치이다. 도덕과 무관한 가치(nonmoral value)는 때로 선(goodness)으로 불리는데, 도덕 행위와 도덕 규칙 외의 것이―예를 들어, 쾌락이나 아름다움, 건강, 우정이―지니는 가치이다.

그래서 공리주의에 따르면 옳음은 도구적 가치일 뿐이다. 즉, 옳음은 선(善), 즉 공리의 최대화를 얻는 수단일 뿐이다. 우리가 제23장에서 보았듯이 공리의 최대화는 다양한 공리주의 옹호자에 의해 다르게 정의되었다. 이 견해에 따르면 도덕은 그 자체가 아니라, 도리어 목적을 위한 수단이다. 많은 공리주의자는 (예를 들어, 우정이나 쾌락과 같이) 객관적이고 내재적이고 도덕과 무관한 가치가 있다고 믿는다. 그렇지만 그들은 도덕적 가치가 내재적이라고 믿지 않는다.

이와 대조되게 의무론적 윤리의 옹호자들은 도덕적 가치와 가치 일반의 관계가 부분과 전체의 관계라고 믿으며, 수단과 목적의 관계는 아니라고 믿는다. 그들이 보기에 도덕과 무관한 가치를 지니는 것들이 실제 있으며, 도덕 행위와 도덕 규칙에도 내재적 가치가 있다. 옳음은 내재적으로 가치 있으며, 선을 위한 수단만이 아니다. 도덕은 적어도 일부에서는 그 자체이다. 어떤 다른 것을 위한 수단으로서만 도덕적 행위를 하는 것은 결코 도덕적으로 행위 하는 것이 아니다.

경쟁하는 일반 가치론들 외에도 의무론적 윤리 이론들과 공리주의 윤리 이론들은 다른 네 영역에서 즉, **인격들과 사회관계들, 과거, 도덕적 칭찬**과 관련되는 행위의 특징들에서 효과적으로 비교될 수 있다.

첫째로 의무론적 윤리 이론과 공리주의 윤리 이론은 **인격의 가치**를 서로 다르게 본다. 의무론에 따르면 인격에게는 그 자체로 내재적 가치가 있으며, 목적을 위한 수단으로서만 다루어지지 않아야 마땅하다.

공리주의에 따르면 인격에게는 내재적 가치가 없다. 도리어 인격은 공리를 담은 단위로서 가치를 지닌다. 이 견해에 따르면 인격은 그저 인격으로서 내재적 가치를 지니지 못한다. 인격은 어떤 의미에서 "도덕과 무관한 선의 다발들"이며, 쾌락과 건강 등을 예시하는 한에서만 가치를 지닌다. 그 문제를 추구하는 것은 이 장의 범위를 넘어서지만, 일부 공리주의 비판가들은 그것이 인격을 그 자체 목적으로 묘사하지 않기 때문에 강한 인권 이론을 뒷받침하는 방편을 지니지 못한다고 주장했다.

둘째로 사회관계에 관해 공리주의는 사람들 사이에 도구적인 도덕적 관계가, 즉 베푸는 사람과 수혜자의 관계가 있다는 함축을 지닌다.

이 견해에 따르면 사람들은 서로 공리의 수혜자나 제작자로서 도덕적 관계를 맺는다. 의무론적 견해에 따르면 그것들 자체의 특별하고 내재적인 도덕 의무를 만드는 특별한 사회관계들이 부모와 자녀, 약속하는 사람과 약속을 받는 사람, 고용주와 피고용인 등과 같이 폭넓게 있다.

셋째로 과거에 관해 의무론적 윤리는 과거 사건들이 사람들에게 도덕적 책임을 부여하며, 그래서 도덕적 추론이라면 도덕적 연관이 있는 인간의 화해를 위해 과거를 살펴보는 일을 포함해야 마땅하다고 주장한다.

예를 들어, 제리(Jerry)가 오늘 짐(Jim)의 숙제를 돕게 되고, 도움을 주어야 할 도덕적 책임이 제리에게 있는 것은 제리가 일주일 전에 짐에게 약속했기 때문이다.

이와 대조되게 공리주의의 도덕적 추론은 현재와 미래의 사태에 적용될 수 있다. 공리주의자는 도덕적 의무를 평가할 때 현재나 미래에 공리를 극대화하는 도덕적 행위를 찾으며, 과거는 그저 현재나 미래의 공리를 예측하려 할 때 고려되어야 하는 맥락의 일부로서만 고려된다.

넷째, 마지막으로 의무론적 윤리 이론과 공리주의적 윤리 이론은 한 **도덕적 행위**의 도덕적 가치를 평가하는데 관련되는 그 도덕적 행위의 특징들을 분석하는 것과 관련해 서로 의견을 달리한다.

이 차이를 알기 위해 오후에 할머니와 시간을 보내는 두 사람 잭(Jack)과 질(Jill)을 살펴보자.

> 잭은 할머니를 사랑하는 동기 때문에 할머니를 방문하여 오후를 보냄으로써 그녀에게 친절함을 보이고자 한다. 결과적으로 잭의 할머니는 잭의 방문 때문에 위로를 받는다. 질은 탐욕이 동기가 되어 할머니를 방문해서 오후를 보냄으로써 할머니의 유언장에 한 자리를 차지하고자 하며, 질은 할머니에게 그녀의 의도를 감추는 데 성공한다. 결과적으로 질의 할머니는 질의 방문 때문에 위로를 받는다.

이 도덕적 행위들에서 우리는 네 가지를 구분할 수 있다. 동기와 의도, 수단, 결과이다. 동기(motive)는 왜 우리가 행위 하는가이다. 잭의 동기는 사랑이라는 감정이었다. 질의 동기는 탐욕이었다. 의도(intent)는 우리가 실제로 어떤 행위를 수행하는가이다. 의도는 "그것이 어떤 종류의 행위였는가?"라는 물음에 대답한다. 잭의 의도는 할머니에게 친절을 보이는 것이었고, 그는 친절한 행위를 수행했다. 질의 의도는 유언장에 한 자리 차지하는 것이었으며, 그녀의 행위는 그 자리를 차지하려는 것이었다. 수단(means)은 행위자가 자신의 의도를 이루는 방식이다. 잭과 질은 똑같은 수단을 수행한다. 즉, 각자 할머니를 방문해서 오후를 보낸다. 마지막으로 결과(consequence)는 그 행위로 생기는 사태이다. 각 경우 할머니는 위로를 받았다.

공리주의자들에게 그 행위의 결과들은 그것의 도덕적 가치를 결정하는 유일한 내재적 요소이다. 수단은 공리의 최대화를 확보하는 데 효과적인데 따라 평가된다. 의도와 동기도 도덕적으로 똑같이 평가된다. 의도와 동기는 내재적으로 옳거나 그르기 때문이 아니라, 도덕적 칭찬이나 비난을 받는 행위들 자체가 공리를 최대화할 것인지에 따라 도덕적 칭찬과 비난을 받는다.

의무론자에게 목적은 수단을 정당화하지 못한다. 또한, 목적뿐 아니라 수단의 내재적 도덕적 가치를 평가하는 것도 적합하다. 동기와 의도에 대해서도 똑같은 말을 할 수 있다. 하지만 의무론자가 보기에 후자들(동기와 의도)이 전자(목적)보다 더 중요하다.

왜 그러한가?

의도는 특정 행위가 어떤 종류의 행위인지를 결정하는 데 핵심적 요소이며, 그래서 의도는 그 행위를 특정 행위유형에 의해 정의되는 관련 행위 집합에 놓아두는 것이다. 동기도 중요하지만, 행위 자체의 도덕적 본성보다는 도덕적 행위자의 성품을 평가하는 것과 더 관련된다. 마지막으로 의무론자가 결과들을 행위 평가와 관련된 요소들의 일부로 볼 수 있지만, 결과들은 그 행위 자체의 내재적 특징보다는 덜 중요하다.

2) 의무론적 윤리와 도덕 규칙의 본성

철학사에는 행위 의무론자들과 규칙 의무론자들이 있었다. 행위 의무론(act deontology)에 따르면 도덕적 행위자는 도덕 규칙에 의지하지 않고서 각각의 특정 도덕적 상황에서 해야 하는 옳은 일을 직관적으로 파악해야 마땅하다. 행위 의무론은 폭넓게 받아들여진 적이 없었다. 그것은 너무 주관적이며, 도덕 규칙들의 본성과, 도덕적 삶에서 그것들의 역할을 파악하지 못하기 때문이다. 규칙 의무론(rule deontology)은 행위 유형들이 하나 또는 그 이상의 정확한 도덕 규칙들에 맞느냐 맞지 않느냐에 따라 옳고 그르다는 견해이다.

규칙 의무론을 옹호하는 가장 중요한 사람은 18세기 독일 철학자 임마누엘 칸트(Immanuel Kant)이다. 비록 오늘날 의무론적 윤리를 옹호하는 사람들은 칸트의 도덕철학의 특정 측면들을 확장시키거나 그 측면들을 포기했지만, 여전히 칸트는 이 입장을 옹호하는 가장 중요한 사람으로 여겨진다. 칸트의 의무론적 윤리의 핵심에는 정언명법(categorical imperative)이라는 그의 개념이 있다.

많은 칸트 해석가에 따르면 정언명법은 적어도 세 가지로 서로 다르게 표현된다.

정언명법1: 동시에 그것이 보편법이 되어야 마땅하다고 네가 원할 수 있는 격률(格率, maxim)에 따라서만 행위 하라.
정언명법2: 너 자신의 인격에서든 다른 사람의 인격에서든 인간을 언제나 목적으로 대하며, 결코 수단으로만 대하지 않도록 행위 하라.
정언명법3: 오직 의지가 그것의 규율을 통해 동시에 자신을 보편적 입법자로 여겨 행위자가 그 행위를 수행할 때 그 법을 자동적으로 따를 정도가 되도록 행위 하라.

정언명법1은 때로 정언명법의 보편 가능성 공식으로 불리며, 두 가지 중요한 특징을 드러낸다.

첫째, 도덕 규칙이란 비슷한 관련 상황에서 언제나 모든 사람에게 똑같이 구속력을 지닌다는 의미에서 보편 가능(universalizable)하다.

다른 무엇보다도 이 원리는 일관성 원리를 표현한다. 우리는 자신의 도덕 판단에 관해 일관성을 지녀야 마땅하다. 어떤 행위 X가 어떤 사람 P에게 옳다고 판단된다면, X는 P와 비슷한 관련자들에게도 옳다.

둘째, 도덕 규칙들은 가언적 직설법이 아니라 정언명법이다.

공리주의자들에게 도덕 규칙들은 가언적 직설법 명제들(hypothetical indicatives)이다. 즉, 그 규칙들은 "만약 -라면, 그러면 -이다"라는 조건 진술들이기에, "그러면" 다음에 나오는 후건(後件)은 "만약"에 따라 나오는 전건(前件)을 얻는 수단을 묘사한다. 예를 들어, "네가 행복을 극대화하고 싶다면, 약속을 지켜라." 여기서 "약속을 지켜라"라는 도덕 규칙은 행복을 극대화하기에 효과적인 수단을 기술하는 것이며, 도덕 규칙은 행복을 극대화하려 한다는 조건 하에 따라야 하는 것이다.

이와 대조되게 정언명법1은 도덕 규칙들이 "도둑질하지 말라!"나 "약속을 지켜라!"와 같은 정언명법을 함축한다. 도덕 규칙들은 일부 가언적 목표를 받아들인다는 조건 아래 있는 진술로서가 아니라, 전면적으로 적용되는 정언명법으로 우리에게 제시된다. 또한, 도덕 규칙들은 단순히 수단과 목적의 직설법으로서가 아니라 명법(命法, imperatives)으로 제시된다.

정언명법2는 인간들이 목적들의 왕국(kingdom of ends)의 구성원들이라는 사실을, 즉 인간에게 내재적 가치가 있다는 사실을 표현한다. 그래서 인간들은 어떤 다른 목적을 위한 수단으로만 취급되지 않아야 마땅하다. 때로 사람들은 다른 사람들을 목적을 위한 수단으로 여기며, 이것은 전적으로 적절하다. 학생은 교수를 교육을 위한 수단으로 대할 수 있다.

하지만 정언명법2는 인간들이 목적을 위한 수단으로만 다루어지지 않아야 마땅하다는 함축을 지닌다. 거의 틀림없이 이 원리를 가장 타당하게 정당화한다고 여겨지는 방식은 인간들이 하나님의 형상에 따라 창조되었다는 성경의 가르침에 비추어서이다.

정언명법3은 때로 자율성 원리(principle of autonomy)로 불리는 것을 표현한다. 의무는 의무 자체를 위해 행해져야 마땅하다. 한 행위가 도덕적으로 옳은 것으로 여겨지기 위해서는 그것이 의무에 맞게 행해지는 것만으로 충분하지 않다. 그것은 의무 자체를 위해 행해져야 마땅하다.

이런 식으로 도덕적 행위자로서의 인간은 자신의 의지를 이 의미에서 도덕적 행위의 입법자로 대함으로써 합리적 존재로 행위한다. 도덕적 행위는 도덕적 의무에 대한 단순한 존경 외의 다른 이유 없이 자율적으로 행해진다. 그런 행위는 자율적 행위(autonomous act)로 불린다.

이와 대조되게 칸트는 그가 무엇을 타율적 행위(heteronomous act), 즉 어떤 성향이나 욕구, 충동을 충족시키기 위해 행해지는 행위로 부르는지 묘사했다. 타율적 행위들은 도덕 규칙들을 어떤 목적—욕구 충족—을 위한 수단으로 다루며, 그래서 도덕법과 도덕적 의무에 대한 단순한 존경에서 행해지는 순전히 도덕적인 행위들로 여겨지지 못한다. 타율적 행위에서 합리성은 욕구를 섬기는 도구로 등장한다. 이성은 욕구를 섬기기 위해 수단과 목적을 생각하는 일만 하기 때문이다. 그렇지만 자율적 행위에서 이성은 선의지(善意志) 자체를, 즉 도덕 의무를 위해서만 행동하는 선의지를 낳는 데 이바지한다.

3) 의무론적 윤리에 대한 평가

대부분의 사람들이 도덕적 행위들과 규칙들에 관해 반성할 때 의무론적 윤리가 대부분의 사람들의 숙고되는 도덕적 직관들과 상식을 파악한다. 사실 제23장에서 윤리적 이기주의와 공리주의를 반대하려고 제기된 반례들의 토대 역할을 하는 것은 의무론적 윤리의 직관이다. 의무론적 윤리는 성경 윤리, 특히 십계명을 포함하는 구약 율법의 핵심의 적어도 일부를 파악한다고 말하는 것도 안전하다. 비판가들은 의무론적 윤리가 반드시 도덕 직관에 크게 의지해야 한다는 것이 의무론적 윤리의 문제되는 특징이라고 주장한다.

이에 대한 반응으로 의무론자들은 모든 윤리 이론을 포함해서 모든 철학적 견해가 조만간 반드시 직관에 호소해야 한다고 지적한다. 또한, 의무론적 직관들이 대부분의 사람들의 통찰과 잘 조화를 이룬다는 사실이 이를 강하게 뒷받침한다. 이 사실은 공리주의와 같은 대안적 이론들에게 증명의 부담을 놓으며, 그 부담은 해결되지 못했다.

윤리 이론을 정당화할 때 도덕적 직관이 하는 역할이란 문제 외에도, 의무론적 윤리 이론들을 반대하는 반박들이 적어도 네 가지 이상 제기되었다.

첫째, 일부 사람들은 정언명법1이 도덕 규칙의 필요 조건일 수 있지만 충분하지는 못하다고 주장한다. 어떤 격률은 정언명법1을 충족시킬 수 있을지 모르지만, 아직 도덕 규칙의 자격을 갖추지 못할 수 있다는 이유에서이다.

이런 식으로 정언명법1은 기껏해야 형식적으로 공허한 원리이다. 적합한 도덕 규칙에 요구되는 행위 길잡이 역할을 하기에 충분한 실질적 내용이 없는 원리이다. 이 논증을 설명하기 위해 다음 공리 M을 살펴보자. 모든 사람은 언제나 오른쪽 신발보다 왼쪽 신발을 먼저 묶어야 마땅하다는 공리이다. 분명히 M은 모순 없이 보편화될 수 있으며, 그래서 M을 보편법으로 모순 없이 원할 수 있을 것이다.

하지만 M이 정언명법1을 충족시킨다 해도 도덕적 격률의 차원에까지 올라가지 못한다는 사실도 똑같이 분명하다. 거칠게 말하자면 자연적 도덕법(natural moral law)은 사물들의 존재 방식에 근거하며 원칙상 성경의 도움 없이 많은 사람에 의해 인식될 수 있는 참된 도덕 원리들로 이루어진다. 많은 기독교 유신론자는 자연적 도덕법을 하나님께서 창조 자체에 계시하신 진리인 하나님의 일반 계시(general revelation)의 일부로 여긴다. 일부 의무론자들은 성경의 명령과 자연적 도덕법은 정언명법1을 메우는 실질적 내용을 제공한다고 말한다.

둘째, 윤리에 대한 의무론적 접근들이 도덕적 행위들의 결과를 적절하게 고려하지 못한다는 주장과 같다. 또한, 이 결과들은 도덕적 요소를 유일하게 결정하는 것이 아닐지라도 행위자가 사용할 수 있는 대안적 행위들을 평가할 때 매우 중요하다고 주장된다. 예를 들어, 환자에게 유익을 주려할 때 사용할 수 있는 여러 가지 의료간섭을 하는 의사를 생각해 보자. 분명히 그 의사는 환자와 그 도덕적 행위의 영향을 받는 사람들의 이익을 극대화할 의료적 수단을 선택해야 마땅하다. 의무론적 윤리는 도덕적 행위의 결과들의 비중을 제대로 재지 못하기에 윤리 이론이 되지 못한다.

이에 응수하면서 의무론자들은 의무론적 이론들이 도덕적 행위들의 결과들을 고려할 때 다양하다고 지적하지만, 그들이 그 결과들을 완전히 무시한다는 것은 분명히 거짓이다. 앞 단락에 나온 의료 사례를 살펴보자. 의사는 "환자에게 해악을 끼치지 않고 유익을 주어야 마땅하다"는 의무론적 원리에 동의할 수 있다. 이 원리를 받아들인다면, 서로 다른 의료간섭들은 이 원리를 다양한 정도로 존중할 수 있다. 모든 것이 똑같기에, 그 의사는 그 도덕 규칙을 가장 잘 예시하는 그 간섭을 수행해야 마땅하다. 이 경우에 도덕 규칙은 내재적으로 옳으며, 결과들에 기대어 정당화되지 않는다. 하지만 결과들은 그 의사가 이 결과들과 무관하게 정당화되는 도덕 규칙을 존중하는 최선의 방법을 결정하는 데 도움을 주는 사실 고려로 등장한다.

이와 대조되게 도덕 규칙이 공리주의적으로 해석된다면 다양한 의료간섭의 결과는 그 결과가 낳는 공리에 따라서만 도덕적으로 평가되는 것이 아니다. 도리어 도덕 규칙 자체는 대부분의 사람들이 그 규칙을 따르는 경우 대부분의 사람이 대안적 규칙을 따르는 것과 비교되어 공리를 극대화할 것이라는 근거에서 대안적 규칙들에 대해 상대적으로 정당화된다. 특별 상황에서 의무론적 접근과 공리주의적 접근이 동일한 의료 행위를 정당화할지 모르지만 서로 다른 이유에서 그렇게 할 것이다. 또한, 모든 경우 의무론자들은 사실 포괄적 도덕 묘사에서 결과들을 위한 여지를 남긴다.

셋째, 의무론적 이론들에 대한 세 번째 반박은 그 이론들이 하나 이상의 도덕 규칙들이 관련되며 관련 규칙들을 모두 존중할 수 없는 도덕적 갈등들을 제대로 다루지 못한다는 것이다. 공리주의자에게는 그런 문제가 없다. 그런 경우 공리주의는 우리가 대안적 행위나 규칙에 비해 공리를 극대화하는 행위를 수행하거나 그런 규칙을 따라야 마땅하다는 함축을 지니기 때문이다.

하지만 의무론적 이론들은 그런 경우들에 길잡이가 되지 못하며, 이것은 의무론적 이론들에 불리하다. 의무론자들은 이 반박이 칸트의 특정 방식의 의무론적 윤리에 아무리 불리하다 해도 의무론적 윤리들 일반을 물리치기에 충분하지 못하다고 주장한다. 이 이론들은 사실 갈등 상황들에 대해 대답했다는 이유에서이다. 이 반박에 대한 의무론적 대답을 이해하기 위해 제22장에서 논의된 몇 가지 중요한 생각, 절대적 도덕 규칙에 대한 세 가지 견해와, 세 가지 의무론적 체계들을 다시 살펴볼 필요가 있다.

절대적 도덕 P에 대한 다음 세 가지 분석을 살펴보자.

① P가 개인이나 문화의 믿음들과 무관하게 객관적으로 참인 도덕 명제인 경우에만 P는 절대적 도덕이다.

② P가 위의 (1)을 충족시키고 보편 가능한 경우에만, 즉 관련된 비슷한 상황들에 언제나 모든 사람에게 똑같이 구속력을 발휘하는 경우에만 P는 절대

적 도덕이다.

③ P가 (1)과 (2)를 충족시키고, 적용 범위 내에서 최고도의 의무를 지니는 경우에만 P는 절대적 도덕이다.

①은 절대적 도덕의 가장 기본적 의미이다.

그것은 때로 도덕 객관주의(objectivism)로 불리며, 거칠게 말하자면 주관주의(subjectivism)의 거부에 해당한다. 하나의 도덕적 입장을 믿는 것은 그것을 믿는 사람들에게 상대적으로 참으로 만드는 것이라는 생각이 주관주의이다.

②도 절대적 도덕의 중요한 개념이다.

대부분의 의무론적 윤리학자들은 ①과 ②를 받아들일 것이다. 그렇지 않으면 ①이 ②에 통합되기 때문에 그들은 도덕 규칙들의 객관성과 보편화가능성을 그냥 받아들일 것이다.

②는 도덕 규칙들에 예외가 없다는 함축을 지닌다.

도덕 규칙에 대한 예외(exception)는 그 규칙이 적용되어야 마땅한 사례이지만 어떤 이유에서든 그 규칙이 적용될 수 없다고 판정되며, 고려되는 도덕 사례와 무관한 사례이다.

③은 논의의 여지가 있으며, 절대적 도덕의 보다 엄격한 이해를 표현한다.

절대적 도덕이란 최고도의 의무(highest degree of incumbency)를 지니는 참되고 예외 없는 도덕 원리인 그런 것이다. 즉, 그것은 보다 비중 있는 원리에 의해 무효화될 수 없다. 이 견해에 따르면 최고 무게를 지니는 절대적 도덕들만 도덕 진술의 자격을 갖춘다. 절대적 도덕은 (트럼프에서의-역주) 에이스와 같다. 그것은 모든 경쟁자를 이길(무효화시킬) 수 있지만, 그것 자체는 무효화될 수 없다. 달리 말하자면 ③은 모든 절대적 도덕이 똑같은 비중을 지닌다는 함축을 지닌다.

절대적 도덕에 대한 이 이해가 너무 강한 것처럼 보일 것이다. 분명히 하나의 도덕 진술이 최고도의 의무를 지닌다면, 그것은 절대적 도덕일 것이다. 하지만 우리에게는 절대적인(객관적으로 참되며 예외 없는) 의무들이 있지만, 그것들은 더 중요한 의무들에 의해 무효화될 수 있는 것처럼 보인다. 비중이 큰 절대적 도덕들과 비중이 작은 절대적 도덕들이라는 생각은 이해 불가능한 것은 아니다. 또한, 사실 그것은 도덕적 삶에서 중요한 역할을 한다(제22장 참조).

이 점을 보기 위해 철학자들이 조건부 의무라고 부르는 것을 살펴보자.

조건부 의무(prima facie duty)는 특정 경우 더 비중 있는 의무에 의해 무효화될 수 있는 객관적으로 참되고 예외 없는 도덕적 의무이다. 이것이 생길 때 조건부 의무는 사라지지 않고 문제되는 특정 경우에 계속 적용되며 그 존재를 느끼도록 한다. 더 비중 있는 의무가 절대적 도덕을 무효화할 때 그 절대적 도덕의 면제(exemption)가 생긴다. 면제와 예외의 차이는 이것이다. 면제의 경우 무효화되는 원리는 계속 적용된다. 예외의 경우 예외가 되는 원리는 더 이상 적용되지 않는다. 거의 틀림없이 면제들은 도덕적 의무들에게 일어나지만 예외들은 그러하지 않다.

면제와 예외 사이에 차이가 있다면, 많은 절대주의자는 객관적으로 참된 도덕 규칙들이 보편화가능하며 그래서 그 규칙들이 적용되는 관련 영역의 상황들 내에서 예외를 받아들이지 않지만(예를 들어, "거짓말하지 말라"는 도덕 규칙이 적용되어야 마땅하지만 그냥 사라져서 완전히 무시될 수 있는 경우는 전혀 없다.) 도덕 규칙들이 면제를 허용한다고 믿는다. 이 경우들에 그 규칙은 아직 적용되지만 더 비중 있는 규칙에 의해 무효화될 수 있다. 하지만 면제된 원리는 여전히 존재감을 지니며, 더 비중 있는 원리를 존중하는 데 필요한 정도로만 무효화됨으로써 존중받을 수밖에 없다.

절대적 도덕 규칙의 이 세 가지 다른 이해 외에도 도덕적 갈등상황들을 어떻게 다루어야 하는가에 관해 세 가지 서로 다른 의무론적 체계들이 있다.

첫 번째 견해는 무조건적 절대주의(unqualified absolutism)가 있다.

모든 도덕적 의무가 똑같은 비중을 지니며 절대적 도덕의 위의 세 번째 의미가 옳으며 그래서 조건부 의무란 없다는 견해이다. 불가피하다고 여겨지는 모든 도덕 딜레마는 겉으로 보기에만 불가피하며 언제나 딜레마를 벗어날 길이 있을 것이다.

두 번째 견해와 세 번째 견해는 상충적 절대주의와 차등적 절대주의로 불린다.

두 입장은 모두 조건부 의무들의 존재를 받아들이며, 비중이 큰 의무와 비중이 작은 의무가 있다는 생각을 받아들인다. 그래서 이 관점들을 옹호하는 사람들은 절대적 도덕의 세 번째 이해를 거부한다. 또한, 두 입장은 모두 진정한 도덕 갈등이 일어난다고 믿는다. 그렇지만 그들은 그런 갈등 상황들에서 수행되는 행위를 어떻게 보아야 마땅한지에 대해 의견을 달리한다(두 악 가운데 차악을 선택하는 견해 <lesser of two evils view>로도 불리는).

　차등적 절대주의(graded absolutism)에 따르면 우리가 한 생명을 구하기 위해 거짓말 한다면 나쁜 일을 하는 셈이다. 두 악 가운데 차악(次惡)을 행하기는 했지만 하나의 도덕 규칙을 어겼기 때문이다. 절대적 도덕 규칙에 대해 서로 다른 이 세 가지 이해들과 이 세 가지 의무론적 체계들이 있다면, 의무론적 윤리의 옹호자들은 도덕의 갈등 사례들을 해결하는 길잡이를 제공했으며 이 반박을 물리쳤다고 믿는다.

　마지막으로 일부 사람들은 의무론적 이론들이 도덕적 행위와 규칙에 사로잡혀 덕성의 본질과 선한 인격을 제대로 고려하지 못하고 성품을 어떻게 개발해야 하는지에 대해 조언을 주지 못한다는 이유에서 그 이론들을 비판했다. 사실 적어도 칸트에 대한 하나의 해석에 따르면 우리는 도덕적으로 옳은 행위를 하고 싶어서 한다면 그것은 실제로 그 행위의 도덕적 가치에 불리하며, 이것은 정말 믿기 어렵다.

　칸트의 의무론에 따르면 도덕적 행위는 도덕적 의무에 대한 존중에서만 행해지는 행위이다. 욕구를 충족시키기 위해 행해지는 행위라면 타율적 행위이며, 그런 한에서 도덕적 가치가 부족하다.

　프랭크(Frank)와 조(Joe)라는 두 사람을 살펴보자. 두 사람은 간음을 저지를까 말까 생각하고 있다. 프랭크는 간음을 저지르고 싶은 마음이 아주 강하며 결정을 놓고 노심초사 고민하지만, 결국 간음하지 않는다. 간음하지 않으려고 원해서가 아니라 그것이 도덕적 의무이기 때문이다. 이와 대조되게 조는 수년 동안 덕 있게 살아 순수한 가슴을 개발했기에 아내를 존중하고 싶어 하는 마음이 깊으며 도덕적으로 간음을 정말 혐오한다. 조는 아무런 갈등 없이 간음하지 않는다.

　칸트의 한 가지 해석에 따르면 도덕적 관점에서 볼 때 조의 행위는 프랭크의 행위보다 가치가 적다. 그것은 욕구에 따라 행해지며 타율적인데 반해 프랭크가 간음하지 않는 행위는 전적으로 자율적 행위이기 때문이다. 하지만 분명히 이것은 소급한 것이다. 조의 행위는 적어도 프랭크의 행위와 같은 가치를 지니며, 거의 틀림없이 도덕적으로 더 가치 있기에 의무론적 윤리 이론은 이 점에서 무너진다.

두 종류의 욕구를 구분함으로써 대답할 길이 의무론자에게 열려 있다. 도덕과 연관되는 욕구(morally relevant desire)는 도덕적 거룩을 향한 욕구를 수련해서 생기는 의무를 행하려는 욕구이다. 이와 대조되게 타율적 자기 이익(heteronomous self-interest)은 욕구 충족을 위한 수단으로서만 "도덕적" 행위를 추구하는 형태의 욕구이다. 거룩함과 도덕적 옳음으로 향하지 않지만 사랑받고 싶은 욕구가 그 사례이다. 이 구분이 있다면, 의무론자는 자율적 행위가 도덕과 연관되는 욕구에 따라 행해질 수 있으며 사실 그렇게 행해져야 마땅하다고 주장할 수 있을 것이다.

또한, 타율적 행위는 도덕적으로 무관한 자기 이익 때문에 행해지는 것이다. 적용을 위해 의무론자는 조의 행위가 프랭크의 행위보다 더 우월하다고 주장할 수 있을 것이다. 그것은 더 강하고 도덕적으로 관련 있는 욕구에 따라 행해졌으며, 이런 식으로 조는 실제로 도덕 자체를 프랭크가 그러한 것보다 더 존중했기 때문이다.

비록 이 대답이 좋은 것이지만, 의무론적 윤리가 덕성과 성품, 선한 인격을 제대로 분석하지 못한다는 사실은 여전히 진실인 것 같다. 이 문제는 의무론적 윤리와 덕 윤리의 상대적 장점들이라는 문제를 일으킨다. 그래서 이 문제를 충분히 이야기하기 위해 이제 덕 윤리를 분석하는 것이 중요하다.

3. 덕 윤리

덕 윤리는 (그리스어 아레테<aretē, "덕성">에서 나온) 아레테 윤리(aretaic ethics, 덕성윤리)로도 불리는데, 아리스토텔레스와 플라톤에게까지 거슬러 올라가며 토마스 아퀴나스를 거치는 길고도 자랑스러운 족보를 지니고 있다.

또한, 오늘날 많은 옹호자를 포함하여 덕 윤리학자들은 의무론적 윤리가 도덕적 행위자를 도외시하고 선한 사람이 되는 일보다 옳은 일을 행하는 데만 초점을 두며 윤리적 성품과 도덕적 동기를 어떻게 개발해야 하는지 이해하는 데 안내가 되지 못하기 때문에 실패한다고 때로 주장한다. 또한, 그들은 의무론적 윤리가 도덕적 자율성을 지나치게 강조하는 반면 덕 윤리가 공동체와 관계에 대한 강조를 포함한다고 주장한다. 이 절의 나머지 부분은 덕 윤리에 대한 설명과 평가를 살펴볼 것이다.

1) 덕 윤리에 대한 설명

덕 윤리는 본성상 목적론적이다. 덕 윤리에 포함된 (목표나 목적에 대한 초점인) 종류의 목적론(teleology)은 공리주의의 목적론과 같지 않다. 공리주의는 어떤 종류의 행위가 공리를 극대화할 것인가에 초점을 둔다는 의미에서 목적론적이다. 덕 윤리는 삶의 전체적 목적에, 즉 잘 살고 인간으로서의 탁월함과 기술을 성취하는 것에 초점을 둔다. 이런 의미에서 덕 윤리는 전체로서의 삶과 이상적 인간에 대한 비전과 깊이 연결된다. 잘 만들어진 삶이라는 목적과, 그 목적의 일부인 이상적 인간 번영을 이해한다면 덕 윤리는 좋은 인격의 본질을 밝히고 이 가장 중요한 삶의 비전에 비추어 우리가 어떻게 발전되는가를 밝히려는 시도이다.

달리 말하자면 덕 윤리의 목적은 좋은 인격과 좋은 삶을 정의하고 발전시키는 데 있다. 덕성들은 사람들이 에우다이모니아(eudaimonia), 즉 행복(happiness)을 성취할 수 있도록 해 주는 성격들(character traits)이다. 행복은 즐거운 만족의 상태로 이해되지 않고 웰빙(well-being)의 상태 그리고 삶에서의 탁월함과 솜씨의 상태로 이해된다.

고전적 덕 윤리는 본질주의(essentialism), 즉 거칠게 말하자면 인간에게 본질 내지 본성이 있다는 생각에 대한 헌신을 포함한다. 본질은 - 인간들에게 즉, 인간이 무엇인지 구성하는 자들에게 - 한 존재자가 어떤 부류의 것인지 정의해 주는 속성들이며, 문제되는 존재자가 그 속성들을 잃어버리는 경우 더 이상 존재하지 않는 그런 속성들이다. 예를 들어, 설명하자면 소크라테스는 인간임을 본질로 지니며, 하얗다는 속성을 우연적 특징으로 지닌다. 소크라테스는 피부색을 잃어도 계속 존재할 수 있을 것이지만, 인간임을 잃는다면 더 이상 존재하지 않을 것이다. 더 나아가서 인간임은 우리에게 소크라테스가 본성상 어떤 존재인지 말해 준다.

고전적 덕 윤리(classic virtue ethics)에 따르면 인간 본성은 이상적(理想的) 인간 기능의 근거를 제공한다. 삶에서 이상적으로 능숙하게 기능하는 사람은 인간 본성에 따라 제대로 기능하는 사람이다. 인간 본성은 무엇이 인간의 번영에 적절하고 유일무이한지 정의해 준다. 또한, 나쁜 사람은 인간 본성에 반대되게 사는 사람이다. 그래서 로마서 1:26-27에서 바울은 동성애가 "본성적이지 않기" 때문에 말 그대로 표현하자면 "본성에 어긋나기" 때문에 그르다고 주장한다. 즉, 그것은 인간이 인간임의 본질과 조화되게 잘 기능하는 것과 반대된다.

하나의 그림이 이 개념을 더 잘 해명하는 데 도움을 줄 수 있다. 나쁜 기화기(氣化器)나 기능장애를 일으키는 기화기는 마땅히 기능해야 하는 방식대로 기능하지 않는 것이다. 즉, 본성상 기능하도록 설계된 방식에 따라 기능하지 않는 것이다. 이와 마찬가지로 성적(性的) 기능장애를 일으키는 삶은 마땅히 기능해야 하는 방식으로 기능하지 않는 것이다. 즉, 인간이 본성상 기능하도록 설계된 방식에 따라 기능하지 않는 것이다.

현대의 덕 윤리(contemporary virtue ethics)에서 알래스데어 매킨타이어(Alasdair MacIntyre)와 같은 일부 사람들은 본질주의를 거부했으며, 덕 윤리를 반본질주의 맥락에서 해명하고자 했다. 거칠게 말하자면 덕성들은 서로 다른 전통들에 구현된 내러티브(narrative)에 따라 이해되는 것으로서의 좋은 삶에 관련되는 기술(技術)들로 판단되는 특징들이다. 전통이란 공유된 믿음들의 핵심과 그 믿음들에 대한 헌신이 구성원들을 하나로 묶어주는 공동체이다. 그래서 덕성들은 객관적 인간 본성에 근거를 두지 않는다. 그것들은 도리어 서로 다른 전통들의 평가와 헌신에 따라 상대적인 언어적 구성물들이다. 덕 윤리의 이 현대적 이해가 적당한지는 나중에 잘 생각되어야 하는 것이다.

인간의 이상적(理想的) 기능과 기술(技術)에 대한 비전이 있다면, 덕 윤리는 성품과 습관을 아주 중요하게 여긴다. 성품(character)은 한 개인의 습관의 총체이며, 습관(habit)은 그렇게 하려고 의식적으로 바랄 필요도 없이 어떤 식으로 생각하고 느끼고 바라고 행위 하려는 성향이다. 덕성(virtue)은 한 인격이 이상적 인간 본성에 따르는 올바른 인간 번영을 이루는 중요한 잠재력들을 실현할 수 있도록 하는 탁월한 습관이자 유익한 경향이자 숙련된 성향이다. 보다 간단하게 말하자면 덕성은 우리를 삶의 탁월함에 맞추는 기술(技術)이다.

덕성은 도덕적 덕성을 넘어선다. 예를 들어, 진리를 찾으려 하거나 합리적이 되려는 욕구와 같은 이성적 덕성이 있다. 전통적으로 덕 이론은 지혜와 정의, 용기, 절제라는 4주덕(主德)에 대한 헌신을 포함했다. 기독교는 소위 기독교적 덕성인 믿음과 소망, 사랑을 추가했다.

마지막으로 어떻게 덕성을 발전시켜야 하는가에 대해 다양한 견해가 수없이 있어왔다. 하지만 영적 훈련들은 일정 시기에 기독교적 성품개발 이해에 중요했으며, 성화의 중요한 측면들로 다시 떠오르고 있다. 그렇게 이해될 때 금식이나 은둔, 침묵과 같은 영적 훈련(spiritual discipline)은 반복되는 신체 활동이다. 그것은 성령에 순종하여 행해지며, 한 인격을 덕 있는 삶으로 훈련시키는 습관들을 발전시키는 것을 목표로 한다.

영적 훈련은 피아노 음계를 연주하는 것과 매우 비슷하다. 우리는 음계를 연주하는 데 정통하기 위해 음계를 연주하지 않는다. 도리어 우리는 능숙한 피아노 연주가가 되는데 필요한 습관들을 형성하기 위해 음계를 연주한다. 이와 마찬가지로 우리는 영적 훈련을 잘 하기 위해 영적 훈련을 수행하지 않고, 잘 살기 위해 영적 훈련을 한다. 영적 훈련은 성품과 덕성의 발전과 관련된 습관 형성의 수단이다.

2) 덕 윤리에 대한 평가

덕 윤리는 윤리의 역사 내내 많은 지지자를 확보했다. 왜 그런지 알기는 쉽다. 삶의 목적과 좋은 인격, 성품과 덕성이라는 덕 윤리의 중심 개념들은 도덕적 삶에서 중요한 것을 상당 부분 잡아낸다. 사실 사람들 사이에서 옳은 도덕 규칙 묶음에 관해서나 특정 상황에서 해야 하는 옳은 일에 관해 합의에 이르는 것보다는 좋은 인격이 무엇이며 누가 그 범주에 맞는지에 관해 동의를 확보하는 것이 더 쉬운 경우가 많다.

그런데도 덕 윤리를 비판하는 사람들이 없는 것은 아니다. 덕 윤리에 대해 종종 두 가지 반박이 제기된다. 첫 번째 반박은 위에서 다루었는데, 자연주의적 진화론을 받아들인다면 덕 윤리의 핵심에 있는 몇 가지 개념은 비록 논리적으로 불가능하지는 않더라도 개연성이 없다는 주장이다. 가장 중요한 삶의 목적과 진정한 본성, 규범적으로 타당하고 타당하지 않은 기능, 일반적으로 목적론적인 전망과 같은 것들은 인간을 우연과 필연의 맹목적 과정을 통해 진화한 생물로 묘사하는 견해와 조화되기 어렵다. 덕 윤리학자들은 이 반박에 대해 두 가지로 응수할 수 있다.

첫째, 그들은 그 반박의 힘을 인정하고서 전통적 형이상학의 틀 없이 덕 윤리 이론을 세울 수 있다. 일종의 포스트모더니즘을 택하는 사람들이 거의 대부분이 전략을 취한다. 이 견해에 따르면 덕성들은 전통이나 언어공동체가 그 전통이나 공동체의 믿음 헌신들과 공유된 내러티브와 관련되어 가치 있고 잘 만들어졌다고 여기는 습관들이다. 이 접근이 일종의 덕 윤리를 보존하지만, 공동체와 관련되는 이 유형이 그 이름을 지닐만한 가치가 있는지는 분명하지 않다. 고전적 견해에 따르면 좋은 사람과 나쁜 사람 사이에, 잘 만들어지고 기능하는 덕 있는 삶과 기능장애를 일으키는 악덕의 삶 사이에 실제로 차이가 있다. 그래서 덕 이론의 전체적 목적은 사람들이 기능하고자 의도된 방식으로 정말 기능하고 있는 사람들을 밝히고 개발하는 것을 돕는 것이다.

그렇지만 공동체와 관련되는 견해에 따르면 덕성이나 악덕은 한 집단의 독특한 형태의 삶에 나타난 어떤 칭찬의 말들을 구현하는 것에 의해 그 집단이 그런 것으로 여기기로 선택하는 것으로 드러난다. 하지만 어떤 것이 전통이나 공동체에 의해 덕성이라고 여겨지는 것은 그것이 정말 덕성이 되는 필요 조건도 충분 조건도 아닌 것 같다. 그런 것은 필요하지 않다. 겸손과 같은 것은 어떤 공동체도 그것을 덕성으로 여기지 않는다 해도 실제로 덕성이기 때문이다. 그런 것은 충분하지 않다. 그 공동체가 폭력단인 경우 폭력단 밖의 구성원들을 미워하거나 도둑질하는 능력을 덕성으로 여길 수 있지만 이것이 그것을 덕성으로 만들지 못할 것이기 때문이다.

결국, 공동체에 따라 상대적인 덕성들이나 가치들은 도덕 개념들을 단순한 관습의 개념들로 환원시킨다. 결과적으로 그것들은 도덕적 삶을 사소하게 만들며 어떤 것이 실질적 덕성의 차원까지 올라갈 수 있는 방편들을 주지 못한다.

둘째, 엄밀히 말하자면 고전적 덕 이론을 그리고 그것의 일부인 형이상학을 자연주의적 진화론과 더불어 택하는 것이 논리적으로 가능하기 때문에 하나나 나머지 하나를 선택하도록 강요될 만큼 좋은 이유가 없다고 덕 윤리의 옹호자가 주장할 수 있다. 이 대답은 어떤 사람들에게는 납득이 될 수 있다. 하지만 자연주의적 진화와 고전적 덕 이론 모두의 형이상학을 받아들인다면 둘은 서로 쉽게 어울리지 못하는 것 같다.

자연주의적 진화론은 삶의 목적의 존재와 본질주의, 목적론 등을 정말 받아들이기 어렵게 만든다. 이것들이 고전적 덕 이론에 중요하기 때문에 이 조처는 많은 사람에게 설득력이 없을 것이다. 더 유명한 노선의 접근은 다음 삼단 논법을 고려함으로써 볼 수 있다.

P: 자연주의적 진화론이 참이라면 고전적 덕 윤리는 거짓이다.
Q: 자연주의적 진화론은 참이다.

그러므로,

R: 고전적 덕 윤리는 거짓이다.

이 논증의 전건 긍정(modus ponens) 형식을 받아들여 Q("고전적 덕 윤리는 참이다")를 받아들여 결론 R("자연주의적 진화론은 거짓이다")을 내리는 길이 고전적 덕 윤리 옹호자에게 열려 있다. 고전적 덕 윤리는 자연주의적 진화론에게 이런 식으로 패배를 안겨준다.

덕 윤리에 대한 두 번째 반박은 분명히 그 이론에 대한 고전적 비판으로 불릴 수 있다. 이 반박에 따르면 덕 윤리는 도덕적 딜레마를 풀며 다양한 도덕 상황에서 무엇을 해야 하는지 아는 길잡이가 되지 못한다. 이것은 덕 윤리가 의무론적 윤리와 같이 규칙에 근거하는 윤리 이론들과 비교될 때 특히, 그러하다. 규칙에 근거하는 이론들은 그런 길잡이를 주는 데 덕 윤리보다 훨씬 더 적합하다.

이 반박은 덕 윤리가 도덕적 삶에 길잡이를 주지 못한다는 뜻이라면 다소 과장된 말일 수 있다. "예수라면 이 상황에서 무엇을 할 것인가"와 같이 묻거나 덕 있는 사람들을 모방하려는 것은 도덕적으로 뛰어난 삶을 이끄는 길잡이가 된다. 그래도 그 반박은 힘을 발휘한다. 덕 윤리는 어려운 도덕 상황을 평가하게 될 때 규칙에 근거하는 이론들이 주는 종류의 명료성을 주지 못하는 것처럼 보이기 때문이다.

우리가 이 반박에 무게가 있다고 인정한다면 그것은 우리가 덕 윤리를 버려야 마땅하다는 뜻인가?

이 질문에 대한 우리 대답은 덕 윤리 이론과 의무론적 윤리 이론이 어떻게 통합되어야 마땅한가에 관한 우리 견해에 달려 있다. 많은 이론가는 덕성들과 도덕 규칙들이 어떤 식으로든 공존해야 마땅하다고 주장한다. 그들은 규칙 없는 덕성들이 맹목적이라고 주장한다. 하지만 덕성 없는 규칙은 동기에 있어서 무능하다. 덕 윤리와 의무론적 윤리가 어떻게 통합되어야 마땅한가에 관해 서로 다른 입장들이 세 가지 있다.

(1) 순전한 덕 윤리(Pure virtue ethics)

덕성은 기본적이며, 내재적 가치를 지닌다. 의무론적 도덕 규칙은 덕성에서 나온다. 예를 들어, 다른 사람들에게 공정하게 처신해야 하는 의무는 공정하다는 덕성에서 나온다. 이런 의미에서 도덕 규칙들은 덕 있는 사람들이 어떤 상황들에서 전형적으로 행하는 것들의 표현이며 덕성을 개발하는 수단으로서 도구적 가치를 지니는 것들이다.

(2) 표준적 의무 견해(standard deontic view) 내지 일치 논제(correspondence thesis)

도덕 규칙들은 본래적으로 가치 있고 기본적이다. 그것들은 사람들이 요구되는 덕성을 소유 했는지와 무관하게 그들에게 어떤 행위를 하라는 책임을 지운다. 덕성은 올바른 도덕 규칙에 순종하려는 성향이다. 그러한 것으로서 덕성은 동기부여자로서의 도구적 가치만 지니며, 사람들이 도덕 법칙을 순종하는 일을 도와준다.

(3) 보완적 논제(complementary thesis)

덕 윤리와 의무론적 윤리는 적합한 도덕체계에 꼭 필요하다. 덕성도 도덕 규칙도 기본적이지 않다. 각자에게는 본래적 가치가 있으며, 그것들은 서로를 보완한다. 한 사람에게는 어떤 종류의 인격이 되어야 하고 올바른 도덕 규칙에 따라야 하는 의무가 있다. 덕성은 좋은 사람의 특성을 묘사해야 마땅한 성품을 가리키며, 도덕 규칙은 옳고 그른 도덕 행위들을 정의하는 길잡이가 된다. 그래서 각자에게는 서로 다른 초점이 있다.-덕성은 행위자에 초점을 두며, 규칙은 행위에 초점을 둔다.-포괄적 도덕 이론은 각 이론들로부터의 요소들을 기본 요소로서 포함시킬 것이다.

각 입장은 자기 몫의 옹호자들을 지녔으며, 이 논쟁에서 승리자는 분명하지 않다. 그렇지만 보완적 견해는 성경 윤리를 가장 잘 표현할 수 있다. 성경은 도덕적 명령과 성품의 덕성들 모두에게 내재적 가치와 무게를 주는 것 같기 때문이다.

[요약]

　교회사에서 대다수의 기독교사상가들은 의무론적 윤리나 덕 윤리 또는 둘의 어떤 조합을 받아들였다. 의무론적 윤리는 옳고 그른 도덕적 행위와 도덕 규칙에 초점을 둔다. 그것은 일부 도덕 행위와 도덕 규칙이 그 행위를 행하거나 그 규칙을 따름으로써 생기는 결과와 무관하게 본래적으로 옳거나 그르다고 주장한다. 의무론적 윤리에 따르면 도덕은 적어도 일부 그 자체의 목적이며, 도덕적 의무는 그 자체를 위해 행해져야 마땅하다. 이와 대조되게 덕 윤리는 좋은 사람의 본성과 형성에 그리고 좋은 사람을 이루는 종류의 성품과 성향에 초점을 둔다. 덕 윤리에 따르면 좋은 사람은 제대로 즉, 인간이 마땅히 기능해야 하는 식으로 기능하는 사람이며, 그래서 잘 사는 사람이다.

　행위 의무론과 규칙 의무론이 대조되었으며, 규칙 의무론이 강조되었다. 규칙 의무론은 행위 유형들이 하나 또는 그 이상의 옳은 도덕 규칙에 맞느냐 맞지 않느냐에 따라 옳거나 그르다는 견해이다. 정언명법 개념이 규칙 의무론에서 중심을 이룬다. 정언명법의 서로 다른 표현이 세 가지 제시되었다. 의무론적 윤리에 대한 다섯 가지 반박들도 평가되었다. 그 과정에서 절대적 도덕 규칙의 서로 다른 의미가 세 가지 제시되었으며, 서로 다른 의무론 체계들이 세 가지로 설명되었다.

　덕 윤리는 삶의 전체적 목적에, 즉 잘 살고 인간으로서의 탁월성과 기술을 성취하는 것에 초점을 둔다. 이런 의미에서 덕 윤리는 전체로서의 삶과 이상적 인간에 대한 비전과 깊이 연결된다. 삶의 목적을 이해하고, 그 목적의 일부인 잘 만들어진 삶과 이상적 인간 번영을 이해한다면 덕 윤리는 좋은 인간의 본질을 그리고 그 인간이 삶에 대한 이 가장 중요한 비전에 비추어 어떻게 발전되는지를 밝히려는 시도이다. 고전적 덕 윤리가 설명되었으며, 현대 포스트모던 덕 이론의 성격이 간략하게 묘사되었다.

　덕 윤리를 반대하는 두 개의 주요논증에 대해 평가했다. 그것을 자연주의적 진화론과 조화시키는 문제와, 도덕적으로 어려운 상황에서 적합한 길잡이가 되지 못한다는 주장이다. 의무론적 윤리와 덕 윤리를 통합하는 서로 다른 방식들을 세 가지 제시하면서 이 장을 맺었다. 순전한 덕 윤리와 일치 논제, 보완적 논제였다.

[기본 용어]

행위 의무론
아레테 윤리
자율적 행위
정언명법
성품
고전적 덕 윤리
보완적 논제
상충적 절대주의
결과
현대의 덕 윤리
의무론적 윤리
의무론
본질주의
에우다이모니아, 즉 행복
예외
면제
일반 계시
차등적 절대주의
습관
타율적 행위
타율적 자기 이익
최고도의 의무
가언적 직설법 명제
도구적 가치

의도
본래적 가치
목적들의 왕국
수단
도덕적 가치 또는 옳음
도덕과 연관된 욕구
동기
자연적 도덕법
도덕과 무관한 가치
객관주의
조건부 의무
자율성 원리
순전한 덕 윤리
규칙 의무론
영적 훈련
표준적 의무 견해
내지 일치 논제
주관주의
목적론
보편화가능
무조건적 절대주의
덕성
덕 윤리

제6부

기독교철학

제25장 하나님의 존재 1

제26장 하나님의 존재 2

제27장 유신론의 일관성 1

제28장 유신론의 일관성 2

제29장 악의 문제

제30장 창조, 섭리, 기적

제30장 기독교 교리 1: 삼위일체

제32장 기독교 교리 2 : 성육신

제33장 기독교 교리 3: 속죄

제34장 기독교 교리 4:
 기독교의 배타적 구원론

제25장

하나님의 존재 1

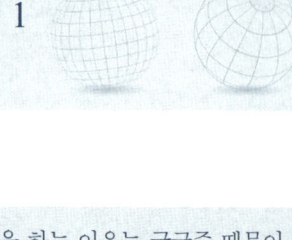

인간이 시초부터 철학을 시작해서 지금까지 철학을 하는 이유는 궁금증 때문이다. 인간이란 본래 조금이라도 의문을 가질 수 있는 것들에 호기심을 가졌다. 작은 것에서 출발하여 마침내 해와 달과 별들의 현상, 우주의 기원과 같은 거대한 문제들에 이르렀다.

*아리스토텔레스, 『형이상학』(Metaphysics)

우주가 존재하는 이유를 묻는 것보다 더 큰 질문은 없다.
*데렉 파핏, 『왜 무엇이 존재하는가? 왜 이것인가?』(Why Anything? Why This?)

1. 서론

그리스도인에게 특별한 관심이 되는 철학의 이차 영역 중의 하나가 바로 **종교철학**(philosophy of religion)이다. 비교적 최근에 등장한 이 철학은 종교철학이라는 이름 아래 두 분과로 존재했다. 여기서 우리와 연관되는 것은 미국철학학회(American Philosophers Association)와 같은 전문적 단체에서 활동하는 전문 철학자들에 의해 추구되는 것이다.

한편, 종교철학은 종교 연구의 이차 영역이기도 하다. 이 종교 연구는 미국종교아카데미(American Academy of Religion)와 같은 단체에서 전문적으로 활동하는 종교나 신학을 가르치는 교수들이 이끌어 가는 연구 분야를 말한다. 이러한 종교철학의 이러한 두 접근은 서로 다른 구조를 가지고 있다. 대략적으로 전자는 종교적 진리에 관해 제기된 문제를 철학적 사고를 통해 다루는 것에 관심을 갖는다고 말할 수 있다.

반면에 후자는 종교자체의 현상을 철학적으로 사고하는 경향을 가진다. 그러므로 후자는 철학보다는 비교 종교 분야에 더 가깝다고 할 수 있다. 그래서 후자에 속한 학자들이 중요한 철학적 문제를 다룰 때, 오늘날의 전문적 철학자들이 추구하고 종교철학에서는 전통이 된 분석 철학을 통해 얻을 수 있는 개념적 도구가 부족하다.

종교철학은 독일 철학자 G. W. F. 헤겔(G. W. F. Hegel)때부터 철학의 이차 영역으로 알려져 있다. 그런데도 현대에는 영미 철학에서 가장 관심을 끌고 발전하는 분야 중에 하나인 종교 분석 철학은 지난 반세기 정도부터서야 비로소 지배적인 운동이 되어 왔다.

다음과 같은 질문들이 종교철학의 연구 가운데 표준적인 주제들이 되어왔다.

종교적 언어의 성격: 종교적인 내용을 담고 있는 문장이 참이나 거짓을 실재로 주장하고 있는가?
종교적 인식론: 종교적 진리의 주장을 믿는 것을 보장하거나 정당화하는 것이 가능한가?
하나님의 존재: 하나님은 존재하는가?
유신론의 통일성: 각 유일신을 주장하는 종교의 하나님 개념이 일관성있는가?
악의 문제: 세상에 존재하는 고통은 하나님의 존재를 배제하는가?
비교종교: 타 종교가 진리라고 하는 주장을 어떻게 평가할 수 있는가?
기적의 문제: 자연에 나타난 신적인 행위들을 어떻게 이해할 수 있는가?
영혼과 영혼의 불멸: 죽음 이후의 삶과 인간의 본성은 무엇인가?
종교적 경험: 우리는 하나님을 경험할 수 있는가, 있다면 어떻게 할 수 있는가?
계시된 종교적 교리: 우리는 어떻게 삼위일체나 성육신, 천국과 지옥, 섭리, 예정, 성경의 영감 또는 다른 많은 교리를 이해할 수 있는가?

종교철학이 여러 다른 철학 영역들과 중복될 뿐만 아니라, 조직신학과도 연계된다는 것은 분명하다. 기독교 종교철학자의 과업이 조직신학자의 과업과 어떻게 다른지를 분명하게 밝히는 것은 참으로 어려운 일이다. 어떤 기독교 사상가는 **조직신학**(systematic theology)은 성경의 진리를 전제한다는 점에서 종교철학과 다르다고 말한다.

기독교철학자들은 무능하며 자연 이성만 사용해야 된다고 보는 것은 이상한 일이다. 오히려 기독교철학자들에게도 모든 진리의 원천으로 그들이 믿는 성경을 사용하는 것이 허락되어야 한다. 기독교철학자를 그의 믿음을 제대로 표현할 수 없는 인식론적 입장에서 철학을 하는 사람으로 보기보다는 기독교 신앙을 형성하고 변호한다는 점에서 조직신학자와 차별되지 않는 중요한 사람으로 보아야 한다.

참으로 오늘날 조직신학에서 연구하는 쟁점들 중에서 가장 흥미 있고 중요한 작업은 신학자들보다는 종교 분석 철학자들에 의해서 점차 완성되어 가고 있다. 이 장에서는 하나님의 존재에 관한 질문들만 다룰 것이다.

2. 하나님의 존재

데이비드 흄(David Hume)과 임마누엘 칸트(Immanuel Kant)의 비평 이후, 하나님의 존재에 관한 효과적인 논증은 있을 수 없다는 것이 사회 통념적인 생각이었다. 그러나 우리가 효과적인 논증이라고 할 때, 그것은 부정적인 면보다는 설득적인 면이 많은 참된 전제로 구성되며, 형식이 있든지 없든지, 타당한 논증을 의미한다. 이러한 조건 속에서 보면 하나님의 존재에 관한 효과적인 논증은 존재하고 있고 현대 철학계의 많은 철학자가 그 가능성에 대해 동의한다.

사실 보다 공평하게 말하자면 종교 분석 철학의 부흥은 **자연신학**(Natural Theology)의 부활에 수반된 것이다. 자연신학은 신적 계시의 권위에 근거하지 않고 하나님의 존재를 증명하려는 것이다. 이 시대의 가장 중요한 종교철학자 중 한명인 알빈 플란팅가(Alvin Plantinga)는 "하나님의 존재에 대한 24가지 이상의 논증"[1]을 주장하기도 했다.

여기에서 우리는 가장 중요한 네 가지의 논증을 살펴보고자 한다.

---

1 Alvin Plantinga, "Two Dozen (or so) Theistic Arguments", 일리노이즈 주, 위튼에 있는 위튼 칼리지에서 1986년 10월 23-25일에 있었던 제 33차 연간 철학 컨퍼런스에서 되었던 강의 제목이다.

1) 우주론적 논증

우주론적 논증(The cosmological argument)은 우주존재의 제1원인(First Cause) 혹은 충족 이유(Sufficient Reason)의 존재를 설명하려고 시도하는 논증 중에 하나이다. 이러한 논증의 옹호자들의 목록이 세계 인명 사전인 『후스 후』(*Who's Who*)에 있다.

플라톤(Plato), 아리스토텔레스(Aristotle), 이븐 시나(ibn Sina), 알 가잘리(al Ghazali), 마이모니데스(Maimonides), 안셀무스(Anselm), 아퀴나스(Aquinas), 스코투스(Scotus), 데카르트(Descartes), 스피노자(Spinoza), 라이프니츠(Leibniz)와 로크(Locke) 등이다. 이러한 논증은 세 가지 기본 형태로 분류가 된다.

첫째는 우주기원의 제1원인을 논하는 칼람(kalam) 논증이다.
둘째는 세계존재를 지탱하는 근원을 논하는 토마스식(Thomist) 논증이다.
셋째는 '왜 무가 아니라 유인가'라는 질문에 대한 충족 이유를 논하는 라이프니츠식(Leibnizian) 논증이다.

2) 논증에 대한 설명

칼람 우주론적 논증(The kalam cosmological argument)이란 명칭은 중세 이슬람 신학자의 아랍어 이름에서 온 것이다. 이 논증은 우주는 분명 시작이 있고, 무에서 유가 나올 수 없으므로 우주를 만든 초월적인 원인이 반드시 있어야 했다고 주장한다. 이 논증의 전통적 옹호자들의 주장은 우주는 과거로 무한히 소급될 수 없는 존재라는 철학적 사고에 기초한다. 이 논증에 대한 현대적 관심은 시간과 공간의 시작을 연구하는 천체물리학적 우주론의 놀랄 만한 경험적 증거에 기초한다.

오늘날 우주론을 지배하는 패러다임은 **표준 빅뱅 모델**(the standard big bang model)이다. 이 모델은 시공(space-time)의 우주는 약 150억년 전에 무로부터(*ex nihilo*) 시작되었다고 주장한다. 이러한 무로부터의 기원은 많은 사람이 초월적 원인을 찾고자 갈망하는 것을 보여 준다.

이와는 대조적으로 중세의 철학적 신학자인 토마스 아퀴나스의 이름을 따라 불리는 **토마스식 우주론적 논증**(the Thomist cosmological argument)은 시간적인 의미에서가 아니라 등급의 의미에서의 제1원인을 다룬다. 아퀴나스는 "만일, 세계와 운동(motion)에 시작이 있다면, 그 원인은 반드시 세계와 운동의 기원이라 칭해야 한다"(『이교도 대전』<Summa contra gentiles> 1.13.30)고 생각했다. 그러나 아퀴나스는 과거의 한계성을 논하는 칼람의 논증을 논리적이라고 생각지 않았다. 그렇기 때문에 그는 '세상은 영원하다'는 보다 더 어려운 가정위에서 하나님의 존재를 논했다.

아퀴나스의 아리스토텔레스적인 형이상학에 의하면 모든 존재하는 유한한 것은 본질과 존재로 구성되고 그래서 근본적으로 우연적인 것이다. 어떤 사물의 **본질**(essence)은 하나의 개별적인 성질로서 그것이 무엇인지를 정의하는 것에 도움이 된다. 만일 본질이 존재한다면 **존재의 현실**(act of being)과 그 본질이 반드시 결합되어야 한다. 존재의 현실에는 지속적인 존재의 증여가 포함되며, 그 존재가 소멸되지 않게 한다. 본질은 존재의 현실에 잠재되어 있으며, 존재의 증여가 없는 본질은 존재하지 않는다.

같은 이유로, 어떠한 실체도 스스로를 현실화 할 수 없다. 왜냐하면, 스스로에게 존재를 부여하려면 이미 현실화 되어야 했기 때문이다. 순수한 가능태는 스스로를 현실화 할 수 없고 어떤 외부적 원인을 요구한다. 아퀴나스가 이러한 존재의 원인들의 무한한 역행은 있을 수 없다고 주장했고 [무한한 수의 전동장치를 가진 시계라도 스프링 하나가 없으면 어떠한 움직임도 이룰 수 없는 것처럼, 이러한 일련의 사건들 속에서 모든 원인들은 단순히 도구적이기 때문에 존재를 만들어 낼 수 없다.] 그래서 존재에 대한 하나의 제일의 자존하는 원인(a First Uncaused Cause)이 있어야만 한다고 주장했다.

그러나 그의 실제 관점은 중재적 원인들은 절대로 있을 수 없다는 것이었고 모든 유한한 본체는 직접적으로 존재의 근원(the Ground of Being)을 통해서만 존재로서 유지될 수 있다는 것이다. 이 존재는 본질과 실존으로 구성되어 있는 존재가 아니므로 그 존재를 지탱하는 원인을 필요로 하지 않는다. 우리는 이 존재의 본질이 속성들 중 하나로서 실존을 포함한다고 말해선 안되는데, 왜냐하면, 그 실존은 하나의 속성이 아니라 본질을 나타내는 현실이기 때문이다. 그러므로 우리는 이 존재의 본질은 존재 그 자체라고 결론을 내려야 할 것이다. 이 존재는 특정한 본질에 구속되지 않는 순수한 현실(pure act)이다.

토마스 아퀴나스가 말한 것처럼, 이것은 자립하는 존재 자체(*ipsum esse subsistens*) 곧, 스스로 존재하는 현실이다. 아퀴나스는 이 존재를 모세에게 "스스로 있는 자"(출 3:14)라고 당신의 이름을 계시하신 하나님과 동일시했다.

독일의 대학자이자 우주론적 논증의 세 번째 명칭의 기원이 되는 고트프리트 빌헬름 라이프니츠(Gottfried Wilhelm Leibniz)는 토마스식 논증의 아리스토텔레스적 형이상학의 토대들 없이 **우발성**(contingency)으로부터의 우주론적 논증을 발전시키려고 노력하였다. 그는 그의 글 『이성에 근거한 자연과 은혜의 원리들』 (*The principles of Nature and Grace, Based on Reason*)에서 이렇게 말한다.

처음에 던질 올바른 질문은 이것이다: 왜 무가 아니라 유인가?

라이프니츠는 이 질문이 단순히 유한한 것들에만 적용되는 것이 아니라 진실로 보편적인 질문이 된다고 보았다.

"왜 그것이 그래야만 하고 다를 수는 없는가에 대한 충족 이유가 없다면 어떠한 사실도 실재이거나 존재할 수 없고 어떠한 진술도 진실일 수 없다"는 그의 **충족 이유의 원리**(the principle of sufficient reason)에 근거하여 볼 때 그리고 그의 논문인 『단자론』(*The Monadology*)에서 언급했듯이 라이프니츠는 그의 이 질문에는 반드시 해답이 있어야 한다고 했다.

그 논리에 의하면 우주나 심지어 하나님도 절대로 하나의 **맹목적 사실**(brute fact) 즉, 설명될 수 없는 단순한 사실로서 존재할 수 없는 것이다. 왜 그것이 존재하는가에 대한 설명이 있어야 하는 것이다.

그에 의하면 충족 이유는 우주 안에 있는 개별적인 것에서 발견될 수 없고 우주를 구성하는 것들의 집합체 안에서도 발견될 수 없으며, 지금보다 앞선 우주의 모습 속에서도 발견될 수 없고, 심지어는 이러한 것들이 무한하게 역행한다고 해도 발견될 수 없는 것이다. 그러므로 **형이상학적 필연**(metaphysically necessary)으로 그 실존이 요청되는 초우주적인 존재가 있어야만 한다고 주장했다. 따라서 그 초우주적 존재는 있어야만 한다. 그 초우주적 존재는 모든 우연한 것의 존재에 대한 충족 이유이면서 동시에 자신의 존재 자체에 대한 충족 이유인 것이다.

3) 논증에 대한 평가

이제 역순으로 이 논증들에 대한 평가를 해 보자. **라이프니츠식 우주론적 논증**(Leibnizian cosmological argument)의 핵심적 내용은 다음과 같다.

① 모든 존재하는 것은 그 존재 자체의 필연성이나 외부적 원인으로 그 존재를 설명해야 한다.
② 만일 우주가 그 존재에 대해 설명해야 한다면 그 설명은 하나님이다.
③ 우주는 존재한다.
④ 그러므로 우주의 존재에 대한 설명은 하나님이다.

이것이 좋은 논증이라고 생각하는가?

라이프니츠의 이러한 논증에 대한 주된 반론들 중에 하나는 『단자론』에서 언급한 충족 이유의 원리가 분명하게 지켜지지 않았다는 것이다. 어떠한 것들의 우발적 상태들은 절대로 설명될 수 없다. 왜냐하면, 만약 이러한 설명이 우발적인 것이라면, 그것 역시 그 이상의 설명을 필요로 하게 된다.

반면에 만약 그 이상의 설명이 필요하다면, 그것에 의해 설명된 것들의 상태들이 또한, 반드시 필요하게 된다. 어떠한 유일신론자들(theists)은 설명하다가 멈추어진 어떤 지점, 즉 간단히 말해 맹목적인 사실 내지는 그 존재가 설명되지 않는 존재에로 하나의 존재가 반드시 궁극적으로 등장해야만 한다는 것에 동의하면서, 이러한 반론에 반응해왔다.

예를 들면, 리차드 스윈번(Richard Swinburne)은 "왜 무가 아니라 유인가?"라는 질문에 대답을 하면서 우리는 결국, 궁극적으로 어떤 우연한 존재의 맹목적인 존재에로 나아가야 한다고 주장한다. 이러한 존재는 그 자신의 존재를 설명하지는 않는다(그리고 그렇기 때문에 라이프니츠의 질문은 대답 없이 끝났다). 그러나 그 존재는 모든 다른 것의 존재를 설명할 것이다. 그리고 스윈번은 하나님의 존재야말로 맹목적인 절대자 이외의 사물들이 왜 존재하는지에 대한 최고의 설명이라고 주장한다. 왜냐하면, 유일하고 무한하신 하나님의 존재가 변화하며 유한한 우주보다 더 단순하기 때문이다.

그러나 위의 라이프니츠식 논증의 형태는 하나님이 우연한 존재라고 의심하는 반론은 다루지 않고 피한다. 전제 ①은 그것 자체의 성질의 필요성 안에서나 어떤 외부적인 원인 안에서 단순히 어떤 존재하는 사물이 그 존재에 대한 설명을 할 수 있기를 요구한다. 이러한 전제는 세상에 관한 맹목적인 사실들이 존재한다는 것과 양립한다. 이것은 세상에 존재하는 것들(특성을 드러내어 실체화한 것들)은 설명없이 존재할 수 없다는 것이다. 이 원칙은 적어도 그 반대의 경우보다는 훨씬 더 타당해 보인다. 이것은 곧 성공적인 논증을 위해 필요한 모든 것이다.

이러한 분석 위에, 두 가지 종류의 존재가 있게 된다.

하나는 그들의 존재에 대한 외부적 원인이 없이 그들 자신의 성격에 의해 존재하는 **필연적인 존재들**(necessary beings)이고,
또 하나는 그들 자신의 외부에 있는 원인이 되는 요소들에 의해 존재하는 **우발적인 존재들**(contingent beings)이다.

전제 ②는 실제로는 라이프니츠에 대한 전형적인 무신론의 반대입장이다. 무신론적 세계관 위에서 볼 때, 우주는 맹목적인 우연한 존재로서 존재한다. 무신론자들은 하나님은 없으며 존재하는 모든 것에 대한 설명이라는 것은 잘못 되었고, 우주는 설명할 수 없이 그저 존재할 뿐이라고 주장한다. 이렇게 말할 때, 무신론자는 만일 우주에 설명이 있다면, 그 설명의 근거로서 하나님이 존재한다고 인식한다는 것을 암시한다. 전제 ③이 언급하는 것처럼, 우주는 분명히 존재하는 사물이기 때문에 (그것의 밀도가 아주 극단적일 때 즉, 그것의 매우 초기 단계에서는 특별히 분명하다), 우주는 하나님이 존재한다는 것을 이끌어 낸다.

그러나 무신론자들은 그렇게 말하지 않는다. 우주의 존재는 설명될 수 있다는 점에서 열려 있지만 그 설명은 외부에 있지 않고 우주 자체에 있다고 반박한다. 다시 말해 ②는 거짓이다. 우주는 형이상학적으로 필연적인 존재이다. 이것은 "왜 물질적인 우주는 필연적으로 존재하는 존재가 되지 않는가?"라는 질문을 던졌던 데이비드 흄의 제안이었다. 더욱이 그는 "영원으로부터 존재했다는 것은 존재의 시작과 시간에 앞선다는 것인데, 어떻게 원인을 가질 수 있겠는가?"라는 질문도 던졌다(『자연 종교에 관한 대화들』<Dialogues Concerning Natural Religion>).

다음은 무신론자에게는 하나의 극단적으로 대담한 제안이다. 우리가 생각하기에, 우리가 안전하게 말할 수 있다고 보는 것은 우리가 우주의 우발성에 대한 강한 직관을 가지고 있다는 것이다. 어떠한 구체적인 대상들이 존재하지 않는 하나의 가능 세계는 확실히 있을 법하다.

우리는 일반적으로 다른 일들에 대해서는 우리의 양식적 직관들을 신뢰한다. 만일 무신론자들이 우주의 우연성에 대한 반론을 포기하게 만들려면, 단순히 유신론을 피하려들지 말고 회의하는 이들을 위한 이성적 대안들을 내어놓아야 한다. 그러나 그들은 그렇게 하지 않았다.

그런데 우리의 양식적 직관들만 의지하기 보다는 우주의 우발성에 대한 더 우월한 논증을 제시하는 것이 바람직하다고 여겨진다.

여기에서 아퀴나스의 우주론적 논증이 우리에게 도움이 될 수 있을까?

만일 그렇다고 한다면 우주는 그 존재의 지속을 위해 필연적인 존재를 자연스럽게 의존하는 우발적 존재인 것이다. 그러나 토마스식 논증에 호소하는 데 있어서 어려운 점은 토마스식의 논증 가운데 등장하는 독특한 의미를 지니는 사물의 우발성을 증명해 내기가 쉽지 않다는 것이다. 분자들과 근본적인 힘들과 온도, 압력, 엔트로피 수준 등을 포함하는 무수한 요소들에 의존하여 존재를 지속시킨다는 점에서 사물들은 분명히 자연적으로 유우적이다.

그러나 이 자연적 우연성이 그들이 사라지지 않도록 끊임없이 스스로에게 본질을 부여해야 하는 존재라는 형이상학적 의미의 우연성이라고 하기에는 부족하다. 더욱이 만일 토마스의 논증이 궁극적으로 하나의 절대적으로 단순한 존재 즉, 그 본질이 '실존'인 존재로 나아간다고 전제할 때, 또 이러한 절대적으로 단순한 존재가 비지성적이라고 판명된다면, 존재들은 형이상학적으로 본질과 존재로 구성된다는 서술을 부인하는 데 이르게 될 것이다(유신론의 통일성 II를 보라).

그렇다면 칼람 우주론적 논증은 어떠한가?

형이상학적으로 필연적이고 궁극적인 존재의 본질적인 속성은 시작도 끝도 없는 영원한 것이다. 만일 우주가 영원하지 않다면, 흄이 제시한 대로 그것은 형이상학적으로 필연적인 존재가 될 수 없다. 그러나 칼람 우주론적 논증의 정확한 목적은 우주가 영원하지 않고 시작을 가진다는 것을 보여 주는 데 있다. 이 말은 곧 우주는 그 존재에 있어서 반드시 우발성을 가져야 한다는 것을 의미한다.

그 뿐만 아니라, 칼람 논증은 우주가 아주 특별한 방법으로 우발성을 가져야 함을 보여 준다. 그것은 무로부터 나온 존재라는 것이다. 우주의 존재는 맹목적 사실이라고 주장함으로써 라이프니츠에게 대답하는 무신론자는 단순히 우주가 설명 없이 영원하게 존재한다는 것뿐만 아니라 어떠한 이유도 없이 마술을 부리는 것처럼 무에서 유로 갑자기 튀어나왔다는 것을 견지하는 우스꽝스러운 위치에 서게 되는 것이다. 이것은 유신론이 그 좋은 대안이 되는 것처럼 보이게 한다. 그래서 칼람 논증은 초월적인 창조주에 대한 독립적인 논증을 구성할 뿐만 아니라 라이프니츠식 논증의 중요한 보충자료가 되는 것이다. 칼람 우주론적 논증은 다음과 같이 구성될 것이다.

① 모든 존재하기 시작한 것은 원인을 가진다.
② 우주는 존재하기 시작했다.
③ 그러므로 우주는 원인을 가진다.

무엇이 우주의 원인이 되어야 하는지에 대한 개념적인 분석은 신학적으로 그 존재와 속성을 밝히는 목적에 도움이 된다.

전제 ①은 분명히 사실로 보여 진다. 적어도 그것의 부정보다도 더 그렇다. 이것은 어떠한 것도 무에서 유가 나올 수 없다고 보는 형이상학적 직관 안에 근거하고 있다. 더욱이 이 전제는 우리의 경험 안에서 지속적으로 입증되고 있다. 그런데도 많은 무신론자는 그 논증의 결론을 피하기 위해 그 첫 번째 전제를 부인하고 있는 것이다.

때때로 **양자물리학**(quantum physics)이 전제 ①에 대한 예외를 제공하는데, 원자보다 작은 아원자 단계에서 [이른바 **코펜하겐 해석** <Copenhagen interpretation>에 의하면] 일어나는 사건들은 원인이 없다고 말해야 하기 때문이다. 이와 같은 방식으로 우주의 기원들에 대한 어떤 이론들은 전 우주는 원자보다 작은 아원자 단계의 진공에서 생겨났다고 주장한다. 그래서 우주는 이른바 공짜 점심(free lunch)이라고 불려지는 것이다.

그러나 이러한 반론은 오해에서 비롯된 것이다.

첫째, 모든 과학자가 아원자 단계의 사건을 원인이 없다고 생각하는 것은 아니다. 오늘날 대다수의 물리학자는 아원자 물리학의 코펜하겐 해석을 꽤 불편하게 생각하며 데이비드 봄(David Bohm)의 이론 같은 결정주의적 이론들을 탐구하고 있다. 그래서 아원자 물리학은 전제 ①에 대한 예외적 증명이 아니다.

둘째, 심지어 전통적이고 비결정주의적 해석에서 볼 때, 입자는 무로부터 존재하는 것이 아니다. 입자는 아원자적 그 기원을 비결정주의적 원인으로 보는 진공(vacuum) 상태에 있는 자생적 에너지의 파동으로부터 발생한다.

셋째, 최초의 진공으로부터 우주의 기원을 찾는 이론들에 관해서도 같은 요점들이 생기게 된다. '무로부터의 무엇'을 얻을 수 있다는 이론들을 권유하는 대중적인 잡지의 기사들은 그 진공이 없음이 아니라 물리적 법칙에 따르면서 튼튼한 구조를 가진 파동 에너지의 바다라고 이해한다. 따라서 양자 물리학이 사물이 원인 없이 존재할 수 있다거나 우주의 존재에는 원인이 없다는 것을 증명한다고 주장하는 것에는 근거가 없다.

다른 비평가들은 전제 ①은 우주 안에 있는 사물들에 대해서는 사실이지만, 우주 자체에 관해서는 사실이 아니라고 말한다. 그러나 이 논증의 옹호자들은 그 반론은 이 전제의 성질을 오해하였다고 답변할 것이다. 전제 ①은 단순히 우주 안에 있는 사물들에 타당한 중력의 법칙이나 열역학 법칙들과 같은 물리적 법칙만을 언급하지 않는다. 전제 ①은 물리적 원칙이 아니다. 오히려 전제 ①은 형이상학적 원칙이다. 존재는 비존재로부터 나올 수 없고 어떠한 것도 이유없이 무로부터 존재할 수 없다. 그래서 그 원리는 모든 실재하는 것에 적용된다. 따라서 형이상학적으로 볼 때 우주가 무로부터 아무 이유없이 '펑' 하고 나타났다고 하는 것은 어리석은 것이다. 전제 ①의 반론에 대한 이러한 답변은 상당히 합당하게 여겨진다. 왜냐하면, 무신론자의 관점에서 볼 때, 무는 빅뱅보다 앞서기 때문에 빅뱅 이전에는 우주가 존재할 수 있었다는 가능성 조차도 없는 것이다.

그러나 만일 그 존재의 가능태도 없었다고 한다면 어떻게 우주가 현실태가 되었는가?

그러므로 우주의 가능태는 창조하시는 하나님의 권능 안에 있다고 말하는 것이 더 설득력이 있다.

최근에 칼람 우주론적 논증을 비평하는 비평가들은 우주가 존재하게 되었을 때를 가리켜 '현실화되었다' 라든지 '만들어졌다' 와 같은 시간적 사실을 부정한다. 그들은 그들의 비평의 중심에 칼람 논증의 근저에 흐르는 시간 이론이 있었다. 모든 시간의 순간들은 동등하게 존재한다고 보는 정적인 시간 이론 또는 이른바 **시간의 B이론**(B-theory of time)에서 볼 때, 우주는 빅뱅에서 비로소 실현되었거나 존재하게 되었던 것이 아니다.

이 이론에 따르면 우주는 앞선 차원들보다 제한적이긴 하지만, 더 많은 방향을 가지는 4차원적 시공에서 시간과 상관없이 존재하고 있었다. 만일 시간에 차이가 없다면, 우주는 결코 존재하기 시작했다고 할 수 없고, 우주 존재의 시작의 원인을 찾는 것도 오해라고 말하는 비평가들이 옳은 것이다.

라이프니츠의 질문인 "왜 무가 아니라(시간의 차이 없이) 유인가?"가 계속해서 올바르게 질문되어야 함에도 불구하고 우주의 존재의 시작의 원인을 찾아야 하는 이유가 없는 것이다. 시간에는 차이가 없다는 시간 이론에 따르면 우주가 어떤 첫 사건의 힘으로 존재하기 시작한 것이 아니라는 것인데, 이는 1미터의 자가 1센티미터의 첫 눈금으로부터 출발해서 존재하는 것이 아니라는 말과 같다. 그러나 우리는 존재하기 시작한 사물들은 원인이 있어야 한다는 것을 확언하면서, 0에 가깝기는 하지만 무가 아닌 제한된 순간에는 반드시 x라는 실제와 t라는 시간이 있어야 한다고 주장한다.

A. 만약 x라는 실재가 t의 시간에서 생겨난다면, x라는 실재는 t라는 시간 영역에서 존재하기 시작한다.
B. **첫째**, 만약 x가 t에서 존재하고 있으며, 현실 세계에서 x가 영원히 존재하는 상태가 아니라면 x는 t에서 시작한다.
둘째, 만약 t라는 시간이 x가 존재한 처음 그때이거나, 다른 시간대 t´와 구별되어 x가 존재하지 않던 시기를 지나 x가 존재하게 된 시간대를 포함한다고 한다면 x는 t에서 시작한다고 볼 수 있다.
셋째, t에서 x가 존재한다는 것이 시간적 실재라면, x는 t에서 시작한다고 볼 수 있다.

(B)에 기록된 주요 문장은 '셋째'이다. 역동적 시간 이론 혹은 **시간의 A이론** (A-theory of time)의 시간적 변화는 실제라는 전제에 따라, 칼람 우주론적 논증의 옹호자는 시간의 가장 처음 순간부터 우주가 존재하고 있다는 것은 우주의 발생 순간을 나타낸다는 것이라는 생각을 정당하게 가정할 수 있다. 그래서 칼람 우주론적 논증의 옹호자와 전제 ①에 대한 비평가들 사이의 실제 쟁점은 과거, 현재, 미래라는 시제의 객관적 타당성과 시간에 따른 변화이다. "우주는 존재하기 시작했다"라는 전제 ②는 연역적 철학과 귀납적 과학 논증들에 의해 지지되어 왔다. 이러한 전제에 대한 4가지 논증이 있는데 그 중에 첫 번째는 현실적 무한의 존재는 불가능하다는 것에 근거한 논증이다.

그것은 다음과 같이 구성된다.

(a) 현실적 무한은 존재할 수 없다.
(b) 물리적 사건의 무한한 시간적 소급이 현실적 무한이다.
(c) 그러므로 물리적 사건의 무한한 시간적 소급은 존재할 수 없다.

현실적 무한(actual infinite)은 시간 t에서 자연수(1, 2, 3 …) 전체보다 큰 집합이다. 이는 **가능적 무한**(potential infinite)과는 다르다. 가능적 무한은 시간 t에서 자연수와 같지만, 무한을 향해 끝없이 점점 증가한다. 그러나 시간의 한계에 닫힌 집합이다. 존재라는 것은 정신을 넘어 보이는 존재 혹은 물리적으로 혹은 실제 세계에 구체적으로 등장한다는 의미이다.

물리적 사건이란, 이 논증의 옹호자에게 있어서는 시공의 우주 안에서 어떠한 변화이건 시간을 소비하기 때문에 모든 사건이 동시적일 수 없다. 실제 세계에서는 변화 없는 사건이 없기에 무한한 시간이 걸리는 사건도 없다. 그러므로 모든 사건은 유한하고 일정한 시간을 가져야 한다. 만약 모든 사건이 동일한 시간대에 일어난 과거 사건들의 시간적 역행으로 구성되기 위해서는 누군가 출발점으로 현재 기준 사건을 취하면서, 우리의 기준으로 어떤 사건들을 임의로 규정해야 하며, 우리는 그보다 앞선 관계에 따라 배열된 그러한 기준 사건들의 어떠한 연속을 고찰해야 한다.

이러한 사건들의 연속은 실제로 무한한 사건들인지 아닌지에 대해 질문할 수 있다. 만약 아니라고 한다면 우주가 과거의 물리적 사건들로부터 떨어져 있지 않으므로 우주는 처음 기준 되는 사건, 즉 시작을 가진다. 따라서 시간의 흐름에 시작이 있었는지는 중요하지 않다. 요점은 과거에 발생한 사건, 즉 동시적인 기간을 가진 과거의 사건들이 아니라 절대적으로 기준이 되는 사건들에서 출발하여 각각의 유한한 시간적 간격을 가지는 사건이 있느냐이다. 따라서 과거의 사건이 영원이 아닌 시간에서 발생했는지, 즉 등간격이 아닌 유한한 시간적 간격을 두는 절대적 처음을 가지는지라는 질문이 일어난다.

그리고 (a)는 현실적 무한은 실제 시공간적인 세계 안에서 존재할 수 없다는 것을 주장한다. 일부는 게오르크 칸토어(Georg Cantor)의 현실적 무한에 관한 연구와 집합론의 지속적인 발전이 이러한 종류의 논증을 무효화시켰다고 하지만,

이는 칸토어의 체계와 현대 집합론의 성격을 오해하고 있는 것이다. 왜냐하면, 칸토어의 체계와 집합론은 양쪽의 개별 주장 둘 다 반대하고 있지 않기 때문이다. 그 이유는 이렇다.

칸토어의 체계와 **집합론**(set theory)은 단순히 대화의 세계이자 어떠한 채택된 공리나 약속에 근거한 수학적인 체계이다. 현실적 무한이 담론의 세계에서 상정된 것으로 지속될 수 있는 개념일지 몰라도, 시공의 실제 세계에서는 불가능한데, 왜냐하면, 그러한 세계는 직관에 어긋나는 불합리함을 수반하기 때문이다. 이것은 현실적 무한이 현실 세계로 오게 될 때 생기게 될 결과들이 얼마나 말도 안되는지 제시함으로써 증명할 수 있다.

유명한 실례인, **힐버트의 호텔**(Hilbert's Hotel)을 이야기해 보자. 힐버트 호텔은 위대한 독일 수학자인 데이비드 힐버트(David Hilbert)의 생각의 산물이다. 먼저 제한된 수의 방이 있는 호텔을 상상해 보자. 다음으로 모든 방이 꽉 찼다고 가정하자. 새로운 손님이 들어와 방을 하나 달라고 요구할 때, 지배인이 "죄송합니다. 모든 방이 찼습니다"라고 사과를 한다. 이것이 이야기의 끝이다.

자, 이제 무한한 방을 가진 호텔을 상상해 보자. 그리고 다시 한 번 모든 방이 꽉 찼다고 가정하자. 그 무한한 호텔에 통틀어 하나의 빈방도 없다. 이제 새로운 손님이 들어와 방을 달라고 요구한다. 지배인은 "그런데 가능합니다"라고 말하면서 즉시 1호실에 있던 손님을 2호실로, 2호실에 있는 손님을 3호실로, 3호실에 있던 손님을 4호실로 순차적으로 무한대까지 옮겨 나아갈 것이다. 이러한 방의 이동의 결과로서 1호실은 빈방이 된다. 그리고 그 새로운 손님은 감사하게도 호텔에 투숙하게 된다. 그런데 기억할 것은 그 새로운 손님이 도착하기 전에는 모든 방이 꽉 찼었다는 사실이다! 또한, 의문이 가는 것은 수학자들에 의하면 지금 호텔에 전보다 더 많은 사람이 있는 것은 아니라는 주장이다.

그 수는 그냥 무한이라는 것이다. 그러나 어떻게 이렇게 될 수 있는 것인가? 그 지배인은 그저 그 새로운 손님의 이름을 등록부에 더하고 그에게 열쇠를 주었다. 어떻게 호텔에 전보다 한 사람이 더 많다고 말할 수 없는가?

그러나 그 상황은 점점 더 이상해진다. 새로운 손님이 무한히 계속 들어와서 방을 달라고 요구한다고 가정해 보자. 그 지배인이 "가능합니다, 가능합니다!"라고 말하면서 1호실의 손님을 2호실로, 2호실에 있는 손님을 4호실로, 3호실에 있는 손님을 6호실로 무한대까지 보냈다. 먼저 쓰던 방 번호의 배수에 해당하는 번호로 이동하게 시켰다. 2의 배수인 어떠한 자연수는 항상 하나의 짝수가 되기 때문에 모든 손님들은 짝수번호의 방에 들어가게 되는 것이다. 결과적으로 모든 홀수의 방은 빈방이 되게 되고, 무한한 새로운 손님은 쉽게 숙박하게 되는 것이다. 그런데 이미 얘기했다시피 그 새로운 손님들이 오기 전에 모든 방은 꽉 찼었다.

다시 말해 아주 이상한 것은 옛 손님들의 수만큼이나 많은 새로운 손님이 있음에도 불구하고 그리고 무한한 수의 새로운 손님이 투숙을 하게 되었는데도 호텔에 있는 손님들의 수가 전과 같다는 것이다. 사실 그 지배인은 이러한 과정을 무한하게 많이 반복할 수 있지만 호텔에는 전보다 한 명의 숫자도 늘어나지 않을 것이다.

힐버트의 호텔은 그 독일 수학자가 예상한 것보다 더 이상하다. 손님들 중에 얼마가 퇴숙하기 시작한다고 가정해 보자. 1호실에 있던 손님이 떠났다고 가정해 보자.

이제 호텔에 한 명이 적어진 것이 아닌가?

그 수학자들에 의하면 그렇지 않다!

1, 3, 5 … 호실의 손님들이 퇴숙한다고 가정해 보자. 이 경우에 무한한 수의 사람들이 호텔을 떠났다. 그런데도 그 수학자들에 의하면 호텔에 있는 사람의 숫자는 적어지지 않았다는 것이다. 사실상 우리는 호텔 안의 모든 손님을 퇴숙시키고 나서 이러한 과정을 무한대로 반복할 수 있다.

그런데도 호텔 안의 손님의 수는 결코 줄어들지 않을 것이다. 이제는 그 지배인은 호텔의 절반이 빈방이 되는 것을 원하지 않는다고 가정해 보자(그렇게 하는 것은 경영실패로 보이기 때문에). 그것은 일도 아니다. 뒤바뀐 순서로 전처럼 손님들을 이리저리 옮기는 방식을 따라 절반이나 빈방이 있는 호텔에서 모든 객실이 꽉 찬 호텔로 변모시킨다. 이 같은 이동 방식으로 지배인이 그 이상한 호텔을 항상 객실이 꽉 찬 호텔로 유지할 수 있었다는 것을 알게 될 것이다.

그러나 그것은 틀린 생각이다. 4, 5, 6 … 호실의 손님이 퇴숙했다고 가정하면 그것을 알게 된다. 단번에, 그 호텔은 실제로 텅 비게 된다. 손님등록부에 세 명의 이름이 줄어들게 될 것이다. 그리고 그 무한은 유한으로 바뀌게 될 것이다. 그런데 1, 3, 5 … 호실의 손님이 퇴숙할 때와 같은 수의 손님이 4, 5, 6 … 호실에서 퇴숙하는 것이라고 보는 것은 사실이 될 것이다.

이러한 호텔이 실재로 존재한다고 하면 믿을 수 있겠는가?

힐버트의 호텔은 확실히 비합리적으로 보인다. 참으로 성공적인 논증이라면 힐버트의 호텔에 의존할 것이 없기에, 일반적인 경우 실제로 무한한 수의 사물들은 시공간에 존재할 수 없다는 것을 밝힐 것이다. 학생들은 때때로 이러한 힐버트의 호텔과 같은 이야기들에 반응을 보인다. 그러면서 우리에게 무한이라는 것의 성질을 참으로 이해하지는 못한다고 이야기하고, 그러기 때문에 이러한 불합리함이 발생하는 것이라고 한다.

그러나 이러한 태도는 잘못된 것이다. 무한 집합론은 많이 발전되었고, 수학에서 잘 이해되는 분야이다. 우리를 무한이라는 개념을 모르는 어리석은 사람으로 보는 이들이 있는 이유는 우리가 현실적인 무한 집합에 대해 말하고 있기 때문임을 그들이 알아차리지 못해서이다. 때때로 우리는 실제로 사물의 무한 수는 존재할 수 없다는 주장에 대한 반증들을 발견할 수 있기 때문에 (a)는 거짓임에 틀림없다는 소리를 듣는다.

예를 들면, 모든 유한한 거리는 1/2, 1/4, 1/8, … 로 그리고 무한대까지 나누어지지 않는가?

그 거리는 어떠한 제한된 거리 안에 실재적인 무한 수의 부분들이 존재하는 것을 증명하지 않는가?

(a)의 옹호자는 이러한 반론은 현실적 무한과 가능적 무한을 혼돈하는 것이라고 대답할 것이다. 그 옹호자는 지적하기를, 어떠한 거리를 원하는 만큼 계속해서 나눌 수 있다고 한다면 이러한 일련의 과정은 단순히 가능적 무한인데, 그 과정은 그 무한대 안에서 끊임없이 다가가지만 결코 도달할 수 없는 한계에 직면한다. 만약 당신이 어떤 거리가 현실적 무한의 부분들로 구성된 것이라고 가정한다면 수많은 질문이 생겨 날 것이다. 이는 무한수의 사물들은 존재할 수 없다고 주장하는 반론이 있다는 것을 당신이 예측하고 있다는 것이다.

다시 말해 (a) 논증에서의 어떠한 것도 칸토어가 현대 수학에 남긴 이론적인 체계를 뒤흔들려는 시도로서 구성될 필요가 없다는 것을 반복하는 것은 중요한 의미를 갖는다. 참으로 초한수학(transfinite mathematics)의 체계에 대한 가장 열렬한 지지자 중에 얼마는 이러한 이론들이 실재의 세계와는 아무런 관계도 가지고 있지 않다는 것에 동의할 준비가 충분히 되어있는 것이다. 그래서 칸토어의 위대함을 열광적으로 칭송했던 힐버트였지만, 칸토어식 이상향은 그에 의해 고안된 이상적인 세계 안에서만 존재하며 단지 실재 안에서는 어느 곳에서도 발견되지 않는다고 주장한 것이다. 그 현실적 무한의 존재에 반대하는 경우는 개념적 수학 체계 안에 있는 무한에 대한 생각을 사용하는 것에 관해 아무것도 언급할 필요가 없는 것이다.

(b)는 사건들의 무한한 시간적인 역행은 현실적 무한이다라는 것이다(b)는 만일 시간 속에서 변화의 연속이나 일련의 과정이 무한하다고 한다면 그 사건들은 집합적으로 구성된 현실적 무한이라고 할 수 있다는 것이다. 만일 과거로 무한히 소급되는 사건들로 구성된 연속이 있어 왔다면 현실적 무한이 발생되었다고 할 수 있다. 그러나 만약 과거의 연속되는 사건들이 현실적 무한이라면 현실적 무한이 실제로 나타날 때 생길지도 모를 불합리함도 나타나야 한다.

요약하면 만약 현실적 무한이 실제로 존재할 수 없고 시공간 세계와 사건의 무한한 소급이 그러한 현실적 무한이라면, 우리는 다음과 같이 결론을 내릴 수 있다. 사건의 무한 소급은 불가능하다. 모든 물리적 사건은 시작을 가진다. 사실 이것은 칼람 우주론적 논증의 삼단 논법의 두번째 전제와 동일하다.

앞으로 계속해서 생각하게 될 무한 과거의 가능성에 반하는 두 번째 논증은 '연속적인 더함을 통한 현실적 무한을 형성하는 것의 불가능성'에 근거한 논증이 된다. 그 논증은 다음과 같이 구성된다.

(a′) 물리적 사건들의 시간적 일련의 과정은 연속적인 더함을 통해 형성된 하나의 집합체이다.
(b′) 연속적인 더함을 통해 형성된 하나의 집합체는 현실적 무한이 될 수 없다.
(c′) 그러므로 물리적 사건들의 시간의 연속이 현실적 무한이 될 수 없다.

여기서 말하고자 하는 것은 현실적 무한의 존재의 불가능성이 아니다. 단지 현실적 무한이 존재한다 해도 시간의 흐름에 따르는 사건의 연속들이 현실적 무한이 될 수 없다는 것이다. 현실적 무한은 시간의 흐름에 따르는 사건의 연속을 계속해서 더한다고 해서 형성되는 것이 아니다.

(a′)는 다시 한 번 시간의 A이론을 전제한다. 이 이론에 의하면 이전에 발생한 '모든 사건'이란 집합의 원소들은 시간 개념없이 동시에 일어난 것이 아니다. 오히려 그것은 연속적이거나 연쇄적으로 시간 속에서 실제 발생하는 것의 집합인 것이다. 즉, 하나의 사건은 이전 사건의 꼬리를 물고 발생하는 것이다. 시간적 변화가 물리적 세계 안에서 하나의 객관적 특성을 가지기 때문에 과거의 사건들의 일련의 과정은 시간에 구애받지 않고 나아가는 연속체도 아니고 실제로

각 사건들 모두가 동일한 것도 아니다. 오히려 그 일련의 과정에 속한 구성 요소들은 존재하게 되었다가 앞선 사건의 뒤를 이어 지나가는 것이다.

(b′)는 연속적인 추가로 이루어진 집합체는 현실적 무한이 될 수 없다고 주장한다. 때때로 이러한 주장은 **무한을 횡단하는 것**(traversing the infinite)의 불가능성으로 설명된다. 오늘에 '도달'하기 위해서는 이른바 시간적인 존재는 하나의 무한 수의 선재한 사건들을 횡단하였다. 그러나 현재의 사건이 도달하기 이전에 바로 그 사건 직전의 사건은 도달해야 한다. 그리고 그 사건이 도달할 수 있기 이전에 그 사건 직전의 사건은 도달했어야 했다. 그리고 계속해서 이 과정이 무한대로 이어진다. 이렇게 되면 어떠한 사건도 도달한 것이 없다. 왜냐하면, 그 사건이 경과할 수 있기 전에 항상 또 하나의 먼저 발생해야만 하는 사건이 발생할 것이기 때문이다. 그래서 만일 과거 연속되는 사건들이 시작이 없다면, 불합리하게도 현재의 사건은 도달하지 못하게 되는 것이다.

이 논증은 버트런드 러셀(Betrand Russell)의 트리스트럼 샌디(Tristram Shandy)에 대한 설명에 영향을 미쳤다. 샌디는 스턴(Sterne)의 소설에 등장하는 인물로 그의 자서전을 매우 느리게 기록하여 나갔는데 너무 느리다보니 하루의 사건들을 기록하느라 일년이 걸렸다고 한다. 그의 인생이 제한되어 있었다면 그는 결코 그의 자서전을 끝내지 못했을 거라고 버트런드 러셀은 주장했다. 그런데 그의 인생이 불멸적인 존재였다고 한다면 그는 그의 온전한 자서전을 완성할 수 있었을 것이다. 왜냐하면, 무한한 인생에게는 하루나 일년이나 동일하게 무한하기 때문이다.

그러나 러셀의 주장은 시간의 A이론에서 볼 때는 지지를 받을 수 없다. 왜냐하면, 미래는 그 본질로 생각할 때 가능적 무한일 수밖에 없기 때문이다. 샌디가 영원토록 기록을 한다고 해도, 그는 점점 더 멀리 있는 일들을 쌓을 뿐이고, 그래서 오히려 그의 자서전을 끝내기 보다는 그는 무한하게 멀어지는 자신의 상태를 잡기 위해 계속 나아갈 것이다. 그러나 그는 결국, 그 상태에는 도달할 수 없을 것이다. 왜냐하면, 그의 해와 날들이 무한히 증가해도 숫자상으로는 유한하기 때문이다.

이제 이야기를 조금 다르게 진행해 보자. 샌디가 영원 전부터 하루일을 일년으로 하는 식으로 해서 자서전을 기록하여 왔다고 하자.

샌디가 지금도 무한적으로 뒤에 있는 일들을 기록해야 할까?

만일 샌디가 무한한 햇수를 살아왔다고 한다면 그는 무한한 과거의 날들을 기록했을 것이다. 만약 그의 자서전이 철저하게 기록되었다면, 그 날들은 연속적으로 기록된 날들이다. 그러므로 샌디는 현재 혹은 과거에서 보아도 무한한 연속의 날들을 시작없이 기록한 것이 된다 여기에서 발생하는 피할 수 없는 질문은 "이 날들의 위치를 어떻게 보아야 하는가?" "샌디에 의해 기록된 사건의 시간적 위치가 어디인가?"이다. 그 대답은 현재로부터 무한하게 먼 날들이라는 것이다. 왜냐하면, 가장 최근의 기록에서 유한하게 먼 기록이란 없기 때문이다.

만일 샌디가 일년 동안 기록하였다고 한다면 그가 기록할 수 있는 가장 최근일은 일년 전이다. 그런데 만일 그가 이년 동안 기록하였다고 한다면 그는 같은 날을 기록할 수 없는 것이다. 왜냐하면, 그의 의도가 그의 삶을 연속적으로 기록하는 것이기 때문에 그가 기록할 수 있었던 가장 최근일은 적어도 이년 전에서 하루 지난 날이 될 것이다. 하루를 기록하기 위해 일년을 사용한다고 하였기 때문에 이틀을 기록하기 위해 그는 반드시 2년이 필요한 것이다.

비슷한 예로, 만일 3년을 기록하여왔다면, 기록된 가장 최근 일은 3년 이전 것에 이틀을 더한 것이 될 것이다. 사실상 이 공식에 의하면 기록 가능한 가장 최근의 날의 과거로의 역행은 생각해 볼 수 있는 것이다. 그 공식은 (현재 $-$ n년의 기록) + (n$-$1)날이 된다. 다시 말하자면 그가 기록한 날이 길면 길수록, 그는 더 멀어지게 되는 것이다.

그러나 만일 샌디가 무한수의 해 동안에 기록을 하고 있는 것이라고 가정한다면 어떻게 될 것인가?

그의 자서전 기록 첫 날은 무한대 즉, 현재로부터 무한히 떨어진 한 날로 후퇴할 것이다. 현재로부터 유한한 거리에 있는 과거의 어디서도 그의 기록한 날은 발견할 수 없을 것이다. 왜냐하면, 샌디의 뒤에는 무한한 날이 오기 때문이다. 샌디가 기록한 무한한 과거의 일은 현재로부터 무한한 거리에서 시작점 없는 연속적인 사건들이 된다. 그러므로 샌디의 이야기에서 생각하게 되는 것은 무한한 일련의 과거사건들은 불합리하다는 것이다. 왜냐하면, 무한한 거리에 있는 사건은 시간을 가로질러 현재에 도달할 수 있는 거리가 아니며, 한 때 존재했던 사건이 무한한 시간적 거리로 후퇴하는 것은 불가능하기 때문이다.

그런데 이제 더 깊은 불합리함이 보여 지게 된다. 만일 일련의 과거 사건들이 현실적 무한이라고 한다면 왜 샌디는 그의 자서전을 어제 또는 그 날 전에 끝내지 않았냐하는 질문이 생기게 될 것이다. 왜냐하면, 그 때까지 무한한 일련의 순간들은 이미 지나갔기 때문이다. 무한한 시간에 그가 책 집필을 완성했다고 한다면 무한한 과거의 어떠한 시점에서 그는 이미 집필을 끝냈어야 하는 것이다.

얼마나 긴 시간을 지나 일련의 과거의 사건들로 역행하여 나가든지 간에, 샌디는 이미 그의 자서전을 끝냈을 것이다. 그러므로 무한한 일련의 과거 사건들 속의 어떠한 시점에 있다고 해도 그는 그의 집필을 완성할 수 있었던 것이다.

우리는 샌디의 어깨 너머로 그가 그 마지막 장을 쓰고 있는지를 결코 볼 수는 없을 것이다. 어떠한 시점에서 현실적으로 무한한 연속의 사건들은 발생하였고 그 책은 이미 완성이 되었던 것이다. 그래서 불합리하게도, 영원 안에서의 어떠한 시간에서도 샌디가 집필하고 있는 것을 볼 수 없을 것이다. 왜냐하면, 그는 영원부터 집필을 하고 있을 것이라는 가정이 있기 때문이다. 그리고 또 하나의 불합리한 것은 어떠한 시점에서도 그는 그 책을 끝내지 않을 것이란 사실이다. 왜냐하면, 책이 완성되기 위해 그는 반드시 어느 한 시점에서 그 책을 끝내야 하기 때문이다. 샌디의 이야기가 말하고자 하는 바는 현실적으로 무한한 시간적 역행은 불합리하다는 것이다.

가끔, 비평가들은 이 논증을 **제논의 운동역설**(Zeno's paradoxes of motion)과 같은 교묘한 속임수라고 지적한다. 제논은 아킬레스가 운동장을 가로지를 수 있기 전에 먼저 운동장의 반을 가로질러야만 한다고 주장했다. 그는 계속해서 그런데 그가 반을 가로지르기 전에 먼저 4분의 1을 가로질러야만 한다고 주장했고, 4분의 1을 가로지르기 전에 먼저 8분의 1을 가로질러야만 한다고 주장했다. 그리고 이 과정을 무한대까지 반복한다.

아킬레스가 심지어는 움직이지 못했음이 분명하다. 그래서 제논의 결론은 운동은 불가능하다는 것이다. 제논의 논증을 반박하기는 매우 어렵지만, 누구도 운동이 불가능하다고 믿지는 않을 것이다. 아킬레스가 그 운동장을 가로지르기 위해서는 반드시 무한수의 중간 지점들을 통과해야 한다고 해도, 그가 그렇게 할 수 있는 길은 있는 것이다! 무한 과거를 횡단하는 것이 불가능하다고 하는 것에 반대하는 논증은 결국, 제논의 역설과 같은 오류를 범하게 되는 것이라고 어떤 비평가들은 주장한다.

그러나 제논의 역설에 대한 반론은 무한 과거에 속한 분명히 다른 두 가지 중요한 점을 놓치게 된다. 제논의 사고 실험들(thought experiments)에서 볼 때, 그 횡단하는 간격을 시험하는 것은 잠재적이며 현실과 동등한 것은 아니며, 무한 과거의 경우는 그 간격은 현실적인 것이다. 아킬레스가 운동장을 가로지르기 위해서는 반드시 무한 수의 중간 지점들을 통과해야만 한다는 주장은 질문을 자아낸다. 왜냐하면, 그 주장은 이미 가정하기를, 전체 간격은 무한 수의 지점들로 구성되어 있다고 한다.

그런데 아리스토텔레스처럼 제논를 반대하는 사람들은 우리가 그 주장 속에서 만들게 될 어떤 부분들 이전에 개념적으로 존재해야만 하는 것에 전적으로 동의한다. 더욱이 불균등하게 되는 제논의 간격들의 합계는 그저 유한한 거리가 된다. 반면에 무한 과거 안에 있는 간격들의 합계는 무한한 거리가 된다. 그래서 그의 사고 실험들은 우리의 현재 위치에 도달하기 위해 무한 수의 동등하면서 실재적인 간격들을 횡단하는 일과는 결정적으로 다른 것이다.

이러한 유의 논증은 과거의 무한한 거리의 출발점을 불합리하게 가정하고 그 시점에서 오늘까지 이동은 불가능하다는 것을 선언한다. 그러나 만일 그 과거가 무한하다면, 출발점은 있을 수 없고 심지어 무한하게 멀리 있는 어떤 것 조차도 있을 수 없다. 그런데도 과거의 어떠한 주어진 시점에서 현재로 오기 위한 단지 하나의 유한한 그리고 쉽게 횡단되는 거리가 있다. 그런데 사실상 우리가 알고 있는 어떠한 칼람 논증 옹호자도 과거에 무한하게 멀리 있는 출발점이 있었다고 가정하지는 않는다(심지어, **트리스트럼 샌디 역설** <the Tristram Shandy paradox>도 무한하게 떨어진 첫 날이 있었다고 주장하지는 않지만 과거에 그저 무한하게 떨어진 날들이 있었다고 주장한다). 시작이나 심지어 하나의 무한하게 떨어진 시점이라는 것은 전혀 있지 않다는 것은 문제를 더 악화시키지 호전시키지는 않는다. 무한한 과거는 연속적인 더함으로 형성될 수 있다고 하는 것은 -1에 다다를 때까지 뒤에서부터 모든 음수를 계속 써내려가자는 것이다. 우리는 이렇게 질문할 것이다.

"과거의 한 시점으로부터 현재에까지 이르는 유한한 거리가 있다는 주장은 정당한가?"

칼람 논증의 옹호자는 여기에 기꺼이 동의할 것이다. 왜냐하면, 이 문제는 그 전체의 연속이 어떻게 형성될 수 있느냐를 묻는 것이지 그 각 개별적인 것에 대한 것이 아니기 때문이다.

반대자는 유한한 연속에 계속해서 추가가 되면 그것이 무한한 연속이 될 수 있다고 생각하는가?

그러한 생각은 코끼리의 부분 부분이 가벼우니까 코끼리 전체 몸무게도 가볍다는 말만큼 비논리적이다. 요약하면 만일 연속적인 더함으로 형성된 집합이 현실적 무한이 될 수 없다면, 시간적 흐름에 따라 발생하는 사건들은 연속적인 더함으로 형성된 집합이므로, 시간적 흐름에 따라 발생하는 사건들은 현실적 무한이 될 수 없다. 물론, 이것은 시간적 흐름에 따라 발생한 과거의 물리적 사건들이 시작이 있다는 것을 암시한다.

칼람 우주론적 논증의 현대 옹호자들이 발전시킨 우주의 시작에 대한 세 번째 논증은 **우주의 팽창**(the expansion of the universe)에 바탕을 둔 귀납적 논증이다. 1917년, 알버트 아인슈타인은 그가 새롭게 발견한 중력 이론인 **일반 상대성 이론**(the general theory of relativity<GTR>)을 우주론적으로 적용했다. 그렇게 함으로써 그는 우주가 변하지 않는 상태로 존재한다고 주장했는데, 이는 질량 밀도와 공간의 곡률의 불변을 말한다.

그러나 유감스럽게도, 그는 일반 상대성 이론이 우주의 이러한 모델을 성립하는 것을 막는다는 것을 발견하게 된다. 물론, 그가 그의 중력장 방정식으로 물질의 중력 효과를 균형잡히게 하고, 그래서 정적인 우주론을 확고히 하기 위해 어떠한 '임시인수'(fudge factor)를 중력장 방정식에 채용했다고 한다면 이야기는 달라진다.

아인슈타인의 정적인 우주는 면도칼 위에 놓이게 되었고 작은 동요만으로도 그 우주는 붕괴될 수도 있었다. 아인슈타인의 모델의 이러한 특징을 받아들인, 러시아 수학자인 알렉산더 프리드만(Alexander Friedman)과 벨기에 천문학자인 조르주 르메트르(Georges Lemaitre)가 1920년대에 독자적으로 해결책을 만들 수 있었다. 그 해결책은 팽창하는 우주가 있을지도 모른다는 추측을 하며 제안한 장방정식들이었다.

1929년에, 천문학자인 에드윈 허블(Edwin Hubble)은 원거리의 성운들로부터 빛의 광학적 스펙트럼 속에 있는 적색이동(red-shift)이 모든 측성된 성운의 일반적인 특징이며, 또 거리에 비례한다는 것을 밝혔다. 이 적색이동은 도플러 효과(Doppler effect)에서 시선 속에 있는 광원의 퇴보적 움직임을 나타내는 데 사용된다. 믿을 수 없게도, 허블이 발견했던 것은 프리드만과 르메트르가 아인슈타인의 일반 상대성 이론에 기초하여 예측했던 우주의 등방성 팽창이었다.

프리드만-르메트르의 모델에 의하면 시간이 경과되면서, 성운 질량 사이의 거리들은 더 멀어지게 된다. 그 모델은 일반 상대성 이론에 근거한 이론으로서 앞서 존재하는 텅 빈 공간에서 오히려 우주 공간 그 자체의 팽창을 서술한다는 것을 이해하는 것이 중요하다. 성운 질량들로 구성된 우주론적 유체의 이상적 입자들은 우주 공간을 멈추게 하려는 것이 아니라, 우주 공간 그 자체를 늘이고 확장 시켜 점점 거리를 넓히는 것이다. 이것은 풍선의 표면에 붙은 단추들이 바람이 들어가면서 점점 멀어지는 것과 비슷하다. 우주가 팽창할 때, 우주는 점점 더 밀도가 떨어지게 된다.

이것은 다음의 놀라운 사실을 암시한다. 즉, 그 팽창을 거꾸로 진행시키거나 과거로 추정해 나아갈 때, 유한한 과거의 어떠한 시점에서 '무한의 밀도'[2]의 상태에 도달할 때까지 우주는 점진적으로 더 밀도있게 된다. 이 상태는 **특이점 (singularity)**을 나타내는데 그 특이점에서 시공의 굴곡이 온도와 압력과 밀도와 더불어 무한이 된다. 그래서 그것이 하나의 끝이나 시공 자체의 경계를 이룬다. 그 확장이란 개념은 외부로부터 관찰될 수 있는 것이 아니므로(빅뱅에 앞선 것이 아무것도 없듯이 빅뱅 밖에도 아무 것도 없으므로 빅뱅이라는 사건은 외부에서 관찰될 수 있는 것이 아니다), 빅뱅이라는 용어는 오해될 수 있다.

프리드만-르메트르 모델 즉, 표준빅뱅 모델은 무한한 과거를 가진 우주가 아닌, 유한한 과거에서 시작을 가졌던 우주를 설명한다. 더욱이 강조될만한 것은 그 우주의 시작은 절대적인 무로부터의 시작이라는 것이다. 모든 질량과 에너지 뿐만 아니라, 공간과 시간 그 자체도 최초의 우주론적 특이점에서 존재하게 되었기 때문이다.

퀀틴 스미스(Quentin Smith)의 지적에 따르면 빅뱅 사건에 대한 자연적이거나 물리적인 원인은 있을 수 없다.

> 빅뱅사건은 분석적으로 볼 때 우주론적 특이점의 개념에 속하기 때문이다. 우주론적 특이점은 선행하는 물리적 사건의 효과가 아니다. 특이점의 정의는…특이점을 넘어서 시공의 다양성으로 팽창하는 것은 불가능하는 것이다. … 이것은 특이점이 선행하는 자연적 과정의 효과라는 개념을 배제한다.[3]

아더 에딩튼 경(Sir Arthur Eddington)은 우주의 시작에 대해 심사숙고한 뒤, 우주의 팽창이라는 것은 상식을 벗어나고 믿기지 않아서 "나는 나 자신 이외에 누군가 그것을 믿어야 한다고 하는 것에 분노한다"[4]고 생각했다. 그는 결국, 결론내기를, "우리가 솔직히 말해 그 시작을 초자연적이라고 보는 것에 동의하지 않

---

2 이것은 우주의 밀도가 $\aleph_0$의 값을 가진다는 것을 의미한다고 보아서는 안된다. 오히려 값이 0인 부피에 대한 질량의 비율이 우주의 밀도를 나타낸다고 보아야 한다. 왜냐하면, 0이 나누는 구분은 허용될 수 없는 것이고, 이러한 의미에서 볼 때, 밀도는 무한이 되어야 하기 때문이다.

3 Quentin Smith, "The Uncaused Beginning of the Universe", in *Theism, Atheism and Big Bang Cosmology*, by William Lane Craig and Quentin Smith (Oxford: Clarendon, 1993), 120.

4 Arthur Eddington, *The Expanding Universe* (New York: Macmillan, 1993), 124.

는다면, 그 시작을 설명할 대안을 찾는 것은 너무 어렵게 보인다"[5]라고 했다.

때때로 반대자들이, 표준 모델이 예견한 절대적인 시작을 피하려는 시도를 하면서, 팽창되는 우주의 표준 모델 이외의 시나리오들을 제시한다. 그러나 이러한 이론들이 가능하면서도, 과학 단체는 그러한 이론들 중에 어떠한 것도 빅뱅이론보다 더 그럴싸한 것은 없다는 압도적인 결정을 내렸다. 문제는 세밀한 것들에 있다. 세밀한 것들을 살펴보면 거기에는 전통적인 빅뱅이론처럼 증거에 의해 입증되었거나 그것의 예견들 속에서 매우 성공적이었다는 수학적으로 일관성 있는 모델이 없는 것을 발견하게 될 것이다.

예를 들면, 영원히 팽창하고 재수축한다는 **진동 우주**(oscillating universe)나 지속적으로 새로운 우주를 생산한다는 **혼돈 인플레이션 우주**(chaotic inflationary universe)와 같은 이론들에는 잠정적으로 미래는 무한하지만 과거는 유한함을 보여준다. 우주 탄생은 영원한 진공으로부터 왔다는 **진공 요동 우주**(Vacuum fluctuation universe) 이론들은 진동이 영원하다면 왜 무한히 오래된 우주론을 관찰할 수 없는지 그 이유를 설명할 수 없다. 저명한 물리학자 스티븐 호킹이 제의하는 **양자 중력 우주**(quantum gravity universe)이론도 우주가 빅뱅 이론이 말하듯이 특이점에서의 시작이 아니라 하더라도, 현실적으로 해석한다면 여전히 우주의 절대적 시작점을 필요로 한다.

폴 스타인하르트(Paul Steinhardt)가 주창하는 최근의 **순환적 에크파이로틱 시나리오**(cyclic ekpyrotic scenario)는 기존의 진동 우주 모델이 직면했던 난제들을 해결하지 못할 뿐만 아니라 여전히 과거의 어느 한 시점에서의 시작을 필요로 한다. 한마디로, 호킹의 생각에는 "거의 모든 사람은 우주와 시간자체는 빅뱅에서 시작되었다는 것을 믿는다."[6]

과거의 유한성에 대한 네 번째 논증도 역시 귀납적인 논증이다. 그것은 우주의 열역학적 속성들에 근거한 시간이다. **열역학 제 2법칙**(second law of thermodynamics)에 의하면 닫혀진 구조 속에서 발생하는 과정들은 평형상태를 유지하려는 경향이 있다. 그 법칙으로부터 우리의 관심사를 찾으면, 그것이 우주에 전체적으로 적용될 때 무엇이 발생하느냐 하는 것이다. 우주는 자연적인 관점에서

---

5   Ibid., 178.
6   Stephen Hawking and Roger Penrose, *The Nature of Space and Time*, The Isaac Newton Institute Series of Lectures (Princeton, N.J.: Princeton University Press, 1996), 20.

볼 때, 거대한 닫혀진 구조를 가진다. 왜냐하면, 모든 것이 우주 안에 있고 그 밖에는 아무것도 없기 때문이다. 이것은 만일 충분한 시간이 주어져, 우주와 그 안의 모든 것은 작동을 멈추게 된다면, 결국 온 우주는 평형상태가 될 것이라는 것을 의미한다고 보여 진다. 이것은 **우주의 열사**(heat death of the universe)로 알려졌다. 우주가 한 번 이 상태에 도달하면, 더 이상의 변화는 불가능하다. 우주가 죽는 것이다.

우주의 열사에는 두 가지 가능한 형태가 있다. 만일 우주가 결국, 다시 수축하게 된다고 한다면 우주는 열사할 것이다. 우주가 수축할 때, 별들은 에너지를 얻고, 그렇게 되면 별들이 더 빠른 속도로 타게 되고 결국은 폭발하거나 증발해 버리게 된다. 우주에 있는 모든 것이 서로 가까워질 때, 블랙홀들이 그들 주변에 있는 모든 것을 삼켜 버리기 시작한다. 그리고 결국, 블랙홀들끼리 병합한다. 시간과 함께 모든 블랙홀이 하나의 큰 블랙홀로 병합되는데, 그 병합체는 우주를 포함한 광범위한 것이 된다. 그 병합체로부터 우주가 결코 빠져나오지 못하게 된다.

다른 한 편으로 보다 더 가능성 있는 것은 만일 우주가 영원히 팽창한다고 한다면 우주는 차갑게 죽어가고, 성운들이 그 기체를 별들로 만들어 나아감으로써 별들은 타버리게 될 것이다. 10^{30}년에 우주에는 죽은 별들이 90퍼센트에 이르게 될 것이고, 성운의 붕괴로 형성된 고밀도의 블랙홀들이 9퍼센트를 그리고 주로 수소로 이루어진 원자 물질이 1퍼센트를 차지하게 될 것이다.

소립자 물리학은 다음을 예상한다. 양성자가 전자와 양전자로 붕괴된다. 그리고 그 이후에는 매우 옅은 희박 기체로 가득 찰 것이다. 전자와 양전자 사이의 거리가 오늘날 운하의 크기 정도로 벌어질 것이다. 결국, 모든 블랙홀은 완전히 증발해 버리고 말 것이고 지속적으로 팽창되는 우주 안의 모든 물질은 소립자들과 복사의 옅은 기체로 줄어들게 될 것이다. 평형상태가 전반적으로 만연하게 될 것이고 온 우주는 그 마지막 상태 즉, 어떠한 변화도 일어나지 않는 상태에 놓이게 될 것이다.

이제 우리가 던질 질문은 이렇다. 만일 충분한 시간이 주어진다면, 우주는 열사에 도달할 것이다. 그렇다면 만일 우주가 영원부터 영원까지 존재한다고 할 때, 왜 지금은 열사의 상태에 있지 않는가?

만일 우주가 존재하기를 시작하지 않았다고 한다면 지금 우주가 평형상태에 있어야만 한다. 짤깍짤깍하는 시계가 그러는 것처럼, 지금까지 우주는 작동을 멈추었어야만 한다. 그러나 우주가 아직 멈추지 않았기 때문에 한 좌절한 과학자는 "우주는 어떠한 방법에 의해서 태엽이 감겨졌음이 틀림없다"[7]고 말했다.

우주가 결코 그 마지막 상태인 평형상태에 도달하지 않을 것으로 보는 우주의 진동적 모델을 바탕으로 위와 같은 결론을 회피하려는 사람들이 있다. 그러나 성 가신 문제를 지난 그러한 모델의 물리적이고 관측적인 문제들을 떠나더라도, 이 모델의 열역학 성질은 그 옹호자들이 피하려고 시도했던 우주의 처음 시작을 암시한다. 이 모델에서는 순환에서 순환으로 엔트로피가 증가하기 때문에 각 연속되는 순환과 함께 더 크고 더 긴 진동을 일으키는 효과가 있다. 그래서 시간 속에서 그 진동의 출처를 조사해 나아갈 때, 최초의 가장 작은 것이 발견 될 때까지 진동은 점점 작아진다. 그러므로 진동 모델 안에는 무한한 미래와 유한한 과거만이 있다. 사실 우주가 100번의 앞선 진동 이상을 지나칠 수 없었다고 보는 것은 현재의 엔트로피 수치에 근거한 측정결과이다.

이러한 난제를 피해간다고 해도, 영원한 과거부터 진동하는 우주는 무한한 수의 연속적인 되튐을 통해 지속되도록 하기 위해 처음 상태에 대한 무한히 정확한 조정을 요구한다. 만일 수축기 동안에 엔트로피가 증가한다고 한다면 단회적이며 무한하게 긴 수축으로부터 되튀는 우주는 열역학적으로 지지될 수 없고 팽창되는 위상에 대한 초기의 낮은 엔트로피 조건과 조화를 이루지 못한다. 이 문제를 피하기 위해 수축기 동안 엔트로피가 감소한다고 가정하려고 한다면 무한하게 전개되는 우주의 수명 안에서 되튐의 시간에 설명할 수 없을 만큼 특별히 낮은 엔트로피 조건을 가정해야 한다. 특이점에서의 시작 혹은 양자 발생 사건의 일부를 통해 팽창의 시작에서 낮은 엔트로피의 상태에 대한 설명이 더 타당하게 이루어진다.

그래서 재수축하는 모델이나 계속 팽창하는 모델이나 진동하는 모델 중 어느 것을 채택하든지 간에 열역학은 우주가 시작이 있었다는 것을 제안한다. 우주는 유한한 시간 전에 창조된 것으로 보여 진다. 그리고 그 우주의 에너지는 어쨌든 최초의 조건으로서 창조의 시간에 주어졌다.

이러한 과거의 유한성에 대한 네 가지 논증에 근거하여 볼 때, 칼람 논증의 옹호자는 칼람 우주론적 논증의 전제 ②인 "우주는 존재하기 시작했다"를 확언하기 위한 좋은 근거들을 확보한 것처럼 보여 진다. 그러므로 우주는 원인을 갖고

---

[7] Richard Schlegel, "Time and Thermodynamics", in *The Voices of Time*, ed. J. T. Fraser (London: Penguin, 1948), 511.

있다는 것으로 귀결된다. 개념적인 분석은 이러한 이 세상 밖의 존재가 반드시 소유하는 다수의 놀라운 속성들을 발견하도록 한다. 공간과 시간의 원인으로서 이 존재는 반드시 공간과 시간을 초월해야 한다.

이 존재는 시간이나 공간과 상관없이, 적어도 우주와는 상관없이 존재해야 한다. 그래서 이러한 초월적인 원인이 시간에 예속됨이 없는 것은 변화없음을 의미하고 변화없음은 비물질적임을 의미하기 때문에 변화가 없고 비물질적이어야만 한다. 그 어떤 선행적 원인도 없다는 의미에서 이 원인에는 시작이 없어야 하며 원인이 없어야 한다.

우리가 필요 이상으로 원인들을 만들어서는 안되기 때문에 오캄의 면도날은 그 위의 원인들을 제거할 것이다. 이 존재는 어떠한 물질적인 원인이 없이 우주를 만들었기 때문에 상상을 초월한 권능이 있어야 한다.

마지막으로 가장 중요한 것은 초월적인 원인이 인격체가 되는 것은 타당하다는 것이다. 이 결론에 세 가지 이유가 있다.

첫째, 원인 설명에는 법칙과 최초의 상태에 대해 말하는 과학적 설명과 의지나 동인에 대해 말하는 인격적 설명, 이 두 가지가 있다. 우주 이전에는 어떠한 것도 없었기 때문에 우주의 처음 상태는 과학적인 설명으로 해결될 수 없다. 그리고 그렇기 때문에 우주의 처음 상태는 인격적인 설명만이 가능하다.

둘째, 그 원인의 시간초월성과 비물질성이 우주의 원인의 인격적 특징을 암시한다. 우리가 아는 이러한 속성들을 소유할 수 있는 존재들은 정신들이나 추상적인 대상들인데, 추상적 대상은 인과율에 묶여있지 않다. 그러므로 우주의 기원에 대한 그 초월적인 원인은 반드시 정신의 질서(the order of mind)에 관한 것이어야 한다.

셋째, 비시간적 원인으로부터 시간적인 영향을 주는 기원이 우리에게 있다는 사실이 초월적 인격체라는 것을 암시한다. 만일 우주의 기원의 원인이 비인격적 필요 충분 조건들을 모은 것에 불과하다면, 그 원인조차도 그것의 영향을 받지 않고 존재하는 것은 불가능하다.

왜냐하면, 만일 그 영향의 필요 충분 조건들이 비시간적으로 주어진다면, 그 조건들을 위한 영향 또한, 주어져야만 하기 때문이다. 그 원인이 비시간적이고 비변질적이 되는 유일한 길은 그 원인이 인격적인 동력인 즉, 선행하는 결정의 조건들 없이도 하나의 영향을 행사할 자유선택권이 있는 동력인이 되는 것 뿐이다. 그래서 우리는 단순히 우주의 초월적인 원인으로 나아가는 것이 아니라 우주의 인격적 창조주(Personal Creator)로 나아가게 되는 것이다. 라이프니츠가 주장한 것처럼, 그 인격적 창조주는 왜 무가 아니라 유인가에 대한 충족 이유(Sufficient Reason)가 되는 것이다.

3. 요약

우주론적 논증은 우주의 존재에 대한 제1원인이나 충족 이유가 존재한다는 것을 설명하기 위한 논증에 속한다. 이러한 논증들은 세 개의 기본 형태를 취한다. 우주의 시작에 대한 처음 원인을 논하는 칼람 우주론적 논증과 세상의 존재를 지탱하는 근거를 논하는 토마스식 우주론적 논증과 왜 무언가 없음이 아니라 존재하는 것인가에 대한 충족 이유를 논하는 라이프니츠 우주론적 논증이 그것이다. 라이프니츠 논증의 타당한 형태는 다음의 전제들을 근거로 하여 만들어질 수 있다.

① 모든 존재하는 것은 그 것 자체의 성격의 필연성에서 또는 외부적인 원인에서 자기 존재에 대한 설명이 필요하다.
② 만일 우주가 존재함에 설명이 필요하다면, 그 설명은 하나님이다.
③ 우주는 실존하는 존재이다.

전제 ②는 우주가 필연적인 존재라는 것을 논증함으로써 도전을 받을 수 있다. 타당하지 않지만 우주의 우발성에 대한 논증은 호감이 간다. 토마스식 논증이 이러한 증거를 제공했음에도 불구하고 논증의 중심에 있는 본질과 존재를 참되게 구별하는 것은 어려운 일이다. 칼람 논증은 더 믿음직한데, 그것은 우주가 존재하기 시작했다는 설명을 통해 우주의 우발성이 드러난다는 것이다.

우주물리학적 우주론과 열역학으로부터 얻게 되는 우주의 시작에 대한 과학적인 증거와 연속적인 더함이 현실적 무한을 형성할 수 없다는 것과 더불어 현실적 무한의 존재는 불가능하다는 것에 근거한 무한 과거의 가능성에 반대하는 철학적 논증들이 칼람 논증에서의 이 중심 전제를 지지하게 될 것이다. 만일 무엇이든지 존재하기 시작한 것은 원인이 있다는 타당한 전제가 함께 다루어진다면, 우주의 시작은 세상 밖의 존재 즉, 우주의 원인의 존재를 암시하는 것이다.
　우주의 원인이 되어야 한다고 보는 것을 개념적으로 분석하면 제일의 자존하는 원인(the First Uncaused Cause)이 인격체임을 포함하여 다수의 전통적인 신적 속성들을 추론할 수 있게 되는 것이다.

[기본 용어]

종교철학
조직신학
자연신학
우주론적 논증
칼람 우주론적 논증
표준 빅뱅 모델
토마스식 우주론적 논증
본질
존재의 현실
우발성
충족 이유의 원리
맹목적 사실
형이상학적 필연
라이프니츠식 우주론적 논증
필연적인 존재
우발적인 존재
양자물리학
코펜하겐 해석
진공

시간의 A이론
시간의 B이론
현실적 무한
가능적 무한
집합론
힐버트의 호텔
무한을 횡단하는 것
제논의 운동역설
트리스트럼 샌디 역설
우주의 팽창
일반 상대성 이론
특이점
진동 우주
혼돈 인플레이션 우주
진공 요동 우주
양자 중력 우주
순환적 에크파이로틱 시나리오
열역학 제 2법칙
우주의 열사

제26장

하나님의 존재 2

> 하나님이 존재한다는 것을 증명할 수 있는 다섯 가지 방법이 있다.
>
> *토마스 아퀴나스 『신학대전』(*Summa theologiae*)
>
> 만약 우리가 완성할 수만 있다면 하나님의 존재를 증명하기 위해 동원되었던 거의 모든 수단은 훌륭하게 잘 사용될 것으로 믿는다.
>
> *G. W. 라이프니츠 『인간의 이해에 대한 새로운 소론』
> (*New Essays on Human Understanding*)

1. 목적론적 논증

많은 사람이 흄(Hume)과 다윈(Darwin)이 파괴했다고 믿었던, 하나님의 존재에 대한 **목적론적 논증**(the teleological argument)이 최근에 두드러지게 나타나고 있다. 무작위적 돌연변이와 자연선택에 관한 신다윈주의적 구조(neo-Darwinian mechanisms)의 설명이 타당한지에 관해 관찰된 생물학적 복잡성을 근거로, 냉철한 도전이 있다. 미생물학의 발전 사항들은 고등 단계의 유기체는 말할 것도 없고, 단세포의 미세기계장치(micromachinery)의 놀라운 복잡성을 드러내기 위해 사용되어왔다.

생명의 기원을 연구하는 분야는 원시수프(primordial soup) 속에서의 생명의 화학적 기원에 관한 모든 오래된 시나리오가 붕괴되는 등, 혼란 속에 있고, 새롭거나 더 나은 이론이 분명하게 나타나지 않고 있다. 과학 공동체는 심지어 우주가 지적인 생명체의 기원과 진화를 허용하도록 하기 위해서는 아주 복잡하고 민감한 초기 조건들의 유대 관계가 반드시 주어져야 한다는 것을 발견하여 충격을 받게 되었다.

확실히, 바로 이 최근의 발견은 목적론적 논증에 대한 책을 다시 여는 데 큰 도움이 되었다. 생물학적 진화에 관한 신다윈주의 이론을 둘러싸고 있고 스코프스 재판(Scopes trial)의 공공연한 이미지 안에서 가장 신랄하게 보여 지는 사회론적 요소들 때문에 생물학자들은 창조 과학자의 영향이 그들에게 조금도 미치지 못하게 하기 위해 대부분의 경우에 설계 가설(design hypothesis)을 생각하는 것조차 극단적으로 싫어하였다.

그러나 이러한 모순으로부터 때묻지 않은 많은 수의 우주론자는 설계 가설의 대안 가능성을 진지하게 생각하기 위해 더 많이 개방되어 왔다. 우주적 미세 조정(cosmic fine-tuning)의 발견은 생명체에 필수적인 물리적 상수들과 양들의 정교한 균형은 단순히 우연에 의해 분산될 수 있는 것이 아니라 일종의 설명을 요구한다는 결론에 많은 과학자가 도달하도록 했다.

미세 조정(fine-tuning)이 의미하는 바는 무엇인가?

우주의 중력 상수나 밀도와 같은 다양한 상수와 질량을 포함하는 물리적 자연 법칙을 수학적으로 표현할 때 그 값들은 법칙들 그 자체에 의해서 지정되지 못한다. 그러한 법칙들에 의해 지배되는 우주는 반드시 그러한 법칙들에 해당되는 광범위한 값들에 의해 정해져야만 한다. 미세 조정이 의미하는 한 가지는 상수들과 양들이 가정하는 실제 값들에서의 작은 일탈들은 생명이 살 수 없는 우주를 만든다는 것이다. 우주적 미세 조정에 대한 여러 가지 예들은 얼마든지 있다. 세상은 원칙적으로 다음과 같은 근본적인 상수들의 값들로 구성된다.

α(미세구조상수, 또는 전자기장 상호 작용), α_G(중력), α_w(소립자간의 약한 상호 작용), α_s(소립자간의 강한 상호 작용) 그리고 m_p/m_e(양성자-전자 질량 비율)

만일 다른 값을 이러한 상수들이나 작용에 할당하면, 눈이 휘둥그레질 만한 우주를 볼텐데, 즉 지적 생명체가 존재하게 할 수 있는 능력이 거의 없는 우주를 보게 될 것이다. 이러한 값들이 아주 조금이라도 바뀌게 되면 생명체의 존재는 불가능하다고 여겨진다. 예를 들면, 영국 물리학자 폴 데이비스(Paul Davies)는 $1/10^{40}$의 α_G(중력)이나 전자기의 변화는 태양과 같은 별들에게는 재앙이 되어 존재할 수 없게 될 것이라고 주장한다.

빅뱅의 초기 조건들에 대한 연구에서 일반적으로 우주의 팽창을 지배하는 두 가지 임의의 변수가 드러나게 된다. 그것은 우주의 질량과 연관을 갖는 Ω_0 그리고 팽창의 속도와 연관을 갖는 H_0이다. 관측을 통해 볼 때, 빅뱅(big bang)이후 10^{-43}초에서 우주는 붕괴와 영원한 팽창 사이의 경계선을 가리키는 임계 값에 가까운 전체 밀도와 함께 놀라우리만큼 특별한 속도로 팽창해나갔다. 스티븐 호킹(Stephen Hawking)은 우주의 온도가 10^{10}도였을 때, $1/10^{12}$만 줄었어도 오래 전 우주는 붕괴되었을 것이라고 주장한다.

마찬가지로 $1/10^{12}$만큼만 온도가 증가했다면 은하가 팽창하는 물질을 응축하지 못하게 방해했을 것이다. 플랑크 시간(Planck time) 즉, 빅뱅이후 10^{-43}초에서 우주의 밀도는 우주가 평탄하게 되는 임계 밀도, $1/10^{60}$이 되어야만 한다고했다.

고전적인 우주론은 또 다른 변수인 S, 즉 우주 안에 있는 중입자마다 할당되는 엔트로피(entropy per baryon)를 강조하고 있다. 우리가 아는 대로 열역학이 목소리를 낼수록 빅뱅의 구조는 입지가 줄어든다. 그뿐 아니라 S가 우주에서의 중입자 비대칭의 결과 그 자체이다. 중입자 비대칭은 설명하기 힘들지만, 빅뱅 이후 쿼크보다 10^{-6}초 더 빠른 반-쿼크(anti-quarks)에 고정된 쿼크의 비대칭성을 말한다. 옥스퍼드 물리학자 로저 펜로즈(Roger Penrose)는 말한다.

> 어떤 제약 원리들이 부재하여 우연하게 발생한 특별히 낮은 엔트로피의 차이가 $1/10^{10(123)}$도 나지 않기 때문에 이로 인해 우주가 존재하도록 한다고 계산했다. 펜로즈는 "나는 물리학에서 정확도에 있어서 $1/10^{10(123)}$같은 수치보다 더 정확한 것은 상상할 수 없다.[1]

이러한 우주의 미세 조정은 설계하는 지성의 존재를 나타내는 것처럼 보인다. 설계 행위에 대한 추론은 유비에 의해 이해될 수 있는 실례 중 하나(지적 설계는 종종 이렇게 묘사된다)라서가 아니라, **최고의 설명으로의 추론**(inference to the best explanation)[2]의 경우로서 보는 것이 가장 올바른 생각이다. 이러한 일들로 많은 시간을 할애했던 철학자인 존 레슬리(John Leslie)는 적절한 설명이라고 부르는 것의 필요성을 지적한다.

적절한 설명(tidy explanation)은 어떤 상황을 설명할 뿐만 아니라 그렇게 함으로써 설명되어야 할 무엇인가가 있다는 것을 드러내는 것을 말한다. 레슬리는 적절한 설명에 대한 타당한 예화들을 전부 제공한다. 예를 들면, 밥(Bob)이 생일에

1　Roger Penrose, "Time-Asymmetry and Quantum Gravity", in *Quantum Gravity 2,* ed. C. J. Isham, R. Penrose and D. W. Sciama (Oxford: Clarendon, 1981), 249.
2　Peter Lipton, *Inference to the Best Explanation* (London: Routledgte, 1991)를 보라.

새 차를 선물받았다고 가정해 보자. 수많은 자동차 번호판 번호가 있기에, 밥이 그 중 CHT 4271이라는 것을 얻게될 일이 일어날 가능성은 희박하다. 그래서 그의 생일에 자동차 번호판이라는 선물은 특별한 관심의 대상이 되지 못한다. 그런데 밥이 1949년 8월 8일에 출생한 그의 생일선물로 받은 차의 번호판으로 BOB 8849를 찾았다고 가정해 보자. 만일 그가 "글쎄, 특별히 다른 번호판들과 다르지 않은 걸…"이라고 하면서 어깨를 으쓱한다면 그는 머리가 둔한 것을 드러내는 것이 될 것이다.

완성된 **설계 추론**(design inference)이론은 최근에 윌리엄 뎀스키(William Dembski)가 제안하였다. 그는 10단계의 일반적인 우연 제거 논증(chance elimination argument)을 제안한다. 그 논증은 그가 우연 제거 논증들의 기초가 된다고 믿는 사고의 일반적인 형태를 설명한다. 뎀스키의 분석은 레슬리가 직관적인 방법을 통해 얻은 것을 형식화하는 데 사용될 수 있다. 적절한 설명은 단순히 그 피설명항(explanandum)이 있을 법하지 않은 사건이라고 보는 것이 아니라 그 사건이 또한, 어떤 독립적으로 주어진 형식을 닮는다고 하는 사실인 것이다. 뎀스키는 그것을 '특정화된 복잡성'이라고 불렀다. 단순히 우연 이상의 설명이 필요하다는 것을 우리가 바로 이 **특정화된 복잡성**(specified complexity)을 통해 보게 된다.

뎀스키의 설계 추론에 대한 분석을[3] 채택하건 채택하지 않건 간에, 설계를 감지하기 위한 열쇠는 물리적 필연과 우연이라는 두 가지 경쟁적인 대안들을 제거하는 데 있다. 그래서 우주적 미세 조정에 호소하는 목적론적 논증이 다음과 같이 형성되게 될 것이다.

① 우주의 미세 조정의 원인은 물리적 필연, 우연, 설계 중 하나이다.
② 우주의 미세 조정의 원인은 물리적 필연과 우연이 아니다.
③ 그러므로 우주의 미세 조정의 원인은 설계이다.

---

3   Robin Collins는 하나의 대안적 접근방법을 제공한다. 그는 우주적 미세 조정은 단순하고 무신론적 우주에 대한 가설 위에서보다 유신론적 가설 위에서 훨씬 더 가능성이 있어 보인다는 것에 대한 논증을 위해 Bayes의 정리를 사용한다(2장을 상기해 보라). 그러므로 그는 미세 조정의 증거는 유신론적 가설이 무신론적 가설보다 낫다는 것을 강력하게 입증한다고 주장한다.

전제 ①이 논쟁의 여지가 없으므로 이 논증의 논리성은 전제 ②의 타당성에 근거하게 될 것이다.

우주적 미세 조정이 **물리적 필연**(physical necessity)에 제대로 기여할 수 있을까? 이 대안에 의하면 상수들과 질량들은 반드시 그것들이 가진 값을 가지고 있어야 한다. 여기에 따르면 우주에 생명이 허락되지 않을 조금의 우연조차도 없다. 이 대안은 터무니없게도 믿기 어려워 보인다. 이 대안은 우주가 실제로 물리적으로 불가능하다는 것을 믿도록 요구한다. 그러나 가능성이란 존재한다. 만일 근본적인 물질과 반물질이 상이하게 균형 잡혀있다고 한다면 만일 우주가 아주 조금 더 느리게 팽창하였다고 한다면, 그리고 만일 우주의 엔트로피가 제한적으로 더 크다고 한다면 이러한 조정들 중의 어떠한 것도 생명체를 허용하는 우주를 허용하지 않을 것이다. 이러한 것도 물리적으로 가능한 것이다. 결국, 우주가 생명체를 허용함에 틀림없다고 보는 사람은 설득력 있는 증거를 요구하는 적극적인 위치에 서있다. 그러나 증거도 없고 단순히 연약한 가능성일 뿐이다.

때때로 물리학자들은 아직 발견되지 않은 모든 것에 대한 이론, 이른바 **만물의 법칙**(theory of everything<T.O.E.>)을 이야기한다. 그러나 이러한 명칭은 과학적 이론들에 주어지는 수많은 화려한 이름처럼, 꽤 많이 오도하고 있다. T.O.E.는 특정한 목표에 제한된다. 즉, 자연의 4가지의 근본적인 힘들을 통합하는 이론으로 중력, 전자기장, 강한 핵력과 약한 핵력, 이 4가지를 소립자에 의해 움직이는 하나의 힘으로 축소하여 설명하려는 것이다.

이러한 네 가지 힘이 왜 그들이 가진 값을 취하는지를 이러한 이론이 설명해 주기를 우리는 원한다. 그러나 이것은 문자적으로 모든 것을 설명하려고 시도하지는 않을 것이다. 예를 들면, 지금까지 T.O.E.를 위한 가장 분명한 후보들인 **초끈 이론**(super-string theory) 내지는 M-이론(M-theory)에서 볼 때, 물리적 우주는 11차원적임에 틀림없다. 그러나 왜 우주는 그 수만큼의 차원을 가지고 있어야만 하는가에 대한 답은 이론으로 설명되지 않는다. 그러므로 우리는 T.O.E.를 언급함으로 해서 우주에 속한 모든 상수와 질량은 물리적 필연이라고 생각하는 것은 잘못이다.

반면에 이 대안을 거부할 좋은 이유가 있다. 오직 한 세트의 질량들과 상수들이 자연 법칙과 조화를 이룬다고 주장하는 것은 옳지 않다. 만일 자연의 법칙들이 그 자체로 필연적이라고 해도, 우리는 초기의 상태들을 공급해야만 한다. 데이비스는 다음과 같이 언급한다.

> 만일 물리학 법칙들이 유일하다고 해도, 물리적 우주 그 자체가 유일하다는 말은 아니다. … 물리학 법칙들은 우주의 초기 조건들에 의해 논증되어야 한다. … 현재로서 물리적 법칙의 일관성이 유일성을 함축한다고 제안할 만한 최초 상태의 법칙들에 대한 개념은 없다. 유일성과는 거리가 멀다. … 그리고 물리적 우주가 그러한 방식이 되어야 할 필연은 없으며, 다른 방식으로도 될 수 있었던 것으로 보인다.[4]

특별히 낮은 초기 우주의 엔트로피 조건은 초기의 조건으로서 창조 시에 그냥 주어진 것처럼 보이는 임의의 질량에 대한 좋은 예를 제공한다.

더욱이 미세 조정을 현격히 줄이려는 시도 그 자체는 미세 조정에 관여하고 있는 것으로 드러날 것이다. 이것은 분명히 과거의 양식이었다. 예를 들면, 이른바 초기 우주의 **팽창 모델들**(inflationary models)에 호소함으로써 변수인 $\varOmega_0$와 H_0의 미세 조정을 제거하려는 시도들은 이 시점에서 단지 미세 조정을 억제만 하였다. 그것은 이른바 우주 상수 $\varLambda$의 미세 조정이 또 하나의 시점에서 다시 나타나도록 하기 위함이었다. 팽창의 증가를 이끌기 위해 가설로 만들어진 이 상수는 반드시 $1/10^{53}$이라는 정확성에 맞추어져야 한다. 모든 상수와 질량을 보여 주면 물리적 필연성이 드러난다는 것은 망상에 불과하다.

그러면 우연의 대안은 무엇인가?

우주적 미세 조정의 특정화된 복잡성에 호소하거나 미세 조정이 우연의 가설(the chance hypothesis, 설계를 주장하는 유신론적 입장에 반하는 무신론의 입장)에서 상당히 더 그럴 듯하다고 주장하는 가설들을 제거하려는 것이다. 결국, 오직 하나의 우주만 있기 때문에 우리가 정교하게 조정된 우주에 존재하는 것은 의미가 없다는 반박을 하는 것이다.

그러나 다음의 이야기는 생명체를 허용하는 우주의 존재 가능성이 희박하다는 의미를 분명하게 할 것이다. 한 장의 종이를 가지고 그 위에 빨간 점 하나를 찍어라. 그 점은 우리의 우주를 나타낸다. 이제 우리가 관찰해온 우주의 정교하게 조정된 상수들과 질량들을 조금 개조하라. 결과적으로 우리에게 또 하나의 우주에 대한 설명이 생긴다. 그 우주는 처음 것과 가까운 부분에 새로운 점으로 표현될 것이다. 만일 그 새롭게 조정된 상수들과 질량들이 생명체를 허용하는

---

[4] Paul Davies, *The Mind of God* (New York: Simon & Schuster, 1992), 169.

우주를 묘사한다면 그것을 빨간 점으로 만들어라. 만일 그것이 생명체를 금지하는 우주를 묘사한다면 그것을 파란 점으로 만들어라. 이제 그 종이가 점으로 가득 찰 때까지 이 과정을 임의로 여러 번 반복하라.

어떤 이는 몇 개의 빨간 점만 있는 파란 점투성이의 바다로 점찍는 것을 마무리할 것이다. 그것은 바로, 우주는 생명체를 허용해야 한다는 것이 압도적으로 희박하다는 것을 의미한다. 생명체를 허용하는 우주들보다 우리의 근처 지역에 있는 가능한 우주들 안에 있는 생명체를 금지하는 우주들이 훨씬 더 많이 있다.

이 모든 가능한 우주가 동등하게 가능성이 있는지 없는지를 우리가 알지 못한다는 것은 문제가 될 수 있다. 실제로 이러한 사실은 어떠한 상수나 양의 가능한 값들의 실제 범위가 아마도 매우 한정될 것이라고 주장한다. 그러나 그 경우였다고 해도, 미세 조정을 요구하는 많은 변수가 있다고 할 때, 생명체를 허용하는 우주의 존재 개연성은 아직도 매우 낮다. 더욱이 값이 고정되어 있지만 물리적인 이유가 없다고 생각해야 한다면 우리가 **무차별의 원칙**(principle of indifference)을 가정하는 것은 정당화될 수 있다.

그 무차별의 원칙은 우리의 우주가 존재할 개연성이나 종이 위에 표현한 점들과 같은 우주들이 존재할 개연성은 같을 것이라는 주장이다. 따라서 왜 우리가 종이 위에 제시된 우주들만을 고려해야 하는지 대답해야 한다. 완전히 다른 물리적 변수들과 자연법들을 가지고 있으면서도 동시에 생명체를 허용하는 우주들도 가능할 것이다. 아마도 이러한 우주들은 우리가 아는 완전히 다른 생명체를 품고 있을 것이다.

목적론자는 그 가능성을 부인할 필요가 없다. 목적론적 논증과는 무관하기 때문이다. 그의 주장은 가능한 우주들의 지역 그룹 안에 어떠한 생명체를 허용하는 우주는 거의 불가능해 보인다는 것이다. 존 레슬리는 벽 위에 넓고 아무것도 없는 자리에서 쉬고 있는 파리를 예로 든다. 한 발의 탄환이 발사되어 그 파리를 맞추었다. 이제 아무것도 없는 자리 밖에 있는 벽의 나머지 부분이 파리들로 덮여 있다고 해도, 무작위로 발사된 탄환은 아마도 그 중에 한 마리를 맞출 것이다. 그런데도 하나의 무작위로 발사된 탄환이 그 넓고 아무것도 없는 자리에 있는 유일한 파리를 맞출 것이라는 것은 거의 불가능해 보이는 것이다. 같은 방식으로 생명체가 있음직한 우주를 생각하기 위해서는 우리 자신과 비슷한 우주만(마치 계산해가며 종이위에 점을 찍은 것처럼) 상상하게 된다.

이른바 인간 중심 원리에 연관된 문제들이 여기에 제기된다. 바로우(Barrow)와 티플러(Tipler)가 완성한, **인간 중심 원리**(anthropic principle)는 초기에는 불가능할 것이라는 우주의 어떤 속성들은 우리가 어떤 성질들은 발견할 수 없었다는 사실에 대한 설명을 한 연후에만 참된 관점에서 보여질 수 있다고 설명한다. 왜냐하면, 우리는 그러한 것들이 예시로 보여 진 후에나 우리 자신의 존재와 양립할 수 있는 것들을 발견할 수만 있기 때문이다. 이 말은 곧, 우리는 우주가 그저 있는 그대로 존재해야 한다는 것을 발견하는 것에 놀랄 필요가 없다는 것이고 그러므로 그것의 미세 조정을 위한 어떠한 설명도 필요없다는 것이다. 그러나 그들의 주장은 혼란에서 기안한다. 바로우와 티플러는 참된 주장(A)과 거짓 주장(A′)을 혼동하고 있다.

A. 만일 우주 안에서 진화된 관측자들이 그것의 근본적인 상수들과 질량들을 관찰한다면 그것들을 자신들의 존재를 위한 미세 조정으로 볼 개연성은 매우 높다.

A′. 우주 안에 있는 관찰자들의 진화를 위해 미세 조정된 우주가 존재할 개연성은 매우 높다.

우주 안에서 진화한 관측자는 그가 그의 존재를 위해 미세 조정된 우주의 기본적인 조건들을 발견할 것이라는 것을, 상당히 개연적인 것으로 생각해야 한다. 그러나 그러하기 때문에 미세 조정된 우주가 존재하는 것이 개연적이라고 볼 수 없다.

인간 중심적인 이론가 대부분은 이제 인간 중심 원리가 **다세계 가설**(many worlds hypothesis)과 결합될 때만 합리적으로 이용될 수 있다는 것을 인식한다. 그 다세계 가설에 의하면 구체적인 우주들의 종합적인 세상이 존재하고, 넓은 범위의 가능성들을 현실이 되게 만든다. 그 다세계 가설은 본질적으로 우연가설의 당파 중 하나로서 미세 조정의 발생이 거의 일어나기 힘든 일이라는 개념을 완화시키기 위해 그들의 개연적 자원을 늘리려고 노력한다. 그들이 반드시 이러한 주목할 만한 가설에 호소해야 한다는 사실은 설계 가설에 대한 일종의 서투른 칭찬이 된다. 그 설계 가설 안에서 그들은 미세 조정은 설명을 요구한다는 것을 인식하게 된다.

그러나 그 다세계 가설이 설계 가설만큼 그럴듯한가?
그건 그렇지 않아 보인다.

첫째, 다세계 가설은 우주 설계자에 대한 가설만큼 형이상학적인 것이라는 것이 인식되어야 한다. 물리학자이자 신학자인 존 폴킹혼(John Polkinghorne)이 말한 대로 "사람들은 '많은 우주' 설명을 과학적 용어들로 속이려고 하고 있다. 그러나 그것은 가짜 과학이다. 많은 우주가 다른 법칙들과 환경들과 함께 존재한다는 것은 형이상학적인 추측이다"[5].
더욱이 형이상학적 가설로서도, 그 다세계 가설은 설계 가설보다 열등하다. 왜냐하면, 설계 가설이 더 단순하기 때문이다.
오캄의 면도날(Ockham's razor)에 의하면 우리는 그 효과를 설명하기 위해 필요한 것 이상으로 원인들을 늘려서는 안된다. 그런데 우리의 우주를 설명하기 위해 하나의 우주 설계자를 가정하는 것은 무한적으로 거만하고 인위적인 다세계 가설의 존재론을 가정하는 것보다 더 단순하다. 다세계 가설을 주장하는 자들이, 무작위로 가지각색인 우주들로 구성된 총체적인 세상을 만들어나가기 위한 하나의 비교적 단순한 구조가 존재한다는 것을, 보여 줄 수 있을 때에만, 그 이론가는 이러한 어려움을 교묘히 피할 수 있을 것이다. 그러나 누구도 이러한 구조를 제시하지 못했다. 그러므로 설계 가설이 더 낫다고 보아야 할 것이다.
둘째, 총체적 세상(world ensemble)을 탄생시키는 길이 알려진 바가 없다. 그 누구도 어떻게 또는 왜 이러한 다양한 우주의 집합이 있어야만 하는지를 설명할 수 없었다.
리 스몰린(Lee Smolin)은 독창적인 제안을 했다, 만일 블랙홀들이 우리의 우주 너머에 있는 다른 우주들을 대량 생산한다는 것을 우리가 가정한다면 많은 수의 블랙홀을 생산하는 우주들은 이러한 생산을 통해 이 선택적인 유익을 얻게 될 것이다. 그래서 일종의 우주적 진화가 발생할 것이다. 만일 각각의 새로운 우주가 자신의 모체 우주를 정확하게 다시 생산해낸 것이 아니라 그것의 근본적인 상수들이나 질량들 안에 있는 다양함이라고 한다면 블랙홀들을 만드는 데 능숙한 우주들은 그렇지 못한 우주들보다는 더 많은 선택적인 유익을 얻게 될 것이다.

---

5 John C. Polkinghorne, *Serious Talk: Science and Religion in Dialogue* (London: SCM Press, 1996) 6.

근본적인 변수들이 블랙홀들을 생산할 수 있도록 미세 조정된 진화 속에 있는 우주들은 증식할 것이다. 블랙홀들은 붕괴된 별들의 찌꺼기이기 때문에 우주적 진화는 생명체가 형성되게 될 더 많은 행성과 별을 생산하는 비의도적인 결과를 낳게 되는 것이다. 결국, 관측자들은 자신들의 존재를 위한 우주의 미세 조정에 놀랄 것이다.

스몰린의 시나리오에 있어서 치명적인 결점은 그것의 특별하고 심지어 확정되지 않은 추측들로부터 완전히 동떨어진 그의 가정이다. 그의 가정은 블랙홀 생산을 위해 미세 조정된 우주들은 안정적인 별들의 생산을 위해 또한, 미세 조정될 것이라는 것이다. 사실상 그 반대가 참이다. 가장 능숙한 블랙홀들의 생산자들은 별들이 형성되기 전에 블랙홀들을 생산하는 우주들이다. 그래서 실제로 스몰린의 우주적 진화 시나리오는 생명체를 허용하는 우주들을 제거 할 것이다.

총체적 세상을 생산하기 위해 다르게 제안된 메카니즘들은 스스로 미세 조정을 이루는 것을 요청하는 것들이다. 예를 들면, 어떠한 우주론자들이 우주의 총제, 즉 총체적 세상을 생산하기 위한 우주의 급팽창 이론(inflationary theories)에 호소함에도 불구하고 우리는 팽창 자체가 미세 조정을 요구한다는 것을 보았다. 전체 우주 상수 Λ_{tot} 는 일반적으로 제로(zero)로 취해진다. 그러나 이것은 진짜 진공의 에너지 밀도는 손에 의해서 제로로 동조되어야 한다는 것을 요구한다. 왜 이러한 값이 그렇게 낮아야 하는지에 대해 알려진 것은 없다.

더 심각한 것은 팽창은 비록 지금은 제로이지만 Λ_{tot} 가 한 때는 꽤 컸었다는 것을 요구하고 있다. 이러한 가정은 어떠한 물리적 정당화를 갖추지 못한 것이다. 더욱이 적절하게 진행하기 위해 팽창은 Λ_{tot} 의 두 개의 구성 요소가 설명할 수 없는 정확성에도 불구하고 엄청난 정확함으로 서로를 상쇄시킨다는 것을 요구한다. α_G 나 α_w 의 장점들 속에서의 $1/10^{100}$ 정도로 작은 변화가 우리의 생명이 의존하고 있는 이 상쇄를 파괴할 것이다. 이러한 여러 관점들을 볼 때, 팽창 시나리오는 실제로 미세 조정을 제거하기 보다는 요구한다.

셋째, 미세 조정 자체를 떠나서는 총체적 세상의 존재에 대한 증거가 없다. 그러나 동시에 미세 조정은 우주 설계자에 대한 증거가 된다. 실제로 우주 설계자 가설이 더 나은 설명이다. 왜냐하면, 우리는 하나님의 존재에 대한 다른 논증들의 형태로서 이러한 설계자의 존재에 대한 독립적인 증거를 가지고 있기 때문이다.

넷째, 다세계 가설은 생물학적 진화론적 이론으로부터 심각한 도전에 직면한다. 배경적으로 볼 때, 19세기 물리학자인 루드비히 볼츠만(Ludwig Boltzmann)은

'열사'의 상태나 열역학평형의 상태에서 우주를 발견하지 못하는 이유를 설명하기 위해 일종의 다세계 가설을 제안했다. 볼츠만은 가설을 세우길, 총체적 세상은 사실상 평형상태에서 존재한다고 했다. 그러나 그는 에너지 수준에서 시간과 다의 요동은 우주의 여기저기에서 발생하기 때문에 오직 우연에 의해서만 불평형이 존재하는 고립된 지역들이 있을 것이라고 가정했다.

볼츠만은 이러한 고립된 지역들을 '세상들'이라고 지칭하였다. 우리는 우리의 세상이 상당히 있을 법하지 않은 불평형 상태에 있다는 것에 놀랄 필요는 없다고 그는 주장했다. 왜냐하면, 모든 세상의 집합체 안에서 오직 우연에 의해서만 어떠한 세상들이 불평형 상태에서 존재해야 하고 우리의 세상은 이러한 것들 중에 하나로 발생한 것이기 때문이라는 것이다.

볼츠만의 다세계 가설이 갖는 문제점은 만일 우리의 세상이 단순히 확산 에너지의 바다 속에 있는 하나의 요동이라고 한다면 우리가 관찰하는 것보다 더 많고 작은 불평형 지역을 관찰하고 있어야 한다는 것이다. 어마어마한 우연으로 갑작스럽게 우리의 세계가 생산되기 위한, 즉 우리가 존재하기 위한 이유로 150억년이 넘는 엔트로피의 점진적 감소보다는 보다 더 작은 요동이 훨씬 더 개연성이 있다.

사실상 볼츠만의 가설은 만일 채택된다면, 과거를 착시로 보게 만들고, 모든 것은 나이가 있는 것처럼만 보일 뿐이고, 별들이나 행성들을 단순히 '그림늘'처럼 착시로 보게 만들 것이다. 왜냐하면, 그러한 세상은 실제적, 시간적, 공간적으로 구성된 것이 아니라 총괄평형의 상태로 주어진 세상이기 때문이다. 그러므로 과학계는 일반적으로 볼츠만의 다세계 가설을 거절한다. 그리고 현재의 불평형을 우주의 시작에서 신비적으로 얻어진 초기 낮은-엔트로피 상태의 결과로서 보는 것이 일반적이다.

이제 하나의 정확하게 평행을 이루는 문제가 미세 조정의 설명으로서의 다세계 가설을 수반한다. 생물학적 진화에 대한 지배적 이론에 의하면 우리와 같이 지성있는 생명체는 일단 그 생명체가 진화한다고 하면, 가능한 한 태양의 생명이 끝날 무렵에 진화해야 할 것이다. 자연선택설과 돌연변이설의 구성에 필요한 시간이 적으면 적을수록, 지성있는 생명체의 진화의 가능성은 작아진다. 인간 생체의 복잡성을 고려한다면 태양 수명의 초기보다 태양 수명의 마지막 즈음에 진화를 할 것이라는 것이 더 그럴 듯하다.

사실상 바로우와 티플러는 호모 사피엔스의 진화의 10단계를 나열한다. 각 단계는 상당히 불가능해 보이기 때문에 그 단계 하나가 발생하기 전에 태양은 주계열성으로서의 역할을 다하고 지구를 태워버리고 말 것이다.⁶ 그러므로 만일 우리 우주가 단지 총체적 세상 중 하나라고 한다면 그리고 논증을 위해 생물학적 복잡성에 대한 지배적인 진화론적 설명이 맞다고 가정한다면 우리가 상대적으로 어린 태양보다는 아주 오래된 태양을 관찰하고 있어야 한다는 것이 놀랍게도 훨씬 더 그럴듯한 것이다. 만일 우리가 생물학적 진화의 산물이라고 한다면 우리는 우리 별의 수명보다 훨씬 더 뒤에 우리가 진화한 그 세상 속에서 우리 자신을 발견해야 한다. [이것은 볼츠만 가설에 따라 우리가 작은 불평형에 살고 있어야 한다는 것보다 훨씬 더 개연성 있는 분석이다.]

미세 조정을 설명하기 위해 다세계 가설을 채택하는 것은 사실상 이상한 종류의 환상으로 결론지어진다. 우리의 모든 천문학적이고 지질학적이고 생물학적인 연대측정들이 오류라고 하고, 우리는 실제로 태양의 수명의 아주 뒤에 존재하고, 태양과 지구의 젊은 외형은 거대한 환상이라고 하는 것이 훨씬 더 그럴듯하다. [이것은 볼츠만 가설에서 볼 때, 우리 우주의 노화에 대한 모든 증거가 환상이라고 보는 것이 훨씬 더 가능해 보인다는 것과 유사하다.] 그래서 다세계 가설은 우주적 불평형은 잘 설명했지만 우주적 미세 조정에 대한 설명은 성공하지 못했다.

이러한 네 가지 이유로 인해, 관찰된 우주의 미세 조정에 대한 최고의 설명이라고 하는 다세계 가설은 심각한 도전에 직면한다. 그러므로 우주의 미세 조정은 우연이나 물리적 필연성에 기인한다고 하기에는 어려움이 있어 보인다. 그래서 만일 설계 가설이 그것의 다른 이론들보다 심지어 더 믿기 쉬워 보일 수 있다면, 미세 조정은 설계에서 기인한다는 주장이 등장하게 되는 것이다.

설계 가설의 주장은 지성있는 생명체를 위한 우주의 초기 조건들을 미세 조정한 우주 설계자(Cosmic Designer)가 존재한다는 것이다. 이러한 가설은 우주의 미세 조정에 대한 인격적인 설명을 제공한다. 이러한 설명이 믿기 어려운가?

설계에 대해 비방하는 자들은 때때로 이 가설에서는 우주 설계자 자신이 설명되지 않은 채로 남아있다는 것을 반대한다. 하나의 지성적 마음은 또한, 복잡한 순서를 보여 주기 때문에 만일 우주가 설명이 필요하다면, 우주의 설계자 설명이 필요하다고 한다.

---

6   John Barrow and Frank Tipler, *The Anthropic Cosmological Principle* (Oxford: Clarendon, 1986), 561-65.

"만일 설계자에 대한 설명이 필요하지 않다면, 우주에도 설명이 필요없지 않은가?"

이 유명한 반론은 설명의 성격을 잘못 이해한 데서 기인한다. 하나의 설명이 최고의 설명이 되기 위해서는 거기에 덧붙일 설명이 있을 필요가 없다는 것은 널리 알려진 사실이다(참으로 이러한 요구는 끊임없는 퇴보를 양산하게 되고 결국, 모든 것은 설명이 불가능하게 된다). 예를 들어, 만일 우주비행사들이 어떤 다른 행성에서 지성있는 생명체의 흔적들을 찾아야만 한다면 그 흔적들이 인위적인 것에 대한 최고의 설명이라고 하는 것을 인식하기 위해 우리가 이러한 지구 밖의 일들을 설명할 수 있어야 할 필요는 없는 것이다. 마찬가지로 설계 가설이 미세 조정에 대한 최고의 설명이라고 하는 것은 설계자를 설명할 수 있는 우리의 능력에 의존하는 것이 아닌 것이다.

더욱이 마음의 복잡성은 우주의 복잡성과 다르다. 마음에 귀속되는 개념들은 복잡할 수 있다. 그러나 마음 자체는 매우 단순한 것이다. 그것은 분리할 수 있는 부분들이나 조각들로 이루어진 것이 아닌 비물질적인 존재이다. 더욱이 지성이나 양심, 의지와 같은 특성들은 마음이 혹시 부족할 수 있는 비본질적인 특성들이 아니지만 그것의 성격에는 필수적이다. 그래서 우주가 존재하기 이전의 창조되지 않은 정신을 가정하는 것과 설계되지 않은 우주를 가정하는 것은 매우 다르다. 그래서 우주의 초기 상태의 미세 조정에 근거한 목적론적 논증은 우주의 설계자에 대한 건전하고 설득력있는 논증으로서 전혀 문제가 없는 것이다.

2. 가치론적 논증

우리가 하나님 없이 선할 수 있는가?

먼저 이 질문에 대한 대답이 너무 분명해서 심지어는 그 질문을 제기하는 것이 분개를 일으킬 수 있다. 왜냐하면, 유신론자들은 의심의 여지없이 하나님 안에서 도덕적인 힘과 결심의 근원을 발견하기 때문이다. 그 근원은 다르게 살아가는 사람들보다 더 나은 삶을 살 수 있도록 한다. 그런데도 하나님에 대한 믿음을 공유하지 않는 사람들은 선한 도덕적인 삶을 살지 않는다고 주장하는 것은 거만하고 무지한 것이다.

그러나 잠시만!

참으로 하나님에 대한 '믿음 없이' 사람이 선할 수 없다고 주장하는 것은 무지하고 거만한 것일 것이다. 그러나 그것은 질문이 아니다. 질문은 우리가 '하나님 없이' 선할 수 있는가이다. 우리가 이 질문을 물을 때, 우리는 도덕적 가치의 객관성에 대한 분석 윤리적인(metaethical) 질문을 자극적인 방법으로 던지고 있는 것이다.

우리가 견지하는 가치들은 단순히 사회적 풍습에 의해서 길의 오른쪽 대신에 왼쪽에서 운전하는 것과 유사하게 우리의 삶을 인도하는가?

아니면, 개인의 기호의 단순한 표현에 의해서 어떤 음식들의 맛을 보는 것과 유사하게 우리의 삶을 인도하는가?

아니면, 그 가치들은 우리가 그것들을 이해하는 것으로부터 타당하게 독립적인가?

만일 그렇다면 무엇이 그 가치들의 근거가 되는가?

더욱이 만일 도덕이 그저 한 인간의 풍습이라고 한다면 특별히 도덕성이 자기 이익적인 것과 상충될 때에 왜 우리가 도덕적으로 행동해야 하는가?

또는 우리가 어떤 면에서 볼 때, 우리의 도덕적 결정들과 행위들에 대한 책임을 가지는가?

많은 철학자는 만일 하나님이 존재한다면 도덕적 가치들과 도덕적 의무와 도덕적 책임의 객관성은 지켜지지만, 하나님이 부재시 즉, 하나님이 존재하지 않는다면, 도덕은 단지 사람의 풍습에 지나지 않게 되고, 도덕은 전적으로 주관적이고 구속력이 없게 된다고 주장해왔다. 우리의 어떤 선하다고 여겨지는(또는 악하다고 여겨지는) 행위들이 그대로 있을지라도 하나님이 부재시에는 이러한 행위들은 더 이상 선한 것으로 [또는 악한 것으로] 여겨지지 않게 될 것이다. 왜냐하면, 만일 하나님이 존재하지 않는다면, 객관적 도덕 가치가 존재하지 않기 때문이다. 그래서 우리는 하나님이 없이는 진실로 선할 수 없게 되는 것이다. 다른 한 편으로는 만일 우리가 도덕적 가치들과 의무들이 객관적이라고 믿는다면, 그것은 우리에게 하나님을 믿도록 만드는 도덕적인 바탕을 제공한다. 우리는 그래서 하나님의 존재에 대한 **가치론적 논증**(axiological argument)을 해야만 하는 것이다.

하나님이 존재한다는 가설을 고려해 보라. 전통적인 유신론에 의하면 객관적 도덕 가치(objective moral values)는 하나님 안에 근거하고 있다. 객관적 도덕 가치가 있다고 말하는 것은 무엇이 옳고 그른지는 누군가 그렇게 되어야 한다고 믿는 것과는 상관없이 독립적이라고 말하는 것이다. 예를 들면, 홀로코스트(Holocaust)를 자행한 나치당(Nazis)이 그것이 선하다고 생각했음에도 불구하고 나치의 반유대주의는 도덕적으로 잘못되었다고 말한다. 그리고 나치가 만일 제2차 세계대전에서 승리했다고 하고 그들에게 동조하지 않는 모든 사람을 세뇌하고 몰살시켰다고 해도 홀로코스트는 아직도 잘못된 것으로 여겨질 것이다.

전통적인 유신론에서는 하나님 자신의 거룩하고 완전하게 선한 성품은 절대적인 기준을 제공하며, 모든 행위와 결정은 그 기준에 의해서 평가된다. 하나님의 도덕적 성품은 플라톤(Plato)이 '절대선'(Good)이라고 불렀던 것이다. 하나님은 도덕적 가치의 근원이고 중심이다. 하나님은 본래 사랑하고, 너그럽고, 정의롭고, 성실하고, 친절한 존재이다.

더욱이 하나님의 도덕적 성품은 우리와의 관계 안에서 표현된다. **하나님의 명령**(divine commands)의 형식으로 그 명령은 우리의 **도덕적 의무**(moral duties) 내지는 책임을 구성한다. 임의로 행하는 것과는 동떨어져서, 이러한 명령은 필수불가결하게 하나님의 도덕적 성품으로부터 흘러나온다. 이러한 바탕위에, 우리는 사랑이나 관대함이나 자기 희생이나 공평함의 객관적인 선함과 옳음을 입증할 수 있고, 이기심이나 분노나 학대나 차별이나 압제를 객관적인 악이고 잘못된 것으로 정죄할 수 있게 된다.

마지막으로 전통적인 유신론에서 하나님은 모든 사람이 그들의 행위에 대해 도덕적으로 책임감을 가지게 견지하신다. 악과 잘못은 정죄받을 것이다. 의는 혐의가 없음이 드러나게 될 것이다.

도덕적 책임(Moral accountability)은 이러한 삶의 불공평에도 불구하고 마지막에는 하나님의 정의의 저울이 균형을 잡게 될 것이라는 것을 의미한다. 그래서 삶에서 우리가 택하는 도덕적 선택들은 영원적 의의에 따라 내려진 것이다. 우리는 일관성을 가지고 우리 자신의 이익과 반대되고, 심지어는 극단적인 자기 희생의 행동을 취하면서 도덕적인 선택을 내릴 수 있다. 이러한 결정은 공허하거나 결국에는 의미없는 행동이 아니란 것을 우리는 알고 있다. 오히려 우리의 도덕적 삶은 최고의 중요성을 가지고 있다. 그래서 유신론이 도덕을 위한 건전한 근거를 제공하는 것처럼 보인다.

무신론적 가설과 대조해 보자. 만일 하나님이 존재하지 않는다면, 무엇이 도덕적 가치의 근거가 될 것인가?

더 구체적으로 무엇이 인간의 가치의 기준이 되는가?

만일 하나님이 존재하지 않는다면, 인간이 특별하다거나 인간의 도덕성이 객관적으로 타당하다고 생각할 어떤 이유를 찾는 것이 어렵게 된다.

더 나가서, 왜 우리가 무엇을 해야 한다는 어떠한 도덕적 책임을 가진다고 생각하는가?

누가 또는 무엇이 어떠한 도덕적인 의무를 우리에게 부여하는가?

과학철학자인 마이클 루스(Michael Ruse)는 다음과 같이 기록한다.

> 근대 진화론자의 입장은 … 인간은 도덕성에 대해 알고 있다는 것이다. … 왜냐하면, 이러한 앎은 생물학적인 가치에 관한 것이기 때문이다. 도덕성은 손과 발과 치아와 다를 바 없는 생물학적인 적응이다. … 객관적인 어떤 것에 관해 이성적으로 정당화될 수 있는 주장들로서 고려되는 윤리학은 환상이다. 누군가 "네 이웃을 네 몸과 같이 사랑하라"고 말할 때, 그들 스스로를 넘어서 생각하고 있다는 것을 나는 알고 있다. … 그런데도 … 이러한 생각은 사실 근거가 없는 것이다. 도덕이란 생존과 출산을 위한 것일 뿐…더 깊은 이미가 있다는 것은 환상이다.[7]

사회생물학적 압력(sociobiological pressures)의 결과로, 호모 사피엔스(Homo sapiens)가운데 진화한 일종의 '집단 도덕성'(herd morality)이 있는데, 그것은 생존을 위해 분투하는 우리 종(species)이 영구보존되게 될 때 제대로 역할을 한다. 그러나 이러한 객관적으로 호모 사피엔스에게 구속력을 가지는 도덕성을 형성하는 어떠한 것도 없어 보인다.

이제 우리는 우리 앞에 있는 쟁점을 분명하게 이해하는 것이 중요하다. 우리의 질문은 "우리가 도덕적인 삶을 살기 위해 하나님을 믿어야 하는가?"가 아니다. 무신론자들과 유신론자들 모두 우리가 일반적으로 선하고 예의바른 삶이라고 규정되는 대로 살지는 않을 것이라고 생각할 이유는 없다. 또 우리의 질문은 "우리가 하나님을 고려하지 않고 윤리의 체제를 형성할 수 있는가?"가 아니다. 만일 무신론자가 인간이 객관적인 가치를 가진다고 허용한다고 할 때, 그가 유신론자가 거의 동의할 만한 윤리 시스템을 형성할 수 없다고 생각할 아무런 이유도 없다. 게다가 우리의 질문은 "하나님을 고려하지 않고 우리가 객관적인 도덕적 가치의 존재를 인식할 수 있는가?"가 아니다. 유신론자는 전형적으로 우리

---

7 Michael Ruse, "Evolutionary Theory and Christian Ethics", in *The Darwinian Paradigm* (London: Routledge, 1989), 262, 268-69.

가 우리의 아이들을 사랑해야 한다는 것을 인식하고 말하기 위해 반드시 하나님을 믿어야만 한다고 하지 않는다.

오히려 인본주의 철학자로서 폴 커츠(Paul Kurtz)는 다음과 같이 말했다.

> 도덕과 윤리적 원칙들에 관한 중심되는 질문은 그 원칙들의 존재론적 근거에 관심을 둔다. 만일 그러한 원칙들이 하나님으로부터 나온 것도 아니고 어떤 초월적인 바탕에 근거하고 있지도 않다고 한다면 윤리와 도덕의 근거들은 완전히 덧없는 것이란 말인가?[8]

만일 하나님이 존재하지 않는다면, 호모 사피엔스에서 진화한 집단 도덕성을 객관적으로 옳다고 간주하기 위한 바탕이 제거되어 존재하지 않는 것처럼 보인다. 인간은 그저 상대적으로 최근에 극소의 작은 먼지 반점 위에서 진화한 우연한 자연의 부산물인 것이다. 그 반점은 냉담하고 분별없는 우주 안 어딘가에서 잃어버린 것으로 상대적으로 짧은 시간에 개인적으로 그리고 집단적으로 멸망하게 되는 운명이었다.

특정한 행동들, 예를 들어 강간은 사회적으로 유익한 것이 아니다. 그래서 인간 진화의 과정에서 금기 되었다. 그러나 무신론적 입장에서 누군가를 강간하는 것에 대한 어떠한 진실로 잘못된 이유를 찾는다는 것은 어렵다. 있는 그대로 말하자면 무신론적 관점에서 인간은 그저 동물에 불과하고 동물은 도덕적인 행위를 하지 않는다는 것이다. 강간이나 유아 고문과 같은 행위들은 도덕적으로 중립적인 행위라고 주장하기를 꺼려하는 어떤 철학자들은 하나님 없는 객관적 도덕 가치를 주장하려고 시도하였다.

이러한 관점을 **무신론적 도덕 실재론**(atheistic moral realism)이라고 부르자. 무신론적 도덕 실재론자들은 객관적 도덕 가치와 의무들이 존재하며 그것들은 인간의 의견이나 진화도 의존하지 않고 하나님에 근거하지도 않는다고 주장한다. 결국, 도덕적 가치들은 더 나은 근거를 가지고 있지 않은 것이다. 그것들은 그저 존재하는 것뿐이다.

그러나 이 관점을 이해하는 것은 어려운 일이다. 예를 들어, 도덕적 가치인 정의가 그저 존재한다고 말하는 것은 어떠한 의미를 가지는가?

---

8 Paul Kurtz, *Forbidden Fruit* (Buffalo, N.Y.: Prometheus, 1988), 65.

그것이 의미하는 바를 알기가 어렵다. 어떤 사람이 정의롭다 할 때 그것이 의미하는 바를 아는 것은 분명하다. 그러나 그 사람이 존재하지 않는데 정의 자체가 존재한다고 한다면 우리는 다소 당황하게 된다. 도덕적 가치들은 단순히 추상으로서가 아닌, 사람의 특성으로서 존재하는 것처럼 보인다. 정도에 관계없이, 도덕적 가치가 단순히 추상으로서 존재한다는 것의 의미를 아는 것은 어렵다. 무신론적 도덕 실재론자들은 도덕적 가치들의 현실성에서 볼 때, 어떤 적절한 근거가 부족해 보이고 그저 그 가치들이 비지성적인 길에 떠다니도록 내버려두는 것처럼 보인다. 또한, 도덕적 의무나 책임의 성격은 무신론적 도덕 실재론과 양립할 수 없어 보인다.

논증을 위해 도덕적 가치들은 하나님과는 독립되어 존재한다는 것을 지지한다고 가정하자!
자비나 정의, 사랑이나 오래참음과 같은 가치들은 그저 존재한다고 가정하자!
나에게 어떤 도덕적 책임이 있게 되는가?
왜 내가 소위 자비로움과 같은 도덕적 의무를 가지고 있어야 하는가?

윤리학자인 리차드 테일러(Richard Taylor)가 다음과 같이 지적했다.

> 의무는 무엇인가 빚을 진 것이다. … 그러나 어떠한 사람이나 사람들에게만 빚으로 남게 되는 것이다. 고립 속에서는 의무와 같은 일들이 있을 수 없다.[9]

하나님은 도덕적 책임을 타당하게 하셨다. 왜냐하면, 그분의 명령들은 우리에게 도덕적 의무를 제공하기 때문이다. 테일러는 다음과 같이 썼다.

> 우리의 도덕적 책임들은 … 하나님이 부여한 것으로 이해될 수 있다. … 그러나 만일 이러한 인간보다 높은 입법자가 더 이상 고려되지 않는다고 한다면 어떻게 되는 것인가? 도덕적 책임의 개념이 하나님이라는 생각을 떠나서는 비지성적이게 된다. 단어만 남고 의미는 사라져버린 모양이 되는 것이다.[10]

---

9 Richard Taylor, *Ethics, Faith and Reason* (Englewood Cliffs, N.J.: Prentice-Hall, 1985), 83.
10 Ibid., 83-84.

무신론자로서 테일러는 이러한 이유로, 우리가 문자적으로 도덕적 책임이 없고, 옳고 그름이 없다고 생각했다. 무신론적 도덕 실재론자는 이것이 증오스러운 것이라고 제대로 발견한다. 그러나 테일러가 분명히 본 것처럼, 도덕적 가치들이 어떻게든 존재한다고 할지라도 무신론적 관점에서는 의무에 관한 근거가 없는 것이다.

그리고 추상적으로 존재하는 도덕적 가치의 영역에 반응을 보이는 그러한 종류의 피조물은 눈먼 진화의 과정으로부터 나올 것이라고는 절대로 말할 수 없다. 그러한 것을 생각할 때, 이것은 믿을 수 없는 우연의 일치처럼 보인다. 도덕적인 영역은 우리가 오고 있었다는 것을 마치 알았던 것처럼 보인다. 자연적인 영역과 도덕적인 영역을 모두 신적인 창조주와 신적인 법률제정자의 패권 아래에 있는 것으로 보는 것이, 이러한 두 개의 전적으로 독립된 실체의 질서들이 그저 맞물리게 되었다고 보는 것보다, 훨씬 더 개연성있다. 그래서 무신론적 도덕 실재론은 유신론만큼 개연성있는 관점으로 보여 지지 않는다.

그러나 이것은 무신론이 암시하는 것처럼 보이는 **도덕적 허무주의**(moral nihilism)에 마음을 두고 싶어하지 않는 철학자들을 위한 편안한 중간지점의 집처럼 역할을 한다. 어떤 철학자들은 추상적으로 존재하는 도덕적 가치들을 유신론처럼 싫어하면서, 자연주의적 세계관의 환경 속에서 객관적인 도덕적 원칙들 내지는 성질들의 존재를 말살하려고 노력한다.

그러나 이러한 이론들을 옹호하는 자들은 전형적으로 그들의 시작점을 정당화하는 데 어려움이 있다. 만일 도덕철학 이론에 대한 그들의 접근이 시장보기 위해 만드는 물건목록과 같은 것이 아닌 진지한 형이상학이 되어야 한다면 그리고 왜 도덕적 성질들이 어떠한 자연 상태에서 발생하게 되는지 또는 왜 이러한 원칙들이 사실인지에 대한 어떠한 종류의 설명이 요구된다. 그 발생한 도적적 원리들과 속들이 그 도덕철학적 작업을 완성하도록 도울 필요가 있는 한, 자연주의자가 우리가 사실상 인간 존재의 어떤 특징 중에 선함을 이해한다는 것을 지적하기에는 충분하지가 않다. 왜냐하면, 그렇게 하는 것은 가치론적 논증의 옹호자가 주장하기 원하는 도덕적 가치들과 의무들의 객관성만을 세우기 때문이다.

마지막으로 만일 무신론자가 옳다면, 자기의 행위에 대한 도덕적 책임은 없는 것이다. 자연주의 속에 객관적 도덕 가치와 의무들이 있었다고 해도, 도덕적 책임이 없기 때문에 그러한 것들은 부적절한 것이다. 만일 삶이 무덤에서 끝난다면, 스탈린(Stalin)처럼 살든 성자처럼 살든 아무런 차이도 없게 된다. 러시아 작가 도스토예프스키(Dostoyevsky)가 옳게 지적한 대로 만일 영혼불멸이 없다면, 모든 것이 허용된다. 죽음이 마지막이라고 한다면 우리가 어떻게 살든지 문제될 것이 없다.

그러므로 순수하게 자기 이익을 위해 그저 기뻐하는 대로 살 것이라고 결론을 내리는 사람들에게 우리가 할 말은 무엇인가?

이것은 카이 닐슨(Kai Nielsen)과 같은 무신론적 윤리학자에게 꽤 냉혹한 그림을 제시한다. 그는 이렇게 적는다.

> 우리는 이성이 도덕적 관점을 요구한다는 것 또는 모든 실제의 이성적 인간이 개인적 이기주의자나 전통적인 비도덕주의자가 되어서는 안된다는 것을 보여 주지 못한다. 이성은 판단하지 못한다. 여러분을 위해 내가 그린 그림은 기뻐할 만한 것이 아니다. 이는 나조차 암울하게 한다. … 순수한 실천 이성은 심지어 사실들에 대한 좋은 지식을 가지고 있으면서도, 여러분에게 도덕성을 주지 않을 것이다.[11]

어떤 사람들은 도덕적 생활양식을 채택하는 이유가 우리의 **최고의 자기 이익**(best self-interest) 속에 있다고 이야기할 것이다. 그러나 분명히 말해서 그 말은 항상 진리가 되는 것은 아니다. 우리 모두는 도덕성에도 아랑곳하지 아니하고 자기 이익을 따라 사는 삶의 환경을 알고 있다. 더욱이 페르디난드 마르코스(Ferdinand Marcos)나 빠빠 독 듀발리에(Papa Doc Duvalier)나 심지어 도날드 트럼프(Donald Trump)처럼 만일 어떤 사람이 충분히 권력이 있다고 한다면 그는 양심의 명령을 꽤 많이 무시하고 방종 가운데 안전하게 살 수 있다.

마지막으로 도덕적 관점을 자기 이익의 바탕에서만 채택하려고 하는 사람은 도덕적 관점을 채택하는 것에 실패하고 말 것이다. 그러므로 순수한 자기 이익을 위해 참된 도덕적 생활양식을 채택하는 것은 불가능하다는 결론이 나오는 것이다. 자기 희생의 행동들은 자연주의적 세계관에서 볼 때, 특별히 어리석게 보여 진다. 왜 자기 이익과 특히, 자신의 삶이 다른 사람의 유익을 위해 희생되어야 하는가?

사회학적 관점에서 볼 때, 이러한 **이타적인 행위**(altruistic behavior)는 종을 지속시켜 나가는 것을 돕는 진화론적인 조건의 결과이다. 불타는 집에 아이들을 구하러 달려 들어가는 어머니나 자기 전우들을 살리기 위해 수류탄 위에 몸을 날리는 군인은 도덕적으로 말하면 개미집을 지키기 위해 자신을 희생하는 군병개

---

11 Kai Nielsen, "Why Should I Be Moral?" *American Philosophical Quarterly 21* (1984), 90.

미보다 더 중요하거나 더 칭송받을 만한 일을 한 것이 아니다.

선한 감각은 할 수만 있다면 사회생물학적 압박이라는 이러한 자멸적인 행위에 저항해야 하고 대신에 우리의 최고의 자기 이익 안에서 행동하는 것을 선택해야 한다고 명령한다. 삶은 너무 짧기에 자신을 위태롭게 하기보다는 자기 이익을 위해 살아야 한다. 다른 사람을 위한 희생은 아주 어리석은 일이다. 그래서 자연주의 철학이 제시하는 도덕적 책임의 부재는 동정의 윤리를 형성하고 자기희생을 하나의 공허한 추상으로 만든다.

그래서 우리는 하나님이 존재하느냐 존재하지 않느냐에 의존하면서, 도덕성에 대해 근본적으로 다른 관점을 가지게 된다. 만일 하나님이 존재한다면 도덕성에 대한 건전한 근거가 있는 것이다. 만일 하나님이 존재하지 않는다면, 니체(Nietzsche)가 주장한 대로 우리는 궁극적으로 허무주의에 다다르게 될 것이다.

그러나 이 둘 사이에서의 선택이 근거 없이 임의적으로 이루어질 필요는 없다. 반면에 우리가 지금까지 논의했던 바로 그 생각들이 하나님의 존재에 대한 도덕적 정당화를 형성할 수 있다. 예를 들면, 만일 우리가 객관적 도덕 가치가 존재한다고 생각한다면 우리는 논리적으로 하나님이 존재한다고 하는 결론에 도달하게 되어있다. 그리고 우리가 객관적 도덕 가치의 영역을 참으로 이해하게 된다. 물리적 세상의 객관적 실제보다 도덕 가치의 객관적 실제를 부인하기가 더 어려운 것이다. 도덕성은 생물학적 적응이라는 루스의 추론은 그의 교과서에 나타나는 가장 나쁜 **발생적 오류**(genetic fallacy, 어떤 믿음이 발생한 방법이 잘못되었으면 그 믿음도 잘못되었다는 논증적 오류)의 실례이다. 그리고 그 책에서 가장 나은 주장이 그저 객관적 도덕적 가치는 우리의 주관적 인식이 진화된 것이라는 것뿐이다.

그러나 만일 도덕 가치가 고안되는 것이 아니라 점진적으로 발견된다면, 물리적 세상에 대한 우리의 점진적이고 오류가능한 인식이 도덕적 영역의 객관성을 약화시키지 않듯이 그 영역에 대한 우리의 점진적이고 오류가능한 이해로 그 영역의 객관적 실제를 약화시키지 않을 것이다. 우리 대부분은 우리가 객관적인 가치들을 이해한다고 생각한다. 루스 자신이 고백한 대로 "어린이들을 강간하는 것이 도덕적으로 받아들여질 수 있다고 말하는 사람은 2+2=5라는 사람처럼 분명히 실수를 한 것이다."[12]

---

12 Michael Ruse, *Darwinism Defended* (London: Addison-Wesley, 1982), 275.

더 나아가서 도덕적 책임의 성질을 고려해 보라. 국제사회는 보편적 인권의 존재를 인식하고, 또 많은 사람이 **동물의 권리**(animal rights)도 기꺼이 말한다. 그러나 이러한 권리들을 이해하는 가장 좋은 방법은 거룩하고 사랑스런 하나님의 명령이나 뜻을 따른 어떤 행위에 대한 동의나 반대로 표현하는 것이다.

마지막으로 도덕적 책임의 문제를 다루어보자. 여기에서 우리는 하나님을 믿는 것에 대한 강력한 **실천적 논증**(practical argument)을 발견한다. 윌리암 제임스(William James)에 의하면 "실천적 논증은 긴급하고 실제적인 중요성을 가진 질문에 이론적인 논증으로는 답하기에 충분하지 못할 때에만 사용될 수 있다." 그러나 실천적 논증은 또한, 건전한 이론적 논증의 결론을 수용하는 것을 동기부여하거나 보충하는 데에 사용될 수 있다는 것도 명백하다. 하나님이 존재하지 않고 그래서 어떠한 도덕적인 책임감도 존재하지 않는다고 믿는 것은 문자적으로 매우 비도덕적으로 된다는 것이다. 왜냐하면, 그렇게 될 때, 우리는 우리의 도덕적 선택이 궁극적으로 무의미한 것이라고 믿어야만 하기 때문이고, 그렇게 되면 우리와 우주의 마지막 운명은 행위와는 무관할 것이다.

'비도덕화'(de-moralization)라는 말은 도덕적 동기부여의 악화를 의미한다. 옳은 일이라는 의미가 자기 이익을 희생하지 않고 잘못된 것을 행하고 싶은 욕구가 클 때, 그 유혹을 이겨내는 것이라면, 그러한 옳은 일을 행하기에는 어려움이 많다. 그리고 여러분이 무엇을 선택하거나 행하는 것이 전혀 문제가 되지 않는다는 믿음은 여러분의 도덕적 능력을 약화시키고 여러분의 도덕적 생활을 약화시킨다.

반면에 여러분이 여러분의 행위에 대해 책임을 지게 될 것이고 여러분의 선택이 선을 실천하는 것이 중요하다는 믿음을 갖고 있는 것보다 우리의 도덕적 삶을 강화하는 길은 없다. 그래서 유신론은 도덕적으로 유익한 믿음인 것이다. 무신론을 그 자리에 세우려는 어떠한 이론적인 논증이 부재할 때, 유신론은 도덕적으로 유리한 믿음이고 하나님을 믿도록 하는 실제적인 배경과 유신론을 지지하는 이론적인 논증의 결론을 받아들이도록 동기를 부여한다.

결론적으로 만일 하나님이 존재하지 않는다면, 어떠한 객관적 도덕 가치가 존재하지 않을 것이라고 생각하는 것은 타당한 것이고, 우리는 도덕적인 의무가 없고 어떻게 살고 행동해야 하는지에 대한 어떠한 도덕적 책임이 없다고 말하는 것도 타당한 것이다. 반면에 또 하나의 이성적인 것으로 보여 지는 것은 만일 우리가 객관적 도덕 가치와 의무들이 존재한다는 것을 견지한다면 우리는 하나님의 존재에 대해 믿을 수 있는 좋은 근간을 가지게 되는 것이다. 우리는 이 논증을 다음과 같이 간단하게 정리할 수 있다.

① 만일 하나님이 존재하지 않는다면, 객관적 도덕 가치나 의무들이 존재하지 않을 것이다.
② 객관적 도덕 가치와 의무들은 존재한다.
③ 그러므로 하나님은 존재한다.

더욱이 우리는 도덕적인 책임감에 대한 믿음이 열매로 맺은 효과들을 도덕적으로 강화하는 유신론의 관점을 따라야 하는 강력한 실제적인 이유들을 보았다. 그러므로 우리가 하나님 없이는 진실로 선하게 될 수 없다. 그래서 만일 우리가 어느 정도 선하게 될 수 있다고 한다면 그것은 하나님이 존재한다는 사실을 인정하는 것이 된다.

3. 존재론적 논증

캔터베리의 안셀무스(Anselm of Canterbury)는 1077년까지 『모놀로기온』을 썼었다. 거기서 그는 가치론적이고 우주론적인 논증으로 하나님의 존재를 주장했다. 그러나 안셀무스는 그의 표현의 복잡성으로 인해 만족할 만한 결과를 얻지 못했고, 하나님이 존재한다는 것을 스스로 증명한다는 하나의 논증을 간절히 찾고 싶어 했다. 그래서 그의 새 논증에 대한 열쇠를 제공한 '그 이상의 것은 상상할 수 없는 가장 큰 존재' 로서 하나님의 개념을 재촉했다.

안셀무스는 사람이 진실로 **그 이상의 것은 상상할 수 없는 가장 큰 존재**(greatest conceivable being)의 관념을 참되게 이해한다면 그는 이러한 존재가 반드시 존재해야만 한다는 것을 보게 될 것이다. 만일 그렇지 않다면 그 존재는 더 이상 그 이상의 것은 상상할 수 없는 가장 큰 존재가 되지 못하기 때문이다. 참으로 하나님을 올바르게 이해하는 사람에게 하나님은 상상할 수 없는 큰 존재이다(『프로슬로기온』, 2-3).

둔스 스코투스(Duns Scotus)와 데카르트(Descartes), 스피노자(Spinoza), 라이프니츠(Leibniz) 등등의 철학자들이 옹호하고 있는 **존재론적 논증**(ontological argument)으로 알려진 안셀무스의 논증은 다양한 형태를 가정하는 것으로 이루어졌다. 그래함

오피(Graham Oppy)가 그의 매우 면밀한 책 속에서 여섯 개의 기본 형태로 존재론적 논증을 정의하고 있음에도 불구하고 그가 구별한 존재론적 논증은 유용성에서 볼 때 너무 모호한 기준에 근거하고 있다. [이른바, 논증이 만일 유신론적 세계관에 치중한 전적으로 내적인 사고에서 시작한다면 존재론적 논증의 형태가 된다는 것이다.]

오히려 존재론적 논증 속의 일반적인 맥락은 논증이 하나님의 존재를 어떤 다른 필요한 진리들과 더불어 하나님에 관한 개념으로부터 연역하려고 시도한다는 것이다. 논증의 옹호자들은 우리가 하나님은 그 이상의 것은 상상할 수 없는 가장 큰 존재, 혹은 가장 완전한 존재, 혹은 가장 실제적인 존재로서 하나님이 누구인가를 이해한다면 우리는 이 존재가 반드시 실제로 존재해야 한다는 것을 알게 될 것이라고 주장한다.

존재론적 논증은 철학자들을 날카롭게 양분화시키려고 한다. 쇼펜하우어(Schopenhauer)가 그 논증을 '매력적인 농담'(a charming joke)이라고 논증에서 제외시킨 것에 많은 사람이 동의할 것이다. 그러나 노먼 말콤(Norman Malcolm)이나 찰스 하트숀(Charles Hartshorne)이나 알빈 플란팅가(Alvin Plantinga)와 같은 많은 뛰어난 신진 철학자는 이 논증을 진지하게 취급할 뿐만 아니라 그 논증이 논리적으로 옳다고 생각한다.

플란팅가는 존재론적 논증에 관한 저서에서 라이프니츠의 통찰력을 높이 평가했다. 라이프니츠는 그 존재론적 논증을 통해 하나님의 개념이 가능하다고 가정하였다. 즉, 개념에 속하는 존재는 존재하는 것이 가능하다고 가정하거나, 가능한 세상들의 의미론을 적용하여, 하나님이 존재하는 '**가능 세상**'(possible world)이 있다고 가정하였었다. 플란팅가는 하나님을 모든 가능한 세상에서 극대로 뛰어난 존재로서 이해했다. 그 모든 가능한 세상에서 **극대의 뛰어남**(maximal excellence)은 전지와 전능과 도덕적 완전함 등의 아주 뛰어나게 만드는 성질들을 의미한다. 플란팅가는 이러한 존재를 "극대의 위대함"으로 불렀다.

플란팅가는 **극대의 위대함**(maximal greatness)은 실증할 수 있다고 단언한다. 말하자면 극대로 위대한 존재가 존재하는 가능한 세상이 있다는 것이다. 그러나 그 때, 이 존재는 실제적인 세상을 포함하여 모든 가능한 세상에서 극대의 뛰어난 방식으로 반드시 존재해야 한다. 그러므로 하나님은 존재한다. 플란팅가가 존재론적 논증은 논리적이고 의심할 바 없는 논증이라고 생각함에도 불구하고 초기에 그는 그 논증을 자연신학의 성공적인 부분으로 간주하지 않았다. 왜냐하면, "극대의 위대함은 예증될 수 있다"(Possibly, maximal greatness is exemplified)는 중심 전제가 이성적으로 부정될 수 있기 때문이었다.

플란팅가는 그가 자연신학에서 '성공'을 위해 비이성적으로 높게 장애물을 놓았었다고 나중에 고백했다. 왜냐하면, 그는 "어떠한 중요한 철학적 결론을 위한 어떠한 진지한 철학적 논증이 그러하는 것처럼 하나님의 존재에 대한 좋은 배경을 존재론적 논증이 제공할 수 있다"[13]라고 믿었기 때문이었다.

조지 마브로데스(George Mavrodes)가 유심히 생각했던 것처럼, "그러나 만일 진지한 철학 내 어디에서건 있을 수 있는 최고의 논증들이 훌륭한 만큼 자연신학이 그렇게 훌륭할 수 있다면 … 왜 우리가 이러한 강력한 논증들을 하나님의 증거들로서 내세우면 안되는가?"[14]

플란팅가의 존재론적 논증을 높이 평가할 때 세워져야 할 원칙적인 쟁점은 그 중심 전제가 참이라고 생각하도록 하는 보증을 고려하는 것이다. 이러한 생각 속에서 **형이상학적 가능성**(metaphysical possibility, 현실화 될 수 있음)과 단순히 **인식론적 가능성**(epistemic possibility, 상상 할 수 있음) 사이의 차이점을 염두에 두는 것은 매우 중요하다. "하나님은 존재한다는 것이 가능하다. 그리고 그가 존재하지 않는다는 것도 가능하다"고 말하고 싶은 유혹이 있다.

그러나 인식론적 가능성의 관점에서만 이것이 참이 된다. 만일 하나님이 극대로 위대한 존재로 이해된다면, 우리의 인식론적 불확실성과는 관계없이, 그분의 존재는 형이상학적으로 필연적이거나 불가능한 것 중에 하나가 된다. 그래서 중심 전제의 인식론적 사고 가능 성(또는 그것의 부정)은 그것의 형이상학적 가능성을 보증하지는 않는다. 극대로 위대한 존재에 대한 생각은 직관적으로 일관된 관념이고, 그러므로 실증이 가능하다고 말할 수 있다. 이러한 관점에서 하나님에 대한 생각은 논증의 비난자들이 전통적으로 반론한, 즉 상상에서 나온 유사한 관념들인 극대로 위대한 섬이나 필연적으로 존재하는 사자에 대한 생각과는 다르다.

---

13 Alvin Plantinga, "Reason and Belief in God", 1981년 10월 탈고본, 18-19. 이것에 대한 Mavrodes의 자료가 근거가 없게 된 결과와 함께, 이 문장은 논문의 출판본에서 고의가 아니게 누락되었다. 그래도 다행인 것은 거의 동일한 문장이 James E. Tomberlin과 Peter van Inwagen이 편집한 *Profiles 5*(Dordrecht: D. Reidel, 1985), 71의 *Alvin Plantinga*에 관한 부분의 Alvin Plantinga의 "자기 소개"에서 나타난다는 것이다. 같은 저자들이 지은 *Warranted Christian Belief*(Oxford: Oxford University Press, 2001), 69도 참조하라.

14 George Mavrodes, "Jerusalem and Athens Revisited", in *Faith and Rationality*, ed. A. Plantinga and N. Wolterstorff(Nortre Dame, Ind.: University of Notre Dame Press, 1983), 205-6.

극대의 뛰어남을 구성하는 성질들은 **본질적인 극대**(intrinsic maxima)를 가진다. 그 말은 그 성질들이 최고의 가치를 지닌다는 말이고, 반면에 섬들과 같은 사물들의 성질을 뛰어나게 만드는 것은 그러한 최고의 가치를 지니지 아니한다는 말이다. 더 많은 종려나무나 춤추는 원주민 아가씨가 항상 있을 수 있다. 더욱이 뛰어나게 만드는 객관적인 성질들이 섬과 같은 사물들을 위해 존재한다는 것은 불분명해 보인다.

왜냐하면, 섬들의 뛰어남은 그것의 관심들에 대해 상대적인 것처럼 보이기 때문이다. 사람이 사막섬을 좋아할 것인가?

아니면 최고의 리조트 호텔을 자랑하는 섬을 좋아할 것인가?

필연적으로 존재하는 사자와 같은 것에 대한 생각도 일관성이 없어 보인다. 왜냐하면, **필연적인 존재**(necessary being)로서 이러한 짐승은 우리가 생각할 수 있는 모든 가능한 세상에서 존재해야 할 것이기 때문이다. 그러나 가능한 세상에서 우주는 무한한 밀도의 특이점으로 구성되어 있는데, 그 세상에서 존재하는 동물은 단순히 사자가 아니다.

반면에 극대로 뛰어난 존재는 이러한 물리적인 한계를 초월할 수 있고 필연적으로 존재하는 것으로 이해될 수 있다. 아마도 극대로 위대한 존재는 예시가 가능하다는 전제를 보증하기 위해 직관에 호소하는 것에 대한 가장 큰 도전은 이것은 마치 극대로 위대한 존재에 준하는 다른 존재도 직관적으로 일관성있어 보인다는 것이다. 즉, 미래의 우연성에 대한 진리를 모르는 것만 제외하고 나머지 다른 점에 있어서는 극대로 위대한 존재도 직관적으로 있을 수 있다고 할 수 있다는 것이다.

왜 존재론적 논증의 중심 전제가 **극대로 위대함의 유사체**(quasi-maximal greatness)에 관한 전제보다 더 그럴듯한 진리인가?

우리는 극대로 위대함의 유사체가 존재한다는 생각에서 동등하게 보증되지 않는가?

아마도 동등하게 보증되지 않을 것이다. 왜냐하면, 극대로 위대함은 논리적으로 극대로 위대함의 유사체와 양립할 수 없기 때문이다. 그러므로 극대로 위대한 존재는 전능하고, 구체적인 대상은 그것의 창조의 힘을 떠나서는 존재할 수 없다. 전능한 존재로서 극대로 위대한 존재는 어떠한 물질을 만드는 것을 자유롭게 참을 수 있는 힘을 가져야 한다. 그러므로 극대로 위대한 존재만 존재하는 그러한 세상들은 반드시 존재해야 하는 것이다. 따라서 만일 극대의 위대함이 예시가 가능하다면, 극대의 위대함의 유사체는 그 예시가 불가능함을 의미한다.

뛰어난 존재의 유사체는 많은 세상 안에(그 세상들 안에서 극대로 위대한 존재가 그것을 만들기로 선택하였다) 존재할 것이다.

그러나 이러한 존재는 필연적인 것도 아니며, 그래서 극대로 위대한 것의 유사체가 아니다. 그러므로 만일 극대로 위대함이 예시가 가능하다면, 극대로 위대함의 유사체는 불가능한 것이다. 그래서 극대로 위대한 존재의 유사체도 직관적으로 가능하다는 주장이 극대로 위대한 존재가 가능하다는 우리의 직관을 손상하지 않는다. 왜냐하면, 그 주장은 극대로 위대함이 예시가 불가능하다는 전제에 의존한 직관이며 그 자정 자체도 의문을 자아내기 때문이다.

아직 **양상의 회의주의**(modal skeptics, 필연적이고 가능한 진리들을 알 수 있다는 것에 대한 회의주의)는 우리가 극대의 위대함이나 극대로 위대함의 유사체가 예시가 가능하다는 것을 선험적으로 알 길이 없다고 주장할 것이다. 두 가지가 함께 가능할 수는 없지만, 우리는 둘 중 어느 하나가 가능할 수 있는 지도 모른다. 양상에 관한 우리의 직관들은 의존할 만한 길잡이가 아니다.

존재론적 논증의 중요한 전제를 방어하는 데 있어서 어떤 것이 더 많이 언급될 수 있을까?

만일 우리가 그 중요한 전제와 그것에 대한 주장된 반론들을 조심스럽게 생각해본다면, 또 만일 우리가 받아들이건, 거절하건 그것의 다른 명제들과의 연결 관계를 고려한다면 그리고 우리가 아직도 그것이 강제하는 바를 찾는다면, 우리는 그것을 받아들이는 우리의 이성적인 권리들 안에 있는 것이라고 언급하면서, 플란팅가는 단서를 제공한다. 이러한 과정은 양상의 회의주의가 비판한 일종의 선험적 고찰들의 종류와 현격한 차이가 있다.

만일 우리가 극대의 위대함이 예시가 가능한 지를 선험적으로 결정할 수 없다고 해도, 우리는 아마 후천적인 고찰에 근거하여 극대로 위대한 존재가 있다는 것이 가능하다는 것을 믿게 될 것이다. 예를 들면, 라이프니츠식의 우주론적 논증이나 가치론적 논증과 같은 다른 유신론적 논증들은 우리가 극대로 위대한 존재가 있다는 것이 그럴듯하다고 생각하게 만들 것이다. 우주론적 논증은 생각할 수 있는 유한 실체의 존재의 근거가 되는 형이상학적으로 필연적인 존재를 생각하게 만들 것이다. 가치론적 논증은 그것이 근거한 도덕적인 가치들만큼 형이상학적으로 필연적이어야만 하는 도덕적인 가치의 자취를 생각하게 만들 것이다.

더욱이 우리는 아마도 우리 자신이 하나님의 존재에 대한 **개념론자 논증**(conceptualist argument)에 의해 설득당하는 될 것이다. 그 논증에 의하면 추상적 개체들의 존재의 가장 최고의 형이상학적 배경은 전능한 정신(omniscient mind)이다. 그리고 그 개체들은 그 정신의 개념들이 된다. 단순성에 대한 고찰들을 또한, 여기에서 다루어져야 할 것이다. 예를 들면, 하나의 형이상학적으로 필연적이고 무한하고 전능하고 도덕적으로 완벽한 존재를 단정하는 것은 이러한 최고로 만드는 각각의 성질들을 실증하는 세 가지 분리된 필연적인 존재가 존재한다고 생각하는 것보다, 더 단순하다.

비슷한 경우로, 극대로 위대한 존재의 유사체에 관해 어떤 설명할 수 없는 유한한 수치를 단정하는 것보다 등급이 정해진 성질의 수치로서 0이나 무한을 단정하는 것이 더 단순하다(또는 아마도 덜 특별하다)고 하는 스윈번(Swinburne)의 논증은 그럴듯해 보인다. 그래서 극대로 위대함이 예증될 수 있다고 생각하는 것이 극대의 위대함의 유사체를 생각하는 것보다 더 그럴듯해 보이는 것이다. 이러한 고찰에 근거해서 우리는 극대로 위대한 존재가 있다는 것이 가능하다는 것을 믿는 것에서 우리 자신이 보장되어야 한다고 바르게 생각하게 될 것이다.

지금까지 논의한 질문은 존재론적 논증이 **논점 회피**(question-begging)인가 아닌가를 찾는 것이었다. 참이 되어야 하는 논증의 전제를 생각해 내기 위한 오직 한가지 이유는 결론이 참이어야 한다는 믿음이다. 극대로 위대한 존재가 있다는 것이 가능하다고 생각하는 이유는 극대로 위대한 존재가 정말 있다는 것을 생각하게 되는 타당한 이유들이 있다는 것이 드러나게 되는 데 있다. 그러나 이러한 걱정은 하나의 너무 직선적인 방식으로 자연신학이 제시한 것을 생각한 결과물일 수 있다.

유신론적 논증들은 사슬로 연결된 것처럼 진행될 필요는 없다. 그러한 논증들 속에서 하나의 논증은 또 다른 하나의 논증과 연결되고 그 사슬은 연결된 논증들 중에 가장 취약한 것만큼만 타당하게 된다. 오히려 그 논증들은 사슬갑옷의 연결고리와 같다. 사슬갑옷에서 모든 연결고리는 서로서로를 강하게 해 준다. 그래서 전체 갑옷의 강도는 어떤 하나의 연결고리가 갖는 강도를 능가하게 된다.

존재론적 논증은 유신론의 여러 요소가 누적된 경우에 그 본분을 다하게 된다. 유신론에서 여러 요소는 동시에 협력하여 하나님이 존재한다는 전체적인 결론을 이끈다. 그 의미에서 하나님의 존재를 그분의 모든 위대함 속에서 증명하기 위해 이용되는 나머지 모든 논증으로부터 독립적으로 세워진, 하나의 단순한 논증을 안셀무스가 발견했다고 생각한 것은 옳지 않았다. 그런데도 그의 논증은 가장 높은 존재인 하나님이 존재한다는 것을 보여 주기 위해 모든 논증의 주장을 하나로 요약하였다.

4. 요약

하나님의 존재에 대한 목적론적 논증은 지성있는 생명체를 위한 우주의 미세 조정의 발견 때문에 오늘날 두드러진 것이 되었다. 미세하게 동조된 우주의 최초의 상태의 존재는 반드시 물리적 필연성이나, 물리적 우연이나, 물리적 디자인의 결과로서 설명되어야 한다. 생명체를 허용하는 우주가 물리적으로 필연적이라는 가설은 근거 없는 고찰일 뿐 아니라 실제로 증거에 거슬린다. 수없이 많은 임의의 다양한 우주의 총체적 세상의 요구만이 우연 가설을 타당하게 지지할 수 있다. 그 다양한 우주 안에서 우리의 우주는 오직 우연에 의해서만 나타난다.

논증할 수 있는 일이지만, 이러한 우연 가설은 설계 가설보다 열등하다. 왜냐하면, 우연 가설이 덜 단순하고, 총체적 세상을 형성하는 알려진 길이 없고, 총체적 세상의 존재에 대한 독립된 증거가 없고, 우연 가설은 현대 생물학적 발전 이론과 양립할 수 없기 때문이다. 그러므로 설계가 가장 타당한 설명이 된다.

가치론적 논증은 유신론에 대한 도덕적 판단을 제공한다. 만일 하나님이 존재한다면 객관적 도덕 가치와 도덕적 의무와 도덕적 책임에 대한 논리적으로 옳은 근거가 존재하는 것이다. 만일 하나님이 존재하지 않는다면, 인류는 단순히 동물에 지나지 않아 보이고 그래서 어떠한 도덕적인 가치나, 도덕적인 의무나, 도덕적인 책임감을 가지지 않게 된다. 만일 우리가 도덕적인 가치나 의무가 존재한다고 믿는다면, 하나님이 존재한다는 것이 논리적으로 따라 나온다는 것은 타당하게 보여 진다.

마지막으로 우리는 무신론이 제시하는 비도덕화와는 대조적으로 유신론의 도덕적으로 유익이 되는 성질에 대한 관점에서 유신론에 대한 실제적인 논증을 하게 된다. 존재론적 논증은 한 번 우리가 하나님에 대한 개념을 생각할 수 있는 가장 위대한 존재로 정하게 되면 하나님은 반드시 존재해야 한다는 것이 분명하게 된다는 것을 보여 주려고 한다. 만일 극대로 위대한 존재가 가능하다면, 이러한 존재가 모든 가능한 세상 안에 극대의 뛰어남을 가지고 존재하기 때문에 실제적인 세상 안에도 존재한다는 것이 당연하게 된다. 극대로 위대한 섬이나 필연적으로 존재하는 사자와 같은 망상들과 대조적으로 극대의 위대함은 예시가 가능하다는 것이 직관적으로 분명하게 보인다.

더욱이 만일 극대의 위대함이 예시가 가능하다면, 극대의 위대함의 유사체는 예시가 불가능하게 된다. 그래서 극대로 위대한 존재의 유사체가 존재 가능하다는 것에 대한 주장이 존재론적 논증을 약화시킬 수 없게 된다. 극대의 위대함의 존재가 예시되는 것이 가능하다는 것이 이러한 존재의 존재함에 관한 여러 가지 후천적 논증을 통해 타당하게 여겨지게 된다.

[기본 용어]

목적론적 논증	도덕적 허무주의
미세 조정	최고의 자기 이익
최고의 설명으로의 추론적절한 설명설계 추론	이타적인 행위
특정화된 복잡성	발생적 오류
물리적 필연	동물의 권리
만물의 법칙	실천적 논증
초끈 이론	가능 세상
팽창 모델들	그 이상의 것은 상상할 수 없는 가장 큰 존재
무차별의 원칙	극대의 뛰어남
인간 중심 원리	극대의 위대함
다세계 가설	형이상학적 가능성
오캄의 면도날	인식론적 가능성
가치론적 논증	본질적인 극대
하나님의 명령	필연적인 존재
도덕적 의무	극대로 위대함의 유사체
도덕적 책임	양상의 회의주의
사회생물학적 압력	개념론자 논증
무신론적 도덕 실재론	논점 회피

제27장
유신론의 일관성 1

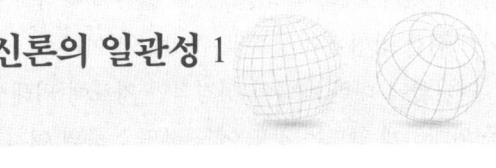

> 인류에 대한 적절한 연구는 인간에 관한 연구라고 말해진다. 나는 이러한 생각을 거부하지 않는다. 그러나 하나님의 선택에 대한 적절한 연구는 하나님에 관한 연구라는 사실이 동일하게 참이라고 나는 믿는다. 기독교 신자에 대한 적절한 연구는 신성에 관한 연구라는 것이다. 하나님의 자녀의 이목을 집중시킬 수 있는 가장 높은 수준의 과학과 가장 높은 고찰과 가장 강력한 철학은 위대한 하나님의 이름과 그 분의 성격과 그 분의 인격과 그 분의 과업과 그 분의 행위와 그 분의 존재에 관한 것이다. 기독교 신자는 그 분을 그의 아버지라 부른다.
>
> *찰스 스펄전, "주일 아침 설교"(Sunday morning sermon, January), 7, 1855

1. 서론

종교에 관한 현대 철학의 중심이 되는 관심사 중에 하나는 **유신론의 일관성**(coherence of theism) 여부 내지는 하나님의 성품에 관한 분석이다. 앞선 세대에서부터 지금까지 하나님에 관한 개념은 반유신론적 논증(antitheistic arguments)의 비옥한 토양으로 종종 간주되었다. 유신론에 속한 소위 어려운 점은 단지 하나님의 존재에 대한 좋은 논증이 없다는 것뿐만 아니라, 더 근본적으로 하나님에 관한 관념이 일관성이 없다는 것이다.

이 반유신론적 비평(antitheistic critique)은 하나님의 개념에 대한 철학적 분석에 사용될 많은 양의 저서를 양산해내었다. 성경과 **완전한 존재의 신학**(perfect being theology)은 이 비평을 신적인 본성에서 해결하려는 경향을 보여 왔다. 유대-기독교 전통에 있는 사상가들에게는 성경 속에 나타나는 하나님의 자기계시가 하나님은 어떠한 분인지를 이해하는 데 있어서 분명히 최고의 길이었다. 더욱이 하나님을 생각할 수 있는 최고의 존재 또는 가장 완전한 존재로 보는 완전한 존재의 신학인, 안셀무스적인 하나님 개념은 성경의 원래의 자료를 철학적으로 고찰하도록 했다. 그래서 성경적으로 옳은 하나님의 속성들은 하나님의 위대함을 높이기 위한 방법에서 생각될 수 있는 것이다.

하나님에 대한 개념이 성경적인 자료에 의해서 불충분하게 나타났고 고유성을 위대하게 만드는 것도 어느 정도 논증의 여지가 있기 때문에 유대-기독교 전통 속에서 연구하는 철학자들은 철학적으로 일관성 있고 성경적으로 믿을 만한 하나님에 관한 교리를 형성하는 데 고려할 만한 폭을 확장하기를 좋아한다.

하나님에 대한 어떤 개념들에 대한 반유신론적 비평들이 더 적당한 개념을 형성하는 데 실재로 매우 도움이 될 수 있었다고 유신론자들은 발견했다. 그래서 유신론을 손상시키는 것에서 떠나, 반유신론적 비평들은 주로 하나님에 대한 개념이 얼마나 풍성하고 도전이 되는지를 드러내는 것을 도왔다. 그리고 그것에 의해서 유신론적 믿음이 정제되고 강화되었다.

2. 필연성

아리스토텔레스 이래로 사람들은 하나님을 서구 철학적 신학에서 **필연적으로 존재하는 존재**(necessarily existent being, ens necessarum)로 고려했었다. 기독교 신학자들은 하나님의 **필연성**(necessity)에 대해 같은 생각을 표현하기 위해 "나는 스스로 있는 자"(출 3:14)라는 신적인 이름의 계시를 해석했다. 아리스토텔레스에게는 하나님의 필연적인 존재하심은 아마도 단순히 그가 세대와 부패로부터 면제되었음을 의미했다. 아리스토텔레스적인 개념은 그것의 상대를 하나님의 **실제적 필연성**(factual necessity)에 대한 생각을 옹호했던 당대 철학자들 중에서 찾는다.

그 개념에 의하면 하나님이 존재하신다고 전제할 때, 하나님이 항상 존재하셨다거나 존재하기를 그만 두실 것이라는 건 불가능하기 때문에 하나님은 필연적으로 존재하셨다. 그분은 원인도 없고, 영원하고, 부패될 수 없는 불멸의 존재이다. 그러나 중세기 동안, 알 파라비(al-Farabi)와 같은 이슬람 철학자들은 하나님의 필연성에 대한 심지어 더 강력한 개념을 발표하기 시작했다. 그것은 하나님의 비존재는 논리적으로 불가능하다는 것이었다.

이러한 필연적 존재의 개념은 안셀무스의 존재론적 논증의 중심에 놓여있었다. 만일 하나님의 비존재가 논리적으로 불가능하다면, 그분은 반드시 존재해야 한다는 것이 결론으로 나온다. 이러한 관점에서 하나님은 단순히 실제적으로 필연적일뿐만 아니라, **논리적으로 필연적인**(logically necessary) 존재인 것이다.

신학적이고 철학적인 강력한 이유들이 하나님의 존재가 논리적으로 필연적이라는 것을 뒷받침할 수 있다. 철학적으로 가장 잘 이해할 수 있는 존재로서의 하나님에 대한 개념은 그분의 필연적인 존재를 암시한다. 왜냐하면, 논리적으로 우연적인 존재는 필연적인 존재만큼 크지는 않기 때문이다. 하나님의 존재에 대한 우연성 논증의 어떤 형태는 논리적으로 필연적 존재로 끝나게 된다. 왜냐하면, 오직 이러한 존재만이 "왜 무가 아니라 유인가?"라는 질문에 대한 적절한 대답을 줄 수 있기 때문이다. 추상적인 대상들의 영역을 세우기 위한 하나님의 존재에 대한 개념적인 논증도 논리적으로 필연적인 존재가 존재함을 의미한다.

가치론적 논증은 자연적으로 이러한 존재로 나아가게 한다, 왜냐하면, 도덕적인 가치들과 원칙들은 논리적으로 타당하게 우연한 것이 아니기 때문이다. 신학적으로 볼 때, 그저 우연히 존재하게 된 하나님이 (심지어 영원하게 그리고 원인도 없이) 비존재함이 불가능한 하나님보다는 신앙적으로 덜 만족스럽게 보인다. 그래서 단순히 실제적 필연성이 신적인 존재의 전체(fullness)를 이해하고 있는 것 같지는 않다.

그러나 흄(Hume)과 칸트(Kant)의 비평이래로, 철학자들은 최근까지 논리적으로 필연적인 존재로서의 하나님의 개념을 거부해왔다. 논리적으로 필연적인 존재에 대해 이야기하는 것은 분명히 범주의 실수라고 종종 언급되었다. 명제들은 그들의 진리 값에 따라서 논리적으로 필연적이거나 우연적이지만 존재들이 참이냐 거짓이냐가 필연적이냐 우연적인냐를 말하지 않는다. 만일 누군가 유신론자는 하나님이 존재하신다는 명제가 필연적으로 참이라고 견지하는 것이라고 대답한다면 그러한 반응은 존재론적인 명제(말하자면 어떠한 것이 존재함을 주장하는 명제)들이 동일하게 우연적인 것이라는 것을 의미하는 것이다.

반면에 하나님이 존재하지 않으신다는 명제는 그 자체가 모순이기 때문에 하나님이 존재하신다는 것이 논리적으로 필연적일 수는 없다. 더욱이 많은 철학자는 필연적인 진리와 우연적인 진리의 차이점은 단순히 언어적 협정의 결과일 뿐이라고 주장한다. 그래서 하나님이 필연적으로 존재하신다는 것을 주장하는 것은 단순히 협정적인 문제가 되는 것이다.

지난 4반세기 동안의 이러한 비평들에 대한 철학적인 반응은 많은 변화를 겪었다. **가능 세계들 의미론**(possible worlds semantics)의 발전은 유신론의 주장을 표현하는 유용한 수단을 제공하여왔다. 하나님이 논리적으로 필연적인 존재라고 말하는 것은 하나님이 모든 가능 세계 안에 존재하시는 것이라고 말하는 것이다(이러한 경우에 하나님은 고유한 이름의 존재이고, 그래서 그것의 관계항<referent>을 고집스럽게 지정하는 것은 말하자면 그것이 존재하고 있는 모든 가능 세계 안에서 같은 존재를 분간하는 것이 된다).

다시 말해서 하나님이 존재하신다는 명제는 모든 가능 세계에서 참인 것이다. 이러한 존재적인 명제가 모든 가능 세계에서 참이 될 수 없다고 생각하는 정당한 이유는 없다. 왜냐하면, 많은 철학자가 숫자들이나 성질들이나 명제들과 같은 추상적인 존재들이 필연적으로 존재한다는 것에 대해 정확하게 비슷한 주장을 하기 때문이다. 추상적임에도 많은 철학자는 이러한 대상들이, 플란팅가(Plantinga)의 말로 하자면 당신의 가장 확실하게 구체적인 대상처럼 평온하게[1] 존재한다고 생각하는 것이다. 그래서 하나님의 필연적인 존재의 가능성을 부인하면서 필연적인 존재를 이러한 대상들에게 특권으로 주는 것은 특별한 변론이 될 것이다.

더 나아가 가능 세계들 의미론에서 작용하는 양식은 **정밀한 논리적 필연성 / 가능성**(strict logical necessity / possibility)이 아니라 **광범위한 논리적 필연성 / 가능성**(broad logical necessity / possibility)인 것이다. 앞의 것 즉, 정밀한 논리적 필연성 / 가능성에서 볼 때, 엄밀히 말하면 "영국 수상은 소수(prime number)이다"라는 전제에서 논리적인 불가능성은 없다. 그러나 이러한 이유로, 우리는 이러한 전제를 참이라고 보는 가능 세계가 있다고 말하는 것을 원해서는 안된다.

반면에 광범위한 논리적 가능성은 일반적으로 **실제화 가능성**(actualizability)이라는 의미로 해석된다. 그러기 때문에 그 가능성은 종종 **형이상학적 가능성**(metaphysical possibility)으로서 이해된다. 하나의 전제가 형이상학적으로 필연적인지, 불가능한 것인지를 결정하는 데 기계적으로 사용될 수 있는 분명한 기준은 없다. 주로 직관이나 이해 가능성에 의존해야 한다. 엄격하게 논리적으로 모순인 전제들은 결코 형이상학적으로 불가능하게 되지는 않는다. 예를 들면, 이 테이블은 얼음으로 만들어질 수 있었다 또는 소크라테스는 하마가 될 수 있었다 같은 것들이다. 마찬가지로 전제들은 형이상학적으로 필연적이 되기 위해 항진

---

[1] Alvin Plantinga, *The Nature of Necessity*, Clarendon Library of Logic and Philosophy (Oxford: Clarendon, 1974), 132.

식(tautologous)이 되거나(만일, 비가 내린다면, 비가 내리는 것이다), 분석적이 될 필요는 없다(짝수들은 2로 나누어질 수 있다). 예를 들면, '금은 원자번호 79이다' 와 '존재하기 시작한 것에는 원인이 있다', 또는 '모양을 가진 모든 것은 크기가 있다' 와 같은 것들이다. 어떤 전제가 형이상학적으로 필연적이거나 불가능하다고 하는 것에 대한 직관들은 다를 수 있다. 그래서 하나님이 존재한다는 전제를 고려할 때, 이 전제의 부정이 모순이 아니라는 사실은 어떻게 해도 그 전제가 형이상학적으로 필연적이라는 것을 보여 주지 못한다.

마찬가지로 아무것도 존재하지 않는다는 전제는 논리적인 모순이 아니다. 다만, 그 전제는 그 전제가 광범위하게 논리적으로 가능하다는 것을 보여 주지 않는다. 만일 형이상학적으로 필연적인 존재가 존재한다는 것을 생각할 어떠한 이유가 있다면, 어떠한 것도 존재해서는 안된다는 것이 가능하게 보인다는 전제에서만 이 결론을 거부하는 것은 질문을 자아내게 만든다.

마지막으로 **필연성에 대한 인습론자 이론**(conventionalist theory of necessity)에 의하면 필연적 진리와 우연적 진리 사이의 구별은 단지 언어적 형식에 근거한다는 것이다. 이러한 양식 관념에 대한 해석은 정당화되지 않을 뿐더러 대부분 그럴듯하지 않다. 플란팅가가 지적한 대로[2] 언어적 형식주의자는 문장들과 전제들을 혼동하는 것이다. **문장**(sentences)은 단어들로 구성된 언어적 실체이다. **전제**(propositions)는 서술문이 나타내는 정보 내용이다.

"하나님은 존재하시면서 그가 존재하시지 않는다"는 문장은 사실상 그것이 표현하는 전제를 표현하지 않았을 것이므로 그것은 필연적이지도 참이지도 않을 것이라고 할 수 있는 상황들을 상상할 수 있다. 그러나 그것은 그것이 표현하는 전제는 필연적이지도 참이지도 않다는 것을 증명하기 위해 멀리 가지 않는다. 더욱이 어떤 방식으로 단어들을 사용하는 것에 대한 우리의 결정이 모든 방향에서 이러한 전제의 필연성에 영향을 미친다고 생각하는 것은 매우 믿기 어려워 보인다.

하나님이 존재하시면서 존재하시지 않는다는 경우가 정말 있을 수 있을까?
그래서 광범위하게 논리적인 의미에서 필연적 존재로서 하나님의 개념은 기독교 유신론에 알맞게 속한 일관적인 관념처럼 보인다.

---

2 "Self-Profile", Alvin Plantinga. ed., James E. Tomberlin and Peter van Inwagen, *Profiles 5* (Dordrecht: D. Reidel, 1985), 71-73에 나오는 Alvin Plantinga의 언급을 보라.

3. 자존성

자존성(aseity, *a se*, "스스로")은 하나님의 자존이나 독립을 의미한다. 하나님은 (그것처럼 위대한) 모든 가능 세계에 단순히 존재하시는 것이 아니다. 오히려 심지어 더 위대하게도, 다른 어떠한 것들로부터 완전히 독립된 모든 세계에 존재한다. 성경은 신적인 말씀의 선재를 입증한다.

> 만물이 그로 말미암아 지은 바 되었으니 지은 것이 하나도 그가 없이는 된 것이 없느니라(요 1:3).

하나님은 자신의 자존성에 있어서 독특한 분이시다. 모든 다른 것들은 다른 것을 통해서(*ab alio*) 존재한다.

하나님의 자존성은 가장 오래되고 가장 지속적인 철학적 교리들 중의 하나인 **플라톤주의**(Platonism)로부터 일련의 도전을 받는다. 플라톤주의는 사람이나 천체와 같이 구체적인 대상과 더불어 숫자나 집합이나 전제나 성질과 같은 추상적인 대상들의 분리된 영역이 존재한다고 주장한다. 주로 시간과 공간을 넘어서서 존재하기 위해 준비되고 추상적이긴 하지만, 이러한 대상들은 우리가 매일 경험하는 친숙한 물리적 대상들처럼 모든 면에서 실재적이다. 그것들은 필연적으로 존재한다. 왜냐하면, 예를 들어 만일 그 세계에 하나님 자신 말고 다른 구체적인 대상들이 전혀 없다고 해도, 숫자나 전제가 부족한 하나의 가능 세계가 존재해야 한다고 이해될 수는 없기 때문이다.

더욱 중요하게는 그들이 스스로(*a se*) 존재한다는 것이다. 이러한 존재들은 존재하는 원인이 없다. 이러한 존재들 각각은 서로 독립해서 그리고 하나님으로부터 독립해서 존재한다. 다른 어떤 것 이상으로 플라톤주의의 이러한 모습들이 많은 기독교 유신론자에게 문제로 인식되는 것이다.

이러한 대상들이 무한하게 있을 뿐만 아니라(자연수만의 무한 수가 있다) 이러한 대상들의 무한과 무한의 무한에 대한 더 높은 질서들이 있다. 그래서 상상할 수 없이 많은 그들로 인해서 하나님이 분명히 작아지게 되는 것이다. 하나님처럼 필연적이며 독립적으로 존재하는 존재들이 가지는 창조되지 않고 무한한 영역들 속에서 하나님은 자신을 발견하신다. 물리적 창조의 하나님 의존성은 그것의 존재 때문에 하나님과 독립적으로 존재하는 존재들의 무한의 존재와의 비교에서 극소로 하찮게 된다. 플라톤주의는 그래서 하나님의 독특한 자존성과 양립할 수 없는 **형이상학적 다원론**(metaphysical pluralism)을 의미한다.

어떤 현대 기독교철학자들은 만일 추상적 대상들이 필연적으로 존재한다고 할지라도 그들이 스스로 존재한다는 것을 부정함으로써 그들의 존재와 하나님의 자존성이 화해하는 길을 찾아왔다. 이러한 **수정된 플라톤주의**(modified Platonism)에 의하면 이러한 추상적 대상들이 모든 가능 세계에서 존재하는 동안, 물리적 대상들처럼 창조된 존재들이 아니라는 것이다. 그들은 어떠한 때에 하나님이 창조하신 것들이 아니다. 오히려 시간을 초월하여 하나님이 창조하신 것이다. 하나님은 시간적으로 이러한 대상들의 존재보다 앞서 있는 것이 아니다. 오히려 그분은 그들의 시간보다 인과 관계상 또는 **설명을 위해 선재**(explanatorily prior)하는 것이다.

그러나 다음의 두 가지 문제들이 이러한 간단한 해결책을 망쳐버리려고 위협한다.

① 이러한 존재들이 필연적으로 존재하기 때문에 그것들은 분명히 신적인 뜻과는 독립적이다. 하나님은 이러한 존재들을 창조하는 것을 그만 둘 자유가 없다. 그러나 **창조**(creation)에 대한 기독교 교리의 핵심은 창조는 하나님의 자유로운 의지의 행위라는 확신이다. 그 하나님은 만일 원한다면 어떠한 피조물들의 세계를 만들어야 하는 긴급성이 없이 홀로 남아 있을 수 있다.

② 심지어 더 심각하게도, 그 해결책은 일관성이 없어 보인다. 왜냐하면, 말하자면 특성들을 창조하기 위해 하나님은 반드시 어떠한 특성들을 먼저 예시해야 하기 때문이다. 예를 들면, 능력 있음(being powerful)이라는 특성을 창조하기 위해 하나님은 반드시 능력있는 존재의 특성을 먼저 소유하고 있어야 한다. [플라톤주의에 의하면 특성들은 그들의 추상적인 개체들이나 실례들로부터 떨어져서 존재한다는 것을 기억하자.]

하나님이 그 자신의 특성들을 창조했다고 말하는 것은 일관적일 수 없다. 왜냐하면, 그것들을 창조하기 위해 하나님은 그러한 특성들을 먼저 소유하고 계셔야 하기 때문이다. 물론, 하나님과 특성들은 모두 다 그들 자신의 존재보다 반드시 설명적으로 선재(explanatorily prior) 해야 일관성이 있는 것이다.

수정된 플라톤주의가 이러한 난제들을 어떻게 다루고 있는가?

첫 번째 관점에서 볼 때, 수정된 플라톤주의자는 하나님이 우연한 존재들을 창조하는 것을 그만두는 것에서 자유로우시지만, 존재하는 추상적인 대상들을 보존해 주는 것을 그만두는 것에서 자유롭지 못하다는 것을 반드시 받아들여야 한다. 그러나 이것이 진정으로 하나의 심각한 문제라는 것을 수정된 플라톤주의자는 아마도 부인할 것이다.

그는 주장하기를, 하나님은 빨강은 색깔이라고 하는 것을 그만둘 수 없다고 할 것이다. 빨강을 색깔이 아닌 맛으로 바꾸거나 숫자 2로 바꿈으로써 하나님은 빨강을 노랑보다 더 밝게 만들 수 없고 2+2=7로 만들 수 없다고 그는 말하게 될 것이다. 실제로 수학적이고 논리적인 진리들은 하나님의 뜻이라는 범위 안에 놓여있지 않다고 모든 기독교 유신론자들은 견지하여왔고, 여러 가지 추상적인 대상 속에 있는 관계들과 그 대상들의 성질에 관해서도 참이라고 견지하여 왔다. 이 모든 하나님의 자유에 대한 '제한들'이란 표현은 잘못된 것이며 그래서 실제적인 제한들이 아니라고 말해질 수 있는 것이다.

추상적인 대상들과 관계되어 있는 하나님의 인과적 선재 혹은 설명적 선재의 문제는 더 심각한 어려움이 된다. 어떤 현대 기독교철학자들은 하나의 해결책으로서 신적인 단순성에 호소하여 왔다. 왜냐하면, 만일 하나님이 그분의 특성들과 일치한다고 한다면 그 특성들은 설명을 위해 하나님보다 앞서 있으면 안되기 때문이다.

그러나 신적인 단순성의 전통적인 교리는 플라톤주의자가 해석하는 대로 결코 하나님을 하나님의 특성들과 동일시하지 않았다. 왜냐하면, 그렇게 하는 것은 하나님을 하나의 추상적인 대상으로 바꾸는 것이 될 수 있기 때문이다. 아마도 수정된 플라톤주의자는 하나님이 그분의 본성의 부분으로서 예시한 사랑하고 있음, 능력 있음(being loving, being powerful) 등등과 같은 특성들과 같이 다른 특성들도 마찬가지로 하나님의 존재 밖에 있는 '영역'에서는 존재하지 않는다는 것을 견지할 것이다. 오히려 검증되지 않은 사실로서 하나님은 자신의 본성과 함께 단순히 스스로 존재하는 것이다.

빨간색임(being red)과 같은 다른 특성들은 하나님이 자신의 지성 내지는 자신의 뜻 아니면 다른 어떠한 방식으로 유지된다. 그래서 하나님의 구성성분이 아닌 이러한 다른 특성들은 하나님이 시간을 초월하여 창조한 것들인 것이다. 이러한 특성들 가운데의 구별은 임시로 만들어진 것처럼 보인다. 그래서 받아들일 수 없다. 그러나 수정된 플라톤주의자는 다음과 같이 반응을 보일 것이다. 우리는 하나님의 존재와 자존성 및 플라톤의 노선을 따라서 해석된 추상적인 대상들의 존재를 믿기 위한 옳고 독립적인 근거들을 가진다. 수정된 플라톤주의자의 해결책은 이 두 정당화된 믿음을 화해시키는 길을 제시하는 것이다. 또 그것이 이러한 해결책의 장점이 된다.

역사적으로 기독교 신학자들의 대부분이 수정된 플라톤주의를 받아들이지 않았다. 대부분의 신학자들은 아우구스티누스를 따랐는데, 아우구스티누스는 추상적인 대상들의 존재에 대한 설명을 **개념론**(conceptualism)을 수용함으로써 해결했다. 아우구스티누스는 **하나님의 개념들**(divine ideas)을 플라톤적인 양식들과 동일시했는데, 추상적 대상들은 하나님의 지성의 목록으로 개념적 실재를 가진다고 주장했다. 따라서 그것들은 하나님에 대해 독립적이거나 하나님 외부에 존재하지 않으며 오직 하나님 정신에만 존재한다. 숫자 7이나 2+2=4와 같은 전제, 빨강 등과 같은 개념들 모두가 하나님으로부터 나온 것이다.

개념론은 수정된 플라톤주의와의 연관 속에서 제기되는 어려운 문제들에 대해 상당히 다른 반응을 보여 준다.

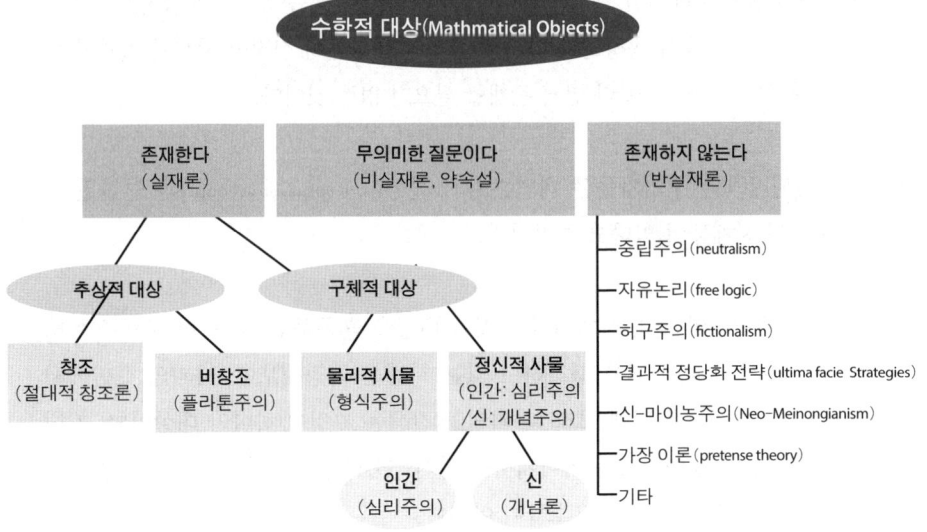

<그림 27.1 신의 자존성에 대한 플라톤주의의 도전을 다루는 방법들>

첫째, 신적인 개념들이 신적인 정신에 속해있고 외부적으로 존재하는 추상적인 대상들이 아니기 때문에 그 신적인 생각들은 창조 질서의 한 부분이 아니다. 그래서 그 개념들의 존재론적 필연성은 자유롭게 의지된 성격의 창조와 양립할 수 있는 것이다. 심지어 하나님이 창조를 그만두었다고 보는 것이 가능 세계에서도 하나님은 자신의 생각들을 가지고 존재하는 것이다.

도덕적인 가치들이 하나님의 도덕적인 본성 속에 근거하고 있는 것처럼, 신적인 정신은 논리적으로 필연적인 진리들과 함께 조화를 이루며 작용하는 것이다. 논리와 수학의 필연성은 아마도 하나님의 지성의 필연성에 근거한 것처럼 보여질 것이다.

둘째, 만일 추상적인 대상들이 개념적인 실제성을 가진다면, 그 대상들은 그것들에 대한 하나님의 개념에 설명적인 선재로 존재하지 않는다. 그것은 하나님이 설명적 선재의 순간에 전능하지 않다거나, 전지하지 않다거나, 영원하지 않다거나 하는 것들을 의미하지 않는다.

보에티우스(Boethius), 아퀴나스(Aquinas), 옥캄(Ockham) 등등의 중세 신학자들이 적절한 추상적 특수가 설명적으로 개념화된 보편속성(universal property)보다 앞선다고 생각했던 것처럼, 보편을 사례를 들어 설명한다는 의미에서 어떠한 방식에서의 하나님의 존재가 해석될 필요는 없다. 오히려 보편이 특수로부터 개념적으로 추상화된 것이다. 그래서 속성들과 다른 추상적인 대상들이 신적인 지성의 결과가 되기 위해서는 그 자신들보다 먼저 존재할 필요가 없는 것이다.

수정된 플라톤주의자들은 개념론자의 설명(conceptualist account)과 연관된 두 개의 주된 문제들이 있다고 주장한다.

첫째, 개념론의 설명은 개념과 그것의 대상을 혼돈하고 있다. 이 문제를 이해하기 위해서는 빨간 색을 생각하고 있는 사람을 가정해보고, 사과의 표면에서 예시된 것 그대로를 말해 보라. 사과의 빨간색은 그것이 하나의 대상이고 그 대상으로 정신이 향해있다는 의미에서만 정신 '안'에 있다. 이러한 정신적인 대상들은 정신 안에 있는 구성 요소들이 아니다.

반대로 빨간 존재의 개념은 빨강에 대해 생각하고 있는 사람의 정신 속에 있는 구성 요소가 된다. 그래서 정신 속에 있는 개념은 그 개념을 가진 정신의 대상과 동일시되는 것이 아니다. 추상적인 대상들과 관련된 하나님의 여러 가지 개념들은 그분의 정신 안에 있다. 그러나 그러한 개념들의 대상들은 여러 가지 추상적인 대상들 그 자체인 그러한 개념들의 대상들은 그렇지 않다.

이 점에 대해 비평가는 보편은 특수로부터 추상화된 것이라는 개념적 관념에 반하여, 하나님을 포함하여 보편을 소유한 자들이 보편들을 실증한다고 믿는 자들 편에 선다.

둘째, 개념론자의 해결책은 개념론적 해결책을 옹호하는 자들이, 만일 하나님이 속성들의 창조자라고 한다면 하나님은 인과 관계상으로나 설명을 위해 그러한 속성들보다 선재해야 함에 틀림없다고 주장하는 이른바 수정된 플라톤주의에 반기를 들면서 자신들에게도 반대한 꼴이 된다. 그리고 하나님 자신이 소유한 속성들의 범위라는 관점에서 볼 때, 이 해결책은 문제가 된다.

수정된 플라톤주의자는 개념론자가 자승자박이 되는 꼴이라고 비난한다. 신적인 정신이 그것의 개념들과 동일한 것이 아니기 때문에 신적인 정신이 그 개념들을 가지거나 소유하고 있다. 이것이 보여 지는 한 가지 길은 신적인 정신이 하나일 때, 그것의 개념들은 다수라는 것을 알아차리는 것이다. 지금 만일 속성들이 하나님의 정신 안에 있는 개념들과 동일시된다면, 하나님의 속성들, 예를 들면 전능(omniscience)은 그 자체로 하나님의 정신 안에 있는 개념들이 되는 것이다.

그러나 하나님과 그분의 정신은 인과적이이어야 하고, 설명을 위해 그분의 개념들보다 선재해서 존재해야만 한다. 그래서 개념론은 수정된 플라톤주의에 반대해 제기되었던 문제와 같은 문제에 봉착했다고 여겨진다.

이러한 반론에 대해 개념론자들이 어떻게 반응을 보일까?

첫 번째 것에 관해 개념론자들은 추상적 특수로서 사과 안에 존재하며 또 생각하는 정신에 독립적인 빨강과 추상적 실체인 보편적 속성으로서의 빨강임(Redness)를 구별할 것이다. 후자의 개념만이 개념적 실제와 동일시되고 정신 의존적이다. 빨강임(Redness)은 정신 독립적 실체에 대한 하나님의 개념으로 정신 독립적 실체는 추상적 특수로서 사과 안에 존재하는 것이다.

하나님의 개념들은 네모난 원이나 상상속의 동물과 같이 논리적으로 불가능한 경우에서 명백해지는 것처럼, 정신독립적 상관 관계를 가질 수도 혹은 가지지 않을 수도 있다. 추상적 대상들은 하나님의 개념이다. 만약 하나님께서 추상적인 것들에 대한 개념을 가지고 계신다면 그때 바로 그것들이 하나님의 개념들에 대한 거울이 된다.

　두 번째 것에 관해 개념론자들은 하나님이 예시한 보편적인 속성들은 하나님의 정신 안에 있는 개념들이라는 것에 동의할 것이다. 그러나 전능에 관한 하나님의 개념화보다 설명을 위해 선재하는 그 순간에 왜 하나님은 전능할 수 없는가가 분명하지 않다. 보편적인 전능에 대한 어떠한 개념화도 설명을 위해 선재하는 순간에 존재하지 않을 것이다. 그러나 전능한 하나님이 있을 것이다.

　이러한 것들은 매우 어렵고 해결되지 않은 과제들이다. 수정된 플라톤주의자나 개념론자가 기독교철학자들의 편에서 하나님의 자존성에 대해 가지는 관점에 대해 우리는 더 많은 논의를 원할 수 있다. 지금은 우리가 하나님은 독특하게 자존한다는 것과 추상적인 대상들은 반드시 어떤 면에서 하나님에 근거하고 있는 것으로 생각되어야 한다는 것에 동의할 수 있다.

4. 무형성

> 하나님은 영이시다(요 4:24).

　말하자면 하나님은 살아있는 비물질적인 실체이다. 하나님의 **비물질성**(immateriality)은 **무형성**(incorporeality)이라고 하는 신적인 속성을 의미한다. 그것은 하나님이 형상화되지 않는 즉, 육체에 속하지 않는 정신임을 의미한다.

　과학적 자연주의, 특별히 물리주의는 신적인 무형성의 교리를 싫어한다. 모든 존재하는 것은 본성상 물리적이거나 적어도 물리적인 것에 속하거나 의존하기 때문에 이러한 우주 너머에 존재하고 있는 무형의 정신과 같은 실체가 있을 수 없다. 이러한 정신이 어떻게 세상에 인과적으로 영향을 미치며 창조자와 보존자가 되는지는 전적으로 불가사의이다. 그래서 만일 무형성이 하나님의 개념에 포함된다고 하면, 하나님은 존재하지 않는다는 결론에 도달하게 된다.

　신적인 무형성에 대한 이러한 도전은 철학적 인간론과 연관되면서 영-육 이원론에 대한 물리주의자의 비판을 생각나게 한다. 이러한 도전을 대하는 가장 효과적인 방법은 의심의 여지없이 정신적 실체에 대한 논증을 제공하는 것이다. 왜냐하면, 만일 몸과 구분되는 유한한 정신의 일관성이 옹호될 수 있다고 한다면 그와 유사하게 무한한 정신의 일관성도 세계와 구분될 수 있기 때문이다. 그러므로 환원적 유물론의 실패가 대부분의 정신에 관한 현대철학 사상가들에게 확실한 일이 되었다는 것과, 따라서 지배적인 관점들은 물리주의의 비환원적 설명들이거나 전혀 물리주의적이지 않은 것이라는 사실이 주목할 만하다.

그러나 정신적 상태를 꼭 단순한 뇌의 상태의 부수현상이라고 보는 비환원적 물리주의는 우리 자신에 대한 우리의 직접적인 경험과 적절하게 일치할 수 없다. 더욱이 이러한 이론들 위에서 볼 때 지속적인 자아가 없고 정신적 상태의 일시적 연속만 있기 때문에 시간을 관통하는 개인적 정체성(통시적 정체성<diachronic identity>)은 불가능하다. 그러나 나는 나 자신을 지속적인 자아로서 이해한다. 만약 어떤 사람이 자신은 현재만큼 산 것이 아니며, 자신의 기억도 자신의 것이 아니며 그는 자신의 행동, 말 생각이란 가져보지 못했다고 믿는다면 그는 정신 나간 사람으로 간주되어야 한다.

이러한 이론들에서 볼 때, 도덕적 칭송이나 질타는 의미를 상실한다. 왜냐하면, 한 사람의 현재의 정신적인 상태는 완전히 별개의 정신적인 상태들과 연관된 앞의 행위들에 대해 칭송을 받거나 책임을 질 수 없기 때문이다. 더욱이 만일 부수현상적 정신상태의 인과 관계적 무기력함(causal impotence)이 허용된다면, 누구도 몸에 의해서만 이루어지는 행동들에 대한 설명을 어떠한 의미에서건 하지 못하게 된다. 같은 이유로, 부수현상설(epiphenomenalism)은 의지의 자유를 무력화한다. 왜냐하면, 의식과 몸의 인과 관계적 영향의 방향이 분명하게 하나의 일방통행길이기 때문이다.

이러한 관점은 인과 관계적으로 유효한 행위자들인 우리 자신의 일차적 경험에 정면으로 반대할 뿐만 아니라 두 개의 보다 더 심각한 문제들을 야기하게 된다.

첫째, 인간 행위자에 대한 이러한 결정론적인 관점은 이성적으로 입증될 수 없다. 왜냐하면, 만일 우리의 사고하는 삶이 단순히 우리의 물질적인 치장과 외부적인 자극의 부산물(byproduct)이라고 한다면 결정론(determinism)이 참이라고 믿는 개인의 판단도 치통을 앓는 것보다 더 합리적인 무엇이 될 수 없다.

둘째, 이러한 관점은 진화론적 생물학(evolutionary biology)과 양립할 수 없다. 왜냐하면, 그 자체로는 단순히 육체적인 상태에 편승해 있지만, 인과 관계적으로 무능한 정신 상태는 생존을 위한 투쟁 속에서 어떠한 이득도 줄 수 없기 때문이다.

참으로 우리는 우리가 믿는 어떠한 것도 정직한 것인지 아닌지를 질문하게 될 것이다. 우리의 믿음이 잇따라 발생하는 몸의 상태에 따르며, 또 몸의 상태가 생존의 압박 가운데서만 진화하였다고 한다면 진실을 밝히는 데 어떠한 성취도 없을 것이다. 이러한 이유들 때문에 정신이 비물질적 본질이라고 보는 관점은 적어도 일관성을 갖는다. 이로 인해, 유신론은 하나님의 무형성(God's incorporeality)을 입증하는 데에서 일관성이 없다는 이유로는 유죄를 선고받게 되지 않을 것이다.

하나님과 세계의 상호 작용에 대한 문제는 또한, 정신과 몸에 대한 이원론적-상호 작용주의적 관점이 불러일으킨 쟁점을 반영한다. 어떻게 정신이 몸에 영향을 미치는가를 설명하지 못하는 우리의 무능력이 직관적 사실을 의심하게 만들어서는 안된다. 우리는 우리 자신을 원인으로 이해한다. 참으로 인과 관계의 관념에 대한 우리의 이해는 아마도 주로 인과 관계적으로 유효한 행위자로서의 우리 자신을 앎으로부터 시작된다.

우리는 "정신이 육체에 어떻게 영향을 미치는가?" 라는 질문은 잘못되었다고 보아야 한다. 왜냐하면, 원인과 효과 사이에 있는 어떤 중간 원인이라는 연결의 필연성을 가정하는 것이기 때문이다. 이 경우 본질상 그러한 중간 원인은 일어나지 않는다. 하나님께서는 매개 없이 직접적으로 창조를 하셨다. 창조가 그러한 직접적인 행위로 여겨진다. 이처럼 매개없는 원리가 존재할 수 있다.

이원론적-상호 작용주의(dualism-interactionism)와 하나님-세계 관계의 대등함은 세계 안에서의 하나님의 행위들은 우리가 우리의 몸으로 행하는 기본적인 행위들과 같다고 제안한다. 기본적인 행위에서 우리는 다른 것을 행함으로 해서 이것을 행하지 않는다. 오히려 내가 내 팔을 올릴 때처럼, 우리는 이것을 즉각적으로 행한다. 비물질적 본질로서 내가 내 몸을 알고 기본적인 행위들을 행하는 것처럼, 하나님은 단순히 원하심으로써 세계 속에 그 결과를 이루실 수 있는 것이다. 세계는 하나님의 몸에 상응하는 도구와 같다.

우리는 이러한 유비적인 관계를 더 넓혀 나가서 하나님은 결국, 몸을 가지신 것이라고 보고 그래서 세계는 하나님의 몸이고 하나님은 세계의 영혼이라고 보는 **과정신론**(process theism)을 입증해야 하는 것인가?

하나님이 세계를 무에서 창조하였음에도 불구하고 그 세계가 하나님을 유형화하였다고 제안할 만큼 이러한 유비가 완전한가?

그렇게 보이지 않는다. 세계와 몸의 중요한 차이점은 세계는 하나님을 위해 의식의 물질적 실체로서 또는 그것을 통해 하나님이 외부의 세계를 인식하는 감각 기관으로서 작용하지 않는다는 것이다. 몸을 입고 있으나, 우리의 영혼은 어떤 의미에서 의식을 위한 물리적 바탕이자 우리 자신 밖의 실재들을 인식하는 수단으로서 우리 몸의 상태에 의존하게 된다.

그러나 이것과 비교할 만한 것이 하나도 없는 것이 하나님의 경우에서는 옳다. 인간의 뇌는 우주에서 가장 복잡한 구조를 가진다. 그리고 전지한 정신을 위한 실체로서 역할을 할 수 있는 것은 물리적 세계 속에는 하나도 없다. 더욱이 하나님의 지식은 우리가 앞으로 보겠지만, 인식의 과정들을 따라서 이해될 수 없다.

한마디로, 영혼-몸 관계가 능동적인 감각 속에서 하나님-세계 관계를 위한 유비로서 훌륭하게 사용되지만 수동적인 의미에서는 유비적이지 않다는 것이다. 하나님은 존재론적으로 그분의 피조물과 구별된다.

5. 편재

하나님-세계 관계와 영혼-몸 관계의 비교를 통해 우리는 자연적으로 "우리가 어떻게 창조 안에서 하나님의 존재를 이해할 수 있느냐?"라는 질문을 하게 된다. 무형적 존재인 하나님은 분명히 공간 안에 자리 잡고 크기와 모양을 가진 존재로 생각되어서는 안된다. 성경은 하나님을 **편재**(omnipresence)의 속성을 가지고 있는 존재로 나타낸다. 하나님은 하나님의 무형성을 능력으로 해서 그분의 창조 속 어디에나 존재한다.

> 내가 주의 영을 떠나 어디로 가며 주의 앞에서 어디로 피하리이까 내가 하늘에 올라갈지라도 거기 계시며 스올에 내 자리를 펼지라도 거기 계시니이다 내가 새벽 날개를 치며 바다 끝에 가서 거주할지라도 거기서도 주의 손이 나를 인도하시며 주의 오른손이 나를 붙드시리이다 (시 139:7-10).

그러나 어떻게 우리가 이것을 이해할 수 있는가?

우리는 하나님을 공간 속에 자리잡은 존재로 생각해서는 안되며, 또한 일종의 모든 곳에 만연한 에테르(Ether)처럼 우주 곳곳에 퍼져 있는 존재로 생각해서도 안된다. 무형성이 지역에 묶여있는 신과 양립할 수 없는 것처럼, 편재도 우주적으로 연장된 신과도 양립할 수 없는 것이다. 하나님이 그러한 연장이라면, 그 하나님은 지속적으로 확장되며 변하는 우주 자체의 크기와 모양 속에 스며들게 될 것이다. 또한, 그 신은 동시에 모든 장소에 완전하게 존재할 수 없을 것이다. 오히려 그 하나님은 우주의 반응하는 부분들을 소유하게 될 것이다. 어떠한 의미에서 하나님은 우주 속의 모든 부분에서 동시에 완전하게 존재하셔야 한다.

다시 말해 영혼-몸 관계의 유비는 교훈이 된다. 어떤 정신 철학자들은 영혼이 공간적으로 몸에 존재하는 것이라고 믿는다. 우리의 자아들은 공간적인 위치를 점하고 있는 것처럼 보여 진다. 예를 들면, 나는 이 방 안에 있고 마리아나 해구(Marianas Trench)의 바다에 있지 않는다거나 파타고니아(Patagonia)의 절벽에서 힘들어 하고 있지 않는다. 그런데도 무형적 존재로서 나의 영혼은 공간적인 확장(spatial extension)을 이루지 않는다. 그래서 이러한 철학자들에 의하면 영혼은 공간적인 위치를 점하고 있고 공간적인 확장이 부족한 것이다. 영혼은 그의 정해진 몸 속에 존재하지만 인간을 닮은 유령처럼 그 몸을 통해 확장되지 않는다. 그것은 두뇌처럼 몸의 어떠한 부분에 한정되지 않는다. 오히려 그것은 어떠한 의미에서 몸의 모든 부분에 완전하게 존재한다.

또 한 편으로는 어떤 정신-몸 이론가들은 영혼이 모든 공간을 점하고 있다는 것을 부정한다. 그러한 인식은 어떠한 관점에서 상대적이고, 그 몸의 위치에 따라 상대적이고, 그 몸을 통해 영혼이 세계에서 경험하고 행동한다는 의미에서 볼 때 상대적이 된다. 그래서 우리의 자아는 공간적으로 위치를 점하고 있는 것이다. 참으로 우리 각 자는 그 자신이 우주의 중심이 되는 상상을 한다. 그러나 정신 그 자체는 공간적 존재가 아니기 때문에 공간적 위치도 공간적 연장도 없다.

이와 비슷하게도 우리는 하나님은 우주 속에서 공간을 점하고 있으나 우주의 모든 부분에서 완전히 존재한다고 말할 수 있다. 또한, 우리는 하나님은 우주 속에서 공간을 점하고 있지 않지만 우주 속의 모든 부분에서 인과적으로 작용한다고 말할 수 있다.

하나님의 편재함에 대한 이러한 개념들 중에 다른 것들보다 특정한 어떤 하나를 더 선호하려는 어떠한 이유가 있을 수 있는가?

하나님의 **초공간성**(spacelessness)은 하나님의 다른 속성들에 대한 분명한 설명들로부터 쉽게 추론될 수 있었다. 예를 들면, 만일 하나님이 초시간적이거나 불변하다고 한다면 그분은 공간 속에 존재할 수 없다. 왜냐하면, 어떠한 공간을 점하는 존재는 다른 공간적 물질들과의 관계에서 지속적으로 변화하기 때문이다. 그러나 초시간적임과 불변함은 매우 논증의 여지가 있는 교리이기 때문에 우리는 신적인 편재함에 대해 우리가 내린 해석에 대한 독립적인 논증들이 있는지를 알아보아야 한다.

구체적 존재가 공간적으로 분리된 지점들에 완전하게 존재할 수 있다는 생각은 분명히 어려운 개념이다. 그것 때문에 우리는 모든 지점에서 완전하게 존재하시는 하나님은 수십억 광년에 의해 분리된 두 지점이 모두 '여기'라고 하는 것을 믿을 것인지를 물어보게 된다. 그런데 그것은 일관성이 없다. 그러나 하나님의 '여기'는 전체 우주와 함께 확장된다고 상상한다면 아마도 하나님에 대해 '여기들'이라고 하는 다양함을 피할 수 있을 것이다. 결국, 하나님에게 있어서 전체로서의 우주는 '여기'가 되는 것이다.

하나님이 공간을 초월한다고 생각하는 더 나은 이유는 창조의 교리에서 볼 때, 우리가 창조 없이 홀로 존재하는 하나님이 초공간적임을 안다는 것에 있다. **공간에 대한 상대적 관점**(relational view of space)에서 볼 때, 우주는 어떠한 물리적 존재가 전혀 없는 상태로 존재하지는 않는다. 그리고 **공간에 대한 실사적 관점**(substantival view of space)에서 볼 때, 공간은 사물 내지는 본질이다. 그래서 하나님에 의해 창조되어야만 하는 것이다.

둘 중에 어떠한 관점에서건, 하나님은 우주 창조의 순간에 공간을 존재하게 만든 것이다. 그래서 하나님은 창조 없이 초공간적으로 존재한다. 그러나 공간의 창조는 하나님을 공간적으로 만드는 데 아무런 영향을 미치지 못한다. 말하자면 하나님을 공간 속으로 끌어들이지 못하는 것이다. 우주를 창조하는 것은 그 자체로(말하자면 무엇인가를 충돌하는 것과 같은) 공간적인 행위가 아니다. 그러므로 신적인 초공간성이 창조의 행위 속에서 포기되었다고 생각할 이유가 없는 것이다. 만일 그렇지 않다면, 편재는 공간의 모든 지점을 즉각적으로 인식하고 인과적으로 작용하는 하나님의 존재라는 의미에서 이해되어야만 한다. 만일 텅 빈 공간의 진공 상태 속에서의 양자(quantum)의 동요외에 아무것도 없다고 해도, 하나님은 우주 속의 모든 공간적 위치에서 발생하는 것을 알고 있다. 그리고 그분은 모든 지점에서 인과적으로 작용한다.

하나님의 초공간성은 위성적 의미의 우주의 **초차원**(hyperdimension)과 기능적인 동등함일 수 있다. 마치 3차원적 존재가 2차원적 지평에서는 평지의 거주자들에게 신비하게 여겨지는 방식으로 행동할 수 있는 것처럼, 초월적인 하나님은 우리의 3차원적 세계의 어떠한 지점에서도 즉각적으로 행동할 수 있다.

이러한 이미지에 매료된 어떤 사상가들은 심지어는 하나님을 새기고 있는 공간-시간 속에 존재하고 있는 문자 그대로 초차원적 존재로서 하나님을 이해하려고 하였다. 그러나 이러한 형이상학적인 방종은 실제로 우리가 어떤 새로운 이익이 생기지 않는 초공간성이라는 의미에서 신적인 편재를 이해하므로 성취했던 것을 포기하게 만든다. 하나님이 거주하게 만든 내재된 초공간과의 대화는 존재론적인 중요성이 없이 예증을 위한 장치로서 사용되어야 한다. 하나님이 문자 그대로 초공간적으로 존재하지만 하나님은 공간 속의 모든 지점을 인식하고 그 지점에 인과적으로 작용한다는 의미에서 우주 속의 모든 지점에서 존재한다고 보는 것이 가장 나은 표현으로 보인다.

6. 영원성

하나님의 공간과의 관계에 관한 질문은 자연스럽게 하나님의 시간과의 관계에 관한 질문을 유발한다. 하나님이 영원하시다는 것은 유대-기독교 성경(시 90:2)에서 분명하게 가르치고 있다. 그리고 하나님의 영원성은 또한, 신적인 필연성에서 나온다. 왜냐하면, 만일 하나님이 필연적으로 존재하신다고 한다면 그가 존재하시지 않는다는 것은 불가능하기 때문이다. 그러므로 그분은 결코 존재를 버리시거나 존재하게 되시거나 할 수 없다. 시작과 끝도 없이 하나님이 존재하신다는 것은 하나님의 영원하시다고 말하는 의미에 대한 최소한적인 정의이다.

그러나 신적인 **영원성**(eternity)의 본성에 관해 상당한 불일치가 있다. 플라톤(Plato), 플로티누스(Plotinus), 아우구스티누스, 보에티우스, 안셀무스(Anselm), 아퀴나스는 하나님이 공간을 초월하는 것처럼 하나님은 시간을 초월한다고 주장하므로 하나님은 자신의 전체 생명을 한 번에(*tota simul*) 가진다고 주장했다. 이러한 사상가들은 영원이라는 관점에서(*sub specie aeternitatis*) 모든 일련의 일시적 사건들이 하나님께 대해 사실이기 때문에 하나의 단회적 초시간적 행위를 통해 역사 속의 모든 지점에서 그분의 인과적 영향이 가능하다고 종종 말한다.

다른 한 편으로는 아리스토텔레스(Aristotle)는 하나님의 영원성을 영원한 일시적 지속으로 삼으려고 했을 것이다. 그리고 둔스 스코투스(Duns Scotus)는 본성상 역동적인 시간이 하나님과 전체적으로 공존할 수 없다는 배경 위에서 아퀴나스의 비시간적 관점을 날카롭게 비판했다. 현대 물리학의 아버지로 불리는 아이작 뉴튼(Isaac Newton)은 그의 위대한 『자연철학의 수학적 원리들』(Principia Mathematica)에 덧붙인 『일반 주석』(General Scholium)에서 그의 하나님의 무한한 시간적 지속 위에서 절대 시간에 대한 교리를 정립했다. 그리고 오늘날의 과정 철학자와 과정신학자들, 특별히 화이트헤드(Whitehead)와 하트쇼른(Hartshorne)은 하나님의 시간적 관점을 열정적으로 주장했다.

왜 하나님이 초시간적으로 존재하신다고 생각하는가?

하나님의 비시간성은 그분의 단순성과 불변성으로부터 성공적으로 추론될 수 있었다. 왜냐하면, 만일 하나님이 절대적으로 단순하다면, 하나님은 어떤 실체적 관계와 상관이 없다(예를 들어~보다 앞서는 ~보다 나중인 등과 같은 관계가 아니다). 만일 하나님이 절대적으로 불변하시다면 시간 안에 계시는 순간, 적어도 그와 함께 그 시간에 관계된 사물처럼 그도 변해야 하는 경우에도 변하실 수 없다. 그러나 다음 장에서 보게 되겠지만, 이러한 성경밖에 있는 교리들은 상당한 논증의 여지를 가지며 여러 분야에서 거절된다. 그래서 사람들은 신적인 영원성의 교리를 설명하기 위한 다른 배경을 찾아야 하는 필요를 만나게 된다.

아마도, 신적인 초시간성 편에서 가장 설득력 있는 논증은 일시적 생명의 불완전성에 근거할 것이다. 셰익스피어(Shakespeare)의 비극 중의 한 부분을 인용한다.

> 내일 또 내일 또 내일
> 하루에서 또 다른 하루로 느린 속도로 기어간다
> 기록된 시간의 마지막 음절을 향하여 (맥베스 5.5.21).

위의 구절은 일시적 생명의 덧없음을 통렬하게 기억나게 한다. 우리의 어제는 모두 가고, 우리의 내일은 아직 오지 않았다. 그 중에 떠있는 현재는 우리의 존재에 대한 단 하나뿐인 주장이 된다. 그래서 일시적 생명에 대한 순간과 불완전성이 있는 것이다. 그 일시적 생명은 가장 완전한 존재의 생명과는 양립할 수 없어 보인다.

다른 한 편으로는 신적인 시간성을 주장하기 위한 타당한 이유들도 있어 보인다. 만일 하나님이 세계와 실제로 연관을 갖고 계시다면, 어떻게 하나님이 세계의 시간성의 영향을 받지 않은 상태로 남아계실 수 있는가를 설명하는 것이 매우 어렵게 된다. 단순히 하나님이 변하는 것들과 연관을 갖는 존재라는 데에서 볼 때, 만일 하나님 자신이 어떻게든 본질적으로 불변하게 머무르려고 한다고 해도, 하나님의 생명에 전과 후가 존재할 것이다. 단지 하나님은 세계와 어떠한 실제적 연결 속에 거하지 않는다는 것 즉, 우주의 창조자가 되시고 보존자가 되시는 하나님의 존재를 거부함으로써 아퀴나스는 이러한 논리의 강압에서 떠났다.

엘레노어 스텀프(Eleonore Stump)와 노만 크레츠만(Norman Kretzmann)은 하나님의 비시간성을 보존하기 위해 하나님과 피조물들 사이에 하나의 **영원적-시간적 동시성 관계**(eternal-temporal simultaneity relation)를 만들어 보려고 시도했다.

그들의 기본 생각은 다음과 같다.

어떠한 비시간적 존재 x를 취한다. 그리고 어떠한 시간적인 존재 y를 취한다. 이 둘은 어떠한 경우에 영원적-시간적 동시성을 가지며, 영원한 준거 기준(reference frame) 안에 있는 어떠한 가상의 관찰자와 연관을 가진다. x는 영원한 현재이고 y는 시간적 현재로 관찰된다. 시간적 준거 기준(reference frame) 안에 있는 어떠한 가상의 관찰자와 연관을 가진다. x는 영원한 현재이고 y는 시간적 현재로 관찰된다. 이 설명 속의 문제점은 정의에 사용된 관찰이라는 개념이 완전히 불명료하다는 것이다. 예를 들면, 시간의 어떠한 순간과 연관을 가지며 영원히 존재하는 것으로 보여 지는 x의 존재가 의미하는 것에 대한 어떠한 힌트도 주어지지 않는다는 것이다.

영원적-시간적 동시성을 결정하기 위한 어떠한 과정의 부재는 그 정의가 다음과 같은 하나의 주장으로 감소되게 만든다. 영원한 준거 기준과의 연관을 놓고 볼 때, x는 영원한 현재이고 y는 시간적으로 현재이다. 시간적 준거 기준과의 연관을 놓고 볼 때, y는 시간적 현재이고 x는 영원적 현재이다. 이것은 단지 그 문제에 대한 재언급 밖에 되지 않는다.

스텀프와 크레츠만은 후에 영원적-시간적 동시성에 대한 그들의 정의를 수정했다. 그래서 더 이상 관찰 언어로부터 지적을 받지 않게 되었다. 기본적으로 그들의 새로운 설명은 영원적-시간적 동시성을 인과 관계로 정의하려고 시도한다. 새로운 정의에 의하면 x와 y는 영원적-시간적 동시성의 관계이다. 영원한 준거 기준 안에 있는 한 관찰자와 연관을 가진다면, x는 영원한 현재이고 y는 시간적 현재이다. 그리고 그 관찰자는 x와 y와의 직접적인 인과 관계 속으로 들어갈 수 있다. 그리고 시간적 준거 기준 안에 있는 한 관찰자와 연관을 가진다면, x는 영원한 현재이고 y는 동시에 관찰자로서 존재한다. 그리고 그 관찰자는 x와 y와의 직접적인 인과 관계 속으로 들어갈 수 있다.

영원적-시간적 동시성에 대한 이 새로운 설명이 가지는 근본적인 문제는 악순환적(viciously circular)이라는 것이다. 영원적-시간적 동시성은 원래 어떻게 초시간적 하나님이 시간 속에서 인과적으로 작용할 수 있는가를 설명하려고 했다. 그러나 이제 영원적-시간적 동시성은 시간 속에서 인과적으로 작용할 수 있는 초시간적 존재의 능력으로 정의된다. 이것은 하나님이 시간 속에서 인과적으로 작용할 수 있다고 말하는 것과 다름없다. 왜냐하면, 그분은 시간 속에서 인과적으로 작용할 수 있기 때문이다!

브라이언 레프토우(Brian Leftow)는 한 이론을 제안하므로 스텀프-크레츠만 이론 안에 있는 단점들을 고치려고 시도한다. 그 이론에 의하면 시간적 존재들은 초시간적 영원 안에서 그리고 동시에 시간 속에서 존재한다. 그래서 하나님과 인과적으로 연관을 가질 수 있다. 레브토우는 다음과 같이 주장한다.

하나님과 연관된 장소의 변화가 있을 수 없다. 왜냐하면, 초월적인 하나님과 공간 속의 모든 것 사이의 거리가 제로(zero)이기 때문이다. 그러나 만일 하나님과 연관된 공간에 변화가 없다면, 하나님과 연관된 공간적 사물의 부분에 대한 어떠한 종류의 변화도 없게 된다. 시간적인 것이 공간적이며, 또한 시간성이 없을 때 공간성도 없다. 공간 안에 존재하는 것은 시간적인 존재이며 이러한 것들은 하나님과 연관되지 않는다. 시간에 대한 관계적인 관점에 의하면 시간은 변화없이 존재할 수 없다. 이 시간에 대한 관계적인 관점을 가정함으로써 모든 시간적 존재들은 하나님과 초시간적으로 연관되어 존재한다는 것을 따른다. 그래서 하나님과 연관해 모든 것은 초시간적으로 존재하고 그럼으로 해서 인과적으로 하나님과 연관을 가질 수 있다.

이러한 논리에 위에 놓여 있는 근본적인 문제는 이 논리가 심각한 범주의 오류를 범하고 있다는 것이다. 우리가 하나님과 피조물들 간의 거리가 없다고 말할 때, 우리는 그것이 하나님과 거리가 있는데 그 거리값이 제로라고 이야기하지는 않는다. 오히려 우리는 거리의 범주는 심지어 하나님과 같은 비공간적 존재와 공간 속의 사물들의 관계에 적용하지 않는다고 말하는 것을 의미한다. 그러므로 공간 속의 사물들이 변화없이 하나님과 연관을 가진다는 것이 아니다. 그러나 이러한 전제가 없이는 레브토우의 나머지 이론이 붕괴되고 만다. 결국, 시간적이고 변화하는 세상과 하나님과의 실제 관계는 하나님의 시간성을 의미한다.

하나님의 시간성에 대한 두 번째 유력한 논증은 모든 것을 아는 하나님의 존재에 근거를 둔다. "그리스도는 죽은 자 가운데서 살아나셨다"라는 시제로 쓰여진 문장에 의해 표현되는 명제들이 참인 것을 알기 위해서는 하나님은 반드시 시간적으로 존재해야 한다. 현재와 연관을 가지는 식자는 이러한 지식을 찾는다. 초시간적 영원 속에 용접으로 밀폐된 하나님은 그리스도가 죽었는지 아직 태어나지 않았는지 등과 같은 시제로 쓰여진 사실들을 알 수 없다.

세계 역사에 대한 하나님의 지식은 영화감독이 영화테이프 속에 담긴 영화에 대해 가지고 있는 지식과 같은 것이다. 그분은 영화의 모든 프레임에 무엇이 있는지를 알고 있지만 스크린에 어떠한 장면이 지금 상영되고 있는지는 알 수 없다. 그와 비슷하게도, 초시간적 하나님이 알 수 있는 모든 것은 그리스도는 A.D. 30년에 죽었다와 같은 시제가 없는 진리들이 될 것이다. 그러나 하나님은 그리스도가 실제로 죽었는지 아직 안죽었는지에 대해서는 알 길이 없는 것이다.

이러한 무지는 하나님이 모든 진리를 알고 있다는 전지함에 대해 기준되는 설명과 일관적이지 않다. 또한, 이러한 무지는 하나님의 극도의 인식적 뛰어남과 양립할 수 없는 것이다. 초시간적 하나님이 어떻게 시제로 쓰여진 진리들을 알 수 있는지를 만족스럽지 못하게 설명하는 것이 언제부터였는지를 추정하는 것은 계속되고 있다.

레브토우, 조나단 크벤빅(Jonathan Kvanvig) 그리고 에드워드 위렌가(Edward Wierenga)와 같은 사상가들이 발전시킨 제안들 모두는 조사 결과 시제로 쓰여진 사실들에 대한 지식을 가진 하나님을 부인하는 것으로 밝혀졌다. 그래서 하나님의 초시간성을 주장하는 데 있어서 우리는 상대적으로 약한 배경을 가진다. 그러나 하나님의 시간성에 동조하는 두 개의 유력한 논증이 있다. 그렇다고 본다면, 우리는 하나님이 시간적이라고 결론을 내야만 한다. 그러나 이러한 결론을 내리기에는 너무 이르다. 왜냐하면, 하나님의 초시간성을 지키려는 사람들에게 아직 열려있는 한 가지 피할 길이 남아 있기 때문이다.

세계와 하나님의 참 관계에 근거한 논증은 시간에 따라 변하는 객관적 실체를 가정한다. 그리고 시간적 세계에 대한 하나님의 지식에 근거한 논증은 시제적 사실들의 객관적 실체를 가정했다. 만일, 시간적 형성과 시제적 사실들의 객관적 실체를 부정한다면 그 논증은 제재당하게 된다. 왜냐하면, 그 경우에 하나님이 연관을 가진 것이 어떠한 것도 변하지 않게 되고 모든 사실들은 시제가 없기 때문이다. 그래서 하나님은 관계적인 변화나 직관적인 변화에 곤란을 겪지 않는다. 그분은 불변하고 모든 것에 전지한 존재이며 보존자일 수 있다. 그렇기 때문에 그분은 초시간적으로 존재하는 것이다.

결국, 하나님의 초시간성을 지키려는 자는 정적 시간 이론(static theory)또는 시간의 B이론(B-theory)을 받아들임으로 해서 그 두 가지 논증을 피할 수 있다. 그래서 하나님의 초시간성은 정적시간 이론과 함께 그 운명을 같이 는 것이다. 시간의 A이론과 시간의 B이론은[3] 이미 평가했다. 만일 우리가 역동적 시간 이론 혹은 시간의 A이론을 채택한다고 한다면 우리가 생각하기에 우리가 그래야만 한다고 할 때, 우리는 하나님이 시간적이라고 반드시 결론을 내리게 될 것이다

그러나 만일 그분의 시간적인 세계와의 관계와 지식 때문에 하나님이 시간적이라고 한다면 세계가 없는 상황에서의 그분의 상태는 어떠할까?

이 질문은 창조의 개념에 대한 토의에서 좀 더 자세히 다룰 것이지만, 지금 잠시 이 질문에 대해 생각을 해 보는 것도 적절하다고 여겨진다.

하나님은 창조 전에 문자 그대로 존재하였나?
하나님은 영원한 과거로부터 무한의 시간동안 존재했었나?
이러한 가설이 과거의 무한성에 대해 칼람 우주론적 논증과 모순되지는 않는가?

엄격히 말해서 과거의 유한성에 관한 논증은 "그러므로 시간은 존재하기 시작했다"는 결론에 이르지 못했다. 오히려 증명된 것은 만일 성공적이라고 한다면 무한한 과거는 있을 수 없었다는 것이고, 말하자면 과거는 무한수의 동등한 시간적 간격으로 구성되어 있지 않다는 것이다. 그러나 어떤 철학자들은 경험적인 측정이 없는 가운데 한 시간의 간격이 다른 구별된 간격보다 더 길다거나 더 짧다고 하는 객관적인 사실이 있을 수 없다고 주장했다. 창조 전에는 십분의 일초

---

3   William Lane Craig의 *The Tensed Theory of Time: A Critical Examination*, Synthese Libraray 293 (Dordrecht: Kluwer Academic, 2000), *The Tenseless Theory of Time: A Critical Examination*, Synthese Library 294 (Dordrecht: Kluwer Academic 2000)을 보라.

와 십조년을 구별할 수 없었다. 창조 전에는 말하자면 한 시간이라고 하는 순간이 없다. 시간은 문자적으로 어떠한 **본질적인 측정 기준**(intrinsic metric)이 없다. 그래서 우주의 존재함이 없이 스스로 존재하는 하나님은 창조의 순간 이전에 무한수의 시간을 견디어 오지 않아도 되었다.

이러한 창조 전에 하나님의 시간에 관한 이해는 매우 매력있어 보인다. 그러나 그 관점에 대한 자세한 관찰은 어려움들을 드러낸다. 심지어 (어떠한 본질적인 측정 기준이 없는 시간인) **측정할 수 없는 시간**(metrically amorphous time) 속에서 어떤 시간적 간격들의 길이에 대한 객관적인 실제적 차이점이 있다. 왜냐하면, 다른 간격들에 포함된 간격들의 경우에 그 포함된 간격들은 그 간격들이 포함하는 간격들보다 실제적으로 더 짧기 때문이다. 그러나 이것이 밝히는 의미는 만일 하나님이 시간적으로 창조 이전에 존재했다면 그분은 사실상 시작이 없는 일련의 더 길고 더 긴 간격들을 견디어 온 것이라는 데 있다. 사실 우리는 이러한 창조 이전의 시간은 반드시 무한해야 한다고 심지어 말할 수 있다.

만일, 정말 시간의 처음 유한한 간격이 없었다면 그리고 시간이 순환되지 않는다고 한다면 과거는 무한하다. 그래서 우리가 차례대로 포개어지지 않은 시간의 간격들의 길이를 비교할 수 없지만, 창조 이전의 측정할 수 없는 시간은 무한했을 것이다. 그래서 하나의 무한한 과거의 모든 어려움들이 우리를 놀라게 한다.

반드시 이루어져야 할 것은 창조 이전 시간의 직선적인 기하학적 구조를 분해하는 것이다. 우리는 반드시 창조 이전에 문자적으로 시간의 간격이 전혀 없었다는 것을 견지해야 한다. 더 앞서거나 더 뒤에 놓여 있는 것이 없고, 연속되는 간격들을 견디는 것도 없고, 그래서 기다림이나 시간적 형성도 없는 것이다. 이러한 변화없는 상태는 연속적이지는 않지만, 전체적으로 측정 기준에 의한 시간이 시작된 때인 창조의 순간에 사라지게 될 것이다. 그러나 이러한 변화 없고 차이 없는 상태는 초시간성의 상태처럼 의심스럽게 보인다.

하나님이 창조를 억제하고 있는 어떤 가능 세계에서 홀로 변화없이 존재하는 하나님을 상상해 보라. 이러한 세계에서는 하나님이 당연히 초시간적이라고 인정된다. 그러나 실제적인 세계 속에서 창조함 없이 홀로 존재하는 하나님은 실제적인 세계 속에서 그가 창조를 통해 시간적이 되었고 할지라도, 이러한 가능 세계 속에 있는 것과 다르지 않다.

세계의 시작을 생각해 볼 때, 시간은 우주없이 존재하였을 것이다라고 주장하는 것은 일종의 역행적 인과 관계를 가정하는 것처럼 보인다. 처음 시간의 발생은 시간이 사건과 함께 존재하도록 원인을 제공했을 뿐만 아니라 시간이 사건 이전에도 역시 존재하도록 하였다. 그러나 시간의 역동적 이론에 의하면 이러한 역행적 인과 관계는 형이상학적으로 불가능하다. 왜냐하면, 시간은 역행하는 원인의 결과로 존재하는 것이 아니며 무에서 존재하게 된 것이기 때문이다. 역행적 인과 관계에서 떠나, 창조의 순간 이전에 시간을 만들었을 것은 아무것도 없다고 보여 진다. 시간은 단순히 창조의 행위인 처음의 사건의 발생과 함께 시작했다.

그러므로 창조가 일어나기 전에 변화없이 홀로 존재한 하나님이 초시간적이라고 하는 것과 그가 가진 시간적 우주와의 실제적 관계에 의해서 하나님은 창조의 순간에 시간을 집어넣으셨다고 하는 것은 분명하고 타당하다고 볼 수 있다. 창조 이전에 시간적으로 존재하는 하나님의 이미지는 그저 상상의 산물일 뿐이다. 만일 시간이 존재하기 시작했다고 한다면 시간과 하나님의 관계에 관한 가장 타당한 관점은 하나님이 창조 이전과 창조 이후에 초시간적이라는 것이다.

7. 요약

하나님에 관한 개념의 철학적인 분석은 완벽한 존재 신학과 성경의 지배 아래서 나왔다.

하나님의 필연성은 넓게는 논리적인 필연성으로 단순하게는 실재적 필연성으로 이해되었다. 여러 가지 유신론적 논증들은 신학적인 민감함이 지지하는 것처럼 넓게 논리적 의미에서 하나님의 필연적 존재를 지지한다. 하나님은 논리적으로 필연적인 존재라고 말하는 것은 하나님은 모든 가능 세계에서 존재한다고 말하는 것이다. 이러한 의미에서 하나님이 필연적이 될 수 없다고 생각할 더 이상의 이유는 없고 같은 의미에서 추상적인 대상들이 필연적이 될 수 없다고 생각할 이유가 없는 것이다.

자존성은 하나님의 자기-현존이나 독립성을 의미한다. 신적 자존성의 교리는 플라톤주의로부터 심각한 도전을 만난다. 플라톤주의는 추상적인 대상들이 분리된 영역들을 가진다고 주장한다. 플라톤주의는 하나님의 독특한 자존성과 양립할 수 없는 형이상학적 다원론을 내포한다. 이러한 도전에 대한 가능한 해결책은 수정된 플라톤주의를 포함시키는 것이다. 이 수정된 플라톤주의는 하나님이 초시간적으로 추상적인 대상들을 만든다고 생각한다. 또는 어떤 형태의 개념주의를 포함시키는 것인데, 그것은 추상적인 대상들이 하나님의 정신속의 내용들인 개념적인 실재를 가지고 있다고 주장한다.

무형성은 몸도 아니고 몸을 입는 것도 아닌 존재의 고유성이다. 그러므로 개인적인 존재로서 하나님은 몸을 입지 않은 정신의 상태가 된다. 신적 무형성에 대한 도전은 물리주의자가 던지는 영혼-몸 이원론에 대한 비평을 철학적인 인간론의 관점에서 생각나게 하는 것이다. 그리고 이러한 도전을 만나는 가장 효과적인 방법은 정신적인 본질로서의 정신을 지지하면서 논증을 이용하는 것이다. 하나님-세계 관계와 이원론적-상호 작용주의의 평행관계는 세계 속에서의 하나님의 행위들이 우리가 우리 몸을 통해 행하는 기본적인 행동들과 비슷하다고 제안한다.

그러나 세계와 우리의 몸 사이의 중요한 다른 점은 세상은 하나의 의식적 물질적인 실체도 아니고 하나님께서 외부 세계를 인식하기 위한 감각 기관으로서의 기능을 갖고 있는 존재도 아니라는 것이다.

편재는 하나님이 공간의 모든 지점에 존재한다는 것이다. 무형성이 지역적으로 제한된 신성과 양립할 수 없는 것처럼, 이러한 우주적으로 확장된 신성과 양립할 수도 없다. 그 신성은 모든 장소에서 동시에 완전히 존재할 수 없고, 공간에 상응하는 부분을 점하게 될 부분을 가질 수만 있다. 하나님은 공간적인 위치를 갖고 있으나 공간적으로 연장된 실체가 아니며 따라서 우주의 모든 지점에 전체로서 현존하신다고 볼 수도 있고, 또는 우주 안에서 조금도 공간적인 위치를 갖고 있지는 않으나 우주 안의 모든 지점에서 인과적으로 활동하시며 모든 곳을 인식하고 계시는 것으로 볼 수 있다. 창조 없이 홀로 존재하시는 하나님은 공간성이 없는 분이셨기에 후자의 대안이 더 낫다.

이러한 관점에서 볼 때, 우주 창조의 순간에, 하나님은 공간을 존재하게끔 이끈 것이다. 그러나 공간의 창조는 하나님을 '공간화'하는 데에 즉, 하나님을 공간으로 집어넣는 과정에 아무런 영향을 미치지 못한다.

영원성의 최소한의 정의는 시작과 끝이 없이 존재하는 상태이다. 이는 초시간성 혹은 전시간성(omnitemporality)으로 표현될 수 있다. 시간적이고 변화하는 세상과 하나님 간의 실제적 관계와, 그 세상에 대한 하나님의 전지성은 하나님의 영원성에 대한 시간적 해석을 필요로 하게 만드는 것 같다. 그러나 그 결론은 정적 시간

이론 혹은 시간의 B 이론을 수용함으로써 피할 수 있었다.

역동적 시간 이론 혹은 시간의 A 이론 위에서는 시간의 시작은 창조 이전의 시간의 간격을 잴 수 없는 측정할 수 없는 시간 안에서 혹은 초시간적으로 존재하신 하나님을 수반해야 한다. 어쨌거나 그처럼 측정할 수 없는 시간도 애매모호하게 시간이라고 불리는데, 그렇게 함으로써 창조 이전의 하나님을 비시간적(atemporal)이라 말하고 창조 이후의 하나님을 시간적이라고 말할 수 있는 것이다.

〔기본 용어〕

유신론의 일관성
완전한 존재의 신학
필연적으로 존재하는 존재
필연성
실제적 필연성
논리적 필연성
가능 세계들 의미론
정밀한 논리적 필연성 / 가능성
광범위한 논리적 필연성 / 가능성
실제화 가능성
형이상학적 가능성
필연성에 대한 인습론자 이론
문장
전제
플라톤주의
형이상학적 다원론
수정된 플라톤주의

설명적 선재
창조
개념론
하나님의 개념들
비물질성
무형성
과정신론
편재
초공간성
공간에 대한 상대적 관점
공간에 대한 실사적 관점
초차원
영원성
영원적-시간적 동시성 관계
본질적인 측정 기준
측정할 수 없는 시간

제28장

유신론의 일관성 2

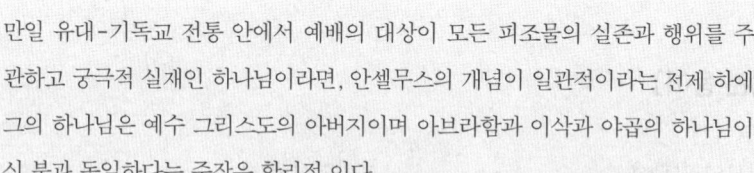

> 만일 유대-기독교 전통 안에서 예배의 대상이 모든 피조물의 실존과 행위를 주관하고 궁극적 실재인 하나님이라면, 안셀무스의 개념이 일관적이라는 전제 하에 그의 하나님은 예수 그리스도의 아버지이며 아브라함과 이삭과 야곱의 하나님이신 분과 동일하다는 주장은 합리적 이다.
>
> *토마스 V. 모리스,
> 『안셀무스적 탐구들』의 "아브라함과 이삭과 안셀무스의 하나님"("The God of Abraham, Isaac, and Anselm", in *Anselmian Explorations*)중에서

1. 전지

전지(omniscience)에 대한 표준적인 진술에 의하면 S라 불리는 어떤 사람에게 있어서 만일 S가 모든 참된 전제를 안다고 할 때에만 그리고 어떠한 거짓된 전제도 믿지 않는다고 할 때에만 S는 전지한 것이다. 만일 미래형 문장들로 표현된 참된 전제들이 있다면, 하나님은 전지하기 때문에 그러한 전제들을 알아야만 한다는 것을 이 표준적인 진술은 내포한다.

만일 하나님이 시간 속에 존재한다면 그분은 이러한 전제들로 설명되는 사건들에 대해 말 그대로 **예지**(foreknowledge)를 가진다. 그래서 만일 "존스(Jones)가 토요일에 잔디를 깎을 것이다"라는 것이 참이라고 한다면 전지한 하나님은 반드시 알아야 하고, 이러한 문장으로 표현되는 전제를 이미 알고 있어야 한다. 그러나 이것은 다음의 두 개의 어려운 질문을 야기한다.

첫째, 만일 하나님이 항상 이 전제를 믿어왔다면, 그리고 하나님이 실수하지 않는다면, 존스가 토요일에 그의 잔디를 깎는 것이 운명적인 것이 아닌가?

둘째, 만일 존스의 행동이 참으로 자유롭다면, 어떻게 하나님이 그것을 예지할 수 있는가?

첫 번째 질문은 **운명론**(fatalism)의 쟁점을 야기한다.

운명론은 모든 발생하는 것이 필연적으로 발생하는 것이라는 관점이다. 고대 그리스 사고는 운명론에 영향을 받았다. 그래서 교부들은 그것에 저항해야 한다는 단호한 책임감을 느꼈다. 그리스 운명론은 순전히 논리적이다. 만일 어떤 사건이 일어날 것이라는 것이 사실이라면, 그것은 반드시 일어나게 된다. 교부들에게 있어서 이 운명론은 신학적인 색깔에도 영향을 미쳤다. 만일 하나님이 어떤 사건이 발생할 것이라는 것을 예지한다면 그것은 반드시 발생할 것이다.

오리겐(Origen) 이후의 거의 모든 주요 기독교철학적 신학자는 이러한 질문에 대해 대답할 것이 있었다. 대부분은 자유와 우연을 긍했다. 그러나 자유의지적 자유를 부인했던 마틴 루터(Martin Luther)와 조나단 에드워즈(Jonathan Edwards)와 같은 몇몇 사람은 그것을 지지했다.

아리스토텔레스(Aristotle)는 미래의 우발적 전제들에 대한 **이가원칙**(principle of bivalence)의 타당성을 부인함으로써 운명론을 피할 길을 구했다. 말하자면 그는 미래의 우연성에 대한 전제들은 진리일 수도 있고 거짓일 수도 있다고 주장했다. 어떠한 진리도 하나님이 모른 채로 남아 있지 않기 때문에 이러한 생각은 신적인 전지와 양립하게 될 것이다. 그러나 하나님은 예지(πρόγνωσις<행 2:23; 벧전 1:1-2, 19-20>)를 가지셨다는 성경적 교리의 시각에서 볼 때 그리고 미래의 사건들에 대한 세밀한 예언들(예를 들면, 막 14:18, 30)에 대한 많은 성경적인 예의 관점에서 볼 때, 이러한 해결책은 교부들에게 열려 있지 않았다.

유명한 폴란드 논리학자인 루카시에비치(Łukasiewicz)와 같은 일단의 현대 철학자들은 아리스토텔레스의 본을 따랐다. 그러나 일부는 이 매력적인 과정에 있는 논리적 혼란과 받아들이기 힘든 점들이 있음을 발견했다.[1]

---

1 논의를 위해 William Lane Craig의 *Divine Foreknowledge and Human Freedom: The Coherence of Theism: Omniscience*, Brill's Studies in Intellectual History 19(Leiden: E. J. Brill, 1991), chap. 4를 보라.

그러므로 미래의 우발성에 대한 하나님의 지식을 부인하는 유신론자들은 참된 미래의 우발적 전제들에 대한 하나님의 무지는 그분의 전지함과 상반되는 것이 아니라는 식으로 전지를 재정의해야 한다는 책임을 느꼈다. S가 알 경우에만 그리고 모든 참된 전제들이 논리적으로 알려지는 것들이라면 S는 전지하다는 것이 전형적인 제안이다.

그러나 진리를 넘어서 논리적으로 알려질 수 있는 전제를 위해 요청되어야 할 것이 무엇인지가 분명치 않다. 이는 수정사항이 생길 경우 무의미하게 된다. 수정주의자들은 참된 미래의 우발적 전제들을 아는 것은 논리적으로 불가능하다고 말할 것이다. 왜냐하면, 만일 누군가 그 전제들을 안다면, 그 전제들은 우발적 진실이 될 수 없기 때문이다. 그러나 다음에서 보여질 수 있듯이 수정주의자의 논리는 오류이다. 어떠한 미래의 우발적 전제 p에 대해, 만일 어떤 누군가 다음을 인정한다면,

① '하나님은 p를 아시며 p는 우발적 참이다'는 것은 불가능하다.
② p는 우발적 참이다. 그런데 이 둘로 인해 다음의 결과가 나오지 않는다.
③ '하나님은 p를 아신다'는 것은 불가능하다.

하나님은 사실상 p를 모르신다는 것이 결론으로 나온다. 그러나 하나님이 p를 아시는 것이 아직 가능하다. 그래서 심지어 전지에 대한 수정주의자의 정의에 의하면 하나님은 미래의 우발적 전제들을 반드시 아셔야 한다. 왜냐하면, 그가 그 전제들을 아는 것이 논리적으로 가능하기 때문이다.

그러나 만일 하나님이 미래의 우발적 전제들을 아신다면, 이것이 운명론을 암시하는 것은 아닌가?

여기에서의 질문은 왜 우리가 ①이 참이라고 생각해야 하는가이다. ①을 위한 운명론적 논증의 기본 형태는 다음과 같다.

④ '만일 하나님이 p를 아신다면, p는 분명한 사실이다'가 필연적이다.
⑤ 하나님은 p를 아신다.

그러므로 ⑥ 'p는 분명한 사실이다'는 필연적이다. p가 필연적으로 참이기 때문에 우발적인 사건을 설명하지 않는다. 하나님의 예지에 의해, 모든 것이 발생

하도록 운명이 정해졌다.

이 논증에 속한 문제는 논리적 오류에 걸린다. ④와 ⑤가 타당하게 의미하는 것은 ⑥이 아니라 ⑥′p은 분명한 사실이다. 타당한 연역적인 논증 속에서 결론은 전제들로부터 필연적으로 도출된다는 것이 분명하다. 말하자면 전제들이 참이 되고 결론이 거짓이 되는 것은 불가능하다는 것이다. 그러나 결론 자체가 필연적일 필요는 없다. 운명론자는 불법으로 추론의 필연성을 결론 자체로 바꾼다. ④와 ⑤로부터 필연적으로 나오는 것은 그저 우발적 전제인 ⑥′이다. 그러나 운명론자는 결론이 자체적으로 필연적인 참이라고 혼동스럽게 생각한다. 그래서 결국, ⑥으로 끝내는 것이다. 그렇게 함으로써 운명론자는 분명히 일반 논리적 오류를 범하게 되는 것이다.

의심의 여지없이, 운명론자의 혼동의 주된 원인은 그가 필연성과 확실성을 융합한 것이다. 무언가는 확실하게 참이라는 것을 입증하는 것에서 그 무언가는 필연적으로 참이라는 것을 입증하는 것으로 넘어가는 진술들을 현대 신학적 운명론자들의 글 속에서 자주 발견한다. 이것은 실수이다. 우리는 무언가에 대해 절대적으로 확신할 수 있는데, 잘못이라고 밝혀질 수 있다는 사실에서 분명히 알 수 있듯이 **확실성(certainty)**은 주관적 속성이고 진리와는 아무런 관계가 없다. 이와는 대조적으로 전제가 다른 진리값을 가질 수 없다는 것을 나타내는 **필연성(necessity)**은 전제들의 특성이다. 우리가 모르는 사이에 필연적으로 참인 전제들에 대해 우리는 전적으로 불확실할 수 있다(어떤 복잡한 수학적 방정식이나 정리를 상상해 보라). 그래서 우리가 어떤 전제는 "확실히 참이다"라고 말할 때, 이것은 그 전제가 참인 것을 우리가 확신한다는 것을 나타내도록 말하는 방식에 불과하다. 이렇게 되어야 한다. 그는 확신한다. 그 전제는 필연적이다.

확실성과 필연성을 혼동함으로써 운명론자는 논리적으로 오류가 있는 논증 즉, 믿을 수 없게 호소하는 논증을 하게 되는 것이다. 왜냐하면, 전제 ④와 ⑤로부터 p가 서술한 사건들은 발생할 것이라는 것을 우리는 절대적으로 확신할 수 있다는 것이 옳기 때문이다. 그러나 그들이 확실히 발생할 것이기 때문에 그들은 필연적으로 발생할 것이라고 생각하는 것은 어리석은 것이다.

만일 하나님의 예지가 전제된다면, 그 사건들이 발생하지 못하는 것이 완전히 가능하다고 할지라도, 예지된 사건들은 발생하는 데 어려움이 없을 것이라고 우리는 확신할 수 있다. 그 사건들은 발생하지 못할 수 있다. 그러나 하나님은 그 사건들이 발생하지 않을 것을 알고 계신다. 그러므로 그 사건들이 발생할 것이라고, 그러나 우연하게 발생할 것이라고, 우리는 확신할 수 있다. 현대 신학적 운명론자들은 위에 있는 논증 형태의 오류성을 인지한다. 그러므로 전제 ⑤를 필연적으로 참이게 만들어서 그 결점을 수정하려고 노력한다.

④ '만일 하나님이 p를 아신다면, p는 분명한 사실이다' 는 필연적이다.
⑤′ 하나님은 p를 아신다' 는 필연적이다.
　　그러므로 ⑥ p은 필연적이다.

이렇게 형성된 그 논증은 더 이상 논리적으로 오류성이 없다. 그래서 질문은 ⑤′가 참인가 그렇지 않은가를 묻는 것이 된다. 겉으로 볼 때, ⑤′는 분명하게 거짓이다. 하나님의 세계 창조는 자유 행위라고, 또한 하나님은 p가 거짓인 다른 세계를 만드실 수 있었고, 또는 심지어 어떠한 세계도 만들지 않으실 수도 있었다고 기독교 신학은 항상 견지해 왔다. 하나님이 p를 아는 것이 필연적이라고 말하는 것은 이 세계가 하나님이 만드실 수 있었던 오직 하나의 세계이고 그래서 신적인 자유는 부인된다는 것을 암시한다.

그러나 신학적 운명론자들은 필연적으로 하나님은 p를 아신다고 그들이 말할 때, 다른 종류의 필연성을 마음에 둔다. 그들이 이야기하는 것은 **시간적 필연성**(temporal necessity) 내지는 과거의 필연성이다. 종종 이것은 과거는 막을 수 없거나 변할 수 없다라고 말하는 것으로 표현된다. 만일 어떠한 사건이 과거에 있었다고 한다면 현재에서는 과거에 영향을 미칠 수가 없다. 그 사건은 그러한 의미에서는 필연적이다. 미래 사건들에 대한 하나님의 예지가 지금의 과거의 부분이기 때문에 지금은 수정되고 변경될 수 없다. 그러므로 ⑤′는 참이라고 말해진다. 불행하게도 신학적 운명론자들은 이러한 특별한 양상에 관해 결코 적절한 설명을 해 본 적이 없다.

시간적 필연성은 무엇인가?
또 왜 우리가 하나님의 과거 믿음들이 지금은 시간적으로 필연적인지를 생각하는가?
그러나 우리는 시간적 필연성에 대한 설명에 직면해야 한다. 그 시간적 필연성에 의하면 하나님의 과거 믿음들은 시간적으로 필연적이다. 그 시간적 필연성은 변경할 수 없음이나 과거의 인과적인 끝남으로 감소되지 않는다. 그러나 과거의 변경할 수 없음(또는 변할 수 없음 또는 막을 수 없음)으로 과거의 필연성을 해석하는 것은 분명히 부적절하다. 왜냐하면, 미래는 정의된 것처럼, 단지 과거가 그런 것처럼 변경할 수 없기 때문이다.

미래에 대한 정의는 "무엇이 발생할 것이다"이고 과거는 "무엇이 발생했다"이다. 미래를 바꾸는 것은 앞으로 발생할 하나의 사건이 발생하지 않을 것이라고 하는 것이 될 것이다. 이것은 자기모순이다. 과거와 미래는 변할 수 없다고 하는 것은 순전히 정의하는 것에 관한 일이다. 그리고 어떠한 운명론적 결론도 이러한 진리로부터 나오지 않는다. 왜냐하면, 미래를 자유롭게 결정하기 위해 미래를 바꿀 수 있어야 할 필요는 없기 때문이다. 만일 우리의 행동들이 자유롭게 이루어진다면, 우리가 미래를 바꿀 힘이 없다고 할지라도, 미래 사건들의 과정들이 어떻게 될 것인지를 인과적으로 결정하는 것이 우리의 힘 안에 있는 것이다.

운명론자는 우리가 과거를 인과적으로 결정할 수 있는 것과 같은 능력을 가지고 있지 않다는 의미에서 과거는 필연적이라고 주장할 것이다. 정통신학자는 기꺼이 이 점을 인정할 것이다. 역행적 인과 관계는 불가능하다. 그러나 과거가 인과적으로 닫혀있다는 것이 운명론을 암시하지 않는다. 하나님이 누가 무엇을 할 것인지를 알고 계신 것에는 역행적 인과 관계가 포함되지 않는다. 정통신학자는 과거의 영향을 주는 것에 지금 할 수 있는 것은 아무것도 없다고 인정할 것이다. 특별히, 하나님이 과거의 나에게 미래에 관한 어떠한 신념을 가지시도록 원인을 제공할 수 없다.

그런데도 중세 신학자 윌리엄 오캄(William Ockham)이 본대로 자유롭게 어떠한 행동 A를 할 수 있는 것은 나의 능력 안에 있을 것이다. 따라서 A가 발생했다면 과거는 지금과는 달라질 수 있는 가능성을 갖고 있었던 것이다. 예를 들면, 2010년 8월 23일에 존스가 그의 잔디를 깎을 것이라고 하나님이 항상 믿어오셨다고 가정해 보라. 그전까지 존스에게는 잔디를 깎을지 깎지 않을지 결정할 수 있는 능력이 있었다.

만일 존스가 그의 잔디를 깎지 않기로 결정했다고 한다면 하나님은 실제와는 다른 생각을 갖고 계신 것이었다. 왜냐하면, 다른 미래의 우발적 제안들이 참이 될 것이기 때문이다. 그리고 전지한 하나님은 그것들을 알고 계셨어야 하는 것이다. 그래서 하나님은 실제 존스가 행한 일과는 다른 예지를 가지셨어야 했다. 존스의 행동과 그 행동에 상응하는 미래의 우발적 가정 사이의 관계나 참 미래에 대한 우발적 가정과 하나님의 그것에 대한 믿음 사이의 관계는 인과 관계가 아니다. 그래서 과거의 인과적 폐쇄성은 그럴듯하지 않다. 만일 시간적 필연성이 단순히 과거의 인과적 폐쇄성이라면, 운명론을 지지하는 것은 불충분하다.

어떠한 운명론자도 시간적 필연성의 개념을 성공적으로 설명하지 못했다. 시간적 필연성은 과거의 인과적인 끝남이나 변경할 수 없음에 대한 값을 측정하지 않는다. 전형적으로 운명론자들은 어떤 효과에 대한 '고정된 과거 원리'를 주장한다. 즉, 만약 내가 어떻게 했다면 그 결과는 달라졌을 것이라는 그러한 행위를 할 수 있는 능력이 없음을 말한다. 그러나 그들은 증명되지 않은 것을 주장할 뿐이다. 과거를 변경할 수 없음이나 인과적인 끝남으로 축소할 수 없는 시간적 필연성에 대한 분석들에 대해, 하나님의 과거의 믿음은 시간적 필연성이 아닌 것으로 항상 밝혀진다.[2] 그래서 ⑤'은 거짓이다. 그리고 신학적 운명론에 대한 논증은 논리적으로 옳지 않다.

만일 신적 예지와 미래의 우연성이 양립할 수 있다면, 어떻게 하나님이 미래의 우연한 제안들을 알 수 있으시냐는 질문이 남게 된다. 과정 신학자들은 신적 예지를 전형적으로 거절했다. 왜냐하면, 만일 미래의 우발성이 있다면, 하나님이시라도 앞으로 발생할 일들에 대한 지식을 갖는 것이 불가능하기 때문이다. 이러한 반론을 제기하는 중에, 신적 인식에 관한 두 개의 모델인 지각론자 모델과 개념론자 모델을 구별하는 것이 도움이 될 것이다.

지각론자 모델(perceptualist model)은 신적인 지식을 감각 인식의 유비 위에서 이해한다. 하나님은 사건이 일어나는 곳에서 존재하는 것을 내다보시고 바라보신다. 사람이 미래에 대한 하나님의 예지에 대해 이야기할 때나 미래의 사건들에 관해 예지를 가지고 있음에 대해 이야기할 때 이러한 모델이 암시적으로 가정된다. 만일 역동적 시간 이론(dynamic theory)이 맞다면, 신적 인식에 관한 지각적 모델은 미래에 관한 하나님의 지식에 대해 다룰 때 실제 문제 안으로 들어간다. 왜냐하면, 미래의 사건들은 아직 존재하지 않으며, 따라서 지각할 대상이 없기 때문이다.

대조적으로 신적인 지식에 대한 **개념론자 모델**(conceptualist model)에 의하면 하나님은 지각과 같은 방식을 사용해서 그분이 가진 세계에 대한 지식을 얻으시는

---

[2] 예를 들면, Alfred J. Freddoso, "Accidental Necessity and Logical Determinism", *Journal of Philosophy* 80(1983): 257-78을 보라. 이것의 의미는 놀랍게도 신적 예지에는 독특한 것이 아니고 반동적 인과 관계와 시간여행 및 사전인지 그리고 특별상대성 이론으로부터 나온다.

것이 아니다. 그분의 미래에 대한 지식은 앞을 '내다봄'이나 미래에 있는 것(어떠한 경우에도 심하게 의인화된 개념)을 '바라봄'에 근거하지 않는다. 오히려 하나님의 지식은 자충족적이다. 그것은 본유적 생각들에 대한 정신의 지식과 비슷하다고 할 수 있다.

전지한 존재로서 하나님은 본질적으로 모든 참된 제안들을 아는 특성을 가지신다. 미래의 우연한 일들에 대한 참된 제안들이 있다. 그러므로 하나님은 미래의 우연한 일들에 대한 모든 참된 제안들을 아시는 것이다. 우리가 지각의 모델에 기초한 하나님의 예지에 대한 사고의 유혹에 빠지지만 않는다면 그것은 미래 사건에 대한 지식이 불가능해진다는 것의 이유가 더 이상 되지 못한다. 본유적 지식과 신적 예지가 논리적으로 일관성이 없다는 것을 보여 줄 수 없다면, 신적 예지에 대한 비방은 심지어 시작될 수도 없을 것이다.

우리는 한 걸음 더 나아간 개념적인 분석을 시도할 수 있다. 반종교개혁 신학자인 루이스 몰리나(Luis Molina)에 의하면 세계를 창조하는 것에 대한 신적인 결정보다 논리적으로 앞서서, 하나님은 발생할 수 있는 모든 것의 지식을 가지고 있으실 뿐만 아니라(**자연 지식** <natural knowledge>), 적절하게 정해진 환경에서 발생할 모든 것에 대한 지식을 가지고 계신다(**중간 지식** <middle knowledge>).

하나님의 자연 지식은 모든 필연적 진리들에 대한 그분의 지식이다. 그것에 의해, 하나님은 가능 세계들의 모든 범위들이 어디까지인지를 아신다. 예를 들면, 어떤 가능 세계 속에서 베드로가 자유롭게 그리스도를 세 번 부인할 것과, 또 다른 세계 속에서 베드로는 같은 상황이지만 그리스도를 인정할 것을 하나님은 아신다. 왜냐하면, 두 가지 다 가능하기 때문이다. 하나님의 중간 지식은 모든 우연하게 참인 반사실적 서술 제안들에 대한 그분의 지식이다. 그것은 피조물들의 자유로운 행동들에 관한 제안들을 포함한다.

반사실적 서술 명제(counterfactual proposition)는 가정법으로 표현되는 조건적인 명제이다. 예를 들면, 만일 베드로가 환경 C에 있었다고 한다면 그는 자유롭게 그리스도를 세 번 부인했을 것이라는 것을 창조 섭리 이전에 논리적으로 먼저 알고 계셨다. 이러한 반사실적 서술들은 가능 세계들을 하나님이 **실현 가능한** (feasible) 세계들로 범위를 한정한다. 예를 들면, 베드로가 사실 그리스도를 부인했던 것과 정확하게 동일한 환경에서 그가 자유롭게 그리스도를 인정하는 가능 세계가 있다. 그러나 그리스도를 부인할 수밖에 없는 상황에서는 베드로가 그리스도를 자유롭게 시인할 수 있게 하는 반사실적 세계는 만들 수 없다. 물론 하나님은 그런 상황 속에서도 베드로를 시인하게 만드실 수 있지만 그때의 베드로의 고백은 자유로운 것이라 할 수 없다.

만일 그 반사실적 조건이 참이라고 한다면 그분의 중간 지식을 통해 하나님은 무엇이 자신이 만드실 수 있는 가능 세계들의 적절한 부분집합이 되는지를 아신다. 그리고 하나님은 어떤 환경에서 어떤 자유 피조물들을 창조하기로 결정하신다. 그래서 그분의 중간 지식과 그 자신의 **결정**(decree) 즉, 세계를 창조하려는 그분의 결정에 따른 지식 위에서 하나님은 일어날 모든 것에 대한 예지를 가지고 계신다(자유 지식 <free knowledge>).

이러한 방식으로 단순히 그 자신의 내적인 상태들의 근거 위에서 그리고 외적인 세계에 대한 일종의 인식의 필요가 없이, 베드로는 그리스도를 자유롭게 세 번 부인할 것을 하나님은 아신다. 그래서 몰리나식의 구조에 의하면 우리는 다음의 그림과 같은 논리적 순서를 가진다.

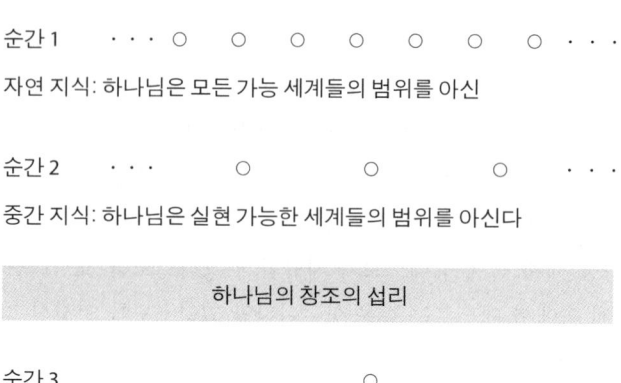

<그림 28.1 몰리나식 구조>

물론, 신적 중간 지식 안에 신적 예지를 두는 것은 결국, 하나님의 중간 지식에 대한 근거를 묻는 질문을 일으킨다. 몰리나주의자는 하나님이 모든 가능한 피조물의 **개별적인 본질**(individual essence)을 아주 잘 아시기 때문에 하나님이 그를 머물게 한 어떠한 종류의 환경에서 그 피조물이 무엇을 행할지를 그가 아신다고 대답할 수 있다.

또는 전지한 하나님은 신적 결정 전에 존재하는 모든 진리들, 즉 필연적인 진리들뿐만 아니라 반사실적 진리들을 간단히 구별하시기 때문에 자연 지식뿐만 아니라 중간 지식도 가지고 있으며, 그래서 개념론자 모델은 중간 지식의 선상에서 미래의 우연적인 일들에 대한 하나님의 지식을 위한 명료한 근거를 공급한다고 대답할 수 있다.

그러면 하나님은 중간 지식을 가지고 계시는가?

다음의 논증을 생각해 보라.

① 만일 피조물들의 자유로운 선택들에 관한 참된 반사실적 서술들이 있다면, 하나님은 이러한 진리들을 아신다.
② 피조물들의 자유로운 선택들에 관한 참된 반사실적 서술들이 있다.
③ 만약 하나님께서 자유로운 선택들에 관한 참된 반사실적인 서술들을 알고 계시다면 하나님께서는 논리적으로 하나님의 창조 섭리에 앞서서 알고 계시거나 창조 섭리 이후에 알고 계셔야 한다.
④ 하나님께서 피조물들의 자유로운 선택들에 관한 참된 반사실적 서술들을 논리적으로 창조 섭리 이후에 아시는 것이 아니다.
⑤ 하나님께서는 피조물의 자유로운 선택들에 관한 참된 반사실적 서술들을 알고 계신다(1과 2로부터 도출된 것). 하나님께서는 피조물의 자유로운 선택들에 관한 반사실적 서술들을 논리적으로 창조 섭리 이전에 아시거나 혹은 창조 섭리 이후에 아신다(3과 5로부터 도출된 것).
⑥ 결론적으로 하나님께서는 피조물의 자유로운 선택들에 관한 반사실적 서술들을 하나님의 창조 섭리 이전에 논리적으로 아신다. 이것이 신적 중간 지식에 관한 교리의 본질이다.

①의 진리는 전지에 대한 기준되는 정의가 요구한다. ②에게 있어서 잠시 고찰한다면 이러한 반사실적 서술 진리들은 이성적인 행위와 계획에 얼마나 만연하고 필수적인 것인지를 알 수 있다. 우리는 종종 우리의 삶 자체를 그러한 것들 위에 구축한다. 더욱이 성경 자체는 이러한 참된 반사실적 서술들의 실례들을 보여 준다(고전 2:8).

②에 대한 가장 일반적인 반론은 소위 **근거적 반론**(grounding objection)이다. 중간 지식에 대한 비난자들이 전형적으로 주장하는 것은 만일 이러한 반사실적 서술들이 어떠한 진리값을 가지고 있다고 한다면 그들은 동일하게 거짓이라는 것이다. 그 이유로는 그들의 진리에 대한 근거가 없기 때문이라는 것이다. 근거적 반대자들은 반론이 암암리에 전제하는 진리 이론을 결코 분명하게 구별하거나 옹호하지 않았다. 그 진리 이론은 이른바 **진리-제작자 이론**(truth-maker theory)이라는 설명을 가정하는 것으로 드러난다.

그 이론에 의하면 참된 전제들은 그 전제 자체들을 참으로 만들어 줄 세상 속의 어떤 존재들을 가진다. 그러나 진리-제작자이론은 논란이 많이 된다. 그러나 그것의 옹호자들은 전형적으로 **진리-제작자 극대화주의**(truth-maker maximalism)를 거절한다. 그 주의는 모든 종류의 참된 제안들은 진리-제작자를 가진다고 한다. 어떠한 근거적 반대자도 플란팅가(Plantinga)의 반박에 아직 답을 하지 못했다.

> 나에게는 그런 식에 근거하여 전제들의 진리를 주장하는 것보다 자유로 인한 어떤 반사실적 조건이 참일 가능성이 있다는 것이 훨씬 더 분명해 보인다.[3]

더욱이 피조물들의 자유의 반사실적 서술들을 위한 용납할 만한 진리-제작자들은 가능하다. 예를 들면, 피조물들의 자유에 대한 반사실적 서술들은 타당한 서술적 제안은 그것의 진리성에 대한 근거들을 가질 것이라는 사실에 근거한다고 알프레드 프레도소(Alfred Freddoso)는 제안한다. 그래서 만일 베드로가 C에 있었다면, 그는 그리스도를 세 번 부인했을 것이라는 반사실적 서술의 진리-제작자는 베드로가 그리스도를 세 번 부인한다는 제안은 타당한 조건 속에서 진리-제작자를 가진다는 행위들의 사실이나 상태가 된다.

논증의 전제 ③은 하나의 전능한 신에 대한 논리적으로 철저한 대안들을 서술한다. 그래서 전제 ③은 반드시 참이 된다. 마지막으로 전제 ④는 반드시 참이어야 한다. 왜냐하면, 만일 피조물들의 자유의 반사실적 서술이 신적인 결정 이후에만 알려진다면, 모든 피조물이 모든 환경에서 행할 것을 결정한 이는 하나님이 되시기 때문이다.

---

3 Alvin Plantinga, "Reply to Robert Adams", in *Alvin Plantinga*, ed. James E. Tomberlin and Peter van Inwagen, Profiles 5 (Dordrecht: D. Reidel, 1985), 378.

아우구스티누스주의/칼빈주의 사상가들은 창조적 자유의 양립주의적 이론들에 대한 그들의 입증 가운데 이러한 전제의 진리성을 증거한다. 하나님이 결정하시는 모든 결정은 우리가 여기에서 관심을 갖는 일종의 자유인 자유의지론적 자유를 미리 배제한다고 그들은 증거한다. 그래서 만일 하나님이 우리에 대한 반사실적 서술 진리들을 그분의 결정 이후에만 아신다면, 피조물들의 자유로운 선택들에 관한 참된 반사실적 서술들이 없는 것이다. 만일 이러한 반사실적 서술들이 있다면, 그 서술들은 논리적으로 신적인 결정에 앞서 반드시 참이다.

이러한 전제들이 진리라면 창조 이전에 하나님은 모든 피조물의 자유의 반사실적 서술을 아신다는 결론이 나온다. 우리는 이를 중간 지식이라고 부른다. 또 이 결론이 참이라면, 우리가 신적인 섭리의 성격과 같은 다른 질문들을 다루게 될 때, 우리는 놀랍도록 유용한 신학적인 도구를 가진 것이다.

2. 단순성

신적 **단순성**(simplicity)은 절대자와 같은 궁극적 형이상학적 존재에 대한 신플라톤주의적 관점에서 시작된 교리이다. 이 단순함에 따르면 형이상학적 궁극적 존재인 하나님은 본성이나 존재에 복잡성이 없고 구별되지 않는 단일성을 가지신다.

이와 같이, 이것은 어떠한 성경적인 지지를 받지 않고, 심지어 여러 가지 방법으로 하나님에 대한 성경적인 개념과 대적하고 있는 급진적인 교리이다. 하나님은 구별되는 속성들이 없으시다고 보는 신적 단순성에 대한 교리에 의하면 하나님은 실제적인 관계에 있지 않으시고, 하나님의 본질은 자신의 존재와 구별되지 않으시며, 하나님은 그저 스스로 존재하시는 순수 현실이다. 모든 이러한 구별들은 우리의 정신들 속에만 존재한다. 왜냐하면, 절대적으로 단순한 신적 존재에 대한 어떤 개념도 우리는 형성할 수 있기 때문이다.

우리가 하나님과 다른 것들에 대해 말할 수 있는 반면에 **유추적 의미**(analogical sense)를 제외하곤, 하나님과 같은 것들에 대해 우리는 말할 수 없다. 그러나 이러한 서술들은 하나님의 본성에 관해 실제 비영지주의의 상태에 우리를 머물게 하면서, 반드시 마지막에 실패하게 된다. 왜냐하면, 우리가 하나님에 관해 사용하는 술어들 속에 **일의적**(univocal) 요소가 없기 때문이다.

참으로 이러한 관점에서 볼 때, 하나님은 실제로 어떠한 본성도 가지고 있지 않으시다. 그분은 단순히 한 존재의 감지할 수 없는 현실에 불과하다.

왜 우리는 이렇게 터무니없는 교리를 채택해야 하는가?

토마스 아퀴나스(Thomas Aquinas)가 그의 우주론적 논증을 통해 이러한 단순한 존재의 존재성에 관해 논증했었다는 사실이 기억날 것이다. 그러나 아퀴나스의 [존재들 그 본질이 그들의 존재와 구별되는] 우연한 존재들로부터의 유명한 논증은 우리가, 기껏해야, 본질상 필연적으로 존재하는 형이상학적인 필연적 존재와 같은 존재가 존재함을 가정하도록 만든다. 그것은 우리가 신적 단순성에 전념하도록 만들 필요가 없다.

더욱이 그 교리는 강력한 반론들에 열려있다. 예를 들면, 하나님은 구별되는 특성들을 가지고 계시지 않다고 말하는 것은 명백하게 실패로 보인다. 전능은 선함과 같은 특성이 아니다. 왜냐하면, 존재는 하나를 가지지 또 다른 것을 가지지 못하기 때문이다. 우리의 개념에서만 보면 아마도 하나님의 전능하심과 선하심은 다르다고 말해질 것이다.

그런데 이것은 하나의 신적인 특성의 다른 형태의 현현들과 같은 것이다. 이것은 마치 새벽별과 저녁별은 다른 의미들을 가지나 그 둘은 같은 실재인, 이른바, 목성을 지시하는 것과 흡사한 것이다. 그러나 이러한 반응은 적절하지 않다. 왜냐하면, 새벽별이 되는 것과 저녁별이 되는 것은 목성이 가지는 구별되는 특성들이기 때문이다.

이렇게 같은 존재가 이러한 두 가지 구별되는 특성들을 가진다. 같은 방식으로 전능하게 존재하는 것과 선하게 존재하는 것은 (짝수로 존재하는 것과 2로 나누어지게 존재하는 것과 같이) 같은 특성들에 있어서 다른 의미가 아니다. 그러나 그 둘은 분명하게 구별되는 특성들이다. 하나님의 경우에 같은 존재가 이러한 구별되는 특성들 둘 다를 소유한다.

더욱이 만일 하나님이 자신의 본질과 동일하시다면, 하나님은 알 수 없거나 그가 아는 것과 행한 것과는 다른 어떠한 것을 행할 수 없는 것이다. 그에게는 우연한 지식이나 움직임이 있을 수 없다. 왜냐하면, 그에 관한 모든 것은 그에게 본질적이기 때문이다.

그러나 그러한 경우에 모든 형식의 구별들이 붕괴한다. 그리고 모든 것은 필연적이 된다. 하나님이 p이다는 것은 논리적으로 p는 참이다와 같은 것이라는 것을 알기 때문에 전자의 필연성은 후자를 내포한다. 그래서 신적 단순성은 극단적인 운명론에 이르게 된다. 극단적인 운명론에 의하면 발생하는 모든 것은 시간적인 필연성이 아니라 논리적인 필연성과 함께 그렇게 된다.

하나님은 피조물과 어떠한 실제적 관계도 가지고 계시지 않는다는 그의 교리로써 아퀴나스는 이러한 용납하기 어려운 결론을 피할 수 있었다고 말해 질 것이다.

단순한 존재로서 하나님은 **본체**(substance)와 **우유**(accidents) 사이의 모든 아리스토텔레스식의 구별들을 초월하신다. 관계들이 일종의 우유이므로, 하나님은 관계적 특성들을 가지지 않으시고 자기 자신 밖에 있는 것들과 실제적 관계를 가지지 않으신다. 사물들은 하나님과 실제적 관계를 가지고 있다. 그러나 그 상황은 균형을 유지하지 않는다. 하나님과 피조물들과의 관계는 우리의 생각 속에 있지 실재가 아니다. 그래서 우리가 상상할 수 있는 모든 논리적으로 가능 세계 안에서 하나님은 완벽하게 동일하다.

그러나 어떠한 세계에서는 다른 피조물이 하나님과 관계를 가진다거나 어떠한 피조물도 존재하지 않고 하나님과 관계도 가지지도 않는다. 그래서 단순한 인식적인 상태는 하나의 제안들의 결합에 대한 지식으로서 여겨지고, 또 하나의 세계 안에서 또 하나의 제안들의 결합에 대한 지식으로 여겨진다. 비슷하게도, [신적인 존재와 같은] 힘의 동일한 움직임은 하나의 세계 안에서 영향을 미친다. 그 영향은 피조물들의 형태 안에서와 이러한 영향들이 없는 또 다른 세계 안에서 그 세계와 실재적으로 관계를 가진다.

하지만 토마스의 교리는 하나님의 단순성을 더 믿지 못하게 만들 뿐이다. 한 세계에서 "나는 홀로 존재한다"는 지식과 다른 세계에서 "나는 수많은 피조물을 만들었다"는 지식이 어떻게 동일한 인식적 상태의 지식이 될 수 있는가 하는 것은 불가해하기 때문이다. 더욱이 만일 하나님의 인식적 상태가 같다고 할지라도 하나님이 아시는 것은 아직도 다르다. 그리고 하나님이 곧 자신의 지식이시기 때문에 우발성이 하나님께 돌려진다.

만일 하나님의 힘의 움직임이 세계들을 가로질러 모두 같다면, 왜 피조물들의 우주가 어떠한 세계들 속에서 존재해야만 하고 다른 세계들 속에서는 아닌가를 이해하는 것도 역시 어렵다. 이유는 하나님 안에서 발견될 수 없다. 왜냐하면, 그분은 절대적으로 동일하기 때문이다. 피조물 자신들 속에서도 이유가 발견될 수 없다. 왜냐하면, 그 원인이 피조물에 선행하는 것이 되어야 하기 때문이다. 그래서 하나님이 실제적 관계들을 사물들과 가지지 않으신다는 것에 대해 논증을 하는 것은 하나님과는 독립적이고 완전히 신비적인 여러 가지 가능 세계에서 피조물들에 대한 존재 내지는 비존재를 만드는 것이다.

마지막으로 하나님의 본질은 그저 그 자신의 실존이라고 말하는 것은 완전히 모호해 보인다. 왜냐하면, 그렇게 볼 때, 하나님 안에 실존하는 어떠한 실존도 없기 때문이다. 어떠한 주체없이 그 자체로 존재하는 것이 있다. 사물들은 존재한다. 그러나 존재하는 것들이 그저 존재한다고 하는 것은 이해하기 어렵다.

요약하면 우리는 신적 단순성에 대해 완전히 발전된 교리를 채택할 합당한 이유가 없으며, 그 교리를 거절할 많은 이유가 있다. 그러나 이것이 그 교리는 전혀 장점이 없다는 것을 의미하지는 않는다. 예를 들면, 하나님은 정신과 몸으로 구성되어 있지 않으시다는 것을 강조하는 것은 확실하게 맞다. 오히려 그분은 순전한 정신이다.

이와 마찬가지로 하나님은 상당히 단순하시다. 이러한 비물질적 본질은 조각들이나 물질적인 대상이 존재하는 방식인 분리될 수 있는 부분들로 구성되지 않는다. 더욱이 윌리엄 알스톤(William Alston)같은 사상가들은 완전한 단순성을 거부하면서 하나님의 지식은 단순하게 이해되어야 한다고 옹호해 왔다. 알스톤의 관점에서 볼 때, 우리 인간 인식자들이 우리 자신들에게 제안하여 나타내는 모든 실재에 대한 단순한 직관을 하나님은 가지고 계신다.

이러한 관점은 신적인 생각들에 대한 아우구스티누스식 관념에 대한 아퀴나스의 적응과 같은 선상에 있다. 플라톤주의와 대면하였을 때, 하나님의 자존성을 지키기 위해 아우구스티누스는 플라톤식 하나님의 정신 속에 있는 형상들을 신적인 개념들로 여겼다. 오히려 진리에 대한 하나의 무차별적 지식은 복수성이 있을 수 있으나, 엄격하게 말해서 하나님의 신적인 생각들에 복수성이 없다고 논증하면서 아퀴나스는 한 걸음 더 나아갔다. 우리와 같은 유한한 지식추구자들은 하나님의 불가분한 직관을 분리된 생각들로 나누어버린다. 우리에게는 하나님의 지식이 구별되어 나타나지만 하나님께는 아니라고 주장한다.

그래서 예를 들어, 하나님은 화성이 두 개의 달을 가지고 있다는 것을 아신다고 우리는 말한다. 그리고 하나님은 그것을 참으로 아신다. 그러나 하나님이 사람이 아는 방식으로 무엇인가를 알고 계시는 것이 아니다. 이러한 신적 지식에 대한 개념은 장점을 가진다. 이러한 신적 지식은 우리가 하나의 신적 인식 내지는 신적 생각들 그 자체를 현실적 무한으로 여기지 않고도 개념주의를 용납하도록 만드는 것이다.

신적 단순성에 대한 수정된 교리는 많은 다른 방면에서 유용할 것이다. 예를 들면, 우리는 하나님의 창조를 위한 움직이심이나 또는 세계의 보존을 이것과 저것을 만드는 개인의 움직임들의 복잡성으로서가 아니라 그 자신 밖에 존재하는 모든 것을 이루는 하나의 움직이심으로서 생각할 수 있을 것이다. 이것은 그리스도인 사상가들이 진보된 설명을 합당하게 여기는 하나의 영역이다.

3. 불변성

아리스토텔레스에게 있어서 하나님은 모든 변화에 대한 불변하는 원천이고 부동의 원동자였다. 하나님의 **불변성**(immutability)은 또한, 성경에서 입증된다 (말 3:6; 약 1:17).

그러나 성경 기자들은 그들의 마음 속에 아리스토텔레스가 고민했던 급진적인 변함없음이나 본질적인 신적 무한성 내지는 단순성의 교리들이 요구하는 불변성을 가지고 있지 않았다. 그들은 주로 하나님의 변함없는 성격과 성실함에 대해 언급하고 있다. 그러나 만일 하나님이 본질적으로 무한하시고 단순하시다고 한다면 그분은 분명하게 변화하실 수 없어야만 한다. 우리는 두 종류의 변화를 유용하게 구별할 수 있다. 그것은 본질적 변화와 비본질적 변화이다.

본질적 변화(intrinsic change)는 주체만 관여되어 있는 비관계적 변화이다. 예를 들면, 하나의 사과는 파란색에서 빨간색으로 변화한다. **비본질적 변화**(extrinsic change)는 주체가 변화하는 것에 관계된 어떠한 대상이 있는 관계적 변화이다. 예를 들면, 존스는 그의 아들보다 작아진다. 그것은 그의 키의 본질적 변화를 경험하면서가 아니라 그의 아들이 그의 키에 본질적 변화가 생길 때 그의 아들과의 관계를 가짐으로 해서 발생한다.

존스는 그의 아들보다 컸던 상태에서 그보다 작은 상태로 비본질적으로 바뀐다. 왜냐하면, 그의 아들은 자라고 있기 때문이다. 신적인 무한성이나 신적 단순성은 하나님이 본질적이거나 비본질적 변화를 경험하시지 않을 것을 요구한다. 어떠한 경우이건 간에, 이러한 변화들 때문에 전과 후의 관계는 발생되었다. 그 변화들은 하나님을 시간적으로 변화하는 것들인 양 인식하게 만든다. 그래서 하나님께는 심지어 아주 작은 변화도 불가능해야만 하는 것이다. 그러나 우리는 하나님의 본질적 무한성과 단순성을 거절해야 하는 이유를 보았다.

하나님이 불변하셔야 한다는 생각에 다른 이유가 있는가?

때때로 신적인 불변성은 신적인 완전성과 필연적 상관 관계이어야만 한다고 말해진다. 만일 하나님이 변화하셔야 한다면 더 큰 문제를 야기하게 된다. 그러므로 하나님은 본질적으로 완전하시면서, 절대로 변화가 없으셔야만 한다. 그러나 이러한 논리는 분명히 틀린 것으로 보여 진다.

말하자면 완전한 존재는 완전의 저울 위에서 '수직적으로' 그리고 더 안 좋은 것으로 변화할 필요가 없다. 그러나 두 가지 상태에서 동일하게 완전함을 유지하면서 "수평적으로" 변화할 수 있다. 예를 들면, 하나님이 "지금 시간이 t1이다"를 앎으로부터 "지금 시간이 t2이다"를 아는 것으로 변화하는 것은 하나님 안에 불완전함이 있다는 의미가 아니다.

반면에 그가 항상 시간을 알고 있다는 것은 그분의 완전함의 표시이다. 하나님이 가지는 시간적 세계와의 실제적이고 인과적인 관계 때문에 하나님은 반드시 최소한도로 비본질적 변화를 경험하신다. 그리고 그에 따라—적어도 창조의 순간이후로—시간적이 된다고 우리는 논증했다. 더욱이 하나님이 전능함으로 해서 시간에 영향을 받는 사실들에 대해 가지는 지식은 창조의 순간 이래로 하나님은 본질적 변화도 경험한다는 것을 요구한다. 왜냐하면, 그분은 우주 속에서 지금 발생하고 있는 것이 무엇인지를 알기 때문이다. 그래서 하나님은 엄밀하게 말하면 불변하시지 않는 것이다.

그런데도 급진적인 불변성을 거부하는 것은 그분의 특성 속에서 즉, 지속적이고 불변적 존재라는 성경적인 의미에서 하나님은 불변하시다는 것을 우리가 입증하도록 개방되어 있기 때문이다. 더욱이 그의 존재(필연성, 자존성, 영원성) 속에서 그리고 그의 편재하시고 전지하시고 전능하심 속에서 하나님은 불변하시다. 이러한 본질적인 속성들은 그를 부동성으로 가두어버리지 않은 채로 하나님의 완전하심을 지켜내기에 충분하다.

마지막으로 만일 창조를 제외한 무한성으로서 그리고 창조와 함께 한 시한성으로서 신적인 영원성을 이해하자는 우리의 제안을 우리가 채택한다면 세계가 없는 홀로 존재하는 무한한 상태에서 만일 불변함이 아니라고 한다면 하나님의 변화없으심을 우리는 입증할 수 있을 것이다.

하나님이 창조와 우리와 같은 시간적인 피조물들의 구원을 위해 이러한 상태를 종결해야 한다는 것은 하나님의 자유와 하늘로부터 내려오심을 불가능하게 만든다. 하나님은 만일 그가 원하신다면 변화없이 남아계실 수 있었다. 그러나 그가 그렇게 하지 않았다는 사실은 그분의 사랑과 자유에 대한 증거가 된다.

4. 전능

하나님의 성경적 이름들 중에 하나가 엘샤다이(*El-Shaddai*: 전능의 하나님)임에도 불구하고 **전능**(omnipotence)의 개념은 그 단어를 분석하려 할 때 만나는 그 단어의 반항성 때문에 충분히 이해되지 못한 채 남아있다.

데카르트(Descartes)는 차치하고, 소수의 사상가들은 그 교리가 하나님이 무엇이든지 할 수 있으시다–예를 들면, 네모난 삼각형과 같은 것을 만들 수 있다–는 것을 의미한다고 입증하려고 노력했다. 이러한 관점은 필연적인 진리들은 없다는 **보편적 가능론**(universal possibilism)을 입증하는 것으로 이해되었다. 왜냐하면, 이 관점에서 볼 때, 한 전능한 신은 심지어 논리적 모순들이 참이 되도록 하고 항진명제들이 거짓이 되게 할 수 있기 때문이다. 우리의 눈에는 수용할 수 없는 것처럼 보이지만, 그러나 이러한 교리는 타당해 보이지 않는다.

필연적인 진리들은 없다는 가정은 그 자체가 필연적으로 참인가, 거짓인가? 만일 참이라면, 그러한 자세는 자기모순이 된다. 만일 참이 아니라면, 그러한 입장은 아마 거짓일 것이다. 하나님은 필연적인 진리들이 있는 세상을 만드실 수 있다. 따라서 우리는 가능 세상 의미론에 따라 하나님이 모든 가능한 세상에서 참인 전제가 되게 하시는 가능 세상이 있다고 말해야 할 것이다. 그러나 만일 그러한 전제가 있다면 실제로 모든 가능 세계에 필연적인 진리가 있으므로 보편적 가능론은 반대된다.

더욱이 데카르트의 입장은 믿기 어렵다. 예를 들면, 그의 입장은 우리에게 하나님은 그의 존재함 없이 그가 우리 모두를 창조하는 것을 이루실 수 있었다고 믿도록 요구한다. 말하자면 하나님은 존재하시지도 않고 우리 모두를 창조하시지도 않은 가능 세계가 있다는 것이다. 이것은 어불성설이다. 그러므로 사람은 반드시 전능에 대해 이해한 바를 더욱 더 조심스럽게 설명을 해야 한다. 불행하게도 이것은 쉬운 일이 아니었다.

철학적인 논의는 1983년에 중요한 작품인 토마스 플린트(Thomas Flint)와 알프레드 프레도소의 『극대의 힘』(Maximal Power)이 나오기까지 제자리걸음이었다.[4] 그들의 분석은 신학적 운명주의에 대한 옥캄주의자의 해답과 몰리나의 중간 지식에 관한 교리와 근접하게 연결되어 있다. 전능의 개념에 대한 중요한 통찰은 전능이 있는 그대로의 힘이 아니라, 어떠한 **일들의 상태들**(states of affairs)을 현실화할 수 있는 능력이라는 의미로 정의되어야 한다는 것이다. 그래서 전능은 양이나 다양성에서 무한한 힘으로 이해되어서는 안된다.

이러한 이해는 하나님이 자신이 드실 수 없을 정도로 너무 무겁게 돌을 만들 수 있다는 진부한 문제에 곧바로 직면하게 한다. 만일 하나님이 어떠한 일을 하시기 위한 힘을 가지고 있다면, 그분은 또 다른 일을 할 힘이 부족하시다. 하나님의 편에 힘이 부족해서가 아니라 전능에 대한 잘못된 개념에서 이러한 어려운 문제가 발생한다.

만일 우리가 전능을 어떠한 일들의 상태들을 현실화하는 능력으로 이해한다면 그 자신도 들지 못하실 정도로 하나님이 돌을 너무 무겁게 만드실 수는 없다는 것은 하나님의 전능의 저하를 말하는 것이 아니다. 왜냐하면, 만일 하나님이 본질적으로 전능하시다고 한다면 '하나님이 드시기에 너무 무거운 돌'은 '네모난 삼각형'을 만드는 것처럼 논리적으로 불가능한 일들의 상태로 여겨지기 때문이다. 그래서 그 일들의 상태는 어떠한 것도 서술하는 것이 아니다.

만약 행위자 S가 논리적으로 가능한 것을 현실화 할 수 있다고 한다면 S는 전능하다고 할 수 있는가?

아니다. 왜냐하면, 어떠한 일들의 상태들은 논리적으로 가능하지만 시간의 경과 때문에 아마도 더 이상 현실화하는 것이 가능하지 않을 수 있기 때문이다. 예를 들면, 1968년 월드시리즈에서 컵스(Cubs)의 우승은 논리적으로 가능한 상태를 묘사한다. 그러나, 적어도 직접적으로 이러한 상태를 더 이상 현실화 할 수는 없다. 이러한 일의 상태를 직접적으로 현실화 하는 것은 과거 혹은 과거의 인과관계를 바꾸는 것과 다름없다. 이러한 일은 불가능하다. 그러나 S가 지금 직접적으로 이러한 일들의 상태를 현실화하는 것을 할 수 없다고 해서 S의 전능에 반하는 식으로 계산되어서는 안되는 것이다.

---

4   Thomas P. Flint and Alfred J. Freddoso, "Maximal Power", in *The Existence and Nature of God* (Notre Dame, Ind.: University of Notre Dame Press, 1983), 81-113.

그러나 S가 혹시 이러한 일들의 상태를 간접적으로 현실화할 수 있을까?

S가 해야 할 A라는 행동이 있다고 가정하자. 그리고 만일 S가 A라는 행동을 했다면, 하나님은 이것을 미리 아셨던 것이고 컵스가 1968년에 우승하는 것을 이룰 수 있었을 것이다. 그러면 S는 이제 1968년 월드시리즈에서 컵스의 우승이라는 일들의 상태를 간접적으로 현실화하는 힘을 가진 것으로 여겨질 것이다. 사실상 S가 그러한 힘을 가진 것인지 아닌지는 **역행적 반사실적적 서술**(backtracking counterfactuals)에 의존한다. 즉, 존재했던 과거의 사실과 다른 것을 포함하는 반사실적 서술이 사실로 일어나는지 아닌지에 의존한다는 것이다.

과거 상태에 대해 누군가가에 의해 간접적으로 현실화 될 수 있는 것을 '부드러운' 과거라고 부르고, 누군가에 의해서 간접적으로 현실화 될 수 없는 것을 '경직된' 과거라 부르자. 그러면 이에 따라, 우리는 전능에 대한 우리의 관점을 수정해야 한다 경직된 과거와 모순되는 일을 현실화하는 것에 대한 S의 무능은 결코 S의 전능에 반대되는 것이 아니다.

만약 S가 시간 t에서 S와 동일한 경직된 과거를 공유하는 누군가가 t에서 현실화 할 수 있는 것이 논리적으로 가능한 어떤 일을 현실화 할 수 있다고 할 때 S는 시간 t에서 전능한가?

그렇지 않아보인다. 왜냐하면, 피조물의 자유로운 행위들에 대한 반사실적 요소들이 더 큰 문제들을 일으킨다. 만약 '존스가 C라는 환경에 있다면 그는 아내에게 편지를 자유롭게 쓸 것이다'라는 반사실적 서술이 존스의 통제 안에 있다는 말은 반사실적 서술이 참이든 아니든 C에 있는 존스는 행동하는 것을 자유롭게 결정한다는 것이다. 이와 반대로 이것은 또한, 그 반사실적 서술이 제3의 인물 스미스의 통제 안에 놓여있지 않음을 의미한다.

만약 그 반사실적 서술이 사실이라면, 스미스가 반사실적 서술이 거짓이 되도록 어떠한 행동을 취하는 것은 논리적으로 불가능하다. 스미스는 C라는 환경에 있는 존스를 막을 수 있다. 그러나 반사실적 서술의 허위성을 일으키는 어떠한 행동도 할 수 없다. 따라서 자신의 자유로운 결정에 관한 반사실적 서술들은 통제할 수 있지만 타인의 자유로운 결정에 관한 반사실적 서술들은 통제할 수 없다. 이것이 함축하고 있는 바는 전능에 대한 적절한 정의이다. 즉, S가 전능하다고 해서 다른 동인들의 자유로운 결정들에 관한 반사실적 서술로 묘사되는 일들의 상태를 현실화 할 수 있어야 하는 것이 아니다.

만약 위의 존스에 관한 반사실적 서술이 참이라면, S는 C에 존스가 있으면서 존스가 자유롭게 아내에게 편지 쓰는 것을 그만두는 세상을 만들 수 있다고 기대해서는 안되는데, 왜냐하면, 이것은 S에게 논리적으로 불가능한 것을 요구하고 있기 때문이다. 우리의 임시적인 정의는 S에게 존스와 동일한 상황의 일들과 같은 것들, 즉 전부 '경직된 과거' t를 공유하는 전부를 현실화 할 수 있는 능력을 가지라는 논리적으로 불가능한 요구를 하고 있다. 따라서 우리는 전능에 대한 우리의 관점을 수정해야 하며, S에게 그러한 능력을 요구해서도 안된다.

이렇게 말해야 한다. 경직된 과거 t가 주어져있고 다른 누군가의 자유로운 행위에 관계된 참된 반사실적 서술들이 있다면, S가 논리적으로 현실화 할 수 있는 가능성이 있는 사건들을 S가 시간 t에서 현실화 할 수 있다면 S는 전능하다고 할 수 있다. 이러한 정의가 전적으로 정당하다. 그러나 만약 S가 사소한 것으로 보이는 어떠한 특정한 행위를 할 수 없다면 그때 S의 무능은 그의 전능에 반하는 것이 아닌가라는 불평을 가질 수 있다.

하지만 존스의 예와 같은 경우 그는 본질적으로 그러한 것을 할 수 없기 때문에 S는 질문 속의 행위를 하는 것은 논리적으로 불가능하다. 따라서 우리는 상황 속에서 어떤 동인이 할 수 있는 어떤 행위를 S가 할 수 있음을 요구하기 위해 보다 광범위한 정의를 내릴 필요가 있다. 우리는 다른 누군가의 자유로운 행위들에 관한 반사실적 서술에 의해 묘사되는 행위들을 S가 현실화 할 수 있다고 요구하지 않는 것이 우리의 기교이다.

다음의 분석이 그 기교를 보여 준다. 동일한 경직된 과거 t와 동일한 다른 누군가의 자유로운 행위들에 관한 참된 반사실적 서술이 주어져있다면 누군가가 현실화 하는 것이 논리적으로 가능하고 다른 누군가의 자유로운 행위에 관계된 반사실적 서술로 묘사되지 않는 사건을 S가 시간 t에서 현실화 할 수 있는 능력이 있다고 한다면 S는 시간 t에서 전능하다. 이러한 분석은 하나님의 능력에 대한 어떤 비논리적인 한계를 강요하지 않고도 하나님의 전능의 변수들까지도 성공적으로 자리잡게 한다.

5. 선하심

일신론적 전통 안에 있는 신자들은 하나님이 완전히 선하시다는 것을 항상 지켜온다. 그리스도인들은 하나님을 도덕적이건, 형이상학적이건, 미학적이건 간에 선함의 모든 다양함들의 원천으로서 생각해온다. 여기에서 우리의 관심은 하나님의 **도덕적 선함**(moral goodness)에 있다. 하나님의 존재에 대한 가치론적 논증들 중에 어떤 것은 선함이 어느 정도는 하나님 자신에게 근거한다는 것을 암시한다.

그러나 플라톤 이후 도덕적 가치들(moral virtues)과 의무들은 하나님 안에 근거한다고 하는 그 주장은 문제가 있다고 비판되어 왔다. 플라톤은 그의 책, 『플라톤의 대화』 중 "에우티푸론"에 있는 유명한 딜레마 속에서 하나님이 허락하셨기 때문에 어떠한 것이 선한 것이냐, 아니면 그것이 선하기 때문에 하나님이 허락하신 것이냐를 묻는다. 이 딜레마의 어떠한 쪽이건 간에 지지할 수 없는 결론들에 도달하게 된다. 만일 하나님이 그것을 뜻하셨다는 단순한 이유 때문에 어떠한 행동이 선하거나 옳다고 우리가 말한다면 도덕성은 근본적으로 임의적이 되어버린다. 잔인함이 선한 것이고 사랑이 악한 것이라고 그리고 우리는 다른 사람들을 미워해야 하고 그들에게 해를 끼쳐야 한다고 하나님은 뜻하셨을 수 있다. 이러한 것은 비양심적일 뿐만 아니라, 하나님의 선함은 엉터리라고 주장하게 만든다. 하나님이 선하시다고 주장하는 것은 하나님이 원하시는 것은 무엇이나 한다는 것 이상을 의미하지 않는다고 보여 진다.

다른 한 편으로는 만일 하나님이 그것이 옳기 때문에 또는 행하기에 선한 것이기 때문에 우리가 그 행동을 하기를 뜻하신다면, 결국 도덕적 가치들은 하나님 안에 근거하지 않는다. 오히려 그것은 하나님과는 독립적으로 존재한다. 이러한 대안은 전통적인 유신론과 양립할 수 없게 된다. 왜냐하면, 그것은 하나님의 주권과 자존성을 타협하기 때문이다.

하나님은 그 자신의 창조에서 나온 것이 아니라 하나님에게 강요되는 어떠한 도덕적 원칙들에 순종하도록 스스로 의무를 지키신다. 도덕적 가치가 하나님과 독립되어 있다는 증거는 하나님에 대한 믿음과는 완전히 독립적인 도덕적 가치들과 의무들을 우리가 이해할 수 있다는 사실에서 발견될 수 있다고 언급된다.

이러한 반론이 제기하는 쟁점들의 혼란을 정리함에 있어서 우리는 그림 28.2에 표현되어 있는 것과 같이 도덕 이론의 여러 가지 영역을 분명하게 구별하는

것이 도움이 된다는 것을 발견할 것이다.[5]

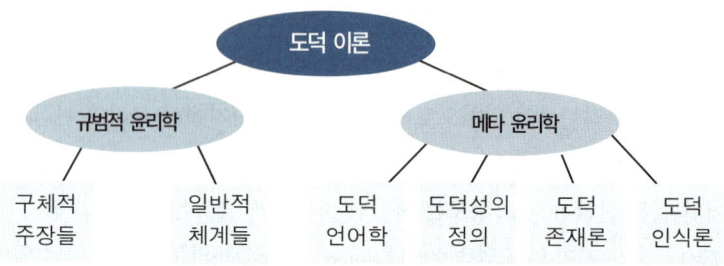

<그림 28.2 도덕 이론의 여러 가지 영역>

도덕적 가치들과 의무들은 하나님 안에 근거한다는 주장은 **도덕 존재론**(moral ontology)에 관한 일종의 메타 윤리학의 주장이다. 그것은 근본적으로 **도덕 언어학**(moral linguistics) 또는 **도덕 인식론**(moral epistemology)에 관한 주장이 아니다. 그것은 근본적으로 도덕적 특성들에 대한 형이상학적 상태에 관한 주장이지, 도덕적 원칙들에 관한 지식이나 정당화에 관한 주장이나 도덕적 판결들의 의미에 관한 주장이 아니다.

이러한 구별들은 언어학적이나 인식론적인 사고에 근거한 유신론적 메타 윤리학에 대한 반론들을 일격에 정리하는 데 사용된다. 예를 들면, 유신론자는 선한이나 옳은 것을 유신론적 용어들로 정의하는 것으로서 이해해서는 안된다(예를 들면, "하나님께서 뜻하시면"). 유신론자는 도덕적 가치들과 의무들은 어떠한 것이든지 자기-유익이나, 사회적 계약이나, 일반 행복의 의미로 설명되기보다는 하나님의 성품과 뜻의 의미로 설명되어야 한다는 의미에서 **도덕성의 정의**(definition of morality)를 말한다.

그러나 유신론자들의 목적은 도덕적 용어들의 의미를 분석하기 위함이 아니다. 오히려 그들은 객관적인 도덕적 가치들과 의무들을 위한 하나의 존재론적인 근거를 제공하려고 생각한다. 그러므로 "정치적인 죄수들에 대한 고문은 잘못된 것이다"와 같은 진술들의 의미를 하나님에 대한 참고 없이 우리가 이해할 수 있

---

[5] Walter Sinnott-Armstrong, "Moral Skepticism and Justification", in *Moral Knowledge?* ed. Walter Sinnott-Armstrong and Mark Timmons (New York: Oxford University Press, 1996), 4-5.

다고 하는 결과에 대한 반론들은 논지를 상당히 벗어난 것들이다.

이와 유사하게 "하나님은 선하시다"와 같은 진술은 유신론적 메타 윤리학에서 보면 사소하게 된다고 말해질 때, 이러한 반론은 의미론적 주장과 같이 유신론적 입장을 잘못 이해하게 된다.

"하나님은 선하시다"와 같은 진술은 모든 가능 세계에서 그 제안이 참이라는 의미에서와 그리고 선함은 하나님의 본질적인 특성이라는 의미에서 형이상학적으로 필연적인 제안을 표현하는 종합적인 진술로서 여겨질 수 있다. 다시 말해 유신론자는 상당히 준비된 상태에서 객관적인 도덕적 가치들을 구별하기 위해 또는 우리의 도덕적 의무들을 인식하기 위해 [그리고 만일 그가 하나님의 존재에 관한 가치론적인 논증의 제안자라고 한다면] 우리가 하나님이 존재한다는 것을 알 필요가 없다는 것에 또는 심지어는 그것을 믿을 필요가 없다는 것에 동의할 것이다.

유신론적 메타 윤리학이 형태들의 풍성한 다양성을 가정함에도 불구하고 최근에 **하나님의 명령으로서의 도덕성**(divine command morality)에 대한 관심이 제기되어왔다. 그 하나님의 명령으로서의 도덕성은 우리의 도덕적 의무들을 그분의 도덕적인 명령들이라는 관점에서 하나님께 대한 우리의 책임들로 이해한다.

예를 들면, "너는 너의 하나님 여호와를 온 마음을 다해 사랑하라"나, "너는 네 이웃을 네 몸과 같이 사랑하라"와 같은 것들이다. 우리의 도덕적 의무들은 **정의롭고 사랑하시는 하나님의 명령들**(commands of a just and loving God)에 의해 법제화되었다. 어떠한 행동 A와 도덕적 행위자 S에 대해 우리는 S에 대한 A의 **도덕적 요구 사항**(moral requirement), **도덕적 허가 사항**(moral permission), **도덕적 금지 사항**(moral forbiddenness)의 개념들을 다음과 같이 설명할 수 있다.

>오직 공의와 사랑의 하나님이 S에게 A를 하라고 명령하실 때에만 A는 S에 의해 요구된다.
>오직 공의와 사랑의 하나님이 S가 A를 하지 말라고 명령하시지 않을 때에만 A는 S에게 허락된다.
>오직 공의와 사랑의 하나님이 S에게 A를 하지 말라고 명령하실 때에만 A는 S에게 금지된다.

우리의 도덕적 의무들은 신의 명령들 안에 근거하기 때문에 그 의무들은 하나님으로부터 독립되어 있지 않고 하나님은 그 자신에게 명령을 발하지 않으시기 때문에 하나님이 도덕적 의무들에 예속되어 계시지도 않는다.

만일 하나님이 도덕적인 의무들을 실행한다면 하나님이 선하시다고 하는 주장에 무엇이 주어질 수 있을까?

여기에 법칙을 따름과 법칙에 따라 행동하기 사이의 칸트(Kant)의 구별이 도움이 되는 것으로 증명되었다. 하나님은 우리를 위해 법칙을 따르는 방식들과 그래서 우리의 도덕적 의무들을 성취해 나아간다는 의미에서 선함을 구성하는 방식들 속에서 자연스럽게 행동하실 것이다. 그래서 하나님은 유비적인 방식으로 유사하게 선하게 되셔야 한다고 말해진다. 이러한 사실은 임의 반론에 대한 열쇠를 제공한다. 왜냐하면, 단순히 최고의 권력가에 의해서가 아니라 공의와 사랑의 하나님에 의한 명령들에 의해 우리의 의무들은 결정되기 때문이다.

하나님은 본질적으로 자비로우시고 공의로우시고 친절하시며 공평하시며, 그분의 명령들은 그 자신의 성격의 반영들이다. 그래서 그러한 성격들은 임의적이지 않으며, 우리는 "만일 하나님이 어린이 학대를 명령했다고 한다면…"과 같은 불가능한 가정들로 구성된 반사실적 서술들 때문에 우리 자신을 곤경에 밀어 넣을 필요가 없다.

하나님이 모든 이러한 **도덕적 가치들**(Moral virtues)을 소유하고 있다는 의미에서 그리고 하나님은 본질적으로 그리고 그 최대한 정도까지 그렇게 하신다는 의미에서 하나님은 선하시다고 말해질 것이다. 그래서 하나님의 가치론적 완벽함은 의무성취(duty-fulfillment)의 의미로 이해되어서는 안되고 덕의 의미로 이해되어야 한다. 이러한 개념은 하나님은 찬양을 받으셔야 한다는 의미를 우리가 이해하는 데 도움이 된다. 그의 의무나 공덕의 행위들이 완전히 실행되기 위한 명령의 의미에서가 아니라, 오히려 하나님의 가치론적 완벽을 찬양함의 의미에서 하나님은 찬양을 받으셔야 한다는 것이다.

그런데도 하나님이 의무에 얽매이지 않으시다는 사실은 우리로 하여금 그가 우리에게는 금지된 특권을(예를 들면, 그의 신중한 판단을 통해 사람의 생명을 취하는 것) 가지고 있다는 사실을 우리에게 경고하고 있다. 우리는 무고한 사람의 생명을 취하는 권리가 없다. 그러나 하나님은 그런 식으로 제한되시지 않는다. 하나님은 의무에 얽매이지 않으시다는 말은 어떻게 자신이 자발적으로 행동을 했다면 죄스럽게 여겨지는 그러한 행위를 행하도록 하나님이 사람에게 명령하실 수 있는지 설명하는 것에 도움이 된다. 그러나 그것이 하나님의 명령에 의한 것이 라면, 그의 도덕적 의무이기도 하다.

가장 그럴듯한 예는 아브라함이 그의 아들 이삭을 희생제물로 바친 경우이다. 하나님의 명령이 없이는 그 행위는 살인 행위로 인식되었다. 그러나 그에게 주어진 하나님의 명령이라는 관점에서 볼 때, 그 행위는 아브라함의 도덕적 의무가 되었다. 이것은 하나님이 살인은 선한 것이라고 만들 수 있다는 것을 말하기 위함이 아니라, 하나님의 명령이 없이 행동으로 옮겼다면 살인이 되는 행동을 하나님이 명령하실 수 있다는 것을 말하려고 하는 것이다.

또 이것은 사람들이 서로를 죽이도록 하는 것이 일반적인 도덕적 의무가 되는 것을 하나님이 이루실 수 있었다는 것을 말하려고 하는 것이 아니다. 아브라함과 이삭의 경우는 그 법칙을 증명하는 예외가 된다. 우리가 서로에게 피해를 주도록 하는 것을 일반적인 명령으로 말하는 것은 하나님의 사랑의 성품과 상반될 수 있다. 그러나 아브라함과 이삭의 특별한 경우에 아브라함의 헌신을 시험해보려는 것은 하나님이 아브라함을 사랑하시지 않는 것이 아니었다. 그리고 하나님은 그를 그렇게 심하게 시험하실 타당한 이유를 가지고 계셨다.

왜 하나님의 성품이 선함의 정의로 여겨져야 하는가라는 질문이 있다. 그러나 만일 우리가 허무주의자가 아니라면, 우리는 어떠한 궁극적인 가치기준을 인식해야 한다. 하나님은 최소한으로 임의적인 기준이 되어 보이신다. 더욱이 하나님의 성품은 이러한 기준으로 사용되기에 뛰어나게 적절하다. 왜냐하면, 정의를 통해 하나님이 예배 받으실 가치가 있으신 분이시기 때문이다. 그리고 오직 모든 가치의 근원과 위치가 되는 존재가 예배 받으실 가치를 가진다.

[요약]

전지는 모든 참된 전제를 아는 특성이고 거짓 전제를 믿지 않는 특성이다. 이러한 기준적 정의는 만일 미래 시제의 문장들로 표현되는 참된 전제들이 있다면, 하나님이 전지하시기 때문에 하나님께서 그러한 전제들을 반드시 아셔야 한다는 것을 의미한다.

이러한 결론은 신학적인 운명론의 문제를 야기한다.

하나님이 그 자신의 믿음에 실수가 있을 수 없으므로 발생되는 모든 것이 필연적으로 발생해야만 하는가?

다른 한편으로는 만일 사건들이 우연하게 발생한다면 어떻게 하나님은 미래의 우연한 사건들에 대한 지식을 가지고 계실 수 있으신가?

하나님은 미래의 우연한 일들을 알지 못하신다는 식으로 전지를 재정의하려는 시도들은 심지어 가상의 정의에서 만일 하나님이 전지하다면 그분은 반드시 미래의 우연한 일들을 알아야 한다는 결론과 함께 논리적 오류에 빠지게 된다. 그러나 운명론을 위한 논증은 또한, 논리적 오류에 근거하기 때문에 이러한 가상의 노력들은 불필요하다. 이처럼 독특한 양식에 대한 어떠한 설명도 발견되지 않기 때문에 시간적 필요에 호소하면서 이러한 오류를 제거하려는 시도들은 성공적이지 못했다. 그러한 시도에서 미래의 우연한 일들에 관한 하나님의 믿음들에 대한 전제들은 인과 관계적으로 접근할 수 없거나 변경할 수 없는 것 말고는 어떠한 의미에서 필연적인데, 그러한 시도가 운명론에는 타당하지 않다.

역동적 시간 이론가들은 또한, 미래의 비현실성과 불확정의 관점에서 미래의 우연한 사건들에 대한 지식을 하나님이 어떻게 가지실 수 있었느냐고 물어온다. 그러나 만일 우리가 신적인 인식에 대한 지각적 모델에 반하는 것으로 한 개념론자를 채택한다면 미래 시제의 문장들에 의해 표현되는 전제들을 포함하여 모든 참된 전제들에 대한 본유적 지식을 왜 하나님이 단순히 소유하실 수 없는지가 분명하지 않게 된다. 신적인 인식에 대한 개념론자 모델의 구체적으로 현저한 설명은 중간 지식 이론에 의해 산출된다.

그 중간 지식 이론에 의하면 세계를 창조하기 위한 그분의 명령보다 논리적으로 앞선 창조적 자유에 관한 모든 참된 반사실적 서술에 관한 지식을 하나님은 소유하신다. 이른바 중간 지식에 대한 기초적 반론은 진리-제작자 극대화주의뿐만 아니라, 두루 거부되는 주의인 진리-제작자들의 논증이론을 예견하는 것처럼 보인다. 어떠한 경우에도, 창조적 자유에 대한 반사실적 서술들에 대한 그럴듯한 진리-제작자들이 제시되었다.

신적 단순성은 획일적인 단일체가 되는 하나님의 속성이다. 그래서 그분의 성격이나 존재에 복잡성이 없다. 그 주의는 강력한 반론들을 만난다. 하나님은 구별된 특성들을 가지고 계시지 않다고 말하는 것은 명백하게 거짓처럼 보인다. 하나님이 그 자신의 본질이라고 말하는 것은 하나님은 그분이 알고 행하는 것 이외에 다른 것을 알거나 행할 수 없다는 것을 암시한다. 또한, 하나님의 본질은 그 자신의 존재라고 말하는 것은 완전히 모호하게 보인다. 그러나 이 교리에 장점이 하나도 없는 것은 아니다. 비물질적 실체가 물질이 구성된 방식처럼 여러 부분으로 구성되어 있지 않은 것처럼, 하나님은 단순하시며 하나님은 육체와 정신의 혼합체가 아니다.

더욱이 어떤 사상가들은 하나님의 지식은 단순함으로 이해되어야 한다고 주장한다. 하나님께서는 제한된 지식인들인 우리에게 구별되는 전제들에 대한 지식으로서 하나님의 나누어지지 않는 진리의 직관을 우리 자신에게 보여 준다. 신적인 지식에 대한 이러한 개념은 우리가 신적인 인식들이나 신적인 생각들에 대한 현실적 무한에 참여하지 않으면서 개념론을 품을 수 있도록 하는 이익을 준다.

불변성은 변화할 수 없는 특성이다. 중세 신학자들은 하나님의 불변성이 그가 본질적이거나 비본질적 변화를 경험할 수 없었음을 의미한다고 해석했다. 그러나 너무 급진적인 교리를 채택할 이유가 없을 뿐만 아니라, 또한 그것을 거절할 좋은 근거들이 있다. 시간적인 세계와 그분의 실재적이고 인과적인 관계에서 볼 때, 하나님은 반드시 최소한 비본질적 변화를 경험하셔야 한다. 더욱이 그분의 전지하심으로 암시가 되는 바, 시제가 있는 사실들에 관한 하나님의 지식은 창조의 순간에 하나님은 본질적 변화도 경험하셨기 때문에 그러한 비본질적 변화를 요구한다. 그분의 성격 안에서 지속적이고 불변하다는 성경적인 의미에서 하나님은 불변하시다.

더욱이 그분의 존재(필연성, 자존성, 영원성) 안에서와 그분의 편재하심과 전지하심과 전능하심 안에서 하나님은 불변하시다. 마지막으로 만일 우리가 신적인 영원성을 창조없이 시간이 없음을 의미하는 것으로 생각한다면 만일 하나님의 불변성이 아니라면, 세계의 존재함 없이 스스로 존재하는 시간이 없는 상태에서 하나님의 변화없으심을 입증할 수 있다.

전능은 모든 것을 할 수 있는 특성을 말한다. 그러나 이 속성은 정의 내리기 어렵다. 하나님께서 단순히 무엇이든지 다 할 수 있다는 교리는 실제로 일관성이 없으며 믿을 만한 것도 아니다. 동일한 경직된 과거 t와 동일한 다른 자유로운 행위들에 관한 참된 반사실적 명제들이 주어졌을 때, 누구라도 논리적으로 실현 가능한 일이면서도 다른 누군가의 자유로운 행위에 관계된 반사실적 명제로 묘사되지 않는 사건을 S가 시간 t에서 현실화 할 수 있다면 S는 시간 t에서 전능하다. 전능이란 이처럼 엄격히 정의내려져야 한다.

하나님의 선하심은 하나님의 도덕적 완벽하심과 연관을 가져야 한다. 하나님의 존재에 대한 가치론적 논증의 어떤 설명들은 선함이 어느 정도 하나님 자신 안에 근거하고 있다는 것을 암시한다. 도덕적 가치들과 의무들은 하나님 안에 근거한다는 주장은 도덕적 특성들의 형이상학적 상태에 관한 주장이지, 도덕적 문장들이나 도덕적 원칙들의 지식이나 정당화에 관한 주장이 아니다.

하나님의 명령으로서의 도덕성은 우리의 도덕적 의무들을 그분의 명령들의 관점에서 공의와 사랑의 하나님에 대한 우리의 책임으로 간주한다. 우리의 도덕적 의무들은 신적인 명령들 안에 근거하기 때문에 신적인 명령들은 하나님으로부터 독립적이지 않다. 또한, 하나님은 도덕적 의무들에 얽매여 계시지도 않다. 왜냐하면, 하나님은 그 자신에게 명령을 발하시지 않기 때문이다. 의무 완수의 의미에서가 아니라 본질적으로 그리고 극대화된 정도에 하나님이 모든 도덕적 가치들을 소유하신다는 의미에서 하나님은 아마도 선하시다고 말해질 것이다.

하나님은 의무에 얽매이지 않으신다는 사실은 하나님은 아마도 우리에게는 금지된 특권들을 가질 것이라는 사실을 우리에게 알도록 한다. 그것은 또한, 하나님이 그 사람이 그 자신의 주도에 의해 이루어질 때, 죄가 될 수 있는 이러한 행위를 실행하도록 어떻게 명령할 수 있는지를 설명하는 것을 돕는다. 그러나 그것은 하나님의 명령이라는 의미에서 그의 도덕적 의무인 것이다. 예배를 받으실 가치의 존재로서 하나님은 가치의 궁극적인 기준으로서 역할을 하시는 것이 충분히 타당하다.

〔기본 용어〕

전지
예지
숙명론
이가원칙
확실성
필연성
지각론자 모델
개념론자 모델
자연 지식
중간 지식
반사실적 서술 명제
실현 가능한
결정
자유 지식
개별적인 본질
근거적 반론
진리-제작자 이론
진리-제작자 극대화주의
단순성
유추적 의미
일의적

본체
우유
불변성
본질적 변화
비본질적 변화
전능
보편적 가능론
일들의 상태들
역행적 반사실적적 서술
도덕적 선함
도덕 존재론
도덕 언어학
도덕 인식론
도덕성의 정의
하나님의 명령으로서의 도덕성
정의롭고 사랑하시는 하나님의 명령들
도덕적 요구 사항
도덕적 허가 사항
도덕적 금지 사항
도덕적 가치

제29장

악의 문제

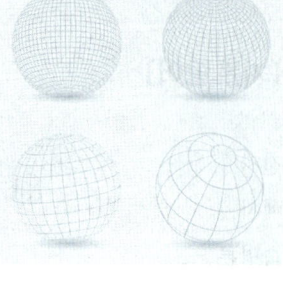

> 에피쿠로스의 오래된 질문들은 아직 답변되지 않았다. 하나님은 악을 막아내기 원하는데, 그렇게 할 수 없었던 것인가?
> 그랬다면, 하나님은 무력한 자이다. 막아낼 수 있었는데, 그렇게 하기 원하지 않았는가?
> 그랬다면, 하나님은 악한 자이다. 하나님이 막아내기 원했고, 막아낼 수 있었는가?
> 그렇다면 악은 어디에서 온 것인가?
> *데이비드 흄, 『자연 종교에 관한 대화들』(Dialogues Concerning Natural Religion, part 10)

1. 서론

의심의 여지없이, 하나님을 믿는 데 가장 큰 지적인 장애물은 이른바 **악의 문제**(problem of evil)이다. 말하자면 만일 전능하고 완전히 자비로운 하나님이 존재하신다면 그가 세상에 그토록 많은 아픔과 고통을 허락하신다는 것이 믿기 어렵다는 것이다.

솔직히, 세상에 인간의 불행과 고통의 양은 측량할 수 없을 만큼 많다. 한편으로는 모든 악들은 인간 자신의 비인간성의 결과로 말미암은 것들이다. 이러한 **도덕적 악**(moral evil)도 나쁘지만, 전능하고 완전히 자비로운 하나님이 존재하신다는 사실과 아마도 더 화해하기 어렵게 만드는 것은 바로 세상에 있는 자연적 원인들이 가져오는 다음과 같은 고난일 것이다.

홍수나, 지진, 토네이도 같은 자연적 원인들이 가져오는 세상의 재난들과 천연두, 소아마비, 암, 또는 백혈병과 같은 다른 종류의 재난들 및 근위축증, 뇌성마비, 뇌염과 같은 선천적 장애들과 화상, 충돌상, 익사와 같은 사고들과 부상들이 그것이다.

때때로 **자연적 악**(natural evil)은 인간의 악과 뒤엉켜있다. 예를 들면, 수백만의 동아프리카인들은 기근과 기아에 직면해 있는데 그 이유는 그들의 필요에 맞는 구제 공급들이 부적절하기 때문이 아니라, 그러한 공급들을 금지함으로써 반항하는 세력을 무력화시키기 위해 독재정부들이 식량을 정치적인 무기로 사용하기 때문이다.

자연적 원인들이나 인간이 일으키는 고난의 성격과 양으로 볼 때, 어떻게 전능하고 완전히 자비로운 하나님이 존재하신다는 것이 가능한가?

지난 사반세기 동안에, 악의 문제에 대한 엄청난 양의 철학적 분석이 쏟아져 나왔다. 그 결과, 오랫동안 물어왔던 질문에 대한 참된 철학적 진보가 이루어졌다. 우리는 우리의 생각이 바르게 되는 것을 돕기 위해 많은 구별을 하면서 우리의 질문을 시작하려 한다. 가장 광범위하게 말해서 우리는 악에 대한 지성적 문제와 악에 대한 감정적 문제를 반드시 구별해야 한다.

악에 대한 지성적 문제(intellectual problem of evil)는 악과 하나님의 공존에 대해 이성적인 설명을 주는 방법에 관심을 갖는다. **악에 대한 감정적 문제**(emotional problem of evil)는 고통을 당하는 사람들을 위로하는 방법과 이러한 악을 허용하신 하나님에 관해 사람들이 가지는 감정적인 혐오를 해결하는 방법에 관심을 가진다.

지적인 문제는 철학자의 영역에 속하고, 감정적인 문제는 상담자의 영역에 속한다. 이러한 구별을 분명하게 견지하는 것은 중요하다. 왜냐하면, 지적인 문제의 해결책은 고난을 통과하고 있는 사람들에게 메마르고, 상황을 고려하지 않으며, 위로하지 않으며 나타나는 경향이 있기 때문이다. 반면에 감정적인 문제의 해결책은 추상적인 질문을 가지고 심사숙고하는 사람들에게 표면적이고 부족한 설명만을 주는 경향이 있다. 이러한 구별을 생각하면서, 악에 대한 지성적 문제로 나아가보자.

2. 악에 대한 지성적 문제

여기서 다시 한 번, 한 걸음 더 나아가는 구별들이 도움이 될 것이다. 현대 사상가들은 악에 대한 지성적 문제에 있어서 상당히 다른 설명들이 있다는 것을 인식한다. 그리고 그것들에 여러 가지 표시를 해 놓았다. 예를 들면, '연역적',

'귀납적', '논리적', '개연론적', '증거의' 등등이 있다. 이러한 표시에 대해 일괄적으로 받아들여진 용어가 없음에도 불구하고 악에 대한 지성적 문제가 해결될 것으로 보는 두 가지 방식으로 즉, 내부적 문제 내지는 외부적 문제로 구별하는 것은 가장 도움이 될 것 같아 보인다. 말하자면 **악에 대한 내적인 문제**(internal problem of evil)는 기독교 유신론자가 그리스도인으로서 헌신되어 있거나 헌신되어야 하는 전제들로 주어진다. 그래서 기독교 세계관은 그 자체로 다소 어색해 보인다.

반면에 **악에 대한 외적인 문제**(external problem of evil)는 기독교 유신론자가 그리스도인으로서 헌신되어 있지 않는 전제들로 주어진다. 그러나 우리는 그 전제들이 참이라고 간주할 만한 타당한 이유를 가진다. 첫 번째 접근은 기독교 세계관 자체 안에 내부의 긴장을 드러내려고 시도하는 것이다. 두 번째 접근은 기독교 세계관의 진리에 반하는 증거를 제시하려고 시도하는 것이다.

1) 악에 대한 내적인 문제

이제 악에 대한 내적인 문제는 두 가지 형태를 취한다. 논리적인 설명과 개연적 설명이다.

첫째, **악의 문제에 대한 논리적 설명**(logical version of the problem of evil)에서 반대론자의 목적은 하나님과 악이 함께 존재한다는 것이 논리적으로 불가능하다는 것을 보여 주는 것이다. 하나님과 악이 공존하는 세상은 있을 수 없다. 저항할 수 없는 힘과 움직일 수 없는 대상이 함께 공존하는 세상은 있을 수 있지만 말이다. 이것은 논리적으로 양립할 수 없다. 만일 하나가 존재하면, 또 하나는 존재하지 않는다. 그러나 기독교 신앙(예를 들면, 힌두교의 어떤 형태와는 다르게)은 전능하고 완전히 자비로운 하나님의 존재에 집중하는 것처럼 악의 존재에 집중한다. 악이 존재한다는 것을 우리가 알기 때문에 하나님은 반드시 존재해서는 안되신다는 것이 논리적으로 따라 나온다.

둘째, **악의 문제에 대한 개연적 설명**(probabilistic version of the problem of evil)은 하나님과 악이 공존한다는 것이 가능하다고 본다. 그러나 그 설명은 하나님과 악이 함께 세상에 존재한다는 것이 매우 불가능해 보인다고 주장한다. 그래서 기독교 유신론자는 서로를 헐뜯는 경향이 있는 두 가지 믿음 때문에 딜레마에 빠진다. 세상에 있는 악이 실재라고 한다는 것이 전제된다면, 하나님이 존재하신다는 것은 매우 불가능해 보인다.

이 두 가지 설명을 번갈아가면서 시험해 보자.

악에 대한 내적인 문제의 논리적인 설명은 다음의 두 가지 진술들은 논리적으로 양립할 수 없다는 것을 견지한다.

① 전능하고 완전히 자비한 하나님이 존재하신다.
② 악은 존재한다.

이것은 수세기동안 그 문제가 일반적으로 가정한 형태였다. 흄의 말대로 이 문제의 형태는 시대를 거슬러 에피쿠로스에게까지 간다. 참으로 20세기 중반 경에, J. L. 맥키(J. L. Mackie)같은 무신론자들이 이러한 형태로 그 문제를 제의했다.

악의 문제에 대한 이러한 설명에 대해 의논하는 것이 상당히 앞으로 진보하게 된 것은 상당 부분 알빈 플란팅가(Alvin Plantinga)의 업적 덕택이다. 플란팅가는 소위 '방어'(defense)와 '신정론'(theodicy)을 구분했다.

그는 이러한 용어들을 사용할 때, 신정론은 왜 하나님이 세상에 악들을 실제로 허락하시는가에 대한 설명을 제공하기 위함이었다. 반면에 방어는 이러한 설명을 제공하지 않고 오히려 무신론자들은 그들의 경우를 즉, 악이 하나님의 존재와 양립할 수 없다는 경우를 다루는 데 실패했다는 것을 단순히 보여 주려고 한다. 그래서 방어주의자는 왜 악들이 세상에 존재하는지를 설명하려고 하지 않고 단순히 무신론자의 경우를 잘라버리려고 한다. 성공적인 방어는 왜 하나님이 세상에 악과 고통을 허락하시는가와 같은 질문이 우리를 어두움 속에 머물게 함에도 불구하고 무신론자의 논증을 타파하는 것이다.

플란팅가는 악의 문제에 대한 논리적 설명의 옹호자는 그가 지탱할 수 없는 증거의 무거운 짐을 가정했다고 믿는다. 왜냐하면, 액면 그대로 보면 진술 ①과 ②는 논리적으로 일관적이지 않기 때문이다. 그들 사이에 분명한 모순은 없다. 만일 무신론자가 그 진술문들이 암시적으로 모순이라고 생각한다면 그 무신론자는 그 모순을 꺼내고 그 모순을 분명하게 만들기 위해 이용되는 어떠한 숨겨진 전제들을 가정하고 있는 것이 틀림없다.

그러나 다음의 전제들은 무엇인가?

두 개의 전제가 있어 보인다.

③ 만일 하나님이 전능하시다면, 그분은 원하는 어떠한 세계도 창조하실 수 있다.
④ 만일 하나님이 완전히 자비하시다면, 그분은 악이 있는 세상보다 악이 없는 세상을 더 원하실 것이다.

하나님이 전능하시기 때문에 항상 자유롭게 옳은 것을 하기로 선택하는 자유로운 피조물들이 있는 세상을 창조하실 수 있었다고 무신론자는 주장한다. 이러한 세상은 어떠한 종류의 사람의 악도 도덕적인 악도 없는 죄가 없는 세상일 것이다.

같은 의미로, 전능한 하나님은 어떠한 자연적 악도 발생하지 않는 세상을 창조하실 수 있었다. 그 세상은 아픔과 고난과 악이 없는 세상일 것이다. 이러한 세상에서 사람들은 단순한 꼭두각시에 불과하다고 무신론자는 말하지 않는다는 점에 주목하자.

무신론자는 오히려 모든 결정이 언제 올바른 가능 세상이 있다고 말한다. 물론 그러한 세상은 가능하다. 그러한 가능성을 부인하는 것은 죄가 필연적이라는 의미가 되는데, 이것은 기독교인들이 허용할 수 없는 것이다. 그래서 도덕적인 결정이 내려질 때마다, 결정의 과정에 포함된 사람이 옳은 것을 행하기로 결정하는 것이 논리적으로 가능하다. 그래서 모든 사람이 항상 자유롭게 옳은 것을 행하는 것을 선택하는 세상을 우리는 생각할 수 있다. 그리고 하나님이 전능하시기 때문에 그분은 그러한 세상을 만드실 수 있음에 틀림없다는 것을 생각할 수 있다.

그러나 하나님이 또한, 완전히 자비하시기 때문에 악으로 물든 어떠한 세상보다 이러한 세상을 하나님이 물론 더 좋아하신다고 반대론자는 계속 주장한다. 만일, 하나님이 흠없는 세상과 악이 있는 세상을 만드시는 것 사이에서 선택하셨다면, 그분은 참으로 흠없는 세상을 선택하셨을 것이다. 그렇지 않다면, 그분이 그들에게 행복과 번영을 주실 수 있었을 때 그분의 피조물들이 아픔과 고난을 경험하는 것을 더 좋아하는 하나님 당신이 악인 것이다.

데이비드 흄은 이 문제를 논리적으로 잘 정리하여 다음과 같이 질문한다.

하나님은 악을 막기를 원하시는데 그러한 능력이 없다면 그는 무능한 것이다. 하나님이 악을 막을 능력이 있으시지만 그것을 원하지 않는다면 그는 악한 것이다. 하나님께서 악을 막을 능력도 있으며 악을 막기도 원하신다면 악은 어디서 오는 것인가?[1]

플란팅가는 **자유의지 방어**(free will defense)라고 부르는 것을 가지고 악의 문제에 대한 이 설명에 반대한다. 만일 피조물들이 (심지어 만일 사실상 그들이 가지고 있지 않다고 할지라도) 자유의지론자들의 자유(Libertarian freedom)를 가지고 있다는 것이 심지어 가능하다면, 반대론자가 만든 두 개의 가정들이 필연적으로 참이 아니라고 그는 주장한다. 만일 무신론자가 하나님과 악이 공존하는 가능성이 없다는 것을 보여 주어야 한다면 그 가정들은 반드시 참이어야만 한다.

먼저 만일 자유의지론자의 자유의지가 가능하다면, 전능한 하나님이 그가 원하시는 어떠한 가능한 세상도 창조할 수 있다는 것은 항상 필연적으로 참은 아니다. 우리가 신적인 전능에 대한 우리의 논의에서 본 것처럼, 하나님의 전능하심은 그가 논리적으로 불가능한 것들을 할 수 있다는 것을 암시하지 않는다. 예를 들어, 동그란 네모나 누군가에게 제한없이 자유롭게 선택 하도록 만들지 않는다.

만일 누군가 한 사람이 구체적인 선택을 하도록 한다고 하면, 자유의지론자의 기준에서 그 선택은 더 이상 자유가 아니기 때문이다. 그렇다면 만일 하나님이 사람들에게 그들이 좋아하는 것만을 선택할 수 있는 그러한 자유를 허락하신다면, 하나님이 그들의 선택들이 어떠한 것이 될 것인가를 보장하는 것은 불가능하다. 하나님이 하실 수 있는 일은 사람이 자유선택을 할 수 있는 환경을 창조하시는 것이다. 그런 이후에 말하자면 뒤로 물러나서 그 사람이 그 선택을 하도록 하는 것이다. 이제 이것은 그들 자신 안에서와 그들 자신에 관해 가능한 세상들이 있다는 것을 의미한다.

그러나 그것은 하나님이 창조하시기 불가능한 것이다. 신적 중간 지식에 관한 우리의 의논을 상기하면서, 이러한 세상들은 하나님께는 가능한 것이 아니라고 우리는 아마도 말할 것이다. 그러면 하나님이 자유 피조물들을 창조하시는 모든 가능한 세상 속에서 그 피조물들 중에 얼마가 악을 행하기를 자유롭게 선택한다고 가정해 보라. 이러한 경우에 악을 행한 것은 피조물 자신들이다. 그리고 어떠한 세상들을 실제화하는 것을 거절하는 것에서 떠나 그들이 그렇게 행동하는 것

---

[1] David Hume, *Dialogues Concerning Natural Religion*, ed. with an introduction by Norman Kemp Smith (Indianapolis: Bobbs-Merrill, 1980), part 10, 198.

을 막는 데 하나님은 아무것도 하실 수 없다. 그래서 자유 피조물들이 있는 하나님께 가능한 모든 세상은 죄와 악이 있는 세상이라는 것이 가능하다.[2] 더욱이 자연적 악들로 말하자면 플란팅가는 이러한 것들은 세상 속에 있는 귀신의 활동의 결과일 수 있다고 지적한다. 귀신들은 인간들처럼 자유를 가질 수 있다. 그리고 하나님이 귀신들의 자유의지를 제거하시지 않고는 자연적 악을 제거하실 수 없었다는 것이 가능하다. 여기에서 우리는 자연적 악의 문제에 대한 이러한 결론이 우스꽝스럽고 심지어 시시하다고 생각할 수 있다.

그러나 그것은 개연론적 악의 문제와 논리적인 악의 문제를 혼동하는 것이다. 일반적으로 모든 악을 귀신의 존재 탓으로 돌리는 것은 부당해보이지만, 그것이 부당하다고 보는 것이 여기에서는 결코 타당하지 않다. 이제 모든 사람은 이러한 설명이 가능하다는 것과, 결과적으로 하나님과 악은 논리적으로 양립할 수 없다는 반대론자의 논증이 실패한다는 것을 보여 주어야 한다. 그래서 반대론자가 제시한 이른바 전능한 하나님은 그가 원하시는 어떠한 세상도 창조할 수 있다는 첫 번째 가정은 필연적으로 참이 아니다. 그러므로 반대론자의 논증은 이 근거 위에서만 볼 때는 타당하지 않다.

그런데 만일 하나님이 완전히 선하시다면, 그는 악이 있는 세상보다는 악이 없는 세상을 선호하실 것이라는 두 번째 가정은 어떠한가?

다시 말해 이러한 가정은 필연적으로 참은 아니다. 사실은 어떠한 더 큰 선을 일으키기 위해서나 아니면 우리가 그것을 허용할 만한 어떤 충족 이유를 가지고 있기 때문에 우리는 많은 경우에 고통과 고난이 어떤 사람의 삶에서 발생하는 것을 허용한다. 부모가 모든 재난으로부터 아이를 더 이상 보호할 수 없는 시점이 있다는 것을 모든 부모는 안다. 그리고 아이를 성숙하고 책임감이 있는 어른으로 가르치기 위한 훈련에는 반드시 고통이 따르는 시간들이 있다.

이와 비슷하게도 우리를 세우기 위해 또는 우리를 시험하시기 위해 또는 다른 사람을 세우고 시험하기 위해 또는 어떤 다른 최우선의 목적을 달성하기 위해 하나님은 우리의 삶에 고난을 허용하실 것이다. 그래서 하나님이 완전히 선하시다고 해도, 그분은 고통과 고난을 이 세상에 허용하시기 위해 도덕적으로 충족

---

2 천국에 있는 복된 자들의 무죄 상태는 죄 없는 세상의 실현 가능성을 신학적으로 보여 주는 것은 아닌가? 그러나 그렇지 않다. 왜냐하면, 천국은 거의 최고의 상태의 세상의 한 부분이며, 이 경우 그들의 상태가 복되게 되자마자, 그들의 복된 의지가 더 이상 죄를 짓지 않게 될 것이기 때문이다.

이유들을 가지고 계신다. 결론적으로 우리의 반대론자의 두 번째 가정도 필연적으로 참은 아니다. 그래서 그 논증은 양쪽 모두 부당하다.

악의 문제의 논리적 설명을 제안하는 사람들은 두 번째 공격을 위해 재정비하고 돌아올 수 있다. 그들은 일반적으로 하나님과 악 사이에 상반되는 것이 없다는 것을 허용할 수 있지만 아직도 하나님의 존재가 세상에 있는 악의 질과 양에 상반된다는 것에 대해 논증할 수 있다.

다시 말해 추상적으로 볼 때, 하나님과 악 사이에는 상반되는 것이 없음에도 하나님과 실제로 존재하는 악의 종류와 양 사이에 상반되는 것이 있다. 예를 들면, 심지어 만일 순진한 사람들이 간혹 살인이 일어난다는 사실과 하나님의 존재가 양립하는 것은 가능할지 몰라도, 수많은 사람이 고문 당하고 고통 받으면서 살해당하는 사실과 양립한다고 보기는 힘들다. 완전히 선하시고 전능하신 하나님은 이러한 일들이 발생하는 것을 허용하지 않으실 것이다.

그러나 이러한 추론 뒤에 있는 중요한 가정은 존재하는 악의 종류와 양을 허용하기 위한 도덕적 충족 이유들을 하나님이 가지고 계시지 않다는 개념이다. 그러나 이 가정이 필연적으로 참이라는 것은 분명하지 않다. 먼저 세상에 있는 악의 양을 고려해 보라. 세상처럼 무서운 곳에, 아직은 악보다는 선이 이 세상에 더 많이 있어 균형을 이룬다. 생명의 고난에도 불구하고 사람들은 일반적으로 생명이 살 가치가 있다는 것에 동의한다. 그리고 일들이 잘 안되어 살 때, 일들이 더 나아질 것이라는 희망 속에서 사람들은 그들답게 미래를 기대한다. 피조물에게 자유가 주어졌다고 했을 때, 하나님께서 만드실 수 있는 자유를 가진 창조물들의 다른 세상에서의 선과 악의 균형이 지금보다 더 낫지 않을 것이라는 가능성도 있다. 말하자면 더 적은 악을 포함하는 어떠한 세상은 또한 더 적은 선을 포함할 것이다. 아마도, 최고한 선인 하나님이 존재하시는 실제의 세상은 악을 최소한으로 포함할 수 있을 것이다.

같은 논리가 세상에 있는 악의 종류에 대해서도 적용된다. 하나님께서는 세상의 가장 무서운 흉악함이 발생하는 것을 허용하실 타당한 이유가 있다는 가능성이 있다. 하나님이 더 적은 흉악함을 저지를 자유로운 피조물들의 세상을 창조하실 수 있었다는 것은 받아들여지지 않을 것이다. 그러나 그렇게 되면 전과 같은 대답이 주어질 것이다. 만일 세상이 더 적은 흉악함을 가졌다면, 중요하고 타당한 선함의 부족이 발생하였을 것이 가능할 것이다. 그것은 매우 불합리하다고 우리가 이제는 말할 수 있을 것이다.

그러나 그렇게 되면 우리는 악의 논리적인 문제를 악의 개연론적 문제와 다시 한 번 혼동하게 될 것이다. 악의 내적인 문제에 관한 논리적 설명을 논박하기 위해 유신론자가 개연론적이거나 그럴싸한 해결책을 제안할 필요는 없다. 그가 해야 할 것은 모든 가능성을 제시하는 것이다. 유신론자는 반대자들의 주장, 즉 하나님과 악이 공존할 수 없다는 것만 꺾으면 된다. 만일 무신론자들이 세상에 하나님과 악이 존재하는 것은 논리적으로 불가능하다는 것을 보여 주기 위해 주장한다면 그들은 하나님이 존재하는 악의 종류와 분량을 허용할 도덕적으로 충족 이유들을 가지실 수 없다는 것을 증명해야 한다. 그렇지만 무신론자들 중 누구도 그 가정에 대한 어떠한 증거도 제공하지 않았다.

플란팅가는 우리가 심지어 이보다 더 나아갈 수 있다고 주장한다. 무신론자가 하나님과 악이 양립할 수 없는 것을 증명하는 것을 실패했지만, 반면에 우리는 하나님과 악이 양립할 수 있는 것을 증명할 수 있다. 이를 위해 우리가 해야 하는 모든 것은 하나님의 존재와 양립할 수 있는 세상에 있는 악에 대한 어떤 가능한 설명을 제공하는 것이다. 다음은 그 설명이 된다.

⑤ 하나님은 양과 질의 의미에서 현재보다 많은 선과 적은 악을 가진 실제적인 세상을 창조하실 수 없으셨다. 게다가 하나님은 존재하는 악을 허용하시기 위한 도덕적으로 충족 이유들을 가지고 계신다.

⑤에서 "하실 수 없으셨다"는 이러한 세상이 하나님께는 있을 법하지 않다는 것을 의미하는 것으로 이해되어야 한다. 죄가 없고 선함 속에 있는 실제적 세상을 넘어서는 의심할 바 없이 논리적으로 가능한 세상들이 있다. 그러나 이러한 세상이 하나님께는 있을 법하지 않은 것이다. 이러한 설명에 가능성만 있어도 하나님과 세상의 악이 논리적으로 양립할 수 있다는 것이 증명된다.

우리가 존재론적 논증과의 연계 속에서 논의된 인식적인 가능성과 형이상학적인 가능성의 다른 점을 구별해 낼 때, 이러한 진보에 따른 문제가 나온다. ⑤가 분명히 인식론적으로 가능할 때 (우리가 알아야 모든 것을 놓고 볼 때, 그것은 아마도 참일 것이다), 무신론자는 ⑤는 형이상학적으로 가능하다. ⑤가 아마도 참인 가능한 세상이 있다)는 것이 보여 지지 않았다고 아마도 주장할 것이다.

무신론자는 아마도 ①과 ⑤는 결국, 우리가 구별할 수 없는 어떤 면에서 논리적으로 양립이 불가능하다고 주장할 수 있다. 아마도 하나님이 존재하는 모든 가능한 세상에서 그 세상에서 참인 피조물의 자유에 관계한 반사실적 서술들(counterfactuals)은 선한 것이 더 많고 실제의 세상보다 악이 더 적은 세상을 그분이 창조하시도록 허용할 것이다. 이제 이것은 특별히 과감한 가설로서 우리에게 충격이 되는 듯하다. 참으로 오늘날 대부분의 무신론자들은 ⑤가 형이상학적으로 가능하다고 동의한다.

그런데도 교조주의적 무신론자는 그 사실에 의해 크게 지지를 받지는 못할 것 같다. 그러나 이 논증의 결점은 크게 중요하지 않다. 왜냐하면, 유신론적 진리 주장들에 내재한 모순을 분별해 냈다고 주장하는 사람은 무신론자이고, ①과 ②가 참인 가능한 세상이 없다는 것을 보여 주어야 한다는 증거의 짐을 지고 있는 자도 무신론자이기 때문이다. 그것은 짊어질 수 없는 짐이라고 증명되었던 엄청나게 무거운 짐이다. 수세기에 걸친 논의를 통해, 대부분의 무신론자들과 불가지론자들을 포함한 현대 철학자들은 이 사실을 인식하는 데 이르렀다. 요즈음, 논리적인 악의 문제는 해결되었다는 것이 두루 받아들여진다.

2) 개연론적 설명

그러나 우리가 개연론적인 악의 문제를 고려할 때, 그것은 설명하기 쉽지 않다. 위에 주어진 악에 대한 설명이 가능하다고 할지라도, 그것은 여전히 있을 법하지 않기 때문이다. 예를 들어, 모든 자연적 악을 귀신의 활동의 결과로서 설명하는 것은 우스워 보인다.

하나님은 세상에서 선을 줄이지 않으시면서 악을 줄일 수 없으셨는가?

세상은 많은 그럴듯한 의미가 없거나 불필요한 악들로 가득 차 있어서 하나님은 그것들을 허용하신 일종의 도덕적으로 충족 이유를 가지실 수 있었다고 말하는 것이 의심스럽다. 그래서 결국, 세상에 악이 주어졌다면, 심지어 그것이 불가능하지 않다고 해도 하나님은 존재하신다는 것이 있을 법하지 않다는 것이 논증이 될 것이다.

그래서 이것은 순전히 논리적인 악의 문제보다 더 많은 힘이 있는 논증이다. 그것의 결론이 더욱 타당하기 때문에(하나님이 존재하신다는 것이 있을 법하지 않다), 증명하기가 더 쉽다. 이 논증에 대해 우리가 말해야 하는 것은 무엇인가?

하나님이 존재하신다는 것이 있을 법하지 않은가?

첫째, 증거의 전체를 살펴볼 때, 상대적으로 하나님의 존재는 있을 법하다. 만일 내부적인 악의 문제의 논리적 설명이 타당한 논증이었다면 하나님은 존재하지 않으실 것이고 상황은 종료된다. 그러나 개연성들이 사람의 배경 정보와 관계를 가진다. 그래서 개연성 논증을 위해 우리는 질문해야 한다. 무엇과 연관된 개연성인가?

하나의 예로, 조(Joe)가 대학생이라는 것을 가정해 보자. 또한, 90퍼센트의 대학생들은 맥주를 마신다고 좀 더 가정해 보자. 그 정보에 의하면 조가 맥주를 마신다는 것은 매우 그럴듯하다. 그러나 조는 바이올라대학(Biola University)의 학생이라는 것과 90퍼센트의 바이올라 대학생은 맥주를 마시지 않는다는 것을 우리가 알게 되었다고 가정하자. 맥주를 마시는 자로서의 조의 존재에 대한 개연성이 급작스럽게 바뀌었다! 핵심은 이것이다. 개연성은 사람들이 고려하는 **배경 정보(background information)**에 상대적이라는 것이다.

이제 개연론적 악의 문제에 이 원칙을 적용하자. 반대론자는 하나님의 존재는 있을 법하지 않다는 것을 증명한다고 주장한다. 그러나 그것은 무엇에 관해 증명한다는 말인가?

세상에 있는 악에 대해서인가?

만일 그것이 사람들이 고려하는 모든 배경 정보라고 한다면 하나님의 존재가 그것에만 연관되어 있을 법하지 않게 나타나야 한다는 것은 매우 어려운 주장이다. 참으로 세상에 있는 악에만 연관지어 볼 때, 하나님의 존재는 있을 법하다는 것을 만일 유신론자들이 보여 줄 수 있다면, 그것은 주로 철학적 성취일 것이다.

그러나 기독교 유신론자는 이러한 힘든 일에 힘을 쓸 필요가 없다. 그는 우리가 단순히 세상에 있는 악에 대해서가 아니라 하나님의 존재에 대한 모든 타당한 증거들에 대해 고려한다고 주장할 것이다. 그 고려 사항에는 우주의 창조주에 관한 우주론적 논증과 우주에 대한 지적인 설계자에 관한 목적론적 논증 그리고 궁극적이고 개인적으로 형성된 선에 관한 가치론적 논증, 궁극적으로 위대한 존재에 관한 존재론적 논증 및 그리스도의 인성에 관한 증거와 부활의 역사성, 기적들의 존재 및 실존적이고 종교적인 경험이 포함된다.

우리가 기독교 유신론자가 아마도 지키려고 할 증거의 모든 내용들을 설명할 때, 하나님의 존재는 상당히 그럴 듯하게 보여질 것이다. 그러므로 유신론자는 실제로 악의 문제가 독립적으로 발생한다고 해도 하나님의 존재를 있을 법하지 않게 만들 것이라고 생각할 수 있다. 그러나 증거의 모든 내용이 고려된다면, 적어도 저울의 추는 동등하게 균형을 이루거나 유신론에 더 호의적일 것이라고 유신론자는 주장할 것이다.

실제로 개연론적 악의 문제가 유신론자에게 내적인 문제로서 여겨지는 한에 있어서 우리가 그 양쪽이 모두 참이라고 안다고 한다면 서로에 대해 있을 법하지 않은 서술문들을 믿는 데 있어 어떠한 것이든지 불쾌하거나 비합리적인 것이 없다고 유신론자는 주장할 것이다. 예를 들어, 인간 복제 생물학(human reproductive biology)의 배경 정보에 연관되어서 어떤 사람의 고유의 개인적 존재가 천문학적으로 있을 법하지 않다. 그러나 인간 복제 생물학에 관한 사실들과 그것이 존재한다는 것을 믿는 것에 대해 아무것도 비이성적인 것이 없다. 이와 같이, 만일 누가 하나님은 존재하신다고 믿는다고 단언한다면 그러한 믿음은 세상에 있는 악의 문제로 인해 개연성이 없다는 사실로 인한 문제에 빠지지 않는다.

둘째, 우리는 확신을 가지고 하나님은 발생하는 악들을 허용하시기 위한 도덕적 충족 이유를 가지지 못하신다는 주장을 하기 위한 좋은 위치에 있지 않다. 하나님의 존재가 세상에 있는 악과 관련해 있을 법하지 않거나 그렇지 않은 것은 하나님이 발생하는 악을 허용하시기 위한 도덕적 충족 이유를 가지고 있다는 것이 얼마나 있을 법한지에 달려있다. 여기에서 그 개연성을 평가하는 것이 매우 어렵다. 그래서 어떠한 확신을 가지고 이러한 종류의 개연성 판단들을 내리기에 우리는 좋은 인식론적 위치에 있는 것이 아니다.

유한한 사람들로서 시간과 공간 및 지식과 통찰력에서 우리는 제한되어 있다. 그러나 초월적이고 주권적인 하나님은 역사의 시작부터 끝을 보시며 섭리적으로 역사를 이끄신다. 그래서 그분의 목적들은 인간의 자유 결정들을 통해 궁극적으로 성취된다. 그분의 목적을 성취하기 위해 그 가는 길에서 하나님은 어떠한 악들을 참으시는 것이다. 우리의 제한된 틀 안에서 볼 때, 우리에게 불필요하거나 목적 없이 나타나는 악들은 하나님의 더 큰 틀 속에서부터 정당하게 허용되었다고 보여 지게 된다.

발전하고 있는 과학의 영역에서 하나의 예화를 사용하자면 카오스 이론(chaos theory)이 있다. 과학자들은 어떠한 거시적인 시스템들-예를 들면, 기상 시스템들이나 곤충의 집단들-은 가장 작은 움직임에도 특별하게 민감하다는 것을 발견해왔다. 서아프리카에 있는 나뭇가지 위에서 한 나비가 날갯짓을 한 것이 결국, 대서양 위로 부는 허리케인이 발생하는 데 작용인으로 영향을 미칠 것이다. 그러나 가지 위에서 팔딱거리는 그 나비를 관찰하는 사람이 이러한 결과를 기대하는 것은 원칙적으로 불가능하다.

무고한 사람에 대한 잔인한 살인 또는 백혈병으로 죽어가는 아이는 역사를 통해 파급 효과를 일으킬 것이다. 그래서 그것을 허용하시는 도덕적으로 충분한 하나님의 이유는 수세기 이후까지는 또 하나의 나라에서는 보여 지지 않을 수 있는 것이다. 하나님의 중간 지식에 관한 논의에서 우리는 오 하나의 전지한 생각만이 자유 피조물들의 세상을 지도해 한 전지한 존재가 미리 보아온 목표를 향해 나아감이라는 복잡함을 이해할 수 있다고 강조했다.

그 전지한 존재는 말하자면 D-day에 연합군의 승리와 같은 하나의 역사적 사건이 발생하는 것에 연관된 셀 수 없고 계산할 수 없는 우연성들에 관해서만 생각해야 한다. 이것은 개연론적 악의 문제에 대해 타당성을 가진다. 왜냐하면, 우리는 하나님이 환경들과 그 환경들 속에 있으면서 어떠한 의도된 목적에 필요한 자유 행동인을 정리하시도록 하기 위해 연관된 자연적이고 도덕적인 악들에 관해 잘 모르기 때문이다. 확실히 많은 악은 목적이 없어 보이고 우리에게 불필요해 보인다. 그러나 그저 우리는 판단할 위치에 있지 않은 것이다.

이것을 말하는 것은 신비라고 주장하기 위함이 아니라, 오히려 하나님께서 특정한 악을 허용하시는 것에는 도덕적 충족 이유가 있다는 주장에 개연성이 없다는 그러한 잘못된 도전들에 내재하는 인식적 한계들을 지적하기 위함이다. 역설적으로 믿지 않는 사람들은 다른 상황에서 이러한 인식적 한계들을 인식한다. 예를 들면, 공리적인 윤리 이론에 가장 피해를 주는 반론들은 우리가 하게 될 어떠한 행동이 궁극적으로 세상에서 가장 많은 양의 행복 또는 즐거움으로 우리를 이끌 것인지를 우리가 측정하는 것이 매우 솔직히 불가능하다는 것이다.

우리의 인식적 한계들 때문에 짧은 기간에 재앙처럼 드러나는 행동들은 어떠한 단기간의 이익은 언급되지 않은 불행 가운데 나타날 동안 가장 큰 선으로 돌아가게 될 것이다. 한 번 우리가 전체 역사위에 있는 하나님의 섭리에 대해 심사숙고한다면 제한된 관찰자들이 하나님이 가지신 우리가 보는 악들에 대한 도덕적 충족 이유들이 개연론적인지를 추측하는 것이 얼마나 절망적인지 분명하게 될 것이다. 우리는 솔직히 어떠한 확신을 가지고 이러한 개연성들을 평가하기 위한 좋은 위치에 있는 것이 아니다.

셋째, 기독교 유신론은 하나님과 악의 공존에 대한 개연성을 증가시키는 교리들을 의미한다. 반대론자는 만일 하나님이 존재하신다면, 세상이 지금처럼 악을 포함하는 것은 타당하지 않다는 것을 견지한다.

이제 이러한 주장들에 대해 그리스도인이 할 수 있는 것은 하나님의 존재에 주어진 악의 개연성을 일으켜 줄 수 있는 여러 가지 가설을 제공해 주는 것이다.

Pr(악/하나님과 가설들) > Pr(악/하나님)

그리스도인은 만일 하나님이 존재하신다면 그리고 이러한 가설들이 참이라면, 악이 존재한다는 것이 그리 놀라운 것이 아니라는 것을 보여 주는 것을 시도할 수 있다. 이것은 악은 하나님께 짐이 될 것이라 여겨지는 개연성을 감소시킨다. Pr(하나님과 가설들/악) >Pr(하나님/악). 이제 물론, 여기에서 그리스도인은 단순히 그의 가설로서 "악이 존재한다"는 서술문을 택함으로써 질문을 던질 수 없다.

그 서술문은 사소하게 하나님 한 분에 대한 것보다 하나님과 가설에 대해 악을 더 개연론적으로 만들 것이다. 오히려 그는 어떠한 쇠약한 유신론처럼 보이는 기독교 유신론에서 악은 있을 법하지 않은 것이 아님을 보여 주기 위해 어떠한 중요한 기독교 교리들에 호소할 것이다. 그래서 개연론적 악의 문제에 답을 하는 것은 단순한 유신론의 관점에서보다 기독교 관점에서 더 쉬운 것임이 드러난다. 기독교 유신론자에게 내적인 문제로서 주어진 문제이기 때문에 기독교 유신론자가 반론에 대답함에 있어서 그의 세계관에 관한 모든 자원들을 자신을 위해 사용하는 것은 잘못된 것이 아니다. 우리는 이와 관련해 네 가지 기독교 교리들을 언급할 것이다.

첫째, 삶의 제일되는 목적은 행복이 아니라 하나님에 관한 지식이다.

악의 문제가 매우 다루기 힘들어 보이는 이유는 사람들이 만일 하나님이 존재하신다면, 인간 삶에 대한 그분의 목적은 이 세상에서의 행복이라고 자연적으로 가정하는 경향이 있기 때문이다. 그러한 이들에게 하나님의 역할은 애완 인간들을 위한 편안한 환경을 제공하는 것이다. 그러나 그리스도인의 관점에서 볼 때, 이것은 잘못이다. 우리는 하나님의 애완 인간이 아니고 인간의 삶의 목적은 행복 자체가 아니라 하나님에 관한 지식이다(마지막에 그 지식이 참되고 영원한 인간의 실현을 이룰 것이다).

많은 악이 인간의 행복을 생산하기 위한 목적에서 완전히 빗나간 삶 속에서 발생한다. 그러나 그 악들은 하나님에 대한 더 깊은 지식을 생산하는 것에서 빗나간 것은 아닐 것이다. 무고한 인간의 고난은 고난 받는 사람 편에서나 그 주위에 있는 사람들의 편에서 더 깊은 의지와 신뢰를 하나님께 두게 되는 경우를 제공한다. 물론, 하나님의 목적이 우리의 고난을 통해 성취되거나 그렇지 않은 것은 우리의 반응에 달려있을 것이다. 우리는 분노와 신랄함으로 하나님께 반응하는가?
아니면, 우리에게 견딜 수 있는 힘을 주시라고 믿음으로 그에게 나아가는가?
인간을 위한 하나님의 궁극적인 목적은 하나님 자신에 관한 지식이기 때문에—그것만이 영원한 행복을 피조물들에게 가져온다—역사는 하나님의 나라에 대한 적절한 고려를 떠나서 그것의 참된 관점에서 보여질 수 없다. 영국의 신앙인 마틴 로이드 존스(Martyn Lloyd-Jones)는 이렇게 기록한다.

> 세상의 역사의 열쇠는 하나님의 나라이다. … 태초부터 … 하나님은 새로운 나라를 세상에 세우시는 일을 하고 계신다. 그것은 하나님 당신의 나라이고 그분은 사람들을 세상으로부터 그 나라로 부르고 계신다. 그리고 세상에서 발생하는 모든 것은 이것과 연관성을 가진다. … 다른 사건들은 그 사건들이 그 사건과 연관을 가질 때에 중요하다. 오늘날의 문제들은 이러한 관점에서 이해되어야 한다. … 그러므로 우리가 세상에서 놀라운 일들이 발생하는 것을 볼 때, 넘어지지 말자. 오히려 이렇게 묻자, "이 사건은 하나님의 나라와 어떠한 연관성을 가지고 있는가?" 또는 만일 이상한 일들이 여러분에게 개인적으로 발생하고 있다면, 불평하지 말고 다음과 같이 말하라, "이것을 통해 나를 가르치기 원하시는 것이 무엇인가?" … 우리는 당황하거나 하나님의 사랑과 공의를 의심할 필요가 없다. … 우리는 반드시 … 모든 사건을 하나님의 위대하고 영원하며 영광스러운 목적의 관점에서 판단해야 한다.³

자연적이고 도덕적인 악들은 사람들을 그분의 나라로 이끄시기 위해 하나님께서 사용하시는 수단의 한 부분이라는 것이 바로 그 경우가 될 것이다.
패트릭 존스톤(Patrick Johnstone)의 『세계 기도 정보』와 같은 선교 핸드북을 읽게 되면 심각한 어려움을 견디고 있는 나라들 안에서 복음주의적 기독교가 큰 비율로 성장한다는 것이 틀림없다는 것을 알게된다. 반면에 관용이 넘치는 환경에 놓인 서구에서는 성장의 곡선이 거의 평평하다. 다음의 보고서들을 읽어보라.⁴

---

3 D. Martyn Lloyd-Jones, *From Fear to Faith* (London: Inter-Varsity Press, 1953), 23-24.
4 Patrick Johnstone, *Operation World* (Grand Rapids, Mich.: Zondervan, 1993), 164, 207-8, 21

중국

마오쩌둥 문화혁명 기간에 2,000만의 중국인이 생명을 잃었다고 추측된다. 교회가 지금껏 경험한 것 중에 아마도 가장 광범위하고 거친 핍박 속에서 그리스도인들은 견고히 서 있었다.

핍박은 교회를 정화하고 토착화했다(indigenized). 1977년부터 중국에서 교회의 성장은 역사에서 견줄 대상이 없을 정도다. 연구자들은 1990년까지 3,000만에서 7,500만명의 그리스도인이 있었다고 추측한다. 마오쩌둥은 뜻하지 않게도 역사에서 가장 위대한 복음전파자가 된 것이다.

엘 살바도르

12년에 걸친 시민전쟁과 지진 그리고 나라의 주요 수출품인 커피 값의 붕괴는 나라를 가난하게 만들었다. 80퍼센트이상이 먼지와 가난 속에서 산다. 미움과 전쟁의 아픔 가운데에서 사회의 모든 계층으로부터 놀라운 영적 추수가 이루어지고 있다. 1960년에 그리스도인은 인구의 2.3퍼센트였다. 그러나 오늘날에는 대략 20퍼센트에 달한다.

에티오피아

에티오피아는 충격의 상태에 있다. 그 나라의 국민들은 진압과 기근 그리고 전쟁으로 인한 수백만 명의 죽음으로 인해 마음의 상처로 힘들어 한다. 두 번에 걸친 폭압적 핍박이 교회를 정련하고 정결하게 했다. 그러나 많은 순교자가 있었다. 수백만 명이 그리스도께 돌아오고 있다. 1960년에 신교도들이 인구의 0.8퍼센트도 안되었던 것이 1990년까지 인구의 13퍼센트로 상승했다.

이러한 예들은 더 많이 찾을 수 있을 것이다. 인류의 역사는 고난과 전쟁의 역사였다. 그러나 그것은 또한, 하나님의 나라의 진보의 역사였다. 그림 29.1은 세계 선교를 위해 1990년에 미국 본부에서 만들 것으로, 각 나라별로 복음주의 기독교 안에서의 성장을 기록하고 있다.

3. 감소하는 과제

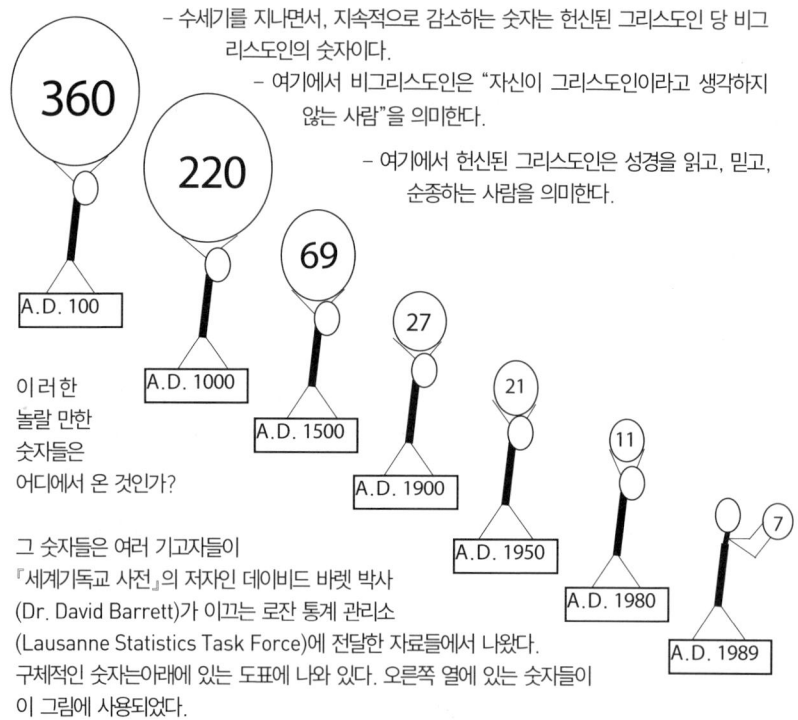

<그림 29.1 감소하는 과제>

이 숫자들이 위에 있는 그림에 사용된 것들이다. 세계 인구의 급속한 증가에도 불구하고 측정된 것이 그것의 가장 타당한 성장의 형태 즉, 헌신된 신자들의 성장이라고 한다면 기독교는 어떤 다른 종교보다도 빠르게 성장하고 있는 것이다.

존 스톤은 말한다.

> 우리는 세상이 본 것 중에 가장 많은 사람을 하나님의 나라 안으로의 거두어들이는 시간 속에 살고 있다.[5]

---

5 Ibid., 25.

하나님의 나라 안에서의 이러한 놀라운 성장이 어느 정도는 자연적이고 도덕적인 악들이 이 세상에 존재하는 것에 기인한다고 보는 것은 전혀 어색하지 않다.

년대	비그리스도인	헌신된 그리스도인	놀랄 만한 추세
A.D. 100년	180	0.5	360
A.D. 1000년	220	1	220
A.D. 1500년	344	5	69
A.D. 1900년	1,062	40	27
A.D. 1950년	1,650	80	21
A.D. 1980년	3,025	275	11
A.D. 1989년	3,438	500	7
	위의 숫자는 로잔 통계 관리소가 발표한 것이다. 참고: 이 두 열에 사용된 숫자들은 단위가 백만이다.		(여기에 사용된 숫자는 제2열을 제3열로 나눈 결과이다)

<그림 29.2 역사 속에서 헌신된 그리스도인 당 비그리스도인의 비율>

둘째, 인류는 하나님과 그분의 목적에 대항하는 반역의 상태에 있다.

사람들은 하나님께 헌신하고 예배하기보다는 하나님께 반역하고 그 자신들의 길로 간다. 그리고 하나님으로부터 동떨어진 자신들을 발견한다. 그들은 하나님 앞에서 도덕적으로 유죄이다. 그들은 영적인 어두움 속에 모여 있고 그 자신들이 만든 거짓 신들을 추구한다. 세상에 있는 이러한 심한 인간의 악들은 영적으로 하나님으로부터 격리된 우리의 상태 안에 있는 사람의 타락에 대한 증거이다.

더욱이 또한, 하나님께 반역한 사람보다 높은 존재들의 영역이 있다. 그들은 귀신들 내지는 엄청난 악으로서 하나님의 목적들을 방해하려고 하고 하나님의 작품을 파괴하려고 찾는 자이며, 그들의 힘은 창조 세계 안에 있다. 그래서 그리스도인들은 세상에 있는 도덕적 악에 대해 놀라지 않는다.

반면에 우리는 그것을 기대한다. 성경은 하나님이 죄까지도 자유롭게 선택하도록 하는 자유를 인류에게 주셨다고 가리킨다. 하나님은 죄를 멈추도록 방해하지 않으신다. 오히려 인간의 타락이 그 길로 달려가도록 하신다(롬 1:24, 26, 28).

이것만이 우리의 악함과 용서와 도덕적 정화에 대한 우리의 필요뿐만 아니라, 하나님 앞에서 인류의 도덕적 책임감을 높여준다.

셋째, 하나님의 목적은 현세에까지만 제한되지 않는다.

그것은 오히려 무덤을 넘어 영원한 생명으로 넘쳐난다. 기독교 유신론에 의하면 현세의 삶은 그저 하나님의 영원의 엄청난 저택으로 가는 답답하고 비좁은 복도에 불과하다. 하나님은 그들의 신뢰를 구주와 주님으로 그리스도께 두는 모든 사람에게 영원한 생명을 약속하신다. 하나님께서 자신의 자녀들에게 현세에서의 힘든 고난을 감당하라고 요구하실 때, 오직 모든 이해를 넘어 있는 하늘의 즐거움과 보상에 대한 기대를 알려 주신다. 사도 바울은 자연적이고 도덕적인 악들을 포함하는 엄청난 고난의 삶을 통과했다. 그의 사도로서의 삶은 "환난과 궁핍과 고난과 매 맞음과 갇힘과 난동과 수고로움과 자지 못함과 먹지 못함"으로 마침표가 찍힌 삶이었다(고후 6:4-5). 그러나 그는 이렇게 기록한다.

> 그러므로 우리가 낙심하지 아니하노니 … 우리가 잠시 받는 환난의 경한 것이 지극히 크고 영원한 영광의 중한 것을 우리에게 이루게 함이니, 우리가 주목하는 것은 보이는 것이 아니요 보이지 않는 것이니 보이는 것은 잠깐이요 보이지 않는 것은 영원함이라(고후 4:16-18).

바울은 영원에 대한 관점을 가지고 이러한 삶을 살았다. 그는 유한한 현세의 삶의 길이는 하나님과 함께 할 영원한 생명과 비교할 때 문자적으로 극소적임을 이해했다. 우리가 영원에서 보내는 시간이 길면 길수록, 현세에서의 삶의 고난은 극소의 순간으로 줄어들 것이다. 그래서 바울이 현세의 삶에서의 고통들을 "우리가 잠시 받는 환난의 경한 것"이라고 부른 것이다. 그는 현세의 삶에서의 엄청나게 고난당하는 사람들의 곤경에 무감각한 것이 아니었다.

반대로 그는 그들 중에 한 명이었다. 오히려 그는 고난당하는 사람들이 하나님이 그를 신뢰하는 자들에게 주실 영원한 즐거움과 영광의 대양에 의해 쉽게 압도당했던 것을 보았다. 세상의 선함에 전혀 도움이 안되는 악들이 세상에 있다는 것은 그럴 듯하다. 인간의 관점에서 그 악들은 전적으로 불필요하다. 그러나 하나님은 하나님에 대한 신뢰와 믿음으로 이러한 악들을 견딘 사람들에 대해 사후에 엄청나게 보상하시기 위해 그 악들을 단순히 허용하신다.

넷째, 하나님에 대한 지식은 비교할 수 없는 선함이다. 바울로부터 인용된 문구는 또한, 이 점을 분명히 하는 것을 돕는다. 바울은 저울을 상상한다. 현세의 삶에서의 모든 고난이 그 저울의 한 쪽에 머문다. 그리고 그 저울의 다른 쪽에는 하나님께서 천국에서 자신의 자녀들에게 주실 영광이 머물고 있다. 영광의 무게는 너무 커서 고난과 비교할 수 없다. 왜냐하면, 하나님을 아는 것은 비교할 수 없는 선함이고 인간 존재의 실현이기 때문이다.

이 현세의 삶에서의 고난은 심지어 그것과 비교할 수 없는 것이다. 그래서 하나님을 아는 사람은 그가 어떠한 고난을 당하건, 얼마나 엄청난 고통을 당하건, 단순히 그가 비교할 수 없이 선한 분이신 하나님을 안다는 사실 덕택으로 "하나님은 나에게 선하신 분이다!"라고 아직 진실하게 말할 수 있다.

이러한 네 가지 기독교 교리는 하나님과 세상에 있는 악의 공존에 대한 개연성을 증가시킨다. 이 교리들은 이러한 악들이 하나님의 존재 때문이라고 보는 부당함을 감소시키도록 돕는다.

그래서 개연론적 악의 문제는 대답할 수 있어 보인다. 세상에만 있는 악과 관련해 하나님의 존재가 타당하지 않다고 해도 하나님의 존재를 타당하지 않게 만들지는 않는다. 왜냐하면, 악에서 부정적인 증거가 균형을 잃게 하는 것은 하나님의 존재에 대한 긍정적인 증거이기 때문이다.

더욱이 세상에 있는 악으로부터 하나님의 존재가 타당하지 않다는 것을 세우는 것은 극도로 어렵다. 왜냐하면, 하나님은 이러한 악을 허용하시는 도덕적 충족 이유를 가질 수 있기 때문이다. 우리는 이것이 타당하지 않다고 하는 어떠한 확신을 가지고 판단을 내리는 좋은 인식론적 위치에서 우리 자신을 발견하지 않는다. 결국, 우리는 기독교 세계관 속에 내재된 어떠한 가설을 채택함으로써 더 개연론적으로 하나님과 악의 공존을 생각할 수 있다.

예를 들면, 삶의 목적은 하나님에 대한 지식이라거나, 인류는 하나님과 그분의 목적에 대항하여 반역의 상태에 있다거나, 하나님의 목적은 무덤을 넘어서 영원한 생명까지 확장된다거나, 하나님에 대한 지식은 비교할 수 없는 선이라고 하는 것 등등이다. 이러한 것들이 만일 함께 다루어진다면, 이러한 사고들은 하나님과 세상에 있는 악이 함께 존재해야 한다는 것이 부당하지 않다는 결론에 이르게 될 것이다.

2) 악에 대한 외적인 문제

그런데 만일 악의 문제가 기독교 유신론에 대한 내적인 문제로서 실패한다면 극복할 수 없는 외적인 문제를 제기하는 것인가?

최근에, 철학자들 사이에서의 그 논증이 이 질문을 고찰하는 계기가 되었다. 지금까지 논의된 문제의 설명들은 하나님이 존재하신다는 것과 세상에 우리가 발견해 나가는 악들이 있다는 이른바 그리스도인들이 견지하는 두 가지 믿음은 서로에 관해 볼 때 일관적이지 않거나 부당한 것임을 보여 주려고 노력했다. 대부분의 무신론자들은 그러한 계획들을 정리한 상태이다. 대신, 그들은 세상에 있는 분명하게 요점이 없고 불필요한 악들은 하나님의 존재에 반하는 증거를 구성한다고 주장한다. 말하자면 그들은 다음의 두 가지 전제들은 서로 양립할 수 없다고 주장한다.

⑥ 전능하고 완전히 선한 하나님이 존재하신다.
⑦ 불필요한 악이 존재한다.

이것을 외적인 문제로 만드는 것은 그리스도인이 그의 세계관에서 (7)의 진리를 허용하지 못한다는 데 있다. 그리스도인은 악이 존재한다는 것이지 불필요한 악이 존재한다는 것은 아니라는 진리를 허용한다. 그래서 반대주의자는 다음의 형태의 (기독교)유신론에 반하는 논증을 제시한다.

⑧ 만일 하나님이 존재하신다면, 불필요한 악은 존재하지 않는다.
⑨ 불필요한 악은 존재한다.
⑩ 그러므로 하나님은 존재하지 않는다.

중요한 질문은 ⑨에 대한 보증일 것이다. 유신론자는 우리가 세상에서 보게 되는 많은 악이 목적없고 불필요하게 나타난다는 것을 허용하기로 준비할 것이다. 그리고 그러기 때문에 그것은 **불필요한 악**(gratuitous evil)이 된다.

그러나 유신론자는 반대론자의 추론 즉, 불필요한 악이 나타남으로부터 불필요한 악의 실재로의 추론에 도전할 것이다. 여기에서 개연론적 악에 대한 내적인 문제에 관해 이미 언급된 많은 것이 타당하게 될 것이다.

예를 들면, 만일 우리가 어떤 악들이 발생하도록 허용하시는 도덕적으로 충분한 하나님의 이유를 분별하지 않는다면, 소위 이러한 악들이 불필요하다는 데에 대한 타당한 이유가 없다는 것이 타당해 보일 것이라고 반대론자는 반드시 가정해야 한다. 그러나 우리의 부분에 대한 이러한 개연성 판단이 얼마나 불분명한지와 보잘 것 없는지를 우리는 이미 보았다.

여러 가지 악의 발생에 관한 도덕적으로 정당한 이유를 분별하는 것을 하지 못한 우리의 실패는 우리가 세상에서 발견하는 악을 허용하기 위한 도덕적으로 충족 이유를 하나님이—특별히 중간 지식을 가지신 하나님이—가지실 수 없었다고 생각하도록 할 만한 근거를 거의 제시하지 못하도록 했다. 더욱이 증거에 대한 전체 범위를 고려함에 대한 우리의 주장 역시 타당하다. 왜냐하면, 우리가 실제로 발견하는 악이 불필요한 것인지 아닌지를 질문함에 있어서 고려해야 할 가장 중요한 질문은 이상하게도, 하나님이 존재하시느냐, 존재하지 않느냐이기 때문이다. 그것은 유신론자가 아마도 주장할 것이다.

⑩ 만일 하나님이 존재하신다면, 불필요한 악은 존재하지 않는다.
⑪ 하나님은 존재하신다.
⑫ 그러므로 불필요한 악은 존재하지 않는다.

한 사람의 긍정논법(Modus Ponens)은 또 다른 사람의 부정논법(Modus Tollens)이라고 언급되게 될 것이다. 그래서 무신론자와 유신론자의 논증들 속에서 같은 ⑧로부터 나오는 결론은 ⑨나 ⑪ 중 더 큰 보증을 갖는 것에 의지하게 될 것이다. 다니엘 하워드 스나이더(Daniel Howard-Snyder)가 지적한 대로 악의 문제는 단지 '모든 전제들과 강제적인 추론들을 발견하고 유신론을 믿기 위한 더러운 근거들을 가진 유신론자'를 위한 문제이다. 그러나 만일 사람이 유신론을 위한 더 강제적인 근거들이 있다면, 악의 문제는 "문제가 아니다."[6]

이러한 종류의 고려들은 회의가 철학자들 사이에서 계속되는 동안 악에 대한 외적인 문제가 가정한 여러 가지 치환에 의심할 바 없이 타당하게 될 것이다. 예를 들면, 자연주의는 생물학적 유기체들의 진화와 세상에 있는 고통/즐거움의

---

6 Daniel Howard-Snyder, "Introduction", in *The Evidential Argument from Evil*, ed. Daniel Howard-Snyder (Bloomington, Ind.: Indiana University Press, 1996), xi.

분배와 연관된 유신론보다 더 합리적이라고 폴 드래퍼(Paul Draper)는 주장했다. 그러나 드래퍼의 주장은 우리의 논의에 의하면 의심스러워 보이는 세 가지 개연성 평가들에 따라 정해진다

첫째, 우리의 일반적인 배경 지식(Pr<N> = Pr<T>)에 관해 자연주의와 유신론은 동등하게 타당하다고 그는 가정한다.
둘째, 드래퍼는 세상에 있는 고통/즐거움의 분배의 타당성은 유신론과 진화에 대해 보다 자연주의와 진화에 대해 더 크다고 믿는다(Pr<P/E&N> > (Pr<P/E&T>). 그러나 우리는 우리가 인식적 위치 안에서 이러한 종류의 개연성 판단을 정당하게 내릴 수 있는지 없는지를 묻는 질문에 대한 이유를 보았다.
셋째, 드래퍼는 자연주의 위에서의 진화의 개연성은 유신론 위에서의 진화의 개연성보다 더 크다고 주장한다(Pr<E/N> > Pr<E/T>). 왜냐하면, 만일 자연주의가 참이라면, 진화는 동네에서 하는 게임에 불과하다는 것이다. 그러나 만일 유신론이 참이라면, 하나님은 더 많은 대안을 가지고 계시는 것이기 때문이다.

그런데 이러한 판단이 혼동된다. 드래퍼의 주장이 지지하는 것은 자연주의와 생물학적 유기체들의 존재에 관계된 진화가 유신론과 생물학적 유기체들의 존재에 관계된 것보다 더 타당해 보인다는 판단이다(Pr <E/N&B> > Pr<E/T&B>).

그러나 우리는 목적론적 논증에 관한 우리의 논의로부터 다음의 것을 보아왔다. 그것은 자연주의에만 관련해 보면 생물학적 유기체들의 존재와, 그러므로 그들의 진화는 실제적으로 불가능하다는 것이고 그렇기 때문에 우리가 유신론에 관해 언급할 수 없는 자연주의를 가정한다면 우리는 생명체 없는 세상을 기대해야 한다는 것이었다. 그의 세 가지 중요한 개연성 평가들이 없다면, 드래퍼의 악으로부터의 증거 논증은 무너지게 된다.

전제 ⑧ 그 자체로는 분명하게 참이 아니라는 것은 다시 언급해야 한다. 어떤 유신론자들은 하나님이 이런 저런 구체적인 악을 세상의 선함을 감소시키지 않고 제거할 수 있었다고는 하나, 만일 세상의 선함이 손상을 입게 되지 않는다면 세상에 있는 분명한 양의 불필요한 악이 존재해야 한다고 제안했다. 그래서 어떠한 구체적인 악이 불필요하다는 개연성은 유신론에 반대적인 영향을 미치지 않을 것이다. 피조물의 자유에 대한 반사실적 서술들에 관한 신적인 중간 지식을 고려하는 것이 여기에서 또한, 제기된다. 단지 불필요한 자연적이고 도덕적

인 악들이 존재하는 세상에서 창조적 자유에 관한 타당한 조건법적 의문문들이 참이기 때문에 하나님이 선택한 사람의 수만큼의 사람들을 자유롭게 구원으로 그리고 하나님 당신에 대한 지식으로 인도하시는 것을 가능하게 한다는 것은 인식론적으로 가능하다.

무신론자는 그러한 경우에 악들은 결국, 정말 불필요한 것이 아니라고 말할 것이다. 그들은 사람들의 영원한 구원을 보장하는 더 큰 선을 생각한다. 그러나 만일 그러한 종류의 더 큰 선이 어떠한 악의 불필요성에 불리하다고 생각하는 것을 허용한다면 그것은 무신론자가 참으로 불필요한 악이 존재한다는 것을 증명하는 것을 더 어렵게 만든다. 왜냐하면, 역사를 위한 하나님의 섭리적인 계획 안에서 무엇이 더 많은 사람의 궁극적인 구원에 기여하는지, 기여하지 않는 지를 사람이 추측할 수 없기 때문이다.

마지막으로 하나님의 존재에 대하는 악으로부터의 논증을 패하게 만드는 한 가지 마무리 지어야 할 문제는 이른바, 도덕적 악이 하나님이 존재하신다는 것을 증명한다는 것이다. 왜냐하면, 하나님의 존재에 대한 목적론적 논증에 관해 우리가 진행한 논의에서 우리는 하나님을 떠나서 객관적인 도덕적 가치들은 존재하지 않는다는 것이 타당하다는 것을 보았기 때문이다. 그러나 그 때, 우리는 하나님의 존재에 관해 타당한 논증의 부분으로서 무신론자의 전제를 사용할 수 있다.

⑬ 만일 하나님이 존재하시지 않았다면, 객관적인 도덕적 가치는 존재하지 않을 것이다.
⑭ 악은 존재한다.
⑮ 그러므로 객관적인 도덕적 가치는 존재한다(14에서처럼 '악'이라는 것을 정의 내릴 수 있으므로).
⑯ 그러므로 하나님은 존재하신다(13과 15의 결론으로).

전제 ⑬은 목적론적 논증의 중요한 전제이다. 많은 유신론자와 비유신론자가 그것을 받아들인다. 전제 ⑭는 악 자체의 문제로 구성된다. 왜냐하면, 그것은 부분적으로 세상에 있는 도덕적 악들에 호소하기 때문이다. ⑮는 ⑭에 있는 정의를 따른다. 왜냐하면, 만일 누군가 어떤 것들이 참으로 악하다는 것을 허용한다면 그는 도덕적 진리들의 객관성을 허용한 것이기 때문이다.

객관적인 가치들이 하나님이 없이는 존재할 수 없다. 그리고 객관적인 진리는 존재한다(세상에 있는 악에 의해 보여 진 대로). 하나님이 존재하신다는 것이 따라 나온다. 그러므로 세상에 있는 악은 실제로 하나님이 존재하신다는 것을 증명한다. 이러한 논증은 왜 악이 존재하는지에 대한 어떠한 설명도 시도하지 않고 하나님과 악의 공존을 나타낸다. 우리는 욥처럼, 그것을 완전히 무시하게 될 것이다. 그러나 그런데도 그것은 세상에서의 악의 존재가 질문을 유발하지 않고 오히려 반대로 하나님의 존재를 암시한다는 것을 보여 준다.

요약하면 악에 대한 지성적 문제는—그것의 내적인 문제건, 외적인 문제건—만족하리만큼 잘 해결될 수 있다.

3) 악에 대한 감정적 문제

그러나 물론, 우리가 "해결된다"라고 말할 때, 그것은 "철학적으로 해결된다"는 것을 의미한다. 이 모든 정신적 음모들은 삶에 있는 어떤 부당한 악으로부터 집중적으로 고난을 받는 사람에게는 별로 편하지 않을 것이다. 이것은 앞에서 언급한 악의 두 번째 측면으로 우리를 이끈다. 악에 대한 감정적 문제이다.

많은 사람에게 악의 문제는 지적인 문제로 다가오지 않는다. 그것은 감정적인 문제이다. 그들은 내적으로 상처를 받고 그러한 아픔을 그들에게 또는 다른 사람들에게 허락하신 하나님께 대해 아마도 씁쓸해 할 것이다. 악의 문제에 대한 철학적인 해결책들이 있다고 생각하지 말라. 그 해결책은 세상에서 우리가 발견하는 이러한 고통을 허락하신 하나님을 관념치 않거나 단순히 거절한다는 것이다.

재미있는 것은 악의 문제가 아주 강하게 나타나는 도스토예프스키(Dostoyevsky)의 『까라마조프의 형제들』에서 이것은 그 악이 실제로 나타나는 것이다. 이반 까라마조프는 악의 문제에 대한 기독교적 해결책을 절대로 논박하지 않는다. 대신에, 그는 단지 기독교의 하나님과 함께 해결해 나아가야 하는 것을 논박한다. 그는 "내가 만일 옳지 않다고 할지라도, 복수하지 않는 고통과 만족을 모르는 분노에 머물겠다"고 선언한다. 그의 태도는 단순히 거절의 무신론이다.

악에 대한 감정적 문제로 힘들어 하는 사람들에게 말해질 수 있는 것은 무엇인가?

한 편으로 가장 중요한 것은 아예 그것에 대해 언급하지 않는 것일 것이다. 가장 중요한 것은 사랑하는 친구로서 그리고 동정적 경청자처럼 그 자리에 있는 것일 것이다. 그러나 어떤 사람은 의논이 필요할 것이다. 우리 자신도 우리가 고통을 받을 때 이 문제를 다룰 필요가 있을 것이다.

기독교 유신론도 이러한 악을 다룰 자원들을 가지는가?

그것은 확실히 그렇다! 왜냐하면, 그것이 하나님은 존재의 비인격적 근거도, 멀리 계시는 창조주도 아니시다. 오히려 우리의 고통과 상처를 우리와 함께 나누시며 우리를 사랑하고 계시는 아버지이시다.

알빈 플란팅가는 다음과 같이 적는다.

> 그리스도인이 사물을 볼 때, 하나님은 게으르게 서서 계시지 않고 자신의 피조물의 고통을 차분하게 관찰하고 계신다는 것을 알게 된다. 그분은 우리의 고통 안으로 들어오고 우리의 고통을 나눈다. 그분은 삼위일체의 제2위이신 아들을 보며 분노를 참으셨다. 씁쓸하게 잔인하고 수치스러운 십자가의 죽음에 그 아들을 건네주셨다. 어떤 신학자들은 하나님은 고통을 당하실 수 없다고 주장한다. 나는 그들이 틀렸다고 믿는다. 내가 믿기로 하나님의 고통을 취하실 능력은 그분의 위대하심과 조화를 이룬다. 그것은 더 나아가 고통을 받을 우리의 능력은 초월한다. 같은 정도에서 보면 지식에 대한 그의 능력은 우리의 능력을 초월한다. 그리스도는 지옥 그 자체의 고난들을 참도록 준비되었다. 그리고 우주의 주님이신 하나님은 자신의 아들의 낮아지심과 죽음에 이어서 나오는 고통을 참도록 준비되셨다. 우리의 세상에 고통을 주는 악과 죄와 죽음을 극복하기 위해 그리고 우리에게 우리가 상상할 수 있는 더 영광스러운 생명을 주시기 위해 그분은 이 고통을 받아들이도록 준비되었다. 그래서 우리는 왜 하나님이 악을 허용하시는지를 모른다. 그러나 우리는 그분이 우리를 위해 고난을 당하고 우리는 상상조차 할 수 없는 고난을 받아들일 준비되었다는 것을 안다.[7]

---

7 Alvin Plantinga, "Self-Profile", in *Alvin Plantinga*, ed. James E. Tomberlin and Peter van Inwagen, Profiles 5 (Dordrecht: D. Reidel, 1985), 36.

그리스도는 모든 이해 너머에 있는 고통을 참았다. 그는 모든 세상의 죄에 대한 형벌을 참으셨다. 우리 중의 누구도 그 고통을 이해할 수 없다. 그는 무죄하였지만, 이해할 수 없는 고통을 우리를 위해 스스로 당하셨다.

왜 그렇게 하셨나?

그가 우리를 너무 많이 사랑하셨기 때문이다.

어떻게 우리가 우리를 위해 모든 것을 포기한 그를 거절할 수 있을까?

그분의 희생과 우리를 향한 그분의 사랑을 우리가 이해할 때, 이것은 악의 문제를 완전히 다른 관점에 놓아준다. 왜냐하면, 지금 우리는 진정한 악의 문제는 우리의 악의 문제라는 것을 분명하게 보기 때문이다. 하나님 앞에서 죄와 도덕적인 죄악으로 가득찬 우리를 둘러싼 질문은 어떻게 하나님이 그 자신을 우리에게 정당화하실 수 있느냐는 것이 아니라, 어떻게 우리가 하나님 앞에서 정당화될 수 있는가 하는 것이다.

하나님이 우리에게 유익해 보이지 않고, 무의미해 보이고, 불필요해 보이는 고난을 통과하라고 요구하실 때, 그리스도의 십자가에 대한 묵상은 우리가 지도록 요구받은 그 십자가를 지는 데 필요한 도덕적인 힘과 용기를 우리에게 줄 수 있다. 그래서 역설적이지만, 악의 문제가 하나님의 존재에 대한 가장 큰 반대가 되더라도, 결국에 하나님이 악의 문제에 대한 유일한 해결책이 되신다. 만일 하나님이 존재하시지 않는다면, 우리는 불필요하고 구속받지 못하는 고난으로 가득찬 세상에 희망도 없이 갇힌 것이다. 하나님은 악의 문제에 대한 마지막 대답이 되신다. 왜냐하면, 하나님은 우리를 악으로부터 구속하시고 우리를 하나님 당신과의 교제와 상상할 수 없는 선함의 영원한 즐거움으로 인도하시기 때문이다.

[요약]

악의 문제를 다루기 위해 악에 대한 지성적 문제와 악에 대한 감정적 문제 사이를 구별하는 것이 도움이 된다. 악에 대한 지성적 문제는 유신론에 대한 하나의 내적이거나 외적인 문제로서 주어질 것이다. 내적인 문제로서 그것은 두 개의 설명으로 나타난다. 그것은 논리적인 설명과 개연론적 설명이다. 악의 문제에 대한 논리적 설명은 하나님과 악의 공존이 (또는 관찰된 악의 수량과 종류들) 논리적으로 불가능하다고 주장한다.

오늘날 악의 문제에 대한 이 설명은 거의 일반적으로 포기되었다. 왜냐하면, 하나님의 공존에 대한 가능성이 전혀 없다는 것을 보여 줄 증거에 대한 부담이 무신론자가 담당하기에는 너무 무겁기 때문이다. 악의 문제의 개연론적 설명은 증거의 부담을 줄여준다. 왜냐하면, 그것은 세상에 있는 악과의 관계에서 보면 하나님의 존재는 그저 부당하다고 주장하기 때문이다. 그러나 적어도 세 가지 고려는 무신론자들은 이러한 증거에 대한 부담을 짊어지는 것이 가능하지 않았다는 것을 보여 준다.

첫째, 전체적인 증거 범위의 관계에서 보면 하나님의 존재는 아직도 타당하다.
둘째, 하나님은 발생하는 악을 허락하실 만한 도덕적으로 충족 이유를 갖고 계시지 않다는 것을 주장하는 것은 논증하기에 유리한 위치가 아니다.
셋째, 기독교 유신론은 하나님과 악의 공존의 개연성을 증가시키는 교리들을 의미한다.

가장 최근에 무신론자들은 악은 내적인 것은 아니고 유신론에 대한 외적인 문제를 제시한다고 주장했다. 세상에서의 불필요한 악의 존재는 하나님의 존재와 양립할 수 없는 것으로 주장된다. 그러나 무신론자의 판단 안에서 중요한 움직임은 불필요한 것으로 드러나는 악은 정말 불필요하다는 것을 드러내게 될 것이다. 악에 대한 내적인 문제의 개연론적 설명을 고려하는 가운데 제기된 같은 고려들이 무신론자를 늘 붙어 따라다닌다. 왜냐하면, 세상에 있는 악은 불필요하다는 것을 증명하는 것은 특별히 어렵기 때문이다.
더욱이 어떤 유신론자들은 유신론이 먼저는 불필요한 악과 양립할 수 없다는 것을 견지한다. 그들은 또한, 하나님은 자신의 목적을 성취하시기 위해 그 악들 내부에서 불필요한 악들을 아마도 허용하셔야 한다는 것을 견지한다. 마지막으로 기독교 유신론은 그리스도가 대신 받은 고난과 죽음에 관한 교리 안에서 악에 의해서 발생되는 감정적인 문제를 만날 수 있는 자원들을 가진다.

〔기본 용어〕

악의 문제
도덕적 악
자연적 악
악에 대한 지성적 문제
악에 대한 감정적 문제
악에 대한 내적인 문제

악에 대한 외적인 문제
악의 문제에 대한 논리적 설명
악의 문제에 대한 개연적 설명
자유의지 방어
배경정보
불필요한 악

제30장

창조, 섭리, 기적

> 나무에 매달려 있는 나뭇잎은 떨어지지 않는다. 한 파딩에 팔리는 참새 두 마리도 땅에 떨어지지 않는다. 하나님의 섭리 없이는 어떠한 것도 발생하지 않는다. 그 발생하는 것을 특별한 것으로 쓰려고 하시거나 그것을 특별한 것으로 허용하시지도 않을 것이다.
>
> *루이스 몰리나, 『콘코르디아』(Concordia)

1. 무로부터의 창조

"태초에 하나님이 천지를 창조하시니라"(창 1:1). 위엄있고 단순한 문장으로 창세기 기자는 당시와는 구별되게 창세기의 첫 장을 시작한다. 그는 이스라엘 주변국들의 고대의 창조 신화들의 것뿐만 아니라 힌두교나 도교와 같은 동양 종교들에서 발견되는 것과 같은 범신론과도 효과적으로 구별되게 하였고, 20세기 과정신학(process theology)이나 고전적인 신플라톤주의자의 만유내재신론(panentheism)과 구별되며, 고대 이방종교에서 현대 몰몬교에 이르는 다신론과 구별되게 하였다.

창세기 1장을 기록한 기자에게는 어떠한 선재하는 물질도 가정되지 않았고, 어떠한 전쟁하는 신들이나 원시적인 용들도 존재하지 않았다. "하늘과 땅"(*eth hassamayim we' eth ha' arets*, 세계의 전체에 대한 히브리적 표현 또는 더 간단하게 말해서 우주를 뜻한다)을 "창조하셨다"고(히브리어: *bara*, 그 주어로서 하나님만 사용한 단어이고 물질적인 토대를 전제하지 않는다) 알려진 하나님 한 분만을 섬겨야 했다.

더욱이 이러한 창조의 행위는 "태초에"(*bereshith*, 이사야 46:10에서도 사용된 것처럼 여기에서 하나의 절대적 시작을 가리키기 위해 사용된 것이다) 발생했다. 거기에서 창세기 기자는 하나님은 제한된 과거의 어떠한 시점에서 **물질적 원인**(material cause)

이 없이 우주를 존재하게 하셨다는 시제의 의미에서 **무로부터의 창조**(creatio ex nihilo)를 암시한다.

계속 나오는 성경의 기자들은 창세기의 창조이야기를 그렇게 이해했다(예: 사 44:24; 45:12, 18). 무로부터의 창조의 교리는 초기의 성경 외적인 유대 문학 속의 여러 가지 장소들에서 또한, 암시되어있다. 그리고 교부들은 그리스 사상에 의해 크게 영향을 받았으면서, 사물의 영원에 반하여 무에서의 우주의 시간적 창조를 거의 예외없이 담대하게 주장하면서 창조의 교리에 관한 그들의 입장을 고수했다. 세계의 지나간 영원에 반하고 무로부터의 창조에 호감을 가진 이슬람교와 유대교와 기독교의 사상 안에서 대담한 논증의 전통은 칼람 우주론적 논증의 형태로 수세기 동안 지속되어왔다.

1215년에 제4회 라테란 공의회(the Fourth Lateran Council)에서 가톨릭 교회는 공식적인 교회의 교리로서 시간적 무로부터의 창조를 공표했고 하나님이 "보이는 것과 보이지 않는 모든 만물의 창조주로서 … 그분의 전능하신 힘으로 시간의 시작에서부터 무에서 만드시는 것과 같은 방식으로 두 가지 질서를 만드셨다"고 선언하였다. 이러한 기억할 만한 선언은 하나님이 어떠한 물질적인 원인 없이 모든 것을 만드셨다는 것을 입증할 뿐만 아니라 심지어 그 시간 자체는 시작을 가졌다는 것을 입증한다. 그래서 창조의 교리는 시간적 고려들과 지속적으로 연관되어 있으며 어떠한 선례나 당시의 물질적 원인 없이 과거의 어떤 시점에서 하나님은 우주를 창조하셨다는 것을 의미한다.

동시에, 기독교 성경은 또한, 하나님은 우주를 존재로 보존하시면서 일종의 지속적 창조에 관계하신다고 제시한다. 그리스도는 "하나님의 영광을 반영하셨다. 그리고 하나님의 같은 성품의 특징을 가지고 계신다. 그리고 그분의 말씀의 능력으로 천지만물을 붙들고 계신다"(히 1:3). 하나님의 본래의 창조 행위에 대한 풍성한 내용들과 비교해 볼 때, 성경 속에서 상대적으로 드물게 증명됨에도 불구하고 지속적 창조(continuing creation)에 대한 생각은 창조의 교리의 하나의 중요한 측면을 구성하게 되었다. 예를 들면, 토마스 아퀴나스에게는 이러한 측면이 중요한 창조교리가 된다. 그리고 하나님으로부터 세계가 존재하게 된 것이 임시적인 시작을 가지는지 아닌지를 묻는 질문은 단순히 제2의 중요성을 가진다.

아퀴나스에게 창조는 존재를 즉각적으로 부여함이고 이러한 것은 오직, 존재의 보편적인 원칙인, 하나님께 속한다는 것이다. 그러므로 창조는 무에서(*ex nihilo*) 이루어지는 것이고 그 무에서 하나님이 피조물로 하여금 존재하도록 만드는 것이 즉각적이다. 심지어 만일 그 피조물이 영원으로부터 존재하고 있다면, 이러한 형이상학적 의미에서 그것은 아직도 무에서 창조되고 있는 것이다.

그래서 우주를 존재하도록 만드는 그분의 처음 행위와 그가 존재하는 세계와 지속적으로 대화한다는 의미에서 기독교 신학에서 하나님은 세계의 원인이 되는 것으로 이해된다. 이러한 두 가지 행위들은 전통적으로 무로부터의 창조의 종류로 이른바, **기원 창조**(creatio originans)와 **지속적 창조**(creatio continuans)로 구별되어졌다. 이것이 유용한 규정이긴 하지만, 만일 절차상의 정밀함으로 살펴보게 되면 그것은 아쉽게도 곧 문제시 된다. 왜냐하면, 만일 t가 그 사물의 존재의 처음 순간이라고 할 때에만 시간 t에서 한 사물이 창조되었다고 우리가 말한다면 지속적 창조의 교리는 매 순간에 하나님은 그것의 시간적인 전임자로부터 숫자상으로 구별되는 새로운 개체를 창조한다는 것을 의미하기 때문이다.

그래서 우리는 이상한 교리인 이른바, **기회원인론**(occasionalism) 속에 우리를 놓는다. 그것에 의하면 어떠한 지속하는 개체들도 존재하지 않는다. 그래서 개인적 행동인과 주체성이 지속적으로 제외되게 된다. 그것의 창조의 시간에 사물이 존재하기를 시작하는 것을 포함하지 않는다는 방법으로 창조를 재해석함으로써 사람은 이 문제를 피할 수 있다. 그러나 창조의 개념에 있어서 중요한 것은 상실되는 듯해 보인다. 그러므로 '지속적 창조'를 단순한 표현 수단으로 간주하고 **창조**(creation)를 **보존**(conservation)과 구별하는 것이 더 바람직할 것이다.

둔스 스코투스(Duns Scotus)가 발견한 대로, 올바르게 말해서…처음 순간에 (그것의 존재의) 피조물은 창조되었다고 말하는 것이 진리이다. 그리고 그 순간 이후에만 보존된다. 왜냐하면, 오직 그 때에만, 그 존재가 무엇인가 전에 있었던 것과 같은 그 자체에 대해 이러한 질서를 가지게 되기 때문이다. "창조하다"와 "보존하다"의 단어들에 의해 암시된 이러한 다른 개념적인 관계들 때문에 다른 사람이 그 사물에 적용할 때 우리는 적용하지 않게 된다.[1]

잘못된 전제로 창조와 보존을 구분하는 것은 거부되어왔는데, 즉 무로부터 창조를 할 때 요구되는 능력과 창조된 것이 비존재로 흘러가는 것을 막기 위한 능력은 다르다는 것이다. 그러나 창조와 보존에서 하나님의 힘과 행동은 같기 때문에 그 둘 사이에 본질적인 차이가 없다. 우리는 하나님의 힘이나 행동에서 창

---

[1] John Duns Scotus, *God and Creatures*, trans. E. Alluntis and A. Wolter (Princeton, N.J.: Princeton University Press, 1975), 276.

조와 보존 사이의 본질적인 차이점을 찾을 필요가 없다. 오히려 우리는 아마도 그 행위의 목적에서 그것을 발견할 것이다.

본질적으로 창조는 하나님이 무언가를 존재하게 만드는 것에 관여한다. 그래서 만일 하나님이 시간 t에서 (즉각적이건 제한적인 간격이건) 어떠한 존재인 (사물이건 사건이건) e를 창조하신다면, e는 시간 t에서 **생성된다(comes into being)**.

우리는 이 마지막 개념을 다음과 같이 분석할 수 있다.

E_1: (a) e가 시간 t에서만 존재한다면
 (b) 그리고 t가 e가 존재하는 처음의 시간이라면,
 (c) 또 t에서의 e가 존재함은 시제를 가지는 사실이라고 한다면 e는 시간 t에서 존재하게 된다.

그러므로

E_2: 오직 e가 시간 t에 생성될 때 하나님은 e를 t에서 창조하셨다고 할 수 있다.

하나님의 e의 창조가 e´의 생성을 포함한다. 즉, 이것은 존재의 절대적인 시작을 가리킬 뿐이지 e가 비존재에서 존재로 변했다는 것이 아니다. 창조에는 그 창조를 이루기 위해 행동하는 행동인의 터전이 되는 존재가 없다. 창조는 **변화(change)**의 형태가 아니다. 왜냐하면, 한 상태에서 다른 상태로 지속하는 지속적 주체가 없기 때문이다. 보존은 본질적으로 창조와 같은 것으로 올바르게 생각될 수 없는 것은 정확하게 이러한 이유 때문이다. 보존은 한 상태에서 다른 상태로 지속하기 위해 만들어진 주체를 가정한다. 창조에서 하나님은 주체에 대해 행동하시지 않는다. 오히려 그분의 행동으로 주체를 구성하신다.

반면에 보존에서 하나님은 그것의 존재를 지속시키기 위해 존재하는 주체에 대해 행동한다. 이것은 보존에서만 피조물이 "그것이 그랬던 것처럼, 전에 있었던 무언가처럼 그 자체에 대해 이러한 질서를 가진다"고 하는 스코투스의 언급의 의미인 것이다. 보존에서 그것의 효과를 산출하기 위해 행동인이 행동하는 터전이 되는 존재 즉, 존재하는 존재가 있다.

각 순간이나 e의 존재의 순간에서 새로운 e에 대한 하나님의 재창조로서 e에 대한 하나님의 보존을 분석하는 것은 위험부담이 있다. 그 위험부담은 원자들 이외의 것들로 만들어진 사물들은 한 순간에서 또 다른 순간으로 지속한다는 것을 부인한 어떠한 중세 이슬람 신학자들의 근본적인 기회원인론(radical ocassionalism)으로 떨어질 가능성이다. 오히려 원자들은 모든 연속적인 순간에 하나님에 의해서 존재의 새로운 상태들로 창조되었다고 말해졌다. 그러므로 그 이슬람 신학자들은 **둘째 원인**(secondary causation)의 실체를 부인했고 변화에 대한 하나의 원인으로서 하나님을 두었다.

우리가 본 것처럼, 창조와 보존의 근본적인 차이점은 창조와 다르게, 보존에서는 하나님이 행동하는 대상이 예상된다는 사실에 놓여있다. 직관적으로 보존은 오랜 시간을 존재하는 그 대상을 하나님이 보존함에 연관을 갖는다. 그러므로 보존은 어떠한 존재 e를 존재의 한 순간에서 다른 순간으로 하나님이 보존하는 것으로 이해되어야 한다. 보존에 대한 중요한 통찰은 창조와는 다르게 그것은 변천과 연관을 가지기 때문에 한 순간에 발생할 수 없다는 것이다. 그러므로 우리는 아마도 신적인 보존에 대한 다음의 분석을 제공할 것이다.

E_3: $t \rightarrow t^*$의 기간의 모든 부분 기간을 통해 t로부터 t보다 더 이후의 시간인 t^*로 e의 존재를 가져오시는 e에 대한 하나님의 행위가 있을 때 하나님은 e를 보존하신다고 할 수 있다.

이러한 관점에서 하나님이 세계를 창조하심과 보존하심은 행동 자체만으로 볼 때는 구별할 수 없다고 말한다면 그 서술은 잘못된 것이다. 물론 창조하고 보존하는 것은 행동 자체만으로는 적절하게 분석될 수 없지만 관계들을 행동의 대상으로 연관시킬 수는 있다. 두 경우에 행동 자체는 (존재의 원인) 아마도 같을 것이다. 그러나 창조의 경우에 순간적이 될 것이고 선재한 대상을 가정하지 않을 것이다.

반면에 보존의 경우에는 순간을 넘어서서 발생하고 선재한 대상과 연관을 가진다. 창조의 교리는 하나의 중요한 형이상학적 특징과 또한, 연관된다. 그 특징은 평가절하되어 이해되었다. 그것은 과거 또는 역동적인 또는 시간의 A이론에 맡겨진다. 왜냐하면, 만일 누군가 시제가 없는 것이나 시간의 B이론을 채택한다면 사물들은 문자적으로 존재하지 않기 때문이다. 사물들은 시제가 없이 살아가는 4차원적 대상들이다. 그리고 그들의 시간적 차원을 따른 그들의 확장이 방향보다 더 이른 상황에서 유한하다는 의미에서만 존재하기를 시작한다.

그 전체적인 4차원적, 시공적인 집합체는 하나님과 영원한 공존체로 존재한다. 그래서 그것이 어떠한 시간과 관계된 유한한 과거이건 무한한 과거이건 관계없이,

시간의 B이론에서 우주는 존재하지 않는다. 그러므로 E_2에서 "e가 시간 t에서 생성될 때" 라는 문장은 창조의 필요한 특징을 나타내는 것이다. 이 문장이 없으면, 하나님의 무에서의 우주창조는 방향보다 더 이른 우주시간의 유한성을 그저 단순히 가정하기 위해 시제 없는 선을 따라 해석될 수 있다.

보존은 어떠한가?

언뜻 보아 이 개념은 시제 없는 설명에 훨씬 더 잘 어울리게 되는 것처럼 보인다. 하나님은 t_1에서 t_2까지 e를 보존하기 위해 e에 대해 시제 없이 행동하는 것으로 인식될 수 있다. 그러나 조금 더 생각해 보면 이러한 설명이 문제가 된다는 것을 드러낸다. 만일 e가 t에서만 존재한다고 한다면 어떻게 되는가?

또는 e가 전체의 4차원적 시공적 덩어리라고 한다면 어떻게 되는가?

우리의 분석에 의하면 이들 중 어떠한 경우에도 하나님은 e를 보존한다고 말할 수 없다. 왜냐하면, e는 어떤 시간에서 다른 시간으로 지속된 것이 아니기 때문이다. 그러나 시간에 대한 시제 없는 관점에서 볼 때, 하나님은 이러한 존재들에 대한 존재의 근원이다. 그리고 그러기 때문에 어떤 의미에서 그들을 보존하는 것이다.

이와 비슷하게도, 만일 우리가 우리의 존재론에 추상적 대상들과 같은 비시간적 존재들을 허용한다면 하나님은 반드시 그들의 존재의 근원이 되셔야 한다. 그러한 경우에 적당하게 말해서 보존은 없는 것이다. 존재하는 그들을 한 순간에서 다른 순간으로 보존하는 것은 없는 것이다. 이러한 존재들의 존재는 전통적인 신학자들이 심사숙고하지 않았던 창조의 제3의 범주인 일종의 정적인 창조가 필요하다고 보일 것이다. 정적인 창조는 시제 없는 시간 이론에 적절한 관계이다. 우리는 이러한 신적인 행위에 대한 절차상의 용어로서 **유지**(sustenance)라는 단어를 사용한다. 그리고 그것을 다음과 같이 설명한다.

E_4: 오직 e가 t에서 시제 없이 존재하거나 e가 비시간적으로 존재할 때, 하나님은 e를 유지한다. 그리고 하나님이 e가 존재하도록 하신다.

그래서 존재의 유지의 필요에 대한 생각은 또한, 시간의 A이론을 암시한다. 그 이론에 의하면 시간적으로 이루어짐은 실제이고 시간의 순간들은 경과한다. 만일 그 존재가 한 순간에서 다른 순간까지 지속해야 한다면 그리고 비존재로 소멸되지 않아야 한다면 한 존재의 유지는 필요하다. 시간의 B이론에서는 이러한 진행이 발생하지 않는다. 그래서 유지는 불필요하다. 실제로는 유지는 제외된다. 오히려 그 존재가 시간적 확장을 가지건 그저 단순히 한 순간에 존재하는 것이건 간에, 하나님은 전체로서의 4차원의 우주와 그 안에 있는 모든 존재를 유지하는 데 관여하신다. 그래서 만일 그것의 정의들이 시간의 B이론과 양립하는 것으로 주어진다면 오히려 유지는 타협된다.

강력한 무로부터의 창조의 교리가 우리를 시간의 A이론으로 인도하기 때문에 우리는 "신학과 과학의 대화에서 가장 방치된 것들 중에 하나일 뿐만 아니라 가장 중요한 질문들 중에 하나"로 불리는 것, 이른바, 영원의 개념과 우주의 시공적 구조의 개념 사이의 관계를 직접 다루어야 한다.[2] 우리가 영원이라는 신적인 속성을 다룰 때, 우리는 이미 이 문제를 간단하게 논의했었다(제27장). 여기에서 우리는 조금 더 자세히 다루어 보려고 한다.

슐라이어마허(Schleiermacher)로부터 시작된 현대신학의 봉기 이후에, 지속적 창조(creatio continuans)의 교리는 우위를 점하게 되었던 반면에 기원 창조(creatio originans)의 교리는 위축되었다. 의심의 여지없이, 이것은 과학과의 갈등에 대한 신학자들의 두려움 때문이었다. 이 지속적 창조는 물리적이고 시공적 세계의 실재들을 무시함으로써 신학자들에게 피할 길을 열어 주었다. 그러나 21세기 초에 우주의 팽창에 관한 발견은 1968년에 발표된 호킹-펜로즈 특이점 정리들(the Hawking-Penrose singularity theorems)과 함께, 시초의 경계(an initial boundary)로서의 과거나 우주적 특이점의 매우 일반적인 조건들에서 피할 수 없음을 나타낸다. 이 때문에 기원 창조 교리는 관심 밖으로 밀려나게 되었다.

물리학자로서 바로우(Barrow)와 티플러(Tipler)는 "이 특이점에서 공간과 시간은 존재하게 되었다. 실제로 이 특이점 이전에는 어떠한 것도 존재하지 않았다. 그래서 만일 우주가 이 특이점에서 시작되었다면, 우리는 참으로 무로부터의 창조를 지지하게 된다"[3]고 주장한다.

물론, 기준되는 빅뱅 모델 안에 있는 우주의 시작을 주장하기 위해 그리고 무한한 과거를 회복하려고 여러 가지 시도와 때로는 대담한 시도들이 이루어졌

2　Wolfhart Pannenberg, "Theological Questions to Scientists", in *The Sciences and Theology in the Twentieth Century*, ed. A. R. Peacocke, Oxford Internation Symposia (Stocksfield, England: Oriel Press, 1981), 12.

3　John D. Barrow and Frank J. Tipler, *The Anthropic Cosmological Principle* (Oxford: Clarendon, 1986), 442.

다. 그러나 이러한 대안들 중에 어느 것도 기준되는 모델보다 더 타당해 보이는 것은 없었다. 오래된 정적인 상태 모델, 진동모델 그리고 진공 요동 모델은 이제 일반적으로 우주철학자들 사이에서 우주의 시작을 피하기 위한 타당한 시도들로서 실패한 것으로 인정된다.[4]

대부분 우주철학자들은 우주의 기원에 대한 마지막 이론인 아직 발견되지 않은 중력의 양자 이론이 기다리고 있다고 믿는다. 이러한 양자 중력 모델들은 그렇지 않은 모델들에 관심이 집중하는 경향이 있음에도 불구하고 아마도 최초의 특이점에 관여할 수 있을 것이다.

그러나 하틀-호킹 모델(Hartle-Hawking model)과 같이 최초의 특이점을 제거하는 모델들은 단순히 유한한 과거와 이러한 모델들에 대한 어떠한 물리적으로 실제적인 해석에 아직도 관여하고 있고 우주의 시작을 암시한다. 만일 성공적이라고 한다면 이러한 이론들은 우리가 시공에서 열린 표면에 무한한 시간을 두는 것보다, 시공에서 닫혀진 기하학적 표면에 유한한 과거의 시간을 둠으로 해서 최초의 우주론적 특이점(cosmological singularity)이 없이도 우주의 기원을 모델링하는 것을 가능하게 할 뿐만 아니라, 실제로 시간적인 무로부터의 창조를 지원한다.

그러나 만일 우주의 시공적 구조가 무에서의(ex nihilo) 기원을 보여 준다면, 신적인 영원과 그 구조를 연관지을 방법이 어려움으로 남는다. 왜냐하면, 만일 시제의 실제와 하나님의 세계와의 인과 관계가 인정된다면, 하나님은 세계의 시간성에 영향 받지 않는다고 생각하기 어렵게 된다. 하나님이 전능하시기 때문에 하나님의 뜻이 이루어지고 시간적인 세계는 존재하기 시작한다(우리는 아마도 이러한 시간적 기원 창조는 하나님의 비시간적 결정보다는 어떠한 추가적인 의도성 있는 행동 또는 힘의 사용을 요구할 것은 아닌지를 질문해 볼 수 있다).

이제 이러한 경우에 창조 이전에 하나님이 시간적으로 존재했다거나, 그렇지 않았다거나 둘 중에 하나가 된다. 만일 하나님이 창조 이전에 시간적으로 홀로 존재하지 않았다고 한다면 하나님은 비시간적이 아니라 오히려 시간적이고, 그에 따른 질문이 생기게 된다.

---

4 William Lane Craig, "Naturalism and Cosmology", in *Naturalism: A Critical Appraisal*, ed. W. L. Craig and J. P. Moreland, Routledge Studies in Twentieth-Century Philosophy (London: Routledge, 2000), 215-52 를 보라.

그렇다면 하나님이 창조 이전에 시간적으로 존재하지 않았다고 한 번 생각해 보라. 그 경우에 하나님은 창조 없이 비시간적으로 존재한다. 그러나 한 번 창조의 순간에 시간이 시작되면 하나님은 시간과 세계와의 실제적이고 인과적인 관계 때문에 시간적이 되든지, 아니면 창조 없이 존재할 때처럼, 창조와 함께 비시간적으로 존재한다.

그런데 이 두 번째 대안은 상당히 불가능하게 보인다. 시간의 처음 순간에, 하나님은 새로운 관계 안에 서 계신다. 그 관계 안에서 하나님은 이전에 서 계시지 않았다(왜냐하면, 그 때에는 ~이전이라는 개념이 없기 때문이다). 우리는 이것을 하나님 안에서 일어나는 하나님의 본질적인 변화라고 특징지을 필요가 없다.

하나님께 새로운 상태로서 실제적이고 인과적인 관계가 있으며 하나님이 창조 이전에 존재하셨던 상태와 같은 것도 아니다. 창조의 순간에, 하나님은 우주의 원인으로서 관계를 형성하신다거나 최소한 우주와 공존하는 관계를 형성하신다. 이러한 것들은 하나님이 이전에 이루시지 않은 관계들이다. 하나님이 창조를 자유롭게 그만두실 수 있기 때문에 하나님은 이러한 관계들 안에 결코 묶여 있을 수 없다. 그러나 시간적인 우주를 창조하고자 하는 그분의 결정에 의해서 그 시간적 세계가 존재하게 된 그 순간에 하나님은 시간적인 세계와 관계를 맺으셨다.

하나님이 각 지속되는 순간 내지는 존재하는 사건을 성공적으로 보존하시는 것처럼, 그분은 시간의 흐름을 경험하신다. 그리고 각 순간이 경과해 감에 따라 불어나는 과거를 가지신다. 하나님께서 창조된 세계에서도 본질적으로 변화없이 존재하신다 하더라도 그 분은 비본질적 혹은 관계적 변화를 경험하실 것이다.

그러한 관계적 변화는 만약 하나님께서 창조 이전에는 시간적이 아니었다면, 시간적이고 변화하는 우주에 대한 그분의 진정한 관계가 그분을 시간으로 이끈다. 따라서 하나님께서 창조 이전에는 비시간적이었다 하더라도, 시간적 세상을 창조하신 그분의 자유로운 결정이 또한, 그분의 일부를 시간 안으로 시제의 실제적 경험 안으로 시간적 변화 속에 두신다.

위의 논증에 대한 전통적인 응답은 하나님이 실제로 세계와 관계를 가지고 계신다는 사실을 부정하는 것이다. 아퀴나스는 만일 하나님이 시간적 세계와 실제로 관계를 가지셨다면, 하나님은 시간적일 것이라는 데에 암암리에 동의 하는 것이라고 한다. 왜냐하면, 피조물들과 관계하기 위해서는 하나님과 어떠한 새로운 관계들이 생기게 되기 때문이다. 그래서 만일 이러한 관계들이 하나님께 있어서 실제라고 한다면 그분의 진행되는 관계적 변화에 비추어볼 때, 하나님은 반드시 시간적이어야 한다. 그래서 아퀴나스는 하나님이 세계와 어떠한 **실제적 관계**(real relation)를 가지신다는 것을 부정한다.

아퀴나스에 의하면 시간적 세계가 하나님에 의해 창조된 것과 실재적인 관계를 가지지만, 하나님은 창조하신 시간적 세계와 실제적 관계를 맺고 있지 않으신다. 하나님이 불변하시기 때문에 창조의 순간에 그에 대해 예상되는 새로운 관계들은 단지 우리의 생각일 뿐이다. 실제로 시간적 세계는 하나님께 의존할 뿐인 내적인 관계로 창조되었기 때문에 하나님의 비시간성이 시간적 세계에 대한 창조로 인해 위태롭게 되는 것이 아니다.

토마스의 관점에 따라, 하나님께서 창조하신 세상 가운데 계시면서 그분의 본성 외부로 드러나는 어떠한 행동도 하지 않으신다는 것을 평범한 창조의 교리에 적용한다면 그 교리는 이상하게 되어버린다. 하나님은 그저 존재하시고 피조물들은 단순히 창조하시는 하나님과의 관계에서 존재하기를 시작한다. 이 교리에 따르면 자유롭게 창조하시는 우주 안에 계시는 하나님께서 그가 하셔야 하는 다른 행동들을 취하지 않는 그 순간 그분은 창조를 멈추시는 것이다. 창조 이전과 이후의 다른 점은 우주 그 자체에서만 발견될 뿐이다. 우주 없이 홀로 존재하는 하나님 대신에 하나님에 의해 창조된 속성을 지니는 시간의 처음 순간에 존재하게 되는 우주(비록 그분에 의해 만들어졌지만 하나님과의 실제적 관계는 전혀 없는)를 우리는 소유하게 된다.

그것의 과감함과 교묘함에도 불구하고 아퀴나스의 해결책이 특별하게 타당하지 않다고 말할 필요가 있다. '창조함'은 분명히 그것의 인과적 활동에 관한 어떤 것의 본질적인 특성들 위에 세워진 관계를 서술한다. 그리고 그렇기 때문에 세계를 창조하는 것은 창조의 순간에 하나님께서 점하고 계시는 실제 특성으로서 고려되어야 한다. 만일 모순적이지 않다면, 사람이 실제적 원인들이 없이 실제적 결과들을 얻을 수 있다고 말하는 것은 이해하기 어려운 것으로 보인다. 바로 이것이 아퀴나스가 하나님과 세계에 관해 입증한 것이다.

더욱이 이상하게 보이지만, 하나님이 모든 가능 세계에서 거의 동일하다는 것이 아퀴나스가 의미한 것이다. 즉, 심지어 하나님이 창조를 그만두시는 세계들 안에서와 하나님이 창조를 하시는 세계들 안에서가 같다는 것이다. 왜냐하면, 이러한 세계에서 하나님이 하나님 자신 말고 다른 어떠한 것과도 관계를 가지시지 않기 때문이다.

모든 이러한 세계에서 하나님은 결코 다르게 행동하지 않고, 결코 다르게 인식하지 않으며, 결코 다르게 원하지 않는다. 하나님은 항상 단순하시고 관계를 가지지 않고 행동하시는 존재이시다. 심지어 창조하지 않은 세상에서 창조를 이루시는 행위마저도 온갖 등급의 우연한 존재들이 가득한 세계에서나 텅 빈 세계에서나 다르지 않다. 그래서 아퀴나스의 교리는 왜 우주가 존재하지 않는가 하는 것이 아니라, 존재하는지를 이해할 수 없게 한다. 이유는 분명히 하나님 안에 즉, (어쨌거나 그것들은 단순히 개념적으로 구별된다), 그분의 본성이나 활동 속에 놓여있을 수 없다. 왜냐하면, 이러한 것들은 모든 가능 세계에서 거의 동일하기 때문이다.

또 그 이유는 그 안에서 그 피조물들이 하나님이 자유롭게 결정하여 존재하시는 하나님과 실제적 관계를 가지도록 피조물 자신들에게 놓여있을 수도 없다. 왜냐하면, 그 관계를 통해 존재하는 것 이전에 그들의 존재는 설명될 수 없기 때문이다. 그러므로 하나님의 세계와의 실제적 관계를 부인하는 것에 비추어 보면 아퀴나스의 해결책은 하나님을 영원 속에 완전히 밀봉하는 것에 성공적일 수 없다.

이러한 논증은 일종의 형이상학적인 시간 속에서 그분의 우주창조 이전에 하나님이 시간적으로 존재하셨다고 우리가 결론을 짓게 될 것이다. 그러나 과거 사건들의 현실적 무한의 개념 내지는 시간의 간격들의 개념은 놀랍게도 직관적이지 않다. 더욱이 이러한 시간에 대한 관점에서 라이프니츠(Leibniz)가 사무엘 클라크(Samuel Clarke)에 반대해 던진 어려운 질문에 우리는 대답을 해야 한다. 그 질문은 왜 하나님은 무한한 시간 동안 세계의 창조를 미루셨는가라는 것이다.

이러한 당황스러움 속에서 볼 때, 시간이 처음 사건에서―단순성에 근거해서 볼 때, 그 사건은 우리가 아마도 빅뱅(Big Bang)이라고 할 수 있다―시작한다는 관점을 채택하는 것이 더 타당해 보인다(창조 이전의 측량할 수 없는 시간의 타당성에 관해서는 앞서 하나님의 영원성에 대한 논의를 참고하라). 하나님이 처음의 우주철학적 특이점을 존재하도록 하는 것은 특이점이 존재하게 됨과 동시에 이루어진다. 그러므로 하나님은 창조의 순간으로부터 지속적으로 시간적이 되신다. 우리가 창조 이전 한 시간 전에 존재하시는 것으로 하나님을 생각할 것임에도 불구하고 이러한 그림은 순전히 우리의 상상의 산물이다.

그렇다면 왜 하나님은 세계를 만드셨는가?

만일 자신을 주는 사랑이 하나님의 본질적인 특성이라면, 창조는 필연적인 것이 된다고 보아왔다. 그러나 삼위일체 기독교 교리는 또 다른 가능성을 제안한다. 하나님이 창조 없이 존재하시는 한, 기독교 개념에서는 외롭게 홀로 계시는 분이 아니다. 오히려 그 자신의 존재의 삼위일체 안에서 하나님은 삼위일체의 위격 속에서 충만하고 변하지 않는 사랑의 관계를 즐기신다. 창조는 그래서 하나님께 있어서는 불필요하다. 오히려 그것은 피조물들을 위해 주어진 순전한 선물이다.

우리는 아마도 그 즐거움과 하나님을 아는 지식의 충만함을 경험할 것이다. 하나님은 원래 그런 것처럼 그분의 양자로서 삼위일체 간의 사랑의 관계 속으로 우리를 초대하신다. 그래서 창조는 구원과 함께 오직 은혜로 말미암는 것이다.

2. 섭리

성경적 세계관은 인간의 자유와 책임을 전제하면서도 세계와 인간의 사건들에 대한 하나님의 주권의 매우 강한 개념을 포함한다. 너무 많아서 여기에 나열하기가 불가능하지만 하나님의 **주권**(sovereignty)을 입증하는 성경적 진술들을 네 개의 주된 제목으로 D. A. 카슨(D. A. Carson)이 정리하였다.

① 하나님은 창조주, 통치자 그리고 모든 것의 주인이시다
② 하나님은 모든 발생하는 일의 궁극적이며 인격적인 원인이시다
③ 하나님은 자신의 백성들을 택하신다
④ 하나님은 성공이나 선한 행복의 인지되지 않은 근원이다.[5]

이러한 성경적 진술들을 진지하게 받아들이는 사람은 누구도 현재의 화려한 수정주의자나 '열린' 관점들을 품을 수 없다. 열린 관점은 역사의 우연한 사건들 위에 하나님의 완전한 주권을 부인한다.

---

5   D. A. Carson, *Divine Sovereignty and Human Responsibility: Biblical Perspectives in Tension*, New Foundations Theological Library (Atlanta, Ga.: John Knox Press, 1981), 24-35.

다른 한 편으로는 아홉 가지 주된 제목으로 카슨이 제시한 성경적 진술들에는 인간은 자유로운 도덕적 행위자라는 히브리적 사고방식도 스며들어 있다.

① 사람들은 신적인 위로와 명령에 직면한다.
② 사람들은 순종하고 믿고 하나님을 택해야 한다.
③ 사람들은 하나님께 죄를 짓고 하나님을 거역한다.
④ 사람들의 죄를 하나님께서 심판하신다.
⑤ 하나님께서 사람들을 시험하실 것이다.
⑥ 사람들은 하나님의 보상을 받는다.
⑦ 택함을 받은 사람들은 하나님의 계획에 응하기 위해 반응해야 한다.
⑧ 기도는 단순히 하나님이 쓰신 대본을 보여 주기 위함이 아니다.
⑨ 하나님은 실제적으로 죄인들이 회개하고 구원을 받는 것을 기뻐하신다.[6]

이러한 구절들은 인간의 자유를 불가능하게 하는 신적인 섭리에 관한 전통적인 결정주의적 이해를 배격한다.

타협없이 성경의 이러한 두 가지 흐름의 가르침을 화해시키는 것은 매우 어려운 것이다. 그런데도 이러한 수수께끼에 대한 놀라운 해결책이 신적인 중간 지식에 대한 몰리나(Molina)의 교리로부터 나온다.

앞서 언급된 몰리나는 세 가지 논리적 순간들의 의미에서 신적인 지식에 대한 분석을 제공하려고 제안한다. 하나님이 무엇을 아시든지간에 그분은 영원히 아신다. 그래서 하나님의 지식에는 시간적 진행이 없다. 그런데도 하나님의 지식 안에서 일종의 논리적 진행이 존재한다. 어떤 것에 대한 하나님의 지식은 다른 어떤 것에 대해 조건적으로 혹은 설명적으로 앞선다.

첫째 단계의 아무 조건 없이도 비조건적인 순간에 모든 가능성을 하나님은 아신다. 즉, 하나님이 창조하실 모든 피조물을 알 수 있으셨을 뿐만 아니라 또한, 모든 피조물의 질서도 알 수 있으셨다. 몰리나는 이러한 지식을 '자연적 지식'이라고 부른다. 왜냐하면, 이러한 지식의 내용이 하나님께는 본질적이기 때문이다. 그리고 그것은 하나님의 의지의 자유로운 결정들에 의존하지 않는다. 그분의 자

---

6 Ibid, 18-22. 인간의 행위의 돌이킴에 대한 반응으로 하나님의 후회하심에 대해 언급하는 충격적인 문장들도 우리는 언급해야 한다(예를 들면, 창 6:6, 삼상 15:11, 35).

연적 지식에 의해서 하나님은 모든 우연한 상태의 사건, 즉 이루어지는 것이 가능한 행위들에 대한 지식을 가지고 계신다. 또한, 어떤 자유로운 피조물이 자신의 자유로운 선택을 통해 어떠한 행위를 할 것인지, 실제로 할 수 있는 지에 대한 지식을 가지고 계신다.

둘째 단계에, 피조물들의 자유에 대한 반사실적 가정들을 포함하여 모든 진리의 반사실적 가정의 전제에 관한 지식을 하나님은 소유하신다. 첫째 단계인 자연적 지식에서 하나님은 모든 자유로운 창조물의 그 정해진 환경 안에서 '할 수 있는' 것들을 아신다고 한다면 둘째 단계에서 하나님은 어떤 정해진 환경에서 자유로운 창조물이 '행할' 것들을 아신다고 할 수 있다. 이 차이는 환경이 아니라 피조물의 자유에 있다. 하나님은 그래서 하나님이 어떠한 행위의 상태들을 실제화하신다면, 다른 우발적인 사건들도 나타날 것을 아신다.

이른바 이 '중간' 지식은 자연적 지식과 유사하게 어떤 신적인 의지의 결정에 의존하지 않는다. 하나님은 피조물의 자유로운 어떠한 반사실적 가정이 참이거나 거짓인지를 결정하지 않는다. 그래서 "만일 어떠한 행위자 S가 환경 C에 속하게 된다면, 그는 자유롭게 행동 a를 하게 될 것이다"라는 것이 참이라고 한다면 심지어 전능하신 하나님도 만일 그가 환경 C에 속하였다고 한다면 S가 a를 행위하는 것을 막지 못한다. 한 편, 중간 지식은 자연적 지식과 다른데, 중간 지식(middle knowledge)의 내용이 하나님께 본질적이지 않기 때문이다.

참된 반사실적 가정은 우발적 진리이다. S는 C에서 a라는 행위를 하지 않는 것을 자유롭게 결정할 수 있다. 그래서 이러한 반사실적 가정과 다른 반사실적 가정은 참이 될 수 있고 하나님에 의해 알려질 수 있다. 그러므로 하나님이 중간 지식을 가지셨다는 것이 하나님께 본질적임에도 불구하고 하나님께서 하나님이 실제로 알고 있는 이러한 개별적인 전제들에 대한 중간 지식을 가지는 것은 하나님께는 본질적인 것이 아니다.

하나님의 지식의 둘째 단계와 셋째 단계의 사이를 중재하는 것은 중간 지식에 의해 하나님께 알려진 그 세상을 현실화 시키시는 하나님의 자유로운 결정에 있다. 그분의 자연 지식에 의해서 하나님은 논리적으로 가능 세계들의 전체 범위가 어떠한지를 아신다. 그분의 중간 지식에 의해서 하나님은 이러한 세계의 실제의 적절한 부분집합이 무엇인지를 아신다. 그러한 세계를 현실화하는 것은 하나님께는 가능한 일이다. 자유결정에 의해서 그분께 알려진 이러한 세계 중에서 하나를 그분의 중간 지식을 통해 실현하려고 하나님은 결정하신다. 그렇게 함으로써 그는 또한, 어떠한 환경에서 그 자신이 행동할 것인지를 결정하신다. 그래서 신적 자유에 관계된 반사실적 서술(counterfactuals of divine freedom)은 신적인 결정과도 동시적으로 참이 된다.

만일 세계를 실현하려는 하나님의 자유 결정이 내려졌다면, 세 번째와 마지막 순간에, 하나님은 미래의 우발적 전제들을 포함해서 실제적 세계에서 사실상 참인 모든 남아있는 전제에 관한 지식을 소유하시는 것이다. 이러한 '자유 지식'의 내용은 분명히 하나님께 본질적인 것이 아니다. 왜냐하면, 하나님은 다른 세계를 실현하려고 결정하실 수 있었기 때문이다. 하나님이 그렇게 하셨다고 한다면 그분의 자유 지식의 내용은 다르게 될 것이다.

몰리나의 계획은 신적 섭리와 인간의 자유를 고려할 때 오는 대부분의 전통적인 어려움들을 한 번에 해결하는 뛰어난 신학적 풍부함의 교리이다. 몰리나는 **섭리**(providence)를 하나님이 제2의 동인들을 통해 직접적으로또 간접적으로 하나님의 일들을 그 목적에 맞게 질서 잡으심으로 정의한다. 그러나 몰리나는 피조물에 대한 하나님의 **절대적 의도**(absolute intentions)와 **조건적 의도**(conditional intentions)를 구별한다.

예를 들면, 어떠한 피조물도 죄를 지어서는 안된다는 것과 모든 피조물이 천국에 들어가는 것이 하나님의 절대적 의도이다. 그러나 여러 가지 환경 속에서 피조물들이 자유롭게 내리는 결정들은 하나님의 능력 안에 있는 것은 아니다. 어떤 환경 속에서 그들이 죄를 짓지 않는 것이 하나님의 뜻이라는 것이 사실임에도 불구하고 피조물들은 자유롭게 죄를 지을 것이다. 만일 그 때, 하나님이 어떠한 이유에서건 그러한 환경들을 조성하시기 원하신다면, 그것이 그분의 절대적 의도가 아님에도 불구하고 하나님은 피조물이 죄를 짓는 것을 허용하시는 것밖에 선택의 여지가 없다. 그래서 그분의 조건적 의도, 즉 피조물들의 자유행동이 항상 성취됨에도 불구하고 하나님의 절대적 의도는 죄악된 피조물들 때문에 종종 좌절된다.

이 세계에서 죄가 발생하는 것을 허용하시는 것이 하나님의 섭리적 계획인 것이 분명하다. 심지어 죄는 하나님의 조건적 의도를 돕는다. 그 도움 속에서 죄는 인류를 죄로부터 구하시기 위한 목적을 성취하신 그리스도의 성육신 사건 속에서 하나님의 넘치는 선하심을 그리고 죄로부터 자신의 백성을 구하시며 그분의 능력을, 또한 죄를 벌하심 속에서 그분의 정의를 나타내신다.

하나님의 섭리가 일어나는 모든 일에 미치기는 하지만, 하나님이 발생하는 모든 것을 적극적으로 원하신다는 것이 아니라는 것이 따라 나온다. 하나님은 모든 피조물의 선한 결정을 적극적으로 원하신다. 그러나 하나님은 악한 결정들을 원하시지 않고 단지 허용하실 뿐이다. 몰리나는 다음과 같이 설명한다.

> 본성적 필연으로부터 일어난 원인이든지 자유로부터 일어난 원인이든지 모든 선한 것은 하나님의 예정과 … 섭리에 의존한다. 그 선한 것들 각각 하나 하나가 예정과 섭리를 통해 하나님에 의해 특별히 의도된 것들이다. 반면 피조물의 의도된 악한 행위들도 하나님의 예정과 섭리에 종속된다. 악한 행위들이 발산되는 원인들과 그로부터 무엇인가를 이끌어 내려고 하시는 하나님 편에서의 의도가 동시적 일치를 이루는데, 이는 예정과 섭리를 통해 가능하다. 이러한 악한 행동들이 그들로부터 퍼져나가도록 하기 위함이 아니라, 오히려 악과는 다른, 완전히 다른 행동들이 이루어지도록 함이며, 또한 의지와 함께 주어진 사물들의 내재적인 자유가 그들의 극대의 유익을 위해 보존될 수 있도록 하기 위함이다. 더욱이 만일 하나님이 그분의 섭리로 구체적으로 어떠한 더 큰 선을 위해 섬기는 일에 악한 행위들을 허용하시지 않으신다면, 구체적인 악한 행위들은 존재할 수 없다. 악한 행동들은 같은 신적 예정과 섭리에 맡겨지게 된다. 이를 통해 나오는 분명한 결론은 모든 것은 예외없이 개별적으로 하나님의 뜻과 섭리에 맡겨지게 되며, 의도하신 것들과 허용되는 것들로 구분된다(몰리나, 『신적 예지에 관해』, 4.53.3.17).

이처럼, 결국 발생하는 모든 것은 하나님의 뜻 내지는 하나님의 허용하심으로 말미암고 그분의 섭리 아래서 사라지게 된다.

이것은 몰리나의 **동시적 일치**(simultaneous concurrence)의 교리에 집중하도록 만든다. 이것은 중간 지식과 더불어 그분의 섭리에 관한 교리의 토대를 형성한다. 하나님은 첫 번째 원인이시기 때문에 중세 신학자들은 하나님은 우주의 존재를 보존하실 뿐만 아니라, 우주 안에 있는 모든 제2차 원인의 작용에 일치한다고 주장했다. 그래서 하나님은 상당히 실제적으로 말하자면 발생하는 모든 것의 원인이 되시는 것이라는 생각이 전통적으로 지적되었다.

아퀴나스는 신적 일치의 개념을 하나님은 모든 부수적 원인 안에 있는 작용의 능력을 공급하고 보존하실 뿐만 아니라, 그들의 실제적 작용들을 이루기 위해 부수적 원인들 위에서 행동하시는 것으로 해석했다.

이 해석은 곧, **사전 결정의 교리**(doctrine of pre-motion)로 알려지게 된다. 의지의 우연한 행동에 관해 이 교리는 피조물들의 자유 결정은 하나님이 사람의 의지로 하여금 이런 저런 방식으로 돌려놓음으로써 이루어진다는 것을 의미했다. 그러나 몰리나는 죄의 존재와 관련해는 실제로 결정적이고 양립할 수 없는 사전 결정의 용어로 해석하는 신적 일치를 거절한다. 대신에 그는 신적 일치를 동시적 일치로서 고려할 것을 제안한다.

말하자면 하나님은 그 결과를 내기 위해 제2차 원인에게 행동하시는 것이 아니라 제2차 원인으로 행동하신다. 그래서 사람이 어떠한 결과를 내기 원할 때, 하나님도 그 결과를 내도록 행동하심으로써 그 사람의 결정과 일치시키신다. 그러나 하나님은 그것을 그것의 결정으로 옮기도록 사람의 의지에 대해 행하지 않으신다. 악한 결정들에 대해, 하나님은 그 결과가 나오도록 행하시지만, 행동의 악함에 대해 하나님은 책임이 없다. 왜냐하면, 하나님은 피조물이 악한 결정을 하도록 피조물의 의지를 움직이시지 않았기 때문이다. 오히려 사람의 자유를 허용하는 그분의 결정 밖에서 하나님은 단지 피조물에 의해 내려진 결정을 허용하셨다.

신적 주권과 인간의 자유를 화해시키면서, 몰리나는 중간 지식과 동시적 일치에 호소한다. 그분의 중간 지식에 의해서 하나님은 하나님이 창조하실 수 있는 질서들의 무한을 아신다. 왜냐하면, 하나님은 피조물이 그 안에서 여러 가지 환경 속에서 사실상 어떻게 반응할 것인지를 아시기 때문이다. 하나님은 이러한 여러 가지 환경들 속에서 그가 어떻게 반응하실지에 대해 그분의 뜻의 자유행동으로 말미암아 결정하신다. 그리고 동시에 이러한 질서들 중에 하나를 이루려고 원하신다.

하나님은 직접적으로 어떠한 환경들이 존재하도록 하는 원인이 되신다. 그리고 인과적으로 결정된 제2차 원인들을 통해 간접적으로 다른 것들을 이루시도록 하는 원인도 되신다. 그러나 하나님은 자유로운 피조물들이 그러한 환경에 처했을 때 어떻게 행동할 것을 아셨던 것처럼 그들이 행동하도록 허용하신다. 그리고 하나님은 그들이 원하는 결과를 이루기 위한 그들의 결정에 자신을 일치시키신다.

이러한 결과들 중 일부는 하나님께서 무조건적으로 원하셨던 것이고 그래서 그들이 발생하는 것을 긍정적으로 원하신다. 하나님께서 무조건적으로 않는 것들이 있지만, 그런데도 그분의 피조물들의 자유를 원하심이 그것을 허락한다. 하나님께서는 죄악의 행위들마저도 그분의 계획에 어울릴 것도 아시며, 결국 인류의 역사에서 하나님의 궁극적인 목적은 성취될 것이다. 그래서 하나님은 원하심 내지는 허용하심으로써 일어나는 모든 일을 예정하셨고, 그분은 발생하는 모든 것의 원인이 되시며, 이러한 방법으로 자유와 우연을 보존하신다.

몰리나주의(Molinism)는 그래서 신적 주권과 인간의 자유 사이의 극적인 화해를 이루는 데 영향을 미친다.

신적 섭리에 대한 설명이 중간 지식이 없는 가운데 주어질 수 있는가?

신적 중간 지식과 예지를 부인하는 하나님에 대해 열린 관점과 같은 수정주의자의 관점을 옹호하는 쪽에서는 신적 섭리에 관한 강한 교리가 중간 지식 없이 불가능하다는 것은 인정한다. 그러나 결과적으로 이러한 관점은 위에서 요약된 성경적 강조점들을 이해하는 데 있어서 큰 어려움에 봉착한다.

아우구스티누스주의적/칼빈주의적 관점은 예정(predetermination)의 의미에서 신적 섭리를 해석한다. 무엇이 발생할 것인지를 하나님은 알고 계신다. 왜냐하면, 그는 그 발생할 것을 발생하도록 하시기 때문이다. 이러한 해석이 하나님을 죄의 창조자로 만드는 것을 피할 수 있는지를 보는 것은 어렵다. 왜냐하면, 예를 들면 유다(Judas)를 움직여 그리스도를 배반하게 한 것이 하나님이시기 때문이다. 그러나 거룩한 하나님이 어떻게 사람의 뜻을 움직여 도덕적인 악을 행하게 하실 수 있는가?

더욱이 어떻게 하나님이 그들이 어찌할 수 없었던 그러한 행동에 대해 그들이 도덕적으로 책임을 지도록 하실 수 있는가?

중간 지식을 부정하며 단순한 예지만 옹호하는 이들이 말하는 자유로운 세상에 대한 하나님의 섭리적 계획하심과 같은 개념을 만들기에는 어려움이 있다. 왜냐하면, 이러한 관점에서 하나님은 신적 결정(decree)보다 논리적으로 앞서서 단지 모든 가능성에 대한 자연적 지식을 가지고 계시기 때문이다. 그러나 어떠한 환경에서 무엇이 발생할 것인지에 대한 지식은 가지고 계시지 않는다. 그래서 논리적으로 신적 결정 이후에, 하나님이 창조하실 수 있었던 모든 가능 세계 중에서 바로 이 세계에서 존재하는 자신을 발견한 것은 정말 놀랄 일이 되는 것이다 이 세계에서 인류는 죄를 지었고 하나님 자신은 그들을 구하기 위해 대속적 희생의 제사로서 인간의 역사 속으로 들어오셨다!

물론, 누구는 여기에서 의인화적으로(anthropomorphically) 말한다. 그러나 창조적 결정 이전에 하나님은 중간 지식이 없이 세계가 어떨 것인지에 대한 것을 아실 수 없다는 것이 요점이 된다. 그래서 몰리나주의의 경쟁자들 중 누구도 당당하게 몰리나주의의 인간의 자유와 신적 섭리의 교리를 반박할 준비가 되어있지 않아 보인다.

어떠한 반론들이 몰리나주의자의 설명에 반대해 제기될 것인가?

문헌들을 살펴보면 몰리나주의의 기초가 되는 중간 지식의 개념을 공격하는 것만큼 몰리나주의의 비난자들이 섭리에 관한 몰리나주의자의 교리를 크게 비판하려고 하지 않는다는 것을 우리는 발견하게 된다. 그러나 이러한 반론들은 중간 지식의 옹호자들에 의해서 반복해서 답변되어 왔다.

그렇다면 중간 지식 그 자체에 대해서가 아닌 몰리나주의자의 섭리에 관한 설명에 대해 어떠한 반론이 제기되었는가?

아마도 수정주의자들(revisionists)이 가끔씩 '지나치게 세밀한 섭리'(meticulous providence)라고 비난하며 주장하는 가장 강력한 반론은 몰리나주의자의 설명이 악의 문제를 더 다루기 어렵게 만들었다는 것이다. 왜냐하면, 심지어 세계에서 발생하는 가장 끔찍한 악도 하나님이 계획했다고 우리는 반드시 말해야 하기 때문이다. 예를 들면, 잔인한 폭행과 작은 아이의 강간이 발생하도록 하는 마지막 세부사항까지 하나님이 계획했다는 것이다. 미래의 우연한 일들에 대해 하나님이 무지하고 그래서 하나님은 이러한 공포들이 발생하는 것에 대한 계획을 세우지 않았다고 하는 수정주의자의 관점을 만일 우리가 채택한다면 이 무죄한 고난의 문제는 덜 어렵게 될 것이다.

그러나 이에 대한 간단한 반응은 그 반론이 성립할 수 없음을 드러낸다. 왜냐하면, 수정주의자의 관점대로라면, 말하자면 하나님은 끔찍한 악이 일어나지 않도록 막으시지 않고 오히려 그것이 발생하도록 허용하면서 손을 꽉쥐고 게으르게 앉아 계신 것이 되기 때문이다. 수정주의자가 호소하려는 사실인 하나님이 이러한 악이 발생하도록 허용하신 것에 대한 어떠한 이유는 또한 몰리나주의자에게도 가능하다. 사실상 몰리나주의자는 끔찍한 악이 발생하는 것을 허용하는데 대해 하나님은 도덕적으로 충족 이유를 가지고 있다는 주장을 통해 방어하기에 더 나은 위치에 있다. 왜냐하면, 만일 하나님이 중간 지식을 가지고 계신다면, 하나님은 인간 역사를 통틀어서 발생한 악의 무수한 모든 결과를 아신다.

수정주의자의 하나님은 당장의 그리고 예상할 수 있는 이러한 결과들을 설명할 수 있다. 그런데 이러한 것은 악이 발생하는 것을 허용함에 대한 하나님의 무반응을 정당화하기에 불충분할 것이다. 그러나 악의 문제에 관한 우리의 논의에서 본대로 만일 신적 중간 지식이 인정된다면, 우리는 하나님이 발생하는 악을 허용하시기 위한 도덕적으로 충족 이유를 가지고 계시지 않다고 주장하는 것이 타당하지는 않은 것이다. 악을 허용하시는 하나님의 이유는 수세기의 미래와, 또 세계의 다른 부분에 있는 다른 사건들과 해결할 수 없게 얽혀있는 결론과 관련될 것이다.

같은 이유로, 우리가 지금까지 해 온 어떠한 악을 막거나 멈추어야 하는 우리의 원함이나 책임이 악을 막아야 하는 하나님의 책임으로 자동적으로 뒤바뀌지 않는다. 그러므로 일에 관여함에 대한 그의 부족함에 대해 수정주의자의 하나님의 선함을 우리가 올바르게 물을 수 있지만, 우리는 참으로 전능하신 하나님을 판단할 위치에 있는 것이 아니다. 그래서 몰리나주의는 오늘날 주어지는 신적 섭리에 대한 가장 분명하고 성경적으로 확실한 설명을 제공하는 것처럼 보인다.

3. 기적

세계에서 보여 지는 신적 행위에 대한 성경의 이야기는 **기적**(miracles)의 사건들로 가득찬 이야기라는 것은 굳이 설명할 필요는 없다. 하나님은 자연계가 독자적으로 일으킬 수 없는 사건들도 일으키시는 분으로 여겨진다. 그러므로 기적은 신적 활동의 표시로서의 기능을 할 수 있다.

"여기에 놀라운 일이 있다!"는 그의 시력을 회복시켜 주신 예수에 대해 회의주의적인 바리새인과 맞닥뜨린 상황에서 나면서부터 장님이었던 자의 외침이었을 것이다.

> 창세 이후로 소경으로 난 자의 눈을 뜨게 하였다 함을 듣지 못하였으니, 이 사람이 하나님께로부터 오지 아니하였으면 아무 일도 할 수 없으리이다 (요 9:32-33).

하나님이 역사하시는 일반적인 길과 그분의 특별하고 기적의 행위 사이를 구별하기 위해 신학자들은 전통적으로 신적 섭리 안에서 **하나님의 일반적 섭리**(providentia ordinaria)와 **하나님의 특별한 섭리**(providentia extraordinaria)를 구분했다. 여기에서 특별한 섭리는 기적으로 구별된다. 그러나 하나님의 중간 지식에 근거한 신적 섭리에 대한 우리의 설명은 비기적적이고 특별한 섭리(special providence)의 범주를 제안한다. 우리는 그것을 구별하는 것이 도움이 된다는 것을 알게 된다. 여기에서 우리는 자연적 원인의 산물이 되는 사건들을 생각한다.

그러나 그 사건들의 환경은 그것들이 발생하는 것에 대한 특별한 신적 의도를 보여 준다. 예를 들면, 이스라엘 사람들이 요단강을 향해 나아갈 때, 역류하는 물이 강의 흐름을 막았고 그들이 약속의 땅으로 건너 들어가도록 했다(수 3:14-17).

또, 바울과 실라가 복음을 전하다 감옥에 갇혔을 때, 지진이 발생했고 감옥의 문이 열였고 그들의 수갑이 풀렸다(행 16:25-26). 그분의 중간 지식을 통해 하나님은 섭리적으로 세계의 질서를 잡으실 수 있다. 그래서 이러한 사건들의 자연적 원인들이 준비되게 하시고 아마도 하나님께 드려진 그래서 하나님이 알고 계시는 기도의 응답으로 적절한 시간에 이러한 사건들을 이루어 내도록 기다리게 하실 수 있다. 물론, 만일 이러한 기도들이 하나님께 드려지지 않았다고 한다면 또는 우연한 사건들이 다르게 발생할 수도 있다고 한다면 하나님은 그것도 알고 계셨고 그래서 인간의 자유의지를 포함해서 특별한 섭리적 사건을 이루기 위한 자연적 원인들을 배열하시지 않았다고 볼 수 있다. 자연의 길이나 능력을 벗어나 있는 특별한 섭리에 의해 이루어진 사건들이 하나님의 일반적 섭리에 의한 사건들보다 더 나은 것이 아니다.

그러나 그 타이밍과 그 우연적 성질 등등과 같은 이러한 사건들의 환경은 그것들이 발생하도록 하는 특별한 신적 의도를 보여 준다. 이러한 사건들은 기적이라고 하기보다 특별한 섭리라고 명명하는 것이 더 낫다.

그 때, 만일 우리가 하나님의 일반적 섭리와 하나님의 특별한 섭리로부터의 기적들을 구별한다면 어떻게 우리가 기적들을 특징지을 수 있는가?

근대화가 이루어지면서 기적들은 보편적으로 **자연법의 위배**(violations of the laws of nature)가 되는 것으로 이해되어왔다. 예를 들면, 볼테르(Voltaire)는 그의 『철학 사전』에 있는 "기적들"이라는 소논문에서 받아들여진 용례에 의하면 "기적은 수학적이고 신적이며 불변하고 영원한 법칙들에 대한 위배이다." 그리고 그러기 때문에 모순이라고 언급했다. 볼테르는 사실상 이러한 정의는 모순이라고 하는 것은 매우 옳았다.

그러나 이것은 그로 하여금 기적들은 그래서 존재하지 않는 것으로 정의될 수 있다는 결론이 아니라, 일반적인 정의로는 부족하다고 결론지어야 했다. 참으로 자연법(natural law)의 개념에 대한 사상을 논하는 주된 학파들의 연구가 각 이론에서 자연법의 위배의 개념은 타당하지 않고 기적들은 그렇게 정의될 필요가 없다는 것을 사실상 드러내었다.

넓게 말해서 오늘날에 자연법에 관해 대략 세 가지 주된 관점들이 있다. 그것은 **규칙성 이론**(regularity theory), **자연법의 필연성 이론**(nomic necessity theory) 그리고 **인과성향이론**(causal dispositions theory)이다.

규칙성 이론에 의하면 자연법은 전혀 법이 아니다. 오히려 그것은 세계에서 일들이 발생하는 방식을 일반화하여 설명하는 것에 지나지 않는다. 그 법은 우리가 자연에서 발견하는 규칙성을 설명한다. 이러한 이론에 근거하여 볼 때, 자연법은 자연에서 발생하는 모든 것에 대한 단지 하나의 일반화된 설명이 된다. 자연법은 발생하는 어떠한 사건도 이 법을 거스릴 수 없다는 것을 따른다. 대신에, 자연법은 설명의 한 부분이 되는 것이다. 그 법은 거스릴 수 없다. 왜냐하면, 그 법은 어떠한 일반화된 형태 안에서 자연에서 발생하는 모든 것을 설명하기 때문이다.

자연법의 필연성 이론에 의하면 자연법은 단순히 설명이 아니라 우리에게 자연에서 발생할 수 있는 것과 없는 것을 알려 주는 것이다. 자연법은 순수 기술언어학은 허용하지 않겠지만, 우리가 어떠한 조건적 판단(counterfactual judgments)을 내릴 수 있도록 해 준다. 예를 들면, "만일 우주의 밀도가 충분히 높다면, 우주는 오래전에 재수축 되었을 것이다"와 같은 것이다.

그러나 자연법이 **귀납적 전칭일반화**(universal inductive generalizations)가 되기 때문에 자연법의 위배는 규칙성 이론에서보다 이 이론에서는 더욱더 불가능하다. 그래서 자연법이 경험에 근거한 전칭일반화가 되는 경우에 한해서 자연법은 발생하는 것을 설명해야 하고 그래서 자연법이 포함하지 않는 사건이 발생할 수도 있다고 수정될 수 있다.

물론, 실제로 이러한 이론들의 지지자들은 자연법을 이렇게 엄격하게 다루지 않는다. 오히려 자연법은 모든 것이 동등하게 되는 가정들이 그 법 안에 있다고 암시적으로 가정한다. 그래서 다른 자연요소들이 간섭하지 않는 가정 아래서 하나의 법이 그러한 경우를 설명하게 된다. 과학적인 변칙이 일어날 때, 어떠한 알려지지 않은 자연요소들이 간섭하고 있는 것이 일반적으로 가정된다. 그래서 그 법은 위배되지도 수정되지도 않는다.

그러나 어떠한 초자연적 요소들이 간섭하고 있기 때문에 무엇이 발생할 것인지를 정확하게 설명하거나 예측하는 것을 자연법이 할 수 없다고 생각한다면 어떨까?

분명 그러한 법칙들은 자연적 요소와 초자연적 요소들이 충돌하지 않는다고 가정한다. 만일, 하나님이 행동하고 계시기 때문에 그 법이 어떤 구체적인 경우에 비정확성을 증명한다면 그 법은 위배되거나 수정되지 않는다. 만일 하나님이 자연법이 예측하거나 설명하는 것을 실패한 어떠한 사건을 이루신다면, 이러한 사건은 자연법의 위배라고 말할 수 없다. 왜냐하면, 자연적인 요소위에 초자연적인 요소가 더해지지 않고 역할을 한다는 가정 위에서만 자연법이 타당하기 때문이다.

이러한 이론들 위에서 기적들은 **자연적으로 불가능한 사건들**(naturally impossible events)로 정의되어야 한다. 말하자면 어떠한 시간과 장소에서 일어나는 자연적 원인들이 이룰 수 없는 사건들이다. 한 사건이 기적이냐, 그렇지 않느냐 하는 것은 시간과 장소에 연관되어 있다. 만일, 어떠한 시간과 장소에서 일어나는 자연적 원인들이 주어진다면, 그와 반대되는 경우도 가정되어야 한다. 예를 들면, 비는 자연적으로 불가피하고 필연적이다. 그러나 또 다른 경우에는 비가 자연적으로 불가능하기도 하다. 물론, 어떠한 사건은 말하자면 예수의 부활은 절대적으로 기적적이다. 그 때, 자연법은 자연적 원인들의 생산적인 능력을 넘어서는 모든 시간과 장소에 있는 것이다.

인과성향이론에 의하면 세계의 일들은 분명한 방식으로 다른 일들에 영향을 주는 인과성향을 포함한 서로 다른 본성 또는 본질을 가진다. 자연법은 여러 가지 자연적인 일들이 인과성향들을 가지고 있다는 것에 관해 형이상학적으로 필연적인 진리이다.

예를 들면, "소금은 물에서 녹는 성향을 가진다"는 것은 자연법을 설명하는 것이다. 만일, 하나님의 행위 때문에 어떠한 특정한 소금이 물에 녹지 않았더라도, 자연법에 위배된 것이 아니다. 왜냐하면, 일반적인 소금은 물에 녹는 성향을 가지고 있다는 것은 여전히 참이기 때문이다. 사물들의 인과성향의 결과로서 어떠한 결정론적인 자연적 성향들이 자연에 존재하고, 이러한 성향이 (하나님이나 다른 자유로운 동인에 의해서) 방해받지 않는다면, 우리는 자연적 필연성에 대해 말할 수 있다. 이러한 이론에서는 자연적으로 필연적인 사건은 반드시 발생해야 하고 실제로 발생한다. 왜냐하면, 자연적 성향은 방해받지만 않는다면, 사건 속에서 자연적으로 나타날 것이기 때문이다.

같은 의미에서 자연적으로 불가능한 사건은 실제로 발생할 수 없고 발생하지 않는다. 그러므로 이러한 이론에서 하나의 기적은 자연적으로 불가능한 사건으로서 보여질 수 없다. 오히려 기적은 아주 강하여 오직 초자연적인 행동인만이 그것을 방해할 수 있는 자연적 성향과의 인과적 관계에서 이루어지는 하나의 사건이 된다. 기적의 개념은 앞의 두 이론들 아래에 있는 것과 본질적으로 같다. 그러나 이 이론에서 정의된 용어로 인해 기적을 '자연적으로 불가능한 것'이라 부를 수 없다. 대신에, 아마도 우리는 이러한 이론 아래에서 기적을 특징지우기 위해 "물리적으로 불가능하다"는 표현을 채택할 수 있을 것이다.

그렇다고 한다면 이러한 이론들 중에 어떠한 것에서도, 기적이 자연법의 위배로서 이해되어서는 안된다. 오히려 기적은 적절한 자연적 원인들에 의해 일어날 수 없는 혹은 물리적으로 불가능한 사건이 시간과 공간 안에서 일어난 사건이다.

이제 질문은 무엇이 자연적으로 불가능한 사건을 실제로 역사적인 사건으로 타당하게 변형할 수 있느냐이다. 분명히 그 대답은 유신론에서 말하는 삼위일체 하나님이다. 왜냐하면, 만일 초월적인 삼위일체의 하나님이 존재하신다면, 그 하나님은 우주에 있는 사건들의 원인이 되실 수 있다. 그 사건들은 우주 안에 있는 원인들에 의해서 이루어질 수 없다. 만일, 우주를 창조하시고 존재하는 세계를 보존하시며 자유롭게 행동하실 수 있는 능력이 있는 하나님이 존재하신다면, 기적은 분명히 가능하다. 참으로 만일, 이러한 초월적이고 삼위일체적인 하나님이 존재하신다는 것이 심지어 (인식론적으로) 가능하다면, 하나님이 우주 안에서 기적을 일으키는 행위를 하신다는 것이 또한, 가능한 것이다.

우리가 무신론을 참이라고 믿을 만한 타당한 근거를 가진다고 할 때에만, 기적의 가능성을 부인하는 것이 이성적으로 정당화될 수 있다. 이렇게 볼 때, 자연법의 위배로서 기적을 정의하는 근거에서 기적의 불가능성에 대해 논증하는 것은 공허하게 된다.

더 관심있는 질문은 **기적의 정체성**(identification of miracles)에 관한 것이다. 즉, 어떤 사건을 기적이라고 생각하는 것이 가능한가, 아니면 불가능한가에 관한 것이다. 한편, 기적이 발생한 것이라는 것에 대한 설득력 있는 설명이 논의되는 사건에 맞게 자연법이 조정되어야 한다고 압력을 가할때에만 그 설명이 성공할 것인지에 대해서도 논해야 한다.

그러나 스윈번(Swinburne)이 논증한 대로 그 변칙을 위한 조건들이 있을 때마다 그 변칙은 반드시 반복적으로 발생해야 한다는 하나의 예외 때문에 자연법은 없어질 수 없다.[7] 만일 하나의 변칙적인 사건이 발생해도 비슷한 환경 속에서 다시 이 사건이 발생하지 않을 것이라고 우리가 믿어야 할 이유가 있다면, 논의되고 있는 그 자연법은 버려지지 않을 것이다. 만일 어떤 변칙적인 사건을 설명할 자연 법칙이 있고 덜 복잡한 설명이라면 그 사건은 반복적일 수 있을 것으로 간주할 수 있다. 만일 어떠한 의심이 일어난다면, 과학자는 법의 어떠한 형식이 미래의 현상을 예측하는 데에 더 성공적인지를 결정하기 위해 실험을 하게 될 것이다.

같은 방식으로 원래의 형식이 성공적으로 예측했던 곳에서 비성공적으로 새로운 현상을 예측함으로써 또는 더 나은 새로운 예측들을 제공하지 못하고, 만일 재형성된 법이 원래의 법보다 훨씬 더 복잡하다면, 우리는 하나의 사건을 반복할 수 없는 변칙으로 간주하기 위한 좋은 이유를 가지게 되는 것이다. 만일, 어떠한 재형성이 현상을 예측하고 질문 속에 있는 사건을 설명하는 데 더 나은 것을 이루지 않으면서, 원래의 형식이 자료가 축적됨에 따라 모든 새로운 현상을 예측하는 데에 성공적으로 남아있다면, 그 사건은 반복이 불가능한 변칙으로 간주되어야 한다. 그러므로 기적적인 사건이 발생하는 것이 허용된다는 것이 자연법을 흔들지 않는 것이다.

다른 한 편으로는 만일 기적이라고 불리는 사건이 발생한 것으로 나타나게 된다면, 그 사건은 **미지의 자연 원인**(unknown natural causes)이 법과 일치하는 가운데 발생되었다고 우리는 결론지어야 할 것이다. 그에 대해 나타나게 되는 질문은 이렇다.

실제적인 기적과 단순한 과학적인 변칙을 구별하는 것은 무엇인가?

여기에서 사건의 **종교-역사적 상황**(religio-historical context)이 중요하게 된다. 상황이 없는 기적은 본질적으로 모호하다. 그러나 만일 기적이라 불리는 사건이 발생한다면 분명한 종교-역사적인 상황에서 참 기적으로서 그것의 존재의 기회는 증가하게 된다. 예를 들면, 만일, 중요한 시간에 기적이 발생한다면(말하자면 예수가 "깨끗함을 받으라!"라고 말씀하실 때, 한 나병환자가 나았다) 그리고 그것이 역사 속에서 규칙적으로 다시 발생하지 않는다면 그리고 만일 기적들이 수없이 많고 다양하다면, 어떠한 미지의 자연적 원인의 결과가 되는 기적이 존재할 기회는 감소하게 된다. 더욱이 예수의 경우에 그의 기적들과 부활은 표면상으로는 같은

---

[7] R. G. Swinburne, "Miracles", *Philosophical Quarterly* 18 (1968) 321-23.

종류의 그 자신의 삶과 가르침의 환경과 정점에서 발생했다. 그리고 매우 심오하게 그를 따르는 자들에게 영향을 남겨서 그들은 그를 주님으로 섬겼다.

신약 성경에서의 중심 기적인 예수의 부활이 실제로 발생했다면, 의심의 여지 없이 기적이다.

첫째, 부활은 매우 자연적 원인이 이루어낼 능력밖에 있는 것이다.

부활은 당연히 초자연적인 원인에서 다루어지게 된다. 우리가 세포괴사(necrosis)에 대해 배우면 배울수록 이러한 사건이 자연적으로 불가능하다는 것이 더 분명해진다. 만일 그것이 미지의 자연적 원인의 결과라고 한다면 인간 역사에 있어서 그것의 독특성은 설명이 불가능하게 될 것이다.

둘째, 초자연적 설명은 종교-역사적 환경에서 직접적으로 주어진다.

그 환경에서 그 사건이 발생한다. 예수의 부활은 환경이 없이 발생하는 단순히 하나의 변칙적인 사건이 아니었다. 그것은 예수의 삶과 가르침의 정점으로서 나타났다. 부활은 그 분의 십자가 처형의 원인이 되었던 예수가 참람하다는 주장에 대한 신적인 변호로서의 역할을 했다. 그러므로 우리는 만일 그것이 발생했다면, 예수의 부활을 참된 기적으로서 고려할 좋은 이유를 가지고 있는 것이다. 그래서 참으로 어떠한 경우에 참된 기적이 발생했는지, 그렇지 않았는지를 아는 것이 어렵다고 해서 그것이 모든 경우에 관한 비판을 암시하지는 않는다.

그러나 만일, 참된 기적에 대한 바로 그 자연적인 불가능성이 우리가 어떤 사건을 기적과 동일시하는 바를 언제나 방해할지도 모른다. 흄(Hume)이 널리 주장한 것처럼, 참된 기적이 발생했다는 증언에 근거하여 믿는 것보다 어떠한 실수나 속임이 있다고 믿는 것이 아마도 항상 더 이성적일 것이다.[8] 이러한 결론은 기적이 발생했다는 것보다 기적에 관한 증언이 거짓이라는 것이 항상 더 타당하다는 흄의 원칙에 근거한다.

그러나 흄의 주장은 이중으로 잘못되었다. 먼저 고려되어야 할 모든 가능성을 취하지 않았다. 기적에 반대하는 흄의 본래적 논증으로 인한 자극으로 확률론자

---

8 David Hume, *An Enquiry Concerning Human Understanding*, ed. L. A. Selby-Bigge, 3d ed. rev. P. H. Nidditch (Oxford: Clarendon, 1975), chap. 10.

들 사이에서 매우 불가능해 보이는 사건이 일어났다는 것을 확립해 줄 수 있는 증거가 무엇인지에 대한 논의가 일어났다.[9]

만일 우리가 단순하게 증거의 신빙성에 반대해 사건의 가능성을 평가했다면, 일어나기 어려운 일이지만 이성적으로 사실이라고 보아야 하는 일도 부정하는 데까지 나아갈 수도 있다. 예를 들면, 만일 아침 뉴스에서 우리가 지난 밤의 복권의 당첨 번호가 7492871이었다고 들었다고 한다면 이것은 수백만분의 일의 확률이며, 특별하게 믿기 어려운 사건에 대한 보도가 된다.

그리고 심지어 만일 아침 뉴스의 정확성이 99.99퍼센트로 알려진다고 할지라도 보도된 이 사건의 낮은 확률이 그 보도 증거의 신빙성의 가능성을 덮어버릴 것이기에 우리는 이러한 보도를 믿는 데 어려움을 느낄 것이다. 그 기사를 믿기 위해 흄의 원리는 우리들에게 아침 기사가 믿을 만한 것인지에 대한, 즉 그 기사의 낮은 개연성을 덮어버릴 만큼의 충분한 증거를 확보해야 한다고 한다. 그러나 이것은 어리석은 것이다.

확률론자들은 또한, 사건과 보도의 일치의 개연성도 고려해야 한다고 본다. 이를 다시 뉴스의 예로 설명하자면 만일 아침뉴스의 아나운서가 특별히 선호하는 숫자가 없다면, 실제로 다른 번호가 선택되었는데 아나운서가 7492871을 당첨번호라고 발표할 확률은 지극히 낮다. 이 경우 아나운서의 비선호도가 사건의 높은 불가능성을 극복할 수 있을 것이다.

흄이 부활에 관해 말해야만 하는 것은 만약 예수가 부활하지 않았다면, 우리가 정확하게 갖고 있는 증언, 즉 빈 무덤, 죽음 이후의 출현, 제자들의 부활에 대한 믿음 등과 같은 것을 사실로 여기는 일 그 자체는 개연성이 높다고 해야 한다. 그러나 또한, 분명하게 예수가 부활하지 않았다면 부활 그 자체보다는 부활에 대한 증언적 증거의 의미가 무엇인지 가능성있는 모든 상상할 수 있는 시나리오의 광범위한 영역 중 한 곳에 있어야 되었다.

흄이 다루지 않았던 또 다른 요소는 어떤 사건에 대한 많고 독립적인 증언의 결과인, 가능성의 현저한 증거이다. 찰스 배비지(Charles Babbage)가 그의 아홉 번째 브릿지워터 논문(Ninth Bridgewater Treatise)에서 지적한 것은 만일 두 증인이 각

---

9 S. L. Zabell, "The Probabilistic Analysis of Testimony", *Journal of Statistical Planning and Inference* 20 (1988): 327-54. 탁월한 토론을 위해 John Earman, *Hume's Abject Failure* (Oxford: Oxford University Press, 2000)을 보라.

각 99퍼센트의 신빙성을 가지고 있다면, 어떠한 사건에 대해 독립적으로 거짓 증거하게 될 확률은 만분의 일이고, 같은 조건에서 세 증인이 잘못될 확률은 백만분의 일이고 같은 조건에서 여섯 증인들이 잘못될 확률은 일조분의 일이라는 것이다.

찰스가 지적한 대로 그것은 흄이 예수의 부활에 대해 할당한 불가능성보다 다섯 배나 큰 것이다. 사실상 독립적인 증인들의 축적된 힘은 개별적으로 그들은 그 시대에서도 50퍼센트이하로 신빙성이 떨어질 수 있지만, 개연성이 거의 없는 사건을 그들의 증언이라는 측면에서 매우 가능성을 높게 만들기 위해 그들의 증언이 연합된다는 것이다.

베드로, 야고보 그리고 사울과 같은 사람들의 경우에서 독립성이 잘 성립됨에도 불구하고 예수의 부활에 대해 증인들이 얼마나 독립적인지를 아는 것은 어렵다. 그러나 우리는 빈 무덤의 증거, 사후 현현 그리고 예수의 부활에 대한 제자들의 믿음이 스스로 부활의 사실을 증거하는 세 가지 독립적 증거들이라는 사실로부터 가능성이 축적되는 것을 느낀다.

구체적인 증거 E 와 우리의 배경 정보 B를 근거로 기적 M이 아마도 발생했다는 것을 보여 주기 위해 우리는 $\Pr(M/B \& E) > \Pr(\neg M/B \& E)$를 보여 주어야 한다. 그러나 심지어 이것은 어느 정도의 술책이 필요하다. 만일 우리가 M이 예수의 부활이라고 한다면 우리는 심지어 증거와 배경 정보 위에서 부활의 가능성이 같은 증거와 정보 위에서 부활하지 않음의 가능성보다 더 크다는 것을 보여 줄 필요가 없다. 오히려 우리가 반드시 보여 주어야 하는 것은 부활의 가능성은 그 대안들 중의 어느 하나보다 더 크다는 것이다. 함께 취해지는 이 모든 대안의 종합적 가능성은 의미가 없다. 왜냐하면, 이 모든 대안으로 형성된 분리는 자체로 하나의 대안이 아니기 때문이다. 그래서 만일 부활이 그것의 대안들 중의 하나보다 더 가능하다고 한다면 부활의 가설은 오히려 더 나은 것이다.

흄의 논증에서의 또 다른 문제는 그가 기적은 본질적으로 매우 불가능해 보인다고 잘못 가정했다는 데 있다. 예를 들면, 예수의 부활에 관해 "하나님이 예수를 죽은 자들 가운데서 일으키셨다"는 가설은 우리의 배경 정보와 관계에서 보면 매우 불가능해 보인다고 생각할 이유가 없다. 우리의 배경 정보와의 관계에서 불가능해 보이는 것은 예수가 '자연적으로' 죽은 자들 가운데서 살아나셨다는 가설이다. 만일 우리가 세포괴사에 대해 안다고 할 때, 그 가설은 심지어 상상할 수 없을 만큼 대단히 불가능해 보인다. 음모론, 기절 이론, 환각 이론, 쌍둥이 형제 이론 등등에서 어떠한 것도 예수의 시신 속의 모든 세포가 동시에 다시 생명체가 되었다는 가설보다 더 가능성이 있어 보인다.

그러나 이러한 자연주의적 가설들은 하나님이 예수를 죽은 자들 가운데서 일으키셨다는 가설보다 더 타당해 보이지 않는다. 이러한 경우에 타당한 증거 즉, 예수께서 무덤에서 자연적으로 부활하셨다는 가설은 가능성이 없다고 생각하는 자연법에 관한 증거는 죽은 자들로부터의 부활이 자연적으로 불가능하다는 것을 타당하게 만든다. 그러나 이러한 증거는 하나님이 예수를 죽은 자들로부터 일으키셨다는 가설의 타당성에 대해 적절하지 않다. 부활에 대한 증언이 거짓이라는 것이 부활의 가설이 참이라는 것보다 더 가능성 있어 보인다는 것을 먼저 기대할 이유가 없다.

오늘날 주제에 대해 글을 쓰고 있는 대부분의 철학자들 사이에서 흄의 논리의 오류가능성이 인식되었다고 말하는 것이 정당하다고 해도, 아직도 광범위하게 퍼져 있는 가정은 만일 역사적 질문을 던질 수 있다면, 근본적인 사료편집의 원칙으로서 **방법론적 자연주의**(methodological naturalism)의 한 종류를 우리는 반드시 채택해야 한다고 주장한다.

이러한 입장에 의하면 역사가들은 초자연적인 것을 제외시키는 일종의 '역사적 자연주의'를 방법론적인 원칙으로서 반드시 채택해야 한다.

이러한 관점은 단순히 에른스트 트뢸취(Ernst Troeltsch)의 **유추의 원리**(principle of analogy)의 재언급이 된다.[10] 트뢸취에 의하면 가장 기본적인 사료편집 원칙들 중에 하나는 과거는 본질적으로 현재와 다르지 않다는 것이다. 물론 과거의 사건들이 현재의 사건들과 같은 것은 아니지만, 만일 역사적 조사가 가능하다고 한다면 그 사건들은 종류에 있어서는 틀림없이 같다. 이 원리가 기적적인 사건들과 양립할 수 없다는 것과 이 원리 위에서 쓰여진 역사를 고려할 때, 복음의 역사성은 회의적이 될 것이라는 것을 트뢸취는 알게 되었다.

그러나 판넨베르크(Pannenberg)는 트뢸취의 유추의 원리는 모든 비유추적인 사건을 역사의 영역으로부터 사라지게 하는 데 정당하게 쓰여질 수 없다고 설득력 있게 주장했다.[11] 올바르게 정의된다면, 유추는 불분명한 상황속에서 알려진 경

---

10 Ernst Troeltsch, "Über historische und dogmatische Methode in der Theologie", in *Gesammelte Schriften* (Tubingen: J. C. B. Mohr, 1913), 2:729-53.

11 Wolfhart Pannenberg, "Redemptive Event and History", in *Basic Questions in Theology*, trans. G. H. Kehm (Philadelphia: Fortress, 1970), 1: 40-50.

험을 바탕으로 사실들을 이해해야 함을 의미한다. 그러나 트뢸취는 모든 과거의 사건을 순전히 자연적 사건들로 압축하려고 그 원리를 등용하였다. 그러나 하나의 사건이 모든 유추를 낳는다는 것은 그것의 역사성을 논증하는 데 사용될 수 없다. 예를 들면, 신화들, 전설들, 환상들과 같은 것들이 비역사적이라고 결말을 내리는 것은 그것들이 비유추적이기 때문이 아니라, 현재 의식 양태들이 갖지 못한 대상 지칭으로 유추되기 때문이다.

어떤 사건에서 유추할 것이 없다고 해도 그것의 실제성이 자동적으로 사라지는 것이 아니다. 실제성이 없다고 하려면 우리는 상황을 설명하기에 충분히 객관적인 사항이 결핍된 것으로 알려진 어떤 의식적 양태와의 유사성을 말해야 한다. 그는 어떤 사건이 비역사적인 것으로 보이게 하는 것은 '유추의 부족'이라는 트뢸취의 원리를 뒤집었다. 기적으로 알려진 사건이 비역사적인 것으로 보이게 하려면 사고 양태가 알려진 적극적인 '유추의 존재'라는 것이다. 그래서 만일 부활절 전통이 일반적으로 비교 종교적 모델과 유사한 본질적으로 부차적인 내용물이라고 보여 진다면, 부활절의 모양이 환상의 모델에 완전하게 반응하는 것으로 보여 진다면 그리고 빈 무덤 전통이 늦은 전설로서 평가되었다고 한다면 이러한 조건들을 충족시킬 때만이 부활은 비역사적이라는 평가에 따르게 될 것이라고 그는 입증했다.

이에 따르면 경험에 대한 유추의 결핍은 어떠한 사건의 역사성을 지지하지도 반대하지도 않는다. 유추의 원리에서 트뢸취의 공식은 그렇게 하는 것에 대해 어떠한 보증을 제공하지 않고 과거를 현재의 틀 속으로 짜넣으려고 노력하는 것으로 보여 진다. 단순히 그 사건들이 그의 현재의 경험을 닮지 않기 때문에 역사가는 반드시 과거의 사건들의 독특함에 열려있어야 하고 부활과 같은 사건의 가능성을 연역적으로 제외시킬 수 없다. 그래서 그 공식은 역사적 사고를 파괴한다.

그러나 그 원리에 대한 판넨베르크의 공식은 현재 또는 알려진 것에 대한 과거의 유추적 성격을 보존한다. 그래서 과거의 완전함을 파괴하거나 희생하지 않고, 역사에 대한 연구를 가능하게 한다. 결국, 만일 전통적인 유신론에서 설명하는 창조와 섭리의 하나님이 존재하신다면, 기적은 가능하고, 그런 상황 속에서 발생한 어떤 것은 자연스럽게 기적으로 여겨질 수 있다.

[요약]

　　창조에 관한 성경적 교리는 어떠한 시간에 물질적인 원인이 없이 하나님이 무언가를 존재하게 만드셨다는 개념으로 설명될 수 있다. 보존은 한 시간에서 다른 시간으로 이동하도록 존재를 보호하는 하나님의 행위이다. 이러한 행동들은 시간의 A이론에 의존한다. 하나님께서 비시간적으로 혹은 비시제적으로 존재를 창조하시는 행위는 그 존재에 대한 하나님의 지탱하심과 연관될 수 있다.

　　하나님의 세계의 창조는 시간의 창조와 타당하게 연관되어 있다. 만일, 하나님과 세계의 실제적 관계가 인정된다면, 세계를 창조하시는 데 하나님은 비본질적인 변화를 경험하시는 것이다. 세상이 없는 상황 안에서만 하나님이 비시간적 존재라고 하는 것이 타당하다.

　　신적인 주권과 인간의 자유 사이의 관계에 대한 가장 적절한 이해는 하나님의 중간 지식과 동시적 일치에 근거한 섭리에 대한 몰리나주의의 교리 안에서 발견된다. 논리적으로 볼 때, 하나님의 창조적 결정에 앞서서, 하나님은 그 피조물들을 놓아 둔 그 어떠한 환경에서 피조물들이 자유롭게 행할 모든 가능한 경우를 하나님은 알고 계신다. 구체적인 피조물들을 구체적인 환경들에 위치시키기로 결정하심으로써 하나님은 섭리적으로 세계를 주장하신다. 그리고 피조물의 행위들과 동시에 발생시키심으로 하나님은 모든 발생하는 것에 원인이 되신다. 발생하는 모든 것은 하나님의 의지 또는 허용하심에 의해서 그렇게 이루어지는 것이다. 그래서 하나님은 세계의 질서를 지켜 나가실 수 있다. 심지어는 하나님이 긍정적으로 원하시는 것이 아닌 피조물의 죄악된 행위도 하나님의 궁극적인 목적의 성취를 위한 것임이 알려지게 된다.

　　기적은 하나님의 특별한 섭리와는 구별되어야 한다. 그 섭리는 제2의 원인을 가지는 하나님의 호의의 사건이다. 기적은 제2의 원인 없이 하나님이 직접적으로 만드시는 사건이다. 자연법에 관한 현재의 이론들 중의 어떠한 것에 대해서도 기적은 자연법의 위배가 아닌 것으로서 이해되어야 한다. 오히려 기적은 사건이 발생하는 시간과 장소에서 존재하는 자연적 원인의 발생 능력 너머에 있는 사건이다. 만일 전통적인 유신론의 하나님이 존재하신다면, 기적은 분명히 가능하다.

기적의 동일시에 반대하는 흄의 논증은 만일 그 기적이 발생하지 않는다면, 증거는 구체적인 경우에 있는 것처럼 되어야 한다는 가능성을 설명하는 데 부족함이 있다. 더욱이 흄은 기적을 본질적으로 불가능한 것으로 잘못 가정한다. 트뢸취가 취한 역사에서의 방법론적 자연주의에 대한 호소는 유추에 대한 정당한 이해에 의해 전복된다. 사건이 비역사적으로 간주되는 이유가 단순히 현재에서 유추될 것이 없기 때문이 아니라 오히려 현재의 의식 양태로서는 대응될 것이 없는 것이 유추되기 때문이다.

〔기본 용어〕

물질적 원인
무로부터의 창조
기원 창조
지속적 창조
기회원인론
창조
보존
생성
변화
둘째 원인
실제적 관계
주권
섭리
절대적 의도
조건적 의도

동시적 일치
사전 결정의 교리
기적
하나님의 일반적 섭리
하나님의 특별한 섭리
자연법의 위배
규칙성 이론
자연법의 필연성 이론
인과성향이론
귀납적 전칭일반화
자연적으로 불가능한 사건들
기적의 정체성
미지의 자연 원인
종교-역사적 상황방법론적 자연주의
유추의 원리

제31장
기독교 교리 1: 삼위일체

> 독자들에게 요구합니다. 저와 함께 분명한 곳에서는 머무릅시다. 저와 함께 확실치 않은 곳에서는 질문합시다. 잘못되었다는 것을 깨닫는다면 제게로 돌아오십시오. 저를 인정하고 저를 부르십시오. 저는 무엇보다도 성부, 성자, 성령의 삼위일체의 통일성을 조사하는 사람들과 경건하고 안전한 합의를 이루고자 합니다. 이 주제만큼 어렵고 위험하고 조사하기 어려운 것은 없지만, 또한 이 주제만큼 유익한 진리의 발견도 없습니다.
>
> *아우구스티누스 『삼위일체론』(*On the Trinity*), 1. 3. 5

1. 서론

종교에 관한 현대 철학에서 가장 가치있는 발전들 중에 하나는 일반적으로 조직신학자들의 영역으로 간주되는 영역에 기독교철학자들이 진출한 것이다. 구체적으로 많은 기독교철학자가 기독교 교리에 관한 일관된 선언문을 작성하고 지켜나가는 일을 나누어 행하고 있다는 점이다. 다음 남은 장들에서 우리는 철학적 관심을 불러일으키는 가장 중요한 기독교 교리들을 간단하게 살펴볼 것이다.

기독교 설립자와 대표자들이 유대인들이었고, 유대교인들이 유일신론을 지키는데 열정이 있었으나, 기독교가 하나님에 대해 단일신론적 개념을 공언하지 않은 것은 주목할 만하다. 그리스도인의 관점에서 전통적으로 인식되어온 것처럼 하나님은 하나의 위격이 아니다. 오히려 **세 위격**(tripersonal)이시다. **성부**(Father)와 **성자**(Son)와 **성령**(Holy Spirit)으로 명명되는 하나님으로 불리기에 타당한 세 위격이 계신다. 그러나 한 하나님이시고 세 신들이 아니다.

유대적 **유일신론**(monotheism)에 대한 이러한 충격적인 생각은 의심의 여지없이 나사렛 예수 자신의 근본적인 자기 이해에 대한 생각과 초대 교회의 카리스마적인 경험에 대한 생각에서 나왔다. 많은 신약 비평가가 분명한 기독론의 주제로 **역사적 예수**(historical Jesus)의에 관한 질문을 던졌지만, 결국 그 시대의 역사가 말해 주는 것은 사람의 아들로서(단 7장에 나오는 신인 종말론적 특징) 그리고 하나님의 아들로서(마 11:27; 막 13:32; 눅 20:9-19) **예수의 자기 이해**(Jesus' self-understanding)였다.

더욱이 그의 가르침과 행위 안에서 예를 들면, 개인적 권위에 대한 그의 주장, 신적으로 주어진 모세의 율법을 수정함, 하나님의 통치 내지는 나라의 그의 백성의 역사 안으로의 도래를 선포함, 이스라엘을 회복하기 위한 하나님의 메시아로서의 행위, 죄 용서를 구하는 자세 등, 예수는 하나님의 자리에 자기자신을 위치시키면서 **암묵적 기독론**(implicit Christology)을 선포했다는 것에 신약 비평가들은 동의한다. 독일 신학자인 **호르스트 게오르크 푈만**(Horst Georg Pöhlmann)은 주장한다.

> 이러한 들어보지 못한 권위에의 주장은 예를 들면, 산상설교의 반제 안에서 표현될 때처럼 암묵적 기독론이다. 왜냐하면, 그 어떤 사람보다 더 깊은 하나님과 예수의 하나됨을 가정하기 때문이다. 이는 본질적 일치이다. 권위에 대한 이 주장은 그의 신성의 측면에서만 설명할 수 있다. 이 권위는 오직 하나님 자신이 주장하실 수 있다. 따라서 우리는 예수에 대해 예수 안에서 하나님이 우리를 만나신다는 것을 믿든지 아니면 예수를 신성모독자라고 하여 십자가에 못박을 것인지 두 가지 태도만 취할 수 있다. 제 3의 대안은 없다.[1]

더욱이 부활절 이후의 교회는 그의 물리적 부재에도 불구하고 그들 가운데서 그리스도의 임재와 힘을 지속적으로 경험하였다. 예수 스스로가 성령으로 충만한 카리스마적 존재였다. 그리고 예수를 따르는 예수운동은 성령의 은사들과 초자연적 채우심을 개인적으로 그리고 단체적으로 경험하는 카리스마적 교제와 같았다. 성령은 예수의 일시적 공백기간에 그의 백성을 향한 사역을 지속하기 위해 부활하고 승천하신 예수의 자리에 계시는 것으로 생각되었다(요 7:39;

---

[1] Horst Georg Pöhlmann, *Abriss der Dogmatik*, 3d rev. ed(Gütersloh, Germany: Gerd Mohn, 1980), 230.

14:16-17; 15:26; 16:7-16; 롬 8:9-10; 갈 4:6).

신약성경의 구절들에서 우리는 후일에 삼위일체의 교리로 체계화된 원래의 자료를 찾는다. 신약성경 속에 나타나는 교회들은 오직 한 하나님만이 계신다는 것을 입증하는 유대교의 유일신론의 전통을 성실하게 이어갔다(막 12:29; 롬 3:29-30; 고전 8:4; 딤전 2:5; 약 2:19).

구약성경에 나타나는 하나님의 모습(사 63:16)과 예수의 가르침(마 6:9)의 일치 속에서 그리스도인은 하나님을 그분의 아들이신 예수와 구별하여 아버지로 인식하였다(마 11:27; 26:39; 막 1:9-11; 요 17:5-26). 참으로 신약성경의 용례에서 볼 때, 하나님(*ho theos*)은 전형적으로 하나님 아버지를 나타내신다(갈 4:4-6). 이제 이것은 신약성경 속에 나타나는 교회에게 한 문제를 야기했다.

"만일 하나님이 아버지로 정해지시게 되면 어떻게 우리가 그를 아버지와 동등하게 생각하지 않고 그리스도의 신성을 입증할 수 있는가?"라는 문제이다.

이 문제를 해결하기 위해 신약성경의 기자들은 예수에 대한 주된 표현을 주(*kyrios*)로 사용했다. 그 단어는 70인 ㄱ역 번역자들이 하나님의 이름인 Yahweh를 번역할 때 사용했던 것이었다. 신약성경 기자들은 여호와 하나님에 관한 구약성경의 증거구절들을 예수께 적용했다(예를 들면, 롬 10:9, 13). 참으로 "예수는 주님이시다"라는 고백은 초대교회의 중심 고백이었다(고전 12:3). 그들은 예수를 "주님"으로 불렀을 뿐만 아니라 기도 속에서 예수를 주님으로 불렀다(고전 16:22). 이 '같으면서도 다름'(difference-in-sameness)은 바울의 고백과 같은 독특한 표현이 나오게 한다.

> 그러나 우리에게는 한 하나님 곧 아버지가 계시니 만물이 그에게서 났고 우리도 그를 위하여 있고 또한, 한 주 예수 그리스도께서 계시니 만물이 그로 말미암고 우리도 그로 말미암아 있느니라(고전 8:6).

더 나아가 신약성경 속에 나타나는 교회들은 그리스도에 대한 신적 호칭에 만족하지 않고 하나님과 구별되는 모든 실재의 창조주와 보존자로서의 하나님의 역할을 가진 것으로 예수를 묘사했다(골 1:15-20; 히 1:1-4; 요 1:1-3). 예수는 여러 장소에서 바람을 잠잠하게 만드셨고 그것을 통해 주(*ho theos*)이심을 분명하게 입증하셨다(요 1:1, 18; 20:28; 롬 9:5; 딛 2:13; 히 1:8-12; 요일 5:20).

가장 오래된 기독교 설교와 기독교 순교에 대한 가장 오래된 설명과 교회에 대한 가장 오래된 이방인 보고서와 가장 오래된 목회적 기도가 그리스도를 주님과 하나님으로 나타낸다고 언급하면서, 기독교 사상에서 위대한 역사학자인 야로슬라프 펠리칸(Jaroslav Pelikan)은 다음과 같이 결론짓는다.

> 분명히 '하나님'은 예수 그리스도에 대한 적절한 이름이었다는 것을 교회가 믿었고, 그것을 교회가 가르쳤던 메시지였다.[2]

마지막으로 하나님과 동등됨을 취하시고(행 5:3-4) 하나님의 영이신(마 12:28; 고전 6:11) 성령은 아버지와 아들과는 개인적으로 구별되어서 인식된다(마 28:19; 눅 11:13; 요 14:26; 15:26; 롬 8:26-27; 고후 13:13; 벧전 1:1-2). 이런 구절들과 다른 구절들이 분명하게 드러내는 것은 성령은 비인격적인 힘이 아니라 인격적인 실재가 되신다는 것이다. 즉, 성령은 성도들을 위해 가르치시고, 간구하시고, 생각이 있으시고, 슬퍼하실 수 있으시고, 속임을 받으실 수 있으시고(아나니아와 삽비라처럼), 아버지와 아들의 동등한 협력자가 되시는 위격적인 실재이신 것이다.

결론적으로 신약성경에 나타난 교회는 오직 한 하나님만이 존재하신다는 것에 확신하였다. 그러나 그들은 또한, 아버지와 아들과 성령이 위격적으로 구별되시지만 하나님이라고 불리우시기에 합당하다고 믿었다. 사도시대 이후의 교회가 직면한 도전은 이러한 입증들을 어떻게 이해시킬까 하는 것이었다.

세 하나님 또는 한 위격이 아니신데 어떻게 아버지와 아들과 성령이 각각 하나님이 되실 수 있으신가?

---

2   Jaroslav Pelikan, *The Christian Tradition: A History of the Development of Doctrine*, vol. 1: The Emergence of the Catholic Tradition (100-600) (Chicago and London: University of Chicago Press, 1971), 173.

2. 역사적 배경

1) 로고스 삼위일체론

삼위일체 논쟁(trinitarian controversy)과 기독론 논쟁들(christological controversies)을 위한 무대는 초대 헬라 변증가들(Greek Apologists)인 순교자 저스틴(Justin Martyr), 타티안(Tatian), 테오필루스(Theophilus) 그리고 아테나고라스(Athenagoras)가 준비했다. 그 무대에서 삼위일체와 성육신의 교리들이 단련되고 신조적인 형태로 주어졌다.

그리스계 유대교 철학자 알렉산드리아의 필론(Philo of Alexandria: 대략 주전 20년-A.D. 50년)의 체계 안에서 역할을 한 신적인 이성(Logos)와 요한복음 서론(요 1:1-5)에 나오는 신적인 말씀(Logos)을 연결하면서, 변증가들은 필로의 범주 안에서 기독교 교리를 설명하려고 노력했다. 좋은 의도건 나쁜 의도건, 그들의 그리스 사상의 사용은 기독교 신학에 대한 철학의 심오하고 지속적인 영향의 가장 충격적인 예들 중에 하나였다. 필로에게 있어서 로고스는 하나님의 이성이었다. 그 이성은 세상의 창조 이면에 있는 창조의 원리였다. 그리고 그 이성은 결국, 세상의 이성적 구조를 세상에 알려 준다.

비슷하게도, 기독교 변증가들에게 있어서 하나님 아버지는 세상없이 존재하고 있는 그 자신 안에서 그의 말씀 또는 이성 또는 지혜를 가지셨다(잠 8:22-31 참조). 연사의 생각으로부터 나온 말처럼 하나님으로부터 나온 그 지혜는 세상을 창조하신 분으로 구별되고 궁극적으로 예수 그리스도로 성육신하였다. 아버지로부터 로고스의 나오심은 창조의 순간에 또는 다른 한 편으로는 영원하게 발생한 것으로서 다양하게 이해되었다.

기독론적 관심이 중심 무대를 차지하고 있음에도 불구하고 성령 역시도 하나님으로부터 나오는 것으로 이해되었다. 여기에 어떻게 아테나고라스가 그것을 기술하는지를 보게 된다. 하나님의 아들은 이상적인 형태에서 그리고 힘을 돋우는 능력 안에서 아버지의 말씀이시다. 왜냐하면, 그의 모양에서 그리고 하나님을 통해 모든 것이 존재하게 되었기 때문이다. 그것은 아버지와 아들이 하나라는 것을 전제한다.

성령의 능력의 연합으로 성자가 성부 안에 있고 성부가 성자 안에 있으므로 성자는 성부의 이성이고 정신이다. … 성자는 하나님의 첫 번째 독생자이다. 이 독생자라는 용어가 여기에 사용된 이유는 성자가 창조되었기 때문이 아니라 (왜냐하면, 영원한 정신이신 하나님은 영원히 이성적이기 때문에 영원부터 자신 안에 그의 말 또는 이성을 가지셨기 때문이다), 그가 만물의 이데아와 보존하는 능력으로 섬겨오셨기 때문이다. … 성령은 태양광선처럼 하나님으로부터 흘러나와 다시 돌아가는 하나님의 유출로 이해한다 (『기독교에 대한 변호』, 10).

이 교리에 의하면 한 하나님이 계시지만 그 하나님은 구별되지 않는 단일체이다. 오히려 그의 정신에 대한 어떠한 측면은 구별된 개체로서 표현된다. 그래서 그 변증가들의 로고스 교리는 하나님의 아버지되심에 관한 근본적인 재해석에 관여한다. 하나님은 단지 인류의 아버지가 아니다. 심지어 나사렛 예수의 아버지만도 아니다. 오히려 하나님은 세상이 생기기 전에 그로부터 로고스가 독생하게 된 아버지이다. 그의 성육신의 의미에서 볼 때 그리스도는 단순히 하나님의 독생자가 아니다. 오히려 그는 그의 성육신 전의 신의 모습에 있으실 때에도 아버지의 독생자이다.

2) 양태론

그리스 변증가들의 로고스 교리를 이레니우스(Irenaeus)가 서구 신학에서 다루었다. 그는 하나님의 말씀과 아들을 동일시하고 하나님의 지혜와 성령을 동일시한다(『이단을 반박함』, 4.20.3; 2.30.9). 계속되는 세기동안, 신적 인격체에 관한 매우 다른 개념이 로고스 교리와 상반된 상태로 나왔다.

노에투스(Noetus), 프락세우스(Praxeus) 그리고 사벨리우스(Sabellius)는 **신 위격의 단일성**(unitarian)을 강조하는 관점을 지지했다. **양태론**(modalism), **단일신론**(monarchianism), 또는 **사벨리우스주의**(Sabellianism) 등으로 다양하게 불려지는 일신론의 관점에 의하면 아들과 성령은 아버지와 구별되지 않는 개체가 된다. 성육신하시고 고난당하시고 죽으신 장본인이 하나님이거나(기껏해야 그리스도의 인간측면에서 볼 때 아들이신)또는 그의 피조물들과의 관계에서 아버지, 아들 그리고 성령의 세 가지 역할을 연속적으로 가정한 하나님이거나 둘 중의 하나가 된다.

북아프리카 교부인 터툴리안은 『프락세아스를 반박함』이라는 양태론 반박에 관한 책을 통해 삼위일체에 대한 표현과 용어에 큰 정확성을 더했다. 이 용어는 후일에 삼위일체 교리의 신조적 형성 과정에서 채택되고 사용되었다. 하나님의 **단일성**(monarchy, 그리스 변증가들이 일신론을 가리키기 위해 사용한 용어)을 보존하면서도, 신적인 **경륜**(economy, 이레니우스로부터 차용한 용어)을 무시할 수 없다고 그 둘의 긴장을 주장했다.

터툴리안은 그 경륜으로 인해 한 하나님이 존재하시는 길을 의미한 것처럼 보여진다. 단일신론자들 또는 양태론자들의 실수는 그들이 "사람이 아버지와 아들과 성령이 자아가 완전히 같은 인격이라고 말하는 것 말고 다른 어떠한 길을 통해서도 오직 하나인 하나님을 믿을 수 없다"라고 생각한 것이다. 그러나 "본질의 일치 때문에 모두가 하나다"라고 말하면서, 터툴리안은 아래와 같이 주장한다.

> 경륜의 신비는 … 삼위일체의 통일성을 세 위격적 질서로, 즉 성부, 성자, 성령으로 구분한다. 그러나 그 삼위는 조건에서는 셋이 아니고 지위에서 셋이고, 본질에서는 셋이 아니지만, 형태에서 셋이고, 힘에서는 셋이 아니지만, 모습에서는 셋이다. 한 본질, 한 조건, 한 능력이라는 의미에서 한 하나님이시며, 성부, 성자, 성령이라는 이름 아래에서 세 지위들, 양태들, 측면들이 있다(『프락세아스를 반박함』, 2).

아버지와 아들과 성령이 본체(substance)에 있어서 하나라고 말하면서, 터툴리안은 본질이라는 단어를 아리스토텔레스가 설명한 두 가지 의미에서 사용한다.

첫째, 터툴리안이 주장한 대로 '한 하나님'만이 한 존재로 존재한다. 그러나 그 세 위격은 동일 **본성**(nature)을 공유한다고도 말한다. 그래서 "나와 아버지는 하나이니라"(요 10:30)라는 단일신론적 증거 본문에 대한 주해에서 터툴리안은 다음의 두 가지를 지적한다

① 복수주어와 동사는 두 실재, 이름하여, 두 **위격**(persons)이 연관되어 있음을 나타낸다.
② 그러나 서술어는 한 분(unus)이 아니라 하나(unum)라고 한다.

> 하나(unum)라는 중성 명사는 단순히 숫자적 단일성을 지시하는 것이 아니라, 본질, 모양, 연합, 정서가 성부와 일치됨, 그분의 전적인 순종을 암시하며, 또한 예수께서 "나와 아버지는 하나이니라"고 하였을 때, 이 하나(unum)라는 용어는 둘이 존재하시만 그 둘이 동등하고 일치되었다는 것을 보여 준다(『프락세아스를 반박함』, 22).

그래서 터툴리안이 한 본질이 세 가지 형태 내지는 측면으로서 나누어진다고 말할 때, 그는 양태론을 주장하는 것이 아니다. 오히려 동일 본질을 공유하고 있는 세 위격의 다양함을 주장하는 것이다. 터툴리안은 참으로 위격의 구별성을 주장하는 데에 매우 담대하다. 심지어 그것들을 '세 존재들'이라고(13; cf.22) 부르면서, **삼신론(tritheism)**을 제안하는 것처럼 보인다.

아버지와 아들을 태양과 태양광선으로 비교하면서 터툴리안은 선언한다.

> 내가 두 개의 태양을 만들지 않았지만, 아직도 나는 태양과 그것의 광선을 구별할 수 있다. 그것은 나누이지 않는 하나의 본질의 두 가지 형태와 두 가지 사물들인 하나님과 그의 말씀과 같이 그리고 아버지와 아들과 같이 구별된다(『프락세아스를 반박함』, 13).

그래서 터툴리안은 아들은 "참으로 본질적인 존재"가 되어야 한다고 이해하고 "아들이 그 자신의 본질을 가짐으로써 아들은 객관적인 사물과 위격으로서 여겨질 것이다. 그래서 아버지와 아들 그리고 하나님과 말씀의 구별된 둘을 만들 수 있게 된다"고 이해한다. 터툴리안은 심지어 아버지와 아들을 같은 영적인 재료로 구성되고 구별되는 꾸러미로 생각하는 것처럼 보인다. 그는 그의 이 특별한 관점에서 그 영적인 재료로 하나님이 구성되어야 한다고 믿는다(『프락세아스를 반박함』, 7).

전통적인 지혜는 하나님이 세 인격을 가진다는 것을 주장하는데 있어서 터툴리안과 같은 교부들은 세 가지의 **자의식의 중심들(centers of self-consciousness)**과 같은 현대적이고 심리적인 의미에서 세 인격들이 아니라, 세 **개체들(individuals)**을 의미했다. 우리가 삼위일체 교리의 신조적 형성을 생각할 때, 우리는 이 쟁점으로 돌아와야 한다.

그러나 지금 우리는 터툴리안의 주장에 대한 고찰에서 이러한 주장이 매우 과장되었다는 것을 제안한다고 생각할 수 있다. 아버지의 마음 속에 내재하는 로고스로서 아들을 생각하는 교리를 생각하는 것을 목적으로 하는 주목할 만한 문장에서 터툴리안은 하나님의 형상과 모양으로 창조되었다고 그가 말한 것을 그의 독자가 독자의 자기-반영적 사고 과정에서 이성의 역할을 생각하는 데서 유사점을 찾도록 유도한다.

> 한 번 관찰해 보아라! 네가 네 자신과 조용하게 대화하고 있을 때, 바로 이 과정은 네 이성에 의해서 네 안에서 이루어진다. 이 이성은 네 생각의 모든 순간에 너의 생각을 이루는 모든 자극에서 한 마디의 말을 통해 너를 만난다"(『프락세아스를 반박함』, 5).

터툴리안은 그 사람이 자기-반영적 사고를 할 때, 한 사람의 자기 이성을 일종의 대화의 상대로서 내다보았다. 의심의 여지없이 우리중 모두는 이러한 내적인 대화를 해 왔다. 그 대화는 의식만을 요구하는 것이 아니라 자기-의식을 요구한다.

터툴리안의 논지는 "어떤 의미에서 그 말씀은 당신 안에 있는 두 번째 위격이고" 그 위격을 통해 그가 사고하게 된다는 것이다. 물론, 터툴리안은 어떠한 사람도 문자적으로 두 위격을 가지지 않는다는 것을 알았다. 그렇지만, 그는 "이 모든 것은 하나님 안에서 훨씬 더 중분히 이루어진다"고 수상했다. 그 하나님은 심지어 하나님이 침묵할 때에도 그의 내재하는 로고스를 가지고 계신다. 또, 아버지와 아들의 위격적 구별을 증명하면서, 터툴리안은 아버지와 아들을 구별하는 일인칭과 이인칭이라는 지시어를 붙이고 있는 성경 본문에 의존했다. 시편 2:7을 언급하면서 터툴리안은 양태론자에게 다음과 같이 말한다.

> 만일 당신이 내가 하나님을 아버지와 아들이 되는 분으로 믿기를 원한다면 "여호와께서 그 자신에게 이르시되, 나는 내 아들이다. 오늘날 내가 나 자신을 낳았도다"라고 기록된 것과 같은 성경구절을 나에게 보이라(『프락세아스를 반박함』, 11).

그는 **인칭 지시어**(personal indexicals)를 통해 나-너 관계를 묘사하고 있는 많은 성경 본문을 인용한다. 그 관계에서 삼위일체의 위격들은 서로를 의지하여 존재한다. 그는 어떻게 절대적으로 하나이고 유일한 한 존재가 "우리가 우리의 형상대로 사람을 만들자"라는 데에서 볼 수 있듯이 일인칭 복수 대명사를 사용할 수 있는지를 설명하도록 양태론자에게 도전한다. 터툴리안은 아버지와 아들과 성령을 일인칭 지시어를 사용할 수 있는 그리고 이인칭 지시어와 함께 서로를 설명할 수 있는 분명한 개체로 생각한다. 그 지시어는 그들이 자기 의식적 위격들임을 암시한다. 그러므로 "이러한 얼마 안되는 인용문들에서 삼위일체 안에서의 위격의 구별은 분명히 놓여있다"(『프락세아스를 반박함』, 11). 그래서 터툴리안은 삼위일체의 위격들은 세 개의 구별되고 자기 의식이 있는 개체들이 된다고 암시적으로 주장한다.

이러한 터툴리안의 신학의 그림은 변증가들의 로고스 교리에 기초하고 있다. 그는 삼위일체의 위격 사이에는 파생의 관계가 있다는 그 변증론자의 관점뿐만 아니라 이러한 관계들은 영원한 것이 아니다라는 관점 또한, 받아들인다. 그는 아버지를 "신성의 근원"(『프락세아스를 반박함』, 29)으로 부른다.

> 아버지는 전 실체이다. 그러나 아들은 전체에서 파생된 한 부분이다(『프락세아스를 반박함』, 9).

아버지는 그의 내재하는 로고스와 함께 영원히 존재한다. 그리고 창조에서 모든 것이 시작되기 전에 아들은 아버지로부터 나와서 첫 번째 독생자가 되었다. 그 독생자를 통해 세상이 창조되었다(『프락세아스를 반박함』, 19). 그래서 그가 실제적인 존재로서 아버지로부터 나올 때에만 그 로고스는 하나님의 아들만 된다(『프락세아스를 반박함』, 7).

터툴리안은 아들이 아버지로부터 나올 때, 그 본질이 하나임을 설명하기 위해 태양에서 나오는 태양광선이나 샘물에서 나오는 강(『프락세아스를 반박함』, 8, 22)과 같은 유추를 좋아한다. 그 때, 아들은 "하나님의 하나님"(『프락세아스를 반박함』, 15)이 된다. 이와 비슷하게도, 성령이 아버지로부터 아들을 통해 나온다(『프락세아스를 반박함』, 4).

터툴리안은 성자와 성령이 성부로터 나온 이후에 성자와 성령을 구별된 위격으로 생각하였던 것 같다. 이것은 추측이지만, 적어도 분명한 것은 그 이전에는 확실치 않아도 출래 이후에는 위격적 구별을 해야한다고 주장했다는 것이다.

터툴리안(Tertullian), 히폴리투스(Hippolytus), 오리겐(Origen), 노바티안(Novatian)과 같은 교부들의 노력을 통해 교회는 양태론이 하나님에 대한 적절한 이해라는 것을 거부하게 되고 아버지와 아들과 성령으로 일컬어지는 세 위격의 구별을 입증하게 된다. 계속되는 세기 동안에, 교회는 이에 대해 반대관점을 가진 쪽인 아리우스주의(Arianism)을 통해 도전에 부딪히게 되었다. 이 아리우스주의는 아버지와 아들의 위격적 구별을 주장했다. 그러나 아들의 신성을 희생하면서 그렇게 했다.

3) 아리우스주의

319년에 알렉산드리아의 장로인 아리우스(Arius)는 아들은 아버지와 동일 본질을 가지고 있지 않으며 오히려 세상의 창조 이전에 아버지가 창조한 것이라는 그의 교리를 주장하기 시작했다. 이것이 거대한 삼위일체 논쟁의 시작이 된다. 그 삼위일체 논쟁은 그 세기의 마지막까지 지속되었다. 그리고 **니케아 신조**(Nicene Creeds)와 **콘스탄티노플 신조**(Constantinopolitan Creeds)의 작성 원인이 되었다.

터툴리안과 다르게, 오리겐과 같은 알렉산드리아 신학자는 아버지로부터 로고스의 독생하심은 시작을 가지는 것이 아니라, 영원에서부터 있던 것이라고 주장하기는 했지만, 대부분의 신학자의 견해로는 아리우스의 교리가 받아들여질 수 없었던 결정적인 이유는 그가 "하나님은 시작이 없지만 아들은 시작이 있다"(『니코메디아의 유세비우스에게 보내는 서신』, 4-5)라고 주장했기 때문이 아니었다. 오히려 그것보다 거절될 수밖에 없었던 이유는 아리우스가 심지어는 로고스가 독생하시기 전에 내재적으로 하나님 안에 선재했다는 것과 또는 어떠한 의미에서건 아버지의 본질로부터 나왔다는 것을 부인했기 때문이었다. 그래서 그의 시작은 사실상 독생하심이 아니라 무에서의(*ex nihilo*) 창조였다는 것이고 그래서 아들은 피조물이 된다는 논리 때문이었다.

알렉산드리아의 감독이었던 아타나시우스(Athanasius)가 그에 반대해 아들이 없는 하나님은 자신의 말씀과 자신의 지혜가 부족한 것이기 때문에 그러한 주장은 신성모독이라고(『아리우스주의에 대한 반론』, 1.6.17) 주장하였고 아들은 "아버지의 본질에 합하지 않는 피조물이고, 작품이 될수 밖에 없다"(1.3.9)고 주장하였다.

325년에 안디옥 공의회(a council at Antioch)는 아들이 피조물이라고 한다거나, 기원되었다거나, 만들어졌다거나, 참된 자손이 아니라거나, 한 때 그는 존재하지 않았더라고 말하는 자를 정죄하였다. 그 후에 **니케아 공의회**(Council of Nicaea)는 삼위일체 신앙에 관한 신조문을 발표했다. 신조문은 이렇게 적는다.

우리는 한 하나님을 믿는다. 그분은 모든 것을 다스리시는 아버지이시고, 보이는 것과 보이지 않는 것의 창조주가 되신다. 우리는 또한, 한 주님이신 예수 그리스도를 믿는다. 그분은 하나님의 아들이시고, 아버지로부터 즉, 아버지의 본질로부터 나오신 독생자이시다. 하나님으로부터 나오신 하나님이시고, 빛으로부터 나오신 빛이시며, 참 하나님으로부터 나오신 참 하나님이시다. 그분은 창조된 것이 아니라 낳아지셨다. 아버지와 동일 본질을 가지셨다. 예수를 통해 하늘과 땅에 있는 만물이 창조되었다. 그분은 인류를 위해 우리의 구원을 위해 내려오셨고 성육신하시어 인간이 되셨다. 그분은 고난을 당하셨고 제 삼일에 살아나셨으며 천국에 올라가셨다. 그분은 살아있는 자와 죽은 자를 심판하러 오실 것이다. 우리는 또한, 성령을 믿는다. 그러나 한 때, 예수는 존재하시지 않았다고 한다거나 창조되시기 전에는 존재하시지 않았다고 하는 자와 무에서 창조되셨다거나, 성부와 다른 본질(hypostasis or ousia)을 가지셨다거나, 피조물이라거나, 변하는 존재라거나, 사멸하는 존재라고 말하는 자는 공교회 및 사도교회로부터 저주를 받게 될 것이다.

이 서술문 중 몇 가지 진술은 설명을 필요로 한다

① 아들(그리고 성령의 암시로 말미암아)은 아버지와 **동일 본질**(homoousios)로 선언된다.

이것은 아들과 아버지는 같은 신적 본질을 공유한다는 것을 말하기 위함이다. 그러므로 아들은 피조물이 될 수 없고, 아리우스가 주장한 대로 신적인 본성과 **다른 본질**(heteroousios)을 가지고 있다고 말할 수 없는 것이다

② 아들은 만들어진 것이 아니라 낳아진 것이라고 선언된다.

이 반아리우스적 주장은 그리스도의 인간적 본성이 아니라, 신적인 본성을 반영한 것이고 오래된 로고스 기독론의 유산을 나타낸다. 니케아 선언문의 초안으로 사용된 가이사랴의 유세비우스(Eusebius of Caesarea)의 신조 안에서 로고스라는 단어는 니케아 신조 안에서 아들이 위치한 곳에 위치했다. 그리고 로고스는 "모든 시간 이전에 아버지로부터 낳아진" 것으로 선언되었다.

니케아 신조에 첨부된 저주문은 이 낳음이 영원하다는 것을 암시한다. 아타나시우스는 언어유희를 사용하여 다음과 같이 설명한다.

> 아버지와 아들이 어떤 순간부터 존재하게 된 것이 아니다(agenetos). 그런데도 오직 아버지는 낳아지지 않았고(agennetos), 반면에 아들은 영원히 아버지로부터 낳아졌다(gennetos, 『아리우스주의에 대한 네 가지 반론』, 1.9.31).

③ 그리스도가 아버지와는 "다른 **휘포스타시스**(hypostasis)혹은 **우시아**(ousia)"라고 말하는 자에 대한 저주문은 교회 안에서 큰 혼란을 일으켰다.

서구 라틴계 신학자들에게 있어서는 헬라어 휘포스타시스(hypostasis)가 라틴어 숩스탄티아(substantia, 본질)와 어원적으로 동등했다. 그래서 이 둘은 동의어이다. 그러므로 그들은 하나님 안에서 휘포스타세이스(hypostaseis)의 복수형이 쓰여지는 것을 부인했다. 니케아 신조가 헬라어에서 초안되었음에도 불구하고 그 단어의 의미는 서구적이었다. 많은 동방 헬라 신학자에게 있어서는 휘포스타시스와 우시아는 동의어가 아니었다. 우시아는 '본질'을 의미했다. 그리고 휘포스타시스는 하나의 구체적인 개체나 고유성을 가진 '실체'를 가리켰다.

니케아 신조에 대한 설명으로 유명한 세 명의 갑바도기아 교부(Cappadocian church fathers) 중 한 명인 닛사의 그레고리(Gregory of Nyssa)는 설명하기를 한 휘포스타시스는 예를 들면, 바울이라는 사람 같이, "존재하는 것이고 이름을 통해 특별하고 구체적이게 된다"고 했다. 그리고 반면에 우시아는 예를 들면, 사람과 같이 어떤 종류의 사물에 공통적으로 있는 보편적인 성질을 나타낸다고 했다(『서신서』, 38.2-3).

아버지와 아들은 동일 본질을 나누고 있지만 분명히 구별되는 위격이다. 왜냐하면, 그들은 다른 고유성을 가지고 있기 때문이다(예를 들면, 오직 아버지만 낳아지지 않는 고유성을 가진다). 그러므로 아버지와 아들은 같은 위격을 가진다는 니케아 신조의 주장은 많은 동방 사상가에게는 양태론처럼 들린다. 수십년간의 격렬한 논증 끝에, 362년에 열린 알렉산드리아 공의회에서 이 용어의 혼란은 정리되었다. 그 회의는 하나님의 동일 본질(homoousios)을 확정했으나 그 안에 세 신적 위격들(hypostaseis)이 있음을 허용했다.

신적 본질을 공유하는 이 모든 휘포스타세이스(hypostaseis, 휘포스타시스의 복수 명사-역자)는 무엇인가?

정통신학자들의 만장일치의 대답은 그것들이 세 위격이라는 것이었다. 앞에서 언급된 것처럼, 우리가 이 입증을 사람에 대한 현대 심리학적 개념을 사용하면서 시대착오적으로 읽어서는 안된다고 관례상 말한다. 그러나 이러한 신중함도 적합하게 되어야 한다. 휘포스타시스가 인격을 의미하지 않음에도 불구하고 이성적 휘포스타시스가 사람이라는 존재를 통해 우리가 의미하는 것에 근접하게 다가온다.

아리스토텔레스에게 있어서 사람의 일반적 본질은 '이성적 동물'이라는 문구에 들어있다. 동물들은 혼을 가지고 있으나 합리성이 부족하다. 인류를 다른 동물들과 구별하기 위해 역할을 하는 것이 이 합리성의 고유함이다. 그래서 합리적 휘포스타시스는 우리가 사람이라고 부르는 것만 될 수 있다. 닛사의 그레고리가 제시한 하나의 본질을 가진 세 휘포스타세이스에 대한 설명이 모두 하나의 같은 인성을 예시하는 베드로와 야고보와 요한이라고 하는 것은 가치가 있다(『아블라비우스에게 세 하나님이 계신 것이 아니다』).

이것이 한 인성을 가진 세 위격에 대한 의도된 설명이 아니라고 어떻게 생각할 수 있는가?

더욱이 그 갑바도기아 교부들은 나지안주스의 그레고리(Gregory of Nazianzus)가 강조한 것처럼, 만일 이러한 것들은 항상 일치 안에 놓인다고 하고 그래서 서로 서로를 섬기는 것이 불가능하다고 한다 해도, 상호지식이나 사랑 그리고 의지와 같은 사람의 구성 요소들과 같은 그 세 신적 휘포스타세이스가 모든 것의 시작점이라고 생각했다(『세 번째 신학연설: 아들에 관해 2』).

그래서 그레고리는 사벨리우스주의자와 다르게 그의 성도들은 "자랑했다.

> 한 하나님 안에 있는 아버지와 아들과 성령을 예배한다. 즉, 지적이고 완전하고, 자존하고, 숫자적으로 분리된, 그러나 신성 안에서 나누어지지 않은 세 위격 안에서 한 본성을 가진 성부 하나님, 성자 하나님, (화내지 말라!) 성령 하나님을 예배한다(『연설』, 33.16).

위격적 속성들에 대한 찬양은 성령이 신적 휘포스타시스로서 아버지와 아들과 충분하게 동등하다고 담대하게 방어할 때, 분명하게 드러난다. 바실(Basil)은 우리는 성령을 단지 "영적이고 순수하게 비물질적이고, 보이지 않는 존재"일 뿐만 아니라 "그 권능의 다함이 없는 하나의 지성적인 존재로서 생각하도록 도전을 받는다"고 언급한다(『성령에 관해』, 9.22).

고린도전서 2:11을 인용하면서, 바실은 하나님의 영과 우리 안에 있는 사람의 영을 비교한다(『성령에 관해』, 16.40). 그는 "하나님 자신과의 교제를 통해서"(『성령에 관해』, 9.23) 성령이 거룩하게 하는 역사 안에서 사람들로 하여금 영적이게 한다고 언급한다. 갑바도기아 교부들은 비인격적인 신적인 힘으로서 성령을 취급하려는 어떠한 시도도 강하게 거부했을 것이다. 그래서 그들의 의도는 풍성한 심리학적 의미에서 한 하나님인 세 위격이 존재한다는 것을 입증하는 것이었다.

결론적으로 양태론이 세 위격의 동등한 신성을 입증하는 동안, 정통 그리스도인은 일신론에 헌신하면서도 그들의 위격적 구별성의 손실을 무릅쓰고 동등한 신성과 세 위격의 위적 구별을 견지한다. 성부와 성자와 성령의 세 위격을 가지신 오직 한 하나님만이 존재하신다.

4) 삼위일체의 모델

삼위일체의 교리가 이해되는가?

계몽주의자들은 그 교리를 불합리하다고 비난했다. 그러나 20세기 동안에 많은 신학자가 삼위일체 신학에 관해 새로운 이해에 도달했다. 최근 몇 십년간, 많은 기독교철학자가 삼위일체 교리를 철학적으로 방어할 수 있는 방법을 형성하기를 노력해 왔다. 두 가지 광범위한 모델 내지는 접근이 전형적으로 동일시된다. 그것은 위격의 다양성에 강조를 두는 **사회적 삼위일체주의**(social trinitarianism)와 하나님의 하나 되심에 강조를 두는 **라틴 삼위일체주의**(Latin trinitarianism)이다.

그러나 그 명칭은 잘못되었다. 왜냐하면, 위대한 라틴교회 교부인 터툴리안과 힐라리우스(Hilary)는 라틴신학의 원천인 아타나시우스처럼, 둘 다 사회적 삼위일체주의자였기 때문이다. 그러므로 우리는 사회적 삼위일체주의와 이른바 **반사회적 삼위일체주의**(anti social trinitarianism)를 대조해야 한다. 사회적 삼위일체주의의 중심 내용은 하나님 안에 세 가지 구별되는 자기 의식의 중심이 있다는 것이다. 그 각각은 그것의 적절한 지성과 의지와 구별된다.

반사회적 삼위일체주의의 중심 내용은 한 하나님이 계시고 그분의 지성과 의지의 하나됨은 위격의 다양함 때문에 타협되지 않는다는 것이다. 사회적 삼위일체주의는 삼신론으로 방향을 바꾸도록 위협한다. 반사회적 삼위일체주의는 일신론으로 빠질 위험이 있다.

전형적으로 사회적 삼위일체주의는 갑바도기아 교부들을 우상으로 본다. 우리가 보아온 대로 그들은 우시아와 휘포스타시스의 차이점을, 말하자면 사람의 일반적 본질과 그것의 구체적 예들 즉, 베드로와 야고보와 요한과 같은 여러 사람의 차이로 설명한다. 이것은 다음과 같은 분명한 질문을 만나게 된다. 만일 베드로와 야고보와 요한이 같은 성질을 가진 세 사람이라고 한다면 왜 아버지와 아들과 성령은 신적 본질을 가진 동등한 세 하나님이 될 수 없는가?

닛사의 그레고리가 『아블라비우스에게: 세 하나님이 계신 것이 아니다』라는 편지에서 이 질문에 답하려고 씨름했다. 그는 세 사람 안에는 하나이면서 불변하는 **보편자**(universal property)가 있다고 주장했다. 따라서 각 사람 안에 있는 보편자의 **속성 실례**(property instance)보다는 수 많은 실례 안에서 하나되게 하는 보편적 속성을 강조한다. 플라톤처럼 그레고리도 제일의 보편자를 생각한다. 그래서 그는 세 하나님을 말하지 말고 한 실재를 말하면 된다고 했다.

그러나 이 대답은 아무것도 해결한 것이 아니다. 우리가 삼위일체에 대해 말할 때, 제일의 실재로 보편자를 생각하더라도 그 실재 안에 구분되어 존재하는 세 실례들이 있다는 것을 부정할 수 없으며, 한 위격이 다른 위격에 상관 없이 존재하는 것을 멈출 수도 있다. 심지어 한 신적 본성이 주된 실재라고 하더라도 세 위격 각각이 신적 본성의 속성실례라는 것도 부인할 수 없다.

세 하나님으로의 추론을 중단시키기 위해 그레고리는 신적 본질의 말로 표현할 수 없음에 호소했고 세상을 향한 삼위일체의 모든 작용은 세 위격 전부의 참여와 연관된다는 사실에 호소했다. 그러나 그의 가정을 다 받아들여도, 신적 본성을 공유하는 각 위격들의 합력적 세 행위가 없다는 결론을 내리는 것은 정당하지 않다. 그것은 인식론적으로 구별하지 않는 것일 뿐 여전히 존재론적으로는 구별되는 것이기 때문이다.

그레고리는 하나님과 창조 사이의 모든 작용은 그것의 기원을 아들을 통해 나오고 성령으로 말미암아 완전하게 되는 아버지 안에서 발견한다고 강조한다. 이러한 일들을 불가분적으로 행하시기에 그는 세 하나님이 행하신다고 말할 수 없다고 한다. 그러나 그레고리의 추론은 정당해 보이지 않는다. 단지 우리 피조물은 이러한 작용을 하는 인격체를 구별할 수 없기 때문에 작용하는 신적인 본질의 세 가지 실례들이 있지 않다고 우리는 결론을 낼 수 없다. 더욱이 이러한 작용들이 아들을 통해 나오고 성령으로 말미암아 완전하게 되는 아버지 안에서 기원된다는 바로 그 사실은 삼위일체의 창조를 향한 모든 사역이, 만일 불가분하다면, 오히려 세 구별되는 작용들이 있다는 것을 증명하는 것처럼 보인다.

마지막으로 그레고리는 신적 본질은 여러 가지로 실증될 수 있다는 것을 부인한다. 그는 "육신으로 나타남, 크기, 장소, 모양, 색깔의 차이"로서 개체의 원칙을 정의한다. 그리고 "제한되지 않는다고 하는 것은 열거되지 않는다. 그리고 열거되지 않는 것은 다수 안에서 고려될 수 없다"고 정의한다. 그러므로 신적 본질은 "그것의 경우에 다수의 의미를 허용하지 않는다."

그러나 만일 이것이 그레고리의 주장이라면, 그것은 세 하나님이 존재한다고 하는 것과 양립할 수 없을 뿐더러 한 하나님이 존재한다고 하는 것을 배제한다. 신적 본질은 실증할 수 없다. 왜냐하면, 그것을 개체화할 원칙이 없기 때문이다. 만일 신적 본질이 열거될 수 없다면, 하나의 본질도 있을 수 없다. 반면에 만일 그레고리의 주장이 많은 본질이 아니라 하나의 일반적 신적 본질이 있다는 것을 단순히 보여 주는 것을 의도한다면 그레고리는 너무 작은 것을 증명하는 것에 불과하다. 왜냐하면, 일반적으로 본질은 하나일 것이지만, 실례들을 많이 산출할 것이기 때문이다. 그레고리에 의하면 만일 하나님 안에서 내적 삼위일체 관계들로 구별된 세 본질이 있다면, 세 하나님이 존재함에 틀림없다. 현대 사회적 삼위일체론자들의 가장 힘겨운 일은 왜 세 하나님이 존재하는 것이 아닌지에 대한 더 설득력이 있는 답을 발견하는 것이다.

전형적으로 반사회적 삼위일체론자들은 아우구스티누스와 아퀴나스와 같은 라틴계 신학자들을 그들의 우상으로 찾는다. 고려할 만한 최대한의 확장인, 아우구스티누스에의 호소는 '사랑하는 자, 사랑받는 자, 사랑 자체'(『삼위일체론』, 8.10.14; 9.2.2) 또는 기억과 이해와 의지(또는 사랑)(10.11.17-18)와 같은 인간의 정신 안에서 삼위일체에 대한 그의 유추를 격리된 상태에서 이야기함으로 얻어진 결론인 오해에 근거한다. 아우구스티누스는 하나님의 정신의 특성들과 삼위일체의 위격은 동등하지 않다고 분명하게 언급한다. 오히려 그것들은 "사람 안에 있는 삼위일체의 형상이다"(『삼위일체론』, 14.8.11; 15.8.14).

그는 "우리는 이러한 방법으로 하나님 안에 있는 삼위일체를 바라보는가라고 묻는다. 그는 "확실히, 우리는 이러한 만들어진 것들에 의해서 하나님의 보이지 않는 것들을 이해하지도 않고 바라보지도 않는다. 또 만일 우리가 그것들을 본다면, 우리는 그것들 안에 있는 삼위일체를 보지 않는다"고 대답한다(『삼위일체론』, 15.7.10). 특별히, 아우구스티누스는 이러한 특성들이 모든 각 사람과 같지 않고 오히려 그것들은 어떠한 개인도 다 가지고 있는 특성들임을 나타낸다(『삼위일체론』, 15.7.11).

아우구스티누스는 아버지와 아들과 성령을 신적인 기억과 이해와 사랑과 동일시하는 것은 마치 아들이 아버지와 성령의 이해가 되는 것처럼 그리고 아버지는 성령과 아들의 기억이 되는 것처럼, 아버지는 오직 아들에 의해서만 그 자신을 안다거나 오직 성령을 통해서만 자신을 사랑한다는 모호한 결론에 이르게 될 것임을 인식한다! 오히려 기억과 이해와 의지(또는 사랑)는 반드시 개체적 위격의 각각에 속해야 한다(『삼위일체론』, 15.7.12).

한 개인 안에서 삼위일체의 형상을 발견한 생각들을 가지고 그는 세 신적 위격들 사이의 관계를 설명하기를 원하였다. 그러나 마지막에 한 위격에 속한 세 가지 것들은 삼위일체의 세 위격에 맞을 수 없다고 아우구스티누스는 결론을 내린다(『삼위일체론』, 15.24.45).

반사회적 삼위일체주의자는 삼위일체의 위격들은 하나님 안에서 존재하는 여러 가지 관계들이라는 것을 견지하기 위해 아우구스티누스를 자주 해석한다. 그러나 이것은 아우구스티누스가 말한 것이 아니다(『삼위일체론』, 5.3.4-5.5.6).

아리우스주의자들은 만일 아버지가 본질적으로 낳아지지 않았다면 그리고 아들이 본질적으로 낳아졌다면, 아버지와 아들은 동일 본질(*homoousios*)을 공유할 수 없다고 거절하였다. 이러한 영리한 반대에 대한 반응으로 아우구스티누스는 아버지와 아들의 구별은 상이 본질적 특성들의 문제나 다른 우연한 특성들의 문제가 아니라고 주장한다. 오히려 위격들은 그 위격들이 세워지는 관계에 의해서 구별된다. "아버지"와 "아들"은 어떠한 다른 것이 존재함을 암시하는 관계적 용어이기 때문에 아우구스티누스는 하나님에 의해 낳아짐과 같은 특성들은 어떠한 것의 본질에 속할 수 없다고 생각했다. 그는 오직 암시적인 특성들만이 무엇인가의 본질을 구성하게 된다고 분명히 가정했다.

그러나 만일 출생이 아들의 본질의 한 부분이 아니라고 한다면 출생은 우유적인 것인가?

아우구스티누스는 아니라고 대답한다. 왜냐하면, 아들의 경우 낳아지는 것은 영원하고 불변한 것이기 때문이다.

그러나 아우구스티누스의 대답은 적절하지 않다. 영원하고 불변하다는 것이 필연적이라고 하기에는 부족하다. 현재 세상에 있는 그 위격이 아들을 낳지 않아 아버지가 되지 않는 가능 세계가 있을 수 있다. 대신에 아우구스티누스는 아버지와 아들을 통해 하나님의 위격들 사이의 내적인 관계를 암시한다. 그래서 아버지와 아들이 그 관계에 서게 되는 가능 세계가 없다고 주장해야 한다. 아버지와 아들은 같은 내적 본질적 특성들을 공유할 것이다.

그러나 그들의 다른 관계적 특성들 내지는 그들이 서있는 다른 내적인 관계들 때문에 그들은 다르게 될 것이다. 말하자면 아버지와 아들은 관계에 불과하다고 아우구스티누스가 말하지 않은 것을 주목하라. 아우구스티누스가 세 위격의 용어에 관해 쉽지 않다는 것을 느꼈다는 것은 참이다. 왜냐하면, 이것은 일반적인 형식의 세 가지 실례들을, 그래서 세 하나님을 의미하는 것처럼 보이기 때문이다(『삼위일체론』, 5.9.10; 7.4.7-8). 그는 더 나은 단어를 원했기 때문에 다소 인색하게 용어를 받아들였다. 그러나 그는 위격들을 단순히 관계로 줄이려고 하지는 않았다.

반사회적 삼위일체론의 진정한 예를 우리는 분명한 한계에 대한 아우구스티누스의 유추를 따르지 않은 토마스 아퀴나스에게서 찾을 수 있을 것이다. 아퀴나스는 인간 정신 안에, 인간 정신이 그 자체를 이해하고 사랑하는 것과 같은 삼위일체와 비슷한 것이 있다는 것을 견지한다(『이교도 대전』, 4.26.6). 우리는 정신 안에서 정신 자체를 발견한다. 그 정신은 지성 안에서 생긴다. 그리고 그 정신은 의지 안에서 사랑받게 된다. 이 인간의 비슷함과 삼위일체의 차이점은

첫째, 인간 정신의 이해의 행위와 의지는 그것의 존재와 동일하지 않다는 것이고,

둘째, 이해되는 정신과 사랑받는 정신은 위격들이 아니라는 것이다. 반대로 아퀴나스의 신적 단순성의 교리는 하나님의 이해하고 의지하는 행위가 그분의 존재와 동일하다는 것을 암시한다. 더 나아가 이해되는 하나님과 사랑받는 하나님은 존재하며 성부하나님으로부터 구별되는 위격으로서 여겨져야 한다고 (역설적으로) 주장한다.

아퀴나스에 의하면 하나님이 그 자신을 아시기 때문에 하나님 안에 아는 존재가 있고 알려져 있는 그 지식의 대상이 있다. 그 알려진 것은 그의 말씀으로서 알고 있는 것 안에서 존재한다. 그들은 동일 본질을 공유한다. 그리고 그들은 말씀과 참으로 동일하다. 그러나 그것들은 관계적으로 구별된다(4.11.13). 참으로 아퀴나스는 다른 신적인 위격들은 단지 부성(아버지됨)과 자성(아들됨)과 같은 하나님 안에 있는 다른 관계들이라고 주장한다(1a.40.2). 신적 단순성에 대한 그의

헌신에도 불구하고 아퀴나스는 이러한 관계들을 하나님 안에 존재하는 실체들로 간주한다(『이교도 대전』, 4.14.6.11).

지각하는 분이 지각되는 분을 낳고, 그 둘은 동일 본질을 공유하며, 아버지와 아들의 관계가 된다. 더욱이 하나님은 자신을 사랑하시므로 사랑하시는 하나님과 사랑받는 하나님은 구별된다. 이 분을 우리는 성령이라 부른다(『이교도 대전』, 4.19.7-12).

하나님의 지각과 의지가 실제로 구분되지 않으므로 성자와 성령은 만약 그들 사이의 차이점이 하나님의 자기 인식과 하나님의 자기 사랑이라는 방식으로 있을 뿐이라면, 한 위격으로 여겨질 수도 있다. 그러나 그들이 구별되는 이유는 성령이 성부와 성자 두 위격으로부터 나오기 때문이다.

3. 모델들에 대한 평가

1) 반사회적 삼위일체론

아퀴나스의 반사회적 삼위일체론이 타당한가?
아퀴나스의 삼위일체 교리는 확실히 신적 단순성의 교리에 부합하지 않는다. 직관적으로 절대적으로 합성이 없고 모든 구별을 초월하는 존재는 그 존재 안에 존재하는 세 가지 구별되는 위격 간에 참된 관계를 가질 수 없다는 것이 분명해 보인다.

더 구체적으로 말해서 세 위격의 각각이 같은 신적 본질을 가진다는 아퀴나스의 논증은 신적 단순성이 주어진다면, 각 위격은 그 본질이라는 것을 의미한다. 그러나 만일 두 개의 사물이 제3의 사물과 동일하다면 그 세 개는 모두 동일한 것이 된다. 그러므로 아버지와 아들과 성령은 구별되는 위격이나 관계가 될 수 없다. 이러한 석연찮은 결론의 대다수는 아퀴나스의 삼위일체 교리에서 발생하는 것이 아니라, 그의 신적 단순성의 교리에서 발생한다.

우리는 그 교리를 심각하게 질문해야 하는 이유를 이미 발견하였기 때문에 토마스의 반사회적 삼위일체론의 관점이 신적 단순성의 교리로부터 자유로울 수 있는가?

그 대답은 그렇지 않아 보인다. 사회적 삼위일체론에 구걸하여 질문을 하지않아도, 위격과 **관계**(relation)가 동일하다고 하는 것은 위격에 대한 합리적인 이해가 아니다. 성경이 말하듯이 관계가 진리를 알고 사람을 사랑하는 그러한 하나님의 행위들의 원인이 아니다. 하나님이 스스로를 알고 사랑하시는 그러한 대상들이 어떠한 의미에서는 구별된 위격들이 된다고 생각하는 것은 완전히 부당해 보인다.

만일 성부 하나님이 한 위격이고 단순한 관계가 아니라면, 아퀴나스의 형이상학적 체계 안에서조차 그 자신에 의해서 이해되고 사랑받는 성부가 아닌 다른 위격이라고 할 이유가 없다. 여기에 연관된 구별은 단순히 주체('나')로서 한 자아와 대상('나를')으로서 자아 사이의 구별이다. 어떠한 인간의 경우 안에서보다 하나님의 경우 안에서 '나'와 '나를'과 '나 자신'으로 명명된 개체가 위격의 복수성을 형성한다고 생각할 다른 이유가 없다. 반사회적 삼위일체론은 전통적 양태론으로 축소되는 것처럼 보인다.

하나님의 경우에 하나님 안에 존재하는 관계들은 충분히 과감한 의미에서 구별된 위격을 제대로 구성한다고 반사회적 삼위일체론이 주장한다고 생각해 보라. 그러면 두 가지 문제가 그 안에 발생한다.

첫째, 하나님 안에서 위격의 무한한 퇴보가 일어난다.

만일 이해된 하나님이 아들로 불리워지는 실제로 구별된 위격이라고 한다면 아들은 아버지처럼 반드시 자신을 이해해야 하고 자신을 사랑해야 한다. 거기에서 하나님의 두 가지 위격들이 생겨난다. 그 하나님은 또한, 그들 자신을 그들의 지식과 의지의 의도적인 대상들로서 고려한다. 이해하고 사랑하는 위격들이 무제한적으로 생겨난다. 우리는 하나님 안에 있는 삼위일체들 안에서 삼위일체들의 무제한적인 반복으로 감겨 올라간다. 아퀴나스는 이러한 반론을 실제로 고려한다. 그리고 그의 대답은 다음과 같다.

> 말씀이 또 다른 신이 아닌 것처럼, 그는 또 다른 지성이 아니다. 결론적으로 또 다른 행위가 아니다. 그러므로 또 다른 말씀이 아니다(『이교도 대전』, 4.13.2).

그러나 이 대답은 단지 앞의 양태론의 인상을 강화한다. 왜냐하면, 성자의 지성과 이해하는 행위가 바로 성부의 지성과 이해하는 행위가 되기 때문이다. 아들의 이해 자체는 아버지가 자신을 이해함과 동일하다.

아들은 '아버지의 나'(Father's me)에 주어진 이름과 같다.

둘째, 한 위격은 또 다른 위격 안에 존재하지 않는다.

아퀴나스의 관점에서 아들 또는 말씀은 아버지 안에 머무른다(『이교도 대전』, 4.11.180). 우리가 위격 안에 관계의 존재라는 개념을 이해할지라도, 그것이 한 위격이 또 다른 위격 안에 존재한다고 말하는 것은 비지성적인 것으로 보인다 (동일한 몸에 두개의 인격이 거주한다는 것은 정당하게 반증하는 실례가 아니다). 전통적인 삼위일체 교리는 한 존재 안에 하나 이상의 위격이 존재할 것임을 입증한다. 그러나 위격들은 또 다른 위격 안에 존재하는 실체의 종류가 아니다. 전통적 교리가 세 위격의 상호 침투 내재함(헬라어 *perichoresis*, 라틴어 *circumincessio*)과 연관되어 있다는 것은 참이다.

이러한 것은 종종 서로 서로 안에의 각 위격의 존재로서 설명된다. 그러나 이것은 하나님의 위격이라는 관점에서 완전한 조화의 의미에서 상호적 사랑의 의미에서 의지와 행동의 의미에서 그리고 서로간의 충분한 지식의 의미에서 이해될 것이다. 이것을 넘어서서, 한 위격이 또 다른 위격 안의 존재하는 것이 문자적으로 의미하는 것은 분명하지 않게 된다. 다시 한 번, 우리는 반사회적 삼위일체론자가 설정한 존재하는 관계들이 인간됨의 기준으로 나타나지 않는다고 결론을 내려야 하는 압박을 받는다.

2) 사회적 삼위일체론

(1) 기능적 일신론

타당한 사회적 삼위일체론을 위한 더 분명한 제안이 있는가?

브라이언 레프토우(Brian Leftow)는 사회적 삼위일체론의 세 가지 형태를 구별했다. 그것은 **삼위일체 일신론(Trinity monotheism)**과 **집단의식 일신론(group mind monotheism)**과 **기능적 일신론(functional monotheism)**이다.

이것들을 역순으로 고찰해 보자. 기능적 일신론은 그것들을 한 하나님으로 보기 위한 근거로서 신적 위격의 조화적이고 내적으로 관계된 기능에 호소한다. 예를 들면, 리차드 스윈번(Richard Swinburne)은 하나님은 본질인 세 위격으로 구성된 집합적 존재이고 논리적으로 나누어질 수 없어야 한다고 생각했다. 그는 아버지를 아들과 성령의 영원한 능동적 원인으로 보았다. 그리고 아들과 성령은 아버지의 허용된 원인들로서 보았다. 그들 모두는 전능하고 완전하게 선하시기 때문에 그들은 그들의 모든 의지와 행동 안에서 협동하신다. 어떤 한 위격이 다른 두 위격과 독립해서 존재해야 한다거나 행동해야 한다는 것은 논리적으로 불가능하다.

스윈번은 이것을 교회 공의회들의 의도를 충분히 이해했다고 생각한다. 그가 생각하기에, 교회 공의회의 일신론적 입증은 서로가 없이도 존재하고 행동할 수 있었던 세 독립된 신적 존재들이 있다는 것을 부인하는 것을 의미한다.

레프토우는 다신론의 얇게 가려진 형태인 "정제된 이방종교"라고 스윈번의 관점에 맹공을 가한다.[3] 스윈번의 관점에서 각 위격은 분리된 본질이다. 만일 그 존재가 그것의 존재를 위해 어떤 다른 존재를 인과적으로 의존하고 있다고 해도, 그것은 구별된 존재이다. 아들의 아버지에 대한 인과적 의존은 실제로 아들의 신적 존재에 대한 문제이다. 왜냐하면, 스윈번의 설명에 의하면 피조물이 존재하는 것과 같은 방식으로 아들이 존재하기 때문이다. 즉, 그를 존재 안에 보존하고 비존재가 되지 않도록 하기 위한 신적인 위격 때문이다.

참으로 만일 아들이 아버지와 구별되는 존재라고 한다면 아버지가 아들을 낳는 것은 무로부터의 창조(creatio ex nihilo)를 설명한다. 이것은 아리우스가 본 것과 같이 아들을 피조물로 만든다. 만일 우리가 신적 위격들 안에서 인과적 의존 관계에 대한 스윈번의 설명을 제거한다면 우리는 같은 성품을 공유하는 세 신적 존재들이 막 존재하기 시작한다는 불가능해보이고 놀랄 만한, 설명할 수 없는 사실에 봉착하게 될 것이다.

세 신적 위격들 사이의 의지의 일치에 대해 이것을 집합적 본질의 구성물로 보아야 할 이유가 전혀 없다. 왜냐하면, 만일 의견차이의 가능성에 반하는 스윈번의 주장이 옳다면, 각각 전능하고 도덕적으로 완전한 세 개로 나누어진 하나님은 비슷하게 협력하여 행동할 것이기 때문이다. 그래서 기능적 단일신론과 다신론 사이의 다른 점이 거의 없다.

---

3   Brian Leftow, "Anti Social Trinitarianism", in *The Trinity*, ed. Stephen T. Davis, Daniel Kendall and Gerald O'Collins (Oxford: Oxford University Press, 1999), 232.

(2) 집단의식 일신론

집단의식 일신론은 삼위일체가 하나님 안의 세 위격의 정신으로 구성된 **정신**(mind)이라고 견지한다. 만일 이러한 모델이 신학적으로 받아들여지려면, 아버지, 아들 그리고 성령의 세 가지 자기 의식적 자아들에 더해서 삼위일체의 정신이 자기 의식적 자아가 될 수 없다. 왜냐하면, 그렇지 않으면, 우리는 삼위일체가 아닌 이른바 사위일체(Quaternity)를 만나게 될 것이기 때문이다. 그러므로 삼위일체는 삼위일체 자체가 지성과 의지와 인격을 부여하는 동인으로 구성될 수 없다. 세 위격은 하나님의 정신의 **하위정신들**(subminds)로 생각되어야 할 것이다.

이러한 견해를 설명하기 위해 레프토우는 대뇌의 두반구를 연결하는 신경 네트워크인 교련(Cerebral Commissures)을 절단하는 외과수술과 관련된 사고 실험을 예로 든다. 이러한 수술은 심각한 간질(epilepsy)을 다루기 위해 이루어지는데 그 결과는 충격적이다. 환자는 때때로 뇌의 두 쪽이 서로에게 독립적으로 작용하는 것처럼 행동한다.

이러한 결과의 해석은 논증을 유발한다. 그러나 여러가지 실험적 사고가 제시한 한 해석은 환자가 두 개의 마음을 가지고 있다는 것이다. 이제 일반적으로 기능하는 인간 안에서 우리는 이미 두 개의 분리될 수 있는 하위정신을 가지고 있지 않는 것인지에 대한 질문이 생긴다. 이 하위정신은 하나의 인간 의식을 산출하는 데 함께 작용하는 각각의 반구들에 연결되어 있다. 이러한 경우에 인간의 정신은 그 자체가 집단정신이 된다.

이러한 개념을 삼위일체에 적용하면서, 만일 우리가 성경적으로 정통에 머물러야 한다면 우리는 반드시 삼위일체의 위격의 정신이 단순히 하위정신 이상의 것이라는 것을 견지해야 한다. 그 하위의식은 결코 자기 의식으로 가건 그렇지 않건 간에, 하나의 자기 의식으로서 공통의 정신적 상태를 공유한다. 왜냐하면, 이러한 관점은 상호간에 나-너의 관계 안에서 존재하는 사람과 양립할 수 없기 때문이다. 이러한 관점에서 하나님은 실제로 오직 한 위격이시다.

신학적으로 받아들여질 수 있기 위해 집단정신 일신론은 자기 의식들을 가진 하위 의식들이 단일한 삼위일체적 자기 의식으로 나아가는 과정으로서 역동적으로 구성되어야 할 것이다. 다시 말해서 집단정신 일신론이 제안하는 것은 그리스 변증가들의 오래된 로고스 교리의 충격적이고 현대적인 설명이다. 하나님의 단일성(삼위일체의 단일한 자기 의식)은 그 자체 안에서 하나의 내재적 로고스(하위정신)를 포함한다. 그 로고스는 세상의 창조의 시작에서 신적 경륜으로 전개되었다(하위정신들은 그보다 앞선 단일한 자기 의식으로 들어간다).

이러한 도발적인 모델은 성부께서 성자를 신적 본질 가운데 낳으심이라는 어려운 교리에 대한 새로운 의미를 부여한다. 다른 한 편으로는 만일 우리가 하나님의 우선적 자기 의식을 성부로 생각한다면 그 모델은 세 하위정신이 자기 의식으로 들어오게 될 때, 아버지의 위격이 끝나버린다는 것을 요구할 것이다(아타나시우스의 『아리우스주의에 대한 반론』, 4.3).

이러한 반갑지 않은 의미를 피하기 위해 마치 환자가 교련절개술(commissurotomy)로 살아나는 것처럼, 우리는 신적 경륜의 전개를 통해 아버지의 위격적 정체성이 보존되는 다른 방법을 생각할 필요가 있을 것이다. 물론, 이 모델 전체는 하위정신과 그로부터 일어난 위격들이란 매우 논쟁을 불러일으킬 만한 개념에 의존한다. 만일 우리가 정신과 위격을 동등시하지 않는다면, 신적 경륜의 전개의 결과는 단순히 세 정신을 가진 한 위격이 될 것이다. 그것은 결국, 삼위일체 교리의 한계를 드러내게 될 것이다.

그러나 만일 우리가 정신과 위격이 일대일 반응 안에 존재해야 함을 이해하는 것이 타당해 보이게 된다면, 세 구별된 위격의 출현은 다시 한 번 삼신론의 문제에 봉착하게 만들 것이다. 집단정신 일신론 너머에 있는 신적 능력은 기능적 일신론이 할 수 없는 방식으로 하나님의 존재의 일체성을 보존한다. 그러나 그 신적 경륜은 전개되었을 때에, 집단정신은 사라지는데, 왜 세 하나님이 아니고 한 하나님을 소유해야 하는지가 불분명하다.

(3) 삼위일체 일신론

우리는 마침내 삼위일체 일신론으로 관심을 모은다. 이것은 삼위의 각 위격들도 하나님이며 삼위일체 그 자체도 하나님이라는 주장이다. 만일 이 관점이 정통이 되어야 한다면 삼위일체만이 하나님이고, 아버지, 아들, 성령이 하나님이지만 세 신들은 아니라는 것을 견지해야만 한다. 레프토우는 이 관점에 대한 다음의 도전을 제시한다.

> 삼위일체라는 것은 신성의 다른 위격들에 더하여 4번째 위격이 되던지 되지 않던지 둘 중 하나이다. 만약 삼위일체라는 것이 4번째 위격이라면 정통에서 벗어난 너무 많은 위격을 가진 것이 된다. 만약 삼위일체라는 것이 4번째 위격이 아니라면 두 가지 가능성이 있다. 하나님으로 인식되든지, 위격들의 합으로 존재하든지

두 가지이다. 만약 하나님의 존재 방식이 한 가지 이상이라면 삼위일체 일신론은 플란팅가적 아리우스주의가 된다. 그러나 만약 하나님의 존재 방식이 오직 한 가지라면 두 가지 길이 있다. 하나는 삼위일체가 하나님, 즉 위격적 구성이 없는 하나님 그 자체가 되는 것이다. 또 다른 하나는 위격들만 하나님이라 하는 것이다. 이러한 최종 결론을 수용하는 것은 결국, 삼위일체 일신론을 포기해야 하는 것을 뜻한다.[4]

그림 30.1에서 레프토우의 딜레마가 도형적으로 보여진다.

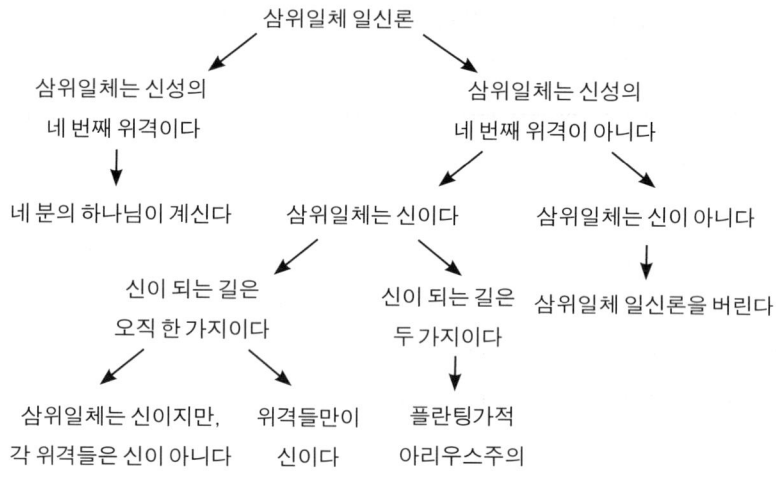

<그림 30.1 삼위일체 일신론에 대한 레프토우의 딜레마>

어떻게 삼위일체 일신론자는 이러한 딜레마에 반응하는가?

처음의 분열에 대해, 그들은 네 번째 위격이 되지 않기 위해 삼위일체는 신적 본성의 네 번째 실례가 아님을 분명히 말하기 원한다. 다음의 선택의 단계로 이동하면서, 그들은 삼위일체는 신이라고 반드시 말한다. 왜냐하면, 삼위일체 일신론이 그것을 의미하고 있기 때문이다. 이제 만일 삼위일체가 신이고 신성의 네 번째 실례가 아니라면, 이것은 하나님의 존재 방식에는 하나 이상의 길이 있다는 것을 보여 준다.

4　Ibid., 221.

이 대안은 플란팅가적 아리우스주의로 나아가게 한다. 그것은 무엇인가?

레프토우는 그것을 단순히 "하나님이 되는 하나 이상의 긍정적 가정(positing)이다"⁵라고 정의한다. 그러나 이것은 별 도움이 안된다. 우리가 알기 원하는 것은 왜 그 관점이 반대할 만한 것이냐는 것이다. 이에 대한 레프토우의 반응은 "만일 우리가 삼위일체 그 자체가 하나님이 되는 방식이라는 주장을 심각하게 받아들인다고 하면… 우리는 각각으로 존재하는 위격의 신성을 무시하는 것이고 결국, 비정통이 될 것이다"⁶라는 것이다. 여기에서 추정되는 문제는 만일 삼위일체만이 완전한 하나님이라면 각 위격들은 완전한 하나님이 아니라는 것이다.

그러나 만일 하나님의 존재 방식이 오직 하나만 있을 때에만(이른바, 신성을 실증함으로써), 이 추론은 성립될 것이다. 그러나 그 입장은 하나님이 되는 길이 하나 이상이 있다고 주장한다. 삼위일체의 각 위격들은 하나님의 본질을 나타내는 신성이 아니다. 왜냐하면, 삼위일체로 존재하는 것이 신적 본성의 특징이기 때문이다(하나님의 삼위일체성은 본질적인 것이지 우유적인 것이 아니다). 그러나 삼위일체의 각 위격은 그 특성들은 가지고 있지 않다.

이제 더 분명해지는 것은 삼위일체가 신적 본질의 네 번째 예가 아닌 이유는 신적 본성의 다른 예들이 없다는 것이다. 아버지, 아들, 성령은 신적 본질의 예가 아니다. 그것은 세 하나님이 존재하지 않는 이유가 된다. 삼위일체는 신적 본성의 유일한 예가 된다. 그래서 오직 한 하나님만 존재하는 것이다. 그래서 "삼위일체는 하나님이다"라는 언급은 정체성에 관한 언급이지만, "성부 하나님은 하나님이시다"와 같은 위격에 관한 언급은 정체성에 관한 언급이 아니다. 오히려 사람의 직분을 부르는 것(벨사살은 왕이다-섭정하는 다른 왕이 있을 수도 있다는 표현) 혹은 누군가에게 속하는 속성을 칭할 때와 같은(성부는 하나님이다라는 말은 벨사살은 왕이다라는 말과 같다) 그러한 기능적 진술이다.

그래서 만일 삼위일체의 위격이 신적 본성의 예가 되기 때문에 신적이 아니라면, 과연 어떠한 이유로 위격은 하나님이 될 것인가?

유추를 해 보자. 고양이 같이 되는 한 가지 길은 고양이의 성질을 사례를 들어 증명하는 것이다. 그러나 그렇게 되는 다른 방법들도 있다. 고양이의 DNA나 골격은 고양이 그 자체는 아니지만 고양이를 나타낸다. 이것은 고양이 성질을 무

---

5 Ibid., 208.
6 Ibid., 208.

시하거나 감소시키는 것이 아니다. 고양이의 골격은 충분히 그리고 확실하게 고양이 같은 것이다. 실제로 고양이는 고양이과에 속하는 골격을 가진 고양이과 동물이다. 이제 만일 고양이의 본성을 보여 주기 때문에 고양이라고 할 수 있다면 고양이의 DNA와 골격은 무엇 때문에 고양이라 할 수 있는 근거가 되는가?

하나의 타당한 대답은 그 둘은 고양이의 일부라는 것이다. 이것은 우리가 삼위일체의 위격을 하나님으로 생각할 수 있다는 것을 제안한다. 그 위격들은 삼위일체의 일부, 즉 하나님의 일부이다. 물론 위격들은 고양이의 골격이 고양이의 일부라는 개념과 같은 의미로 하나님의 일부는 아니다.

그러나 성부가 전체 하나님이 아니라고 할 때, 삼위일체의 위격들과 전체 신성과의 관계는 **부분-전체 관계**(part-whole relation) 임을 부정할 수 없다. 위격의 신성을 무시하는 것과는 달리 이러한 설명은 신성에의 기여함에 대해 매우 잘 설명할 수 있어 보인다. 그래서 우리가 전지와 전능을 하나님의 성품으로 여길 때, 우리는 삼위일체를 네 번째 위격이나 행동인으로 만들지 않는 것이다. 오히려 하나님은 이러한 특성들을 가지고 계신다. 왜냐하면, 그 위격들이 그렇게 하기 때문이다. 전지와 전능, 선함과 같은 신적 속성들은 위격이 이러한 특성들을 소유하고 있다는 것에 근거한다.

반면에 필연성, 자존성, 영원성과 같은 신적 속성들은 위격적 근거를 가지고 있지 않다. 그러나 각 위격은 전부 필연성, 자존성, 영원성을 갖고 있다. 왜냐하면, 전체로서의 하나님이 그 특성들을 가지고 있기 때문이다. 부분들은 부분들로 이루어진 전체로 인한 특성을 가질 수 있다. 요점은 이렇다. 만일, 우리가 하나님의 삼위일체에 대한 부분-전체 관계의 의미에서 위격들의 신성에 대해 생각한다면 위격들은 신성의 실례가 아니기 때문에 그 신성은 결코 감소되지 않아 보일 것이다.

이러한 해결책이 정통적이 아닌가?

"성부의 본질로부터" 라는 표현은 성부의 본질의 분리 또는 나뉨으로 인해 성자가 형성된다는 것을 의미한다고 이해되면 안된다고 교부들이 자주 주장했던 것이 사실이다. 그러나 분명히 여기에서의 관심은 신적 본질을 더 작은 조각으로 포장할 수 있는 일종의 '물질'로서 상상하는 것을 피하도록 하는 것이다. 이러한 구속물은 한 위격도 전체 삼위일체와 동일하지 않다는 우리의 제안과 전체적으로 양립할 수 있다. 왜냐하면, 여기서 문제가 되는 부분-전체 관계는 분리될 수 있는 부분과 연관을 가지지 않기 때문이다. 예를 들어, 성부는 전체의 하나님이 아니다라고 단순히 말하는 것이다. 라틴 교부 힐라리우스는 "통일성 안에 각 신적 위격들이 있으나 위격이 한 하나님은 아니다"라고 주장할 때, 그 생각을 잘 이해할 것처럼 보여 진다(『삼위일체론』, 7.2; 7.13.32).

다른 한 편으로는 많은 수의 니케아 이후의 신조는 삼위일체의 각 위격을 전체로서의 하나님과 동일시하기 위해 할 수 있는 모든 언급을 포함한다는 것은 반드시 받아들여져야 한다. 예를 들면, "각각의 위격은 그 자체로 전체 하나님이다"라고 한 제11차 톨레도 공의회(the Eleventh Council of Toledo, 675)는 그리스도인들로 하여금 "모든 위격 그 자체가 하나님과 주님이 된다고 인정하도록" 요구한 이른바 아타나시우스 신조(5세기)를 입증했다. 그리고 제4차 라테란 공의회(the Fourth Lateran Council)는 신적 사위일체(Quaternity)의 생각을 저주하면서 "각 위격은 그 하나님의 본질, 실체 또는 본성인 실재이다. …

성부, 성자, 성령이 동일하게 그러한 실재이다"라고 선포했다. 만일 이러한 선포가 "성부는 하나님이다"와 같은 언급은 **정체성 진술**(identity statements)이라는 의미를 의도한 것이라면, 그 선언은 논리적 모순을 가지고 삼위일체 교리를 위협하는 것이다. 왜냐하면, 성부의 정체성이 하나님이고, 성자의 정체성이 하나님이라고 한다면 성부의 정체성이 성자가 된다는 논리가 성립되는데, 이것은 공의회에서 정죄한 것이다.

피터 반 인바겐(Peter van Inwagen)은 **관계적 정체성**(relative identity)에 호소함으로써 이러한 신조적 입증의 일관성을 변호하려고 했다. 이러한 개념에 의하면 정체성 관계는 절대적이 아니라 일종의 사물에 대해 상대적이다. 예를 들면, 우리는 "그 소파는 그 의자와 같은 색깔이다"("그 소파는 그 의자이다"가 아니라)라고 말하거나 "마이어 존 경(The Lord Mayor John)은 그 쟈니(Johnny)라는 학생과 같은 사람이다"("마이어 경은 그 쟈니라는 학생이다"가 아니라)라고 말한다. 만일 어떤 가정들이 주어진다면, "성부는 성자와 같은 존재이시다"와 "성부는 성자와 같은 위격이 아니시다"와 같은 언급뿐만 아니라 심지어 "하나님은 한 위격이시다"와 "하나님은 성부와 같은 위격이시다"와 "하나님은 성자와 같은 위격이시다", 그리고 "성자는 성부와 같은 위격이 아니시다"와 같은 역설적인 언급도 우리가 일관적으로 입증할 수 있다는 것을 반 인바겐은 보여 줄 것이다.

그러나 상대적 정체성에 호소함이 가지는 근본적인 문제는 상대적 정체성이라는 바로 그 개념이 광범위하게 실제로는 아니지만 겉보기에만 논리적으로 인식된다는 것이다. 반 인바겐 자신은 삼위일체 신학 이외에는 전통적 정체성의 의미에서 분석될 수 없이 상대적 정체성들에 대해 알려진 경우가 없다는 것에 동의한다.

소파와 의자에 대한 우리의 예는 어떠한 종류의 정체성 언급도 아니다. 왜냐하면, 가구의 어떠한 조각도 실제적으로 볼 때, 하나의 색깔이 아니고 오히려 가구들은 전체로서 하나의 색깔을 가지고 있기 때문이다. 마이어 존 경의 예는 문장의 시제를 세밀하게 다룸으로써 해결된다. 우리는 "마이어 존 경은 쟈니라는 학생이었다"라고 말해야 한다. 상대적 정체성이라고 주장된 경우들이 그럴듯할 뿐만 아니라, 정체성을 상대적으로 만드는 것에 반대하는 강력한 이론적 논증이 있다. x와 y들은 N과 동일하게 될 수 있고 P와는 동일하게 될 수 없다고 가정해 보자. 그리고 x는 x둘로는 P가 될 수 없지만 y는 x와 함께라면 P가 될 수 있고 가정해 보자. 따라서 x와 y는 구분이 되고 동일하지 않다는 결론이 나온다. 그러나 이렇게 되면 그들은 어떤 것과도 동일하게 될 수 없기에 그것들은 N과 동일하게 될 수 없다. 따라서 결국, 정체성이란 절대적인 것이다.

결국, 심지어 상대적 정체성이 허용된다고 해도, 삼위일체 교리에의 적용은 매우 의심스러운 가정에 연관된다. 예를 들면, x와 y는 동일한 위격이 되지 않고서도 동일한 존재가 될 수 있다는 것이 전제되어야 한다. 이것이, x와 y는 같은 존재의 부분들이지만, 다른 위격이다라는 이 진술들의 차이점을 알아야 한다. 후자의 진술이 같은 몸의 다른 부분들로서 각각의 손들을 말하는 것이라면, 전자의 진술은 같은 몸이면서 동시에 다른 손이라고 하는 것과 같다.

반 인바겐은 어떻게 x와 y가 같은 위격이 되지 않고서 같은 존재가 될 수 있는지, 또는 더 일반적으로 말해서 어떻게 x와 y가 같은 P가 되지 않으면서 같은 N이 될 수 있는지에 대한 답을 가지고 있지 않았음을 토로한다. 그것은 상대적 정체성의 도구를 사용하여 논의 중에 있는 삼위일체적 주장을 일관적으로 언급할 능력이 곧 거룩한 승리라고 여겨지게 만든다.

신교도들은 모든 교리적 언급을, 심지어 공의회 신조도, 특별히 비-에큐메니컬(nonecumenical) 공의회의 신조를 성경 앞으로 가져왔다. 성경 속에서 어떠한 것도 우리가 하나님은 단순하고 삼위일체의 각 위격은 전체 삼위일체와 동일하다고 생각하는 것을 보증하지 않는다. 또한, 성경 속에서 어떠한 것도 우리가 하나님의 세 위격은 삼위일체에 대한 일종의 부분-전체 관계로서 존재한다는 것을 견지하는 것을 금지하지 않는다. 그러므로 삼위일체 일신론은 성경적인 의미에서 비정통적인 것으로 정죄될 수 없다. 그러므로 삼위일체 일신론은 오히려 더 정당하다고 입증되는 것처럼 보인다. 그런데도 아직도 우리는 어떻게 세 위격이 세 개의 분리된 존재가 되는 것이 아니라 같은 존재의 부분이 될 수 있는지 혼란 가운데 있다.

각각이 한 존재인 세 신적 위격들과 함께 하나의 존재인 세 신적 위격들 사이의 현저한 차이점은 무엇인가?

아마도 우리는 한 유추를 통한 이러한 질문으로부터 시작할 수 있을 것이다(창조된 사물들 가운데 삼위일체에 대한 어떠한 유추가 반드시 있어야 한다고 생각할 이유가 없다. 그러나 유추들은 철학적인 사고와 형성을 위한 도약판으로서 도움이 된다고 증명될 것이다). 그리스-로마 신화에 하데스의 문을 지키기 위해 서있는 머리가 세 개인 케르베로스(Cerberus)라는 개가 있다.

케르베로스는 세 개의 뇌를 가지고 있고 그래서 세 개의 구별된 의식의 상태를 가질 것이라고 우리는 아마도 생각할 것이다. 그러므로 케르베로스는 하나의 감각력이 있는 존재이지만 하나가 된 의식을 가지고 있지 않다. 그것은 세 개의 의식을 가진다. 심지어 우리는 그 각각에 로버(Rover), 바우저(Bowser) 그리고 스파이크(Spike)라고 적절한 이름을 부여할 수 있다. 이러한 의식의 중심은 전적으로 구별되고 아마도 서로 간에 갈등하게 될 것이다.

케르베로스가 경계견으로서의 역할을 효과적으로 하기 위한 것은 물론이고, 생물학적으로 살아갈 수 있게 되기 위해 로버와 바우저와 스파이크 간의 분명한 정도의 협력이 계속 있어야 한다. 그의 정신적 상태의 다양성에도 불구하고 케르베로스는 분명히 한 마리의 개다. 그는 개의 성질을 가지고 있는 하나의 생물학적 유기체이다. 세 마리의 개가 있는 것이 아니고 한 마리 개인 케르베로스의 부분들이라고 해도, 로버와 바우저와 스파이크는 개와 같다고 말해질 수 있다. 만일 헤라클레스(Hercules)가 하데스에 들어가려고 시도했다면 그리고 스파이크가 그에게 으르렁거렸다거나 그의 발을 물었다고 한다면 그는 아마도 "케르베로스가 나에게 으르렁거렸다고" 또는 "케르베로스가 나를 물었다"라고 이야기할 것이다.

교부들이 케르베로스와 같은 유비들을 거절했음에도 불구하고 만일 우리가 신적 단순성을 포기한다면 케르베로스는 아우구스티누스가 말한 피조물들 중에 있는 삼위일체의 형상을 대표하는 것처럼 보인다. 우리는 케로베로스에게 합리성과 자기 의식을 부여함으로써 이 이야기를 확장할 수 있다. 그러한 경우에 로버와 바우저와 스파이크는 당연히 위격적 행동인들이고 케르베로스는 세 위격적 존재이다. 만일 우리가 그의 다수의 정신들에도 불구하고 케르베로스를 단일 존재로 만드는 것은 무엇이냐고 질문을 받는다면, 우리는 당연히 그가 단일한 물리적 몸을 가지고 있기 때문이라고 응답해야 할 것이다.

그러나 케르베로스가 죽임을 당했다고 그리고 그의 정신들이 그의 몸의 죽음에서 살아남았다고 생각해 보라.

어떠한 의미에서 그들이 한 존재가 될 것인가?

항상 유형화되어 있지 않은 세 가지 정확하게 비슷한 정신들과 그들이 어떻게 본질적으로 다르게 될 것인가?

성육신 전에 신적 위격들은 세 개의 유형화되지 않은 정신들인데, 무엇 때문에 그들이 세 개의 개체적 존재가 아니라, 하나의 존재가 될 것인가?

여러 부분들이 구별된 대상들 대신에 하나의 단일 대상을 구성하도록 만드는 것은 무엇인가를 묻는 것은 어려운 질문이다. 그러나 이러한 경우에 영혼의 성질에 대해 생각해봄으로써 우리는 아마도 어떠한 적절한 답변을 얻을 수 있다. 우리는 영혼들은 불멸하는 본질이라고 주장했다. 그리고 동물들이 혼을 가진다는 것은 타당하다. 영혼들은 다양한 능력과 재능을 가진 것으로 보여 진다. 침팬지나 돌고래와 같은 고등 동물들은 이구아나나 거북이의 혼보다 더 풍성하게 힘이 부여된 혼을 가지고 있다. 인간의 영혼을 위격으로 만드는 것은 인간 영혼이 자기 결정이 가능한 자기 반성적 행동인이 되는 것을 가능하게 하는 지성과 의지의 이성적 능력을 가지고 있기 때문이다. 하나님은 참으로 육체를 갖지 않으시는 영이다.

또한, 정신적 실체로서 영이다. 우리는 자연스럽게 이성적 영혼과 인격을 동일시한다. 왜냐하면, 우리는 인간의 영혼을 인격으로 이해하기 때문이다. 그러나 인간 영혼이 개체적 위격인 이유는 각 영혼이 한 위격이 되기 위한 충분한 이성적 능력들로 구성되어 있기 때문이다. 하나님이 그 각각이 개별적 위격이 되기에 충분한 세 개의 이성적 인지 능력들의 완전한 세트로 주어진 영혼이라고 생각해 보라. 그러면 하나님은 한 영혼임에도 불구하고 한 위격이 되지 않고 세 위격이 될 것이다. 왜냐하면, 하나님은 사회적 삼위일체주의자가 주장하는 것처럼, 자기 의식과 의도와 의지에 대한 세 가지 중심을 가지고 계시기 때문이다.

그러나 하나님은 분명히 세 가지 구별된 영혼이 아니시다. 왜냐하면, 논의되고 있는 인지적 능력들이 오직 한 영혼, 한 비물질적 실체에 속한 것이기 때문이다. 그래서 하나님은 각각이 한 위격을 보존하는 우리 자신의 개체적 존재처럼 세 위격을 보존하는 한 존재가 될 것이다. 삼위일체 일신론의 이러한 모델은 "한 본질 안의 세 위격"이라는 전통적인 공식에 분명한 의미를 주는 것 같다.

마침내, "빛 중의 빛이고 참 하나님 중의 참 하나님이신, 낳아지시고, 만들어지신 분이 아닌" 성자가 "모든 세계 이전에 성부로부터 낳아지셨다"는 고백(콘스탄티노플신조) 안에 머물고 있는 이러한 모델은 한 위격이 다른 하나의 위격으로부터 나오는 것을 보여 주지 않는다(금지하는 것도 아니지만).

하나님은 자신의 다양한 인지적 능력과 재능으로 말미암아 영원히 단순하게 존재하실 수 있다. 우리의 관점에서 볼 때, 이것이 가장 좋은 모델이다. 왜냐하면, 신조적으로 입증되었다고 해도 성자의 발생에 대한(그리고 성령의 나오심에 대한) 교리는 로고스 기독론의 유물이기 때문이다. 로고스 기독론은 성경 본문 안에서 실제적으로 어떠한 보증도 찾지 못하고 **종속설(subordinationism)**을 하나님께 적용한다. 누구나 그리스도의 전체 신성을 입증하는 사람은 이 성자종속설이 매우 문제가 있음을 발견해야 한다.[7]

결국, 삼위일체 교리가 자연 신학이 아니라 계시된 신학에 속해 있음에도 불구하고 우리는 아마도 그 교리의 타당성을 위해 제안될 수 있는 어떠한 긍정적인 논증이 있는지를 묻게 될 것이다. 우리는 많은 기독교철학자가 하나님의 존재의 위격의 다수성에 대해 변증해 왔던 논증을 마친다.

정의에 의하면 하나님은 가장 큰 인식 가능한 존재이시다. 가장 큰 인식 가능한 존재로서 하나님은 반드시 완전하셔야 한다. 완전한 존재는 반드시 사랑하는 존재여야 한다. 왜냐하면, 사랑은 도덕적 완전이기 때문이다. 사랑하지 않는 것보다 사랑하는 것이 사람에게는 더 나은 것이다. 그러므로 하나님은 반드시 완전하게 사랑하는 존재이셔야 한다. 자신을 주는 것이 사랑의 근본 본성이다. 사랑은 자기 자신 안에 중심을 두지 않고 다른 사람에게 미친다. 그래서 만일 하나님의 근본 본성이 완전하게 사랑하시는 존재라고 한다면 그는 다른 존재를 사랑하는 데 반드시 자신을 주셔야 한다.

그러면 누가 그 다른 존재인가?

그것은 피조된 사람 아무나 될 수 있는 것이 아니다. 왜냐하면, 창조는 그분의 본성의 필연적인 결과가 아니라 하나님의 자유의지의 결과이기 때문이다. 사랑

---

[7] 성자의 영원한 나심과 성령의 발출을 포기하는 것에 대해 조직신학자의 논증을 위해서는 John S. Feinberg, *No One Like Him: The Doctrine of God* (Wheaton, Ill.: Crossway, 2001), 488-92를 보라. Feinberg는 이러한 교리에 관해 잘못된 것을 표현했던 J. Oliver Buswell Jr.와 같은 복음주의 신학자들의 전통 안에 있다.

하는 것은 하나님의 근본 본질에 속해 있다. 그러나 창조하는 것은 그분의 본질에 속해 있지 않다. 그래서 우리는 다음과 같은 가능 세상을 상상해볼 수 있다. 하나님은 완전한 사랑을 보여 주시지만 피조된 인간은 아직 존재하지 않는 세상이다. 그래서 피조된 사람들은 하나님이 사랑하는 사람이 어떤 자인지 충분히 설명할 수 없다.

더욱이 현대 우주론은 피조된 사람들이 항상 존재하였던 것은 아니라는 것을 타당하게 한다. 그러나 하나님은 영원히 사랑하신다. 그래서 다시 말하지만, 피조된 사람들만으로는 완전하게 사랑하는 하나님의 존재를 설명하기에 충분하지 않다. 그러므로 다음의 결과가 나오게 된다. 하나님의 사랑이 필연적으로 향하게 되는 다른 것은 반드시 하나님 자신에게 내적인 것이어야 한다.

다시 말해 하나님은 이슬람이 견지하는 것과 같이 유신론의 일신론적 형태처럼 단일의 고립된 위격이 아니다. 오히려 삼위일체 기독교 교리가 입증하는 것처럼, 하나님은 다수의 위격을 가지신다. 일신론적 관점에서 하나님은 다른 사람을 본질적으로 사랑하는 데에 자신을 주시지 않는 하나의 위격을 가지신다.

그 분은 본질적으로 그분 자신에게만 관심을 갖는다. 그러므로 일신론의 하나님은 가장 완전한 존재가 되실 수 없다. 그러나 기독교의 관점에서 하나님은 영원하고 자신을 주시는 사랑의 관계에서 삼위를 가지신다. 결국, 하나님이 본질적으로 사랑하는 존재이시기 때문에 하나님에 대한 다른 어떤 일신론적 교리보다 삼위일체 교리가 더 타당하게 된다.

[요약]

삼위일체 교리는 위격적 구별을 그리고 성부와 성자와 성령의 신성을 입증하는 성경의 자료에 대한 생각으로부터 발생한다. 초기의 로고스 기독론은 하나님의 내재적 이성의 외부적 표출의 의미로서 성자의 위격을 설명하려고 했다.

위격의 구별에 대한 양태론의 부인과 각 위격의 완전한 신성에 대한 아리우스주의의 부인을 거절하면서, 교회는 하나님 안에는 세 위격이 존재하고 하나의 본질이 있다는 것을 분명하게 했다. 삼위일체에 대한 현대의 사고는 사회적 삼위일체주의와 반사회적 삼위일체주의의 두 개의 진영으로 나뉘어지는 경향이 있다. 사회적 삼위일체주의에 의하면 하나님의 자기 의식의 세 가지 중심이 있다.

반면에 반사회적 삼위일체주의는 하나님을 단일의 의식이라는 의미로서 생각하는 경향이 있다. 반사회적 삼위일체주의는 양태론을 피하는 데 어려움을 발견한다.

반면에 사회적 삼위일체주의가 만나는 위험은 삼신론이다. 기능적 일신론, 집단정신 일신론 그리고 삼위일체 일신론과 같은 사회적 삼위일체주의의 여러 가지 형태 중에서 특별히 삼위일체 일신론은 어떻게 한 하나님이 세 위격을 가질 수 있느냐는 질문에 대한 정통적 설명을 가능하게 하는 최선의 그림을 제공한다. 하나님이 본질적으로 자기를 주는 사랑이기 때문에 삼위일체 교리는 하나님에 대한 어떠한 일신론적 교리보다 더 타당하다.

[기본 용어]

세 위격
성부, 성자, 성령
유일신론
역사적 예수
예수의 자기 이해
암묵적 기독론
삼위일체 논쟁
기독론 논쟁
헬라 변증가들
신 위격의 단일성
양태론
단일신론
사벨리우스주의
단일성
경륜
본체
본성
위격
삼신론
자의식의 중심들
개체들
인칭 지시어

니케아 신조
콘스탄티노플 신조
니케아 공의회
동일 본질
다른 본질
휘포스타시스
우시아
사회적 삼위일체주의
라틴 삼위일체주의
반시회적 삼위일체주의
보편자
속성 실례
관계
삼위일체 일신론
집단의식 일신론
기능적 일신론
정신
하위정신들
부분-전체 관계
정체성 진술
관계적 정체성
종속설

제32장
기독교 교리 2: 성육신

> 그리스도의 인성은 논리의 붕괴이다.
>
> *모리스 렐톤 『기독론 연구』

> 최근 몇 년 동안의 성육신에 관해 연구하던 중에, 나는 약간의 단순한 형이상학적 구별들과 견고한 논리로 조금만 주의를 기울이면 철학적 성격의 모든 확장된 비평들로부터 그 교리를 설명하고 지켜내기에 충분할 것이라고 생각하게 되었다.
>
> *토마스 V. 모리스 『하나님의 논리: 성육신』

1. 서론

신약성경은 예수 그리스도의 신성과 인성을 입증한다. 인간으로서 예수는 태어나셨고(눅 2:7, 11), 육체적 정신적 한계를 경험하셨고(눅 2:52; 마 4:2; 막 4:38; 13:32; 요 4:6을 참조하라), 유혹을 받으셨으며(마 4:1-11), 고통을 통해 도덕적 완전함에서 자라나셨으며(히 5:7-10), 고문을 당하시고 처형당하셨다(막 15:15). 그러나 신약성경의 기자들은 예수는 하나님이었다고(요 1:1-3, 14, 18; 20:26-29; 롬 9:5; 딛 2:13; 히 1:8; 벧후 1:1) 입증하고 육체 안에서 신성이 충만하셨다고 기록했다(골 1:15-20; 2:9; 빌 2:5-8).

신약성경에 나오는 교회는 그를 퀴리오스(*kyrios*, 주님)로 불렀다. 구약성경의 헬라어 번역에서 여호와(Yahweh)의 자리에 같은 말이 사용되었다. 그리고 여호와를 다루는 구약성경의 구절들이 예수에게 적용되었다(고전 16:22; 롬 10:8, 13).

그러나 이것은 모순 중의 모순이다! 어떻게 예수가 하나님이면서 사람이시고, 무한하시면서 유한하시고, 창조주이시면서 피조물이 되실 수 있는가?

어떻게 우리는 한 단일한 사람 안에 전지함과 무지함을, 전능함과 약함을, 도덕적 완전함과 도덕적 불완전함을 동시에 연합시킬 수 있는가?

신의 속성이 인간의 속성을 몰아내는 것처럼 보인다. 그래서 역사적 기독교 교회가 예수는 참 하나님이면서 참 사람(vere deus, vere homo)이라고 입증하는 것은 논리적으로 일관적이지 않아 보인다.

2. 기독론 논쟁들

니케아 공의회(325)와 콘스탄티노플 공의회(381)에서 절정을 이룬 삼위일체 논증의 결과로서 그리스도의 인성과 더불어 그의 완전한 신성은 타협이 불가한 것임이 선포되었다. 삼위일체 교리의 최종 형성에서 4세기에서 7세기까시의 **기독론 논쟁들**(Christological controversies)은 교회의 지성의 역사에 새로운 장을 열었다. 이러한 신기원의 중심되는 질문은 예수 그리스도는 하나님이시면서 동시에 인간이라는 입증을 우리가 어떻게 이해해야 하는가였다.

기독론에 관한 연구를 하는 두 개의 광범위한 학파는 교부들 중에서 출현했다. 종종 **로고스-육신기독론**(Logos-flesh Christology) 대 **로고스-인간기독론**(Logos-man Christology) 또는 **알렉산드리아기독론**(Alexandrian Christology) 대 **안디옥 기독론**(Antiochene Christology)으로 불리워지는 두 학파들의 경쟁은 **단성론자**(monophysite)와 **양성론자**(dyophysite)의 기독론의 투쟁으로 아마도 가장 잘 요약될 것이다. 두 학파의 전제는 사물들 중 자연적 종의 구성원은 그것을 그것되게 하는 본성 혹은 본질적 속성을 지닌다는 것이다. 그래서 **인성**(human nature)을 가진 존재가 있다. 그리고 이것은 **신성**(divine nature)과 다르다.

아리스토텔레스에 의하면 인성은 그가 이성적 동물이라는 것과 그래서 참으로 인간이 되는 것은 지적인 영혼과 물리적인 몸을 소유하는 것과 연관된다는 것이다. 그리고 교부들은 이 관점을 받아들였다고 보여진다. 동시에, 하나님은 전능과 전지와 영원함과 도덕적 완전 등과 같은 어떠한 본질적 속성을 소유하고 있다고 그들은 믿었다. 그들에게 있어서 질문은 나사렛 예수라는 인간 안에서 신적 말씀의 성육신과 삼위일체의 제2위를 어떻게 이해하는가였다.

교부들은 **성육신**(Incarnation)은 말씀이 그 자신을 인간으로 바꾸기 위하여 어떠한 신성으로부터 자기 박탈을 하는 것과 연관되어 있지 않다고 만장일치로 동의했다. 이러한 개념은 황소나 백조로 자신을 변형하는 제우스(Zeus)와 같이 이교적이고 신화적인 생각과 연관을 가졌다. 성육신의 개념은 로고스가 그 자신을 인간으로 변형한다고 해서 하나님인 것을 멈추는 것이 아니었다. 오히려 그것은 예수 그리스도가 하나님이시면서 동시에 사람이셨다는 것이다. 로고스가 신성을 버리지 않았기 때문에 성육신은 로고스에 의한 추가적이고 본질적인 인간 성품의 특성을 획득함으로 이해될 수 있었다. 그 때 제기되는 질문은 로고스에 의한 인간 성품의 이러한 획득이 어떻게 이해될 수 있는가였다.

단성론적 기독론의 옹호자들은 성육신 이후에 로고스는 단일한 신적-인성을 가지고 있었다는 것을 견지했다. 어떤 사람은 그 자신을 한 인간의 몸으로 가정하면서, 로고스가 육체의 옷을 입는 것으로 성육신을 이해했다. 그리스도의 몸은 그것의 로고스와의 연합 때문에 때때로 신성시되었다.

반면에 양성론적 기독론의 옹호자들은 성육신이 될 때에 로고스는 단지 인간의 몸만을 입은 것이 아니라, 완전한 인간의 성품을 입었다고 강조했다. 그래서 이성적인 영혼과 몸을 입었다고 보았다. 개념적인 면에서 로고스는 예수의 어머니였던 마리아를 통해 태어난 인간과 연결되었다. 그래서 성육신에는 완전한 인간과 완전한 하나님이 연합한 것이다.

가장 창의적인 기독론 신학자들 중에 한 명이자 기독론에 관한 논증에 생산적인 영향력을 미쳤던 사람은 4세기 중반에 라오디게아(Laodicea)의 감독이었던 아폴리나리우스(Apollinarius, 390년 경)였다. 그는 그리스도가 완전한 신성과 완전한 인성을 가져야 한다는 것은 불가능하다고 주장했다. 왜냐하면, 그렇다는 것은 어떠한 인간 안에 하나님께서 **내재**(indwelling)하셔야 하는데 이는 성육신에 기대하는 것이 아니다(『단편들』). 만일, 로고스의 신적 지성에 덧붙여서, 그리스도 안에 인간적 지성이 있었다면 로고스는 완전한 성육신을 이루지 않은 것이다. 참된 성육신을 완성하기 위한 문제에 대한 아폴리나리우스의 교묘한 해결책의 핵심은 그의 **인간론**(anthropology)에 근거한다.

각 인간은 **몸**($sōma$)과 **동물적 혼**($psychē$)과 **이성적 영혼**($nous$)으로 구성되어있다. $nous$는 죄악된 본성의 자리라고 여겨진다. 예수 안에, 신적 로고스가 인간의 $nous$의 자리를 차지했다. 결과적으로 그리스도 안에서 하나님이 인간의 구성으로 연합했다. 영혼과 육체가 본질적으로 다르지만 한 인성으로 인간 안에서 그 둘이 구성되어 있는 것처럼, 그리스도 안에 한 본성이 하나님과 인간의 육체로 구성되었다. 그 로고스는 육체를 통해 세상을 경험하고 육체를 통해 행동한다.

마치 도구와 같다. 로고스가 단일한 의지와 단일한 지성을 가지기에 그리스도는 죄악의 욕망과 죄를 지을 가능성은 없었다.

성육신에 대한 이러한 이해를 옹호하면서 아폴리나리우스는 거대한 알렉산드리아 신학자들의 뒤를 따랐다. 아타나시우스(Athanasius)는 로고스가 육체를 입은 것을 항상 언급했고 결코 예수의 인간적 영혼을 생각하지 않았다. 아타나시우스는 전형적으로 다음과 같이 입증했다.

> 본성상 로고스 자체는 감정이 없다. 그러나 그가 입은 그 육체 때문에 감정들이 그에게 있게 된다. 왜냐하면, 그것들은 육체에 속하기 때문이고 몸 자체는 구세주에게 속하기 때문이다(『아리우스주의에 대한 반론』, 34).

아폴리나리우스주의(Apollinarianism)는 만일 인간론적인 이원론이 없다면 영혼과 육체의 연합도 본질적으로 불합리한 것에 지나지 않다며 참된 성육신을 지지했다. 아폴리나리우스주의는 **아리우스주의**(Arianism)의 오류가능한 그리스도에 관해 논증하였고, 그리스도의 인성의 연합을 보증했으며, 어떻게 하나님이 몸을 인수함을 통해 고통에 참여할 수 있는지를 설명했다.

그런데도 아폴리나리우스주의는 적절하지 않았다. 아폴리나리우스적 기독론에 두 가지 결점이 매우 심각하게 나타났다.

첫째, 정신이 없는 몸은 인간의 본성의 단절을 의미한다. 로고스는 단순히 그 자신을 육체로 옷입힘으로써 참 인간이 된 것이 아니다. 왜냐하면, 인간 본성의 본질은 그리스도에게 부족한 이성적 영혼이기 때문이다. 그는 그의 육체에 관해서만 우리와 같았다. 그것은 단순히 동물의 본성과도 같은 것이다. 그래서 닛사의 그레고리(Gregory of Nyssa)는 아폴리나리우스가 하나님이 동물이 되신 것이라고 성육신을 축소시켰다고 비난했다. 그래서 아폴리나리우스주의는 받아들여지지 않는다. 왜냐하면, 그것은 그리스도의 참된 인성을 부인하기 때문이다.

둘째, 만일 그리스도에게 인간 정신이 결여되었다면, 그는 인간 정신을 구원하지 않았을 것이다. 이러한 추론은 성육신 교리 아래에 놓여 있는 근본적인 원칙에 근거한다. 그 성육신 교리는 '취하지 않는 것은 구원되지 않는다'(*quod non est assumptum non est sanatum*)는 것이다. 이러한 원칙의 진리로부터 동떨어져서는 성육신을 위한 이성적 근거를 전혀 찾을 수 없다. 그래서 아폴리나리우스의 기독론은 기독교 구원론을 손상시켰던 것이다. 아폴리나리우스주의는 이러한 결점들 때문에 377년 로마 교회회의에서 이단으로 정죄되었다.

아폴리나리우스를 반대했던 안디옥의 신학자들은 그리스도가 두 가지 완전한 본성인 인성과 신성 둘 다를 소유하고 있다고 주장했다. 이러한 교리는 그리스도가 몸과 영혼을 포함하여 완전한 인간 본성에 본질적인 요소들을 모두 소유했다는 것을 의미했다. 이러한 신학자들 중에 가장 저명한 자인 몹수에스티아의 테오도레(Theodore of Mopsuestia)는 성육신은 로고스가 마리아의 자궁에 잉태되는 순간에 그 스스로를 인간 예수에게 접붙이는 방식의 특별한 종류의 내재로 보았다(『성육신에 관해』, 7, 단편들 2-3).

그는 편재하시고 섭리하시는 분이기 때문에 그들의 존재와 작용 안에서 모든 것에 대한 그의 본질에 의해서 하나님은 존재하신다. 그러나 그의 선한 즐거움에 의해서 다른 모든 것보다는 어떠한 특정한 사물들과 더욱 더 친밀하게 관계를 가지기로 그가 선택하신다. 그리스도 안에 계신 하나님은 마치 성자 안에 계신 것처럼 기뻐하셨다.

테오도레는 그리스도 안에 하나의 인성만 있다고 입증했다. 그러나 그는 또한, 본질적으로 고려되는 각 본성은 완전하다는 것과 그 자체의 위격(hypostasis)을 가진다는 것을 견지했다. 더욱이 그는 의지와 중립적 사랑의 **기능적 연합**(functional unity)의 의미에서 로고스의 인간 예수와의 연합을 생각했다. 그래서 그 둘이 기능적으로 연합된 '인격'(prosōpon, 얼굴)으로 세상에 존재한다는 의미에서 한 인간을 구성한다는 것이다. 그래서 그리스도 안에 한 인간이 있다는 그의 입증을 그의 비난자들은 의심을 가지고 보았다.

428년에 콘스탄티노플의 주교가 된 사람은 네스토리우스(Nestorius)였다. 그의 이름은 그리스도 안에는 두 위격이 있다는 관점을 나타내는 표현과도 연관되어 있다. 네스토리우스는 그리스도 안에 두 개의 완전한 본성이 있다고 주장했다. 마리아는 신적 로고스를 낳은 것이 아니라, 단지 인간 예수만을 낳은 것이기 때문에 그는 마리아를 **테오토코스**(theotokos <하나님을 낳은 자, 또는 하나님의 어머니>)라고 부르는 것을 거절했다. 마리아의 태중에 형성되고 십자가에서 죽고 장사지낸 바 된 존재는 하나님이 아니었다. 오히려 그 태중의 아이를 취한 존재를 하나님이라고 한다. 왜냐하면, 그를 취하신 분의 신성 때문이다(『테오토코스에 반대하는 첫 설교』).

그의 정반대의 고백에도 불구하고 알렉산드리아의 신학자들은 네스토리우스가 그리스도 안에 두 위격이 있다거나, 두 아들이 있다는 관점에 동의하고 있다고 믿었다. 왜 그들이 그렇게 생각했는지를 이해하는 것은 쉽다. 만일 그리스도의 두 본성 각각이 이성적 역할 중에 완전한 보완을 가짐으로써 완전하다면, 왜 하나의 본성이 두 개의 위격 내지는 두 아들을 가지지 않는지를 이해하는 것이 어렵다. 이제 아폴리나리우스의 정죄로 말미암아 그리스도 안에 인간 영혼의 존재를 허용하도록 압력을 받는 알렉산드리아 신학자들은 그 딜레마에 대한 해결책을 공급할 수 없었다. 그러나 그들은 성경이 두 아들을 가르치지 않는다는 것을 확신했다.

알렉산드리아의 키릴(Cyril of Alexandria)은 다음과 같이 주장했다.

> 그가 육신이 될 때, 우리는 그 안에 내재함을, 성도 안에 내재함에 대해 이야기하는 것과 정확하게 같은 방법으로 정의하지 않는다. 그러나 본성에 의해 연합되었고 육으로 바뀌지 않으시면서, 인간의 영혼이 육체를 소유하듯 내재하신다(『네스토리우스에게 보내는 두 번째 편지』).

그 유비가 가진 문제점은 분명하다. 그것은 아폴리나리우스주의(영혼은 로고스의 것이며 몸은 인간 예수의 것이다)를 지지하거나 **네스토리우스주의**(Nestorianism) 그 자체(아들은 몸과 영혼이 있는 전인을 취한다)를 지지하는 것이기 때문이다. 431년에 에베소 공의회에서 정죄된 네스토리우스주의는 실제로 그리스도 안에서 인간과 하나님의 **연합**(union)을 주장한 것이 아니라 그저 존재론적으로 내재한 것 혹은 병렬적으로 나열을 했을 뿐이었다. 그러나 만일 인간됨에 대한 개념이 완전한 인간 본성의 개념에 매여 있다면 그리고 만일 아폴리나리우스주의를 거절한다면 네스토리우스주의를 피하면서 그리스도 안에 두 개의 본성을 주장하는 것은 매우 어려워 보인다.

451년에, 교황 레오(Pope Leo the Great)의 요청에 의해서 로마 황제 마르시온(the Emperor Marcion)은 **칼케돈 공의회**(Council of Chalcedon)를 소집했다. 『레오의 서』(Tome of Leo 449년)에 상당부분 의존하면서, 그 공식(the settlement)은 초대 교회의 기독론적 사변들의 정점을 이루었다. 그 책에서 교황은 터툴리안(『프락세아스를 반박하며』)의 주장을 따르면서 그리스도는 **두 본성을 가진 한 인격**(one person having two natures)이 되어야 한다고 선언했다. 그리스도의 인성에 대한 여러 가지 논증들 속에서 형성된 칼케돈 선언문은 그것을 진행하는 경쟁적인 학파들의 중도적 위치를 조심스럽게 점한다.

> 우리는 … 한 분이고 같은 아들이시며, 완전한 하나님이시고 완전한 인간이신, 참된 하나님이시고 참된 인간이시며 합리적인 영혼과 몸을 가지신 우리 주 예수 그리스도를 고백한다. 하나님으로는 성부 하나님과 동일 본질(호모우시오스)이며 그리고 인간으로는 우리와 동일 본질(호모우시오스)인 예수 그리스도는 죄를 제외하고는 모든 면에서 우리와 같은 분이시다. 하나님으로는 성부에게서 영원 전에 출생하셨으며, 인간으로는 오늘날 우리와 우리의 구원을 위해 하나님의 어머니(테오토코스)이신 동정녀 마리아에게서 탄생하시었다. 한 분이시고 동일한 그리스도, 아들, 주님, 독생자이신 예수는 혼동없이, 변화없이, 분열없이, 분리없이 두 본성 안에서 연합 때문에 결코 없어지지 않는 본성의 다른 점이 인정되어야 한다. 그러나 오히려 보존되는 각 본성의 성질은 한 인격(프로소폰)과 한 본질(휘포스타시스) 안에서 동시에 존재하고 두 인격으로 나누이거나 분리되지 않으며, 한 동일한 아들, 독생하신 하나님, 말씀, 주 예수 그리스도이시다.

이 공식은 양성론적 기독론에 대한 강력한 지지기반이다. 그리스도는 그 연합 가운데서도 여전히 구분 되는 그 두 가지 본성으로 존재한다고 선언된다. 더욱이 그리스도는 단지 그의 신성에서만 완전하고 참된 하나님이실 뿐만 아니라 또한, 그의 인성에서도 완전하고 이성적 영혼과 몸을 가지고 있는 참된 인간이시라고 하는 선언문에서 아폴리나리우스주의는 암암리에 거절된다. 그러나 동시에 단성론적 기독론에 대한 동의가 이루어 질 때는 그 공식은 그리스도 안에 단지 한 인격, 한 아들만 존재함을 주장한다. 그래서 네스토리우스주의의 과도함은 배척된다. 인성과 위격은 같은 의미를 가진다고 여겨진다. 그래서 성육신은 일종의 삼위일체의 거울에 비친 좌우 반대의 상(mirror image)이 된다.

삼위일체에서는 한 본성안에 여러 위격들이 있지만 성육신 안에는 한 위격안에 두 본성이 있다. 잘 알려진 네 형용사인 **혼동 없이, 변화 없이, 분열 없이, 분리 없이**(asinkitos, atreptos, adiairetos, achoristos)는 그리스도의 두 본성(two natures of Christ)이 반드시 구별되어야 한다는 것과 그의 위격의 연합(unity of person)은 결코 타협되어서는 안된다는 것을 기억하도록 돕는다. 처음의 두 형용사는 성육신의 결과로서 그 두 본성을 함께 섞는 알렉산드리아의 경향 때문에 있다. 뒤의 두 형용사는 두 본성의 실재적 연합을 성취하는 것을 실패한 안디옥 신학자들 때문에 있다. 이 4개의 형용사가 정통 기독론을 설명하는 데 필수적인 요소가 되었다.

칼케돈의 공식 자체는 우리에게 어떻게 이것이 이루어지는지 말하지 않는다. 칼케돈의 정식은 성육신을 설명하려고 애쓰지 않는다. 오히려 적절한 기독론적 사변을 위한 통로 표시 그 자체를 세우려고 노력한다. 그리스도의 인성에 관한 어떠한 이론은 하나가 되어야 한다. 그 하나됨 속에서 두 본성의 구별이 보존되고 한 인격, 한 아들이 그리스도 안에서 만나야 한다. 이른바 성육신에 관해 두 개의 가능한, 그러나 받아들여질 수 없는 설명을 제외하는 것과 정신 안에서 그 신비를 좀더 자세히 꿰뚫기를 시도하는 모든 사람이 산출해야 하는 본질적 사실들에 대한 잘 정리된 요약을 제공하는 임무는 훌륭하게 성취되었다.

기독론적 공식이 칼케돈에서 정점을 이루었음에도 불구하고 기독론적 사변의 한계들을 더욱 더 정확하게 정제하기 위해 두 개의 공의회가 아직도 더 필요하게 되었다. 553년에 열린 제2차 콘스탄티노플 공의회는 단성론에 대항한 어떠한 네스토리우스주의의 경향들을 정죄함으로써 칼케돈의 입장을 중재했다. 그러나 680년에 열린 제3차 콘스탄티노플 공의회는 **단성론**(monophysitism)과 **단의론**(monotheletism) 모두를 정죄했다.

칼케돈 공의회는 알렉산드리아에 연민을 가지고 있는 헬라어를 사용하는 다수의 그리스도인들을 소외시켰다. 그리스도 안에 두 개의 완성된 본성에 대한 개념으로 인한 그들의 불안함은 매우 타당한 관심으로부터 일어났다. 그것은 어떻게 하나가 두 위격이 없이 두 개의 완성된 본성을 가지느냐는 질문이었다. 제2차 콘스탄티노플 공의회는 그 질문에 대답하지 않았다. 그 공의회는 다음과 같이 고백하지 않는 자를 단순히 저주만 했다.

> 말씀은 육의 본성으로 변하지 않고 육도 말씀의 본성으로 변하지 않는 그러한 혼합 없는 위대한 연합이 일어났다. 위격적(휘포스타시스) 연합이 발생했으나 각 본성들은 그대로 남아 있다.

단성론자들을 곤란하게 만드는 질문은 그리스도의 의지에 대한 논쟁에서 심지어 더 정확하게 되었다. 단의론자들은 그리스도가 그의 유일한 위격의 의지였던 하나의 의지만을 소유했다고 주장했다. 그러나 제3차 콘스탄티노플 공의회는 각 본성들이 완전하기 위해 반드시 그 자신의 의지를 가져야 한다는 것을 견지했다. 그 회의는 다음과 같이 선언했다.

> 우리는 그리스도 안에 두 개의 본성적 의지와 두 개의 본성적 작용들이 있음을 선언한다. … 이 둘은 (서로에게) 반대되는 것이 아니다. 그러나 하나님은 그의 인간의 의지를 따르는 것을 금지했고 저항하거나 반대하지 않고 오히려 그의 신적이고 전능한 의지에 따르도록 했다.

그러나 두 위격이 없이 어떻게 두 개의 분리된 의지들과 작용들을 소유할 수 있는지에 관한 어떠한 설명도 여기에 주어지지 않는다. 단성론을 저주하며 교회는 그리스도의 인성을 나누게 되는 위기에 서게 된 것처럼 보인다.

3. 후기의 기독론 논쟁들

1) 루터파 기독론

알렉산드리아와 안디옥 사이의 오래된 논증은 **종교개혁**(Protestant Reformation) 기간 동안에, 특별히 성찬식에서 그리스도의 현존에 대한 그들의 해석에서 루터파 신학자들과 개혁파 신학자들 사이의 논증에서 다시 거론되었다. 루터 자신은 그리스도의 한 인성 안에 연합된 두 개의 구별된 본성이 존재한다는 전통적인 교리를 발견했다. 그러나 루터는 그리스도의 인간 본성은 하나님이 구성하고 충만하게 하였다고 주장했다. 알렉산드리아의 신학자들처럼, 루터는 몸과 영혼의 연합으로 또는 철과 열의 연합으로 이 연합을 비교했다. 루터는 다음과 같이 언급한다.

> 위격적인 연합이기 때문에 둘 다 각 본성의 속성들이 되는 것들을 종종 그렇게 교환한다. 이것을 **속성 교류**(Communicatio idiomatum)라고 부른다. 그래서 사람들이 인간 그리스도는 하나님의 영원한 아들이라고 말할 수 있다. … 다른 한 편으로는 하나님의 아들(이것은 참 하나님이신 인성을 의미한다)인 그리스도는 동정녀 마

리아에게서 나셨다고 말해질 수 있다.[1]

그런데 이러한 교류는 말뿐인 교환을 의미하는 것이 아니다. 오히려 루터는 하나님의 실제적인 속성들은 그리스도의 인성과 교류한다고 믿었다. 이러한 확신은 그리스도의 몸의 **편재**(omnipresence)에 관하고 그래서 성찬에서 그 몸의 **실제 현존**(real presence)에 관한 그의 논의 가운데 가장 분명하게 보여 진다. 루터는 한 사물이 존재할 수 있는 세 가지 길에 관한 스콜라 철학의 개념에 호소함으로써 그것을 설명한다.

첫 번째 의미는 공간적인(*localiter*) 이거나 제한적인(circumscriptive) 것이다.
그 의미에서는 그 장소와 그 몸이 정확하게 일치한다. 이것은 같은 공간을 점하고 있는 경우로 예를 들면, 물에 잠겨진 사물이 나타내는 용적의 경우와 같다.
두 번째 의미는 한정적(definitive)이다.
한 사물이 공간을 점하고 있지만 그것이 비공간적인(illocally) 경우로 예를 들면, 집 안에 또는 작은 것 안에 있을 천사의 경우와 같다.
세 번째 의미는 충만하게 하는(repletive) 것이다.
한 사물이 모든 장소를 채우지만 자신은 어떠한 것으로도 채워지지 않는다. 이러한 의미는 하나님 한 분께만 속해있다. 모든 3가지 의미가 그리스도의 몸에 동시에 적용될 수 있다는 것이 루터가 주장한 바였다.

첫 번째 방법은 "그리스도가 세상에 몸을 가지고 계실 때, 그의 몸의 크기에 따라 공간을 차지하시기도 하고 비우시기도 하셨다"는 것을 분명히 한다.
두 번째 방법은 그의 몸이 공간을 차지하거나 비우거나 하지 않고 "열과 빛이 공간을 차지하지 않으면서 공기, 물과 같은 것들을 통과하면서 존재하고 있는 것처럼, 그가 기뻐하는 곳이라면 어느 곳에서든지 모든 피조물을 통찰하시는 것이다." 이러한 방법으로 그의 몸은 성찬에 존재하고 참여자가 그의 몸을 실제로 씹게 되는 것이다.

---

1 Martin Luther, *What Luther Says*, comp. Ewald M. Plass, 3 vols(St. Louis: Concordia Publishing House, 1959), 1:174.

세 번째 방법은 모든 창조는 그를 둘러 포괄하지 않는다는 의미에서 그는 존재한다. 오히려 그는 그것을 제한하고 이해한다. 그래서 모든 것이 그의 앞에서 존재하도록 한다.

루터파 기독론(Lutheran Christology)은 속성 교류의 교리를 통해 루터교 신학자들은 그 두 본성 사이의 구별을 유지하는 것에 열심이 있어 보이지만, 동시에 칼케돈에서 금지한 것 즉, 그리스도의 두 개의 본성을 혼동하게 하는 것을 어기는 것처럼 보이고, 또 그리스도의 인성의 실제성을 위협하는 것처럼 보인다. 어떻게 한 인간 본성이 실제적으로 신이 되지 않고서 신의 모든 속성을 실제로 나눌 수 있는 지를 이해하는 것은 매우 어렵다. 더욱이 어떻게 이러한 교류가 가능한지 설명되지 않는다.

루터파 지도자들이 열정적으로 사용한 열과 철의 비유는 도움이 되지 않는다. 왜냐하면, 불은 철과 같이 열과 빛을 받아들일 수 있는 사물에 그 불의 속성을 전달하며, 그와 같이 신성은 인성에 속성을 전달 할 수 있다고 말했는데, 이것은 성육신을 설명한 것이 아니라 성육신에 대한 또 다른 재진술일 뿐이었다. 그 문제의 핵심이란 어떻게 무한한 존재와 유한한 존재가, 또한 절대적인 존재와 상대적인 존재가 하나가 될 수 있느냐라는 것이다.

2) 개혁파 기독론

1581년에 개혁파 교회는 루터파의 일치신조(Formula of Concord)에 대한 응답을 목적으로 한 교리적 진술문 안에, 그리스도의 인격에 대한 관점을 출간했다. 개혁파의 진술문에서 두 본성과 한 인격에 관한 전통적인 관점이 공포되었다. 그것은 영혼과 몸의 연합보다 더 긴밀하게 보여 지는 본성의 **위격적 연합**(hypostatic union)이었다. 그러나 이러한 연합 안에서 각 본성은 그것의 위격적인 특성들을 유지하고 있다. 심지어 그리스도 안에서의 두 겹의 정신이 있다고까지 하는데, 그 하나는 영원한 직관 안에 있는 모든 것을 알고 있고, 다른 하나는 제한되고 추론적인 지식을 소유하고 있다고 한다.

또한, 신성을 따르는 그 인간은 두 겹의 의지와 작용도 있다. 그리스도에 대해 나열된 서술문은 두 개의 본성이나 또는 그 중 하나의 본성에 대한 관점에서 볼 때, 그의 나누어지지 않은 인성에 관해서는 참이다. 그의 **비하의 상태**(state of humiliation, 출생부터 승천까지), 전지나 편재와 같은 신적인 본성에 속하는 속성들에 관해 그리스도는 이러한 특성들을 공개적으로 나타내지 않았다. 오히려 그 특성들은 감추어졌다. 그의 **승귀의 상태**(state of exaltation)에서 이러한 것들은 공개적으로 드러내어졌고 그의 인성은 남겨진 그것의 결점들과 함께 완전하게 되어졌다.

루터파 교리와는 다르게, 이러한 기독론은 그리스도의 인성을 분명하게 보존한다. 그러나 **개혁파 기독론**(Reformed Christology)에서 가장 두드러지는 문제는 그 기독론이 네스토리우스주의로 가려는 경향이 있다는 것이다. 그리스도 안에 두 개의 의지와 두 개의 작용 그리고 두 개의 정신에 관해 이야기를 할 때, 어떻게 인성이 신성에 종속하는 두 개의 인성으로 끝나지 않는가?

아마도 누군가는 그리스도 안의 신적 속성들의 '숨김'이 의미하는 바가 무엇인지를 질문할 것이다. 성육신이 비움(emptying)이라는 것은 하나의 실제적인 버려짐이 아니라 오히려 속성들의 숨김(occultatio)이다. 구름이 태양을 가리는 것과 흡사한 그것들 곧 속성들의 숨김인 것이다. 그러나 만일 그리스도가 실제적으로 그의 성육신의 상태에서 이러한 속성들을 소유하였다면, 어떻게 그가 사람으로서 실제로 그것들을 소유하지 않았다는 것이 가능할까?

이 문제는 네스토리우스주의의 문제를 악화시키는 것처럼 보인다. 왜냐하면, 우리가 하나로 이어진 두 조각의 나무처럼 신적인 속성을 소유한 존재와 단순히 인간적 속성을 소유한 존재, 두 개별적 인격체를 남긴 것처럼 보이기 때문이다.

3) 케노시스 기독론

19세기 동안에 근본적이면서 새로운 기독론에 관한 학파가 등장했다. 그것은 **케노시스 기독론**(kenotic Christology)이다(케노시스는 헬라어로 빌 2:7에서 그리스도의 성육신을 '비움'으로서 특징짓기 위해 사용된다). 케노시스주의(Kenoticism)는 루터파 기독론이나 개혁 기독론의 연장이라고 생각될 수 있다. 한 편으로 그것은 단순히 속성교류라는 루터파 교리의 역행처럼 보여 진다. 즉, 인간적 속성들은 신적인 본성과 교류한다는 것이다.

다른 한 편으로 그것은 숨김의 개혁파 교리를 실제적이고 긍정적인 신적 본성의 비움으로 높이는 것이다. 즉, 그리스도는 성육신하면서 어떠한 신적인 속성들을 소유하는 것을 멈추었고, 그는 참 인간이 되셨을 것이라고 논증하는 기독론적 관점으로 케노시스주의를 정의할 수 있을 것이다. 물론, 이러한 관점은 로고스와 인간 예수와의 관계 및 신적 속성들의 상태 등 케노시스의 확장된 의미에 대한 다른 여러 질문들을 일으킨다.

A. B. 브루스(A. B. Bruce)는 이러한 질문들에 대답하기 위해 등장했던 케노시스 기독론의 4가지 주된 학파들을 규정한다. 이 각각은 토마시우스(Thomasius), 게스(Gess), 에브라드(Ebrard) 그리고 마르텐센(Martensen)과 같은 뛰어난 학자에 의해 대표된다.

토마시우스는 하나님의 아들이 실제로 그 자신을 한정지우시지 않았다면, 성육신은 이루어질 수 없었을 것이라고 주장했다. 오히려 인간 예수 위에서 운행하는 신적 로고스만 있었을 것이라는 것이다. 그러므로 하나님의 아들은 반드시 공간과 시간 및 인간의 성장에 제한되는 인간의 유한성 안으로 들어와야 한다. 이것은 신성의 본질이 파괴되지 않고 두 본성이 혼동되지 않는 가운데 되는 일종의 자기 제한이다.

하나님의 아들은 신-인 자아(Divine-human ego)가 되신다. 그리고 그 스스로를 지속하신다. 그는 인간이다. 왜냐하면, 그는 타당한 영혼과 몸을 가지고 계시기 때문이다. 그리고 그의 자아는 인간적이며 동시에 신적인 의식을 가지신다. 그는 단순히 전지, 전능, 편재와 같은 신성에 본질적이지 않은 이러한 속성들을 제거했다. 이러한 것들은 단순히 창조주와 세계 간의 관계적인 속성들이다. 절대적 진리, 거룩함, 사랑과 동일 본질적인 속성들은 존속된다.

게스는 케노시스를 단지 점차적으로 회복되기 위한 예수 편에서의 영원한 자기 의식의 상실로 생각했고 성부 하나님으로부터 성자 예수로의 생명의 흐름의 단절로서 생각했다. 그래서 성자는 더 이상 자기 충족(self-sufficient)의 존재가 아닌 것이었다. 로고스는 인간 영혼으로 변형되셨다. 그는 인간의 영혼을 취한 것이 아니라(not assume) 그는 인간의 영혼이 되었다(become). 인간의 영혼과 로고스 사이의 딱 한 가지 다른 점은 로고스는 케노시스에 의한 존재가 되셨다는 것이고 반면에 인간의 영혼은 창조적 행위의 결과라는 것이다.

결과적으로 그는 죄를 지으실 수 있었다. 그는 그의 영원한 거룩함을 잃어버리셨다. 만일 어떻게 하나님이 그 자신을 소멸하는 것만 제외하고 이러한 모든 일을 할 수 있는가를 묻는다면, 게스는 단순히 그가 하나님이시기 때문이라고 대답할 것이다. 만일 그가 그 자신을 능가하는 힘을 가지고 있지 않았다면, 그는 전능하게 되실 수 없었을 것이다.

그 이론은 삼위일체에 관한 네 가지 결론과 연관된다.

① 케노시스의 시간동안 오직 성부 하나님만 자존성을 가지고 계신다. 성자 예수는 그 자존성의 '넘쳐흐름'을 경험하시지 않는다.
② 케노시스 시간동안은 성령 하나님은 성자 예수로부터 나오실 수 없다.
③ 케노시스 시간동안은 성자 예수는 더 이상 우주를 지키실 수 없다
④ 영화의 단계에서 인간 예수는 삼위일체 안으로 들어가게 된다.

에브라드는 로고스에게 인간의 영혼의 자리를 내어 주는 것에 대해 게스에게 동의한다. 그러나 이것은 신성의 상실이 아니다. 오히려 그것은 변장이다. 케노시스는 일시적으로 존재의 영원한 형태의 교환으로 구성된다. 전지, 전능과 같은 것들은 포기되지 않는다. 오히려 특별한 대상들을 향하는 공간과 시간이 일치하는 방법에서만 표현되는 것이 가능하다. 예를 들면, 전능은 기적을 이룰 수 있는 그리스도의 능력 안에 하나의 적용된 형태 속에 남아있다.

에브라드는 두 본성의 교리를 하나의 신적이며 인간적인 인성을 보는 추상적인 방법으로만 받아들였다. 신성의 인격은 시공 세계에 종속되었고, 그의 속성들은 그의 인성의 능력 가운데, 그 인간의 능력들에 반하지 않고, 적용된 형태로 나타났다. 그러나 그는 그리스도는 실제로 죄를 지으실 수 있었다고 믿었다. 그는 또한, 이 케노시스가 영원의 존재 양식을 포기하는 결정이었다고 믿는 것처럼 보여졌다.

마르텐센은 실제적이지만 상대적인 케노시스를 견지했다. 선재하는 로고스는 한 인간이 되는 것으로 그가 자신을 제한할 때에도 우주의 근거와 지지자가 되는 것을 멈추지 않았다. 예수 안에서 우리는 인간 의식의 양태로 인간 속에 계시된 하나님을 본다. 그래서 로고스는 이중생활(double life)을 하는 것이다. 그는 우주를 견지한다. 동시에 우리의 유한성으로 들어간다. 그러나 마르텐센은 로고스의 이러한 역할들 사이의 관계도, 또한 어떻게 이러한 이중성이 가능한지도 결코 설명하려고 시도하지 않는다.

케노시스주의는 비칼케돈인 기독론적 접근을 분명하게 나타낸다. 왜냐하면, 로고스는 성육신 하시면서 그의 본성이 변형되셨다고 주장하기 때문이다. 이러한 사실은 케노시스주의가 사실상 성육신하신 그리스도의 신성을 부인하는 데까지 이르지 않는지에 대한 질문을 일으킨다.

베일리(Baillie)는 다음과 같이 요구한다.

> 기독교는 하나님이 인간으로 변하셨다고 가르치는가?…어떠한 시점에서 하나님이 대략 30여년 동안 인간으로 변형되셨다고 가르치는가? 성육신에 관한 기독교 교리가 그러한 것과 같은 것은 전혀 의미하지 않는다고 말할 필요조차 없다. … 성육신이 어떠한 것도 고대의 이방신화의 변신이라는 것과는 같은 점이 없다는 것을 제안하는 것은 이상한 것이 될 것이다. … 그리스도의 신성과 인성은 단순히 연속적인 단계가 아니다. … 만일 그리스도가 먼저 하나님이었다가 나중에 사람이 되셨다고 한다면 그의 육신의 날들이 다하면, 인간됨을 남겨놓고 다시 하나님이 되시는 것인가?[2]

성육신은 그리스도가 하나님이면서 동시에 사람이라는 교리이다. 그러나 케노시스주의가 하나님의 아들이라는 인격적 정체성이 그가 취한 인간적 속성들의 주체가 된다고 주장하면서, 그런데도 그리스도가 분명하게 신적인 속성들을 벗어버렸고 그러므로 인간이 되는 과정 가운데 신성을 멈추었다는 입장을 견지했다며 베일리는 비난했다. 만일, 예수가 모든 의미에서 인간이셨다면, 케노시스 신학자는 하나님이 자신을 인간으로 바꾸셨다고 말하는 매우 어리석은 위치에 있게 된다.

케노시스 기독론이 제기하는 질문은 신적 본성의 내용, 즉 신성의 본성적 속성에 대한 것이다. 베일리는 하나님 안에서의 어떠한 변화는 신성으로부터의 **본체적인 변화**(substantial change)라는 것을 견지한다. 그러나 정확하게 그것이 케노시스 신학자들이 정통 교리에 제기하는 질문이다. 왜냐하면, 그들은 하나님의 가장 뛰어난 속성들은 사실상 단순히 하나님의 우연적인 특성들이라고 주장하기 때문이다. 그러므로 하나님께서 아마도 이러한 비본질적인 특성들을 양보하더라도 계속 하나님이시다.

하나님 안에서의 모든 변화는 본질적인 변화가 아니며, 우유적인 방법 안에서 변하실 것이지만 그의 본질이나 본성은 변하지 않는다고 앞서 논했다. 결정적인 질문은 케노시스 신학자들이 본 것처럼 변화가 단순히 하나님의 본성과 양립할 수 있는 **우유적 변화**(accidental change)인지 아닌지가 될 것이다.

---

2 D. M. Baillie, *God Was in Christ* (New York: Charles Scribner's Sons, 1948), 82.

4. 제안되는 기독론

성육신에 관한 교리의 역사의 몇 가지 중요한 것들을 간단하게 살펴보면서, 이러한 전제들로부터 우리는 그리스도의 인성에 관한 이성적인 교리를 형성할 수 있을 것이라고 믿는다. 우리가 이러한 기독론을 전개하기 전에 우리는 성육신에 관한 하나의 가능한 모델을 제시하려고 시도하고 있을 뿐이라는 것을 기억하자. 우리는 우리의 제안이 교리화 되는 것을 기대하는 것이 아니다 그러나 만일 우리가 성육신의 타당한 모델을 설명할 수 있다면, 성육신 교리의 비합리성을 주장하는 반론들은 세력을 잃게 될 것이다.

첫째, 우리는 그리스도 안에 한 인격이 두 개의 구별되고 완전한 본성, 신성과 인성이 있다는 칼케돈의 원리를 사실이라고 상정하되, 어떤 의미에서는 즉, 알렉산드리아 신학자들이 한 인격체인 예수 그리스도를 설정하는 것을 돕는 **개체 본질**(individual essence)이라는 의미에서 그리스도 안에서 하나의 본성을 가정하는 것에서 옳았다.

그러나 칼케돈의 교리를 형성한 자들이 그리스도 안에서의 두 개의 본성을 입증할 때, 그들은 추상적인 개별적 본질을 언급하지 않았고 오히려 어떠한 사물의 자연적 종류를 구별하는 것을 돕는 **종의 본질**(kind essence) 내지는 종의 본성을 언급했다. 예를 들면, 아리스토텔레스에 의하면 모든 인간은 '이성적 동물'이라는 자연적 종류에 속한다. 성육신한 그리스도는 두 개의 본성을 가지고 있었다는 것을 입증하면서, 교부들은 그리스도의 인성과 신성, 두 본성이 가져야 할 모든 속성을 예시했다는 것을 언급했다.

그러한 의미에서 그는 신성과 인성이라는 종에 속하는 두 본성을 가진다. 이러한 본성들은 그리스도께 단일한 신-인이 본질적이라는 말은 잘못되었다는 것을 가르쳐 주며, 신성과 인성을 구별해 준다. 신-인이 본질적이라는 말은 삼위일체의 제2위격에게 성육신이 본질이었다는 의미가 되는데, 이것이 잘못인 이유는 우리가 아는 바와 같이 로고스는 육체 없이 삼위일체의 한 구성원으로 선재하는 존재였기 때문이다. 오직 신적인 본성만이 본질적으로 로고스에 속해 있다. 그리고 성육신에서 그 로고스는 한 인간 본성도 우발적으로 취했다. 그래서 그리스도의 개체 본질은 인성을(예를 들면, 이성 능력) 구성하는 것을 돕는 어떠한 특성들을 포함하고 있으면서, 그들 모두를(예를 들면, 동물성) 포함하지 않는다.

왜냐하면, 아마도 부족할 어떠한 특성은 그의 개체 본질에 속할 수 없기 때문이다. 로고스는 그의 인간적 본성을 단지 우발적으로 소유한다.

우리의 **첫 번째 요점은** 성육신에서 로고스는 신적 본성에 속했던 여러 가지 속성들을 포기했다는 것을 제안하는 일종의 케노시스 기독론의 거절을 의미한다. 왜냐하면, 만일 그리스도가 신적임에 본질적인 속성을 벗어버릴 것이라면, 그는 거기에서 하나님이 되는 것을 멈추셨을 것이다. 그것은 성경적인 자료들과 양립할 수 없다. 그러므로 그것을 성육신의 기독교 교리로서 받아들일 수 없다.

이러한 케노시스 관점에서는 로고스가 케노시스 이후에도 전과 같은 인격이지만, 그러나 그 인격은 더 이상 하나님이 아니다. 왜냐하면, 신성인지 아닌지 확인할 수 있는 것은 누군가의 본성이지 누군가의 인격이 아니기 때문이다. 그러므로 만일 로고스의 본성이 변한다면 그의 신성도 변할 것이다. 그리고 그는 더 이상 신적이지 않으실 것이다.

더욱이 **본성적 종들의 전형적인 구성원들**(typical members of natural kinds)은 본질인 그 종의 구성원이라는 것은 당연하다. 그래서 만일 어떤 개체가 본질적인 변화(그 변화는 본질의 변화 내지는 실체의 변화)를 경험한다면 그 개체는 그 개체로 존재하는 것을 멈추게 될 것이다. 그리고 다른 무언가가 될 것이다. 예를 들면, 화장되어 땅에 묻혀버린 한 사람은 본질의 변화를 경험한다. 그래서 더 이상 인간이 아니다. 그리스도가 인간이라는 종의 전형적인 구성원이 아니지만, 그는 그 '하나님'(deity)이라는 종의 하나의 전형적인 구성원이다. 그러므로 그는 존재함을 멈추지 않으면서 하나님이 되는 것을 멈출 수 없다(물론, 하나님은 존재하는 것을 멈출 수 없다. 왜냐하면, 그는 필연적이고 영원한 존재이기 때문이다). 그러므로 그리스도는 하나님이 되시는 것을 멈추실 수 없었을 것이다. 만일 케노시스 신학자들이 그리스도에게 이러한 특권을 부여하지 않는 것이 신성의 전능의 제한이 아니라고 했을 때, 우리는 이것은 하나님께서 드실 수 없는 돌을 만들 수 있다는 것을 부정하지 않아야 전능의 제한이 아니라고 답해야 한다. 이러한 것들은 논리적으로 불합리하다. 그리고 이러한 경우에 하나님의 전능함에 호소하는 것은 그 속성을 이해하는 것에 실패한 것이다.

케노시스 신학자들은 전능, 전지, 편재와 같은 속성들이 신성에는 본질적이라는 것을 부인함으로써 위의 문제를 주장할 것이다. 그러므로 그들은 로고스는 하나님이 되는 것을 멈추지 않으면서 그것들을 버릴 수 있었다고 주장할 것이다. 그러나 이러한 기독론은 너무 얇아서 받아들여질 수 없을 정도로 충격적인 하나님에 대한 개념을 의미한다. 우리는 여러 가지 유신론적 논증들이 광범위하게 논리적인 의미에서 필연적이고, 전지하시고, 전적으로 선하신 한 존재가 존재한다는 것을 의미하는 것을 보아왔다. 더욱이 그 존재가 이러한 특성들이 부족하게 될 수 있으면서, 하나님이 되는 것이 가능하게 될 수 있다는 것을 생각하는 것은 신학적으로 불가능해 보인다. 케노시스 신학자들은 인간보다 힘도 없고, 지식도 없고, 공간 제약도 많이 받고, 논리적으로 우발적인 존재(나사렛 예수)가 하나님이시며 경배 받기에 합당한 가능 세계를 말한다. 그러나 이것은 불가능하다.

일부 케노시스 신학자들은 그 반론에 답하기 위해 하나님은 언제나, 전지, 전능, 편재와 같은 본질적인 속성을 소유하시는 것이 아니라 '성육신 하신 때를 제외하고' 그런 속성들을 소유하신다고 주장한다. 이러한 속성들은 신성에 필수적이며 따라서 결코 양보할 수 없는 것이다. 그러나 이러한 대답은 설명하는 데 있어서 어리석은 것이 되어 보인다.

"만일 그가 그의 전능함을 포기한다면 어떻게 하나님이 하나님이심을 유지할 수 있는가?"라는 질문에 대한 답변에서 우리는 그가 만일 그가 전지함을 포기하지 않는다면 그는 전지한데, 그 이유는 본질적 특성을 유지하기 때문이라는 대답을 듣는다. 한 인간이 개미가 되기 위해 인간의 모든 특성들을 버렸지만, 오히려 인간임을 유지했다고 우리가 듣는다고 상상해 보라. 만일 우리가 인간의 본질이 이성이며, 개미가 된 그는 인간이 아니라고 반론을 폈을 때, 그의 본질인 이성은 개미가 되었을 때를 제외하는 항상 소유하며 또한, 개미가 되었을 때에라도 여전히 인간의 본질적 속성을 갖고 있다는 것은 제대로 된 대답이 되는가?

이러한 대답은 그 문제를 재주장하는 것밖에 되지 않는다. 존재론적으로 말해서 케노시스적으로 성육신이 발생할 때를 제외하고는 심지어 전지함과 같은 이러한 특성들은 분명하지 않다. 이러한 인위적인 특성들은 수용력이나 자질의 의미에서 속성들이 아니다. 오히려 실제적인 속성들처럼 가장하는 서술문이다. 그것들은 실제로 "심지어 그가 잠시 전지함을 포기한다고 해도 그리스도는 신성을 유지한다"라는 주장이다. 이것은 정확하게는 논증 중에 있는 쟁점이 된다.

더욱이 성육신의 문제는 심지어 이러한 그리스도의 부정적인 특성들을 가정함으로써 해결된다는 것은 분명하지 않다. 왜냐하면, 어떠한 신적인 속성들은 케노시스주의자들이 상상하는 방법으로는 임시로 벗어질 수 없어 보이기 때문이다. 예를 들면, 그리스도는 케노시스적으로 성육신할 때를 제외하고는 전능한 본질적인 특성을 가지고 있다고 여겨진다고 말하는 것이다. 그리스도가 만일 전능함을 포기하였지만, 전능함을 회복할 수 있는 힘을 유지하고 있다고 한다면 그는 사실상 결코 전능함을 그만 둔 것이 아니다. 왜냐하면, 전능함은 어떤 존재가 할 수 있는 것과 관련된 속성이기 때문이다.

그러나 만일, 그리스도가 전능함을 회복할 수 있는 힘이 부족했다고 한다면 어떻게 그가 임시적으로만 전능하지 않은 것이라고 볼 수 있는가?

또는 필연성, 자존성 그리고 영원성과 같은 신적 속성들을 고려해 보자. 이러한 것들이 임시로 포기되었다고 말하는 것은 의미가 없다. 왜냐하면, 만일 누군가 그의 참된 본성이 이러한 특성들을 소유하고 있다면, 그는 그것들을 영원하게 소유한 것이기 때문이다.

그러나 만일 이러한 것들이 포기되지 않았다면, 어떻게 그리스도가 죽을 수 있었나?

이러한 속성들이 그의 신적 본성 안에 보존된 상태에서 그리스도는 그의 인간 본성만 죽었던 것이라고 누군가 말하도록 강요하는 것 같다.

그러나 그 때에 왜 또 다른 신적 속성들을 위해 같은 것을 말하지 않는가?

그리스도는 그의 신적 본성 안에서 전지할 수 있고, 전능할 수 있고, 편재할 수 있다. 그러나 그의 인간적 본성 안에서는 그렇지 않다. 이것은 칼케돈 정통고백으로 회귀하게 한다.

둘째, 우리는 아폴리나리우스의 로고스는 나사렛 예수의 이성적인 영혼이었다는 주장을 자명한 원리로 놓는다. 아폴리나리우스가 옳게 구별한 것은 만일 우리가 그리스도 안에서의 인격의 이중성을 피해야 한다면 인간인 나사렛 예수와 신적 로고스는 그들의 두 가지 개별적인 본성을 연합시키는 어떠한 공통의 구성 요소를 반드시 공유해야 한다는 것이었다. 칼케돈은 인간적 본성과 신적 본성을 예시해 주는 한 가지 휘포스타시스가 있다고 진술한다. 그 휘포스타시스는 인격체 그리스도와 동일하다.

그런데 이것의 의미가 무엇인가?

만일, 완성되고 **개별적인 인간적 본성**(individual human nature)이 그리스도 안에 존재하고, 또 완성되고 개별적인 신적 본성인 로고스가 존재한다면 어떻게 두 인격이 존재할 수 없는가?

아폴리나리우스는 로고스가 예수의 인간 정신을 대신했기 때문에 일반적 인간 안에 영혼이 몸과 연합된 것처럼 인간의 몸과 연합된 로고스가 하나의 인격으로서 그리스도 안에 있었다고 제안했다. 아폴리나리우스의 관점에서 볼 때, 어떻게 하나의 휘포스타시스가 각 본성에 적절한 특성들을 예시할 수 있는지를 보는 것은 쉽다.

불행하게도 아폴리나리우스의 관점은 근본적으로 결점이 있었다. 왜냐하면, 완전한 인성은 사람의 몸보다 더 많은 연관을 가지기 때문이다. 그래서 아폴리나리우스의 관점은 성육신을 실제로 로고스의 인간됨이 아니라, 단순히 동물됨으로 보는 것이었다. 더욱이 아폴리나리우스의 반대자들은 다음과 같이 올바르게 주장했다. 이러한 관점은 그리스도의 사역을 그의 인성과 함께 약화시킨다. 왜냐하면, 그리스도는 참된 인간적 본성을 가지지 않았고 오히려 동물적 본성을 가졌기 때문이다. 결국, 인간을 구원할 수 없다.

이러한 결점들은 극복될 수 없는가?

그의 오류에 빠지지 않으면서 아폴리나리우스의 통찰력을 우리가 이해할 수 있는가?

그의 비평가들이 줄어든 인간적 본성을 그리스도에게 부여하면서 그를 몰아세울 때, 그들은 아폴리나리우스를 오해하였을 것이다. 로고스는 단지 하나님의 형상일 뿐만 아니라 **원형의 사람**(archetypal man)이라고 아폴리나리우스가 주장하고 이러한 뒤의 의미 즉, 원형의 사람이란 의미에서 그의 선재하는 형태 안에서 인간적 본성을 이미 소유하였다고 주장할 때, 나지안주스의 그레고리(Gregory of Nazianzus)와 같은 그의 반대자들은 그리스도의 몸은 선재했다고 그가 주장한다고 이해했다.

그러나 아폴리나리우스는 그보다 더 정교했다. 그가 의미하던 것은 로고스의 본성 안에서 원형적으로 완벽한 인간적 인성이 포함되어 있었다는 것이다. 그 결과, 로고스가 인간의 육체를 취할 때, 로고스는 그리스도의 동물적 본성만 취했지만, 동물적 본성의 속성들만 취해도 완전한 인간의 본성을 만들 수 있었다. 그러므로 그리스도의 인성은 로고스와 육의 연합만으로도 완벽했다. 그 연합의 결과로서 그리스도는 몸과 영혼으로 구성된 완성되고 개별적인 인간적 본성을 참으로 소유했다. 왜냐하면, 그 인성은 인간성의 원형인 로고스와 육의 연합으로 완성된 것이기 때문이다.

성육신에 대한 이러한 해석은 인간은 **하나님의 형상**(imago Dei)으로 창조되었다는 신학으로부터 강한 지지를 모았다. 인간은 생태계의 다른 구성원들과 함께 공통적으로 그들이 가진 몸인 그들의 동물적인 몸 때문에 하나님의 형상을 지니지 않는다. 오히려 인간의 존재 안에서 그들은 독특하게 하나님의 본성을 반영한다. 하나님 자신은 인간적이시다. 그리고 우리가 인간적인 것만큼 우리는 하나님을 닮는다. 그래서 하나님은 심지어 성육신 전에 육체성(corporeality)만을 제외하고 인간의 인간됨에 충분한 특성들을 이미 소유하고 계셨다.

로고스는 인간 자신으로 존재하기 위해 필요한 모든 특성들을 그의 성육신 전의 상태에서 이미 소유했다. 인간의 몸을 가정할 때, 그는 완성된 인간의 본성을 위해 필요한 모든 것에 속하셨다. 이러한 이유로, 그리스도 안에 있는 한 자아의식적 주체인 로고스는 둘 다 완성된 신적이고 인간적인 본성을 소유하셨다.

아폴리나리우스의 통찰의 이러한 재형성은 그의 본래의 주장에 반대편에 자리잡고 있는 전통적인 거절들을 무효로 만든다. 왜냐하면, 우리의 관점에서 그리스도는 완전한 하나님이시며 완전한 사람이시기 때문이다. 말하자면 그리스도는 하나님으로서와 인간으로서의 모든 것을 소유하고 있다는 것이다. 그는 인간적이고 신적인 두 개의 완성된 본성을 가지고 계신다. 그에게 결함이 있다면 그것은 그에게 죄가 없으시다는 것이다. 왜냐하면, 그의 개별적인 인간적 본성은 아담의 본성처럼 죄로 타락하시지 않았기 때문이다. 그리스도가 완성된 인간석 본성을 소유하고 계시기 때문에 그래서 우리의 인간성과 완전하게 동일하시기 때문에 우리를 위한 그의 속죄의 사역은 유효한 것이다. 그래서 우리가 제시하는 기독론은 칼케돈에서 완성된 정통교리의 영역 안에 안전하게 놓여있는 것이다.

우리의 기독론의 이러한 **두 번째 요점은** 칼케돈의 공식 안에 암시적인 교리를 보여 주는데 이것은 후에 **위격-내적**(enhypostasia)이라고 부르게 되었다. 비잔틴의 레온티우스(Leontius of Byzantium, 485-543)가 발전시킨 이 교리는 영-육 혼합체인 인간인 나사렛 예수 곧, 그리스도의 개별적인 인간적 본성은 그 자체의 위격을 소유하시고 계시지 않았다고 서술한다. 말하자면 그 위격은 인성 그 자체에 존재하지 않았고 오히려 그것이 로고스와의 연합으로 위격적(hypostatic)이 되었던 것이다.

단성론자들(Monophysites)은 만일 그리스도가 두 개의 개별적 본성을 가지셨다고 한다면 각각에 해당하는 휘포스타시스를 소유할 것인데, 이것은 그리스도의 인격의 통일성을 파괴할 것이라고 주장했다. 레온티우스는 위격이 없는(*anhypostasia*) 하나의 개별적인 본성은 불가능하다는 점에서 단성론자들에 동의했다.

그러나 그는 그리스도의 인성은 위격-내적, 즉 다른것으로부터 존재를 받아들이는 본성이라고 가정함으로써 네스토리우스의 두 휘포스타세이스의 결론을 피했다. 그리스도의 경우에 신적인 로고스의 휘포스타시스는 성육신 전에 이미 존재하신다. 그 이후에 인간적 본성을 소유하기 위해 오신다. 그러므로 그리스도의 개별적인 인간적 본성은 로고스의 개별적인 신적 본성에 잇따라 발생한다.

그리스도의 두 개의 본성은 두 개의 분리된 휘포스타시스를 소유하지 않는다. 오히려 그것들은 하나의 공통된 휘포스타시스를 공유한다. 인성의 휘포스타시스는 신성의 휘포스타시스와 동일하다. 두 본성 모두에 휘포스타시스가 없는 것도 아니고 또한, 각각 있는 것도 아니다. 삼위의 제2위격인 로고스의 하나의 휘포스타시스를 가진다.

위격-내적이라는 개념이 우리의 기독론적 제안과 연합될 때, 어떻게 그리스도가 충분한 인간적 본성을 그리고 충분한 신적인 본성을 소유할 수 있는지, 그러나 한 인성이 되는지 분명하게 설명할 수 있게 한다. 왜냐하면, 로고스는 각 종의 본성에 속성을 전달하는 존재로 섬기는 휘포스타시스이며, 동시에 각 본성들에 대한 자기 의식적 자아이신 인격 둘 다이기 때문이다. 그리스도의 인간적 본성이 위격-내적인 이유는 그것이 로고스와의 연합에서 멀어지면 미완성적이기 때문이다. 이 통찰에서 멀어지게 되면 위격-내적이라는 교리는 신비적인 것으로 남아있게 되고 아마도 일관적이지 않게 된다.

현재의 제안에서 그 본성에 로고스 자신인 이성적 영혼을 공급함으로써 로고스는 그리스도의 개별적인 인간적 본성을 완성한다. 이것에서 얻어지는 타당한 신학적 이득은 로고스는 어떠한 인간적 본성을 취할 수 있었고, 그래서 로날드 레이건(Ronald Regan)이나 심지어 J. P. 모어랜드(J. P. Moreland)같은 개별적 인간이 하나님의 아들이 될 수 있었을 것이라는 제안을 종식시킨다는 것이다. 인간 나사렛 예수의 개별적인 인간적 본성은 그것의 로고스와의 연합을 떠나서는 존재할 수 없었을 것이다. 그리고 소위 로고스가 모어랜드와 연합되실 수 있었다고 한다면 결과로서 생기는 사람은 모어랜드가 되지 않았을 것이다. 오히려 그를 거의 닮지 않은 다른 사람이 되었을 것이다.

지금까지 설명된 대로 우리의 기독론적 제안이 가지는 원리적인 어려움은 복음서가 설명하는 바에 따라 나사렛 예수가 보여 준 인간적 한계 위에 무너지는 것처럼 보인다. 교회는 전형적으로 **반복 서술**(reduplicative predication)이라는 수단을 통해 말하자면 본성 혹은 다른 어떤 측면에서 그리스도의 인격의 어떤 속성들을 서술함으로 그리스도의 분명한 한계의 문제를 다루어왔다. 예를 들면, 그리스도는 신성에 있어서 전지하시다고 한다. 그러나 인성에 있어서 지식 안에 제한되어 계신다고 한다. 신성에 있어서 전능하시다고 한다. 그러나 그의 인성에 있어서 힘의 제한이 있다고 한다.

이러한 수단은 전능함과 필연성과 같은 어떠한 특성들의 관점에서 잘 작용하는 것처럼 보인다. 비록 그가 신성에 있어서 전능하고 불멸이라고 인성을 취하심으로 제한되시고 죽을 운명이 되었다고 하는 것은 쉬운 설명으로 보인다. 그러나 우리가 제안한 문제에 대해 이러한 반복 서술은 그리스도 안에 단일한 주체가 있다면 그리스도는 어떻게 전지하면서 동시에 지식의 제한을 가지는가라는 질문을 던질 수 밖에 없다.

어떻게 그가 신성이라는 측면을 고려한다면 **죄를 지으실 수 없는**(non posse peccare) 존재임과 동시에 인성이라는 측면을 고려한다면 죄를 지을 수 있는 가능성이 있는가?

브루스는 아폴리나리우스주의를 다음과 같은 이유로 거부한다.

> 인간의 정신(nous)이 없다. 자유도, 투쟁도 없다. … 복음서에 기록된 이른바 유혹과 투쟁은 쇼와 속임수이고, 값싼 덕의 결과들이고, 모든 인간의 관심을 끌지 못하고, 그 이름이 거의 타당하지 않은 것으로 축소된다.[3]

지금까지 설명된 것처럼 만일 우리가 모델과 함께 멈춘다면, 브루스의 이의는 확실히 결정적임을 증명할 것이다. 그러나 앞으로 우리가 보겠지만, 그 모델은 이러한 비판을 뒤엎기 위한 방법 안에서 확장될 수 있다.

셋째, 우리는 예수의 인격성에 대한 신적 측면들은 그의 비하의 상태 동안에 매우 잠재의식적(subliminal)이었다는 것을 자명한 원리로 놓는다. 윌리암 제임스(William James)가 '**잠재의식적 자아**'(subliminal self)라고 부른 것은 성육신한 로고스의 의식 안에 초 인간적 요소의 주된 위치라고 우리는 제안한다. 그래서 예수는 정상적인 인간의 의식적 경험을 하셨다. 그러나 예수의 인간 의식은 신적 잠재의식에 의해 밑에 놓여 있었다.

---

3 A. B. Bruce, *The Humiliation of Christ* (New York: George H. Doran Company, n.d.), 46

이러한 그리스도의 개인적 경험에 대한 이해는 깨어있는 의식보다 큰 인간 존재를 가능케 하는 심층 심리학(depth psychology)의 의미에 의존한다. 심리분석의 전체적인 계획은 우리의 행위들의 얼마는 우리가 거의 잘 모르는 행동의 깊은 샘을 가진다는 확신에 근거한다.

다중적인 인격성은 한 인간의 정신의 잠재적인 국면이 구별된 의식적 인성들로 나타나는 것에 대한 특별히 놀라운 예를 보여 주는 것을 혼란시킨다. 어떠한 경우에 모든 다른 이들을 알고 그들 각각이 아는 것을 아는 그러나 심지어 그들에 의해서 알지 못한 채 남아 있는 주된 개성이 있다. 또한, 최면술은 잠재의식의 실재에 대한 적극적인 증명을 공급한다. 찰스 헤리스(Charles Harris)가 설명하는 것처럼, 최면에 걸린 한 사람은 어떠한 사실에 대해 알게 될 것이고 그가 깰 때 그러한 것들을 잊게 될 것이다. 그러나

> 그 지식은 참으로 그의 정신 속에 있다. 그리고 미묘한 방법들로, 특별히 그가 지금까지 보여 주지 않았지만 그가 이 지식을 소유하고 있다는 것을 드러내줄 어떤 행동들을 하게 함으로써 증명할 수 있다. … 더 특별한 것은 최면에 민감한 주체는 동일한 객체를 동일한 시간에 보면서도 보지 않게 될 수 있다. 만약 누군가가 전등을 보지 않을 것이라고 말한다면 그때부터 전등을 보지 않을 수 있다. 그러나 보는 능력이 상실 된 것은 아니다. 단지 보는 것을 피할 뿐이다.[4]

이와 비슷하게, 성육신에서-적어도 그의 비하의 상태에서-로고스는 그의 인성의 이러한 측면들만 전형적인 인간의 경험과 양립할 수 있는 그리스도의 깨어 있는 의식의 부분이 되도록 허락했다. 그의 지식의 덩어리와 다른 의식적인 완전함은 수면 아래에 있는 빙산처럼, 그의 의식 속에 잠재되어 있다.

우리가 제안한 그 모델에서 그리스도는 결국, 한 인격이시다. 그러나 그 인격 안에 의식적이고 잠재의식적인 요소들이 신학적으로 중요한 방법을 통해 구별지어져 있다. 네스토리우스주의와는 다르게, 우리의 관점은 한 생명의 의식적인 측면들과 한 생명의 잠재의식적 측면들 외에 두 개의 인성이 있음을 의미하지 않는다.

---

4 Charles Harris, A. M Stibbe에 인용됨, *God Became Man* (London: Tyndale Press, 1957), 12.

여기에 제시된 그 모델은 단성론을 의미한다. 왜냐하면, 나사렛 예수의 정신인 로고스는 단일한 의지만을 가지시고 계시기 때문이다. 비록 누군가의 인격성의 잠재의식적인 측면들이 의식적인 의지들에 강한 영향을 미친다 할지라도(실제로 그러하다) 한 사람의 인격의 이러한 잠재의식적 측면들이 의지를 둘로 구별하지 않을 것이다. 그 모델의 이러한 의미는 우리의 관점에서 볼 때, 반대할 수 없는 것이다. 왜냐하면, 그것의 공의회적 지지에도 불구하고 양의론은 성경에서 어떠한 보증도 발견하지 못하기 때문이다.

일반적으로 이러한 교리의 증거문으로 사용되는 복음서에 나오는 본문들은 예를 들면, "그러나 내 원대로 마옵시고 아버지의 원대로 되기를 원하나이다"(눅 22:42)와 같은 겟세마네에서의 기도와 같은 것인데, 그러나 이것은 예수의 인간적 의지와 그의 신적인 의지와의 갈등을 심사숙고하지 않는다(그는 그 자신에게 말하고 있는 것이 아니다!). 단지 예수의 의지와 성부의 의지 사이의 관계에 대한 참고사항만을 보여 주는 것이다. 전형적인 인간의 의식을 소유함으로써 예수는 그의 하늘 아버지의 의지와 그의 의지를 같게 하기 위해 약함과 유혹과 두려움을 대항해야 하셨다.

로고스의 의지는 성육신 때문에 인간 나사렛 예수의 의지가 되셨다. 우리의 관점에서 그 모델의 이러한 의미는 그것의 유익들 중에 하나가 된다. 왜냐하면, 로고스로 말미암아 그리고 그리스도의 개별적인 인간의 본성으로 말미암아 한 때, 구별된 의지들이 이루어졌지만, 그리스도의 인성의 연합을 보존하는 것은 특별하게 어렵기 때문이다.

이러한 모델은 복음서의 묘사에서 우리가 보는 예수에 관해 만족스러운 설명을 제공한다. 어린 인간들처럼 그의 의식적인 경험에서 예수는 지식과 지혜가 자라나셨다. 완전히 신적인 의식을 소유하시고 구유에 누워있는 아기 예수의 기형에 대해 생각하지 않는다. 그의 의식적인 경험 안에서 사실상 그가 죄를 지으실 수 없음에도 불구하고 우리는 진실로 유혹을 받는 예수를 본다. 죄의 유혹은 실제로 느껴졌다. 그리고 연기처럼 불어서 멀리 보내실 수 없었다. 유혹을 저항하는 것은 예수의 부분에서 영적인 훈련과 도덕적인 결심을 요구했다. 신적 잠재의식으로 혹은 초자연적으로 오류로부터 보호되셨으나 예수께서 실제로 깨어있는 의식 가운데 모르는 것이 있었다.

양자역학(quantum mechanics)에서 자동차 기술(auto mechanics)까지 세상에 대한 모든 지식을 로고스가 소유하시고 있음에도 불구하고 나사렛 예수는 이러한 주제들에 관해 대답하는 것이 가능하게 되었을 것이라고 생각할 이유가 없다. 인간 상태로 내려옴으로 그는 아주 많이 낮아지셨다. 더욱이 그의 의식적 삶 안에서 예수는 온갖 인간의 염려들을 알았고 육체적인 아픔과 약함을 느끼셨다. 이 모델은 또한, 예수의 기도생활의 완전함과 신실함을 보존한다. 그리고 이 모델은 왜 예수는 고난을 통해 완전한 존재가 될 수 있었는지를 설명한다. 그는 우리처럼 타락한 세상에서 승리하는 삶을 살기 위해 그리고 그가 맡은 바 구속사역을 성공적으로 성취하기 위해 그의 아버지를 순간순간 의존할 필요가 있었다.

겟세마네에서의 고뇌는 단순히 쇼가 아니었고 그의 깨어있는 의식 안에서 성육신한 로고스의 사실적인 고투를 대표하였다. 로고스가 그리스도의 마음이 되는 것에 대한 모든 전통적인 반대는 성육신에 대해 이렇게 이해하기 전에 사라져 버렸다. 왜냐하면, 여기에서 우리는 신적인 존재일 뿐만 아니라 인간의 상황을 사실적으로 나누어 주는 예수를 소유하기 때문이나.

토마스 모리스(Thomas Morris)같은 어떠한 기독교철학자들은 나사렛 예수의 의식적인 삶에 더해서 성육신한 로고스를 위한 독립적이고 의식적 생명을 가정한다. 모리스는 이것을 성육신의 **두 개의 정신들**(two minds)이라고 불렀다. 그는 많은 책략적 유비를 제공한다. 그 유비들 속에서 대칭적이지 않는 접근하는 관계들이 하부구조와 전체구조 사이에 존재한다. 전체를 아우르는 구조가 하부구조를 통해 얻게 되는 정보에 접근할 수 있다. 그러나 그 역은 성립하지 않는다. 그는 꿈에 대한 심리적 분석을 제공한다. 수면자는 꿈 속에서 꿈 속에 있는 자신이다. 그러나 그 수면자는 그가 실재라고 경험하고 있는 모든 것이 사실은 단순히 꿈이라는 것을 알아야 한다.

모리스는 나사렛 예수의 의식적 정신은 로고스의 정신인 더 넓은 정신의 하부구조로서 생기게 된다고 제안한다. 이러한 이해는 로고스의 의식에 대해 나사렛 예수의 몸 밖에서 로고스가 지속적으로 작용했다는 것을 견지했던 쯔빙글리(Zwingli)와 같은 개혁주의 신학자들의 전통 안에 있다. 이러한 관점의 주된 어려움은 네스토리우스주의로 미끄러져 들어갈 수 있음을 그것이 위협한다는 것이다. 왜냐하면, 두 개의 자기 의식적 정신이 두 개의 인성을 구성하지 않는지를 보는 것이 아주 어렵기 때문이다.

만일 여기에 제안된 이러한 모델이 타당하다면, 그리스도의 성육신에 관한 전통적 교리가 타당하고 설득력이 있다는 것을 보여 주기 위해 사용될 것이다. 그것은 또한, 우리를 위해 그리고 우리의 구원을 위해 모든 그것의 고뇌와 한계를 가진 우리 인간의 조건을 취하시고 그가 보여 주신 비하의 자기-비움의 행위 때문에 하나님을 찬양하는 것을 유도해 내는데 종교적으로 사용된다. 기독교철학자의 가슴은 찰스 웨슬리(Charles Wesley)의 찬송을 즐거워한다.

> 육체에 가리워진 하나님을 보라!
> 성육신하신 하나님을 찬양하라!
> 사람들과 함께 거하는 것을 즐거워하신
> 우리의 임마누엘 예수!
> 소식을 전하는 천사들의 찬송을 들으라,
> 새로 탄생하신 왕께 영광!

[요약]

그리스도의 참된 인성과 참된 신성을 입증하는 성경적 정보에 대한 반응으로 교부들은 그리스도 안에 두 본성을 소유한 한 인성이 있다고 고백하게 되었다. 우리는 반드시 그 본성들을 혼동해서도 안되고 또한, 그리스도의 인성도 나누어서는 안된다고 그들은 주장했다. 만일 우리가 종류를 나타내는 본성과 개별적인 본질 사이를 구별한다고 한다면 그리고 두 종류의 본성을 그리스도가 우연히 예시했다고 입증한다면 이러한 전통적인 교리는 일관성을 가진다.

케노시스 신학은 그리스도는 그의 신적인 본성 안에서 하나님의 전통적인 속성을 보유하고 있었다고 보는 전통적인 관점에 대한 하나의 불필요하고 결국, 실패한 대안을 제공한 것이다. 성육신에 관한 타당한 모델은 성육신한 그리스도의 정신은 삼위일체의 제2위인 로고스였다는 것을 입증한다. 그리스도의 개별적인 인간 본성은 로고스가 그 본성을 소유하지 않았으면 미완성이 되었을 것이다. 그래서 개별적인 나사렛 예수는 성육신을 떠나서는 존재하실 수 없었을 것이다. 로고스가 인간의 몸을 차지하신 것은 그리스도의 완성을 위한 인간적 본성을 제공한 것이다. 왜냐하면, 로고스는 그의 선재하는 형태 안에서 인간됨의 특성들을 이미 소유하고 계시기 때문이다. 그래서 그리스도의 인간적 본성은 내 위격적이고 로고스의 인성 안에서 그것의 본질을 발견한다.

이러한 기독론은 단성론을 암시한다. 상당히 잠재적으로 그리스도의 인성에 있는 초인간적 양상들을 만일 우리가 생각한다면 우리는 성경적 기록에서 신빙성을 찾을 수 있는 역사적 예수에 대한 타당한 그림을 가지게 될 것이다.

〔기본 용어〕

기독론 논쟁들
로고스-육 기독
로고스-인간기독론
알렉산드리아 기독론
안디옥 기독론
단성론사
양성론자
인성
신성
성육신
내재
인간론
몸
동물적 혼
이성적 영혼
아폴리나리우스주의
아리우스주의
기능적 연합
테오토코스
네스토리우스주의
연합
칼케돈 공의회
두 본성을 가진 한 인격
혼동 없이, 변화 없이, 분열 없이, 분리 없이
단성론

단의론
종교개혁
속성 교류
편재
실제 현존
루터파 기독론
위격적 연합
비하의 상태
승귀의 상태
개혁파 기독론
케노시스 기독론
본체적인 변화
우유적 변화
개체 본질
종의 본질
본성적 종들의 전형적인 구성원들
개별적인 인간적 본성
원형의 사람
하나님의 형상
위격-내적
반복 서술
죄를 지을 수 없음
잠재의식적 자아
두 개의 정신들

제33장

기독교 교리 3: 속죄

> 기독교만이 역사적으로 유일하게 중요한 종교는 아니다. 종교들 중 최고가 아닌 것도 분명하다. 오히려 기독교를 최악으로 치부하게 만드는 꽤나 강력한 사례가 있다. 원죄 교리와 대리속죄 교리의 연합 위에서 이루어지는 것에 의존하기 때문이다. 그 교리들은 지적으로는 경멸적이고 도덕적으로는 잔혹하기 때문이다.
>
> 알프레드 아이어, 「가디언」(The Guardian,), 1979. 8.30

> 세속화된 우리 시대에 보속(expiation)이나 대리(substitution)와 같은 생각을 지닌 사람들의 문제는 전통적 용어들에 힘이 부족했기 때문이 아니다. 그 용어들을 해석할 수 있는 능력을 가진 사람이 그 용어들의 내용을 충분히 강력하고 명료하게 설명하지 못하기 때문이다.
>
> 볼프하르트 판넨베르크, 『조직신학』(Systematic Theology)

1. 서론

속죄(atonement)라는 용어는 신학 용어들 중에서 독특하다. 그것은 헬라어나 라틴어에서 파생되지 않았고, 중세 영어로부터 파생되었기 때문이다. 그것은 조화로운 상태를 가리키는 "at onement"로부터 나왔다. 그 단어의 주된 의미는 **화해**(reconciliation)이다. 특히, 하나님과 인간 사이의 화해이다. 화해는 신약성경의 가장 중요한 주제이다. 그것에 비하면 하나님 나라와 구원, 칭의, 구속과 같은 중요한 다른 모티브들은 부차적이다. 따라서 속죄는 기독교 신앙의 핵심을 이룬다.

신약성경의 메시지는 하나님께서 자신의 위대한 사랑 때문에 그리스도를 통해 속죄의 수단을 제공하셨다는 것이다. 그리스도는 자신의 십자가 죽음을 통해 하나님으로부터 소외되고 정죄 받은 죄인들의 화해를 가능하게 하셨다(요 3:16).

따라서 "십자가"는 복음의 메시지를 전형으로 보여 주는 메타포이다. 그러한 이유로 바울은 복음을 "십자가의 말씀"(고전 1:18, 새번역)이라고 부를 수 있었다.

하지만 어떻게 그리스도의 십자가 죽음이 거룩하신 하나님 앞에서 죄인들의 소외와 정죄를 극복하고, 그들이 하나님과 화해될 수 있도록 했는가?

초대교회 교부들은 그리스도의 **인격**(삼위일체, 성육신)에 관해 벌였던 논쟁만큼, 그 이후 신학자들이 그리스도의 **사역**(속죄의 성취)이라고 불렀던 것에 관해 숙고하는 데 시간을 거의 할애하지 않았다. 그 결과, 보편공의회(ecumenical council)가 속죄라는 주제에 대해 선언했던 적이 없었고, 교회에는 공의회적 교시가 주어지지 않았다.

수세기에 걸쳐 엄청나게 다양한 **속죄 이론**이 제시되었고, 그리스도가 자신의 죽음을 통해서 하나님과의 화해 수단을 제공했다는 사실을 이해하려고 했다. 이 이론에는 속전론(ransom theories)과 만족론(satisfaction theories), 도덕적 영향론(moral influence theories), 형벌 대속론(penal substitution theories) 등이 포함된다.[1] 지면이 허락된다면 주요 대안들을 살펴봐야 했을 것이다. 경쟁관계에 있는 이론들은 성경 가르침에 부합하는지, 철학적으로 정합성을 가지는지를 가지고 평가되어야 할 필요가 있다.

안타까운 것이 있다. 속죄 교리에 관한 현대 기독교철학자들의 저술이 성경 주석가들에게 대체로 알려져 있지 않다는 점이다. 속죄 이론들이 형성되는 토대는 화해가 인간관계 내에서 일반적으로 이루어지는 방식에 기초한다. 왜곡의 위험이 그러한 방법론에 있는 것은 단순한 인간관계와 신-인간관계이 폭넓게 불일치하기 때문이다. 좀 더 근본적으로, 그러한 방법론에는 적절해보이기는 하지만 기독교적이지 않은 속죄론을 전개할 위험이 있다.

다시 말해서 성경적 사실에 부합하지 않는 속죄론을 전개할 위험이 있다. 지면의 제약 때문에 성경적 사실을 여기에서 검토할 수도 없다.[2] 하지만 기독교적

---

1 L. W. Grensted, *A Short History of the Doctrine of the Atonement*, Theological Series 4 (Manchester: Manchester University Press, 1920)는 다소 편향적이지만 읽기 쉬운 개관을 제공한다.
2 이에 대해 탁월하게 연구한 것들을 보려면, Leon Morris, *The Atonement: Its Meaning and Significance* (Downers Grove, IL: InterVarsity Press, 1983); I. Howard Marshall, *Aspects of the Atonement: Cross and Resurrection in the Reconciling of God and Humanity* (London: Paternoster, 2007). 다음의 연구도 여전히 유용하다. George Smeaton, *The Doctrine of the Atonement, As Taught by the Apostles* (Edinburgh: T&T Clark, 1870); repr. ed.: *The Apostles' Doctrine of the*

속죄론이 되려고 하는 이론이라면, 만족이나 고난 받는 주의 종, 칭의, 대리, 구속 등과 같은 성경적 모티브를 적절히 담아내야만 한다.

특정한 속죄이론을 옹호하지는 않지만, 우리가 생각하기에 적절한 이론에는 다음과 같은 요소가 반드시 포함되어야 한다. 형벌 대속과 만족, 구속, 도덕적 영향이다. 우리는 각각의 내용을 차례로 살펴보고자 한다.

2. 형벌 대속

첫째, 성경적으로 적절한 속죄이론이 담아야 할 첫 번째 요소는 형벌 대속이다. 본질적이고도 중심적인 요소다. 신학적 맥락에서 **형벌 대속**은 우리가 우리 죄에 대한 벌로서 마땅히 받아야 할 고난을 하나님께서 그리스도에게 가하셨다는 교리이다.

그 결과 우리는 벌을 더 이상 받을 필요가 없다. 주목할 점이 있다. 이 설명은 그리스도가 우리의 죄 때문에 형벌을 받았는지에 관한 질문을 열어둔다는 것이다. 형벌 대속의 지지자들 일부는 하나님께서 사랑하시는 아들에게 우리 죄 때문에 형벌을 가하셨다는 생각에 흠칫 놀란다. 그보다는 하나님께서 그리스도에게 고난을 내리셨다는 것이 더 적절하다. 그 고난이 우리에게 가해졌다면 그것은 우리에게 마땅한 응보이자 형벌이었을 것이다.

다시 말하자면 그리스도는 형벌을 받으신 것이 아니라, 우리에게 가해졌으면 우리의 형벌이 될 고난을 참으신 것이다. 우리는 그러한 설명이 형벌 대속론이 된다는 사실을 정의에 따라 배제하고 싶지 않다. 그러한 설명에 따르면 그리스도는 우리를 대신해 고난을 겪으시고, 우리의 형벌을 인내하시고, 그럼으로써 우리를 형벌로부터 자유롭게 하시기 때문이다. 물론 우리 설명에 따르면 형벌 대속론자는 그리스도가 실제로 우리를 대신해 형벌을 받았고 우리를 대신해 형벌을 감수했다고 주장할 수도 있다.

형벌 대속론을 간과하는 속죄론이 성경적 사실을, 특히 이사야 53장과 그것을 인용하는 신약성경의 자료를 적절하게 설명하리라는 희망을 가질 수는 없다. 더 나아가서 형벌 대속론이 참이라면, 그것은 적절한 속죄 이론의 부수적인 측면이

Atonement (Grand Rapids: Zondervan, 1957).

될 수도 없다. 형벌 대속론은 속죄의 다른 많은 측면의 토대이기 때문이다. 가령, 죄로부터의 **구속**과 신적 정의의 **만족**, 그리스도의 **도덕적 영향**의 토대이다. 따라서 다면적 속죄 이론(multifaceted atonement theory)은 형벌 대속을 그 중심에 놓아야만 한다.

형벌 대속론은 파우스투스 소치누스(Faustus Socinus, 1539-1604)의 시대 이후로 강력하면서도 이겨내기 어려운 철학적 도전에 직면했다. 이 도전을 논의하는 우리의 목적은 그 도전에 대해 어떤 단일한 해결책을 제시하려는 것이 아니라, 기독교 사상가에게 열려 있는 다양한 선택지 중 일부를 분석하는 것이다. 그러한 도전을 논의하는 것은 아직 이 책에서 다루지 않은 철학 분과의 문제들에 대해 우리가 활발히 토론하도록 한다. 그 분과는 **법철학**(philosophy of law)으로서,[3] 특히, **형벌이론**(theory of punishment)에 대한 문제로 이어진다.

안타깝게도 대부분의 신학자들은 이 논쟁에 그리 친숙하지 못하다. 비평가들은 형벌 대속 교리를 한 단락으로, 심지어 한 문장으로 예외 없이 묵살시킨다. 즉, 하나님이 다른 사람의 죄 때문에 무고한 사람을 처벌하는 것은 부당하다는 것이다. 논의는 이것으로 끝난다. 따라서 우리는 좀 더 깊이 살펴볼 필요가 있다.

어떤 사람이 형벌이론을 말하려거든 **형벌의 정의**(definition of punishment)와 **형벌의 정당성**(justification of punishment)을 모두 제시해야 한다. 법철학자들이 형벌이론의 이 두 측면을 구분한 것은 불과 수십 년에 지나지 않는다. 형벌 정의는 우리로 하여금 어떤 행위가 처벌될 수 있는지를 결정하도록 해준다.

반면에 형벌의 정당성은 해당 이론에 근거하여 처벌 행위가 허용되는지, 혹은 필요한지 결정하도록 도와준다. 형벌이론의 이 두 가지 측면은 형벌 대속 교리와 관련이 있다. 사실 형벌 대속은 전혀 신학적이지 않는 맥락에서도 종종 논의된다. 그것을 신학에 적용하는 것은 기독교철학자의 몫이다.

하지만 우리가 주의해야 할 점이 있다. 법이론가와 법철학자가 논의하는 형벌은 대부분 형법(criminal law)의 맥락에서 다루는 법률적 처벌이다. 형법이 아니라 민법(civil law)에 의해 집행되는 처벌의 틀도 여전히 법률적이다. 어떤 것은 사법제도의 일부로서 국가에 의해 집행되는 형벌에 대해 논의한다. 일부 철학자들이 지적하듯이, 그러한 형벌이론은 일반적인 형벌이론으로 간주되기에는 너무 좁

---

3 법의 본질이나 이념, 목적이 무엇인지 탐구하여 법학의 방법론을 확립하는 토대를 쌓는 철학 분과이다 – 역주.

다. 형벌이 가정이나 학교, 직장에서처럼 사법제도 밖에서 발생하는 경우도 있기 때문이다.[4]

대부분의 이론가는 이 사실을 알고 있다. 하지만 결국, 법철학에 관심을 갖고, 법률적 맥락 밖에 있는 형벌에 대해서는 무시하기로 선택한다. 우리는 그럴 수 없다. 우리의 관심은 분명 신학적인 것에 있기 때문이다. 인간의 정의 체계에 신적 정의와 유사한 면도 있다. 하지만 인간의 정의 체계에는 신적 정의와 크게 다른 특징도 있다.

명백한 사례를 제시하자면 국가는 인구과잉과 자원부족으로 인해 교도소 공간이 부족하게 될 경우, 형벌을 집행하지 않아야 할 수도 있다. 하지만 하나님은 그렇게 방해받지 않으시는 것이 분명하다. 법이론가와 법철학자는 형벌이론에 대해 엄청나게 많이 생각했다. 따라서 우리는 그들로부터 많은 것을 배울 것을 기대할지도 모른다. 하지만 우리가 반드시 염두에 두어야 할 것이 있다. 그들의 형벌이론을 신적 형벌에는 말할 것도 없고, 모든 유형의 형벌에 직접 적용할 수 없다.

1) 형벌의 정의

그렇다면 형벌이란 무엇인가?

형벌에는 가혹한 취급이 포함된다. 이것은 전형적인 형벌 사례에서 명백하다. 하지만 가혹한 취급은 형벌에 충분하지 않다. 소치누스가 이해했듯이, 하나님은 형벌이 아니더라도 어떤 사람에게 정당하게 고통을 가할 수 있다.

그렇다면 무엇이 가혹한 취급을 형벌로 전환시키는가?

이것이 바로 논의를 시작할 부분이다.

(1) 형벌 대속이 모순적이라는 주장

형벌의 충분조건에 대해 이루어진 합의는 없다. 하지만 알렉 월렌(Alec Walen)이 권위 있는 철학 사전에서 형벌의 충분조건으로 제시한 몇 가지 조건을 살펴보자.

---

4   이 점을 특히, 어쩌면 지나치게 강조하는 연구를 보려면, Leo Zaibert, *Punishment and Retribution* (Aldershot: Ashgate, 2006).

형벌로 여겨지는 행위에는 네 가지 요소가 반드시 있어야만 한다.

첫 번째 요소: 그것은 형벌을 받는 사람에게 일종의 비용이나 어려움을 부과해야만 한다. 그렇지 않으면 최소한 그 사람이 누리게 될 혜택을 철회해야만 한다.

두 번째 요소: 처벌하는 사람은 의도를 가지고 그 행위를 해야만 한다. 우연적으로 하거나, 다른 목적을 추구하다 부작용으로 발생해서도 안 된다.

세 번째 요소: 그 어려움이나 손해는 잘못된 행위나 부작위(不作爲)로 여겨지는 것에 대한 대응으로 부과되어야만 한다.

네 번째 요소: 그 어려움이나 손해는, 최소한 부분적으로라도, 잘못된 행위나 부작위로 여겨지는 것에 대한 비난이나 견책의 메시지를 내보내는 방식으로 부과되어야만 한다.[5]

이것은 표현주의적 형벌 이론(expressivist theory of punishment)이라고 불리는 한 유형으로, 조엘 파인버그(Joel Feinberg)가 대중화시켰다.[6] 그 이론에 따르면 가혹한 취급이 부과될 때 그것이 형벌로 간주되려면 "비난이나 견책"을 반드시 표현해야만 한다. 다수의 표현주의자들은 가혹한 취급이 인정된 권위에 의해 부과되도록 위의 특징을 수정하려고 할지도 모른다. 그리하여 개인적인 복수나 자경주의(vigilantism)[7]로부터 형벌을 구분하려고 할 것이다.

형벌 대속을 비판하는 일부 사람들에 의하면 하나님이 우리 죄를 대신해 그리스도를 처벌하는 것은 표현주의적 형벌이론 때문에 개념적으로 불가능하다.[8] 하나님은 그리스도를 비난하거나 견책할 수 없었다. 그리스도가 아무런 잘못을 하지 않았기 때문이다. 요점은 하나님이 다른 사람의 잘못을 대신해서 그리스도를 처벌하는 것이 부당하다는 것이 아니다. 그러한 잘못 때문에 하나님이 그리스도

---

5   Alec Walen, "Retributive Justice," in *Stanford Encyclopedia of Philosophy*, ed. Edward N. Zalta, summer 2014 ed.,
    https://plato.stanford.edu/archives/sum2014/entries/justice-retributive.
6   Joel Feinberg, "The Expressive Function of Punishment," in *Doing and Deserving: Essays in the Theory of Responsibility* (Princeton, NJ: Princeton University Press, 1970), 95-118.
7   개인의 재산이나 생명을 법이나 법적 기관에 의거하지 않고 스스로 지키려고 하는 태도나 입장을 일컫는다 - 역주.
8   Mark C. Murphy, "Not Penal Substitution but Vicarious Punishment," *Faith and Philosophy* 26 (2009): 255-59.

에게 부과하신 어떤 가혹한 취급이 형벌로 간주되지 않는 것은 그것이 비난을 표현하지 않기 때문이다.

(2) 형벌 대속이 모순적이라는 주장에 대한 대답

형벌 대속 지지자들이 이 주장에 대답할 수 있는 방법이 몇 가지 있을 것이다. 위에서 언급한 견해, 즉 하나님이 그리스도를 처벌하신 것이 아니라는 견해를 고수하는 사람이라면 이 반대에 동요하지 않을 것이다. 심지어 그러한 반대를 환영하기까지 할 것이다.

하나님이 우리 죄 때문에 그리스도를 처벌하셨다는 것을 고수하는 이론가라면 표현주의적 형벌이론을 간단히 거부해버릴 수 있다. 그 이론은 대중적이긴 하지만 압도적인 지지를 얻고 있는 것처럼 보이지 않는다. 그 지지자들의 주장과는 대조되게, 형벌과 단순한 법률상 처벌 사이의 구분은 비난의 여지가 있는 가혹한 취급과 비난의 여지가 없는 가혹한 취급 사이의 구분과 일치하지 않는다. 이것이 그 이론에 있는 문제들 중 하나다.[9]

파인버그의 생각에 따르면 우리는 주차위반 딱지나 축구에서의 오프사이드 반칙, 직장에서의 해고, 학교에서의 낙제, 대회에서의 실격 등에 **형벌**이라는 용어를 적용할 수 없다. 그는 이러한 것들을 기술적으로 말해서 항상 견책을 표현

---

9 이러한 모호함 때문에 자일버트(Zailbert)는 페인베르그(Feinberg)의 표현주의적 이론이 민주주의 사회에 실제로 위험하다고 생각한다. 명백한 형벌 조치가 국가에 의한 단순한 처벌로 합리화될 수 있기 때문이다. "실용적으로 말해서, 페인베르그의 견해에서 가장 문제가 되는 측면은 국가가 시민에게 고통스러운 취급을 가할 수 있는 가능성을 연다는 것이다. 그것은 '형벌보다 훨씬 더 나쁜' 취급이지만, 시민들의 경우 '단순하게' 처벌을 받았을 경우보다 그에 대한 방어력이 더 적을 것이다. 페인베르그는 설명을 이어나간다. '심지어 태형이나 강요된 단식도 형벌에 해당하지 않는다. 그러한 것이 사회적 관습으로 있는 곳에서는 그것이 공개적인 질책을 표현하지 않기 때문이다'"(Zailbert, *Punishment and Retribution*, 113). 자일버트의 언급에 따르면 미국 연방대법원은 수정헌법 제8조가 잔인하고 이례적인 형벌을 금지하는 것으로 해석함에 있어서 상당한 어려움을 표한다. 어떤 행동이 형벌로 간주되는지 불분명하기 때문이다. 유명한 사례들 중 하나는 1960년 플레밍 대(對) 네스토(Flemming v. Nestor, 1960)에 대한 법원의 결정이다. 법원은 이 경우에 그리고 다른 경우에 추방이 형벌처럼 보인다는 사실에도 불구하고, 추방은 형벌이 아니라 행정적 문제라고 결정했다(Zailbert, *Punishment and Retribution*, 48, 54). "널리 알려진 표준적 해석은 국가가 형벌수단을 형벌이 아닌 것처럼 가장하여 형벌 권력을 쉽게 남용할 수 있도록 한다. 정부의 특정 행위를 단순한 행정 행위로 규정하는 것은, 일련의 행위가 분명히 형벌이라는 사실을 '신의 기계적 출현'(deus ex machina)으로 모호하게 만드는 것과 같다"(Zailbert, *Punishment and Retribution*, 48, 54).

하는 "형벌"과 구분하여 "처벌"이라고 부른다. 이와 유사하게, 민법을 위반하여 발생한 위법행위보상금(tort awards)과 벌금(fines)은 형벌로 간주될 수 없고 처벌로 간주되어야 한다.

하지만 이러한 구분은 명백한 것이 아니다. 사실 처벌도 매우 가혹할 수 있고, 종종 사회의 "적의"를 표현하거나 잘못된 행위에 대해 "단호한 비난의 판단"을 표현할 수도 있다.[10] 이것은 폭행이나 구타, 명예훼손, 사기, 억울한 죽음과 같은 위법행위(torts)에서는 부인할 수 없는 것처럼 보인다.

실제로 일부 위법행위는 범죄이다. 이 경우 보상금이 지급되는 행위도 형사판결에서 비난받고 있다. 심지어 범죄가 아닌 위법행위임에도 불구하고, 손해배상금이 사실상 징벌적 손해배상(punitive damages)이 되기도 한다. 이것은 교정적 정의(corrective justice)라는 목적을 넘어선다. 특히, 막대한 보상금은 원고에게 행해진 잘못에 대해 사회가 강력하게 비난하고 있음을 표현하는 것일지도 모른다. 스포츠에서도 비신사적인 행위나 조롱과 같은 반칙에 부과되는 벌칙은 그것들에 견책을 가져오는 것처럼 보인다. 이러한 위반은 범죄가 아니다. 형법을 위반하는 것이 아니기 때문이다. 하지만 그러한 위반에 부과되는 처벌이 견책을 표현한다는 것은 이치에 맞다.

마찬가지로 처벌할 수 있는 범죄가 있다. 이때 부과되는 처벌이 견책을 표현하지 않는 것처럼 보일지라도 말이다. 가령, **금지적 범죄**(malum prohibitum)로[11] 불리는 것에 포함되는 범죄는 처벌할 수 있다. 그 경우 부과되는 형벌이, 마리화나 소지와 같이 연방법을 위반하는 것에 대한 형벌처럼 어떤 적의나 비난을 표현하지 않더라도 가능하다. 게다가 형법 사건에는 엄중한 책임(strict liability)이라는 요소가 있다. 잘못 없이 행해지지만 처벌될 수 있는 범죄를 의미한다.

이 사건들은 이례적이지 않다. 마약류나 무기류 소지, 식품 라벨링 규정 위반 등과 같은 범죄가 포함된다. 엄중한 책임을 어긴 범죄에 대한 형벌에는 그 사람에 대한 견책이 포함되지 않는 것처럼 보인다. 하지만 그 형벌은 우리의 형법 제도(criminal justice system)에서 여전히 형벌로 간주된다. 그러한 범죄는 징역형보다는 벌금형으로 처벌된다.

---

10 페인베르그는 적의와 질책(단호한 반대)을 합쳐서 비난이라고 부른다.
11 그 자체로 부도덕하거나 악한 범죄인 본래적 범죄(malum in se)와 대비되는 개념으로, 정부의 행정 목적이나 정책에 의해 금지된 범죄를 지칭한다-역주.

이 사실은 징역형이 벌금형보다 좀 더 가혹하다는 사실로 적절하게 설명될 수 있을 것이다. 징역형이 견책을 포함하고 벌금형이 그렇지 않다는 사실로 설명되지는 않는다.

사실, 세속적 맥락에서 형벌 대속론은 형벌이 처벌을 받는 사람에 대해 견책이나 비난의 태도를 표현한다는 주장을 강력하게 반대하는 사례이다. 휴고 그로티우스(Hugo Grotius, 1583-1645)[12]의 기록(*Defence of the Catholic Faith* 4)처럼 대리 형벌은 고대 세계에서 암묵적으로 널리 통용되었다.[13] 그뿐만 아니라, 다른 사람을 대신해 죽고자 자발적으로 나서는 사람들은 귀족의 모범이라 칭송받는 것이 일반적이었다. 우리 현대인들은 그러한 관행을 부도덕하게 여길지도 모르고, 그것을 폐기한 우리 자신이 좀 더 계몽되었다고 생각할 지도 모른다.

하지만 이러한 고대 사회가 대리 형벌을 실제로 지지하고 실천하지 않았다고 주장하는 것은 문화제국주의(cultural imperialism)의 한 예가 될 것이다. 그것이 부당하기 때문에 형벌이 아니었다고 생각한다면 형벌의 정의와 형벌의 정당성을 혼동하는 것이다. 그것은 이론가들이 만들어내는 것과 비슷한 오류로서, 무고한 사람을 처벌하는 것은 실제로 처벌이 아니라고 생각하는 것과 유사하다. 오늘날 대부분의 이론가들이 생각하는 것처럼 무고한 사람을 처벌하는 것은 가능하다. 따라서 우리는 대리 처벌의 가능성을 인정해야 한다.

그렇다면 형벌 대속론을 옹호하는 사람은 일종의 비표현수의적 형벌이론을 수용함으로써 눈앞의 반대를 피할 수도 있다. 그러한 이론에 따르면 형벌은 법률이나 명령을 위반한 사람에 대해 관계 당국이 어떤 사람에게 부가하는 가혹한 처우다.

그렇지 않으면, 우리가 형벌을 견책의 표현(expressive of censure)으로 여기는 견해를 받아들인다고 가정해 보자. 폭넓게 수용되는 견해다. 그러한 경우 형벌대속론을 옹호하는 사람은 파인버그가 형벌과 처벌을 구분하는 것을 차용하여 다음과 같이 물을 수 있다.

하나님이 우리 죄를 대신해 그리스도를 처벌하고 그리스도는 우리 죄를 대신

---

12   휴고 그로티우스는 네덜란드의 법학자이자 정치가로, 그 무렵 유럽에서 발발했던 여러 전쟁들을 몸소 경험하면서 국제법에 대한 이론적 토대를 마련했다. 그는 "국제법의 아버지", "자연법의 아버지"로 불린다-역주.

13   이에 대해 더 자세히 알려면, Simon Gathercole, *Defending Substitution: An Essay on Atonement in Paul* (Grand Rapids: Baker Academic, 2015), 제3장을 보라.

해 그 처벌을 받았다고 왜 말하지 않는 것인가?

하나님이 그리스도를 가혹하게 취급하는 것이 견책을 표현하지 않았다면, 하나님은 우리 죄를 대신해 그리스도에게 형벌을 가하신 것이 아니라, 하나님이 우리 죄를 대신해 그리스도를 처벌했다고 여전히 말할 수 있는 것이다. 파인버그의 언급에 의하면 무고한 사람에게 처벌을 부가하는 것은 무고한 사람에게 형벌을 내리는 것보다 더 끔찍한 일이 될 수 있다. 일관성 문제라고 주장된 것이 도덕적 문제로 귀결되기 때문이다.[14]

이런 관점에서 볼 때 형벌 대속론을 비판하는 사람들은 저명한 법률가인 H. L. A. 하트(H. L. A. Hart)가 토론을 중단시키기 위한 "개념적 중지"(definitional stop)라고 부르는 것을 차용한다.[15]

안토니 퀸튼(Anthony Quinton)의 주장에 따르면 가혹한 취급이 형벌이 되려면 그 가혹한 취급을 받는 사람이 그 취급을 마땅히 받을 만해야 한다.[16]

퀸튼의 정의에 있는 문제는 무고한 사람에게 형벌을 가하는 것이 논리적으로 불가능하다는 것이다. 무고한 사람이 종종 유죄를 선고받고, 자신이 저지르지 않은 범죄로 인해 가혹한 취급을 받기도 한다는 것에는 논쟁의 여지가 없다. 그러한 사람들의 경우, 형을 선고받고 가혹한 취급을 받았더라도, 이론적으로 말해서 실제로 형벌을 받은 것이 아니라고 퀸튼은 말할 수밖에 없었다.

하트의 불평에 따르면 단순한 정의로 그들이 받은 취급을 형벌에서 제외시키는 것은 형벌에 관한 중요한 질문을 가리는 의미론적 책략(semantic maneuver)에 불과하다. 개념적 중지를 피하기 위해 하트는 우리가 특정한 유형의 이차적 형벌을 인정해야만 한다고 주장했다. 가령, 범법자가 실제로 아니거나 범법자로 추정되지 않는 사람에 대한 형벌 말이다.[17]

개념적 중지에 대한 하트의 불평은 위에서 월렌이 형벌의 특징에 대해 한 언급에서 그 영향을 발견할 수 있다. 월렌의 설명에 따르면 처벌을 받은 사람에게 유죄가 선고될 필요가 없기 때문이다. 가혹한 취급은 잘못된 행위로 **믿어지는 것**에 부과되어야만 한다. 그것조차도 지나치게 강력한 조건으로 보이는 것은, 독재자들은 자신들이 잘못된 행동이라 믿지 않는 행위에 대해 무고한 사람들을

---

14 Feinberg, "Expressive Function of Punishment," 112.
15 H. L. A. Hart, *Punishment and Responsibility* (Oxford: Oxford University Press, 1968), 5.
16 A. M. Quinton, "On Punishment," *Analysis* 14 (1954): 133-42.
17 Hart, *Punishment and Responsibility*, 5.

처벌할 수도 있기 때문이다. "잘못된 행위라고 주장되는 행동들에 대해"라고 말하는 편이 더 나을지도 모른다.

형벌 대속론의 일관성을 비판하는 사람들은 형벌 대속론을 토론할 때 개념적 중지를 하고자 한다. 그들은 개념상 형벌 대속론이 배제될 수 있는 방식으로 형벌을 정의 내린다. 데이비드 루이스(David Lewis)는 토론을 중단시키려는 이러한 시도에 대해 다음과 같이 말한다.

> 나는 독자가 이해할 것이라고 생각한다. 다시 말해서 유죄 범법자에게 일어났다면 처벌을 구성했을만한 일을 자원자가 겪는다는 것이다.[18]

그러한 취급이 정당한지 관한 논의가 이어질 것이다. 사실 루이스가 제시하는 반사실적 특성은 우리가 정의한 형벌 대속론과 일치한다. 따라서 표현주의적 형벌 이론가들이 형벌 대속론을 개념적으로 배제할 경우, 기독교 표현주의자들은 그렇게 시도된 개념적 중지로 곤란해 할 필요가 없고, 반사실적 특성을 받아들이면 될지도 모른다.

하지만 우리가 당연하다고 생각했던 것처럼 표현주의적 형벌 이론가들이 실제로 형벌 대속론을 배제시키는가?

전혀 그렇지 않다. 전형적 구성의 표현주의는 형벌 대속론과 완전히 일치하기 때문이다. 가령, 위에서 제시된 월렌의 설명을 살펴보자. 그의 네 번째 조건에 따르면 잘못된 행위라고 여겨지는 것을 행했거나 행하지 않은 것에 대해 처벌 받은 사람에게 비난이나 견책이 요구되지 않는다. 견책은 그 행위를 행한 사람이나 그 행위 자체에 대해 주어질 수 있다. 파인버그도 이와 유사하게 설명한다.

> 형벌은 공동체가 **범죄자의 행위**에 대해 강력한 반감을 표현하는 것이다. 사실 형벌은 **범죄자가 행한 잘못**에 대해 공동체가 반감을 표현하는 것이라고 말할 수도 없다.[19]

---

18 David Lewis, "Do We Believe in Penal Substitution?," *Philosophical Papers* 26, no. 3 (1997): 209.
19 Feinberg, "Expressive Function of Punishment," 100(강조는 내가 추가한 것이다). 더 강력한 비난의 자세나 판단은 범죄자가 한 일을 향할 수도 있다.

비록 형벌이 잘못을 행한 사람으로서의 범법자에 대한 비난이라 하더라도[20] 우리는 형벌 대속론을 배제하지 않는다. 우리는 비난이 형벌 받은 사람에게 향해야 한다고 요구하지 않기 때문이다. 요점은 전형적 형태의 표현주의적 형벌 이론이 형벌 대속론과 완벽하게 일치한다는 것이다. 형벌 대속론을 지지하고 실천하는 집단에 속한 사람들의 태도를 고려할 때, 그것은 마땅히 그래야 하는 바와 같다.

비난이 형벌 받은 사람을 향해야 하는 것은 아니라는 표현주의적 형벌 이론을 어떤 사람이 받아들였다고 가정해 보자.

그러한 이론은 그리스도가 우리 죄를 대신해 형벌을 받으셨다는 것을 배제시키는가?

꼭 그렇다고 할 수는 없다. 우리는 우리 죄가 그리스도께 **전가**되었다는 것을 포함하는 형벌 대속론을 옹호할 수 있기 때문이다. 그것이 바로 개신교 종교개혁자들이 말했던 것이다.[21] 그 이론에 따르면 그리스도는 개인적인 도덕적 결함이 없음에도 불구하고 법적으로 유죄 판결을 받았고, 우리 죄를 대신해 하나님으로부터 정죄 받았다. 형벌 대속론의 일관성을 비판하는 사람들은 죄의 전가 교리로 인해 일관되지 못하다는 비판이 실패한다는 것을 인정한다. 하지만 그들의 지적에 따르면 우리는 행위에 대한 도덕적 책임이 한 사람으로부터 다른 사람에게 전달되는 것을 경험하지 못한다.[22]

이 반대의 정도는 전가 교리가 참인지, 그래서 우리가 그러한 전달을 인간사에서 경험할 개연성이 있는지에 달려 있다. 하지만 왜 그렇게 생각하는가? 형벌 대속론 지지자들은 우리가 그러한 경험을 하지 못하는 것이 그리 놀라운 일이 아닐지도 모른다고 대답할 것이다. 우리의 죄나 죄책을 전가하는 것은 하나님의 독특한 행위이기 때문이다. 논란의 여지가 있지만, 하나님만이 절대적인 입법자이자 재판관, 통치자로서 죄와 죄책을 한 사람으로부터 다른 사람에게 전가시킬 수 있는 위치에 있다.

---

20 역설적이게도 이것은 머피 고유의 표현이다. 그는 형벌 대속론의 비일관성을 보여 주고자 했다(Murphy, "Not Penal Substitution," 256).

21 Martin Luther, *Commentary on St. Paul's Epistle to the Galatians*, trans. Theodore Graebner, Christian Classics Ethereal Library (Grand Rapids: Zondervan, 1939), 63-64. 비슷한 견해를 좀 더 신중하게 표현한 것을 보려면, John Calvin, *Institutes of the Christian Religion* 2.16-17.

22 Murphy, "Not Penal Substitution," 259.

하지만 전가의 유비가 우리에게 전혀 없는가?

우리는 그렇지 않다고 생각한다. 죄책이 한 사람으로부터 지워지고 다른 사람에게 부과된다는 의미에서 죄책을 한 사람으로부터 다른 사람에게 **이동**시키는 것이 문제가 아님을 언급하는 것은 중요하다. 전가 교리를 옹호하는 사람은 내 죄책이 그리스도에게 전가될 때 그것이 나로부터 제거된다고 생각하지 않기 때문이다. 죄책은 그리스도 안에서 복제된다. 이는 마치 원죄 교리에 따라 아담의 죄책이 아담으로부터 나에게 이동되는 것이 아니라 내 안에서 복제되는 것과 같다. 오히려 형벌 대속론의 전체적 근거는 형벌을 통해 죄책을 제거한다는 데 있다. 그렇다면 쟁점은 행위를 행한 사람과 다른 사람 안에서 죄책이 **복제**되는 것을 우리가 경험할 수 있는가에 있다. 그렇게 이해할 경우, 우리는 우리의 사법제도 안에서 유비를 발견할 수 있다.

민법의 경우 **대리책임**(vicarious liability)이라 불리는 사례들이 있다. 그러한 사례들의 경우, **상급자 책임**(respondeat superior; 상급자가 답해야 한다는 의미)의 원칙이 적용된다. 하급자의 법적 책임을 상급자에게 전가시키기 위해서는 상급자는 하급자의 행동에 대해 법적 책임을 져야 한다. 현대적 배경에서 상급자와 하급자의 이러한 관계는 고용인과 피고용인의 관계를 포함시키는 데까지 확장된다. 예를 들어, 피고용인이 피고용인으로서의 역할을 수행하며 행동한 것에 대해, 고용인 자신이 이 행동을 직접 행하지 않았다고 할지라도 법적 책임을 지게 된다.

그러한 경우 고용인은 태만함이나 범죄공모 등과 같은 다른 행동에 대해 법적 책임이 없다는 것을 강조할 필요가 있다. 사실 고용인은 그러한 문제에 대해 법적 책임이 전혀 없다. 대신에 피고용인이 어떤 행동에 대해 초래한 법적 책임은 고용인과 피고용인의 관계 때문에 피고용인에게 전가되는 경우가 있다. 고용인이 그 행동을 직접 행하지 않았더라도 말이다. 따라서 법적 책임이 피고용인으로부터 고용인에게 이동하는 것은 아니다. 대신에 피고용인의 법적 책임이 고용인 안에서 복제되는 것이다. 그렇다면 대리책임의 경우, 우리는 행위자가 아니라 다른 사람에게 전가된 행위에 대해 책임을 갖게 된다.

그러한 민법의 경우, 다른 사람에게 전가되는 것이 죄책이 아니라 그저 책임일 뿐이라고 말하는 사람이 있을지도 모른다. 이 주장은 고려할 가치가 없을지도 모른다. 대리책임은 민법과 마찬가지로 형법에서도 나타나기 때문이다.[23]

---

23 L. H. Leigh, *Strict and Vicarious Liability: A Study in Administrative Criminal Law*, Mod-

하급자가 직무를 수행하면서 저지른 범죄에 대한 법적 책임은 상급자에게 대신 지워질 수도 있다. 피고용인이 혼자 저지른 범죄에 대해 고용인과 피고용인이 모두 유죄를 받을 수도 있다. 그러한 경우 한 사람의 죄책은 그 행위를 하지 않은 다른 사람에게 전가된다. 흥미롭게도 대리 책임은 엄격 책임(strict liability)의 또 다른 사례이다.

엄격 책임에는 상급자에게 비난 받을 만한 요소가 없더라도 유죄로 인정된다. 범행 의도(mens rea)가 필요하지 않기 때문이다.[24] 상급자는 죄가 없더라도 유죄를 선고받고 처벌받을 수 있다. 따라서 법률에 존재하는 대리 책임은 우리의 죄책이 그리스도에게 전가되는 것이 우리의 경험 세계에서 그에 상응하는 것이 전혀 없지 않음을 보여 주기에 충분하다. 법률이 어떤 사람의 죄를 범죄 행위자가 아닌 사람에게 전가시키는 것에서 실제로 우리는 우리 죄를 그리스도에게 전가시키는 교리와 매우 밀접한 유비를 발견할 수 있다.

요약하자면 형벌 대속론을 지지하는 사람들은 둘 중의 한 입장을 취할 수 있다. 그리스도에게 형벌이 주어지지 않았다는 것에 동의하거나, 표현주의적 형벌 이론이 잘못 이해되었거나 대리 형벌과 양립할 수 있다는 견해를 가질 수 있다.

2) 형벌의 정당성

이제 우리는 좀 더 중요한 질문을 다루고자 한다. 무엇이 형벌 부과를 정당하게 하는가?

형벌의 정당성은 지배적 **정의론**(theory of justice)에 의해 결정된다. 정의론은 대체로 응보적인 것(retributive)과 결과론적인 것(consequentialist)으로 구분될 것이다. **응보적 정의론**에 따르면 형벌이 정당화되는 것은 그 죄책이 형벌을 받아 마땅하기 때문이다. **결과론적 정의론**에 따르면 형벌을 통해 외적 선(extrinsic good)이 구체화될 때 형벌이 정당하다.

---

ern Legal Studies (London: Sweet and Maxwell, 1982)를 보라. 사례들을 보려면, David Ormerod, *Smith and Hogan's Criminal Law*, 13th ed. (Oxford: Oxford University Press, 2011), 274, 277.

24 실제로 상급자가 전적으로 무고해서 범죄 행위(actus reus)나 범행 의도(mens rea)가 없더라도 전가에 의해 유죄 선고를 받기도 한다.

가령, 범죄 억제나 위험인물의 격리, 범죄자 교정 등이 있다. 응보적 정의론은 소급적이라고 종종 언급된다. 이미 행해진 범죄에 형벌을 가하기 때문이다. 반면에 결과론적 정의론은 예비적이라고 언급된다. 범죄가 행해지는 것을 막기 위해 형벌을 부과하기 때문이다.

(1) 형벌 대속론이 부당하다는 주장

형벌 대속론을 비판하는 사람들이 빈번히 주장하는 바에 의하면 하나님께서 우리를 대신해 그리스도를 벌하는 것은 하나님 편에서 볼 때 부당하다. 무고한 사람을 처벌하는 것은 부당하다는 것이 응보적 정의의 공리(axiom)이기 때문이다. 그리스도는 무고한 사람이었다. 하나님은 그리스도를 벌할 수 없었을 것이다. 하나님은 완벽하게 정의롭기 때문이다. 그리스도께서 우리를 대신해 이 자기희생(self-sacrifice)을 기꺼이 감내하셨다고 말하는 것은 소용이 없다. 그리스도의 이타적 행위에 담긴 숭고함은 행하지 않은 일에 대해 무고한 사람을 처벌하는 일이 부당함을 소멸시키지 않기 때문이다.

이러한 반대를 신속하고도 쉽게 다루는 방법은 결과론적 정의론을 받아들이는 것이다. 결과론적 정의론에 따르면 무고한 사람을 처벌하는 것이 억제 가치라는 관점에서 볼 때 정당화될 수 있다. 이는 널리 알려져 있다. 사실 결과론적 정의론에 가해지는 주요 비판 중 하나는 그 이론이 무고한 사람을 처벌하는 일을 정당화할 수도 있다는 데 있다. 결과론적 형벌론자는 하나님께서 우리를 대신해 그리스도를 처벌하는 일이 정당함을 인류 전체의 상실을 방지한다는 데서 꽤 쉽게 찾을 수 있을 것이다.

하지만 결과주의는 하나님의 형벌(divine punishment)의 토대가 되기에는 적당해 보이지 않는다. 성경에서 하나님의 심판은 궁극적으로 종말론적으로 묘사되기 때문이다. 불경건한 사람들은 하나님의 최종 심판의 날에 있을 "진노를 스스로 쌓아 올리고" 있기 때문이다(롬 2:5). 그 때에 부과되는 형벌은 응징이라는 목적만을 향하는 것으로 보인다. 성경적 관점에 따르면 악인은 어떤 경우에도 형벌 받아 마땅하다(롬 1:32; 히 10:29). 따라서 최소한 응보적 정의는 하나님의 형벌이 정당함을 일부 뒷받침한다.

20세기 전반에 사회과학자들의 영향 때문에 응보적 정의론보다 결과론적 정의론이 선호되었다. 다행히도 지난 반세기 동안 결과론적 정의론이 쇠퇴하면서 응보적 정의론이 부흥기를 맞았다. 이제 우리는 응보적 정의론을 정당화하는 일을 미룰 필요가 없다.

이러한 변화는 순전한 결과주의에 달갑지 않은 함축이 있다는 데서 적지 않게 기인한다. 그 이론에 따르면 무고한 사람을 처벌하는 것이 정당한 상황이 있기 때문이다. 안타깝게도 형벌 대속론이 부당하고 부도덕하다는 주장의 이면에 깔려 있는 것은 무고한 사람이 처벌되어서는 안 된다는 확신이다.

(2) 형벌 대속론이 부당하다는 주장에 대한 대답

이 반대를 평가하려면, 객관적인 도덕적 가치와 의무의 토대를 다루는 메타윤리 이론 내에서 그 반대를 상황화시켜야 할 필요가 있다. 안셀무스와 같이 형벌 대속론을 지지하는 사람들은 윤리를 일종의 신적 명령으로서 받아들이는 사람들이었다. 그러한 윤리론에 따르면 도덕적 의무는 하나님의 명령에 의해 구성된다. 하나님을 넘어서기에 하나님 스스로가 순응해야만 하는 외부 법칙은 없다.

말 그대로 하나님이 따라야 할 도덕적 의무는 없다. 하나님은 자신에게 명령을 내리지 않기 때문이다. 하나님은 어떻게든 자신의 본성과 부합하는 방식으로 활동하실 수 있다. 하나님에게는 우리에게 있는 도덕적 의무는 없고 독특한 특권만 있을 것이다.

가령, 자신의 뜻대로 인간에게 생명을 주거나 가져가는 특권 등이다. 칸트의 표현을 빌리자면 하나님은 대체로 의무에 부합하게 활동하실 것이다. 하지만 하나님은 자유롭게 예외를 만드실 수 있다. 의무 때문에 활동하시지 않기 때문이다. 이것이 바로 하나님께서 아브라함에게 그의 아들 이삭을 희생제물로 바치라고 명령하시는, 놀라운 이야기에서 얻는 교훈이다(창 22:1-19).

그러한 메타윤리 이론이 참이 아니더라도 모순은 없다고 한다면, 지금 다루고 있는 반대는 출발하기도 어려웠을 것이다. 28:5에서 우리는 전혀 별개의 이유로 그 이론에 모순이 없다고 주장했다. 그로티우스에 따르면 하나님께서 무고한 사람에 대한 처벌(대리 형벌)을 금지하는 사법제도를 인간 안에 세우셨을지라도, 하나님 자신도 그렇게 금지되는 것은 아니다. 모세가 자신을 대리 희생 제물로 내어 놓았을 때(출 32:30-34), 하나님은 거절하셨다. 이는 이삭을 희생 제물로 바치는 것을 거부하셨던 것과 같다.

하지만 만일 하나님께서 나사렛 예수의 모습을 입고 인간 본성을 취하기로 하셨고, 자신의 생명을 죄에 대한 희생 제물로 주기로 하셨다면, 누가 그분을 막을 수 있겠는가?

그것이 하나님의 본성과 부합하다면 하나님은 자유롭게 그렇게 하실 수 있다. 우리의 연약하고 타락한 인간성을 취하고, 자신의 정의가 요구하는 대로 우리 죄로 인한 형벌을 대신하고자 자신의 생명을 내어주려고 자신을 낮추시는 것보다, 하나님의 은혜로운 본성과 더 일치할 수 있는 것이 무엇이겠는가?

자신을 내어주시는 그리스도의 희생은 하나님의 거룩한 사랑을 표현함으로써 하나님의 본성을 드높인다.

이 반대에 가장 강력한 힘을 부여하는 것은 소치누스와는 반대로 하나님이 응보적 정의의 원칙과 반대로 행동하는 것이 불가능하다고 주장하는 것이다.

응보적 정의가 하나님의 본성의 부분이라는 이유에서다. 하지만 응보적 정의가 무엇이란 말인가?

형벌 대속론에 반대하는 사람들은 응보적 정의를 다루는 여러 다양한 설명을 충분히 구분하지 않았다. 이른 바 **소극적 응보주의**(negative retributivism)는 무고한 사람이 처벌되어서는 안 된다고 주장한다. 처벌받을 만한 이유가 없다는 이유에서다. 반면에 응보적 정의의 핵심은 소위 **적극적 응보주의**(positive retributivism)에 놓여 있다. 이에 따르면 유죄를 받은 사람은 처벌 받아야 한다. 처벌 받아 마땅하기 때문이다. 응보주의를 정의론으로 구분해 주는 것은 적극적 테제다. 그 테제에 따르면 유죄를 받은 사람들을 처벌하는 것은 본질적 선(intrinsic good)이다. 그들은 처벌을 마땅히 받아야 하기 때문이다. 하나님은 "죄를 벌하지 않은 채 그냥 넘기지는 아니"하시는 적극적 응보주의자시다(출 34:7, 새번역).

하지만 형벌 대속론자는 하나님이 제한적 의미의 소극적 응보주의자라고 주장할 수도 있다. 그리스도라는 무고한 신적 인간(divine person)을 유죄 받은 사람들 대신에 처벌하실 수 있는 특권이 하나님에게는 여전히 있기 때문이다. 이러한 특별한 예외사항은 하나님의 정의의 결함이 아니라 선하심의 결과이다. 물론 하나님은 무고한 사람에 대한 처벌을 금지하신다(신 24:16). 하나님 자신이 너무 선하셔서 무고한 사람을 처벌하실 수 없다.

적극적 응보주의가 하나님에게 적용되기에 너무 빈약한 응보적 정의론으로 여겨지지 않으려면, 그러한 테제가 얼마나 이례적으로 강력한지, 그리하여 인간 수준에서는 완전히 비현실적이라는 비판을 받아왔다는 사실이 언급되어야 한다. 자이베르(Zaibert)는 마땅한 응보(desert)가 처벌의 충분조건을 구성한다는 마이클 무어(Michael Moore)의 주장을 비판한다. 그의 주장은 국가가 모든 도덕적 잘못을 처벌해야 한다는 법적 도덕주의(legal moralism)를 수반하는 것 같았기 때문이다.

법적 도덕주의는 "불가능할 정도로 거대한 형사 사법 기구"를 요구한다. 그것은 "절대적으로 감당할 수 없고 비현실적"이다.[25] 국가라는 정황 밖에서 검토하더라도, 모든 부도덕한 행동을 처벌하는 것은 아주 불가능하다. 확고하고도 난폭한 응보주의자조차도 그러한 제안이 거부될 수밖에 없음을 인정해야만 한다.

자이베르의 강력한 비난에 따르면 그렇게 하는 것은 미치지 않고서는 거의 불가능하다.[26] 하나님만이 수행할 수 있는 임무에 대해 세속 이론가들이 씩씩거리는 것을 보며, 유신론자들은 미소 지을 뿐이다. 하지만 최소한 여기에서 우리는 적극적인 응보적 정의론이 얼마나 강력한지 볼 수 있다. 그리고 그것은 하나님을 적절한 소극적 응보주의자로도 여김으로써 더욱 증강될 수도 있다.

반대를 제거하기 위해 이 정도면 충분하다. 하지만 좀 더 언급할 수도 있다. 그 반대는 형벌 이론에서 **형벌 실행의 정당성**(justification of the practice of punishment)과 **형벌 행위의 정당성**(justification of an act of punishment)이라는 중요한 구분을 인식할 수 없기 때문이다. 유죄를 받은 사람은 처벌을 받아야 한다고 적극적 응보주의자들이 주장할 때, 그들은 일반적인 형벌 실행이 정당함을 말하는 것이지 특정 사례를 언급하는 것이 아니다. 특정 사례의 경우 좀 더 중요한 고려사항 때문에 형벌 행위가 요구되지 않을 수도 있다.

예를 들어, 더 악랄한 범죄를 저지른 사람이 처벌 받을 수 있도록 사전형량조정제도(plea bargain)를 확보해 주는 경우이다. 그러한 경우 응보적 정의에 대한 요구가 완화된다. 그와 유사하게 하나님의 본질적 정의에 절대적인 소극적 응보주의가 있다고 하더라도, 그리스도의 경우에서 좀 더 중요한 고려사항이 있을 수 있다.

아리스토텔레스는 어떤 행위의 **자질**이 정당한지 여부를 어떤 행위가 다른 사람들에게 미치는 **영향**이 정당한지 여부와 구분했다. 이러한 구분을 활용하여 파인버그와 하이먼 그로스(Hyman Gross)는 어떤 사람이 다른 사람에게 부당한 영향을 자발적으로 미치는 것이 온전히 정당화되는 경우가 있다고 인정했다. A라는 사람이 B의 권리를 침해하는 것이 정당화되는 경우는 다른 제3의 대안이 없을 때이다. 하지만 그러한 정당화가 B에게 일어난 부당함을 취소하지는 않는다.

---

25 Zaibert, *Punishment and Retribution*, 161.
26 Zaibert, *Punishment and Retribution*, 183-85.

그 경우, 우리는 그러한 영향을 가져온 A의 행동이 부당한 **행위**의 사례가 아니더라도, B가 부당하게 **대우**받았다고 말할 수 있다. 부당한 자질의 행동은 그 영향이 무엇이든 객관적으로 볼 때, 그 상황에서 잘못한 일임에 틀림이 없다. 그것은 자신에게 열려 있는 대안들을 잘 알고 있는 성급한 행위자가 행한 행동임에 틀림없다. 변명의 여지가 없고 정당하지 않은 행동과 자발적으로 이루어진 행동, 의도적으로 선택된 행동임에 틀림없다.[27]

그리스도의 죽음과 관련하여 형벌론자가 하는 주장에 따르면 하나님께서 인류 구원을 위해 그리스도에게 부당한 대우를 허용하신 것은 하나님이 "올바른" 일을 행하신 것이다. 권리에 따라 이루어진 일을 행하신 것이다. 성경신학자 카슨(D. A. Carson)은 우리에게 다음과 같이 말한다.

> 이사야 53장에서 종에 대한 부당한 형벌은 매우 주목할 만하다. 용서와 회복, 구원, 화해는 모두 가능하다. 그것은 죄가 어떤 방식으로든 취소되었기 때문이 아니다. 그런 일은 결코 없었다. 도리어 그것은 다른 사람이 그 죄를 부당하게 감당했기 때문이다. 하지만 여기에서 쓰이는 부사 "부당하게"를 통해 내가 의미하는 바가 있다. 그 죄를 진 사람은 정당하여 형벌을 받을 만하지 않았다는 것과, 하나님이 운행하시는 일련의 도덕 "질서"가 일그러지지 않았다는 것이다.[28]

그리스도의 죽음이라는 특정 사례의 경우 응보적 정의의 요구보다는 응보적 정의에서 흘러나오는 위대한 선이 다른 무엇보다 더 중요하게 고려된다.

마이클 무어는 현대의 가장 충실한 응보론자 중 한 사람이다. 그조차도 응보적 정의의 요구가 겉보기에는 특정 경우에 다른 것보다 뒤로 밀릴 수 있고 밀리는 요구라고 인정한다.

자이베르의 생각에 따르면 그것은 무어가 법적 도덕주의를 지지하지 않기 때문이다. 무어에 따르면 우리는 모든 가능한 경우 응보적 정의를 지키기 위해, 응

27　Joel Feinberg and Hyman Gross, eds., *Philosophy of Law*, 2nd ed. (Belmont, CA: Wadsworth, 1980), 286.
28　D. A. Carson, "Atonement in Romans 3:21-26," in *The Glory of the Atonement: Biblical, Historical, and Practical Perspectives*, ed. Charles E. Hill and Frank A. James III (Downers Grove, IL: InterVarsity Press, 2004), 133.

징의 고유한 이점과 응징의 범주적 의무를 혼동하지 말아야 한다. 무어는 스스로를 "경계에 선 의무론자"(threshold deontologist)라고 부른다.

다시 말하자면 어떤 것을 하는 것이 어떤 경계를 넘을 만큼 충분히 나쁜 결과를 만들어내기 전까지는 그는 정언적 도덕규범(categorical norm of morality)에 머문다.[29] 따라서 무고한 사람을 처벌하지 않을 경우 세상이 완전히 멸망할 수도 있는 극단적 상황이라면, 우리는 무고한 사람을 처벌해야만 한다. 하나님은 우리 죄 때문에 그리스도를 처벌하심으로써 세상을 멸망으로부터 구원하셨고, 도덕적 선과도 상응하게 행동하셨다.

여기까지 우리는 그리스도가 실제로 무고했다는 가정을 묵인해왔다. 하지만 종교개혁자들과 같이 우리 죄가 그리스도에게 전가(imputation)되었다고 주장하는 형벌론자가 보기에 하나님이 무고한 사람을 처벌하셔서 소극적인 응보적 정의론의 외견상 요구를 침해했다는 것에는 의심의 여지가 없다. 우리 죄가 그리스도에게 전가된 까닭에 그리스도는 하나님 앞에서 법적으로 유죄이기 때문이다. 물론 그리스도는 언제나처럼 인격적으로 고결하시고, 연민과 이타심, 순수함, 용기를 지닌 사람의 전형이시다. 우리 죄가 그리스도에게 전가된 것이지 주입된 것이 아니기 때문이다. 하지만 그는 하나님 앞에서 법적으로 유죄라고 선포된 것이다.[30] 그러므로 그리스도는 법적으로 처벌받을 의무가 있다. 따라서 오늘날 형벌 대속론을 죄의 전가 교리로 인해 반대하는 일에 성공할 가망이 없다. 거짓 가정에 근거하고 있기 때문이다.

요약해보자. 형벌 대속론은 기독교 속죄론에서 핵심 측면일 것이다. 형벌의 정의나 형벌의 정당성에 근거하여 형벌 대속론을 반대하는 것은 불충분하다. 하나님께서 우리 대신 그리스도를 처벌하는 것이 개념상 모순되거나 부당하다는 것을 보여 주는 데 실패했다.

---

29 Michael S. Moore, *Placing Blame: A Theory of the Criminal Law* (New York: Oxford University Press, 1997), 158.

30 칭의(justification)와 정죄(condemnation)가 정밀한 법적 용어이고, 전가가 법적 거래(legal transaction)라는 것은 종교개혁 구원 교리의 특징이다. 이에 대해 알려면, Morris, *Atonement*, 제8장, "칭의," 특히 187, 196을 보라. 또한, John Murray, *The Imputation of Adam's Sin* (Grand Rapids: Eerdmans, 1959), 84를 보라. 머레이의 주장에 따르면 "우리는 아담의 죄에 포함된 도덕적 특성이 아담으로부터 우리에게 이동(transfer)하는 것과 같은 관념을 상정할 수 없다"(86-87).

3. 신적 정의의 만족

둘째, 성경적으로 적절한 속죄론에 반드시 포함되어야 할 두 번째 요소는 **화목**(propitiation)이다. 그것은 하나님께서 죄에 대해 정당하게 품으시는 진노를 달래는 것이다. 하나님께서 진노하시는 원인은 하나님의 응보적 정의이다. 따라서 진노를 누그러뜨리는 것은 신적 정의를 만족시키는 문제이다. 안셀무스의 **만족 이론**(satisfaction theory)은 속죄 이론가에게 하나의 선택지를 제시한다. 신적 정의가 반드시 만족되어야만 한다는 요구로 인해 죄에 대한 처벌(punishment)이나 보상(compensation)이 있어야만 한다.

안셀무스는 두 번째 대안을 택했다. 처벌이 인류에 대한 영원한 저주를 상정한다고 보았기 때문이다. 이와는 대조되게 개신교 종교개혁자들은 첫 번째 대안을 택했고, 우리가 받아 마땅한 처벌을 그리스도가 감당했다고 생각했다. 그러므로 안셀무스와 종교개혁자들은 상당히 같은 입장에 서 있는 셈이다. 구원이 가능하려면 신적 정의가 어떻게든 만족되어야만 한다고 보았기 때문이다.

1) 형벌 대속론이 만족스럽지 못하다는 주장

형벌 대속론이 응보적 정의의 요구를 충족시킬 수 없다는 반대가 있을지도 모른다. 여기에서의 반대는 형벌 대속론이 부당하다는 데 있지 않고 무력하다는 데 있다. 다른 사람을 나의 범죄 대신에 처벌하는 것은 나의 죄책을 없애는 데 소용 없기 때문이다. 죄의 전가 교리로 인해 그리스도가 처벌받는 것조차도 기껏해야 그에게 전가된 죄책을 제거하는 것이지 나의 죄책을 제거하지는 않을 것이다.

그렇다면 형벌 대속론이 어떻게 하나님의 정의를 만족시킬 수 있단 말인가?
우리가 이 질문을 좀 더 넓은 메타윤리 이론의 문맥에서 이해한다면, 그러한 반대는 다소 이상해진다. 우리는 반드시 그렇게 이해해야 한다. 유대-기독교적 유신론에 의하면 하나님은 도덕 영역(moral realm)의 입법자이시자 재판관, 통치자이시기 때문이다.

따라서 하나님이 그리스도를 처벌하여 정의의 요구를 충족시키겠다고 결정하신다면, 누가 그분을 막을 수 있겠는가?

하나님은 도덕 법칙의 원천이시고, 그 해석자이시고, 그 집행자이시다. 무엇이 정의의 요구를 충족시키는지는 하나님께서 스스로 결정하신다.

그렇다면 무엇이 문제란 말인가?

하나님이 자신의 정의를 만족시키지 않고도 모든 사람의 죄를 그냥 용서해 줄 수도 있었다고 이의제기할 수도 있다. 하지만 교부들은 이 결론을 자유롭게 다루었다. 그들 이후에 토마스 아퀴나스(Thomas Aquinas, 1225-1274)나 그로티우스도 그러했다.

이 사상가들에 따르면 그리스도를 대신 처벌해야 할 선한 이유들이 하나님께 있다. 피에르 아벨라르(Peter Abelard, 1079-1142)와 그로티우스에 따르면 그렇게 하는 것은 하나님이 백성을 얼마나 사랑하는지, 그리고 죄를 얼마나 싫어하시는지를 모두 강력하게 나타낸다. 그것이 사람의 마음을 강력하게 이끈다는 것도 역사를 통해 입증되었다. 특히, 사람들이 무고한 고통을 마주 대할 때, 그리스도에 대한 믿음으로 나아갔다(제29장을 상기하라).

하나님이 만족 없이 죄를 용서하시는 것은 보편구원론(universalism)을 암시하지 않는다. 하나님의 용서가 사람들의 자유로운 수용을 여전히 요구하기 때문이다. 그리고 아무런 비용이나 결론 없이도 값없는 용서가 주어지는 세계보다, 그리스도의 대속적 고통과 죽음을 통해 하나님의 사랑과 거룩함을 위대하게 보여 주는 세계가 좀 더 최적인 사람들이 구원을 자유롭게 받아들이는 세계라는 점을 믿기 어려운 것이 아니기 때문이다.

형벌 대속론이 신적 정의를 일시적으로만 만족시킨다고 여기는 사람이 여전히 있다. 어떻게 그럴 수 있단 말인가?

그와 같은 반응은 만족설을 이른 바 소위 **용인**(acceptation)으로 설명하는 것을 암시하는 것처럼 보인다. 중세 신학자 둔스 스코투스(John Duns Scotus, 1266-1308)에 따르면 하나님은 자신의 응보적 정의가 요구하는 것에 대한 만족으로 자신이 기뻐하는 어떤 희생제물이든 용인하셨을 것이다. 형벌 대속론을 옹호하는 사람들은 용인이라는 설명에 호의적이지 않았을지도 모른다. 그렇다면 하나님이 어떤 일반적인 사람이나 심지어 동물의 죽음도 희생 제물로 받아들이셨을 지도 모르기 때문이다. 하지만 성경의 단언에 따르면 그것은 참이 아니다.

> 이는 황소와 염소의 피가 능히 죄를 없이 하지 못함이라 (히 10:4).

형벌 대속론자들이 대리 만족(substitutionary satisfaction)을 반대하는 사람들에게 호의적이려면, 그 반대자들이 우리가 알고 이해하는 것처럼 응보적 정의를 하나님의 본성으로 주장해야 한다. 따라서 그러한 희생제물로 만족될 수 없다고 주장해야 한다.

하지만 그렇다면 그리스도에 대한 형벌이 응보적 정의의 요구를 어떻게 만족시킬 수 있단 말인가?

2) 형벌 대속론이 만족스럽지 못하다는 주장에 대한 대답

우리는 이 문제를 이해하기 위해 이렇게 질문할 수 있을 것이다.

형벌은 죄책(guilt)을 제거하기 위해 일반적으로 어떻게 작동하는가?

그 문제와 관련하여 어떻게 용서가 죄책을 제거하는가? 형법에 따르면 죄책은 일반적으로 잘못된 행위(actus reus)와 비난할 만한 정신상태(mens rea)로 구성된다. 형벌이나 용서는 어떤 사람이 과거에 특정 행위를 저질렀다거나 그 행위가 옳지 않았다는 사실을 취소하지는 않는다. 이는 분명하다.

또한, 그것은 그 사람이 의도를 지니고 행했다는 사실과 핑계가 없다는 사실을 취소하지도 않는다. 하지만 이것들은 무어가 응보라 규정하는 것의 조건에 불과하다.[31] 형을 선고받은 사람이나 사면된 사람에게는 죄책이 여전히 있고 처벌받아 마땅하다는 결과가 뒤따른다. 죄책은 결코 제거될 수 없다. 하지만 만일 우리가 죄책을 처벌에 대한 책임으로만 여긴다면, 처벌받은 사람은 처벌에 대한 책임으로부터 면제된다. 따라서 응보로부터 면제된다. 정의가 이를 통해 만족된다.

그렇다면 왜 대리자는 처벌에 대한 책임을 면제할 수 없는가? 루이스에 따르면 우리의 사법제도는 이 질문에 대해 큰 충돌을 일으킨다. 형법이 대리 처벌을 허용하지는 않지만, 민법은 허용한다.[32] 두 사람이 합의안에 동의한다면 한 사람이 다른 한 사람의 벌금을 대신 낼 수 있다.

하지만 이는 다른 것들과 마찬가지로 형벌 대속론에도 해당한다.[33]

---

31 Moore, *Placing Blame*, 33, 91, 168, 403-4.
32 하지만 대리책임 등의 형법 사례에서도 고용주를 처벌하는 것이 피고용인을 대신해 대가를 치른다는 점을 주목하라. This looks for all the world like penal substitution.
33 Lewis, "Penal Substitution," 207.

루이스는 표현주의자들이 이러한 처벌을 실제 형벌로 보지 않는 것에 반대한다. 루이스의 언급에 따르면 이 벌금들 중 일부는 징역형만큼이나 부담스럽다. 우리는 그것이 까다롭다고도 말할 수 있을 것이다. 만일 우리가 형벌 대속론을 반대하는 것에 매진해 있다면, 벌금형은 **만족스럽지 못한** 형태의 처벌이라는 결론에 도달해야 한다고 루이스는 말한다.

다시 말해서 그러한 처벌은 정의의 요구를 만족시키지 못한다. 하지만 우리는 그렇지 않다. 루이스는 다음과 같은 교훈을 도출한다.

> 우리 중 나머지가 그리스도인들이 두 마음을 품었다는 것에 대해 담대하게 비난했다면, 그들은 우리에게 '피장파장의 오류'(tu quoque)로 응수했을 것이다. '피장파장의 오류'는 형벌 대속론을 대신하는 답변이 아니다. 그것은 지적으로 무게가 없지도 않다. 그것은 두 진영이 동의하는 바를 가리킨다. 그들은 어떻게 형벌 대속론이 이치에 맞는지 아무도 말할 수 없다고 하더라도, 그것이 때때로 이치에 맞다는 데 동의한다. 두 진영이 그것에 동의한다면, 그것은 그 둘 모두가 어떻게든 맞을지도 모른다는 것을 보여 주는 증거이다.[34]

다시 말해, 형벌 대속론이 정의의 요구를 때때로 만족시킨다는 점에서 그 둘 모두가 옳을지도 모른다. 종교개혁자들이 그랬던 것처럼 말이다.

개신교 신학자 프란시스 튜레틴(Francis Turretin, 1623-1687) 등은 그리스도의 경우 형벌 대속론이 어떻게 이치에 맞는지 설명했다. 튜레틴의 주장에 따르면 그리스도는 우리의 대리자(substitute)일 뿐 아니라 하나님 앞에서 우리의 대표자(representative)이기도 하다.[35]

이러한 중요한 구분은 **대리자**와 **대표자**를 각각 설명할 필요가 있다. 누군가를 대리하는 것은 다른 사람을 대신하지만 그 사람을 대표하지는 않는다. 예를 들어보자. 야구 경기에서 대리타자(pinch hitter)는 다른 선수를 대신해서 타석에 들어선다. 그는 다른 선수의 대리자이지만, 어떤 의미에서도 그 다른 선수를 대표하지 않는다. 대리타자의 경기력이 그가 대신하는 다른 선수의 타율에 영향을

34　Lewis, "Penal Substitution," 209. 루이스는 그리스도인들이 형벌 대속론에 대해 두 마음을 가지고 있다고 생각한다. 인간 정의로 인해서 그것을 거부하면서 신적 정의 때문에 그것을 수용한다는 것이다. 이 생각은 루이스의 실수이다.

35　*Institutes of Elenctic Theology* 16.3.

미치지 않기 때문이다.

반면에 대표자는 다른 사람을 대신해서 행동하고 그의 대변인 역할을 한다. 가령, 야구선수에게는 자신을 대표해 팀과 계약협상 하는 대리인(agent)이 있다. 대표자는 그 선수를 대신하지 않고 그를 대변할 뿐이다.

튜레틴의 생각에 따르면 그리스도는 우리의 형벌(punishment)을 지심으로써 우리의 대리자가 되셨으며 하나님 앞에서 우리의 대표자가 되셨다. 그는 우리를 대신해 형벌을 당하셨고, 우리가 져야 할 마땅한 고통을 감당하셨다. 하지만 그의 형벌은 우리의 형벌이 되었다. 그가 하나님 앞에서 우리를 대표하셨기 때문이다.

대리와 대표의 이러한 조합을 잘 설명해 주는 것은 주주총회에서 대리인의 역할이다. 우리 자신이 총회에 참석할 수 없을 경우, 다른 사람이 우리를 대신해 총회에 참석할 수 있는 권한을 부여하는 계약서에 서명할 수 있다. 그는 우리를 대신해 투표한다. 그의 투표는 우리의 투표이다. 그는 그렇게 할 수 있는 권한을 부여받았기 때문이다. 우리는 대리인을 통해 주주총회에서 투표한 것이다. 그 대리인은 우리를 대신해 주주총회에 참석한다는 의미에서 대리자이다.

하지만 대리인은 우리를 대신해서가 아니라 우리를 대표하여 투표한다는 의미에서 우리의 대표자다. 즉, 우리가 투표한다는 의미에서 우리의 대표자이다. 마찬가지로 그리스도가 우리를 대신해서 형벌을 받으신 것이 아니라, 우리가 대리인을 통해 형벌을 받은 것이다. 하나님의 정의는 그러한 이유로 만족된다.

어째서 그리스도가 우리를 그렇게 대표한다는 말인가?

튜레틴은 우리가 그리스도와 연합하는 방식을 두 가지로 제안했다. 하나는 그리스도의 성육신을 통하는 방식이며, 다른 하나는 우리와 그리스도의 신비한 연합을 통하는 방식이다. 신학자들이 그리스도의 속죄의 효과(efficacy)를 설명하기 위해 신자와 그리스도의 두 번째 연합에 호소하는 경우가 많다. 그러한 설명은 설명에서 전도된 것처럼 보인다.

튜레틴이 강조했던 것처럼 죄의 전가와 우리 칭의의 토대가 되는 것은 그리스도와의 연합이다. 문제는 신자와 그리스도의 신비한 연합은 중생하고 의롭게 된 사람들만의 특권이라는 것이다. 여기에 합리적이지 못한 순환적 설명이 있다. 그리스도와 신비한 연합을 이루려면 먼저 의롭게 되어야만 하고, 의롭게 되기 위해서는 먼저 그리스도와 신비한 연합을 이루어야만 하기 때문이다. 여기에서 필요한 것은 그리스도와의 연합이다. 그 연합은 시간 순서에서는 동시에 일어나지만 설명에서는 전가나 칭의보다 앞선다.

그러므로 튜레틴의 첫 번째 제안이 우선시되어야 한다.[36] 그리스도의 성육신 덕택에 그리고 예수 자신이 자신의 타락한 인성을 확인한 세례 덕분에 하나님은 그리스도가 우리의 대리자가 되도록 임명하셨다. 그러한 방식에 우리의 형법 제도와 유사한 점이 없다면 그것은 별로 중요하지 않다. 사실 하나님은 인간이 형벌을 그렇게 대신 받는 것을 금하실지도 모른다. 하지만 하나님은 그러한 방식을 자유롭게 만드실 수 있다.

삼위일체의 두 번째 위격이신 로고스(Logos)는 하나님 앞에서 우리의 대리자로 섬기겠다고 자발적으로 임명되셨다. 그의 성육신과 세례가 그 수단이었다. 따라서 그리스도는 자신의 죽으심을 통해 하나님께서 요구하시는 정의의 요구들을 만족시키셨을 것이다.

튜레틴이 그리스도의 형벌에 대해 하는 분석에 따르면 성부 하나님께서는 그리스도로부터 지복(至福)의 통찰을 중단시키셨고, 온전한 지복이 가져다주는 기쁨과 위로와 감각과 열매를 유예시키셨다.[37] 그의 분석은 우리가 제안한 성육신 모델과 잘 조화된다. 로고스가 깨어 있을 때 인간 의식은 이러한 축복을 상실한다는 모델이다. 인간 본성을 입고 이러한 상실을 겪는 것은 신적 로고스(divine Logos) 자신이다.

4. 구속

셋째, 그리스도의 보혈을 통한 구속은 성경적 속죄론에서 핵심 부분일 것이다. 이레나이우스(Irenaeus)와 오리게네스(Origen)로부터 안셀무스에 이르는 약 900년 동안, 기독교 신학자들 사이에서 속죄에 관해 지배적인 견해는 이른 바 **배상설**(ransom theory)이었다. 배상설에 따르면 그리스도의 생명의 희생(sacrifice of Christ's life)은 죄의 결과인 사탄의 속박과 부패, 죽음으로부터 인류를 건져내기 위한 배상금이었다.

---

36 연합에 관해 실재론적 설명에 따르면 인간은 하나의 형이상학적 실체(one metaphysical entity)다. 이러한 실재론적 설명은 타당해 보이지 않고 효과도 없어 보인다. 시간이 없는 시간 이론(제20장 3절 참고)에 의존하고 있고, 신적 형벌이나 상급과 양립할 수 없는 인간관(제16장 3.2.1절 참고; 이에 대해 더 알려면, William Lane Craig, *Time and Eternity* [Wheaton, IL: Crossway, 2001], 제5장을 보라)을 암시하기 때문이다.

37 *Institutes of Elenctic Theology* 14.11.

현대의 배상설 지지자들은 우리 구속을 위한 배상금이 우리가 속박에서 벗어나도록 사탄에게 지불되었다고 생각할 필요가 없다는 것을 인식하고 있다. 오히려 배상금은 우리가 하나님의 정의에 지고 있는 형벌의 빚을 갚기 위해 하나님께 지불되었다. 범죄자는 자신의 범죄에 대해 형벌을 받아서 "사회에 대한 빚을 지불했다"라고 말할 수 있다.

이처럼 우리가 하나님께 지고 있는 빚을 그리스도께서 지불하셨다고 말할 수 있다. 따라서 배상은 형벌 대속론의 은유다. 배상설은 독자적 이론이 아니라, 형벌 대속론이 중심에 있는 속죄론의 한 측면이다.

구속은 새로운 피조물과 같은 다른 주제들(고후 5:17)에 의해 보충되어야 한다. 죄로부터의 속죄는 법적 거래(forensic transaction)이다. 이것으로는 우리의 삶을 변혁(transform)시킬 수 없기에 중생과 성화에서 성령의 사역이 있어야만 한다. 법적으로 정죄에서 벗어났고 그리스도의 의가 전가되었지만, 우리는 우리에게 의를 주입(infusing)하시는 성령의 지속적 사역을 통해 여전히 변혁될 필요가 있다.

5. 도덕적 영향

넷째, 그리스도의 죽음은 도덕적 영향이 인간에게 흘러가는 원천이다. 사람들은 그 영향 때문에 그리스도께 이끌리고, 시험이나 심지어 순교를 당하면서도 믿음을 지켜낸다. 도덕적 영향 이론에 따르면 그리스도의 죽음은 우리와 하나님 사이의 화해(reconciliation)를 성취하셨다. 이는 하나님의 정의를 만족시킴으로써가 아니다.

그리스도가 끔찍한 고통과 죽음을 자발적으로 감당하셨다는 것을 우리가 깊이 생각할 때, 우리 마음을 회개와 사랑으로 옮김으로써 그렇게 하셨다. 하나님과 인간 사이에 실제로 일어나는 일은 예수의 십자가에서는 전혀 일어나지 않는다. 죄가 처벌받는 것도 아니고, 빚이 탕감되는 것도 아니다. 속죄를 이루는 십자가의 모든 능력은 우리 안에 주관적 영향을 만들어내는, 모범으로서의 힘에 놓여 있다.

도덕적 영향 이론은 그 자체로 검토될 때 속죄론으로서는 형편없다. 성경적으로 적절하지 못할 뿐더러, 그리스도의 시대 이전에 살았던 모든 신자에게 구속이 어떻게 성취되는지 설명할 수도 없다. 그리스도의 죽음은 그들에게 어떤 영향도 미치지 못하기 때문이다. 더 나아가서 형벌 대속론이 없다면 도덕적 영향 이론은 기이해진다.

철학자이자 신학자인 로버트 W. 데일(Robert W. Dale, 1829-1895)은 자신의 고전적 저술 『속죄』에서 다음과 같이 말했다.

> 나의 형제가 불타는 집으로 뛰어 들어가 불길 속에서 내 아들을 구해내고, 용감무쌍하게 자신을 희생시켰다면, 그의 죽음은 나와 내 아들을 향한 그의 애정을 보여 주는 놀라운 증거가 될 것이다. 하지만 집 안에 내 아들이 없었고, 그가 다른 목적이 아니라 나를 향한 사랑을 보여 주려고 집 안에 들어가 죽었다는 소리를 내가 듣게 된다면, 그 설명은 전혀 이해할 수 없는 것이 될 것이다.[38]

따라서 그리스도의 죽음에 관한 도덕적 영향의 핵심에는 형벌 대속론이 자리 잡고 있다. 그리스도의 자기희생적 죽음이 인류에 미치는 도덕적 영향은 참으로 측량할 수 없다. 문학과 예술은 그리스도의 죽음을 상징적이고도 생생하게 거듭 묘사했다. 나사렛 예수가 수십억 명까지는 아니더라도 수억 명의 사람들의 시선과 마음을 사로잡을 수 있었던 것은 그의 가르침이나 성품이 아니다. 문학과 예술이 묘사한 그리스도의 죽음이었다.

그리스도의 죽음은 수많은 사람에게 용기를 불어넣었고, 끔찍한 고통과 심지어 죽음까지도 견딜 수 있는 믿음을 주었다. 앞에서도 언급했지만, 그러한 속죄의 죽음을 포함하는 세계에서만 가장 적절한 수의 사람들이 하나님을 자유롭게 사랑하고 알게 되며, 그리하여 영원한 생명을 발견하게 된다. 이는 전혀 믿을 수 없는 일이 아니다. 그리스도의 속량하시는 죽음은 하나님의 사랑과 거룩뿐 아니라, 하나님의 지혜도 드러낸다.

---

[38] Robert W. Dale, *The Atonement*, 9th ed. (London: Hodder & Stoughton, 1884), liv. 또한, James Denny, *The Death of Christ: Its Place and Interpretation in the New Testament* (London: Hodder & Stoughton, 1907), 177을 참고하라.

〔요약〕

성경적으로 적절한 속죄론에는 형벌 대속과 신적 정의의 만족, 속박으로부터의 구속, 그리스도의 자기희생적 사랑이 주는 광범위한 도덕적 영향 등과 같은 주제가 포함될 것이다. 이러한 진리들을 향한 다양한 도전은 기독교철학이 신학에서 매우 중요함을 강조해 준다.[39]

〔기본 용어〕

형벌 행위의 정당성
희생
형벌 실행의 정당성
만족
형벌의 정당성
만족설
도덕적 영향
대리
소극적 응보주의
다양한 속죄론
법철학
정의론
형벌 대속론
형벌론

용인
배상설
속죄
화해
결과론적 정의
구속
형벌의 정의
대표
전가
응보적 정의
적극적 응보주의
대리책임
화목

---

39 이 장에서 제기된 쟁점에 대해 활발하게 논의해 준 프랭크 베크위드(Frank Beckwith)와 에릭 데스키마커(Eric Descheemaeker), 앨런 고메즈(Alan Gomes), 스티브 포터(Steve Porter)에게 감사를 전한다.

제34장

기독교 교리 4: 기독교의 배타적 구원론

> 다른 이로써는 구원을 얻을 수 없나니 천하 사람 중에 구원을 얻을 만한 다른 이름을 우리에게 주신 일이 없음이라 하였더라(행 4:12).

1. 서론

예수 그리스도의 사도들은 그리스도를 떠나서는 구원이 없다고 믿었고 선포했다. 참으로 **구원**(salvation)은 예수만 통해 가능하다는 이 확신은 신약성경 전체에 나타난다. 예를 들면, 바울은 그의 이방인 회심자들이 그리스도인이 되기 전의 날들을 회상하도록 인도한다.

> 그 때에 너희는 그리스도 밖에 있었고 이스라엘 나라 밖의 사람이라 약속의 언약들에 대해는 외인이요 세상에서 소망이 없고 하나님도 없는 자이더니(엡 2:12).

로마서의 첫 장을 열 때 이러한 절망적인 조건이 인류의 일반적인 상황이라는 것을 보여 주는 것은 부담이 된다. 바울은 "하나님의 능력과 신성이 그가 만드신 만물에 분명히 보여 알려졌나니 그러므로 그들이 핑계하지 못할지니라"(롬 1:20)고 설명한다. 그는 또한, 하나님이 그분의 도덕법을 모든 사람의 마음에 새겨놓으셨기 때문에 사람들은 하나님 앞에서 도덕적인 책임을 가진다고 설명한다(롬 2:15).

옳은 방법으로 자연과 양심에 있는 하나님의 **일반 계시**(general revelation)에 반응하게 될 모든 사람에게 하나님이 영원한 생명을 주심에도 불구하고(롬 2:7), 슬픈 사실은 사람들이 그들의 창조주를 예배하고 섬기기보다는 오히려 하나님을 무시하고 그분의 도덕법을 경멸한다는 것이다(롬 1:21-32).

결론은 모든 사람은 죄의 권세 아래 있다는 것이다(롬 3:9-12). 바울이 설명하는 더 암울한 사실은 의로운 삶을 통해서는 누구도 그 자신을 구원할 수 없다는 것이다(롬 3:19-20). 그러나 감사하게도, 하나님이 구원의 길을 열어주셨다. 그것은 바로 그리스도가 인류의 죄를 위해 죽으신 것이다. 그 죽음을 통해 그리스도는 하나님의 공의의 요구를 만족시키셨고 하나님과 우리를 화목하게 만드셨다 (롬 3:21-26). 그의 **속죄의 죽음**(atoning death)을 통해 믿음으로 받을 수 있는 선물로서 구원이 우리에게 주어졌다.

신약성경의 논리는 분명하다. 죄의 보편성 그리스도의 속죄의 죽음의 독특성은 그리스도를 떠나서는 구원이 없음을 의미한다. 이러한 특별한 교리는 현대의 서구 문화에서처럼 로마 제국의 다신론적 세계에서는 수치스러운 것이었다. 그러나 그 수치스러움이 사라지면서, 기독교는 성장하였다. 그리스와 로마의 종교들을 대신하기 시작했다. 그리고 로마 제국의 공식 종교가 되었다. 참으로 아우구스티누스와 아퀴나스와 같은 사상가들에게 참된 교회의 표지들 중에 하나는 **보편성**(catholicity) 내지는 일반성이었다. 그들에게 있어서 모든 문명에 파고들어간 기독교회의 거대한 체계가 거짓 위에 세워졌다는 것은 불가능해 보였다.

기독교 배타주의의 소멸은 1450년경부터 1750년까지의 3세기기동안의 탐험과 발견으로 말해지는 이른바 **유럽의 팽창**(expansion of Europe)과 함께 발생했다. 마르코 폴로(Marco Polo), 크리스토퍼 콜럼버스(Christopher Columbus), 페르디난드 마젤란(Ferdinand Magellan)과 같은 사람들의 항해와 여행을 통해 새로운 문명들과 완전히 새로운 세계들이 발견되었다. 그러한 곳들은 기독교 신앙에 대해서는 전무한 곳이었다. 그러한 많은 세계는 기독교 영역 밖에 있었다는 현실은 사람들의 종교적인 사고에 두 가지로 영향을 주었다.

첫째, 종교적인 믿음들을 상대화하는 경향이었다.

이러한 이들은 기독교를 인류의 보편 종교로 보기보다 거의 지구의 한 구석인 서부 유럽에 제한된 종교로 보았다. 어떠한 종교도 보편 타당성을 주장할 수 없었다. 각 사회는 그 자체의 특별한 필요에 맞는 그 자체의 종교를 가지고 있었던 것으로 보는 것이다.

둘째, 오직 하나의 구원의 길이라는 기독교의 주장이 편협하고 잔인하게 보여졌다. 볼테르(Voltaire)같은 계몽주의 사상가들은 그들이 그리스도에 대해 들어보지도 못하였을 시절에 그들이 그리스도를 믿지 않았기 때문에 수백만 명의 중국인들이 지옥에 가게 되었다는 관점을 두고, 당대의 그리스도인들을 비웃었다.

오늘날에는 구식민지들로부터의 이민자들의 서방국가로의 유입과 세계를 지구촌으로 축소시키는데 기여한 원거리 통신의 발전이 인류의 **종교적 다양성**(religious diversity)에 대한 우리의 의식을 향상시켰다. 세계의 인구의 15-25퍼센트가 아직도 그리스도의 복음을 듣지 못했다는 것이 우리에게 알려져 있다.

종교적 다양성이 제시하는 도전에 대한 선교학적이고 신학적인 결론들은 중요한 것이 되었다. 주류의 교회들은 **세계 복음화**(world evangelization)에 대한 소명에 대한 의미의 많은 부분을 상실했다. 생명을 주는 복음의 소식을 잃어버리고 죽어가는 세계에 전하여 주는 선교 사역이 더 이상 없다. 오히려 선교 사역은 제3세계의 사회적 수준 향상으로 재해석된다.

당면한 선교 사역은 일종의 기독교 평화 봉사단(Christian Peace Corps)과 같이, 농업, 의약 그리고 경제적인 발전을 이루어가는 개발도상국들에게 도움을 주는 것이다. 신학적인 부산물은 심각해졌다. 그것은 그리스도의 인성을 무시했다. 이러한 발전은 철학적인 신학자인 존 힉(John Hick)의 순례로 요약된다. 힉은 비교적 보수적인 신학자로서 그의 경력을 시작하였다.

그의 첫 번째 책의 제목은 『중심에 선 기독교』(Christianity at the Centre)이었다. 그러나 힉이 다른 세계의 종교들을 긴밀하게 알아나가게 되면서, 이러한 사람들 모두가 지옥으로 가도록 정해졌다는 것을 이해할 수 없었다. 그들 자신의 종교들은 반드시 동일하게 유효한 구원의 길임에 틀림없다고 생각했다. 그러나 그 때, 그리스도는 더 이상 중심에 설 수가 없었다. 어떻게든 그는 무시되어야 했다. 그래서 힉은 『성육신, 하나님의 신화』(The Myth of God Incarnate)를 편집했다. 그 책에서 그는 성육신과 그리스도의 신성을 신화로 전락시켰다. 그래서 종교적 다양성이 제시하는 도전에 대한 선교학적이고 신학적인 결론은 참으로 심각하게 되었다.

2. 종교적 다양성이 제시한 문제

그러나 종교적 다양성으로부터 야기되는 문제는 정확하게 어떠한 것인가? 어떻게 다른 세계 종교들이 전통적인 기독교를 무시하는가? 이러한 문제를 살펴가면서 어떠한 구별을 짓는 것은 유용하게 될 것이다.

첫 번째, 우리는 **보편구원론**(Universalism)과 **배타적 구원론**(Particularism)사이를 구별할 수 있다.

보편구원론은 모든 인간이 하나님의 구원에 참여할 것이라는 교리이다. 배타적 구원론은 모든 인간이 아니라, 오직 얼마의 인간만 하나님의 구원에 참여할 것이라는 관점이다. 분명하게도, 이러한 정의에 의하여 배타적 구원론은 비교적으로 아주 적은 수의 사람들이 구원을 받을 것이라고 보는 좁은 배타적 구원론에서부터 비교적 적은 수의 사람들만 구원을 받지 못할 것이라고 보는 넓은 배타적 구원론으로 범위가 정해진다.

두 번째, **접근가능주의**(accessibilism)와 **제한주의**(restrictivism)사이의 구별이다.

그리스도를 알려 주고 그리스도의 복음의 메시지에 대한 믿음의 반응을 요구하는 하나님의 **특별 계시**(special revelation)에 대한 올바른 반응을 통해서만 구원이 가능하다고 기독교 제한주의는 주장한다. 반면에 기독교 접근가능주의는 특별 계시의 유익을 누리지 못하는 자들도 자연과 양심에 나타난 하나님의 일반 계시에 대한 그들의 올바른 반응을 통해 구원은 가능하다고 주장한다.

세 번째, **배타주의**(exclusivism), **포용주의**(inclusivism), **다원주의**(pluralism)를 구별할 것이다.

기독교 배타주의는 그리스도의 사역에 근거해서 그리고 그에 대한 분명한 믿음을 통해 사람이 실제로 하나님의 구원을 받게 된다는 관점이다. 기독교 포용주의는 그리스도의 사역에 근거하여 사람이 실제로 하나님의 구원을 받게 된다는 관점이다. 그러나 항상 그리스도에 대한 분명한 믿음을 통해서만은 아니다.

또한, 포용주의는 보편구원론을 승인하는 넓은 포용주의와 좁은 배타주의를 암시하는 좁은 포용주의로 나누어진다. 다원주의는 여러 가지 종교들 안에서 수단과 조건의 다양성을 통해 사람이 실제로 하나님의 구원을 받게 된다는 관점이다.

이러한 다른 학파들은 분명히 가깝게 연관되어 있다. 그러나 만일 혼동이 생기지 않는다면, 우리가 이러한 구별들을 융합하지 않는다는 것은 중요하다. 예를 들면, 우리가 제한주의를 배타주의와 연합시키는 경향이 있음에도 불구하고 항상 그런 것은 아니다. 어떠한 제한주의자들은 보편구원론자들이다. 왜냐하면, 그들은 사후 복음의 선포와 수용의 가능성을 보기 때문이다. 아니면, 우리는 다원주의가 보편구원론을 의미한다고 생각하는 경향이 있다. 그러나 그러한 경우가 성립되지 않는 경우가 있다. 왜냐하면, 예를 들면 인간의 희생과 문화적 타락 또는 사탄 숭배 등을 훈련하는 자들처럼 다원주의자는 아마도, 구원을 위한 통로로서 효과가 없는 어떠한 종교를 염두에 두기 때문이다.

여기에서 핵심은 어떠한 문제가 종교적 다양성의 실제를 통해 누구를 위해 제기되는가이다. 우리가 이러한 문제에 관한 작품을 읽으면, 계속되는 도전이 기독교 배타주의자의 문지방에 놓여있는 것처럼 보인다. 종교적 다양성의 현상은 보편구원론의 진리를 요구한다. 그리고 그 주된 논증은 그 교리의 어떠한 형태가 가장 타당해 보이는 지를 질문하는 데로 나아간다. 그러나 왜 종교적 다양성의 측면에서 기독교 배타주의는 유지할 수 없게 된다고 생각하는가?

보편구원론을 위한 논증을 실험하게 되면 그 논증이 배타적 구원론와 상당히 다른 가치를 지니고 있음을 우리는 발견하게 된다. 또한, 개인적인 것(ad hominem)을 넘어서는 상당수의 어떠한 반대들이 배타적 구원론자들을 공격하는 것을 발견하게 된다. 예를 들면, 종교적 배타적 구원론의 어떠한 교리를 견지하는 것은 교만하고 비도덕적인 것이라고 종종 주장된다. 왜냐하면, 우리는 반드시 그 자신의 종교와 동의하지 않는 모든 사람을 마치 실수한 사람처럼 간주해야 하기 때문이다. 이것은 이상한 반론이다. 왜냐하면, 한 의견에서 가지는 진리는 그것을 믿는 사람들의 도덕적 수준과는 상당히 독립적이기 때문이다. 만일 모든 기독교 배타적 구원론자가 교만하고 비도덕적이라고 해도, 그들의 관점이 잘못된 것이라는 것을 그것이 증명하는 데 아무런 영향을 주지 않는다.

어떠한 경우에 교만과 비도덕성은 배타적 구원론자가 되기 위한 필연적인 조건들이라고 말하는 것이 맞지 않다. 기독교 배타적 구원론자는 진실에 관한 종교적 진리를 발견하기 위해 그가 할 수 있는 모든 것을 이루었을 것이고 그에 자격이 없지만 그에게 주어진 기독교 신앙을 겸손하게 포용할 것이다. 오히려 배타적 구원론자를 비판하는 자들이 스스로 판 함정에 빠질 것이다. 왜냐하면, 보편주의자는 그 자신의 관점이 옳다고 믿고 모든 배타적인 종교적 전통들에 머무는 자들이 잘못되었다고 믿기 때문이다. 그래서 만일 많은 다른 사람이 동의하지 않는다고 해서 비도덕적이고 교만하다고 하는 입장이 옳다고 고수한다면 그 자신이 교만과 비도덕성으로 유죄판결을 받게 될 것이다.

아니면, 종교적인 신념들은 문화적으로 상대적이기 때문에 기독교적 배타적 구원론은 옳을 수 없다고 자주 주장된다. 예를 들면, 만일 어떤 기독교 신자가 아바스 왕조(Abbassid Dynasty) 시기에 파키스탄에 태어났다고 한다면 그는 무슬림이 되었을 것이다. 그러나 이러한 주장은 단지 기독교 배타적 구원론의 진리에 대한 타당성 또는 그것을 받아들이는 데 있어서 정당함에 대한 타당한 반론이 아니다. 만일 누군가 고대 그리스에 태어났다면, 그는 태양이 지구를 돈다고 믿었을 것이다.

그러나 지동설(heliocentrism)에 대한 우리의 신념은 그러한 이유로 잘못되었거나 정당화가 안되는가?

분명히 그건 아니다!

그는 중세 스페인에서 태어났기 때문에 그는 기독교적 배타적 구원론자가 되었을 것이다. 그래서 그 자신의 분석에 의하면 보편구원론을 주장하는 이유는 20세기 후반에 서구 사회에서 태어났기 때문일 뿐이다. 또 다시 기독교 배타적 구원론자는 세상 종교들 중에서 기독교만이 진리라고 믿는 데에서 보증될 수 없다는 것이 때때로 주장된다. 그러나 그것은 기독교 변증학이 결정할 문제이다. 어떠한 경우에도, 이러한 사실은 그 자체적으로 기독교 배타적 구원론이 잘못되었다는 것을 보여 주지 않을 것이다. 보편구원론이 진리라고 믿는 데 어떠한 보증이 있느냐고 우리는 물을 것이다. 기독교 세계관에 대한 논증이 실패하는 것은 그 자체적으로 보편구원론이 참이라고 생각할 이유가 되지 않는다.

그래서 여러 작품에서 자주 발견된 기독교적 배타적 구원론에 반대하는 논증들의 많은 경우가 인상적이지 않았다. 그러나 기독교적 배타적 구원론 옹호자들이 이러한 반대자들에게 대답할 때, 보편구원론자들과 배타적 구원론자들을 나누는 참된 쟁점은 논의 가운데 생기는 경향이 있다. 그 쟁점은 그의 배타적인 종교적 전통 밖에 있는 믿지 않는 자들의 운명이다. 기독교 배타적 구원론은 이러한 자들을 지옥으로 인도할 것이고 보편구원론자들은 이 지옥이 불합리한 것이라고 주장할 것이다.

그러나 정확하게 문제는 무엇인가?

사랑의 하나님이 사람들을 지옥에 보내시지 않는다고 하는 것은 완전히 근거 없는 주장인가?

그렇게 보이지는 않는다. 성경은 하나님이 모든 사람의 구원을 원하신다고 가리킨다.

> 주께서는 … 아무도 멸망하지 아니하고 다 회개하기에 이르기를 원하시느니라(벧후 3:9).

> 하나님은 모든 사람이 구원을 받으며 진리를 아는 데에 이르기를 원하시느니라(딤전 2:4).

또한, 하나님께서 에스겔 선지자를 통해 다음도 말씀하셨다.

> 주 여호와의 말씀이니라. 내가 어찌 악인의 죽는 것을 조금인들 기뻐하랴 그가 돌이켜 그 길에서 떠나 사는 것을 어찌 기뻐하지 아니하겠느냐 … 주 여호와의 말씀이니라 죽을 자가 죽는 것도 내가 기뻐하지 아니하노니 너희는 스스로 돌이키고 살지니라(겔 18:23, 32).

> 주 여호와의 말씀이니라 나의 삶을 두고 맹세하노니 나는 악인의 죽는 것을 기뻐하지 아니하고 악인이 그의 길에서 돌이켜 떠나 사는 것을 기뻐하노라 이스라엘 족속아 돌이키고 돌이키라 너희 악한 길에서 떠나라 어찌 죽고자 하느냐 하셨다 하라(겔 33:11).

여기에 하나님은 실제적으로 사람들이 그들의 자기-파괴적 행동 걸음에서 돌이키고 구원을 얻도록 변론하신다. 그래서 한 편으로는 성경적 하나님은 어떠한 사람도 지옥에 보내시지 않는다. 그분의 뜻은 모든 사람이 구원에 이르는 것이다. 그리고 그분은 모든 사람을 그에게로 이끄시기를 원하신다. 만일 우리가 우리의 죄를 위한 그리스도의 희생을 거부하기로 자유롭고 잘 알려진 결정을 내린다면, 하나님은 우리에게 합당한 것을 주는 것 밖에 선택의 여지가 없으시다.

하나님은 우리를 지옥에 보내지 않으실 것이다. 오히려 우리가 우리 자신을 지옥에 보내는 것이다. 우리의 영원한 운명은 우리의 손에 달려있는 것이다. 우리가 영원을 사용하게 되는 곳에서 하게 되는 우리의 자유 선택의 방법이다. 그러므로 잃어버린 자는 자기 스스로 저주한 것이 된다. 그들을 구하려는 하나님의 뜻과 모든 노력에도 불구하고 그들은 그 자신들을 하나님으로부터 분리시킨다. 하나님은 그들을 상실하심에 대해 아파하신다.

결국, 배타적 구원론자는 인간의 자유가 전제될 때, 하나님은 모든 사람이 구원을 받을 것이라는 것을 보장할 수 없다는 것을 허용할 것이다. 어떤 사람들은 그리스도의 구원으로의 초대를 거절함으로써 그 자신들을 자유롭게 정죄할 것이다. 그러나 사람들을 영원히 정죄하는 것은 하나님의 불공평하심의 결과가 될 것이라고 그는 주장할 것이다. 왜냐하면, 심지어 죽음의 수용소 안에 있던 나치의 고문관들과 같은 극악한 죄인들도 그저 유한한 형벌이면 족하기 때문이다. 그러므로 기껏해야 지옥은 그 사람이 풀려나서 천국에 들어가기 전에 각 사람이 적당한 시간을 지속하는 일종의 연옥(purgatory)이 될 수 있을 것이다.

결국, 지옥은 비워지고 천국이 꽉 차게 될 것이다. 그래서 아이러니하게도, 지옥은 하나님의 사랑과 양립할 수 없다. 오히려 그분의 공의와 양립될 수 있다. 반론이 제기하는 문제는 그 형벌이 범죄의 크기와 맞지 않기 때문에 하나님이 불공평하시다는 것이다.

어떠한 기독교 사상가들은 **영혼소멸론**(annihilationism)의 교리를 채택함으로써 이러한 반론을 피할 길을 구했다. 그들은 지옥은 끝이 없는 하나님과의 분리가 아니라는 것과 오히려 정죄된 자들의 영혼소멸이 있는 것이라는 것을 견지했다. 정죄된 자들은 단순히 존재하는 것을 멈춘다. 반면에 구원받은 자들은 영원한 생명을 누린다. 다른 기독교철학자들은 지옥이, 하나님의 편에서 볼 때, 우리의 행위에 대한 적절한 형벌이 되는 **응보적 공의**(retributive justice)와 연관되어 있다는 것을 부인했다. 오히려 그들의 도덕적 자치에 대한 관점을 떠나서, 단순히 그들의 편에서 승복을 강요하기보다는 하나님이 자유로운 피조물이 그 자신들을 하나님으로부터 영원히 분리하도록 허용하신 것의 결과이다.

하나님은 정죄받은 자들이 지옥을 떠나도록 그리고 천국으로 가도록 허용하실 것이다. 그러나 그들은 그렇게 하는 것을 자유롭게 거절한다. 죄를 회개하고 하나님께 용서를 구하기보다는 지옥에 있는 사람들은 하나님을 저주하고 거절하는 것을 계속한다. 하나님에 대한 그들의 증오는 더욱더 화해할 수 없을 정도로 시간과 함께 자라난다. 하나님은 그래서 그들이 있는 곳에 그들을 그대로 두는 수밖에 다른 선택이 없으시다. 이러한 경우에 사르트르(Jean Paul Sartre)가 말한 것처럼 지옥의 문은 안에서 잠기게 된다. 그래서 정죄받은 자들은 하나님으로부터의 영원한 분리를 선택하게 되는 것이다.

그러나 이러한 관점은 지옥이 영원한 형벌로 존재하는 것처럼 보여 지는 성경적인 자료와 들어맞다고 보기 어렵다(마 25:46; 살후 1:9). 그러나 전통적인 이해의 이러한 변형은 필요하다고 여겨지지 않는다. 사실상 이러한 반론에 대한 적어도 두 가지 반응들이 전통적인 관점에서 나타난다.

첫째, 영원한 형벌이 범죄와 맞지 않는다는 반론은 우리가 범하는 각각의(every) 죄와 모든(all) 죄 사이에서처럼 애매한 말이다. 사람이 범하는 각각의 죄가 단지 유한한 형벌을 받는 것이 마땅하다는 것에 우리는 동의할 수 있다.

그러나 이것으로부터 우리는 한 사람의 모든 죄가 전체적으로 함께 다루어질 때 유한한 형벌만이 마땅하다는 것에는 동의하지 않는다. 만일 한 사람이 무한한 수의 죄를 지었다면, 그 모든 죄의 합계는 무한한 형벌이 마땅할 것이다. 물론 이 세상에서 누구도 무한한 수의 죄를 범하지는 않는다.

그러나 이 세상에서의 삶 이후의 삶은 어떠한가?

지옥에 거주하는 자들이 하나님을 지속적으로 미워하고 거절하는 한에 있어서는 그들은 죄를 범하는 것이다. 그래서 더 많은 죄와 형벌이 그들에게 주어지게 될 것이다. 실제적인 의미에서 지옥은 자기를 영속시키는 장소이다. 이러한 경우에 모든 죄는 유한한 형벌을 받는다. 그러나 죄를 짓는 것이 영원히 지속되는 것처럼 형벌도 영원히 지속되는 것이다.

둘째, 왜 모든 죄는 오직 유한한 형벌만을 받게 된다고 생각하는가?

우리는 도적질, 거짓말, 간음 등등과 같은 죄들은 유한한 결과를 가지기 때문에 유한한 형벌이 마땅하다는 것에 동의할 수 있다. 이러한 죄들은 어떤 사람을 하나님으로부터 분리시키는 역할을 하지 않는다. 왜냐하면, 그리스도가 이러한 죄 때문에 돌아가셨기 때문이다. 이러한 죄의 형벌은 다 지불되었다. 누구나 이러한 죄를 완전하게 깨끗하게 하시고 자유롭게 하시는 구주로 그리스도를 받아들이기만 하면 되는 것이다.

그러나 그리스도와 그의 희생을 받아들이기를 거절하는 것은 완전히 다른 상태의 죄가 된다. 이러한 죄는 하나님이 죄를 사하시기 위해 자신을 주신 것을 부인하는 것이다. 이는 하나님과 구원으로부터 완전히 분리하게 만든다. 그리스도를 거절하는 것은 하나님 당신을 거절하는 것이다. 하나님 편에서 볼 때, 이것은 무한한 무게와 대가를 가지는 하나의 죄이다. 그러므로 무한한 형벌이 타당하게도 마땅하다.

하나님에 대항하는 죄를 그렇게 심각하게 만드는 것은 무엇인가?

우리는 하나님께 대항하는 죄의 심각성을 두가지 용어로 생각할 수 있다.

첫째, 하나님은 모든 도덕적 가치와 책임의 근거가 되신다. 유한한 도덕적 동인이나 가치와는 전적으로 다른 분이 하나님이시다.

둘째, 보편적으로 받아들여지는 도덕적 원리에 따라 인격적인 제안을 존중해야 한다면 하나님을 거부하는 것은 도덕적으로 비난받을 만한 것이다. 그러므로 우리는 먼저 지옥을 우리가 짓는 열거된 죄들을 위한 형벌로서 생각해서는 안된다. 오히려 이름하여, 하나님 당신을 거절함과 같은 무한한 결과를 만드는 죄에 대한 정당한 대가로서 생각해야 한다. 그래서 인류의 종교적 다양성이 제기한 그 문제는 지옥의 교리에 대한 단순한 반론으로 축소될 수 없어 보인다.

사랑의 하나님께서 그들은 그리스도에 대해 잘 몰랐었거나 잘못된 지식을 가지고 있었기 때문에 사람들을 지옥에 보내지 않을 것이라는 것이 혹시 문제가 될까?

그에 대한 대답은 아마도 "아니다"일 것이다. 여기에서 기독교적 배타적 구원론자는 어떠한 접근가능주의의 형태를 지지할 것이다. 그는 기독교적 관점에서 하나님은 그들이 그들의 믿음을 그리스도께 두었는지, 그렇지 않은지에 근거해서 그리스도에 관해 전혀 들어보지 않은 사람들을 심판하지 않으신다고 주장할 것이다. 오히려 하나님은 그들이 가진 자연과 양심에 나타난 하나님의 일반 계시의 관점에 근거해서 그들을 심판하신다.

로마서 2:7의 제안은 즉, "참고 선을 행하여 영광과 존귀와 썩지 아니함을 구하는 자에게는 영생으로 하시고"는 구원에 대한 신실한 제안이다. 이것은 사람들이 그리스도를 떠나서 구원을 얻을 수 있다는 것을 말하기 위함이 아니다. 오히려 이것은 그리스도의 속죄의 죽음의 유익이 그리스도에 대한 의식적인 지식이 없는 사람들에게 주어진 것임을 말하기 위함이다.

이러한 사람들은 욥과 멜기세덱과 같이 구약성경에서 언급된 어떠한 인물들과 비슷하게 될 것이다. 그들은 그리스도에 대한 의식적인 지식을 가지고 있지 않았던 자들이다. 그들은 심지어 이스라엘의 언약의 가족의 구성원도 아니었다. 그러나 하나님과의 개인적 관계를 분명히 즐거워했다. 그와 비슷하게도, 세계에서 그리스도의 복음을 아직 듣지 않은 사람들에 속하는 가운데 살아가는 현대의 욥들이 있을 것이다.

불행하게도 우리가 보아온 대로 신약성경은 일반 계시의 기준에 따라 계산해 보았을 때, 사람들은 그에 미치지 않는다고 주장한다. 그래서 일반 계시에 대한 반응을 통해 실제로 사람들이 구원된다면 많은 사람이 구원 받을 것이라 여기는 일부 낙관론자들을 위한 토대는 거의 없다. 편협한 포용주의는 기껏해야 참일 것이다. 그런데도 요점은 구원이 자연과 양심에 나타난 하나님의 일반 계시에 반응을 하는 모든 사람에게 보편적으로 주어질 수 있다는 것이다. 그래서 종교적 다양성이 제기한 그 문제는 그리스도에 관해 잘못 알고 있거나 알지 못하는 자들을 하나님이 정죄하지 않으실 것이라고 간단하게 말해질 수 없다.

오히려 참된 문제는 이런 것이다. 만일 하나님이 전지하시다면, 심지어 논리적으로 세상을 창조하시기로 그가 결정하시기 이전에 누가 자유함으로 복음을 받을 것인지와 누가 받지 않을 것인지를 하나님은 알고 계셨다는 말이다. 그러나 그 때, 다음의 매우 어려운 질문이 발생한다.

첫째, 왜 하나님은 만일 그들이 듣는다면 그들이 가진 일반 계시의 빛을 그들이 거절함에도 불구하고 복음을 받아들일지 모르는 자들에게 복음을 주시지 않으셨나?

쉽게 설명하기 위해 기독교 선교사들이 도착하기 전부터 살았던 한 북미 인디언을 상상해 보라. 그를 '걷고 있는 곰'(Walking Bear)라고 부르자. 그 걷고 있는 곰이 밤에 하늘을 바라본다. 그리고 그의 주변에 있는 자연의 아름다움을 본다. 그리고 그가 이 모든 것을 위대한 영혼(Great Spirit)이 만들었다고 느낀다고 가정하자.

더 나아가서 걷고 있는 곰이 그 자신의 마음을 들여다보니 그가 거기에서 모든 사람은 위대한 정신이 만든 형제라고 그에게 말하는 도덕법을 느낀다. 그리고 이를 통해 그는 우리가 서로서로를 사랑하면서 살아야 한다는 것을 깨닫는다. 그러나 걷고 있는 곰이 위대한 정신을 예배하는 것 대신에 그리고 그의 동료 인간을 사랑하면서 사는 것 대신에, 위대한 정신을 무시하고 다른 정신들의 형상들을 만들며, 그의 동료 인간을 사랑하기보다는 다른 사람들을 향해 이기적이고 잔인한 삶을 살아간다는 것을 가정해 보라.

이러한 경우에 하나님 앞에서 자연과 양심에 나타난 하나님의 일반 계시에 대해 반응하는 것을 잘못한 것 때문에 걷고 있는 곰은 당연히 정죄될 것이다. 그러나 이제 만일 기독교 선교사들이 그곳에 도착했었다면, 걷고 있는 곰은 복음을 믿게 될 것이고 구원을 얻게 될 것이라고 가정해 보자.

이러한 경우에 그의 구원이나 정죄는 잘못된 운명의 결과처럼 보여 진다. 그 자신의 실수가 아닌 그는 그저 역사의 한 순간에 한 장소에서 태어난 것이고 복음은 아직 그곳에 전달되지 않은 것이었다. 그의 정죄는 정당하다. 그러나 완전한 사랑의 하나님이 사람들의 영원한 운명을 역사적이고 지리학적 사건과 연결하도록 허락하실 것인가?

둘째, 더 근본적으로 많은 사람이 복음을 믿지 않을 것을, 그래서 멸망당할 것을 그가 알았다면, 심지어 왜 하나님은 이 세계를 창조하셨는가?

셋째, 심지어 더 근본적으로 왜 하나님은 모든 사람이 자유롭게 복음을 믿는 그리고 구원을 받는 그러한 세계를 창조하지 않으셨는가?

기독교적 배타주의자가 이러한 질문들에 어떻게 대답할 것인가?

기독교는 잔인하고 사랑이 없으신 하나님을 만드는가?

3. 문제의 분석

이러한 질문들에 대답하기 위해 우리 앞에 있는 문제들의 논리적 구조를 더 자세하게 살펴보자. 보편 구원론자는 하나님이 완전히 강력하시고 완전히 사랑하시는 분이심에도 불구하고 어떤 사람은 복음을 결코 듣지 않는다는 것이 그리고 멸망당하는 자가 되는 것이 불가능하다고 여기는 것처럼 보인다. 말하자면 다음의 진술들은 논리적으로 일관적이지 않다고 주장하는 것처럼 보인다.

① 하나님은 완전히 강하시고 완전히 사랑하시는 분이시다.
② 어떠한 사람들은 복음을 결코 듣지 않는다. 그래서 멸망당한다.

그래서 문제는 악의 내적 문제의 논리적 설명과 같은 논리적 구조를 가진다. 참으로 그것은 일종의 **구원론적인 관점에서 악의 문제**(soteriological problem of evil)이다. 그러므로 자유의지 방어는 악의 일반적 문제에 타당한 것처럼 이러한 문제에도 타당하게 되어야 한다. 왜 ①과 ②가 논리적으로 양립할 수 없다고 생각하는지를 우리는 물을 수 있다. 그들 사이에 분명한 모순이 없다. 그러나 만일 보편 구원론자가 ①과 ②는 암시적으로 모순적이라고 주장한다면 그는 반드시 이러한 모순을 가져오고 그것을 분명하게 만드는 역할을 하게 될 어떠한 숨겨진 전제들을 가정해야 한다. 다음의 질문은 그래서 이러한 숨겨진 전제들은 무엇인가?

보편구원론자들이 그들의 숨겨진 가정들에 대해 이렇다 할 도움이 되지 않았음에도 불구하고 악의 문제의 논리는 그들이 반드시 다음과 유사한 것이어야만 한다고 제안한다.

③ 만일 하나님이 완전히 강하시다고 한다면 그분은 모든 사람이 복음을 듣고 자유롭게 구원을 얻는 세계를 창조하실 수 있다.
④ 만일 하나님이 완전히 사랑하는 분이시라면, 그분은 모든 사람이 복음을 듣고 자유롭게 구원을 얻는 세계를 선호하실 것이다.

①에 의하면 하나님은 완전히 강하시고 완전히 사랑하시는 분이기 때문에 그는 보편적인 구원의 세계를 창조하실 수 있고 이러한 세계를 선호하신다. 그러므로 ②와 모순이 되는 이러한 세계는 반드시 존재해야 한다. 악의 내적인 문제의 논리적 설명처럼, 만일 ①과 ②의 그 논리적 불일치(incompatibility)가 보여져야 한다면 두 개의 숨겨진 전제들은 반드시 필연적으로 참이어야 한다.
그러나 이러한 전제들이 필연적으로 참인가?

③을 생각해 보자.
하나님이 모든 사람이 복음을 들을 수 있는 한 세계를 만드실 수 있었다는 것은 모순되는 것 같지는 않다. 그러나 사람들이 자유하게 됨에 따라, 모든 사람이 이러한 세계 안에서 자유롭게 구원을 받게 되는 보장이 없다. 사실상 이러한 세계 안에서 구원을 받은 자와 멸망을 당한 자 사이의 균형이 실제적인 세계 안에서의 균형보다 더 나을 것이라고 생각할 이유가 없다. 하나님이 창조하실 수 있는 자유로운 피조물이 있는 어떠한 세계 안에서 어떠한 사람들은 하나님의 구원의 은혜를 자유롭게 거절할 것이고 멸망을 당하게 되는 것은 가능하다. 그러므로 ③은 필연적인 참이 아니다. 보편구원론자의 논증에 오류가 있는 것이다.
그러나 ④는 어떠한가?
그것은 필연적으로 참인가?
논증을 위해 모든 사람이 복음을 듣고 자유롭게 그것을 받아들이는 하나님께서 조성하시는 가능 세계들이 있다고 생각해 보자.
완전히 사랑하시는 하나님은 누군가는 멸망당하게 될 세계 말고, 그러한 세계들 중에 하나를 선호하셔야만 하는가?

그러한 필요가 없다. 왜냐하면, 그러한 세계들도 어차피 보다 덜 선호하게 만들 어떤 결함이 있을 것이기 때문이다. 예를 들면, 모든 사람이 자유롭게 복음을 믿고 구원을 받는 세계에는 매우 적은 수의 사람이 있다고 생각해 보라. 만일 하나님이 더 많은 사람을 창조하셨어야 했다면, 적어도 그들 중에 한 명은 하나님의 은혜를 자유롭게 거절했을 것이고 멸망을 받았을 것이다.

하나님은 많은 사람이 복음을 믿고 구원을 받는 세계 말고, 이러한 빈약한 수의 사람이 있는 세계들 중에 하나를 반드시 선호해야 하는가?

그렇지 않다. 하나님께서 그가 창조하신 모든 사람에게 구원을 주시려고 충분한 은혜를 주시는 한, 일부 사람들이 그를 구원할 수 있는 모든 열심은 거절하고 그로 인해 정죄 된다 하더라도, 하나님께서는 많은 수의 사람이 있는 세계도 역시 사랑하신다. 그래서 보편주의자의 두 번째 가정은 필연적인 참이 아니다. 그래서 그의 논증은 이중적으로 오류가 있음을 드러내게 된다. 그래서 보편구원론자의 가정들의 어느 것도 필연적으로 참이 아니라고 보여 진다. 만일 보편구원론자가 어떠한 다른 전제들을 제안할 수 없다면, ①과 ②가 논리적으로 양립할 수 없음을 생각할 이유가 없다.

그러나 우리는 논증을 한 단계 더 진행할 수 있다. 하나님이 완전히 강하시고 완전히 사랑하시는 분이라는 것과 모든 사람이 복음을 결코 듣지 않을 것이고 멸망 받을 것이라는 것이 전적으로 가능하다는 것을 우리는 적정적으로 보여 주려고 시도할 것이다. 우리가 해야 할 것은 완전히 강하고 완전히 사랑하시는 하나님의 존재와 양립할 수 있는 그리고 ①과 함께 그것은 어떠한 사람들이 복음을 결코 듣지 않고 멸망 받는다는 것을 의미하는 참된 서술을 어떻게 해서든지 발견하는 것이다.

이러한 서술문이 가능한가?

계속해서 보도록 하자.

선하시고 사랑이 많으신 하나님으로서 하나님은 가능한 많은 사람이 구원받기를 원하시고 가능한 적은 사람들이 멸망받기를 원하신다. 그래서 그분의 목표는 이 둘 사이에서 하나의 긍정적인 균형을 성취하시는 것이다. 어떠한 수의 구원받는 자를 얻으시는 것보다 더 이상 멸망받는 자가 없도록 하시는 것이 더 필요하다. 그러나 현재와 과거와 미래를 포함하는 실제적인 세계는 이러한 균형을 가지고 있다는 것이 가능하다.

이러한 많은 구원받을 사람을 창조하시기 위해 하나님은 또한, 이러한 많은 멸망받을 사람도 창조하셔야 했다는 것이 가능하다. 만일 하나님이 더 적은 수의 사람들이 지옥에 가는 하나의 세계를 창조하셨다면, 심지어 더 적은 수의 사람들이 천국에 가게 될 것이라는 추론이 가능하다. 많은 수의 성도를 얻으시기 위해 하나님은 많은 수의 죄인을 받아들여야 했다는 것이 가능하다.

완전히 사랑하시는 하나님이 멸망받을 자들을 창조하지 않으셨다는 것과 또한, 복음을 들었을 때 구원받을 자들만을 창조하셨다는 것은 거절될 것이다.

그런데 누가 어떠할지 우리가 어떻게 아는가?

그러나 복음을 들어보지 못한 많은 사람이 만일 그들이 복음을 들었더라도, 복음을 믿지 않을 것이라고 가정하는 것은 타당하다. 그러면 복음을 들어보지 못한 모든 사람이 정확하게 이러한 사람들이라는 세계를 하나님이 섭리적으로 정해놓으셨다고 가정하자. 이러한 경우에 복음을 들어보지 못한 사람과 멸망 받을 인간들이 복음을 거절했을 것이고 그가 복음을 들었지만 멸망 받을 것이다. 누구도 심판 날에 하나님 앞에 설 수 없고 다음과 같이 불평할 수 없다.

"좋습니다. 하나님. 제가 자연과 양심에 나타난 하나님의 일반 계시 앞에 아무런 반응을 보이지 않았습니다. 그러나 만일 제가 복음을 꼭 들었다고 한다면 저는 믿었을 것입니다!"라고, 왜냐하면, 하나님께서는 다음과 같이 말씀하실 것이기 때문이다.

"아니! 심지어 네가 복음을 듣는다고 해도 너는 그것을 믿지 않았을 것이라는 사실을 나는 알았어. 그러므로 자연과 양심의 근거 위에서 너에 대한 내 심판은 공평하고 사랑으로 가득차 있다!"라고, 그래서 ⑤가 가능한 것이다.

⑤ 하나님은 구원받은 인간들과 멸망받은 인간들 간의 최선의 균형을 유지한 한 세계를 창조하셨다. 그리고 결코 복음을 들어보지 못한 자들과 멸망받은 자들은 만일 그들이 복음을 들었어도 그것을 믿지 않았을 것이다.

⑤가 참에 가까운 가정일지라도, 그것이 복음을 들어보지 못하고 멸망받게 될 어떠한 사람들과 완전히 강하시고 완전히 사랑하시는 하나님 사이의 불일치가 없다는 것을 보여 준다. 이러한 근거에서 우리는 이제 이 질문이 야기한 그 세 가지 어려운 질문들에 가능한 대답을 주기 위해 준비되었다.

그 질문들을 거꾸로 거슬러 올라가면서 답하도록 하자.

① 왜 하나님은 모든 사람이 자유롭게 복음을 믿고 구원받을 수 있는 그러한 세계를 창조하지 않으셨는가?

가능한 답변은 이렇다.
하나님이 이러한 세계를 창조하시는 것을 선호하시지 않았거나 타당하지 않았을 것이다. 만일 이러한 세계가 타당하고 가장 중요한 결점을 지니고 있지 않았다면, 하나님은 그러한 세계를 창조하셨을 것이다. 그러나 만일 하나님의 의지가 자유로운 피조물들을 창조하시기 원하셨다면, 하나님은 어떤 사람들은 자유롭게 하나님과 그들을 구원하시기 위한 그의 모든 노력들을 거절하고 멸망받을 것이라는 것을 받아들이셨을 것이다.

② 그렇게 많은 사람이 복음을 믿지 않을 것과 멸망받을 것을 그가 알고 계셨으면서 왜 하나님은 세상을 창조하셨나?

가능한 답변은 이렇다.
하나님은 피조된 사람들과 사랑과 교제를 나누기를 원하셨다. 그는 이것이 많은 사람이 자유롭게 그를 거절할 수 있다는 것과 멸망받게 될 것이라는 것을 의미한다는 것을 알고 계셨다.
그러나 그는 또한, 많은 다른 사람이 그의 은혜를 자유롭게 받아들이고 구원을 받을 것을 알고 계셨다. 자유롭게 그의 사랑을 받아들인 자들의 행복과 복받음은 하나님을 자유롭게 경멸한 자들 때문에 배제되어서는 안된다. 자유롭게 하나님과 그의 사랑을 거절한 사람들에게는 하나님께서 자유롭게 창조하신 그러한 세계들을 거부할 능력이 사실상 허락되지 않는다. 그의 자비하심 안에서 하나님은 섭리적으로 하나님을 자유롭게 받아들이는 자들의 수를 극대화하고 하나님을 자유롭게 받아들이지 않는 자들의 수를 극소화함으로써 구원받은 자들과 멸망받은 자들의 최상의 균형을 성취하도록 세계를 질서잡으신다.

③ 그들이 가지고 있는 일반 계시의 빛을 거절함에도 불구하고 왜 하나님은 만일 복음을 들어도 복음을 받아들이지 않을 것이라고 알고 계시는 자들에게는 복음을 허락하지 않으셨는가?

가능한 답변은 이렇다.

이러한 사람들은 없다. 하나님은 그의 섭리 안에서 세계를 잘 조정하신다. 그래서 복음에 반응할 자들이 만일 그들이 복음을 들었을 때, 그것을 듣게 하신다. 주권적인 하나님이 인간의 역사에 질서를 부여하신다. 그래서 1세기 팔레스타인 지역으로부터 복음이 선포됨에 따라, 하나님은 만일 그들이 복음을 듣는다면 그것을 받아들일 자들을 그 복음이 지나가는 길에 배치하셨다. 한 번 복음이 한 민족에게 전달되면 하나님께서는 섭리적으로 복음을 들을 때에 복음에 반응을 보일 사람들로 아시는 자들을 배치하셨다.

하나님은 그의 사랑과 자비 안에서 만일 그가 복음을 듣는다면 복음을 믿게 될 사람이면 누구라도 그가 복음을 듣는 데 실패하게 될 역사의 시간과 장소에서 태어나지 않는 것을 확실하게 하신다. 자연과 양심에 있는 하나님의 일반 계시에 반응하지 않는 사람들과 복음을 결코 들어보지 못한 사람들은 만일 그들이 그것을 듣는다고 해도 복음에 반응하지 않을 것이다. 그러므로 역사적으로나 지리학적인 사건 때문에 한 명도 멸망받지 않게 된다. 원하는 사람과 구원받기 원했던 사람은 누구나 구원을 받을 것이다.

이러한 것들은 우리가 제시한 질문들에 대한 가능한 답변들이다. 이 답변들이 가능한 동안에는 완전히 강하고 완전히 사랑하시는 하나님의 존재와 어떤 사람들이 복음을 결코 못 들어보고 멸망 받게 되는 것 사이에 어떠한 불합리도 존재하지 않는다는 것을 이 답변들이 보여 준다. 더 나아가 이러한 답변들은 매력적이다. 왜냐하면, 이 답변들은 또한, 매우 성경적으로 보여 지기 때문이다. 아레오바고(Areopagus)에 모인 아테네 철학자들을 향한 그의 옥외 연설에서 바울은 다음과 같이 선포했다.

> 우주와 그 가운데 있는 만물을 지으신 하나님께서는 천지의 주재시니 … 만민에게 생명과 호흡과 만물을 친히 주시는 이심이라. 인류의 모든 족속을 한 혈통으로 만드사 온 땅에 살게 하시고 그들의 연대를 정하시며 거주의 경계를 한정하셨으니, 이는 사람으로 혹 하나님을 더듬어 찾아 발견하게 하려 하심이로되 그는 우리 각 사람에게서 멀리 계시지 아니하도다. 우리가 그를 힘입어 살며 기동하며 존재하느니라. 너희 시인 중 어떤 사람들의 말과 같이 우리가 그의 소생이라 하니 (행 17:24-28).

보편적 구원론자는 완전히 강하고 완전히 사랑하시는 하나님의 존재와 복음을 전혀 들어보지 못한 사람들과 그들의 멸망받음 사이에 논리적인 합리성을 인정할 것이다. 그러나 그들은 또한, 이러한 두 가지 측면을 그런데도 각각의 관점에서 보면 타당하지 않다고 주장할 것이다. 사람들은 대체로 그들이 자라난 문화의 종교를 믿는 것처럼 보여 진다. 그러나 그러한 경우에 보편구원론자는 만일 복음을 결코 들어보지 못한 사람들이 기독교 문화 안에서 자라났다면, 그들은 복음을 접했을 것이고 구원을 받았을 것이라는 것이 매우 타당하다고 주장할 것이다. 그래서 우리가 제시한 가설은 설득력이 상당히 떨어지게 된다.

참으로 우발적인 사건만으로 인해 복음을 결코 들어보지 못하고 멸망 받은 모든 사람은 심지어 그들이 복음을 들어도, 복음을 믿지 않을 사람들이라는 것이 드러나게 된다면, 그것은 상당히 불합리하게 될 것이다. 그러나 그것은 가설이 아니다. 가설은 섭리의 하나님께서 세계를 잘 조정하셨다는 것이다. 만일 하나님이 모든 자유로운 피조물이, 하나님이 그에게 허용하신 어떠한 상황에서 그의 은혜에 어떻게 반응을 할 것인지에 대해 중간 지식을 가지셨다면, 하나님은 그 설명된 방법으로 세계를 정리하실 것이라는 것은 전혀 설득력이 없을 것이다.

이러한 세계는 사람의 출생의 환경들이 우발적이라고 하는 세계와는 외관상 어떠한 차이도 보지 않는다. 배타주의자는 사람들이 일반적으로 그들의 문화의 종교를 택한다는 것에 동의할 수 있다. 그리고 그들은 만일 비기녹교 문화에 태어난 많은 사람이 비기독교 문화가 아닌 대신에 기독교 사회에 태어났다고 한다면 그들은 일반적으로 또는 문화적으로 그리스도인이 될 것이라는 것에 동의할 수 있다. 그러나 그것이 그들이 구원을 받을 것이라고 말하는 것은 아니다.

보편적 구원론자는 이러한 세계는 실제적인 세계보다 상당히 다르게 보일 것이라고 주장할 것이다. 그들은 또한, 일반적인 그리스도인보다 더 나은 것이 없는 사람들이 만일 기독교 문화에서 태어났다면, 거듭난 그리스도인이 되었을 사람들과는 현저하게 달랐을 것이라고 주장할 것이다. 그러나 이러한 주장은 명백히 거짓일 것이다. 그리스도인이 된 사람들과 그리스도인이 아닌 사람들 사이에 구별되는 심리적이거나 사회학적인 특성들이 없다는 것은 단순히 경험적인 사실이다. 사람을 어떠한 상황에서 실험함으로써 그가 구원받기 위해 그리스도를 믿을 것인지를 정확하게 예상할 길은 없다.

하나님께서 섭리적으로 운영하시는 이 세계가 사람의 출생이 역사적이고 지리학적 사건이 되는 세계와 표면상 동일하게 나타날 것이기 때문에 우리가 옹호해 온 가설이 중간 지식을 가지신 하나님의 존재는 설득력이 없다는 것을 보여주는 것을 떠나서는 어떻게 그럴듯하지 않다고 여겨질 수 있는지를 보는 것이 어렵다. 그러나 중간 지식에 대한 반론들은 기껏해야 결론이 나지 않는 것으로 보여졌다.

간단히 말해서 기독교적 배타적 구원론에 관한 성경적 관점에는 논리적 불합리성이 없다. 신적 중간 지식의 교리의 자료들을 통해 우리는 하나님의 보편적 구원의 뜻에 관해 그리고 복음을 듣지 않는 사람들의 멸망에 관해 설득력이 있는 설명을 할 수 있다. 그러므로 인류의 종교적 다양성이라는 사실은 그리스도만을 통한 구원을 피력하는 기독교 복음을 손상시키지 않는다.

반면에 여기에서 제시된 관점은 기독교 선교에 관한 적절한 관점을 제시해 준다. 하나님이 섭리적으로 운행하시고 계시기 때문에 만일 그들이 복음을 듣는다면 그것을 받아들일 것이라고 하나님께서 아셨던 사람들에게 우리를 통해 복음이 전달될 것이라고 신뢰하면서 복음을 전세계에 선포하는 것이 그리스도인으로서의 우리의 의무이다. 그들이 그리스도가 없이도 죽지 않을 것이고 멸망 받지 않을 것이라고 거짓말하면서가 아니라, 우리 자신들이 생명을 주는 그리스도에 관한 메시지를 그들에게 나누어주기 위한 모든 노력들을 다하고 도우면서, 다른 세계 종교에 있는 사람들을 향한 연민을 나타내야 한다.

[요약]

종교적 다양성이 제기한 문제는 기독교 신앙의 공동체 밖에 있는 사람들의 운명과 함께 다루어져야 한다. 이 문제는 단순히 지옥의 존재가 공의로우시고 사랑하시는 하나님과 양립할 수 없다는 주장이 아니다. 왜냐하면, 기독교 관점에서 볼 때, 그들을 구하시려고 하는 그분의 모든 노력에도 불구하고 사람들은 자유롭게 자신들을 사랑의 하나님과 분리시킨다. 그래서 이러한 죄 때문에 그들이 당하는 보복은 하나님의 공의와 조화를 이룬다. 그리스도에 대해 잘못 알고 있거나 잘 알지 못하는 사람들을 하나님께서 공평하게 심판하시지 않는다는 주장이 문제가 되지 않는다. 왜냐하면, 신약성경은 사람들은 그들이 가진 정보에 근거해서 심판을 받게 될 것이라고 제안하기 때문이고, 드물게 받아들여지기는 하지만 자연과 양심에 나타난 하나님의 일반 계시를 통해 사람들은 구원을 보편적으로 받을 수 있기 때문이다. 오히려 종교적 다양성이 제기하는 실제의 도전은 악의 구원론적 문제이다.

어떤 사람들은 복음을 전혀 듣지 못하고 멸망을 받는다는 사실은 완전히 사랑하시고 완전히 강하신 하나님의 존재와 양립할 수 없어 보인다. 그러나 보편구원론자는 그가 제기하는 중요한 가정들이 필연적으로 참이 되어야 한다는 것을 보여 준 적이 없다. 그래서 그의 이러한 논증은 설득력을 상실한다. 더욱이 우리는 하나님의 존재와 복음을 믿지 않는 자들의 멸망은 일관성이 있는 사실이라는 것을 보여 주기 위한 시나리오를 만들 수 있다.

하나님은 세계를 매우 섭리적으로 운행하시어서 만일 복음을 듣는다면 복음을 믿고 구원을 얻게 될 모든 사람이 그 복음을 들을 수 있는 이러한 역사속의 시간과 장소에서 태어나도록 하실 수 있다. 만일 이러한 세계가 사람의 출생에 관한 사실들이 역사적이고 지리적인 사건의 결과가 되는 세계와 경험적으로 분간될 수 없다고 한다면 이러한 시나리오는 단순히 가능할 뿐만 아니라 있을 법한 일인 것이다.

〔기본 용어〕

구원
일반 계시
속죄의 죽음
보편성
유럽의 팽창
종교적 다양성
세계 복음화
보편구원론
배타적 구원론

접근가능주의
제한주의
특별 계시
배타주의
포용주의
다원주의
영혼소멸론
응보적 공의
구원론적인 관점에서 악의 문제

추천 도서
(SUGGESTIONS FOR FURTHER READING)

좀 더 배우고자 하는 사람은 다음 각 장을 위한 참고 자료 가운데 추가로 읽을 수 있는 유용한 자료를 발견할 것이다.

제1장 철학이란 무엇인가?

Some of the most important resource tools in philosophy are the following:

Audi, Robert, ed. *The Cambridge Dictionary of Philosophy*. Cambridge: Cambridge University Press, 1995.

Blackburn, Simon. *The Oxford Dictionary of Philosophy*. Oxford: Oxford University Press, 1996.

Burkhardt, Hans, and Barry Smith, eds. *Handbook of Metaphysics and Ontology*. 2 vols. Munich: Philosophia Verlag, 1991.

Copleston, F. C. *A History of Philosophy*. 9 vols. Garden City, NY: Doubleday, 1962.

Craig, Edward, ed. *Routledge Encyclopedia of Philosophy*. 10 vols. London: Routledge, 1998. (The *Concise Routledge Encyclopedia of Philosophy* is a 1999 abridged volume based on the ten-volume set.)

Edwards, Paul, ed. *The Encyclopedia of Philosophy*. 8 vols. New York: Macmillan, 1967.

Kenny, Anthony. *A Brief History of Western Philosophy*. Oxford: Blackwell, 1998.

_____, ed. *The Oxford History of Western Philosophy*. Oxford: Oxford University Press, 1994.

Mautner, Thomas, ed. *A Dictionary of Philosophy*. Oxford: Blackwell, 1996.

Solomon, Robert C., and Kathleen M. Higgins. *A Passion for Wisdom: A Very Brief History of Philosophy*. New York: Oxford University Press, 1997.

_____. *A Short History of Philosophy*. New York: Oxford University Press, 1996.

Sparkes, A. W. *Talking Philosophy: A Wordbook*. London: Routledge, 1991.

Stumpf, Samuel Enoch. *Socrates to Sartre: A History of Philosophy*. 5th ed. New York: McGraw-Hill, 1993.

Willard, Dallas. *Knowing Christ Today*. San Francisco: HarperOne, 2014.

There is also an important series of volumes called the Blackwell Companions to Philosophy(Oxford: Blackwell). Also, *The Stanford Encyclopedia of Philosophy* is available online, https://plato.stanford.edu/.

Three important Christian professional societies are as follows: (1) Evangelical Philosophical Society, c/o Dr. Craig Hazen, executive committee member and editor of the EPS journal *Philosophia Christi*, c/o Biola University, 13800 Biola Ave., La Mirada, CA 90639; email: philchristi@biola.edu. (2) Society of Christian Philosophers, c/o Kelly James Clark, secretary, Department of Philosophy, Calvin College, Grand Rapids, MI 49546-4388 (journal: *Faith and Philosophy*). (3) American Catholic Philosophical Association, room 403, administration building, the Catholic University of America, Washington, DC 20064 (journal: *American Catholic Philosophical Quarterly*).

제2장 논증과 논리

Copi, Irving M., and Carl Cohen. *Introduction to Logic*. 11th ed. Upper Saddle River, NJ: Prentice Hall, 2002.

Copi, Irving M., Carl Cohen, and Kenneth McMahon. *Introduction to Logic*. 14th ed. New York: Pearson, 2010.

Gorowitz, Samuel, et al. *Philosophical Analysis*. 3rd ed. New York: Random House, 1979.

Hacking, Ian. *An Introduction to Probability and Inductive Logic*. Cambridge: Cambridge University Press, 2001.

Hughes, G. E., and M. J. Cresswell. *A New Introduction to Modal Logic*. London: Routledge, 1996.

Kneale, William, and Martha Kneale. *The Development of Logic*. Oxford: Clarendon, 1985.

Lewis, David K. *Counterfactuals*. Malden, MA: Blackwell, 2001.

Lipton, Peter. *Inference to the Best Explanation*. London: Routledge, 1991.

McGrew, Timothy, and John Depoe. "Natural Theology and the Uses of Argument." *Philosophia Christi* 15, (2013): 299–309.

Purtill, Richard L. *Logic for Philosophers*. New York: Harper & Row, 1971.

Salmon, Wesley C. *Logic*. 3rd ed. Foundations of Philosophy. Englewood Cliffs, NJ: Prentice-Hall, 1984.

제3장 지식과 합리성

Audi, Robert. *Epistemology: A Contemporary Introduction to the Theory of Knowledge*. 3rd ed. London: Routledge, 2010.

BonJour, Laurence. *In Defense of Pure Reason*. Cambridge: Cambridge University Press, 1998.

DePaul, Michael R., and William Ramsey, eds. *Rethinking Intuition: The Psychology of Intuition and Its Role in Philosophical Inquiry*. Lanham, MD: Rowman & Littlefield, 1998.

Gettier, Edmund L. "Is Justified True Belief Knowledge?" *Analysis* 23 (1963): 121–23.

Moser, Paul K., Dwayne H. Mulder, and J. D. Trout. *The Theory of Knowledge*. New York: Oxford University Press, 1998.

Plantinga, Alvin. *Warrant and Proper Function*. New York: Oxford University Press, 1993.

_____. *Warrant: The Current Debate*. New York: Oxford University Press, 1993.

Pojman, Louis P., ed. *The Theory of Knowledge*. Belmont, CA: Wadsworth, 1993.

Steup, Matthias, and Ernest Sosa, eds. *Contemporary Debates in Epistemology*. Malden, MA: Blackwell, 2005.

제4장 회의주의의 문제

Christensen, David, and Jennifer Lackey, eds. *The Epistemology of Disagreement: New Essays.* Oxford: Oxford University Press, 2013.

DeRose, Keith, and Ted A. Warfield. *Skepticism: A Contemporary Reader.* New York: Oxford University Press, 1999.

Feldman, Richard, and Ted A. Warfield, eds. *Disagreement.* Oxford: Oxford University Press, 2010.

Fumerton, Richard. *Metaepistemology and Skepticism.* Lanham, MD: Rowman & Littlefield, 1995.

Greco, John. *Putting Skeptics in Their Place.* Cambridge: Cambridge University Press, 2000.

Johnson, Oliver A. *Skepticism and Cognitivism.* Berkeley: University of California Press, 1978.

Klein, Peter D. *Certainty: A Refutation of Skepticism.* Minneapolis: University of Minnesota Press, 1981.

Stroud, Barry. *The Significance of Philosophical Skepticism.* Oxford: Oxford University Press, 1984.

Unger, Peter. *Ignorance: A Case for Skepticism.* Oxford: Clarendon, 1975.

제5장 정당화의 구조

Audi, Robert. *Epistemology: A Contemporary Introduction to the Theory of Knowledge.* 3rd ed. London: Routledge, 2010.

Baehr, Jason. *The Inquiring Mind: On Intellectual Virtues and Virtue Epistemology.* Oxford: Oxford University Press, 2011.

Baergen, Ralph. *Contemporary Epistemology.* Forth Worth, TX: Harcourt, Brace, 1995.

BonJour, Laurence. *The Structure of Empirical Knowledge.* Cambridge, MA: Harvard University Press, 1985.

Chisholm, Roderick M. *The Theory of Knowledge.* 3rd ed. Englewood Cliffs, NJ: Prentice Hall, 1989.

Dancy, Jonathan. *An Introduction to Contemporary Epistemology.* Oxford: Blackwell, 1985.

제6장 진리 이론과 포스트모더니즘

Cahoone, Lawrence, ed. *From Modernism to Postmodernism: An Anthology.* Oxford: Blackwell, 1996.

Eagleton, Terry. *The Illusions of Postmodernism.* Oxford: Blackwell, 1996.

Groothuis, Douglas. *Truth Decay*. Downers Grove, IL: InterVarsity Press, 2000.

Harris, James. *Against Relativism*. Chicago: Open Court, 1992.

Harre, Rom, and Michael Krausz. *Varieties of Relativism*. Cambridge, MA: Blackwell, 1996.

Kirkham, Richard L. *Theories of Truth*. Cambridge, MA: MIT Press, 1997.

Nagel, Thomas. *The Last Word*. New York: Oxford University Press, 1997.

Natoli, Joseph. *A Primer to Postmodernism*. Oxford: Blackwell, 1997.

Norris, Christopher. *The Truth About Postmodernism*. Oxford: Blackwell, 1993.

Roberts, Robert C., and W. Jay Wood. *Intellectual Virtues: An Essay in Regulative Epistemology*. Oxford: Oxford University Press, 2007.

Willard, Dallas. "How Concepts Relate the Mind to Its Objects: The 'God's Eye View' Vindicated?" *Philosophia Christi*, 2nd ser., 1, no. 2(1999): 5-20.

Zagzebski, Linda. *Virtues of the Mind*. Cambridge: Cambridge University Press, 1996.

제7장 종교적 인식론

Alston, William P. *Perceiving God*. Ithaca, NY: Cornell University Press, 1991.

Evans, C. Stephen, and Merold Westphal, eds. *Christian Perspectives on Religious Knowledge*. Grand Rapids: Eerdmans, 1993.

Geivett, R. Douglas, and Brendan Sweetman, eds. *Contemporary Perspectives on Religious Epistemology*. Oxford: Oxford University Press, 1992.

Hasker, William. "The Foundations of Theism: Scoring the Quinn-Plantinga Debate." *Faith and Philosophy* 15 (1998): 52-67.

Howard-Snyder, Daniel, and Paul Moser, eds. *Divine Hiddenness: New Essays*. New York: Cambridge University Press, 2001.

Jordan, Jeff, ed. *Gambling on God*. Lanham, MD: Rowman & Littlefield, 1994.

Kvanvig, Jonathan L., ed. *Warrant in Contemporary Epistemology*. Lanham, MD: Rowman & Littlefield, 1996.

Plantinga, Alvin. "The Foundations of Theism: A Reply." *Faith and Philosophy* 3 (1986): 298-313.

_____. "Is Belief in God Properly Basic?" *Nous* 15 (1981): 41-51.

_____. *Warrant and Proper Function*. Oxford: Oxford University Press, 1993.

_____. *Warrant: The Current Debate*. Oxford: Oxford University Press, 1993.

_____. *Warranted Christian Belief*. Oxford: Oxford University Press, 2000.

Plantinga, Alvin, and Nicholas Wolterstorff. *Faith and Rationality*. Notre Dame, IN: University of Notre Dame Press, 1983.

Pojman, Louis, ed. *Philosophy of Religion*. Part 7. 3rd ed. Belmont, CA: Wadsworth, 1998.

Quinn, Philip L. "The Foundations of Theism Again: A Rejoinder to Plantinga." In *Rational*

Faith, edited by Linda Zagzebski, 14-47. Notre Dame, IN: University of Notre Dame Press, 1993.

Swinburne, Richard. *Faith and Reason*. Oxford: Clarendon, 1981.

제8장 형이상학이란 무엇인가?

Chisholm, Roderick M. *On Metaphysics*. Minneapolis: University of Minnesota Press, 1989.

Grossmann, Reinhardt. *The Existence of the World*. London: Routledge, 1992.

Koons, Robert C., and Timothy H. Pickavance. *Metaphysics: The Fundamentals*. Malden, MA: Wiley-Blackwell, 2015.

Kripke, Saul A. *Naming and Necessity*. Cambridge, MA: Harvard University Press, 1972.

Loux, Michael J., and Thomas M. Crisp. *Metaphysics: A Contemporary Introduction*. 4th ed. New York: Routledge, 2017.

Lowe, E. J. *A Survey of Metaphysics*. Oxford: Oxford University Press, 2002.

Plantinga, Alvin. *The Nature of Necessity*. Clarendon Library of Logic and Philosophy. Oxford: Clarendon, 1974.

Van Inwagen, Peter. *Metaphysics*. 4th ed. Boulder, CO: Westview, 2014.

제9장 일반적 존재론: 실존, 동일성, 환원

Brody, Baruch A. *Identity and Essence*. Princeton, NJ: Princeton University Press, 1980.

Butchvarov, Panayot. *Being qua Being*. Bloomington: Indiana University Press, 1979.

Chisholm, Roderick M. *A Realistic Theory of Categories*. Cambridge: Cambridge University Press, 1996.

Conee, Earl, and Theodore Sider. *The Riddle of Existence*. Oxford: Oxford University Press, 2005.

Craig, William Lane, and J. P. Moreland, eds. *Naturalism: A Critical Analysis*. London: Routledge, 2000.

Grossmann, Reinhardt. *The Categorial Structure of the World*. Bloomington: Indiana University Press, 1983.

Lowe, E. J. *The Four-Category Ontology*. Oxford: Clarendon, 2006.

―――. *The Possibility of Metaphysics*. Oxford: Clarendon, 1998.

Morris, Thomas V. *Understanding Identity Statements*. Aberdeen: Aberdeen University Press, 1984.

Suarez, Francis. *On the Various Kinds of Distinctions*. Milwaukee: Marquette University Press, 1947.

Vallicella, William F. *A Paradigm Theory of Existence*. Dordrecht: Kluwer Academic, 2002.

제10장 형일반적 존재론: 두 범주-속성과 실체

Armstrong, D. M. *Universals and Scientific Realism*. Vol. 1, *Nominalism and Realism*. Cambridge: Cambridge University Press, 1978.

_____. *Universals and Scientific Realism*. Vol. 2, *A Theory of Universals*. Cambridge: Cambridge University Press, 1978.

Campbell, Keith. *Abstract Particulars*. Oxford: Blackwell, 1990.

Connell, Richard. *Substance and Modern Science*. Notre Dame, IN: University of Notre Dame Press, 1988.

Edwards, Douglas. *Properties*. Malden, MA: Polity, 2014.

Gilson, Etienne. *From Aristotle to Darwin and Back Again*. Notre Dame, IN: University of Notre Dame Press, 1984.

Hoffman, Joshua, and Gary S. Rosenkrantz. *Substance: Its Existence and Nature*. London: Routledge, 1997.

Loux, Michael. *Substance and Attribute*. Dordrecht: D. Reidel, 1978.

Moreland, J. P. *Universals*. Montreal: McGill-Queen's University Press, 2001.

Pasnau, Robert. *Metaphysical Themes: 1274–1671*. Oxford: Clarendon, 2011.

Rea, Michael, ed. *Material Constitution: A Reader*. Lanham, MD: Rowman & Littlefield, 1997.

Wiggins, David. *Sameness and Substance Renewed*. New York: Cambridge University Press, 2001.

제11장 심신 문제 1A: 이원론 심신 문제 & 제12장 심신 문제 1B: 이원론에 대한 대안들

Brown, Warren S., Nancey Murphy, and H. Newton Malony. *Whatever Happened to the Soul?* Minneapolis: Fortress, 1998.

Churchland, Paul. *Matter and Consciousness*. 3rd ed. Cambridge, MA: MIT Press, 2013.

Cooper, John W. *Body, Soul and Life Everlasting*. Rev. ed. Grand Rapids: Eerdmans, 2000.

Gocke, Benedikt, ed. *After Physicalism*. Notre Dame, IN: University of Notre Dame Press, 2002.

Kim, Jaegwon. *Mind in a Physical World*. Cambridge, MA: MIT Press, 1998.

_____. *Philosophy of Mind*. 3rd ed. Boulder, CO: Westview, 2011.

Koons, Robert, and George Bealer, eds. *The Waning of Materialism*. Oxford: Oxford University Press, 2012.

Moreland, J. P., and Scott Rae. *Body and Soul: Human Nature and the Crisis in Ethics*. Downers Grove, IL: InterVarsity Press, 2000.

Swinburne, Richard. *The Evolution of the Soul*. Rev. ed. Oxford: Clarendon, 1997.

Ravenscroft, Ian. *Philosophy of Mind: A Beginner's Guide*. Oxford: Oxford University Press, 2005.

Stoljar, Daniel. *Physicalism*. New York: Routledge, 2010.
Weisberg, Josh. *Consciousness*. Cambridge: Polity, 2014.

제13장 심신 문제 2A: 실체이원론에 관한 여러 논증과 유형

Bayne, Tim. *The Unity of Consciousness*. Oxford: Oxford University Press, 2010.
Crisp, Thomas, Steven L. Porter, and Gregg A. Ten Elshof, eds. *Neuroscience and the Soul: The Human Person in Philosophy, Science, and Theology*. Grand Rapids: Eerdmans, 2016.
Goetz, Stuart, and Charles Taliaferro. *A Brief History of the Soul*. Malden, MA: Wiley-Blackwell, 2011.
Green, Joel B., and Stuart L. Palmer, eds. *In Search of the Soul: Four Views of the Mind-Body Problem*. Downers Grove, IL: IVP Academic, 2005.
Hasker, William. *The Emergent Self*. Ithaca, NY: Cornell University Press, 1999.
Moreland, J. P. *The Soul: How We Know It's Real and Why It Matters*. Chicago: Moody Press, 2014.
Swinburne, Richard. *Mind, Brain, and Free Will*. Oxford: Oxford University Press, 2013.
Webster, Gerry, and Brian Goodwin. *Form and Transformation: Generative and Relational Principles in Biology*. Cambridge: Cambridge University Press, 1996.

제14장 심신 문제 2B: 실체이원론에 대한 주요 물리주의적 대안들

Baker, Lynne Rudder. *Persons and Bodies*. Cambridge: Cambridge University Press, 2000.
Corcoran, Kevin. *Rethinking Human Nature: A Christian Materialist Alternative to the Soul*. Grand Rapids: Baker Academic, 2006.
Hudson, Hud. *A Materialist Metaphysics of the Human Person*. Ithaca, NY: Cornell University Press, 2001.
Moreland, J. P. *The Recalcitrant Imago Dei*. London: SCM Press, 2009.
Murphy, Nancey. *Bodies and Souls or Spirited Bodies?* Cambridge: Cambridge University Press, 2006.
Olson, Eric. *The Human Animal: Personal Identity Without Psychology*. Oxford: Oxford University Press, 1997.
_____. *What Are We? A Study in Personal Ontology*. Oxford: Oxford University Press, 2007.

제15장 자유 의지와 결정론

Bishop, John. *Natural Agency: An Essay on the Causal Theory of Action*. Cambridge: Cambridge University Press, 1989.

Burke, John. *Imagine Heaven: Near-Death Experiences, God's Promises, and the Exhilarating Future That Awaits You*. Grand Rapids: Baker, 2015.

Double, Richard. *The Non-Reality of Free Will*. New York: Oxford University Press, 1991.

Fischer, John Martin. *The Metaphysics of Free Will*. Oxford: Blackwell, 1994.

Kane, Robert. *A Contemporary Introduction to Free Will*. Oxford: Oxford University Press, 2005.

_____. *The Significance of Free Will*. New York: Oxford University Press, 1996.

Mele, Alfred R. *Free: Why Science Hasn't Disproved Free Will*. Oxford: Oxford University Press, 2014.

O'Connor, Timothy. *Persons and Causes*. New York: Oxford University Press, 2000.

O'Connor, Timothy, ed. *Agents, Causes and Events*. New York: Oxford University Press, 1995.

Rowe, William L. *Thomas Reid on Freedom and Morality*. Ithaca, NY: Cornell University Press, 1991.

제16장 인격 동일성과 사후의 삶

Glasser, Georg, and Matthias Stefan, eds. *Personal Identity: Complex or Simple?* Cambridge: Cambridge University Press, 2012.

Long, Jeffrey, and Paul Perry. *Evidence of the Afterlife*. New York: HarperCollins, 2010.

Madell, Geoffrey. *The Essence of the Self*. New York: Routledge, 2005.

_____. *The Identity of the Self*. Edinburgh: University of Edinburgh Press, 1981.

_____. *Mind and Materialism*. Edinburgh: University of Edinburgh Press, 1988.

Miller, J. Steve. *Near-Death Experiences as Evidence for the Existence of God and Heaven*. Acworth, GA: Wisdom Creek Press, 2012.

Nagel, Thomas. *The View from Nowhere*. New York: Oxford University Press, 1986.

Parfit, Derek. *Reasons and Persons*. Oxford: Oxford University Press, 1984.

Plutarch, *The Lives of the Noble Grecians and Romans*, trans. John Dryden, rev. Arthur H. Clough (New York: Random House, 1992), 13.

Revis, Titus, Anny Dirven, and Rudolf H. Smit. *The Self Does Not Die*. Durham, NC: IANDS Publications, 2016.

Shoemaker, Sydney, and Richard Swinburne. *Personal Identity*. Oxford: Blackwell, 1984.

제17장 과학적 방법론

Gower, Barry. *Scientific Methodology: An Historical and Philosophical Introduction*. New York: Routledge, 1997.

Harre, Rom. *The Philosophies of Science: An Introductory Survey*. Oxford: Oxford University Press, 1972.

Kosso, Peter. *A Summary of Scientific Method*. New York: Springer, 2011.

Montgomery, John Warwick. "The Theologian's Craft." In *The Suicide of Christian Theology*, 267-313. Minneapolis: Bethany House, 1970.

Moreland, J. P. *Christianity and the Nature of Science*. Grand Rapids: Baker, 1989.

Pearcey, Nancy, and Charles Thaxton. *The Soul of Science*. Wheaton, IL: Crossway, 1994.

제18장 실재주의-반실재주의 논쟁

Bird, Alexander. *Nature's Metaphysics: Laws and Properties*. Oxford: Clarendon, 2007.

Ellis, Brian. *The Metaphysics of Scientific Realism*. Montreal: McGill-Queens University Press, 2009.

Kuhn, Thomas. *The Structure of Scientific Revolutions*. 2nd. ed. Chicago: University of Chicago Press, 1970.

Lakatos, Imre, and Alan Musgrave, eds. *Criticism and the Growth of Knowledge*. Cambridge: Cambridge University Press, 1970.

Laudan, Larry. *Progress and Its Problems: Towards a Theory of Scientific Growth*. Berkeley: University of California Press, 1977.

_____. *Science and Values: An Essay on the Aims of Science and Their Role in Scientific Debate*. Berkeley: University of California Press, 1984.

Leplin, Jarrett, ed. *Scientific Realism*. Berkeley: University of California Press, 1984.

Mumford, Stephen. *Dispositions*. New York: Oxford University Press, 2003.

Newton-Smith, W. H. *The Rationality of Science*. Boston: Routledge & Kegan Paul, 1981.

Rees, Phil. *A Critique of the Arguments for Scientific Realism*. Reading, UK: Cranmore, 2012.

Van Fraassen, Bas C. *The Scientific Image*. Oxford: Oxford University Press, 1980.

제19장 철학 그리고 과학과 신학의 통합

Bube, Richard. *Putting It All Together*. Lanham, MD: University Press of America, 1995.

Dembski, William A. *Intelligent Design*. Downers Grove, IL: InterVarsity Press, 1999.

Denton, Michael. *Evolution: Still A Theory in Crisis*. Seattle: Discovery Institute Press 2016.

DeWeese, Gary. *Doing Philosophy as a Christian*. Downers Grove, IL: IVP Academic, 2011.
Klinghoffer, David, ed. *Debating Darwin's Doubt*. Seattle: Discovery Institute Press, 2015.
Meyer, Stephen C. *Darwin's Doubt*. San Francisco: HarperOne, 2013.
Moreland, J. P., ed. *The Creation Hypothesis*. Downers Grove, IL: InterVarsity Press, 1993.
Ratzsch, Del. *The Battle of Beginnings*. Downers Grove, IL: InterVarsity Press, 1996.
_____. *Nature, Design and Science*. Albany: State University of New York Press, 2001.
Ross, Hugh. *The Creator and the Cosmos*. Colorado Springs: NavPress, 2001.
Van Till, Howard J., et al. *Portraits of Creation*. Grand Rapids: Eerdmans, 1990.
Wells, Jonathan. *Icons of Evolution*. Washington, DC: Regnery, 2000.

제20장 시간과 공간의 철학

Broad, C. D. *An Examination of McTaggart's Philosophy*. 2 vols. Cambridge: Cambridge University Press, 1938. Reprint, New York: Octagon, 1976.
Craig, William Lane. *The Tensed Theory of Time: A Critical Examination*. Synthese Library 293. Dordrecht: Kluwer Academic, 2000.
_____. *The Tenseless Theory of Time: A Critical Examination*. Synthese Library 294. Dordrecht: Kluwer Academic, 2000.
Einstein, Albert. *Relativity: The Special and General Theories*. London: Methuen, 1954.
Gale, Richard. *The Language of Time*. International Library of Philosophy and Scientific Method. London: Routledge & Kegan Paul, 1968.
Holton, Gerald. *Thematic Origins of Scientific Thought: Kepler to Einstein*. Cambridge, MA: Harvard University Press, 1973.
McTaggart, J. M. E. *The Nature of Existence*. Edited by C. D. Broad. 2 vols. 1927. Reprint, Cambridge: Cambridge University Press, 1968.
Mellor, D. H. *Real Time*. Cambridge: Cambridge University Press, 1981.
Miller, Arthur I. *Albert Einstein's Special Theory of Relativity*. Reading, MA: Addison-Wesley, 1981.
Oaklander, L. Nathan, and Quentin Smith, eds. *The New Theory of Time*. Part 1. New Haven, CT: Yale University Press, 1994.
Prokhovnik, Simon J. *Light in Einstein's Universe*. Dordrecht: D. Reidel, 1985.
Schlesinger, George. *Aspects of Time*. Indianapolis: Hackett, 1980.
Smith, Quentin. *Language and Time*. New York: Oxford University Press, 1993.
Whitrow, G. J. *The Natural Philosophy of Time*. 2nd ed. Oxford: Oxford University Press, 1980(esp. chap. 4).

제5부 윤리학

Beauchamp, Tom L. *Philosophical Ethics*. 2nd ed. New York: McGraw-Hill, 1991.
Beckwith, Francis J. *Defending Life*. Cambridge: Cambridge University Press, 2007.
Geisler, Norman L. *Christian Ethics: Options and Issues*. Grand Rapids: Baker, 1989.
Johnson, Alan J. "Is There Biblical Warrant for Natural-Law Theories?" *Journal of the Evangelical Theological Society* 25 (1982): 185-99.
Montgomery, John Warwick. *Human Rights and Human Dignity*. Grand Rapids: Zondervan, 1986.
Moreland, J. P., and Norman L. Geisler. *The Life and Death Debate*. Westport, CT: Praeger, 1990.
Pellegrino, Edmund D., and David C. Thomasma. *For the Patient's Good*. New York: Oxford University Press, 1988.
_____. *A Philosophical Basis of Medical Practice*. New York: Oxford University Press, 1981.
Pojman, Louis P. *Ethics: Discovering Right and Wrong*. Belmont, CA: Wadsworth, 1995.
Rae, Scott. *Moral Choices: An Introduction to Ethics*. 2nd ed. Grand Rapids: Zondervan, 2000.
Rae, Scott, and Paul Cox. *Bioethics: A Christian Approach in a Pluralistic Age*. Grand Rapids: Eerdmans, 1999.
Rae, Scott, and Kenman Wong. *Beyond Integrity: A Judeo-Christian Approach to Business Ethics*. Grand Rapids: Zondervan, 1996.

제25장 하나님의 존재 1 / 제26장 하나님의 존재 2

Baggett, David, and Jerry Walls, *Good God: The Theistic Foundations of Morality*. Oxford: Oxford University Press, 2011.
Barrow, John D., and Frank J. Tipler. *The Anthropic Cosmological Principle*. Oxford: Clarendon, 1986.
Beck, W. David. "The Cosmological Argument: A Current Bibliographical Appraisal." *Philosophia Christi* 2 (2000): 283-304.
Burrill, Donald R. *The Cosmological Arguments*. Garden City, NY: Doubleday, 1967.
Collins, Robin. "A Scientific Argument for the Existence of God: The Fine-Tuning Design Argument." In *Reason for the Hope Within*, edited by Michael J. Murray, 47-75. Grand Rapids: Eerdmans, 1999.
_____. *The Well-Tempered Universe: God, Fine-Tuning and the Laws of Nature*. 2 vols. Forthcoming.
Craig, William Lane. *The Cosmological Argument from Plato to Leibniz*. Reprint, Eugene, OR: Wipf & Stock, 2001.

_____. *The Kalam Cosmological Argument*. 1979. Reprint, Eugene, OR: Wipf & Stock, 2000.

_____. "Naturalism and Cosmology." In *Naturalism: A Critical Analysis*, edited by William Lane Craig and J. P. Moreland, 215-52. London: Routledge, 2000.

Craig, William Lane, and J. P. Moreland, eds. *The Blackwell Companion to Natural Theology*. Oxford: Wiley-Blackwell, 2009.

Craig, William Lane, and Quentin Smith. *Theism, Atheism, and Big Bang Cosmology*. Oxford: Clarendon, 1993.

Craig, William Lane, and Sean Carroll. *God and Cosmology*. Edited by Robert Stewart. Minneapolis: Fortress, 2016.

Davis, Stephen T. *God, Reason, and Theistic Proofs*. Grand Rapids: Eerdmans, 1997.

Dembski, William A. *The Design Inference: Eliminating Chance Through Small Probabilities*. Cambridge: Cambridge University Press, 1998.

_____. *The Design Revolution: Answering the Toughest Questions About Intelligent Design*. Downers Grove, IL: IVP Books, 2004.

Denton, Michael. *Evolution: A Theory in Crisis*. Bethesda, MD: Adler & Adler, 1986.

_____. *Nature's Destiny: How the Laws of Biology Reveal Purpose in the Universe*. New York: Free Press, 1998.

Dougherty, Trent, and Jerry Walls, eds. *Two Dozen (or So) Arguments for God's Existence*. Oxford: Oxford University Press, 2016.

Gale, Richard M. *On the Existence and Nature of God*. New York: Cambridge University Press, 1991.

Ganssle, Gregory E. "Necessary Moral Truths and the Need for Explanation." *Philosophia Christi* 2 (2000): 105-12.

Hackett, Stuart C. *The Resurrection of Theism*. 2nd ed. Grand Rapids: Baker, 1982.

Hume, David. *Dialogues Concerning Natural Religion*. Edited with an introduction by Norman Kemp Smith. New York: Bobbs-Merrill, 1947.

Harrison, Jonathan. *God, Freedom and Immortality*. Avebury Series in Philosophy. Burlington, VT: Ashgate, 1999.

Hick, John. *Arguments for the Existence of God*. London: Macmillan, 1971.

Hick, John H., and Arthur C. McGill. *The Many-Faced Argument*. New York: Macmillan, 1967.

Leslie, John, ed. *Modern Cosmology and Philosophy*. 2nd ed. Amherst, NY: Prometheus, 1998.

_____. *Universes*. London: Routledge, 1989.

Mackie, John L. *The Miracle of Theism*. Oxford: Clarendon, 1982.

Martin, Michael. *Atheism: A Philosophical Justification*. Philadelphia: Temple University Press, 1990.

_____, ed. *The Cambridge Companion to Atheism*. Cambridge: Cambridge University Press, 2007.

Meyer, Stephen C. *Signature in the Cell: DNA and the Evidence for Intelligent Design*. New York: HarperCollins, 2009.

O'Connor, Timothy. *Theism and Ultimate Explanation: The Necessary Shape of Contingency.* Oxford: Wiley-Blackwell, 2012.

Oppy, Graham. *Arguing About Gods.* Cambridge: Cambridge University Press, 2006.

_____. *Ontological Arguments and Belief in God.* Cambridge: Cambridge University Press, 1995.

Plantinga, Alvin. *The Nature of Necessity.* Clarendon Library of Logic and Philosophy. Oxford: Clarendon, 1974.

_____, ed. *The Ontological Argument.* Garden City, NY: Doubleday, 1965.

Pruss, Alexander R. *The Principle of Sufficient Reason: A Reassessment.* Cambridge Studies in Philosophy. Cambridge: Cambridge University Press, 2006.

Ratzsch, Del. *Nature, Design and Science.* Albany: State University of New York, 2001.

Sobel, Jordan Howard. *Logic and Theism: Arguments for and Against Beliefs in God.* Cambridge: Cambridge University Press, 2004.

Rowe, William L. "Circular Explanations, Cosmological Arguments and Sufficient Reasons." *Midwest Studies in Philosophy* 21 (1997): 188-99.

Sorley, William R. *Moral Values and the Idea of God.* New York: Macmillan, 1930.

Swinburne, Richard. *The Existence of God.* Rev. ed. Oxford: Clarendon, 1991.

Taylor, A. E. *The Faith of a Moralist.* London: Macmillan, 1930.

Vallicella, William. "On an Insufficient Argument Against Sufficient Reason." *Ratio* 10 (1997): 76-81.

Wielenberg, Erik J. *Robust Ethics: The Metaphysics and Epistemology of Godless Normative Realism.* Oxford: Oxford University Press, 2014.

제27장 유신론의 일관성 1 / 제28장 유신론의 일관성 2

Adams, Robert. "Divine Necessity." *Journal of Philosophy* 80 (1983): 741-52.

_____. *Finite and Infinite Goods.* Oxford: Oxford University Press, 2000.

_____. "Has It Been Proved That All Real Existence Is Contingent?" *American Philosophical Quarterly* 8 (1971): 284-91.

Beilby, James, and Paul Eddy, eds. *Divine Foreknowledge: Four Views.* Downers Grove, IL: InterVarsity Press, 2001.

Blount, Douglas Keith. "An Essay on Divine Presence." PhD diss., University of Notre Dame, 1997.

Craig, William Lane. *Divine Foreknowledge and Human Freedom: The Coherence of Theism I; Omniscience.* Brill's Studies in Intellectual History 19. Leiden: Brill, 1990.

_____. *God and Abstract Objects: The Coherence of Theism III; Aseity.* Berlin: Springer Verlag, 2017.

_____. *God, Time and Eternity: The Coherence of Theism II; Eternity*. Dordrecht: Kluwer Academic, 2001.

Creel, Richard. *Divine Impassibility*. Cambridge: Cambridge University Press, 1986.

Davis, Richard Brian. *The Metaphysics of Theism and Modality*. American University Studies 189. New York: Peter Lang, 2001.

Fisher, John Martin, ed. *God, Foreknowledge and Freedom*. Stanford Series in Philosophy. Stanford: Stanford University Press, 1989.

Flint, Thomas P., and Alfred J. Freddoso. "Maximal Power." In *The Existence and Nature of God*, edited by Alfred J. Freddoso, 81–113. Notre Dame, IN: University of Notre Dame Press, 1983.

Ganssle, Gregory E., and David M. Woodruff, eds. *God and Time*. New York: Oxford University Press, 2001.

Gould, Paul, ed. *Beyond the Control of God? Six Views on the Problem of God and Abstract Objects*. London: Bloomsbury, 2014.

Hasker, William. *The Emergent Self*. Ithaca, NY: Cornell University Press, 1999.

Hasker, William, David Basinger, and Eef Dekker, eds. *Middle Knowledge: Theory and Applications*. Contributions to Philosophical Theology 4. Frankfurt am Main: Peter Lang, 2000.

Helm, Paul, ed. *Divine Commands and Morality*. Oxford: Oxford University Press, 1981.

Hughes, Christopher. *On a Complex Theory of a Simple God: An Investigation in Aquinas' Philosophical Theology*. Cornell Studies in Philosophy of Religion. Ithaca, NY: Cornell University Press, 1989.

Idziak, Janine M., ed. *Divine Command Morality: Historical and Contemporary Readings*. Lewiston, NY: Edwin Mellen, 1980.

Inman, Ross. "Omnipresence and the Location of the Immaterial." In *Oxford Studies in Philosophy of Religion* 8 (2017): forthcoming.

Kenny, Anthony. *The God of the Philosophers*. Oxford: Clarendon, 1979.

Kvanvig, Jonathan L. *The Possibility of an All-Knowing God*. New York: St. Martin's, 1986.

Leftow, Brian. "God and Abstract Entities." *Faith and Philosophy* 7 (1990): 193–217.

_____. *God and Necessity*. Oxford: Oxford University Press, 2012.

_____. *Time and Eternity*. Cornell Studies in the Philosophy of Religion. Ithaca, NY: Cornell University Press, 1991.

Mann, William E. "Necessity." In *A Companion to Philosophy of Religion*, edited by Philip L. Quinn and Charles Taliaferro. Oxford: Blackwell, 1997.

Molina, Luis de. *On Divine Foreknowledge*. Part 4 of the *Concordia*. Translated with an introduction and notes by Alfred J. Freddoso. Ithaca, NY: Cornell University Press, 1988.

Moreland, J. P. *Consciousness and the Existence of God*. New York: Routledge 2008.

Morris, Thomas V., and Christopher Menzel. "Absolute Creation." In *Anselmian Explorations*,

161-78. Notre Dame, IN: University of Notre Dame Press, 1987.

Nielsen, Kai. *Ethics Without God*. London: Pemberton, 1973.

Padgett, Alan G. *God, Eternity and the Nature of Time*. New York: St. Martin's, 1992.

Plantinga, Alvin. *Does God Have a Nature?* Milwaukee: Marquette University Press, 1980.

―――. "How to Be an Anti-Realist." *Proceedings of the American Philosophical Association* 56 (1982): 47-70.

―――. *The Nature of Necessity*. Clarendon Library of Logic and Philosophy. Oxford: Clarendon, 1974.

Prior, A. N. "The Formalities of Omniscience." In *Papers on Time and Tense*, 26-44. Oxford: Clarendon, 1968.

Quinn, Philip L. *Divine Commands and Moral Requirements*. Oxford: Clarendon, 1978.

Taliaferro, Charles. *Consciousness and the Mind of God*. Cambridge: Cambridge University Press, 1994.

Wierenga, Edward. *The Nature of God*. Cornell Studies in the Philosophy of Religion. Ithaca, NY: Cornell University Press, 1989.

Wolterstorff, Nicholas. "Divine Simplicity." In *Philosophy of Religion*, edited by James E. Tomberlin, 531-52. Philosophical Perspectives 5. Altascadero, CA: Ridgeview, 1991.

Yates, John C. *The Timelessness of God*. Lanham, MD: University Press of America, 1990.

제29장 악의 문제

Adams, Marilyn McCord. *Horrendous Evils and the Goodness of God*. Ithaca, NY: Cornell University Press, 1999.

Bergman, Michael. "Might-Counterfactuals, Transworld Untrustworthiness and Plantinga's Free Will Defense." *Faith and Philosophy* 16 (1999): 336-51.

Draper, Paul. "Pain and Pleasure: An Evidential Problem for Theists." *Nous* 23 (1979): 331-50.

Harrison, Jonathan. *God, Freedom, and Immortality*. Avebury Series in Philosophy. Burlington, VT: Ashgate, 1999.

Hick, John. *Evil and the God of Love*. New York: Harper & Row, 1977.

Howard-Snyder, Daniel, ed. *The Evidential Argument from Evil*. Bloomington: Indiana University Press, 1996.

Martin, Michael. *Atheism*. Philadelphia: Temple University Press, 1990.

Plantinga, Alvin. *God, Freedom and Evil*. New York: Harper & Row, 1974.

―――. *The Nature of Necessity*. Clarendon Library of Logic and Philosophy. Oxford: Clarendon, 1974.

Plantinga, Alvin, and Michel Tooley. *Knowledge of God*. Great Debates in Philosophy. Oxford: Blackwell, 2008.

Rowe, William. "The Problem of Evil and Some Varieties of Atheism." *American Philosophical Quarterly* 16 (1979): 335-41.

Swinburne, Richard. *The Existence of God*. Oxford: Clarendon, 1978.

Van Inwagen, Peter. *God, Knowledge and Mystery*. Ithaca, NY: Cornell University Press, 1995.

제30장 창조, 섭리, 기적

Bilinskyji, Stephen S. "God, Nature and the Concept of Miracle." PhD diss., University of Notre Dame, 1982.

Craig, William Lane. "Creation and Conservation Once More." *Religious Studies* 34 (1998): 177-88.

Craig, William Lane, and Quentin Smith. *Theism, Atheism, and Big Bang Cosmology*. Oxford: Clarendon, 1993.

Earman, John. *Hume's Abject Failure*. Oxford: Oxford University Press, 2000.

Flew, Antony. "Miracles." In *Encyclopedia of Philosophy*, edited by Paul Edwards. New York: Macmillan, 1967.

Flint, Thomas. *Divine Providence*. Cornell Studies in the Philosophy of Religion. Ithaca, NY: Cornell University Press, 1998.

Freddoso, Alfred J. "The Necessity of Nature." *Midwest Studies in Philosophy* 11 (1986): 215-42.

Geivett, R. Douglas, and Gary R. Habermas. *In Defense of Miracles*. Downers Grove, IL: InterVarsity Press, 1997.

Hebblethwaite, Brian, and Edward Henderson, eds. *Divine Action*. Edinburgh: T&T Clark, 1990.

Helm, Paul. *The Providence of God*. Downers Grove, IL: InterVarsity Press, 1994.

Hume, David. "Of Miracles." In *Enquiries Concerning Human Understanding and Concerning the Principles of Morals*, sect. 10, pp. 109-31. Edited by L. A. Selby-Bigge. 3rd ed. edited by P. H. Nidditch. Oxford: Clarendon, 1975.

Molina, Luis de. *On Divine Foreknowledge*. Part 4 of the *Concordia*. Translated with an introduction and notes by Alfred J. Freddoso. Ithaca, NY: Cornell University Press, 1988.

Morris, Thomas V., ed. *Divine and Human Action*. Ithaca, NY: Cornell University Press, 1988. See especially articles by Quinn, Kvanvig and McCann, Flint, and Freddoso.

Plantinga, Alvin. *Where the Conflict Really Lies*. Oxford: Oxford University Press, 2011. See especially chaps. 3 and 4.

Quinn, Philip L. "Creation, Conservation and the Big Bang." In *Philosophical Problems of the*

> *Internal and External Worlds*, edited by John Earman et al., 589-612. Pittsburgh: University of Pittsburgh Press, 1993.

Sorabji, Richard. *Time, Creation and the Continuum*. Ithaca, NY: Cornell University Press, 1983.

Suarez, Francisco. *On Creation, Conservation and Concurrence: Metaphysical Disputations 20, 21 and 22*. Translated with notes and an introduction by Alfred J. Freddoso. South Bend, IN: St. Augustine's Press, 2002.

Swinburne, Richard. *The Concept of Miracle*. New York: Macmillan, 1970.

_____, ed. *Miracles*. Philosophical Topics. New York: Macmillan, 1989.

Thomas Aquinas. *Summa contra gentiles*. 4 vols. Vol. 2, *Creation*. Translated with an introduction and notes by James F. Anderson. Vol. 3.1-2, *Providence*. Translated with an introduction and notes by Vernon J. Bourke. Notre Dame, IN: University of Notre Dame Press, 1975.

Tomberlin, James E., ed. *Philosophical Perspectives*. Vol. 5, *Philosophy of Religion*. Atascadero, CA: Ridgeview, 1991. See especially articles by Flint, Kvanvig and McCann, and Freddoso.

Zabell, S. L. "The Probabilistic Analysis of Testimony." *Journal of Statistical Planning and Inference* 20 (1988): 327-57.

제31장 기독교 교리 1: 삼위일체

Bracken, Joseph A. *What Are They Saying About the Trinity?* New York: Paulist, 1979.

Craig, William Lane. "Trinity Monotheism Once More: A Response to Daniel Howard-Snyder." *Philosophia Christi* 8 (2006): 101-13.

Davis, Stephen T., Daniel Kendall, and Gerald O'Collins, eds. *The Trinity: An Interdisciplinary Symposium on the Trinity*. Oxford: Oxford University Press, 1999.

Feenstra, Ronald J., and Cornelius Plantinga Jr., eds. *Trinity, Incarnation and Atonement*. Library of Religious Philosophy 1. Notre Dame, IN: University of Notre Dame Press, 1989.

Howard-Snyder, Daniel. "Trinity Monotheism." *Philosophia Christi* 5 (2003): 375-403.

Hughes, Christopher. *On a Complex Theory of a Simple God*. Cornell Studies in the Philosophy of Religion. Ithaca, NY: Cornell University Press, 1989.

Lampe, G. W. H. "Christian Theology in the Patristic Period." In *A History of Christian Doctrine*, edited by Hubert Cunliffe-Jones, 23-180. Philadelphia: Fortress, 1980.

McCall, Thomas, and Michael C. Rea, eds. *Philosophical and Theological Essays on the Trinity*. Oxford: Oxford University Press, 2009.

Rusch, William G., ed. *The Trinitarian Controversy*. Sources of Early Christian Thought. Philadelphia: Fortress, 1980.

Pelikan, Jaroslav. *The Christian Tradition: A History of the Development of Doctrine*. Vol. 1, *The Emergence of the Catholic Tradition (100–600)*. Chicago: University of Chicago Press, 1971.

Prestige, G. L. *God in Patristic Thought*. London: SPCK, 1952.

Senor, Thomas. "The Incarnation and the Trinity." In *Reason for the Hope Within*, edited by Michael J. Murray, 238–60. Grand Rapids: Eerdmans, 1999.

Swinburne, Richard. *The Christian God*. Oxford: Clarendon, 1994.

Van Inwagen, Peter. "And Yet They Are Not Three Gods but One God." In *Philosophy and the Christian Faith*, edited by Thomas V. Morris, 241–78. University of Notre Dame Studies in the Philosophy of Religion 5. Notre Dame, IN: University of Notre Dame Press, 1988.

제32장 기독교 교리 2: 성육신

Baillie, D. M. *God Was in Christ*. New York: Charles Scribner's Sons, 1948.

Bayne, Tim. "The Inclusion Model of the Incarnation: Problems and Prospects." *Religious Studies* 37 (2001): 125–41.

Bruce, A. B. *The Humiliation of Christ*. New York: George H. Doran, n.d.

Feenstra, Ronald J., and Cornelius Plantinga Jr., eds. *Trinity, Incarnation and Atonement*. Library of Religious Philosophy 1. Notre Dame, IN: University of Notre Dame Press, 1989.

Freddoso, Alfred J. "Human Nature, Potency and the Incarnation." *Faith and Philosophy* 3 (1986): 27–53.

Grillmeier, Aloys. *Christ in Christian Tradition*. Vol. 1, *From the Apostolic Age to Chalcedon (451)*. 2nd ed. Translated by John Bowden. Atlanta: John Knox Press, 1975.

Harris, Murray J. *Jesus as God*. Grand Rapids: Baker, 1992.

Morris, Thomas V. *The Logic of God Incarnate*. Ithaca, NY: Cornell University Press, 1986.

Relton, H. Maurice. *A Study in Christology*. London: Macmillan, 1929.

Sanday, William. *Christologies Ancient and Modern*. Oxford: Clarendon, 1910.

Swinburne, Richard. *The Christian God*. Oxford: Clarendon, 1994.

Van Inwagen, Peter. "Not by Confusion of Substance, but by Unity of Person." In *God, Knowledge and Mystery*, 260–79. Ithaca, NY: Cornell University Press, 1995.

Witherington, Ben, III. *The Christology of Jesus*. Minneapolis: Fortress, 1990.

Zamoyta, Vincent, ed. *A Theology of Christ: Sources*. Milwaukee: Bruce, 1967.

제33장 기독교 교리 3: 속죄

Anselm. *Cur Deus homo*. In *St. Anselm: Basic Writings*. 2nd ed. Translated by S. N. Deane. Introduction by Charles Hartshorne. Open Court Library of Philosophy. La Salle, IL: Open Court, 1968.

Faustus Socinus. *De Jesu Christo Servatore*. Part 3: *Historical Introduction, Translation, and Critical Notes*. Translated and edited by Alan Gomes. Ann Arbor, MI: University Microfilms International, 1990.

Feinberg, Joel. *Doing and Deserving: Essays in the Theory of Responsibility*. Princeton, NJ: Princeton University Press, 1970.

Grensted, L. W. *A Short History of the Doctrine of the Atonement*. Theological Series 4. Manchester: Manchester University Press, 1920.

Grotius, Hugo. *A Defence of the Catholic Faith Concerning the Satisfaction of Christ, Against Faustus Socinus*. Translated and edited by Frank Hugh Foster. Andover, MA: Warren F. Draper, 1889.

Hill, Charles E., and Frank A. James III, eds. *The Glory of the Atonement: Biblical, Historical, and Practical Perspectives*. Downers Grove, IL: IVP Academic, 2004.

Jeffery, Steve, Michael Ovey, and Andrew Sach. *Pierced for Our Transgressions: Rediscovering the Glory of Penal Substitution*. Foreword by John Piper. Wheaton IL: Crossway, 2007.

Lewis, David. "Do We Believe in Penal Substitution?" *Philosophical Papers* 26 (1997): 203–9.

Marshall, I. Howard. *Aspects of the Atonement: Cross and Resurrection in the Reconciling of God and Humanity*. London: Paternoster, 2007.

Moore, Michael. *Placing Blame: A Theory of Criminal Law*. Oxford: Oxford University Press, 1997.

Morris, Leon. *The Atonement: Its Meaning and Significance*. Downers Grove, IL: InterVarsity Press, 1983.

Peterson, David. *Where Wrath and Mercy Meet: Proclaiming the Atonement Today*. Oak Hill School of Theology Series. Carlisle, UK: Paternoster, 2001.

Porter, Steven J. "Swinburnian Atonement and the Doctrine of Penal Substitution." *Faith and Philosophy* 21 (2004): 228–41.

Smeaton, George. *The Doctrine of the Atonement, as Taught by the Apostles*. Edinburgh: T&T Clark, 1870. Reprinted as *The Apostles' Doctrine of the Atonement*. Grand Rapids: Zondervan, 1957.

Turretin, Francis. *Institutes of Elenctic Theology*. Translated by George Musgrave Giger. Edited by James T. Dennison. 3 vols. Phillipsburg, NJ: P&R, 1992.

Walen, Alec. "Retributive Justice." *Stanford Encyclopedia of Philosophy*, edited by Edward N. Zalta, summer 2014 edition. https://plato.stanford.edu/archives/sum2014/entries/justice-retributive.

Tidball, Derek, David Hilborn, and Justin Thacker, eds. *The Atonement Debate: Papers from the London Symposium on the Theology of Atonement*. Grand Rapids: Zondervan, 2008.
Zaibert, Leo. *Punishment and Retribution*. Aldershot, UK: Ashgate, 2006.

제34장 기독교 교리 4: 기독교의 배타적 구원론

Craig, William Lane. "Talbott's Universalism." *Religious Studies* 27 (1991): 297–308.
_____. "Should Peter Go to the Mission Field?" *Faith and Philosophy* 10 (1993): 261–65.
Faith and Philosophy 14 (1997): 277–320. See articles by Hick, Alston, Mavrodes, Plantinga, van Inwagen, and Clark.
Geivett, Douglas. "Some Misgivings About Evangelical Inclusivism." In *Who Will Be Saved? Defending the Biblical Understanding of God, Salvation, and Evangelism*. Edited by Paul R. House and Gregory A. Thornbury. Wheaton, IL: Crossway, 2000.
Griffiths, Paul J. *Problems of Religious Diversity*. Oxford: Blackwell, 2001.
Hasker, William. "Middle Knowledge and the Damnation of the Heathen: A Response to William Craig." *Faith and Philosophy* 8 (1991): 380–89.
Hick, John H. *An Interpretation of Religion*. New Haven, CT: Yale University Press, 1989.
Kvanvig, Jonathan L. *The Problem of Hell*. Oxford: Oxford University Press, 1993.
MacGregor, Kirk R. *Luis de Molina: The Life and Theology of the Founder of Middle Knowledge*. Grand Rapids: Zondervan, 2015.
Murray, Michael J. "Heaven and Hell." In *A Reason for the Hope Within*, edited by Michael J. Murray, 287–317. Grand Rapids: Eerdmans, 1999.
Okholm, Dennis L., and Timothy R. Phillips, eds. *Four Views on Salvation in a Pluralistic World*. Grand Rapids: Zondervan, 1996.
Quinn, Philip L., and Kevin Meeker, eds. *The Philosophical Challenge of Religious Diversity*. Oxford: Oxford University Press, 2000.
Talbott, Thomas. "Providence, Freedom and Human Destiny." *Religious Studies* 26 (1990): 227–45.
Van Inwagen, Peter. "Non Est Hick." In *God, Knowledge and Mystery*, 191–216. Ithaca, NY: Cornell University Press, 1995.